Illisibilité partielle

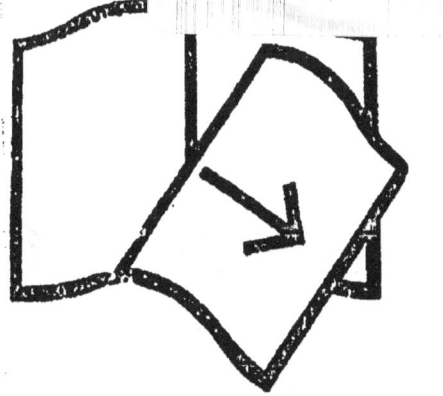

Couvertures supérieure et inférieure manquantes

VALABLE POUR TOUT OU PARTIE DU DOCUMENT REPRODUIT

COLLECTION
des
INVENTAIRES-SOMMAIRES
des
ARCHIVES DÉPARTEMENTALES ANTÉRIEURES A 1790,

PUBLIÉE SOUS LA DIRECTION

DU MINISTRE DE L'INTÉRIEUR

ARCHIVES CIVILES

INVENTAIRE-SOMMAIRE

DES

ARCHIVES DÉPARTEMENTALES

ANTÉRIEURES A 1790,

RÉDIGÉ PAR M. Victor BESSON, ARCHIVISTE-ADJOINT

HAUTE-SAONE.

ARCHIVES CIVILES. — SÉRIE G.

TOME DEUXIÈME.

PARIS
IMPRIMERIE ET LIBRAIRIE ADMINISTRATIVES
DE PAUL DUPONT
1874

INTRODUCTION.

Le second volume de l'inventaire-sommaire des Archives départementales de la Haute-Saône renferme l'analyse des documents provenant des bailliages de Luxeuil (*suite*), Raddon, Saint-Loup, Vauvillers et Vesoul (en partie), formant 2639 articles de la série B (*cours et juridictions*) desdites Archives.

La notice qui précède le premier volume a donné l'historique de ces cinq juridictions en déterminant l'époque de leurs créations, l'étendue de leurs compétences, et en énumérant les magistrats qui ont occupé près d'elles les fonctions de baillis et de lieutenants généraux. Il ne nous reste donc qu'à dire quelques mots des diverses affaires soumises à ces bailliages et qu'à faire ressortir les renseignements les plus précieux pour l'histoire locale, dégagés des registres et des plumitifs de leurs greffes par le travail d'inventaire.

I

Bailliages de Luxeuil, Raddon, Saint-Loup et Vauvillers.

La date relativement récente de l'érection de ces sièges, le peu d'étendue de leurs juridictions, l'infériorité où les avait placés l'extension donnée, depuis la conquête française, à la compétence du bailliage de Vesoul, rendent les papiers qui en proviennent moins précieux au point de vue historique que ceux de ce dernier tribunal. Ils consistent en feuilles d'audiences, enquêtes civiles faites sur requêtes, décrets, saisies, défauts, congés, constitutions de procureurs, présentations en défendant et en demandant, affirmations de voyages, rapports des gardes et messiers, jugements interlocutoires, causes criminelles (peu nombreuses), enregistrements des donations entre-vifs, jugements sur requêtes, tutelles, curatelles, inventaires pupillaires, déclarations d'immeubles. Ces actes divers ne présentent quelque intérêt que par les piquants détails qu'ils nous donnent sur la vie matérielle et morale de nos ancêtres ; quelquefois ils peuvent fournir d'utiles renseignements pour le règlement de litiges au sujet des droits de propriété. Une exception, pourtant, doit être faite en faveur du bailliage de Vauvillers dont le greffe a conservé une série de documents très-intéressants pour l'histoire de la Franche-Comté aux XVI° et XVII° siècles. Ce sont les actes extraordinaires et importants enregistrés audit bailliage. Parmi les plus remarquables, nous signalerons en suivant l'ordre du classement des articles : les lettres-patentes du roi Louis XVI érigeant le duché de Clermont-Tonnerre en pairie de France et assignant cette dignité sur le marquisat de Vauvillers, comme étant une des plus belles et des plus anciennes terres de Franche-Comté, mouvante de la couronne, possédant un noble et ancien château, etc. ; — diverses ordonnances du prince d'Aremberg, gouverneur du comté de Bourgogne, relatives à la défense de la province en 1668 et en 1674 ; — une notice historique sur la terre de Vauvillers ; — une enquête civile faite entre Philippe Godard et Jaquette Borillot, de Vauvillers, donnant des détails sur la prise de Jonvelle par le duc de Saxe-Weymar en 1636.

II

Bailliage d'Amont, siège de Vesoul.

Les documents qui constituent le fonds de ce bailliage offrent, grâce à l'importance du rôle, à la fois judiciaire et politique, joué par cette juridiction, un vaste champ d'étude à l'histoire locale. Ils constituent, malgré les lacunes qu'ils présentent, des matériaux qui, mis en œuvre par les érudits, pourront servir de bases et d'éléments à de consciencieux travaux.

Ils sont classés, d'après leur nature, en 32 catégories : enregistrements des édits, lettres-patentes et déclarations du Roi, actes extraordinaires (comprenant les procès-verbaux des assemblées générales des Trois-Ordres en 1789, les procurations données par la noblesse et le clergé à l'effet de se faire représenter à l'assemblée générale du bailliage et d'y concourir à l'élection des députés, les procès-verbaux d'élection des députés aux États-Généraux, les cahiers des remontrances, plaintes et doléances des Trois-Ordres), — journaux d'audiences (registres très-volumineux dont quelques-uns remontent au XVI° siècle), — feuilles d'audiences, — causes sommaires, — sentences rendues par le lieutenant général et par le lieutenant local, — sentences et jugements dans les procès par écrit, — inventaires de productions, — sentences sur requêtes, — sentences rendues en matière de décret sur les immeubles, — licitations, — exécutions de sentences, — maniements de nouvelleté, — nantissements, — plumitifs des procureurs, — enquêtes, — interrogatoires sur faits et articles, — présentations en demandant et en défendant, — expertises, — défauts, — congés, — actes de voyages et de cautionnement, — actes de commission, — significations des huissiers, — communications de pièces, — procédures criminelles, — tutelles, — curatelles, — assemblées de famille, — appositions et levées des scellés, — inventaires pupillaires, — testaments.

Les deux premières catégories sont de beaucoup les plus intéressantes. Nous citerons dans la première, parmi les actes qui nous ont paru dignes d'être notés : la déclaration de guerre entre la France et les États-Généraux des provinces-unies des Pays-Bas, — la défense faite à tous les sujets français d'avoir quelque communication avec les Hollandais, à peine de la vie, — des acquisitions de lettres de noblesse ; — divers règlements pour la levée des impôts au comté de Bourgogne ; — les mesures prises contre la disette qui régna en Franche-Comté en 1709 et contre les épizooties de 1714 et 1743 ; — la confirmation des habitants de notre province dans le privilège de ne pouvoir être traduits ailleurs que devant leurs juges naturels ; — la renonciation faite à la couronne de France par le roi d'Espagne et celle faite à la couronne d'Espagne par le duc de Berry et le duc d'Orléans ; — l'extirpation en Franche-Comté de toutes les vignes plantées dans des terrains propres à la culture des grains ; — la conservation du temporel des églises et des bénéfices au comté de Bourgogne ; — la suppression de la régence et de la principauté de Montbéliard ; — la création d'un bailliage royal en cette ville et l'union du comté de Montbéliard à la Chambre des comptes de Dôle ; — la permission accordée aux habitants du comté de Bourgogne domiciliés dans le voisinage de la Champagne, de la Bourgogne et de la Bresse, de planter du tabac pour leur usage personnel et d'en faire le commerce avec les étrangers ; — le mode d'élection des officiers municipaux au comté de Bourgogne ; — la liste des justices seigneuriales ressortissant au bailliage de Vesoul, avec indication des possesseurs depuis 1738 jusqu'en 1789.

Mais de toutes les séries d'affaires comprises dans le fonds du bailliage de Vesoul, celle des actes extraordinaires est certainement la plus riche en documents historiques. Les registres qui la composent renferment de nombreux affranchissements, des anoblissements, des reprises de fief, des prestations de foi et hommage, des dénombrements des terres seigneuriales, des substitutions, des érections de terres seigneuriales en marquisats, en comtés et baronnies, des préparatifs de guerre, etc. L'analyse de quelques-uns de ces titres permettra d'apprécier leur importance. Nous détachons de l'inventaire comme les plus saillants le traité par lequel Gaspard de Grammont, chevalier, sire de Châtillon, et dame Adrienne de Joux, sa femme, autorisent Georges-Antoine de Grammont à prendre le nom de Joux ; — la donation de la seigneurie de Ruecourt, faite à noble seigneur François de Grachaux, par dame Bonne de Jonvres, assistée de Claude de Vergy, comte de Champlitte, gouverneur du comté de Bourgogne, à l'occasion de son mariage avec Françoise de Beaujeu, fille de Guillaume de Beaujeu, seigneur de Vadans ; — les lettres-patentes des archiducs Albert et Isabelle, permettant à Renobert de Mesmay, prieur du prieuré de Marteroy, près Vesoul, de transporter et unir son bénéfice à la cure de Pont, et renfermant des détails sur l'invasion de Tremblecourt ; — la nomination au grade de chevalier de Louis de la Verne « issu de noble progéniture, ayant servi vingt-un ans en qualité de soldat adjudant-capitaine, blessé au siège d'Ostende, et fait prisonnier après avoir vaillamment combattu » ; — les lettres-patentes de la reine Anne d'Autriche, nommant Nicolas Broutehoux, de Magny-lès-Jussey, maître queux de la cuisine bouche de la Reine ; — différents ordres donnés par le gouverneur général pendant la guerre de Dix Ans ; — celui donné aux habitants de Montbozon, de faire guet et garde nuit et jour, à peine de 100 livres d'amende, avec défense de tenir leur marché jusqu'à nouvel ordre à cause de la peste qui règne dans les villages de Roche et de Sorans ; — les prétentions rivales élevées par Claude de Rye, chevalier de l'ordre de Saint-Jacques, baron de Fondremand, seigneur de Port-sur-Saône, et Claude de Séros, chevalier baron de Choye, au sujet de l'exercice de la haute justice à Pusy ; — divers titres relatifs à la généalogie et à l'histoire nobiliaire des familles de Brunet (lettre d'Henri IV du 20 avril 1587), d'Oiselay, de Poligny, de Saint-Mauris, de Courcelles, de Bauffremont, de Miroudot de Geney et de Miroudot de Saint Ferjeux, de Lavier, de Bernard de Montessus, de Salives, de Damedor, de Tranchant de Borey ; — des pièces curieuses pour l'histoire politique telles que : l'ordre donné par le parlement de Dôle aux vicomte-mayeur, échevins et conseil de la ville de Vesoul de recevoir en quartier le duc de Lorraine et sa suite (1652), — la vente faite à titre d'inféodation par les commissaires généraux députés par le roi Louis XIV, à Antoine, marquis du Châtelot, maréchal de camp, moyennant 6,050 livres des justices de Godoncourt et de Fignévelle, par démembrement de la prévôté royale de Jonvelle ; — les lettres-patentes de Louis XV nommant le duc de Duras, lieutenant général de ses armées, au commandement du comté de Bourgogne pendant l'absence du gouverneur de cette province ; — les lettres-patentes de Louis-Henri, duc de Bourbon, prince du sang, grand-maître des mines et minières de France, par lesquelles il concède au sieur Floyd, gentilhomme anglais, les mines d'or, d'argent, de cuivre, de plomb et d'antimoine existant dans le comté de Bourgogne ; — des ordres relatifs aux mouvements des troupes, à la répression du brigandage et de la peste ; — le procès-verbal dressé à la suite de l'explosion qui eut lieu au château de Quincey, près Vesoul, le 19 juillet 1789, événement qui eut alors un grand retentissement ; — les lettres-patentes des archiducs Albert et Isabelle-Claire-Eugénie, comte et comtesse de Bourgogne, octroyant aux habitants de Vesoul le droit de tenir des foires et marchés publics depuis le jour de la Purification jusqu'au 1ᵉʳ juin ; — la confirmation par le Roi en 1728 de l'établissement d'une Aumône générale dans la ville de Vesoul ; — les lettres-patentes de Philippe IV, roi d'Espagne et comte de Bourgogne, permettant, comme l'avait fait en 1531 l'empereur Charles-Quint, aux habitants de la ville de Montmartin de tenir un marché tous les jeudis et trois foires par an ; — quelques titres concernant particulièrement les propriétés, les droits et les institutions des communes, comme la reconnaissance d'un chemin servant de limite au territoire de la commune de Roche, faite à la requête de Guillaume de Nassau, prince d'Orange, chevalier de la Toison d'or, baron et seigneur de Montfaucon ; — la visite d'un terrain appelé les Aygues, dont la propriété était revendiquée par les communes de la Neuvelle et de Traitiéfontaine ; — la licitation d'une forêt appelée les Gouttes, contentieuse entre les habitants de Saint-Loup et ceux de Magnoncourt ; — un abornement de territoire fait entre les communes de Filain et d'Authoison ; — un traité fait entre les habitants de Mont-le-Vernois et ceux de Chariez, au sujet de leurs droits de parcours ; — un arrêt du parlement de Dôle du 30 mars 1601, par lequel les habitants de la Villedieu sont maintenus dans la jouissance et possession du droit de faire paître leur bétail pendant toute l'année dans une forêt appelée Lajus, et d'y prendre pour leur usage toute espèce de bois mort et de mort-bois ; — enfin les documents relatifs à la convocation des États-Généraux tels que : la réquisition du procureur du Roi pour la publication des lettres closes et des déclarations du Roi portant convocation des États ; — les assignations données au clergé et à la noblesse, à l'effet de comparaître en personne ou par procureur, fondés de pouvoirs suffisants, par-devant le bailli d'Amont, à Vesoul, pour assister à l'assemblée des Trois-États ; — le procès-verbal de l'assemblée préliminaire de tous les députés du Tiers-État ; les procurations données par le clergé et la noblesse, à l'effet de se faire représenter à l'assemblée générale du bailliage et d'y concourir à l'élection des députés à envoyer aux États-Généraux ; — le procès-verbal de l'assemblée générale des députés des Trois-Ordres tenue à Vesoul le 6 avril 1789, par Claude-François Roux de Raze, conseiller du Roi, lieutenant général du bailliage en l'absence du comte d'Esternoz, grand bailli d'Amont ; — les procès-verbaux d'élection des députés des communes chargés de présenter leurs doléances et remontrances à l'assemblée générale du bailliage ; les cahiers de remontrances, plaintes et doléances des communes ; — le cahier général des Trois-Ordres ; — les instructions données par la noblesse à ses députés aux États-Généraux et à la suite desquelles est insérée une notice historique sur la Franche-Comté.

III

Les autres papiers du bailliage de Vesoul, énumérés ci-dessus après les actes extraordinaires, sont exclusivement judiciaires, et par conséquent moins intéressants. Toutefois, sous la sécheresse qu'ils offrent au premier aspect, se cachent souvent des renseignements précieux, et on ne tarde pas à reconnaître que ces poudreux plumitifs en nous racontant les procès de nos ancêtres, nous révèlent de curieux détails de mœurs. On comprend facilement que, touchant incessamment à toutes les questions relatives au droit public et privé, ils doivent mettre en lumière la condition des personnes et des biens pendant les deux derniers siècles.

Ainsi il est plusieurs points sur lesquels ils jettent un jour nouveau, entre autres, sur les droits seigneuriaux et sur les procès de sorcellerie. Enfin on y rencontre quelquefois des procédures qui reflètent en quelque sorte les événements contemporains et transmettent le souvenir de faits que l'histoire peut enregistrer.

Parmi les droits seigneuriaux, il en est un qui apparaît souvent dans les papiers du bailliage d'Amont, nous voulons parler de la mainmorte qui a existé dans le comté de Bourgogne jusqu'en 1789. Quoique cette servitude *réelle et personnelle*, comme disent les anciens auteurs, eût perdu à partir du xvi° siècle la plus grande partie de son inhumanité et de sa rigueur, les nombreuses demandes en désaveu adressées au bailli ou à son lieutenant général, prouvent combien les mainmortables désiraient s'exempter eux et leurs descendants de cette macule, selon l'expression de l'époque. Cependant il fallait, aux termes de l'article 1 du titre XV de la coutume du comté de Bourgogne, pour se libérer de la mainmorte, faire abandon à son seigneur de tous ses biens immeubles et des deux tiers de ses meubles. C'est ainsi que l'on constate qu'en 1741, Claude Godard, fils de Charles-François, laboureur, de Barges, sujet mainmortable de François Legrain de la Romagère, chevalier, bailli et grand-croix de l'ordre de Saint-Jean de Jérusalem, commandeur et seigneur de la Villedieu en Fontenette, Lambrey et autres lieux, demande à être déclaré franc et libre, moyennant l'abandon des deux tiers de ses meubles qui consistent en une armoire de sapin fort vieille fermant à un pendant, trois paires de draps, un chaudron d'airain, deux pots de fonte, deux chandeliers, un pot, une salière et un moutardier d'étain, dix serviettes ouvrées, quatre petites nappes de toile simple, une chaise, un vieux bassin d'airain, une chaufferette et un plat d'étain; — Joseph Simonin, docteur en médecine à Gray, sujet mainmortable de la commanderie de Sales, sollicite la même faveur moyennant l'abandon des deux tiers de ses meubles, consistant en « habits et hardes servant à son usage et en quelques livres pour son état et profession de médecin. » Il est à remarquer, en effet, que la mainmorte n'empêchait pas les laboureurs et les artisans de s'instruire, de quitter la condition de leurs ancêtres et de parvenir à exercer des professions libérales, puisqu'on voit de nombreux mainmortables devenir prêtres et médecins. Au nombre des seigneurs désavoués figurent le plus souvent: Jean de Bauffremont, seigneur de Clerval; — François Thierry, seigneur de Magnoncourt; — Don François Perrenot de Grandvelle, seigneur de Champtonnay, Maizières, Rosey, Pont, Bussières, comte de Cantecroix, baron d'Avricourt et de Grandvelle, chevalier et commandeur d'Alcantara, maréchal du Saint-Empire; — le Chapitre de Calmoutier; — l'abbaye de Cherlieu; — Jean de Vaudrey, chevalier seigneur de Vallerois-le-Bois et de Vellechevreux; —

Madeleine de Plaisans, dame de Mailley; — dom Daniel de Montrichier, abbé de l'abbaye Notre-Dame de Bithaine; — noble Ambroise Précipiano, chevalier, baron de Soye, capitaine et prévôt de Faucogney; — Hardouin Gaspard de Beaujeu, seigneur d'Aroz et de Montot; — Claude de Rye, baron de Balançon, seigneur de Port-sur-Saône, etc.

Les dénombrements et les comptes des principales seigneuries du bailliage d'Amont, produits comme pièces justificatives dans des procès, peuvent aussi, par l'énumération qu'ils fournissent des droits féodaux, être considérés comme une source abondante de matériaux historiques. Parmi les plus importants nous citerons : le compte des revenus des seigneuries d'Amance et de Breurey, appartenant à Louise-Claire d'Andelot et à Éléonore Chabot, femme de Christophe de Rye; le dénombrement des redevances, prestations et droitures seigneuriales appartenant à l'abbé de Luxeuil, dans les communes de Mailley, Vallerois, Vellefaux, Autricourt et Vaivre; — le compte des revenus de la baronnie de Rupt, appartenant à Hardouin de Clermont, seigneur de Saint-Georges; — le dénombrement de la seigneurie de Vallerois-le-Bois, appartenant à messire Claude-François, comte de Salives; — diverses sentences intéressant les seigneuries: de Ronchamp, appartenant aux barons de Reinach, seigneurs de Woerth (procès avec le curé au sujet du banc seigneurial); — de Faucogney et Melisey (procès intenté aux communautés de Montessaux, Fresse, Lantenot, Saint-Pierre-les-Melisey, Malbouhans, Ternuay, Breuchotte, la Bruyère, Corravillers, Amage, Servance, comprises dans la baronnie de Faucogney et Melisey, par Henri-François de Ténarre, marquis de Montmain, et dame Anne-Ferdinande de Grammont, son épouse, à l'effet d'obtenir le payement de l'aide des quatre cas, à l'occasion du mariage de mademoiselle de Montmain, leur fille unique, avec le marquis de Bauffremont, — procès intenté par les mêmes seigneurs et dame aux communautés de Faucogney, Magnivray, Adelans, Bouhans-les-Lure, Quers, au sujet du rôle de répartement d'un écu par feu et ménage; — de Pontcey, appartenant à messire Reynold-Charles, comte de Rosen, lieutenant général des armées du Roi, commandeur de Saint-Louis, baron et seigneur de Bollevillers, Chemilly, Pontcey etc.; — d'Arpenans et Oricourt, à Anne-Claude de Crosey, douairière de messire Claude-François de Cordemoy; — d'Arbecey, à l'abbaye de Faverney; — de Bousseraucourt, à messire Jean-François-Gabriel Bénigne de Chartrain, seigneur et marquis de Bourbonne; — de Mersuay, au chapitre de Remiremont; — d'Ormoy, à Jacques de Bresson (procès entre le seigneur et les habitants au sujet de l'offerte du pain bénit); — de Gouhelans, à Éléonor-Louis-Joseph d'Amandre (procès au sujet de la perception du droit de trois livres par feu, à l'occasion du mariage du seigneur), — de la Villeneuve, Saulx, Châtenois et autres lieux, à Paul-François de Saint-Mauris, baron desdits lieux (procès entre le curé et le seigneur au sujet de l'offerte de l'eau bénite dans le banc seigneurial); — de Servigney, à Jean-Georges Pusel; — de Mercey, Gevigney, Purgerot et Fouchécourt, partagées entre Philippe-Eugène, comte de la Baume-Montrevel, et noble Claude Salivet; — de Senoncourt, à dame Thérèse-Gabrielle-Eugène Duchâtelet; — de Rosey, à Antoine Prosper de Jacquot; — de Corbenay (procès entre le prieuré de Fontaine, l'abbaye de Remiremont et Nicolas-Joseph de Vaudrey, seigneur de Saint-Remy, au sujet des droits seigneuriaux); — de Sauvagney, au sieur Pierre-Mathieu Maréchal; — d'Ouge, la Quarte, Chauvirey, partagées entre les familles d'Ambly, de Montessus et Régent; — de la Neuvelle-les-Scey, à Louis-Bénigne, marquis de Bauffremont; — de Scye (*idem*); — de Jussey, à Jean-Léger Masson d'Authume (procès au sujet du droit de bac); — de Dampierre-les-Monthozon, à messire Jean Prosper, marquis de Falletans; — de Noroy-le-Bourg, à l'archevêque de Besançon; — de Cemboing, à Charles-Henri de Cultz.

Un fait qui frappe tout d'abord lorsque l'on examine ces divers droits seigneuriaux, c'est que, quoique la réunion définitive du comté de Bourgogne à la France n'ait eu lieu qu'en 1674, rien, soit dans la nature même, soit dans les dénominations de ces droits, ne rappelle les deux nations, l'Empire germanique et l'Espagne, qui avaient ou antérieurement la souveraineté et l'administration de ce pays. C'est que notre province n'avait que nominalement, pour ainsi dire, dépendu de ces deux États, et que ses mœurs, ses institutions et ses coutumes étaient restées françaises malgré les circonstances politiques qui l'avaient détachée de la monarchie capétienne. Si l'on compare, en effet, le droit féodal de la Franche-Comté avec celui des provinces françaises voisines, la Bourgogne et la Champagne, par exemple, on ne peut y reconnaître des différences bien sensibles. Ce qui y constituait la seigneurie de part et d'autre étaient : 1° le domaine utile formé par la haute, moyenne et basse justice, — les droits de loods ou d'approbation des ventes, — de banalité des fours et des moulins, — de corvées à bras, à charrues, et à charrois pour la culture des terres et les réparations de la maison seigneuriale, — les dîmes et autres redevances foncières, — les droits de pêche et de chasse ; 2° les droits honorifiques consistant en prééminences, tentures de la litre dans les églises, offres de l'eau bénite, etc. A côté de ces droits communs à toutes les seigneuries et ne variant que selon l'importance et l'étendue des terres, il y en avait de particuliers, de singuliers même, apparaissant au xviii° siècle comme de véritables débris des mœurs du xiii°, celui, entre autres, appartenant « à haute et puissante dame Éléonore de Thomassin, dame d'Autrey, Flagy, Varogne, Vellefrie, femme d'illustre seigneur, messire Philibert-Emmanuel de Savoie, marquis de Villars, d'envoyer à la fête du Val-Saint-Éloi, le jour de la Saint-André et le lendemain, le maïeur de Flagy pour la représenter, lequel, à ce titre, aura seul le droit de commencer la danse après que les ménétriers lui auront donné deux aubades. »

Nous ne nous étendrons pas sur les justices seigneuriales formant un fonds spécial de la série B qui sera analysé dans le 3° volume de l'inventaire ; mais nous pensons qu'un aperçu rapide des principaux droits féodaux que nous venons d'énumérer avec l'indication des particularités qu'ils présentaient dans le bailliage d'Amont, ne sera pas dépourvu d'intérêt.

Ainsi les loods (de *laudare*, approuver) et ventes étaient des droits pécuniaires payés, les premiers par le vendeur, les seconds par l'acheteur, au seigneur sur le prix des héritages censuels de sa mouvance lorsqu'ils changeaient de mains par un acte, à titre onéreux. Dans le bailliage d'Amont, ce droit s'élevait généralement au 20° du prix, mais quelquefois au 15° (dans la baronnie de Rupt, par exemple).

Dans le principe, les sujets d'une terre étaient tenus de moudre leurs grains, fouler leurs raisins et cuire leurs pains, aux moulins, pressoirs et fours seigneuriaux. A la fin du xvii° siècle, cette obligation avait été généralement convertie en une prestation en grain ou en argent, s'élevant à une quarte de blé (la quarte du four) ou à sa valeur. Il en avait été de même pour les droits de guet et garde du château et de montre d'armes remplacés par le payement d'une quarte de grains appelée aussi la quarte du guet (Courchaton).

La corvée seigneuriale, définie ainsi par les anciens auteurs « l'œuvre d'un homme un jour durant, pour l'aménagement du seigneur aux champs, soit de la personne seule, soit avec bœufs et charrette, comme à faucher, moissonner, charroyer », a pesé sur les populations agricoles en Franche-Comté jusqu'en 1789. Habituellement elle n'était exigible que des manants ayant charrue ou *demi-charrue*, c'est-à-dire, deux ou une bête *trahante* selon l'expression des dénombrements. Elle consistait dans la plupart des fiefs en journées de travail se décomposant ainsi : trois consacrées au labour, « au sombre » (hiver), au « vahin » (automne) et au carême ; une de fenaison et une de moisson. En outre, dans quelques seigneuries, chaque habitant ayant bête trahante devait, à Noël, charroyer pour le seigneur un moule de bois et une voiture de fagots (Courchaton, Velotte et Gourgeon). Dans cette dernière terre, les habitants étaient tenus « de porter chacun à leur tour et ordre les lettres des dames dudit lieu jusqu'à une distance de sept lieues, moyennant un petit blanc par lieue ». Il était de principe que le seigneur devait à son corvéable les jours où il exécutait sa tâche « deux livres de pain et une pitance raisonnable pour sa nourriture. »

Les seigneurs touchaient aussi des redevances dont l'ensemble constituait ce que le droit coutumier appelait la dîme féodale ou laïque, par opposition à la dîme ecclésiastique due aux curés. La dîme laïque se percevait en général dans le bailliage d'Amont, sur les grains tels que blé, seigle, orge. Dans quelques seigneuries, certaines graines, dites dans les dénombrements « qui ne se lient pas », n'étaient pas décimables. Dans d'autres, au contraire, elles étaient aussi soumises à la dîme. Ainsi nous voyons qu'en 1770 un procès eut lieu entre les habitants de Fallon et M. de Raincourt, leur seigneur, au sujet de la dîme que ce dernier prétendait lever sur les champs ensemencés de maïs, appelé alors « blé de Turquie. » En 1753 à Varogne, M. le prince de Bauffremont percevait la dîme sur le tabac planté dans cette seigneurie. Enfin en 1780, le sieur Foillonot fut autorisé à toucher la dîme sur les pommes de terre dont la culture venait d'être introduite dans cette localité. La dîme prédiale se levait ordinairement à raison d'une gerbe sur 15 pour les grains « qui se lient, » et d'un « monceau » sur 15 pour les graines « qui ne se lient pas. » Dans les seigneuries où ces dernières n'étaient pas décimables, des règlements faits entre le seigneur et les habitants déterminèrent l'étendue du territoire qu'on pouvait en ensemencer. En outre, le produit du travail et de l'industrie des sujets d'une terre était quelquefois frappé de redevances qu'on appelait « *dismes mixtes*. » Dans le bailliage d'Amont, ces dernières dîmes consistaient dans le payement, à l'entrée du carême, d'une poule « suffisamment grasse » dite « poule de carnaval ou de carementrand. » Les terres nouvellement défrichées étaient souvent aussi assujetties à une contribution du 40e des fruits, c'était la dîme novale.

IV.

Quelle que soit la cause de la croyance aux relations avec Satan et aux pouvoirs surnaturels et malfaisants que s'attribuaient quelques personnes, il est certain que la sorcellerie dont l'origine remonte aux traditions orientales, prit un grand développement depuis le déclin de l'antiquité. Au moyen âge et dans les commencements des temps modernes, non-seulement les hommes peu instruits, mais même les meilleurs esprits, étaient persuadés de sa réalité. Juges et accusés, bourreaux et victimes, tous condamnaient, avouaient, tuaient ou mouraient avec la certitude d'appliquer ou de subir une peine justement méritée.

Ce fut surtout au commencement du XVIIe siècle que la sorcellerie fit, en quelque sorte, irruption dans la Franche-Comté. M. A Déy, dans une brochure intitulée « la Sorcellerie au comté de Bourgogne, » a savamment exposé l'origine, les progrès, les résultats de ce qu'il qualifie « une des plus grandes aberrations de l'esprit humain. » Les faits mis en lumière par les procès jugés au bailliage d'Amont viennent confirmer généralement ses aperçus. Ne pouvant ici nous étendre longuement sur ce sujet, nous nous bornerons à dresser, en quelque sorte, la statistique de ces procès et à en faire ressortir les particularités les plus intéressantes.

La connaissance du crime de sorcellerie appartenait en Franche-Comté à l'inquisiteur de la Foi, aux juges séculiers nommés par chaque seigneur ayant droit de haute justice, puis en appel aux lieutenants des trois bailliages de la province. Les registres du bailliage d'Amont dont la juridiction comprenait l'arrondissement de Vesoul actuel, celui de Lure (moins le canton d'Héricourt) et la partie occidentale de celui de Baume-les-Dames, nous ont conservé, de 1606 à 1636, les sentences prononcées, ainsi que les actes d'accusation rédigés dans 68 procès de sorcellerie qui lui furent soumis, sur appel des accusés de jugements rendus par les juges seigneuriaux édictant soit la peine de mort, soit le bannissement.

26 condamnations à mort furent confirmées au bailliage et suivies d'exécution. Le supplice usité dans ce cas était celui du feu. Mais dans le comté de Bourgogne on accordait aux condamnés le privilège du « retentum », en vertu duquel ils étaient étranglés avant d'être brûlés. On ne brûlait vifs que les sorciers convaincus de s'être changés en loups ou autres *bêtes rousses*.

14 condamnations à mort furent réformées avec commutation de cette peine en celle du bannissement de la province soit à perpétuité, soit pendant l'espace de dix ans.

26 condamnations à mort ou au bannissement furent réformées avec renvoi pur et simple des accusés des fins de la plainte; deux jugements furent révisés avec ordre d'appliquer une seconde fois aux accusés la torture des menottes pour une nouvelle « géhination » de leurs réponses, afin d'obtenir ainsi un supplément d'instruction.

D'après ce compte, le nombre des accusés serait inférieur à celui des affaires. Mais cette différence n'est qu'apparente, car Martine Mougin et Didière Gremillot furent, après un premier acquittement en 1617, poursuivies de nouveau en 1631 pour faits de sorcellerie et encore acquittées. Leurs dossiers se composent donc de quatre procès au lieu de deux. En outre, les actes d'accusation révèlent les condamnations d'un nombre plus considérable de sorciers dont les témoignages recueillis sur l'échafaud au moment de l'application de la question extraordinaire poussée généralement jusqu'aux suprêmes limites de la douleur, car on ne craignait pas alors d'y voir périr le condamné, servaient de présomptions graves contre des personnes poursuivies ultérieurement. Le nombre de ces sorciers peut être évalué à 40. Il faut y ajouter encore ceux qui n'ont pas interjeté appel ou qui ont été exécutés sommairement comme les deux femmes jetées dans la Lanterne à Bourguignon-les-Conflans par les soldats de Tremblecourt à l'instigation de la population, ce qui peut porter à 100 environ le nombre total des exécutions capitales et à 60 celui des bannissements qui eurent lieu dans l'étendue du bailliage d'Amont pendant les trente années qui s'écoulèrent de 1606 à 1636.

Les principaux chefs d'accusation, déterminant le crime de sorcellerie, consistaient en : maléfices ayant fait périr ou rendu malades des hommes et des animaux domestiques ou opéré la destruction des récoltes ; fréquentations des sabbats, adorations du diable et abominations diverses commises dans ces réunions ; — marques diaboliques, surnaturelles et insensibles dans lesquelles les chirurgiens jurés enfonçaient des épingles sans qu'il en sortît du sang, ce qui était un indice certain du pacte fait avec Satan.

On comprend quelle élasticité présentaient ces motifs de poursuites criminelles, et avec quelle facilité la haine devait s'en emparer pour faire périr un ennemi, qui, pris à l'improviste et soumis à la torture, ne tardait pas à avouer dans le paroxysme de la douleur les crimes imaginaires dont on l'accusait. Les abus de ce genre devinrent si fréquents que le bailliage d'Amont, composé de magistrats intègres quoique imbus des préjugés de leur époque, s'en émut, et décida qu'il y serait porté remède. Ainsi en 1629, la sentence de mort prononcée contre Georges Grandjourné, de Melincourt, pour faits de sorcellerie, par maître Jean Ribuar, procureur d'office audit lieu, fut non-seulement cassée, mais il fut ordonné au procureur d'Amont d'incessamment « poursuivre la procédure dressée contre ledit Ribuard, tant sur l'application à torture faite sans formalité de justice par indehue entremise de Claude Mouriot et Estienne Perdriset, dénonciateurs, qu'autre fait dont ils se trouvent accusés, en outre mande audit procureur d'Amont pour faire saisir au corps et réduire aux prisons de Sa Majesté lesdits Mouriot et Perdriset, et en cas où il ne pourraient estre appréhendez à peine contre chacun d'eux de trois cents livres, afin de respondre des actes de jus-

dires qu'ils se sont arrogés en appliquant de leur autorité privée et indehue à la torture plusieurs cy-devant exécutés, les contraignant de confesser qu'ils étaient sorciers et d'en accuser d'autres. » En 1610, il fut de même interdit à François Jannin, de Menoux, procureur d'office en la justice de Saint-Remy qui avait indûment condamné à mort Perrenot Mignon, d'Anchenoncourt, de « cy-après décerner mandement de prinse de corps qu'il ne lui conste de plus suffisante preuve que celle sur laquelle il l'avait dressé, seale part (de même) de commencer semblable procédure que celle de question par confront et les admettre avant la gémination des déférés, lui ordonnant en outre de désormais faire plus promptement géminer leurs réponses qu'il ne nous a paru avoir esté faict en cette matière et se conformer à ce qui est prescript par les nouveaux édits, à peine d'en répondre ». La même année, la sentence de mort prononcée par maître Antoine Jeandel, de Maurcourt, procureur d'office ès terre et seigneurie de Mailleroncourt-Charette, contre Jeanne Papier, dudit lieu, fut cassée et il fut enjoint « audit procureur de ne pas commencer par confront les responces des déférés pour crimes de sortilège, emprisonner les enfants en sorte qu'il soient intimidés pour passer à accusation, ny permettre qu'en l'instruction de leurs procédures se trouvent personnes soient ecclésiastiques, soient autres qui puissent induire le prisonnier à porter telles accusations, leur ordonnant, en outre, de se conformer en leurs poursuites aux souveraines ordonnances. » La sagesse de ces prescriptions fait honneur au bailliage d'Amont et il est peu probable qu'on eût trouvé dans les juridictions françaises de l'époque, des magistrats plus éclairés que ceux qui les ont édictées.

Nous n'avons pas les registres renfermant les sentences criminelles rendues en matière de sorcellerie à partir de 1630. Il est probable que ces procès furent encore nombreux, mais la pénalité alla aussi en s'adoucissant jusqu'au mois de juillet 1682, époque à laquelle une déclaration de Louis XIV, devenu définitivement depuis 1674, souverain de la Franche-Comté, ordonna de cesser toutes poursuites contre les sorciers, et de mettre en liberté les détenus sous cette prévention s'ils n'étaient accusés d'autres crimes. Cependant la croyance en la sorcellerie subsista encore ; l'épithète de sorcier fut considérée comme une injure et une diffamation graves, et dans les plumitifs des audiences du bailliage d'Amont apparaissent pendant tout le cours du XVII° siècle de fréquentes requêtes en dommages et intérêts présentées par ceux contre lesquels elle avait été articulée.

Le voisinage de la principauté de Montbéliard qui était devenue dès la fin du XVI° siècle un foyer de propagande luthérienne, nécessita d'énergiques mesures pour empêcher la Réforme de prendre pied en Franche-Comté. On sait, en effet, que la nouvelle religion avait trouvé des partisans à Amance, Mailley, Oiselay, Montureux, Jonvelle et même à Luxeuil. Les autorités ecclésiastiques et laïques durent donc rivaliser de zèle pour extirper l'hérésie ; on n'a pas, toutefois, à leur reprocher ces mesures violentes et rigoureuses qui paraissaient légitimes alors. Ce fut surtout par la prédication et par l'exemple de la pratique de toutes les vertus chrétiennes, que le clergé séculier et régulier, dans notre province, conserva son prestige et maintint l'intégrité de la foi catholique. Aussi lors des deux conquêtes du comté de Bourgogne par Louis XIV en 1668 et en 1674, un des premiers articles des capitulations des principales villes prohibait-il l'exercice du culte prétendu réformé dans la province et, l'on peut assurer qu'en stipulant cette clause, les délégués du parlement ou des magistrats municipaux étaient les fidèles interprètes des sentiments populaires.

Aux renseignements déjà consignés dans les histoires locales sur les procès pour crimes d'hérésie, on peut ajouter ceux que nous fournissent les poursuites judiciaires dirigées contre Jacques Bucheron, d'Amance, accusé d'avoir « tant en sa maison qu'aux champs souventes fois chanté des psalmes deffendus en français, comme *du fond de ma pensée*, *me recueche moy*, *prends ma querelle*, *ne sois fasché ay durant* ceste vie, souvent tu vois prospérer les meschants, et plusieurs aultres, mesme les commandements en françois, *lès la cœur, preste l'oreille*, et disant que lorsque l'on estoit fasché l'on debvoit chanter lesdits psaumes et que les huguenots de France en chantoient autresfoys quant ils alloient à la guerre contre le roy de France, ayant induict et sollicité le sieur Hennequin à les aprendre et chanter » ainsi que de détenir plusieurs livres suspects d'hérésie, entre autres un ouvrage de Calvin, et d'avoir prononcé plusieurs propos injurieux pour les gens d'église comme « il y a plus de larrons portant bonnets carrés et fourrés d'ermines que de gibets. » Malgré la gravité des faits allégués, Jean Bucheron fut acquitté. Jean Chôuf dit Le Blond, d'Esprels, ne fut pas aussi heureux. Il fut, en effet, condamné par le bailliage d'Amont « à estre par le maistre de la haulte justice bapté et fustigé de verges depuis l'audience jusqu'à la croix qui se trouve sur le pont de la porte basse de Vesoul, puis marqué sur l'épaule droite avec un fer chaud et banni perpétuellement du comté de Bourgogne avec défense de s'y retrouver à peine d'estre pendu et estranglé pour avoir commis plusieurs homicides et avoir exercé son état de sabotier à Frédéric-Fontaine, où se pratique notoirement l'hérésie, puis avoir habité Phalsbourg, pays hérétique où il » avoué avoir mangé de la chair le vendredi et le samedi. »

Parmi les affaires ayant un caractère politique ou militaire portées devant le bailliage d'Amont, on peut signaler trois procès fournissant quelques détails inédits sur les guerres dont la Franche-Comté a été le théâtre à la fin du XVIᵉ siècle et dans la première moitié du XVIIᵉ siècle.

Le premier se rapporte aux événements qui ont marqué l'invasion de Tremblecourt et de ses Lorrains dans le bailliage d'Amont, invasion dont le conseiller Grivel, dans ses mémoires, nous a laissé un pittoresque récit. C'est celui intenté à Jean Cabarre, de Calmoutier, condamné à 100 livres d'amende envers leurs altesses sérénissimes les archiducs Albert et Isabelle, souverains du comté de Bourgogne, « pour actes suspects et conversations fréquentes avec les ennemis du pays. » L'accusation était d'ailleurs ainsi formulée : 1° « pour en l'an mil cinq cent nonante cinq commectant actes de prodition contre ce pays pendant que l'ennemi l'occupoit, luy avoir porté toute ayde et assistance tant à fournir de vivres un capitaine d'iceux nommé le Layme, tenant le chasteau de Montagu, à faire rebatir et fortifier le dit chasteau qu'à relever les cottes des sommes imposées par ledit la Layme sur les habitants de Calmoutier, auxquelles fournitures et contributions ledit deffendeur les contraignoit tant par menasse, comme, par effect (par exemple) sur ce que Petit-Jean-Châtel du dit lieu le reprenoit de ce faire, luy avoir donné une soufflet, luy disant : Ventre-Dieu ! de quoy t'empêche-tu » ; — 2° « item pour avoir pendant ledit temps servi de guide auxdits ennemis, butinant avec eux. » Ainsi, nos ancêtres après les guerres malheureuses qu'ils avaient subies, recherchaient et punissaient les traîtres qui avaient livré leur pays.

Le second est celui qui se termine par la condamnation d'Echenoz-les-Molins (la Meline actuellement), Coulevon, Saint-Igny, Navennes, Colombe et Essernay, Vaivre, Montoille, Neurey-les-la-Demie, Pusy, Epenoux, La Demie, « à contribuer et satisfaire à leur affert de la moitié des frais employés aux reparations et menus emparements des portes, tours et murailles de la ville de Vesoul, suyvant le compte exhibé de la part des manants de ladite ville, et le répartement qui en sera faict par le lieutenant du baillage ou son commis. » Les habitants de ces communautés étaient retrahants de Vesoul, c'est-à-dire qu'aux termes de l'ordonnance de Jean-sans-Peur en vigueur en Franche-Comté en cette matière, ils avaient en temps de guerre le droit de se réfugier eux, leurs familles, leurs bestiaux et leurs meubles dans la ville ; il était donc juste qu'en échange de la protection qui leur était accordée, ils contribuassent à la réparation des murailles qui allaient les abriter pendant toute la durée des courses des Suédois et des partisans français lors de la guerre de Dix Ans.

C'est à ces invasions que se rapporte la dernière affaire. En 1639, Jean-Georges Aymonnet, seigneur de Contréglise, ayant réclamé à François et Pierre Foley, de Corre, fermiers de sa seigneurie, les redevances arriérées qui lui étaient dues, les fermiers obtinrent de faire une enquête devant Claude-Étienne Tranchant, docteur ès droits, seigneur de Baray, et lieutenant local d'Amont, pour prouver que pendant la guerre de 1639, la prévôté de Jonvelle avait eu à subir de telles dévastations, que la perception des droits seigneuriaux avait été impossible. Dans cette enquête, on entendit divers témoins qui déposèrent avec une grande exactitude des dégâts commis par les soldats de Gallas, du duc de Weimar et de Batilly, dans les villages d'Amoncelle, Vougécourt, Corre, Baurbévelle, Ranzevelle, Bousseraucourt, Demangevelle, Montcourt. Le caractère spécial d'authenticité de ces documents rend très-précieux les nombreux détails qu'ils donnent sur la guerre de Dix Ans dans le bailliage d'Amont.

Nous n'avons cité que les titres les plus importants analysés dans le second volume de l'inventaire des archives de la Haute-Saône. La lecture de quelques articles fera ressortir, nous n'en doutons pas, bien mieux que cette courte notice, tout l'intérêt que présentent les actes du bailliage d'Amont. Ils reflètent, en effet, exactement la vie matérielle et morale de nos ancêtres pendant les deux derniers siècles, et considérés à ce point de vue, ils constituent, en quelque sorte, les annales des communes du département, car ils conservent le souvenir des événements dont elles ont pu être le théâtre, et des personnages divers qui les ont habitées. Ils peuvent en outre, fournir, soit aux administrations communales soit aux particuliers, d'utiles renseignements sur l'état de leurs propriétés avant la Révolution, sur les servitudes foncières qui les grevaient, leurs confins, etc., et, par leur caractère de titres authentiques, servir à établir des droits ou mettre fin à des difficultés.

L'Archiviste du département de la Haute-Saône,

Jules FINOT

Département de la Haute-Saône.

INVENTAIRE-SOMMAIRE

DES

ARCHIVES DÉPARTEMENTALES ANTÉRIEURES A 1790.

SÉRIE B.

(Cours et Juridictions. — Parlements, Bailliages, Sénéchaussées et autres juridictions accessoires, Cours des Comptes, Cours des Aides, Cours des Monnaies.)

Bailliages (Suite).

B. 3001. (Cahiers.) — In-4°, 248 feuillets, papier.

1745-1755. — Enquêtes civiles faites à la requête de Jean-François Michaux, de Villers, contre Pierre Bailly, au sujet du refus de ce dernier de faire une corvée qu'il doit au seigneur; — de François Queney, contre Louis Thomas, d'Abelcourt, à l'effet de prouver que ce dernier avait reçu du demandeur une pièce d'or en dépôt; — de Charles-Emmanuel de Bauffremont, abbé, contre les nommés Morlot et Flécher, maîtres de forges et fermiers des forges de La Bruyère, au sujet d'un enlèvement de mine commis pendant la nuit, etc.

B. 3002. (Cahiers.) — In-4°, 291 feuillets, papier.

1755-1745. — Enquêtes civiles faites à la requête de Philibert Queney, d'Éhuns, contre Jean Renaud, maréchal ferrant à Luxeuil, à l'effet de prouver que ce dernier a fait périr le cheval du demandeur en lui donnant une médecine contraire à la maladie dont il était atteint; — de Jean-Benoît Gay, procureur fiscal, contre les habitants d'Ainvelle, qui ont négligé de faire réparer leurs fontaines, qui perdaient leur eau; — de Desle Leclerc, de Saint-Bresson, contre la femme Richard, à l'effet de prouver que cette dernière a traité le demandeur de voleur et l'a accusé d'avoir pris l'argent du tronc de la chapelle de Saint-Brice, etc.

B. 3003. (Cahiers.) — In-4°, 234 feuillets, papier.

1745-1760. — Enquêtes civiles faites à la requête de François Chaurousset, procureur fiscal, contre Hubert Courdier, tendant à prouver qu'il avait enfoui dans son verger, derrière sa maison, dix-sept bêtes rouges mortes d'une maladie contagieuse, et qu'il en avait déterré plusieurs pour les dépouiller; — de Claude Maison, substitut du procureur général du roi de Pologne dans la prévôté de Conflans, contre Claude Rousse, d'Abelcourt, au sujet d'une subornation de témoins dans une affaire de guet-apens, etc.

B. 3004. (Cahiers.) — In-4°, 308 feuillets, papier.

1760-1775. — Enquêtes civiles faites à la requête : de Joseph Flament, maire de la Chapelle, contre Jean-Antoine Verney, au sujet d'un scandale commis à la procession de Notre-Dame; — de Joseph Bertrand, contre Gabriel Dechambenoît, de Saint-Sauveur, au sujet de la perception de la dîme sur un champ qui en est exempt; — de Claude-François Lampinet, écuyer, seigneur de Sainte-

Haute-Saône. — Tome II. — Série B.

Marie-en-Chaux, contre Jean-Claude Ginée, au sujet du parcours d'un pré appartenant audit seigneur; — de Pierre Philippe, de Velleminfroy, contre Jacques Mourey, pour avoir fait périr un veau par les mauvais traitements qu'il lui a fait subir, etc.

D. 3605. (Registre.) — In-f°, 150 feuillets, papier.

1745-1748. — Enquêtes civiles faites à la requête : de Claude-Joseph Desgranges, marchand à Luxeuil, contre Laurent Desbost, aubergiste, à l'effet de prouver que ce dernier a tué méchamment, d'un coup de fusil, le chat du demandeur; — de Claude Nèbe, de Briaucourt, contre contre Jean Lombard et sa femme, qui ont tenu des mauvais propos sur le compte du demandeur, et qui ont notamment répandu le bruit qu'il avait été chassé de son régiment après avoir été fouetté et marqué; — de la veuve Ferrière, de Luxeuil, contre Jean Lagrande, au sujet du détournement des eaux servant à l'irrigation des prés, etc.

D. 3606. (Registre.) — In-f°, 189 feuillets, papier.

1748-1750. — Enquêtes civiles faites à la requête : de la femme Mougenot, contre Philibert Chapuis, notaire à Luxeuil, au sujet de la reproduction d'une minute; — de Louis Aynard, comte de Clermont-Tonnerre, abbé de Luxeuil, contre Jean-Claude Cottelleux, de La Bruyère, qui a acheté un étang audit abbé d'un individu qui n'avait aucun droit sur cette propriété; — de Jean-François Toillon, de Froideconche, contre François Pilley, garde champêtre, qui a fait des menaces au demandeur, etc.

D. 3607. (Registre.) — In-f°, 211 feuillets, papier.

1693-1713. — Jugements rendus dans les décrets et les procès par écrit. — Sentences : d'ordre au décret fait sur les biens de Pierre Racle et de Catherine-Marie Rabardey, sa veuve, demeurant à Luxeuil, à la requête des révérends prieur et religieux Bénédictins du monastère Saint-Pierre de Luxeuil; — condamnant : Jean Mouchout, notaire à Velleminfroy, à l'amende de 10 livres envers le seigneur abbé, pour désobéissance à la justice; — Claude Galmiche, valet, demeurant à Baudoncourt, à payer à Claudine Laurent, veuve Faivre, et à ses deux fils, la somme de 1,200 livres, monnaie ancienne du comté de Bourgogne, pour le dommage qu'il leur a causé, par l'homicide qu'il a commis sur la personne de Pierre Faivre, leur mari et père, etc.

D. 3608. (Cahiers.) — In-4°, 330 feuillets, papier.

1708-1713. — Enregistrement des exploits de saisie. — Proclamations. — Sentences. — Décret rendu à la requête de Charles-Emmanuel de Bauffremont, baron de Scey, abbé de Luxeuil, sur les biens de Jean Jandel, greffier du bailliage de Luxeuil. — Sentences : appelant les habitants de Brotte à prouver qu'ils sont en possession du droit de faire pâturer leur bétail dans le canton appelé Montrichier-les-Églises et autres, désigné dans le traité passé avec les habitants de La Chapelle en 1602; — déclarant valables les saisies réelles, significations et assignations faites à la requête de Jean-Baptiste Loyot, contre Mathey, de Luxeuil, etc.

D. 3609. (Cahiers.) — In-4°, 340 feuillets, papier.

1713-1720. — Enregistrement des exploits de saisie. — Proclamations. — Sentences. — Décret fait à la requête de Nicolas Bourgain, citoyen de Besançon, procureur de l'Officialité, sur les biens de Nicolas Dolot, postulant au bailliage de Luxeuil. — Sentences : maintenant les habitants de Froideconche dans le droit de faire champoyer seuls, à l'exclusion de toute autre communauté, leur bétail dans un canton de pré appelé Bisot; — appointant Louis Aymonnet, avocat, à prouver qu'une vigne appelée Montmartine n'était pas la propriété de Claude Pasot, seigneur de Boursières, lors de son décès, etc.

D. 3610. (Cahiers.) — In-4°, 330 feuillets, papier.

1693-1708. — Défauts. — Congés. — Constitutions de procureurs faites par les plaideurs. — Congé à Claude Philippe, de Velleminfroy, défendeur en révélation de sommes saisies. — Déclaration faite par demoiselle Barbe Quessey, au greffe du bailliage, par laquelle elle se porte volontairement caution de son mari, débiteur de 14 pistoles. — Comparution faite au greffe par Dominique Lasère, de Froideconche, lequel a constitué un procureur chargé de signer une cédule portant appel d'une sentence faisant grief à ses intérêts, etc.

D. 3611. (Cahiers.) — In-4°, 302 feuillets, papier.

1708-1713. — Défauts. — Congés. — Constitutions de procureurs faites par les plaideurs. — Acte par lequel Claude Boisson, sergent au bailliage de Luxeuil, se porte caution judiciaire de Claude Guyot, procureur en la Maîtrise des eaux et forêts de Clerval. — Comparution faite au greffe du bailliage par la femme Party, de Saint-Sauveur, laquelle a affirmé être venue exprès à Luxeuil pour constituer un procureur, etc.

D. 3612. (Cahiers.) — In-4°, 275 feuillets, papier.

1713-1721. — Défauts. — Congés. — Constitutions

de procureurs faites par les plaideurs. — Acte par lequel Jean-Baptiste Maçon, écuyer, seigneur d'Esbau-Riaux, et Anne-Éléonore Quassey, son épouse, ont élu domicile en la ville de Luxeuil, en l'étude de maître Hanre, postulant au bailliage, qu'ils ont chargé de recevoir toutes les significations qui pourraient être faites au sujet des biens de feu Quassey, lieutenant au bailliage. — Comparation faite au greffe par noble Jean-Baptiste Bourguignet, avocat, seigneur de Saint-Bresson, à l'effet de se constituer caution judiciaire, etc.

B. 3613. (Registre.) — In-8°, 161 feuillets, papier.

1737-1738. — Défauts. — Congés. — Constitutions de procureurs faites par les plaideurs. — Défauts relevés par : haut et puissant seigneur, messire Charles-Emmanuel de Bauffremont, abbé de Luxeuil, contre Augustin Chapuis, de Pennoy, qui n'a pas déposé au greffe, dans le délai voulu, une copie de ses défenses ; — le sieur Baleur, ex-familier, en l'église de Luxeuil, contre noble Guillaume Pusel, seigneur de Servigney, prêtre familier en ladite église, faute d'avoir comparu au greffe pour constituer procureur, etc.

B. 3614. (Registre.) — In-8°, 160 feuillets, papier.

1738-1739. — Défauts. — Congés. — Constitutions de procureurs faites par les plaideurs. — Déclaration faite par Anne Mennetrey, femme Marcaire, de Mollans, par laquelle elle affirme qu'elle est venue exprès à Luxeuil pour déposer au greffe des quittances délivrées au profit de Claude Mennetrey, selon qu'il a été prescrit par une sentence rendue entre les parties. — Renonciation par les enfants Cartier, de La Chapelle-les-Luxeuil, à la succession de leurs père et beau-père, au profit de leur beau-frère, etc.

B. 3615. (Registre.) — In-8°, 118 feuillets, papier.

1739-1740. — Défauts. — Congés. — Constitutions de procureurs faites par les plaideurs. — Défaut relevé au greffe par noble Charles-Marie Gaspard de Montjustin, écuyer, prêtre, docteur en théologie, curé de Saint-Sauveur, contre François Grosjean, de Baudoncourt, faute d'avoir constitué un procureur dans les délais prescrits. — Comparation faite au greffe par Jean-François Grandgirard, procureur-syndic de la ville de Faucogney, lequel a affirmé que les magistrats de cette ville étaient redevables au sieur Singulin d'une somme de 150 livres, pour les travaux du chemin royal que la ville de Faucogney devait exécuter, etc.

B. 3616. (Registre.) — In-8°, 190 feuillets, papier.

1740-1743. — Défauts. — Congés. — Constitutions de procureurs faites par les plaideurs. — Défaut relevé au greffe par messire Bénigne, comte de Montézan, ancien exempt des gardes de Sa Majesté, seigneur de Montureux-lès-Baulay, demandeur en saisie mobilière, contre Claude-Joseph Marchand, demeurant à La Pisseure. — Procuration donnée par Marguerite Hacquard, de Broeches, à l'huissier Pouthier, par laquelle il est chargé de toutes significations à faire à Claude-François Franchet, de Raid, chanoine de Besançon, prieur et seigneur de Fontaine-lès-Luxeuil, etc.

B. 3617. (Registre.) — In-8°, 75 feuillets, papier.

1744-1747. — Défauts. — Congés. — Constitutions de procureurs faites par les plaideurs. — Déclaration faite au greffe du bailliage par Claude-François Bertout, de Bavigney, agissant au nom de la communauté et affirmant être venu exprès à Luxeuil pour faire dresser un libellé d'assignation contre Nicolas Corcier. — Comparation faite au greffe par Jean-Claude Grillot, lequel a déclaré que, pour jouir des effets de la sentence qu'il a obtenue contre Jean-Charles Ulrique, de Luxeuil, il a présenté pour sa caution judiciaire Jean-Constant Buisson, etc.

B. 3618. (Registre.) — In-4°, 165 feuillets, papier.

1747-1750. — Défauts. — Congés. — Constitutions de procureurs faites par les plaideurs. — Affirmation par le bailli de Luxeuil d'un compte de tutelle présenté par Étienne Tisserand, de Briaucourt, demandeur en constitution de procureur, contre Augustin Henry, qui n'a pas comparu au greffe pour faire la même constitution, etc.

B. 3619. (Registre.) — In-4°, 179 feuillets, papier.

1750-1757. — Défauts. — Congés. — Constitutions de procureurs faites par les plaideurs. — Comparation au greffe de Joseph Fabert, docteur en médecine à Luxeuil, lequel a déclaré reprendre l'instance pendante au bailliage et que Thérèse Dirand a commencée contre Marguerite Bertrand, veuve Baffard. — Déclarations faites au greffe par François Lampinet, seigneur de Sainte-Marie-en-Chaux, et par messire de Rainach, baron et chevalier, demeurant à Archebach, portant qu'ils font élection de domicile en l'étude de maître Castel, procureur à Luxeuil, etc.

B. 3620. (Registre.) — In-folio, 103 feuillets, papier.

1757-1763. — Défauts. — Congés. — Constitutions

de procureurs faites par les plaideurs. — Présentation au greffe de maître Huguenin, procureur de Joachim Mathiot, marchand, demeurant à Luxeuil, lequel a relevé défaut contre Claude-François Cravier, avocat au Parlement, seigneur de Frotey-lez-Lure, qui n'a pas comparu dans le délai de l'ordonnance. — Comparution faite au greffe par Alexis Bourgnot, avocat au Parlement, qui se porte caution judiciaire de son beau-père, lequel a obligé, sous le scel du Roi, tous ses biens meubles et immeubles, etc.

B. 3620. (Registre.) — In-4°, 147 feuillets, papier.

1768-1774. — Défauts. — Congés. — Constitutions de procureurs faites par les plaideurs. — Comparution au greffe de Claude-François Chapuis, de Saint-Sauveur, lequel déclare consentir à cesser caution de Louis Remaisseinet pour une somme de 450 livres. — Présentation de cause en séparation de biens faite par Guillaume Magny, procureur de dame Jeanne de Bonafos, contre Claude-Antoine Valoy, écuyer, demeurant à Luxeuil, etc.

B. 3622 (Registre.) — In-4°, 174 feuillets, papier.

1774-1780. — Défauts. — Congés. — Constitutions de procureurs faites par les plaideurs. — Compte de tutelle présenté par dame Catherine-Prudence Malguien, veuve Breton, seigneur d'Aublans, écuyer, conseiller-secrétaire du Roi, maison et couronne de France. — Déclaration faite au greffe par Nicolas Grandgirard, de Brotte, par laquelle il atteste vouloir continuer l'instance pendante au bailliage contre Jean-Claude Corberand, pour insultes et violences, etc.

B. 3623. (Registre.) — In-4°, 211 feuillets, papier.

1748-1749. — Défauts. — Congés. — Constitutions de procureurs faites par les plaideurs. — Présentation du compte de la gestion du greffe du bailliage de Luxeuil fait à messire Jean-Louis Aynard, comte de Clermont-Tonnerre, abbé, par Toussaint Parisot, veuve Nicot, greffier dudit siège. — Comparution au greffe de Claude-Benoît Pia, avocat au Parlement, lequel a affirmé par serment que la somme de 1,240 livres, monnaie royale, était due au sieur Meister, marchand à Bâle, par Jean-Claude Girod, marchand à Luxeuil, etc.

B. 3624. (Registre.) — In-4°, 136 feuillets, papier.

1750-1754. — Présentations de causes en défendant faites par : Sébastien Magny, procureur de Gabriel Taffignon, marchand, demeurant à Troyes, contre Nicolas Landet, impétrant en matière de décret, sur les biens de Claude-François Jamey, de Pomoy, et de Jeanne Borey, sa femme; — maître Coudret, procureur des habitants de Belaucourt, contre les Bénédictins de Luxeuil, impétrant en matière de perception de dîmes, etc.

B. 3625. (Registre.) — In-4°, 182 feuillets, papier.

1754-1756. — Présentation de causes en défendant faites par : Claude-François Gamet, procureur de Pierre Boulanger, de Villers, défendeur en révélation, contre Alexis-François Bance, conseiller auditeur en la Chambre des Comptes de Bâle, demandeur en saisie de diverses sommes; — Pierre Boulanger, de Villers, lequel a déclaré par serment qu'il est gardien de dix cochons appartenant à Pierre Thonnache, meunier au moulin dudit lieu, et qu'il est prêt à les remettre à la personne qui sera désignée par la justice, etc.

B. 3626. (Registre.) — In-4°, 147 feuillets, papier.

1748-1749. — Présentations de causes en défendant faites par : François-Xavier Prinet, de Luxeuil, contre Guillaume Faynon, en matière de caution judiciaire; — affirmation de Claude Laroche, par laquelle il déclare que son père, en le mariant, l'a chargé de payer à sa sœur, pour sa dot, une somme de 200 livres 13 sous 4 deniers, en trois termes, d'année en année; — Antoine Voillot, procureur de Jacques-François Boulanger, de Luxeuil, défendeur, contre messire Pierre-Joseph de Ferrières du Châtelet, écuyer, chevalier, colonel d'infanterie, en matière de saisie, etc.

B. 3627. (Registre.) — In-4°, 101 feuillets, papier.

1750-1758. — Affirmations de voyage. — Comparution au greffe de : Frédéric Vineux, capitaine des chasses du cardinal de Soubise, lequel déclare être venu exprès à Luxeuil pour relever un décret rendu contre Maurice Jurain et son fils, pour insultes; — Leduc, échevin de la commune de Pomoy, lequel est venu exprès à Luxeuil pour réclamer un graduel que Beste-Queniron doit fournir à l'église paroissiale dudit lieu, etc.

B. 3628. (Registre.) — In-8°, 94 feuillets, papier.

1769-1774. — Affirmations de voyage. — Comparutions faites au greffe par : Simon Petitjean, procureur spécial de la communauté d'Anjeux, lequel a affirmé être venu exprès à Luxeuil à l'effet d'être présent au comptoir qui doit se faire, en exécution d'un jugement rendu

SÉRIE B. — BAILLIAGES. 5

ou la cause desdits habitants, au sujet des reconnaissances seigneuriales de 1673 ; — l'abbé de Labarre, lequel a déclaré qu'ayant présenté à l'abbé de Luxeuil un certificat de vie pour toucher la pension que le Roi lui a accordée sur son abbaye, cet abbé s'était refusé à lui payer le terme échu, etc.

B. 3537. (Registre.) — In-8°, 131 feuillets, papier.

1776-1787. — Affirmations de voyages. — Comparutions faites au greffe par : Jean-Baptiste Brocard, meunier à Brotte, lequel a affirmé être venu exprès à Luxeuil pour relever un jugement rendu contre madame de Mailly, dame de Franchevelle ; — messire Claude-Ignace Projean, docteur en théologie, ancien curé de Conflans et de Briaucourt, prieur et seigneur du fief de La Chapelle-lès-Luxeuil, lequel a déclaré qu'il était venu exprès à Luxeuil pour faire dresser des écritures contre François Bougnol, de Briaucourt, etc.

B. 3540. (Registre.) — In-4°, 195 feuillets, papier.

1787-1789. — Affirmations de voyages. — Comparutions faites au greffe par : Antide Cardot, demeurant à La Montagne, lequel a déclaré être venu exprès à Luxeuil pour porter plainte et faire informer par le procureur fiscal du bailliage contre Joseph Lombard, demeurant audit Luxeuil, lequel s'est porté à des excès sur sa personne, etc.

B. 3541. (Registre.) — In-4°, 171 feuillets, papier.

1789-1790. — Affirmations de voyages. — Comparutions faites au greffe par : François-Xavier Grosjean, avocat en Parlement, demeurant à Faucogney, comme ayant charge du directeur de l'hôpital dudit lieu de relever une sentence rendue contre l'abbé Bourquin, vicaire au Val lajol ; — Ferdinand Royen, notaire royal à Menoux, lequel a déclaré être venu exprès à Luxeuil pour faire saisir au corps Louis Tissot, marchand forain, présentement à Luxeuil, etc.

B. 3542. Cahier. — In-4°, 97 feuillets, papier.

1750-1765. — Rapports des gardes et des messiers constatant les délits commis dans l'étendue du bailliage par les Bénédictins de Luxeuil, qui ont fait vendanger les vignes qu'ils possèdent sur le territoire de Brotte avant l'ouverture des bans. — Déclarations faites au greffe par divers particuliers de Baudoncourt et de Saint-Sauveur,

portant qu'ils veulent continuer à atteler les vaches et à s'en servir pour la culture, etc.

B. 3543. (Registre.) — In-8°, 178 feuillets, papier.

1765-1773. — Rapports des gardes et des messiers constatant les délits commis dans l'étendue du bailliage par les frères Louvoy, de Saint-Bresson, accusés d'avoir fait subir de mauvais traitements au garde, qui voulait les empêcher de boire et manger chez un aubergiste de ladite commune. — Déclaration du sieur Chérian, distributeur du sel, portant qu'il a saisi chez un particulier une scie aux armes de l'abbaye, avec laquelle on pouvait diminuer les plots de sel de l'épaisseur d'une ligne, etc.

B. 3544. (Registre.) — In-8°, 112 feuillets, papier.

1773-1778. — Rapports des gardes et des messiers constatant les délits commis dans l'étendue du bailliage par Jean-Claude Boisselot, de Saint-Sauveur, qui a enlevé du millet sur lequel la dîme n'avait pas été prélevée ; — par la communauté de Velleminfroy, qui a négligé de réparer un pont devenu dangereux pour les passants. — Déclaration de Jean Galuche, de Saint-Bresson, portant qu'il est dans l'intention de défricher vingt et une quartes de terres incultes, conformément aux dispositions de l'édit du Roi de 1766, etc.

B. 3545. (Registre.) — In-8°, 131 feuillets, papier.

1778-1786. — Rapports des gardes et des messiers constatant les délits commis dans l'étendue du bailliage par des marchands forains, qui, ayant déballé leurs marchandises sur la place de l'Abbaye, un jour de foire, ont refusé d'acquitter le droit dû pour ce fait au seigneur abbé ; — par un nommé Sarrazin, accusé d'avoir maltraité l'échevin, qui voulait le faire sortir d'un cabaret où il faisait tapage ; — par un inconnu qui tirait de la mine sur le chemin public qui conduit à Saint-Bresson, etc.

B. 3546. (Registre.) — In-4°, 116 feuillets, papier.

1786-1789. — Rapports des gardes et des messiers constatant les délits commis dans l'étendue du bailliage : par Claude Vouriot, de Breuches, qui a levé des gazons sur un terrain communal ; — par Jean-Jacques Pierre, de Froideconche, qui a fait passer son bétail sur la chaussée de l'étang Monsieur, appartenant aux pères Bénédictins de Luxeuil ; — par Jean Quenoy et sa femme, qui ont, pendant la nuit, ravagé un champ de blé, etc.

B. 3637. (Cahiers.) — In-4°, 100 feuillets, papier.

1698-1703. — Extraits et baillis des procès pendants au bailliage. — Enregistrement au greffe des noms, prénoms et demeures des personnes faisant trafic des grains et ayant obtenu du bailli la permission de faire ce commerce. — Adjudications et baux de la conduite du sel ordinaire dans les villes et villages dépendant de la seigneurie de Luxeuil. — Rôles pour la distribution du sel.

B. 3638. (Registre.) — In-4°, 184 feuillets, papier.

1680-1688. — Jugements interlocutoires, préparatoires et définitifs, en matière criminelle, condamnant : Jean Vuillemot, de Saint-Bresson, à neuf jours de prison, au pain, à l'eau et à l'amende de 20 livres, pour blasphèmes, coups et scandale ; — Pierre de Salcède, demeurant à Rassigney, à être pendu et à une amende de 300 livres au profit du seigneur abbé, pour vols, menaces d'incendie et assassinat ; — Claude Guyot, de Baudoncourt, à dix ans de bannissement de la province et à une amende de 150 livres, au profit du seigneur, pour avoir tué le sieur Simon d'un coup de bâton, etc.

B. 3639. (Registre.) — In-4°, 200 feuillets, papier.

1689-1694. — Jugements interlocutoires, préparatoires et définitifs, en matière criminelle, condamnant : Philibert Colot, de Fontaine-les-Luxeuil, à cinq ans de galères et à 50 livres d'amende, pour viol et mauvais traitements ; — Nicolas-Joseph Dessieux, de Colombotte, à cinq ans de bannissement, à être fustigé et à 30 livres d'amende, pour vol d'une paire de bœufs ; — Jean-Étienne, dit Manqueux, de Crostières, à l'amende de 5 livres, pour violation de domicile et tapage nocturne, etc.

B. 3640. (Cahiers.) — In-4°, 491 feuillets, papier.

1728-1745. — Causes en matière criminelle. — Sentences : ordonnant la saisie au corps de François Perney, de Luxeuil, accusé d'avoir fait subir de mauvais traitements à Catherine Cartier, femme Holerique, et le condamnant par provision à lui payer 15 livres pour aliments et médicaments ; — condamnant le nommé Tisserand, garde des bois de Luxeuil, à 100 livres d'amende au profit du seigneur, pour avoir reçu de l'argent des communautés de Breuches et de Baudoncourt, avec lesquelles il était convenu de ne faire aucune visite dans leurs bois ni rapport, etc.

B. 3641. (Registre.) — In-4°, 254 feuillets, papier.

1745-1750. — Causes en matière criminelle. — Sentences condamnant : Pierre Jacquard, à l'amende de 300 livres, pour avoir dépouillé deux bêtes rouges péries d'une maladie contagieuse ; — Claude-François Monigoz, tailleur d'habits à Luxeuil, à un bannissement de cinq ans du ressort du bailliage et à 300 livres d'aumône, à verser entre les mains du curé de Saint-Sauveur, chargé de les distribuer aux pauvres de la paroisse, et à 50 livres d'amende au profit du seigneur abbé, pour faits d'usure, etc.

B. 3642. (Cahiers.) — In-4°, 150 feuillets, papier.

1722-1728. — Enregistrement des donations entre-vifs faites par : Philippe Grappin, notaire à Ainvelle, à Jeanne-Françoise Floquet, de ses biens meubles et immeubles ; — Sébastien Maison, marchand tanneur à Saint-Loup, à Catherine Pigeot, sa future épouse, d'une somme de 800 livres pour joyaux nuptiaux et pour douaire ; — Nicolas Buccard, de Luxeuil, à Françoise Maire, sa future épouse, d'une somme de 100 livres à prélever sur le meilleur de ses biens-fonds, etc.

B. 3643. (Cahiers.) — In-folio, 100 feuillets, papier.

1729-1740. — Enregistrement des donations entre-vifs faites par : les époux Gallet, de Villers-les-Luxeuil, au dernier vivant, d'une somme de 200 livres, monnaie royale, en témoignage de l'amitié qu'ils ont l'un pour l'autre ; — Antoine Geoffroy, à Marie Humbert, de tous les biens meubles qui lui appartiendront au jour de son décès, etc.

B. 3644. (Cahier.) — In-folio, 103 feuillets, papier.

1741. — Enregistrement des donations entre-vifs, parmi lesquelles on remarque celle faite entre messire Laurent Drouet, écuyer, capitaine de cavalerie, chevalier de Saint-Louis, premier maréchal des logis de la compagnie des gendarmes de Monseigneur le Dauphin, et dame Jeanne Henrion, son épouse, demeurant à Luxeuil, lesquels ont déclaré que les biens qu'ils possèdent en commun reviendront au survivant et que les 3,000 livres apportées en dot par l'épouse appartiendront au mari, dans le cas où elle viendrait à décéder la première, etc.

B. 3645. (Cahiers.) — In-4°, 150 feuillets, papier.

1742-1744. — Enregistrement des donations entre-vifs faites par : Jacques Coiffot, demeurant à Amblans, à sa nièce Françoise Maleuli, maîtresse d'école à Luxeuil, d'une somme de 100 livres, avant d'aller rejoindre le régiment d'Auvergne, dans lequel il est soldat ; — Jean-Baptiste Jacquot, de Saint-Sauveur, émancipé, lequel fait donation d'une somme de 300 livres à Marguerite Morel, de Raddon, sa future épouse, etc.

B. 3646. (Cahiers.) — In-4°, 120 feuillets, papier.

1742-1743. — Enregistrement des donations entre-vifs faites par : Simon Gentil, dragon au régiment de Beauffremont, compagnie de M. de Neuilly, en quartier à Luxeuil, à François Maiupin, dudit lieu, d'une somme de 300 livres, monnaie du royaume ; — Jacques Laborey, curé à Ornoy, à son neveu Jacques-Étienne Laborey, avocat en parlement, futur époux de dame Marie-Gertrude Gay, fille du bailli de Luxeuil, d'une somme de 13,000 livres. — Claude-Antoine de Valley, seigneur de Villers-Farlay, à dame Jeanne-Baptiste-Constance de Bonnafos, sa femme, d'une somme de 2,000 livres, moitié pour joyaux et l'autre moitié pour douaire, etc.

B. 3647. (Cahiers.) — In-4°, 150 feuillets, papier.

1749-1751. — Enregistrement des donations entre-vifs faites : entre Claude-François Galmiche et Marie Aubry, demeurant à Saint-Bresson, d'une somme de 100 livres que le survivant prélèvera sur les biens de la communauté, dans le cas où il n'y aurait point d'enfant ; — par Jeanne-Claude Colin, d'Aillevillers, à Jean-Baptiste Grandhaye, son futur mari, de la jouissance de sa maison et de ses dépendances, après son décès, etc.

B. 3648. (Cahiers.) — In-4°, 150 feuillets, papier.

1752-1754. — Enregistrement des donations entre-vifs faites : entre Lemonnier, de Fougerolles, et Madeleine Levrey, futurs époux, d'une somme de 300 livres, monnaie royale, que le survivant prélèvera sur les biens du premier décédé ; — par Marguerite Marescot, de Velleminfroy, du consentement de messire Louis Aynard, comte de Clermont-Tonnerre, seigneur abbé de Luxeuil, à Nicolas Marescot, son père, d'un jardin et de 300 livres pour y construire une maison, etc.

B. 3649. (Cahiers.) — In-4°, 150 feuillets, papier.

1755-1757. — Enregistrement des donations entre-vifs faites par : Claudine-Thérèse Dirand et ses sœurs, demeurant à Luxeuil, d'une somme de 300 livres, monnaie royale, à Jean Daperron, dudit lieu, pour lui faciliter l'entrée dans l'ordre de Saint-Benoît, congrégation de Saint-Vannes ; — Philippe Grappin, notaire à Aisnelle, d'une somme de 4,000 livres, à Joseph Robert, prêtre-vicaire à Villers, moyennant une pension viagère de vingt et une quartes de froment et 90 livres d'argent, etc.

B. 3650. (Cahiers.) — In-4°, 150 feuillets, papier.

1758-1760. — Enregistrement des donations entre-vifs faites par : Joseph Mathey, demeurant à Esboz-Brest, à son fils Joseph, de la moitié d'un étang situé au finage dudit lieu, appelé l'étang du Pouget ; — Louis Thomas, à son fils Joseph, d'une somme de 300 livres, pour lui tenir lieu de pension pendant le temps qu'il sera novice au couvent des pères Cordeliers de Reims, en Champagne, etc.

B. 3651. (Cahiers.) — In-4°, 150 feuillets, papier.

1761-1763. — Enregistrement des donations entre-vifs faites par : Jean Barberot, curé d'Ailloncourt, à Françoise et Marguerite Lacoste, ses nièces, de tous ses biens situés tant à Marnay qu'à Chenevrey ; — les demoiselles Girard, de Luxeuil, à Jean-Baptiste Clerc, écuyer, seigneur de Francalmont, leur cousin, du fief de Breuches, avec le droit de chasse et de pêche ; — Pierre-François Camus, d'Ehuns, à son fils Jacques, d'une pension de 20 livres par an, pour lui faciliter son entrée dans l'ordre des religieux de Saint-François, etc.

B. 3652. (Cahiers.) — In-4°, 150 feuillets, papier.

1764-1766. — Enregistrement des donations entre-vifs faites par : Jean-Claude Charton, soldat invalide, demeurant à Villers-les-Luxeuil, sujet mainmortable de l'abbaye de Luxeuil, à sa femme Angélique Lebigre, de ses meubles et effets évalués à la somme de 30 livres ; — Marie-Anne Dupard, à son époux, Charles de Broux, chevalier de Saint-Louis, ancien mestre de camp de cavalerie, d'une somme de 4,000 livres, etc.

B. 3653. (Cahiers.) — In-4°, 150 feuillets, papier.

1767-1769. — Enregistrement des donations entre-vifs faites par : Jean-Nicolas Petitcolin, demeurant à Baudoncour, aux habitants de cette communauté, d'un champ situé audit lieu, derrière la ville, de la contenance de quatorze coupes deux tiers, pour y édifier une église ; — François Burgey, dudit lieu, qui donne également à ladite commune, pour l'érection de l'église, un champ de sept coupes situé aussi derrière la ville. — Renonciation par

Louis Aynard, comte de Clermont-Tonnerre, abbé de Luxeuil, au droit de mouvance qu'il avait sur des biens vendus à Henri Hanicolas, capitaine du château de Baudoncourt, etc.

B. 3634. (Cahiers.) — In-4°, 150 feuillets, papier.

1770-1772. — Enregistrement des donations entre-vifs faites par : Jean-Baptiste Brigaut, de Saint-Bresson, à son fils aîné, de tous ses biens consistant en maison, jardin, verger, champs, prés et étangs, à la condition de payer ses dettes et d'apaiser ses créanciers ; — Charlotte-Ferdinande et Barbe-Thérèse de Bonnafos de La Griève, demeurant à Luxeuil, à noble Louis-Emmanuel Augustin de Valley, leur neveu, clerc tonsuré, de tous les fonds qu'elles possèdent sur le territoire dudit Luxeuil, etc.

B. 3635. (Cahiers.) — In-4°, 150 feuillets, papier.

1773-1775. — Enregistrement des donations entre-vifs faites par : Françoise Holerique, de Luxeuil, à Claude Denis Holerique, prêtre chapelain de l'église Saint-Martin, son frère consanguin, d'un verger situé sur les fossés de la ville de Luxeuil ; — messire Jacques Boulangier, curé de Voisey, à François Boulangier, avocat en parlement, demeurant à Luxeuil, d'une maison située audit lieu, pour en jouir en toute propriété après sa mort, etc.

B. 3636. (Cahiers.) — In-4°, 200 feuillets, papier.

1776-1779. — Enregistrement des donations entre-vifs faites par : Pierre-Jacques-Simon Daval, seigneur de Céroz, demeurant à Faucogney, à Marie-Pierrette-Félix Laborey, fille de Jacques Laborey, bailli de Luxeuil, sa future épouse, d'une somme de 3,000 livres pour joyaux de noces et pour douaire, la jouissance de tous ses biens, dans le cas où il décéderait le premier ; — dame Anne-Marguerite Caron, veuve Boulangier, conseiller du Roi, président de la juridiction royale des traites et gabelles de Vesoul, d'une maison, d'un jardin et d'un verger, situés à Luxeuil, etc.

B. 3637. (Cahiers.) — In-4°, 150 feuillets, papier.

1780-1782. — Enregistrement des donations entre-vifs faites par : les religieux Bénédictins de l'église Saint-Martin de Luxeuil, et François Gérard, curé de Briaucourt, aux habitants de cette communauté, les premiers, d'une somme de 300 livres, et le deuxième, de celle de 150 livres, pour agrandir l'église dudit lieu ; — Jeanne-Claude Richard, veuve Pachet, de Luxeuil, à son fils, clerc tonsuré,

au diocèse de Besançon, d'une pension de 133 livres qui courra du jour où il sera nommé sous-diacre, etc.

B. 3638. (Cahiers.) — In-4°, 150 feuillets, papier.

1783-1785. — Enregistrement des donations entre-vifs faites par : Louis-Emmanuel, de Vallay-Villers-Farlay, écuyer, prêtre, vicaire général du diocèse de Condom, demeurant à Luxeuil, à Étienne Thévenot, son domestique, d'une somme de 3,000 livres, payable moitié dans trois ans et l'autre moitié lorsqu'il aura atteint sa trentième année ; — les habitants de Meurcourt, assemblés sur la place publique, à messire de Saint-Fergeux, leur seigneur, de seize pieds de terrain, pour établir une cour devant son château, refusant 150 livres que leur offre ledit seigneur, et se disant trop heureux de trouver l'occasion de pouvoir lui témoigner leur respect, etc.

B. 3639. (Cahiers.) — In-4°, 150 feuillets, papier.

1786-1788. — Enregistrement des donations entre-vifs faites par : Françoise-Déchambenoît, veuve Collelieux, de Saint-Sauveur, à Sébastien Toitton, prêtre, vicaire audit lieu, d'une maison avec ses dépendances, d'une valeur de 4,000 livres ; — requêtes adressées par Pierrette et Anne Barisien à messire Louis Aynard, comte de Clermont-Tonnerre, abbé de Luxeuil, à l'effet d'être autorisées à vendre, échanger ou donner, à un de leurs parents, des immeubles frappés de la macule de mainmorte, etc.

B. 3660. (Cahier.) — In-4°, 200 feuillets, papier.

1789. — Enregistrement des donations entre-vifs faites par : Hilarion Boulle, maître de forges, demeurant à Luxeuil, à son fils, d'une somme de 20,000 livres, en raison de son mariage avec mademoiselle Nicolette Clère, fille de Claude-François Clère, avocat en parlement, demeurant à Besançon. — Déclaration du sieur Guenot, avocat à Vesoul, par laquelle il renonce à la donation qui lui a été faite par ses cousines Barisien, de Luxeuil, en raison de ce qu'elles étaient exposées à être maltraitées par les héritiers de la branche paternelle, etc.

B. 3661. (Liasse.) — 131 pièces, papier.

1747-1765. — Feuilles d'audiences du bailliage. — Sentences civiles : appointant : Claude Galmiche, de Saint-Bresson, à prouver que, depuis 1683 jusqu'en 1765, il a joui, ainsi que ses enfants, des eaux provenant de la fontaine dite Fin-Thiébaud ; — Claude-Antoine Vonin, régent d'humanités à Luxeuil, à prouver que Pierre-François

Chapuis, maire à Saint-Sauveur, lui doit 18 livres, pour avoir enseigné la langue latine à son fils pendant quatorze mois; — condamnant les habitants de Saint-Sauveur à payer au fermier général des revenus de la grange Barreau, appartenant au seigneur abbé, la somme de 89 sous pour les corvées de charrue qu'ils n'ont pas faites, etc.

B. 3662. (Liasse.) — 131 pièces, papier.

1768-1775. — Feuilles d'audiences du bailliage. — Sentences civiles: condamnant Joseph Charton, d'Abelcourt, à payer à Ferdinand Lamboley, tabellion général du bailliage de Luxeuil, 12 sous 1 denier pour le droit de sceel d'un contrat d'acquisition montant à 140 livres; — déclarant les habitants de Baudoncourt non recevables, comme partie intervenante, dans une instance entre Jean-François de Lampinet, écuyer, seigneur de Sainte-Marie-en-Chaux, le chevalier baron de Rainach et le sieur Guy, avocat, contre Nicolas Burgez et autres dudit lieu, au sujet de la perception de la dîme, etc.

B. 3663. (Liasse.) — 125 pièces, papier.

1776. — Feuilles d'audiences du bailliage. — Sentences civiles ordonnant: à Jean-Claude Charpillet, curé à Ainvelle, de déposer au greffe du bailliage les pièces et titres concernant l'église de Francalmont; — à François Guin, de rendre compte de la gestion des biens et des revenus de S. A. Charles de Rohan, prince de Soubise, maréchal de France, etc.

B. 3664. (Liasse.) — 129 pièces, papier.

1777-1778. — Feuilles d'audiences du bailliage. — Sentence civile ordonnant que, par experts, il sera procédé au partage de tous les biens de la succession d'Antoinette Monney, de Pomoy. — Plainte portée devant le bailli par Jean-Claude Humbert, de Baudoncourt, domestique à la ferme Barreau, appartenant aux Bénédictins de Luxeuil, contre dom Maurice Varin et Bernard Bernardin, pour les vexations et mauvais traitements qu'ils lui ont fait subir, et pour l'avoir forcé à quitter ladite ferme avant la fin de son engagement, etc.

B. 3665. (Liasse.) — 135 pièces, papier.

1778-1779. — Feuilles d'audiences du bailliage. — Sentences civiles: ordonnant aux habitants d'Abelcourt et à ceux de Villers-les-Luxeuil de procéder au partage des terrains communaux appelés le pâtis du Moulin et le pré

HAUTE-SAÔNE. — TOME II. — SÉRIE B.

Robin, et de nommer des experts pour planter des bornes séparatives entre ces deux communaux; — condamnant Jacques-François Mulot, huissier à Luxeuil, à 100 livres de dommages-intérêts envers Antoine Élophe, procureur et notaire, pour l'avoir calomnié, etc.

B. 3666. (Liasse.) — 138 pièces, papier.

1779-1780. — Feuilles d'audiences du bailliage. — Sentences civiles: appointant Nicolas Chardin, de Bassigney, à prouver qu'Étienne Legris lui a volé une pièce d'or et qu'il l'avait avalée, afin qu'on ne pût la retrouver; — adjugeant à messire Gabriel-Ignace-Philibert-Remy Boniface, seigneur de Mercey, capitaine de dragons, le produit de la vente des meubles saisis sur Jean-Baptiste Bolot et sa femme, demeurant à Faucogney, etc.

B. 3667. (Liasse.) — 139 pièces, papier.

1781. — Feuilles d'audiences du bailliage. — Sentences civiles: condamnant Jean-Baptiste Leclerc, maire à Pomoy, à payer à Jean Prétot, cabaretier audit lieu, la somme de 56 livres 13 sous 6 deniers, pour fourniture de pain, vin et viande; — Nicolas Pinot, laboureur, demeurant à Saint-Bresson, à payer à messire Gabriel-Philibert-Ignace-René Boniface, baron de Raclet, seigneur de Mercey, la somme de 18 livres qu'il lui doit en qualité d'héritier universel du curé Bolot, de Saint-Bresson; — accordant à la ville de Luxeuil la possession et jouissance d'un terrain appelé la voie Delcot, contrairement aux prétentions de la communauté de Froideconche, etc.

B. 3668. (Liasse.) — 140 pièces, papier.

1782. — Feuilles d'audiences du bailliage. — Sentences civiles condamnant: Jean-François Simon, le vieux, demeurant à Breuches, à payer aux religieux Bénédictins de Luxeuil la somme de 72 livres, pour les trois premiers termes de son bail du droit de pêche dans la rivière du Breuchin; — Jean-Baptiste Colson, laboureur à Briaucourt, à recevoir 9 livres de Florent de Huvé, écuyer, demeurant à Conflans, pour prix de deux coffres en bois, appartenant à sa domestique, etc.

B. 3669. (Liasse.) — 141 pièces, papier.

1782-1783. — Feuilles d'audiences du bailliage. — Sentences civiles: permettant à Françoise Levrey, de Saint-Bresson, de célébrer son mariage avec Claude-Joseph Grosjean et de faire tous actes, en conséquence, de l'auto-

2

rité de son tuteur ; — condamnant les habitants de Saint-Bresson à payer à leur curé une quarte de seigle par an, pour rétribution de la desserte de la paroisse ; — ordonnant que les biens de Jean-Baptiste Perrin, maître horloger à Luxeuil, seront vendus sur place publique, et que le produit en sera remis à Joseph de Ferrières, du Châtelet, écuyer, chevalier de Saint-Louis, colonel des grenadiers royaux de la Guyenne, etc.

B. 3670. (Liasse.) — 133 pièces, papier.

2562-2563. — Feuilles d'audiences du bailliage. — Sentences civiles : admettant au nombre des créanciers de François Colson, de Pomoy, messire Charles-Emmanuel-Polycarpe, marquis de Saint-Mauris, chevalier, capitaine de dragons, baron seigneur de Saulx ; — ordonnant que l'intervention des habitants de Breuches dans l'instance pendante entre le fermier général des revenus de l'abbaye de Luxeuil, demandeur en saisie contre François Chouavey, sera jointe, avec ses incidents, à la matière principale, pour être statué sur le tout par un seul et même jugement, etc.

B. 3671. (Liasse.) — 143 pièces, papier.

2564. — Feuilles d'audiences du bailliage. — Sentences civiles : permettant : au sieur Vielley, bailli de Saint-Loup, seigneur de Corre, d'amodier les terres de son fief ; — à Philippe Charton, de La Pisseure, de faire dans son moulin toutes les réparations qu'il jugera utile et de saisir tous les meubles et effets qui sont dans ledit moulin et appartiennent à Étienne Demougin ; — ordonnant à Joseph Grisel, de Breuches, de déposer au greffe du bailliage les rôles de l'imposition des années 1778, 1779 et 1780.

B. 3672. (Liasse.) — 129 pièces, papier.

2565. — Feuilles d'audiences du bailliage. — Sentences civiles : condamnant : Joseph Laurent, maître menuisier à Luxeuil, à remettre à Thomas Parrot le meuble qu'il a en dépôt chez lui ; — Joseph Grobert, notaire royal, à 100 livres d'amende, au profit du seigneur abbé de Luxeuil, pour avoir refusé de remettre au tabellion général la minute d'un acte qu'il a passé à Ailloncourt, village faisant partie de la terre de Luxeuil ; — appointant Charles Érard, d'Ainvelle, à faire preuve que la baraque qu'il a construite se trouve sur un champ qui lui appartient, etc.

B. 3673. (Liasse.) — 136 pièces, papier.

2565-2566. — Feuilles d'audiences du bailliage. — Sentences civiles : condamnant : Louis-Emmanuel-Augustin, de Vallay, à retirer de l'étude de Nicolas-Antoine Elophe, notaire et procureur au bailliage, les pièces de onze instances dans lesquelles il a occupé pour lui ; — Thérèse Guyot, à rembourser à Jean-Baptiste Mathelat, seigneur décimateur de Corre, la somme de 6 livres 10 sous pour intérêts de rente ; — appointant Jean-Claude Pusel, bachelier en droit, à faire preuve que la vigne dite la Montmartine, située à Boursières, n'a jamais appartenu à Claude Pusel, seigneur dudit lieu, etc.

B. 3674. (Liasse.) — 148 pièces, papier.

2566. — Feuilles d'audiences du bailliage. — Sentences civiles : ordonnant aux habitants de la commune d'Ehuns de se pourvoir à l'intendance de la province contre l'exécution du bail de leurs communaux ; — donnant acte à Claude-Antoine-Sulpice Projean, de Luxeuil, de la remise au greffe de trois nouvelles pièces justifiant sa demande par laquelle il réclame à l'abbé de Luxeuil 8,000 livres, tant pour appointement que pour ports de lettres, etc.

B. 3675. (Liasse.) — 111 pièces, papier.

2567. — Feuilles d'audiences du bailliage. — Sentences civiles : condamnant Jean-Baptiste Vidy, de Villers-lès-Luxeuil, à livrer à Jean-Claude Buisson, négociant à Luxeuil, six ruches, selon qu'il en a pris l'engagement par une vente sous seing privé ; — défendant à Joseph Maillot, de Luxeuil, de se servir d'un passage appartenant à Jacques Viney, pour se rendre dans son jardin ; — ordonnant à messire Maurice de Jean, écuyer, seigneur de Saint-Marcel, ancien capitaine, chevalier, d'appeler Jeanne-Baptiste Druet, son épouse, dans l'instance qu'il a pendante au bailliage, etc.

B. 3676. (Liasse.) — 138 pièces, papier.

2567-2568. — Feuilles d'audiences du bailliage. — Sentences civiles : ordonnant que, par un géomètre du bailliage, il sera procédé au mesurage de deux terrains contigus appartenant à Marguerite Détraye et à Françoise Girardin, de Breuches ; — condamnant : Jean-François Richard, marchand à Luxeuil, à payer entre les mains du receveur des revenus des pauvres de la charité de Luxeuil la somme de 30 livres pour intérêts de rentes ; — les habitants d'Ormoiche à fournir, pour le service de la commune, un porc mâle dans huit jours, pour tout délai, à peine d'amende, etc.

B. 3677. (Liasse.) — 146 pièces, papier.

1688-1689. — Feuilles d'audiences du bailliage. — Sentences civiles : appointant Jean-Claude Boileau, de Saint-Sauveur, à faire preuve que le pré appartenant à Pierre Thévenot n'est pas exempt de servitudes ; — condamnant Marie-François-Xavier Prinet, notaire royal à Luxeuil, à délivrer dans le délai de 24 heures, à Jeanne-Françoise Pâris, récépissé d'une procuration qu'il a reçue dans son étude ; — déclarant résilié le bail d'un moulin passé entre messire Louis Aînard, comte de Clermont-Tonnerre, abbé de Luxeuil, et Gaspard Vernier, etc.

B. 3678. (Liasse.) — 145 pièces, papier.

1750. — Feuilles d'audiences du bailliage. — Sentences civiles déclarant : nulle l'élection de Charles-Philippe Mauris, de Velleminfroy, comme échevin de la dite commune, et mettant à la charge des habitants les dépens de l'instance ; — Claude-François Barret, de Briaucourt, 'chu de l'acquisition qu'il a faite des immeubles dépendant de l'échute de Marguerite Barret, sujette mainmortable ; — condamnant Jean-Baptiste Sirvaux, de Saint-Bresson, à rapporter immédiatement au procureur Voillot les pièces d'une instance qu'il a enlevées du cabinet de l'avocat Beurcourt, etc.

B. 3679. (Liasse.) — 141 pièces, papier.

1736-1753. — Jugements rendus sur requêtes : permettant à Jean-Baptiste Bertrand, de Fougerolles, d'assigner les témoins qui pourraient déposer de sa naissance et de son âge ; — ordonnant que Pierre-Joseph Jurain sera inscrit sur le tableau des avocats du siège de Luxeuil. — Requête présentée au Roi par Louis Aînard, comte de Clermont-Tonnerre, abbé de Luxeuil, par laquelle il demande qu'il soit fait défense au sieur Prinet de recevoir des actes en sa qualité de notaire, institué dans la terre de Luxeuil, sans son consentement, etc.

B. 3680. (Liasse.) — 139 pièces, papier.

1754-1756. — Sentences rendues sur requêtes : défendant à divers particuliers de Luxeuil d'établir des réservoirs sur le cours d'eau du moulin de La Poche ; — autorisant messire Marc-Antoine de La Varenne, de Saint-Sorlin, prêtre au diocèse de Paris, de faire contraindre les fermiers de l'abbaye au payement de la pension de 1,000 livres qu'ils se sont obligés par leur bail d'acquitter pour l'abbé ; — ordonnant que Pierre Germain et Georges André, gardes généraux de la terre de Luxeuil, demeureront sous la protection et la sauvegarde du Roi, à cause des menaces de mort proférées contre eux par divers particuliers, etc.

B. 3681. (Liasse.) — 131 pièces, papier.

1757-1758. — Sentences rendues sur requêtes : permettant au sieur Corberaud, curé à Pomoy, de convertir en nature de pré, les deux champs qui appartiennent à la cure ; — défendant à Jean Belotte, de Baudoncourt, d'injurier et de maltraiter la famille Belotte, à peine de 100 livres d'amende au profit du seigneur abbé ; — autorisant Joseph Rochet, régisseur des revenus de la mense abbatiale, à contraindre les habitants de Baudoncourt à payer, le lendemain de la Purification de Notre-Dame, deux deniers et trois quartes d'avoine, dus annuellement par chaque feu, etc.

B. 3682. (Liasse.) — 133 pièces, papier.

1759. — Sentences rendues sur requêtes : accordant exécutoire au procureur Silvestre, contre la famille Valot, d'Ehuns, pour obtenir payement de la somme de 8 livres 12 sous ; — ordonnant l'enregistrement sur le registre des actes importants du bailliage de Luxeuil de l'acte d'affranchissement de Gabriel Déchambenoît, de Saint-Sauveur, que lui a octroyé le seigneur abbé ; — sursoyant à l'exécution de la saisie faite par les Bénédictins de Luxeuil des meubles appartenant au sieur Tonache, fermier de la terre de Brotte, comme ayant été faite précédemment par messire François-Alexis Henrion de Magnoncourt, écuyer, seigneur de Franchevelle et Brotte, etc.

B. 3683. (Liasse.) — 123 pièces, papier.

1760-1761. — Sentences rendues sur requêtes : permettant à François Simon, laboureur à Breuches, de se livrer à la recherche de deux pièces de bétail qui lui ont été enlevées de son écurie par Jacques Delhotal ; — ordonnant à la communauté d'Ehuns de procéder à une nouvelle élection des commis à la répartition de l'impôt. — Ordonnance de police contenant 36 articles, rendue par Claude-François Chaucouvert, procureur fiscal au bailliage de Luxeuil, et sanctionnée par le bailli, etc.

B. 3684. (Liasse.) — 134 pièces, papier.

1762-1763. — Sentences rendues sur requêtes déclarant vacante la succession d'Antoine Curie, mort bailli de Luxeuil, et nommant un curateur à ladite succession. — Procès-verbal de la vente des meubles et effets de feu

Antoine Curie, bailli de Luxeuil, constatant qu'elle a produit la somme de 1,074 livres 7 sous 9 deniers. — Procès-verbal dressé par le bailli, constatant qu'un inconnu a été trouvé mort dans le bois de Villers-lès-Luxeuil, etc.

B. 3685. (Liasse.) — 145 pièces, papier.

1762-1763. — Sentences rendues sur requêtes : ordonnant que la permission de se marier accordée par l'abbé à Jeanne-Claude Philippe, de Velleminfroy, sera enregistrée au registre des actes importants du bailliage ; — permettant à messire Alexis-François Rance, conseiller auditeur en la Chambre des Comptes de Bourgogne, de faire arrêter et conduire en prison Jean-Baptiste Charton, gardien infidèle de meubles et effets saisis sur ses débiteurs ; — faisant défense à tous les fermiers consitaires de l'abbaye de ne se dessaisir des deniers qu'ils doivent à l'abbé qu'en les mains de Joseph Silvestre, son receveur, etc.

B. 3686. (Liasse.) — 138 pièces, papier.

1763-1766. — Sentences rendues sur requêtes : ordonnant aux habitants de Briaucourt de réparer incessamment les chemins qui existent sur leur territoire et de faire à cet effet le rôle des habitants qui devront y travailler ; — ordonnant que les experts nommés pour procéder au partage des maisons provenant de la succession Burgey, de Baudoncourt, seront accompagnés d'un huissier, d'un cavalier de la maréchaussée et d'un serrurier, pour vaincre la résistance d'un copartageant qui refuse l'entrée desdites maisons, etc.

B. 3687. (Liasse.) — 143 pièces, papier.

1766-1767. — Sentences rendues sur requêtes, ordonnant : au sieur Laurent, geôlier des prisons du bailliage de Luxeuil, de mettre en liberté François Parin, de Brotte, faute de consignation judiciaire ; — que Jean-Baptiste Grillet, détenu dans les prisons de Luxeuil, sera conduit sous bonne escorte dans celles de Vesoul, pour y faire enregistrer les lettres de rémission qu'il a obtenues du Roi, du crime qu'il a commis sur la personne de Jacques Géhin ; — au procureur Magny et à l'huissier Hotérique de paraître à une audience extraordinaire, pour répondre à des plaintes portées contre eux par Joseph Duchesne, négociant à Saint-Sauveur, etc.

B. 3688. (Liasse.) — 138 pièces, papier.

1768-1769. — Sentences rendues sur requêtes ordonnant : au greffier du bailliage de délivrer des extraits du tableau des avocats à Antoine Broton, écuyer, seigneur d'Aubluns ; — la saisie des meubles et effets des tenants et habitants de la commune de Brotte qui ont refusé de payer la prestation qu'ils doivent, pour guet et garde au château de Baudoncourt ; — à Jean-Claude Fauchon, entrepreneur de bâtiments, demeurant à Luxeuil, de faire saisir les meubles que sa femme a enlevés de son domicile, etc.

B. 3689. (Liasse.) — 141 pièces, papier.

1769-1770. — Sentences rendues sur requêtes : nommant le procureur Lamholey commissaire, à l'effet de procéder à la reconnaissance des fonds situés à Abelcourt, sur lesquels le curé Verdot a le droit de percevoir la dîme novale ; — ordonnant aux habitants de Saint-Bresson de remplacer immédiatement les cordes de leurs cloches, afin d'éviter les accidents qui peuvent arriver par la vétusté de celles qui existent. — Affranchissement de la mainmorte, accordé par le seigneur abbé à Pierre-François Ferrand, curé de Jasney, etc.

B. 3690. (Liasse.) — 139 pièces, papier.

1770-1771. — Sentences rendues sur requêtes : ordonnant que les huissiers du bailliage de Luxeuil, au nombre de huit, feront tour à tour le service des audiences ayant pour objet les appels te causes ; — interdisant provisoirement la vente des marchandises provenant du sieur Chambost, négociant à Luxeuil, celui-ci ayant déposé son bilan au greffe ; — permettant à Jean-Baptiste Malterre fils, demeurant à Pomoy, de quitter la communion de ses père et mère, de sortir de la terre de Luxeuil et de se marier sans encourir la commise de ses biens, etc.

B. 3691. (Liasse.) — 141 pièces, papier.

1772-1773. — Sentences rendues sur requêtes : permettant à Nicolas Mouton, curé de Saint-Sauveur, de faire saisir ceux de ses paroissiens qui lui sont redevables de plusieurs sommes pour mariages, baptêmes et droits de sépulture ; — ordonnant que le sieur Seneley, avocat en parlement, sera inscrit au tableau des avocats du bailliage de Luxeuil ; — appelant les officiers municipaux de Luxeuil à une audience extraordinaire, pour donner des explications sur les changements qu'ils ont l'intention de faire dans les canaux de la ville, etc.

B. 3692. (Liasse.) — 145 pièces, papier.

1773-1774. — Sentences rendues sur requêtes : permettant au seigneur abbé de Luxeuil de faire saisir et arrêter une voiture chargée de sel appartenant au sieur Vernier, son débiteur; — ordonnant que le sieur Mortet, négociant à Luxeuil, détenu pour dettes, sera élargi, faute par son créancier d'avoir consigné l'argent nécessaire à sa nourriture; — permettant à Claude-François Thiébalot de faire rechercher sa femme et de la contraindre à rentrer au domicile conjugal; — à dom Columban Moutan, procureur de l'abbaye de Luxeuil, de faire rechercher le frère Alexis Clerc, qui s'est évadé, etc.

B. 3294. (Liasse.) — 130 pièces, papier.

1795. — Sentences rendues sur requêtes : autorisant Claude Prinet, avocat, à faire mettre dans les prisons de Luxeuil Jean-Claude Faivre, lequel n'a pas reproduit des meubles et effets dont il était gardien; — ordonnant aux habitants d'Ailloncourt de procéder à une nouvelle élection d'un messier pour remplacer Claude-François Parisot, que les infirmités rendent incapable de continuer sa charge; — autorisant Jeanne-Claude Zeler, femme Richelot, de Saint-Sauveur, à habiter chez son père, tant que durera le procès en séparation de corps et de biens qu'elle a intenté contre son mari, etc.

B. 3294. (Liasse.) — 110 pièces, papier.

1796-1797. — Sentences rendues sur requêtes : ordonnant au greffier du bailliage de délivrer à Nicolas Simonette, de Breuches, l'expédition d'une sentence qui condamne Marie Remy à être enfermée pendant 10 ans à la maison de Bellevaux; — accordant à Charlotte Druet, de Luxeuil, des lettres révérentielles, à l'effet de traduire sa mère en justice, pour obtenir d'elle un secours alimentaire; — appelant Jeanne-Françoise Humbert, de Baudoncourt, à une audience extraordinaire, pour entendre la plainte qu'elle veut porter contre trois pères Bénédictins de Luxeuil qui l'ont maltraitée, etc.

B. 3295. (Liasse.) — 130 pièces, papier.

1798-1799. — Sentences rendues sur requêtes : permettant à François Compains, d'Abelcourt, de clore un terrain en nature de pré; — ordonnant aux habitants de Baudoncourt de déposer au greffe du bailliage le livre d'arpentement de leur territoire, où il restera jusqu'à nouvel ordre; — procès-verbal dressé par le bailli, constatant que le pré Bougey, situé en grande partie sur le territoire de Luxeuil, était exempt de servitudes, et autorisant Charles-François Boulangier, conseiller du Roi, président de la juridiction royale des gabelles, à le clore, etc.

B. 3296. (Liasse.) — 110 pièces, papier.

1799-1780. — Sentences rendues sur requêtes : ordonnant au fermier du four banal de Neurey de ne percevoir que la vingtième partie du prix et de la pâte apportées au dit four; — recevant le sergent de Jean-Baptiste Jurain, nommé maire sergent à Cizancône; — appelant à une audience extraordinaire le sieur Chiffey, de Luxeuil, qui n'a pas fait connaître aux officiers de police qu'un cheval abandonné était venu se réfugier dans son écurie, et que cette épave appartenait au seigneur abbé, etc.

B. 3297. (Liasse.) — 105 pièces, papier.

1780-1781. — Sentences rendues sur requêtes permettant à Claudine Grillot, femme Vignon, sculpteur, demeurant à Luxeuil, de quitter le domicile conjugal et de se retirer dans une maison louable de la ville, en attendant l'issue du procès en séparation de corps et de biens qu'elle a intenté contre son mari; — appelant à une audience particulière Joseph Hullet, charpentier à Anjeux, pour s'expliquer sur la négligence qu'il a apportée dans la confection de la charpente du clocher d'Hautevelle, etc.

B. 3298. (Liasse.) — 110 pièces, papier.

1782-1783. — Sentences rendues sur requêtes : permettant aux fermiers généraux de la terre de Luxeuil de faire saisir les meubles et effets des quatre principaux habitants de la commune de Breuches et de faire vendre lesdits effets, jusqu'à concurrence de la somme de 13 livres 5 sous 6 deniers que la communauté doit au seigneur pour les tailles d'une année; — adjugeant au seigneur abbé tous les biens meubles et immeubles appartenant à Pierre-François Aubry, sujet mainmortable, décédé en pays étranger. — Affranchissement de Jacques Perrin et de Barbe Faivre, sa femme, demeurant à Ormoiche, etc.

B. 3299. (Liasse.) — 135 pièces, papier.

1783-1784. — Sentences rendues sur requêtes : autorisant le sieur Jeanvoine, meûnier à Saint-Valbert, à posséder le moulin dudit lieu, à charge par lui, en cas de revente, de le passer à des sujets mainmortables; — faisant remise à Anne-Gertrude Petitcolin, de Luxeuil, des droits seigneuriaux à prélever sur la succession du sieur Lamboley, son mari; — autorisant Joseph Cartier, de Breuches, à faire procéder à la reconnaissance des dommages causés à sa propriété par le parcours du bétail de la commune de Breuches, etc.

ARCHIVES DE LA HAUTE-SAONE.

B. 3700. (Liasse.) — 122 pièces, papier.

1688-1692. — Sentences rendues sur requêtes : condamnant que des tonneaux de vin, destinés au sieur Roy, de Luxeuil, et qu'il a refusés, seraient en dépôt dans la cave de Jean-Baptiste Perrin, maître horloger, constitué gardien de ces objets ; — permettant à Pierre Ferney, de Luxeuil, de faire saisir au corps et conduire dans les prisons le sieur Bourgogne, de Froideconche, qui a écrasé et blessé avec sa voiture plusieurs cochons de la prote commune ; — affranchissement de Joseph Hudey, commis à la vente des tabacs à Luxeuil, et de ses enfants nés et à naître, etc.

B. 3701. (Liasse.) — 131 pièces, papier.

1683-1690. — Sentences rendues sur requêtes : défendant à Antoine Cobus, recteur d'école à Gouverey, de continuer la construction qu'il a entreprise sur un terrain appartenant à la commune de Baudoncourt ; — ordonnant à divers particuliers de Froideconche de cesser le creusage du canal appelé Morbief, appartenant à l'abbaye de Luxeuil ; — permettant à messire Maurice de Jean, écuyer, seigneur de Saint-Marcel, ancien capitaine, de faire saisir le sieur Félizet, de Luxeuil, pour obtenir payement d'une somme de 1,000 livres, etc.

B. 3702. (Liasse.) — 131 pièces, papier.

1688-1690. — Sentences rendues sur requêtes : appelant à une audience particulière Desle Rousse, cultivateur à Villers-lès-Luxeuil, lequel a refusé de payer à sa mère une pension alimentaire qu'il lui doit, et l'a laissée, depuis trois ans, dans une grande misère ; — permettant à Marguerite Drahon, veuve Pouthier, étrangère à Luxeuil, d'acquérir des immeubles et de les revendre à des sujets mainmortables ; — à Nicolas Viain, laboureur à Poinoy, gardien d'une saisie de fruits pendants par racines, de requérir au besoin la maréchaussée pour l'aider, etc.

B. 3703. (Liasse.) — 129 pièces, papier.

1689. — Sentences rendues sur requêtes permettant : à Jean-Claude-Simon, d'Ailloncourt, de sortir de la terre de Luxeuil et d'y rentrer quand bon lui semblera, à charge par lui de faire enregistrer au greffe du bailliage la présente permission ; — à Desle Collier, laboureur à Breuches, de couper des fascines dans la forêt communale, pour établir une digue le long de la rivière dite la Breuchine, afin d'empêcher l'inondation de sa maison. — Prestation de serment du sieur Populus, nommé contrôleur des actes au bureau de Luxeuil, etc.

B. 3704. (Liasse.) — 131 pièces, papier.

1610-1692. — Institution d'un garde général et d'un maire sergent dans la commune d'Abelcourt. — Procès-verbal constatant les dommages causés par la prête sur le territoire de la dite commune. — Procès-verbal de visite des empêchements du moulin. — Transaction entre les habitants d'Abelcourt et ceux de Briancourt au sujet du partage du bois appelé le Chanois. — Enquêtes civiles : entre les mêmes habitants au sujet du parcours dans diverses parties du bois appelé le Grand-Bois ; — entre les habitants de Villers, Claude Mellot et Charles Compain, d'Abelcourt, au sujet de la propriété d'un terrain situé au lieu dit en Goelot. — Rapports d'experts pour prisées et estimations. — Appositions de scellés. — Comptes de tutelles, curatelles, inventaires pupillaires concernant les sieurs Cuttier et Compain, d'Abelcourt, etc.

B. 3705. (Liasse.) — 109 pièces, papier.

1680-1690. — Tutelles, curatelles, inventaires pupillaires concernant les sieurs Buoy, Feune, Gardaire, etc., tous demeurant à Abelcourt. — Procédures civiles : entre l'abbé de Luxeuil et Joseph Baguet, demeurant à Abelcourt, au sujet du payement d'une somme que ce dernier doit audit abbé ; — entre le procureur d'office et Joseph Baguet, au sujet du payement d'une somme de 164 livres qui a été adjugée par sentence audit procureur. — Procédure criminelle intentée contre Jean Cuttier, pour coups de bâton donnés à Joseph Mestot, etc.

B. 3706. (Liasse.) — 86 pièces, papier.

1688-1690. — Procédures criminelles intentées contre Maire, Martin, Mestot, Thomas et Viney, tous d'Abelcourt, pour mauvais traitements, faits de violence, coups et blessures. — Tutelle et curatelle de Pierre-Claude Chapuis, d'Adelans. — Procédure criminelle intentée contre Jean-Claude Bourquin et Lamboley, demeurant à Adelans, pour mauvais traitements. — Interrogatoires sur faits et articles subis par Joseph Baguenet, d'Aillevans. — Rôle de répartition de l'imposition ordinaire fait sur tous les habitants d'Aillevillers, etc.

B. 3707. (Cahier.) — In-4°, 84 feuillets, papier.

1685-1690. — Déclarations faites par les habitants de la commune d'Ailloncourt de tous les immeubles

SÉRIE B. — BAILLIAGES.

qu'ils possédaient audit lieu, comme taillables et mouvants de la justice et seigneurie immuable du seigneur abbé de Luxeuil, avec la reconnaissance de toutes les charges dont lesdits biens étaient grevés.

B. 3708. (Liasse.) — 63 pièces, papier.

1602-1703. — Nominations des sieurs Quenoy et Simon à l'office de maire, à Ailloncourt. — Rôle pour le toisé des maisons. — Enquêtes civiles faites : entre Horny et Rousselot, dudit lieu, au sujet de la propriété d'un pré ; — entre Philibert Montagnon et les religieux de Luxeuil, au sujet de la perception de la dîme des vendanges sur une vigne affranchie ; — entre les habitants d'Ailloncourt et les héritiers Jeannenot, au sujet de la propriété de deux étangs situés au milieu des bois de ladite commune. — Procès-verbaux d'expertises, pour prisées et estimations. — Rapport des gardes de police, pour délits et méfaits commis par divers particuliers, dudit lieu. Adjudication des biens des sieurs Chambret, Lagirarde et Soivaux, tous d'Ailloncourt. — Apposition de scellés, etc.

B. 3709. (Liasse.) — 41 pièces, papier.

1603-1777. — Tutelles, curatelles, inventaires pupillaires, ventes d'immeubles, concernant les sieurs Aubry, Chamelot, Déchambenoît, Bessey, Ferry, Gaconnet, Jurain et Parisot, tous d'Ailloncourt. — Inventaire de production de pièces de Claude-Antoine Chapuis, pour servir dans un procès pendant au bailliage de Luxeuil, contre Sébastien Chapuis, au sujet du partage de la succession de leurs père et mère, etc.

B. 3710. (Liasse.) — 86 pièces, papier ; 1 plan.

1603-1783. — Procès civils : entre le procureur fiscal et la communauté d'Ailloncourt, au sujet du parcours dans un pré mis en ban ; — entre Joly et consorts, au sujet de la vente d'une vigne ; — entre Philibert Poisson et Pierre Boulangier, au sujet de la restitution d'un pré qui avait été vendu par un individu qui n'en était pas le véritable propriétaire ; — entre les héritiers Simon, d'Ailloncourt, au sujet de la restitution de cent cinquante gerbes de froment. — Procès-verbal de la levée d'un cadavre, etc.

B. 3711. (Liasse.) — 77 pièces, papier.

1697-1762. — Procès civils entre : Aubry et Chapuis, au sujet de la répétition d'une somme ; — Barberot et les religieux de Luxeuil, au sujet de la possession d'une vigne ; — Nicot et Colas, d'Ailloncourt, au sujet d'un compte de tutelle ; — Jacques-Louis Hermann, et Claude-François Chauvourey, procureur fiscal, au sujet d'une portion congrue à prélever sur les grosses dîmes d'Ailloncourt, etc.

B. 3712. (Liasse.) — 63 pièces, papier.

1702-1740. — Procédures criminelles intentées contre Philibert Lagirarde, Nicolas Panchot, Étienne-Michel Philibert Paris, François Parisot, Nicolas Remy, André Rousselot, tous d'Ailloncourt, pour mauvais traitements, coups et blessures et spoliation de succession ; — Marguerite Hermand, condamnée à être fustigée, mise au carcan et bannie de la province à perpétuité, pour vol et fuites, etc.

B. 3713. (Liasse.) — 91 pièces, papier.

1740-1783. — Procédures criminelles intentées contre Anne Aubry, Jean-Claude Boileau, Philibert Chapuis, Jeanne Clément, Joseph Colas, aussier ; Thiébaut et Antoinette Ferry, tous d'Ailloncourt, pour mauvais traitements, coups et blessures, injures et prévarications, etc.

B. 3714. (Liasse.) — 85 pièces, papier.

1603-1740. — Rapports faits par les gardes de police, pour délits et méfaits commis sur le territoire de la commune d'Ainvelle. — Descente faite par le bailli à la requête des habitants d'Ainvelle contre Claude-François Charton, au sujet de la reconnaissance de l'état des tours d'un cheval. — Procès-verbaux d'expertises pour prisées et estimations. — Appositions et levées de scellés. — État des meubles et effets appartenant à Étienne Baude, décédé à Ainvelle. — Inventaires pupillaires, etc.

B. 3715. (Liasse.) — 76 pièces, papier.

1603-1768. — Inventaire pupillaire des enfants de Joseph Robert, d'Ainvelle. — Décret fait sur les biens des demoiselles Rochet et Gay, à la requête de Jeanne Thomassin, veuve Vinon, demeurant à Ainvelle. — Procès civils entre : les habitants dudit lieu et l'abbé de Luxeuil, au sujet du payement des tailles ; — le sieur Marchand et l'abbé, au sujet du payement de certaines redevances qui lui sont dues en sa qualité de seigneur ; — Mathieu Boulangier et Claude Perrin, d'Ainvelle, au sujet du partage de la succession de leurs père et mère, etc.

B. 3716. (Liasse.) — 67 pièces, papier.

1704-1780. — Procès civils entre Jeanne-Marguedite Gay et Jean-Hubert Robert, son mari, plaidant en séparation de biens. — Procédures criminelles intentées contre Pardouct, Brenoy, Rovet, Carrey, Remongin, Dodey, Faivre et Fournier, tous demeurant à Ainvelle, pour mauvais traitements, coups et blessures, etc.

D. 3717. (Liasse.) — 60 pièces, papier.

1692-1789. — Procédures criminelles intentées contre Grappin, Jorand, Loudry, Maillot, Marcy, Monnetroy, Questel, Simon et la femme Rolet, tous d'Ainvelle, pour mauvais traitements, enlèvement d'une minute de notaire, insultes envers le bailli de Luxeuil et le curé d'Ainvelle. — État des porcs qui doivent être conduits à la glandée dans les bois d'Amage. — Jugement civil condamnant la famille Ferry, d'Amage, à présenter en justice un compte de tutelle. — Nominations de maires et de gardes des forêts dans la commune d'Amblans. — Vente d'immeubles appartenant au sieur Breton, seigneur d'Amblans. — Nomination d'un tuteur aux enfants dudit seigneur. — Copie d'un titre de 1287, réglant les droits de l'abbaye de Luxeuil sur les territoires des communes d'Amblans, Velotte et Rouhans, etc.

D. 3718. (Liasse.) — 65 pièces, papier.

1692-1785. — Nominations aux offices de maire, sergent, greffier, gardes, dans la commune d'Anjeux. — Enquêtes sommaires faites à la requête de : Gertrude Vauthier contre Simon Toussaint, à l'effet de prouver le déréglement des mœurs de ce dernier ; — Claude Hacquard contre Claude Dumain, d'Anjeux, pour mauvais traitements. — Rapports d'experts pour prisées et estimations. — Appositions de scellés, tutelles, curatelles, inventaires pupillaires concernant les enfants Dufourg, Gay, Dumain, etc., tous demeurant à Anjeux.

D. 3719. (Liasse.) — 169 pièces, papier.

1692-1789. — Tutelles, curatelles, inventaires pupillaires concernant les enfants Meslot, Mulot, Pâris, Petitjean et Vauthier, tous demeurant à Anjeux. — Procès civils à la requête du procureur fiscal : contre les habitants dudit Anjeux, qui ont négligé de se munir d'échelles pour servir dans les incendies ; — entre les héritiers Bazanjon, au sujet de la vente d'une maison ; — entre Jeandelle et Grandjean, au sujet de la nullité d'une vente de maison ; — entre les époux Bazanjon, pour séparation de biens, etc.

D. 3720. (Liasse.) — 127 pièces, papier.

1725-1769. — Procès civils entre : les habitants d'Anjeux et Étienne Redautey, au sujet de la perception de la dîme ; — Simon Jannin et Barbe Vernier, au sujet d'une obligation arguée de faux. — Procédures criminelles intentées contre Nicolas Bazanjon, Joseph Evrard, Jean Colas, Claude-Étienne Copey, Claude Hacquard, Guillaume Jeandelle, Claude Malurmet et Simon Toussaint, tous d'Anjeux, pour mauvais traitements, coups et blessures, etc.

D. 3721. (Liasse.) — 65 pièces, papier, 1 plan.

1668-1788. — Nomination de Nicolas Perrin à l'office d'huissier à Annegray. — Plan d'un moulin appartenant au marquis de Grammont, situé sur le territoire de la commune des Aynans. — Nominations de maires à Bassigney. — Enquête civile faite à la requête de Pierre Haquard contre Antoine Contelet, de Bassigney, à l'effet de prouver que ce dernier lui doit 4 pistoles. — Rapports d'experts pour prisées et estimations. — Inventaires pupillaires, tutelles, curatelles, concernant les enfants Ambur, Béjean, Bernard, Boileau, Chaplin, etc., tous demeurant à Bassigney.

D. 3722. (Liasse.) — 110 pièces, papier.

1721-1789. — Tutelles, curatelles, inventaires pupillaires concernant les enfants Demenge, Ranoy, Guillot, Henry, Jacquot, Roussel, Sebille et Vautherin, tous de Bassigney. — Procès civil entre Pourtoy, curé, et Gay, au sujet de la nomination d'un chapelain. — Procédures criminelles intentées contre Pierre Bernard, les trois frères Chardin, Étienne Joilloux, Pierre Redard, Claude Sebille et Nicolas Vitey, tous de Bassigney, pour coups et blessures, scandale à l'église un jour de fête, etc.

D. 3723. (Liasse.) — 41 pièces, papier ; cahiers in-4°, 226 feuillets, papier.

1681-1785. — Nouvelles reconnaissances faites en 1681, par les habitants de Baudoncourt, des tailles, cens, dîmes et autres redevances, qu'ils doivent à noble François Damedor, chevalier, seigneur de Bourguignon, et à Jeanne de Salive, veuve Sonnet, dame d'Auxon, comme possédant une partie de la seigneurie de Baudoncourt, et dont ils avaient peine à jouir depuis les troubles apportés dans la province par les guerres de 1636 à 1640. — Nominations des sieurs Dupare et Henrycolas, dit Castillant, à la charge de capitaine du château de Baudoncourt. — Permission de vendre une maison accordée par l'abbé à Marguerite Galmiche. — Enquêtes civiles faites entre : Cretenot et Aubry, au sujet d'un échange de chevaux ; — les habitants de Baudoncourt et ceux de Saint-Sauveur, au sujet de la fixation de leurs limites territoriales, etc.

SÉRIE B. — BAILLIAGES.

B. 3721. (Liasse.) — 61 pièces, papier.

1683-1779. — Rapports d'experts pour prisées et estimations. — État de fait sur les biens de Nicole Thierry, de Baudoncourt. — Tutelles, curatelles, inventaires pupillaires, assemblées de parents, concernant les enfants Colletey, Crestinoy, Coudry, Humbert, Lemaire, Pierry, Suty, etc., tous demeurant à Baudoncourt.

B. 3722. (Liasse.) — 90 pièces, papier.

1683-1788. — Inventaires pupillaires, tutelles curatelles, concernant les enfants Barbaux, Belloto, Belot, Bourgoy, etc., tous demeurant à Baudoncourt. — Testament de Denis Simon. — Appositions et levées de scellés. — Procès civils entre : Lerain et Vicomaire, de Baudoncourt, au sujet du produit de la dîme ; — Colletey et Nicod, notaire, au sujet du remboursement de différentes sommes avancées par ce dernier, etc.

B. 3723. (Liasse.) — 104 pièces, papier.

1683-1788. — Procès civils entre : Gastel et Béchamberthoult, de Baudoncourt, au sujet du payement de la somme de 237 livres 12 sous, due par ledit Béchamberthoult pour journées de vacation dans une procédure ; — Valot et Projean, au sujet du parcours de leur bétail dans un pré. — Ventes d'immeubles. — Levée d'un cadavre trouvé sur le territoire de Baudoncourt. — Procédures criminelles intentées contre : Jacques Bisard, de Baudoncourt, pour rébellion à des huissiers ; — Claude-Joseph Bisard, pour coups et blessures, — détention de bétail trouvé pâturant dans des champs ensemencés, etc.

B. 3724. (Liasse.) — 134 pièces, papier.

1691-1789. — Procédures criminelles intentées contre François Charlet, Nicolas et Hubert Choley, Crétenet, veuve Thierry, Antoine Écoffet, Antoine Grosjean, Claude-Philibert Humbert, Pierre Julliet, Joseph Lambetey, Joseph Laprévôte, Jeanne Lombard, Philibert Poisson, etc., tous de Baudoncourt, pour mauvais traitements, coups et blessures.

B. 3725. (Liasse.) — 111 pièces, papier.

1670-1789. — Testament de Denise Tisserand, femme Gamet, de Bellemont. — Enquête civile entre Lombard et Olivier, demeurant à Betoncourt-les-Brotte, au sujet de la vente d'un verger. — Rapports d'experts pour prisées et estimations. — Procédure criminelle intentée contre François Cartenet, de Betoncourt-les-Brotte, pour dissipation d'effets saisis. — Procès-verbal de visite et de reconnaissance de l'état et de la situation des bâtiments composant l'abbaye de Bithaine. — Obligation de rente souscrite par les Gillot au profit des époux Rance, de Bithaine. — Procédure criminelle intentée contre le nommé Pitte, meunier à Bithaine, pour coups et blessures. — Nomination de Jean Langlois à l'office de garde général de la terre de Breuches. — Réparations à l'église. — Ratifications de ventes d'immeubles. — Rapports d'experts pour prisées et estimations. — Enquête entre Nicolas Marchand et Jacques Laurent, de Breuches, au sujet d'une contestation élevée sur une quittance, etc.

B. 3726. (Liasse.) — 74 pièces, papier.

1604-1789. — Enquête civile entre les sieurs Verpillon et Mongeot, de Breuches, à l'effet de prouver que ce dernier est propriétaire d'une maison, d'un jardin et d'un verger, depuis les guerres de 1636 ; dans cette enquête, on remarque que les villages étaient entièrement dépeuplés et que trente ans après la quarte de terre se vendait 2 livres et la faux de pré 3 écus blancs d'une valeur de 6 livres ; que le seigneur abbé faisait de grandes concessions pour attirer des habitants dans les villages de sa seigneurie. — Appositions de scellés, inventaires pupillaires, tutelles, curatelles, concernant les enfants Agnus, Aubry, Bernard, Faivre, etc., tous demeurant à Breuches. — Testament de Claude-François Faivre.

B. 3727. (Liasse.) — 72 pièces, papier.

1604-1787. — Tutelles, curatelles, inventaires pupillaires, concernant les enfants Girardin, Ginet, Guyot, Jacquard, Hoyon, Humbert, Laurent, Maire, Péquard, Sagehomme, tous demeurant à Breuches.

B. 3728. (Liasse.) — 102 pièces, papier.

1607-1789. — Tutelles, curatelles, inventaires pupillaires, concernant les enfants Simon, Thiébaud, Viney, Vuatriot, tous demeurant à Breuches. — Appel au bailliage d'une sentence rendue par la gruerie de Luxeuil, entre les habitants de Breuches et le sieur Gatey, greffier, au sujet des frais de récolement de leur assiette. — Procès civils entre : Billequey et Laurent, au sujet du remboursement de frais avancés dans une instance concernant un retrait lignager ; — les habitants de Breuches et ceux de Sainte-Marie-en-Chaux, au sujet d'un droit de parcours. — Jugement civil condamnant les héritiers Cartier à abandonner à la veuve Laurent, de Breuches, un champ d'une quarte, situé près du gibet de pierre, etc.

HAUTE-SAÔNE. — TOME II. — SÉRIE B.

D. 3729. (Liasse.) — 106 pièces, papier.

1668-1782. — Procès civils entre : demoiselle Goffinet et Marie-Françoise Duchesne, de Breuches, au sujet de la validité d'une saisie de meubles et effets ; — les administrateurs de l'abbaye de Luxeuil et les habitants de Breuches, au sujet du payement des cens et des tailles qu'ils doivent au seigneur ; — Françoise Perney, veuve Guyot, et Catherine Girardin, veuve Perney, de Breuches, au sujet de la reddition d'un compte de tutelle, etc.

D. 3730. (Liasse.) — 90 pièces, papier.

1624-1782. — Procès civil entre le procureur fiscal, les sieurs Jannon et Goffinet, de Breuches, au sujet d'un fait de chasse sur les terres du seigneur abbé. — Levée d'un cadavre trouvé sur le territoire de Breuches. — Procédures criminelles intentées contre la veuve Barrey, François Boulanger, Joseph Hoyon, Jean-Baptiste Chenevrey, Jean Cartier, tous demeurant à Breuches, pour mauvais traitements, coups et blessures.

D. 3731. (Liasse.) — 102 pièces, papier.

1750-1788. — Procédures criminelles intentées contre : Jean Delagrange, pour avoir mendié à l'aide d'un faux certificat ; — François Rouxé, Jean-Baptiste Ducret, François Girardin, Nicolas et Jean-François Girardin, tous demeurant à Breuches, pour mauvais traitements, coups et blessures, usures, prévarication dans des fonctions publiques, vente illicite de bois et d'arbres.

D. 3732. (Liasse.) — 113 pièces, papier.

1713-1789. — Procédures criminelles intentées contre Jean Girardin, dit le prêtre Girardin, veuve Perney, Nicolas et Jean-François Grisey, Jean-François Goyot, Nicolas Hacquard, Jean-Baptiste Laurent, Claude Marchand, etc., tous de Breuches, pour mauvais traitements, coups et blessures.

D. 3733. (Liasse.) — 99 pièces, papier.

1643-1784. — Procédures criminelles intentées contre : Claude-Joseph Marchand et consorts, messiers à Breuches, pour exactions et prévarications dans l'exercice de leurs fonctions ; — les héritiers Mougeot, François Parisot, Louis Redontey, tous demeurant à Breuches, pour mauvais traitements, coups et blessures.

D. 3734. (Liasse.) — 99 pièces, papier.

1693-1788. — Procédures criminelles intentées contre Joseph Simon, François Simonnin, Joseph Sirvaux, Claude Thiébaud, Josto Venier, Jean Verpillot, tous de Breuches, pour mauvais traitements, coups et blessures ayant occasionné la mort.

D. 3735. (Liasse.) — 95 pièces, papier, 1 pièce, parchemin, 1 plan.

1682-1789. — Nominations des sieurs Laurent et Lahaye aux offices de maire et de notaire à Briaucourt. — Permission accordée par l'abbé de Luxeuil à Barbe Richard de quitter la terre de Briaucourt. — Mémoire concernant l'échute de Claude Molle. — Partage des biens des héritiers Cuntzier. — Marchés de bûcheron. — Baux des immeubles appartenant aux religieux de Luxeuil, situés sur le territoire de Briaucourt. — Ventes et acquisitions d'immeubles. — Enquêtes civiles entre : les habitants de Briaucourt et ceux d'Abelcourt, au sujet de la reconnaissance des limites de leurs bois ; — les propriétaires des maisons de la rue de Mineau et les Bénédictins de Luxeuil, au sujet de leur refus de faire les corvées exigées par ces derniers. — Rapports d'experts pour prisées et estimations.

D. 3736. (Liasse.) — 71 pièces, papier.

1679-1790. — Appositions de scellés au domicile mortuaire d'Hugues Rengnot, François Cordier, Jean-François Cosson, Isidore Davoy, etc., tous de Briaucourt. — Tutelles, curatelles, inventaires pupillaires, concernant les enfants Aubry, Rengnot, Cordier, Curey, Demarche, Dupuy, Ely, François Gastel, Goux, Henry, etc.

D. 3740. (Liasse.) — 96 pièces, papier.

1683-1789. — Tutelles, curatelles, inventaires pupillaires, concernant les enfants Michaud, Mol, Ponsot, Quetey, Richard, Simette, Sirvaux, Vatin, Vaudin, tous de Briaucourt. — Testaments de Denis Ferrière, Pierre Martin, Jacques Viney, tous de Briaucourt. — Procès civil entre Hubert Petitjean et Pierre-François Laprévote, au sujet d'une vente d'immeubles passée par-devant notaire, etc.

D. 3741. (Liasse.) — 127 pièces, papier.

1694-1780. — Procès civils entre : la veuve Meslet et la veuve Laprévote, de Briaucourt, au sujet d'une anticipation commise sur un champ ; — Jacques Demarche et Jean-François Simon, au sujet du payement de trente-qua-

SÉRIE B. — BAILLIAGES.

tre mesures de froment. — Visites des cheminées. — Tirages de lots. — Adjudication d'une maison appartenant au sieur Rougnot, de Briaucourt. — Procès-verbaux de levée de cadastres. — Procédures criminelles intentées contre des inconnus, auteurs de l'enlèvement des effets d'Isidore Thevoy, meunier à Briaucourt; — Joseph Perrot, accusé de vols et de mauvais traitements, etc.

B. 3742. (Liasse.) — 115 pièces, papier.

1788-1789. — Procédures criminelles intentées contre Catherine Ruvoy, Jean-Pierre Grisey, Pierre Jacquard, Antide Labruche, Jean-François Laprévote, tous de Briaucourt, pour mauvais traitements, coups et blessures, et avoir dépecé des bêtes rouges mortes d'une maladie contagieuse, etc.

B. 3743. (Liasse.) — 91 pièces, papier.

1782-1788. — Procédures criminelles intentées contre Renaud Laprévote, Jean-François Laurent, Gabriel Maire, Joseph Motte, Antoine Questel, Pierre et Joseph Seguin, François Vaudin, tous de Briaucourt, pour coups et blessures, publication d'un libelle diffamatoire contre un curé et un recteur d'école, coup de fusil tiré sur un individu, etc.

B. 3744. (Liasse.) — 56 pièces, papier.

1688-1790. — Nominations des sieurs Nicolas et Jean Parrain aux offices de maire et d'huissier à Brotte. — Délibération des habitants de ladite commune par laquelle ils fixent à 1 sou, monnaie de France, le droit à percevoir sur ceux d'entre eux qui feront paître leur bétail dans le canton appelé le Grand-Pré, et. — Reconnaissance par laquelle les habitants de la même commune déclarent devoir tous les deux ans à l'abbé de Luxeuil cinq quartes d'avoine à la mesure de Charlemagne, plus 2 sous 6 deniers. — Accensement fait par l'abbé de Luxeuil, à Nicolas Didier, de Brotte, du droit d'établir une huilerie sur la rivière qui passe près de Brotte. — Contrat de mariage de François Charton avec Anne Parrain, de Brotte. — Baux. — Obligations. — Partages. — Ventes et acquisitions d'immeubles. — Enquête faite entre : les habitants dudit lieu et François Frère, au sujet du payement d'une redevance due à l'abbé; — les habitants d'Ailloncourt et ceux de Brotte, au sujet de la propriété d'un bois, etc.

B. 3745. (Liasse.) — 60 pièces, papier.

1767-1789. — Enquête civile faite entre Maurice Parrain et Philibert Humbert le jeune, de Brotte, au sujet d'une anticipation. — Rapports d'experts, pour prisées et estimations. — Appositions des scellés aux domiciles mortuaires de Joseph Franc et de Philibert Humbert, de Brotte. — Tutelles, curatelles, inventaires pupillaires, concernant les enfants Bourgogne, Charcton, Chagney, Franc, Guyot, Jéchoux, Jeoffroy, Jurain et Lagirarde, tous de Brotte.

B. 3746. (Liasse.) — 115 pièces, papier, 1 plan.

1687-1789. — Tutelles, curatelles, inventaires pupillaires des enfants Lombard, Maire, Parrain, Thevenot, Varcon, tous de Brotte. — Testament de Pierre Parrain. — Sentence civile contraignant les habitants de Brotte à reconstruire leur four banal. — Procès civils entre : François Thiébaud et les héritiers Theveney, pour fait de calomnie; — Joseph Bourgogne et Philibert Lagirarde, au sujet de l'inexécution d'un contrat de mariage, etc.

B. 3747. (Liasse.) — 125 pièces, papier, 1 pièce, parchemin.

1708-1789. — Procès civils entre : Joseph Parrain et François Olivier, de Brotte, au sujet de l'ouverture d'une carrière de pierres; — Maurice Parrain et Jean Petitcolin, au sujet de la vente de plusieurs pièces de vin rouge; — les enfants de Claude-Étienne Bourgogne, au sujet du partage de la succession de leur mère. — Procédures criminelles intentées contre : Antoine Bourgogne, de Brotte, pour rébellion envers un huissier, coups et blessures; — Joseph Jéchoux, pour guet-apens, etc.

B. 3748. (Liasse.) — 103 pièces, papier.

1690-1789. — Procédures criminelles intentées contre : François Py et consorts, Jean-Claude et Joseph Py, François Suty, garde général de l'abbaye de Luxeuil; Nicolas Theveney, tous demeurant à Brotte, pour mauvais traitements, vols d'échalas, destruction de pieds de vigne; — enlèvement d'une sentence, etc.

B. 3749. (Liasse.) — 112 pièces, papier.

1722-1789. — Procédures criminelles intentées contre : François Choquey et Étienne Theveney, de Brotte, pour assassinat commis sur la personne de Jean-Claude Charcton, garde général des terres et seigneurie de Luxeuil; Nicolas Didier, François Franc, Nicolas Humbert, Joseph Jacquet, Martin Jeoffroy, François Jurain, Philibert Lagirarde, Eusèbe Lombard, Jacques-François Mulot, tous de Brotte, pour coups et blessures.

B. 3750. (Liasse.) — 4 pièces, parchemin; 67 pièces, papier; 1 plan.

1692-1769. — Prestation de serment de Dominique Bigey, nommé maire à La Chapelle. — Plan d'une partie du canton des Sausses. — Permissions de vendre des immeubles accordées par l'abbé de Luxeuil. — Procès-verbal de l'élection des hommes de charges de la commune de La Chapelle-lez-Luxeuil. — Obligations. — Partages de biens. — Ventes d'immeubles. — Contrats de mariage : de Deste Cartier avec Marguerite Redoutey, de La Chapelle. — de Dominique Valot avec Marie Thiébaud, du même lieu. — Enquête civile entre les amodiateurs des revenus de l'abbaye de Luxeuil et François Verney, de La Chapelle, à l'effet de prouver que les habitants étaient tenus de conduire la vendange dans les caves de l'abbaye. — Rapports d'experts pour prisées et estimations. — Appositions de scellés. — Inventaires pupillaires, tutelles, curatelles, concernant les enfants Rondinot, Bresson, Cartier, Carrey, Folley, Gauxey, Jeanparis, Joly, Larenaude, Magrey, tous de La Chapelle, etc.

B. 3751. (Liasse.) — 101 pièces, papier.

1650-1769. — Tutelles, curatelles, inventaires pupillaires, concernant les enfants Péquignot, Tisserand, Valot, de La Chapelle. — Décrets faits sur les biens d'Étienne Carrey et de Guillaume Milliotte. — Procès civils entre : les religieux de Luxeuil et les habitants de La Chapelle, au sujet du payement des réparations qui ont été faites à l'église de Saint-Sauveur ; — Joly et Tisserand, au sujet du payement des frais résultant d'une condamnation pour avoir enfreint la mise en ban des prés ; — les enfants Tisserand, au sujet du partage des biens provenant de la succession de leurs père et mère, etc.

B. 3752. (Liasse.) — 191 pièces, papier.

1652-1769. — Procès civil entre les habitants de La Chapelle et Luc Valot, au sujet de l'usurpation d'une partie du chemin qui conduit au vignoble appelé Allier. — Dénombrement des terres dépendant du fief de La Chapelle. — Procès-verbal de reconnaissance de l'état du livre journal de Jean-Claude Buisson, négociant à La Chapelle. — Tirages de lots. — Vente par autorité du bailliage des biens appartenant à Belin Maguerey. — Levée du cadavre d'un enfant nouveau-né. — Procédures criminelles intentées contre : Bigey, accusé d'avoir occasionné la saisie d'un cheval par la justice ; — la veuve Bigey et son fils, Claude-François Brady, Charles et Jean Cartier, tous de La Chapelle, pour injures, coups et blessures.

B. 3753. (Liasse.) — 123 pièces, papier.

1697-1769. — Procédures criminelles intentées contre : Jean-Claude Girard, marchand ; les frères Joly, Claude-François Loginardo, Nicolas Maillarbeau, Belin Maguerey, Nicolas Theveney, Pierre-Joseph Tisserandet, tous demeurant à La Chapelle, pour mauvais traitements, vols, coups et blessures.

B. 3754. (Liasse.) — 67 pièces, papier.

1641-1769. — Jugement civil qui condamne Nicolas Cheviet, de Châteney, à 50 livres d'amende au profit de l'abbé de Luxeuil, pour avoir fait paître son bétail dans une prairie mise en ban. — Vente de grains à François Landeau, du même lieu. — Procédures criminelles intentées : contre Nicolas Véjux, tisserand, demeurant à Châteney, pour blessures graves faites à l'aide d'une épée ; — contre Jean-Baptiste Raillard, de Citers, pour vol de poissons dans un étang. — Partages de biens faits entre les enfants Piquard, de Colombe-lez-Bithaine. — Permission donnée par l'abbé à Charles Léger d'exercer la profession de chirurgien dans les villages voisins de la prévôté de Conflans. — Transaction passée entre les sieurs Rouillot et Boiteux, de Conflans, au sujet du partage d'une succession. — Inventaire des meubles et effets de Léonard Boiteux, notaire à Conflans. — Tutelles, curatelles, inventaires pupillaires, concernant les enfants André et Colin, de Corravillers. — Testaments des sieurs Gran Imougin, Galmiche, femme André, Gavoille, Mauffrey, Naclin, tous de Corravillers. — Procédures criminelles intentées contre Dominique Jacquey et Joseph Maire, dudit lieu, pour vol de grains, coups et blessures. — Contrat de mariage du sieur Vautrin, de Cave, avec Élisabeth Copey. — Enquête civile entre les enfants Bourquin, de Daubenoît, au sujet du payement de la pension alimentaire qu'ils doivent à leur père. — Nomination d'experts pour Pierre Hubert, de Daubenoît. — Testament de François-Xavier Courtaillon, de Dampvalley-Saint-Pancras.

B. 3755. (Liasse.) — 70 pièces, papier.

1668-1769. — Envois des sieurs Folley et Queney en possession de l'office de maire à Ehuns. — Procès-verbal constatant les dégâts occasionnés par la grêle en 1756. — Toisé des maisons. — Vente des biens de l'enfant mineur de Claude-François Valot, d'Ehuns. — Enquête entre Philibert Rousse et Jean Valot, au sujet de la propriété d'un champ. — Rapports d'experts pour prisées et estimations. — Appositions de scellés, tutelles, curatelles, inventaires pupillaires, concernant les enfants Begey, Batey, Courboy, Belhotal, Folley, Henry, Laurent, Mayrot, Parisot, Pillard, etc., tous d'Ehuns.

B. 3756. (Liasse.) — 84 pièces, papier; 1 cahier in-8°, 60 feuillets, papier.

1697-1760. — Inventaires pupillaires des enfants Pernot, Prévôt, Quoney, Rousse, Valot, Viney, tous demeurant à Ehuns. — Procès civils entre : Denis Rousse et Jean-Claude Henry, au sujet d'un compte de tutelle ; — l'abbé de Luxeuil et François Folley, d'Ehuns, au sujet de la validité d'une saisie mobilière. — Procès-verbaux de levées de cadavres. — Procédure criminelle intentée contre Nicolas Godefroy et Pierre Germain, gardes généraux de la gruerie de Luxeuil, pour avoir tué le fils Valot d'un coup de fusil, etc.

B. 3757. (Liasse.) — 119 pièces, papier.

1697-1788. — Procédures criminelles intentées contre Nicolas Gardaire et autres, demeurant à Ehuns, pour tentative d'assassinat. — Mises en ban des prés dans la commune d'Esboz-Brest. — Baux. — Obligations. — Rétrocession d'un pré par droit lignager. — Enquête civile entre Camille Bullotte et Pierre Perrin, d'Esboz-Brest, à l'effet de prouver que ce dernier a vendu tous les immeubles qu'il possédait sur le territoire de Saint-Valbert. — Rapports d'experts pour prisées et estimations. — Appositions des scellés aux domiciles mortuaires de Marie Beurget, André Corberand, Nicolas Colletey, Joseph Jeanmasson, François Martin, Marie Mariotte, femme Callan, tous demeurant à Esboz-Brest. — Testaments de Marguerite Corberand, veuve Jeanmasson, Guillaume Mairey, etc., tous dudit lieu.

B. 3758. (Liasse.) — 54 pièces, papier.

1680-1789. — Tutelles, curatelles, inventaires pupillaires, concernant les enfants Aubry, Beurgey, Causeret, Corberand, Deschène, Hory, Laloz, Maire, Mairey, Martin, Mathey, Menigoz, Michaud, Pheulpin, etc., tous demeurant à Esboz-Brest.

B. 3759. (Liasse.) — 132 pièces, papier.

1695-1788. — Jugement rendu à la requête du procureur fiscal du bailliage de Luxeuil, condamnant divers habitants de la commune d'Esboz-Brest à 1 livre d'amende pour n'avoir pas fait ramoner leurs cheminées. — Sentence condamnant Françoise Mairey à rendre compte de la tutelle de son fils. — Procès civil entre Richard Mairey et Étienne Courtot, d'Esboz-Brest, au sujet de l'emprisonnement de ce dernier comme débiteur dudit Mairey. — Procès-verbaux de levées de cadavres. — Procédures criminelles intentées contre : Marie Arnoult, pour vol ; — Jacques et Nicolas Aubry, pour mauvais traitements ; — Louis Brady, pour injures, etc.

B. 3760. (Liasse.) — 115 pièces, papier.

1728-1789. — Procédures criminelles intentées contre Jean Colletey et ses frères, Jean-François Corberand, Claude Hory, Georges Jaillet, Pierre Mairey, Jean-Nicolas Mairey, François Marchand, etc., tous demeurant à Esboz-Brest, pour mauvais traitements, coups et blessures. — Ordonnance de l'intendant de la province concernant le payement des gages du marquis de Montaain, comme gouverneur des villes et château de Faucogney. — Prestation de serment du sieur Antoine, nommé à l'office de notaire au bailliage de Francogney par le marquis de Bauffremont, lieutenant général, baron dudit lieu. — Testaments de : Jeanne Bolot, Bolot de Chauvillerain, curé ; Claude-Alexis Boignet, avocat ; Claude Duval, prêtre, etc., tous demeurant à Faucogney.

B. 3761. (Liasse.) — 76 pièces, papier.

1697-1788. — Sentence civile adjugeant au sieur Henrion, de Faucogney, une pièce de terre de la contenance de cinq quartes située sur le territoire de Luxeuil. — Procès civil entre Desle Hayotte et Chavet, huissier à Faucogney, au sujet d'une arrestation illégale reprochée à ce dernier. — Procédures criminelles intentées contre : Antoine, notaire ; Durupt, Joseph Lacroix, Garde, Eusèbe Lombard, Hory, médecin, tous de Faucogney, pour mauvais traitements, coups et blessures.

B. 3762. (Liasse.) — 123 pièces, papier.

1680-1789. — Procès-verbal constatant que les travaux de restauration de l'église de Fontaine-les-Luxeuil sont défectueux. — Enquête entre Claude Chapuis et Petit, de Fontaine, au sujet de la propriété d'une maison. — Testaments de Jeanne-Claude Duchesne, Pierre Gille, Joseph Dorin, etc., tous demeurant à Fontaine-les-Luxeuil. — Procédure criminelle intentée contre Antoine Aubry, de Fontaine, pour mauvais traitements. — Nomination de Louis Bourgeois à l'office d'huissier à Fougerolles. — Contrat d'acquisitions et obligations. — Enquête judiciaire à l'effet d'établir la date de la naissance de Jean-Baptiste Bertrand, notaire à Fougerolles. — Testaments de : Joseph Durpoix ; Lepaut, porte-étendard au régiment de Royal-

Navarre, en semestre à Fougerolles. — Appositions de scellés, tutelles, curatelles, concernant les enfants Guin, Rabet, Henry, de Fougerolles. — Procès civil entre Pierre-François Guin et Claude-Louis Haverland-Beaumont, de Fougerolles, au sujet d'une dot. — Procédures criminelles intentées contre : Étienne Gustin et Joseph Mourey, de Fougerolles, pour tentative d'assassinat ; — Levain, Nardin et Ponceot, pour mauvais traitements.

B. 3763. (Liasse.) — 94 pièces, papier.

1787-1789. — Acquisitions d'immeubles faites par Jean-Baptiste Goisey et Mathieu Cony, de Francalmont. — Interrogatoires sur faits et articles subis par Jean-Claude Barnabean, de Francheville. — Inventaire des titres concernant la terre de Froideconche, déposé à l'étude du tabellion Girardot, de Luxeuil. — Nomination de Jean Queney à l'office de maire-sergent à Froideconche. — Permissions de vendre des immeubles accordées par l'abbé aux sieurs : Henricey, Cartier, Bertrand, Tisserand de Froideconche. — Mise en ban de la prairie. — Arpentement des prés appartenant à François Duvoy, dudit lieu. — Toisé des maisons. — Vente de bois. — Procurations. — Baux. — Obligations. — Contrat de mariage de Dominique Brun, avec Rose Fleur, de Froideconche. — Rapports d'experts pour prisées et estimations, etc.

B. 3764. (Liasse.) — 79 pièces, papier.

1679-1784. — Enquêtes civiles faites entre : les habitants de Froideconche et les Bénédictins de Luxeuil, au sujet du droit de parcours dans un canton appelé les prés Bisot ; — Claude-Nicolas Mairey et Jacques-Antoine Bellay, de Froideconche, au sujet de la construction d'une maison et de son alignement. — Appositions de scellés, tutelles, curatelles, inventaires pupillaires, concernant les enfants Cartier, Courtier, Fleuret, Bellay, Bertrand, etc., tous demeurant à Froideconche. — Testament de Claude Cartier, dudit lieu.

B. 3765. (Liasse.) — 87 pièces, papier.

1684-1787. — Tutelles, curatelles, inventaires pupillaires, concernant les enfants Clerc, Colletey, Corberand, Delhotal, Fleurotte, Godard, Grillot, Guerry, Henrisey, Hutin, etc., tous demeurant à Froideconche.

B. 3766. (Liasse.) — 102 pièces, papier ; 1 plan.

1703-1786. — Tutelles, curatelles, inventaires pupillaires, concernant les enfants Mairey, Maroultier, Mathieu, Pouiller, Queney, etc., tous de Froideconche. — Compte de tutelle présenté par le sieur Cartier. — Inscription en faux contre un rapport de garde. — Jugement du bailliage rectifiant une erreur commise dans l'acte de naissance de Jean-Claude Richard, de Froideconche. — Vente d'immeubles appartenant au sieur Cartier. — Plan de deux étangs situés sur le territoire de Froideconche. — Partages d'immeubles entre les héritiers Corberand et Laroche. — Procès-verbaux de levées de cadavres trouvés sur le territoire de ladite commune.

B. 3767. (Liasse.) — 103 pièces, papier.

1718-1789. — Procédures criminelles intentées contre : les habitants de Froideconche, qui ont incendié la maison qu'habitait François Bolangier, conseiller auditeur au parlement de Metz ; — Desle Brun, pour rébellion à un huissier ; — Jean-Claude, Joseph et Michel Cartier ; — Jacques Duchesne, tous de Froideconche, pour coups et blessures.

B. 3768. (Liasse.) — 112 pièces, papier.

1735-1787. — Procédures criminelles intentées contre : Despierre fils ; — Formageot ; — Guignet ; — Henrisez ; — Holerique ; — Jacquot ; — Mairey ; — Maréchal ; — Millotte ; — Nappey ; — Nourry ; — Ogier ; — Pelletier ; — Pouillet ; — Sautier, etc., tous de Froideconche, pour mauvais traitements, coups et blessures.

B. 3769. (Liasse.) — 111 pièces, papier ; 3 plans.

1625-1787. — Procès-verbal de prestation de serment d'experts pour Claude Lambert, contre François Lambert, de Genevrey. — Procès civil entre Olivier et Juif, de Genevrey, au sujet de la vente d'un pré chargé de lods envers le marquis de Saint-Mauris, seigneur dudit lieu. — Contrat de mariage de George Trainey avec Anne Caland, d'Hautevelle. — Plainte portée contre les frères Jorand, dudit lieu, pour menaces. — Sentence d'ordre obtenue par Nicolas Grosjean, contre les créanciers de Simon Grosjean, demeurant à La Lanterne. — Inventaire des registres du bailliage de Luxeuil remis au greffe par l'abbé en 1787. — Plans : de la forêt dite de l'Hôpital appartenant à la mense conventuelle ; — de divers héritages de l'abbaye ; — du moulin de la poche et d'une écurie projetée dans la cour de l'abbaye. — Instruction sur le mode de procédure à suivre dans les nantissements et les décrets. — Prix des grains vendus sur le marché de Luxeuil pendant les années 1625 à 1630.

SÉRIE B. — BAILLIAGES.

B. 3770. (Liasse.) — 112 pièces, papier.

1734-1760. — Nominations par l'abbé de Luxeuil des sieurs : Jean Gruyer, à l'office d'arpenteur ; — Claude-François Chaucouvert, à l'office de procureur fiscal ; — Jean-Baptiste Grillet, à la charge de chirurgien juré ; — Claude Vincent, à l'office de lieutenant des chasses ; — Nicolas Hugueny et autres, à l'office de collecteur des amendes ; — Jean-Claude Oudot et autres, à celui de garde général ; — Louis Blanchard, à celui de commissaire de police ; — Nicolas Marchand et autres, à la charge d'huissier ; — Jean Michel, à l'office de concierge et geôlier des prisons ; — dom Colomban Rance, sous-prieur, et autres religieux, à l'office de prévôt, juge dans la seigneurie de Luxeuil ; Pierre Benoît, Magny, etc., à l'office de notaire;

B. 3771. (Liasse.) — 17 pièces, parchemin ; 112 pièces, papier.

1662-1785. — Nominations par l'abbé de Luxeuil des sieurs : Guillaume Magny, Claude-François Gamet, etc., à l'office de procureur au bailliage ; — Josephe Silvestre ; — Jean-Claude Vinot, à l'office de greffier au bailliage ; — Melchior Pigeot et Pierre-Benoît Desgranges, à l'office de maire à Luxeuil. — Titres appartenant aux familles Buisson et Chaucouvert, de Luxeuil, et consistant en : accensements, ventes, échanges, acquisitions, constitutions de rentes et contrats de mariage. — Émancipation du fils Vinot, de Luxeuil. — Procès-verbal d'arpentement des propriétés d'Étiennette Chapelin, de Luxeuil. — Évasion de sept prisonniers. — Rébellion au geôlier des prisons. — Reconstruction de la porterie du haut de la rue du Chêne, et de celle de la Tour, placée au-dessus de la grande porte détruite pendant la guerre de Dix ans (1636-1646). — Transaction entre l'abbé et les religieux de Luxeuil, au sujet du partage des immeubles appartenant à la mense abbatiale, au nombre desquels se trouvent les moulins de La Poche et du Toquerot, etc.

B. 3772. (Liasse.) — 103 pièces, papier.

1709-1787. — Procès-verbaux d'élections des députés chargés de nommer les notables de la ville de Luxeuil. — Procès-verbal constatant que la visite faite à l'abbaye de Luxeuil par Raymond de Durfort, archevêque de Besançon, a eu lieu selon les formes usitées dans les abbayes qui ne sont pas du ressort des juridictions diocésaines. — Arrêt du parlement déclarant que nul ne pourra remplir les fonctions de notaire dans la ville et dans toute l'étendue de la seigneurie de Luxeuil sans le consentement de l'abbé. — Procès-verbal de visite des moulins de La Poche et du Toquerot. — Inventaire de titres concernant la ville de Luxeuil. — Répertoire des actes du contrôleur Prinet. — Divers comptes arrêtés entre l'abbé et ses fermiers, etc.

B. 3773. (Liasse.) — 2 pièces, parchemin ; 131 pièces, papier.

1602-1769. — Affranchissement par l'abbé des sieurs : Sirvaux ; — Duvoy et Folley, de Luxeuil. — Adjudication de la conduite du sel dans la seigneurie de Luxeuil. — Acte par lequel l'abbé de Luxeuil, délégué du Saint-Siège, a chargé le curé d'Avrigney de procéder à une enquête entre le curé Magnet et le sieur Riquet, qui a enlevé les échalas de la vigne de la cure. — Copie d'une transaction sur procès passée en 1503, entre Philippe-le-Beau, roi de Castille, comte de Bourgogne, et François de La Palu, abbé de Luxeuil, au sujet du remboursement des droits régaliens que l'abbé n'avait cessé de percevoir contrairement au traité fait à Arras en 1435, par lequel le comte de Bourgogne avait été investi de la souveraineté de la terre de Luxeuil. — Répertoire des actes passés par Joachim Castel, notaire de la seigneurie de Luxeuil. — Inventaire des minutes du notaire Girardot. — Procès civil entre Thierry, négociant, et Nicolas Humbert, au sujet d'une répétition d'argent, etc.

B. 3774. (Liasse.) — 139 pièces, papier.

1743-1783. — Requêtes adressées à l'abbé de Luxeuil, par les habitants de la seigneurie, à l'effet d'obtenir la permission d'échanger, acquérir et vendre des immeubles ; — au nombre des requérants figurent : Claude de Marenville, de Mazière, capitaine de grenadiers au régiment de Normandie ; — Noble-Charles Breton d'Amblans, seigneur dudit lieu, débiteur de messire Henrion, seigneur de Franchevelle, etc. — Permissions accordées à divers mainmortables de se marier et de quitter la terre de Luxeuil.

B. 3775. (Liasse.) — 25 pièces, papier.

1622-1689. — Enquêtes civiles faites entre : Humbert Racle, prêtre à Luxeuil, et les Bénédictins, au sujet de la propriété du pré appelé le pré ferratier ; — Henri Larenaude et Anne Raillard, de Luxeuil, au sujet du parcours d'un pré ; — Georges Pusel, docteur en droit, et Richard Delhotal, au sujet d'un canal pratiqué dans la prairie ; — Pierre-Ignace Goffinet, procureur fiscal, et Claude-Étienne Marchand, négociant à Luxeuil, au sujet de la coutume qui se pratique dans la seigneurie de Luxeuil depuis un temps immémorial, et qui consiste à saisir les chariots avec leurs accessoires appartenant aux délinquants forestiers, etc.

B. 3776. (Liasse.) — 19 pièces, papier.

1681-1781. — Enquêtes civiles faites entre : Claude-François Bourguignet et Jean Delhotal, de Luxeuil, au sujet de la propriété d'un pré situé dans le canton appelé le Roulin; — Pierre Vuilleminot et Claude Perrot, son beau-frère, au sujet d'une donation verbale faite par leur frère avant sa mort; — l'abbé et les religieux de Luxeuil, à l'effet de prouver que le meunier de Saint-Sauveur n'avait pas le droit d'envoyer pâturer son bétail sur le territoire de la grange Barreau.

B. 3777. (Liasse.) — 33 pièces, papier; 1 plan.

1781-1787. — Enquêtes civiles faites entre : Jean-Claude Fabert et François Boulangier, de Luxeuil, au sujet d'une querelle qu'ils ont eue ensemble; — Joseph Billard, marchand à Luxeuil, et Jacques Thierry, à l'effet de prouver que les eaux pluviales inondaient son jardin à cause de l'obstruction d'un canal appartenant à ce dernier; — Bonaventure Janney et Nicolas Labrune, au sujet de la succession de Jeanne-Claude Janney; — Jean-Baptiste Varin, recteur de l'église Saint-Martin, et Marie Nicot, au sujet de l'emplacement d'une tombe. — Plan d'un champ appartenant au sieur Coquillard, de Luxeuil.

B. 3778. (Liasse.) — 28 pièces, papier; 2 plans.

1787-1790. — Enquêtes civiles faites entre : Jean-François Seneley et Pierre Goiset, de Luxeuil, au sujet du partage d'une succession; — Jean-Claude Girod et demoiselle Bernard, de Luxeuil, au sujet de la jouissance d'un passage mitoyen; — les pères Capucins de Luxeuil et Jean-Claude Richard, au sujet de la propriété d'un terrain; — Jacques Marmotant et Jacques Gastel, chirurgien, pour fait de séduction. — Plans de deux terrains contentieux entre : Jean-Claude Girod et demoiselle Bernard; — les Capucins et Claude Richard.

B. 3779. (Liasse.) — 33 pièces, papier.

1708-1789. — Enquêtes civiles faites entre les sieurs Vincent, Martin et Laurent, de Luxeuil, à l'effet de prouver que ces derniers avaient constamment habité ensemble dans la même maison, et qu'ils ne faisaient qu'un seul ménage. — Décrets faits sur les biens de : Claude-Joseph Bisard, de Luxeuil, à la requête de madame de Saint-Bresson; — Jean-Claude Hymette, à la requête de César Delatour; — Pierre Gastel, bourgeois à Luxeuil, à la requête de la familiarité dudit lieu. — Adjudication des immeubles de Jean-Claude Girod. — Procès-verbal de nantissement des deniers provenant de la vente des biens de la succession de Claude-Antoine Curie, bailli de Luxeuil.

B. 3780. (Liasse.) — 111 pièces, papier.

1750-1769. — Procès-verbaux d'expertises pour prisées et estimations. — Procès-verbal de prestation du serment de Jacques Duprot, expert de messire Aloysi-François Rance, conseiller auditeur en la Cour des Comptes, aides, domaines et finances du comté de Bourgogne, etc.

B. 3781. (Liasse.) — 121 pièces, papier.

1770-1781. — Procès-verbaux d'expertises pour prisées et estimations. — Visite et reconnaissance de l'état de la papeterie de Saint-Bresson, appartenant à messire Raney, seigneur dudit lieu, conseiller honoraire au parlement de Besançon, demeurant à Luxeuil. — Reconnaissance des matériaux provenant de la démolition de la tour Saint-Nicolas, à Luxeuil, etc.

B. 3782. (Liasse.) — 75 pièces, papier.

1782-1789. — Procès-verbaux d'expertises pour prisées et estimations. — Prestations de serment d'experts. — Partage d'une maison entre messire Pierre-Joseph de Ferrières, du Châtelot, écuyer, chevalier de Saint-Louis, colonel d'infanterie, demeurant à Luxeuil, et Jean-Baptiste Perrin, maître horloger audit lieu. — Liquidation et estimation des biens appartenant à la famille Boulangier, de Luxeuil, etc.

B. 3783. (Liasse.) — 127 pièces, papier.

1751-1784. — Appositions et levées des scellés au domicile mortuaire des sieurs : Aubry; — Balandier; — Bariselle, veuve Charlot; — Barthélemy Buisson; — Chambard; — Chapuis; — Charbonnier; — Chaucouvert, procureur fiscal; — Chaon; — Clerc; — le chevalier de Dompierre; — Drahon; — Ducretel; — Dupont; — Ébaudy de Fresne, écuyer, seigneur; — Évrard; — Ferrand; — Fleury; — Fournier; — Franc, etc., tous de Luxeuil.

B. 3784. (Liasse.) — 131 pièces, papier.

1608-1788. — Appositions et levées des scellés au domicile mortuaire des sieurs : Galmiche; — Gastel; — Gauthier; — Guy; — Henrion; — Holerique; — Jandy; — Laberterie; — Lamboley; — Lavey; — Lesellier; — Lespine; — Longeron; — Loyot; — Luc, etc., tous demeurant à Luxeuil.

B. 3785. (Liasse.) — 137 pièces, papier.

1640-1789. — Appositions et levées des scellés au domicile mortuaire des sieurs : Michaud ; — Mignot ; — Morel ; — Narjou ; — Nicot ; — Périard ; — Pernet ; — Perrey ; — Pigeot ; — Questel ; — Racle ; — Redoutey ; — Renaud ; — Sailly ; — Sellier ; — Seuoley ; — Silvestre ; — Thovenoy, veuve Pigeot ; — Thiebalet ; — Verdet ; Viney ; — Vinot, etc., tous demeurant à Luxeuil. — Tutelles, curatelles, concernant les enfants : Agnus ; — Aillaume d'Amblans, etc., tous demeurant à Luxeuil.

B. 3786. (Liasse.) — 77 pièces, papier.

1605-1763. — Tutelles, curatelles, inventaires pupillaires, concernant les enfants : Baroy ; — Batandier ; — Bolot ; — Bonnafos ; — Boulangier ; — Bourguignot ; — Bouvret ; — Brac ; — Braconnier ; — Breney ; — Breton d'Amblans ; — Brochet ; — Brusse ; — Bruand ; — Buisson, etc., tous demeurant à Luxeuil.

B. 3787. (Liasse.) — 89 pièces, papier.

1604-1789. — Tutelles, curatelles, inventaires pupillaires, concernant les enfants : Camus ; — Capelle ; Carmillot ; — Carbonnier ; — Caron ; — Cartier ; — Colard ; — Coquillard ; — Delaporte ; — Deliot ; — Desgranges ; — Durand ; — Doron ; — Drahon ; — Durupt, etc., tous demeurant à Luxeuil.

B. 3788. (Liasse.) — 130 pièces, papier.

1674-1789. — Tutelles, curatelles, inventaires pupillaires, concernant les enfants : Fabert ; — Faivre ; — Ferrand ; — Galmiche ; — Gastel ; — Gay ; — Girod ; Goffart ; — Godignon ; — Hacquard ; — Henrion ; — Henry ; — Holerique ; — Hugueney ; — Huot, etc., tous demeurant à Luxeuil.

B. 3789. (Liasse.) — 84 pièces, papier.

1646-1789. — Tutelles, curatelles, inventaires pupillaires, concernant les enfants : Jacques ; — Jéchoux ; — Joly ; — Lajude ; — Lamboley ; — Lançon ; — Lapergie ; — Loyon ; — Luzet ; — Magnenet ; — Magnien ; — Maguy ; — Maquillot ; — Maire ; — Marchand ; — Maréchal ; — Martin, etc., tous demeurant à Luxeuil.

B. 3790. (Liasse.) — 128 pièces, papier.

1670-1781. — Tutelles, curatelles, inventaires pupillaires, concernant les enfants : Mathias ; — Mathieu ; —

HAUTE-SAÔNE. — TOME II. — SÉRIE B.

Mazot ; — Mulot ; — Nicot ; — Olaf ; — Pagand ; — Pipal ; — Poirier ; — Prinet ; — Pulhon ; — Quesnoy ; — Rance ; — Richard ; — Roussel, etc., tous domiciliés à Luxeuil.

B. 3791. (Liasse.) — 121 pièces, papier.

1603-1788. — Tutelles, curatelles, inventaires pupillaires, assemblées de famille, concernant les enfants : Saint-Mauris ; — Seguin ; — Seneley ; — Simon ; Tollier ; — Vagney ; — Valley ; — Valuet, etc., tous demeurant à Luxeuil.

B. 3792. (Liasse.) — 137 pièces, papier.

1744-1784. — Ventes : de la charge de secrétaire du Roi, appartenant au sieur d'Amblans ; — d'immeubles par autorité du bailliage. — Adjudications concernant les héritiers : Breton d'Amblans, Brudan, Gastel, tous de Luxeuil. — Procès-verbaux de tirages de lots.

B. 3793. (Cahier.) — In-6°, 568 feuillets, papier.

1769. — Vente d'immeubles et de marchandises appartenant à Joseph Bacquet, négociant à Luxeuil, faite à la requête des sieurs Duchâtel et Berthelin, négociants à Troyes ; Decroix, Frejet et Mouton, négociants à Lyon.

B. 3794. (Cahier.) — In-6°, 693 feuillets, papier.

1784. — Vente des marchandises provenant des frères Perret, négociants à Luxeuil, faite en suite d'une saisie au profit des frères Wey, négociants à Besançon.

B. 3795. (Liasse.) — 39 pièces, papier.

1693-1749. — Décrets faits sur les biens de : Pierre Nicot, à la requête de Jeanne-Pierre Humblot ; — Pierre Prévost, à la requête de Desle Cartier ; — Jean Mazet, à la requête des confrères de la confrérie de Saint-Roch érigée en l'église Saint-Martin à Luxeuil ; — François Quassey, à la requête des Bénédictins ; — Jean et Pierre Racle, à la requête des prieur et religieux du monastère Saint-Pierre de Luxeuil. — Procès-verbal de vente des meubles provenant de l'hoirie de Claude André. — Testaments : de Jeanne André, femme Maguy ; Claudine André, femme Carlin ; Anne-Catherine Arnoulx, Marie Aubry, Charlotte-Emmanuelle-Ferdinande Breton d'Amblans, etc., demeurant à Luxeuil.

B. 3796. (Liasse.) — 133 pièces, papier.

1698-1784. — Testaments des sieurs : Barthélemy, Bérard, Bellard, Bernard, femme Grandmasson ; Breton,

4

seigneur d'Amblans, bailli de Fougerolles ; Cabussot, Calland, femme Monigot ; Callet, Carlin, Parin, Dacombe, Defourneaux, Desgranges, Didier, etc., tous demeurant à Luxeuil.

D. 3797. (Liasse.) — 132 pièces, papier.

1628-1780. — Testaments des sieurs : Fabert, Fleury, femme Violmard ; Fournier, Galmiche, Garteret, Gastel, Hautcolas, Holerique, Jandy, Jéchoux, Lancier, Lapergie, Lapotte, Larenaude, Lemonier, Leterreur, Magnien, Maguy, Maigret, Mathieu, etc., tous domiciliés à Luxeuil.

D. 3798. (Liasse.) — 135 pièces, papier.

1630-1787. — Testaments des sieurs : Menigoz, Mignot, Mongenet, Monnot, Montagnon, curé ; Mourey, Nicot, Ossard de Donnay, Paris, Perthiset, Pernet, Pouthier, Pyot, Quessey, Questel, Racle, Rebillet, Royer, Sailley, Thiébaud, femme Fouclause ; Verdet, etc., tous demeurant à Luxeuil.

D. 3799. (Liasse.) — 1 pièce, parchemin ; 60 pièces, papier.

1675-1729. — Procès civils entre : Dodin et Rousselet, à l'occasion d'un échange de chevaux ; — le prieur des Bénédictins de Luxeuil et Hubert Racle, prêtre, au sujet de la nomination d'un chapelain à la chapelle Saint-Claude érigée en l'église Notre-Dame de Luxeuil. — Jugement déclarant que le sieur Goffinet jouira pendant un an des revenus de la mense abbatiale en sa qualité de fermier des revenus de l'abbaye, et déboutant de sa demande l'abbé de Beauffremont qui est intervenu dans cette affaire, etc.

D. 3800. (Liasse.) — 1 pièce, parchemin ; 123 pièces, papier.

1731-1737. — Procès civils entre : Jean-Charles Holerique et Joseph Simon, au sujet de la réparation d'un mur ; — les officiers municipaux de Luxeuil et les Bénédictins, au sujet de la perception du droit de 4 blancs par chaque pinte de vin vendue par les habitants de ladite ville ; — l'abbé de Beauffremont et la femme de François Lalon, au sujet de l'échute de François Pelletier ; — Nicot et Bezard, de Luxeuil, au sujet du payement d'un billet souscrit par ce dernier, etc.

B. 3801. (Liasse.) — 121 pièces, papier.

1737-1747. — Procès civils entre : les demoiselles Nicot et le sieur Gay, procureur fiscal, au sujet du payement de quatre années de tailles qu'elles refusent de faire à l'abbé ; — Verdet et Lapergie, au sujet du droit de faire pâturer leur bétail sur le territoire de la Grange-Barreau ; — les frères Guillegot, de Luxeuil, au sujet de la disparition d'une somme empruntée par leur père la veille de sa mort ; — Nicolas Labrude et les héritiers Janney, de Luxeuil, au sujet du partage des biens de Jeanne-Claude Janney, etc.

D. 3802. (Liasse.) — 1 pièce, parchemin ; 118 pièces, papier.

1747-1753. — Procès civils entre : Grandjean et Toussaint, de Luxeuil, au sujet de la propriété d'une maison, d'un four et d'un verger situés à Luxeuil ; — les frères Guillegot et François Aubry, de Luxeuil, au sujet du partage de la succession de leur père et beau-père ; — Henri Pommier et Jeanne Lactillier, au sujet de la servitude des eaux provenant des toits de leurs maisons ; — les demoiselles Bonnafos et Jeanne-Claude Lavier, de Luxeuil, au sujet de la possession d'un banc situé devant leur maison, etc.

D. 3803. (Liasse.) — 119 pièces, papier.

1754-1759. — Procès civils entre : Marie Laurent et Alexandre Désert, de Luxeuil, au sujet du payement d'une somme de 30 livres due par ce dernier pour la nourriture et le logement qu'il a fournis ladite Laurent ; — Marie-Françoise Pelletier, femme Désert, et Jean-Pierre Thierry, au sujet de l'exécution du décret rendu sur les biens de la veuve Pelletier ; — les héritiers Defourneaux et Claude-Joseph Rochet, au sujet du payement des frais dus à un huissier dans une affaire instruite criminellement contre Richard Corberand, accusé d'avoir assassiné Jean Colletey, etc.

D. 3804. (Liasse.) — 123 pièces, papier.

1760-1762. — Arrêt du Parlement de Besançon ordonnant la levée des scellés apposés sur les minutes de Gabriel Silvestre, tabellion général de la terre de Luxeuil. — Procès civils entre : Jean-Claude Buisson et Jacques Maguy, au sujet d'une servitude d'eaux pluviales ; — l'abbé de Luxeuil et Henri Maret, au sujet d'une vente d'immeubles frappés de la macule de mainmorte ; — François Boulangier et les officiers municipaux de Luxeuil, au sujet de la mise à exécution d'un règlement pour l'exploitation des bois, etc.

B. 3805. (Liasse.) — 9 pièces, parchemin ; 123 pièces, papier.

1763-1769. — Procès civils entre : Jean-Baptiste Cartier et Claude Piquet, de Luxeuil, au sujet du remboursement d'une somme empruntée par obligation ; — Nicolas Simon et Nicolas Grosjean, de Luxeuil, au sujet d'une saisie de meubles prétendue nulle et injuste; — Alexis Raice et Joseph Marchand, au sujet d'une vente d'immeubles faite par autorité de justice; — l'abbé de Luxeuil et le sieur Thiébalot, au sujet de la reconstruction d'un mur mitoyen, etc.

D. 3806. (Liasse.) — 132 pièces, papier.

1740-1773. — Procès civils entre : Barroy et Bertrand, de Luxeuil, au sujet du payement du canon des fermes de la ville; — Jeanney et Durupt, au sujet de sommes payées au seigneur et au tabellion général pour une vente d'immeubles frappés de la macule de mainmorte; — l'abbé et Martin Guyot, de Luxeuil, au sujet du payement des dégradations que ce dernier a faites aux fours banaux de Luxeuil lorsqu'il en était le fermier, etc.

D. 3807. (Liasse.) — 112 pièces, papier.

1748-1784. — Procès civils entre : Louis Renicourt et Claude Chambard, de Luxeuil, au sujet de la vente des biens de ce dernier; — Claude Doyen et Joseph Grosjean, au sujet de la vente du mobilier provenant de François Perrey; — Albin Loyon et Jacques Drahon, au sujet d'un droit de passage, etc. — Interdiction de la femme Jurain, de Luxeuil, tombée en démence.

D. 3808. (Liasse.) — 130 pièces, papier.

1784-1788. — Procès civils entre : Suzanne Gerlion, veuve Buisson, et son fils, au sujet du payement des frais occasionnés par l'apposition des scellés sur les meubles de leur mari et père; — Pierre Goichot et François Silvestre, au sujet de l'exécution d'une vente de biens faite par un mineur; — les frères Wey, négociants à Besançon, et les frères Perret, négociants à Luxeuil, au sujet du payement d'une somme de 3,469 livres que ces derniers doivent aux frères Wey pour fournitures de marchandises, etc.

D. 3809. (Liasse.) — 1 pièce, parchemin; 139 pièces, papier.

1742-1789. — Procès-verbaux de levée de cadavres trouvés sur le territoire de Luxeuil. — Procédures criminelles intentées contre : des inconnus qui ont commis plusieurs vols pendant la foire; — les auteurs : d'une émeute populaire; — d'un infanticide; — de l'empoisonnement des étangs appartenant aux Bénédictins de Luxeuil; — Georges André, de Luxeuil, pour coups et blessures.

D. 3810. (Liasse.) — 1 pièce, parchemin; 132 pièces, papier.

1731-1783. — Procédures criminelles intentées contre : Jacques Barrat, de Luxeuil, pour vagabondage, vols et désertion; — François Burey et complices, pour guet-apens, coups et blessures; — Nicolas Bernard, pour vol d'une pièce de toile; — demoiselle Désirée de Bermont, demeurant à Luxeuil, pour injures au capitaine du château de Raddoncourt, etc.

D. 3811. (Liasse.) — 163 pièces, papier.

1687-1747. — Procédures criminelles intentées contre : les frères Hornet et autres, pour avoir mendié réunis en troupe à l'aide de faux certificats attestant que leurs maisons avaient été brûlées et qu'ils avaient été mordus par des chiens enragés; — l'avocat Boulanger, de Luxeuil, pour insultes, tapage nocturne et faits de violence envers Jean-Charles Breton, seigneur d'Aublans, bailli de Faucogney, etc.

D. 3812. (Liasse.) — 129 pièces, papier.

1737-1767. — Procédures criminelles intentées contre : Jean-Claude Buisson, de Luxeuil, pour mauvais traitements, coups et blessures; — Joseph Chambau, pour avoir maltraité un garde et lui avoir cassé son fusil; — Jean-Claude Charton, garde général de la terre de Luxeuil, pour prévarication dans l'exercice de ses fonctions; — Thomas Chevalier et autres, de Luxeuil, pour vols et vagabondage; ils furent condamnés à vingt ans de bannissement de la province et à une amende de 10 livres au profit de l'abbé, etc.

D. 3813. (Liasse.) — 121 pièces, papier.

1731-1789. — Procédures criminelles intentées contre : la veuve Cailley et sa fille, de Luxeuil, pour faits de violence; — frère Alexis Clère, religieux bénédictin, de Luxeuil, pour assassinat commis sur la personne de dom Varin; il fut condamné par le Parlement de Besançon à une détention perpétuelle; — Hubert et François Deshuile, pour mauvais traitements, etc.

D. 3814. (Liasse.) — 97 pièces, papier.

1731-1782. — Procédures criminelles intentées contre : Pierre-Benoît et Joseph Desgranges, de Luxeuil, pour mauvais traitements; — Despierres, fils, pour s'être introduit pendant la nuit dans la cave de Jean-Baptiste Perrin, de Luxeuil, et y avoir ouvert les robinets de dix tonneaux remplis de vin et d'eau-de-vie; — Jacques Drahon, pour fait de violence; — Euvrard et consorts, employés des fermes du Roi, pour coups et blessures ayant causé la mort; — Pierrette Ferrette, pour infanticide, etc.

B. 3815. (Liasse.) — 104 pièces, papier.

1706-1749. — Procédures criminelles intentées contre : Françoise Fleminet, de Luxeuil, pour injures ; — Marie Galmiche, femme Laurent, pour coups et blessures ; — François Georgey, de Luxeuil, pour avoir maltraité sa femme ; — Jean-François Gravey, pour avoir calomnié Hilaire Bertin, bénédictin, de Luxeuil ; — Grandguillaume, condamné à trois mois de prison, à 10 livres d'aumône au profit des pauvres de Luxeuil et aux dépens de la procédure, pour avoir tué par imprudence un enfant de six ans, etc.

B. 3816. (Liasse.) — 101 pièces, papier.

1750-1785. — Procédures criminelles intentées contre : François Hacquard, pour avoir donné un coup d'épée à François Marchand, employé des fermes du Roi à Luxeuil ; — Agathe Hermand pour vol d'ornements d'église ; — Catherine Humbert, pour avoir maltraité une femme enceinte ; — Claude-François Jacques, pour avoir donné un coup de couteau à Jean-François Magny, de Luxeuil, cavalier au régiment de Vaudrey, compagnie de M. de Châtillon, etc.

B. 3817. (Liasse.) — 91 pièces, papier.

1750-1785. — Procédures criminelles intentées contre : Marie-Françoise Lagneau, dite Caraman, pour avoir mis au monde un enfant mort-né et n'avoir pas déclaré préalablement sa grossesse ; elle fut condamnée à être pendue et à 100 livres d'amende au profit du seigneur abbé ; — Lanier et autres, pour coups et blessures à un huissier dans l'exercice de ses fonctions ; — Brice Laroche, pour homicide commis sur la personne de Claude Vuillemot, etc.

B. 3818. (Liasse.) — 109 pièces, papier.

1710-1788. — Procédures criminelles intentées contre : Pierre Lebœuf, évadé des prisons de Châlons-sur-Marne, pour avoir tenté d'assassiner le geôlier des prisons de Luxeuil ; — Jean-Claude Levrey, pour avoir assassiné Jean-François Galmiche ; — Roch Bernard, pour vol de quatorze pièces de toile ; — Barbe Marcelin, pour mauvais traitements ; — le chevalier Marchand, demeurant à Luxeuil, pour avoir pénétré avec effraction dans la maison de Joseph Grillet et y avoir pris tous les effets qui s'y trouvaient, etc.

B. 3819. (Liasse.) — 98 pièces, papier.

1688-1789. — Procédures criminelles intentées contre : la femme Martin, de Luxeuil, pour mauvais traitements ; — Clémence Masson, de Luxeuil, pour avoir calomnié Marie de Saint-Phenot, trésorière de la congrégation des filles ; — Marie Michel, servante, et autres, pour charivari et mauvais traitements ; — François Minpin, geôlier des prisons de Luxeuil, pour avoir facilité l'évasion d'un prisonnier, etc.

B. 3820. (Liasse.) — 103 pièces, papier.

1683-1789. — Procédures criminelles intentées contre : Louise Pelletier pour vol ; — l'huissier Pelletin, de Luxeuil, pour tapage nocturne et bris de portes ; — Jean Philippe, pour coups et blessures ; — Melchior Pigeot et autres, de Luxeuil, pour avoir enlevé des bois de futaie qui ne lui appartenaient pas ; — les frères Pinot, pour injures et voies de fait ; — Rose Pontalier et son mari, pour enlèvement d'une quittance par force et violence, etc.

B. 3821. (Liasse.) — 111 pièces, papier.

1742-1789. — Procédures criminelles intentées contre : Étienne Prinet, notaire royal à Luxeuil, pour faits d'usure ; — Questel, maître perruquier à Luxeuil, pour mauvais traitements ; — Pierre-Étienne Redard, maçon, pour injures, coups et blessures ; — Redoutey, garde de la terre de Luxeuil, pour prévarication dans l'exercice de ses fonctions ; — Richard et autres, de Luxeuil, auteurs d'une émeute populaire, etc.

B. 3822. (Liasse.) — 122 pièces, papier.

1751-1779. — Procédures criminelles intentées contre : Alexis de Saint-Germain, officier réformé, demeurant à Luxeuil, pour coups et blessures à l'aide d'un bâton ; — Joseph Sirvaux, garde, pour vols de poissons dans les étangs, de grains dans les champs et de fruits dans les vergers ; — Joseph Tartey, surpris ouvrant, à une heure du matin, la porte d'une écurie pour y voler le bétail ; — Verdet, soldat, pour avoir tué en duel le sieur Buisson, soldat en congé à Luxeuil, etc.

B. 3823. (Liasse.) — 133 pièces, papier.

1680-1787. — Procédures criminelles intentées contre : Verdet, Vinot, Voisin et Vuilleminot, tous de Luxeuil, pour mauvais traitements et tentative d'assassinat. — Enquête civile faite entre les habitants de la commune de Magnivray et Joseph Dévoitte, du même lieu, au sujet de la propriété d'un terrain. — Nomination de Jean-Claude Roussel et de Nicolas Godefroy à l'office de garde à Mailleroncourt-Charette. — Testaments de : Jeanne

Dubois, Marie Chénard, Jean-Baptiste Robert, dudit lieu. — Procédure criminelle intentée contre Pierre Péguignot, de Mailleroncourt-Charette, pour avoir maltraité la garde. — Testaments de Gabrielle Retter et d'Antoine Rougel, curé à Melisey. — Procédure criminelle intentée contre Marie Pheulpin, veuve Raimbaut, de Melisey, pour vol. — Vente d'un cens par Antoine Jeandel, notaire à Meurcourt, à Pierre-Nicolas Lebrin, du même lieu. — Enquête civile entre les héritiers Billet, de Meurcourt, au sujet de la vente d'un pres. — Testament de Jeanne-François André. — Explications données par deux experts, devant un commis du tabellion général de la terre de Luxeuil, sur leur procès-verbal d'expertise dans une affaire concernant le sieur Froissart, de Mollans, etc.

B. 3822. (Liasse.) — 1 pièce, parchemin; 128 pièces, papier, 1 sceau; 2 plans.

1683-1790. — Plan d'une vigne appartenant aux Bénédictins de Luxeuil, situé sur le territoire de Neurey-en-Vaux. — Nominations par le seigneur abbé de Luxeuil de Jean-Pierre Durand à l'office de notaire, et de François Simon à celui de maire à Neurey-en-Vaux. — Permission de chasser sur les terres de Neurey accordée par le seigneur à Simon Maire. — Arrentement d'un moulin situé audit lieu, passé entre messire Charles-Emmanuel de Bauffremont, abbé de Luxeuil, et Maurice Noirjean. — Enquête civile faite à la requête de Thérèse Jeanney contre Étienne Médard, de Neurey, au sujet de la propriété d'une place à fumier. — Rapports d'experts pour prisées et estimations. — Tutelles, curatelles, inventaires pupillaires, concernant les enfants : Bizard, Guériot, Jeanney, Laroche, Petitcolin et Simon, tous demeurant à Neurey-en-Vaux. — Testament de Françoise Jacquot, dudit lieu. — Procès civil entre Françoise Petit et Alexis Simon, plaidant en séparation de biens. — Procédure criminelle intentée contre Nicolas Lamarche, de Neurey, pour coups et blessures. — Procès-verbal constatant les dommages causés par la grêle, en 1710, sur le territoire de la commune d'Ormoiche. — Nomination par le seigneur abbé de Didier Jurain à l'office de maire-sergent audit Ormoiche, etc.

B. 3823. (Liasse.) — 79 pièces, papier.

1667-1784. — Enquête civile faite à la requête d'Antoine Perrin contre Claude-François Bernard, d'Ormoiche, au sujet d'une anticipation commise par ce dernier sur un champ semé de millet. — Partage de biens entre les huit enfants de François Bernard, d'Ormoiche. — Tutelles, curatelles, inventaires pupillaires, appositions de scellés, concernant les enfants: Baron, Barthélemy, Bernard, Faivre, Galoiche, Jurain, Osler, Simard, Thierry, etc., tous demeurant à Ormoiche. — Vente de biens provenant des héritiers Galoiche. — Procès-verbal constatant la levée d'un cadavre trouvé sur le territoire d'Ormoiche. — Procédures criminelles intentées contre : Barthélemy, Bernard, Faivre, Mairey, Simard, tous d'Ormoiche, pour coups et blessures. — Vente d'une rente de 6 livres 6 sous faite au profit de Hugues-François Trouillet, apothicaire à Ormois, sur demoiselle Fauche dudit lieu. — Nomination de Joseph Racquant à l'office de maire à La Pisseure. — Rapports d'experts pour prisées et estimations, etc.

B. 3826. (Liasse.) — 84 pièces, cahiers bons, 133 feuillets, papier.

1672-1790. — Enquêtes civiles faites à la requête des sieurs Mairey et Marchand, de La Pisseure, contre les habitants de la commune d'Ainvelle, à l'effet de prouver qu'un terrain appelé la Voie-du-Bœuf fait partie du territoire d'Ainvelle. — Tutelles, curatelles, inventaires pupillaires, concernant les enfants : Asier, Bernot, Blanpied, Guigle, Marchand, Robert, etc., tous demeurant à la Pisseure. Procès civils : à la requête de Marchand contre Nicot, de La Pisseure, au sujet du payement d'un billet de 210 livres souscrit par ce dernier ; — entre Marchand et Asier, au sujet de la validité d'une saisie mobilière. — Procès-verbal d'adjudication des biens de Claude-Joseph Marchand, de La Pisseure, etc.

B. 3827. (Liasse.) — 4 pièces, parchemin; 103 pièces; cahier in-8°, 179 feuillets, papier.

1784-1790. — Procès-verbal constatant la levée d'un cadavre trouvé sur le territoire de la commune de La Pisseure. — Procédures criminelles intentées contre : Joseph Bayard fils, pour blessures faites à l'aide d'un bâton ; François Demougin, de La Pisseure, pour blessures faites à l'aide d'une faux. — Procès-verbal d'une expertise faite à la requête de Robert, de Plainemont, contre Demougin, de La Pisseure, au sujet d'une signature taxée de faux et d'un payement fait sans justification. — Jugement civil condamnant Girard Vatin et Marie Curie, sa femme, demeurant à Plainemont, à payer 14 écus blancs à Antoine Laurent. — Procédures criminelles intentées contre : Antoine Henry et Pierre Simonin, de Plainemont, pour coups et blessures. — Nominations par le seigneur abbé des sieurs : Claude-François Tassin, Jean-Baptiste Borey, Pierre Clerc, Jacques Prétot, Jean-Baptiste Chapuisot, à l'office de maire de la commune de Pomoy. — Nomination de Jacques Matterre à l'office de garde général des terres de Pomoy. — Procès-verbal du partage d'un champ fait entre les héritiers Romary et Henry, de Pomoy. — Contrat de mariage de Jean-Pierre Prétot avec Édennette Thoveney, dudit lieu. — Actes d'acquisition d'immeubles appartenant à la famille Chapuisat, de Pomoy, etc.

B. 3828. (Liasse.) — 57 pièces, papier.

1684-1787. — Enquêtes civiles faites à la requête d'Étiennette Clerc, femme Chapuisat, contre la femme Gauthier, de Pomoy, à l'effet de prouver la dilapidation qu'il y a eu dans la succession de François Gauthier; — de Prétot contre Idez, de Pomoy, au sujet de l'inexécution d'un marché et d'une répétition de sommes non payées. Rapports d'experts pour prisée et estimations. — Décrets faits sur les biens de Patoillot et Fiard, de Pomoy. — Tutelles, curatelles, inventaires pupillaires, appositions de scellés, concernant les enfants : Billant, Besançon, Boissenet, Borey, Clerc, Chapuisat, Donzey, François, tous demeurant à Pomoy.

B. 3829. (Liasse.) — 60 pièces, papier.

1684-1740. — Tutelles, curatelles, inventaires pupillaires, appositions de scellés, concernant les enfants : Grandmougin, Jamey, Jeanmougin, Jorand, Laroche, Menuestrey, Mentgoz, Mougin, Mourey, Munier, Olivier, Pétremand, Thomas, Villemey, etc., tous demeurant à Pomoy. — Testaments de Jean-Claude Besançon et de Jean-Georges Mentgoz, dudit lieu.

B. 3830. (Liasse.) — 1 pièce, parchemin; 107 pièces, papier.

1680-1750. Procès civils faits à la requête : du sieur Levert contre Jean-Louis Pétremand, de Pomoy, au sujet d'une saisie de meubles et immeubles déclarée nulle par sentence du 5 septembre 1733 ; — de Jean-Baptiste Poirey contre Marguerite Clerc, de Pomoy, au sujet de la propriété d'une place à fumier ; — de Marguerite Bourquin contre Claude-François Mourey, dudit lieu, au sujet de la démolition d'une maison ; — du sieur Romary contre le sieur Villemey, au sujet du remboursement d'une somme due au demandeur, etc.

B. 3831. (Liasse.) — 121 pièces, papier.

1734-1768. — Procès civils faits à la requête : du procureur fiscal contre les habitants de Pomoy qui ne se sont pas conformés à l'édit du Parlement concernant les regains ; — du marquis de Saint-Mauris contre François Colon, de Pomoy, au sujet de la vente d'un pré faisant partie de la seigneurie de Cantecroix ; — des frères Prévot contre les frère et sœur Chapuisat, de Pomoy, au sujet d'un partage de biens qui a été fait depuis trente-trois ans ; — du sieur Grosjean contre le sieur Boissenet, de Pomoy, au sujet de la reddition d'un compte de tutelle, etc.

B. 3832. (Liasse.) — 116 pièces, papier.

1740-1788. — Procès civils faits à la requête : des habitants de Pomoy contre le seigneur abbé de Luxeuil, au sujet de la validité d'une vente d'immeubles qui n'a point été autorisée par ledit seigneur, etc. — Procédures criminelles intentées contre : Louis Boissenet et autres, de Pomoy, pour vols de bétail ; — Jean-Louis Chapuisat, pour destruction d'une baraque en planches et pour blessures faites au propriétaire qui s'opposait à cet acte illégal ; — Claude Clerc, pour blessures faites à François Besançon, soldat en semestre à Pomoy ; — Étienne Donzey, garde général à Pomoy, pour friponneries, prévarications et malversation dans l'exercice de sa charge, etc.

B. 3833. (Liasse.) — 129 pièces, papier.

1750-1789. — Procédures criminelles intentées contre : Jacques Malterre, garde des bois de Pomoy, pour concussions dans l'exercice de ses fonctions ; — Mourey, Olivier, Prétot, Prêtre, Pétremand, Prevot et Tassin, tous de Pomoy, pour mauvais traitements, coups et blessures ayant occasionné la mort. — Testament de Jean Moisson, demeurant au Pont-du-Bois. — Nominations et prestations de serment d'experts, à l'effet de procéder au partage des biens de la succession de Jean Choquey, demeurant à Quers. — Appositions des scellés au domicile d'Étienne Marchand, dudit Quers. — Testament d'Antoine Gillet, dudit lieu. — Procédure criminelle intentée contre Antoine Renaud, de Quers, pour mauvais traitements.

B. 3834. (Liasse. — 82 pièces, papier.

1740-1789. — Rôle des porcs mis à la glandée dans les bois de la commune de Rignovelle. — Procédure criminelle intentée contre Joseph Busmey, de Rignovelle, pour mauvais traitements. — Nomination d'experts pour reconnaître les écrits et signature de Jeanne-Claude Galmiche, demeurant à Ronchamp. — Enquête civile faite à la requête du sieur Valot contre le sieur Droubin, demeurant à Saulx, au sujet d'une querelle survenue entre les parties. — Testaments : de Nicolas Grosjean ; Ferdinand, comte de Montrichier; Amédée Sontot; François-Gabriel Tisserand; écuyer, seigneur, tous demeurant à Servance ;

— de François-Gabriel Chaon, curé de Saint-Barthélemy. — Nominations par le seigneur abbé de Luxeuil des sieurs : Geoffroy, Toaillon, Duval, Maurey, Beluche, Vautaury, etc., aux offices de maire, notaire, gardes généraux dans la commune de Saint-Bresson. — Nomination par dame Ruthe-Désirée Pusel, veuve de noble Jean-Baptiste Bourguignot, dame dudit Saint-Bresson, de Claude-Joseph Galmiche à l'office de greffier de la justice de Saint-Bresson. — Rôle de répartition de la somme de 990 livres 8 sous, formant la quote-part de la commune de Saint-Bresson pour la capitation de l'année 1740. — Rétrocession de fonds faite par Nicolas Deschambenoist à Claude-François Jeoffroy, de Saint-Bresson. — Vente d'une demi-assiette des bois communaux dans ladite commune. — Cession d'une rente de 10 livres faite par Jean-Baptiste Petitjean à Jean-Claude Grosjean. — Obligations au profit de François-Joseph et Claude-François Bellefleur, sur Joseph Viaix, de Saint-Bresson. — Bail emphytéotique des communaux de Saint-Bresson. — Mises en ban des prairies. — Enquêtes civiles faites à la requête de François Jamey contre Jean-Claude Roubier, au sujet de l'inexécution d'un marché de grains, etc.

B. 3835. (Liasse.) — 108 pièces, papier.

1659-1787. — Procès-verbaux d'expertises pour prisées et estimations. — Procès-verbaux de nantissement des deniers provenant de la vente des immeubles de Joseph Beluche et Jean-Claude Jeoffroy de Saint-Bresson. — Décrets faits sur les biens : d'Albin Aubry, à la requête de Claude-François Rolangier; — de Jeanne-Joséphine Grosjean, veuve Poney, à la requête de Jean-Baptiste Oudot; — de Claude Simonnin, de Saint-Bresson, à la requête de Brice Simonnin, vicaire au Valdajol, etc.

B. 3836. (Liasse.) — 85 pièces, papier.

1684-1787. — Décret fait sur les biens du sieur Thomas de Saint-Bresson, à la requête de François Galmiche, dudit lieu. — Appositions et levées des scellés aux domiciles mortuaires de François-Xavier Bolot, curé; Nicolas Grandjean, Jacques Levrey, Desle Oudot, tous de Saint-Bresson. — Tutelles, curatelles, inventaires pupillaires, concernant les enfants Aubry, Beluche, Bolot, Besançon, Bomont, Breton d'Amblans, tous demeurant à Saint-Bresson, etc.

B. 3837. (Liasse.) — 78 pièces, papier.

1651-1788. — Tutelles, curatelles, assemblées de parents, inventaires pupillaires, concernant les enfants Grosjean, Huguet, Jeanney, Jeoffroy, Larère, Menigoz, Mourey, Oudot, Petitjean, Pinot, Robert, Thomas, etc., tous demeurant à Saint-Bresson.

B. 3838. (Liasse.) — 90 pièces, papier.

1689-1788. — Tutelles, curatelles, inventaires pupillaires, assemblées de parents, concernant les enfants Vautaury, de Saint-Bresson. — Testaments de Claude-Denis Grosjean, Simon Jeoffroy, Joseph Menigoz, Jean Oudot, Desle Pinot, Joseph Robert, Simon Thomas, tous de Saint-Bresson. — Procès civils faits à la requête de : Nicolas Besançon, contre Joseph Antoine de Saint-Bresson, au sujet d'une saisie faite illégalement; — François Toillon, contre Claude-François Bomont, au sujet du non-payement d'une somme de 775 livres due pour prix d'un fermage, etc.

B. 3839. (Liasse.) — 116 pièces, papier.

1690-1789. — Procès civils faits à la requête de Guillaume Henrivey, contre Urbain Beaumont de Saint-Bresson, au sujet de l'inexécution d'un bail à cheptel; Jean-Claude Laroche, contre François Jeoffroy, au sujet de la propriété des Broussailles appelées la Coue; — François Levrey, contre Jean-Urbain Beaumont, à l'effet de prouver que ce dernier a touché des sommes distribuées dans un ordre, sans fournir caution solvable; — entre les frères Levrey, au sujet du détournement des eaux provenant du trop plein de la fontaine communale; entre Claude Roubier et François-Xavier Pernot, au sujet de la saisie des meubles de ce dernier, etc.

B. 3840. (Liasse.) — 127 pièces, papier.

1687-1789. — Procès civils faits à la requête : de l'abbé Simonnin, contre les enfants Lambelez de Saint-Bresson, au sujet de l'adjudication d'une maison; — de François Oudot, contre Claudine Grillot, au sujet d'un droit de servitude et de la propriété d'une place à fumier, etc. — Ventes par autorité du bailliage des biens appartenant à Desle Oudot, Joseph Grosjean, Marc-François Toillon, Desle Laroche, Joseph Beluche, tous de Saint-Bresson. — Interrogatoires sur faits et articles subis par Gaspard Vernier et Claude Chassenez. — Affirmations de comptes de tutelle. — Transaction sur procès entre les frères Sirvaux. — Procès-verbal de rébellion à un huissier procédant à une saisie de meubles. — Procès-verbal constatant la levée d'un cadavre trouvé sur le territoire de Saint-Bresson. — Procédures criminelles intentées contre : les frères Aubry; — Claude Pinot et sa femme, pour mauvais traitements, etc.

B. 3841. (Liasse.) — 102 pièces, papier.

1731-1740. — Procédures criminelles intentées contre : Claude et François Charmy, de Saint-Bresson, pour coups et blessures ; — Claude Charmy, garde des forêts, condamné à 20 livres d'amende, pour prévarication dans l'exercice de ses fonctions ; — Claude et Pierre Clerc, pour blessures à coups de pierres ; — Nicolas Haval, pour assassinat commis sur la personne d'un garde ; — Claude Hachamplecheval, pour vols de bois et de fruits ; — Jean-Claude Faivre, pour blessures faites à l'aide d'une arme à feu, etc.

B. 3842. (Liasse.) — 114 pièces, papier.

1740-1760. — Procédures criminelles intentées contre Simonne Galmiche, de Saint-Bresson, accusée d'infanticide, fait pour lequel les conclusions du procureur fiscal tendent à ce qu'elle soit condamnée à être pendue et à 5 livres d'amende au profit du seigneur abbé de Luxeuil. — Jugement criminel condamnant Nicolas Laroche et Pierre Grosjean, de Saint-Bresson, à être pendus, pour avoir tué d'un coup de pistolet Jean-Claude Tuaillon. — Lettres patentes du roi Louis XV, faisant remise de la peine prononcée contre ces derniers, motivées sur ce que l'homicide dont il s'agit avait été commis involontairement et sans intention de donner la mort. — Procédures criminelles intentées contre Antoine Hugues, Claude Laroche, etc., de Saint-Bresson, pour mauvais traitements.

B. 3843. (Liasse.) — 121 pièces, papier.

1740-1760. — Procédures criminelles intentées contre Jean-Claude Levrez, François Manigoz, François Mourey, Brice Oudot, tous de Saint-Bresson, pour mauvais traitements, coups et blessures. — Jugement criminel condamnant Nicolas Pinot à 30 livres d'aumône au profit de la fabrique de Saint-Bresson, pour scandale à l'église pendant l'office divin. — Procédures criminelles intentées contre Jeanne Pinot, Jean-Claude Rouhier et autres, de Saint-Bresson, pour blessures à coups de pierres et avec une arme à feu, etc.

B. 3844. (Liasse.) — 103 pièces, papier; 1 plan.

1760-1782. — Procédures criminelles intentées contre : Nicolas et Brice Thomas, frères, de Saint-Bresson ; — François Vauboury, garde, pour prévarications, coups et blessures. — Testament de François Marlin, de Saint-Germain, ancien chef de cuisine du prince de Bauffremont. — Procès civil à la requête de Jean-Pierre Bueb, boucher à Saint-Loup, contre Pierre Maillot, d'Aisvelle, au sujet de dommages causés dans un pré par une voiture attelée de deux chevaux. — État de la paroisse de Saint-Sauveur en 1770, composée de la ville de Luxeuil, des communes de Baudoncourt, Froideconche, Esboz-Brest, Saint-Valbert et la Chapelle, comprenant ensemble 1,300 feux ou ménages et environ 4,000 communiants. — Nominations par l'abbé de Luxeuil de Pierre-François Chapuis, Françoise Buisson, Luc Delhotal, aux offices de tabellion, huissier et garde dans la commune de Saint-Sauveur. — Plan et procès-verbal d'abornement des biens soumis à la dîme sur le territoire de Saint-Sauveur. — Procès-verbal constatant un vol commis à l'église dudit lieu et le bris de la porte de la sacristie. — Contrat de mariage de Jean-Baptiste Monigot avec Valentine Lavenaude, de Saint-Sauveur. — Échange ; — vente d'immeubles ; — baux. — Enquêtes civiles faites à la requête : des habitants de Saint-Sauveur, contre ceux d'Esboz-Brest, au sujet de l'abatage de plusieurs arbres plantés sur un terrain dont les deux communes prétendent être propriétaires ; — des habitants de Saint-Sauveur, contre ceux de Froideconche, au sujet d'un droit de parcours dans un canton de pré appelé le pré Bizot, etc.

B. 3845. (Liasse.) — 92 pièces, papier.

1607-1780. — Enquêtes civiles faites à la requête : de François Bousserel, contre le seigneur abbé de Luxeuil, au sujet de la reconnaissance de l'état du moulin de Saint-Sauveur ; — de M. de Montjustin, curé de Saint-Sauveur, contre les habitants de Saint-Valbert, au sujet de la perception des revenus de la cure ; — des habitants de Saint-Sauveur, contre le sieur Rance, au sujet de la propriété d'un terrain appelé le Vay-de-Brest. — Rapports d'experts pour prisées et estimations. — Décret fait sur les biens de la famille Vinot. — Nantissement de deniers. — Inventaires pupillaires, assemblées de parents, tutelles, curatelles, concernant les enfants Baviard, Berrot, Boffy, Bole, tous de Saint-Sauveur, etc.

B. 3846. (Liasse.) — 104 pièces, papier.

1660-1778. — Tutelles, curatelles, inventaires pupillaires, assemblées de parents, concernant les enfants Bourgogne, Buisson, Burgey, Clerc, Colas, Delhotal, Deschamps, Flavigny, Franc, Georges, Gillot, Grosjean, Guyot, Jean Desboz, etc., tous demeurant à Saint-Sauveur.

B. 3847. (Liasse.) — 125 pièces, papier.

1720-1780. — Inventaires pupillaires, tutelles, curatelles, assemblées de parents, concernant les enfants Juillet,

SÉRIE B. — BAILLIAGES.

Legain, Levrey, Maire, Mairey, Mathiey, Ogier, Pelletier, Redoutey, Richard, etc., tous domiciliés à Saint-Sauveur. — Appositions des scellés aux domiciles mortuaires de Louis Balthy, Blان, Boiteux, Bourgogne, Crance, Belhotal, Guillot, Guyot, etc., tous dudit lieu. — Testaments des sieurs Arnoux, Deschamps, Flavigny, curé, Grosjean, Ogier, Pheulpin, femme Aubry, Redoutey, Valot, curé, tous demeurant à Saint-Sauveur.

B. 3848. (Liasse.) — 168 pièces, papier.

1760-1788. — Procès civils : à la requête de Pierre-Joseph Belhotal, contre François Michaux, de Saint-Sauveur, au sujet de l'inexécution d'une convention qui obligeait ce dernier à fournir du foin ; — entre Jean-Claude Viray et ses sœurs, au sujet de la construction d'une maison et des droits qu'ils ont à la succession de leur mère. — Procès-verbaux constatant le levée de cadastres trouvés sur le territoire de Saint-Sauveur. — Information faite à la requête du procureur fiscal pour découvrir les auteurs de deux assassinats commis sur les personnes de deux militaires. — Procédure criminelle intentée contre des inconnus, auteurs de l'assassinat du sieur Duchesne, de Saint-Sauveur.

B. 3849. (Liasse.) — 121 pièces, papier.

1734-1788. — Procédures criminelles intentées contre des inconnus, auteurs de l'assassinat du sieur Baron, de Saint-Sauveur ; — Bavard père et fils, Jean-François Belhote, Roch Bernard, Nicolas Billy, François Bourgogne, Antoine Brun, etc., tous de Saint-Sauveur, pour vols et mauvais traitements.

B. 3850. (Liasse.) — 112 pièces, papier.

1799-1789. — Procédures criminelles intentées contre : Claude-François Chapuis, de Saint-Sauveur, pour calomnies, mauvais traitements, coups et blessures ; — Cholez, Clerc, Débos, femme Gérard, Belhotal, Duvary, Drouhin, Duchesnes, Étallon, Ferry, Gavoille, Gérard, Grosjean, tous de Saint-Sauveur, pour mauvais traitements, vols, coups et blessures.

B. 3851. (Liasse.) — 118 pièces, papier.

1691-1780. — Procédures criminelles intentées contre Guyot, Jacquot, Jeandeshoy, Jouvenot, Juillet, Levrey, Longeron, Maire, Martin, Maselet, Menigoz, Mourey, tous de Saint-Sauveur, pour mauvais traitements, coups et blessures. — Jugement criminel condamnant Jac-

ques Levrey, Jacques Franc et Claude-Joseph Boulangier, de Saint-Sauveur, le premier à cinq ans de bannissement du bailliage de Luxeuil, pour avoir blessé d'un coup de feu Jean-Baptiste Mairey, de Froideconche, et les deux autres, à l'église, à domicile au profit du seigneur abbé, comme complices de ce crime.

B. 3852. (Liasse.) — 120 pièces, papier.

1780-1789. — Procédures criminelles intentées contre Ogier, Redoutey, Saunier, Vernot, Vuillaume, tous de Saint-Sauveur, pour mauvais traitements, coups et blessures. — Nominations par le seigneur abbé de Luxeuil des sieurs Ogier et Belhot à l'office de maire à Saint-Valbert. — Permission donnée par l'abbé à Étienne Ogier, maire audit lieu, de vendre des immeubles frappés de l'amende de mainmorte. — Enquêtes civiles à la requête de Jean-Jacques Ogier, de Saint-Valbert, contre les habitants de Froideconche, au sujet d'un terrain complanté d'arbres et de broussailles ; — Joseph Grosjean, contre Nicolas Bertrand, de Saint-Valbert, pour querelle et mauvais traitements. — Procuration. — Vente d'immeubles. — Baux. — Adjudication d'immeubles. — Nantissement de deniers. — Tutelles, curatelles, inventaires pupillaires concernant les sieurs Bardey, Huspard, Grosjean, Ogier et Routlier, tous dudit lieu. — Testament de Jean Poideaux, laboureur à Saint-Valbert, etc.

B. 3853. (Liasse.) — 118 pièces, papier.

1786-1789. — Procès civil entre Joseph Belhotal et Jean Holerique, de Saint-Valbert, au sujet de l'inexécution d'un marché par lequel ce dernier devait fournir 34 milliers de foin. — Procédures criminelles intentées contre Dominique Bardez, Nicolas Bernardin, Nicolas Bertrand, Aimé et Nicolas Causeret, Étienne Cholez, Joseph Grosjean, François Levernier, Georges Ogier, Jacques Pierre, tous de Saint-Valbert, pour mauvais traitements, coups et blessures. — Testaments des sieurs Boffy, Cocherand, Tuaillon, tous demeurant à Sainte-Marie-en-Chanois. — Procès civil fait à la requête de François Duval et l'abbé Morel, de Sainte-Marie-en-Chanois, au sujet de la banalité du moulin dudit lieu, etc.

B. 3854. (Liasse.) — 80 pièces, papier.

1703-1777. — Nomination par messire de Lampinet, seigneur de Sainte-Marie-en-Chaux, de Jean Belhote et de Claude-Joseph Thiébaud, à l'office de maire audit lieu, et de Ferdinand Lambouley, à la charge de procureur d'office de la justice de Sainte-Marie-en-Chaux. — Obligation. — Procurations. — Baux. — Enquêtes civiles faites à la requête : de François de Lampinet, écuyer, seigneur dudit lieu, et Claude-François Damedor, comte de Mollans, contre Jean-Baptiste Maclet, de Baudoncourt, à l'effet de prouver que ce dernier a reçu différentes sommes d'argent provenant de la succession de sa seconde femme ; — des habitants de Sainte-Marie-en-Chaux, et ceux de Breuches, au sujet d'un droit de parcours dans les cantons appelés La Praux et La Lanterne. — Procès-verbaux d'experts pour prisées et estimations. — Décret fait sur les biens de Pierre Desharbes, de Sainte-Marie-en-Chaux, à la requête de Claude-François de Lampinet, écuyer, seigneur dudit lieu. — Inventaire des meubles de Claude Redoutey. — Tutelle des enfants Guyot et Valot. — Testament de Jacques Durupt, de Sainte-Marie-en-Chaux.

B. 3835. (Liasse.) — 104 pièces, papier.

1633-1789. — Procès civils : à la requête de Claude-François de Lampinet, seigneur de Sainte-Marie-en-Chaux, et Claude-François Damedor, comte de Mollans, contre Jean-Baptiste Maclet, au sujet de la dilapidation de la succession de sa seconde femme, sujette mainmortable ; — entre Jeanne Moisson et ses frères et sœurs, au sujet du partage de la succession de leur mère. — Assignations données à la requête du procureur fiscal à divers particuliers de Sainte-Marie-en-Chaux ayant commis dans les bois dudit lieu des délits considérables. — Procédure criminelle intentée contre François Boulangier pour mauvais traitements. — Enquête civile faite à la requête de Marguerite Marescot, veuve Bernard, contre Pierre-François-Thomas de Velleminfroy, au sujet de l'arpentement de plusieurs héritages et de l'abatage d'une haie vive. — Procès-verbaux d'expertises pour prisées et estimations. — Vente d'une maison faite par Thiébaud Desgranchamp à Léonard Philippe, de Velleminfroy, etc.

B. 3836. (Liasse.) — 72 pièces, papier.

1704-1789. — Décret fait sur les biens de Claude-Pierre Calame, de Velleminfroy, à la requête de Françoise Chapuis. — Tutelles, curatelles, inventaires pupillaires, assemblées de famille concernant les enfants : André, Chareton, Chariot, Clerc, Deschambenoît, Delfourg, Desgranchamp, Esculier, Faivre, Galmiche, Gouhier, Guerriot, Henry, Magnien, Marescot, Mourey, Munier, Olivier, Philippe, tous domiciliés à Velleminfroy.

B. 3837. (Liasse.) — 100 pièces, papier.

1128-1789. — Tutelles, curatelles, inventaires pupillaires, concernant les enfants : Pinoy, Prevost, Py, Rigaud, Thomas, tous demeurant à Velleminfroy. — Testaments de : Pierrette Garelot, veuve Henry, dudit lieu. — Procès civils faits à la requête de : Pierre Philippe, cabaretier, contre le sieur Calame, de Velleminfroy, au sujet du payement de diverses dépenses faites dans son cabaret ; — Pierre-Louis, contre Claude Desgranchamp, de Velleminfroy, au sujet du partage de la succession de leur mère et belle-mère ; — du sieur Philippe, contre Nicolas Prétot, au sujet du payement du prix de la vente de l'office de commis tabellion, à Pomoy et à Velleminfroy, etc.

B. 3858. (Liasse.) — 114 pièces, papier.

1729-1782. — Procès-verbal constatant la levée d'un cadavre trouvé sur le territoire de Velleminfroy. — Procédures criminelles intentées contre : Jean-Claude Boissenot, pour vol d'argent et d'une minute commis chez le notaire de Velleminfroy ; — Galmiche et complices, pour bris de portes, violation de domicile et vol d'argent ; — Laurent Grosjean, pour blessures graves faites à l'aide d'un sabre ; — Étienne Manière et Jacques Marescot, de Velleminfroy, pour mauvais traitements, coups et blessures.

B. 3859. (Liasse.) — 128 pièces, papier.

1780-1789. — Procédures criminelles intentées contre : Jean et Jacques Mourel, Pierre Mugnier, Charles Philippe, notaire et ancien maire ; Jacques Prétot, Étienne Thomas, tous de Velleminfroy, pour coups et blessures et avoir assassiné Charles Philippe, manouvrier, dont le cadavre a été trouvé dans un puits, etc.

B. 3860. (Liasse.) — 103 pièces, papier.

1608-1782. — Nominations par le seigneur abbé de Luxeuil de Jean-Humbert Michaud et de Claude Viney à l'office de maire à Villers-les-Luxeuil. — Enquêtes civiles faites à la requête : de Jacques Lardey, contre Claude Viney, de Villers-les-Luxeuil, au sujet de la propriété de divers champs situés au canton de Raichecourt ; — de l'abbé de Luxeuil contre les frères Michaud, de Villers, au sujet de l'échute de Françoise Michaud, sujette mainmortable. — Procès-verbaux d'expertises pour prisées et estimations. — Ventes, échanges, obligations, baux et partage, tutelles, curatelles, inventaires pupillaires, appositions et levées de scellés, concernant les sieurs : Baguet, Bailly, Baron, Bazot, Camus, Colletey, Dubois, Gastel, Goux, Henry, Marsille, femme Berseau, Melot, etc., tous demeurant à Villers-les-Luxeuil.

D. 3861. (Liasse.) — 109 pièces, papier.

1691-1788. — Tutelles, curatelles, inventaires pupillaires, appositions et levées des scellés, concernant les enfants : Michaud, Mougeot, Petit, Pierroy, Petitjean, Piquard, Renaudin, Rousse, Simon, Tixerand, Vieuxmaire, Vincy, tous demeurant à Villers-les-Luxeuil. — Testaments des sieurs : Gavoillet, Michaud, Raclo et Serrette, curés, tous du même lieu, etc.

D. 3862. (Liasse.) — 80 pièces, papier.

1757-1789. — Procès civils faits à la requête : de Pierre Mougeot contre Jeanne Michaud, de Villers-les-Luxeuil, pour faits d'injures ; — de Jean Gruer, de Villers, contre le sieur Daval, curé, au sujet du payement de la façon de plusieurs pians ; — du sieur Germain contre Pierre Camus, au sujet de la propriété d'une place à fumier ; — du procureur fiscal contre Jean Gardaire, de Villers, au sujet d'un enlèvement de javelles dans les champs ; — du sieur Serrette, curé à Villers, contre les Bénédictins de Luxeuil, au sujet de la perception de la dîme, etc.

D. 3863. (Liasse.) — 110 pièces, papier.

1716-1789. — Procédures criminelles intentées contre : des inconnus, pour crime d'incendie ; — Jean Camus, Thomas Berger, Jacques Delhotal, les frères Germain, Charles Goubier, Claude-François Lardey, Claude Laurent, Thomas Levrey, Claude Michaud, tous demeurant à Villers-les-Luxeuil, pour coups et blessures.

D. 3864. (Liasse.) — 97 pièces, papier.

1701-1789. — Procédures criminelles intentées contre : Claude-François Mougeot, Michel Parisot, Jacques Petit, Jean-Baptiste Renaudin, les frères Rousse, Jean-Baptiste Royet, Claude-François Tanley, Jean Vidy, Jean-Claude Veluet, tous de Villers-les-Luxeuil, pour mauvais traitements, coups et blessures. — Enquête civile faite à la requête de Jeanne Loyson, femme Gamet, contre Dominique Baffard, de Villersexel, au sujet du payement de la pension d'un écolier. — Procès-verbal d'experts constatant l'état de solidité d'un mur mitoyen entre les maisons Miroudot et Françoise Rance, veuve Goux, de Villersexel. — Nomination par le seigneur abbé de Luxeuil de Jean-Claude Renaudin à l'office de maire à Visoncourt. — Ventes, amodiations, tutelles, curatelles, inventaires pupillaires, concernant les sieurs : Baudouin, Drouhin, Clerc, Froidevaux, Royotte, etc., tous domiciliés à Visoncourt.

D. 3865. (Liasse.) — 50 pièces, papier ; 10 pièces, parchemin.

1602-1789. — Inventaire des biens de Nicolas Drouhin, de Visoncourt. — Procès civils entre : la femme Pernot, de Visoncourt, et Élisabeth Carlier, au sujet du partage des biens provenant de la succession de Delhoste Busmey, leur mère ; — à la requête des habitants de Visoncourt contre l'abbé de Luxeuil, au sujet d'un terrain dont la propriété est en litige. — Procédures criminelles intentées contre : Desle et Pierre Baccus, de Visoncourt, pour coups et blessures ayant occasionné la mort ; — Charton, garde général à Visoncourt, pour concussion dans l'exercice de ses fonctions ; — Mammès Valot, pour mauvais traitements. — Accensement des bois de La Grange et de La Tillière fait aux habitants de la commune de La Voivre par Philippe, roi de Castille, de Léon, d'Aragon, etc., comte de Bourgogne. — Enquête civile faite à la requête de Nicolas Pernin, de Vuillafans, contre les sieurs Paul et Camille de Ferrafrin, au sujet de la validité d'un acte de vente passé par un mineur, etc.

BAILLIAGE DE RADDON.

D. 3866. Cahiers. — In-4°. 102 feuillets, papier

1601-1740. — Jours du bailliage de Raddon tenus à l'audience du bailliage de Luxeuil, par emprunt de territoire, par Jean et Nicolas Clerc, docteurs en droit, baillis de Luxeuil et de Raddon. — Poursuites faites par le Roi et l'abbé de Luxeuil contre des particuliers qui ont coupé des arbres dans les bois de Raddon. — Sentence rendue par noble Pierre Bourguignet, de Vesoul, docteur en droit, bailli de Raddon par intérim, condamnant Claude Henry, de Sainte-Marie-en-Chanois, à tenir arrêt dans la maison de Desle Larère, maire dudit Raddon, pour blasphèmes, coups et blessures, etc. — Causes ordinaires du bailliage. — Sentences civiles condamnant : Georges Lepauls, garde des bois de Raddon, à 50 livres d'amende, pour n'avoir fait pendant un an aucun rapport des délits commis dans les bois ; — Claude Rainguel, procureur fiscal du bailliage de Faucogney, ancien fermier des revenus de la baronnie dudit lieu, à livrer douze quartes d'avoine au seigneur baron de Faucogney, qu'il lui doit pour la redevance des années 1718 à 1723. — Nominations de maire à Raddon par Charles Emmanuel de Bauffremont, abbé commendataire de l'abbaye de Luxeuil, baron et seigneur de Scey-sur-Saône, et par Henri-François de Ténarre, marquis de Montmain, baron de Faucogney, hauts justiciers de Raddon. — Sentences condamnant : les habitants de Raddon à 5 livres d'amende pour n'avoir pas réparé la partie du chemin de Saint-Bresson qui traverse leur prairie ; — les héritiers Romary, de Raddon, à abandonner à messire Henri-François de Ténarre, marquis de Montmain, lieutenant général des armées du Roi, et à Anne-Joséphine-Ferdinande de Grammont, son épouse, seigneur et dame de Raddon, demeurant en leur château du Sauley, un pré dont la commise a été ouverte à leur profit ; — les habitants de Raddon, à faire un rôle de répartition pour le payement des tailles qu'ils doivent annuellement à l'abbé de Luxeuil et au baron de Faucogney, etc.

B. 3867. (Registre.) — In-folio, 276 feuillets, papier.

1746-1790. — Causes ordinaires du bailliage. — Jugement civil condamnant Jean-François Tuaillon, demeurant à Raddon, à faire réparation d'honneur, en audience publique, à Thomas Rolot, avocat en parlement, seigneur de Chauvillerain, qu'il a injurié et calomnié. — Tableaux des officiers du bailliage. — Sentences : ordonnant aux habitants de Raddon de faire un plan de leurs bois communaux sur lequel seront figurées vingt-cinq assiettes égales ; — condamnant Desle Grosjean, de Raddon, à déclarer à une audience publique, nu tête, à haute et intelligible voix, qu'il faussement, méchamment et contre la vérité, il a calomnié la famille Bouteville, dudit Raddon ; — les gardes forestiers dudit lieu, à 1,000 livres d'amende envers l'abbé de Luxeuil, pour avoir laissé commettre des délits considérables dans les bois dudit abbé ; — défendant à Claude-Joseph Tisserand de cultiver plus de dix-huit quartes de terre du domaine que les demoiselles Charlotte-Emmanuelle-Ferdinande et Barbe-Alexis-Thérèse de Bonnafos, filles de messire Hyacinthe de Bonnafos, ancien capitaine au régiment de Royal-Roussillon, chevalier de Saint-Louis, possèdent sur le territoire de Raddon. — Procès civil entre Antoine-Thérèse Breton, écuyer, seigneur d'Amblans, et messire César Alexis, baron de Saint-Germain, chevalier de Saint-Louis, capitaine des grenadiers royaux au sujet d'une succession. — Jugement recevant dame de Ténarre, princesse de Bauffremont, douairière d'illustrissime et très-puissant seigneur Louis, prince de Bauffremont, demeurant au château du Sauley, partie intervenante dans le décret fait sur les biens de la succession vacante de Desle Grosjean, de Raddon. — Procès entre les Bénédictins de Luxeuil et les habitants de Raddon, au sujet de la délimitation de la forêt appelée le Grand-Bois. — Jugement ordonnant que, par experts, il sera procédé à la reconnaissance de l'état ruineux du grand clocher de l'abbaye et à la fixation de la quantité de bois que la communauté de Raddon devra fournir pour le réparer, etc.

B. 3868. (Registre.) — In-8°, 92 feuillets, papier.

1769-1784. — Procès par écrit. — Procès entre Antoine-Thérèse Breton, seigneur d'Amblans, messire César Alexis, baron de Saint-Germain, et messire Claude-François de Lampinet, écuyer, seigneur de Sainte-Marie-en-Chaux, tous créanciers de Pierre-Benoist Desgranges, de Luxeuil, au sujet du partage du produit de la vente des biens de ce dernier. — Décret et saisie de biens, meubles et immeubles faits sur le sieur Grosjean, de Raddon. — Procès entre Claude-Joseph Perney, demeurant à la Grange-des-Fruits-Martin, territoire de Chapendu, et Jean-Joseph Perney, dudit lieu, au sujet du bornage d'un champ, etc.

B. 3869. (Cahiers.) — In-8°, 190 feuillets, papier.

1693-1789. — Taxes des dépens dus aux officiers du bailliage de Raddon par les plaideurs. — Enregistrement au greffe dudit siège des : présentations, congés, défauts, voyages, renonciations, prestations de serment et de caution. — Causes extraordinaires. — Tutelles, curatelles, publication des testaments. — Sentences rendues par Claude-François Bourguignet, seigneur de Saint-Bresson, bailli de Raddon, entre Nicolas Berton, procureur fiscal, et Madeleine Chauffourg, au sujet de la tutelle des enfants Menigoz, de Raddon. — Testaments d'Anne Seguin, Claude Aubry, Jean-Claude Pierrey, etc., tous du même lieu. — Nominations des sieurs : Jean-Claude Larrère, à l'office de maire à Raddon, par Charles-Emmanuel, marquis de Bauffremont, baron de Scey-sur-Saône, abbé commendataire des abbayes Saint-Paul de Besançon, et Saint-Pierre de Luxeuil, coseigneur avec Sa Majesté des terres de Raddon et Chapendu ; — Claude-François Chaucouvert, à l'office de procureur fiscal aux bailliages de Luxeuil et Raddon, par le roi Louis XV ; — Pierre Menigoz, de Raddon, à l'office de garde des chasses audit lieu, par Anne-Joseph-Ferdinande de Grammont, douairière du marquis de Montmain, lieutenant général des armées du Roi, dame et baronne de terre et baronnie de Faucogney, Melisey et Flagy, etc.

B. 3870. (Liasse.) — 76 pièces, papier ; 3 sceaux ; 1 plan.

1650-1789. — Reconnaissance de la terre de Raddon et Chapendu, extraite de la reconnaissance générale de la baronnie de Faucogney appartenant au Roi, par laquelle les habitants de Raddon et Chapendu, réunis en corps de communauté, au lieu de Sainte-Marie-en-Chanois, déclarent par-devant Jean-Claude et Jean-Baptiste Henrion, commis à cet effet par la cour souveraine du parlement de Dôle, qu'ils sont « les très-humbles et obéissants sujets de sa ma- « jesté catholique, duc et comte de Bourgogne, leur souve- « rain prince, justiciables envers icelle et le révérend abbé « de Luxeuil, conjointement et par égale portion en toute « justice. » — Nominations par l'abbé de Luxeuil, seigneur de Raddon: de Nicolas-Antoine Élophe, et Louis-François Baristen, à l'office de procureur au bailliage de Raddon; — de Jean Defourneau, à la charge d'huissier; — de Jean-Claude Nicot, Philibert-Joseph Mongenet, Gabriel-Joseph Silvestre, à la charge de greffier; — de Pierre-François Menigoz et autres, à la charge de garde général et chasseur garde-chasse, dans toute l'étendue de la terre de Raddon. — Nominations, par les habitants de Raddon, des gardes forestiers, des banvards et messiers. — Plan et arpente- ment des bois de Raddon et Chapendu. — Procès-ver- baux de balivage, de martelage, de récolement et d'appo- sition d'assiettes.

B. 3871. (Liasse.) — 150 pièces, papier.

1755-1789. — Feuilles d'audiences du bailliage. — Sentences civiles: rendue entre Antoine-Thérèse Breton, seigneur d'Amblans, demeurant à Luxeuil, et messire Cé- sar Alexis, baron de Saint-Germain, chevalier de Saint-Louis, capitaine des grenadiers du Roi, au sujet d'une sai- sie; — condamnant: divers particuliers de Raddon et de Chapendu à une amende au profit du seigneur, pour dé- lits commis dans les bois et la plaine; — à Jean-Nicolas Nardin, de Raddon, à payer à Thomas Bolot, avocat en parlement, seigneur de Chauvillerain, la somme de 660 livres, en qualité d'héritier de Paul-Bernard Richardot, docteur en théologie, curé de Faucogney; — maintenant les religieux de Luxeuil dans la jouissance et propriété de la portion de la forêt appelée le Grand-Bois qui a été reconnue leur appartenir par la délimitation faite en 1779, à la requête du chevalier de Saint-Mauris, etc.

B. 3872. (Liasse.) — 69 pièces, papier.

1691-1789. — Sentences rendues sur requête: appe- lant à une audience extraordinaire Antoine-Thérèse Bre- ton, écuyer, seigneur d'Amblans et de Velotte, avocat en parlement, demeurant à Luxeuil, lequel demande l'auto- risation de faire saisir les demoiselles de Bonnafos, ses débitrices; — permettant à messire Pierre-François Bruno, baron de Raclet, seigneur de Mercey-sur-Saône, de faire incarcérer Desle-François Aubry, gardien infidèle du mo- bilier de François-Xavier Bolot, curé de Saint-Bresson; — autorisant le comte de Clermont-Tonnerre, abbé commen- dataire de l'abbaye de Luxeuil, à faire appeler en justice la communauté de Raddon, pour s'arranger sur une nou- velle délimitation de la forêt appelée le Grand-Bois, etc.; — condamnant la communauté de Raddon à payer à An- toine-Joachim Castel, greffier du bailliage, la somme de 223 livres 17 sous 4 deniers, pour frais de récolement et d'apposition d'assiettes, travaux qui ont été faits par les officiers du bailliage, etc.

B. 3873. (Liasse.) — 50 pièces, papier.

1702-1789. — Procès-verbaux de visite des bois com- munaux de Raddon et Chapendu, constatant les dégâts qui y ont été commis. — Reconnaissance des arbres renver- sés par des orages qui ont eu lieu les 16, 18 et 20 jan- vier, 13 et 14 août 1739, 16 février 1745 et 3 janvier 1787. — Reconnaissance de l'état des chemins de Raddon et Chapendu. — Procès-verbaux d'expertises pour prisées et estimations. — Reconnaissance de l'état ruineux du grand clocher de l'abbaye de Luxeuil et état des bois que la communauté de Raddon doit fournir en exécution d'un arrêt du parlement de Dôle, rendu en 1584, en faveur du cardinal de Grandvelle, alors abbé commendataire de l'abbaye de Luxeuil, et par lequel la cour a déclaré « qu'audit abbé compète et appartient le droit de, pour « la réparation et restauration des églises et maison de la- « dite abbaye, prendre et faire prendre bois vif ès bois et « forêts desdits Raddon et Chapendu, toutes et quantes « fois qu'il lui plaira, sans que les dits habitants lui puis- « sent à ce donner aucun empêchement. » — Enquêtes ci- viles relatives à des difficultés entre divers particuliers de Raddon.

B. 3874. (Liasse.) — 86 pièces, papier; 1 pièce, parchemin.

1690-1788. — Procès civils: entre Joseph Henry, Claude Romary, de Raddon, messire Henri-François de Ténarre, marquis de Montmain, lieutenant général des ar- mées du Roi, et dame Anne-Joseph-Ferdinande de Gram- mont, son épouse, seigneur et dame de Faucogney, Mé- lisey et Raddon, demeurant en leur château du Sauley, au sujet de la commise d'un pré situé à Raddon, appelé le pré de Roye ou le pré la Dame; — entre Jean Morel et Desle Deschêne, de Raddon, au sujet de la banalité du moulin dudit lieu; à ce procès est jointe la copie d'un acensement de ce moulin fait en 1690, par noble Claude-François Matherot, avocat en parlement, seigneur de Preigney, nommé par l'intendant du comté de Bour- gogne, directeur de la baronnie de Faucogney, apparte- nant à illustre dame Henriette de Cuisance et de Vergy, duchesse d'Aremberg et d'Ascots pendant le temps que les revenus de cette dernière étaient confisqués au profit du Roi, etc.

B. 3875. (Liasse.) — 63 pièces, papier; 1 pièce, parchemin.

1688-1688. — Procès-verbal d'estimation des biens de Jean Perney et de Madeleine Menigoz, sa femme, demeurant à Chapendu, adjugés judiciairement à Nicolas Causeret, dudit lieu. — Tutelles, curatelles, inventaires pupillaires concernant : Bernardin, Demougo Lepaulx; Jean-Nicolas Menigoz, tous demeurant à Chapendu. — Partage des rentes et obligations appartenant à Demougo Lepaulx, entre sa veuve et ses enfants. — Procès civils entre Antoine Courtois et Nicolas Bernardin, au sujet d'un enlèvement de bois. — Procédures criminelles intentées : contre des inconnus, auteurs d'un vol commis avec effraction dans le domicile de Claude-Joseph Tisserand, de Chapendu ; — contre : Pierre-François Bernard ; Claude-Nicolas et Pierre Menigoz ; Claude-Joseph Tisserand, tous du même lieu, pour vol, coups et blessures.

B. 3876. (Liasse.) — 63 pièces, papier.

1603-1783. — Nomination par Louis Aynard, comte de Clermont-Tonnerre, abbé commendataire de l'abbaye de Luxeuil, de Joseph Jéchoux, à l'office de maire à Raddon. — Ventes de chablis et de bois faites par les habitants et communauté de Raddon. — Récolement de trente arpents de bois situés audit lieu, vendus par le chevalier de Saint-Mauris au sieur Perrin. — Vente d'une maison située aux forges de Raddon, par les époux Guyot, dudit lieu, au sieur Prinet, de Luxeuil. — Procès-verbal d'une saisie faite par les officiers du bailliage de Raddon des bœufs et du chariot de François Robert, de Fougerolles, surpris enlevant des arbres, dans les bois communaux de Raddon. — Rôles des porcs mis à la glandée. — Décret sur les biens de Desle Grosjean, de Raddon, fait à la requête de Jean-Pierre Jacquey, de Sainte-Marie-en-Chanois. — Tutelles, curatelles, inventaires pupillaires concernant les enfants : Aubry, Boffy, Carrière, Durupt, Grosjean, Guyot, Laguier, tous de Raddon.

B. 3877. (Liasse.) — 29 pièces, papier.

1650-1787. — Tutelles, curatelles, inventaires pupillaires, comptes de tutelle, concernant les héritiers : Larrère, Laroche, Lepaulx, Menigoz, Pelletier, Perney, Pierrey, Perrin, tous demeurant à Raddon.

B. 3878. (Liasse.) — 60 pièces, papier.

1693-1788. — Tutelles, curatelles, inventaires pupillaires, concernant les enfants : Saguin, Tisserand, Villeminey, tous de Raddon. — Testaments de : Claude-François et Jean-Etol Aubry, Pierre Laroche, Jean-Claude Pierrey, tous dudit Raddon. — Procès-verbaux de levée de cadavres trouvés sur le territoire de ladite commune. — Procédures criminelles intentées contre : Claude-François Aubry, Nicolas Bertrand, Joseph Rolot Nicolas Causerat, Desle Durepoix, pour injures, coups et blessures ; — Françoise Duchesne et sa mère, de Raddon, condamnées à être pendues sur la place publique dudit lieu, pour infanticide.

B. 3879. (Liasse.) — 65 pièces, papier; 1 pièce, parchemin.

1744-1776. — Procédures criminelles intentées contre : Jean-Nicolas et Jean-François Grosjean, Joseph Jéchoux, Nicolas Laloz, Pierre Menigoz, François Michaud, Mougenot, greffier du bailliage, Jean-Claude Pierrey, Jean-Claude Villeminey et Jeanne-Claude Gustin, sa femme, tous de Raddon, pour mauvais traitements, coups et blessures ayant occasionné la mort.

BAILLIAGE DE SAINT-LOUP.

B. 3880. (Cahiers.) — In-4°, 112 feuillets, papier.

1703-1716. — Causes ordinaires. — Sentences civiles condamnant : François Mangotte, de Saint-Loup, à 5 livres de dommages-intérêts envers le fermier des revenus seigneuriaux de la terre de Saint-Loup, pour avoir vendu 40 pintes de vin sans en acquitter les droits ; — Dominique Colas, de Saint-Loup, à payer à noble Vincent Guillot, prêtre, curé dudit lieu, 6 gros pour une basse messe, 6 livres pour une offrande, 5 sous, un chapon et une poule, pour avoir rédigé l'acte de baptême de son enfant ; — les chefs de familles de Saint-Loup à payer annuellement au fermier du Roi et au receveur de la baronnie de Faucogney un boisseau d'avoine, mesure de Charlemagne, etc.

B. 3881. (Cahiers.) — In-4°, 162 feuillets, papier.

1716-1721. — Causes ordinaires. — Sentences civiles : recevant madame Cristenet Duchâtelet, marquise de Coublanc, dame de Saint-Loup, partie intervenante dans une instance pendante au bailliage entre les sieurs Colas et Barlot, au sujet de la propriété d'un pré vendu par le seigneur marquis de Coublanc; dans le spécès de ce procès on remarque que les terre et seigneurie de Saint-Loup ont été l'apanage de madame la comtesse de Poitiers, par le mariage du comte de Poitiers, son père, avec madame d'Anglure; — déboutant Joseph Barley, de Saint-Loup, de sa demande tendant à se faire rembourser 17 livres par Edme Logery, pour vente de 3 moutons, etc.

B. 3883. (Registre.) — In-4°, 115 feuillets, papier.

1724-1725. — Causes ordinaires. — Sentences civiles : condamnant Claude Claudin, de Saint-Loup, à remettre à Jean Hacquard, dudit lieu, un billet dont il a dûment acquitté le montant ; — ordonnant à Jeanne-Claude Lovrey, de se rendre à une audience du bailliage, pour s'expliquer sur le vol de vin qu'on l'accuse d'avoir commis au préjudice de Nicolas Calland, de Saint-Loup ; — condamnant Louis Monniot, chirurgien, demeurant à Saint-Loup, à payer à haute et puissante dame Élisabeth de Massol, marquise de Clermont-Crusy, dame de Vauvillers, la somme de 343 livres 6 sous 8 deniers, qu'il lui doit, etc.

B. 3884. (Registre.) — In-4°, 119 feuillets, papier.

1725-1726. — Causes ordinaires. — Nomination du sieur Vuilley à l'office de lieutenant civil et criminel du bailliage de Saint-Loup par Christine du Chastel, veuve de haut et puissant seigneur messire Arnoux Saladin d'Anglure, chevalier, marquis de Coublanc, baron de Saint-Loup. — Sentences civiles condamnant : Antoine Martinet, de Saint-Loup, à une amende de 15 livres envers les seigneurs de la baronnie de Saint-Loup, et à pareille somme envers les habitants dudit lieu, pour délits commis dans les bois ; — Claude Claudin, de Saint-Loup, à remettre immédiatement à Georges-François Barloz, avocat en parlement, une lettre qu'il s'était chargé de remettre à sa destination et qu'il a conservée chez lui, etc.

B. 3884. (Cahiers.) — In-4°, 140 feuillets, papier.

1726-1728. — Causes ordinaires. — Sentences civiles admettant : Valentin Didier, maréchal ferrant, demeurant à Saint-Loup, à prouver que Claude-François Thérion et sa femme se sont jetés sur lui, l'ont renversé et blessé à la figure ; — Claude-Étienne Marchand, à faire preuve que le 6 juillet 1727, vers 4 heures après-midi, Odo Maillefert, ancien maire à Saint-Loup, assembla les habitants au son de la cloche, et qu'il chercha par ses discours à les soulever contre ledit Marchand, sous le prétexte qu'il accaparait le foin ; — Claude-Joseph Grandjean, à prouver que Claude Longis, dit Damon, avait tué ses trois chiens, etc.

B. 3885. (Registre.) — In-4°, 217 feuillets, papier.

1728-1728. — Causes ordinaires. — Sentences civiles condamnant : Pierre-Joseph Chassey, de Saint-Loup, à payer à dame Suzanne-Gabrielle-Françoise, comtesse de Poitiers-Châteauvieux, baronne de Saint-Loup, les droits de lods qu'il doit pour une acquisition d'immeubles ; — les habitants de Saint-Loup à payer à ladite comtesse de Poitiers la somme de 20 livres 14 sous, pour le transport des matériaux devant servir à la construction du four banal et à la couverture de la tour dite du Midi ; — Joseph Latoz à payer à ladite comtesse la somme de 10 sous, pour droit de corvée de famille qu'il a refusé de faire, etc.

B. 3886. (Cahiers.) — In-4°, 159 feuillets, papier.

1725-1727. — Causes ordinaires. — Sentences civiles admettant la veuve Godichon à faire preuve que la femme Thérion débita sur la place publique, un jour de foire, toutes sortes d'injures sur son compte, criant notamment qu'elle était sorcière, qu'on l'avait vue, une nuit, battre l'eau pour attirer la pluie par le moyen du sortilège. — Nomination du sieur Claude-Antoine Vuilley, avocat en parlement, à l'office de lieutenant civil et criminel du bailliage de Saint-Loup, par Guy-Michel de Durfort de Lorge, duc de Randan, lieutenant général du comté de Bourgogne. — Tableau des officiers du bailliage. — Publication du testament de Claude-François Galine, de Saint-Loup, etc.

B. 3887. (Registre.) — In-4°, 192 feuillets, papier.

1728-1741. — Causes ordinaires. — Sentences civiles admettant : Claude-François Grandjean, procureur fiscal au bailliage de Saint-Loup, à prouver que François Piedefert, avocat en parlement, a exigé et reçu la somme de 4 livres pour un décret d'ajournement personnel rendu par lui en l'absence du bailli contre le sieur Tisserand, de Belmont ; — Michel Audin, à prouver que Nicolas Trouillet et sa femme, de Saint-Loup, ont publié et répandu le bruit que Catherine Peruel, femme Audin, avait ensorcelé sa nièce et mis le diable dans son corps ; — déclarant la commise d'un pré appartenant à François

Grandjean, de Fontaine, ouverte au profit de Claude-François Franchet, chanoine au chapitre métropolitain de Besançon, seigneur et prieur de Fontaine, etc.

B. 3888. (Cahiers.) — In-4°, 233 feuillets, papier.

1741-1742. — Causes ordinaires. — Sentence civile appointant Claude-Joseph Spicremaël, substitut du procureur fiscal du bailliage de Saint-Loup, à prouver que Joseph Vernier se serait répandu en injures abominables contre lui, jusqu'à dire qu'il avait été marqué sur l'épaule droite. — Sentence de décret fait sur les biens de Joseph Hacquard, de Saint-Loup, à la requête de messire Gaspard, marquis de Clermont-Tonnerre, lieutenant général des armées du Roi, seigneur de Vauvillers. — Contrat de mariage de Nicolas Dormoy avec Marguerite Guillaume, de Saint-Loup. — Nomination de Jean-Charles Claudin à l'office d'huissier au bailliage par le duc de Randan, baron de Saint-Loup, etc.

B. 3889. (Cahiers.) — In-4°, 100 feuillets, papier.

1743-1753. — Causes ordinaires. — Sentences civiles : permettant à Pierre-Antoine Bouly, maître de forges à Saint-Loup, de convertir un champ en pré ; — condamnant : Pierre Lescriacin et sa femme, en leur qualité d'héritiers de Jean-François Perdreau, à payer à la succession de Jean-François Colard, curé de Saint-Loup, la somme de 6 livres, pour les frais funéraires de leur aïeul, et 18 livres pour l'enterrement des neuf enfants de Pierre Perdreau ; — François Crame, cordonnier, à payer entre les mains de Jean-Antoine Marin, avocat en parlement, citoyen de Besançon, en sa qualité d'héritier du curé Colard, de Saint-Loup, une somme de 30 livres 18 sous 9 deniers qu'il doit à la succession de ce curé, pour droits curiaux, etc.

B. 3890. (Cahiers.) — In-4°, 185 feuillets, papier.

1753-1762. — Causes ordinaires. — Sentences civiles : appointant messire Charles-Henri-Joseph Maire, seigneur de Montdoré, à prouver qu'il a fait livrer à Joseph Damideau, de Saint-Loup, 3 boisseaux de blé, pour 10 livres 10 sous et deux boisseaux d'avoine pour 3 livres 4 sous ; — condamnant ; Michel Audin, de Saint-Loup, à payer au receveur de la baronnie dudit lieu la somme de 6 livres, pour tenir lieu des corvées qu'il n'a pas faites depuis quatre ans ; — Jacques Bel, garde des bois du duc de Randan, à une amende de 1,075 livres 9 sous 2 deniers et à pareille somme pour tenir lieu de dommages-intérêts au duc de La Trémouille, baron et seigneur de Saint-Loup, pour n'avoir pas constaté les délits commis dans les forêts seigneuriales, etc.

B. 3891. (Cahiers.) — In-4°, 190 feuillets, papier.

1762-1770. — Causes ordinaires. — Sentences civiles défendant aux habitants de Saint-Loup de conduire les bêtes mortes de maladies contagieuses dans le canton appelé le Paquis, leur ordonnant de les transporter au canton dit Charmoillon-des-Fourches et de les enfouir, à peine de 10 livres d'amende. — Affranchissement de la mainmorte de Claude-Joseph Chalot, notaire royal, demeurant à Saint-Loup, par Joseph-Léandre Audrit, procureur syndic du collège des Jésuites de Vesoul, en sa qualité de prieur du prieuré de Fleurey-lès-Saint-Loup, seigneur haut justicier de Doulignez. — Permission donnée par le duc de Randan à Étienne Perney, maître chirurgien oculiste, à Saint-Loup, d'établir sur la rivière un réservoir pour y mettre du poisson, etc.

B. 3892. (Cahiers.) — In-folio, 114 feuillets, papier.

1770-1776. — Causes ordinaires. — Sentence civile condamnant Dominique Mignard, médecin à Saint-Loup, à remettre à dame Marguerite Larmet, son épouse, séparée de corps et de biens, l'enfant né de leur mariage, pour être par elle nourri et élevé jusqu'à l'âge de puberté. — Requête des échevins de Saint-Loup, adressée à l'intendant de la province, par laquelle ils se plaignent qu'une grande partie des habitants n'assistent jamais aux assemblées communales et demandent que la place des Graviers soit désignée comme le lieu de rassemblement de la communauté. — Édit du roi Louis XV, fixant les frais de procédure en matière criminelle dans les justices seigneuriales, publié au parlement au mois de mars 1772, etc.

B. 3893. (Cahiers.) — In-4°, 176 feuillets, papier.

1776-1781. — Causes ordinaires. — Sentence civile condamnant Nicolas Michel, marchand forain, à payer à Pierre Maleailloz, de Saint-Loup, la somme de 24 livres pour le prix d'un cochon qu'il a écrasé avec sa voiture. — Lettres patentes du roi Louis XVI, par lesquelles il accorde un délai à tous seigneurs et vassaux possédant fief et seigneurie de sa mouvance qui n'ont point encore satisfait au renouvellement de l'hommage qu'ils lui doivent à cause de son avènement au trône. — Nomination de

Pierre Luzet à l'office de garde des bois, chasse, rivière, plaine, etc., dans l'étendue de la baronnie de Saint-Loup, par madame Adélaïde-Philippine de Durfort, duchesse de Lorges, dame d'honneur de madame la comtesse d'Artois, etc.

B. 3894. (Registre.) — In-folio, 110 feuillets, papier.

1784-1785. — Causes ordinaires. — Sentences civiles : défendant à Jean-Baptiste Michel, épicier à Saint-Loup, de vendre des médicaments ; — décrétant la vente des immeubles de François Larmet, poursuivie à la requête de messire Antoine-Jacquot d'Andelarre, marquis, seigneur de Rosey, et Pierre-Gaspard-Marie Grimod d'Orçay, seigneur de Rupt ; — déclarant que, par provision, messire d'Andelarre, ancien capitaine de dragons, chevalier de Saint-Louis, seigneur de Charantenay, peut amodier ses vignes primitivement louées à Joseph Larmet, négociant ayant failli ; — ordonnant que François Perrin, d'Ainvelle, devra justifier d'un droit de cité avant de construire une maison sur le territoire de Saint-Loup, etc.

B. 3895. (Registre.) — In-4°, 250 feuillets, papier.

1785-1789. — Causes ordinaires. — Sentences civiles : condamnant Jean-Pierre Bueb, marchand boucher, demeurant à Saint-Loup, à payer à Nicolas Luzet, entrepreneur de bâtiments, 28 journées à raison de 1 livre 5 sous que ce dernier a employées à la réparation du bâtiment dudit Bueb ; — appointant Jean-François Pheulpin à prouver qu'Ambroise Maillefert, de Saint-Loup, lui a enlevé 2 doubles louis de 48 livres qu'il tenait dans sa main et qu'il se sauva en les emportant, etc. — Lettres patentes du roi Louis XVI, par lesquelles il accorde une dispense d'âge à Claude-Joseph Michel, de Saint-Loup, qui doit être nommé chirurgien juré dans l'étendue du bailliage et siège présidial de Vesoul, etc.

B. 3896. (Cahiers.) — In-4°, 40 feuillets, papier.

1784-1789. — Sentences rendues dans les procès par écrit : condamnant Thérèse Maillefert, de Saint-Loup, à rapporter 1,000 livres qui lui ont été léguées par Anne Lacroix, sa belle-mère, afin de prélever sur cette somme les frais funéraires de ladite Lacroix et de partager le restant entre les cohéritiers ; — déclarant valables les expertises et tous les actes faits pour arriver à la séparation de biens entre les époux Lompré, de Saint-Loup, etc.

B. 3897. (Cahiers.) — In-4°, 45 feuillets, papier.

1782-1789. — Sentences en matière de décrets : déclarant que la vente des biens de Pierre Luzet, de Saint-Loup, aura lieu sur la place publique et que le produit en sera distribué aux créanciers, parmi lesquels figure la marquise de Coublans, dame de Saint-Loup ; — autorisant la vente des biens de Thiébaud Simonnin, de Saint-Loup, débiteur de Marie du Royer, comtesse de Pouilly, dame de Jasney, etc.

B. 3898. (Cahiers.) — In-4°, 84 feuillets, papier.

1745-1780. — Causes fiscales. — Sentences : renvoyant François Gérard, de Saint-Loup, sans amende ni dépens, accusé d'avoir fait rouir du chanvre dans un ruisseau dont les eaux tombaient dans la rivière ; — condamnant Nicolas Vernier, de Saint-Loup, à l'amende de 50 livres et aux dépens de l'instance, pour avoir pêché dans la rivière appartenant au seigneur, le jour de la fête patronale. — Nomination de Charles Routon à l'office de garde des bois de la baronnie de Saint-Loup, par madame de Poitiers-Châteauvieux, dame dudit lieu, etc.

B. 3899. (Registre.) — In-folio, 167 feuillets, papier.

1781-1784. — Causes fiscales. — Sentences : condamnant Antoine Simard, de Bouligney, à 100 livres d'amende au profit du duc du Randan, pour fait de chasse sur les terres dudit seigneur ; — ordonnant à Jean Morisot de justifier du droit de parcours qu'il prétend avoir dans les bois du Poiremont et que la coupe dans laquelle il a fait pâturer son bétail était défensable ; — condamnant Étienne Mignard et autres, de Saint-Loup, chacun à l'amende de 10 livres, pour avoir barré l'eau d'un fossé de la prairie et l'avoir employée à l'irrigation de leurs prés, au préjudice des ayants droit, etc.

B. 3900. (Cahiers.) — In-folio, 323 feuillets, papier.

1785-1789. — Causes fiscales. — Sentences : ordonnant aux messiers de la communauté de Saint-Loup de veiller à la conservation des fruits provenant d'un terrain en nature de pré appartenant à Claude-François Belot, procureur fiscal, et aux échevins de le mettre en ban toutes les fois qu'il y aura lieu ; — condamnant Jean-Baptiste Annegay, boulanger à Luxeuil, à 3 livres d'amende au profit du baron de Saint-Loup, pour avoir exposé sur la place publique, un jour de marché, 30 pains blancs sans avoir préalablement payé le droit de place dû au seigneur. — Autorisation de prendre un filet d'eau dans le canal du moulin, donnée aux héritiers Bouly, de Saint-Loup, pour arroser leur jardin, etc.

HAUTE-SAÔNE. — TOME II. — SÉRIE B.

B. 3901. (Registre.) — In-4°, 373 feuillets, papier.

1775-1782. — Causes fiscales. — Sentences condamnant : François Guittard et autres, tous messiers de Saint-Loup, à une amende de 633 livres 6 sous 8 deniers au profit du seigneur, et à payer pareille somme aux habitants de ladite communauté, comme dommages-intérêts, pour n'avoir pas constaté, pendant l'année 1778, les délits commis dans les forêts seigneuriales ; — Georges Rumain, de La Branceure, à une amende de 100 livres, pour avoir tendu des lacets dans une forêt appartenant au seigneur. — Nomination de Claude-Joseph Chalot, à l'office de procureur fiscal du bailliage de Saint-Loup, par la duchesse de Lorges, dame d'honneur de madame la comtesse d'Artois, etc.

B. 3902. (Registre.) — In-4°, 211 feuillets, papier.

1782-1783. — Causes fiscales. — Sentences : défendant aux habitants de Saint-Loup de vendre et de débiter du vin sans la permission du seigneur ; — condamnant : Jean Sibille, droguetier et teinturier, à Saint-Loup, à 10 livres d'amende, pour avoir lavé de la laine teinte en noir dans la rivière ; — Jean-Baptiste Moroge, domestique, à 20 livres d'amende, pour avoir ramassé des poissons empoisonnés et qu'on avait laissés au bord de la rivière ; — Hilaire Billiard, de Saint-Loup, à 30 livres d'amende, pour avoir été surpris assommant des poissons à coups de perche dans la rivière qu'il avait empoisonnée, etc.

B. 3903. (Registre.) — In-4°, 134 feuillets, papier.

1743-1748. — Causes fiscales. — Sentences condamnant : Antoine Carrière à payer à la baronne de Saint-Loup le droit de banvin qui lui est dû ; — Pierre Bonnard et sa femme à 50 livres d'amende, pour avoir allumé du feu au milieu de la forêt seigneuriale ; — le fils de la veuve Mathelet à 10 livres d'amende, pour avoir laissé son chien chasser dans le bois pendant qu'il travaillait dans un pré voisin de la forêt ; — Joseph Spierenaël à 3 livres d'amende et aux dépens de l'instance, pour avoir refusé au garde général des eaux lors de l'incendie de la maison de Nicolas Copey ; — Gaspard Thérion à 3 livres d'amende, pour avoir, au mépris des droits seigneuriaux, fait moudre son grain dans un moulin qui n'était pas banal, etc.

B. 3904. (Liasse.) — 121 pièces, papier.

1788-1789. — Sentences rendues sur requêtes : ordonnant : au greffier du bailliage de Saint-Loup de remettre au procureur fiscal les sommes qui ont été saisies sur un malfaiteur, afin de solder la maréchaussée qui a fait son arrestation ; — que la communauté de Saint-Loup se fera autoriser par l'intendant de la province, pour se défendre dans une action qui lui est intentée par le seigneur au sujet du payement de la dîme du ponet ou sorgho ; — autorisant messire Emmanuel de Saint-Mauris, maréchal de camp, seigneur de Jasney, à mettre à exécution, dans le ressort du bailliage de Saint-Loup, un contrat de rente de 2,000 livres, contre les héritiers de Claude-François Pidefert, qui se refusaient de payer les intérêts échus, etc.

B. 3905. (Liasse.) — 105 pièces, papier.

1742-1789. — Sentences rendues sur requêtes : portant défense de vendre de la viande sur les places publiques les dimanches et jours de fête ; — accordant au sieur Rouly, maître de forges à Saint-Loup, la restitution de plusieurs paquets de fer déposés au greffe et qui lui avaient été volés ; — interdisant : à Jean-Baptiste Humbert, de Saint-Loup, le droit de construire un four dans sa maison ; — aux habitants des baraques de Lyaumont le parcours du bétail dans les bois de la duchesse de Lorges, baronne de Saint-Loup ; — défendant à Nicolas Cloux de faire jouer aux quilles sur les chemins et places publics ; — permettant à Nicolas Copey, de Saint-Loup, de prendre main-forte pour faire sortir de sa maison Joseph Aubry et jeter ses meubles sur le carreau, etc.

B. 3906. (Cahiers.) — In-4°, 262 feuillets, papier.

1741-1787. — Enquêtes civiles faites : entre Marie-Marchal et Pierre-Joseph Grandjean, son mari, ancien assesseur en la prévôté de Conflans, tendant à prouver que ce dernier était dans un état complet d'ivresse quand il a vendu ses immeubles à Nicolas Grosjean, d'Hauteville, et qu'il y a lésion dans le prix de la vente ; — entre Anne Picot, veuve Poirot, de Saint-Loup, et Georges Taverne, négociant audit lieu, au sujet d'un dépôt de 20 louis d'or que ce dernier nie avoir reçus de la demanderesse ; — entre Nicolas Jeannaire, directeur de la tréfilerie de Plombières, et Joseph Trouchot, demeurant au Poiremont, au sujet de l'enlèvement de deux sacs de grain, dans le bois de La Vaivre ; — entre Jacques Fortaire et François Martinet, fournier à Saint-Loup, au sujet d'un détournement de fruits qu'on avait mis sécher au four ; — entre Léopold Jamin et Jean Bernard, de Saint-Loup, à l'effet de prouver qu'un cheval étant à la pâture en avait tué un autre à coups de pied, etc.

SÉRIE B. — BAILLIAGES.

B. 3007. (Cahiers.) — In-4°, 44 feuillets, papier.

1674-1723. — Enregistrement des rapports des gardes messiers et banvards fait au greffe du bailliage de Saint-Loup, pour délits et mésus contre : Jean-Baptiste Prélat, de Saint-Loup, qui a épuisé l'eau d'un trou correspondant à la rivière et enlevé les poissons qui s'y trouvaient ; — François Ferry, qui a maltraité les gardes qui avaient dressé un rapport contre lui, pour avoir fait pâturer son bétail dans des prés mis en ban ; — Pierre Ferroy, qui avait anticipé sur le pré de Nicolas Doulet en labourant son champ ; — Nicolas Grandjean, de Cuve, qui a été trouvé par les gardes de madame de Poitiers-Châteauvieux, dame de Saint-Loup, pêchant à la ligne dans la rivière seigneuriale, etc.

B. 3008. (Registre.) — In-folio, 217 feuillets, papier.

1730-1768. — Rapports des gardes, messiers et banvards, pour délits et mésus faits contre : des inconnus, pour avoir abandonné au milieu de la prairie du Breuil un cheval et une voiture chargée de tonneaux remplis d'eau-de-vie, lesquels ont été conduits dans la grange de la maison seigneuriale, pour être remis au propriétaire passible d'une amende ; — le fils Pathenay, de Magnoncourt, pour avoir pris des denrées dans un champ appartenant à la baronnie de Saint-Loup ; — Thiébaud Chalot, pour avoir cherché à suborner le garde des terres seigneuriales qui l'avait trouvé en délit de chasse, etc.

B. 3009. (Registre.) — In-folio, 97 feuillets, papier.

1769-1773. — Rapports des gardes, messiers et banvards, pour délits et mésus faits contre : Joseph Jacquerey, de Saint-Loup, qui, au préjudice du public, barrait la rivière et employait à cet effet des pierres provenant du grand pont qui avait été enlevé par les inondations ; — des inconnus, auteurs de délits considérables commis dans la forêt appelée Le Ronquez, indivise entre les habitants de Saint-Loup, Magnoncourt, Aillevillers et La Vaivre. — Requête adressée au bailli par Jean-François Pheulpin, de Saint-Loup, à l'effet d'obtenir la permission de faire pâturer son bétail dans des champs qui lui appartiennent et desquels il ne pouvait tirer aucun parti. — Nomination de Jean François Grandjean à l'office de garde des bois, chasse, pêche, dans l'étendue de la baronnie de Saint-Loup, etc.

B. 3010. (Registre.) — In-4°, 190 feuillets, papier.

1774-1782. — Rapports faits par les gardes de la baronnie de Saint-Loup contre : Charles Demarey et autres, de Magnoncourt, lesquels transportaient des pierres avec des voitures, les jetaient dans la rivière, faisaient une digue et empêchaient les eaux d'arriver dans le bief du moulin de Saint-Loup ; — un étranger qui, au mépris de l'ordonnance de 1766, achetait et enlevait une grande partie du beurre avant l'heure du marché ; — Antoine Carrière, de Saint-Loup, pour avoir construit sur la voie publique, et sans autorisation, une hutte à porcs ; — la veuve Mongenot, pour avoir arraché des raves dans un champ qui ne lui appartenait pas, etc.

B. 3011. (Registre.) — In-4°, 120 feuillets, papier.

1782-1787. — Rapports faits par les gardes de la baronnie de Saint-Loup contre : Jean-François Brochet, demeurant aux Granges-Grandjny, pour n'avoir pas voulu paraître à une assemblée des habitants à laquelle il avait été requis d'assister pour la révision des comptes des échevins ; — François Fluteau, de Clerjus, pour avoir ramassé deux sacs de charbon dans des places à fourneau, dans le bois de La Renaudée, exploité par M. Demandre, maître de forges ; — Antoine Lécrivain, de Saint-Loup, pour avoir insulté un garde ; — François Prétot, pour anticipation commise sur un chemin public, etc.

B. 3012. (Registre.) — In-4°, 60 feuillets, papier.

1787-1789. — Rapports faits par les gardes de la baronnie de Saint-Loup contre : la veuve Simaire de Saint-Loup, qui alimentait un grand feu dans le bois avec des arbres verts coupés et ébranchés par des délinquants ; — Claude Olivier et plusieurs femmes, pour avoir tenté d'assassiner le garde qui les avait trouvés en délit ; — Simon Chevreux, du Poirement, pour avoir défriché cent quatre-vingts pieds de terrain dans un canton de bois appelé la Grande-Coupe, etc.

B. 3013. (Cahiers.) — In-8°, 236 feuillets, papier

1714-1789. — Congés, défauts, déclarations, comparutions au greffe du bailliage de Saint-Loup. — Comparution de Claude-François Piédefert, gradué ès droit, à l'effet de prêter le serment mentionné dans les défenses qu'il a dressées contre Barbe Viriot, de Saint-Loup. —

Déclarations faites par : dame Suzanne-Gabrielle de Poitiers-Châteausieur, baronne de Saint-Loup, en sa qualité de substituée à ladite terre, par laquelle elle continue l'instance commencée par dame Christine Duchâtelet ; — Claude Claudin, marchand à Saint-Loup, par laquelle il se reconnaît débiteur de la somme de 189 livres 10 sous 7 deniers envers la communauté de Bouligney, etc.

B. 3914. (Cahiers.) — In-8°, 214 feuillets, papier.

1739-1751. — Congés, défauts, déclarations et comparutions au greffe du bailliage de Saint-Loup. — Comparutions faites par : Nicolas Lecomte, de Luxeuil, lequel a affirmé être venu exprès à Saint-Loup pour remettre entre les mains d'un huissier diverses pièces à l'effet de faire assigner le sieur Maillefert ; — Claude-François Grandjean, procureur de Claude-Joseph Marchand, lequel déclare protester contre le bailli, qui a manqué à l'audience le jour fixé aux parties plaidantes, et qui ne s'est pas fait représenter par un des praticiens. — Délibération de la communauté de Saint-Loup nommant les habitants chargés de la garde des bois en 1748. — Acte dressé par le greffier du bailliage, constatant que le sieur Royer, procureur, a refusé de prendre communication d'un jugement qui lui était présenté volontairement, et que ledit greffier, fatigué de lui faire des instances à ce sujet, a mis cette pièce sous clef, etc.

B. 3915. (Cahiers.) — In-8°, 213 feuillets, papier.

1751-1769. — Congés, défauts, déclarations et comparutions au greffe du bailliage de Saint-Loup. — Déclarations faites par : Anne-Claude Debay, par laquelle elle renonce à la succession de son père, se réservant tous ses droits sur celle de sa mère ; — les échevins de Saint-Loup, par laquelle ils affirment que le seigle s'est vendu 4 livres, le blé 3 livres 6 sous, et l'avoine 1 livre 10 sous la quarte, au mois d'avril 1752. — Congé obtenu par Charlotte Spirenaël contre haute et puissante dame Florence d'Anglure, comtesse d'Heuilly, héritière de messire d'Anglure, baron de Saint-Loup. — Requête adressée à l'intendant de la province par les Pères Récollets de Conflans, par laquelle ils demandent l'autorisation de faire conduire à leur couvent les grains qu'ils reçoivent de la charité publique. — Nomination de Nicolas Érard à l'office d'huissier par le bailli de Saint-Loup, sauf l'approbation de S. A. monseigneur le duc de La Trémouille, baron dudit lieu, etc.

B. 3916. (Cahiers.) — In-8°, 183 feuillets, papier.

1769-1785. — Congés, défauts, déclarations et comparutions au greffe du bailliage de Saint-Loup. — Comparution de François-Joseph Larmet, de Rupt, à l'effet de faire assigner Claude-Étienne Marchand, négociant à Saint-Loup, pour le forcer à lui donner la contenance des prés qu'il lui a vendus. — Exemption d'impôts accordée pendant un an par l'intendant à Nicolas Flourot, soldat provincial libéré, demeurant à Saint-Sauveur. — Requête présentée au bailli de Saint-Loup par Claude-Louis Holcrique et Jean-Baptiste-Édouard Mazet, à l'effet de faire enregistrer au greffe du bailliage leurs commissions de maître en chirurgie. — Nomination de Claude-Étienne Marchand à l'office de garde des bois de la terre de Saint-Loup, par Guy de Durfort de Lorges, duc de Randan, etc.

B. 3917. (Cahiers.) — In-8°, 167 feuillets, papier.

1785-1789. — Congés, défauts, déclarations et comparutions au greffe du bailliage de Saint-Loup. — Comparutions faites par : Emmanuel Rieuti, négociant à Bâle, par laquelle il affirme que Claude-François Juif, négociant à Saint-Loup, lui doit la somme de 314 livres 5 sous ; — Joseph Larmet, à l'effet d'obtenir la restitution de trois sacs de blé déposés au greffe et qui lui avaient été volés ; — Grégoire Ruffier, négociant à Vesoul, lequel désire former incident à l'effet d'obtenir l'autorisation de faire transporter en cette ville les marchandises provenant de la faillite de Jean-Georges Sepp, etc.

B. 3918. (Cahiers.) — In-4°, 94 feuillets, papier.

1739-1790. — Enregistrement des apports de pièces faits au greffe du bailliage de Saint-Loup par les plaideurs et de la remise de ces pièces aux parties. — Requêtes adressées au bailli par : Joseph Colas, demeurant à Saint-Loup, à l'effet d'obtenir la permission d'appeler en justice ses enfants, qui lui refusent la pension alimentaire qu'ils lui doivent, leur ayant partagé ses biens ; — Nicolas Durand, fils de Jean Claude, notaire royal et curateur en titre en la ci-devant prévôté de Conflans-en-Bassigny, demandant à subir ses examens pour être reçu procureur postulant au bailliage de Saint-Loup ; — Guillaume Corne, demeurant à Vauvillers, fermier général des revenus de la mense abbatiale de Clairefontaine, à l'effet d'être autorisé à faire saisir les biens de Claude Maillier, de Dampierre, pour obtenir payement de plusieurs arrérages de rentes, montant à la somme de 663 livres ; — Nicolas Guilleret, de Saint-Loup, demandant à être autorisé à convertir un pré en champ, etc.

B. 3919. (Cahiers.) — In-4°, 64 feuillets, papier.

1687-1789. — Emprisonnement des malfaiteurs

poursuivis criminellement par le bailliage de Saint-Loup. — Enregistrement au greffe dudit siège des actes du tabellion général de la terre de Saint-Loup. — Donations entre vifs faites par : Thiébaud Simonnin, à son neveu Nicolas, d'un pré situé sur le territoire de Saint-Loup, lieu dit au Beaupilley; — Thiébaud Parlet, dudit lieu, à sa fille, d'une maison située devant l'église. — Testament de Christophe Malcaillon, par lequel il donne 80 livres à Jean-François Colard, curé de Saint-Loup, et 20 livres à la congrégation des hommes établie dans ladite paroisse. — Jugements criminels condamnant: Dominique Marion à 10 livres d'amende au profit du baron de Saint-Loup et à cinq ans de bannissement des terres de la baronnie, pour vol de chemises; — Joseph Lalos, de Saint-Loup, à être pendu et à 115 livres d'amende au profit du duc de Raulan, baron de Saint-Loup, pour vol d'instruments de pêche et de marchandises; — Joseph Korhot, percepteur à Saint-Loup, à faire réparation d'honneur en audience publique aux officiers du bailliage qu'il a insultés et injuriés.

B. 3120. (Liasse.) — 110 pièces, papier.

1780-1790. — Procès-verbaux de délimitation du bois La Dame et d'un chemin situé sur le territoire de la commune d'Aillevillers. — Sentence civile condamnant Joseph Lambeley, maire à Aillevillers, à restituer à Jean-François Ulzey, son gendre, quatre bœufs qu'il lui avait fait saisir. — Procédures criminelles intentées contre : des inconnus pour délits commis dans la forêt de Lyaumont, appartenant à la duchesse de Larges, baronne de Saint-Loup; — Jacques Boileau, Etienne Didier, Joseph Gérard, tous de la commune d'Anjeux, pour mauvais traitements. — Sentence civile condamnant les frères Patret à payer annuellement à Colomban Breton, maître charpentier à Bouligney, la quantité de dix quartes de seigle, en exécution d'une transaction passée entre les parties. — Procédures criminelles intentées contre : Jean-Claude Manteau, Charles Roux, Claude Vatin, tous de Bouligney, pour coups et blessures; — Pierre Germain, de Freuches, garde général de la terre de Luxeuil, pour mauvais traitements. — Enquête civile faite à la requête de Guillaume Corne, fermier général de la mense abbatiale de l'abbaye de Clairefontaine, au sujet de la propriété d'une paire de bœufs que ce dernier retient par bail à cheptel. — Procédures criminelles intentées contre : François Bardot, Dominique Faivre, Sébastien Grosjean, etc., tous de Corbenay, pour mauvais traitements, coups et blessures; — Claude Robaud, de Cuve, pour blessure faite à l'aide d'une pierre; — Élizabeth Thomas, d'Équevilley, pour tentative de strangulation sur la personne d'un individu avec lequel elle se querellait. — Procès civil à la requête des sieurs Revillant, marchands, contre le sieur Jacquey, de Saint-Loup, au sujet d'un arrêté de compte, etc.

B. 3121. (Liasse.) — 125 pièces, papier, 1 parc.

1788-1789. — Apposition des scellés au domicile mortuaire de Jeanne-Baptiste Taverne, de Fontaine-les-Luxeuil. — Procès-verbal de la vente des immeubles de Jacques Cornibert, poursuivi à la requête de Jean-Edme Girardot, notaire royal, demeurant au prieuré de Fontaine. — Procédures criminelles intentées contre : Nicolas Chatey, François Mercier, Michel Pasel, tous domiciliés à Fontaine-les-Luxeuil, pour mauvais traitements ; — Jean Aubry, de Fougerolles, pour vol de fer, condamné pour ce fait à trois ans de prison. — Plan des bois de la coutume d'Hurecourt. — Procès-verbal dressé par le bailli constatant qu'il y a eu des délits considérables commis dans le bois de Lyaumont, appartenant à la duchesse de Larges, baronne de Saint-Loup. — Élection des échevins, messiers, bangards et forestiers de la commune de Lomont. — Récolements d'assiettes. — Tutelles, curatelles, inventaires pupillaires, appositions de scellés, concernant les enfants Brochet, Chariton, Dupoulain, Geosjean, Grandpierre, Poirot, Rangier, tous domiciliés à Lomont. — Procès civil entre les frères Damidoz, de Lomont, au sujet de la propriété d'un pré. — Sentences : appointant les habitants dudit lieu à prouver que depuis soixante ans ils sont desservis par le curé d'Aillevillers, auquel ils payent 30 sous par feu et ménage pour droits curiaux ; — condamnant la veuve Rebourt, de Lomont, à remplir le contrat de mariage de Françoise Rebourt, sa fille, et à lui donner immédiatement une vache, deux veaux et une ruche, etc.

B. 3122. (Liasse.) — 115 pièces, papier.

1788-1790. — Procédures criminelles intentées contre : Joseph Antoine, Nicolas Brochet, Jean-Baptiste Chevanne, Claude-François Damidoz, François Dupoulain, Desle Fleurey, Jean-Baptiste Grandpierre, Louis Jarant, Philibert Mathenet, Jean Pary, Georges Rangier, Claude-Joseph Rouillon, etc., tous de Lomont, pour mauvais traitements, coups et blessures, démolition de muraille. — Procès-verbal constatant la non-comparution au greffe du bailliage de l'échevin de la commune de Magnoncourt, lequel avait été légalement convoqué, pour procéder au dénombrement des habitants soumis à la haute justice du duc et de la duchesse de Raulan et assujettis à leur payer le droit d'aide montant à 30 sous par feu et ménage, en raison du mariage de la duchesse de La Trémouille, leur fille. — Tutelle des enfants Pariset, de Magnoncourt. — Procès civil fait à la requête des habitants dudit lieu contre ceux de Saint-Loup, au sujet d'un droit de paroisse. — Procédure criminelle intentée contre Honoré Ferron et Jean-Baptiste Parlay, soldats au régiment d'Artois, momentanément à Magnoncourt, pour blessures à coups de sabre.

B. 3923. (Liasse.) — 100 pièces, papier.

1708-1789. — Procédures criminelles intentées contre : Claude-François Doublin, de Memoux, Jean-François Bernard, d'Ormoiche; Catherine Cramet, d'Ormoy, pour mauvais traitements. — Jugement civil condamnant Claude-Étienne Marchand à payer à Nicolas Rapin, d'Ormoy, la somme de 39 livres qu'il lui doit. — Procédure criminelle intentée contre Jean-Pierre Simonin, de Plaincevaux, pour coups et blessures. — Inventaire des titres et papiers du bailliage de Saint-Loup. — Reconstruction de la halle à charbon, des forges et fourneaux de Saint-Loup. — Procès-verbaux de visite du château et des moulins de Saint-Loup. — Requête des habitants dudit lieu par laquelle ils demandent la démolition du four banal appartenant au maréchal de Lorges. — Procès-verbal constatant les dommages causés par les inondations du mois de juillet 1788. — Plantation du bois appelé La Goutte et défense d'y conduire le bétail à la pâture. — Prestation de serment des gardes forestiers. — Procès-verbal dressé par le bailli constatant que, le 22 juillet 1789, plus de cinq cents individus des communes de La Vaivre, Fontaine-lès-Luxeuil, Corbenay, etc., armés de fusils, haches et bâtons, sont entrés à Saint-Loup, se sont rendus au greffe du bailliage, y ont enlevé les registres et papiers, brisé les portes et causé de grands dégâts. — Récolements d'assiettes. — Déclarations de grossesse, etc.

B. 3924. (Liasse.) — 110 pièces, papier; 1 plan.

1781-1789. — Enquête civile faite à la requête de Michel Spierenaël et Pierre Buch, de Saint-Loup, au sujet de la vente de vingt-huit moutons. — Rapports d'experts pour prisées et estimations. — Plan de la maison des héritiers Malcaillez, de Saint-Loup. — Testaments des sieurs Bardot, Dursch, Grandjean, Guillenet, Jobert, Laroux, femme Maifert, tous de Saint-Loup.

B. 3925. (Liasse.) — 101 pièces, papier.

1770-1787. — Appositions de scellés au domicile mortuaire des sieurs : Aubertin, Bailly, Bardot, veuve Féry, Rasempierre, Bonnamé, Boyer, Bressan, femme Mathieu, Breton, Buch, Calet, Chalon, Chariot, Chaudoux, Cherer, Claudin, Cotard, Courtois, Debain, Didier, Dufoury, Faivre, Franciosi, Furstemberg, Gallois, Gentilhomme, Humbert, Japey, Jobert, July, Lamarine, tous domiciliés à Saint-Loup.

B. 3926. (Liasse.) — 115 pièces, papier.

1708-1789. — Appositions de scellés au domicile mortuaire des sieurs : Maison, Malcaillez, Marchand, Massey, Michel, Mulot, Patret, Poirot, Régent, Sepp, Simoney, veuve Charton, Vernier, tous de Saint-Loup. — Décrets faits sur les biens de Jean-Charles Claudin à la requête de Nicolas Boyon, prêtre directeur des Dames de Couflans ; — Jean Catasset, maire à Saint-Loup, à la requête des fabriciens de l'église dudit lieu ; — Claude Huguenin, à la requête de Jean Bernard, négociant à Strasbourg ; — Joseph Laloz, à la requête de Nicolas Trouillet ; — Claude Malcaillez, à la requête des Bénédictins de Fontaine-lès-Luxeuil ; — Marguerite Lardin, à la requête de Jean-François Cotard, curé de Saint-Loup. — Procès-verbaux de nantissement des deniers provenant des ventes de meubles et effets de la faillite Sepp, etc.

B. 3927. (Liasse.) — 112 pièces, papier.

1729-1788. — Tutelles, curatelles, inventaires pupillaires, assemblées de famille, concernant les enfants : Auney, Azier, Bardot, Baudey, Beaumont, Calet, Champion, Chanet, Chariot, Cornibert, Custer, Dantet, Debain, Decailloz, Deferrière, Demandre, Deport, Dormay, Dursch, Durupt, Faivre, Ferron, tous domiciliés à Saint-Loup.

B. 3928. (Liasse.) — 135 pièces, papier.

1730-1789. — Tutelles, curatelles, inventaires pupillaires, assemblées de parents, concernant les enfants : Ferry, Fournier, Gadenet, Gage, Galaire, Gambe, Gary, Gastel, Gentilhomme, Gerard, Gillot, Ginet, Guillaume, Guillenet, Huguenin, Humbert, Jaquey, Jaquemin, Jeannin, Jobert, Joliey, Lacroix, tous domiciliés à Saint-Loup.

B. 3929. (Liasse.) — 106 pièces, papier.

1733-1787. — Tutelles, curatelles, inventaires pupillaires, assemblées de parents, concernant les enfants : Lamarme, Lardin, Larmet, Leblanc, Liez, Luzet, Maison,

Maillefert, Malcaillot, Mangot, Marchand, Martin, Martinot, Mathey, Michel, Mougenot, Ollivier, tous domiciliés à Saint-Loup.

B. 2920. (Liasse.) — 108 pièces, papier.

1742-1789. — Tutelles, curatelles, inventaires pupillaires, assemblées de parents, concernant les enfants : Paris, Pathouay, Patret, Perdreau, Perney, Phoulpin, Piedefert, Pierrey, Poirot, Pouillo, Rapin, Redon, Simonnin, Terrisson, Thérion, Thomas, Valet, veuve Vandebergue, Vautrin, Vernier, Vial, Viney, Vuillerey, tous de Saint-Loup.

B. 2921. (Liasse.) — 112 pièces, papier.

1691-1789. — Procès-verbaux de visages de bois contre Nicolas Coppey et Catherine Bélion, femme Aubry, de Saint-Loup ; — réceptions de cautions. — Adjudications : des biens des enfants Ferron ; — de la maison de Claude Verneret ; — des immeubles de Jean-Claude Laloz, de Saint-Loup. — Vente par licitation de deux maisons appartenant aux héritiers Japrey et à Marie Vernier. — Partages de biens entre : François Lavocat et ses enfants ; Gentilhomme et Humbert ; — Goux et Bouly ; — Grandjean frères et sœurs ; — Gagnez, Huguenin et Maillefert, etc., tous de Saint-Loup. — Émancipation d'Eulalie Larmet. — Interrogatoires sur faits et articles. — Procès civils entre : les frères Bouly, de Saint-Loup, au sujet de la vente des usines du Beuchot ; — Catherine Chenet, veuve Marchand, et les enfants Boyer, au sujet du partage de la succession de leur père. — Sentence civile appointant Joseph Blanchelaine, curé de Clerjus, à prouver que François Maillefert, de Saint-Loup, ne lui a pas livré les vingt quartes de blé qu'il lui doit, aux termes d'un acte passé entre eux en 1739, etc.

B. 2922. (Liasse.) — 112 pièces, papier.

1701-1789. — Procès civil fait à la requête de Claude Debain contre Étienne Mignard, de Saint-Loup, au sujet de la propriété d'une maison et d'un jardin, et sentence accordant audit Debain l'usufruit légal des jardin et maison dont il s'agit, à charge par lui de les entretenir en bon état. — Sentence rendue dans le procès entre Georges Taverne et François Hacquard, de Saint-Loup, déclarant que la maison acquise par droit de mainmorte du président Favière appartient de droit audit Taverne. — Jugements déclarant Jacques Forterre propriétaire de la moitié du four appartenant en commun à François Martinet

et à Hugues Malcaillot, de Saint-Loup ; — prononçant la séparation de biens entre Barbe Nabot et François Lavocat, mari et femme, demeurant à Saint-Loup. — Procès civil fait à la requête de Marguerite Poirot contre Jean-Baptiste Bouly, au sujet de la renonciation à la succession de Joseph Poirot, etc.

B. 2923. (Liasse.) — 131 pièces, papier.

1704-1789. — Procès civils faits à la requête de : Claude-François Remandet, maître de forges à Saint-Loup, contre les frères Bouly, au sujet d'un renouvellement de bail de la forge de La Beuchotte. — Claude-François Levain, seigneur de La Bruyère, contre Charles Poulot et autres, de Saint-Loup, au sujet de la spoliation de la succession de sa belle-mère, décédée à l'âge de quatre-vingt-quatorze ans ; — Marguerite-Généreux Larmet contre Dominique Mignard, docteur en médecine, mari et femme, plaidant en séparation de biens ; — Marguerite Vernier contre Charles Guillenet, de Saint-Loup, au sujet du partage des successions de Nicolas Vernier et de Françoise Jumaux, etc. — Sentence d'ordre au décret fait sur les biens d'Edme Lurgey et de Marguerite Maillefert, sa femme, de Saint-Loup.

B. 2924. (Liasse.) — 121 pièces, papier.

1736-1789. — Procès civils faits à la requête d'Anne Lavocat contre Jean-François Vernier, son mari, demeurant à Saint-Loup, au sujet de la reprise de ses apports et de la renonciation à la communauté entre elle et ledit Vernier ; — de la femme Daresch contre Barbe Vernier, au sujet de l'inexécution d'un acte d'échange d'immeubles. — Procès-verbaux constatant la levée de cadavres trouvés sur le territoire de Saint-Loup. — Procédures criminelles intentées contre : des inconnus accusés d'avoir attaqué un marchand ambulant et occasionné une émeute au sujet des grains qui approvisionnaient les marchés ; — Louis Anney, Françoise Aubry, Cécile Barthélemy, tous de Saint-Loup, pour mauvais traitements, coups et blessures.

B. 2925. (Liasse.) — 109 pièces, papier.

1731-1788. — Procédures criminelles intentées contre : Jean-Claude Bergeret, Catherine Bertrand, Marie Bouquet, Nicolas Briot, Pierre et Nicolas Bron, Françoise Bron, femme Damidoz ; Jean-Pierre Buch, Françoise Calandre, Catherine Callet, Christophe Chaudanne, Simon Chevanne, Jean-Baptiste Claudin, demoiselle Colard, tous domiciliés à Saint-Loup, pour mauvais traitements, coups et blessures, spoliation de succession et vol d'un contrat de mariage.

D. 3936. (Liasse.) — 130 pièces, papier.

1681-1787. — Procédures criminelles intentées contre : Nicolas Coppey, Barbe et Anne Corne, la femme et le fils de Pierre Denys, Joseph et François Doport, Étienne Dormoy, Joseph Duroch, Pierre Demassu, Joseph Durupt, tous de Saint-Loup, pour mauvais traitements, coups et blessures, vol de deux sacs de blé.

D. 3937. (Liasse.) — 118 pièces, papier.

1729-1789. — Procédures criminelles intentées contre : Joseph Faivre, les frères Fourrier, François Frominet, Dominique Glanet et quatre autres employés des fermes du Roi, Charles Huguenin, Joseph Jaquerey, Benoît Joly, Sébastien Lamarine, François Lavocat, Joseph Légey, tous de Saint-Loup, pour mauvais traitements et blessures faites à l'aide d'un pistolet. — Jugement criminel condamnant Joseph Laloz à être fouetté par l'exécuteur de la haute justice aux quatre coins du cimetière de Saint-Loup, à être marqué d'un fer chaud, pour avoir recélé des objets volés par son fils.

D. 3938. (Liasse.) — 122 pièces, papier.

1738-1787. — Procédures criminelles intentées contre : François Longy et autres, la veuve Lorgery, François Louis, Nicolas Malcailloz, Alexis Maley, Hugues Martin, François Martinet, Nicolas Mathenet, tous de Saint-Loup, pour injures, mauvais traitements, coups et blessures.

D. 3939. (Liasse.) — 112 pièces, papier.

1725-1787. — Procédures criminelles intentées contre : Claude, Jean-Baptiste et Joseph Michel, de Saint-Loup, pour rébellion à un huissier, friponnerie dans un compte et assassinat d'Antoine Testonin ; — Étienne Monier, brigadier des employés des fermes du Roi ; — Jean Paul et Maurice Pâris, les frères Patret, tous de Saint-Loup, pour mauvais traitements, injures, coups et blessures.

B. 3940. (Liasse.) — 108 pièces, papier.

1741-1789. — Procédures criminelles intentées contre : Pierre Patret, François Perrin, Charles Petitjean, François, Jean et Joseph Phenlpin, tous de Saint-Loup, pour injures, coups et blessures.

D. 3941. (Liasse.) — 98 pièces, papier.

1725-1789. — Procédures criminelles intentées contre : François Pichet, de Saint-Loup, pour avoir commis divers vols, faits pour lesquels le procureur fiscal a conclu à ce qu'il soit condamné à neuf années de galères et à 10 livres d'amende au profit du seigneur, baron de Saint-Loup ; — Agnès Poirey, Pierre-Joseph Pierrey, Nicolas et Alexis Pouillo, Antoine Simonnot, tous de Saint-Loup, pour mauvais traitements, coups et blessures.

D. 3942. (Liasse.) — 102 pièces, papier.

1730-1789. — Procédures criminelles intentées contre : Antoine Simonnot, Joseph Thierry, dit le Lorrain, Nicolas Trouillet, Claude-François Vaudin, la femme Vauthier, Françoise Vautrin, François Viriot, Joseph Viton, Claude Villemin, tous de Saint-Loup, pour mauvais traitements, coups et blessures ; — Pierre-François Ruelle, de Saponcourt, pour mauvais traitements. — Procès civil fait à la requête de Marie Vernier, femme Bertrand, demeurant à Saulx, contre Pierre-François Poirot, de Saint-Loup, au sujet d'une saisie de meubles et effets. — Inventaire pupillaire des meubles et effets appartenant aux enfants Tessanne, de Ternuay. — Procédure criminelle intentée contre Jean Royer, de Trémoins, pour coups et blessures.

BAILLIAGE DE VAUVILLERS.

D. 3943. (Registre.) — In-folio, 297 feuillets, papier.

1768-1783. — Édits, déclarations, lettres patentes du Roi, arrêts du Parlement de Besançon, publiés au bailliage de Vauvillers : — supprimant dans la province de Franche-Comté les droits de courtiers, jaugeurs et inspecteurs des boissons et boucheries ; — cassant l'arrêt rendu par le Parlement avec défense à ladite Cour d'en prendre de pareil à l'avenir et d'apporter obstacle à ce que le duc d'Aiguillon jouisse des droits et prérogatives de la pairie, sous peine de désobéissance ; — portant création et établissement de juridiction dans le comté de Bourgogne pour connaître et juger les contraventions aux droits d'entrée et de sortie des tabacs ; — fixant à 2,400 livres les gages de chacun des avocats généraux du Parlement de Besançon ; — nommant et subrogeant des commissaires tirés du

Parlement de Besançon pour veiller à l'administration des biens et revenus des bénéfices unis aux collèges de la province de Franche-Comté ; — portant établissement d'une école royale de chirurgie à Besançon ; — fixant l'augmentation du sel d'ordinaire à fournir à la province de Franche-Comté ; — portant règlement des pensions des ex-jésuites de la Franche-Comté ; — rétablissant le Parlement de Besançon dans le même état qu'il était avant les Édits de 1771 et 1775. — Lettres patentes par lesquelles le roi Louis XVI érige le duché de Clermont-Tonnerre en pairie de France, en faveur de son cousin, Gaspard, marquis de Clermont-Tonnerre, en récompense de ses services militaires ; par ces mêmes lettres, qui donnent le détail des services militaires du marquis de Clermont-Tonnerre, le Roi assoit la dignité de pairie de France sur le marquisat de Vauvillers, comme étant une des plus belles et des plus anciennes terres de la province de Franche-Comté, mouvante de la couronne, possédant un noble et ancien château capable de maintenir le titre et la dignité dont il l'a décorée, et comme ayant un bailliage qui jouit de toute ancienneté des mêmes privilèges que les bailliages royaux ; — ordonnant qu'à partir du 1er janvier 1780, il ne sera plus fabriqué de bière à Besançon ; — portant suppression de plusieurs justices dépendant de différentes seigneuries appartenant au Roi en Franche-Comté.

B. 3944. (Registre.) — In-8°, 521 feuillets, papier.

1599-1612. — Tenues des audiences du bailliage de Vauvillers. — Sentences civiles : rendue par Pierre Baguignet, juge en la souveraineté de Vauvillers, condamnant Jean Thomassin, dudit Vauvillers, à payer une quarte de froment et une de seigle à maître Éloi François, receveur des revenus de Mgr de Bourbonne ; — rendue à la requête de Guillaume Courtaillon, bourgeois de Fontenoy-le-Château, impétrant en exécution de sentence provisionnelle et définitive en matière de décret sur les biens des héritiers Maillefert, dudit Fontenoy ; — condamnant : Laurent Thevenot, de Fontenoy, à passer par-devant le tabellion général de la souveraineté de Vauvillers le contrat de vente d'un jardin qu'il a vendu verbalement à Nicolas Breton, maire à Harsault ; — Jean Véron, de Vauvillers, à livrer trente-quatre quartes de froment et autant d'avoine à Étiennette Jacquemard, veuve de Pierre Martin, et mariée en secondes noces à Jean de La Force, écuyer, capitaine des gardes de Madame, sœur unique du Roi, duchesse de Barre ; — rendue à la requête de noble Irénée de Hennezel, écuyer, contre Antoine Duglay, de Vauvillers, son débiteur. — Exécution d'une sentence de décret des biens de François Claude, de Vauvillers, rendue à la requête du sieur Valvedet, de Fontenoy-le-Château, etc.

B. 3945. (Registre.) — In-4°, 650 feuillets, papier.

1612-1622. — Tenues des audiences du bailliage de Vauvillers. — Sentences civiles : maintenant les habitants de la commune de Montdoré dans la jouissance et possession du droit de parcours sur le territoire des communes d'Ambiévillers et du Pont-du-Bois ; — condamnant Charles Jacquot, maire au Pont-du-Bois, à payer 25 gros, monnaie de Bourgogne, à Didier Musy, cabaretier, pour les dépenses de bouche du prédicateur de Saint-Hubert. — Exécution d'une sentence rendue en matière de décret sur deux portions de l'étang d'Ambiévillers, appartenant à noble Pierre Mourelot, de Fontenoy-le-Château. — Sentences : validant une saisie faite à la requête de Jacques d'Hennezel, écuyer, demeurant à La Rochère, des meubles et effets de Nicolas Duhoux, écuyer, demeurant à la verrerie dudit lieu ; — condamnant François Virot, de Vauvillers, à payer à Léger Sachot, de Fontenoy-le-Château, 3 livres 2 gros, restant de la somme de 6 livres, prix d'une arquebuse qu'il lui avait vendue, etc.

B. 3946. (Registre.) — In-4°, 350 feuillets, papier.

1622-1627. — Tenues des audiences du bailliage de Vauvillers. — Sentences civiles rendues : par Pierre Du Marchiez, juge audit siège, à la requête de maître François de Villiers, procureur des terres et seigneurie de Vauvillers, impétrant en matière de décret contre Nicolas Rusu, dudit lieu ; — rendue entre Nicolas Huguenin, de Vauvillers, receveur audit lieu des revenus de la marquise de Bourbonne et comme ayant charge de messire Jean Barrey, de Passavant, amodiataire des revenus du comte de Châteauvieux, et Pierre Danvert, de Selles, au sujet des réparations à faire aux moulins dudit comte, qu'il exploite par accensement ; — entre la veuve de Luc Abraham de Théry, gruyer à La Rochère, et Nicolas Huguet, de Vauvillers, au sujet d'une reconnaissance d'écrits et signatures.

B. 3947. (Cahiers.) — In-4°, 198 feuillets, papier.

1627-1746. — Tenues des audiences du bailliage de Vauvillers. — Sentences civiles rendues en matière de décret : entre noble Dominique Moitessus, seigneur de Dainville ; Claude Tabours, écuyer, prévôt d'Anjelot ; le marquis de Bourbonne, le comte de Châteauvieux, et demoiselle Catherine de Villiers, veuve de noble Clément Thomassin, seigneur de Montdoré, à la requête de noble César Leroy, amodiateur des forges du Pont-du-Bois, contre Nicolas Cercler, au sujet d'une anticipation commise sur un champ; — entre Nicolas Lazare, demeurant à Gruey, et Nicolas Thevenot, maire audit lieu, au sujet d'un partage de succession; — entre noble Marc de Villiers, seigneur de Vougécourt, Jean Guinemard, docteur en médecine, et noble Antoine Courtaillon, seigneur de Dampvalley, au sujet d'une saisie. — Requête judiciaire suivie d'une défense faite aux taverniers et hôteliers de donner à boire et à manger aux enfants de famille, à peine de dommages-intérêts envers les parents. — Sentence condamnant Jean Thevenot, de La Haye, à 15 livres d'amende et à jeûner pendant neuf jours au pain et à l'eau, pour blasphème, etc.

D. 3948. (Cahiers.) — In-4°, 170 feuillets, papier.

1646-1652. — Tenues des audiences du bailliage de Vauvillers. — Sentences civiles rendues par Nicolas Huguenin, juge audit siège : entre Antoine Guenin et Hugues Maire, de Demangevelle, contre les habitants de Vauvillers, au sujet de la succession de François Guinemard, curé à Vauvillers; — à la requête de noble Jean Matherot, de Dôle, docteur en droit, avocat au souverain Parlement dudit Dôle, bailli de Vauvillers, contre Mathieu Bel, comme caution de Pierre Maire, Roch Morel et autres, de Fontenois-la-Ville, poursuivis pour attentat à l'autorité souveraine du Roi; — à la requête de Sébastien Huot, du Pont-du-Bois, agissant au nom et comme cessionnaire de David Clément, dit la Flûte, receveur des revenus des seigneurs de Vauvillers, contre Claude Dugain, d'Ambiévillers, au sujet de l'exercice du droit de retenue, appartenant auxdits seigneurs. — Acte d'émancipation du fils de Claude Benoist, de Vauvillers. — Saisie des biens de Claude Babe, d'Ambiévillers, faite à la requête de Pierre Moussu, receveur de la portion de seigneurie appartenant à messire de La Chalade. — Sentences rendues en matière de décret : entre haut et puissant seigneur messire Charles de Livron, seigneur et marquis de Bourbonne, chevalier des Ordres du Roi très-chrétien, son lieutenant en ses provinces de Champagne et de Bassigny, agissant au nom et comme héritier bénéficiaire de révérend seigneur François de Livron, abbé de La Chalade, seigneur de Vauvillers, Demangevelle et membres en dépendant, contre demoiselle Laurence Thomassin, veuve de noble Philippe Bartenin, sieur de Pont, et demoiselle Gabrielle Thomassin, sa sœur, femme de noble Antoine Courtaillon, seigneur de Dampvalley, héritier de noble Clément Thomassin, sieur de Montdoré; — à la requête de noble et vénérable personne messire Claude Doroz, prêtre-chanoine de Poligny, agent d'affaires de l'abbaye de Clairefontaine, contre François Séneschal, de Vauvillers, au sujet du payement d'une rente due à l'abbaye; — à la requête de noble Didier de La Seyne, de Béguin, de Vaucouleurs, capitaine au régiment du baron du Chastelet, agissant au nom des habitants de Valfroicourt et Frasnoy, en Lorraine, contre Pierre Moussu et Pierre Benoist, de Vauvillers, au sujet de la réception d'une cloche, etc.

D. 3949. (Cahiers.) — In-4°, 230 feuillets, papier.

1654-1660. — Tenues des audiences du bailliage de Vauvillers. — Insinuation d'une quittance de la somme de 200 livres que Jeanne Marmier, veuve Lazare, de Gruey, avait empruntée de Catherine Varoye, dudit lieu. — Sentences condamnant : Françoise Séneschal, veuve Robert, notaire à Vauvillers, à remettre à maître Charles Verdot, substitut du procureur d'office, toutes les minutes concernant la terre de Vauvillers, qu'elle a en sa possession et qui appartenaient à son mari; — Nicolas Rouhier et Jean Clément, de La Haye, à payer 420 livres qu'ils doivent à noble Philippe Pescheur, conseiller auditeur en la Chambre des Comptes de Lorraine.

D. 3950. (Cahiers.) — In-4°, 292 feuillets, papier.

1660-1668. — Tenues des audiences du bailliage de Vauvillers. — Sentences rendues par Claude-François Senard, docteur en droit, juge au siège de Vauvillers : à la requête de Claude Benoist, receveur à Vauvillers et à Demangevelle des revenus du marquis de Bourbonne, contre Claude Rantet, meunier, qui n'a pas payé la rente qu'il doit audit seigneur pour la location de son moulin; — à la requête d'Henri Poirson, greffier du comté de Fontenoy, agissant au nom et comme héritier bénéficiaire de discrète personne messire François Poirson, curé dudit Fontenoy, contre la communauté d'Ambiévillers, au sujet de la succession dudit curé; — rendue en matière de décret sur les biens d'Adam de Massey, écuyer, demeurant à la verrerie du Morillon, à la requête de François Dahoux, écuyer, héritier dudit de Massey, contre Claude-François d'Hennezel, écuyer, agissant au nom d'Élisabeth de Thiétry, sa sœur, fille et héritière de Marthe d'Hennezel, et de cette dernière, fille et héritière de messire Isaac d'Hennezel, écuyer, sieur de Bomont, etc.

B. 3951. (Cahiers.) — In-4°, 286 feuillets, papier.

1668-1670. — Tenues des audiences du bailliage de Vauvillers. — Sentences rendues par Claude-François

Guyenemand, docteur en droit, juge à Vauvillers, à la requête de Pierre Moussu, receveur de haut et puissant seigneur messire Charles de la Vieuville, duc et pair de France, gouverneur du Haut et Bas-Poitou, seigneur pour une moitié de la terre de Vauvillers, contre Jean OEuvrard, dudit lieu, au sujet du payement d'une redevance seigneuriale; — condamnant : les échevins de Vauvillers à faire réparation d'honneur au sieur Guyenemand, juge au bailliage; — Martin Lamard et Jean Faquelin, de Vauvillers, chargés par les échevins de faire un rôle de répartition, sur tous les bourgeois et les habitants, des contributions qu'ils doivent pour la subsistance des gens de guerre alors en ce lieu, à se présenter à l'audience pour prêter serment de s'acquitter incessamment et loyalement de cette mission, etc.

B. 3952. (Registre.) — In-8°, 94 feuillets, papier.

1681-1690. — Tenues des audiences du bailliage de Vauvillers. — Sentences rendues par Charles Courtaillon, docteur en droit, seigneur de Magnoncourt, bailli de Vauvillers : condamnant les habitants de Ruaux à payer à haut et puissant seigneur messire Charles-Henri de Clermont, marquis de Crusy, mari de dame Élisabeth de Massol, dame de Vauvillers, les termes échus de la taille annuelle de 30 livres, à partir de 1662 jusqu'en 1680; — déclarant les habitants de la commune d'Hurecourt responsables du montant de la rente faite par le maire et les échevins de ladite commune à François Devilliers, procureur au bailliage; — condamnant : Anne Gérard, veuve Bergelot, de Vauvillers, à restituer à Charles de La Vieuville, duc et pair de France, chevalier d'honneur de la Reine, gouverneur du Poitou, et à Charles-Henri de Clermont, marquis de Crusy, seigneur de Vauvillers, la maison qu'elle a acquise et sur laquelle ils ont le droit de commise; — Claude Thirion, de Ruaux, à payer à Nicolas de Montarby, chevalier, seigneur de Dampierre, 144 livres qu'il lui doit, etc.

B. 3953. (Registre.) — In-4°, 194 feuillets, papier.

1692-1695. — Tenues des audiences du bailliage de Vauvillers. — Sentences civiles rendues par noble Antoine Depoisson, docteur en droit, bailli de Vauvillers : entre messire Claude-Adrien Lambert, prêtre-curé de Betoncourt, Saint-Pancras, administrateur de la chapelle érigée en l'église dudit lieu, et Pierre Lhoste, marchand à Vauvillers, au sujet de la licitation d'une maison donnée à ladite chapelle par Claude Michelin, de Betoncourt; — déclarant valable la saisie faite sur les meubles et effets de Jean Champion, greffier du bailliage, à la requête de François Domassoy, écuyer, demeurant à la verrerie de Selles; — condamnant François Thouvenot, demeurant à Harsault, à faire réparation d'honneur en audience publique au bailli, qu'il a faussement accusé de concussion, à 10 livres de dommages-intérêts envers ledit bailli, à 5 livres d'amende envers le seigneur, et ordonnant en outre que l'acte diffamatoire sera rompu et lacéré en présence dudit Thouvenot; — rendue en matière de reprise d'instance, à la requête de haute et puissante dame Élisabeth de Massol, marquise de Crusy-Clermont, dame de Vauvillers, contre François Guyenemand, docteur en droit, demeurant à Vauvillers, etc.

B. 3954. (Registre.) — In-4°, 200 feuillets, papier.

1699-1702. — Tenues des audiences du bailliage de Vauvillers. — Sentences civiles : condamnant Pierre Colombain, se disant sergent à Ruaux, à 10 livres d'amende au profit du seigneur, pour contravention à l'arrêt du Parlement de Besançon qui lui défend de prendre la qualité de sergent et de faire aucun acte de justice audit Ruaux; — les habitants de Vauvillers à curer le ruisseau de l'étang de la Craye, sauf leur recours sur les propriétaires des prés que ce ruisseau traverse; — Claude Barat, de Vauvillers, à payer au marquis de La Vieuville la somme de 3 livres pour lui tenir lieu des corvées de charrue qu'il aurait dû lui faire en 1699. — Arrêt du Parlement de Besançon du 30 mars 1699, portant défense aux habitants de Ruaux, sans faire distinction des sujets du duc de La Vieuville, de plaider en première instance ailleurs qu'au bailliage de Vauvillers, et par appel en dernier ressort au Parlement de Besançon, interdisant à tous officiers de prendre la qualité de bailli, juge, procureur d'office, de la justice de Ruaux, etc.

B. 3955. (Registre.) — In-4°, 184 feuillets, papier.

1702-1707. — Tenues des audiences du bailliage de Vauvillers. — Sentences civiles rendues par Antoine Depoisson, docteur en droit, avocat en Parlement, seigneur de Fresne-sur-Apance, bailli de Vauvillers, chef de police, maître des eaux et forêts : condamnant François Barrat et Claude-François Rapin, échevins de Vauvillers, à payer à Dominique Rapin, dudit lieu, la somme de 34 livres 10 sous pour son gage de garde des bois et ses peines d'avoir gouverné l'horloge pendant une année; — entre dame Marie-Marguerite de Rouhier, douairière d'illustre seigneur messire Gaspard-François de Pouilly, baron, seigneur de Jasney, et Antoine Depoisson, bailli de Vauvillers, au sujet du remboursement d'une somme de 300 livres; — condaquant plusieurs habitants d'Ambiévillers, propriétaires de biens-fonds situés dans la province de Lorraine, à payer la dîme aux curés de Gruey et d'Ambiévillers et non à ceux de Lorraine. — Tableaux des officiers du bailliage. — Nomination par la marquise de Clermont, dame de Vauvillers, du fils de Simon Poinsot, d'Harcourt, à l'office de regrefrier au bailliage, etc.

B. 3356. (Registre.) — In-4°, 94 feuillets, papier.

1707-1708. — Tenues des audiences du bailliage de Vauvillers. — Sentences civiles condamnant : Vincent Baccard, charron au Pont-du-Bois, à payer à dame Élisabeth de Massol, marquise de Clermont-Crusy, la somme de 350 livres pour avoir, pendant sept ans, coupé des bois dans les forêts seigneuriales ; — messire Hyacinthe de Fleurey, prieur de Relanges, décimateur des dîmes de Gruey, à payer à Jean Guyot, curé dudit lieu, la somme de 300 livres pour sa portion congrue, sauf à ce dernier à tenir compte des revenus de sa cure ; — Antoine Guyot et Jean-Guillaume, d'Ambiévillers, à payer à François Demassey, écuyer, demeurant à la verrerie de Selles, la somme de 60 livres, pour du verre qu'il leur a livré ; — déboutant dame Marie-Marguerite de Rouhier, baronne de Pouilly, de sa demande tendante à faire rendre un contrat de vente passé entre elle et Nicolas Carrey, de Vauvillers, etc.

B. 3357. (Registre.) — In-4°, 186 feuillets, papier.

1708-1710. — Tenues des audiences du bailliage de Vauvillers. — Sentences civiles rendues à la requête de Michel Guyenemand, demeurant à Vauvillers, impétrant en purgation d'hypothèque sur ses biens situés audit lieu, contre haute et puissante dame Élisabeth de Massol, marquise de Crusy-Clermont, dame de Vauvillers, et messire René François, marquis de La Vieuville, chevalier d'honneur de la Reine, gouverneur du Haut et Bas-Poitou, coseigneur à Vauvillers ; — condamnant Pierre Camus à payer 93 livres à Jean-Claude Demassey, écuyer, demeurant à la verrerie de Selles ; — déclarant nulle une saisie faite à la requête d'Étienne Dumoulin et d'Hubert Jourdeuil, propriétaires de la forge de Fontenoy, sur des fers vendus à des marchands de Lyon par Charles Boileau et Adrien Ramoy, maîtres des forges de Passavant et de Fontenoy ; — condamnant les habitants d'Harsault à remettre à Jean-Claude Hennemand, leur curé, tous les papiers, titres et documents concernant la cure, etc.

B. 3358. (Registre.) — In-4°, 233 feuillets, papier.

1712-1714. — Tenues des audiences du bailliage de Vauvillers. — Sentence civile condamnant François Joux, de Molincourt, à payer à messire Bénigne, comte de Conflans, seigneur dudit lieu, et à dame Louise-Marie de Cioux, comtesse de Conflans, son épouse, la somme de 30 livres, ancienne monnaie du comté, pour trois rentes échues depuis le décès de Marguerite Brocard, sujette mainmortable. — Requête présentée par Antoine Depuisson, bailli de Vauvillers, à la Cour du Parlement de Besançon, par laquelle il se plaint du peu d'égard que les procureurs ont pour lui, qu'ils s'érigent en maîtres, qu'ils le frustrent d'une partie de ses droits, et qu'ils profitent de ses absences momentanées pour arranger les affaires criminelles au détriment des lois et de la justice : il demande en conséquence que la Cour décide que lesdits procureurs et praticiens ne pourront le considérer comme absent de son siège qu'après trois jours francs. — Arrêt du Parlement rendu sur une plainte des procureurs et praticiens du bailliage de Vauvillers, portant que les audiences se tiendront les jeudis de chaque semaine, et qu'en cas d'absence légitime du bailli, elles seront tenues par le plus ancien praticien non suspect, etc.

B. 3359. (Registre.) — In-4°, 196 feuillets, papier.

1715-1718. — Tenues des audiences du bailliage de Vauvillers. — Sentence condamnant François Laurent, de Vauvillers, à livrer à Élisabeth de Massol, marquise de Clermont-Crusy, dame de Vauvillers, et au marquis de La Vieuville, coseigneur audit Vauvillers, deux cochons provenant de la proie de Clairefontaine, en déduction de la somme qu'il doit auxdits seigneurs. — Licitation des biens de la succession de Claude Paillard, d'Ambiévillers, faite à la requête de ses héritiers. — Sentences : condamnant les héritiers Guyenemand à rembourser un contrat de 500 francs, monnaie ancienne du comté de Bourgogne, à Thiébaud Mathenet, maître d'hôtel du président de Courtivron, demeurant en son château, audit lieu ; — rendue entre les habitants de Vauvillers et Claude Hoyet, dudit lieu, au sujet de la propriété d'un terrain situé devant la maison dudit Hoyet, etc.

B. 3360. (Registre.) — In-4°, 139 feuillets, papier.

1718-1719. — Tenues des audiences du bailliage de Vauvillers. — Sentences civiles : condamnant Catherine Thomas, de Gruey, à payer à la baronne de Pouilly, dame de Jussey, la somme de 100 livres, monnaie du royaume, formant le montant d'un billet qu'il a souscrit au profit de ladite dame ; — recevant Albert Prinotet, chevalier de Saint-Louis, maître particulier des eaux et forêts, demeurant à Dijon, opposant à la saisie des biens de Charles Boileau, écuyer, garde du corps du duc d'Orléans, régent du royaume ; — condamnant : Claude Mougin, de Vauvillers, à rembourser à noble Pierre Odeiavier, sieur de Saint-Loup, président au Présidial de Vesoul, la somme de 25 livres qu'il a reçue de lui ; — François Gaffois, de Vauvillers, à 10 livres d'amende au profit des seigneurs dudit lieu, pour avoir enlevé pendant la nuit des gerbes de blé sur lesquelles la dîme n'avait pas été prélevée ; — défendant à Simon-François Cugler, procureur, de plaider dans la cause de Laurent Huot, du Pont-du-Bois, parce qu'il a une tenue indécente, qu'il n'a point de robe, et que l'interdiction dont il a été frappé n'est pas encore levée ; — condamnant Claude Moussu, bourgeois à Vauvillers, à 300 livres de dommages-intérêts envers le bailli, qu'il a calomnié publiquement, etc.

B. 3961. (Registre.) — In-4°, 210 feuillets, papier.

1730-1734. — Tenues des audiences du bailliage de Vauvillers. — Sentences civiles condamnant : Jean-François Ruaux, avocat en parlement, demeurant à Gruey, à rapporter la minute et la grosse de la vente qu'il a faite de plusieurs portions d'étang et d'autres biens situés à Gruey et dans d'autres lieux dépendant de la seigneurie de dame Élisabeth de Marsol, marquise de Clermont-Crusy, dame de Vauvillers, pour être lacérées, attendu que ladite vente n'a pas été reçue par le tabellion de ladite dame ; — Antoine Clerc, de Vauvillers, à venir déclarer en justice par serment, la quantité de tonneaux de vin qu'il a vendus pendant l'année 1730, pour en payer les droits aux seigneurs, fixés par les reconnaissances seigneuriales à une pinte et un pain blanc par tonneau ; — Claude Vaquelin, de Vauvillers, à l'amende de 44 sous 3 deniers au profit des seigneurs, pour être entré dans le jardin du marquis de La Vieuville, et à celle de 60 sous pour avoir fait moudre du grain au moulin Jacquerey, au préjudice du fermier du moulin banal ; — Joseph Thomas et Joseph Thouvenot, messiers à Hautmougey, chacun à 25 livres d'amende au profit des seigneurs de Vauvillers, pour négligence dans l'exercice de leurs fonctions ; — les habitants de Gruey à 20 livres d'amende au profit des seigneurs de Vauvillers, pour n'avoir pas, au mépris des ordonnances du Roi et au préjudice du public, nommé de pâtre pour la proie blanche en l'année 1731, etc.

B. 3962. (Registre.) — In-4°, 230 feuillets, papier.

1732-1733. — Tenues des audiences du bailliage de Vauvillers. — Sentences civiles condamnant : Claude-Louis Moinot, de Vauvillers, à remettre certaines pièces que l'avocat Guillemin doit produire dans un procès pendant au Parlement de Besançon ; — la veuve de Laurent Huot, du Pont-du-Bois, à payer à Jean Besitrier, curé à Isle-sur-le-Doubs, une somme de 500 livres que son mari lui a léguée tant pour ses frais funéraires que pour des messes pour le repos de son âme ; — Jean-François Jourot, de Hautmougey, à livrer à Élisabeth de Marsol, marquise de Clermont-Crusy, dame de Vauvillers, la quantité de cinquante quartes d'avoine, restant des dîmes de l'année 1731 ; — ordonnant aux huissiers du bailliage d'assister à tour de rôle à toutes les audiences, à peine de 20 livres d'amende ; — aux commis répartiteurs des impôts de Vauvillers de faire un rôle de tous les habitants qui doivent payer 80 sous pour droit d'aide à haut et puissant seigneur Gaspard de Clermont-Tonnerre, commissaire général de la cavalerie de France et étrangère, en raison de sa nouvelle dignité dans l'ordre de la Chevalerie, etc.

B. 3963. (Registre.) — In-4°, 230 feuillets, papier.

1725-1726. — Tenues des audiences du bailliage de Vauvillers. — Sentences civiles condamnant : Didier Bobard, de Gruey, à venir reconnaître à l'audience qu'il est débiteur de Jean-François Duhoux, de Gothey, écuyer, demeurant au Morillon, pour une somme de 365 livres ; — Pierre Camus, de Vauvillers, à payer 152 livres à dom Nicolas Petit, célérier de l'abbaye de Clairefontaine ; — Nicolas Perrot, demeurant au Grand-Rupt, à livrer à la marquise de Clermont-Crusy, dame de Vauvillers, en son château, audit lieu, vingt-sept quartes d'avoine provenant de la dîme ; — rendue entre François Laurent, de Vauvillers, et Jean-Baptiste Maire, conseiller au Parlement de Besançon, au sujet de la propriété d'un pré situé à La Queue-de-l'Étang ; — condamnant Jacques Perrinet, de Hautmougey, à payer à la marquise de Clermont-Crusy la redevance qu'il lui doit pour cinq années, en exécution des reconnaissances seigneuriales portant que tous les habitants de Hautmougey doivent chacun au seigneur de Vauvillers 6 gros et une poule le jour de Pâques, autant à la Saint-Jean-Baptiste et à la Saint-Remy, et 10 gros et un chapon le jour de Noël, etc.

B. 3964. (Registre.) — In-4°, 110 feuillets, papier.

1726-1727. — Tenues des audiences du bailliage de

Vauvillers. — Sentences civiles : condamnant Claudine Pochard, de Gruey, à payer à la marquise de Clermont-Crusy, dame de Vauvillers, le montant d'un billet souscrit à son profit par son père et son mari ; — récusant le témoignage des domestiques de la marquise de Clermont, dans une enquête faite à la requête de Pierre Mourrat contre la veuve de Laurent Huot, de Vauvillers, au sujet d'un enlèvement de gerbes ; — donnant acte au procureur fiscal de la représentation que le sieur Poinsot, greffier, a faite de son registre des rapports pour délits, afin que les juges puissent vérifier si des extraits qu'il a délivrés étaient conformes au registre, etc.

(B. 3965. (Registre.) — In-4°, 217 feuillets, papier.

1727-1730. — Tenues des audiences du bailliage de Vauvillers. — Sentences civiles : maintenant Jean-François Lecomte, ancien lieutenant au régiment de Uhe, demeurant à Vauvillers, dans la possession de l'emplacement d'une tombe que ses ancêtres ont placée dans l'église de Vauvillers ; — condamnant Didier Poinsot, greffier au bailliage de Vauvillers, à rembourser 600 livres à noble Noël Courtaillon, seigneur de Montloré ; — Jean-Claude Guillard, procureur au bailliage, à payer à Pierre Dam, amodiateur des revenus du marquis de La Vieuville, coseigneur à Vauvillers, la somme de 100 livres, monnaie royale, pour l'exercice qu'il a eu pendant l'année 1726 du tabellionnage et du greffe dudit seigneur ; — Jean-François Renaud, procureur au bailliage de Vauvillers, à payer à haut et puissant seigneur, messire Gaspard de Clermont-Tonnerre, seigneur de Vauvillers, la somme de 125 livres qu'il lui doit pour sa nomination à l'office de notaire à Vauvillers.

B. 3966. (Registre.) — In-4°, 199 feuillets, papier.

1729-1731. — Tenues des audiences du bailliage de Vauvillers.—Sentences : ordonnant aux officiers du bailliage de se pourvoir par requête auprès du bailli toutes les fois qu'il s'agira de remplacer un officier qui se suspectera dans une cause, leur défendant de choisir eux-mêmes la personne qui devra siéger à sa place, à peine de 10 livres d'amende applicables aux réparations de l'auditoire du bailliage ; — condamnant Michel Bonnet, marchand à Vauvillers, à payer 1,700 livres, monnaie royale, à Jean-Baptiste Maire, conseiller au Parlement de Besançon, en exécution d'un billet qu'il a souscrit ; — validant la saisie des meubles et effets des héritiers de Claude-Joseph Guillard, de Vauvillers, faite à la requête d'Élisabeth de Massol, marquise de Clermont-Crusy ; —condamnant : les habitants de Vauvillers à payer 395 livres qu'il doivent à Charles Garret, curé audit lieu, pour la desserte de leur paroisse ; — Jean Bouton, de Gruey, à payer à Nicolas Goyot, organiste, demeurant à Quingey, la somme de 3 livres 10 sous pour droit de mariage et pour tenir lieu de la gerbe de passion ; — Nicolas Munier et sa femme, de Vauvillers, à 44 sous d'amende au profit des seigneurs, pour avoir récolté du tabac un dimanche, au grand scandale du public, etc.

B. 3967. (Registre.) — In-4°, 217 feuillets, papier.

1731-1734. — Tenues des audiences du bailliage de Vauvillers. — Sentences civiles : accordant un délai de quinze jours aux habitants de Vauvillers pour nettoyer et rendre praticable une ruelle commune séparant les habitations des sujets appartenant respectivement aux seigneurs de Vauvillers et servant de passage aux gens du château pour se rendre à l'église paroissiale ; — condamnant Edme Hutier, ouvrier à la verrerie du Morillon, à payer une somme de 500 livres, à titre d'indemnité, à François Duhoux, écuyer, pour avoir quitté l'atelier sans motif ; — François Gand, d'Amblévillers, à payer 20 livres à François Courtaillon, coseigneur à Montloré, pour le prix d'une coche qu'il lui avait confiée pour la conduire à la glandée et qu'il a perdue ; — appointant les fermiers du marquis de La Vieuville et du duc de Clermont-Tonnerre, seigneurs de Vauvillers, à prouver que Louis Viard a fait cuire dans le four qu'il a construit dans sa maison le pain de plusieurs particuliers. — On lit en tête de ce registre : « La marquise de Clermont, âgée de 96 ans, est décédée le lundi de la semaine sainte, 7 avril 1731, et a été enterrée dans sa chapelle. » etc.

B. 3968. (Registre.) — In-4°, 286 feuillets, papier.

1734-1738. — Tenues des audiences du bailliage de Vauvillers. — Sentences civiles rendues par Pierre-Antoine Nobys, avocat en parlement, bailli de Vauvillers, condamnant : René Bazin, huissier, à payer à messire Jean-Claude Sommier, archevêque de Césarée, demeurant à Saint-Dié, la somme de 54 livres pour la location d'un domaine qu'il retient de ce dernier par amodiation ; — Claude Mougin et Edme Hutier, du Pont-du-Bois, à rembourser 100 livres à Charles de Bonnet, écuyer, demeurant à Bonvillet ; — Charles Debay, de Vauvillers, à payer le droit de lods et de retenue à Pierre Dam, fermier des revenus du marquis de La Vieuville, pour des immeubles qu'il a acquis et qui sont situés dans la directe de ce seigneur ; — les héritiers de Jean-Baptiste Maire, docteur en droit, procureur fiscal au bailliage de Vauvillers, à payer à noble Charles-Henri-Joseph Maire, conseiller en la chancellerie près le Parlement de Besançon, seigneur de Montdoré et Bontigney, la somme de 108 livres portée dans un exécutoire de 1716. Il résulte d'une note placée à la fin de ce registre qu'en 1733, toutes les vignes du comté de Bourgogne complantées de gamay et de franc-blanc furent arrachées, en exécution d'un arrêt rendu par le Parlement de Besançon, ce qui fit que pendant sept ans ces vignes ne produisirent rien, etc.

B. 3969. (Registre.) — In-4°, 235 feuillets, papier.

1734-1743. — Tenues des audiences du bailliage de Vauvillers. — Sentences civiles condamnant : Étienne Thouvenot, d'Harsault, à payer à Gaspard de Clermont-Tonnerre, lieutenant général des armées du Roi, chevalier de ses Ordres, mestre de camp général, gouverneur de Mont-Dauphin, comte d'Épinac, seigneur de Vauvillers, demeurant à Paris, la somme de 62 livres 8 sous, pour des grains que ledit seigneur lui a vendus ; — François Barret, huissier royal, demeurant à Vauvillers, à faire réparation d'honneur, en audience publique, à Antoine Massey, amodiateur du domaine du Roi de Montdoré, qu'il a traité de fripon et de cornard volontaire ; — ordonnant aux habitants de Gruey de curer un ruisseau qui longe les prés que les seigneurs de Vauvillers possèdent sur leur territoire. — On lit en tête de ce registre qu'en 1739, l'hiver, ayant commencé le 18 octobre, dura jusqu'au 15 avril 1740, et qu'il fit plus froid qu'en 1709, année où tous les blés et une grande partie des arbres furent gelés ; que, le 7 octobre 1740, il tomba de la neige d'un demi-pied d'épaisseur, et qu'il fit si froid, jusqu'au 12, que les raisins furent complètement gelés ; qu'en 1743, il n'est pas tombé de neige pendant l'hiver, et qu'il ne fit froid que du 13 au 23 avril.

B. 3970. (Registre.) — In-4°, 205 feuillets, papier.

1744-1750. — Tenues des audiences du bailliage de Vauvillers. — Sentences civiles condamnant : Claudine Caille, de Vauvillers, à faire réparation d'honneur à Étiennette Deroche, femme de François Godard et gouvernante du sieur Remy, major au régiment, mestre de camp général, demeurant à Vauvillers, qu'elle a injuriée et calomniée ; — Guillaume Corne, procureur spécial de la communauté de Vauvillers, à payer 72 livres à Jacques Garneret, ancien maître de forges, pour les journées qu'il a employées à conférer avec les communes composant le marquisat de Vauvillers, pour dresser des répliques aux écritures que leur a fait signifier le marquis de Clermont-Tonnerre, avec lequel ils ont procès au sujet des bois ; — Adrien Chastelain, de Gruey, à payer 10 sous, monnaie de Lorraine, à Claude Souillard, échevin dudit lieu, en exécution de la convention faite entre les habitants de Gruey, et par laquelle il a été décidé que tous les habitants dudit lieu payeraient chacun 10 sous pour le partage des communaux qu'ils font tous les ans à la Saint-Georges ; — déclarant valable la saisie faite sur les biens de Jean-Claude Payen, de Vauvillers, à la requête de Jean-François Jacquinot, gruyer royal, en la prévôté de Passavant. — En tête de ce registre, on lit : « Monseigneur le marquis de Clermont-Tonnerre a été fait maréchal de France le 9 novembre 1747 ; il a neigé le 23 octobre 1748 d'un pied d'épaisseur, et gelé le lendemain d'une force extraordinaire. »

B. 3971. (Registre.) — In-4°, 197 feuillets, papier.

1750-1754. — Tenues des audiences du bailliage de Vauvillers. — Sentences civiles : condamnant Jean-Nicolas Braun, du Pont-du-Bois, à rembourser une somme de 967 livres à Joseph d'Hennezel, écuyer, et aux demoiselles de Finance, ses belles-sœurs, demeurant au Morillon ; maintenant Gaspard de Clermont-Tonnerre, maréchal de France, seigneur de Vauvillers, dans le droit de percevoir annuellement pour redevance seigneuriale trois poules bonnes et grasses sur chaque habitant de la commune de La Haye, lesquelles lui seront livrées en son château : la première, le 11 novembre ; la seconde, à Noël, et la troisième, à carnaval ; 2 livres 12 sous 6 deniers sur les habitants du Grand-Rupt ; — condamnant Jean-Claude Duchesne, de La Haye, à livrer une pièce de toile de chanvre au marquis de Clermont-Tonnerre, pour droits de lods et ventes qu'il lui doit au denier douze pour l'acquisition d'une maison ; — maintenant Jean-François de Finance, écuyer, curé d'Ambiévillers, dans le droit de percevoir la dîme sur un champ de la contenance de huit quartes situé sur les Grandes-Sie-des-Pierres ; — condamnant Guillaume Corne, de Vauvillers, à payer 50 livres à Jean-Charles Garret, curé audit lieu, pour acquitter une fondation de messe à perpétuité faite par Anne-Françoise Millot, son aïeule, dont il est l'héritier, etc.

B. 3972. (Registre.) — In-folio, 197 feuillets, papier.

1754-1760. — Tenues des audiences du bailliage de Vauvillers. — Sentences civiles : annulant le bail du four banal de Vauvillers, consenti par le marquis de Clermont-Tonnerre, maréchal de France, à Jacques Cordier et autres, et les condamnant à des dommages-intérêts, pour avoir négligé d'y faire des réparations; — déboutant de ses fins et conclusions Charles Bertrand, brigadier des fermes du Roi, tendant à faire restituer au curé de Vauvillers la somme de 9 livres qu'il lui avait fait payer pour droits nuptiaux; — condamnant : François Masson, du Pont-du-Bois, à payer aux habitants dudit lieu une livre de cire pour prix de l'amodiation d'un terrain communal; — Jean-Baptiste Roussel, à livrer immédiatement à Nicolas Silvestre la charrue qu'il s'était engagé à lui confectionner dans un délai de quinze jours ou à lui en payer le prix à titre de dommages-intérêts, et, en outre, à 5 livres d'amende applicable aux réparations de l'auditoire du bailliage, pour avoir déclaré hautement qu'il appellerait de cette sentence; — les habitants du Pont-du-Bois ayant attelage à aller chercher trois voitures de bois dans les forêts seigneuriales et à les conduire ensuite au château de Vauvillers, ou à payer 2 livres 10 sous par chaque voiture à Gaspard de Clermont-Tonnerre, maréchal de France, seigneur de Vauvillers, etc.

B. 3973. (Registre.) — In-4°, 164 feuillets, papier.

1761-1762. — Tenues des audiences du bailliage de Vauvillers. — Sentences civiles : condamnant Pierre et Jean-Pierre Lermourat, père et fils, à payer à Claude-Léopold d'Hennezel, écuyer, demeurant à la verrerie de Passavant, la somme de 37 livres, restant d'une plus forte somme portée sur un billet souscrit par eux; — appointant Jean-François de Finance, écuyer, curé à Ambiévillers, à faire preuve qu'il doit être maintenu dans le droit de percevoir la dîme de tous les grains qui se récoltent sur le territoire dudit Ambiévillers; — déboutant : Claude-François Dubuisson, procureur au bailliage, de ses fins et conclusions tendantes à faire payer à Jean-Baptiste Graudmont, échevin de Vauvillers, comme responsable, la moitié des impôts du sieur Poncelet; — les habitants de Hautmougey de leurs prétentions ayant pour objet de forcer Nicolas et Jean-François Munier, père et fils, de mettre leur bétail sous la baguette du pâtre et de lui fournir un enfant capable de l'aider dans la garde qui lui en serait donnée; — maintenant le seigneur de Vauvillers dans le droit d'exiger annuellement de chaque habitant de la commune du Grand-Rupt la redevance de 2 livres 12 sous 6 deniers, et condamnant en conséquence Jean-François Perrey à payer audit seigneur la somme de 15 livres 15 sous, montant dudit droit qu'il aurait dû lui payer depuis six années, etc.

B. 3974. (Registre.) — In-4°, 193 feuillets, papier.

1763-1765. — Tenues des audiences du bailliage de Vauvillers. — Sentences civiles rendues par Jean-Baptiste-Charles Mercier, avocat en parlement, bailli de Vauvillers, condamnant : François-Xavier Paillard, docteur en médecine, demeurant à Fontenoy-le-Château, à remettre à maître François Verdun, avocat à la Cour de Lorraine, notaire et procureur au bailliage d'Estaing, tous les fonds provenant de la vente des biens de Michel Paillard, d'Ambiévillers, jusqu'à concurrence de la somme de 2,800 livres; — les habitants de Gruey, à remettre à Pierre Prévost, leur curé, un rôle comprenant séparément tous les riches, les médiocres et les pauvres habitants dudit lieu, pour lui servir dans la perception des droits curiaux; — Jean-François Meunier, de Vauvillers, à payer 9 livres à Gaspard-Antoine de Poisson, docteur en médecine, seigneur de Fresne, demeurant à Vauvillers, pour prix de deux quartes de blé qu'il lui a vendues; — Claude Viard et Étiennette Thierry, sa femme, d'Ambiévillers, à faire réparation d'honneur à Jean-Baptiste-Patzius, juge à Selles et procureur au bailliage de Vauvillers, qu'il accuse d'avoir fait des actes collusoires; — Jean-Baptiste Masson, du Pont-du-Bois, à rembourser 7 livres à Charles-Henri-Joseph Maire, conseiller, maître en la Chambre des Comptes de Dôle, seigneur de Montdoré; — déclarant valable la saisie des lieux des héritiers Darney, d'Ambiévillers, faite à la requête de François Dubout, de Gorhey, écuyer, demeurant au Morillon; — condamnant Jean-Claude Faron, de Gruey, à reconnaître sa signature apposée au bas d'un billet qu'il a souscrit au profit de dame Marguerite-Françoise de Massey, veuve de Léopold d'Hennezel, écuyer, demeurant à la verrerie de La Rochère, etc.

B. 3975. (Registre.) — In-folio, 297 feuillets, papier.

1769-1771. — Tenues des audiences du bailliage de Vauvillers. — Sentences civiles : rendue à la requête de demoiselle Philiberte de Prinsac, veuve de Pierre Dam, bourgeois à Vauvillers, contre Jean-Baptiste Patzius, procureur au bailliage, au sujet d'un compte de tutelle; — condamnant Jean-Nicolas Lutin, de Gruey, à rembourser 116 livres à dame Jeanne-Marguerite de Finance, veuve de Joseph d'Hennezel, écuyer, demeurant à la verrerie du Tolot, en Lorraine; — ordonnant que, par experts, il sera procédé à la reconnaissance des travaux exécutés à la cure de Vauvillers par Pierre-Nicolas Blancheville, entrepreneur de bâtiments; — condamnant Louis Collin, de Vauvillers, à payer 24 livres à Henri-Joseph Maire, conseiller maître en la Chambre des Comptes de Dôle, seigneur de Bouligney et de Montdoré, pour prix de trois quartes de blé que ledit seigneur lui a vendues; — donnant acte au sieur Dehuvé, capitaine et gruyer à Fontenoy-le-Château, d'une révélation faite dans une saisie par Claude Jacob, meunier à Ambiévillers ; — recevant les habitants de Gruey partie intervenante dans un procès pendant audit bailliage entre Jean-Baptiste Patelus, se disant sous-fermier du domaine de Passavant, appartenant au duc d'Orléans, et Sébastien Lutin, maire audit lieu, au sujet de la production des baux qui autorisent ledit Patelus à prendre la qualité de sous-fermier dudit domaine ; — condamnant les habitants d'Amblévillers à fournir un taureau pour le troupeau des vaches dans le délai de quinze jours, à peine de 10 livres d'amende au profit des seigneurs de Vauvillers ; — rendue entre François Demandre, propriétaire de la manufacture de la Chaudeau, et les frères Hommeraux, demeurant à Grand-Rupt, au sujet d'un traité fait entre eux, etc.

B. 3976. (Registre.) — In-4°, 208 feuillets, papier.

1797-1785. — Tenues des audiences du bailliage de Vauvillers. — Sentences civiles : rendue à la requête de dame Louise-Charlotte Doublet, veuve de François-Melchior Oagier, capitaine d'infanterie, aide de camp des troupes de Franche-Comté, contre Charlotte Fournier, au sujet d'une succession ; — ordonnant que, par experts, il sera procédé à la visite et à la reconnaissance de l'état du moulin banal d'Amblévillers ; — rendue en matière de décret sur les biens de Jean-Baptiste Perrey, du Grand-Rupt, à la requête du maréchal, duc de Clermont-Tonnerre, pair de France, seigneur de Vauvillers ; — condamnant Jean-Baptiste Dubuisson, gendarme d'Artois, demeurant à Vauvillers, à rembourser 600 livres qu'il doit au baron de Bornécourt, demeurant à Commercy ; — Pierre Rainquebac, boucher à Vauvillers, à reprendre un cheval atteint de vices rédhibitoires qu'il a vendu à Charles-François de Prinsac, écuyer, enseigne de vaisseau, demeurant à Conflans, et qui se trouve dans les écuries de Jean-Baptiste Harison, seigneur de Grignoncourt, son beau-frère, demeurant à Vauvillers ; — permettant à Charles-Henri Jules, duc de Clermont-Tonnerre, pair de France, grand-maître héréditaire des maisons des Dauphins et Dauphines, connétable, premier baron et premier commis-né des Etats de la province du Dauphiné, lieutenant général, commandant pour le Roi ladite province, fils aîné de Gaspard, duc de Clermont-Tonnerre, doyen des maréchaux de France, et de dame Antoinette Pothier, de Novion, de faire publier à une audience du bailliage la substitution de la terre et seigneurie de Vauvillers, érigée en duché-pairie à son profit et contenue dans son contrat de mariage ; — condamnant Jean-Baptiste Munier, dit Poupon, du Grand-Rupt, à payer les lods et ventes d'une acquisition qu'il a faite à Jean-Louis Aimard, comte de Clermont-Tonnerre, abbé commendataire de l'abbaye royale Saint-Pierre de Luxeuil, seigneur dudit

lieu ; à François-Joseph de Clermont-Tonnerre, maréchal des camps et armées du Roi, seigneur d'Amonville ; à Louis-François-Joseph, comte de Bourbon-Busset, comte de Busset et Chalus, mestre de camp de cavalerie, et à Antoine-Paul de Bourbon-Busset, vicomte de Busset, colonel en second au régiment d'Anjou, tous enfants et héritiers de Gaspard, duc de Clermont-Tonnerre, pair de France, etc.

B. 3977. (Registre.) — In-8°, 98 feuillets, papier.

1698-1780. — Sentences civiles rendues dans les procès par écrit : condamnant Pierre Collas et Claude Laurent, de Vauvillers, à payer 100 livres de dommages-intérêts à Claude Villeminot, docteur en théologie, prieur commendataire du prieuré de Fontaine, pour n'avoir pas fait à une vigne dont ils sont fermiers les travaux prescrits par leur bail ; — défendant à tous les habitants de Vauvillers de mettre du fumier devant leurs maisons. — Prestation de serment de François Roveau et Nicolas Saulier, nommés échevins à Vauvillers. — Réception de Jacques-Nicolas Gaillet, nommé à l'office de procureur postulant au bailliage de Vauvillers. — Nomination du sieur Brossier à l'office de procureur postulant au bailliage. — Lettre de réception d'Antoine-François Delotz à l'office de maître chirurgien dans l'étendue du bailliage de Vauvillers. — Nomination par le roi Louis XIV d'un notaire royal à la résidence de Vauvillers, au nombre des cent notariats créés à titre d'office formé et héréditaire dans le comté de Bourgogne. — Publication du testament de Pierre Regnaud, marchand à Vauvillers. — Déclaration du roi Louis XIV maintenant les officiers de justice des bailliages de Saint-Claude, Lure, Luxeuil, Vauvillers et Faucogney, dans le droit de publier les institutions et d'insinuer les donations. — Nomination par Élisabeth de Massol, marquise de Clermont-Crusy, dame de Vauvillers, de Jean-Baptiste Roux à l'office de maire à Alaincourt. — Donation d'une somme de 6,000 livres faite par la marquise de Clermont à son fils, Gaspard de Clermont-Tonnerre, chevalier, marquis de Clermont et de Vauvillers, commandeur de l'ordre royal militaire de Saint-Louis, commissaire général de la cavalerie légère de France et brigadier des armées du Roi, etc.

B. 3978. (Registre.) — In-4°, 196 feuillets, papier.

1762-1783. — Sentences civiles rendues dans les procès par écrit : appointant Edme Cavin, marteleur à la forge du Pont-du-Bois, à prouver qu'il a travaillé à ladite usine pour le compte de François Rochet, pendant deux mois, et qu'il n'a pas reçu les trois quarts de blé que ce dernier lui a promises pour salaire; — maintenant Guillaume Corne, de Vauxillers, dans la possession d'un terrain que lui contestait Jean-Baptiste Gérant, curé à Mailleroncourt-Saint-Pancras; — condamnant Charles Thourenot, laboureur à Grand-Rupt, à payer à Jean Munier, manouvrier, la somme de 11 livres 17 sous, pour journées faites pour son compte; — ordonnant que le produit de la vente de la maison de Gabriel Adam sera versé entre les mains du bailli pour être employé au payement de tous les dépens faits par le curateur à cette hoirie vacante, à ceux faits par le procureur fiscal, et le reste distribué aux créanciers, etc.

B. 3979. (Registre.) — In-4°, 83 feuillets, papier.

1694-1720. — Sentences rendues dans les procès par écrit; autorisant Jean-Claude Houillon, recteur d'école à Harsault, à passer sur les prés de Nicolas Thomas, de Hautmougey, pour défruiter les siens; — condamnant les frères Petitjean, d'Ambiévillers, à une amende de 150 livres, dont moitié sera employée aux réparations de l'église et l'autre moitié distribuée aux pauvres, pour avoir maltraité Léopold de Finance et Charles Rahoux, écuyers, demeurant à la verrerie du Morillon; — appointant Jean-François de Finance, curé à Ambiévillers, à prouver que depuis un temps immémorial il percevait sans trouble ni empêchement la onzième poignée liée de chanvre et la onzième mesure du millet récoltés sur le territoire d'Ambiévillers; — réglant le compte de la tutelle de Jean-Claude Craux, présenté par Jean-Claude Munier, de Gruey; — déclarant Anne-Claude Grandhaye non recevable dans les motifs qu'elle donne pour arriver à sa séparation de biens d'avec Jean-Baptiste Iberard, son mari, etc.

B. 3980. (Registre.) — In-8°, 87 feuillets, papier.

1711-1720. — Enregistrement du dictum des sentences civiles rendues par le bailliage de Vauvillers, appointant Joseph Simon et complices, d'Ambiévillers, à comparaître devant le bailli pour être interrogés sur les motifs qui les ont conduits à maltraiter Nicolas de Massey, de Selles. — Lettres de noblesse accordées par Léopold I, duc de Lorraine et de Bar, roi de Jérusalem, à Nicolas Sommier, de Vauvillers, en récompense de son attachement à sa personne et en considération des emplois distingués que ses aïeux ont occupés, notamment Adam Sommier, son père, qui, en 1626, était commandant du château-fort de Vauvillers, qu'il a défendu avec valeur, puis chargé d'honorables fonctions à la cour du pape Innocent X, et enfin bailli de Vauvillers, office qui ne fut jamais exercé que par des gens nobles. — Taxe faite par le bailli du prix du pain, du vin et de la viande vendus à Vauvillers. — Sentence condamnant Claude Paillant, d'Ambiévillers, à livrer à René-François, marquis de La Vieuville, et à Élisabeth de Massol, marquise de Clermont-Crusy, seigneur et dame de Vauvillers, la quantité de cent cinquante carpes qu'il leur doit en qualité de fermier de l'étang d'Ambiévillers. — Réception de Claude-Louis Moinot, nommé chirurgien à Vauvillers. — Publication du testament de Claude Dhabigand, écuyer, lieutenant de cavalerie, demeurant à Vauvillers, etc.

B. 3981. (Registre.) — In-4°, 222 feuillets, papier.

1708-1709. — Enregistrement du dictum des sentences civiles et criminelles rendues au bailliage de Vauvillers, condamnant : Georges Sautelet, boucher à Vauvillers, à 10 livres d'amende, pour avoir laissé sa boucherie dépourvue de viande pendant plusieurs jours; — admettant Jeanne-Françoise Joly, de Selles, à prouver que François Barret, de Vauvillers, est le père de l'enfant qu'elle a mis au monde; — mettant le sieur Chancolot, receveur des fermes du Roi à Vauvillers, sous la protection et sauvegarde de Sa Majesté et du bailli, en raison des injures et des menaces que lui fait journellement le nommé Braconnier, dudit Vauvillers; — ordonnant à Renaud Berthélemy et consorts, de Vauvillers, de comparaître à la Chambre du conseil du bailliage, pour être interrogés sur les faits d'avoir porté des armes à feu, au mépris des ordonnances du Roi; d'être allés au moulin de Gruey, appartenant aux seigneurs de Vauvillers; d'avoir levé les empêchements dudit moulin, tué des canards qui étaient sur l'étang, insulté et battu la meunière à coups d'épée et de bâton; — condamnant François Hayaux, de Vauvillers, à faire réparation d'honneur au procureur Ougier, qu'il a traité de sorcier et qu'il a accusé de conduire tous les jours la jeunesse de Vauvillers au sabbat; — déclarant Élisabeth de Massol, marquise de Clermont-Crusy, et René-François, duc de La Vieuville, seigneur et dame de Vauvillers, maîtres et propriétaires de la seizième partie du grand étang d'Ambiévillers, avec le droit de prélever à chaque pêche, avant tout partage, le cens de cent cinquante carpes et deux brochets, etc.

B. 3982. (Cahiers.) — In-4°, 117 feuillets, papier.

1752-1787. — Enregistrement des exploits de saisie, édits, proclamations, déclarations de biens. — Rapports des gardes et messiers de la seigneurie de Vauvillers, constatant les délits et mésus commis dans l'étendue de ladite seigneurie. — Vente des biens de Pierre Cordier, de Vauvillers, saisis à la requête de la famille Laurent, de Vauvillers. — Rapports : contre des individus qui ont fait cuire leur pain dans leurs fours, au préjudice des droits du seigneur ; — contre François Vagneneux, de Hautsougey, pour avoir traversé un pré appartenant au duc de Clermont-Tonnerre ; — contre Jean-Claude Thouvenot, de Hautmougey, pour, étant ivre, s'être placé près du bénitier et avoir empêché les personnes qui entraient à l'église de prendre de l'eau bénite, etc.

D. 983. (Registre.) — In-4°, 108 feuillets, papier.

1739-1769. — Enregistrements des rapports des gardes de la seigneurie de Vauvillers faits : contre Joseph Davaux, pour anticipation commise sur la forêt communale ; — contre Nicolas Thomas, de Vauvillers, lequel, étant ivre, faisait un grand tapage chez lui, jurant et blasphémant le saint nom de Dieu ; — contre Pierre Perrot et son fils, qui brûlaient de la fougère au milieu de la forêt appelée La Chivote ; — contre Nicolas Demargue, garde des bois, qui faisait acte de chasse dans la forêt communale de Grand-Rupt, etc.

B. 3984. (Registre.) — In-4°, 473 feuillets, papier.

1599-1612. — Causes fiscales. — Sentences condamnant Jean Morisot, de Passavant, à paraître à l'audience à peine de 50 livres d'amende au profit des souverains seigneurs de Vauvillers, pour avoir tué, à coups d'arquebuse, plusieurs poules et chapons appartenant au meunier du Pont-du-Bois, en passant dans ce village, faisant le soldat et blasphémant le saint nom de Dieu. — Requête judiciaire d'Éloi Oudel, maître de forges au Pont-du-Bois et à Hautmougey, au sujet du partage de la succession de sa première femme entre ses enfants. — Permissions de vendre et d'acquérir des immeubles accordées à des mainmortables par Pierre Raguignet, juge en la souveraineté de Vauvillers. — Vente aux enchères des biens que Gabriel Du Tissac, écuyer, possédait à la verrerie du Hasterel. — Sentences condamnant : Mougin Robillot, du Pont-du-Bois, à 60 sous d'amende, pour n'avoir pas fait moudre son grain au moulin banal ; — Toussaint Parisien, dit Bichou, du Pont-du-Bois, à 20 livres d'amende, pour avoir abusé de sa servante. — Émancipation du fils d'Éloi Houdel, maître de forges à Hautmougey. — Publication du testament de Marc de Vienne, chevalier, seigneur souverain à Vauvillers et seigneur de Clervans, Demangevelle et Châteauvieux, par lequel, après avoir élu sa sépulture dans l'église de Vauvillers et laissé à sa femme, Marie de Châteauvieux, le soin de ses obsèques, il institua son fils aîné, René de Vienne, son successeur à ladite souveraineté. Entre autres legs, il donne à sa mère, dame Pierrette de Gérosme, veuve de haut et puissant seigneur messire René d'Anglure, seigneur de Melay, grand maître d'hôtel de S. A. de Lorraine, gouverneur de La Mothe et de Montigny, la jouissance de son château de Demangevelle ; à son oncle, Marc de Ryo, chevalier, seigneur de Cissey, le meilleur de ses chevaux ; au lieutenant de sa compagnie de cavalerie, le second de ses chevaux, et au sieur Du Chesne, cornette de ladite compagnie, une épée et une paire d'armes. — Confiscation des biens de Claude Vauthier, de Vauvillers. — Entérinement des lettres de grâce accordées par Emurel de Livron, chevalier, seigneur de Bourbonne, conseiller d'État, grand maître et grand chambellan de S. A. de Lorraine, seigneur souverain à Vauvillers, à Jacques de Thiétry, écuyer, demeurant à la verrerie du Hasterel, lequel a tué d'un coup d'épée Gérard Uzard, de Gruey. — Sentences condamnant : Françoise Riével, surnommée La Pernie, veuve de Georges Leduc, d'Ambiévillers, à être pendue et brûlée, pour crime de sortilège ; — Jacquotte et Catherine Henry, d'Ambiévillers, au bannissement perpétuel de la souveraineté de Vauvillers et à la confiscation de leurs biens au profit des seigneurs, pour être allées au sabbat avec ladite Riével et Meunier Viritel, de Fontenoy, lequel fut aussi brûlé comme sorcier. — Édit des seigneurs souverains de Vauvillers touchant la conservation des fruits et les clôtures des jardins. — Lettres de grâce accordées par Pierrette de Gérosme, dame de Melay, aïeule et tutrice de René de Vienne, seigneur souverain à Vauvillers, à Nicolas Thiébaud, dudit lieu, auteur de l'assassinat de Denis Legent. — Sentences condamnant Simon Gentil, du Pont-du-Bois, Pierrette Dumarchiez, surnommée la Grande-Pierrette, femme de Claude Vaultrin, de Vauvillers, Marie Gaulthier et François Cateley, de Vauvillers, à être pendus et brûlés, pour crime de sortilège, etc.

B. 3985. Cahiers. — In-4°, 98 feuillets, papier.

1733-1738. — Causes fiscales. — Sentences rendues à la requête du procureur fiscal, condamnant : Jacques Barret et Claude Vuillemin, messiers à Ambiévillers, chacun à une amende de 44 sous 5 deniers, pour négligence apportée dans l'exercice de leurs fonctions ; — Jacques et Pierre Honnoré, de Montmotier, à 300 livres d'amende au profit des seigneurs de Vauvillers, pour avoir chassé avec chiens et fusil près de l'étang des Auburons, situé sur le territoire d'Ambiévillers ; — ordonnant à Louis Ancelot, de Vauvillers, de reconstruire dans le délai de six mois le pignon de sa maison, qui menace ruine ; — condamnant les habitants du Pont-du-Bois et d'Ambiévillers à réparer leurs chemins dans la huitaine, à peine de 50 livres d'amende, etc.

B. 3936. (Cahiers.) — In-4°, 94 feuillets, papier.

1748-1762. — Causes fiscales. — Sentences : obligeant les habitants du Pont-du-Bois à faire moudre leur grain au moulin banal, appelé le moulin du Pont-de-la-Forge, appartenant aux seigneurs de Vauvillers ; — condamnant Jean-Claude Guyot et Michel Déruey, d'Ambiévillers, à rétablir le déchargeoir du grand étang qu'ils ont détruit en pêchant dans ledit étang ; — déclarant acquise et confisquée au profit des seigneurs de Vauvillers une chaudière servant à fabriquer du sel, que les gardes ont saisie chez Adrien Voirpy, de Gruey ; — défendant à tous les sujets de la terre de Vauvillers de loger et recevoir chez eux Laurence Champion, fille débauchée et menant une conduite scandaleuse ; — ordonnant aux communautés de La Haye, Harsault et Hautmougey, de remettre tous les ans au greffe du bailliage une copie de la délibération qu'elles auront prise au sujet de la mise en ban de leurs prés, etc.

B. 3937. (Cahier.) — In-4°, 94 feuillets, papier.

1749-1754. — Causes fiscales. — Sentences condamnant : les propriétaires des prés de la prairie de Vauvillers, à curer le ruisseau qui la traverse, pour éviter les inondations ; — les habitants d'Harsault, à 5 livres d'amende, pour ne s'être pas conformés à l'ordonnance de 1669 dans le partage du bois de la coupe affouagère ; — à une amende de 44 sous, tous les habitants de Vauvillers dont les cheminées n'étaient pas ramonées lors de la visite qui en a été faite par le garde de police ; — Pierre Gillot, d'Ambiévillers, à 100 livres d'amende, pour avoir chassé ; — les habitants d'Ambiévillers, à 5 livres d'amende au profit des seigneurs de Vauvillers, pour avoir négligé de mettre leurs prés en ban, etc.

B. 3938. (Cahier.) — In-4°, 130 feuillets, papier.

1754-1758. — Causes fiscales. — Sentences condamnant : les habitants des communautés du Pont-du-Bois, de Gruey et d'Ambiévillers, chacune à une amende de 15 livres au profit des seigneurs de Vauvillers, pour les dégradations commises dans leurs bois par la négligence des gardes, qui n'en ont fait aucun rapport ; — Claude Foquelin, de Vauvillers, à enlever immédiatement la paille qu'il a répandue près du four banal, à peine de 50 livres d'amende ; — à 4 livres d'amende, divers habitants de Vauvillers qui avaient négligé de se munir de seaux et d'échelles pour servir dans les incendies ; — Pierre Camus, de Vauvillers, à rendre un terrain qu'il a usurpé ; — ordonnant à la communauté de Vauvillers de faire la vidange de la coupe dans un délai d'un mois et de faire un rôle pour la distribution des cordes de bois qui s'y trouvent, etc.

B. 3939. (Registre.) — In-4°, 190 feuillets, papier.

1758-1764. — Causes fiscales. — Sentences condamnant : Nicolas Martin, aubergiste à Vauvillers, à 50 livres d'amende applicables moitié aux seigneurs et l'autre moitié à la fabrique, pour avoir donné à boire et à manger à des individus de la localité ; — les habitants d'Harsault et ceux de Pont-du-Bois, à 10 livres d'amende, pour avoir négligé de se pourvoir d'un taureau banal ; — dame Thérèze Baccon, femme Parret, de Darnay, à 215 livres d'amende, pour tenir lieu du prix de deux cents baliveaux qu'elle a coupés dans la forêt du maréchal duc de Clermont-Tonnerre, seigneur de Vauvillers, etc.

B. 3990. (Registre.) — In-folio, 198 feuillets, papier.

1764-1775. — Causes fiscales. — Sentences condamnant : Jacques Gauthier, de Vauvillers, à une amende de 40 sous au profit du seigneur dudit lieu, pour avoir ramassé des glands dans le bois de La Craye ; — les propriétaires des prés aboutissant sur le pré de l'étang de Gruey, appartenant au maréchal de Clermont-Tonnerre, seigneur de Vauvillers, à élargir, chacun en face de sa propriété, le fossé qui sert à l'écoulement des eaux dudit pré, à peine de 5 livres d'amende ; — les habitants de la commune de La Haye, à mettre leurs rues en bon état, à peine de 500 livres d'amende ; — Jean-Claude Thiétry, de La Haye, à casser ou faire casser la tête à ses deux chevaux, reconnus morveux, en présence des échevins, à brûler leur crèche et leurs harnais et à remettre à neuf l'écurie où ils étaient. — Confiscations au profit des seigneurs de bétail pâturant dans les coupes, etc.

B. 3991. (Registre.) — In-4°, 195 feuillets, papier.

1662-1677. — Causes extraordinaires. — Sentences civiles : condamnant Philibert Maire, de Vauvillers, à tenir arrêt au château, pour avoir donné un coup d'épée à Charles Renaud, dudit lieu ; — ordonnant que Claude Jeannenot, de Vauvillers, détenu dans un cachot pour homicide, en sera retiré et placé dans une chambre du château, pour cause de maladie; — aux échevins de Vauvillers, de faire réparer le toit des halles dans la partie où se tiennent les audiences du bailliage. — Publication du testament de Françoise Devilliers, femme de Gaspard Vornerey, sieur de Montcourt. — Édits du prince d'Aremberg, lieutenant gouverneur et capitaine général du comté de Bourgogne, interdisant, dans l'intérêt des familles, et par conséquent dans celui de l'État, et pour mettre un frein au luxe de l'époque, à tous les vassaux et sujets de ce pays, et même aux étrangers qui s'y sont fixés, de porter des habits ornés d'or ou d'argent, des dentelles, des passementeries, des rubans et des broderies, à peine de 300 livres d'amende; — ordonnant à la communauté de Vauvillers de loger dix cavaliers de la compagnie du colonel de Berrière; — concernant le payement des rentes dues par les communautés de la province; — réglant la valeur des monnaies de Lorraine; — défendant à quiconque de faire construire des maisons, afin que tous les maçons puissent être employés aux travaux de fortification qui se font dans la province; — prohibant aux habitants de cette province de sortir avant six mois, à peine de la vie; — défendant, en cas d'irruption de troupes étrangères, à tous les habitants et manants des villes, bourgs, châteaux, villages et granges, de demander, prendre ou recevoir d'aucun prince étranger de sauvegarde soit pour leurs biens, soit pour leur personne, à peine de la vie; — ordonnant à la noblesse de se rendre à Besançon à la première nouvelle de l'arrivée des troupes étrangères, pour y recevoir les ordres nécessaires au service de Sa Majesté; — défendant à quiconque de parler des traîtres; — interdisant la vente d'un livre intitulé : *Manifeste des villes de la Franche-Comté contre les députés de l'État*. — Déclaration de guerre entre la France et l'Espagne. — Ordre de dom Francisco Gonsales Dalvelda, du Conseil de guerre du Roi, aux habitants de la province, de se mettre sur leurs gardes, de retirer leurs grains, vins et fourrages dans les lieux mis en état de défense, de cesser tout commerce avec les sujets du roi de France et de les traiter en ennemis. — Confiscation des biens et revenus des seigneurs de Vauvillers, sujets français. — Interdiction de certains libelles séditieux jetés dans la province par les Français. — Nomination par dom Francisco Gonsalez de Michel Véron aux fonctions de capitaine du château et du bourg de Vauvillers. — Édits du roi Louis XIV : ordonnant à tous les officiers des bailliages et autres justices de se rendre à Dôle pour prêter serment devant la Cour du parlement de cette ville; — exemptant pour trois mois les habitants de la province de l'impôt qu'ils payaient au roi d'Espagne, à raison de 3,000 livres par jour. — Ordonnance de Michel Camus de Beaulieu, conseiller du Roi, intendant de la province, défendant l'exportation des grains. — Confiscation des biens et revenus des particuliers qui ont quitté la province. — Ordre à tous les receveurs, fermiers et autres ayant gouverné les deniers princiers, de rendre compte de leur gestion. — Défense aux communautés de donner des guides aux soldats déserteurs, et à tout particulier de porter des armes, à peine de 3,000 livres d'amende. — Taxe du prix des journées que les hommes voyageant à pied et à cheval doivent payer aux hôteliers et cabaretiers, réglée chaque année sur le prix des denrées. — Édit défendant de s'assembler pour traiter d'affaires contraires à la religion catholique, apostolique et romaine, etc.

D. 3992. (Registre.) — In-4°, 50 feuillets, papier.

1677-1679. — Causes extraordinaires. — Publication du testament nuncupatif de discrète personne messire Claude Locler, curé de Gruey. — Édit du Roi concernant les procureurs de la Cour souveraine du parlement de Besançon, ceux de l'officialité et de la mairie de ladite ville. — Taxe du prix des journées des hommes allant à pied et à cheval, réglée sur le prix des denrées. — Sentence condamnant Dominique Bardot, de Vauvillers, à fournir, en sa qualité de fermier des revenus de la halle dudit lieu, six boisseaux et six cuveaux pour servir à livrer tous les grains qui se vendent à ladite halle. — Défense de mener le bétail à la pâture dans les prés pendant les foins. — Sentence condamnant François Vuillemey, de Vauvillers, aux galères à perpétuité, pour vols, guet-apens et tentative d'assassinat. — Arrêt du Parlement de Besançon concernant la police des tavernes, etc.

D. 3993. (Registre.) — In-8°, 144 feuillets, papier.

1681-1746. — Causes extraordinaires. — Acte passé par-devant maîtres Pasquier et Dernoy, conseillers notaires du Roi au Châtelet de Paris, par lequel messire Jean de La Vieuville, chevalier non profès de l'ordre de Saint-Jean de Jérusalem, fait donation à son père, Charles, duc de La Vieuville, pair de France, chevalier d'honneur de la Reine, gouverneur du Haut et Bas-Poitou, de tous ses biens provenant de la succession de sa mère, Marie-Françoise de Châteauvieux de Vienne, et de celle de son aïeule, Marie de La Guesle, comtesse de Châteauvieux, moyennant une pension annuelle de 3,600 livres, payable par quart et d'avance, soit à Paris, à Rome ou à Venise, tant qu'il sera chevalier de Malte, plus une somme de 6,000 livres pour sa rançon, s'il venait à être pris par les infidèles. — Arrêt du Parlement de Paris, rendu sur une difficulté existant entre les héritiers de Roger de Clermont-Crusy, au sujet de la production de l'inventaire des biens de leur père, fait à son décès. — Donation d'une somme de 200,000 livres faite à Jean-Baptiste et à demoiselle Marie-Madeleine de La Vieuville, par leur père, René-François, marquis de La Vieuville. — Nomination de Sébastien Marotte à la charge de maire à Ruaux. — Contrat de mariage de Jean-Nicolas Reugny, bourgeois à Fontenoy-le-Château, avec Anne-Françoise Millot, de Vauvillers. — Divers arrêts du Parlement de Besançon concernant la constitution Unigenitus, etc.

B. 3996. (Registre.) — In-8°, 174 feuillets, papier.

1732-1737. — Causes extraordinaires. — Publication du testament de Pierre Defossey, chirurgien royal à Vauvillers. — Contrat de mariage de Pierre Chantin, greffier au bailliage de Saint-Loup, avec Jeanne-Marguerite Nardin, de Fougerolles. — Nomination par Élisabeth de Massol, marquise de Clermont-Crusy, dame de Vauvillers, des sieurs François Spiervnaël à l'office de tabellion ; — Jean-Claude-Joseph Guillard, avocat en parlement, à l'office de procureur fiscal au bailliage de Vauvillers. Ce dernier est envoyé en possession de son office par le Roi et il prête serment devant Jean-Antoine Boilot, baron de Vaivre, chevalier, conseiller d'État, premier président au Parlement de Franche-Comté. — Testament de Dominique Ougier, procureur au bailliage de Vauvillers. — Arrêt du Parlement de Besançon défendant à quiconque de planter de la vigne dans la province, à peine de 50 livres d'amende et de confiscation des fonds où on en aura planté.— Lettres patentes du roi Louis XV accordées sur requête à François de Livron, abbé commendataire de l'abbaye de Notre-Dame de la Chalade, et à René de Châteauvieux de Vienne, seigneur de Vauvillers, par lesquelles le bailliage établi dans ladite terre est maintenu sur le pied des bailliages royaux. — Testament de la marquise de Clermont, dame de Vauvillers, et de Jeanne-Françoise Daviet, veuve d'Antoine Depoisson, docteur en droit, bailli de Vauvillers. — Arrêt du Conseil d'État du Roi qui maintient le comte de Clermont abbé de l'abbaye de Saint-Claude et seigneur dudit lieu ; l'abbé de Bauffremont, seigneur de Luxeuil, et le marquis de Clermont-Tonnerre, seigneur de Vauvillers, dans le droit de faire insinuer dans leurs bailliages les substitutions, les testaments et les donations entre-vifs. — Contrat de mariage du comte de Clermont-Tonnerre avec Marie-Anne-Julie Le Tonnellier-Breteuil, fille de François-Victor Le Tonnellier-Breteuil, marquis de Fontenay, sire de Villebert, baron de Boitroux, seigneur des chapelles Breteuil, Mesnil, Chasse-Martin et Palaiseau, commandeur des Ordres du Roi, chancelier de la Reine, ministre secrétaire d'État au département de la Guerre. — Testament de Pierre-Antoine Nohys, avocat en parlement, bailli de Vauvillers. — Nomination par Gaspard de Clermont-Tonnerre, seigneur de Vauvillers, de Jean-Baptiste-Charles Mercier à l'office de bailli audit siège. — Engagement d'Anatoile Spiervnaël, de Vauvillers, comme soldat au régiment de Bigorre, etc.

B. 3995. (Registre.) — In-8°, 198 feuillets, papier.

1739-1787. — Causes extraordinaires. — Procès-verbal dressé par les échevins de Vauvillers constatant que les habitants de Gruey ont défriché sept cent vingt-six journaux de bois dans les forêts du marquisat de Vauvillers et que ces terrains leur ont été accensés. — Congé militaire donné à Claude Gersin, de Vougécourt, tambour à la compagnie de Godfrin, bataillon d'Étain, par Antoine de Chaumont, chevalier, marquis de La Galaizière, intendant de la province de Lorraine et Barrois. — Délibération des échevins de Vauvillers par laquelle ils défendent aux étrangers de faire paître leur bétail dans les cantons de leur territoire appelés Le Bois-de-la-Craye et Le Pâtis-du-Coney. — Testaments : de François Duhoux, écuyer, demeurant à la verrerie du Morillon ; — de Laurent Flajollet, lieutenant de cavalerie, demeurant à Vauvillers, et de Jean-Baptiste Charpillet, conseiller, avocat du Roi au bailliage de Gray, bailli de Vauvillers, etc.

B. 3996. (Cahier.) — In-4°, 100 feuillets, papier.

1726-1750. — Enquêtes sommaires faites : à la requête de Thérèse Bidon contre Anne-Claude Cordier, de Vauvillers, au sujet de propos injurieux qui ont occasionné la dissolution de la Conférence des filles ; — à la requête de Gaspard de Clermont-Tonnerre, seigneur de Vauvillers, contre Jean-Gérard d'Harsault, au sujet de la perception des lods et ventes d'une acquisition d'immeubles ; — à la requête de Charles Charton contre Joseph Mongin, de Fontenoy-le-Château, à l'effet de prouver que ce dernier s'était engagé à le guérir d'un chancre qu'il avait à la figure ; — à la requête de Dominique Vuillemain contre Nicolas et Joseph Rouhier, de Gruey, au sujet d'une bataille qui aurait eu lieu sur le cimetière, au grand scandale des paroissiens, etc.

B. 3997. (Cahier.) — In-4°, 178 feuillets, papier.

1742-1760. — Enquêtes sommaires faites à la requête de Mathieu Voyen contre Jean Brocant, d'Harsault, au sujet de la perception de la dîme sur un champ qui sépare le territoire d'Harsault de celui de Hautmougey; — à la requête de Pierre Baudot, procureur fiscal, contre François Symon, d'Amblévillers, à l'effet de prouver que ce dernier n'avait pas fait pâturer son bétail dans un canton de champ qui lui avait été assigné en raison de la maladie contagieuse dont ses bêtes étaient atteintes; — à la requête de Gaspard, duc de Clermont-Tonnerre, contre François Vagney, d'Amblévillers, lequel refuse de payer la dîme; — à la requête de Guillaume Corne contre Pierre Camus, de Vauvillers, au sujet des dispositions contenues dans le testament de monseigneur Sommier, archevêque de Césarée, etc.

B. 3986. (Registre.) — In-8°, 145 feuillets, papier.

1768-1777. — Enquêtes sommaires faites : à la requête de Jean Moisson, meunier au moulin banal du Pont-du-Bois, contre Gabriel Perny, à l'effet de prouver que ce dernier ne faisait pas habituellement moudre son grain par ledit Moisson, et qu'en conséquence il lui devait 21 livres pour dommages-intérêts; — à la requête de Nicolas Martin contre Nicolas Thomas, de Hautmougey, à l'effet de constater les dommages causés à un pré par le passage des voitures; — à la requête de Jeanne-Claude Démésy contre Jean Bidon, maître cordonnier, au sujet de l'inexécution d'une convention par laquelle ce dernier s'était engagé à apprendre son métier au fils de la demanderesse, etc.

B. 3990. (Cahiers.) — In-4°, 182 feuillets, papier.

1777-1789. — Enquêtes sommaires : à la requête de Nicolas Viard, garde général du duché de Clermont-Tonnerre, pairie de France, contre Jean-François-Bernard, de La Haye, à l'effet de prouver que le chien de ce dernier se jetait sur les passants et les mordait; — à la requête de Joseph Grandjean contre Léopold de Finance, écuyer, demeurant à la verrerie du Morillon, au sujet d'un vol de chemises; — à la requête de Claude-François Viard contre Jacques Richard, d'Amblévillers, à l'effet de prouver que ce dernier avait amodié un champ qui ne lui appartenait pas, etc.

B. 4000. (Registre.) — In-8°, 95 feuillets, papier.

1685-1692. — Actes de voyages, congés et défauts. — Comparutions faites au greffe du bailliage : par Claude Thirion, de Ruaux, lequel proteste contre le décret fait sur ses biens et rendu à la requête du baron de Gevigny; — par Claude Thierry, d'Amblévillers, lequel a déclaré être venu exprès à Vauvillers, à l'effet d'obtenir le payement de 4 pistoles et de 3 écus blancs que lui doit François Langlois; — par messire Nicolas de Montarby, seigneur de Dampierre, lequel désire assister à la distribution des deniers provenant de la vente des biens de Claude Amyot; — par noble François de Manisy, écuyer, lequel a déclaré être venu exprès à Vauvillers pour contraindre des voituriers à lui amener des gueuses selon les conditions d'un marché qu'ils ont fait, etc.

B. 4001. (Registre.) — In-8°, 101 feuillets, papier.

1692-1694. — Actes de voyage, congés et défauts. — Congé accordé à Pierre Vinot, curé à Harsault, lequel a déclaré qu'il récusait François Ougier, son procureur, et qu'il ne voulait plus employer son ministère dans les procès qu'il a pendants au bailliage, pour des raisons qu'il donnera plus tard. — Défaut obtenu par haute et puissante dame Élisabeth de Massol, marquise de Clermont-Crusy, dame de Vauvillers, contre Pierre Lhotte, marchand, lequel n'a pas comparu à une assignation que cette dame lui a fait donner. — Congé à Antoine Depoisson, docteur en droit, bailli de Vauvillers, contre Jean-Baptiste Maire, docteur en droit, procureur fiscal audit siège, etc.

B. 4002. (Registre.) — In-8°, 208 feuillets, papier.

1703-1712. — Comparutions faites au greffe : par Étiennette Balloz, veuve Oudot, laquelle a constitué pour son procureur général et spécial maître Guillemot, à l'effet de défendre ses droits dans l'instance qu'elle poursuit contre Jacques-François Benoist, ancien procureur au Parlement de Besançon, accusé de subornation de témoins, de séduction et d'avoir exposé un enfant sur le grand chemin, à trois reprises différentes; — par François Ruaux et Antoine Pariot, de Gruey, lesquels déclarent se soumettre à rembourser à la marquise de Clermont-Crusy la somme de 110 livres qu'elle a payée à Sa Majesté, à la décharge des aubergistes de Gruey; — par Jean-Baptiste Maire, docteur en droit, et Bénigne de Thomassin, seigneurs de Montdoré, lesquels déclarent vouloir poursuivre l'instance qu'ils ont ouverte contre Nicolas Ougier, de Vauvillers, qui s'est opposé à l'installation du sieur Barthélemy, nommé par eux tabellion de ladite terre, etc.

B. 4003. (Registre.) — In-8°, 198 feuillets, papier.

1713-1723. — Comparution au greffe de Didier

Poinsot, greffier, lequel a déclaré se porter caution judiciaire du sieur de Poisson, avocat en parlement, bailli de Vauvillers, à l'effet de toucher une somme de 100 livres que ce dernier a obtenue par sentence, de Jacques Corne, qui l'a maltraité sur le chemin de Montdoré. — Congé accordé à Claude-François Barthélemy contre haute et puissante dame Élisabeth de Massol, marquise de Clermont, dame de Vauvillers. — Déclaration faite au greffe par Claude Jacquot, demeurant à Harsault, de laquelle il résulte qu'il n'a jamais autorisé le procureur Dumarchief à poursuivre une instance contre François Thouvenot, son débiteur, et qu'il n'a jamais donné commission à l'huissier Barthélemy de saisir ses meubles et effets, etc.

B. 4004. (Registre.) — In-8°, 142 feuillets, papier.

1739-1754. — Comparution faite au greffe du bailliage par Laurent Courtaillon, prêtre, coseigneur à Montdoré, lequel a affirmé être venu exprès à Vauvillers pour faire assigner Jean Lesser. — Défaut accordé à Charles-Henri-Joseph Maire, conseiller maître en la Chambre des comptes de Franche-Comté, demeurant à Besançon, seigneur de Montdoré, contre Jean Thomas, d'Harsault. — Comparution au greffe de Dominique Lhuillier, échevin au Pont-du-Bois, lequel a déclaré se rendre à Besançon pour faire homologuer par l'intendant de la province la procuration que lui ont donnée les habitants de sa commune, à l'effet de suivre le procès qu'elle a avec François Masson, etc.

B. 4005. (Registre.) — In-8°, 179 feuillets, papier.

1754-1763. — Comparutions faites au greffe du bailliage : par Jean Moisson, du Pont-du-Bois, lequel a déclaré qu'il renonçait à la succession de son père ; — par Blaisette Hacquard, femme Paillard, d'Ambiévillers, laquelle déclare renoncer aux biens acquis pendant sa communauté avec son mari ; — par Nicolas Roussey, de Selles, lequel a déclaré être venu exprès à Vauvillers pour prier les officiers du bailliage de se transporter audit Selles à l'effet de constater les mauvais traitements que Jean-Baptiste Fremy a fait subir à sa mère et à sa sœur, etc.

B. 4006. (Registre.) — In-8°, 196 feuillets, papier.

1763-1768. — Comparutions faites au greffe du bailliage : par Jean Petitjean, huissier à la Maîtrise des eaux et forêts de Mirecourt, chargé par le sieur Épailly, receveur de ladite maîtrise, de remettre une contrainte avec un pareatis de la Cour, pour la faire exécuter contre Jean-François Vaulot, de Selles ; — par Charles Toussaint, avocat à la Cour de Lorraine et procureur fiscal du comté de Fontenoy-le-Château, à l'effet de faire assigner Joseph Jacquerey, de Saint-Loup ; — par Nicole Renaudot, d'Ambiévillers, laquelle, pour se conformer à l'édit du roi Henri II, a déclaré être enceinte de Jean Vinot, de Fontenoy-le-Château ; — par Charles-Gaspard-Antoine de Poisson, docteur en médecine, seigneur de Fresne, premier échevin de Vauvillers, lequel est venu déposer au greffe les clefs du presbytère, le curé de la commune étant mort, etc.

B. 4007. (Registre.) — In-8°, 233 feuillets, papier.

1768-1773. — Comparutions faites au greffe du bailliage : par Anne Amene, dite Minque en patois, demeurant dans les bois du maréchal de Clermont-Tonnerre, à l'effet de faire assigner Antoine Chapuis, du Pont-du-Bois, ; — par les héritiers Brocard, de Vauvillers, lesquels ont déclaré reprendre l'instance qu'ils avaient pendante au bailliage de Vauvillers, au sujet du partage de la succession de leurs parents ; — par Jeanne Jacquot, veuve Leblond, d'Anchenoncourt, laquelle est venue faire signifier une sommation par l'huissier Bury, de Vauvillers, à Michel Médard, de Saint-Loup, par laquelle elle déclare former opposition à la publication des bans et à la célébration du mariage futur entre ledit Médard et toutes personnes qu'il pourrait épouser, donnant pouvoir audit Bury de le dénoncer au curé de Saint-Loup, etc.

B. 4008. (Registre.) — In-8°, 224 feuillets, papier.

1773-1780. — Enregistrement des présentations en demandant et en défendant des défauts, congés, affirmations, déclarations, acceptations et répudiations de succession. — Comparution de Jeanne Thouvenot, de Grand-Rupt, laquelle demande la permission de vendre des immeubles. — Présentation de Pierre Camus, de Vauvillers, lequel a déclaré, en conformité de l'édit du Roi du 27 décembre 1770, que, désirant faire le commerce des grains, il a établi son entrepôt à Vauvillers. — Comparution de Charles Duhoux et de Laurent Dubois, écuyers, demeurant au Morillon, lesquels, pour profiter des privilèges accordés aux cultivateurs par la déclaration du Roi du 13 août 1766, ont déclaré vouloir mettre en culture ou en pré un terrain de la contenance de neuf journaux situé sur le territoire de Gruey et qu'ils tiennent en acensement du maréchal duc de Clermont-Tonnerre, pair de France, etc.

SÉRIE B. — BAILLIAGES.

B. 4009. (Registre.) — In-8°, 196 feuillets, papier.

1780-1784. — Voyages faits à Vauvillers : par Jean-Joseph Pourée, huissier à Épinal, à l'effet d'obtenir un jugement sur requête portant permission de saisir les meubles et effets de Léopold Vauthier, de Gruey ; — par Charles Noble, de la Bassovaivre, à l'effet de faire assigner le sieur Vuillemin, maréchal-ferrant à Montdoré, pour obtenir de lui réparation d'honneur ; — par Pierre Rinquebac, négociant à Vauvillers, pour faire relever un jugement qu'il a obtenu contre Charles-François de Prinsac, écuyer, enseigne de vaisseau, demeurant à Conflans, etc.

B. 4010. (Registre.) — In-8°, 164 feuillets, papier.

1789-1790. — Voyage de deux jours à Nicolas de Finance, écuyer, pour aller à Mailleroncourt-Saint-Pancras relever un extrait de transaction et faire saisir la veuve Maillot, dudit lieu. — Présentation au greffe d'Étienne Vautrin, de Gruey, lequel est venu pour faire assigner Jean-Claude Richard, d'Harsault, pour avoir payement de 33 livres 10 sous qu'il lui doit pour avoir travaillé chez lui du métier de couvreur pendant vingt-deux jours. — Voyage de deux jours à Nicolas Petitcolin, huissier royal en la maîtrise particulière des eaux et forêts de Darney, pour apporter une contrainte de ladite maîtrise contre Jean-Baptiste Patzius, de Vauvillers, à la requête du receveur de l'insigne chapitre de Remiremont. — Comparution au greffe de Jean-Baptiste Garnier, maire du duché de Clermont-Tonnerre, pour présenter requête de plainte contre Jean-Claude Petitjean, d'Ambiévillers, qui a maltraité sa femme, etc.

B. 4011. (Cahiers.) — In-4°, 128 feuillets, papier.

1700-1766. — Enregistrement par les échevins du prix des grains vendus sur le marché de Vauvillers. — En 1700, le prix du blé a varié de 32 sous à 3 livres 8 sous la quarte, et l'avoine de 9 à 18 sous ; en 1701, le blé s'est vendu de 32 à 42 sous la quarte, et l'avoine de 14 à 17 sous ; en 1703, le blé s'est vendu de 44 à 55 sous, et l'avoine de 15 à 18 sous ; en 1704, le blé de 43 à 60 sous, et l'avoine de 15 à 18 sous ; en 1705, le blé de 42 à 58 sous, et l'avoine de 12 à 20 sous ; en 1706, le blé s'est vendu de 24 à 43 sous, et l'avoine de 10 à 21 sous ; en 1707, le blé de 22 à 44 sous, et l'avoine de 10 à 12 sous ; en 1708, le blé de 22 sous à 5 livres 10 sous, et l'avoine de 8 à 20 sous ; en 1709, le blé de 3 livres 18 sous à 9 livres 5 sous, l'orge de 3 livres 10 sous à 4 livres 15 sous, et l'avoine de 15 sous à 3 livres 54 sous ; en 1710, le blé s'est vendu de 45 sous à 5 livres, l'orge de 1 à 3 livres, et l'avoine de 13 à 23 sous. — Enregistrement des commissions, assignations et significations faites par l'huissier Hayaux.

B. 4012. (Cahiers.) — In-4°, 142 feuillets, papier.

1750-1764. — Enregistrement et présentation des causes de police. — Sentences condamnant : Pierre Oudot, de Saint-Loup, à 3 livres d'amende, pour avoir vendu du droguet avec une fausse mesure ; — François Renaud, aubergiste à Vauvillers, à une amende de 12 livres applicable par tiers à la fabrique, à l'église et aux pauvres de Vauvillers, pour avoir donné à boire au domestique du seigneur, au mépris de ses défenses ; — Nicolas Silvestre, de Vauvillers, à 5 livres d'amende, pour avoir fait mettre un cheval mort dans un champ, au lieu de le faire enterrer. — Enregistrement des écrous et élargissements des individus amenés dans la prison du bailliage de Vauvillers.

B. 4013. (Registre.) — In-8°, 185 feuillets, papier.

1758-1767. — Jugements criminels condamnant : Jean Pierre, de Vauvillers, à 10 livres d'amende au profit du seigneur, pour avoir battu et volé Nicolas Granjean ; — Pierre Parrot et Jeanne-Claude Donzey, sa femme, à 5 ans de bannissement du ressort du bailliage, pour vol dans une maison habitée ; — Jean-Claude Duvaux, de Gruey, à 60 livres d'aumône au profit de l'église dudit Gruey, pour usure ; — Élisabeth Delune, d'Ormoy, à 9 ans de bannissement de la province, pour avoir recélé des objets volés ; — François Bourgeois, de Grand-Rupt, aux galères à perpétuité et à 10 livres d'amende au profit du seigneur duc de Clermont-Tonnerre, pour avoir maltraité le garde forestier de la commune de la Haye, etc.

B. 4014. (Cahiers.) — In-4°, 150 feuillets, papier.

1738-1739. — Contrat de mariage de Sébastien Broutechoux, d'Alaincourt, avec Jeanne Crouinet, de Montdoré. — Donation par les époux Hacquard, de Ranzevelle, à leur fille, d'une chènevière située audit lieu. — Donation mutuelle et réciproque faite au dernier vivant entre les époux Martin, d'Alaincourt, de tous les biens meubles et immeubles qu'ils possèdent. — Contrat de mariage de Dominique Rapin, journalier, demeurant à Vauvillers, avec Jeanne-Marie Jéchoux, de Fougerolles, por-

HAUTE-SAÔNE. — TOME II. — SÉRIE B.　　　　9

tant donation au dernier vivant de tous leurs biens, à charge par ce dernier de payer les frais funéraires du premier décédé et de faire prier pour le repos de son âme, etc.

B. 4015. (Cahiers.) — In-4°, 150 feuillets, papier.

1739-1742. — Donation faite entre François Poinselet et Catherine Laurent, son épouse, demeurant à Montdoré, de tous leurs biens meubles et immeubles, à charge par le survivant, de faire célébrer douze messes pour le premier décédé. — Donation faite par Anne-Marie Rapin, à son fils, d'un pré situé à Vauvillers; — par Denis Bonnet, marchand à Vauvillers, à son fils Michel, d'une somme de 1,000 livres, à prélever avant tout partage sur le plus clair de ses biens, en récompense des soins qu'il lui donne depuis quatre ans et des messes qu'il fait dire pour sa mère; — par Anne-Catherine Jacqueney, veuve Viard, de Grand-Rupt, d'une somme de 5 livres 10 sous, à l'église d'Harsault, pour deux messes avec la bénédiction du saint sacrement, etc.

B. 4016. (Cahiers.) — In-8°, 200 feuillets, papier.

1745-1748. — Contrats de mariage : de Nicolas Ferry, de Dampvalley, avec Françoise Petitjean, dudit lieu, portant donation au dernier vivant de l'usufruit de tous leurs biens; — de Louis Viard, marchand à Vauvillers, avec Jeanne-Françoise Vincent, de Polaincourt; — de Jean-Étienne Cochin, demeurant à Melincourt, avec Anne-Marguerite Gérard, de Betoncourt-Saint-Pancras. — Donation faite par Jean-Baptiste Basson, maître de forges à Passavant, à son neveu Gabriel Perny, commis à ladite forge, de tous ses biens situés au Pont-du-Bois. — Contrat de mariage de Pierre Finot, de Vauvillers, avec Jeanne-Philippe Hennemand, d'Amblévillers, etc.

B. 4017. (Cahiers.) — In-4°, 200 feuillets, papier.

1749-1753. — Contrat de mariage de François Demorge, de Melincourt, avec Anne-Colette Robardot, dudit lieu. — Donations : faite aux enfants et aux malades les plus pauvres des communes de Vauvillers, Demangevelle et Hurecourt, par messire Charles-Henri-Joseph Maire, seigneur de Montdoré, conseiller maître en la Chambre des comptes de Franche-Comté, d'un capital de 3,000 livres, représentant un revenu annuel de 150 livres 9 sous 3 deniers, destiné, savoir : 30 livres à faire apprendre à lire et à écrire aux enfants indigents, et 120 livres au soulagement des malades les plus nécessiteux desdites communes;

— d'une rente de 75 livres faite aux pauvres de Polaincourt par Hubert Courvoisier, curé audit lieu, etc.

B. 4018. (Cahiers.) — In-4°, 198 feuillets, papier.

1754-1757. — Enregistrement des donations entre vifs faites : entre les époux Hyon, de la Haye, de l'usufruit de tous leurs biens au dernier vivant; — par Nicolas Sibille, à Jeanne-Françoise Chassorand, sa future épouse, d'une somme de 400 livres, pour lui tenir lieu de douaire et de joyaux nuptiaux; — par François Fleury, de Jasney, à Anne Martin, sa future épouse, de la jouissance de trois quartes et un boisseau de terre, situés audit Jasney, etc.

B. 4019. (Cahiers.) — In-folio, 200 feuillets, papier.

1758-1761. — Enregistrement des donations entre vifs faites : par Jeanne Berthellemy, de Vauvillers, à son beau-frère François Collin, de tous les biens qu'elle possède, à charge par lui de la nourrir, loger et entretenir sa vie durant; — par messire Jean-Baptiste Maire, conseiller honoraire au parlement de Besançon, et Charles-Henri-Joseph Maire, conseiller maître en la Chambre des comptes de la province, seigneur de Bouligney, aux pauvres des communes de Vauvillers, Demangevelle et Hurecourt, d'une somme de 300 livres; — par Pierre Charton, laboureur, demeurant à Mailleroncourt-Saint-Pancras, d'une somme de 150 livres, à François Godard, son petit-fils, etc.

B. 4020. (Cahiers.) — In-4°, 198 feuillets, papier.

1762-1765. — Enregistrement des donations entre vifs faites : par Marguerite Boulet, de Montdoré, à Jean-François Roy, son neveu, étudiant en philosophie à Besançon, de la moitié d'une maison située à Montdoré, de 7 moutons, 2 vaches, 19 pièces de vin, 920 livres et des objets mobiliers; — entre Antoine-Silvestre et Marie-Anne Benoist, futurs époux, demeurant à Bourbévelle, de la jouissance de tous leurs biens au dernier vivant; — par Clémence Michel, du Pont-du-Bois, à sa sœur Anne-Marie, du droit de passage dans une petite cuisine avec une place auprès du feu pour se chauffer et y faire cuire ses aliments, etc.

B. 4021. (Cahiers.) — In-4°, 200 feuillets, papier.

1766-1769. — Enregistrement des donations entre vifs faites : par Jean Blouin, bourgeois à Vauvillers, et Gabrielle Dumarchef, sa femme, à Nicolas Raimbœuf, tabellion à Demangevelle, d'une maison, d'un jardin et de plusieurs prés et champs situés audit Demangevelle; — par Pierre Hoyet, d'Amblévillers, à Jean-Baptiste Finey, son neveu, d'un petit jardin situé à Amblévillers; — par Jeanne-Philippe Hennemand à Jeanne-Françoise Lhuillier, sa nièce, d'une rente de douze quartes de blé et autant d'avoine à prendre sur les récoltes de son domaine de Mailleroncourt; — par Jean-Claude Vuillemin, de Gruey, à Jeanne-Françoise Thouvenot, sa future épouse, de la jouissance pendant sa vie du tiers de sa maison, etc.

B. 4022. (Cahiers.) — In-4°, 200 feuillets, papier.

1770-1773. — Enregistrement des donations entre vifs faites : par Anne de Vernerey, fille de Laurent de Vernerey, seigneur de Montcourt, à sa sœur Marguerite, veuve de Claude-François Joly, de Seltes, d'une rente annuelle de 3 livres et d'une somme de 780 livres qui lui est due par le sieur Mathelot, coseigneur à Montcourt; — par Dominique Petitjean, de Mailleroncourt-Saint-Pancras, à sa sœur devant se marier avec Germain Hory, d'une somme de 300 livres; — par Joseph Prioset, de Villars-le-Pautel, à Françoise Mignot, sa future épouse, d'une rente de dix quartes de blé et autant d'avoine, sa vie durant, etc.

B. 4023. (Cahiers.) — In-4°, 200 feuillets, papier.

1774-1777. — Enregistrement des donations entre vifs faites : par Barbe Bobard, de Mailleroncourt-Saint-Pancras, à Joseph Brasleret, dudit lieu, de tous les meubles et effets qu'elle possédera au jour de son décès. — Lettres d'érection du duché de Clermont-Tonnerre, assis sur la terre de Vauvillers, en pairie de France. — Arrêt de réception du serment en la dignité de duc et pair de France du maréchal duc de Clermont-Tonnerre, seigneur e Vauvillers et parent du roi Louis XVI par Robert de France, sixième fils de saint Louis. — Contrat de mariage de Nicolas Guichard, négociant à Pont-de-Veau, avec Françoise Aubert, de Vauvillers, etc.

B. 4024. (Cahiers.) — In-4°, 200 feuillets, papier.

1778-1781. — Enregistrement des donations entre vifs faites : par Nicolas Allamassey, du Pont-du-Bois, à Jeanne-Françoise Grand, sa future épouse, d'une somme de 100 livres; — par Marie Mourat, d'Amblévillers, à Anne-Claude Mourat, sa nièce, de la sixième partie d'une maison et de plusieurs champs situés sur le territoire de ladite commune; — par Anne Basset, veuve Lemoine, de tous les biens qu'elle possède, à Claude-Antoine Doisellet, son gendre, à condition que ce dernier la logera, nourrira et entretiendra sa vie durant. — Contrat de mariage de Claude-Antoine Vuilly, avocat en parlement, bailli de Saint-Loup, avec Marie-Julienne Dadant, etc.

B. 4025. (Cahiers.) — In-4°, 193 feuillets, papier.

1782-1785. — Enregistrement des donations entre vifs faites : par Jean-Claude Clerget, manouvrier à Vauvillers, à Françoise Bertrand, sa future épouse, de la jouissance de sa maison, sa vie durant; — par Catherine Guyot, du Pont-du-Bois, à Luc Oudot, son futur époux, de la jouissance de tous ses immeubles situés au Pont-du-Bois et estimés à un revenu de 9 livres; — par Desle-François Vuilley, curé à Alaincourt, à Claude-Antoine Vuilley, avocat en parlement, demeurant à Conflans, bailli de Saint-Loup, d'un domaine situé sur le territoire de Menoux; — par Guillaume Corne, de Vauvillers, à Claude-François-Xavier Aubert, avocat, de la somme de 8,000 livres, etc.

B. 4026. (Cahiers.) — In-4°, 200 feuillets, papier.

1786-1789. — Enregistrement des donations entre vifs faites : par Jean-Claude Richard, d'Amblévillers, à Antoinette Bichet, sa future épouse, de la jouissance de tous ses biens situés audit lieu; — par Philippe Bichet, d'Amblévillers, à Anne Renaudot, d'une rente viagère de 30 livres à prélever sur le meilleur de ses biens; — par Étienne Vairin, garde étalon à Vauvillers, à Françoise Viney, sa future épouse, d'une pension de 12 quartes de blé; — par Jean-Baptiste Ferron, de Gruey, à Françoise Munier, sa future épouse, de la moitié d'une petite maison; — par Guillaume Collin, bourgeois à Vauvillers, à Victoire-Louise-Hélène Gérard, fille de François Gérard, garde du corps du comte d'Artois, d'un jardin potager provenant de la succession de Claude Sommier, archevêque de Césarée, etc.

B. 4027. (Liasse.) — 112 pièces, papier.

1668-1764. — Feuilles d'audiences. — Sentences civiles : condamnant : André Cornu, de Vauvillers, à restituer à François Munier, dudit lieu, une roue de chariot qu'il lui avait enlevée; — Georges Remy et Ursule Garret, de Vauvillers, aux dépens du procès intenté contre eux pour avoir insulté François Dubuisson, procureur au bailliage et juge pour l'abbé de Clairefontaine en la justice d'Anchenoncourt et de Plainemont; — Pierre Verney, maître serrurier à Vauvillers, à démolir une chambre qu'il a fait construire sur un terrain appartenant à Claude Spicrenaël, marchand chapelier ; — appointant Claude Breney, laboureur à Ambiévillers, à prouver qu'il a invité plusieurs fois la famille Thierry à l'accompagner pour replanter les bornes qui séparent leur propriété de la Charme ; — condamnant les habitants de Gruey à livrer, dans un délai de huit jours, à François Gérard la portion qui lui revient des terrains communaux ; — admettant Étienne Thouvenot, de Grand-Rupt, à prouver que Jean-Pierre Bregier lui a donné un coup de hache sur le bras gauche et qu'il l'a poursuivi dans la rue à coups de pierres, etc.

D. 4028. (Liasse.) — 139 pièces, papier.

1765-1769. — Feuilles d'audiences. — Sentences civiles : condamnant André Cornu, pâtre à Vauvillers, à payer à Jean-Claude Bauquier une somme de 4 livres 10 sous, pour le prix d'une brebis et d'un agneau qu'il a laissé perdre ; — appointant Jean Bailly, tailleur d'habits à Vauvillers, à prouver que la vente qu'il a faite de divers objets d'argenterie à Jean-Baptiste Henry a eu lieu entre eux sans condition de restitution ; — maintenant François de Finance, curé à Ambiévillers, dans le droit de percevoir la totalité des dîmes sur le territoire de ladite commune et repoussant toutes les prétentions élevées à ce sujet par messire Charles Léopold, duc de Choiseul, archevêque de Cambray, prieur du prieuré de Relanges ; — homologuant une sentence arbitrale portant que François Duhoux, écuyer, demourant à la verrerie du Morillon, jouira pendant six ans de l'étang du Gay, à commencer du jour où il sera converti en pré, après lequel temps Joseph d'Hennezel, écuyer, demourant à Oricourt, en continuera la jouissance pendant deux années consécutives ; — condamnant Pierre Camus, marchand à Vauvillers, à livrer dans les magasins du régiment du colonel-général, en garnison à Gray, 4,989 mesures d'avoine, en exécution d'un marché passé entre lui et Nicolas Perchet, seigneur de Montrichier, etc.

D. 4029. (Liasse.) — 161 pièces, papier.

1769-1771. — Feuilles d'audiences. — Sentences civiles : condamnant Mathieu Courdier, de Vauvillers, à exécuter les conditions d'un marché qu'il a conclu avec la communauté dudit lieu, par lesquelles il s'était obligé à fournir pendant un an le luminaire de l'église paroissiale ; — appointant Joseph Lefèvre, marchand à Bérupt, à prouver que Jean-Claude Viard, d'Harsault, lui a fait remettre par un huissier un billet de six louis d'or ; — maintenant le marquis de Clermont-Tonnerre dans le droit exclusif d'amodier les carrières de pierres de la commune du Pont-du-Bois, en conformité des déclarations, aveux et soumissions des habitants qui, par la même sentence, sont confirmés dans le droit d'y tirer de la pierre pour leur usage personnel ; — condamnant Gabriel Perny, du Pont-du-Bois, à payer à Jean Masson, meunier audit lieu, la somme de 6 livres par an à compter de 1751 à 1770, pour l'indemniser du préjudice qu'il lui a fait en donnant son grain à moudre ailleurs qu'au moulin banal, dont il est le fermier, etc.

D. 4030. (Liasse.) — 129 pièces, papier.

1772-1775. — Feuilles d'audiences. — Sentences civiles : condamnant Jean-Nicolas Viard, marchand à Harsault, à payer à Gaspard, duc de Clermont-Tonnerre, maréchal de France, chevalier des Ordres du Roi, seigneur de Vauvillers, la somme de 33 livres 11 sous 8 deniers et à lui livrer quatre pièces de toile de chanvre pour droit de lods et ventes des contrats d'acquisition passés au profit dudit Viard ; — Joseph Simon, meunier au moulin du Pont-du-Bois, à livrer à son père 12 quartes de blé et à lui payer annuellement la somme de 80 livres pour pension viagère ; — ordonnant qu'à la diligence du seigneur de Vauvillers, Pierre Vinot, son ancien receveur, sera appelé en la cause intentée contre un fermier dudit seigneur en retard de payer ses fermages ; — condamnant les habitants de la commune de Gruey à payer à Jean-Baptiste Patzius, procureur au bailliage de Vauvillers, en sa qualité de fermier du domaine de Passavant, appartenant au duc d'Orléans, un pénal d'avoine par chaque feu ou ménage et un demi-pénal pour les veuves, etc.

D. 4031. (Liasse.) — 150 pièces, papier.

1776-1780. — Feuilles d'audiences. — Sentences : condamnant Augustin Mourey, laboureur à Ambiévillers, à payer à Gaspard de Clermont-Tonnerre, maréchal et pair de France, entre les mains de son receveur de Vauvillers, la somme de 49 livres 19 sous pour lods et ventes de plusieurs contrats d'acquisition et pour la redevance d'une poule qu'il doit lui livrer le jour de Pâques ; — autorisant Guillaume Carré, bourgeois à Vauvillers, à faire reconnaître par des experts si le mur qu'il a fait construire pour soutenir les terres d'un terrain qui lui appartient est assez épais et assez solide ; — défendant aux habitants de la commune du Pont-du-Bois de conduire leur bétail à la pâture dans un pré appartenant à Thomas Falatieu, maître de forges audit lieu; — condamnant les sieurs Vic, Vincent et Martin, messiers à Vauvillers, à payer 6 livres à Claude-François Patzius, négociant audit lieu, pour l'indemniser des dommages qu'ils ont laissé commettre dans son clos, etc.

B. 4032. (Liasse.) — 137 pièces, papier.

1781-1784. — Feuilles d'audiences. — Sentences civiles : condamnant Claude Prévôt à payer à Charles Duhoux, écuyer, demeurant au Morillon, la somme de 3 livres, restant d'un compte fait entre eux; — déboutant Richard Mongenet, maître de forges au Pont-du-Bois, de ses fins et conclusions, tendant à rendre responsable le duc de Clermont-Tonnerre des délits qui se commettent dans les forêts exploitées par le demandeur; — déclarant nulle l'élection de Jean Laurent, nommé en 1782 garde forestier des bois de la commune de Hautmougey; — condamnant Joseph Hasse, bûcheron de la commune de Vauvillers, à des dommages-intérêts envers ladite communauté pour l'inexécution de son marché, et permettant aux habitants de faire achever la coupe par qui ils voudront; — admettant Joseph Grandjean à faire preuve que son fils n'a pas volé de chemises à Léopold de Finance, écuyer, demeurant au Morillon, et que c'est méchamment que ce dernier en a fait courir le bruit, etc.

B. 4033. (Liasse.) — 148 pièces, papier.

1784-1786. — Feuilles d'audiences. — Sentences civiles : déboutant Jean-Claude Bretet, lieutenant-général criminel au bailliage et siège présidial de Vesoul, de la plainte qu'il a portée contre Charles-Antoine-Xavier Beugay, chirurgien à Vauvillers, pour avoir fait imprimer dans un mémoire des faits calomnieux et attentatoires à sa réputation; — autorisant la vente de la maison de la veuve Mignot, de Vauvillers, poursuivie à la requête de haut et puissant seigneur Jean-Louis Aynard, comte de Clermont-Tonnerre, abbé commandataire de l'abbaye royale Saint-Pierre de Luxeuil, Louis-François Joseph, comte de Bourbon-Busset, et Chalus, mestre de camp de cavalerie, Antoine-Paul de Bourbon-Busset, vicomte de Busset, colonel en second au régiment d'Anjou; — condamnant François Dagneau, demeurant à Hautmougey, à payer au seigneur de Vauvillers les droits de lods et ventes d'une acquisition d'immeubles; — déchargeant de tous impôts sur le territoire de Vauvillers noble Jean-Baptiste d'Auxiron, écuyer et professeur à l'Université de Besançon, etc.

B. 4034. (Liasse.) — 114 pièces, papier.

1787-1788. — Feuilles d'audiences. — Sentences civiles : condamnant : Anne Bernard, veuve Didier, à payer 12 livres à Claude Voutrain, sous-fermier du droit de banvin, appartenant au duc de Clermont-Tonnerre; — Jean-Nicolas Thouvenot, de Grand-Rupt, à livrer à Jean-Baptiste Thiétry la quantité de neuf mesures de cendres lessivées; — ordonnant : la mise en liberté de François Mauris, détenu dans les prisons du bailliage de Vauvillers, pour avoir détourné des objets saisis qui avaient été confiés à sa garde; — aux habitants de Gruey de semer dans leurs champs des grains décimables et sur lesquels Jacques-François Jeannin, curé dudit lieu, puisse percevoir la dîme; — aux habitants d'Harsault de se procurer dans un court délai une maîtresse d'école, et faute par eux d'y obtempérer, le curé pourra en établir une aux frais de la paroisse, etc.

B. 4035. (Liasse.) — 106 pièces, papier.

1789. — Feuilles d'audiences. — Sentences civiles : admettant Michel Roze, demeurant à la Hutte, à prouver qu'Étienne Bouchot, du Pont-du-Bois, s'est refusé à lui rendre une montre en or qu'il lui avait prêtée, sous le prétexte qu'elle avait été donnée à sa femme pour cadeau de noces; — accordant à Pierre-François Bardenet, négociant à Vauvillers, un délai de quinze jours pour répondre aux écritures de défenses qui lui ont été signifiées par Claude Bonnet, avocat en parlement, et qui tendent à le faire déclarer banqueroutier frauduleux et non recevable dans sa demande de cession de ses biens; — condamnant François Darney à payer à Jean Bidon, maître cordonnier, une somme de 4 livres 10 sous pour prix d'une paire de souliers, etc.

B. 4036. (Liasse.) — 86 pièces, papier.

1672-1756. — Sentences civiles rendues sur requêtes : permettant à Jean-Baptiste Maire, docteur en droit, procureur au bailliage de Vauvillers, de faire informer contre plusieurs individus qui se rendirent dans la maison de Vincent Régent, hôte public, et y burent et mangèrent, au mépris des ordonnances du Roi défendant à quiconque de fréquenter les cabarets de sa localité; — à Claude-Françoise Magnien, femme Hoyet, de Vauvillers, de faire procéder à la purgation des hypothèques dont ses biens sont grevés; — recevant Dominique Ougier, procureur au bailliage de Vauvillers, dans les fonctions de greffier audit siège pour la portion de seigneurie qui appartient au duc de la Vieuville, etc.

B. 4037. (Liasse.) — 78 pièces, papier.

1757-1759. — Sentences rendues sur requêtes : permettant : à Jean-Nicolas Raguet, sergent au comté de Fontenoy-le-Château, d'arrêter Jean Pernot, de Certigny, qui a fait rébellion à un huissier et qui est venu se réfugier dans le bailliage de Vauvillers ; — au procureur du Roi de la maîtrise des eaux et forêts de Mirecourt de mettre à exécution une sentence de ladite maîtrise, qu'il a obtenu contre Jean Barbe, de Grand-Rupt, sujet de la terre de Vauvillers ; — à l'huissier Patrius de se faire assister par la maréchaussée pour l'exécution d'un jugement portant contrainte par corps contre Jean-François Perney, de Grand-Rupt ; — ordonnant le partage entre ses enfants des biens provenant de la succession d'Étienne Martin, de Hautmougey, etc.

B. 4038. (Liasse.) — 90 pièces, papier.

1761-1765. — Sentences rendues sur requêtes : défendant à Charles Mercier, maître perruquier, demeurant à Vauvillers, de continuer le bâtiment qu'il a commencé sur un terrain appartenant à Jacques Gauthier, laboureur à Vauvillers ; — ordonnant la publication et l'enregistrement des édits du Roi du 4 avril 1762 portant rétablissement du centième denier sur les immeubles fictifs et ordonnant le dénombrement des biens-fonds du royaume ; — permettant à François Barrot, laboureur à Vauvillers, de faire paître son bétail dans un pré qu'il possède sur le territoire dudit Vauvillers, avant la récolte du foin, en raison du manque de fourrage et du grand train de culture qu'il tient, etc.

B. 4039. (Liasse.) — 80 pièces, papier.

1766-1769. — Sentences rendues sur requêtes : ordonnant à Jean-Baptiste Laurent et à Claude Godard, receveurs de la ville de Vauvillers, de rendre leur compte de la gestion de l'année 1765, dans huit jours pour tout délai ; — envoyant Pierre Thierry en possession de l'office de geôlier des prisons de Vauvillers ; — permettant à Jean-Baptiste Devoitier, fermier général des domaines de S. A. monseigneur le duc d'Orléans, de faire saisir Simon Prevost, marchand, demeurant à Nogent-le-Roi, pour obtenir payement d'une somme de 2,121 livres ; — à Antoine Lecomte, capitaine au régiment de la Reine, gouverneur des ville et château de Bourmont, de faire incarcérer Nicolas-Laurent, de Vauvillers, son débiteur, etc.

B. 4040. (Liasse.) — 69 pièces, papier.

1770-1772. — Sentences rendues sur requêtes : accordant des lettres révérencielles à François Ducloux, laboureur à Montdoré, à l'effet de faire saisir Jean-Claude Garnier, son beau-frère, pour obtenir payement d'une somme de 42 livres ; — permettant à la communauté de Gruey de vendre des chablis qui sont dans ses bois pour en employer le prix à l'entretien de l'église ; — à Jeanne Barin, de Vauvillers, de faire incarcérer Mathieu Cordier, son débiteur ; — à Claude-François Lallemand, d'Ambiévillers, de faire rechercher chez tous les habitants un lit de plumes qui lui a été volé, etc.

B. 4041. (Liasse.) — 85 pièces, papier.

1773-1779. — Sentences rendues sur requêtes : permettant à Étienne Bresson, laboureur à Thuniment, de faire saisir les biens de François Thouvenot, d'Hautmougey, son débiteur ; — ordonnant que les parents d'Anne Demange, de Grand-Rupt, seront assemblés pour délibérer sur la nécessité de vendre ses biens ; — déclarant nulle la nomination de Jean-Pierre Richard, laboureur, demeurant à la Haye, à la charge de messier pour la conservation des fruits de la communauté de la Haye ; — permettant aux officiers municipaux de Vauvillers de faire rechercher chez tous les habitants, des matériaux provenant de la démolition des halles et qui avaient été volés, etc.

B. 4042. (Liasse.) — 96 pièces, papier.

1780-1786. — Sentences rendues sur requêtes : ordonnant la vente au profit de l'État de cinq chevaux et d'un chariot chargé de vin saisis à l'entrée de Vauvillers par les employés des fermes unies de France ; — accordant à Marie-Anne Chapuis, du Pont-du-Bois, des lettres révérencielles pour faire assigner sa mère, afin d'obtenir d'elle sa quote-part de la succession de son père ; — ordonnant l'apposition des scellés dans la maison mortuaire de Simonne Chatelain, de Vauvillers, et la confection d'un inventaire des objets qui s'y trouvent ; — ordonnant que, par un arpenteur nommé à cet effet, il sera procédé au mesurage des arpents de bois que le sieur Mougenet a exploités dans la forêt appelée le grand bois de Demangeille, appartenant au duc de Clermont-Tonnerre, etc.

B. 4043. (Liasse.) — 112 pièces, papier.

1787-1786. — Sentences rendues sur requêtes : permettant à Charles-Henri, duc de Clermont-Tonnerre, de faire saisir Richard Mongenet, de Renaucourt, à qui il a amodié ses forges du Pont-du-Bois, pour obtenir payement de trois années de son bail, à raison de 40,000 livres par an ; — autorisant : Nicolas Pranton, séquestre administrateur desdites forges, à faire les approvisionnements de bois et les réparations nécessaires à leur roulement ; — le duc de Clermont-Tonnerre à faire vendre les biens de Richard Mongenet ; — permettant : à Jean-François Viard, de Gruey, de faire incarcérer Jacques Courtoisier, gardien infidèle de meubles saisis ; — aux échevins de la communauté du Pont-du-Bois de faire vendre les fruits pendants par racine, appartenant à Richard Mongenet, maître de forges, pour avoir payement de 131 livres 15 sous, montant de sa cote au rôle de l'imposition, etc.

B. 4044. (Liasse.) — 43 pièces, papier ; 1 plan.

1686-1786. — Prestations de serment des gardes des bois de la commune d'Ambiévillers. — Inventaire des titres, papiers et livres composant la bibliothèque de Jean-François de Finance, écuyer, curé d'Ambiévillers, fait à la requête de Jeanne-Françoise de Finance, douairière de Jean d'Hennezel, écuyer, demeurant au Morillon. — Procès-verbal et plan de mesurage et d'abornement des pâtis, des chemins et des communaux d'Ambiévillers. — Visite du moulin de cette commune. — Transaction faite entre les demoiselles de Finance, demeurant à la verrerie de Bissoval, et le sieur d'Hennezel, demeurant à la verrerie du Morillon, au sujet des prés situés au bas de l'étang appelé le Puy, à Ambiévillers. — Sentences civiles condamnant : Jean Guyot à payer la somme de 44 sous 8 gros 2 blancs, monnaie de Lorraine, à Pierre Finey, pour le dédommager de la perte qu'il a faite par suite de la saisie illégale de ses meubles et effets ; — Joseph Hennemand à nourrir et à entretenir l'enfant qu'il a eu avec Catherine Pierrot, d'Ambiévillers ; — Jean-Didier Delagrange à partager les biens de François Delagrange, d'Ambiévillers, avec ses frères et sœurs, etc.

B. 4045. (Liasse.) — 78 pièces, papier.

1621-1786. — Enquêtes civiles faites à la requête : de Claude Paulet, d'Ambiévillers, à l'effet de prouver que le sieur Serguemin, de Vauvillers, était insensé ; — de François Énard, marchand à Luxeuil, contre Antoine de Finance, écuyer, demeurant au Morillon, au sujet d'une querelle et des mauvais propos tenus par ce dernier ; — d'Anne Gillot, aubergiste à Ambiévillers, contre Sébastien Huot, maire au Pont-du-Bois, au sujet des dépenses que ce dernier a faites chez elle ; — de Marguerite Lattemand, veuve Delagrange, d'Ambiévillers, au sujet du bris d'une palissade séparative d'un passage commun ; — d'Antoine Guyot contre Claude Thomassin et autres, d'Ambiévillers, qui ont cassé des arbres dans son jardin en le traversant avec des chariots.—Procès-verbaux d'experts pour prisées et estimations.

B. 4046. (Liasse.) — 62 pièces, papier.

1631-1785. — Procès-verbaux d'apposition de scellés au domicile mortuaire des sieurs : Breney, Duboux de Gorrhey, écuyer, demeurant à la verrerie du Morillon, commune d'Ambiévillers ; Hennemand, Sénillo, meunier, Viard, tous d'Ambiévillers. — Tutelles, curatelles, inventaires pupillaires, assemblées de parents, concernant les sieurs : Basset, Bichot, Boillot, Brossier, Brouhot, Chatelot, Delagrange, Denizot, Deroche, Duquain, Farron, Guyot, Guyot, Hennemand, etc., tous demeurant à Ambiévillers.

B. 4047. (Liasse.) — 69 pièces, papier.

1686-1788. — Tutelles, curatelles, inventaires pupillaires, assemblées de parents, concernant les sieurs : Hennemand, d'Hennezel, Henry, Hoyet, Jacquerey, Jacquot, Masson, Mougeot, Mourel, Paillard, Rose, Sany, Thierry, tous demeurant à Ambiévillers.

B. 4048. (Liasse.) — 3 pièces, parchemin ; 108 pièces, papier.

1667-1781. — Tutelles, curatelles, inventaires pupillaires, concernant les sieurs : Thierry, Vagney, Vauthrin, Vaux, Viard, Vuillemin, tous d'Ambiévillers. — Décrets sur les biens : de Jean Boillot, d'Ambiévillers, à la requête de François Guyennemand, docteur en droit ; — de Claude Étienne, à la requête de Jean Boillot ; — de Joachim Guissot, à la requête de Jean Magnien, d'Ambiévillers ; — de François Morelot, dudit lieu, à la requête de Jacques Hanet, capitaine de la prévôté de Fontenoy ; — de Claude Robert, d'Ambiévillers, à la requête de Pierre Bresson, curé de Cusance ; — de Didier Damery, d'Ambiévillers, à la requête de noble Guillaume de Morgue, écuyer, demeurant à Fontenois-la-Ville. — Déclaration des frais et dépens supportés par Anne Pouillet, femme Maire, d'Ormoy, dans un procès au sujet du décret des biens de Françoise Pouillet, d'Ambiévillers. — Procès-verbal dressé par le bailli de Vauvillers, constatant que les dîmes de Gruey et que le droit de patronage de la cure dudit lieu appartiennent pour les trois quarts au prieur de Relanges, et l'autre quart au curé d'Ambiévillers. — Copie d'une charte de l'année 1263 par laquelle Pierre de Gilloin, archidiacre de Faverney, fait connaître que Gérard, prêtre, curé de Gruey, déclare qu'après son décès le patronage de son église et les trois quarts des dîmes qui lui appartiennent passeront au prieuré de Relanges, de l'ordre de Cluny. — Procès civil entre Jean Guillemin, meunier audit Ambiévillers, et Didier Delagrange, qui n'a pas fait moudre son grain au moulin banal. — Interrogatoire sur faits et articles subi par Jean-François Roussel, d'Ambiévillers. — Testaments de : Jean-François de Finance, écuyer, curé à Ambiévillers ; — dame Jeanne Duhoux, veuve de Jean-François Duhoux, écuyer, seigneur de Gorrhey ; — Claude Paillard, d'Ambiévillers.

B. 4049. (Liasse.) — 86 pièces, papier.

1682-1782. — Requête présentée au bailli de Vauvillers par la veuve de Claude Paillard, d'Ambiévillers, à l'effet d'être autorisée à vendre ses biens pour acquitter les dettes de son mari. — Permission de vendre les biens maternels des enfants Demassey situés au Morillon. — Procédures criminelles intentées contre : Anne, Jacques et Jean-Claude Barot ; Duhoux, de Finance et Demassey ; Claude Delagrange, de Bomont, Pierre Finel, Claude Garnier, Jean Goux, Jean-François Gerberon et Simon Viard, tous domiciliés à Ambiévillers, pour délits dans les bois, mauvais traitements, coups et blessures.

B. 4050. (Liasse.) — 72 pièces, papier.

1699-1771. — Procédures criminelles intentées contre : Jean et Antoine Guyot, Étienne Goux, Jean-Claude Finel, Dominique Jacquerey, Claude Jacob, Pierre Mourat, dit La Tour, Claude Paillard, François Géaux, Jean-Claude Petitjean, Joseph Simon, François Thierry, François et Sébastien Vagney, Didier Delagrange, Georges Vincent et Claude Villemin, tous demeurant à Ambiévillers, pour mauvais traitements, coups et blessures.

B. 4051. (Liasse.) — 86 pièces, papier.

1616-1788. — Information faite au bailliage de Vauvillers contre Jean-Baptiste Rigolot et autres, de Betaucourt, accusés de coups et blessures. — Requête présentée au bailli par Jean-François Richard, de Bausseraucourt, par laquelle il demande son élargissement. — Émancipation du sieur Richard, de Corre. — Tutelle des enfants Thouvenot, de Dambenoît. — Testament de Geneviève Courtaillon, veuve Tisserand, de Dampvalley-Saint-Pancras. — Procédures criminelles intentées contre Boband, Douzé et Vaulot, Antoine Raulin, tous demeurant à Demangevelle, pour concussion, injures, coups et blessures et scandale à l'église. — Procès civil entre demoiselle Gilette Roussel, de la Grange-Freland, femme Boileau, écuyer, gentilhomme, et le sieur Michel Gault, écuyer, ancien capitaine, demeurant à Fontenois-le-Château, au sujet de la dissolution de la société qu'ils ont faite pour l'exploitation des forges de Freland. — Procès-verbaux d'expertises pour prisées et estimations. — Obligation au profit de Jean Lombard, curé à Conflans, sur Étienne Chevigny, demeurant à Fontenois-la-Ville. — Décrets et adjudications des biens de Jean Tisserand et de Didier Boband, de Fontenois-le-Château. — Procédure criminelle contre Claude Poirot, pour coups et blessures. — Pièces de procès concernant le chevalier de Saint-Mauris, seigneur de Fontenois-la-Ville.

B. 4052. (Liasse.) — 68 pièces, papier.

1721-1781. — Procès-verbaux de prestation de serment des gardes forestiers de la commune de Grand-Rupt. — Enquêtes civiles faites à la requête de Pierre Grosjean contre Jean-Baptiste Maire, procureur fiscal au bailliage de Vauvillers, au sujet d'une vente de maison. — Procès-verbaux d'expertises pour prisées et estimations. — Émancipations des sieurs Bichet et Chaudy, de Grand-Rupt. — Tutelles, curatelles, inventaires pupillaires, concernant les enfants Bernard, Didier, Duvaux, Ferron, Grosjean, Huguenin, Hyot, Martin, Munier, Pié, Pierry, Retournat, Ruaux, Thomas, Thouvenin, Thouvenot et Viard, tous demeurant à Grand-Rupt.

B. 4053. (Liasse.) — 51 pièces, papier.

1669-1788. — Ventes judiciaires d'immeubles situés sur le territoire de Grand-Rupt, appartenant aux sieurs : Didier, Demougin, Pernay et Thouvenot. — Décrets des biens de Jacques et Étienne Thouvenot, de Grand-Rupt, à la requête de l'avocat Moinel et de la veuve Ély de Finance. — Nantissement des deniers provenant de la vente des biens de Jean-François Perrey. — Appositions des scellés au domicile mortuaire de Gabrielle Adam, veuve Perroy, et de Charles Thouvenot, de Grand-Rupt. — Testament d'Anne Grosjean, veuve Pié. — Procès civil entre Pierre Grosjean et Jean Huguenin, au sujet de la récolte d'un champ de blé. — Sentence rendue par le bailli de Vauvillers, déboutant Nicolas Bontems, de Grand-Rupt, de son opposition à une saisie que le seigneur de Vauvillers a faite de ses meubles et effets.

B. 4034. (Liasse.) — 85 pièces, papier.

1684-1774. — Procédures criminelles contre : Claude Brumont, Pierre Bregier, François Grosjean, Jean et Jean-Baptiste Munier, Pierre Richard et Jacques Thouvenot, tous de Grand-Rupt, pour mauvais traitements et incendie. — Nomination de Nicolas Messey à l'office de maire de la commune de Gruey. — Prestation de serment des sieurs Bregier, Langlois, Mourel, Munier et Thiébault, nommés gardes des bois du seigneur de Vauvillers. — Déclaration faite en 1709, par les habitants de Gruey, de la quantité de grains qu'ils possèdent. — Procès-verbal de liquidation des avoines dues au domaine de Passavant par les habitants de Gruey. — Compte rendu par Jean Guyot, curé à Gruey et à Ambiévillers, des sommes qu'il a employées pour l'entretien de l'église. — Procès-verbal de reconnaissance de chablis dans les bois de Gruey. — Récolements et appositions d'assiettes. — Sentence interlocutoire d'une descente sur les lieux, à la requête de René-François, marquis de la Vieuville, et de dame Élisabeth de Massol, marquise de Crusy-Clermont, seigneur et dame de Vauvillers, contre Jean et François Ruaux, de Gruey. — Sentences civiles déboutant Claude Langlois, prieur commendataire de Saint-Nicolas de Poictiers et de Saint-Pierre de Relanges, diocèse de Toul, ordre de Cluny, de ses prétentions à une partie des dîmes de Gruey ; lui ordonnant en outre de prouver dans la huitaine qu'il est véritablement titulaire et possesseur dudit prieuré. — Enquêtes civiles faites : à la requête de Jeanne-Marguerite Thiébaud, veuve Nardin, contre Nicolas Guyot, au sujet du testament de Jean Guyot, curé de Gruey ; — à la requête de Jean et François Gérard, contre Pierre Munier, de Gruey, au sujet de l'usage des eaux qui descendent du village et que divers particuliers détournent pour arroser leurs prés, etc.

B. 4035. (Liasse.) — 3 pièces, parchemin ; 34 pièces, papier.

1656-1782. — Enquêtes civiles : faites à la requête de Jean-Claude Varroy contre Toussaint Naidet, de Gruey, à l'effet de prouver que la femme de ce dernier avait écorché des bêtes mortes d'une maladie contagieuse pour en avoir la peau ; — à la requête de Jean-Baptiste Mairo, procureur fiscal au bailliage, contre Jean-Claude Vuillemin, de Gruey, au sujet d'un incendie dans les bois de ladite commune ; — à la requête de Pierre Prévost, curé de Gruey, contre Jean-Claude Varrey, au sujet de la dîme de tous les grains qui se sèment dans la commune. — Procès-verbaux d'expertise pour prisées et estimations. — Traité de mariage entre Nicolas Munier et Marie Mougeot, de Gruey. — Décrets des biens : de Didier Roland, de Gruey, fait à la requête de Jacques Notte, de Fontenoy ; — de Michel Belamy, à la requête de Nicolas Lazarro ; — de Claude Bregier, à la requête de Claire Ruaux, femme de Jean Vauoy ; — d'Adam Duhoux, écuyer, demeurant à la verrerie de Quiquangrogne, à la requête de Jean Ruaux, de Gruey, etc.

B. 4036. (Liasse.) — 64 pièces, papier.

1678-1786. — Décrets des biens : de Jacques Thiétry, de Gruey, fait à la requête de Bornange Girard ; — de François Thevenot, fait à la requête de Jean Champion. — Tutelles, curatelles, inventaires pupillaires concernant : Baudot, Bernard, Bougy, Boband, Bredard, Bregier, Chariot, Chatelain, Clergot, Daubie, Defrain, Duvaux, Faivre, Faron, tous demeurant à Gruey, etc.

B. 4037. (Liasse.) — 6 pièces, parchemin ; 64 pièces, papier.

1679-1780. — Tutelles, curatelles, inventaires pupillaires concernant les sieurs : Febvre, Ferron, Ferry, Gerard, Germain, Gisard, Hacquard, Houillon, Langlois et Lajarre, tous domiciliés à Gruey.

B. 4038. (Liasse.) — 62 pièces, papier.

1680-1789. — Tutelles, curatelles, inventaires pupillaires concernant les sieurs Lutin, Marchal, Marouillier, Martin, Messey, Mourey, Munier, Naidet, Philipponel, Poirot, Renard, Rouhier, demeurant tous à Gruey.

B. 4039. (Liasse.) — 1 pièce, parchemin ; 49 pièces, papier.

1668-1785. — Tutelles, curatelles, inventaires pupillaires concernant les sieurs : Ruaux, Sarron, Souillard, Thiétry, Thouvenot, tous domiciliés à Gruey.

B. 4060. (Liasse.) — 73 pièces, papier.

1699-1787. — Tutelles, curatelles, inventaires pupillaires concernant les enfants : Thouvenot, Varrey, Viard, Vuillemin, tous de Gruey. — Appositions et levées des scellés au domicile mortuaire de : François Farron, Jean Guyot, curé, Dominique Sauveur, Pierre Prevost, tous de Gruey.

B. 4061. (Liasse.) — 93 pièces, papier.

1680-1789. — Testaments de Claude Leclerc et de Jean Guyot, curés à Gruey. — Procès civil entre Christophe Farron et Claude Rouhier, au sujet du payement d'un loyer de maison. — Sentences civiles : condamnant Catherine Thouvenot, François Viard et son fils, de Gruey, à 30 livres de dommages-intérêts envers François Ruaux, qu'ils ont maltraité ; — maintenant Modeste Munier, de Gruey, dans la jouissance et possession du droit de percevoir sur une chenevière le cens annuel et perpétuel d'un demi-chapon, dont ladite chenevière est grevée ; — admettant la veuve Nardin à prouver que Jean Guyot, curé à Gruey, avait la tête perdue et n'avait plus sa raison lorsqu'il fit son testament ; — relevant René Bazin, huissier à Gruey, de l'interdiction prononcée contre lui ; — condamnant Jean-Claude Varrey à payer à Pierre Prévost, curé, la dîme des pommes de terre qu'il a récoltées, etc.

B. 4062. (Liasse.) — 1 pièce, parchemin ; 85 pièces, papier.

1698-1789. — Procédures civiles entre : Marie Demange et Didier Delagrange, de Gruey, au sujet des reprises que la demanderesse doit faire en exécution de son contrat de mariage ; — Pierre Mougeot et Jean-François Viard, de Gruey, au sujet d'un partage d'immeubles ; — procédures criminelles intentées contre : René Bazin, huissier ; Jean et Jean-François Bregier, Ignace Ferry, François Gérard, Jean Langlois, Pierre Marchal, tous de Gruey, pour vol, mauvais traitements, coups et blessures. — Sentence condamnant Pierre-François Thouvenot à trois ans de bannissement du royaume et à 50 livres d'amende au profit du seigneur de Vauvillers, pour blasphème.

B. 4063. (Liasse.) — 82 pièces, papier.

1703-1785. — Procédures criminelles intentées contre : Jean-Claude et Jean-François Messey, Dominique Munnier, François Ruaux, Pierre et Étienne Thouvenot, Dominique Varrey, Étienne Viard, tous de Gruey, pour mauvais traitements, coups et blessures et insultes au curé à l'occasion de la procession de la fête patronale.

B. 4064. (Liasse.) — 73 pièces, papier.

1633-1789. — Rôle de tous les habitants, manants et veuves de la communauté d'Harsault ayant servi à la déclaration que chacun devait faire de la quantité de grain qu'il possédait. — Procès-verbaux de prestation de serment des gardes forestiers dudit lieu. — Appositions et récolements d'assiettes. — Ventes de coupes de bois. — Procès-verbal de visite de la cure. — Consentement au mariage de Catherine Demange. — Réception de caution. — Procès-verbal de vérification du livre journal de Jean-Claude Vauthrin, tuteur des enfants de son frère. — Sentence civile ordonnant aux demoiselles Varoy de prouver que les biens qu'elles possèdent ne proviennent pas de leur mère. — Enquête civile faite à la requête de Jean-Claude Cugnot, contre Demange Thouvenot, dudit lieu, au sujet d'une querelle qui a eu lieu dans une assemblée de la communauté. — Tutelles, curatelles, inventaires pupillaires, appositions et levées des scellés concernant les sieurs : Belot, Bouton, Bregier, Breton, Buisson, Chassard, Cugnot, Hennemand, curé, etc., tous demeurant à Harsault. — Testaments de Jean-Claude Hennemand et d'Élisabeth Antoine.

B. 4065. (Liasse.) — 79 pièces, papier.

1627-1789. — Déclarations faites par tous les habitants de la commune d'Hautmougey, de la quantité de grain que chacun possède pour nourrir sa famille. — Cession de terrain faite par Jeanne Rouhier, d'Hautmougey, à Nicolas Bontemps, dudit lieu. — Prestations de serment des gardes forestiers. — Procès-verbaux d'appositions et de récolements d'assiettes, de visite de l'écluse de la forge. — Sentence civile condamnant Claude Martin, messier audit Hautmougey, à 5 livres d'amende pour n'avoir fait aucun rapport pendant l'année de son exercice. — Enquête faite à la requête de Claude Martin contre Claude Thiétry, au sujet d'un mur mitoyen. — Procès-verbaux d'expertises pour prisées et estimations. — Vente judiciaire des immeubles provenant de la succession vacante de Nicolas Vauthrin. — Décrets des biens : de François Bourgeois, d'Hautmougey, à la requête d'Anne Bourgeois ; — de la veuve Martinau, à la requête de Nicolas Breton, maire à Harsault ; — de Jean-Michel Oudille, d'Hautmougey, à la requête de noble Dominique Moitissier, seigneur de Dainville. — Transaction entre Jean-Bernard et Charles Varoye, au sujet d'une place à fumier sise à Hautmougey. — Procès civil entre les habitants d'Hautmougey et ceux d'Harsault, au sujet d'un droit de parcours dans les bois de cette dernière commune. — Tutelles, curatelles, inventaires pupillaires, concernant les enfants Bietard et Bourgeois, d'Hautmougey.

B. 4066. (Liasse.) — 1 pièce, parchemin; 60 pièces, papier.

1702-1789. — Tutelles, curatelles, inventaires pupillaires, concernant les enfants : Dagueau, Depré, Erard, Jérard, Grosdidier, Grosjean, Huguenin, Lacourt, Laurent, Leboeuf, Marchand, Martin, Martinot, Mercier, Munier, Neveux, Pasquier, Pied, Piétry, tous domiciliés à Hautmougey.

B. 4067. (Liasse.) — 2 pièces, parchemin; 99 pièces, papier.

1700-1789. — Tutelles, curatelles, inventaires pupillaires concernant les enfants : Roussel, Sourot, Simette, Thiétry, Thomas, Thouvenot, Vauthrin, Viad, Voirpy, tous d'Hautmougey. — Testaments de Dominique Thiétry et d'Anne Viard. — Procédures criminelles contre : François Belard, Dominique Bredat, Jean Courtaillon, Jean-Claude Didier, Jean-Claude Martin, Nicolas Munier, Nicolas Thomas, tous d'Hautmougey, pour mauvais traitements, injures, coups et blessures.

B. 4068. (Liasse.) — 64 pièces, papier.

1655-1789. — Condamnations à des amendes adjugées au profit du seigneur d'Hurecourt, pour délits commis dans les champs. — Procédures criminelles contre : François Lallemand et Simon Laurent, d'Hurecourt, pour mauvais traitements. — Déclarations faites par tous les manants et habitants de la commune de La Haye de la quantité de grain qu'ils possèdent. — Nominations des sieurs Didier, Mourel et Thouvenot à l'office de garde des bois dans ladite commune. — Mise en ban des prés. — Vente d'une coupe de bois pour en employer le prix à la reconstruction de l'église d'Harsault. — Rapports d'experts pour prisées et estimations. — Enquêtes civiles. — Tutelles et curatelles des enfants : Baudouin, Bernard, Choltoy, Colombain, Didier, Drouhot et Gérard, tous de la Haye.

B. 4069. (Liasse.) — 76 pièces, papier.

1610-1789. — Tutelles et curatelles concernant les enfants : Gérard, Grandmaison, Jacqueroy, Meunier, Michaux, Mourey, Munier, Oréal Pierrot, Richard, Rouhier, Thiétry, Thomas, Thouvenot, Vauthrin et Viard, tous de la Haye.

B. 4070. (Liasse.) — 63 pièces, papier.

1685-1789. — Interdiction de Dominique Thiétry, de la Haye, tombé en démence. — Décrets des biens de Claude Rouhier et d'Adrien Thevenot, de la Haye. — Ventes judiciaires des biens des sieurs Munier, Oréal, Richard et Vauthrin. — Clôture d'un pré appartenant à Jean-Claude Thiétry. — Reconnaissance d'anticipations commises sur les communaux de la Haye. — Procédures criminelles contre : Antoine Drouhot, Dominique Ferry, Henri Aubry, tous de la Haye, pour coups et blessures.

B. 4071. (Liasse.) — 65 pièces, papier.

1655-1789. — Procédures criminelles contre : Jean-Claude Richard, Jean-Baptiste Théleffe et Jean-Claude Thiétry, de la Haye, pour calomnie et mauvais traitements. — Jugement condamnant Nicolas Thouvenot, de la Haye, aux galères à perpétuité pour rébellion et mauvais traitements envers un huissier. — Compte de la tutelle des enfants Pieds, de Mailleroncourt. — Procédures criminelles contre : Jean-Baptiste Bourdon et Jean-Claude Collas, dudit lieu, pour coups et blessures. — Nomination par la marquise de Clermont, dame de Vauvillers, de François Spiercnael à l'office de procureur en la justice de Montdoré. — Procès-verbal de descente sur un terrain litigieux. — Tutelles et inventaires pupillaires des enfants Laurent et Maire. — Émancipation de Barbe Laurent. — Procès criminels contre : Courtaillon, Laurent, Vincent et Vitry, tous de Montdoré, pour mauvais traitements. — Tutelle des enfants Brocard, d'Ormoy. — Procédure criminelle contre Catherine Cramet, femme Laurent, d'Ormoy, pour mauvais traitements et vol. — Donation entre-vifs faite par Jean-François Langlois, de la Basse-Vaivre, à Anne-Françoise Langlois, de Passavant, de tous les biens-fonds qu'il possède, tant à Vauvillers qu'à la Basse-Vaivre. — Jugement criminel condamnant Nicolas Chalon, de Passavant, à 50 livres d'amende au profit du seigneur et au bannissement perpétuel de la province, pour avoir blessé dangereusement à coups de couteau Jean Joly, sourd-muet, demeurant à Passavant.

B. 4072. (Liasse.) — 50 pièces, papier; 1 plan.

1516-1786. — Nominations des sieurs : Jacquot, Jean

Pierre et Vuillaume, à la charge de garde forestier à Peudaquet. — Sentence ordonnant le partage des bois de cette commune en assiettes et quarts en réserve. — Tutelles et curatelles des enfants : Buffet, Doizelay, Girard, Grandhaye, Laurent, Mercier, Péquignot, Vagney, Vincent, tous de Peudaquet. — Procédures criminelles contre : Joseph Grandhaye, Nicolas Petit, Jean-Pierre et François Thierry, tous de Peudaquet, pour mauvais traitements, coups et blessures.

B. 4073. (Liasse.) — 12 pièces, papier; 1 plan.

1675-1786. — Prestation de serment des gardes forestiers de la commune du Pont-du-Bois. — Procès-verbaux d'apposition et de récolement d'assiettes. — Reconnaissance de l'état de la fontaine publique du Pont-du-Bois, dont les eaux inondent les chemins et les héritages de divers particuliers. — Baux judiciaires. — Sentences civiles : ordonnant à Jean-Pierre Tisserand de prouver que le moulin du Pont-du-Bois n'est pas banal ; — Condamnant Jean Robert, dudit lieu, à 60 sous d'amende envers les seigneurs de Vauvillers, pour avoir refusé de faire moudre son grain au moulin banal du Pont-du-Bois. — Enquêtes civiles faites à la requête du procureur fiscal contre Martial Vuillaume, du Pont-du-Bois, au sujet de l'emplacement d'un chemin et des travaux qui y ont été indûment entrepris ; à la requête du sieur Bacon contre Didier Duglay, du Pont-du-Bois, au sujet du défrichement d'un champ. — Procès-verbaux d'expertise pour prisées et estimations.

B. 4074. (Liasse.) — 42 pièces, papier.

1650-1788. — Tutelles, curatelles, inventaires pupillaires, appositions et levées de scellés, concernant les enfants : Alamassey, Bacon, Bandelet, Basset, Chassard, Cœurdassier, Collas, Drouin, Duglay, Étienne, Faivre, Fauterre, Fermet, Gérard, tous du Pont-du-Bois.

B. 4075. (Liasse.) — 61 pièces, papier.

1686-1761. — Tutelles, curatelles, inventaires pupillaires, appositions et levées de scellés, concernant les enfants : Gérard, Guyot, Hastier, Huot, Laurent Lhuillier, Martin, Masson, Messey, Moisson, Musy, Perrin, Prautois, Renaudot, Thomas, Thouvenot, tous du Pont-du-Bois. — Testaments de François Collot et de Marguerite Renaudot, veuve Viard.

B. 4076. (Liasse.) — 1 pièce, parchemin; 97 pièces, papier.

1687-1788. — Ventes par autorité du bailliage des immeubles appartenant à Nicolas Chassard, Dominique Lhuillier et Catherine Huot, tous du Pont-du-Bois. — Décrets des biens : de Jean Boccard, du Pont-du-Bois, à la requête de Charles Jaron ; — de Laurent Boulanger, à la requête de Remy Barret ; de Philibert Gurry, à la requête d'Antoine Guyot ; — de Philibert Guenot, à la requête de Damien Langlois ; — de François Vauthrin, à la requête de Sébastien Huot ; — de Claude Vinot, à la requête de Jean-Baptiste Maire, tous du Pont-du-Bois. — Procès-verbal de nantissement et de distribution des deniers rapportés par Philippe Lhuillier, acquéreur des biens de Jean-Baptiste Roussel, du Pont-du-Bois. — Renonciation de Catherine Luzet à la succession de Sébastien André, son mari.

B. 4077. (Liasse.) — 94 pièces, papier.

1650-1780. — Interrogatoires sur faits et articles subis par les sieurs Courdier, Labonde et Lhuillier, du Pont-du-Bois. — Procès civils entre : Didier Quenot et Nicolas Brossier, au sujet des fruits d'un héritage qui fait l'objet d'un litige ; — entre demoiselle Jeanne Demassey et Antoine Guyot, du Pont-du-Bois, au sujet du décret des biens de ce dernier. — Procédures criminelles contre : Françoise Baudelot, veuve Chapuis, Antoine Chapuis, soldat au régiment de l'Isle-de-France, François Delagrange, François de Massey, Jean Grusselin, Jacques Guyot, tous du Pont-du-Bois, pour mauvais traitements, coups et blessures. — Sentence condamnant Jean et Marie Huot, du Pont-du-Bois, à 10 livres d'amende au profit du seigneur, pour blessures faites avec une fourche.

B. 4078. (Liasse.) — 100 pièces, papier.

1702-1788. — Procédures criminelles contre : Jean Huot, Anne Jeannot, meunière, Pierre Maillet, Jacques et Nicolas Martin, Claude Mougin, Joseph Munier, Nicolas Odinot, Jean-Baptiste Perny, Charles Prudhon, Jean Renaudot, Joseph Sanglin, Jacques Thierry, tous du Pont-du-Bois, pour coups et blessures et avoir détruit la chaussée d'un étang.

B. 4079. (Liasse.) — 50 pièces, papier.

1668-1786. — Sentences civiles : rendue contre Claude Thérion et Sébastien Marchal, de Ruaux, au sujet d'une acquisition d'immeubles; — déclarant valables les exploits du décret des biens de Claude Colombain. — Reddition du compte de la tutelle des enfants Roussel, de Ruaux. — Enquête secrète faite à la requête de Claude-François Maillefert, contre Claude Grandjean, de Saint-Loup, au sujet d'une succession. — Procédure criminelle contre les frères Maria, de Saponcourt, pour vol d'une paire de bœufs. — Procès civil entre Didier Quenot, de Faverney, et Jean Pierrot, meunier à Selles, au sujet d'une saisie de meubles. — Tutelles et curatelles concernant les enfants: Bregier, Demorge, Gerberon, Messey, Morge, tous de Servance. — Procès criminel contre Claude Duveau, de Servance, pour avoir mis le feu dans le bois du Ronchot, appartenant au seigneur de Vauvillers.

B. 4080. (Liasse.) — 46 pièces, papier; 1 plan.

1682-1781. — Notice historique de Vauvillers, signée Mottet, 1774 : « Vauvillers dont la fondation se perd dans
« les siècles reculés étoit autrefois une souveraineté pos-
« sédée depuis un tems immémorial par des seigneurs
« dont l'auctorité étoit si grande qu'ils n'en reconnoissoient
« point de supérieure dans toute l'étendue de leur sei-
« gneurie : fesant battre monnoie en différentes espèces
« coursables dans tout le royaume, à leur coin, noms et
« armes; portant toute sorte de jugements civils et cri-
« minels en dernier ressort; donnant grâce aux criminels
« et exerçant tous les actes que les souverains exercent
« dans leurs États.
« Cette puissance absolue subsista jusqu'en 1633 que
« Monseigneur François de Livron, abbé commendataire
« de l'abbaye de Notre-Dame de Chasade, et Réné de
« Vienne, comte de Châteauvieux, ne pouvant empêcher
« les incursions qui se fesoient sur leurs terres, voulurent
« bien se rendre vasseaux de Philippe III, roi d'Espagne,
« et réunirent ainsi au comté de Bourgogne leur seigneurie
« de Vauvillers, qui étoit de 5 à 6 lieues d'étendue, fournie
« de forêts considérables et de 10 à 12 grands villages,
« sans quantité d'autres maisons isolées. Ils la lui cédèrent
« dis-je, à condition que tous leurs autres droits leur
« seroient conservés, et dès lors le bailliage de Vauvillers
« fut assimilé à ceux de Luxeuil et de Saint-Claude qui
« sont à l'instar des bailliages royaux. — Vauvillers qui a
« titre de duché a toujours appartenu à de fameuses mai-
« sons et notamment à celles de Paquier, d'Anglure, de
« Dinteville, de Géresme, de Vienne, de la Guiche, de Lé-
« noncourt et du Châtelet, appartient aujourd'hui pour
« notre bonheur au très digne et très puissant seigneur
« Gaspard de Clermont-Tonnerre, premier maréchal de
« France, chevalier des ordres du roi, duc et pair nommé,
« premier baron connétable, grand maître héréditaire du
« Dauphiné, premier commis né des états de ladite pro-
« vince, gouverneur des villes et citadelles de Bedfort,
« lieutenant général et commandant de la même province
« dud. Dauphiné, comte d'Épinac et de Thurige, seigneur
« d'Halaincourt, Demangeville, Hurecourt et autres lieux.
« Il seroit inutile de recommander ici Vauvillers par un
« long détail de ses prérogatives, de sa situation, de ses
« commodités et de ses terres. Je trouverais dans les ci-
« toyens, un sujet infiniment plus fécond et plus glorieux,
« où j'entrerais volontiers, si l'impuissance où je suis de
« parcourir un si vaste champ sans m'égarer, ne me le
« deffendoit. Je ne dirai rien de cette politesse qui règne
« parmi eux, de cette affabilité, de cette complaisance dont
« ils nous donnent aujourd'hui une preuve incontestable.
« En un mot l'assemblage de toutes les vertus, unies aux
« talents et aux dignités ecclésiastiques et civiles les plus
« estimables auxquels ils ont toujours eu part, fourniroient
« matière à des éloges trop au dessus de mes faibles ex-
« pressions. D'ailleurs quel relief pourroient ajouter à la
« haute opinion qu'on en a, les suffrages d'une jeunesse
« dépourvue d'expériences, dont l'unique ambition doit
« être et sera à jamais de ressembler à ces modèles par-
« faits qui réunissent si justement notre admiration et nos
« respects. » — Nominations : de François Spierenael et de Nicolas Garret, à l'office de procureur au bailliage ; — de Pierre-Antoine Baudot, à l'office de contrôleur des actes à Vauvillers ; — de Pierre Renaud et de Joseph Ruaux, à la charge d'huissier ; — des sieurs Cordier, Gourmans, L'Allemand, Martin, etc., à l'office de garde des bois, chasse et pêche dans la terre de Vauvillers. — Réception d'Agnès Barthélemy, de Vauvillers, à la charge de sage-femme à Hautmougey. — Copie des lettres patentes de Philippe, duc de Bourgogne, par lesquelles il maintient le bailliage de Vauvillers sur le pied des sièges royaux. — Comptes rendus par les échevins Barret, Gauthier, Broussier, Colley, Laurent et Godard, des recettes et des dépenses de la communauté de Vauvillers. — Procès-verbaux de visite des bois. — Rapports des gardes pour délits commis dans les bois et les champs.

B. 4081. (Liasse.) — 1 pièce, parchemin; 64 pièces, papier.

1598-1787. — Vente de bois faite par la commune de Vauvillers. — Marchés de bûcherons. — Mise en ban des prés et des fruits sauvages. — Taxe du pain et de la viande. — Dénombrement des habitants de la terre de Vauvillers devant payer le droit d'aide au duc de Clermont-Tonnerre, à l'occasion de sa réception au nombre des chevaliers du Saint-Esprit. — Visite d'un bœuf tué par un boucher. — Vérification des poids et balance du four banal. — Reconnaissance de l'état des prisons et des réparations à faire au château de messire de la Vieuville, coseigneur de Vauvillers. — Visite du cimetière. — Reconnaissances des dommages causés par la grêle et des réparations à faire à l'église de Vauvillers. — Permission de vendre des immeubles accordée à la veuve Jeanpierre. — Clôture du pré Perrin, appartenant au duc de Clermont-Tonnerre. — Contrat de mariage de Jeanne-Françoise Bardot, de Vauvillers. — Échange d'immeubles entre Pierre Dam, bourgeois de Vauvillers, et Laurent Courtaillon, coseigneur à Montdoré, curé d'Alaincourt. — Bail général de la portion des revenus de la seigneurie de Vauvillers, appartenant à messire de la Vieuville.

B. 4082. (Liasse.) — 47 pièces, papier.

1699-1702. — Sentences civiles : condamnant Nicolas Mougin, de Vauvillers, à payer trois louis d'or à Élisabeth de Massol, marquise de Clermont-Crusy, dame de Vauvillers, pour prix de la location d'une vigne ; — la communauté de Vauvillers, à diminuer la cote de François Guyennemand, docteur en droit, sur tous les rôles de contributions ; — déclarant valables les exploits du décret des biens de Jean Demesse, de Vauvillers ; — condamnant Jean Broussier, commis-greffier au bailliage de Vauvillers, à rendre compte de tous les revenus et émoluments du greffe dudit siège et à en payer la moitié à Élisabeth de Massol, marquise de Crusy-Clermont, dame de Vauvillers, etc.

B. 4083. (Liasse.) — 44 pièces, papier.

1703-1722. — Sentences civiles condamnant : Charles-François Morin, curé de Mailleroncourt, à se désaisir de la propriété d'une maison en faveur de Françoise Laurent, de Vauvillers ; — Antoine Depoisson, docteur en droit, bailli de Vauvillers, à payer à la baronne de Pouilly, 80 écus qu'il lui doit par obligation ; — Claude Paillard, à livrer au marquis de la Vieuville, 150 carpes qu'il lui doit comme fermier du grand étang d'Ambiévillers ; — François de Gevigney de Pointe, demeurant à Vauvillers, à 10 livres de dommages-intérêts envers Madelaine Allias qu'il a maltraitée, etc.

B. 4084. (Liasse.) — 40 pièces, papier.

1722-1764. — Sentences civiles : réglant le compte d'une société faite entre Louis Mognot et Nicolas Mougin, marchand à Vauvillers ; — concernant le partage des biens de la succession d'André Roux, de Vauvillers ; condamnant : Claude Garnier, de Vauvillers, à payer à la marquise de Clermont-Crusy, dame de Vauvillers, la somme de 20 livres qu'il lui doit pour prix de 5 quartes de seigle et autant de grise (sarrazin) ; — les habitants du hameau de Pendaquet, à payer à la marquise de Clermont, les mêmes dîmes et les mêmes redevances que les habitants de la commune du Pont-du-Bois, etc.

B. 4085. (Liasse.) — 30 pièces, papier.

1700-1788. — Procès-verbaux d'expertise relatifs : à la reconnaissance de l'état du ruisseau de la Bonde et de l'étang de la Craye ; — à l'estimation des biens de Valentin Corne, bourgeois à Vauvillers ; — à la reconnaissance de l'état de l'église paroissiale de Vauvillers ; — à l'estimation des fers, fontes, matériaux, forges, fourneaux, bois, mines, bâtiments, moulins et cours d'eau, appartenant à Jules-Charles Henri, duc de Clermont-Tonnerre, pair de France ; — à la vérification des boisseaux du château de Vauvillers ; — à la reconnaissance du nombre de voitures de bois qui ont été coupées dans les forêts du duc de Clermont-Tonnerre situées à Vauvillers, Gruey, Harsault, Hautmougey, Grand-Rupt, La Haye, etc.

B. 4086. (Liasse.) — 2 pièces, parchemin ; 66 pièces, papier ; 1 sceau.

1638-1754. — Procès-verbaux d'experts relatifs : à la reconnaissance de l'état des écluses de la forge de Freland ; — à l'estimation des meubles et effets provenant de la succession de Marguerite Dubuisson, de Vauvillers, etc. — Enquêtes civiles entre la communauté de Polaincourt et Jean Tisserand, de Vauvillers, au sujet d'un rôle de contribution ; — entre Nicolas Rapine, de Vauvillers, Jacques Barthélemy et Claude Regnaud, au sujet de l'exemption du droit de hallage en faveur des bouchers, etc.

B. 4087. (Liasse.) — 33 pièces, papier.

1642-1726. — Enquêtes civiles entre Philippe Godard et Jacquette Bérillot, de Vauvillers, au sujet du payement d'une rente : dans cet acte, il est rapporté que la ville de Jonvelle fut prise en 1636 par le duc de Weimar ; — entre Claude Viard et Michel Delaunoy, au sujet du remboursement d'une somme que ledit Viard avait prêtée au défendeur pour sa rançon, lorsqu'il fut fait prisonnier de guerre avec Abraham Monnin, Jean Barthélemy et Catherine Ruaux et conduit au château d'Aigremont ; — entre les habitants du Pont-du-Bois et les seigneurs de Vauvillers au sujet du payement de certaines redevances seigneuriales; dans cette enquête, un témoin rapporte : que, lorsqu'il était jeune, il a vu madame de Melay jouir de la moitié de la terre de Vauvillers, laquelle moitié passa, après son décès, au seigneur de Chateauvieux, son fils, et, de là, au seigneur duc de la Vieuville ; que l'autre moitié de ladite seigneurie avait été depuis fort longtemps acquise par le président de Massol, de Dijon, des mains duquel elle passa à madame de Crusy, sa fille, etc.

B. 4088. (Liasse.) — 47 pièces, papier.

1720-1734. — Enquêtes civiles entre : Jean Gremet et Gilette Roussel, au sujet de l'état de l'écluse de la forge Freland ; — entre François Barret et Claude Dubuisson, de Vauvillers, au sujet d'insultes ; — entre Étienne Brocard et Michel Benoist, de Vauvillers, au sujet de la propriété d'une maison ; — entre Jean-Baptiste Poin et Sébastien Duchesnoy, au sujet de la jouissance et de la propriété d'un banc placé à l'église de Vauvillers ; — entre François Prujean et Jean Munier, de Vauvillers, au sujet d'une anticipation commise sur un pré, etc.

B. 4089. (Liasse.) — 1 pièce, parchemin; 81 pièces, papier.

1726-1780. — Enquêtes civiles. — Testaments des sieurs : Aubert, Jean Aubry, conseiller du roi et son procureur au bailliage et siège présidial de la police et maréchaussée de Metz ; — Augier, procureur au bailliage de Vauvillers ; — Barret, huissier ; — Mercier, lieutenant au régiment de Condé ; — Pierrette Davoux, veuve Patzius ; — Jean Blouin ; — la marquise de Clermont-Crusy, dame de Vauvillers ; — François Collin, Pierre Dam, bourgeois à Vauvillers. — Donation d'une somme de 6,000 livres faite par Élisabeth de Massol, marquise de Clermont, dame de Vauvillers, à son fils, Gaspard de Clermont-Tonnerre, etc.

B. 4090. (Liasse.) — 54 pièces, papier.

1728-1787. — Testaments des sieurs : Daviot, Dégossey, curé, Défossey, Corne, Dubuisson, Dumarchef, Flajollet, Gachot, Gérard, Girardin, Huot, curé, Jacquerey, Lacaille, Mouchy, chirurgien, Nobis, Philipponel, Poinsot, Queniset, Thierry, Vivier, tous de Vauvillers.

B. 4091. (Liasse.) — 123 pièces, papier.

1614-1669. — Acquisition d'un pré, situé à Vauvillers, faite sur Pierre Colas au profit de Denis Bonnet. — Procès-verbal dressé contre les procureurs Ougier et Broussiers, qui n'ont point paru à l'audience. — Acte justifiant la rareté des causes du bailliage de Vauvillers et les entreprises des procureurs sur les fonctions du bailli. — Déclaration des biens appartenant à François Ganthier, de Vauvillers. — Procès civils entre Claude Duglay, de Vauvillers et Antoine Courtailton, seigneur de Dampvalley-Saint-Pancras, au sujet du payement d'une somme de 120 livres ; — entre Nicolas Huguenin et Charles Cabaron, au sujet de la saisie d'une rente ; — entre François Langlois et les habitants de Vauvillers, au sujet d'un compte rendu par les échevins ; — entre Nicolas Mammis et Jean-Baptiste Daviot, au sujet du payement d'un transport de vin depuis Salins à Vauvillers ; — entre Nicolas Rapine et Claude Duglay, au sujet d'un échange d'immeubles, etc.

B. 4092. (Liasse.) — 110 pièces, papier.

1670-1674. — Procès civils entre les échevins de Vauvillers et Claude Benoist, marchand, au sujet du payement de la somme de 10 livres 10 gros, pour deux mois de contribution ; — entre Claude Duguy et Jeanne Mangeville, de Vauvillers, au sujet de la délimitation d'un héritage ; — entre la veuve Rouget et Claude Bonnefoy, au sujet du payement de 22 pistoles ; — entre Étienne Ogier et Anne Gérard, veuve Bergerot, au sujet de la livraison de diverses fournitures et d'un règlement de compte entre les parties ; — entre François Gallois et François de Massey, au sujet du décret des meubles de ce dernier, etc.

B. 4093. (Liasse.) — 77 pièces, papier.

1696-1721. — Procès civils entre Claude-François Magnien et Jean-Baptiste Maire, de Vauvillers, au sujet de la distribution des deniers provenant de la vente des biens de la succession de Jean Magnien ; — entre Pierre Bolandier et Jean Colombain, de Vauvillers, au sujet de la vente du moulin de ce dernier ; — entre le prieur de Fontaine et Pierre Colas, vigneron à Vauvillers, au sujet du mauvais état dans lequel il a laissé les vignes dudit prieuré ; — entre les habitants de Vauvillers et Pierre Camus, dudit lieu, qui a construit un mur sur un terrain communal ; — entre François Laurent et Pierre Perron, pâtre à Vauvillers, au sujet d'un porc que ce dernier a perdu, etc.

B. 4094. (Liasse.) — 110 pièces, papier.

1721-1734. — Procès civils entre Jean-Baptiste

Malte, docteur en droit, procureur fiscal au bailliage et en cette qualité agissant au nom de René-François, marquis de la Vieuville, contre Pierre Grosjean, de Grand-Bois, au sujet de la perception du droit de lods et ventes sur une acquisition d'immeubles; — entre Jean-François Lecomte, ancien lieutenant au régiment de Brie, demeurant à Vauvillers, et Catherine Hozot, au sujet de la jouissance et propriété d'un banc et d'une tombe placés dans l'église de Vauvillers; entre François Barret et Pierre Colas, de Vauvillers, au sujet d'une donation faite par un mineur, etc.

D. 4095. (Liasse.) — 2 pièces, parchemin; 90 pièces, papier.

1784-1789. — Procès civils : entre Nicolas Methet, marchand tanneur, à Vauvillers, et Pierre Laurent, ancien maire à Montdoré, au sujet d'un dépôt de 3 écus de 6 livres qui avait été fait entre les mains de ce dernier; — entre Pierre Dam, fermier des terres du seigneur de la Vieuville, et François Besançon, au sujet de l'estimation du revenu des terres appartenant audit seigneur; — entre Jean-Baptiste Prin et Sébastien Duchanoy, au sujet de la possession d'une place dans l'église de Vauvillers avec le droit d'y poser un banc et d'y faire un lieu de sépulture; — entre Jean-Baptiste Bertrand et Claude-Adrien Barthélemy, procureur à Vauvillers, au sujet du payement de la location d'une maison. — Sentences autorisant la vente des biens des sieurs Hasse, de Vauvillers; — condamnant le sieur Febvre à rendre à mademoiselle Prinsar une somme de 1,000 livres qu'elle lui avait prêtée, etc.

D. 4096. (Liasse.) — 11 pièces, papier.

1674-1742. — Sentence collocatoire du décret des biens de Dominique Bardot, de Vauvillers, rendue à la requête de mademoiselle Courtaillon. - Décrets des biens : de Clément Brency, fait à la requête de Nicolas Ruaux; — de Pierre Cordier, fait à la requête de Jean-Baptiste-François Maire, seigneur de Bouligney, conseiller au parlement de Besançon; — de Jean Demesse, fait à la requête de Jean Faivre, procureur fiscal au bailliage de Vauvillers. — Nantissement fait au décret des biens dudit Jean Demesse, à la requête de Marie-Henriette Firhot, veuve Roch. — Sentence déclarant valables les exploits du décret des biens de Nicolas Guyennemand.

D. 4097. (Liasse.) — 2 pièces, parchemin; 77 pièces, papier.

1655-1709. — Décrets des biens de Nicolas Guyennemand, de Vauvillers, faits à la requête de Thiébaud Ma-

thenet, d'Élisabeth de Massol, marquise de Clermont-Creuzy, dame de Vauvillers, et de haut et puissant seigneur messire René-François, marquis de la Vieuville, chevalier d'honneur de la Reine, gouverneur du haut et bas Poitou, coseigneur à Vauvillers; — des biens de Jeanne-Françoise Jacquenot, femme Rosette, à la requête de Marguerite Ougier, femme Mony; — des biens de François Jacquelot, à la requête de Jean Guyennemand.

D. 4098. (Liasse.) — 1 pièce, parchemin; 131 pièces, papier.

1682-1769. — Décrets des biens des sieurs : Claude Laurent, François Lhoste, Jean Magnloy, Claude Marchal, Nicolas Martin, Jean Mathieu, dit Bonjean, Huguette Poncecot, François Rapine, Jean Roussel, Nicolas Thiébaud, Jean Tontejole, Claude Valot, Françoise Verdot, Nicolas Villier, tous domiciliés à Vauvillers.

D. 4099. (Liasse.) — 28 pièces, papier, 2 cahiers in-8°, 108 feuillets, papier.

1710-1780. — Procès-verbaux : d'adjudication de la maison de la veuve Ougier et de Jean-Baptiste Badard, de Vauvillers; — de visite des moulins de Vauvillers, de Gruey et d'Hautmougey. — Autorisation de vendre les biens de Marie Bor, encore mineure, et la maison des enfants Camus. — Enchère des biens provenant de l'hoirie de Pierre Cordier et de Nicolas Guyennemand, de Vauvillers. — Ventes judiciaires : de douze arpents de bois faite par les habitants de Vauvillers à François Vaulot; — de la maison de Pierre Mignot, adjugée à Claude-François-Simon Patzius; — de la charge du notaire Ougier, de Vauvillers; — des vignes et des prés appartenant aux enfants de Dominique Ougier; — d'un clos appartenant à Nicolas Rabonet, adjugé à Jean-Baptiste Patzius, procureur à Vauvillers.

D. 4100. (Liasse.) — 1 pièce, parchemin; 39 pièces, papier.

1668-1780. — Bail de deux prés situés à Vauvillers, loués à Pierre Robin, maître cordonnier. — Procès-verbaux de tirage de lots et de partage des biens des demoiselles Bonnet, de Jean-Baptiste Lallemand, de Dominique Ougier, d'André Roux, de Vauvillers. — Actes d'émancipation de Louis Bel, de Marie-Anne Mougin et d'Étienne Munier, de Vauvillers. — Tutelles, curatelles, inventaires pupillaires, appositions de scellés, concernant les enfants : Aubert, Bardenet, Bardot, Barillot, Barret, Barrot, Barthélemy, tous domiciliés à Vauvillers.

D. 4101. (Liasse.) — 69 pièces, papier.

1688-1788. — Tutelles, curatelles, inventaires pupillaires, appositions et levées de scellés, concernant les enfants : Barthélemy, Basset, Bazin, Begula, Benoist, Bernard, Bleula, Blusset, Boband, Bonnet, Bonvalot, Boudot, Bracounier, Brocard, Brolte, Broussier, Bulney, Camus, Cariage, Clergot, Clermont-Tonnerre, Colisso, femme Dumarchef, Collard, femme Coisse, Collas, tous demeurant à Vauvillers.

D. 4102. (Liasse.) — 31 pièces; 3 cahiers in-8°, 204 feuillets, papier.

1689-1762. — Tutelles, curatelles, inventaires pupillaires, appositions et levées de scellés, concernant les enfants : Callas, Cafouthier, Calot, Cordier, Corne, Courtaillon, Crevoisier, veuve Champion, Ikun, Bard, tous de Vauvillers.

D. 4103. (Liasse.) — 113 pièces, papier.

1690-1780. — Tutelles, curatelles, inventaires pupillaires, appositions et levées de scellés, concernant les enfants : David, Deffossey, Demarche, Denizot, Desprey, Devillier, Dormoy, Dumarchef, Duperrier, Dussaut, Errard, Faignolin, Flagrollet, Forterre, tous de Vauvillers.

D. 4104. (Liasse.) — 80 pièces, papier.

1731-1788. — Tutelles, curatelles, inventaires pupillaires, appositions et levées de scellés, concernant les enfants : Garret, Gaury, Gérard, Girardot, Godard, Grandhaye, Grandjean, Grisard, Grosjean, Groslidier, Guillard, Guyot, Guyennemand, Hacquard, Hennemand, Hoyaut, tous de Vauvillers.

D. 4105. (Liasse.) — 2 pièces, parchemin; 50 pièces, papier.

1635-1787. — Tutelles, curatelles, inventaires pupillaires, appositions et levées de scellés, concernant les enfants : Hugueney, Jacquot, Larrard, Lafferteur, Lallemand, Laprévost, Laurent, Lhuillier, Logerot, Lombard, Maillard, Maillet, Martin, Masson, Mathieu, Michel, Mignot, Menestrier, Mougenet, Mougin, Mourel, Mourot, tous de Vauvillers.

D. 4106. (Liasse.) — 45 pièces, papier.

1677-1786. — Tutelles, curatelles, inventaires pu-

pillaires, appositions et levées de scellés, concernant les enfants : Mourot, Munier, Noble, Ougier, Paillon, Parent, tous de Vauvillers.

D. 4107. (Liasse.) — 54 pièces, papier.

1640-1788. — Tutelles, curatelles, inventaires pupillaires, appositions et levées de scellés, concernant les enfants : Parisot, Patalas, Payen, Péquignot, Pernot, Perrin, Pescheur, Picourt, Poinvelet, Poinsot, de Poisson, Poulain, Prinsso, Prost, Rainquebue, Rapin, Régent, Renard, Remy, Richard, tous de Vauvillers.

D. 4108. (Liasse.) — 61 pièces, papier.

1637-1789. — Tutelles, curatelles, inventaires pupillaires, appositions et levées de scellés, concernant les enfants : Robert, Robin, Rollin, Roux, Roy, Serrurier, Simard, Souflot, Spirvenael, Thevenot, Thiesler, Toussaint, Vacherot, Velpet, Viard, tous de Vauvillers.

D. 4109. (Liasse.) — 39 pièces, papier.

1720-1788. — Tutelles, curatelles, inventaires pupillaires, appositions et levées de scellés, concernant les enfants : Viard, Villemin, Vincent, Visier, Voisin et Vuillemin, tous de Vauvillers.

D. 4110. (Liasse.) — 115 pièces, papier.

1697-1789. — Procès-verbal de la levée du cadavre de Pierre Maire, garde de la police de la chasse et des bois du duché de Clermont-Tonnerre. — Procédures criminelles : contre des inconnus qui ont : démoli un mur appartenant à Guillaume Corne, bourgeois de Vauvillers; — pris au bureau de la poste des lettres adressées à Claude-François Renaulot, receveur des fermes du Roi; — commis un vol avec effraction au domicile du sieur Fort, marchand à Vauvillers; — pris des gerbes de blé dans un champ appartenant à Jean-François Queuisset, seigneur de Selles; — troublé le repos public, brisé les portes et les fenêtres de la maison de Catherine Aubert; — contre Thérèse Augier, Anne-Françoise Barret, François Barret, l'huissier Bazin, tous de Vauvillers, pour insultes, coups et blessures.

D. 4111. (Liasse.) — 63 pièces, papier.

1698-1789. — Procédures criminelles contre : Simon

HAUTE-SAÔNE. — TOME II. — SÉRIE B.

Benoît, Dominique Barthélemy, Pierre Bertrand, Jeanne Bâton, Jacques Binon, Charles Boiteau, Michel Bonnet, Charles Boulanger, Charles Bourdaux, tous de Vauvillers, accusés de bris de prison, vols, injures, coups et blessures.

D. 4113. (Liasse.) — 80 pièces, papier.

1689-1749. — Procédures criminelles contre : Étienne Bourgeois, Claude et Jean Boyer, Jean Bernard, Nicolas et Pierre Braconnier, Dominique Bedda, Jean Broussier, François Bontechoux, Jean Bratry, Pierre et Louis Collin, tous de Vauvillers, pour blasphème, menaces, délit de chasse, vols, injures, coups et blessures.

D. 4114. (Liasse.) — 122 pièces, papier.

1691-1704. — Procédures criminelles contre : Joseph Cabasset, Pierre Camus, Jean-Baptiste Chassard, Antoine Clerc, Françoise Daudelot, veuve Chapuis, tous de Vauvillers, pour vols, coups et blessures; — Jean-Baptiste Chaufourt, condamné, pour sol sacrilège, à faire amende honorable, en chemise, la corde au cou, tenant une torche ardente devant la porte principale de l'église paroissiale de Saint-Loup, où il a été conduit par l'exécuteur de la haute justice, puis mené sur la place des Graviers pour y être pendu. Son cadavre fut ensuite porté à la sortie du village, sur le chemin de Polaincourt, où il resta exposé pendant trois jours. — Procès-verbal de l'évasion de Nicole Charbonnier, femme Mougin, de Vauvillers.

D. 4115. (Liasse.) — 94 pièces, papier.

1704-1707. — Procédures criminelles contre : François Collin, Mathieu Cordier, Jacques Corne, Claude-Joseph Daviot, Françoise Défossey, de Gevigney de Pointe, François Deloz, Jean-Claude Didier, tous de Vauvillers, pour coups et blessures, rébellion envers un huissier, vol de raisins et injures à un garde forestier.

D. 4115. (Liasse.) — 95 pièces, papier.

1698-1769. — Procédures criminelles contre : Jean-Claude Donsey, Claude-François Dubuisson, Claude Dumarchet, Nicolas Duvaux, Barthélemy Fournier, Françoise Girod, tous de Vauvillers, pour menaces, coups et blessures, altération d'un acte notarié et vol.

D. 4116. (Liasse.) — 1 pièce, parchemin; 124 pièces, papier.

1691-1707. — Procédures criminelles contre : Grandmaire et Thiéby, soldurires à Vauvillers, accusés d'avoir donné la mort au fils Fresard en se défendant contre les attaques de ce dernier; — lettres de rémission du roi Louis XVI pardonnant aux accusés; — contre : Claude Jacob et François Royan, pour guet-apens; — Claude Royet, pour vol de gerbes; — Jean Royet, pour mauvais traitements et injures; — Jean-Claude Humbert, pour blessures faites à l'aide d'une hache; — Jean-François Jacques, pour rébellion envers un huissier procédant à la saisie de ses meubles; — Françoise Laurent, pour coups et blessures.

D. 4117. (Liasse.) — 1 pièce, parchemin; 108 pièces, papier.

1702-1749. — Procédures criminelles : contre Claude-François Laurent, Germain Lecomte, Claude Lefebvre, Jean-François Maguien, Pierre Mareschal, Nicolas Martin, Claude Masson, Jean-Baptiste Maugrans, Jean Miguot, Jean Montignon, Claude Mougin, Anne Munier, Claude Noble, Simon-François Ougier, procureur, tous de Vauvillers, pour vol, mauvais traitements, coups et blessures et tentative d'assassinat. — Arrêt du parlement de Besançon qui déclare nulle la procédure criminelle instruite contre le procureur Ougier.

D. 4118. (Liasse.) — 169 pièces, papier.

1699-1769. — Procédures criminelles : contre François Ougier, Claude Paillard, Nicolas Paulot, Jacques Perrin, Marguerite Peschene (femme Thomas), Clerc Pierre, Dominique Piez, Cécile Pusel (veuve Viard), Claude-François Rapine, Pierre Regnaud, François Renard, tous de Vauvillers, pour vols, menaces et injures aux officiers du bailliage, mauvais traitements, coups et blessures; — contre Catherine Pelu, condamnée à 60 livres d'amende pour avoir coupé un banc à l'église de Vauvillers; — contre Jean-Baptiste Prounier, domestique d'Étienne Beuchot, aubergiste à la Forge du Pont-du-Bois, et Nicolas Rabonel, jardinier à Vauvillers, condamnés, pour assassinats, à être rompus vifs sur un échafaud dressé à cet effet sur la place publique de Vauvillers, puis à être placés sur une roue, la face tournée vers le ciel, pour y finir leurs jours.

D. 4119. (Liasse.) — 76 pièces, papier.

1699-1769. — Interrogatoire subi par l'avocat Ruaux, accusé de faux. — Procédures criminelles : contre François Richard, Jean-Baptiste Rigolot, Claude Robin, Joseph Ruaux, Georges Saunier, Nicolas Silvestre, François Spicaurel, Jean-Baptiste Thierry, Charles Thomas, Joseph Vincent, Nicolas Vivier, etc., tous de Vauvillers, pour vols, injures, bris de prison, coups et blessures ; — contre Pierre-François Thouvenot, condamné à trois ans de galères et à 50 livres d'amende envers les seigneurs de Vauvillers, pour avoir mis à nu Sébastien Thouvenot, l'avoir battu à outrance et laissé pour mort dans un fossé ; — contre François Thomas, condamné à 10 livres d'amende envers les seigneurs de Vauvillers, pour scandale public et bris de fenêtres pendant la nuit ; — contre Claude-François Vuillemey, condamné à 15 livres d'amende, pour avoir recelé et acheté à vil prix des objets volés.

Bailliage d'Alaincourt.

B. 4183. (Registre.) — In-4°, 374 feuillets, papier.

1749-1769. — Causes d'audiences du bailliage d'Alaincourt. — Dans cette justice, qui dépendait du duché de Clermont-Tonnerre, dont le siège était établi à Vauvillers, la justice était rendue par les officiers du bailliage de Vauvillers, et les frais des procès qui y étaient jugés étaient réglés sur le même taux que dans les bailliages royaux, en exécution d'un arrêt de la Cour du parlement de Besançon de l'année 1690. — Sentences civiles : condamnant Nicolas Cordier, d'Alaincourt, à payer à Nicolas Horan, recteur d'école à Vauvillers, 15 sous, pour son salaire et port d'eau bénite de l'année 1710 ; — Claudine Cordier, à remettre en toute propriété à Antoine Vatin, curé à Alaincourt, une baraque située en la rue Haute, qu'elle lui a donnée pour la rétribution de la fondation de deux grand-messes ; — appointant les habitants d'Alaincourt à produire tout ce qu'ils trouveront convenir à l'opposition qu'ils font à la reconstruction du presbytère ; — condamnant François Régent, maire à Alaincourt, à payer 15 sous à Claude Dumaschef, procureur et notaire à Vauvillers, pour façon d'une requête adressée au bailli ; — Claude-François Benoist, échevin à Alaincourt, à rendre le compte de son échevinage pour l'année 1714. — Procès-verbal dressé par le bailli, constatant que, pendant une année et trois mois, il n'y a point eu de cause au bailliage d'Alaincourt. — Publication d'une donation à cause de mort faite par Nicolas Evrard, dit Saint-Claude, ancien lieutenant de cavalerie au régiment de Brie, demeurant à Alaincourt, à sa veuve, Françoise Regnaudot. — Condamnations à des amendes adjugées aux seigneurs d'Alaincourt, pour délits et mésus. — Congés, défauts et actes de voyage.

B. 4184. (Registre.) — In-4°, 182 feuillets, papier.

1770-1783. — Causes d'audiences du bailliage d'Alaincourt. — Sentences civiles : condamnant Jean-François Regnaudot, demeurant à Alaincourt, à se dessaisir d'une maison et d'un jardin situés au dit lieu, en faveur de Jean Boulanger, valet de pied de S. A. R. la duchesse de Lorraine, demeurant à Lunéville ; — rendue à la requête de Marie-Anne Lecomte, veuve de Claude Habignand, écuyer, demeurant à Vauvillers, contre Jacques Jacquot, d'Alaincourt, au sujet de la propriété d'un pré ; — condamnant Nicolas Pierrat, d'Alaincourt, à payer la somme de 15 livres à haute et puissante dame Élisabeth de Nassau, marquise de Clermont, dame de Vauvillers et d'Alaincourt, pour prix de quatre quartes de seigle ; — maintenant Jean-François Renaudot, d'Alaincourt, dans la jouissance et propriété d'un terrain situé sur le territoire dudit Alaincourt, appelé le Champ de la Guerre. — Vente aux enchères, faite à la mairie d'Alaincourt, d'une forêt située audit lieu, appartenant moitié au sieur Friant, écuyer, demeurant à Ray, et l'autre moitié aux marquis de Clermont-Tonnerre et de La Vieuville. — Condamnations à des amendes adjugées au profit des seigneurs d'Alaincourt, pour délits commis dans les bois et les champs. — Congés, défauts et actes de voyage.

B. 4185. (Registre.) — In-4°, 137 feuillets, papier.

1784-1790. — Causes d'audiences du bailliage d'Alaincourt. — Sentences civiles : rendues en matière de décret des biens de Jean Hoyot, d'Alaincourt, à la requête de messire Charles-Henri-Joseph Maire, seigneur de Montdoré, Harcourt et autres lieux, conseiller, maître en la Chambre des comptes de Franche-Comté ; — condamnant : François Massey, dit La Voivre, écuyer, demeurant à La Rochère, à une amende de 50 livres, au profit des seigneurs d'Alaincourt, pour avoir refusé de reconnaître sa signature, apposée au bas d'une quittance, et que des experts avaient parfaitement reconnue pour la sienne ; — Jean-Baptiste Clamonet, notaire royal à Jussey, à remettre dans vingt-quatre heures à Pierre-Antoine Baudot, avocat en parlement et procureur fiscal au bailliage de Vauvillers, la minute du testament de Gabrielle Lapoutre, veuve Broutechoux, d'Alaincourt, etc. — Vente de chablis, faite à la requête du marquis de Clermont-Tonnerre et de Charles Friant, écuyer, seigneur d'Alaincourt. — Condamnations à des amendes pour délits commis dans les bois et la plaine. — Congés, défauts et actes de voyage.

B. 4123. (Registre.) — In-4°, 102 feuillets, papier.

1689-1760. — Actes extraordinaires. — Publication du testament de Gabrielle Lapoutre, d'Alaincourt. — Tutelle des enfants Renaudot. — Sentences : déclarant valable la saisie des biens d'Antoine Lyonnet, de Bourbévelle, faite à la requête de François Renaudot, d'Alaincourt ; — ordonnant la licitation des biens des héritiers Renaudot. — Nomination par Pierre Vinot, receveur de la terre de Vauvillers, et ayant charge du maréchal, duc de Clermont-Tonnerre, du sieur Bary, d'Anchenoncourt, à l'office d'huissier au bailliage de Vauvillers et d'Alaincourt. — Comparution au greffe du bailliage d'Alaincourt de Jeanne-Claude Maurey, dudit lieu, laquelle a déclaré être en vinte. — Arrêt du Conseil d'État du Roi concernant le règlement des assiettes dans les bois d'Alaincourt. — Exemption d'impôts pour deux ans, accordée par l'intendant de la province à Étienne Moutisu, d'Alaincourt, ancien soldat provincial surnuméraire au régiment de Vesoul. — Démission de Charles Mercier, avocat en parlement, de la charge de bailli à Vauvillers et à Alaincourt, de laquelle il avait été pourvu par le maréchal, duc de Clermont-Tonnerre. — Substitution du duché-pairie de Vauvillers, faite au profit de Charles-Henri-Jules, duc de Clermont-Tonnerre, pair de France, grand maître héréditaire des maisons du Dauphin, connétable, premier baron et premier commis né des États de la province de Dauphiné, lieutenant général commandant ladite province, fils aîné de Gaspard, duc de Clermont-Tonnerre, pair de France, et d'Antoinette Pothier de Novion, etc.

B. 4124. (Cahiers.) — In-4°, 50 feuillets, papier.

1772-1789. — Causes fiscales. — Sentences rendues en la maison du maire d'Alaincourt par le bailli de Vauvillers, condamnant : à une amende de 10 livres, au profit des seigneurs d'Alaincourt, Joseph-Simon Munier, de Vauvillers, qui a prononcé des paroles indécentes et injurieuses à l'auditoire du bailliage ; — Jean-Pierre Mourot, d'Ambiévillers, à une amende de 3 livres 4 sous 5 deniers, pour avoir fauché dans la prairie d'Alaincourt avant l'ouverture des foins ; — les habitants d'Alaincourt, à 50 livres d'amende, pour n'avoir pas mis de prés en ban, conformément à l'arrêt du parlement rendu à ce sujet ; — ordonnant aux habitants de la commune de Hautmougey de choisir et établir un aubergiste capable de loger à pied et à cheval, dans quinze jours, pour tout délai, à peine de 50 livres d'amende, etc.

B. 4125. (Liasse.) — 59 pièces ; 1 cahier in-8°, 43 feuillets, papier.

1732-1762. — Rapports des gardes des bois, de la plaine, de la police, de la pêche et de la chasse, de la terre d'Alaincourt. — Sentences rendues sur requêtes : levant l'interdiction de l'huissier Hayaux et lui permettant de reprendre ses fonctions ; — envoyant Jean-Claude Régent en possession de l'office de maire sergent à Alaincourt, dont il a été pourvu par le maréchal, duc de Clermont-Tonnerre ; — permettant : à Pierre-Antoine Raudot, procureur fiscal au bailliage d'Alaincourt, d'établir un curateur à l'hoirie vacante de Laurent Courtaillon, curé à Alaincourt ; — à plusieurs habitants de Vauvillers de faucher les prés qu'ils possèdent sur le territoire d'Alaincourt, lieu dit au Vaubovelle, avant l'ouverture de la fauchaison ; — condamnant les propriétaires des prés situés à Alaincourt à faire un fossé d'assainissement dans la prairie, à peine de 5 livres d'amende à chaque contrevenant ; — ordonnant que reconnaissance sera faite de l'état de la chaussée du patouillet situé au bas du village d'Alaincourt, appartenant à Claude-Thomas Valletoux, maître de forge au Pont-du-Bois, etc.

B. 4126. (Liasse.) — 2 pièces, parchemin ; 65 pièces, papier.

1665-1760. — Envoi de Jean-Claude Régent en possession de l'office de maire à Alaincourt. — Élections d'échevins dans ladite commune. — Rôles des porcs mis à la glandée. — Procès-verbal de confiscation de quatre cochons pâturant dans les bois. — Contrat de mariage d'Étienne Renaudot avec Marguerite Brouterboux. — Contrat d'obligation sur Claude Prévost, d'Alaincourt, au profit du sieur Gérard, maître de forges au Pont-du-Bois. — Constitutions de rentes faites au profit d'Hippolyte Daviot, docteur ès droit, sur François Jacquot et Sébastien Régent, d'Alaincourt. — Mises en ban des prairies. — Procès-verbal de reconnaissance de l'état des prés, de leurs bornes séparatives et du ruisseau qui les arrose. — État des arbres renversés par le vent. — Sentences civiles : entre Roch Boband et Pierre Dubois, au sujet d'une anticipation ; collocatoire du décret des biens de Claude Amyot, maire à Alaincourt ; — entre Jean-Claude Finel et Louis Renaudot, au sujet d'injures ; — déclarant valables les exploits du décret des biens de Pierre Régent, d'Alaincourt, etc.

B. 4127. (Liasse.) — 58 pièces, papier.

1672-1759. — Sentences civiles : maintenant Marie-

Anne Lecomte, de Vauvillers, dans la propriété d'un champ que lui conteste Nicolas Pierrot, d'Alaincourt ; — condamnant Jean-François Renaudot à se désister d'une pièce de terre labourable située à Alaincourt, en faveur de Françoise Amiel, veuve Hatton ; — rendus entre Jean et Claude Royet, de Vauvillers, et Claude Carolus, d'Alaincourt, au sujet d'un partage de succession ; — maintenant Claude Broutechoux dans la jouissance d'un champ situé lieu dit aux Abatteux, territoire d'Alaincourt, dont la propriété lui est contestée par Joseph Renaudot ; — ordonnant à Nicolas Pierrot de prouver que Jean-François Regnaudot, d'Alaincourt, s'est emparé de tout le mobilier qui était dans la maison de Claude Regnaudot, au jour de son décès. — Procès clos entre Jean-François Lecomte, de Selles, et Nicolas Héraud, d'Alaincourt, au sujet du payement d'une rente. — Enquêtes civiles relatives : à des réparations à faire à l'étang appelé Chantoraine ; — à la contenance d'un champ situé à Alaincourt, au lieu dit le Poirier-Febrard, appartenant à la cure, etc.

D. 4128. (Liasse.) — 34 pièces, papier.

1694-1752. — Enquêtes civiles : à la requête de Nicolas Pierrot, d'Alaincourt, à l'effet de prouver qu'il y avait des meubles et du bétail dans la maison de Claude Regnaudot, d'Alaincourt, et au sujet de la propriété d'un pré situé lieu dit à la Corne-Voilté. — Procès-verbaux d'experts pour prisées et estimations. — Reconnaissance de l'état des empellements du moulin que le marquis de Clermont-Tonnerre a fait construire sur la rivière du Coney. — Tutelles, curatelles, inventaires pupillaires, concernant les enfants : Barthélemy, Benoist, Boband et Bresson, tous d'Alaincourt.

D. 4129. (Liasse.) — 1 pièce, parchemin ; 61 pièces, papier.

1697-1784. — Tutelles, curatelles, inventaires pupillaires, appositions et levées de scellés, concernant les sieurs : Broutechoux, Courtaillon, Dufour, Follet, Gallois, Gérard, Horry, Jacquot, Lapoutre, Laurent, Mignot, Mourey et Prévost, tous d'Alaincourt.

D. 4130. (Liasse.) — 1 pièce, parchemin ; 61 pièces, papier.

1698-1764. — Tutelles, curatelles, inventaires pupillaires, appositions et levées de scellés, concernant les sieurs : Régent, Renaudot, Richardin, Roux, Vatin, curé, Vialat et Viard, tous d'Alaincourt. — Renonciation de Françoise Valot à la succession d'Alexandre Bresson, son

mari. — Décret des biens de Claude Amyot, maire à Alaincourt, fait à la requête de Jacques Sornet, marchand à Vesoul.

D. 4131. (Liasse.) — 5 pièces, parchemin ; 14 pièces, papier.

1692-1699. — Déclaration des dépens occasionnés par le décret des biens de Claude Amyot, maire à Alaincourt. — Décret des biens : de ce dernier, fait à l'impétration de Jacques Sornet, marchand à Vesoul ; — de François Gallois, d'Alaincourt, fait à l'impétration de François de Massey, écuyer, demeurant à la Verrerie de Selles ; — de Jean Royet, d'Alaincourt, à la requête de Charles-Henri-Joseph Maire, seigneur de Montford, Harcourt et autres lieux, conseiller maître en la Chambre des comptes, domaines et finances du comté de Bourgogne, demeurant à Besançon.

D. 4132. (Liasse.) — 41 pièces, papier.

1695-1749. — Décrets des biens : de Claude Pierrot, d'Alaincourt, à la requête de Jean-Baptiste Maire, docteur en droit ; — de Dominique Pierrot, à la requête d'Antoine de Massey, de Beaupré, écuyer, demeurant à Darney ; — de Nicolas Pierrot, d'Alaincourt, à la requête de François de Massey, écuyer, demeurant à la Voivre ; — de Dominique Prévost, d'Alaincourt, à la requête de Jean-Baptiste Maire, de Vauvillers, docteur en droit et procureur fiscal au bailliage dudit lieu.

D. 4133. (Liasse.) — 6 pièces, parchemin ; 31 pièces, papier.

1693-1754. — Décrets des biens : de Pierre Régent, d'Alaincourt, fait à la requête de Jean-Baptiste Maire, docteur en droit, demeurant à Vauvillers ; — de Jean et Jeanne Sergent, à la requête de François-Bresson ; — de Henri Thévenin, à la requête des héritiers Gallois. — Ventes judiciaires des biens appartenant : à Pierre Benoist, Sébastien Broutechoux, Dominique Fage, Laurent et Hilaire Benoist, tous domiciliés à Alaincourt.

D. 4134. (Liasse.) — 70 pièces, papier.

1694-1782. — Procès-verbaux d'adjudication des biens des héritiers Prévost et de Joseph Renaudot, d'Alaincourt. — Nantissements au décret des biens de Jean Royet et de René Thévenin. — Testaments : d'Étiennette Benoist, femme Genet, chirurgien à Alaincourt ; — de Jean-François Jacquot, laboureur audit lieu ; — de Gabrielle Lapostre, veuve Brontechoux, d'Alaincourt. — Interrogatoire sur faits et articles subi par Anne Regnaudot, d'Alaincourt, se disant enceinte de Dominique Prévost, dudit lieu. — Procédures criminelles contre : Martin Amyot, François Barrot, Louis Benoist, Jean-Baptiste Maurhard, Alexandre et Sébastien Bresson, Claude Brontechoux, Dominique Cordier, Jean Coran, Jean-Baptiste Dufourg, Jean Fouillet, tous d'Alaincourt, pour viol, dégradations dans les bois, vol, coups et blessures.

B. 4135. (Liasse.) — 1 pièce, parchemin; 92 pièces, papier

1682. — Procédure criminelle intentée à la requête de Pierre-Antoine Baudot, avocat en parlement, procureur fiscal au bailliage d'Alaincourt, contre Nicolas Gautherot et Jean Régent, de Hisval, condamnés à trois ans de bannissement de la province et à 10 livres d'amende au profit des seigneurs d'Alaincourt, pour avoir battu et terrassé les gardes desdits seigneurs.

B. 4136. (Liasse.) — 61 pièces, papier.

1683-1690. — Procédures criminelles contre : François Guyonnemand, Claude Guyot, Jean Hatton, Claude et Sébastien Hoyet, Jacques et François Jacmot, Catherine Maire, Jean-Claude Mathieu, Jean Mollant, Claude Mougin, Charles Nobys, Nicolas Pierrot, tous d'Alaincourt, pour prévarication, calomnie, injures, vols, coups et blessures.

B. 4137. (Liasse.) — 70 pièces, papier.

1693-1698. — Procédures criminelles contre : Nicolas Pierrot, Sébastien, Nicolas, Claude, Dominique et Gérard Prévost, François, Sébastien et Jean-Claude Régent, Jacques Renaud, Jean-Baptiste Roux, Jean Souillet, tous d'Alaincourt, accusés de vol, prévarication, coups et blessures.

BAILLIAGE DE VESOUL.

B. 4138. (Registre.) — In-4°, 93 feuillets, papier.

1680-1689. — Édits et déclarations du Roi, ordonnances de l'intendant, arrêts du parlement : défendant à tous les étrangers de posséder des bénéfices dans les pays conquis ; — portant règlement pour les greffes du comté de Bourgogne ; — ordonnant que, dans tous les bailliages et autres juridictions du ressort du parlement de Besançon,

il sera tenu deux audiences par semaine, « et ce depuis « neuf heures du matin jusqu'à une heure, au lieu d'une « seule qui se tenait précédemment chaque semaine et « environ après midi, d'où il arrive que les causes sommaires ne s'expédient pas avec la diligence requise, que « tantôt on y plaide avec moins de modestie par ce que « cela se fait immédiatement après le repas dont les vapeurs causent aux uns de la dissipation et bien souvent « aux autres de l'assoupissement » ; — enjoignant à tous ceux dont les parents sont au service des ennemis du Roi, de sortir dans un mois des terres soumises à Sa Majesté ; — portant annodiation des fours, moulins, étangs et pressoirs appartenant au Roi, et qui sont situés dans le ressort du bailliage de Vesoul ; — défendant à quiconque, à peine de la vie, de faire des levées d'hommes dans le royaume pour aller servir les princes étrangers ; — ordonnant aux pères et mères qui ont des enfants en pays étrangers de les faire rentrer dans la province dans le délai de trois mois, à peine de confiscation de leurs biens ; — portant punition de la peine de mort contre ceux qui favorisent l'évasion du royaume des nouveaux convertis ; — exemptant du logement des gens de guerre les lieutenants généraux, les avocats et les procureurs du Roi dans les bailliages ; — portant déclaration de guerre entre la France et les États généraux des Provinces-Unies des Pays-Bas, et défendant à tous les sujets français d'avoir quelque communication ou intelligence avec les Hollandais, à peine de la vie ; — prescrivant des mesures contre les déserteurs et portant punition de la peine de mort contre ces derniers, etc.

B. 4139. (Registre.) — In-4°, 245 feuillets, papier.

1691-1699. — Édits et déclarations du Roi, ordonnances de l'intendant de la province, arrêts du parlement : concernant les titres de noblesse des officiers du parlement de Besançon ; — portant défense de porter des boutons de même étoffe que les habits et ordonnant d'en porter de soie ; — réglant le prix des journées et des repas que les hôteliers pourront exiger des hommes voyageant à pied et à cheval ; — portant règlement pour les officiers des bailliages ; — touchant la vente des domaines de la Couronne ; — défendant à quiconque de chasser sur les terres dépendant du domaine royal et permettant à tous les seigneurs et gens nobles de chasser dans l'étendue de leurs fiefs ; — portant cession des droits de retenue féodale dans l'étendue des domaines royaux engagés ; — concernant les foires et marchés ; — portant : ennoblissement de cinq cents personnes ; — création de commissaires généraux trésoriers pour la vérification des comptes des étapes ; — institution de substituts des avocats et procureurs du Roi dans les sièges royaux ; — ordonnant que tous ceux qui voudront acquérir des lettres de noblesse y seront admis après une simple enquête de vie et de mœurs et en payant 500 livres pour tous frais ; — permettant à tous ceux qui possèdent des immeubles en rature, dans les diverses justices et directes du Roi, de les acquérir à titre d'inféodation ; — portant création des offices de gouverneurs héréditaires dans toutes les villes closes du royaume ; — ordonnant la recherche des faux nobles ; — portant création de cinq présidiaux dans le comté de Bourgogne ; — concernant la célébration des mariages ; — condamnant à mort les réformateurs des vieilles monnaies ; — portant création des offices de contrôleurs des bans de mariage ; — défendant à tous les sujets du Roi de s'établir à Orange et d'y pratiquer la religion prétendue réformée ; — réglant la juridiction ecclésiastique ; — permettant à tous les sujets qui sont sortis du royaume d'y rentrer en faisant abjuration de la religion prétendue réformée ; — portant règlement pour les présidiaux ; — concernant l'exécution de plusieurs traités de paix conclus entre la France, l'Espagne, l'Angleterre et les États-Généraux des provinces unies des Pays-Bas ; — portant punition de la peine de mort contre tous ceux qui exporteront des grains ; — réglant l'administration des hôpitaux ; — concernant les pauvres ; — confirmant l'hérédité des offices de greffiers en Franche-Comté, etc.

B. 1112. (Registre.) — In-f°, 229 feuillets, papier.

1708-1712. — Édits et déclarations du Roi, ordonnances de l'intendant, arrêts du parlement : portant règlement pour la levée des impôts au comté de Bourgogne ; — concernant les économes séquestres du royaume ; — portant : création de juges grayers ; — des offices de maires alternatifs et triennaux dans toutes les villes du royaume ; — suppression de deux offices de secrétaires du Roi créés par le bureau des finances de Franche-Comté et création de deux autres offices de secrétaire du Roi près la Chambre des comptes de Dôle ; — ordonnant à tous les ecclésiastiques, gentilshommes, officiers, bourgeois, marchands, artisans, laboureurs et autres, de déclarer exactement la quantité de chaque espèce de grain qu'ils ont chez eux ; — prescrivant des mesures contre la disette qui régna au comté de Bourgogne en 1709 ; — portant création des offices de gardes des archives dans les cours supérieures, les présidiaux, les bailliages et les autres justices royales ; — concernant le recouvrement des droits d'amortissement, francs-fiefs et nouveaux acquêts dans le comté de Bourgogne ; — concernant les dîmes des menus grains récoltés en 1709 dans les champs qui avaient été ensemencés de blé en 1708 ; — portant création des offices de receveurs particuliers triennaux des finances en Franche-Comté ; — augmentant de 30,000 livres les gages attribués aux acquéreurs des lettres de noblesse ; — concernant la juridiction consulaire établie à Besançon, etc.

B. 1113. (Registre.) — In-f°, 169 feuillets, papier.

1712-1716. — Édits et déclarations du Roi, ordonnances de l'intendant, arrêts du parlement : concernant la juridiction des archevêques, des évêques et des curés ; — augmentant de 1,230,000 livres les gages des officiers comptables des deniers royaux ; — maintenant les anciens secrétaires près le parlement de Besançon dans les privilèges de noblesse au premier degré ; — portant que les femmes et les veuves des chevaliers de l'ordre du Saint-Esprit jouiront des privilèges accordés à leurs maris ; — adjugeant aux hôpitaux la totalité des biens des condamnés pour duel ; — confirmant les habitants du comté de Bourgogne dans le privilège de ne pouvoir être traduits ailleurs que devant leurs juges naturels ; — obligeant les médecins à avertir, à peine de 300 livres d'amende pour la première fois, de l'interdiction pour la deuxième et de la révocation pour la troisième, le second jour qu'ils visiteront des malades atteints d'une maladie pouvant occasionner la mort, le curé de la paroisse, afin que celui-ci les confesse et leur administre les derniers sacrements ; — portant création de cent lettres de noblesse ; — défendant à tous les sujets du comté de Bourgogne pourvus de bénéfices en cour de Rome de se servir des bulles apostoliques qui leur auront été accordées et d'en prendre possession sans avoir obtenu du Roi des lettres d'attache et les avoir fait enregistrer au greffe du parlement ; — admettant la renonciation faite à la couronne de France par le roi d'Espagne et celle faite à la couronne d'Espagne par le duc de Berry et le duc d'Orléans ; à la suite de ces lettres patentes sont enregistrés les actes de renonciation aux deux couronnes ; — prescrivant des mesures contre une épizootie qui régna dans le comté de Bourgogne en 1714 ; — supprimant les économes séquestres du temporel des bénéfices vacants ; — ordonnant : aux habitants de toutes les communautés du comté de Bourgogne de dresser un état de tous les biens de fief qui sont situés sur leur territoire et de le remettre aux receveurs de leurs impositions ; — que les droits seigneuriaux dus dans les justices et seigneuries aliénées seront perçus au profit du Roi, malgré l'aliénation qui en a été faite ; — l'enregistrement de l'arrêt du parlement de Paris du 12 septembre 1715, par lequel Sa Majesté séant en son lit de justice a déclaré le duc d'Orléans régent du royaume pendant sa minorité, etc.

D. 4462. (Registre.) — In-4°, 253 feuillets, papier.

1716-1729. — Édits et déclarations du Roi, ordonnances de l'Intendant, arrêts du parlement : portant règlement pour le Conseil des finances ; — concernant les monnaies d'or et d'argent ; — renvoyant aux juges consuls la connaissance des faillites ; — ordonnant à tous les propriétaires de fiefs, terres et seigneuries, situés en Franche-Comté et mouvants de la couronne, de faire foi et hommage au Roi à l'occasion de son heureux avènement ; — concernant les billets payables au porteur ; — portant règlement pour les amendes des eaux et forêts ; — défendant de recevoir, faire lire, publier ou exécuter aucune bulle, décret ou bref émanant de la cour de Rome sans lettres patentes du Roi ; — accordant au sieur Law le privilège de fonder une banque générale en France ; — portant règlement pour la traite des nègres qui se trouvent dans le royaume ; — défendant aux nouveaux convertis de vendre leurs biens ; — suspendant toutes les difficultés et contestations survenues dans le royaume à l'occasion de la constitution du Saint-Père contre le livre des *Réflexions morales sur le Nouveau Testament* ; — portant établissement d'une loterie pour le remboursement des billets de l'État ; — défendant à toutes personnes d'exercer quelque office de judicature, de police, de finance ou domaniale, sans être pourvues de lettres de provision scellées en la grande chancellerie, à peine de faux ; — ordonnant la suppression d'un imprimé ayant pour titre : *Déclaration faite par le Roi catholique*, au sujet de la résolution qu'il a prise de se mettre à la tête de ses troupes pour favoriser les intérêts de Sa Majesté très-chrétienne et de la nation française ; — prescrivant des mesures contre les vagabonds et gens sans aveu ; — portant établissement de la juridiction du premier chirurgien du Roi sur les barbiers, perruquiers et étuvistes de toutes les villes du royaume, — défendant, dans l'intérêt des familles, et pour mettre un frein au luxe, à tous les sujets du Roi de porter des diamants, des perles et autres pierres précieuses, à peine de la confiscation et de 10,000 livres d'amende ; — concernant les donations et substitutions qui se feront dans la Franche-Comté ; — concernant l'administration des bénéfices de collation et de nomination royale situés en Franche-Comté et les formalités avec lesquelles les visites et inventaires desdits bénéfices doivent être faits dans les cas de vacance ; — portant défense aux officiers des bailliages du comté de Bourgogne de juger comme procès par écrit les appellations de la conversion des procès criminels en procès ordinaires ; — réglant la délivrance du sel dans les salines de Salins, etc.

D. 4463. (Registre.) — In-4°, 314 feuillets, papier.

1723-1731. — Édits et déclarations du Roi, ordonnances de l'Intendant, arrêts du parlement : établissant un tarif des droits d'enregistrement des actes notariés et sous seing privé ; — créant des maîtrises d'arts et métiers dans toutes les villes du royaume ; — portant punition de la peine de mort contre les duellistes ; — servant de règlement pour les juridictions consulaires ; — concernant le rang et les honneurs dus aux princes légitimés dans les cours des parlements ; — portant règlement pour la communauté des maîtres chirurgiens de Versailles ; — concernant les nominations aux abbayes et autres bénéfices consistoriaux situés en Flandre et au comté de Bourgogne ; — supprimant les offices municipaux ; — ordonnant l'extirpation de toutes les vignes de la Franche-Comté plantées dans les terres propres à la culture du grain ; — concernant la saisie faite en 1702, par les officiers de la Chambre des comptes de Dôle, des revenus des abbayes de Cherlieu, de Château-Chalon et du prieuré de Fontaine, pour n'avoir pas fait la déclaration du temporel de leurs bénéfices ; — défendant à tous les sujets du Roi d'aller en pèlerinage hors du royaume sans une permission expresse signée par un secrétaire d'État, sur l'approbation de l'évêque diocésain, à peine des galères à perpétuité, pour les hommes, et de toute autre peine afflictive, pour les femmes ; — portant confirmation de divers privilèges, concessions et aliénations en faveur de la Compagnie des Indes ; — prescrivant des mesures contre les faux-monnayeurs et défendant l'exportation de l'or et de l'argent ; — défendant à tous courriers ordinaires de se charger dans leurs voyages d'aucun transport d'or ou d'argent ; — confirmant l'ordre du Saint-Esprit dans tous ses privilèges ; — ordonnant que deux livres intitulés : *Supplément au Mercure* des mois de mars et mai 1723 seront brûlés par l'exécuteur de la haute justice sur la place publique de Besançon, etc.

D. 4464. (Registre.) — In-4°, 236 feuillets, papier.

1731-1743. — Édits et déclarations du Roi, ordonnance de l'Intendant, arrêts du parlement : fixant la jurisprudence sur la nature, les formes, les charges ou les conditions des donations ; — défendant à tous les ecclésiastiques et autres gens de mainmorte d'acquérir des biens-fonds en fief ou en roture, dans le comté de Bourgogne, sans en avoir obtenu la permission par lettres patentes du Roi; — concernant la conservation du temporel des églises et bénéfices au comté de Bourgogne; — portant règlement pour les coupes dans les bois du Roi en Franche-Comté; — réprimant la licence des jeux de hasard; — défendant à tous les habitants de la province d'exiger le droit de poule (redevance que les jeunes gens des villes et des villages exigeaient des jeunes mariés, et qui consistait en une somme d'argent) et de fréquenter les cabarets du lieu de leur résidence; — portant tarif pour les droits qui devaient être payés à l'exécuteur de la haute justice dans le ressort du parlement de Besançon; — prescrivant des mesures sévères contre les contrebandiers; — défendant aux clercs des procureurs du bailliage de Baume d'exiger des repas des nouveaux promus; — portant règlement pour la teinture des laines destinées à la fabrique des tapisseries; — concernant l'administration de la justice dans la ville et le comté de Montbéliard; — portant suppression de la régence et de la prévôté de Montbéliard et création d'un bailliage royal en cette ville; — unissant le comté de Montbéliard à la Chambre des comptes de Dôle; — permettant aux vassaux possesseurs de simples fiefs et non titrés de rendre par procureurs les hommages auxquels ils sont tenus lorsqu'ils sont domiciliés à plus de cinq lieues des villes où sont établies les Chambres des comptes; — concernant les droits de gabelle en Franche-Comté; — portant règlement pour les cessions de cures, abbayes, chapitres et autres communautés séculières et régulières en Franche-Comté; — déclarant que tous les sujets du roi de Pologne qui se sont retirés dans la Lorraine seront réputés naturels français; — ordonnant que les officiers municipaux de la ville de Besançon connaîtront des matières de voirie dans la ville et sa banlieue, à charge d'appel au Parlement; — concernant l'administration de la justice dans la grande judicature de l'abbaye de Saint-Claude; — défendant l'accaparement et l'exportation des blés du comté de Bourgogne, à peine de 3,000 livres d'amende et de l'emprisonnement; — ordonnant à tous les charpentiers de la province de faire tous ouvrages pour l'exécution des criminels, lorsqu'ils en auront été requis; — prescrivant des mesures contre une épizootie qui régna dans la province de Franche-Comté en 1743; — portant règlement pour la charge de professeur de droit français dans l'Université de Besançon, etc.

B. 1145. (Registre.) — In-folio, 231 feuillets, papier.

1745-1784. — Édits et déclarations du Roi, ordonnances de l'intendant, arrêts du parlement: portant création des offices de contrôleur et d'inspecteur des maîtrises et gardes dans les corps des marchands et des communautés d'arts et métiers, et tarif des droits que les marchands et artisans des villes où il y a des maîtrises et jurandes doivent payer aux inspecteurs et contrôleurs desdites maîtrises; — accordant l'hérédité de leurs offices aux notaires, procureurs et huissiers des juridictions royales; — prescrivant de nouvelles mesures contre l'épizootie qui règne dans la province depuis 1743; — concernant la forme du tabac, dans le comté de Bourgogne; — déclarant que le premier huissier de la Chambre des comptes de Dôle jouira du privilège de la noblesse; — portant règlement pour les compagnons et ouvriers qui travaillent dans les fabriques et manufactures; — supprimant les prévôtés, châtellenies et autres juridictions royales établies dans les villes où il y a des bailliages auxquels ces sièges ressortissent; — concernant les mendiants et vagabonds; — portant création d'une noblesse militaire; — enjoignant à toutes les personnes qui auront soigné des bénéficiers jusqu'à la mort, ou chez lesquels ils seront décédés, d'avertir les préposés à la sonnerie des cloches de sonner à l'instant pour lesdits ecclésiastiques; — établissant une école royale militaire; — portant règlement pour l'agrégation des maîtres en chirurgie; — réglant la manière de taxer les frais dans les décrets et saisies réelles des immeubles; — concernant la police des prisons; — prescrivant des mesures pour arrêter le progrès des incendies; — permettant à tous les habitants de la Franche-Comté domiciliés dans les villes et villages limitrophes des provinces de Champagne, de Bourgogne et de Bresse de planter du tabac pour leur usage et d'en faire le commerce avec l'étranger; — autorisant les employés des fermes de Lorraine et Barrois à exercer leurs fonctions sur les terres de France; — concernant les successions mobilières des suédois décédés en France; — portant règlement pour les notaires de Besançon; — ordonnant à tous les cabaretiers des villes, bourgs et villages de la province de Franche-Comté, de loger et nourrir l'exécuteur de la haute justice, en payant, à peine de 100 livres d'amende et d'emprisonnement sur-le-champ, avec injonction aux maires et échevins d'y tenir la main, à peine de 50 livres d'amende; — ordonnant qu'un imprimé ayant pour titre: *Instructions politiques de M. de Sérilly, intendant au comté de Bourgogne, pour servir à M. de Beaumont, sur tous les États de la Franche-Comté*, sera lacéré et brûlé dans la cour du palais du parlement, par l'exécuteur de la haute justice, comme étant téméraire, calomnieux et tendant à émouvoir l'esprit des peuples; — condamnant un écrit ayant pour titre: *Récit de ce qui a occasionné la détention de trente des soixante membres du parlement de Besançon, en janvier 1759*, à être lacéré et brûlé par l'exécuteur de la haute justice, comme étant séditieux, contraire au respect dû à la Cour et rempli de faits faux et calomnieux ; — portant tarif pour les ports de lettres dans toute l'étendue du royaume et à l'étranger ; — ordonnant l'enregistrement d'un traité conclu entre le roi de France et le roi de Sardaigne au sujet des limites des deux États ; — concernant le cadastre général et le remboursement des dettes de l'État ; — accordant différentes exemptions à tous seigneurs et propriétaires de marais et terres inondées qui en feront le desséchement ; — portant règlement pour l'administration des villes et bourgs du royaume, etc.

D. 1183. (Registre.) — In-folio, 350 feuillets, papier.

1762-1789. — Édits et déclarations du Roi, ordonnances de la Cour, arrêts du parlement : portant suppression des offices de présidents des présidiaux ; — supprimant l'ordre des Jésuites et ordonnant qu'il sera fait inventaire de tous les objets et titres qui sont dans leurs établissements ; — réglant le mode d'élection des officiers municipaux en Franche-Comté ; — permettant à toutes personnes, excepté aux magistrats, de faire toutes sortes de commerce en gros ; — défendant aux corps et communautés des marchands et artisans d'emprunter de l'argent sans y avoir été autorisés par lettres patentes du Roi ; — portant règlement pour le plombage des toiles peintes ou imprimées venant de l'étranger ; — déclarant que les collèges de Besançon, de Vesoul, de Gray et de Dôle seront conservés et confirmés dans leur ancien établissement ; — ordonnant à tous les officiers municipaux de produire un certificat de catholicité avant d'être installés dans leurs fonctions ; — défendant à quiconque de qualifier la Franche-Comté de pays d'obédience, et déclarant que cette province est seulement pays d'usage, et que la huitième règle de chancellerie n'y fait point le droit commun pour la disposition des bénéfices ; — concernant l'adjudication des octrois des villes de la province ; — accordant des encouragements à ceux qui défricheront les terres incultes ; — portant convention entre le Roi et l'Impératrice douairière, reine de Hongrie et de Bohême, au sujet de l'abolition réciproque du droit d'aubaine et de rétorsion entre les sujets respectifs de France et d'Autriche ; — ordonnant la vente des biens des Jésuites de Salins et de Pontarlier ; — réglant la levée des impôts établis pour subvenir à l'acquittement des dettes et charges des communautés de la province de Franche-Comté ; — fixant le montant du droit d'oblat et des portions congrues ; — portant règlement pour la clôture des héritages au comté de Bourgogne avec abolition du droit de parcours de village à village ; — concernant les privilèges accordés aux officiers du parlement de Besançon, de la Chambre des comptes de Dôle, et aux membres de l'Université de Besançon ; — portant création, dans le comté de Bourgogne, de juridictions pour connaître des contraventions à la régie des tabacs ; — réglant la composition de la Cour du parlement de Besançon et créant quatre offices de chevaliers d'honneur audit siège ; — portant suppression de la Cour des comptes, aides et finances de Dôle, et création d'un bureau des finances à Besançon, avec attribution au parlement de différentes matières de la compétence de ladite Cour et dudit bureau ; — concernant la compétence du bureau des finances de Besançon, et ordonnant que les procureurs et huissiers de la Chambre des comptes de Dôle, supprimée, exerceront leurs fonctions près ledit bureau ; — unissant à la chancellerie établie près le parlement de Besançon une partie des offices de la chancellerie ci-devant attachée à la Chambre des comptes de Dôle ; — portant création des offices de conservateurs des hypothèques ; — établissant une école royale de chirurgie à Besançon ; — fixant la quantité du sel d'ordinaire qui sera fourni à la province de Franche-Comté ; — portant liquidation des offices supprimés dans le parlement de Besançon et la Chambre des comptes de Dôle ; — rétablissant le parlement de Besançon dans le même état qu'il était avant l'édit de 1771 ; — attribuant au bailliage de Vesoul la connaissance de différents vols de chevaux commis en Alsace, dans la principauté de Porentruy et dans le comté de Montbéliard, par François-Xavier Barbier, de Senargent, qui fut arrêté à Frotey-lez-Vesoul ; — ordonnant la remise aux archives du parlement de Besançon des titres et documents concernant le domaine royal en Franche-Comté, et qui furent trouvés à Bruxelles ; — concernant les exhumations ; — défendant la fabrication de la bière à Besançon ; — portant suppression de plusieurs justices dépendantes de diverses seigneuries appartenant au Roi en Franche-Comté ; — concernant la vente des immeubles des hôpitaux ; — défendant les attroupements armés ; — réglant l'administration des eaux minérales ; — prescrivant des mesures contre les empoisonneurs, les devins et enchanteurs ; — défendant aux curés de s'assembler sans permission ; — portant défense expresse de sonner les cloches pendant les orages, à peine de 100 livres d'amende, et d'être poursuivi extraordinairement en cas de récidive ; — ordonnant à tous les propriétaires et les fermiers exploitant des domaines d'écheniller les arbres, haies et buissons, à peine de 10 livres d'amende ; — concernant la conservation des arbres qui se trouvent épars sur le territoire des communes ; — confirmant un mandement de l'archevêque de Besançon par lequel il réduit le nombre des fêtes de son diocèse, etc.

B. 4187. (Registre.) — In-4°, 828 feuillets, papier.

1788-1789. — Édits et déclarations du Roi, ordonnances de l'intendant, arrêts du parlement : confirmant une transaction passée entre le prince évêque de Bâle et le comte de Montjoie-Vaufrey, au sujet de divers échanges de droits seigneuriaux et féodaux ; — affranchissant du droit d'aubaine les sujets du roi de la Grande-Bretagne ; — concernant un traité de commerce conclu entre le roi de France et l'impératrice de toutes les Russies ; — ordonnant l'exécution d'une convention faite entre le roi de France et le duc de Wurtemberg, au sujet des limites du comté de Montbéliard ; — supprimant les droits de mainmorte et de servitude dans tous les domaines du Roi ; — convertissant la corvée en une prestation en argent ; — permettant le libre commerce des grains ; — portant création des assemblées provinciales ; — concernant la composition et la desserte du collège de Dôle ; — réduisant le nombre des offices du parlement de Besançon ; — introduisant des modifications dans l'administration de la justice ; — réglant en quel nombre seront les juges du grand bailliage de Vesoul qui statueront tant en première instance qu'en dernier ressort, tant au civil qu'au criminel ; — fixant au mois de janvier 1789 la convocation des états généraux ; — concernant les attroupements et assemblées illicites ; — portant règlement pour la convocation des états généraux dans tout le royaume, et spécialement pour la Franche-Comté ; — concernant le payement des dépenses des assemblées des bailliages et des sénéchaussées, occasionnées par la convocation des états généraux ; — sanctionnant la loi martiale décrétée par l'Assemblée nationale, au mois d'octobre 1789 ; — réformant quelques points de la jurisprudence criminelle, — portant déclaration des droits de l'homme et du citoyen, etc.

B. 4188. (Registre.) — In-4°, 94 feuillets, papier.

1788-1789. — Tableau des justices inférieures ressortissant au bailliage de Vesoul, avec indication de leurs possesseurs et des officiers qui en occupent le siège. Parmi les seigneurs auxquels appartenaient ces juridictions, figurent : le chanoine Dorival, seigneur haut justicier à Étuz ; — le marquis de Bauffremont, seigneur de Pusey ; — le marquis de Grammont, seigneur de Noidans-les-Vesoul ; — l'abbé de Luxeuil, seigneur de Mailley ; — le comte de Rosen, seigneur de Chemilly ; — le baron de Renach, seigneur à Amoncourt ; — le duc de Randan, lieutenant général de la province de Franche-Comté, seigneur de Puessans ; — le marquis du Chastelet, seigneur de Pin ; — le chevalier de Chatbrillant, commandeur de Sales ; — le prince de Bauffremont, seigneur de Scey-sur-Saône ; — le marquis de Choiseul, seigneur de Rougemont ; — le prince de Montbéliard, seigneur de Granges-le-Bourg ; — le marquis d'Andelarre, seigneur dudit lieu ; — le chevalier de Broissia, seigneur de Velle, Baignes, Clans, Noidans-le-Ferroux et Bucey-les-Traves ; — la comtesse de Saint-Maurice, dame de Gesincourt ; — de Bichin, seigneur de Cendrecourt ; — le baron de Montessus, seigneur de Chauvirey, Vitrey, Ouge et la Quarte ; — M. de La Malmaison, seigneur à Olans ; — l'abbé de Clermont-Tonnerre, seigneur de Mailley ; — le comte de Mollans, seigneur de Chemilly et Pontcey ; — le cardinal de Choiseul, seigneur de Cenans ; — le comte d'Orçay, seigneur de Rupt, Chantes et Chanches ; — le comte de Montureux, seigneur de Montureux-lez-Baulay ; — le comte de Montrevelle, seigneur de Gesigney et Mercey ; — le maréchal de Clermont-Tonnerre, seigneur de Demangevelle et Hurecourt ; — le président de Rozières, seigneur de Breurey-lez-Faverney, etc.

B. 4189. (Registre.) — In-4°, 310 feuillets, papier.

1692-1693. — Actes extraordinaires du bailliage. — Traité portant création d'une rente de 25 livres au profit de noble Georges, seigneur de Raincourt, sur dame Françoise de Neufchâtel, religieuse au monastère de Belmont. — Affranchissement de Claude Langroignet, de Raze, demeurant à Vesoul, par Claude Terrier, seigneur dudit Raze. — Déclaration de Nicolas Jacquinot, seigneur d'Auxon, lieutenant général au bailliage d'Amont, au siège de Vesoul, portant que Claude Perron, de Calmoutier, est homme franc et lige, bourgeois de LL. AA. SS. les souverains princes et princesses de Bourgogne. — Exécution d'un mandement de nouvelleté pour noble François de Saint-Martin, seigneur de Montureux et de Cendrecourt. — Règlement d'un compte de tutelle fait entre Claude de Grammont, Marguerite de Saint-Mauris, sa femme, et Françoise de Corbessain. — Affranchissement de Noël Vincent de Villafans, par généreux seigneur Ermenfroid d'Oiselay, baron et seigneur dudit lieu, messire Louis d'Oiselay, chevalier, baron et seigneur de Villerschemin, et dame Claude d'Oiselay, sa femme, dame d'Oricourt et de Villafans. — Abornement de la forêt appelée Cheny, consenti par Jean de Bauffremont, chevalier de l'ordre d'Alcantara, baron et seigneur de Clerval, la marquise de La Baulme, dame de Bougnon, et les manants et habitants dudit lieu. — Exécution du décret des biens de Barbe Douillères, veuve Bourgogne, de Betaucourt. — Nomination d'Antoine Jandey, de Meurcourt, à la charge de notaire coadjuteur publié au siège de Vesoul. — Désaveu de Jacques Guérillot, de Maizicourt, par lequel il est affranchi de la macule de mainmorte envers Jean de Bauffremont, baron et seigneur de Cleaval, en lui abandonnant tous ses biens-fonds et les deux tiers de ses meubles, puis déclaré franc et lige bourgeois des souverains de la province, etc.

B. 4150. (Registre.) — In-4°, 105 feuillets, papier.

1603-1604. — Actes extraordinaires du bailliage. — Affranchissement de Nicolas Pichanget, de Suaucourt, par dame Jeanne de Dalay, dame de Longwy, veuve de Jean d'Andelot, seigneur de Tromarey. — Désaveu de Claude Chochard, de Montjustin, sujet mainmortable de François Thierry, sieur de Magnoncourt, par lequel il est déclaré homme lige des duc et comte de Bourgogne, abandonnant, selon la coutume de la province, tous ses biens immeubles et les deux tiers de ses meubles à sondit seigneur. — Nomination de Renobert Maire, de Rupt, à l'office de notaire à Quingey, par Gaspard de Poligny, seigneur de Châtillon. — Amodiation faite à noble Claude et François Gay, de Villafans, des biens appartenant à haut et puissant seigneur messire Christophe de Rye, chevalier, marquis d'Arandon, comte et baron de la Roche. — Émancipation de Pierre Lambert, de Morey. — Donation faite par Jean Besançenot à ses deux fils, docteurs ès droit, de tous ses biens immeubles. — Désaveux de Jean Poinsot, de Colombotte, sujet mainmortable du chapitre de Colmoutier et de Jean Valéry, de Maizières, demeurant à Gy, sujet mainmortable de dom François Perrenot de Grandvelle, chevalier et commandeur de l'ordre d'Alcantara, comte de Cantecroix, baron d'Avricourt et de Grandvelle, seigneur de Chantonnay, Maizières, Rosey, Pont, Bussières, et maréchal du Saint-Empire. — Enquête établissant la preuve que la famille Robardey est originaire de Pusey et mainmortable de Claude de Pontarlier, chevalier, et de dame Louis-Claire d'Andelot, sa femme, seigneur et dame de Pusey, Port-sur-Saône et autres lieux. — Compte rendu à généreux seigneur Hardouin de Clermont, sieur de Saint-Georges, des revenus de la terre et baronnie de Rupt, etc.

B. 4151. (Registre.) — In-4°, 338 feuillets, papier.

1604-1605. — Actes extraordinaires du bailliage. — Traité par lequel Gaspard de Grammont, chevalier, sire de Châtillon, et dame Adrienne de Joux, sa femme, autorisent Jacques-Antoine de Grammont à prendre le nom de Joux. — Désaveu de Siméon Foyot, du Vernois-sur-Mance, sujet mainmortable de l'abbaye de Cherlieu. — Opposition formée par les habitants de Gesant à l'exécution d'un mandement de nouvelleté obtenu contre eux par Claude de Constable, seigneur dudit lieu. — Donation de la terre et seigneurie de Raucourt, faite à noble seigneur François de Grachaux, à l'occasion de son mariage avec Françoise de Beaujeu, fille unique de noble Guillaume de Beaujeu, seigneur de Vadans, par : dame Bonne de Joffroy, veuve de messire Pierre de Grachaux, chevalier, seigneur de Raucourt, lieutenant au gouvernement de la cité impériale de Besançon ; Melchior de Chaffoy, seigneur d'Aujeux, et Claudine de Grachaux, sa femme, assistés de haut et puissant seigneur Claude de Vergy, chevalier de la Toison-d'Or, comte de Champlitte, gouverneur du comté de Bourgogne. — Requête adressée au bailli d'Amont par Denis Guillot, curé de Saint-Sulpice, à l'effet d'obtenir payement d'une somme de 132 livres qui lui est due sur les revenus de sa cure. — Exécution d'une sentence de décret des biens de Pierrette Triolot, de Vy-lez-Filain, rendue à la requête de Denise Ruy, de Vesoul, etc.

B. 4152. (Registre.) — In-4°, 400 feuillets, papier.

1608-1609. — Actes extraordinaires du bailliage. — Partage de biens entre les héritiers Tabourot et Rossel, de Vitrey. — Donation faite par Barbe d'Aubonne, dame de Menoux, veuve d'honoré seigneur Antoine de Molain, seigneur dudit lieu, de ses château et seigneurie de Menoux, à son petit-fils Adam de Lavau, seigneur de Gironcourt, à l'occasion de son mariage avec Françoise de Chastenoy, fille de François de Chastenoy, écuyer, conseiller de S. A. de Lorraine. — Désaveu de Maurice Estevenot, de Montjustin, sujet mainmortable de noble François Thierry, seigneur de Magnoncourt. — Réception de François Perrenelle, nommé juré au bailliage de Vesoul. — Visite faite par le lieutenant du bailliage, d'une vigne située à Montaigu, appartenant à illustre seigneur Ferdinand, comte de Dortembourg, baron de Montaigu, Bourguignon-lez-Morey et autres lieux. — Insinuation d'une quittance délivrée par dame Marie de Robles, veuve de messire Antoine de Lux, chevalier, seigneur et baron de Saint-Remy, à Françoise de Cordemoy, femme de noble Louis Pétrey, seigneur de Champvans. — Lettres patentes d'Albert et d'Isabelle-Clara, duc et duchesse de Bourgogne : concédant et octroyant aux habitants de Vesoul le droit de tenir des foires et marchés publics à partir du jour de la fête de la Purification de Notre-Dame, jusqu'au 1er juin prochain ; — autorisant le seigneur de Cemboing à établir un signe patibulaire dans sa seigneurie de Fontenelle. — Serment prêté par Claude Tournand, en sa qualité de bailli à Vercel. — Donation faite par noble seigneur Charles Dupin, seigneur de Verchamp et Guiseuil, à demoiselle Dorothée de Morey, femme de noble seigneur Adrien de Lassault, seigneur de Molay, de tous les biens meubles, immeubles, actions, obligations de rentes, qu'il possède, à la condition de rachat. — Désaveu de messire Jean Guilleguet, curé de Sénargent, sujet mainmortable de Jean de Vaudrey, chevalier, seigneur de Vallerois-le-Bois et Vellechevreux. — Reconnaissance de l'état d'un chemin servant de limite au territoire de la commune de Roche, faite à la requête d'illustre prince Guillaume de Nassau, prince d'Orange, chevalier de la Toison-d'Or, baron et seigneur de Montfaucon. — Requête judiciaire des habitants de Godoncourt et de Fignévelle, par laquelle ils demandent la poursuite en justice des nommés Alix Geniot, Marie Geniot, Anne Chevalier, Jean Martin, et complices, accusés du crime de sortilège, se soumettant à payer tous les frais que pourront occasionner les poursuites. — Sentence ordonnant à Antoine Belfort, procureur d'office à la justice de Nouroy, de déposer au greffe du bailliage les pièces justifiant l'appel d'une sentence de mort prononcée contre Jeanne Fournier, convaincue du crime de sortilège, etc.

D. 4133. (Registre.) — In-4°, 354 feuillets, papier.

1609-1613. — Actes extraordinaires du bailliage. — Acceptation de l'hoirie de dame Antoinette de Rye, dame de Chemilly, par dame Louise d'Andelot, dame dudit lieu, femme d'Alexandre de Witz, baron de Chemilly. — Sentence rendue à la requête de noble Léonard Du Bois, de Jonvelle, écuyer, commissaire général des chemins, routes et ponts du comté de Bourgogne, condamnant les manants et habitants des communes de Clans, Colombe, Navenne et Échenoz-la-Méline, à réparer leurs chemins dans le plus bref délai. — Partage des biens de noble Charles Regnard entre ses enfants. — Requête judiciaire présentée au bailliage par les époux Bouteillier, de Jonvelle, appelant d'une sentence rendue par le bailliage dudit Jonvelle, qui les condamne à la peine de mort pour crime de sortilège. — Séparation de biens entre noble Jean d'Aroz, seigneur d'Accolans, et Pierrette de Maizières, sa femme. — Donation d'une maison, d'un jardin et de ses dépendances, situés à Bougey, par Antoinette Demongenet, veuve d'honorable homme Antoine Cordemoy, de Vesoul, à son fils noble Claude Cordemoy, avocat fiscal au bailliage d'Amont. — Émancipation de Jean Teuchey, de Gevigney. — Désaveux : de Toussaint Mercier, de Mailley, sujet mainmortable de Madeleine de Plaisans, dame dudit Mailley ; — de François Belhoste, notaire à Malbouhans, sujet mainmortable de dom Daniel de Montrichier, abbé de l'abbaye Notre-Dame de Bithaine ; — de maître Jean Pergault, notaire à Châtillon-Guyotte, sujet mainmortable de Gaspard de Grandmont, chevalier, seigneur dudit lieu, etc. — Nomination d'Antoine de Grandmont, seigneur de Fallon et autres lieux, à la charge de tuteur du baron de Bermont. — Appel au parlement de Besançon d'une sentence rendue au bailliage de Vesoul contre Pierre Poyleret, curé de Thiancans et Montbozon.

D. 4134. (Registre.) — In-4°, 318 feuillets, papier.

1614-1615. — Actes extraordinaires du bailliage. — Traité fait entre Jeanne-Béatrix de Thomassin, veuve de généreux seigneur Ferdinand Du Prel, baron et sieur de Corcelle, Claude Cornissel et consorts, de Vesoul, au sujet d'un partage de biens. — Mandement de nouvelleté obtenu par haut et puissant seigneur messire Christophe de Rye de La Palud, chevalier, marquis de Varambon, seigneur de Neufchâtel, Amance, Rougemont, Villersexel et autres lieux, capitaine d'une compagnie de cent hommes d'armes, contre Jean-Claude Villey, seigneur de Longevelle, au sujet de la baronnie de Villersexel. — Requête présentée au bailliage par Antoine Clerc, chapelain de la chapelle fondée en l'église paroissiale de Grammont, sous l'invocation de la Sainte-Vierge, de saint Jacques et de saint Christophe, à l'effet d'être maintenu en la jouissance et possession de ladite chapelle. — Contrat de mariage de Jean-Jacques de La Tour, sieur de Monteley, avec Anne-Claude de Fassey, portant donation de la seigneurie de Monteley audit de La Tour. A la suite du contrat se trouvent : le dénombrement de cette terre, les noms des feudataires qui y possèdent des droits en dehors du seigneur, les villages qui en dépendent, le nombre des sujets, les tailles et redevances auxquelles ils sont assujettis, les droits sur les bois, les rivières, etc. — Acceptation d'une hoirie sous bénéfice d'inventaire, par noble Claude Cordemoy, docteur en droit, sieur de Francalmont, avocat fiscal au siège de Vesoul. — Déclaration faite au bailliage par messire Claude-François de La Baulme, chevalier, comte de Montrevel, par laquelle il fait connaître qu'il s'est emparé des biens de Michel Sergeant, de Bougnon, homicide ayant quitté le pays. — Désaveux : de Bonaventure Monnier, de Longevelle, sujet mainmortable de messire Gaspard de Villey, chevalier, seigneur dudit Longevelle ; — de Louis Viard, d'Esprels, sujet mainmortable du chapitre de l'église collégiale de Dôle ; — de Martin Barberot, de Gesincourt, sujet de Gaspard de Mathey, chevalier, seigneur de Jasney et Gesincourt, etc. — Acte d'appel pour noble Ambrosio Précipiano, chevalier, baron de Soye, capitaine et prévôt de Faucogney, sieur de Gaudemans, Lambrey et autres lieux, au sujet du désaveu émis contre lui par Nicolas Grosjean, de Faucogney, etc.

B. 4155. (Registres.) — In-4°, 350 feuillets, papier.

1618-1619. — Actes extraordinaires du bailliage. — Désaveux : de Jean Marcerot, de Bussières, sujet mainmortable de messire Hermenfroy-François d'Oiselay, baron dudit lieu, d'Uricourt, de Grachaux, de Bussières et autres lieux, chevalier de la Cour souveraine du parlement de Dôle ; — de Claude Montoille, d'Echenoz-la-Meline, sujet mainmortable de dame Adrienne d'Audelot, femme de généreux seigneur Antoine de Grandmont, sieur et dame de Fallon, Frotey, Grandmont et Fondremand ; — de messire Jean Cartigny, de Chauvirey, curé à Champignolles, sujet de haut et puissant seigneur messire René Du Chastelet, baron et seigneur de Cirey, Champignolles, Barbéville et Chauvirey, etc. — Requête des habitants de Covigney et Mercey par laquelle ils demandent l'incarcération de Claude Vuillemot, dit Dublé, de Covigney, fou dangereux. — Compte rendu par Nicolas Vivien, de Pleurey, à Louise-Claire d'Audelot, baronne de Brearey, des revenus de sa seigneurie. — Requête de M. de Saint-Martin, sieur de Montarlot, et de madame de Thomassin, dame de Cendrecourt, concernant l'exécution d'un mandement de nouvelleté obtenu contre eux par les habitants de Cendrecourt. — Nomination de Jean Malservet, d'Husier, à l'office de visiteur général des étalons, taureaux, moutons, boucs et verrats, dans le ressort du bailliage de Vesoul, par messire Charles-Emmanuel de Gorrevod, marquis de Marnay, comte de Pont-de-Vaux, vicomte de Salins, baron de Saint-Sorlin, bailli d'Amont. — Visite faite par Jean Ganivaux, juré au greffe du bailliage de Vesoul, des biens de noble Jules-François Malbochans, sieur de la Montoillotte, amodiés à Zacharie Comte, de Vesoul. — Procès-verbal de l'abornement et de l'arpentement des biens de Pierre Guillot, de Brignes. — Sentence rendue entre dame Eléonore Chaboz, dame d'Amance, Neufchâtel et autres lieux, femme de haut et puissant seigneur messire Christophe de Rye, Claude Aymonnet, Antoine Bucheron et consorts, au sujet de l'amodiation des revenus de la seigneurie d'Amance. — Donation faite par dame Philiberte de Longwy de tous les biens qu'elle possède, à messire Antoine d'Achey, chevalier, seigneur de Thoraise. — Visite faite par le lieutenant général du bailli d'un terrain appelé les Aygues dont la propriété est contestée entre les habitants de Neuvelle et ceux de Traitiéfontaine. — Partage de biens entre les héritiers Burelet, de Bathier, etc.

B. 4156. (Registres.) — In-4°, 481 feuillets, papier.

1620-1621. — Actes extraordinaires du bailliage. — Lettres patentes de S. A. SS. Isabelle-Clara-Eugenia, infante de tous les royaumes d'Espagne, duchesse de Bourgogne, etc., par lesquelles elle permet à Renobert de Mesmay, prieur du prieuré de Saint-Nicolas de Martaroy, près Vesoul, de transporter et unir son bénéfice à la cure de Pont, « lui ayant été remontré que par les guerres « suscitées par Tremblecourt en nostre dit comté, le dit « prioré du Martaroy seroit esté entièrement ruiné de ma- « nière que les quatre religieux au dit de Mesmay sont sans « maison et esglise pour faire le service divin, ensuitte de « la pieuse fondation du dit prioré du quoi la nomination « appartient à la dite duchesse et que oultre ce, que depuis, « d'offense auroit esté faitte au dit remonstrant par son « cher et féal le Comte de Champlitte, lieutenant géné- « ral et gouverneur du Comté de Bourgogne, de rebastir « son dit prioré avec ordonnance d'en distraire les maté- « riaux y restant affin que l'ennemy ne s'en empara une « aultre fois au grand détriment du dit Vesoul et de tout « le pays, ce qu'aurait donné occasion au dit remonstrant « de faire choix d'une petite église nommée la Cure de « Pont, laquelle dépend et est du patronage du dit prioré « pour loger ses dits religieux et y leur faire continuer « le service divin, etc. » — Licitation d'une forêt appelée les Goutes, contentieuse entre les habitants de Saint-Loup et ceux de Magnoncourt. — Désaveux : de Célestin Naulot, de Montot, sujet mainmortable de généreux seigneur Harduin-Gaspar de Beaujeu, seigneur d'Aroz, de Montot et d'Artaufontaine ; — de Pierre Drouhin, de Recologne, sujet mainmortable d'illustre seigneur François-Thomas Perrenot de Granvelle, comte de Cantecroix, prince du Saint-Empire, maréchal impérial, baron de la Villeneuve, seigneur de Maizières et autres lieux; — de Pierre Colin, de Chalezeule, sujet de messire Clériadus de Genans, marquis de Lullin, seigneur de Chalezeule, etc. — Adjudication des travaux nécessaires à la confection du terrier et du dénombrement de toutes les redevances, prestations et droitures seigneuriales appartenant à l'abbé seigneur de Luxeuil dans les communes de Mailley, Vallerois, Vellefaux, Autricourt et Vaivre. — Nomination au grade de chevalier, de Louis de La Verne, issu de noble progéniture, ayant servi 21 ans, en qualité de soldat adjudant capitaine, blessé au siège d'Ostende et ayant été fait prisonnier après avoir vaillamment combattu. — Accensement d'une partie des bois de Remoudans par Georges, comte de Wurtemberg et de Montbéliard, seigneur de Granges, Clerval, Passavant, Blamont et autres lieux. — Requête présentée au bailli par Antoine de Grammont, chevalier, seigneur de Fallon, contre Antoine de Salives, chevalier seigneur de Villersvaudey, au sujet d'un échange d'immeubles. — Curatelle des enfants de Claude-Ferdinand Leblanc, dit Dandelot, chevalier, sieur d'Ollans, maître d'hôtel des ducs de Bourgogne, gouverneur de Gray, colonel au régiment d'Aumont. — Arpentement des grands bois de Neufchâtel, appartenant à Christophe de Rye de La Palud, chevalier, marquis de Varambon. — Traité d'affranchissement passé entre dame Gabrielle de Lénoncourt, veuve de haut et puissant seigneur René Du Chastelet, chevalier, baron et seigneur de Chauvirey, Vitrey et autres lieux, et Françoise Poirenot, veuve de Philippe Maupin d'Hugier, moyennant le cens annuel de 7 gros. — Transaction entre Guillaume de Rauffremont et les habitants de Scey sur un procès au sujet des droits seigneuriaux. — Réparation d'honneur faite à Claire Roux, de Condrecourt, par Susanne Payen dudit lieu. — Acquisition par Antoine de Grandmont, chevalier, seigneur de Fallon, de la seigneurie de Granges, appartenant à Béatrix de Grandmont, femme de Claude-François de Ray, baron dudit lieu, moyennant 22,000 francs, etc.

D. 4157. (Registre.) — In-f2, 483 feuillets, papier.

1624-1697. — Actes extraordinaires du bailliage. — Dessaveux de : Claude-Antoine Olivier, de Maillerencourt Saint-Pancras, contre généreux seigneur Guillaume de Fallotans, seigneur de Melin; — de Charles Dolet, de la Villedieu-en-Fontenette, contre Pierre-François de Crémeaux, chevalier de l'ordre de Saint-Jean-de-Jérusalem, commandeur de la Villedieu; — de Jean Diude de Pusy, contre illustre seigneur messire Claude de Rye, baron de Balançon, seigneur de Port-sur-Saône; — de Malmbœuf Dares, de Dampierre-lez-Montbozon, contre haut et puissant seigneur François de Rye de La Palud, marquis de Varambon, comte de Varax et de la Roche, baron et seigneur de Villersexel, Amance, Rougemont, Dampierre, Noblans et autres lieux, etc. — Abornement de territoire entre les habitants d'Autticison et ceux de Vilain. — Lettres patentes de Philippe IV, roi d'Espagne, duc de Bourgogne; permettant à Jean Tatebert, de Pennesières, de tenir des biens en fief jusqu'à la valeur de 10,000 francs; — concédant et accordant deux foires, chaque année, à la commune de Beaurey-lez-Faverney. — Amodiation des revenus de la seigneurie de Scey-sur-Saône, pour le prix de 9,100 francs par an. — Reconnaissance de délits commis dans le bois du Chanoy, appartenant à la ville de Vesoul. — Donation faite par dame Jeanne de Bonnant, baronne de Confignon, dame d'Athesans et d'autres lieux, à son neveu, messire Joachim de Bonnant, baron et seigneur de Marsenain, colonel d'un régiment d'infanterie au service du Roi, de ses terres et seigneuries d'Athesans, de Saint-Georges, de Villafans, de Mignavillers, de Longevelle en toutes justices haute, moyenne et basse et de condition de mainmorte, plus un mois noble, appelé mois de la Chambre. — Fondation d'une messe en la conciergerie des prisons de Vesoul, par Nicolas Jacquinot, docteur en droit, seigneur d'Auxon. — Requête présentée au bailliage par les habitants d'Ormoy, contre noble Jean Besançenot, docteur en droit, seigneur de Cendrecourt, lequel prétendait jouir seul et à l'exclusion des habitants du bois mort et mort-bois des forêts de cette commune. — Visite des moulins, granges et fours situés à Mollans, dépendant de la seigneurie de Marie de Brichanteau, dame de Venisey, Mollans, Chatenois et autres lieux. — Abornement des biens de M. Terrier, conseiller au parlement de Dôle. — Requête de Ferdinand de Longwy, dit de Rye, archevêque de Besançon, prince du Saint-Empire, par laquelle il dénonce des abus qui se commettent au nom du prieur de Beaupré, seigneur justicier à Igny. — Sentence condamnant généreux seigneur Louis d'Andelot et Marbe d'Andelot, enfants et héritiers de dame Anne-Françoise de Laubespin, femme de haut et puissant seigneur Claude-Ferdinand Le Blanc, dit d'Andelot, chevalier, seigneur d'Ollans, maître d'hôtel de S. A. SS. le duc de Bourgogne, capitaine de la ville de Gray, au payement de la somme de 3434 francs 2 gros, à Nicole Jourdelot, veuve Camus, de Vesoul, etc.

D. 4158. (Registre.) — In-f°, 893 feuillets, papier.

1628-1630. — Actes extraordinaires du bailliage. — Ordonnance et déclaration de la Cour souveraine du parlement de Dôle, portant règlement pour les émoluments qui sont dus à Jean Malcuevry, d'Hugier, nommé par le marquis de Marnay, bailli d'Amont, à la charge de visiteur des étalons dans le ressort du bailliage. — Requête présentée par Nicolas Brouterloux, de Magny-lez-Jussey, capitaine d'une compagnie d'infanterie au service de la reine d'Espagne, à l'effet d'obtenir l'enregistrement au greffe du bailliage de Vesoul de diverses lettres patentes émanant de la reine Anne d'Autriche, par lesquelles il est nommé, en 1617, maître queux de la cuisine bouche de la reine du comte de Champlitte, chevalier de l'ordre de la Toison-d'Or, gouverneur et capitaine général du comté de Bourgogne, dans lesquelles il est dit : « Fais ont présentement passer à Blétherans 25 soldats mosquetiers conduitz par
« le sieur Nicolas Brouterloux, ensigne de la compagnie
« des esleus de la prévostez de Jussey, pour ayder à la
« garde du chasteau dud. lieu, nous leur avons désigné
« pour premier giste et logement ce jourd'hui, seizième du
« présent mois ne lieu et village de Moissey et dez la le
« lendemain dix septième iront à Rahon, le dixhuitième
« dès led. Rahon se rendront à Sellières pour le dixneu-
« vieme desd. mois et an se rendre aud. Blétherans où ils

« seront logés et reçus, ordonnant aux Escharins et ha-
« bitants desd. lieux, les recepvoir et loger et leur ad-
« ministrer vivres nécessaires en payant raisonnablement.
« Faict à Gray le 10ᵉ jour du mois d'octobre 1633, C. de
« Vergy; » de Jean-Baptiste de Malarmey, comte de Roussillon, colonel d'un régiment d'infanterie de Bourgogne, au
service de l'archiduc Léopold, par lesquelles il certifie et
atteste « que le 17ᵉ jour du mois de may 1633 ayant été
« commandé au sieur Nicolas Frontechoux, alphere de
« M. de Saint-Martin, d'attaquer la contrescarpe et demie
« lune que l'ennemy tenoit hors de la ville d'Agneau avec
« cinquante soldats bourguignons a obéy promptement et
« s'est porté avec autant de générosité et de valeur que l'on
« en doibt espérer d'un fort brave soldat ayant contraint
« l'ennemy de se retirer avec perte de leurs gens telle-
« ment, que nous estant rendus maistres de la contrescarpe
« et demye lune, nous l'avons maintenue jusqu'à la fin du
« siège, 8 may 1633; » de Léopold, archiduc d'Autriche,
duc de Bourgogne; de dom Gomes Suarez de Figuerra,
gouverneur de Milan; de dom Pietro, baron de Wattevillle,
mestre de camp d'une compagnie d'infanterie bourguignonne, serjent major général de bataille de l'archiduc
Léopold; du comte de Sulz, colonel de 3,000 allemands,
au service de l'archiduc, attestant la valeur et la bravoure
dont ledit Frontechoux fit preuve dans diverses circonstances. — Traité fait entre les habitants de Mont-le-Vernois et ceux de Charles, au sujet du parcours. — Donation
d'immeubles situés sur le territoire de la Côte faite au profit
d'Anne Duguy, femme de noble seigneur Georges Du Tartre, par la baronne de Gilley. — Désaveu de Nicolas Hudelot, de Vauchoux, sujet mainmortable de Claude de
Bauffremont, chevalier, du Conseil de guerre du Roi, baron
et seigneur de Scey-sur-Saône. — Arpentement des biens
de messire Hardouin de Clermont, chevalier, seigneur de
Saint-Georges, Delain, Oigney et baron de Rupt. — Sentence ordonnant aux habitants de Montbozon de faire guet
et garde, nuit et jour, à peine de 100 livres d'amende, et
leur défendant de tenir leur marché, jusqu'à nouvel ordre,
à cause de la peste qui règne dans les villages de Roche et
de Sorans, etc.

D. 1159. (Registre.) — In-4°, 358 feuillets, papier.

1630-1631. — Actes extraordinaires du bailliage. —
Licitation de deniers, entre Nicolas Cariez, chanoine à He-
miront, et généreux seigneur Adrien de Salives, seigneur
de Cerre, Autrey et autres lieux. — Lettres patentes de
Philippe IV, roi d'Espagne, par lesquelles il permet à Bénigne de Thomassin, doyen de l'église Notre-Dame de Dole,
prieur de Port-sur-Saône, etc., d'établir un tabellion par-

ticulier dans sa terre de Confracourt. — Affranchissement
de la famille Cuchet, de Jonvelle, par messire René de
Châteauneuf, seigneur de Vauvillers, Demangevelle et
autres lieux. — Requête judiciaire présentée par Pierette
Dameder, veuve de noble Guillaume de Salives, seigneur
de Chéroche, contre généreux seigneur Adrien de Salives,
au sujet de la succession d'Élisabeth du Nanlers. — Émancipation de Jean-Guillaume, de Quincey. — Exécutions de
rachèvements de nouveltés: pour illustre seigneur, messire Claude de Rye, chevalier de l'ordre de Saint-Jacques, baron de Fondremand, seigneur de Port-sur-Saône,
contre messire Claude de Séva, chevalier, baron de
Choye, au sujet des droits qu'ils ont, l'un et l'autre, sur la
justice haute, moyenne et basse de Pusy; — pour généreux seigneur messire Jean-Baptiste de La Baulme, chevalier, baron et seigneur de Montmartin, Mandon et autres
lieux, gouverneur de la ville de Dole, contre messire Claude
Pepand, prêtre, de Vorsel, demeurant à Besançon, au
sujet du droit de patronage de la cure de Mandon; — pour
François de Faulquier, seigneur d'Aboncourt, contre Jean
Belaitre, de Cintrey, au sujet de la propriété d'un bois,
appelé le Grand-Bois, situé entre ceux de madame de Charoux; — pour Anne de Coinctet, veuve de Frédéric de
Chauvirey, chevalier, dame de Recologne, contre Jean De-
mongeot, procureur d'office en la seigneurie de Raffey, au
sujet de l'exercice de la justice haute, moyenne et basse
sur ses sujets de Recologne; — pour illustre dame Isabelle de Bourgogne, princesse du Saint-Empire, duchesse
de Pont-de-Vaux, marquise de Nornay, contre Gaspard
Durand, docteur en droit, demeurant à Vesoul, lequel sou-
lait construire un four à Rougnon, au préjudice du four
banal, etc. — Donations d'immeubles: faite au profit de
demoiselle Dorothée de Faulquier, fille de François de
Faulquier, seigneur d'Aboncourt, par Alix Poirot, de Noidans-le-Ferroux; — faite au profit d'Antoine et de Charles
de La Palud, par dame Élisabeth de Salives, dame de Montjustin, femme de Claude de La Palud, baron et seigneur de
Champtenay, etc. — Désaveux de: François Collard, de
Mollans, sujet mainmortable de Jean-Nicolas-François Du-
sin, abbé et seigneur de Bithaine; — de Claude Huot,
de Velleguindey, contre généreux seigneur Clériadus de
Mont-Saint-Léger, seigneur dudit Velleguindry, Charantenay, etc.

D. 1160. (Cahiers.) — In-4°, 472 feuillets, papier.

1632-1633. — Actes extraordinaires du bailliage. —
Désaveux: de Nicolas de Lamarre, de Bourguignon-lez-
Conflans, sujet de dame Albertine-Marie de La Baulme,
veuve d'illustre et puissant seigneur Ernest-Christophe de

Lichtberg, comte d'Hochfeld, baron et seigneur de Pesmes; — de Nicolas Janin, d'Auchenoncourt, sujet de messire Antoine de Salives, baron de Saint-Remy, Villersexel et autres lieux; — d'Antoine Richelotey, de Chauvirey-le-Viel, sujet de noble François d'Anglecourt, seigneur du dit Chauvirey, etc. — Affranchissement de François Cuchet, de Jonvelle, et de Symonne, sa femme, de Montoille, par monseigneur de Bourbonne. — Extrait de la requête des époux Cuchet : « Remontrent en toute humilité François Cuchet et Symonne de Montoille, sa femme, demeurant en votre château et maison forte de Romaingevelle vos très humbles obéissants serviteurs et subjects que par les grandes guerres du comté de Bourgogne en l'an 1478, messire Guillaume de Cirau, pour avantages (vantagiers) et retenir ses subjects esgarés, les affranchit ainsi qu'il appert par copie des lettres dudit affranchissement et d'autres subséquentes faictes, par Erard du Chastelet, notre ayeul maternel en l'an 1516, etc. » Requête présentée au bailli par messire Antide de Graimmont, chevalier, baron et seigneur de Melisey, par laquelle il demande que les huissiers et sergents soient contraints, lorsqu'ils en seront requis, de notifier aux habitants de Grammont un appointement qu'il a obtenu contre eux, au sujet de la propriété d'une place située devant l'église. — Exécution d'un maniement de nouvelleté obtenu par les habitants de Combeaufontaine contre ceux de Mondon, au sujet du bois appelé le Tilley, de la contenance de 300 journaux. — Plainte portée par les habitants de Vesoul au sujet de l'inexécution du règlement obtenu par les trois États du comté de Bourgogne pour le payement de l'ordinaire du sel. — Donation par laquelle Claude François Sonnet, seigneur de Colombotte, chanoine en l'église métropolitaine de Besançon, lègue tous ses biens à Pierre-Louis Sonnet, seigneur d'Auxon. — Sentence condamnant Pierre Racle, de Montbozon, docteur en médecine, à faire à ses frais une chasuble convenable pour le service de l'église paroissiale de Thiennans ou à payer entre les mains de Jean Charpillet, curé dudit lieu, une somme de 10 écus avec laquelle il fera lui-même l'achat de ladite chasuble. — Lettres patentes d'Isabelle de Bourgogne, veuve de haut et puissant seigneur, Charles Emmanuel de Gorevod, duc de Pont-de-Vaux, prince du Saint-Empire, bailli d'Amont, par lesquelles elle nomme Charles Mounier, docteur ès droits, à l'office de lieutenant général du bailli d'Amont, en remplacement de Jean-Simon de Menoux, décédé, etc.

B. 4161. (Registre.) — In-4°, 481 feuillets, papier.

1652-1659. — Actes extraordinaires du bailliage. —

Donation faite par la marquise de Rye, comtesse et douairière du comte de Vaulx, de ses terres et seigneuries de Fondremand, de Treuilley et membres en dépendant, à haut et puissant seigneur, Esmeralde Claude-François, comte de la Tour. — Ordres de Claude-Antoine Brizon et de Jean Lampinet, commis au gouvernement du comté de Bourgogne, donnés en 1657 aux vicomte Maïeur, échevins et conseil de la ville de Vesoul, au sujet du quartier d'hiver que S. A. de Lorraine doit prendre en cette ville avec sa suite. — Requête présentée au bailli par les habitants de la Villeneuve, à l'effet de faire enregistrer au bailliage leurs titres prouvant qu'ils ont prêté une somme de 24,000 livres à haut et puissant seigneur, le comte de Cantecroix, lorsqu'il est rentré dans la propriété de sa terre de la Villeneuve qui avait été vendue à charge de rachat, pour la somme de 32,000 livres, au seigneur de Gilley, baron de Francourt. — Désaveux de : François Vuillemard, d'Esmoulières, sujet taxionnable du baron de Boyzarch; — de Jean Vitte, de Roche-sur-le-Bouix, sujet mainmortable du chapitre de Besançon, etc. — Affranchissement de François Collet, de Ferrières, par Guillaume de Bauffremont, seigneur de Scey-sur-Saône. — Traités de mariages : de dame Claude d'Oiselay avec messire de Polligny, seigneur de Velle, Noidans et autres lieux; — de Charles-Adrien de la Palud, baron de Montjustin avec Françoise de Picquet, fille de Claude de Picquet, chevalier, seigneur de Saulxur; — de Nicolas Bareuder, chevalier, seigneur de Mollans, avec Madeleine de Buardo, fille d'Henri de Buardo, conseiller et maître d'hôtel du Roi. — Certificat délivré par les échevins de la ville de Jonvelle, constatant que les titres de noblesse octroyés par Charles Quint à Jean Drouhot, dudit Jonvelle, ont été perdus lors d'un débordement de la Saône qui a renversé la maison de la famille Drouhot. — Procès-verbal de visite et de reconnaissance de l'état du château de Vernoy, appartenant à Anne d'Orsans, femme du baron d'Oiselay, etc.

B. 4162. (Registre.) — In-4°, 163 feuillets, papier.

1681-1684. — Actes extraordinaires du bailliage. — Arrêt rendu par Louis Chauvelin, conseiller du Roi, intendant de justice police et finances au comté de Bourgogne, par lequel il maintient Georges Fayot dans ses fonctions de commis à la recette des exploits et amendes du bailliage de Vesoul, nonobstant les représentations élevées à ce sujet par Claude-Louis Gastel, fermier général du domaine du comté. — Transaction au sujet de la vente de la seigneurie de Charmoille faite au profit de Claude Court, de Vesoul, par illustre seigneur, messire Claude-Ferdinand, comte de

Vallé, baron de Chevilly, seigneur de Bourey, Pontroy, Grattery et Provenchère. — Sentence rendue en faveur de Georges Fuyet contre dame Hélène de Montaign, comtesse de Grammont, opposante au décret des biens de Jacques Thon. — Donation faite à haute puissante dame, Catherine de Pouilly, veuve de haut et puissant seigneur, Nicolas de Ligneville, chevalier, seigneur baron de Vannes, par Charles de Pouilly, chevalier, seigneur d'Esley, Jassey et autres lieux, de ses seigneuries d'Esley, de Villeroy, de Circourt, de Betoncourt, de Chauffécourt, d'Ambacourt, de Pont-sur-Madon chargées d'un obit fondé par Albéricy de Drielle, son aïeul maternel, seigneur de Maraimville, de Larau, de Germonville, de Girefontaine, de Jasney, de Mugnoncourt et autres lieux. — Contrat de mariage d'illustre et généreux seigneur, Charles Emmanuel de Saint-Mauris, fils de messire François de Saint-Mauris, baron de Chastenois et de la Villeneuve, et de dame Ernestine Hoyemburg de Duras, avec dame Marie-Françoise de Ligneville, dame d'Epinal, fille de haut et puissant seigneur, messire Nicolas de Ligneville, chevalier, baron et seigneur de Vannes, et de dame Catherine de Pouilly. — Constitution d'une rente annuelle de 150 livres, monnaie de Lorraine, faite au profit de Nicolas Fremiot, de Remoncamp, par haut et puissant seigneur, Hiéronyme Balthazard du Col, chevalier de l'ordre de Saint-Georges au comté de Bourgogne, baron de Cemboing, seigneur de Dailly, de Ranzeye, de Mancenans, de Vy-les-Lure, du Val et autres lieux, récompense des bons services que ledit Fremiot lui a rendus et de la bonne éducation qu'il a faite à son fils le comte de Dailly. — Déclarations des confrères de la confrérie de Saint-Georges portant que les titres de noblesse produits par messire Jean Daniel de Courcelle sont bons et suffisants pour l'admission de son fils dans l'abbaye royale de Baume, attendu que les lignes des Terriers, des Damedor et des Renard, desquelles descend celle de Daniel de Courcelle, ont été déclarées nobles et propres à entrer en tout corps de noblesse. — Inventaire détaillé des titres et papiers appartenant à messire Adrien de Salives et concernant les diverses seigneuries qu'il possédait. — Contrats de mariage de : messire Joachim-Guillaume de Bichim, chevalier, seigneur de Condrecourt, fils de messire Jacques de Bichim ; — Pompierre, chevalier, baron, capitaine et gouverneur des ville et château de Jonville, colonel du régiment des cuirassiers de l'empereur et de dame Antoinette de Besancenot, avec Marie-Marguerite Guyot, fille de noble Jean-Baptiste Guyot, conseiller du Roi, juge au bailliage et siège présidial de Chaumont. — Déclaration des titres et papiers que dame Claire de Cluny a remis à messire Claude Joseph de Salives, seigneur de Genevrey. — Désaveux : de Claude Gérard, d'Angicourt, sujet mainmortable de noble François Maréchal, seigneur de Bougey et d'Angicourt ; — de Pierre Loudier, de Frotey, sujet de haute et puissante dame, Hélène de Montaigu, comtesse de Grammont, dame de Confandrey, Chargey et autres lieux ; — de Louis Tribouley, d'Autrey-le-Val, sujet de Claude Matherot, chanoine en l'église collégiale Notre-Dame de Dole, prieur de Frasne ; — d'Adam Guerrin, de Mauseux, sujet de dame Bonaventure de Broissia et de généreux seigneur, Jean-Simon de Rosières, seigneur de Sorans, etc.

B. 4153. (Registre.) — In-fo, 201 feuillets, papier.

1693-1695. — Actes extraordinaires du bailliage. — Lettres patentes du roi Louis XIV par lesquelles il nomme : noble Pierre-Gaspard Barotet, avocat royal au bailliage de Vesoul, à l'office de conseiller lieutenant général criminel au dit siège ; — Nicolas-Gabriel Foillenot, docteur en droit, demeurant à Vesoul, à la charge de conseiller assesseur ; — Didier Moassu, de Vesoul, à l'office de receveur des consignations au siège de Vesoul ; — Claude-François Guenriot, de Vesoul, à la charge de greffier au même siège ; — Sébastien Monnoyeur, de Scey-sur-Saône, à l'office de visiteur des grands chemins existant dans le ressort du bailliage ; — Jean-Claude Fyard, conseiller au bailliage, à l'office de conseiller président au siège présidial, etc. — Permission accordée par Jacques-Joseph Perrenotto, écuyer, seigneur de Mont, conseiller du Roi, lieutenant général au bailliage de Vesoul, aux habitants de Noroy-l'Archevêque d'établir quatre foires par année, la 1re, le lundi avant le jour de la fête de la Purification de Notre-Dame ; la 2e, le 6 mai ; la 3e, le 30 septembre, et la 4e, le 11 novembre. — Donations faites : par généreux seigneur, messire Philibert de Précipiano et illustre dame Éléonore de Marnix, sa femme, à leur fils Jean-Baptiste de Précipiano, capitaine de cavalerie dans le régiment de Saint-Mauris, de leurs terres et seigneuries de Case, de Nans, de Condenans et du Cubrial avec les droits de haute, moyenne et basse justice ; — par haut et puissant seigneur, messire Charles, comte du Chastelet, seigneur de la Neuvelle, de Royo, de Fresse et Hembrey, capitaine de cavalerie, à illustre demoiselle, Jeanne Péronne de Vaudrey, sa future épouse, de sa terre et seigneurie de la Neuvelle ; — par illustre seigneur, messire François-Gaspard de Pouilly, baron et seigneur de Jasney, Girefontaine et autres lieux, d'une somme de 2,800 livres, à Claude-Françoise Gasparine de Rohier, sa filleule, etc. — Acquisition par la communauté de Voisey, de la haute, moyenne et basse justice et seigneurie sur le territoire dudit Voisey appartenant au Roi pour la somme de 13,000 livres. — Transaction sur une difficulté sur-

vue entre noble Jean Ferrier, seigneur de Pont-sur-
Lognon, au sujet d'une inondation de ses prés occasionnée
par l'établissement d'une écluse que noble Etienne de
Pirbaux, seigneur et baron de Pierremont, a fait construire
sur la rivière de Lognon, pour faire aller l'eau à ses forges
et fourneaux de Ronnal. — Contrat de mariage de haut et
puissant seigneur, messire Charles-Henri de Coi, comte de
Neuilly, baron de Gembuing, avec demoiselle Anne Sarra,
fille de messire Jacques Sarra, conseiller d'État en la
cour souveraine de Lorraine. — Affranchissement de
Claude Chapuzot, de Pusy, par Anne-Catherine de Cicon,
dame de Gezignoy, Mercey, Purgerot et Combeaufontaine, etc.

D. 1184. (Registre.) — In-4°, 112 feuillets, papier.

1689-1699. — Actes extraordinaires du bailliage.
— Nominations, réceptions et envois en possession de leurs
charges, des officiers des bailliages et justices subalternes.
— Nominations : de Claude-Étienne Lyautey, de Vellefaux,
à l'office de juge en la justice dudit lieu, par Philibert de
Gramont, baron et seigneur de Châtillon-Guyotte ; — de
Claude-François Lespine, à la charge de conseiller au bailliage présidial de Vesoul ; — de Pierre Vatin, à l'office de
bailli à Jonvelle ; — de Pierre-Odo Favière, sieur de Saint-
Loup, avocat au parlement de Besançon, à l'office de conseiller président au présidial de Vesoul, etc. — Affranchissements : d'Antoine Morel, de Vellechevreux, par illustre
et généreux seigneur, Jean-François de la Verne, seigneur
de Vellechevreux, de Courcelles et autres lieux ; — de
Pierre-Antoine Boiseau, notaire royal à Calmoutier, par
Jean-François de Laine, seigneur dudit Calmoutier, etc. ;
de Pierre Dedetier, de Gémonval, par Georges, duc de
Wurtemberg, prince de Montbéliard, seigneur souverain
à Héricourt. — Traité conclu entre le roi de France et le
duc de Lorraine au sujet des limites du comté de Bourgogne et de la Lorraine. Entre autres conditions comprises
dans ce traité, se trouvent les suivantes : « que les terres
et lieux dont la souveraineté est en surséance et déposée
entre les mains des seigneurs ou qui doivent être considérés comme tels suivant l'estat où ils se sont trouvés
en l'année 1670, tems auquel la Lorraine fut occupée par les
armes de S. M. et qui a été rappelé par le traité de
Riswicht pour les restitutions qui devaient estre faictes
par la France à la Lorraine sont ceux cy après nommés :
La terre et seigneurie de Fongerolles avec ses dépendances
selon que le tout est à présent possédé en garde et respect
de souveraineté par les seigneurs, hauts justiciers et propriétaires de la dite terre ; la moitié de Fresne-sur-Apance,

l'autre moitié n'estant écheue en surséance, mais possédée
par S. A. R. de Loraine ; la seigneurie commune de Mon-
tureux-sur-Saône distincte quand audit estat de surséance
de la seigneurie particulière dépendante de l'abbaye de
Luxeuil dont la souveraineté est possédée par S. M. et de
la seigneurie du château dont la souveraineté est possédée
par S. A. R. de Loraine, etc. » Donations faites par : messire Jean-Claude Tisserand, prêtre, demeurant à Vesoul,
aux doyen et chanoines du chapitre de l'église paroissiale
de cette ville, d'un capital de 24,017 livres, ancienne
monnaie, à charge par eux d'en distribuer les intérêts aux
pauvres honteux ; dame Louise de Montrichard, dame et
comtesse de Saint-Remy, veuve douairière de messire Antoine de Vaudrey, comte et seigneur dudit Saint-Remy, à
messire Claude-Louis de Saint-Mauris, son filleul, seigneur
de Sainte-Marie en Chanois, de la Proiselière, d'Amage, de
la Lanterne et de Pusey, de sa terre et seigneurie de Lambrey avec ses dépendances situées à Combeaufontaine, An-
jeucourt, Genincourt, Purgerot et autres lieux. — Traité
passé entre les dames de l'abbaye de Montigny, assemblées
capitulairement et le comte de Saint-Mauris-Chatenois, au
sujet de leur portion de seigneurie de Saulx. — Vente faite
à titre d'inféodation et de propriété incommutable, par les
commissaires généraux députés par le Roi, à messire Antoine, marquis du Chastelet, maréchal de camp des armées
du Roi, moyennant 6,036 livres, des justices de Godoncourt et de Fignévelle, par démembrement de la prévôté
royale de Jonvelle, etc.

D. 1185. (Registre.) — In-4°, 235 feuillets, papier.

1700-1710. — Actes extraordinaires du bailliage. —
Nominations, réceptions et envois en possession de leurs
charges, des officiers des bailliages et des justices seigneuriales. — Donations entre vifs faites : par Jean-Claude Tisserand, de Vesoul, curé de Mollans, à noble Claude Étienne
Tranchant, seigneur de Navenne, gouverneur de Vesoul,
d'une somme de 3,000 livres pour être employée à la nourriture, au logement et à l'instruction des pauvres de cette
ville ; — par dame Claudine de Nardin, dame de Montariot,
veuve de généreux seigneur Jean-François Demandre, de
la moitié de la haute, moyenne et basse justice qu'elle possède à Montariot, au profit de Georges-François de Saint-
Germain, docteur en médecine, citoyen de Besançon ; — au
profit de Jacques Bellenet, procureur postulant au siège de
Vesoul, par Philiberte Poncet, d'un droit de sépulture dans
la chapelle du Saint-Sépulcre et dans celle de MM. Ré-
gnard érigées en l'église de Vesoul, etc. — Cessions : du
droit de retenue faite par le comte de Vitz, baron et sei-

gneur de Chemilly, à M. le conseiller de Frisin, de la seigneurie de Scrans-les-Corbières, relevant de sa terre de Chevilly ; — faite par Charles d'Arançons, de la grange Brutey, dite de Darron, à Jean-Pierre Darotel, écuyer, seigneur de Fresnehêve. — Traités de mariage : de Claude-François de Malrot, seigneur de Lieucourt, fils de Charles du Malrot-Vallay, écuyer, seigneur de Lieucourt, avec Anne-Claude Miradondel, de Vesoul ; — de noble Claude-François de Mongenet, ancien maïeur de la ville de Vesoul, fils de noble Claude-François Demongenet, seigneur de la Montaillotte, conseiller du Roi, lieutenant-général d'Amont, au siège de Vesoul, avec Claude-Françoise-Gasparine de Royer, fille d'honoré seigneur, Jacques-Joseph de Royer, écuyer, seigneur de la tour de Corcelux. — Lettres patentes du roi Louis XIV, par lesquelles il nomme Claude Pélagie de Cordemoy, écuyer, à l'office de lieutenant de ses cousins les maréchaux de France dans le bailliage de Vesoul. — Substitution de la terre d'Anvon faite par Philippe de Sennet, en faveur de son fils aîné, Baltasard de Sennet, à l'occasion de son mariage avec Charlotte-Françoise de Merlin de Mazancourt, fille de Christophe de Merlin de Mazancourt, chevalier, seigneur de Courval. — Lettres de relief pour dérogeance à noblesse obtenue du roi par MM. Demongenet, de Vesoul. — Traité passé entre Jean-Simon de Rosières, marquis de Sorans, et dame Jeanne-Baptiste de Hennein Liétard, son épouse, au sujet d'une instance intentée par cette dame en séparation de corps et de biens, etc.

B. 4166. (Registre.) — In-4°, 219 feuillets, papier.

1710-1712. — Actes extraordinaires du bailliage. — Nominations, réceptions et envois en possession de leurs charges, des officiers des bailliages et des justices seigneuriales. — Testament de Claude-Gabriel Genet, curé de Porentruy. — Traité par lequel dame Anne de Crosey, veuve de Claude de Cordemoy, lieutenant-général des maréchaux de France, seigneur d'Oricourt, fait donation à l'abbaye Notre-Dame de Battant, ordre de Cîteaux, établie à Besançon, d'une somme de 3,000 livres pour dot de sa fille, sœur Françoise-Marguerite de Cordemoy, novice en la dite abbaye. — Permission accordée par Henri de Pontailler, seigneur de Flagy, de Port-sur-Saône, de Pusey, de Pusy et autres lieux, gentilhomme ordinaire de la chambre de l'Empereur, à François de Plaisant, écuyer, sieur d'Aigrevaux, son maître d'hôtel, capitaine et châtelain de Flagy, d'augmenter sa seigneurie d'Aigrevaux par l'achat de tous les immeubles que bon lui semblera et de les posséder en toutes franchises à l'exception de la haute justice que le seigneur de Pontailler se réserve. — Donation faite par noble Claude-Étienne Tranchant, seigneur de Navenne, gouverneur des forts et de la ville de Vesoul, à Jeanne-Antoine-Claire Tranchant, femme de messire François, comte de Montchâlon, seigneur de Momon, d'une grange située sur le territoire de Villersexel, appelée la grange Charley. — Fondation de douze grandes messes à perpétuité dans l'église d'Olgnoy, faite par Pierre Delestre, dudit lieu. — Sentence arbitrale rendue par l'abbé de Bauffremont condamnant les habitants de Scey-sur-Saône à payer chaque année à leur curé 6 sous de France par feu et ménage, pour suppléer à l'insuffisance des revenus des fonds dotaux. — Donation d'une maison et d'un jardin faite aux pauvres de la charité de Vesoul, par François Lamplnet, doyen du chapitre de cette ville. — Contrat de mariage de noble Rémi Cassier avec Françoise-Marguerite de Lasier, fille de Jean François de Lasier, chevalier de la confrérie de Saint-Georges, colonel, seigneur de Calmoutier. — Vente faite par messire Louis, comte de Lignéville, seigneur de Jasney de Girefontaine et d'autres lieux, à Charles-Emmanuel de Saint-Mauris, baron et seigneur de la Villeneuve, de ses seigneuries de Jasney et de Girefontaine, vassales et féodales de la baronnie de Saint-Loup, moins la haute justice qui appartient au duc de Lorraine en sa qualité de duc de Bar, etc.

B. 4167. (Registre.) — In-4°, 236 feuillets, papier.

1713-1715. — Actes extraordinaires du bailliage. — Nominations, réceptions et envois en possession de leurs charges, des officiers des bailliages et des justices seigneuriales. — Contrats de mariage : d'Antoine-Prosper de Jacquot, écuyer, fils d'Antoine de Jacquot, écuyer, seigneur de Rosey, d'Andelarre et d'Andelarrot avec Claude-Charlotte de Roubier, fille de Gérard de Roubier, seigneur de Charentenay ; — de messire Charles-Joseph de Mesmay, écuyer, seigneur de Genevreuille, conseiller au parlement de Besançon, avec Marie-Marguerite-Joseph de Mongenet ; — de noble Pierre-Léonard Richard, seigneur de Frontigny, avocat en parlement, conseiller et échevin au magistrat de la cité de Besançon, avec dame Jeanne-Marguerite Ballay, de Vesoul. — Donations entre vifs faites par : dame Claude-Catherine de Grammont, douairière de Frédéric-Étienne, marquis de Poitiers, brigadier des armées du Roi, baron et seigneur de Vadans, la Ferté et autres lieux, de la baronnie de Villersexel et de la seigneurie de Gouhenans, à Michel, marquis de Grammont, lieutenant-général des armées du Roi et à sa femme, dame Barbe-Maurice de Barbis ; — Armand-Léon Darnoux, seigneur de Colligny, d'une somme de 2,000 livres monnaie royale, à Jean-Baptiste Édier, docteur en droit, demeurant à Besançon. — Testament [de Claude-François Sonnet, sieur de Calmoutier, par lequel il lègue tous ses biens à son cousin, Philippe Sonnet, seigneur d'Aqson, et lui substitue, dans le cas où il n'aurait pas d'enfant mâle, son frère, Claude-Joseph Sonnet, afin de conserver le nom et les armes de la famille des Sonnet. — Lettres patentes du roi Louis XIV par lesquelles il nomme Jean-Claude Sautier, de Vesoul, à l'office d'huissier au bailliage de ladite ville. — Nomination du sieur Manginet à la charge de juge dans la seigneurie de Fresne, par Charles, marquis de Fussey, seigneur de Melay, chambellan du duc de Lorraine, etc.

D. 4163. (Registre.) — In-4°, 149 feuillets, papier.

1710-1716. — Actes extraordinaires du bailliage. — Nominations, réceptions et envois en possession de leurs charges, des officiers des bailliages et des justices seigneuriales. — Contrat de mariage de Charles-Emmanuel Masson d'Authume, chevalier, baron et seigneur d'Éclans, de Longwy, de Champvans et d'autres lieux, avec Charlotte-Joseph de Mignot de la Balme, fille de Pierre-Charles de Mignot de la Balme, seigneur de Saint-Loup, Nantouard, Anglrey et autres lieux. — Donations entre vifs faites par : dame Jeanne-Antoine Terrier, douairière de messire Jacques-Joseph Perrenelle, seigneur de Mont-le-Vernois, Magny-lès-Jussey, Épenoux et autres lieux, conseiller du Roi au Parlement de Besançon, aux pauvres de la Charité de Vesoul, de neuf ouvrées de vigne situées sur le territoire de ladite ville ; — noble Claude de Lassaut, seigneur de Verchamp, Guiseuil et autres lieux, de tous les biens qu'il possède, à Charles-Antoine Poussout de Rigny et à sa femme Marie-Élisabeth de Lassaut, sa sœur. — Lettres patentes du roi Louis XV par lesquelles il nomme Pierre Rebillot, de Vesoul, à la charge de procureur du Roi dans la maréchaussée de cette ville. — Nomination par Charles-Antoine, marquis de la Baulme-Montrevel, et par Gabrielle-Marie-Emmanuelle de Poitiers, femme de Ferdinand-François Florent, marquis du Châtelet, de Claude-François Faivre, à l'office de juge à Port-sur-Saône. — Émancipation de Frédéric-Eugène, comte de la Baulme, fils de haut et puissant seigneur, Charles-Antoine de la Baulme-Montrevel, marquis de Saint-Martin, baron et seigneur de Pesme. — Testament de Jean-Baptiste de Gilley, baron de Marnoz, par lequel il lègue tous ses biens meubles et immeubles à Marie-Henriette de Gilley, sa fille, et dans le cas où elle ne se marierait pas, à M. de Quingey. — Arrêt du conseil du Roi qui annule l'adjudication donnée à Françoise Clerc, de la justice haute, moyenne et basse d'Echenoz-la-Méline, par démembrement de la prévôté de Vesoul et ordonne qu'il sera procédé à une nouvelle adjudication, etc.

D. 4164. (Registre.) — In-4°, 213 feuillets, papier.

1716-1720. — Actes extraordinaires du bailliage. — Nominations, réceptions et envois en possession de leurs charges, des officiers des bailliages et des justices seigneuriales. — Contrats de mariage de : très-haut et très-puissant seigneur, messire François-Ferdinand, comte de Grammont, lieutenant-colonel du régiment de dragons de Listenoy, fils de très-haut et très-puissant seigneur, messire Laurent-Théotule de Grammont, baron de Melisey, gouverneur du château de Toues et de très-haute et très-puissante dame, Jeanne-Françoise de Poitiers, avec Susanne de Bellay, fille de messire Louis de Bellay, chevalier, baron de Chusigny, seigneur de Cougy, de Broussy, de Villeneuve-sur-Bellot, et autres lieux, lieutenant du Roi, commandant la ville et la citadelle de Steney et de dame Anne d'Anglure de Bourlemont. Étaient présents audit contrat : très-haut et très-illustre seigneur, messire François-Joseph de Grammont, abbé de Diuhaine, prieur des prieurés de Saint-Christophe, de Champlitte et de Beaupré, haut doyen du chapitre de l'église métropolitaine de Besançon, conseiller clerc au Parlement de Besançon ; très-hauts et très-puissants seigneurs, messire Antoine de Grammont, Michel de Grammont, chevalier, comte de Fallon, capitaine au régiment de dragons de Listenoy et frères dudit seigneur, comte de Grammont ; très-haut et très-puissant seigneur, Frédéric-Éléonore, marquis de Poitiers ; Antoine Pierre de Grammont, archevêque de Besançon, prince de Saint-Empire ; Claude-François de Gilbert, conseiller en la chambre souveraine de justice établie au comté de Bourgogne ; messire Daniel de Sahuguet, chevalier, seigneur de Terne et de Vaux, lieutenant au gouvernement et souveraineté de Sedan ; messire Claude de Bellay, chevalier, seigneur de Civière et autres personnages, tous parents ou amis ; — d'illustre seigneur, messire Bénigne de Conflans, chevalier, baron et seigneur de Melincourt, Bouligney, Hurecourt, Gevigney, capitaine de cavalerie, fils d'illustre seigneur, Claude-Philibert de Conflans, baron et seigneur desdits lieux, et de dame Bénigne-Françoise de Thomassin, dame de Montureux-les-Baulay, avec demoiselle Louise de Klong, fille de haut et puissant seigneur, Thomas de Klong, baron et seigneur de Pibrac, général de l'artillerie de Sa Majesté très-chrétienne en ses armées d'Allemagne et de haute et puissante dame, Marie de Listo, dame desdits lieux. Assistaient au contrat : haut et puissant seigneur, dom Guillaume Benavente de Quinones, du conseil de guerre de Sa Majesté, maître de camp général en ses armées, lieutenant capitaine général et gouverneur de ses pays et comté de Bourgogne et Charolais ; — son Excellence haute et puissante dame, Caroline de Saint-Moris, généreux seigneur, Ferdinand-Mathieu de Saint-Moris, baron de Saint-Cyr ; — dame Claude de Séros ; Antoine-Pierre de Grammont, prince du Saint-Empire, archevêque de Besançon, parent dudit seigneur de Contans ; — Marguerite-Elisabeth de Klonz ; — généreux seigneur, Claude-Marie Dupin, baron et seigneur de Roche, capitaine pour le service de Sa Majesté ; — messire Richard d'Orival, docteur en droit, conseiller de Sa Majesté en la chambre souveraine de justice ; — Nicolas d'Orival, docteur en droit, conseiller et intendant général en Bourgogne aux affaires de S. A. de Lorraine et des seigneurs princes de Vaudemont et de Villebonne. — Donation entre vifs faite par S. A. sérénissime Léopold Ebérhard, duc de Wurtemberg, comte de Montbéliard et de Colligny, à Charles-Léopold, Ferdinand Ebérhard, et Éléonore-Charlotte Lespérance de Sandersleben, frères et sœur et enfants de Jean-Louis de Sandersleben et d'Henriette Ifoding, baronne de Lespérance, lesquels il adopte pour les siens, afin de les faire jouir pleinement des biens qu'il leur donne, savoir : la rente annuelle de 4,000 florins d'Empire en terre ou fief de pareille valeur et revenu suivant un traité du 18 mai 1718 ; les terres, titres, armes, seigneurie et comté de Colligny ; les baronnies de Chavignat et de Beaupré situées dans le duché de Bourgogne ; la seigneurie de Pin avec ses dépendances ; la seigneurie de Cous et plusieurs villages, fiefs et métairies situés en Alsace, etc.

D. 4176. (Registre.) — In-4°, 237 feuillets, papier.

1780-1782. — Actes extraordinaires du bailliage. — Nominations, réceptions et envois en possession de leurs charges, des officiers des bailliages et des justices seigneuriales. — Traité de mariage entre René de Saint-Germain, major des carabiniers du Roi, et dame Anne-Claude Ramel, veuve de Jean-Baptiste-Joseph de Varrin, seigneur de Bussières. — Arrêt du Parlement de Dôle du 30 mars 1604, par lequel les habitants de la Ville-Dieu sont maintenus dans la jouissance et possession du droit de conduire en tout temps leur bétail à la pâture dans le bois de Lajus, d'y couper et d'y prendre pour leur usage toute espèce de bois mort et mort bois. — Constitution d'une rente annuelle de 30 livres faite par Jean-Étienne de Bernard de Montessus, chevalier, seigneur de Chauvirey, au profit de sa fille, Louise-Catherine, religieuse au couvent de la Visitation Sainte-Marie à Langres. — Donation d'immeubles faite par noble Philippe-Emmanuel de Pibrac, à sa sœur Catherine, femme de Nicolas de Fenot. — Nomination de Claude Faivre à l'office de bailli, à Faucogney, par Henri-François deTénarro, marquis de Montmain, lieutenant-général des armées du Roi, lieutenant des gardes du corps de Sa Majesté, et par Anne-Joseph-Ferdinande de Grammont, baron et baronne de Faucogney, Mailley et autres lieux. — Lettres patentes du roi Louis XV par lesquelles le domaine que Claude-Henri Quégain, conseiller au Parlement de Besançon, possède sur le territoire de la commune de Voray, est érigé en l'état, nom et qualité de fief. — Mandement de terrier accordé par le Roi à Louis de Bauneval, seigneur et propriétaire des trois quarts de la terre et seigneurie de Valleguindry, etc.

D. 4177. (Registre.) — In-4°, 310 feuillets, papier.

1782-1783. — Actes extraordinaires du bailliage. — Nominations, réceptions et envois en possession de leurs charges, des officiers des bailliages et des justices seigneuriales. — Donations entre vifs faites par Pierre-Charles baron de Moncley, seigneur de Gondenans, et dame Claudine André de la Grange, sa femme de tous les biens meubles, immeubles qu'ils possèdent à Messondans, à dame Gabrielle de la Valley, veuve de Claude Noël, de Baume ; — par haut et puissant seigneur, messire Charles-Emmanuel de Bauffremont, à François Vernier, son maître d'hôtel, d'une maison, d'un jardin et d'un verger situés au bas du village de Scey-sur-Saône, etc. — Lettres patentes par lesquelles le Roi nomme : Jean-Claude-Bonaventure Favière, de Saint-Loup, à l'office de président au présidial de Vesoul ; — Abraham Coulon, à l'office de greffier au même siège, etc. — Lettres d'honneur octroyées par le Roi à Odo Favière, président au bailliage de Vesoul, par lesquelles il est dispensé de tout service et autorisé à assister aux audiences du bailliage et du présidial en qualité de conseiller. — Fondation d'une messe à perpétuité dans l'église paroissiale de Granges, par le sieur Devaux et ses sœurs, moyennant la somme de 6,000 livres tournois. — Testament de Charles-Louis de Bauffremont, marquis de Meximieux, de Listenois, baron de Scey-sur-Saône, seigneur de Charlez et autres lieux, chevalier de la Toison d'Or et dame Louise-Françoise de Bauffremont, son épouse. — Déclaration faite le 5 février 1693, au greffe du Parlement de Besançon, par Jean-Claude Demandre, seigneur de Montarlot, et Jeanne-Claude Demandre, sa sœur, au sujet d'une donation faite à Georges-François de Saint-Germain, par dame Claudine de Scey, veuve de Claude de Nardin, de Besançon, etc.

B. 4172. (Registre.) — In-4°, 513 feuillets, papier.

1769-1787. — Actes extraordinaires du bailliage. — Nominations, réceptions et envois en possession de leurs charges, des officiers des bailliages et des justices seigneuriales. — Fondation de 12 messes dans la chapelle érigée à l'hôpital de Vesoul, sous l'invocation de Notre-Dame de Pitié, par M. Follenet, conseiller au bailliage. — Aumône faite aux pauvres de l'hôpital de Vesoul, par François Lamplunt, ancien doyen du chapitre de l'église collégiale Saint-Georges, de tous les biens qu'il laissera à son décès. — Lettres d'honneur par lesquelles le Roi permet à Jean-Jacques Mirodondel, ancien conseiller, avocat royal au bailliage de Vesoul, de se dire et qualifier en tous actes d'avocat du Roi et de jouir de tous les privilèges inhérents à la dite charge, en récompense de ses bons services. — Vente par les commissaires du Roi, de la justice et seigneurie d'Ormoy, pour la rente annuelle de 270 livres, à Gaspard, marquis de Clermont-Tonnerre, chevalier des ordres du Roi, commissaire général de sa cavalerie légère, brigadier de ses armées, commandant l'ordre militaire de Saint-Louis, seigneur de Vauvillers. — Affranchissement de Nicolas Guillier, de Corravillers, par Antoine-Pierre de Grammont, chevalier, seigneur de Chauvillerain. — Testament d'Achille de Précipiano, chevalier, baron de Soye, gentilhomme de la chambre de Sa Majesté Impériale, général de bataille de cavalerie et d'infanterie. — Contrat de mariage d'illustre et généreux seigneur, Charles-Emmanuel de Saint-Mauris, fils de François de Saint-Mauris, baron de Chatenois et de dame Émertine Doyembourg de Duras, avec dame Marie-Françoise de Lignéville, dame d'Épinal, fille de haut et puissant seigneur, Nicolas de Lignéville, chevalier, baron et seigneur de Vannes, et de Catherine de Pouilly. — Lettres patentes du roi Louis XV par lesquelles il unit, annexe et incorpore les baronnies de Chatenois et de la Villeneuve à la terre et seigneurie de Saulx pour former un marquisat sous la dénomination de marquisat de Saint-Mauris en faveur de Paul-François de Saint-Mauris, baron de Chatenois, de la Villeneuve et de Saulx, en considération de la haute noblesse de sa famille et des services qu'elle a rendus aux Rois ses prédécesseurs : « Depuis un temps immémorial les ancêtres dudit Paul-« François de Saint-Mauris, issus d'une des plus illustres « maisons et familles du Comté de Bourgogne, ont possédé « les susdites terres et baronnies ; deffunct Charles-Emmanuel « de Saint-Mauris, son père a servi très-longtemps dans « nos armées en qualité de capitaine de cavalerie ; le sieur « de Saint-Mauris exposant a été aussi capitaine de cava-« lerie dans le régiment de Pesmes et dans celui de cui-« rassiers, il avait acheté ces deux compagnies et s'est « distingué dans plusieurs occasions ; Louis-Joseph de « Saint-Mauris, frère dudit exposant a été reçu dans l'ordre « des chevaliers de Saint-Jean de Jérusalem ; Charles de « Saint-Mauris, son oncle paternel, appelé le marquis de « Saint-Mauris, mort lieutenant-général des armées du Roi « Louis XIV, a été gouverneur de Brissac avec une répu-« tation qui lui aurait procuré, s'il avait vécu, les plus « grands honneurs de la guerre ; son autre oncle, appelé « le chevalier de Saint-Mauris, a été mestre de camp de « cavalerie et n'a quitté le service que pour avoir eu une « jambe emportée d'un coup de canon à la bataille de la « Marsaille et a l'honneur d'estre chevalier de nostre ordre « militaire de Saint-Louis avec pension. Enfin tous les « ancêtres paternels dudit Saint-Mauris, depuis qu'ils sont « devenus nos sujets, ont toujours servi de père en fils « avec distinction dans nos armées. Ses auteurs maternels « en ont fait de mesme, Jacques de Lignéville ayeul de « Marie de Lignéville, mère dudit exposant, était en 1605 « gentilhomme de la chambre du feu Roy Henry Quatre et « gouverneur des villes et pays de Thoul, etc., etc. »

B. 4173. (Registre.) — In-4°, 231 feuillets, papier.

1788-1789. — Actes extraordinaires du bailliage. — Nominations, réceptions et envois en possession de leurs charges, des officiers des bailliages et des justices seigneuriales. — Nomination de Jacques Bernardin, à l'office de procureur fiscal au bailliage de Rougemont, par Charles-François, marquis de la Baume-Montrevel, baron et seigneur de Pesmes, Rougemont, Montmartin et autres lieux, mestre de camp de cavalerie. — Accensement du domaine de la Montoillotte fait entre le sieur Michel et Charles-Emmanuel de Saint-Mauris. — Contrat de mariage de Charles-Louis, comte de Bressey, seigneur de la Côte, avec demoiselle Anne-Théodore de Lallemand. — Lettres patentes confirmant l'établissement d'une aumône générale appelée la Charité dans la ville de Vesoul, pour subvenir à la nourriture et à l'entretien des pauvres. — Sentence rendue entre Louis, marquis de Bauffremont Gorevood, chevalier de la Toison-d'Or, brigadier des armées du Roi, Charles-Emmanuel de Bauffremont, abbé, et Claude Bullot, conseiller du Roi, auditeur en la chambre des comptes de Dôle, déclarant nulle et de nulle valeur, la vente de la terre de Bougnon et d'un pré situés à Pusey. — Émancipation de Jean-Pierre de Montessus, lieutenant de cavalerie dans le régiment royal étranger. — Testaments de : messire de Jouve, capitaine des cuirassiers du Roi, demeurant à Pontartier ; — de messire Claude-Henry Quégain, conseiller honoraire au parlement de Besançon, etc. — Donations d'immeubles faites par mademoiselle de Klong, douairière du comte de Conflans, au comte de Montjeun, exempt des gardes du corps du Roi, son petit-fils ; — par Claude-Simon Demandre à Charlotte Vosgien, sa femme, de Bautay ; — par dame Marie-Thérèse de Saint-Mauris, comtesse de Saulx, dame de Remiremont, à sa sœur, Jeanne-Claude de Saint-Mauris, de sa portion de la terre et seigneurie de Jarnoy et de Girefontaine avec tout droit de haute, moyenne et basse justice. — Accensement perpétuel de la tuilerie de Bourguignon-lès-Faverney, fait à Claude Gérard Paris par illustre seigneur, Jean-François Depointe, écuyer, seigneur de Bourguignon, pour la rente annuelle de 18,000 tuiles, 6 tonneaux de chaux et trois paires de poulets, etc.

D. 4174. (Registre.) — In-4°, 347 feuillets, papier.

1732-1737. — Actes extraordinaires du bailliage. — Nominations, réceptions et envois en possession de leurs charges, des officiers des bailliages et des justices seigneuriales. — Transaction passée entre Antoine et Léopold-Jules, barons de Greffen, capitaines, et demoiselle Marie-Anne de Greffen, leur sœur, avec dame Marie-Louise, née baronne de Klong, douairière de Bénigne, comte de Conflans, seigneur de Montureux, Melincourt et autres lieux, au sujet d'un règlement d'intérêts de famille. — Affranchissement par demoiselle Marie-Joseph de la Baume-Montrevel, dame et baronne de Mercey et Gevigney, de tous les héritages mainmortables que noble Odo Favière, sieur de Saint-Loup, président honoraire au présidial de Vesoul, possède sur le territoire des communes de Mercey et Gevigney. — Lettres patentes du Roi nommant : M. Desancenot, à l'office de lieutenant-général au bailliage et siège présidial de Vesoul ; — Claude-Simon Siblot, à la charge de maire de la ville de Lure ; — Claude-François Massey, à l'office de prévôt-châtelain à Cromary. — Donations entre vifs faites : par dame Marie-Antoinette de Rosières, comtesse et chanoinesse de Poussey, de la terre et seigneurie de They, à Antoine-François de Rosières, marquis de Sorans, baron de Fondremand ; — par haute et puissante dame, Claude-Catherine de Grammont, douairière de haut et puissant seigneur, messire Frédéric-Éléonore, marquis de Poitiers, brigadier des armées du Roi, de sa terre et seigneurie de la Roche, à son cousin Pierre, comte de Grammont, mestre de camp du régiment de Grammont cavalerie, fils de haut et puissant seigneur, Michel-Dorothé de Grammont, marquis de Grammont, lieutenant-général des armées du Roi, chevalier d'honneur au parlement de Besançon, grand bailli d'épée de la noblesse de l'Autunois, Montcenis et Semur en Brionnais, seigneur du marquisat de Villersexel, à l'occasion de son mariage avec haute et puissante dame, Eugénie-Renée de Brion, fille de haut et puissant seigneur, le marquis de Brion, chevalier, seigneur de Haute-Fontaine, de Montfontaine, mestre de camp de cavalerie. — Contrats de mariage : de noble du Montet de la Terrade, lieutenant de cavalerie au régiment du duc d'Aumont, avec Marie-Anne du Laurent, fille de François du Laurent, lieutenant de cavalerie ; — de messire Jules-François Buvelot, seigneur de Chassey, conseiller à la cour du parlement de Besançon, avec Gabrielle Vincent, fille de noble Philippe Vincent, seigneur d'Équevilley. — Donation d'un verger situé sur le territoire de Ravenge, faite à Joseph Liéfray dudit lieu, par Claude-Antoine-Eugène, comte de Vaudrey, seigneur de Ravenge, Saint-Ferjeux, Dampierre, Franoisel autres lieux, maréchal de camp des armées du Roi, inspecteur général de sa cavalerie, etc.

D. 4175. (Registre.) — In-4°, 193 feuillets, papier.

1738-1742. — Actes extraordinaires du bailliage. — Nominations, réceptions et envois en possession de leurs charges, des officiers des bailliages et des justices seigneuriales. Donations entre vifs faites : par noble François-Charles Vincent, sieur de Citoy demeurant à Équevilley, à noble Claude-François Vincent, seigneur d'Équevilley, de tous les biens meubles et immeubles qu'il laissera à son décès ; — par dame Denise-Françoise Richardot, veuve de Charles Courtaillon, bailli de Vauvillers, à Claude-François Tharin, conseiller au parlement de Franche-Comté, d'un domaine situé à Colombier ; — par Antoine Prosper de Jacquot, écuyer, seigneur de Rosey, Andelarre, Andelarrot et autres lieux, à Claude-Antoine-François de Jacquot, son troisième fils, de la moitié de son château de Rosey avec ses dépendances, consistant en clos, vignes et terres labourables avec le droit de haute, moyenne et basse justice dans la terre de Rosey. — Transaction faite entre noble Claude-Élie du Montet de la Terrade, capitaine de cavalerie et dame Jeanne-Françoise de Maçon, femme de noble Simon de Garcin, au sujet des difficultés survenues dans le règlement d'un compte de tutelle. — Affranchissement : de Pierre Villemot, de Mercey, par Jean-Claude Fyard, président honoraire au siége présidial de Vesoul, seigneur de Gevigney et Mercey ; — de Jeanne-Baptiste et Marie-Thérèse Bergerot, de Vellefaux, par Marie Gabrielle-Charlotte-Françoise-Gasparine de Grammont-Chatillon dame d'Avilley, de Vellefaux et d'autres lieux. — Contrats de mariage : de Claude-Nicolas Massey, docteur en médecine, demeurant à Jussey, avec Pierrette-Louise Rance, de Luxeuil ; — de noble Jean-François Monnoyeur, sieur de Ferrière-les-Scey, fils de noble Sébastien Monnoyeur, conseiller, secrétaire du roi, maison et couronne de France, seigneur dudit Ferrière, avec Denise-Eugène-Gabrielle-Joseph Vincent, fille de noble Mathieu Vincent, seigneur d'Équevilley et autres lieux, chevalier de l'ordre militaire de Saint-Louis et de dame Gabrielle de Cordemoy ; — de messire Claude-François Tharin, conseiller au parlement de Besançon, fils de Bonaventure Tharin, conseiller audit parlement, et de dame Anne-Françoise Courtailler, avec Claude-Françoise Mandinet de Montrichier, fille de Claude-Charles-François Mandinet, seigneur de Montrichier, conseiller au parlement. — Vente faite par Antoine Mardenet, ancien procureur et notaire à Vesoul, d'une maison qu'il possède dans ladite ville, rue de la Porte Haute, à Claude François-Joseph de Monganot, seigneur de la Montoillotte, pour la somme de 5,000 livres, monnaie du royaume, et 24 livres pour un chapeau, etc.

B. 4176. (Registre.) — In-folio, 234 feuillets, papier.

1737-1749. — Actes extraordinaires du bailliage de Vesoul. — Nominations, prestations de serment et envois en possession de leurs charges, des officiers des bailliages et des justices seigneuriales. — Testament de messire Claude-François Courtet, seigneur de Boulot, conseiller maître en la cour des comptes, aides domaines et finances du comté de Bourgogne. — Lettres patentes par lesquelles le roi Louis XV commet le duc de Duras, lieutenant-général de ses armées, au commandement du comté de Bourgogne, pendant l'absence du gouverneur de cette province. — Lettres de chevalier accordées par le Roi à Claude-François de Lavier, gentilhomme du comté de Bourgogne, seigneur de Calmoutier, en récompense de ses services et de sa haute distinction. « Claude-François de Lavier placé
« par sa naissance et les alliances de sa famille au pre-
« mier rang de la noblesse Franc-Comtoise, débuta dans
« la carrière des armes comme cornette au régiment d'Au-
« busson ; blessé dangereusement au siège de Landau
« en 1713, il fut obligé, par le traité de paix conclu l'année
« suivante de se retirer dans ses terres où ses premiers
« soins furent de solliciter des emplois militaires pour ses
« deux fils qui en 1737, servaient en qualité de cornette,
« l'un dans la compagnie mestre de camp du régiment de
« Mouchy, et l'autre dans celui des dragons de Bauffremont.
« Jean-François de Lavier, son père, après avoir donné
« des preuves signalées de sa valeur et de ses talents à la
« bataille de Villaviciosa en 1682 et au siège de Salins
« en 1674, fut un des premiers gentilshommes du comté
« de Bourgogne, qui passa au service du bisaïeul de
« Louis XV en qualité de colonel, lors de la création du
« régiment de dragons de Listenois, dans lequel il se dis-
« tingua aux batailles de Saint-François et de Cassel, où
« il reçut de si grandes blessures, qu'il fut mis hors d'état
« de continuer ses services ; Guy de Lavier son aïeul était
« capitaine dans les troupes d'Espagne de deux compagnies
« de 100 hommes occupant un emploi qui n'était alors
« accordé qu'à la plus grande noblesse ; enfin Étienne de
« Lavier, son bisaïeul, était du nombre des seigneurs qui
« en 1571, accompagnèrent Don Juan d'Autriche et com-
« battirent sous ses ordres à la fameuse journée de
« Lépante. » — Traité conclu entre Étienne Court, seigneur de Charmoille et messire Nicolas Havi, seigneur de
Bousserancourt, au sujet du partage de la succession dudit
seigneur de Charmoille. — Arrêt du parlement de Besançon
qui envoie Claude-Louis Fyard en possession de la charge
de président au présidial de Vesoul. — Testament de
Claude d'Esprois, seigneur de Gouhelans et de la Côte. —
Concession de toutes les mines du comté de Bourgogne faite
par le duc de Bourbon au sieur Floyd, gentilhomme anglais. — Lettres d'honneur accordées par le Roi au sieur
François Broch, lieutenant-général criminel au bailliage de
Vesoul. — Érection de la baronnie de Vitrey par la
réunion des seigneuries de Vitrey, Oage, la Quarte, Chauvirey et autres fiefs en dépendant, pour François-Salomon
de Bernard de Montessus, en considération de l'ancienneté de sa noblesse dont il a produit les titres, et sur lesquels le parlement de Besançon et la cour des comptes de
Dôle ont rendu en 1736, des arrêts qui l'ont maintenu
dans le droit de se dire et qualifier chevalier, et en récompense des services que ses ancêtres ont rendus soit
dans le commandement de la noblesse de plusieurs bailliages
du duché de Bourgogne, soit enfin, en qualité de gentilshommes de la chambre des prédécesseurs de Louis XV, etc.

B. 4177. (Registre.) — In-4°, 194 feuillets, papier.

1749-1750. — Actes extraordinaires du bailliage de Vesoul. — Nomination, prestations de serment et envois en possession de leurs charges, des officiers des bailliages et des justices seigneuriales. — Érection de la terre et seigneurie de Vallerois-le-Bois en titre et dignité de comté, sous la dénomination de comté de Salives, en faveur de Claude-François de Salives, chevalier, novice de l'ordre de Malte, seigneur de Vallerois, Cerre, Genevrey Domprey, Pusy et Avrigney. Claude François de Salives est issu d'une famille de la plus ancienne noblesse du comté de Bourgogne : ses ancêtres, qui ont toujours vécu avec distinction et ont été admis de temps immémorial dans les collèges de la noblesse et la confrérie de Saint-Georges, se sont alliés aux familles les plus distinguées de la province, et ont servi leurs souverains avec autant de fidélité que de dévouement, tant dans les charges de la magistrature que dans les armées : Jean de Salives l'un d'eux était, dès l'année 1400, conseiller d'État du duc de Bourgogne; son aïeul, capitaine de 100 hommes d'armes sous le règne du roi catholique, mourut lieutenant de roi de la ville de Besançon; son père était capitaine de dragons à la création du régiment de Bauffremont, et ses deux frères furent aussi capitaines, l'un dans le régiment de la Sarre, l'autre dans celui de Grammont. Quant à Claude-François de Salives, en faveur duquel Louis XV érige en comté la terre de Vallerois, il était en 1757 parent ou allié aux maisons de Grammont, de Vaudrey, de Cluny et de Brun, et possédait : la terre de Vallerois, relevant directement du Roi; le domaine de Montépenoux exempté de toutes charges par les souverains; la tour de Moreau, près Montbozon, et de laquelle relevaient plusieurs paroisses obligées d'entretenir les ponts du château de Vallerois; une portion de la seigneurie d'Avrigney; une noble et ancienne maison, située à Vesoul, relevant du Roi; les terres et seigneuries de Cerre et Genevrey, relevant du marquis de Bauffremont, à cause de la seigneurie de Faucogney; la seigneurie de Domprey, relevant du prince de Montbéliard, etc. — Lettres patentes du roi Louis XV portant réunion des terres et seigneuries de Mollans et de Bourguignon pour en faire le comté de Damedor, en faveur de Claude-François Damedor, gentilhomme du comté de Bourgogne. Ce dernier, fils de Nicolas Damedor et de Madeleine de Buade, appartient à une noblesse ancienne et distinguée dans la province, comme descendant en droite ligne masculine de Jean Damedor, écuyer, qui vivait en 1438 et dont tous les descendants ont successivement porté le même titre. François Damedor, l'un d'eux, fut honoré du titre de chevalier par le roi d'Espagne, le 22 novembre 1629, en récompense des services qu'il avait rendus en Italie, ayant levé à ses frais une compagnie de 200 hommes; Nicolas, son fils, épousa Madeleine de Buade, petite nièce d'Antoine de Buade, seigneur de Frontenac, capitaine gouverneur du château de Saint-Germain-en-Laye et premier maître d'hôtel de Louis de France, duc de Bourgogne, qui le nomma chevalier du Saint-Esprit; Madeleine de Buade était fille d'Eustache de Courcelle, dont les aïeux avaient été chambellans des ducs de Bourgogne et chevaliers d'honneur de leur parlement, ainsi qu'il résulte des preuves qui en ont été fournies le 23 mars 1658, par-devant le gouverneur général du comté de Bourgogne et le 4 novembre 1666, par-devant l'intendant de Champagne. — Érection de la terre et seigneurie de Borey appartenant à Antoine-Alexis Tranchant, gentilhomme du comté de Bourgogne, en titre et dignité de comté, sous la dénomination de comté de la Verne. Cette faveur est accordée par Louis XV à Antoine-Alexis Tranchant, en récompense de ses services militaires et surtout en considération de l'ancienneté de la noblesse de ses aïeux qui fut justifiée en 1710, par titres authentiques, devant le conseil du Roi : Jean Tranchant, son trisaïeul, était en 1532, procureur général du bailliage d'Amont pour l'empereur Charles Quint et gouverneur de Vesoul en 1534; Jean Tranchant, son bisaïeul, assista avec la noblesse aux États du comté de Bourgogne en 1617 et 1621; il possédait alors la terre de Borey et celle de Dampvalloy; qualifié de noble par l'infante Isabelle, il fut nommé par elle le 4 février 1638, pour régler avec les députés du roi Louis XIII et ceux du duc de Lorraine les limites du comté de Bourgogne; Jean-Baptiste Tranchant, son aïeul, lieutenant particulier au bailliage de Vesoul, fut aussi reconnu pour noble par arrêts du parlement de Besançon; Antoine-Alexis Tranchant, son père, qui épousa en 1658 Marie-Thérèse de la Verne, gouverneur de Dôle et des pays de Trèves et de Limbourg, grand écuyer de Bourgogne et général des troupes du roi catholique, fut fait gouverneur du château de Châtillon en 1663, par la duchesse de Lorraine et en 1670, capitaine de 100 hommes d'armes, par le comte de Montenois, gouverneur des Pays-Bas. Antoine-Alexis Tranchant s'est allié aux maisons de Vaudrey et de Grammont par le mariage d'une de ses sœurs avec le comte de Montrichier, et à deux familles des plus distinguées d'Alsace et de Bretagne, en épousant, en premières noces, Marie-Françoise de Rolle, et en secondes noces, Catherine Ferron de la Terronnaye, fille d'Armand Charles Ferron, comte de la Terronnaye, colonel de cavalerie. — Union des terres d'Andelarre et d'Andelarrot à celle de Rosey, pour en faire le marquisat d'Andelarre, en faveur de Claude-Antoine-François de Jacquot, capitaine de cavalerie, seigneur haut justicier à Rosey, Andelarre et Andelarrot. C'est à la noblesse de sa naissance, à ses alliances, à ses qualités personnelles, à ses services et à ceux de ses ancêtres que le capitaine Antoine-François de Jacquot doit cette distinction; Antoine Prosper de Jacquot, son père, a servi en qualité de cornette dans le régiment de Grammont depuis 1692 jusqu'en 1702, et dans celui de la Reine jusqu'en 1705; nommé lieutenant la même année dans la compagnie des dragons de Briailles, il fut fait capitaine d'infanterie en 1634 et conserva cet emploi jusqu'au 5 avril 1747; puis il mourut à Strasbourg, capitaine des grenadiers, après avoir fait les campagnes de Bohême et de Flandre. Son aïeul et son bisaïeul ont rempli des charges de conseiller au parlement de Bourgogne et de premier président au parlement de Dôle. Un de ses oncles fut tué à la bataille de Spire, où il combattait à la tête du régiment de la Reine dragons, faisant alors les fonctions de major de brigade. Les alliances de sa famille répondent à l'éclat de sa naissance : on la voit alliée à celle du duc d'Aumont et admise dans tous les chapitres de la noblesse, etc.

B. 4178. (Registre.) — In-4°, 293 feuillets, papier.

1752-1772. — Actes extraordinaires du bailliage de Vesoul. — Nominations, réceptions et envois en possession de leurs charges, des officiers des bailliages et des justices seigneuriales. — Jugement rendu par le présidial de Vesoul qui maintient Claude-Hyacinthe Balland, avocat en parlement demeurant à Montbozon, dans le droit de prendre la qualité de noble dans tous les actes qu'il sera appelé à faire. — Requête présentée aux officiers du bailliage de Vesoul par messire Claude-Antoine-François de Jacquot, marquis d'Andelarre, seigneur de Rosey, d'Andelarrot, de la Côte, du Citey, du Vernois et d'autres lieux, ancien capitaine de cavalerie et dame Catherine de Brunet, dame de Saint-Ouin, son épouse, par laquelle *ils demandent l'enregistrement aux registres du bailliage, de leurs titres nobiliaires*, justifiant de 16 quartiers de noblesse, dont huit en ligne paternelle et huit en ligne maternelle. Parmi ces titres qui sont fort nombreux se trouvent : Une lettre d'Henri IV, alors roi de Navarre, duc de Béarn, lieutenant-général du royaume, adressée à Jean de Brunet et dont voici la teneur : « Monsieur de Brunet, je mesure tant de votre
« bonne volonté au service du Roy Monseigneur, et affec-
« tion de la maison et couronne de France, que je me confie
« que vous joindres l'armée étrangère qui en bref entrera
« en ce royaume pour m'assister en la juste deffence que
« j'ai entreprise de l'Estat contre les ligueurs ennemis de
« Sa Majesté et de sa couronne qui ne tendent sous le pré-
« texte de religion qu'à une manifeste usurpation d'icelle,
« à quoy je me suis obligé par le rang que je tiens en ce
« royaume, sa ditte Majesté en étant empêché par les armées
« de ses ennemis en prenant cette assurance de vous,
« j'écris au sieur de Clervant qui est de ma part en Suisse
« qu'il vous mande l'état des affaires de cela et du temps
« que laditte armée marchera afin de vous préparer au
« devoir d'un bon François et croyés que il ne vous en re-
« viendra que tout honneur et louange de l'amitié d'un
« prince qui n'en sera jamais ingrat, comme je vous prie
« de croire pour mon reguard et Dieu qu'il aurait monsieur
« de Brunet en sa sainte garde. Écrit à la Rochele ce
« vingt avril mil cinq cent quatre vingt sept. Votre meil-
« leur et plus affectionné amy Henry. » — Réception dans les cadets gentilshommes de la maison du roi de Pologne, duc de Lorraine et de Bar, de Charles François de Brunet, frère de la marquise d'Andelarre, faite au conseil aulique tenu à Lunéville le 4 décembre 1739 signée : Stanislas ; — reprise de fief faite en la chambre royale de la ville de Metz par Errard de Lavaux, seigneur de Saint-Ouin, tant pour lui que pour dame de Lespine, veuve d'Henri de Brunet, chevalier, seigneur d'Aubilly et de Delouze, 1683 ; — brevet de pension, accordé par Charles, duc de Lorraine et de Bar, au sieur Hector de Lespine de Saint-Ouin, en considération des services qu'il avait rendus de lui, tant en qualité de son gentilhomme que de capitaine de diverses compagnies d'infanterie qu'il a commandées, 1633 ; — lettres patentes de Charles, duc de Lorraine et de Bar, par lesquelles il donne au dit Hector de Lespine, le gouvernement de la ville et du château de Châtel-sur-Moselle avec la commission de mettre sur pied une compagnie d'infanterie de 100 hommes, 1630 ; — Placet présenté à S. A. le duc de Lorraine et de Bar, par Hector et Pierre de Lespine, fils de Nicolas de Lespine, lieutenant des gardes de la Reine, 1588 ; — acte par lequel Charles et Nicole, duc et duchesse de Lorraine et de Bar, déclarent qu'ils ont reçu la foi et hommage de Chrétien de Coyrenot, écuyer, pour certains fiefs, 1625, etc.

B. 4179. (Registre.) — In-folio, 299 feuillets, papier.

1771-1786. — Actes extraordinaires du bailliage. — Nominations, prestations de serment et envois en possession de leurs charges, des officiers des bailliages et des justices seigneuriales. — Lettres patentes du roi Louis XV par lesquelles il concède le titre de comte à Antoine-François de Bernard de Montessus, lieutenant au régiment des gardes françaises. C'est au zèle dont il a fait preuve tant de fois et aux services que ses ancêtres ont rendus à l'État qu'il doit cette distinction ; issu d'une famille originaire du duché de Bourgogne et qui dès le XIV° siècle était en possession des prérogatives de l'ancienne noblesse et alliée aux plus illustres maisons de la province, Antoine-François de Bernard de Montessus, s'est, à l'exemple de ses aïeux, consacré dans les armes au service de son souverain. Plusieurs d'entre eux, entraînés par une bravoure qui leur faisait méconnaître le danger, ont terminé, en combattant pour la patrie, des jours auxquels ils préféraient l'honneur. — Enregistrement de divers titres appartenant à la famille de Brunet parmi lesquels se trouvent : une sentence rendue par le bailliage de Chaumont, en faveur de Didier de

Brunet, 1844; — un partage de succession entre Didier de Brunet, écuyer, et messire Christophe de Thénance, chevalier de l'ordre du Roi, son beau-frère, 1572; — une reprise de fief faite à Henri, duc de Lorraine, par messire Chrestien de Coirnot, écuyer, pour certaines terres provenant d'Anne de Brielle, sa femme, 1624; — un partage noble des biens de Jérémie de Brunet, second du nom, écuyer, et de demoiselle Simonne de Gallois, 1660; — le contrat de mariage de Jean-Charles de Brunet avec Anne de la Belle, 1670; — le brevet de la réception à Saint-Cyr, de demoiselle Marie-Françoise de Brunet, 1663; — le contrat de mariage de Jean de Gallois, écuyer, seigneur de Rampont avec Judith de Tannois, 1579; — la généalogie de la maison des Saucières, barons de Thénance en Champagne, produite à l'intendant en 1668; — un acte d'acensement du four banal et des étangs de Rosey, 1697; — une transaction faite en 1552, entre demoiselle Ancelle de Ramberviliers, veuve de feu noble Pierre Millet et noble Antoine de Gallois et Marguerite Millet, au sujet du partage d'une succession; — le contrat de mariage de Jean de Gallois, écuyer, avec demoiselle Élisabeth de Chouilly, 1610; — le traité de mariage de noble Antoine de Jaquot, avec demoiselle Suzanne Maîrot de Mutigney, 1636; — un diplôme du roi Robert, du 14 juin 1008, par lequel il reconnaît et déclare que lesdits Denis et Louis de Jaquot sont nobles et gens de mérite servant dans ses armées : « Vos « dictos Dionisium et Ludovicum de Jacotis fratres, faci- « mus, constituimus, creamus et ordinamus ut aulæ nostræ « honoribus atque omnibus præeminentiis, dignitatibus, « nobilitatibus, juribus et favoribus quibus vos vestri que « descendentes de lumbis ves'e ubicunque locorum uti, « frui potiri et gaudere valeatis; » par ce même diplôme il leur attribue aussi des armes : « atque concedimus et lar- « gimur vobis deinceps his armis et insignibus uti et frui « posse videlicet clipeo lasurei coloris per cujus transver- « sum strata aurei coloris, et in ima clipei parte una et su- « periori duabus stellis aureis et supra clipeum galea vitta « aurea et lasurea adornata desuper sectum ex dictis colo- « ribus in cujus anteriori parte sicut dictum est una et « duabus collateralibus dae aureæ stellæ relucent, et in « medio illius secti cornix siri coloris rostro et pedibus « rubris sicuti clarius et distinctius pictoris artificio in « medio litterarum nostrarum apparent (1). » (Ce blason paraît être imaginaire. En effet, bien que les armoiries aient une origine contemporaine de celle des croisades et que leur usage ait été consacré par les tournois, ce ne fut qu'au XIII° siècle qu'elles devinrent héréditaires dans les familles); — la généalogie de la famille des Petit de Lavau originaires de Champagne. (Cette généalogie qui remonte à l'année 1504 attribue à cette famille les armes suivantes : « écartelé au 1 et 4, d'azur à trois glands d'or, au 2 et 3, « d'or semé de trèfles de sable, au lion de sable, armé « et lampassé de gueules, au chef de gueules, chargé de « trois croissants d'or » »; — la fondation d'une messe à perpétuel dans l'église de Saint-Étienne de Dijon, faite en 1531 par messire Paris de Jaquot, seigneur de Neuilly, conseiller du Roi en son grand conseil; — une constitution de rente faite au profit d'honnête fils Didier Pierre, par Antoine Bourdot et messire Claude de Jaquot, cogouverneur de la cité impériale de Besançon, comme caution, 1591; — le testament de messire Claude de Jaquot, troisième du nom, chevalier, président au parlement de Dôle, seigneur d'Andelarre; — un décret fait en la régale de la cité impériale de Besançon qui prouve que Claude de Jaquot, cogouverneur de cette ville, est le père de Claude de Jaquot, conseiller au parlement et que Blaise et Jean-Baptiste de Jaquot, ses frères, sont qualifiés de nobles, etc., etc. — Anoblissement en 1509, de Nicolas Gilles, par Antoine, duc de Lorraine, en récompense des services qu'il lui a rendus en qualité d'huissier de salle; il lui attribue les armes suivantes : « un écu affranchi de gueules avec « six fisses d'or et d'azure à deux flocs d'or, l'un à la « pointe, l'autre en chef. » — Réunion des seigneuries de Rupt, de Chantes, d'Ovanche, de Vy-le-Ferroux, d'Oigney, de Soing, de Cubry, de Saint-Albin, de Vy-les-Rupt, de Vauconcourt et de Nervesain pour en faire le comté d'Orçay, en faveur de Pierre-Gaspard-Marie Grimod, capitaine de dragons au régiment de Bauffremont. — Érection de la terre de Montjustin en baronnie pour Guillaume-Antide de Montjustin, officier au régiment de Flandre. — Lettres patentes du roi Louis XVI : portant commutation de nom et translation du chef-lieu du marquisat d'Andelarre en celui de Jaquot; — autorisant les sieurs Miroudot de Gessey et Miroudot de Saint-Ferjeux, cousins germains, à reprendre le nom de du Bourg, quitté par leurs ancêtres, les confirmant dans leur noblesse et les anoblissant autant que de besoin. — Reprise de fief de la seigneurie de Contréglise, faite par Jean-Georges Aymonnet, de Vesoul, à Louis-Ferdinand-Éléonore de Poitiers et de Rye, marquis de Varambon, seigneur de Vellefaux et autres lieux. — Arrêt du conseil d'État du Roi qui permet au marquis de Saint-Mauris de commettre qui bon lui semblera, pour exercer les fonctions de notaire royal à Lambrey, etc.

---

(1) Ce diplôme est grossièrement faux; il manque de l'invocation qui se trouve généralement dans les actes de Robert; il se termine par ces mots : « fecimus vigilii nostri appensione munitari » et ce ne fut que sous le règne de Louis VII que le sceau devint pendant. D'après le caractère de sa latinité assez maniérée, il est probable qu'il a été fabriqué au XVI° siècle.

B. 4180. (Registre.) — In-4°, 109 feuillets, papier.

1786-1792. — Nominations, prestations de serment et envois en possession de leurs charges, des officiers des bailliages, et justices seigneuriales. — Actes extraordinaires. — Lettres d'honneur et de dispense d'âge accordées au sieur Ebaudy de Rochetaillée, lieutenant général au bailliage et siège présidial de Vesoul. — Brevet d'une pension de 400 livres accordée par le Roi à Pierre Jacquemard, sieur de Breville. — Affranchissement de Jean-Pierre Costille, d'Aubertans, par Alexis-François de Lampinet, écuyer, capitaine de cavalerie, seigneur de Navenne et autres lieux. — Lettre d'avis du maréchal de Ségur, ministre de la guerre, à Philibert-Bernard Fyard, de Vesoul, capitaine d'artillerie, par laquelle il l'informe que le Roi lui a accordé une pension de 400 livres : « A Versailles, le « 21 mai 1786. Le retour du détachement du corps royal « de l'artillerie avec lequel vous estes passé aux Indes, « m'a mis, Monsieur, dans le cas de rendre un nouveau « compte au Roi des témoignages avantageux que vous a « mérités de la part de M. de Senarmont, qui le com- « mandait, la manière distinguée dont vous y avez servi; « Sa Majesté, pour en marquer sa satisfaction a bien voulu « vous accorder une pension de 400 livres sur le trésor « royal; je vous annonce avec plaisir cette juste récom- « pense du zèle, de l'activité et de la bravoure dont vous « avez donné des preuves dans cette partie. Je suis etc. « le maréchal de Ségur. » Arrêt du conseil d'État du Roi qui maintient la famille Fyard, de Vesoul, dans son ancienne noblesse. — Nomination de Jean Guerrin, procureur à Vesoul, à l'office de juge, en la justice de Gressoux, par Jeanne Madeleine Béatrix d'Ambly, dame dudit lieu, etc.

D. 4181. (Registre.) — In-4°, 297 feuillets, papier.

1615-1691. — Actes extraordinaires du bailliage de Vesoul. — Publication du testament de dame Anne-Guillemette de Frian, femme d'Antoine de Blictersvith, seigneur de Melisey. — Permission accordée par l'archevêque de Besançon, à messire Antoine de Blictersvith, baron de Melisey, de manger de la viande pendant le carême de l'année 1616. — Nomination de Désiré Pacoutey, d'Arbois, à l'office de visiteur général des grands chemins, par Charles Emmanuel de Gorevood, marquis de Marnay, comte de Pont-de-Vaux. — Requête présentée au bailli d'Amont, par laquelle les procureurs fiscaux de ce siège demandent l'autorisation de contraindre les habitants de Montbozon à réparer un pont qui menace ruine et qui est très-dangereux pour les passants. — Edit d'Albert et d'Isabelle Clara Eugénia, infants d'Espagne, archiducs d'Autriche, ducs et comtes de Bourgogne, ordonnant une levée de 4,000 hommes et de 400 chevaux dans le comté de Bourgogne. — Lettres patentes du duc et de la duchesse de Bourgogne : nommant bailli d'Amont, haut et puissant seigneur, messire Charles-Emmanuel de Gorevood, marquis de Marnay; — interdisant à tous officiers de justice de nommer des procureurs, des huissiers, des notaires et des sergents à peine de nullité de leurs actes, jusqu'à ce qu'il en soit ordonné autrement; — autorisant l'abbé de Notre-Dame de Clairefontaine à établir un tabellion dans sa seigneurie de Clairefontaine; — Permettant à messire Joseph Tollot, prieur de Martoroy, d'exercer la justice à Pont; — commant le capitaine François Danon, aux fonctions de prévôt des marchands au comté de Bourgogne, avec mission spéciale de garder et préserver le dit comté des vols, larcins, crimes et délits qui s'y commettent par les vagabonds et autres mauvais garnements; — Claude Othenin, de Vesoul, à la charge de procureur d'office en la prévôté de Vesoul et Chariez. — Émancipation de Jean Plassard, fils de François Plassard, de Vesoul. — Assignations pour les assises des prévôtés de Vesoul, Jussey, Montjustin et Faucogney. — Permission accordée par le bailli d'Amont, aux habitants de Filain, de s'assembler en corps de communauté, pour procéder à l'abornement de leurs communaux, etc.

D. 4182. (Registre.) — In-4°, 130 feuillets, papier.

1620-1622. — Actes extraordinaires du bailliage de Vesoul. — Requête adressée au bailli par le procureur fiscal, à l'effet d'obtenir l'autorisation de mettre sous la main du Roi, tous les biens appartenant à Antoine Vuillemey, de Belonchamp, lequel, après avoir assassiné sa femme, s'est sauvé en pays étranger pour échapper à la justice. — Ordre du bailli d'Amont donné à tous les habitants des villages dépendant des prévôtés de Cromary et de Châtillon de faire guet et garde jour et nuit pour empêcher toute communication avec les habitants des villages où règne la peste. — Lettres patentes de Philippe IV, roi de Castille, duc de Bourgogne, par lesquelles il permet, comme l'avait fait en 1533 l'empereur Charles-Quint, aux habitants de la ville de Montmartin, de tenir un marché tous les jeudis et trois foires par an ; la première, le jour de la Saint-Vincent ; la seconde, le jour de la Saint-Crispin, et la troisième, le jour de la Saint-Barnabé. — Patente de notaire à Marnay, octroyée à Claude Vivien, par madame la duchesse de Pont-de-Vaux, agissant en qualité de mère tutrice de Philippe Eugénie de Gorevood, duc du dit lieu, bailli d'Amont. — Emancipation de messire Hugues Courtois, prêtre et familier en l'église Saint-Georges de Vesoul.

— Permissions de manger des œufs et de la viande pendant le carême, accordées à divers particuliers, par le vicaire général de l'archevêque de Besançon. — Acte par lequel les archiducs Albert et Isabelle accordent en 1631, une somme de cent livres par an pour le traitement du chapelain de la chapelle que les ducs et comtes de Bourgogne ont fondée au château de Vesoul. — Requête des capitaine et officiers du bailliage de Lure au bailli d'Amont à l'effet d'être autorisés à saisir les habitants de Plancher-les-Mines, partout où ils se trouveront, pour obtenir d'eux payement de leur quote part des frais occasionnés par les guerres d'Allemagne. — Acceptation faite par les pères Cordeliers du couvent de Pusey-sur-Ognon, d'une somme de 200 livres, à laquelle a été condamné Claude Clergel, de Contréglise, lequel ayant tué son frère Charles Douster, avait obtenu sa grâce du Roi, etc.

D. 4163. (Registre.) — In-4°, 93 feuillets, papier.

1693-1689. — Actes extraordinaires du bailliage de Vesoul. — Nomination par le Roi de Claude-Louis Gastel, à l'office de receveur des exploits et amendes du bailliage de Vesoul. — Donation faite par messire Jean-François d'Aigremont, seigneur de Ferrière, à noble Jean-Adrien de la Rochelle, écuyer, seigneur d'Echenoz-la-Sec, de tous ses biens meubles et immeubles. — Procès-verbal constatant que le registre des causes de la justice de Fontaine a disparu et qu'il n'a pu être retrouvé malgré toutes les recherches qui ont été faites à ce sujet. — Enregistrement des lettres et titres de noblesse de Jacques-Joseph Perrenelle, seigneur de Mont, lieutenant-général d'Amont. — Lettres patentes de l'empereur Charles-Quint, par lesquelles il nomma pour son secrétaire, Jean Perrenelle, de Champlitte. — Requête présentée au lieutenant-général du bailliage de Vesoul, par messire Louis de Ligniville, baron de Vanne, à l'effet d'obtenir l'enregistrement d'une donation d'immeubles que lui a faite messire Charles de Ligniville, baron de Vanne, major d'un régiment de cavalerie. — Donation d'immeubles faite par messire Marie-François de Vieuville, abbé commendataire de l'abbaye de Savigny, à messire René-François, marquis de la Vieuville, son frère aîné et à haute et puissante dame, Anne-Lucie de la Mothe Houdancourt, son épouse. — Procès-verbal dressé par le secrétaire général des États du comté de Bourgogne, constatant que le 2 juin 1662, noble Renobert, seigneur de Talant, Maussans, Mont-le-Vernois et autres lieux, a été admis à la chambre de la noblesse convoquée à Dôle, pour la tenue des états-généraux, après avoir toutefois, justifié de sa noblesse. — Affranchissement de la macule de mainmorte, de la famille Carlot, de Flagy,

par haute et puissante dame, la comtesse de Belin, dame et baronne du dit lieu. — Dame Louise de Montrichard, femme de messire Antoine de Vaudrey, baron de Saint-Remy, dame de Lambrey, demande l'enregistrement aux registres du bailliage de trois reprises de fief en justifiant de plusieurs droits qu'elle a sur la seigneurie de Lambrey, etc.

D. 4164. (Registre.) — In-4°, 190 feuillets, papier.

1689-1694. — Actes extraordinaires du bailliage de Vesoul. — Contrats de mariage de : messire Jean-Étienne de Bernard de Montessus, chevalier, seigneur de Vitrey, Chauvirey, Ougy, la Quarte, avec demoiselle Jacquette Mynault, fille de noble chevalier Jean Mynault, conseiller du Roi ; — messire Claude-François Baissier, chevalier, seigneur de Mollans, avec demoiselle Olivière, petite-fille de messire Gille Petit, chevalier, seigneur de Frotte. — Donations faites : par noble Antoine de Richin, coseigneur à Coudrecourt, à noble messire Guillaume de Richin, seigneur au dit lieu ; — par dame Marguerite de la Chambre, à haut et puissant seigneur, messire Charles, comte d'Aubigney, chevalier des ordres du Roi, gouverneur d'Aigues-Mortes, de tous ses droits successifs mobiliers et immobiliers, fruits et revenus qui lui appartiennent dans les biens de très-haut et puissant seigneur, messire Philippe-Eugène de Gorevood, chevalier de la Toison d'Or, prince du Saint-Empire, comte et vicomte de Salins, duc de Pont-de-Vaux, marquis de Marnay. — Exécution du décret des terres et seigneuries de Flagy, Varogne et Vellefrie, appartenant à dame Antoinette d'Averton, comtesse de Belin, dame de Flagy, à la requête du comte de Montreux, gouverneur de la citadelle de Besançon. — Affranchissement des habitants de Varogne par la comtesse de Belin. — Sentence rendue par Jacques-Joseph Perrenelle, seigneur de Mont, lieutenant-général du bailliage d'Amont, déclarant ouverte au profit de Philippine de Rye, veuve d'Éléonore-François Poletier, marquis de Varambon, la commise de deux prés situés sur le territoire de Vellefaux, etc.

D. 4165. (Liasse.) — 11 pièces, papier; 1 cahier, in-4°, papier, 25 feuillets.

1690-1784. — Recueil des édits, déclarations, lettres patentes et arrêts du conseil d'état du Roi : concernant l'office d'arpenteur-mesureur au bailliage de Vesoul ; — permettant à Guillaume le Vineux d'établir des receveurs des épices dans toutes les juridictions où ils n'ont point été établis en exécution de l'édit du mois de février 1691, et servant de règlement pour les offices de contrôleur des dites épices ; — accordant une modération d'impôt en faveur de Nicolas Dumaitre, seigneur de Mollans ; — permettant à Claude-Étienne Tranchant, seigneur de Navenne, et gouverneur de Vesoul, de se qualifier de noble, dans tous les actes qu'il fera ; — exemptant de tous droits, les blés, grains et légumes qui entreront dans le royaume et ordonnant la fixation des cens, rentes et redevances qui se payent en grains ; — ordonnant que les offices de substituts des procureurs du Roi, procureurs postulants, notaires, huissiers et arpenteurs royaux, dont l'hérédité n'aura point été payée au premier janvier 1780, demeureront supprimés ; — concernant les vagabonds et gens sans aveu ; — portant ratification du traité de commerce et de marine passé entre le Roi et la ville de Hambourg ; — rétablissant le grand conseil du Roi. — Arrêts du parlement et ordonnances de l'intendant, concernant : la publication des testaments ; — le rétablissement et l'entretien du pavage des rues de Besançon en 1785 ; — le faux principal et faux incident, et la reconnaissance des écritures et signatures en matière criminelle ; — faisant défense à tous les laboureurs, vignerons, fermiers, pâtres et autres habitants du ressort, excepté les gens nobles, roturiers ayant droit de chasse, ou voyageurs, de mener avec eux aucuns chiens qu'ils n'aient au cou un billot de la longueur de dix pouces sur cinq pouces de circonférence, à peine de 10 livres d'amende et de 20 livres en cas de récidive ; — décidant qu'en tout temps et en toutes circonstances, la cour de Besançon, maintiendra contre les entreprises de la connétablie, le privilège des Francs-Comtois, de ne pouvoir être traduits hors de leur ressort ; le droit des officiers royaux de son ressort, de connaître de toutes les affaires tant civiles que criminelles dans lesquelles des cavaliers de la maréchaussée ou autres se prétendant sujets à la juridiction inconnue de la connétablie, seront parties, tant en demandant qu'en défendant, sauf l'appel à la cour qui continuera comme par le passé d'en prendre connaissance ; — défendant : aux gardes forestiers et échevins des communautés, de s'ingérer dans les fonctions de bûcheron, pour l'exploitation des assiettes, à peine de 500 livres d'amende ; — à tous maîtres de forges ou autres de fabriquer aucune espèce de fonte ou grenaille pour la chasse, à peine de 100 livres d'amende ; à toutes personnes de prendre les œufs de cailles, perdrix, faisans et gélinottes, à peine de 100 livres d'amende pour la première fois, du double pour la seconde, du fouet et du bannissement pour la troisième ; de tendre lacs, lacets, tirasses, tonnelles, traîneaux, bricoles de corde et de fil d'archal, pièces et pans de rets, colliers, alliers de fil ou de soie, à peine du fouet et de 30 livres d'amende pour la première fois, et pour la seconde d'être fustigé, flétri et banni pour cinq ans ; — portant création d'une justice consulaire à Besançon ; — obligeant les pauvres mendiants d'aller travailler à la campagne, etc.

B. 4152. (Liasse.) — 28 pièces, papier, 2 cahiers, in-fo, 22 feuillets.

1680-1689. — Inventaire des registres et papiers de l'ancien greffe du bailliage d'Amont, siège de Vesoul, trouvés dans un grenier de la maison de l'avocat Jean-Baptiste Roland, le jeune. — Règlements pour les greffes du comté de Bourgogne. — Remontrances faites à la cour du parlement de Besançon, par les officiers du bailliage de Vesoul, à la rentrée de la Saint-Martin de l'année 1780, au sujet de l'exécution des règlements et ordonnances en matière de procédure. — État des actes reçus et passés dans les greffes de la province de Franche-Comté et qui sont sujets aux droits de contrôle, du centième denier et d'insinuation. — Tarif pour le contrôle des actes et contrats passés dans toute l'étendue du royaume, par les notaires et tabellions, tant royaux, apostoliques que seigneuriaux, greffiers, gens de lois et autres qui ont droit d'instrumenter, et pour le contrôle des actes sous signatures privées. — Adjudication de la charge de receveur des épices, amendes et consignations du bailliage de Vesoul. — Règlement du lieutenant-général du bailliage de Vesoul pour la tenue des audiences. — Procès-verbal dressé par le lieutenant-général sur un conflit entre les officiers du bailliage et ceux du présidial. — Instruction pour les receveurs des amendes de la province de Franche-Comté. — Requêtes du concierge des prisons relatives au payement des sommes qui lui sont dues pour fournitures faites aux prisons. — Visite des prisons. — Interdiction pour deux mois du sieur Guichard, concierge des prisons. — Déclarations de grossesses. — Prix des grains vendus sur le marché de Vesoul.

B. 4157. (Liasse.) — 39 pièces, papier.

1582-1769. — Actes extraordinaires du bailliage de Vesoul. — Reprises de fief faites : en 1519, par Nicolas Aymonnet, de Fondremand, par devant Claude d'Oiselay, seigneur dudit lieu, à cause de son château, et maison forte d'Oiselay ; en 1584, par Jean-Baptiste de Saint-Martin, écuyer, seigneur de Cendrecourt, lieutenant général et gouverneur pour le Roi du comté de Bourgogne. — Actes d'aveu et de désaveu. — Ordres aux habitants de Vars de loger des gens de guerre : « Le marquis de Saint-« Martin gouverneur et capitaine général de Bourgogne, général de l'artillerie du roy en Allemagne, capitaine des « gardes de son Altesse royale, colonel de cavalerie pour le

« service de Sa Majesté, etc. Nous ordonnons aux échevins
« prud'hommes et habitants du village de Vars de loger et
« nourrir raisonnablement cent hommes de pied de la levée
« du régiment du sieur commandeur de Saint-Mauris, pour
« peu de jours et jusques à autres ordres, avec ordonnance
« aux officiers de les contenir et châtier en sorte qu'il n'y
« arrive aucun désordre, le tout à peine d'en estre respon-
« sables, fait à Salins ce 27e jour du mois d'avril 1638;
« Signé : Le marquis de Saint-Martin Vaudrey » (Signature
autographe). — Ordre du duc de Lorraine au colonel de
« Presley, « de laisser en liberté ceux qui sont dans le chas-
« teau de Rougemont, de n'en enlever aucuns grains, vins
« ny autres choses quelconques principalement de celles
« qui appartiennent au sieur marquis de Varambon, et de
« ne rien prendre ou souffrir qu'il soit prins sur les habi-
« tants dudit lieu, contre ce qui est porté par les règlements,
« sous peine d'en respondre en son seul et privé nom, fait à
Besançon ce 27e janvier 1638; Signé : de Lorraine. — Affranchissement de Claude Baroy, de Cians, notaire, par
noble Claude Cour, de Vesoul, seigneur de Charmoille,
Cians et autres lieux. — Visite des vignes situées sur le
territoire des communes comprises dans le bailliage de
Vesoul, en suite d'un arrêt du parlement de Besançon. —
Convention faite entre les habitants d'Aras et Claude-
François-Magdeleine Dumedor, comte de Mollans, seigneur
d'Aras au sujet des dîmes. — Copie faite par le bailliage
de trois chartes du XIIe siècle, dans lesquelles sont
nommés Savaric et Guillaume de Saint-Germain, ancêtres
du comte de Saint-Germain, lieutenant-général des armées
du Roi, ministre de la guerre; la première de ces chartes
est une donation faite à l'église de Saint-Paul, de Besançon, par Gaucher de Salins, en 1139; les deux autres
sont des donations faites par le même Gaucher, aux chanoines de Montbenoît, en 1148; — procès-verbal de la
vérification des titres de noblesse de la famille Fyart, de
Vesoul, faite par MM. de Monzenet et de Magnoncourt,
gentilshommes nommés à cet effet. — Explosion au château de Quincey, attribuée à la malveillance. — Procès-
verbal constatant que le 22 juillet 1789, les habitants de
Recevreuille se sont portés en corps de communauté et
en armes ayant à leur tête les échevins, au château d'Amblans, où réside Joseph Claude Lyautey, leur seigneur, et
qu'ils ont exigé de ce dernier la signature d'un acte par
lequel il déclare qu'il exempte ses sujets de toutes tailles,
corvées et redevances. — Révolte des sujets de la terre de
Jasne, contre Charles-François-Benoît de Mongenet, leur
seigneur, et pillage du château. — Extirpation des vignes
situées sur la bannière de Charmont. — Déclaration et
dénombrement des hommes et sujets de la mairie de
Romain, lesquels reconnaissent et déclarent qu'eux et leurs

biens sont mainmortables, taillables, corvéables et justiciables en toute justice, de haut, illustre, puissant prince
et seigneur, Christophe, duc de Wurtemberg et Teck, comte
de Montbéliard. — Conditions sous lesquelles s'amodiaient
les censes de la ville de Besançon dont le produit était destiné à l'entretien des fortifications de la ville et de celles
de la province, etc.

D. 4188. (Liasse.) — 110 pièces, papier.

1691-1699. — Nominations et réceptions des officiers
des bailliages et des justices seigneuriales. — Nominations : de Pierre de la Corne, de Vesoul, à l'office de procureur au bailliage de cette ville, par Claude-Gabriel Causerel, docteur en droit, lieutenant-général audit siège; —
de Jean-Baptiste Renez, de Raincourt, à l'office de greffier
de la justice dudit lieu, appartenant M. de Novillard; —
de Jean-Claude Fyard, de Vesoul, à la charge de président
au présidial de Vesoul; — de Jean-Antoine Faivre, de
Vesoul, aux fonctions de conseiller honoraire au présidial
de ladite ville; — de Simon Huot, de Vesoul, docteur en
droit, avocat au présidial, à l'office de conseiller assesseur
en la maréchaussée du prévôt général au département des
bailliages de Vesoul, Gray et Baume, de la grande juridiction de Luxeuil et de Montbéliard; — de Claude-
Étienne Lyautey, procureur au présidial, à la charge de
juge dans la terre et seigneurie de Scey-sur-Saône, par
Charles-Emmanuel de Bauffremont, abbé de Luxeuil et
Saint-Paul de Besançon, marquis et baron dudit Scey, etc.

D. 4189. (Liasse.) — 64 pièces, papier.

1699-1704. — Nominations et réceptions des officiers des bailliages et des justices seigneuriales. — Nominations : de Nicolas Roussel, de Charles, à l'office de juge
châtelain dans la terre de Villersexel, par Michel de
Grammont, maréchal des camps et armées du Roi, baron
et seigneur dudit lieu; — de François Larron, de Corre,
à la charge de maire et juge pour le Roi audit lieu, par
Pierre Vatin, bailli de Vonvelle; — de Guillaume Debourg,
praticien demeurant à They, à l'office de juge châtelain
dans la seigneurie de Fondremand, par Jean-Simon de Rosières, marquis de Sorans, baron et seigneur desdits lieux;
— d'Antoine Simonin, de Vellefrie, à l'office de notaire
royal audit lieu, etc.

D. 4190. (Liasse.) — 53 pièces, papier.

1704-1707. — Nominations et réceptions des officiers
des bailliages et des justices seigneuriales. — Nominations :

de Claude Barbier, de Filain, à l'office de tabellion, audit lieu, par M. de Filain, seigneur; — de Nicolas Richard, de Rupt, à la charge d'huissier royal héréditaire audit Rupt; — de Claude Patisoy, de Lambrey, à l'office de juge en la justice de Mercey et Garignay, par le président Pyard, seigneur desdits lieux; — de Claude Millot, de Vesoul, à l'office de notaire royal et garde-notes héréditales à Vesoul; — de Pierre Hombert Charles, de Jussey, avocat en parlement, à l'office de prévôt et châtelain en la prévôté de Jussey, etc.

B. 4191. (Liasse.) — 19 pièces, papier.

1741-1745. — Nominations et réceptions des officiers des bailliages et des justices seigneuriales. — Nominations : de Pierre-François Poulider, de Villersexel, greffier en la seigneurie dudit lieu, à l'office de juge en la justice de Besange, par M. de Vaudrey, seigneur dudit lieu; — de Nicolas Droulot, de Villersexel, à l'office de juge en la terre et seigneurie d'Oricourt, par dame Anne-Claude de Crozey, douairière de messire Claude-François de Cordemoy; — de Claude-François Faivre, avocat en parlement, à l'office de bailli en la justice d'Amance, par madame de Pontier, dame dudit lieu; — de Benoît Raillard, lieutenant particulier au bailliage de Vesoul, à la charge d'assesseur de la maréchaussée générale du comté de Bourgogne, à la résidence de Vesoul, etc.

B. 4192. (Liasse.) — 64 pièces, papier.

1745-1748. — Nominations et réceptions des officiers des bailliages et des justices seigneuriales. — Nominations : de Pierre-François Travault, avocat en parlement, à l'office de conseiller du Roi, lieutenant de maire ancien mi-triennal de la ville de Vesoul; — de François-Jacques Treizejac, dit Treizaus, avocat en parlement, procureur fiscal au bailliage de Lure, à l'office de maire ancien mi-triennal alternatif à Lure; — de noble Jean-Baptiste Huot, conseiller du Roi, lieutenant assesseur criminel au bailliage de Vesoul, à l'office de conseiller du roi maire ancien mi-triennal de la ville de Vesoul; — de maître Pierre Bernard, de Melincourt, à l'office de notaire audit lieu; — de Pierre-François Pilon, notaire royal à Grange-le-Bourg, à l'office de juge en la justice de Lomont, par le marquis du Chastelet, seigneur dudit lieu; — de Pierre-Antoine Bassand, de Vesoul, avocat en parlement, à l'office de bailli dans la seigneurie de Noroy-l'Archevêque, par illustrissime et révérendissime Antoine-Pierre de Grammont, archevêque de Besançon, etc.

HAUTE-SAÔNE. — Série B.

B. 4193. (Liasse.) — 45 pièces, papier.

1748-1749. — Nominations et réceptions des officiers des bailliages et des justices seigneuriales. — Nominations : de Didier Poinsot, de Vauvillers, à l'office de juge en la justice d'Ormoy appartenant au Roi, par Pierre Camelet, de Montbrouille, directeur des domaines de S. M. au comté de Bourgogne; — de François-Gabriel Normand, à la charge de maître de poste à Combeaufontaine; — de Jean Baptiste Burgot, procureur au bailliage de Vesoul, à l'office de juge en la justice d'Amance, par le marquis du Chastelet. — Acquisition d'un office d'arpenteur au bailliage de Vesoul, par Claude Carcoy, de Jean-Pierre Gaudin, pour le prix de 1,800 livres, etc.

B. 4194. (Liasse.) — 50 pièces, papier.

1750-1752. — Nominations et réceptions des officiers des bailliages et des justices seigneuriales. — Nominations : de Nicolas Siraudin, de Vesoul, à l'office de substitut du procureur du roi au bailliage et siège présidial de Vesoul; — de Pierre-Antoine Wagon, demeurant à Jonvelle, à l'office de juge à Godoncourt, par le marquis du Chastelet, maréchal des camps et armées du Roi, gouverneur du château royal de Vincennes; — de Claude-Antoine Parisot, notaire royal à Saulx, à l'office de juge et la justice de Servigney, par messire Jean-Claude Posel, conseiller honoraire au parlement de Besançon; — de Claude-Antoine Henriot, d'Anjeux, à l'office de juge à Plainemont, par messire Bonaventure Poncelhesse, doyen du chapitre royal de Dôle, conseiller d'honneur en la chambre des comptes de ladite ville, abbé commendataire de l'abbaye Notre-Dame de Clairefontaine, etc.

B. 4195. (Liasse.) — 55 pièces, papier.

1752-1753. — Nominations et réceptions des officiers des bailliages et des justices seigneuriales. — Nominations : de Pierre Burget, à l'office de procureur au bailliage de Vesoul; — de Pierre Dumas, demeurant à Saint-Pierre-les-Melisey, à l'office de juge en la justice de Gemboing, par le comte de Montleau; — de Claude-François Faucongney, ancien procureur au siège de Vesoul, à l'office de juge en la justice de Calmoutier, par les doyen et chanoines du chapitre de Vesoul; — de Jean-Claude Le Blond, à l'office d'arpenteur, priseur et mesureur des terres, prés, vignes, bois, eaux et forêts au bailliage et siège présidial de Vesoul; — de Jean-Baptiste Mallet, à l'office de notaire à Vauvillers; — de Nicolas Jacquelin, de Jussey, à l'office de juge en la seigneurie de Saint-Médon, par messire Jean-Antoine de Lespine, seigneur dudit lieu, chevalier, président en la chambre et cour des comptes, aides, domaines et finances du comté de Bourgogne, etc.

B. 4196. (Liasse.) — 75 pièces, papier.

2092-1767. — Nominations et réceptions des officiers des bailliages et des justices seigneuriales. — Nominations : de maître Adrien Brauhard, notaire royal à Noroy-l'Archevêque, à l'office de juge en la justice de Darcy, par messire Jean-François Tranchant, comte de La Verne, seigneur de Darcy, Montjustin et autres lieux ; — de Claude-François Dumont, de Breurey-lès-Faverney, à l'office de doyen de l'église des dames de Remiremont, dans tous les lieux et seigneuries qui leur sont appartenant en Franche-Comté et notamment à Breurey et Mersuay ; — de Claude-Joseph Projean, notaire royal à Montbozon, à l'office de juge-châtelain en la seigneurie du Molnay, par dame Marie-Élisabeth de Gramaunt, douairière de M. de Salives, dame de Molnay, Vellechevreux et autres lieux ; — de maître Nicolas Projean, procureur au siège de Vesoul, à l'office de juge en la justice du marquisat d'Andelarre, etc.

B. 4197. (Liasse.) — 58 pièces, papier.

2107-1772. — Nominations et réceptions des officiers des bailliages et des justices seigneuriales. — Nominations : de Jean Colombot, avocat en parlement, à l'office de bailli à Amance, par le marquis du Chastelet ; — de maître Claude-Antoine Billequey, procureur à Vesoul, à l'office de juge en la justice de Mailley, par messire Jean-Louis Aymard, comte de Clermont-Tonnerre, abbé commendataire de l'abbaye royale Saint-Pierre-lès-Luxeuil ; — de François Cuny, praticien, à l'office d'arpenteur en la maîtrise particulière de Vesoul ; — de Jean-Claude Huguenin, ancien procureur à Vesoul, à l'office de juge en la justice de Chargey et Confiandey, par la marquise de Rozey ; — de Pierre-François Garnier, à l'emploi de contrôleur des actes à Vesoul ; — dispense d'âge pour M. de Rochetaillée, nommé aux fonctions de lieutenant général au bailliage à Vesoul, etc.

B. 4198. (Liasse.) — 67 pièces, papier.

2172-1767. — Nominations et réceptions des officiers des bailliages et des justices seigneuriales. — Nominations : de Gabriel Grandmaître, de Combeaufontaine, à l'office de juge châtelain dans la seigneurie de Chauvirey-le-Châtel et de Chauvirey-le-Vieil, par Edmond-Philippe Régent, seigneur desdits lieux ; — de Claude-François Bourgeois, de Vesoul, à l'office de notaire audit lieu ; — de Claude-François Carteron, citoyen de Besançon, à l'office de greffier concierge des prisons de Vesoul ; — de maître Pierre Rebillet, procureur au bailliage de Vesoul, à l'office de juge civil et criminel dans le marquisat de Saint-Maurîs ; — de Jean-Claude Pelletiere, procureur au siège de Vesoul, à l'office de notaire royal en ladite ville ; — de Charles-Simon Husson, chirurgien à Faucogney, à l'office de chirurgien royal juré aux rapports de la ville de Faucogney ; — de François Rolleau, de Saint-Sauveur, à l'office de géomètre arpenteur dans l'étendue du bailliage présidial de Vesoul, etc.

B. 4199. (Liasse.) — 55 pièces, papier.

1772-1787. — Nominations et réceptions des officiers des bailliages et des justices seigneuriales. — Nominations : de François-Xavier Berger, de Preigney, à l'office d'archer, garde de la compagnie du prévôt général des monnaies et de la maréchaussée de France ; — de Jean-Baptiste Gérard, notaire royal à Saulx, à l'office de juge en la seigneurie de Villers-Pot, par dame Jeanne-Ursule de Valer, douairière de Jean-Adrien de Bermont, écuyer, seigneur de Villers-Pot ; — de messire Antoine-Joseph-Philippe Régis, comte d'Esternoz, mestre de camp de cavalerie, sous-lieutenant de la compagnie des deux cents chevau-légers de la garde du Roi, à l'office de bailli d'épée du bailliage d'Amont ; — de Claude-Étienne Froidot, notaire royal à Saulx, à l'office de juge en la justice de Flagy, Varogne et Vellefrie, par Marie-Suzanne-Simonne-Ferdinande de Ténarre-Montmain, douairière de Louis, prince de Bauffremont et du Saint-Empire, lieutenant-général des armées du Roi, dame et baronne de Faucogney, Mélisey, Flagy, etc.

B. 4200. (Liasse.) — 57 pièces, papier.

1782-1786. — Nominations et réceptions des officiers des bailliages et des justices seigneuriales. — Nominations : de Claude-François Cochard, avocat en parlement, à l'office de bailli au bailliage de Montaigu, par MM. de Mesmay et de Mongenet, seigneurs dudit Montaigu ; — d'Étienne Roussel, procureur pour le Roi, en la justice seigneuriale de Montigny-lès-Dames, à l'office de juge dans les terres et seigneuries de Vellefaux, Vallerois-Lorioz, Courboux, Échenoz-le-Sec, Vaivre, Montoille et Autricourt, par messire Pierre-Augustin, marquis de Chapuis de Rosières, président à mortier honoraire au parlement de Besançon; — de Jean-Étienne Morlot, greffier de la subdélégation de Vesoul, à l'office de juge en la seigneurie de Couleron, par les officiers municipaux de Vesoul, seigneurs dudit Couleron; — de Nicolas Lozon, demeurant à Arbians, à l'office d'huissier audiencier au bailliage dudit lieu, par Antoine-Thérèse Breton, écuyer, seigneur d'Aubigne et Vobette, etc.

B. 4201. (Liasse.) — 44 pièces, papier.

1788-1789. — Nominations et réceptions des officiers des bailliages et des justices seigneuriales. — Nominations: de Jean-Étienne Morlot, greffier de la subdélégation et receveur des bois du Roi à Vesoul, à l'office de juge châtelain en la seigneurie de Pusey, par Louis-Alexandre Boscajoul de Lieurnoet, écuyer, ancien chevau-léger de la garde du Roi, Nicolas-Claude-Antoine-Gabriel Huot, écuyer, seigneur de Charmoille, et dame Jeanne-Claude Huot, épouse de ce dernier, tous seigneurs et dame dudit Pusey; — de Claude-Louis Sériot, avocat en parlement, à l'office de procureur du Roi en la maréchaussée générale du comté de Bourgogne; — de Pierre Rebillet, procureur à Vesoul, à l'office de juge en la seigneurie de Montureux et Manoux, par le comte de Montleson et la comtesse de Beignue; — de Pierre Rebillet, ancien procureur à Vesoul, à l'office de juge en la seigneurie de Mailleroncourt, par messire Félix Bernard de Santans-Terrier, chevalier, président à mortier au parlement de Besançon, baron de Montetoy, marquis de Mailleroncourt-Charette, etc.

B. 4202. (Liasse.) — 148 pièces, papier, imprimées.

1789. — États-Généraux. — Réquisitoire du procureur du Roi pour la publication des lettres closes et des déclarations du Roi relatives à la convocation des États-Généraux. — Assignations données au clergé et à la noblesse des bailliages de Baume, Gray et Vesoul, à l'effet de comparaître en personne ou par procureurs fondés de pouvoirs suffisants, par devant le bailli d'Amont à Vesoul, pour assister à l'assemblée des Trois-États, qui s'est tenue dans ladite ville, le 30 mars 1789 et concourir à la rédaction des cahiers de doléances, plaintes et remontrances, et procéder ensuite à la nomination des députés à envoyer aux États-Généraux.

B. 4203. (Cahiers.) — In-folio, 249 feuillets, papier.

1789. — États-Généraux. — Assemblée préliminaire de tous les députés du tiers-état des communes faisant partie du ressort du bailliage royal de Vesoul, le 23 mars 1789. — Assemblée générale des députés des trois ordres du bailliage d'Amont, tenue à Vesoul, le 6 avril 1789, par Claude-François Roux de Raze, conseiller du Roi, lieutenant-général au bailliage royal de Vesoul, en l'absence du comte d'Esternoz, grand bailli d'Amont. — Assemblée générale des ordres du clergé et de la noblesse du bailliage d'Amont, tenue à Vesoul le 27 avril 1789, ensuite d'un arrêt du conseil d'état du Roi, du 16 avril, par lequel le Roi enjoint au bailli d'épée du bailliage d'Amont, de convoquer de nouveau les ordres du clergé et de la noblesse, pour les mettre à même de procéder ensemble ou séparément à la rédaction de leurs cahiers et à l'élection de leurs députés. — Ordonnance du bailli d'Amont, convoquant les deux premiers ordres dans l'église paroissiale Saint-Georges de Vesoul, pour le 27 avril 1789.

B. 4204. (Liasse.) — 80 pièces, papier.

1789. — États-Généraux. — Procurations données par le clergé et la noblesse à l'effet de se faire représenter à l'assemblée générale du bailliage, d'y concourir à l'élection des députés à envoyer aux États-Généraux et à la rédaction des cahiers de remontrances. — Au nombre des prêtres et des nobles constituant procureurs figurent : Jean Accarier, docteur en théologie, curé de Molnay ; — Jean-Baptiste-Agnès de Rouffange, seigneur de Battrans ; — Jean-Baptiste-Bonaventure Alviset, conseiller honoraire au parlement de Besançon, seigneur du fief de Balançon à Charcenne ; — Joseph Anthony, écuyer, seigneur d'Arc ; — Claude-François Arnoux, curé de Gray ; — Hermé-François Arsiteret, écuyer, seigneur de Belleville ; — Jean-Baptiste-Joseph Balabu, seigneur de Noiron ; — très-haut et très-puissant seigneur, Charles-Louis-Victor de Broglie, prince du Saint-Empire romain, comte de Grammont, baron de Bolwiller, de Saint-Remy, de Betoncourt et de Montot, seigneur de Herrenstein, de Dettwiller et des villes et seigneuries unies de Massevaux et de Rougemont, chevalier de l'ordre royal et militaire de Saint-Louis et de celui de Cincinnatus, colonel du régiment de Bourbonnais ; — Charles Roger, prince de Bauffremont, de Listenois et du Saint-Empire, maréchal des camps et armées du Roi, grand bailli d'Aval, chevalier d'honneur au parlement de Besançon, marquis de Mirebeau, etc.

B. 4205. — (Liasse.) — 108 pièces, papier.

1789. — États-Généraux. — Procurations données par le clergé et la noblesse à l'effet de se faire représenter à l'assemblée générale du bailliage, d'y concourir à l'élection des députés à envoyer aux États-Généraux et à la rédaction des cahiers de remontrances. — Au nombre des prêtres et des nobles constituant procureurs figurent : Nicolas-Thérèse Cabond, chanoine au chapitre métropolitain de Besançon ; — Jean-Antoine-François de Camus, vicaire général du diocèse de Besançon ; — Christophe-Claude-Marie, marquis de Chaillot, seigneur de Vin ; — Adrien-Gabriel de Champagne, chevalier, comte de Bauvoy, seigneur de Vichères ; — Louis-Marie Florent, duc du Châtelet, d'Haraucourt, chevalier des ordres du Roi, lieutenant-général de ses armées, colonel-général du régiment des gardes françaises, ancien ambassadeur aux cours de Vienne et de Londres, gouverneur de la province du Toulois, seigneur de Torpes, Velesme, Montboillon, Amance, Sononcourt, Longevelle, Vy-les-Lure et Lomont ; — Antoine Clériadus, marquis de Choiseul, cavalier, seigneur de Fesmes, Oiselay et Champtonnay ; — Jules-Charles-Henri de Clermont-Tonnerre, duc et pair de France — ; dame Anne, comtesse de Constable, dame de la Tour de Scey et Gesans ; — Charles-Amédé Damandre, chanoine du chapitre de Mâcon ; — Claude-Désiré-François-Xavier Damey, écuyer, seigneur de Saint-Bresson, etc.

B. 4206. (Liasse.) — 121 pièces, papier.

1789. — États-Généraux. — Procurations données par le clergé et la noblesse à l'effet de se faire représenter à l'assemblée générale du bailliage, d'y concourir à l'élection des députés à envoyer aux États-Généraux et à la rédaction des cahiers de remontrances. — Au nombre des prêtres et des nobles constituant procureurs figurent : Pierre-Joseph Ecaillet, curé de Saponcourt ; — Henri-Joseph d'Esbiez de Maranche, chanoine du chapitre métropolitain de Besançon ; — Jean-Joseph-Théodore Faivre, de Courcelle, demeurant au château de la Souveraine, principauté de Mandeure ; — Jean-Prosper, marquis de Falletans, seigneur de Tieffrans ; — Louis-Joseph Favière de Charmes, seigneur d'Authoison, conseiller au parlement de Franche-Comté ; — Charles-Marie-François-Joseph, marquis de Franchet, conseiller doyen du parlement de Besançon ; — Marguerite-Barbe Henrion de Francheville, marquise de Château-Renaud, douairière de Joseph-Michel-François-Gabriel de Mailly, dame de Magnoncourt et autres lieux ; — Jean-Jacques, baron de Gaie, chevalier de l'ordre de l'Aigle rouge, seigneur de Genzebier ; — le marquis de Grammont, seigneur de Villersexel ; — dame Jeanne-Béatrix Grizel, douairière de François-Augustin, marquis, seigneur de Tolnay ; — Hippolyte-François-Philippe, comte de Lallemand, baron, seigneur de Vaite, etc.

B. 4207. (Liasse.) — 14 pièces, papier.

1789. — États-Généraux. — Procurations données par le clergé et la noblesse à l'effet de se faire représenter à l'assemblée générale du bailliage, d'y concourir à l'élection des députés à envoyer aux États-Généraux et à la rédaction des cahiers de remontrances. — Au nombre des prêtres et des nobles constituant procureurs figurent : Jean-Étienne, marquis de Masson, chevalier, seigneur d'Authume et autres lieux ; — Claude-Charles de Matrot, écuyer, lieutenant-colonel au régiment des dragons de Bourbon, seigneur de Leucourt ; — François-Philippe, marquis de Marmier-Ray, seigneur de la baronnie de Ray ; — Marie-Élisabeth-Constantin de Lahoria, douairière de Charles-Philippe-Emmanuel, comte de Marmier ; — Augustin-Martin d'Ozilly, écuyer, seigneur de la Rochelle ; — Jacques-Philippe-François de Masson d'Authume, écuyer, capitaine d'artillerie ; — Jeanne-Marie de Mesmay, douairière de messire Claude-Antoine-Eugène de Mesmay, seigneur de Montaigu, Quincey, Mailley et autres lieux ; — Ferdinand-François, comte de Montjoye, Vaufrey, comte de la Roche ; — Ferdinand-Charlotte-Joseph, née comtesse de Montrichier, douairière de Bénigne, comte de Montozan ; — Marie-Constance, comtesse de Moyria, dame de Saint-Julien ; — René de Moustier de Mérinville, évêque de Dijon, conseiller du Roi ; — Charles Perreney de Bafeure, écuyer, ancien mousquetaire de la garde du Roi, seigneur d'Athesans ; — Philippe-Désiré de Pétremand, seigneur de Valay ; — Philippe-Joseph Quégain, seigneur de Noroy, etc.

B. 4208. (Liasse.) — 92 pièces, papier.

1789. — États-Généraux. — Procurations données par le clergé et la noblesse à l'effet de se faire représenter à l'assemblée générale du bailliage, d'y concourir à l'élection des députés à envoyer aux États-généraux et à la rédaction des cahiers de remontrances. — Au nombre des prêtres et des nobles constituant procureurs figurent :

SÉRIE B. — BAILLIAGES. 117

Jean-Baptiste, marquis de Raincourt, seigneur de Fallon et autres lieux ; — François-Sigismond, baron de Reinach, seigneur de Raschamp ; — François-Thérèse Richard, marquis de Villersexel ; — dame Claire-Rose-Claude Rochet de Fresne, douairière de Jean-Augustin de Fragnée, baron de Batilly ; — Claude-Louis-Antoine de Rosières, chevalier de Sorans ; — Pierre-Georges, comte de Scey, grand bailli d'épée au bailliage de Dôle, seigneur de Buthier ; — Charles-Saint-André de Marnay, comte de Vercel, seigneur de Villers-le-Combe ; — Alexandre-Marie-Éléonore de Saint-Mauris, prince de Montbarrey et du Saint-Empire, chevalier, grand d'Espagne de la première classe, ministre d'État, comte de Savigny ; — Charles-François Tharin, seigneur de la Maison du Bois ; — Marie-Suzanne-Simonne-Ferdinande de Téserre-Montaslu, veuve de Louis, prince de Bauffremont, dame et baronne de Faucogney ; — Emmanuel-François, vicomte de Toulongeon, colonel des chasseurs de Bretagne ; — Charles-François-Gabriel de Tranchant, comte de Laverne, seigneur de Borey ; — Pierre Fremi de Vellebigaulle, écuyer, seigneur de Roucourt ; — Mathieu-Jacques de Vermont, lecteur de la reine, abbé de Cherlieu, etc.

B. 4209. (Liasse.) — 36 pièces, papier.

1789. — États-Généraux. — Élections des députés et remontrances, plaintes et doléances que les habitants des communes de : Abbenans, Abelcourt Aboncourt, Accolans, Adelans, Adrisans, Aillevans, Aillevillers, Aillloncourt, Ainvelle, Ataincourt, Amage, Amance, Aubiévillers, Amblans, Amoncourt, Anchenoncourt, Andelarre, Andelarrot, Andornay et Anjeux, présentent à l'assemblée générale du bailliage de Vesoul, tenue le 30 mars 1789, pour être mises sous les yeux du Roi et être insérées au cahier général du bailliage.

B. 4210. (Liasse.) — 40 pièces, papier.

1789. — États-Généraux. — Élections des députés et remontrances, plaintes et doléances que les habitants des communes de : Anthon, Arbecey, Arcey, Argirey, Aroz, Arpenans, Athesans, Aubertans, Augicourt, Aulx-tes-Cromary, Authoison, Autrey-les-Cerre, Autrey-le-Vay, Auvet, Auxon, Avilley et Avouay, présentent à l'assemblée générale du bailliage de Vesoul, tenue le 30 mars 1789, pour être mises sous les yeux du Roi et être insérées au cahier général du bailliage.

B. 4211. (Liasse.) — 43 pièces, papier.

1789. — États-Généraux. — Élections des députés et remontrances, plaintes et doléances que les habitants des communes de : Baignes, Barro (la), Basilieu, Bassevelle (la), Bassigney, Battenans-les-Montbozon, Baudoncourt, Bauley, Beaumotte, Belfahy, Bellenoye, Belmont, Besancenot (le), Besnans, Betaucourt, Betoncourt-les-Brotte, Betoncourt-Saint-Pancras, Betoncourt-sur-Mance, Boulotte-Saint-Laurent, Beveuge, Bithaine, Marianx, Bonnevent, Borey, Bougey, Bougnon et Boubans-les-Lure, présentent à l'assemblée générale du bailliage de Vesoul, tenue le 30 mars 1789, pour être mises sous les yeux du Roi et être insérées au cahier général du bailliage.

B. 4212. (Liasse.) — 50 pièces, papier.

1789. — États-Généraux. — Élections des députés et remontrances, plaintes et doléances que les habitants des communes de : Bonhans-les-Montbozon, Boulivoey, Boulot, Bouit, Bourbévelle, Bourguignon-les-Conflans, Bourguignon-les-la-Charité, Bourguignon-les-Morey, Bournois, Boussières, Bousseraucourt, Breuches, Breuchotte, Breurey-les-Faverney, Breurey-les-Sorans, Brasillers, Briaucourt, Brotte, Bruyère (la), Bucey-les-Traves, Buffignécourt, Bussières, Bussurel, Buthier et Byans, présentent à l'assemblée générale du bailliage de Vesoul, tenue le 30 mars 1789, pour être mises sous les yeux du Roi et être insérées au cahier général du bailliage.

B. 4213. (Liasse.) — 45 pièces, papier.

1789. — États-Généraux. — Élections des députés et remontrances plaintes et doléances que les communes de : Calmoutier, Cemboing, Cenans, Cendrecourt, Cendrey, Cerre-les-Noroy, Chagey, Chalonvillars, Chambornay-les-Pin, Champagney, Champey, Champlitte, Chantes, Chapelle-les-Luxeuil, Chargey, Chariez, Charmes-Saint-Valbert, Charmoille, Chassey-les-Rougemont, Chassey-les-Scey et Château-Lambert, présentent à l'assemblée générale du bailliage de Vesoul, tenue le 30 mars 1789, pour être mises sous les yeux du Roi et être insérées au cahier général du bailliage.

B. 4214. (Liasse.) — 33 pièces, papier.

1789. — États-Généraux. — Élections des députés et

remontrances, plaintes et doléances que les habitants des communes de : Chatenoy, Chatenois, Chatillon-Guyotte, Chatillon-le-Duc, Chaudefontaine, Chaux, Chauvirey-le-Châtel, Chauvirey-le-Viel, Chavanne, Chazelot-les-Rougemont, Chazel, Chemilly, Chenebier, Cherlieu, Cintrey, Cirey, Citers, Clairefontaine, Claus, Cognières, Coisevaux, Colombe et Esserney, Colombes-les-Bithaine, Colombier et Colombotte, présentent à l'assemblée générale du bailliage de Vesoul, tenue le 30 mars 1789, pour être mises sous les yeux du Roi et être insérées au cahier général du bailliage.

B. 4215. (Liasse.) — 52 pièces, papier.

1789. — États-Généraux. — Élections des députés et remontrances, plaintes et doléances que les habitants des communes de : Combeaufontaine, Comberjon, Confiandey, Confracourt, Contréglise, Corbenay, Corbière, (la) Corcelles, Cornot, Corre, Côte (la), Coulevon, Courbenans, Courboux, Courcelles, Courchaton, Courmont, Creuse (la), Crevans, Creveney, Cromary, Cubrial, Cubry, Cubry-les-Faverney, Cubry-les-Soing, Cugney, Cuse et Cuve, présentent à l'assemblée générale du bailliage de Vesoul, tenue le 30 mars 1789, pour être mises sous les yeux du Roi et être insérées au cahier général du bailliage.

B. 4216. (Liasse.) — 30 pièces, papier.

1789. — États-Généraux. — Élections des députés et remontrances, plaintes et doléances que les habitants des communes de : Damatix, Dambenoit, Dampierre-les-Montbozon, Dampierre-sur-Salon, Dampvalley-les-Colombe, Dampvalley-Saint-Pancras, Demangevelle, Demie (la), Échavanne, Échenans, Échenoz-la-Méline, Échenoz-le-Sec, Éguilley, Éhuns, Époneux, Equevilley, Esboz-Brest, Esmoulières, Esnans, Espreis, Étroitefontaine et Étuz, présentent à l'assemblée générale du bailliage de Vesoul, tenue le 30 mars 1789, pour être mises sous les yeux du Roi et être insérées au cahier général du bailliage.

B. 4217. (Liasse.) 120 pièces, papier.

1789. — États-Généraux. — Élections des députés et remontrances, plaintes et doléances que les habitants des communes de : Fallon, Faucogney, Faverney, Faymont, Fembe, Ferrières-les-Scey, Fessey Dessus et Dessous, Fignévelle, Filain, Flagey, Flagy, Fleurey-les-Faverney, Fleurey-les-Saint-Loup, Fondremand, Fontaine-les-Luxeuil, Fontenis (les), Fontenois-les-Monthozon, Fouchécourt, Faugerolles, Frahier, Francalmont, Franchevelle, Fresne-sur-Apance, Froideconche, Froideterre, Frotey-les-Lure et Frotey-les-Vesoul, présentent à l'assemblée générale du bailliage de Vesoul, tenue le 30 mars 1789, pour être mises sous les yeux du Roi et être insérées au cahier général du bailliage.

B. 4218. (Liasse.) — 44 pièces, papier.

1789. — États-Généraux. — Élections des députés et remontrances, plaintes et doléances que les habitants des communes de : Gémonval, Geneuilles, Genevreuille, Genevrey, Georfans, Gesincourt, Govigney, Gouler, Goutoncourt, Gouvillars, Gondenans, Gouhelans, Gouhenans, Gourgeon, Grammont, Grandrupt, Grandvelle, Granges-le-Bourg, Granges-la-Ville, Grattery et Gressoux, présentent à l'assemblée générale du bailliage de Vesoul, tenue le 30 mars 1789, pour être mises sous les yeux du Roi et être insérées au cahier général du bailliage.

B. 4219. (Liasse.) — 85 pièces, papier.

1789. — États-Généraux. — Élections des députés et remontrances, plaintes et doléances que les habitants des communes de : Harsault, Hautmougey, Haye (la), Héricourt, Huanne, Hurecourt, Uyet, Jasney, Jonvelle, Jussey, Lambrey, Lantenot, Larians, Levrecey, Lieffrans, Liévans, Linexert, Lieucroissant, Lomont et Lomontot, Longevelle, Loulans, Lure, Luxeuil, Luze et Lyaumont, présentent à l'assemblée générale du bailliage de Vesoul, tenue le 30 mars 1789, pour être mises sous les yeux du Roi et être insérées au cahier général du bailliage.

B. 4220. (Liasse.) — 47 pièces, papier.

1789. — États-Généraux. — Élections des députés et remontrances, plaintes et doléances que les habitants des communes de : Magnivray, Magnoncourt, Magnoray, Magny (les), Magny-Jobert, Magny-les-Jussey, Magny-Vernois, Mailleroncourt-Charette, Mailleroncourt-Saint-Pancras, Mailley, Maison-du-Van (la), Maizières, Malachère (la), Malbouhans, Malval, Malvilliers, Mandrevillars, Marast, Marvelise, Maussans, Metcey, Melin, Melincourt, Melisey, Menoux et Mersuay, présentent à l'assemblée générale du bailliage de Vesoul, tenue le 30 mars 1789, pour être mises sous les yeux du Roi et être insérées au cahier général du bailliage.

SÉRIE B. — BAILLIAGES.

B. 4221. (Liasse.) — 53 pièces, papier.

1789. — États-Généraux. — Élections des députés et remontrances, plaintes et doléances que les habitants des communes de : Mésandans, Meurcourt, Miguafans, Mignavillers, Millandon, Moffans, Moimay, Molay, Mollans, Mondon, Montagne (la), Montagney, Montarlot, Montboillon, Montbozon, Montcey, Montcourt, Montdoré, Montenois, Montessus Montferney, Montigny-les-Dames, Montigny-les-Cherlieu, Montjustin, Mont-le-Vernois, Montmartin, Montoille, Montureux-les-Baulay, Montussaint, Morey et Munans, présentent à l'assemblée générale du bailliage de Vesoul, pour être mises sous les yeux du Roi et être insérées au cahier général du bailliage.

B. 4222. (Liasse.) — 40 pièces, papier.

1789. — États-Généraux. — Élections des députés et remontrances, plaintes et doléances que les habitants des communes de : Naux, Navenne, Nervezain, Neurey-en-Vau, Neurey-les-la-Demie, Neuvelle (la), Neuvelle-les-Cromary, Neuvelle-les-Scey, Noidans-le-Ferroux, Noidans-les-Vesoul, Noroy-le-Bourg, Noroy-les-Jussey, Olans, Oppenans, Oricourt, Ormenans, Ormoiche, Ormoy, Ouge, Ougney, Onnans et Ovanches, présentent à l'assemblée générale du bailliage de Vesoul, tenue le 30 mars 1789, pour être mises sous les yeux du Roi et insérées au cahier général du bailliage.

B. 4223. (Liasse.) — 45 pièces, papier.

1789. — États-Généraux. — Élections des députés et remontrances, plaintes et doléances que les habitants des communes de : Palante, Palise, Pennessières, Pernot (le), Perrouse, Pin Pisseure (la), Plain-de-Corravillers (le), Plainemont, Plancher-Bas, Plancher-les-Mines, Polaincourt, Pomoy, Pontcey, Pont-du-Bois, Pont-sur-L'Ognon, Port-sur-Saône, Preigney, Presle, Proiselière (la), Provenchère, Puessans, Purgerot, Pusey et Pusy, présentent à l'assemblée générale du bailliage de Vesoul, tenue le 30 mars 1789, pour être mises sous les yeux du Roi et être insérées au cahier général du bailliage.

B. 4224. (Liasse.) — 51 pièces, papier.

1789. — États-Généraux. — Élections des députés et remontrances, plaintes et doléances que les habitants des communes de : Quarte (la), Quenoche, Quers, Quincey, Raddon, Raincourt, Ranzevelle, Raze, Recologne, Rigney, Rignosot, Rignovelle, Rioz, Roche, Rochelle (la), Romain, Ronchamp, Rosey, Rosières-sur-Mance, Rougemont, Roguon, Roye, Ruhans, et Rupt, présentent à l'assemblée générale du bailliage de Vesoul, tenue le 30 mars 1789, pour être mises sous les yeux du Roi et être insérées au cahier général du bailliage.

B. 4225. (Liasse.) — 40 pièces, papier.

1789. — États-Généraux. — Élections des députés et remontrances, plaintes et doléances que les habitants des communes de : Saponcourt, Saulnot, Saulx, Sauvagney, Scay, Scey-sur-Saône, Seye, Sécenans, Selles, Semmadon Senoncourt, Servance, Servigney, Soraus, Saint-Barthélemy, Saint-Bresson, Saint-Ferjeux, Saint-Germain, Saint-Hippolyte, Saint-Igny, Saint-Loup, Saint-Marcel, Saint-Remy, Saint-Sauveur, Saint-Sulpice, Saint-Valbert, Sainte-Marie en Chanois et Sainte-Marie en Chaux, présentent à l'assemblée générale du bailliage de Vesoul, tenue le 30 mars 1789, pour être mises sous les yeux du Roi et être insérées au cahier général du bailliage.

B. 4226. (Liasse.) — 60 pièces, papier.

1789. — État-Généraux. — Élections des députés et remontrances, plaintes et doléances que les habitants des communes de : Tallans, Tartécourt, Tavey, Ternuay, Thoy, Thieffrans, Thiénans, Tournans, Traitiéfontaine, Traves, Trésilley, Tressandans, Trevey, Trouvans, Vacheresse, Vaivre, Vaivre (la), Vallerois-le-Bois, Vallerois-Lorioz, Varogne, Vauchoux, Vaucluse, Vauconcourt, Vauvillers, Vellechevreux, Vellefaux, Velleguindry, Velle-le-Chatel, Velleminfroy, Velorcey, Venise et Venisey, présentent à l'assemblée générale du bailliage de Vesoul, tenue le 30 mars 1789, pour être mises sous les yeux du Roi et être insérées au cahier général du bailliage.

B. 4227. (Liasse.) — 53 pièces, papier.

1789. — États-Généraux. — Élections des députés et remontrances, plaintes et doléances que les habitants des communes de : Vergenne (la), Vernois-sur-Mance, Vesoul, Villargent, Villars-Saint-Marcelin, Villedieu-en-Fontenette, Villeneuve (la), Villeparois, Villers-Bouton, Villersexel, Villers-la-Ville, Villers-le-Sec, Villers-les-Luxeuil, Villers-le-Temple, Villers-Pater, Villers-sur-Port, Villers-sur-Saulnot, Vilory, Visoncourt, Vitrey, Voisey, Voivre (la).

Voray, Vouhenans, Vregille, Vuillafans, Vy-le-Ferroux, Vy-les-Filain et Vy-les-Lure, présentent à l'assemblée générale du bailliage de Vesoul, tenue le 30 mars 1789, pour être mises sous les yeux du Roi et être insérées au cahier général du bailliage.

B. 4228. (Cahiers.) — In-4°, 83 feuillets, papier.

1789. — États-Généraux. — Cahier général des doléances, plaintes et remontrances des trois ordres du bailliage d'Amont, faites en conformité des lettres de convocation qui ordonnent aux trois ordres de ce siége d'élire leurs représentants aux États libres et généraux du royaume et de leur confier tous les pouvoirs et instructions propres à assurer le succès des volontés bienfaisantes du Roi, la restauration des affaires publiques, la prospérité de l'État et le bonheur particulier de la province de Franche-Comté. — Cahier général et demandes particulières de l'ordre du clergé du bailliage d'Amont présentés à l'assemblée générale du bailliage. — Pouvoirs et instructions des députés de l'ordre de la noblesse remis au marquis de Toulongeon, maréchal des camps et armées du Roi, à Bureaux de Pusy, capitaine au corps royal du génie et au chevalier d'Esclans, capitaine au régiment de chasseurs de Normandie. — Pétitions particulières de l'ordre du tiers-état, pour faire suite au cahier général des trois ordres. — Cahier général et demandes particulières de l'ordre du clergé. — Cahier des doléances et instructions données par la noblesse du bailliage d'Amont à ses députés aux États-Généraux. Dans ce dernier document se trouve l'abrégé suivant de l'histoire de la province de Franche-Comté : « La Franche-Comté est un pays d'État et de don gratuit. Les États y ont été assemblés depuis les temps les plus reculés sous les comtes de Bourgogne, ses anciens souverains. Réunie à la France sous Philippe le Bel, Philippe le Long, son fils, et le roi Jean, elle en demeura indépendante et fut administrée séparément. Elle passa par le mariage de Marguerite de Flandre, dans la maison des ducs de Bourgogne ; ces princes, comme anciens souverains, n'y perçurent aucun impôt ni subside sans le consentement et la libre disposition des États du pays ; ils ont reconnu constamment ses franchises et ses immunités par les pièces et chartes qu'ils ont données pour les maintenir. Après la mort de Charles le Hardi, dernier duc de Bourgogne, Louis XI occupa la Franche-Comté, sous la promesse de lui conserver ses priviléges et ses franchises et de la garder pour Marie de Bourgogne, fille unique et héritière du dernier souverain. Par le mariage arrêté entre Charles VIII et Marguerite d'Autriche, fille de Marie de Bourgogne, la Franche-Comté fut encore réunie momentanément à la France et c'est à cette époque que furent tenus les États de Tours, en 1483. Les États de Franche-Comté y députèrent pour obtenir de Charles VIII la confirmation des priviléges de cette province qui se trouvent détaillés dans la charte qui leur fut accordée au mois de février de la même année pendant la tenue des États-Généraux. Cette charte, les traités d'Arras et de Senlis maintinrent le comté de Bourgogne, quoique réuni à la France, dans les mêmes immunités, franchises et priviléges. Le mariage projeté entre Charles VIII et la princesse Marguerite n'eut pas lieu ; la Franche-Comté fut rendue à l'empereur Maximilien et possédée ensuite par les rois d'Espagne ; les États-Généraux de Franche-Comté furent toujours indépendants des Cortès d'Espagne, de la Flandre, du Brabant et des autres provinces des Pays-Bas. Les États de la province seule accordèrent les dons gratuits toujours suivis de lettres de non préjudice ; ils s'imposèrent eux-mêmes, répartirent les subsides et jamais ses souverains n'y imposèrent de leur propre mouvement. Quand tous les monuments de l'histoire ne se réuniraient pas pour attester les franchises de la province, la dénomination sous laquelle elle est connue dans ses fastes et ceux de la monarchie en serait seule une preuve. C'est avec ses immunités et ses franchises que la Franche-Comté fut cédée à Louis XIV, par le traité de Nimègue, pour en jouir avec les mêmes droits, souveraineté et propriété qui avaient appartenu au Roi catholique. La noblesse de Franche-Comté rappelle ici avec confiance, le serment que Louis XIV prêta, lorsque la province se soumit à sa domination. Jamais les termes de ce serment ne s'effaceront du cœur des Francs-Comtois, ils forment le lien qui les attache à la monarchie française, et sont le gage de l'amour inaltérable qu'ils ont voué à leurs augustes souverains. Louis XIV promet, et jure sur les Saints-Évangiles, que lui et ses augustes successeurs les tiendront et maintiendront bien et loyalement en tous et quelconques leurs priviléges, franchises et libertés, anciennes possessions, usages, coutumes et les ordonnances de la Franche-Comté et généralement qu'il fera tout ce qu'un prince et comte palatin de Bourgogne est tenu de faire. De cette courte exposition il résulte que les droits de souveraineté que le Roi a sur la Franche-Comté sont les mêmes que ceux qu'y ont exercés ses anciens comtes les ducs de Bourgogne, leurs successeurs, les princes de la maison d'Autriche et les rois d'Espagne. »

B. 4229. (Registre.) — In-4°, 1000 feuillets, papier.

1604 (Septembre). — Journal des audiences du bailliage de Vesoul. — Ce registre ne désigne que les noms des parties litigantes et ne donne aucun détail sur la nature des affaires qu'il renferme. — Au nombre des plaideurs figurent : haut et puissant seigneur, Claude-François de Ray, seigneur dudit Ray et autres lieux ; — messire Carltoy, prêtre vicaire à Tornay ; — dame Adrienne d'Augicourt, femme de Claude Clerc, de Beregey ; — Gaspard de Poligny, chevalier, baron et seigneur de Traves, Châtillon-sur-Lizon et autres lieux ; — illustre haut et puissant seigneur, messire Christophe de la Palud, chevalier, marquis de Varambon, comte et seigneur d'Amance, etc.

B. 4230. (Registre.) — In-4°, 274 feuillets, papier.

1606 (Décembre). — Journal des audiences du bailliage de Vesoul, dans lequel on ne trouve que les noms et qualités des plaideurs, parmi lesquels figurent : messire Jacques Renard, curé de Noroy-l'Archevêque ; — Jean Thierry, prieur du prieuré de Saint-Nicolas de Salins, chanoine au chapitre de Calmoutier et chapelain de la chapelle de Notre-Dame fondée en l'église paroissiale de Montjustin ; — Dom Daniel de Montrichier, abbé et seigneur de Bithaine ; — noble Jean Naudin, docteur en droit, cogouverneur de la cité de Besançon ; — Jacques de Ferroux, seigneur de Bouligney ; — noble Louis Pétrey, seigneur de Champvans, etc.

B. 4231. (Registre.) — In-4°, 860 feuillets, papier.

1607 (Janvier). — Journal des audiences du bailliage de Vesoul. — Ce registre ne désignant que les noms des plaideurs ne donne aucun détail sur le motif des procédures. — Au nombre des plaideurs figurent : Pierre Benoît, docteur en droit, citoyen de Besançon, contre illustre seigneur, messire Christophe de Rye la Palud, marquis de Varambon et dame Éléonore Chaboz, sa femme ; — noble Jean Racle, sieur de la Roche, Servigney, Fouchécourt et autres lieux ; — dame Hélène de Grandvelle-Perrenot, femme d'illustre seigneur Philibert-Emmanuel de Bruge-Corgenon, dit de la Baume, comte de Saint-Amour, dame de Saint-Loup, Vaulx, Beaujeu et autres lieux ; — Ferdinand, comte d'Ortembourg, baron et seigneur de Montagu ; — noble Louis Pétrey, docteur en droit, seigneur de Champvans ; — illustrissime et révérendissime seigneur, Fernand de Longvy, dit de Rye, archevêque de Besançon, abbé de l'abbaye de Cherlieu, etc.

B. 4232. (Registre.) — In-4°, 873 feuillets, papier.

1607 (Février). — Journal des audiences du bailliage de Vesoul. — Ce registre ne désigne que les noms des parties litigantes et ne donne aucun détail sur le motif des procédures. — Au nombre des plaideurs se trouvent : Léonard du Bois, commissaire général des ponts, chemins et passages ; — Ferdinand de Longvy, dit de Rye, archevêque de Besançon, abbé commendataire de l'abbaye de Cherlieu ; — Claude d'Aigremont, seigneur de Ferrière ; — Jacques-Antoine de Joux, dit de Grammont, seigneur de Roche ; — dame Anne-Françoise de Lauhépin, femme de Ferdinand Leblanc, dit d'Andelot, chevalier, seigneur d'Ollans ; — Claude de Grammont, abbé de l'abbaye de la Charité ; — Claude de Balangin, seigneur de Mathay ; — l'abbesse et les religieuses de l'abbaye Sainte-Claire de Montigny ; — dame Hélène de Grandvelle-Perrenot, dame de Saint-Loup, etc.

B. 4233. (Registre.) — In-4°, 330 feuillets, papier.

1607 (Avril). — Journal des audiences du bailliage de Vesoul. — Ce registre ne désignant que les noms des parties litigantes ne donne aucun détail sur le motif des procédures. — Au nombre des plaideurs figurent : honorable seigneur, Ferdinand Duprel, baron et seigneur de Corcelle, comme mari et légitime administrateur des corps et biens de dame Jeanne-Béatrix de Thomassin, dame de Vougécourt ; — Claude de la Baume, seigneur de Mont-Saint-Léger ; — généreux seigneur, François de Grachaux, seigneur de Raucourt. — Éléonore de Chastenoy, dame de Villers-sur-Arce, de Villers-Saint-Marcelin et de Maranche ; — dame Louise d'Andelot, dame de Chemilly, femme de généreux seigneur, Alexandre Baron de Vuiltz ; — vénérable sieur, messire François Capitain, prêtre, chanoine en l'église métropolitaine de Besançon, etc.

B. 4234. (Registre.) — In-4°, 260 feuillets, papier.

1607 (7 et 14 Mai). — Journal des audiences du bailliage de Vesoul. — Ce registre ne désigne que les noms des parties litigantes sans donner de détail sur le motif des procédures. — Au nombre des plaideurs figurent : messire Hardouin de Clermont, chevalier, seigneur de Saint-Georges ; — noble Pierre de Constable ; — madame de Courcelles ; — Jean Fyot et Prudent Buretel, amodiataires de la seigneurie de Vesoul appartenant à LL. AA. SS. ;

— Claude Monnot, de Pont-les-Moulins, contre honorable Georges Aymonnet, de Vesoul; — Isabelle et Ferdinandine de la Roche; — Catherine et Isabelle de Corbessain; — noble Didier Gablot, citoyen de Besançon; — Françoise de Beaujeu, femme du seigneur de Gruchault; — Martin Pardre, écuyer et maître d'hôtel du marquis de Varambon; — puissant seigneur, messire Christophe de Rye la Palud et dame Éléonore Chabot, sa femme, marquis et marquise de Varambon, comte de Varaix et de la Roche; — Oison, seigneur de Rougemont et autres lieux, etc.

B. 4235. (Registre.) — In-4°, 668 feuillets, papier.

1609 (Juillet). — Journal des audiences du bailliage de Vesoul, ne désignant que les noms des parties litigantes sans donner de détail sur le motif des procédures. — Au nombre des plaideurs figurent : noble Humbert d'Orchamps, citoyen de Besançon; — messire Antoine d'Araucourt, chevalier, seigneur de Frasnoy, Vauconcourt et autres lieux; — dame Anne de Chauvirey; — Jean Chapuis, receveur des revenus de la ville de Vesoul; — honorable Claude Broth et Pierre Clerc de Vesoul, receveurs des impôts au bailliage de Vesoul, pour la nourriture et l'entretien des soldats du baron de Balançon; — Claude de Bauffremont, seigneur de Vauchoux; — illustre prince, Philippe-Guillaume de Nassau, prince d'Orange, chevalier de la Toison-d'Or, baron et seigneur de Montfaucon; — révérend père en Dieu, dom Jean Poussot, abbé et seigneur de Clairefontaine, etc.

B. 4236. (Registre.) — In-4°, 508 feuillets, papier.

1607 (Septembre). — Journal des audiences du bailliage de Vesoul, ne désignant que les noms des parties litigantes sans donner de détail sur la nature des affaires qu'il renferme. — Au nombre des plaideurs figurent : messire Claude de Montureux; — Claude Barbet, Marc Camus, et Jean Bourgeois, tous prêtres et chanoines au chapitre de Calmoutier; — Jean de Vaudrey, seigneur de Vallerois-le-Bois; — messire Claude de Bauffremont, seigneur de Vauchoux; — dame Isabelle d'Arbois, femme de Walter Haudelot, seigneur de Morruilois-Saint-Julien; — Simon Vauteny, distributeur du sel d'ordinaire dans la ville de Vesoul, etc.

B. 4237. (Registre.) — In-4°, 623 feuillets, papier.

1608 (Janvier). — Journal des audiences du bailliage de Vesoul, ne désignant que les noms des parties litigantes sans donner de détail sur le motif des procédures. — Au nombre des plaideurs figurent : Gaspard de Clermont, chevalier, seigneur de Saint-Georges, Rupt et autres lieux; — noble Jean Raets, seigneur de la Roche; — révérend père en Dieu, dom Claude de Grammont, abbé et seigneur de l'abbaye de la Charité, usufruitier de la seigneurie de la Vaivre, tuteur de dame Béatrix de Grammont, dame de Conflandey et de Bougey, propriétaire de la seigneurie de la Vaivre; — messire Étienne Humbert, prêtre chanoine en l'église métropolitaine de Besançon, sieur prébendier de l'église paroissiale de Chambornay-les-Bellevaux; — messire Antoine d'Araucourt, chevalier, seigneur de Frasnoy; — messire Antoine de Mieternick, chevalier, seigneur de Melisey, Saint-Germain, Montureux et autres lieux etc.

B. 4238. (Registre.) — In-4°, 340 feuillets, papier.

1608 (Avril). — Journal des audiences du bailliage de Vesoul, ne désignant que les noms des parties litigantes sans donner de détail sur le motif des procédures. — Au nombre des plaideurs figurent : Nicolas Borrey, curé de Filain; — Jean d'Ankerk, seigneur de Vellemoz; — généreux seigneur, Alexandre, baron de Vuillz; — Pierre d'Augicourt, seigneur dudit lieu; — illustre seigneur, Guillaume de Nassau, prince d'Orange, chevalier de la Toison-d'Or, baron et seigneur de Montfaucon; — révérend père en Dieu, dom Jean Poussot, abbé et seigneur de l'abbaye Notre-Dame de Clairefontaine; — noble Marc de Faltans, seigneur de Betoncourt; — Ambroise de Précipiano, chevalier, baron, seigneur de Choye, capitaine du château de Faucogney, etc.

B. 4239. (Registre.) — In-4°, 553 feuillets, papier.

1608 (Avril). — Journal des audiences du bailliage de Vesoul, ne désignant que les noms des parties litigantes sans donner de détail sur la nature des affaires. — Au nombre des plaideurs figurent : Claudine-Marguerite de Coligny, dame de Chagey; — Bonne de Mongenet, veuve de noble François d'Orsans, seigneur de Rosey; — Louis de la Tour, chevalier, sieur de Monteley; — noble Pierre Duguy, sieur de Lacoste; — noble François Bourg, écuyer; — noble Pierre Maçon, seigneur de Mollans; — révérend père en Dieu, Claude de Grammont, abbé et seigneur de la Charité, etc.

B. 4240. (Registre.) — In-4°, 430 feuillets, papier.

1608 (Mai). — Journal des audiences du bailliage de Vesoul, ne désignant que les noms des parties litigantes sans donner de détail sur le motif des procédures qu'il contient. — Au nombre des plaideurs figurent : messire Gabriel Élion, curé de Villers-sur-Port ; — les révérendes dames abbesse, doyenne et religieuses du chapitre de l'église Saint-Pierre de Remiremont ; — Béatrix Sonnet, femme de noble Humbert d'Orchamps, citoyen de Besançon ; — Claude Perrenot, curé de Colombier ; — messire François Rosselot, docteur en médecine à Vesoul ; — madame de Vy, veuve de généreux seigneur, messire Jean d'Orsans, dit de la Tour, seigneur de Lieffrans ; — Antoine Jannenot, capitaine au service de leurs AA. SS., à Jussey, etc.

B. 4241. (Registre.) — In-4°, 343 feuillets, papier.

1608 (Juillet). — Journal des audiences du bailliage de Vesoul, désignant seulement les noms des parties litigantes sans donner de détail sur la nature des affaires. — Au nombre des plaideurs figurent : Pierre de Ronchault, écuyer, contre Pierre-François Malbouhans, de Vesoul, docteur en droit ; — Hugue de Thomassin, seigneur de Frotigney ; — noble Etienne de Lavey, seigneur de Calmoutier ; — noble Pierre de Mollans, seigneur dudit lieu ; — Jean de la Borde, fils de noble Claude-François de la Borde, docteur en droit ; — Claude de la Baume, écuyer, demeurant à Mont-Saint-Léger ; — noble François Thierry, seigneur de Magnoncourt ; — demoiselle Marguerite Grégoire, veuve de messire Gaspard Durand, docteur en droit ; — noble Martin de Villers, seigneur de Ranzevelle, Corre et autres lieux, etc.

B. 4242. (Registre.) — In-4°, 408 feuillets, papier.

1608 (Juillet). — Journal des audiences du bailliage de Vesoul, ne désignant que les parties litigantes sans donner de détail sur le motif des procédures. — Au nombre des plaideurs figurent : demoiselle Droz, femme de feu Claude de Bauffremont ; — Louis d'Oiselay, seigneur de Pont ; — noble François Thierry, seigneur de Magnoncourt ; — noble Martin, de Villars, sieur de Ranzevelle ; — François de Saint-Martin, seigneur de Montureux ; — Christophe de Rye la Palud, chevalier, marquis de Varambon ; — Antoine de Vy, seigneur de Mailleroncourt ; — François Salivet, de Vesoul, docteur en droit ; — Ferdinand d'Esprelz-Doroz, sieur de Corre ; — messire François Caplain, docteur en sainte théologie, chanoine en l'église métropolitaine de Besançon, etc.

B. 4243. (Registre.) — In-4°, 734 feuillets, papier.

1608 (Septembre). — Journal des audiences du bailliage de Vesoul, ne désignant que les parties litigantes sans donner du détail sur la nature des affaires qu'il renferme. — Au nombre des plaideurs figurent : noble Guillaume Nardin, de Fraisans, écuyer ; — Charles de Sault, baron de Tavanne, seigneur de Lugny ; — Claude de Bauffremont, abbé commendataire de l'abbaye Notre-Dame de Balerne, prieur et seigneur de Vaucluse ; — Joachim de Vienne, dit de Bauffremont, marquis de Listenois, baron et seigneur d'Arc en Barrois ; — dame Louise-Claire d'Andelot, femme de messire Claude de Pontarlier, dame de Breurey, etc. ; — noble François-Charles Sonnet, docteur en droit ; — messire Gaspard de Poligny, chevalier, seigneur de Chatillon-sur-Lizon ; — Pierre de Chaffoy, sieur de Purgerot, etc.

B. 4244. (Registre.) — In-4°, 816 feuillets, papier.

1608 (Novembre). — Journal des audiences du bailliage de Vesoul, ne désignant que les parties litigantes sans donner de détail sur le motif des procédures. — Au nombre des plaideurs figurent : haut et puissant seigneur, Ermenfroy-François d'Oiselay, baron et seigneur dudit lieu ; — messire Gérard du Chastelet, chevalier, baron et seigneur de Chatillon, la Neuvelle et autres lieux, conseiller d'État et sénéchal de la Reine ; — noble Jacques de Maçon, seigneur à Esboz, comme cessionnaire et ayant droit de demoiselle Christine de Corbessain ; — demoiselle Bonne de Mongenet, veuve de noble François d'Orsans, seigneur de Rosey etc.

B. 4245. (Registre.) — In-4°, 774 feuillets, papier.

1609 (Janvier). — Journal des audiences du bailliage de Vesoul, ne désignant que les parties litigantes sans donner de détail sur la nature des affaires. — Au nombre des plaideurs figurent : Jean Gorgerette, maire de LL. AA. SS. à Rougemont ; — François Grégoire, coseigneur à Borey ; — Antoine d'Haraucourt, chevalier, seigneur de Frasnoy, Amoncourt et autres lieux ; — demoiselle Antoinette de Mongenet, dame de Francalmont ; — messire Claude Cordemoy, seigneur de Francalmont ; — François de Saint-Martin, seigneur de Cendrecourt; — noble Jean Lulier, docteur en droit, seigneur de Chauvirey; — Gaspard de Poligny, seigneur de Châtillon sur Lizon etc.

B. 4216. (Registre.) — In-4°, 213 feuillets, papier.

1609 (Janvier). — Journal des audiences du bailliage de Vesoul, ne désignant que les parties litigantes sans donner de détail sur la nature des affaires. — Au nombre des plaideurs figurent : Jacques Lespailloy, maire à Navenne; — dom Claude de Grammont, abbé et seigneur de l'abbaye de la Charité; — dame Hélène de Grandvelle, femme d'Emmanuel de Droges, dit de Saint-Amour, dame du château et maison forte de Cromary; — Nicolas Rereur, prêtre, chanoine en l'église métropolitaine de Besançon; — messire Barthélemi Cabot, receveur des terre et seigneurie de Favernoy; — Jean de Salives, seigneur de Poyans; — Pierre de Tartre, de Maillercourcourt Saint-Pancras; — dom Bénigne de Chemassus, protonotaire du saint-siège apostolique, chanoine en l'église métropolitaine de Besançon, etc.

B. 4217. (Registre.) — In-4°, 364 feuillets, papier.

1609 (Janvier). — Journal des audiences du bailliage de Vesoul, ne désignant que les parties litigantes sans donner de détail sur le motif des procédures. — Au nombre des plaideurs figurent : Jacques Renard, curé à Noroy-l'Archevêque; — François Grégoire, seigneur de Villersexel, coseigneur à Borey; — Jean Raela, seigneur de la Roche; — Guillaume Cordemoy, de Vesoul, docteur en droit; — Jean Baristigny, huissier extraordinaire de la cour souveraine du parlement de Dôle; — dom Daniel de Montrichier, abbé de l'abbaye Notre-Dame de Bithaine; — la marquise de Varambon, dame de Rougemont, Amance et autres lieux; — Samson Malaruey, seigneur de Laurens; — illustre seigneur, François-Thomas Perrenot de Grandvelle, comte de Cantecroix, baron et seigneur de la Villeneuve, etc.

B. 4218. (Registre.) — In-4°, 773 feuillets, papier.

1609 (Février). — Journal des audiences du bailliage de Vesoul, ne désignant que les noms des parties litigantes sans donner de détail sur la nature des affaires. — Au nombre des plaideurs figurent : noble Pierre de Ronchaux, écuyer; — puissant seigneur, Harlouin de Clermont, seigneur de Saint-Georges, baron de Rupt; — noble Pierre de Mollans, seigneur dudit lieu; — demoiselle Personne de Cult, veuve de noble Jean de Mollans; — noble Guillaume Naulin, de Fraisans, écuyer; — illustre seigneur, Ferdinand, comte d'Ortembourg, baron et seigneur de Montaigu, Bourguignon-lès-Morey et autres lieux; — demoiselle Guyenne Sannel, veuve de noble Barthélemy Deschamps, seigneur de la Côte; — noble François Fédry, seigneur de Magnoncourt, etc.

B. 4219. (Registre.) — In-4°, 818 feuillets, papier.

1609 (Mars). — Journal des audiences du bailliage de Vesoul, ne désignant que les parties litigantes sans donner de détail sur le motif des procédures. — Au nombre des plaideurs figurent : Pierre de Ronchaux, seigneur de Chaffoy, écuyer; — messire Pierre Olbrain, prêtre religieux à Pont; — Jean Ranco, procureur d'office en la Justice de Bithaine; — Harlouin de Clermont, seigneur de Saint-Georges; — Pierre de Mollans, seigneur dudit lieu; — Jacques de Maçon, seigneur d'Esboz; — Antoine de Blieterswish, chevalier, seigneur de Melisey; — demoiselle Béatrix Baud'or, veuve de noble Othenin, de Charles; — Antoine d'Haraucourt, chevalier, seigneur de Frasnois; — Gabriel de Cléron, seigneur dudit lieu; — de Gesincourt, seigneur dudit lieu; — Gaspard de Mongenet, docteur en droit, etc.

B. 4220. (Registre.) — In-4°, 614 feuillets, papier.

1609 (Mars). — Journal des audiences du bailliage de Vesoul, ne désignant que les parties litigantes sans donner de détail sur la nature des affaires. — Cléron, seigneur dudit lieu; — généreux seigneur, Ambroise de Vigna, seigneur de Villers-pot; — Claude de la Tour, seigneur de Filain; — vénérable et religieuse personne, dom Étienne Martin, prêtre, grand prieur de l'église abbatiale Saint-Pierre de Luxeuil et de Saint-Jean d'Annegray; — Nicolas Liégard, capitaine du château de Granges; — Ardonin de Clermont, chevalier, seigneur de Saint-Georges, Rupt et autres lieux; — vénérable seigneur ; Maximilien Charretou, seigneur et prieur du prieuré de Marast, etc.

B. 4221. (Registre.) — In-4°, 960 feuillets, papier.

1609 (Avril). — Journal des audiences du bailliage de

Vesoul, dans lequel on ne trouve que les noms des parties litigantes. — Au nombre des plaideurs figurent : noble Pierre de Ronchaux, écuyer, seigneur de Rosy; — noble François Richardot, sieur de Raze, lieutenant local au siége de Jussey; — révérend père en Dieu, dom Daniel de Montrichier, seigneur abbé de l'abbaye de Bithaine; — Perronne Gérard, veuve de François Rousselot, docteur en médecine, demeurant à Vesoul; — haute et puissante dame, Marie de Richanteau, dame de Chatenois, Mollans et autres lieux, veuve de haut et puissant seigneur, messire Claude de Bauffremont, chevalier des deux ordres de France; — noble Pierre de Mollans, seigneur dudit lieu; — vénérable seigneur, messire Maximilien Chasseron, seigneur et prieur du prieuré de Marast, etc.

B. 4232. (Registre. — In-f°, 125 feuillets, papier.

1609 (Juillet). — Journal des audiences du bailliage de Vesoul, dans lequel on ne trouve que les noms et qualités des parties litigantes. — Au nombre des plaideurs figurent : Étienne de Jouffroy, sieur de Gonvans; — dame Jeanne de Bonnau, dite de Plainne, dame de Coulignon-Saint-Georges; — Marc de Créon, seigneur de Richecourt; — dame Claire de Vy, veuve de Jean, dit de la Tour, chevalier, seigneur de Chay; — Jean Bonnet, amodiateur des terres et seigneurie de Conflandey; — Adam de Saint-Mauris, seigneur de Sainte-Marie en Chanois; — messire Hérard de Chastellet, chevalier, baron et seigneur de Bonnay et sa femme Lucrèce d'Orsans; — Nicolas Villerot, curé de Velleyrie; — dom Guillot Simonin, archevêque de Corinthe, abbé de l'abbaye de Saint-Vincent de Besançon, etc.

B. 4233. (Registre. — In-f°, 142 feuillets, papier.

1609 (Août). — Journal des audiences du bailliage de Vesoul, dans lequel on ne trouve que les noms des plaideurs, au nombre desquels figurent : noble Marc-Antoine Buzon, de Besançon; — les familiers de l'église paroissiale de Jussey; — messire de Morel, seigneur d'Équevilley; — révérend seigneur, messire Charles de Saint-Mauris, prêtre chanoine, grand chantre à l'église métropolitaine de Besançon, abbé de l'abbaye de Saint-Pierre de Beaupré et de Bellefontaine; — Martin de Maçon, seigneur de Mollans; — noble François Thierry, seigneur de Magnoncourt, etc.

B. 4234. (Registre. — In-f°, 143 feuillets, papier.

1609 (Septembre). — Journal des audiences du bailliage de Vesoul, ne donnant que les noms des parties litigantes sans aucun détail sur le motif des procédures. — Au nombre des plaideurs figurent : noble Claude-Balthazar le Mercier, sieur de Suzanecy; — dame de Cicon, agissant en qualité de tutrice tutelaire de son fils, Charles de Cicon; — Antoine d'Autonne, seigneur de Dalégecourt; — François-Thomas de Grandvelle, comte Cantecroix, baron et seigneur de la Villeneuve; — Ikate de Monsieur, sieur de Vermont; — Jeanne-Baptiste de Thomassin femme de Ferdinand d'Esprel, baron et seigneur de Corcelles; — Claude de la Baume, seigneur de Mont-Saint-Léger, etc.

B. 4235. (Registre. — In-f°, 252 feuillets, papier.

1609 (Octobre). — Journal des audiences du bailliage de Vesoul, dans lequel on ne trouve que les noms et qualité des plaideurs, au nombre desquels figurent : messire Jean Rouve, procureur d'office en la justice de Chatenois; Jules Arlateur, citoyen de Besançon; — Antoine d'Haraucourt, chevalier, seigneur de Frasnoy; — dame Marie de Richanteau, veuve de haut et puissant seigneur, messire Claude de Bauffremont, chevalier des deux ordres de France, baron et seigneur de Chatenoy, Greveney, Mollans et autres lieux; — Hérard du Chatelet, chevalier, baron et seigneur de Longeville; — Maximilien Chasseron, seigneur et prieur de Marast; — messire Antoine Huot, prêtre et chanoine au chapitre métropolitain de Besançon, etc.

B. 4236. (Registre. — In-f°, 213 feuillets, papier.

1609 (Octobre). — Journal des audiences du bailliage de Vesoul, dans lequel on ne trouve que les noms et qualités des parties litigantes. — Au nombre des plaideurs figurent : messire Hardouin de Clermont, chevalier, seigneur de Saint-Georges; — révérend père en Dieu, dom Daniel de Montrichier, abbé de l'abbaye de Bithaine; — illustre seigneur, Ferdinand, comte d'Ortembourg, baron et seigneur de Montaigu; — Marguerite de Saint-Mauris; — haute et puissante dame, Hélène de Grandvelle-Perrenot, femme d'illustre seigneur, Philippe-Emmanuel de Bruges de Courgenon, dit de la Baume, comte de Saint-Amour, dame de Saint-Loup, de Beaujeu, du château et de la maison forte de Cromary; — messire Antoine d'Haraucourt, chevalier, seigneur de Frasnoy, etc.

B. 4131. (Registre.) — In-f°, 800 feuillets, papier.

1609 (Novembre). — Journal des audiences du bailliage de Vesoul, dans lequel on ne trouve que les noms et qualités des plaideurs, au nombre desquels figurent : noble Jacques de Mâcon, seigneur d'Esboz ; — dame Claude-Marguerite de Coligny, dame de Cresia ; — Françoise de Cordemoy, femme de noble Louis Pétrey, seigneur de Champvans ; — noble François Thierry, seigneur de Maisoncourt ; — dame Éléonore de Thomassin, marquise de Villers ; — illustre seigneur, François-Thomas Perrenot, dit d'Oiselay, comte de Cantecroix ; — messire Antoine Huat, chanoine à l'église métropolitaine de Besançon ; — généreux seigneur, messire Gaspard de Poligny, seigneur de Traves, etc.

B. 4132. (Registre.) — In-f°, 820 feuillets, papier.

1609 (Novembre). — Journal des audiences du bailliage de Vesoul, dans lequel on ne trouve que les noms et qualités des plaideurs, au nombre desquels figurent : noble Martin de Villers, seigneur de Longeville, Corre et autres lieux ; — Marc de Beaujeu, seigneur de Montot, Aroz, Artaufontaine et autres lieux ; — illustre Ferdinand, comte d'Ortembourg, baron et seigneur de Montaigu et de Bourguignon-lès-Morey ; — dame Claude-Marguerite de Coligny, dame de Corre ; — noble François Gillard, docteur en droit, conseiller de LL. AA. et leur procureur fiscal d'Amont au siége de Gray, seigneur d'Aboncourt, de Gesincourt et autres lieux ; — messire frère Philibert de Mathey, chevalier de l'ordre de Saint-Jean de Jérusalem, commandeur et seigneur de la commanderie de la Villedieu en Fontenette, du temple de Salins et membres qui en dépendent, etc.

B. 4133. (Registre.) — In-f°, 1630 feuillets, papier

1609 (Décembre). — Journal des audiences du bailliage de Vesoul, dans lequel on ne trouve que les noms et qualités des plaideurs, parmi lesquels figurent : noble François Bourguignet, écuyer ; — dame Béatrix de Grammont ; — Marc de Beaujeu, seigneur de Montot, Aroz, Artaufontaine et autres lieux ; — noble Jean Riele, docteur en médecine; — demoiselle Anne d'Haraucourt, dame de Frasnoy, Villers-sur-Port et autres lieux; — dame Claude-Marguerite de Coligny, dame d'Angirey et autres lieux ; — révérendissime seigneur, Ferdinand de Longwy, dit de Rye, prince de Saint-Étaples, archevêque de Besançon, seigneur de Voiflans, Port-sur-Saône et autres lieux ; — généreux seigneur, messire Gaspard de Poligny, chevalier, seigneur de Traves et autres lieux ; — noble Martin de Villers, seigneur de Francheville ; — puissant seigneur, messire Christophe de Rye-la-Palud, chevalier, marquis de Varambon, comte de la Roche, baron de Villersexel, Saint-Hippolyte, Neufchâtel, Amance et autres lieux, etc.

B. 4134. (Registre.) — In-f°, 840 feuillets, papier.

1609 (Décembre). — Journal des audiences du bailliage de Vesoul, dans lequel on ne trouve que les noms des plaideurs, parmi lesquels figurent : Hardouin de Grammont, chevalier, seigneur de Saint-Georges ; — dame Daniel de Montrichier, abbé et seigneur de Bithaine ; — messire Antoine d'Haraucourt, chevalier, seigneur de Frasnoy, Vaurencourt et autres lieux ; — Claude Fourrier, chrée chapelain de la chapelle fondée en l'église paroissiale de Pomoy, en l'honneur des cinq plaies de Notre-Seigneur ; — Marc de Beaujeu, seigneur de Montot ; — Gérard du Châtelet, chevalier, baron et seigneur de Longeville, Châtillon, la Neuville, conseiller d'État et sénéchal de S. A. de Lorraine ; — noble Jacques de Mâcon, seigneur d'Esboz, cessionnaire de mademoiselle de Corbessin ; — François-Thomas Perrenot de Grandvelle, dit d'Oiselay, comte de Cantecroix, baron et seigneur de la Villeneuve, etc.

B. 4135. (Registre.) — In-f°, 1111 feuillets, papier.

1610 (Février). — Journal des audiences du bailliage de Vesoul, dans lequel on ne trouve que les noms et qualités des plaideurs, parmi lesquels figurent : noble Pierre de Ronchaux, seigneur de Chafoy ; — illustre Ferdinand, comte d'Ortembourg, baron et seigneur de Montaigu ; — Jacques de Trulot de Walbusson ; — Guillaume et Jacques d'Ervolt et Jean Adam de Phor, seigneur de Ronchamp; demoiselle Anne d'Haraucourt, dame de Frasnoy, Villers-sur-Port et autres lieux ; — révérend seigneur, messire Antoine de la Baume, abbé et seigneur de Luxeuil ; — haute et puissante dame, Hélène de Grandvelle-Perrenot, femme d'illustre seigneur, Philibert-Emmanuel de Bruges Courgenon, dit de la Baume, dame de Saint-Loup et autres lieux ; — dame Anne d'Achey, dame d'Esnans ; — Marie-Claude de Montureux, chanoine au chapitre de Calmoutier, etc.

SÉRIE B. — BAILLIAGES.

B. 4164. (Registre.) — In-4°, 813 feuillets, papier.

1680 (Mars). — Journal des audiences du bailliage de Vesoul, dans lequel on ne trouve que les noms et qualités des plaideurs, parmi lesquels figurent : généreux seigneur, Charles de Ligneville ; — frère Dominique-Laurent, docteur en sainte théologie, inquisiteur de la foi, prieur du prieuré de Bussy ; — dame Louise-Claire d'Andelot, dame de Fleurey ; — messire Nicolas de Saint-Mauris, chevalier, seigneur de Vaudrémont ; — généreux seigneur, Pierre de Valeville, baron dudit lieu, seigneur de Châteauvilain ; — messire Ferdinand de Longwy, dit de Rye, archevêque de Besançon, prince du Saint-Empire, abbé de l'abbaye de Cherlieu ; — haute et puissante dame, Hélène de Grandvelle-Perrenot, femme de haut et puissant seigneur, Philibert-Emmanuel de Bauges de Courgenon, dit de la Baume, comte de Saint-Amour, d'une de Saint-Loup, Vaux, Beaujeu et autres lieux, etc.

B. 4165. (Registre.) — In-4°, 607 feuillets, papier.

1680 (Avril). — Journal des audiences du bailliage de Vesoul, dans lequel on ne trouve que les noms et qualités des parties plaidantes, parmi lesquelles figurent : noble seigneur Helmot, capitaine des élus de la seigneurie de Montjustin ; — Antoine de Fleurey, prêtre, commis à la recette des biens et revenus de l'église de Pont ; — Antoine de la Baume, abbé et seigneur de Luxeuil ; — dame Claude-Marguerite de Coligny, femme de haut et puissant seigneur, Joachim de Rans-Frénois, marquis de Listenois, baron et seigneur de Clerval, Arc, Jussey et autres lieux ; — Jacques-Antoine de Jors, dit de Grandmont, seigneur de Vellefaux ; — Claude Damoitre, écuyer, seigneur à Andremolin ; — dame Éléonore Ciabel, femme de Christophe de Rye la Palud, chevalier, marquis de Varambon, comte de Varais, la Roche, baron et seigneur de Villersexel, Neufchâtel, etc.

B. 4166. (Registre.) — In-4°, 838 feuillets, papier.

1680 (Mai). — Journal des audiences du bailliage de Vesoul, dans lequel on ne trouve que les noms et qualités des plaideurs, parmi lesquels figurent : Étienne de Geoffroy, seigneur de Gonsans ; — Antoine Huot, prêtre, chanoine de l'église métropolitaine de Besançon ; — Jean de Combe, notaire à Faucogney ; — Charles de Sault de Tavannes, seigneur de Lugny ; — noble Étienne Voirin, ex-gouverneur de la ville impériale de Besançon ; — dame Jeanne Marie de Thomassin, femme de Ferdinand d'Espriel, seigneur et baron de Corcelles ; — Claude de la Baume, seigneur de Mont-Saint-Léger ; — François de Grachaux, seigneur de Baigneux ; — messire Jean Thierry, chanoine en l'église collégiale de Colombier ; — Gérard de Rosières, seigneur de Sorans-lès-Breurey, etc.

B. 4167. (Registre.) — In-4°, 730 feuillets, papier.

1680 (Mai). — Journal des audiences du bailliage de Vesoul, dans lequel on ne trouve que les noms et qualités des plaideurs, au nombre desquels figurent : noble Étienne de Labet, capitaine des élus de la seigneurie de Montjustin ; — Marc de Beaujeu, chevalier, seigneur de Montot ; — dame Anne d'Achey, dame d'Évans ; — Ernestoise d'Oiselay, baron et seigneur du dit lieu, baron et chevalier en la cour souveraine du parlement de Dôle ; — Jean Loulier, docteur en droit, sieur de Chauvirey ; — Pierre de Choiton, seigneur de Purgerot ; — Ambroise Précipiano, chevalier, baron et seigneur de Rye, capitaine du château de Faucogney, seigneur de Lambrey ; — Gaspard de Grammont, chevalier, seigneur de Châtillon-Guyotte, etc.

B. 4168. (Registre.) — In-4°, 869 feuillets, papier.

1680 (Juin). — Journal des audiences du bailliage de Vesoul, dans lequel on ne trouve que les noms et qualités des plaideurs, parmi lesquels figurent : Claude Coursoisier, lieutenant local au siège de Gray ; — noble Claude de Lavey, seigneur de Brotte ; — les chanoines du chapitre de l'église métropolitaine de Besançon ; — Nicolas de la Rochelle, seigneur d'Échenoz-le-Sec ; — dame d'Andelot, femme d'Antoine de Grammont, seigneur de Fallon ; — Pierre Siroudet, curé de Velleguindry, etc.

B. 4169. (Registre.) — In-4°, 814 feuillets, papier.

1680 (Juin). — Journal des audiences du bailliage de Vesoul, dans lequel on ne trouve que les noms et qualités des plaideurs, parmi lesquels figurent : Jean Gabriel de Vaudrey, seigneur de Vallerois ; — Sébastien Bruley, curé à Pusy ; — haut et puissant seigneur, messire de Rye la Palud, chevalier, marquis de Varambon, comte de Varais, la Roche, baron et seigneur de Villersexel, Neufchâtel et Rougemont ; — Jacques de Ferroux, seigneur de Vallerois ; — Jacques Chalon, receveur des revenus de la seigneurie de Montaigu; — Jean Thiébault, seigneur de Sainte-Marie-en-Chaux; — Bonaventure de Jacquelin, sieur de Jaxeu; — les prieurs et confrères de la confrérie de M. Saint-Martin de Bregille-lez-Besançon, etc.

B. 1268. (Registre.) — In-4°, 847 feuillets, papier.

1680 (Juillet). — Journal des audiences du bailliage de Vesoul, dans lequel on ne trouve que les noms et qualités des plaideurs, parmi lesquels figurent : demoiselle de la Tour, veuve de Claude Lochant, de Traves; — dame Marie de Rubbet, dame et baronne de Saint-Remy; — Claude de Rauffremont, abbé de l'abbaye de Siverne, prieur du prieuré de Vaucluse; — Gaspard de Grammont, chevalier, seigneur de Châtillon-Guyotte; — Antoine-Gabriel, citoyen de Besançon; — messire Pierre Flory, curé de Velle-le-Châtel; — Jean Loiseau, procureur d'office à Villersexel et à Rougemont; — Simon Brûlier, capitaine du château d'Amance; — demoiselle Guyonne Mercier, femme de noble Marc-Antoine Lonson, citoyen de Besançon, etc.

B. 1269. (Registre.) — In-4°, 1688 feuillets, papier.

1680 (Août). — Journal des audiences du bailliage de Vesoul, dans lequel on ne trouve que les noms et qualités des plaideurs, parmi lesquels figurent : Mathieu Raland, de Montboron, docteur en droit; — messire Hérard du Châtelet, baron et seigneur de la Neuvelle; — messire Ermenfroy-François d'Oiselay, baron et seigneur dudit lieu, chevalier d'honneur en la cour souveraine du parlement de Dôle; — Adam de Saint-Mauris, seigneur de Fédry, la Lanterne et autres lieux, plaidant avec dame Ferdinande de la Roche, veuve de messire Antoine de Grammont, chevalier, seigneur de Melisey; — messire Antoine Huot, chanoine en l'église métropolitaine de Besançon; — noble Philibert de Magnans, seigneur de Comberjon; — illustre seigneur François-Thomas Perrenot, dit d'Oiselay, chevalier, comte de Cantecroix, seigneur de Bulbier; — révérend seigneur, Charles de Saint-Mauris, prêtre, grand chantre en l'église métropolitaine de Besançon, prieur de Bellefontaine, etc.

B. 1270. (Registre.) — In-4°, 635 feuillets, papier.

1680 (Août). — Journal des audiences du bailliage de Vesoul, dans lequel on ne trouve que les noms et qualités des plaideurs, parmi lesquels figurent : Hardouin de Clermont, chevalier, seigneur de Saint-Georges; — Philippe de Magnans, sieur de Comberjon; — Christophe Corcot, no-

taire à Calmoutier; — messire Charles de Saint-Mauris, prêtre, grand chantre de l'église métropolitaine de Besançon, abbé de Gois, prieur de Bellefontaine et doyen de Beaupré; — messire Remy Mariot, prêtre, curé de Vielley; — honorable Richard Poulier, châtelain de Granges; — Pierre Varin, citoyen de Besançon; — noble sieur Bonaventure de Salives, sieur de Nourey; — noble Silvestro Rosetto, sieur de Lanzizan, etc.

B. 1271. (Registre.) — In-4°, 358 feuillets, papier.

1680 (Septembre). — Journal des audiences des bailliages de Vesoul, dans lequel on ne trouve que les noms et qualités des plaideurs, parmi lesquels figurent : Adrien de Thomassin, chevalier, seigneur de Marcel, président de Bourgogne; — Martin de Villers, seigneur de Hanseville; — dame Louise d'Andelot, baronne de Chemilly; — François Carmenot, sieur de Bourans; — Jean Coulon, prêtre à Besançon; — François de la Tour, chevalier, seigneur de la Tour Saint-Quentin, demeurant à Besançon; — Guillaume du Boisset, seigneur et grand juge en la terre de Saint-Oyen de Joux, etc.

B. 1272. (Registre.) — In-4°, 420 feuillets, papier.

1680 (Octobre). — Journal des audiences du bailliage de Vesoul, dans lequel on ne trouve que les noms et qualités des plaideurs, parmi lesquels figurent : haut et puissant seigneur, messire Claude-François de Baume, chevalier, comte de Montrevel, baron et seigneur de Courlans Saint-Julien et Bourguignon-lez-Conflans; — noble Jacques-Grégoire Vissoul, docteur en médecine; — Alexandre de Vuille, baron de Bacey, Chemilly, demandeur contre dame Louise-Claire d'Andelot, dame de Breurey, Faverney et autres lieux; — les habitants d'Aillevans, sujets originels du prieur de Marast, impétrant en garde, contre messire Ermenfroy-François d'Oiselay, chevalier, baron et seigneur dudit Oiselay, etc.

B. 1273. (Registre.) — In-4°, 591 feuillets, papier.

1680 (Novembre). — Journal des audiences du bailliage de Vesoul, dans lequel on ne trouve que les noms et qualités des plaideurs, parmi lesquels figurent : Béatrix de Thomassin, femme du généreux seigneur, Ferdinand d'Esprets, seigneur et baron de Corcelles; — Claude de la Baume, seigneur de Mont Saint-Léger; — François de Grachaux, seigneur de Raucourt; — Claire d'Andelot, dame de Fleurey, veuve de Claude de Pontarlier, seigneur

SÉRIE B. — BAILLIAGES.

de Noroy; — honorable Simon Bresillet, capitaine du château d'Amance; — dame Louise d'Andelot, femme d'Alexandre de Vuillé, baron et seigneur dudit lieu, dame de Chemilly; — messire François de Scey, chevalier, seigneur de Buthier, etc.

B. 4174. (Registre.) — In-4°, 503 feuillets, papier.

1610 (Novembre). — Journal des audiences du bailliage de Vesoul, dans lequel on ne trouve que les noms et qualités des plaideurs, parmi lesquels figurent : noble Étienne de Memroy, docteur en droit, conseiller de LL. AA. SS. et leur procureur fiscal d'Amont en la cité impériale de Besançon; — demoiselle Jeanne de Chavagne, dame de Talent, Rigné et autres lieux; — révérend père en Dieu, dom Daniel de Montrichier, abbé et seigneur de Bithaine; — messire Bachalda de Clermont, chevalier, seigneur de Saint-Georges; — Anne-Éléonore Renaud, veuve de Marc de Conflans, seigneur de Broye, etc.

B. 4175. (Registre.) — In-4°, 480 feuillets, papier.

1610 (Décembre). — Journal des audiences du bailliage de Vesoul, dans lequel on ne trouve que les noms et qualités des plaideurs, parmi lesquels figurent : noble François Thierry, seigneur de Magnoncourt; — messire Claude de Moutareux, chanoine au chapitre de Calmoutier; — Gaspard de Poligny, chevalier, seigneur de Châtillon; — Gaspard de Cléron, chevalier, seigneur dudit lieu; — noble Claude-François de Lassaux, écuyer; — noble Jean Lullier, de Vesoul, docteur en droit, seigneur de Chauvirey, Vitrey et autres lieux; — généreux seigneur, Nicolas de la Rochelle, seigneur d'Échenoz-le-Sec; — haut et puissant seigneur, messire Claude-François de la Baume, chevalier, comte de Montrevel, baron et seigneur de Saint-Julien, Bourguignon-les-Conflans; — généreux seigneur, Frédéric Vigoureux, seigneur de They; — dame Jeanne-Béatrix de Thomassin, femme de généreux seigneur, Ferdinand d'Esprels, seigneur et baron de Corcelles; — Claude de la Baume, sieur de Mont-Saint-Léger; — François de Grachault, sieur de Raucourt, etc.

B. 4176. (Registre.) — In-4°, 920 feuillets, papier.

1611 (Janvier). — Journal des audiences du bailliage de Vesoul, dans lequel on ne trouve que les noms et qualités des plaideurs, parmi lesquels figurent : Antoine de Fleurey, prêtre, demeurant à Vesoul; — noble Léonard Dubois, de Jonvelle, commissaire des ponts, chemins et passages du comté de Bourgogne; — noble Étienne de Lanet, capitaine des élus de la prévôté de Montjustin; — Mise de Thomassin, seigneur de Fertigney; — Pierre Fauche, seigneur de Naucroy; — Marie de Prichateau, veuve de messire Claude de Bauffremont, chevalier des deux ordres de France, baron et seigneur de Scey; — François Rinot, prêtre et sacristain de l'église paroissiale de Dampierre-sur-Salon, etc.

B. 4177. (Registre.) — In-4°, 819 feuillets, papier.

1611 (Janvier). — Journal des audiences du bailliage de Vesoul, dans lequel on ne trouve que les noms et qualités des plaideurs, parmi lesquels figurent : noble Jean-Charles Thirodat, capitaine du château de Ris-Longcourt; — Jean Chapuis, notaire à Vesoul; — Charles Samuel, seigneur de Gevigncourt; — messire Christophe de Rye la Palud, chevalier, marquis de Varambon, comte de Varais, baron et seigneur de Neufchâtel et sa Terre, dame Éléonore Chabot, marquise de Seveux; — Jean Lullier, docteur en droit, seigneur de Chauvirey; — Bonaventure de Salives, seigneur de Neurey; — Bonaventure de Jacquelin, seigneur de Issney, etc.

B. 4178. (Registre.) — In-4°, 819 feuillets, papier.

1611 (Février). — Journal des audiences du bailliage de Vesoul, dans lequel on ne trouve que les noms et qualités des plaideurs, au nombre desquels figurent : noble Jean-Gabriel de Vaudrey, seigneur de Vallerois; — messire Ermenfroy-François d'Oiselay, baron et seigneur dudit lieu; — Gaspard de Poligny, chevalier, seigneur de Châtillon, Traves et autres lieux; — Béatrix de Grammont, dame de Vallerois-le-Bois; — dame Suzanne de Saint-Martin, femme de Jean Demandre, écuyer, demeurant à Saint-Remy; — Pierre de Vatteville, baron dudit lieu, seigneur de Châtezeule; — dame Marie de Robbet, dame et baronne de Saint-Remy; — frère François Rinot, sacristain, du prieuré de Dampierre-sur-Salon; — Françoise de Laubespin, femme de Ferdinand Leblanc, dit d'Andelot, chevalier, seigneur d'Oltans, etc.

B. 4179. (Registre.) — In-4°, 692 feuillets, papier.

1611 (Avril). — *Journal des audiences du bailliage de Vesoul, dans lequel on ne trouve que les noms et qualités des plaideurs, parmi lesquels figurent :* Valentin Bernard, notaire à Chaucey; — Marc de Cicon, seigneur de Richecourt et autres lieux; — noble Charles Rapin, seigneur de Guiseuil; — messire Claude Guérillot, procureur et receveur des terre et seigneurie de Montozerin; — dame Louis-Claire d'Audelot, dame de Fleurey; — René de Maulin-le-Loup, seigneur de Piganne; — messire Remy Martel, prêtre, curé de Visilley; — Étienne Cautenet, docteur en droit, lieutenant-général au bailliage de Pontarlier; — Claude de Montureux, prêtre, chanoine au chapitre de Calmoutier, etc.

D. 4280. (Registre.) — In-4°, 918 feuillets, papier.

1611 (Mai). — Journal des audiences du bailliage de Vesoul, dans lequel on ne trouve que les noms et qualités des plaideurs, parmi lesquels figurent : Gaspard de Gilles, chevalier, et Jean-Claude de Gilles, frères, barons du Saint-Empire, seigneurs de Longevelle; — noble Humbert d'Orchamps, citoyen de Besançon; — Antoine d'Haraucourt, chevalier, seigneur de Fresnois; — noble Philibert de Mugnans, seigneur de Comberjon; — révérendissime Jean Georges, prince abbé et seigneur de Lure, Murbach et Genevreuille; — noble Antoine de Montaugon, coseigneur audit Genevreuille; — Claude Robert, prêtre, chanoine au prieuré de Marast; — noble Claude Ramandre, seigneur d'Andrémolins; — noble Jean-Baptiste de Brane, seigneur de Nazel, etc.

D. 4281. (Registre.) — In-4°, 607 feuillets, papier.

1611 (Mai). — Journal des audiences du bailliage de Vesoul, dans lequel on ne trouve que les noms et qualités des plaideurs, parmi lesquels figurent : noble Jacques de Saverne, de Vellechevreux; — dame Béatrix de Grammont, veuve de Jean de Vaudrey, chevalier, seigneur de Vellechevreux; — Nicolas Jacquinot, docteur en droit, seigneur d'Auxon, Gressoux et autres lieux; — Claude Perrenelle, de Vesoul, procureur de révérend seigneur, messire Guillaume Simonin, archevêque de Corinthe, abbé de Saint-Vincent de Besançon; — messire Gérard du Chastelet, baron et seigneur de la Neuvelle; — Marc de Beaujeu, seigneur de Montot, Aroz et autres lieux; — Ermenfroy-François d'Oiselay, baron et seigneur dudit lieu, chevalier d'honneur en la cour du parlement de Besançon, etc.

D. 4282. (Registre.) — In-4°, 737 feuillets, papier.

1611 (Juin). — Journal des audiences du bailliage de Vesoul, dans lequel on ne trouve que les noms et qualités des plaideurs, parmi lesquels figurent : noble Léonard du Ruz, écuyer, commissaire des chemins, ponts et passages au pays et comté de Bourgogne; — Jean Loys, docteur en droit, demeurant à Besançon; — demoiselle Anne de Mesmay, veuve de Claude Loys, citoyen de Besançon; — Jean Georges, prince et abbé des abbayes unies de Lure et de Murbach; — Étienne de Joffroy, seigneur de Consins; — Gaspard de Polligny, baron et seigneur de Traves, — René de Maulin-le-Loup, seigneur de Piganne; — noble Étienne de Raincourt, sénéchal de la Motte, seigneur de Retoncourt-sur-Marne; — dame Pierrette de Gérecans, veuve de messire René d'Anglure, chevalier, seigneur de Melay; — Richard Paulhier, châtelain de Granges, etc.

D. 4283. (Registre.) — In-4°, 843 feuillets, papier.

1611 (Juin). — Journal des audiences du bailliage de Vesoul, dans lequel on ne trouve que les noms et qualités des parties litigantes, parmi lesquelles figurent : noble Humbert d'Orchamps, citoyen de Besançon; — Elisabeth de Saint-Georges, veuve de Claude de Sabut, de Gussey; — Nicolas Margilly, notaire à Port-sur-Saône; — François-Charles de Samuel, seigneur de Geslacourt; — Charles Dupin, seigneur de Verchamp et Guiseuil; — Bernard de Montessus et dame de Faulquier, sa femme, seigneur de Chauvirey; — Adam de Vault, seigneur de Menoux; — Jacques de Séroux, seigneur de Bouligney; — Thiébaud Morel, échevin de Port-sur-Saône; — Isabelle de la Roche, femme de noble Claude de Constable, seigneur de Pessans; — Valter d'Audelot, seigneur de Montvillers; — Fernandine de la Roche, veuve de Remy de Grammont, seigneur de Pessans, etc.

D. 4284. (Registre.) — In-4°, 791 feuillets, papier.

1611 (Juillet). — Journal des audiences du bailliage de Vesoul, dans lequel on ne trouve que les noms et qualités des plaideurs, parmi lesquels figurent : révérend seigneur, messire François de Rye, haut doyen de l'insigne chapitre de Besançon, seigneur de Pouilley-les-Vignes; — Pierre Richardot, curé de Montcey; — Éléonore de Thomassin, dame de Flagy; — Claude Terrier, docteur en droit, demeurant à Vesoul; — Jean Thibault de Reinach, seigneur de Sainte-Marie en Chaux, gouverneur pour Sa Majesté impériale des ville, terre et seigneurie d'Alteginck; — d'Aubonne, seigneur de Buffignécourt; — Louis de Chauvirey, chanoine en l'église de Besançon; — les familles de l'église paroissiale de Jussey; — Claude de Bauffremont, seigneur de Jussey ; — Antoine Jeannenot, capitaine de la ville de Jussey, etc.

D. 4285. (Registre.) — In-4°, 1000 feuillets, papier.

1681 (Août). — Journal des audiences du bailliage de Vesoul, dans lequel on ne trouve que les noms et qualités des plaideurs, parmi lesquels figurent : Simon Liébault, notaire à Thieffrans ; — Aimé de Rochechouart, gentilhomme ordinaire de la chambre du roi de France, guidon de la compagnie d'armes du duc d'Orléans, seigneur de Corbenay et dame Éléonore du Sault, sa femme ; — Claude de Crosey, seigneur d'Adrisans ; — François de Cresancey et Jeanne de Crosey, sa femme, coseigneurs audit Adrisans ; — Hérard du Châtelet, baron et seigneur de Dannay et dame Lucrèce d'Urçay, sa femme, dame de la Neuvelle ; — Jeanne Chapuis de Ferrières, dame de Charges ; — Jean Guignard, chapelain à Villersexel, etc.

D. 4286. (Registre.) — In-4°, 784 feuillets, papier.

1681 (Septembre). — Journal des audiences du bailliage de Vesoul, dans lequel on ne trouve que les noms et qualités des plaideurs, parmi lesquels figurent : messire Antoine Rosselet, procureur de LL. AA. SS. dans la seigneurie de Jonvelle ; — Béatrix Baudòr, héritière de noble Jacques Outhenin, de Charies ; — les manants et habitants d'Esprels, sujets du prieur de Marast ; — les révérends pères de la société de Jésus établis à Dôle, comme prieurs du prieuré de Jonvelle ; — noble Claude Rumandre, écuyer, seigneur à Andrémolin ; — François de Maçon, seigneur à Esboz ; — François Maubouhans, docteur en droit, seigneur de la Montoillotte ; — François de Saint-Martin, seigneur de Cendrecourt ; — Gabriel de la Ferté, chapelain de la chapelle Saint-Pierre, fondée en l'église de Granges, etc.

D. 4287. (Registre.) — In-4°, 938 feuillets, papier.

1681 (Octobre). — Journal des audiences du bailliage de Vesoul, dans lequel on ne trouve que les noms et qualités des plaideurs, parmi lesquels figurent : dame Anne d'Orsans, femme du baron d'Oiselay ; — Geneviève de Champagne, femme de noble Pierre Mairot, sieur de Valay ; — Guillaume Bougey, curé de Mollans ; — Jeanne Clémentine Droz, de Saulx, Guillemette Droz, femme de noble de Maçon, seigneur d'Esboz ; — noble Christophe de Ferrières, écuyer, demeurant à Besançon ; — messire Jean Boson, curé de Sainte-Marie ; — Guillaume Jacquemard, curé à Mont ; — Philippe de Villers, docteur en médecine, demeurant à Jussey ; — noble François-Jules Malinshans, seigneur de la Montoillotte ; — Claude Thomassin, prêtre familier en l'église Saint-Georges de Vesoul ; Marie Cabot, veuve de noble François Sonnet, sieur de Calmoutier, etc.

D. 4288. (Registre.) — In-4°, 1155 feuillets, papier.

1681 (Octobre). — Journal des audiences du bailliage de Vesoul, dans lequel on ne trouve que les noms et qualités des plaideurs, parmi lesquels figurent : Valentin Bernard, notaire à Charies ; — messire Gaspard de Mongenet, docteur en droit, lieutenant général au bailliage de Vesoul ; — Barthélemi Cabot, receveur des revenus temporels de l'abbaye de Faverney ; — révérend seigneur, messire d'Orsans, abbé de l'abbaye de Faverney ; — dame Marguerite de Muffans, dame du Verchamp, etc.

D. 4289. (Registre.) — In-4°, 702 feuillets, papier.

1681 (Novembre). — Journal des audiences du bailliage de Vesoul, dans lequel on ne trouve que les noms et qualités des plaideurs, parmi lesquels figurent : demoiselle Claudine Sauget, femme de noble Jules Cyrère, gentilhomme milanais, seigneur de Noidans-le-Ferroux ; — Claude Couldret, notaire, procureur d'office en la justice de Chauvirey ; — Guillaume Farinet, docteur en droit, conseiller au bailliage de Lure ; — Claude Milley, notaire à Scey, commis à la recette des tailles que les habitants de Chassey doivent au seigneur dudit Scey ; — Claude Mulne, curé de Melisey ; — Jean Foillenot, coülhaitance fiscal au bailliage de Vesoul ; — demoiselle Prudence de Lassault, femme de Jacques Marisset, de Langres ; — noble Jean Daron, écuyer, seigneur d'Accolans, etc.

D. 4290. (Registre.) — In-4°, 739 feuillets, papier.

1681 (Novembre). — Journal des audiences du bailliage de Vesoul, dans lequel on ne trouve que les noms et qualités des plaideurs, parmi lesquels figurent : messire Antoine de Fleury, prêtre, amodiateur des revenus temporels du prieuré de Marteroy ; — Jean Gauthier, notaire scribe en la justice de Mercey ; — Antoine de Joux, seigneur de Montoille ; — Sébastien Estevenot, curé de Cemboing ; — Jacques Faivre, curé de Quenoche ; — Luc de Comtet et demoiselle Claudine de la Tour, sieur et dame de Filain ; — dame Éléonore de Thomassin, femme d'illustre seigneur, Emmanuel de Savoie, marquis de Villers ; — dame Louise d'Andelot, femme d'Alexandre de Viltz, baron et seigneur dudit lieu ; — dame Antoinette de Rye, veuve de Gaspard d'Andelot, chevalier, baron et seigneur de Chemilly, etc.

B. 4291. (Registre.) — In-4°, 1160 feuillets, papier.

1612 (Décembre). — Journal des audiences du bailliage de Vesoul, dans lequel on ne trouve que les noms et qualités des plaideurs, parmi lesquels figurent : Jean-Claude de Gilles, baron du Saint-Empire, seigneur de Longevelle ; — Antoine Jacquot, prêtre, chanoine en l'église de Dôle, administrateur des revenus temporels du prieuré de Marast ; — Nicolas Daval, curé à Sainte-Marie en Chaux ; — Charles de Saulx, baron et seigneur de Tavanne ; — dame Marie de Robbet, dame et baronne de Saint-Remy ; — François Vuillet, chanoine en l'église métropolitaine de Besançon, etc.

B. 4292. (Registre.) — In-4°, 888 feuillets, papier.

1612 (Janvier). — Journal des audiences du bailliage de Vesoul, dans lequel on ne trouve que les noms et qualités des plaideurs, parmi lesquels figurent : noble Jean-Baptiste Varin, docteur en droit, citoyen de Besançon ; — Marie Caboz, veuve de noble Nicolas Sonnet, sieur de Calmoutier ; — François-Jules Rosselet, docteur en médecine à Vesoul ; — Antoine Vernerey, citoyen de Besançon ; — noble Claude-Balthasar Le Mercier, seigneur de Servances ; — de Mesnay Matbois, lieutenant des élus de la prévôté de Langres ; — messire François Maistrot, curé à Villars-Saint-Marcellin ; — Honoré-Marc de Conflans, seigneur de Broye ; — noble Jean Huot, citoyen de Besançon ; — Claude Milloy, notaire, procureur d'office en la justice de Scey, etc.

B. 4293. (Registre.) — In-4°, 960 feuillets, papier.

1612 (Janvier). — Journal des audiences du bailliage de Vesoul, dans lequel on ne trouve que les noms et qualités des plaideurs, parmi lesquels figurent : messire Lambert Ligier, prêtre, curé de Colombe ; — révérend père en Dieu, dom Jean Ponsot, abbé et seigneur de l'abbaye de Notre-Dame de Clairefontaine ; — noble Claude Damandre seigneur à Andremolin ; — dame Éléonore Renard, veuve de Marc de Conflans, seigneur de Broye ; — noble Étienne de Joffroy, seigneur de Gonsans ; — noble Charles de Sault, baron de Tavanne ; — noble Nicolas de Saint-Belin, chevalier, seigneur de Vaudrimont ; — demoiselle Isabelle de la Roche, femme de noble Claude de Constable et Ferdinandine de la Roche, sa sœur, veuve de Remy de Grammont, etc.

B. 4294. (Registre.) — In-4°, 630 feuillets, papier.

1612 (Février). — Journal des audiences du bailliage de Vesoul, dans lequel on ne trouve que les noms et qualités des plaideurs, parmi lesquels figurent : messire Gaspard de Gilles, chevalier, et Jean-Claude de Gilles, frères, barons du Saint-Empire, seigneurs de Longevelle ; — révérend seigneur, messire Ferdinand de Longvy, dit de Rye, prince du Saint-Empire, archevêque de Besançon ; — noble Claude-François du Montarby et dame Catherine d'Anglure, sa femme, seigneur et dame de Voncourt ; — noble Étienne Varin, Laurent Chiffiet et Marc-Antoine Reuzon, tous citoyens de Besançon ; — Marc-Antoine Huguenin, chanoine de l'église Notre-Dame de Salerne ; — noble Antoine d'Aubonne, seigneur de Buffignécourt, etc.

B. 4295. (Registre.) — In-4°, 830 feuillets, papier.

1612 (Mars). — Journal des audiences du bailliage de Vesoul, dans lequel on ne trouve que les noms et qualités des plaideurs, parmi lesquels figurent : demoiselle Anne d'Haraucourt, dame de Frasnoy ; — messire Hérard du Chastelet, chevalier, baron et seigneur de Sononcourt, conseiller d'État, sénéchal de Lorraine ; — dame Lucrèce d'Orsans, femme de messire du Chastelet, seigneur de Savoyeux ; — Adam de Saint-Maurice, seigneur de la Lanterne ; — noble Ermenfroy-François d'Olselay, baron et seigneur dudit lieu, chevalier d'honneur en la cour souveraine du parlement de Dôle ; — Thiébaud Séguin, notaire à Chariez, en qualité de fondé de pouvoir de la confrérie de Notre-Dame, instituée dans l'église dudit lieu, etc.

B. 4296. (Registre.) — In-4°, 430 feuillets, papier.

1612 (Mars). — Journal des audiences du bailliage de Vesoul, dans lequel on ne trouve que les noms et qualités des plaideurs, parmi lesquels figurent : demoiselle Claudine-Jeanne de la Verne, fille de noble Pierre de la Verne, seigneur de Vellechevreux ; — Gaspard de Mongenet, docteur en droit, seigneur de Montcourt ; — Marc de Beaujeu, seigneur de Montot ; — révérendissime seigneur, messire Guillaume Simonnin, archevêque de Corinthe, abbé de l'abbaye Saint-Vincent de Besançon ; — dame Hélène de Grandvelle-Perrenot, femme de haut et puissant seigneur, Philippe-Emmanuel de Bruges, dit de Barme, comte d

Saint-Amour, dame de Saint-Loup, Beaumont, du château et de la maison forte de Groinary, etc.

B. 4297. (Registre.) — In-4°, 680 feuillets, papier.

1612 (Avril). — Journal des audiences du bailliage de Vesoul, dans lequel on ne trouve que les noms et qualités des plaideurs, parmi lesquels figurent : les chanoines du chapitre de l'église paroissiale de Dôle ; — les cordeliers du monastère de Saint-François de Besançon contre les sœurs cordelières de l'église Sainte-Claire de Besançon ; — noble Pierre Mairot, sieur de Valay ; — Jean-Bénigne de Thurey, seigneur de Cresancey, Cendrey, Flaigey et autres lieux ; — messire Louis Saulget, chanoine en l'église métropolitaine de Besançon ; — le curé et les familiers de l'église de Jussey, etc.

B. 4298. (Registre.) — In-4°, 420 feuillets, papier.

1612 (Mai). — Journal des audiences du bailliage de Vesoul, dans lequel on ne trouve que les noms et qualités des plaideurs, parmi lesquels figurent : Jean-Ferdinand de Vaudrey, chevalier de l'ordre de Saint-Jean de Jérusalem, commandeur de la commanderie de Sales ; — messire Jean Nardin, abbé de l'abbaye Saint-Paul de Besançon ; — demoiselle Marguerite d'Auxon, femme de noble Louis de Baron, seigneur de Francaumont ; — Jean Loiseau, procureur d'office en la seigneurie de Rougemont ; — Jean Buretel, docteur en droit à Vesoul ; — Hugues Tabourot, notaire à Jussey, etc.

B. 4299. (Registre.) — In-4°, 740 feuillets, papier.

1612 (Mai). — Journal des audiences du bailliage de Vesoul, dans lequel on ne trouve que les noms et qualités des plaideurs, parmi lesquels figurent : Ferdinand d'Esprels, baron de Corcelles ; — Jean Nardin, prêtre, prieur de l'abbaye fondée en l'honneur de M. Saint-Paul, de Besançon ; — Claude Gousset, docteur en droit, demeurant à Vesoul ; — David de Choiseul, chevalier, baron de la Ferté ; — Jacques Barry, chanoine à Villersexel ; — noble Jean Varon le jeune, dit le capitaine, de Port-sur-Saône ; — Pierre de Vateville, baron et seigneur dudit lieu ; — Jean de Cléron, seigneur de Voray ; — Claude de Bauffremont, abbé commendataire et administrateur perpétuel de l'abbaye de Notre-Dame de Balerne, prieur du prieuré de Vaucluse, etc.

B. 4300. (Registre.) — In-4°, 320 feuillets, papier.

1612 (Juin). — Journal des audiences du bailliage de Vesoul, dans lequel on ne trouve que les noms et qualités des plaideurs, parmi lesquels figurent : noble Étienne de Laviez, seigneur à Calmoutier, capitaine des élus de la prévôté de Montjustin ; — Jean Marquis, receveur de la ville de Vesoul ; — noble Luc de Cointet, demoiselle Claudine de la Tour et Pierre de Cointet, seigneurs et dame de Filain ; — Abraham Dahaultois, sieur de Raincourt ; — les révérends prieur et religieux du couvent de Montbozon ; — Pierre Jamey, notaire à Anchenoncourt ; — noble Gérard de Ronsière, seigneur de Fleurey, etc.

B. 4301. (Registre.) — In-4°, 340 feuillets, papier.

1612 (Juin). — Journal des audiences du bailliage de Vesoul, dans lequel on ne trouve que les noms et qualités des plaideurs, parmi lesquels figurent : demoiselle de Chassaigne, demeurant à Noroy-l'Archevêque ; — dom Jean de Vatteville, évêque de Lausanne, abbé de l'abbaye de Notre-Dame de la Charité ; — François Thierry, seigneur de Magnoncourt ; — François de Maçon, seigneur d'Esboz ; — noble Étienne de Raucourt, sénéchal de la Motte, seigneur de Betoncourt-sur-Mance ; — dame Pierrette de Géresme, veuve de René d'Anglure, seigneur de Melay — René de Mallain-le-Loup, seigneur de Dégonne ; — Pierre Richardot, curé à Montcey ; — Jean-Bénigne de Thurey, seigneur de Cresancey ; — Jacques Symard, curé à Melincourt, etc.

B. 4302. (Registre.) — In-4°, 750 feuillets, papier.

1612 (Juillet). — Journal des audiences du bailliage de Vesoul, dans lequel on ne trouve que les noms et qualités des plaideurs, parmi lesquels figurent : Étienne de Laviez, seigneur de Calmoutier ; — Guillaume Perret, notaire à Faucogney ; — les chanoines du chapitre de l'église collégiale de Dôle, seigneurs du prieuré de Marast ; — révérendissime Antoine de la Baume, abbé et seigneur de Luxeuil ; — Bartholozaé Caboz, receveur des revenus temporels de l'abbaye de Faverney ; — dame Béatrix de Grammont, dame de Confiandey ; — dame Anne de Grilly, veuve de Jean-Jacques de Renelle, de Voisey ; — généreux seigneur, messire de Vy, seigneur de Mailleroncourt-Charette, Pontcey, Chassey, Bourbévelle, veuf de Guillemette de Chassey, etc.

B. 4302. (Registre.) — In-4°, 714 feuillets, papier.

1612 (Juillet). — Journal des audiences du bailliage de Vesoul, dans lequel on ne trouve que les noms et qualités des plaideurs, parmi lesquels figurent : Claudine de Verne, femme de noble Pierre Calet, de Brotte-lès-Luxeuil ; — Claude-Antoine Dutartre, coseigneur à Borey ; — Pierre de Vault, coseigneur à Lomont ; — demoiselle Marguerite Robin, femme de noble Claude de Salives, dame de Marmier, dame de Lomont ; — les chanoines de l'église collégiale de Dôle ; — noble Charles de Conflans, seigneur de Bouligney ; — Jean-Baptiste de Biarne, seigneur de Naisey ; — Antoinette de la Jonctière, femme du précédent ; — dame Pierrette de Géresme, veuve de René d'Anglure, seigneur de Molay, etc.

B. 4304. (Registre.) — In-4°, 742 feuillets, papier.

1612 (Août). — Journal des audiences du bailliage de Vesoul, dans lequel on ne trouve que les noms et qualités des plaideurs, parmi lesquels figurent : noble Clériadus de Vergy, comte de Champlitte, baron et seigneur de Vaudrey, Morey, et autres lieux ; — Bertrand Lassus, docteur en droit, demeurant à Combeing ; — noble Étienne de Raucourt, seigneur et Betoncourt-sur-Mance ; — dame Éléonore Chaboz, marquise de Varambon, comtesse de la Roche, dame et baronne de Villersexel ; — Guillaume Bichin demeurant à Clerval, procureur d'office en la justice de Bournois ; — noble Jean Lulier, docteur en droit, seigneur de Chauvirey, demeurant à Vesoul, etc.

B. 4305. (Registre.) — In-4°, 460 feuillets, papier.

1612 (Août). — Journal des audiences du bailliage de Vesoul, dans lequel on ne trouve que les noms et qualités des plaideurs, parmi lesquels figurent : Marc de Beaujeu, chevalier, seigneur d'Artaufontaine ; — demoiselle Jacqueline de Vy, veuve de Claude Laviez, dame de Brotte ; — messire Esnard de Livron et René de Vienne, chevaliers seigneurs souverains à Vauvillers, Demangevelle et autres lieux ; — noble Étienne de Montureux, demeurant à Chaumercenne ; — noble Martin de Villers, seigneur de Ranzevelle ; — Jeanne de Bonnay, dame de Saint-Georges ; — noble Jean Pagie, docteur en théologie, demeurant à Chauvirey ; — Thiébaud Oudot, curé de Saint-Albin, etc.

B. 4306. (Registre.) — In-4°, 625 feuillets, papier.

1612 (Septembre). — Journal des audiences du bailliage de Vesoul, dans lequel on ne trouve que les noms et qualités des plaideurs, parmi lesquels figurent : Jean-Simon Baillet, abbé et seigneur de Bithaine ; — Étienne Darbin, cogouverneur de la cité impériale de Besançon, seigneur d'Audeux ; — messire du Chastelet, chevalier, baron et seigneur de Lomont ; — messire Antoine de la Baume, abbé et seigneur de Luxeuil ; — noble Abraham Morelot, de Montbéliard ; — Pierre Jannot, notaire à Montcey-les-Cromary ; — Jacques Simard, curé de Melincourt ; — Pierre Dorot, notaire à Cromary, etc.

B. 4307. (Registre.) — In-4°, 980 feuillets, papier.

1612 (Septembre). — Journal des audiences du bailliage de Vesoul, dans lequel on ne trouve que les noms et qualités des plaideurs, parmi lesquels figurent : noble Étienne de Laviez, coseigneur à Calmoutier, capitaine des soldats élus dans la prévôté de Montjustin ; — révérend dom Jean Ponsot, abbé et seigneur de Clairefontaine ; — Étienne de Montaigu, seigneur de Genevrouille ; — révérend Dominique Lambert, prieur du prieuré de Rosey ; — Jean Gousselet, docteur et droit, demeurant à Vesoul ; — Antide de Grammont, seigneur de Melisey ; — Jean de Thomassin, chevalier, seigneur de Montboillon ; — François Hudelot, de Preigney, chapelain de la chapelle fondée en l'église du dit lieu en l'honneur des cinq plaies de Jésus-Christ, etc.

B. 4308. (Registre.) — In-4°, 643 feuillets, papier.

1612 (Octobre). — Journal des audiences du bailliage de Vesoul, dans lequel on ne trouve que les noms et qualités des plaideurs, parmi lesquels figurent : Nohel Drouhet et dame Louise-Claire d'Andelot, dame de Fleurey ; — Nicolas de Saint-Belin, chevalier, sieur de Vandrimont ; — messire Georges de Saint-Belin, chevalier, seigneur de Bielle ; — messire Claude Cordemoy, docteur et droit, demeurant à Vesoul, avocat fiscal au bailliage de cette ville, sieur de Francalmont ; — messire Jean Poyrol, prieur du prieuré de Marast ; — Emmanuel de Savoye, marquis de Villers ; — noble Louis Pétrey, docteur en droit, demeurant à Vesoul ; — noble Adrien de Lassault, seigneur à Molay ; — Desle de Mostier, seigneur de Cubry, etc.

B. 4309. (Registre.) — In-4°, 804 feuillets, papier.

1612 (Novembre). — Journal des audiences du bailliage de Vesoul, dans lequel on ne trouve que les noms et les qualités des plaideurs, parmi lesquels figurent : noble François Girardet, docteur en droit, seigneur de Raze, lieutenant local au siège de Salins ; — messire Jean de

Thomassin, chevalier, seigneur de Villeparois; — Jean Monnot, procureur d'office à Montjustin; — révérend seigneur, messire Charles de Saint-Mauris, prêtre, chanoine et grand chantre en l'église métropolitaine de Besançon, abbé de Goailles, prieur de Bellefont et doyen de Beaupré; — noble Jean-Baptiste de Byans, seigneur de Moissey et demoiselle de la Tronchière, sa femme; — messire Pierre Compain, curé d'Accolans; — François de Breuille, écuyer, capitaine de la prévôté de Cromary; — Marc de Salives, sieur d'Autrey; — François de la Tour, chevalier, seigneur de la Tour Saint-Quentin à Besançon, etc.

B. 4310. (Registre.) — In-4°, 690 feuillets, papier.

1612 (Novembre). — Journal des audiences du bailliage de Vesoul, dans lequel on ne trouve que les noms et qualités des plaideurs, parmi lesquels figurent : Huguette et Marguerite de Grammont, dame de Citers; — Pierre Beaut, curé d'Oricourt; — Claude Desmier, procureur d'office en la seigneurie de Neufchâtel; — noble François-Charles de Sonnet, seigneur de Gesincourt; — André Bernard de Montessus et dame Catherine de Faulquier, seigneur et dame de Vitrey; — Françoise Laborey, femme de messire Laurent Doyen, demeurant à Amance; — Jean Dubois, curé de Sainte-Croix; — Claude de Vergy, chevalier, comte de Champlitte, gouverneur du comté de Bourgogne; — Pierre d'Augicourt, seigneur de Preigney, Vitrey et autres lieux; — Antoine Besançenot, docteur en droit, avocat au parlement de Dôle et Jean Besançenot, lieutenant local au bailliage de Vesoul, etc.

B. 4311. (Registre.) — In-4°, 824 feuillets, papier.

1612 (Décembre). — Journal des audiences du bailliage de Vesoul, dans lequel on ne trouve que les noms et qualités des plaideurs, parmi lesquels figurent : Claude d'Aigremont, seigneur de Ferrières; — Guillaume Perret, notaire à Faucogney; — Gaspard et Jean Claude de Gilley, frères, barons du Saint-Empire, seigneurs de Longevelle; — François de Cléron, chevalier, sieur de Voisey, Mailley et autres lieux; — Léonard Ceyradon, notaire à Cromary; — dom Jean de Vatteville, évêque de Lausanne, abbé de l'abbaye Notre-Dame de la Charité; — Antoine de la Baume, abbé et seigneur de Luxeuil; — messire Gaspard de Poligny, chevalier, baron et seigneur de Traves; — Simon Cordienne de Pétrey, notaire, procureur d'office en la seigneurie de Saint-Marcel, etc.

B. 4312. (Registre.) — In-4°, 1080 feuillets, papier.

1612 (Décembre). — Journal des audiences du bailliage de Vesoul, dans lequel on ne trouve que les noms et qualités des plaideurs, parmi lesquels figurent : dame Claire de Grandvelle, femme de Philibert-Emmanuel de Bruges, dit de la Baume, comte de Saint-Amour; — Claudine de Branchette, femme de Jean de Saint-Mauris, seigneur d'Uzelle; — dame Jeanne de Rouhans, baronne et dame d'Athesans, Saint-Georges et autres lieux; — messire Jean de Combes, curé de Faucogney et messire Jean de Combes, son frère; — Jean d'Ugny, écuyer, demeurant à Montigny-sur-Vingeanne; — noble Daniel Drouhet et dame Louise-Claire d'Andelot, seigneur et dame de Fleurey; — dom Simon Bailli, abbé et seigneur de Bithaine, etc.

B. 4313. (Registre.) — In-4°, 840 feuillets, papier.

1613 (Janvier). — Journal des audiences du bailliage de Vesoul, dans lequel on ne trouve que les noms et qualités des plaideurs, parmi lesquels figurent : Jean de Thomassin, chevalier, seigneur de Vellerot; — haut et puissant seigneur, messire Henri de Bauffremont, chevalier des ordres du roi de France, gentilhomme ordinaire de sa chambre, son conseiller, prince d'État, gouverneur de ses ville et château d'Auxonne, seigneur et baron de Senecey, Chateney, Mollans et autres lieux; — Jean Prévôt, prêtre, chanoine à Saint-Hippolyte; — noble Humbert d'Orchamps, citoyen de Besançon; — noble Désiré Courvoisier, citoyen de Besançon; — noble Pierre de Scey, seigneur de Buthier; — Jean Nardin, prieur de l'abbaye de Saint-Paul à Besançon; — noble Charles de Conflans, sieur de Mercey et Gevigney, etc.

B. 4314. (Registre.) — In-4°, 804 feuillets, papier.

1613 (Janvier). — Journal des audiences du bailliage de Vesoul, dans lequel on ne trouve que les noms et qualités des plaideurs, parmi lesquels figurent : François Baland, procureur postulant au bailliage de Vesoul, amodiateur de la seigneurie de Montjustin, appartenant à LL. AA. SS.; — Ferdinand de Longvy, dit de Rye, prince du Saint-Empire de Rome, archevêque de Besançon, seigneur de Vellefaux, Port-sur-Saône et autres lieux; — noble Claude de Crosey, seigneur d'Adrisans; — Claude Normand, de Vesoul amodiateur de la seigneurie de Pusy; —

illustre prince, Philippe-Guillaume de Nassau, prince d'Orange, chevalier de l'ordre de la Toison-d'Or ; — révérend père Rémond de Moismay, frère de la compagnie de Jésus à Besançon ; — noble Girard de Rosières, seigneur de Saraux ; — les religieux du couvent de Montbozon, etc.

B. 4315. (Registre.) — In-4°, 860 feuillets, papier.

1618 (Février). — Journal des audiences du bailliage de Vesoul, dans lequel on ne trouve que les noms et qualités des plaideurs, parmi lesquels figurent : Michel Donzelot, chirurgien à Vesoul ; — messire Gabriel Lambelin, docteur en droit, demeurant à Vesoul ; — Claudine Othenin, veuve de Sébastien Bresson, de Jonvelle ; — Simon Bresillet, capitaine du château d'Amance ; — André Bernard de Montessus, seigneur de Chauvirey ; — Antoine de Salives, chevalier, sieur d'Epenoux ; — Ambrosio Précipiano, chevalier, sieur et baron de Soye, Gondenans et autres lieux ; — Antoine de Grammont, seigneur de Falletans ; — dom Jean Roussel, abbé et seigneur de Clairefontaine ; — François de la Baume, chevalier, comte et baron de Montmartin, etc.

B. 4316. (Registre.) — In-4°, 840 feuillets, papier.

1618 (Février). — Journal des audiences du bailliage de Vesoul, dans lequel on ne trouve que les noms et qualités des plaideurs, parmi lesquels figurent : Jean de Renach, seigneur de Sainte-Marie ; — Pierre Touraisin, receveur des revenus des pauvres de la ville de Vesoul ; — l'abbesse et les religieuses du couvent de Remiremont ; — dom Bénigne de Thomassin, chanoine en l'église métropolitaine de Besançon, prieur du prieuré de Saint-Étienne, de Port-sur-Saône ; — François de la Borde, docteur en droit, citoyen de Besançon etc.

B. 4317. (Registre.) — In-4°, 460 feuillets, papier.

1618 (Février). — Journal des audiences du bailliage de Vesoul, dans lequel on ne trouve que les noms et qualités des plaideurs, parmi lesquels figurent : Marie de Beaujeu, chevalier, seigneur de Montot ; — Mathieu Lanoir, notaire à Faucogney ; — Jean-Baptiste Paris, citoyen de Besançon ; — Valentin Caritey, vicaire à Trémoins ; — Antoine de Rosselot, procureur d'office en la seigneurie de Jonvelle ; — François Clairon, chevalier, seigneur de Mailley ; — Antoine d'Aubonne, seigneur de Buffignécourt ; — Claude Normand, de Vesoul, amodiateur de la seigneurie de Pusey ; — François de Scey, chevalier, seigneur de Buthier ; — Philippe Baland, de Montbozon, notaire et procureur d'office en la seigneurie de Fitain, etc.

B. 4318. (Registre.) — In-4°, 830 feuillets, papier.

1618 (Mars). — Journal des audiences du bailliage de Vesoul, dans lequel on ne trouve que les noms et qualités des plaideurs, parmi lesquels figurent : noble Nicolas Jacquinot, docteur en droit, seigneur d'Auxon, Rosières et autres lieux, lieutenant-général du bailli d'Amont ; — messire Jean Prévôt, chanoine à Saint-Hippolyte ; — Ferdinand de Vaudrey, chevalier de l'ordre de Saint-Jean de Jérusalem, seigneur et commandeur de la commanderie de Salos et de Montseugny ; — Jean Estevenot, curé de Buthier ; — Jean Vinochey, procureur d'office en la seigneurie de Ronchamp ; — Étienne Vynon, notaire à Oricourt ; — André Tribouley, maire de Couans ; — Jean Loiseau, procureur d'office en la justice de Villersexel, etc.

B. 4319. (Registre.) — In-4°, 730 feuillets, papier.

1618 (Avril). — Journal des audiences du bailliage de Vesoul, dans lequel on ne trouve que les noms et qualités des plaideurs, parmi lesquels figurent : Antoine Jannenot, capitaine des élus de la ville de Jussey ; — Claude Barbet, chanoine en l'église collégiale de Calmoutier ; — demoiselle Guillemette Droz, femme de noble François de Maçon, seigneur à Esboz ; — Étienne de Joffroy, seigneur de Gonsans ; — Claude de Pontarlier, chevalier, seigneur de Sault ; — Abraham du Haultois, seigneur et baron de la Roche ; — François Hudelot, chapelain de la chapelle fondée dans l'église de Preigney, en l'honneur des cinq plaies de Notre Seigneur Jésus-Christ ; — Antoine de Salives, chevalier, seigneur à Betoncourt, etc.

B. 4320. (Registre.) — In-4°, 430 feuillets, papier.

1618 (Juin). — Journal des audiences du bailliage de Vesoul, dans lequel on ne trouve que les noms et qualités des plaideurs, parmi lesquels figurent : Marc Vuillemot et Denis Dubois, échevins de la ville de Montbozon ; — noble Jean Belin, docteur en droit, demeurant à Gy ; — Bresillet, de Confandey, amodiateur des exploits de la justice dudit lieu ; — Foyot, postulant au siège du bailliage de Vesoul ; — Jean Boz, curé à Saint-Marcel ; — Jean-Frédéric, duc de Wurtemberg, prince de Montbéliard ; — Claudine Sauget, femme de noble Jules Cindre, gentilhomme milanais, demeurant à Salins, seigneur de Nuidans-le-Ferroux ; —

Claude Balthazar le Mercier, seigneur de Servance, etc.

B. 4321. (Registre.) — In-4°, 433 feuillets, papier.

1618 (Juin). — Journal des audiences du bailliage de Vesoul dans lequel on ne trouve que les noms et qualités des plaideurs parmi lesquels figurent : noble Jacques Grégoire, docteur en médecine, à Vesoul; — Gérard du Chastelet, chevalier, baron et seigneur de Choye; — Claude Alviset, notaire, citoyen de Besançon; — maître Chapontot, receveur des exploits du bailliage d'Amont au siège de Vesoul; — demoiselle Anne de Magny, femme de Claude Fauleognoy, de Rignosot; — dame Catherine de Plaine, femme de Charles de Lignéville, seigneur et dame de Gouhenans; — Jacques Antoine de Joux, dit de Grammont, seigneur de Roche, Vellechevroux, etc.

B. 4322. (Registre.) — In-4°, 950 feuillets, papier.

1618 (Juillet). — Journal des audiences du bailliage de Vesoul dans lequel on ne trouve que les noms et qualités des plaideurs parmi lesquels figurent : noble François Girardot, seigneur de Raze; — Valentin Bernard, notaire à Chariez; — Jean-Baptiste Renauldin et Jean Chapuis, amodiateurs des émoluments provenant de la distribution du sel appartenant à LL. AA. SS.; — dame Claire de Vy, veuve de noble Jean d'Aroz, dit de la Tour, chevalier et seigneur de Lieffrans; — Alphonse d'Oresmieux, abbé et seigneur de Faverney; — Guillaume Bichin, de Clerval, notaire, procureur d'office en la justice de Bournois; — André Bernard de Montessus, chevalier de l'ordre du roi de France, gentilhomme ordinaire de sa chambre, seigneur de Sorans, Chauvirey, Vitrey et autres lieux, etc.

B. 4323. (Registre.) — In-4°, 880 feuillets, papier.

1618 (Juillet). — Journal des audiences du bailliage de Vesoul dans lequel on ne trouve que les noms et qualités des plaideurs parmi lesquels figurent : Jean Ferdinand de Vaudrey, chevalier de l'ordre de Saint-Jean de Jérusalem, seigneur et commandeur de la commanderie de Sales; — maître Jean Bonnet, amodiateur de la seigneurie de Conflandey; — Marc-Antoine Buzon, citoyen de Besançon; — messire Étienne Humbert, sieur de Voisey et chanoine en l'église de Besançon; — noble Pierre Malblanc, procureur d'office en la justice de Feurg; — noble Frédéric Vigoureux, sieur à They; — François Roux, curé à Mondon; — noble Antoine Pusel, docteur en droit, avocat fiscal au bailliage de Luxeuil, etc.

HAUTE-SAÔNE. — SÉRIE B.

B. 4324. (Registre.) — In-4°, 580 feuillets, papier.

1618 (Août). — Journal des audiences du bailliage de Vesoul dans lequel on ne trouve que les noms et qualités des plaideurs parmi lesquels figurent : noble Claude Thomassin, capitaine et seigneur châtelain à Fontenoy; — Pierre de Vault, maire à Lomont; — Jean Bernard, notaire à Melincourt; — Bartholomé Vynochon, de Lure, procureur d'office en la justice et châtellenie de Ronchamp; — dame Anne d'Achey, veuve de messire Claude de Cicon, seigneur de Richecourt, Gevigney, Mercey et autres lieux; — dame Madeleine de Plaisans, femme de Gabriel de Cléron, seigneur dudit lieu; — la familiarité de l'église paroissiale de Vesoul; — messire d'Orival, docteur en sainte théologie, chanoine en l'église métropolitaine de Besançon, etc.

B. 4325. (Registre.) — In-4°, 640 feuillets, papier.

1618 (Août). — Journal des audiences du bailliage de Vesoul dans lequel on ne trouve que les noms et qualités des plaideurs parmi lesquels figurent : Jean Bruch, curé à Selles; — Valentin Bernard, notaire à Charicz; — Ferdinand Bazelaine, notaire à Jussey; — Charles de Saulx, baron de Tavanne, seigneur de Lugny; — Pierre Duhoux, sieur à Contréglise; — Jacques-Antoine de Joux, seigneur de Vellefaux; — Antoine Pierre, procureur d'office en la justice d'Auleux; — dom Philippe Boitouset, abbé et seigneur de Bellevaux; — dame Claude de Vy, veuve de messire Jean d'Aroz, chevalier, seigneur de Lieffrans; — Éléonor de Gastenoy, seigneur de Villers-sur-Ars, etc.

B. 4326. (Registre.) — In-4°, 950 feuillets, papier.

1618 (Septembre). — Journal des audiences du bailliage de Vesoul dans lequel on ne trouve que les noms et qualités des plaideurs parmi lesquels figurent : Anne Siblot, femme de Jean Guillemet, docteur en droit, procureur général au bailliage de Lure; — Antoine d'Achey, chevalier, gouverneur de la ville de Dôle, baron et seigneur de Montferrant; — noble François Girardot, docteur en droit, sieur de Raze; — noble Emmanuel Gastebois, lieutenant des élus de la ville de Langres; — dame Jeanne de Thomassin, dame de Cendrecourt; — révérend père en Dieu, dom Alphonse Doresmiaus, abbé et seigneur de Faverney; — Guillaume Bichin, de Clerval, notaire, procureur d'office en la justice de Rournois pour les sieur et dame de Montby, etc.

B. 4327. (Registre.) — In-4°, 682 feuillets, papier.

1618 (Septembre). — Journal des audiences du bailliage de Vesoul dans lequel on ne trouve que les noms et qualités des plaideurs parmi lesquels figurent : Simon Millot, de Montjustin, notaire et procureur d'office en la justice de Mollans; — Jean Normand, chanoine en l'église collégiale Saint-Christophe à Champlitte; — messire de Saint-Martin, seigneur de Montureux; — messire Jean Loiseau, procureur d'office en la justice de Villersexel; — noble sieur Henry de Lavey, écuyer, demeurant à Vaivre; — les Jésuites du collège de Besançon; — messire Erneufroy-François d'Oiselay, chevalier d'honneur de la cour souveraine du parlement du Dôle, baron et seigneur dudit lieu, etc.

B. 4328. (Registre.) — In-4°, 580 feuillets, papier.

1618 (Octobre). — Journal des audiences du bailliage de Vesoul, dans lequel on ne trouve que les noms et qualités des plaideurs, parmi lesquels figurent : Huguette-Marguerite et Catherine de Grammont, dames de Citers; — Simon Balin, curé d'Quincey; — dom Simon Bailly, abbé et seigneur de Bithaine; — David de Choiseul, chevalier, seigneur et baron de Langres; — François de Grachaux, seigneur de Raucourt; — Martin de Villers, sieur de Ranzevelle; — noble Claude Cordemoy, docteur en droit, seigneur de Francalley, avocat fiscal au bailliage de Vesoul; — Françoise Cordemoy, femme de Louis Pétrey, de Dôle, seigneur de Champvans, etc.

B. 4329. (Registre.) — In-4°, 620 feuillets, papier.

1618 (Octobre). — Journal des audiences du bailliage de Vesoul, dans lequel on ne trouve que les noms et qualités des plaideurs, parmi lesquels figurent : messire Hardouin de Clermont, chevalier, seigneur de Saint-Georges; — noble François Girardot, seigneur de Raze; — Guillaume Perrot, notaire à Faucogney; — Antoine Argent, sergent de LL. AA. SS., demeurant à Navenne; — Jean Antoine d'Achey, chevalier, gouverneur de la ville de Dôle; — Étienne de Montureux, seigneur de Chaumercenne; — illustre prince, Jean-Frédéric de Wurtemberg, seigneur de Granges; — Louis Pétrey, de Dôle, seigneur de Champvans; — noble Jacques Grégoire, docteur en médecine, demeurant à Vesoul; — Antoine de Salives, chevalier, seigneur de Betoncourt, etc.

B. 4330. (Registre.) — In-4°, 810 feuillets, papier.

1618 (Novembre). — Journal des audiences du bailliage de Vesoul dans lequel on ne trouve que les noms et qualités des plaideurs parmi lesquels figurent : dame Marie de Robbet, veuve de messire Antoine de Luxe, baron et seigneur de Saint-Remy; — dame Marie de Brichanteau, veuve de Claude de Rauffremont, chevalier de l'ordre de France, baron et seigneur de Senecey, Mollans et autres lieux; — Jean-Ferdinand de Vaubrey, chevalier de l'ordre de Saint-Jean de Jérusalem et commandeur de la commanderie de Sales et de Montsaugny; — Antoine de la Baume, abbé et seigneur de Luxeuil; — Claude-François de Ray, baron et seigneur dudit lieu; — Antoine Rosselet, procureur d'office de la seigneurie de Jonvelle; — Jean-Baptiste Renauldin, sous-amodiateur des droits du sceau dus par les notaires de Vesoul, etc.

B. 4331. (Registre.) — In-4°, 840 feuillets, papier.

1618 (Novembre). — Journal des audiences du bailliage de Vesoul dans lequel on ne trouve que les noms et qualités des plaideurs parmi lesquels figurent: noble Charles Dupin, écuyer, seigneur de Verchamp; — messire Oudot Henry, procureur d'office en la justice de Scey-sur-Saône; — messire Bartholomé Bourdenet, docteur en sainte théologie; — Pierre Lachasney, chanoine en l'église métropolitaine de Besançon, seigneur prébendier de Bonnay; — noble François de Rosselle, héritier de noble Nicolas de Rosselle, seigneur de Cendrecourt; — François Jannon, de Vesoul, amodiateur des exploits de la justice de Noidans; — dame Nicole de Moutigny, veuve de Jean le Mercier, sieur de Servance, etc.

B. 4332. (Registre.) — In-4°, 780 feuillets, papier.

1618 (Décembre) — Journal des audiences du bailliage de Vesoul dans lequel on ne trouve que les noms et qualités des plaideurs parmi lesquels figurent : messire Jacques Renard, curé à Noroy-l'Archevêque; — noble Gaspard de Poligny, chevalier, baron et seigneur de Traves; — François de Grachaux, seigneur de Raucourt; — noble Anatoile Doroz, seigneur de Cramans; — Louiset Claude-Louis de Cointet, seigneurs de Filain; — dame Catherine de Plaine, femme de messire de Lignéville, seigneur et dame de Gouhenans; — Gaspard de Grammont, chevalier, seigneur de Châtillon-Guyotte, etc.

D. 4333 (Registre.) — In-4°, 750 feuillets, papier.

1623 (Décembre). — Journal des audiences du bailliage de Vesoul, dans lequel on ne trouve que les noms et qualités des plaideurs, parmi lesquels figurent : Jean-Charles Millot, notaire à MontJustin ; — Antoine de Fleurey, prêtre familier en l'église Saint-Georges de Vesoul ; — Claude Fallot, docteur en droit, conseiller à la cour souveraine du parlement de Dôle ; — demoiselle Claudine de Colligny, fille de Philibert de Colligny, chevalier, demeurant à Dôle ; — Claude-Louis Belin, chanoine en l'église métropolitaine de Besançon ; — dame Claude de Vy, veuve de noble Jean de la Tour, chevalier, seigneur de Lieuferrand ; — Richard Panthier, châtelain de la terre et seigneurie de Saint-Remy ; — Nicolas Symonne, notaire à Rosières, etc.

D. 4334 (Registre.) — In-4°, 680 feuillets, papier.

1624 (Janvier). — Journal des audiences du bailliage de Vesoul dans lequel on ne trouve que les noms et qualités des plaideurs parmi lesquels figurent : Jean Millot, procureur d'office en la justice de Mollans ; — François-Albert Sonnet, seigneur de Calmoutier ; — Pierre Touraisin, receveur des revenus des pauvres de Vesoul ; — révérend seigneur, messire François d'Orival, prêtre, docteur en théologie et en droit, chanoine en l'église métropolitaine de Besançon, prébendier du chapitre de Geneuille ; — François de Saint-Martin, seigneur à Montureux ; — dame Louise Clerc, dame et baronne de Breurey — Abraham Duhautoy, baron et seigneur de la Roche ; — Noble François-Joseph Joselle, seigneur de Cendrecourt, etc.

D. 4335 (Registre.) — In-4°, 630 feuillets, papier.

1624 (Janvier). — Journal des audiences du bailliage de Vesoul dans lequel on ne trouve que les noms et qualités des plaideurs parmi lesquels figurent : messire Jean Fernand de Vauldrey, chevalier de l'ordre de Saint-Jean de Jérusalem, seigneur et commandeur des commanderies de Sales et de Montseugny ; — noble Lazare de Logues, seigneur de Chateney ; — Pierre Buisson, notaire à Rosey ; — François de Saint-Martin, seigneur de Cendrecourt ; — dame Claire de Vy, veuve de Jean dit de la Tour, seigneur de Lieffrans ; — Jean de Scey, chevalier, seigneur de Buthier ; — Claude Munier, chanoine en l'église métropolitaine de Besançon ; — noble Gérard de Rosières, seigneur de Breurey, etc.

D. 4336 (Registre.) — In-4°, 680 feuillets, papier.

1624 (Février). — Journal des audiences du bailliage de Vesoul dans lequel on ne trouve que les noms et qualités des plaideurs parmi lesquels figurent : Claude Fallet, docteur en droit, conseiller en la cour souveraine du parlement de Dôle ; — messire Jean Nardin, abbé de l'abbaye Saint-Paul de Besançon ; — dame Bonaventure Rougnon, veuve de Jean Turgy, citoyen de Besançon ; — illustre seigneur, Guillaume, prince d'Orange, chevalier de la Toison d'Or, vicomte de Besançon, baron et seigneur de Montfaucon ; — Cécile Dumoutier, seigneur de Cubry, etc.

D. 4337 (Registre.) — In-4°, 120 feuillets, papier.

1624 (Mars). — Journal des audiences du bailliage de Vesoul dans lequel on ne trouve que les noms et qualités des plaideurs parmi lesquels figurent : François de Voisey, dit de Cléron, chevalier, seigneur de Mailley ; — Alexandre de Vuille, baron et seigneur de Chenailly et Louise d'Andelot, sa femme ; — dame Lambert de Ligues, marquise de Saint-Martin, dame de Pesmes ; révérend père, Philippe Bottousel, abbé de l'abbaye de Bellevaux ; — dame Anne de Poligny, dame de Pin ; — dame Catherine de Plaine, femme de Charles de Ligneville, seigneur et dame de Gouhenans ; — vénérable messire, Juste Villain, doyen de l'église collégiale de Ray, recteur de l'hôpital de Jussey, etc.

D. 4338 (Registre.) — In-4°, 840 feuillets, papier.

1624 (Avril). — Journal des audiences du bailliage de Vesoul dans lequel on ne trouve que les noms et qualités des plaideurs parmi lesquels figurent : dame Barbe Chiffoy, de Vauvillers ; — Claudine de Colligny, fille de messire Philibert de Colligny, chevalier ; — Ermenfroy-François d'Oiselay, baron et seigneur dudit lieu, chevalier d'honneur en la cour souveraine du parlement de Dôle ; — demoiselle Françoise Desmoulins, veuve de messire Jacques Châlon, docteur en droit, demeurant à Vesoul ; — Jean Thiébaud de Renars, seigneur de Saint-Bresson ; — messire Étienne Doillerey, curé de Beaumotte ; — Antoine d'Orsans, seigneur dudit lieu ; — demoiselle Éléonore de Muguans, femme de noble François Friant, dit de Vaulx, de Faverney, etc.

D. 4339. (Registre.) — In-4°, 1340 feuillets, papier.

1624 (Avril). — Journal des audiences du bailliage

de Vesoul, dans lequel on ne trouve que les noms et qualités des plaideurs, parmi lesquels figurent : dam Simon Bailly, docteur en théologie, abbé et seigneur de Ruhaine ; — Richard Poulhier, châtelain en la seigneurie de Granges ; — messire Étienne Carrey, curé à Moffans ; — Antoine de Grammont, seigneur de Fallon ; — Philibert du Resne, procureur d'office en la justice du Heunus ; — noble Jean Réey, citoyen de Besançon, etc.

B. 4340. (Registre.) — In-4°, 770 feuillets, papier.

1684 (Mai). — Journal des audiences du bailliage de Vesoul dans lequel on ne trouve que les noms et qualités des plaideurs parmi lesquels figurent: Josephède Loze, baron et seigneur de Saint-Remy ; — dame Marguerite de Loze, femme d'Antoine de Satives, seigneur de Betoncourt, Villersvaudey et autres lieux ; — Étienne Boillerey, curé à Beaumotte ; — les chanoines du chapitre de Calmoutier ; — Jean Bonaventure de Satives, chanoine à l'église métropolitaine de Besançon ; — Jean Antoine d'Achey, chevalier, seigneur de Courchaton ; — Nicolas Goudriet, notaire à Cemboing ; — messire Nicolas Jacquinot, docteur en droit, sieur d'Auxon, lieutenant-général du bailli d'Amont, au siège de Vesoul, etc.

B. 4341. (Registre.) — In-4°, 680 feuillets, papier.

1684 (Mai). — Journal des audiences du bailliage de Vesoul, dans lequel on ne trouve que les noms et qualités des plaideurs, parmi lesquels figurent : dame Marie de Brichanteau, veuve de haut et puissant seigneur, messire Claude de Bauffremont, chevalier des ordres du roi de France, baron et seigneur de Chastenoy, Mollans et autres lieux ; — Laurent Regnault, notaire à Aillevans ; — messire David de Choiseul, seigneur et baron de la Ferté-sur-Mance ; — Étienne de Montureux, seigneur de Chaumerceune ; — illustre prince, Jean-Frédéric, duc de Wurtemberg, comte de Montbéliard, seigneur de Granges, Clerval, Passavant et autres lieux, etc.

B. 4342. (Registre.) — In-4°, 1500 feuillets, papier.

1684 (Juin). — Journal des audiences du bailliage de Vesoul, dans lequel on ne trouve que les noms et qualités des plaideurs, parmi lesquels figurent : noble Étienne de Lavier, coseigneur de Calmoutier ; — Léonard Sirebon, notaire et citoyen de Besançon ; — Jean Vynon, procureur postulant à la cour souveraine du parlement de Dôle ; — Claude de Bauffremont, seigneur de Vaucluse ; — Philippe Bolfausel, abbé de l'abbaye de Bellevaux ; — Philippe de Gray, comte de Fontenoy ; — Aimé de Rochechouard, chevalier des ordres du roi de France, et Éléonore de Saulx, sa femme ; — Claude François de la Baume, chevalier, comte de Montrevel, baron et seigneur de Montmartin, etc.

B. 4343. (Registre.) — In-4°, 810 feuillets, papier.

1684 (Juin). — Journal des audiences du bailliage de Vesoul dans lequel on ne trouve que les noms et qualités des plaideurs parmi lesquels figurent : Laurent Cabot, notaire à Fresney ; — Nicolas Daval, curé à Sainte-Marie-en-Chaux ; — demoiselle Béatrix Damôtot, femme de noble Jacques-Catherine de Charles ; — messire Étienne Carrey, curé à Moffans ; — Richard Boucha, procureur d'office en la justice de Granges ; — messire Jean de Combe, demeurant à Faucogney, etc.

B. 4344. (Registre.) — In-4°, 780 feuillets, papier.

1684 (Juillet). Journal des audiences du bailliage de Vesoul dans lequel on ne trouve que les noms et qualités des plaideurs parmi lesquels figurent : Catherine de Grammont, dame de Citers ; — messire Antoine Clerc, prêtre familier en l'église Saint-Georges de Vesoul ; — Hardouin de Clermont, chevalier de Mesmay, procureur fiscal du bailliage d'Amont, héritier de messire Renobert Mesmay, docteur en droit, prieur du prieuré du Marteroy ; — Jean Thomassin, chevalier, baron et seigneur de Montboillon ; — messire Jean Bosus, amodiateur et receveur du revenu temporel du prieuré de Saint-Marcel, etc.

B. 4345. (Registre.) — In-4°, 1290 feuillets, papier.

1684 (Août). — Journal des audiences du bailliage du Vesoul dans lequel on ne trouve que les noms et qualités des plaideurs parmi lesquels figurent : Claude Bailly, procureur d'office en la justice de Borey ; — dame Jacqueline de Vy, veuve Claude de Lavier, demeurant à Neurey ; — Jacques Scinglin, receveur général des revenus de la seigneurie de Lure ; — noble Léonard Michontey, dit de Byans, coseigneur de Calmoutier ; — noble sieur Jean Gabriel de Vaudrey, seigneur de Vallerois, etc.

B. 4346. (Registre.) — In-4°, 920 feuillets, papier.

1684 (Septembre). — Journal des audiences du bailliage de Vesoul dans lequel on ne trouve que les noms et qualités des plaideurs parmi lesquels figurent : Hardouin de

Clermont, chevalier, seigneur de Saint-Georges; — François Ballard, postulant au bailliage de Vesoul; — Claude-François de Rye, baron et seigneur dudit lieu; — Jean-Charles Millot, notaire à Montjustin, procureur de l'église paroissiale dudit lieu; — noble Jean la Mire, bourgeois à Belfort; — noble Jean Varods, fils de colonel Gauthier, sieur de Marchaux, etc.

B. 4347. (Registre.) — In-4°, 840 feuillets, papier.

1614 (Octobre). — Journal des audiences du bailliage de Vesoul dans lequel on ne trouve que les noms et qualités des plaideurs parmi lesquels figurent : Antoine de Fleurey, prêtre familier en l'église Saint-Georges de Vesoul; — Jeanne, Huguette-Catherine et Marguerite de Grammont, dames de Citers; — Jean Thierry, chanoine au chapitre de Calmoutier; — messire Simon Balin, curé de Genevrey; — noble Antoine d'Orsans, chevalier, seigneur dudit lieu; — noble Antoine Pavel, docteur en droit, avocat fiscal au bailliage de Luxeuil; — les dames abbesse et religieuses du chapitre de l'église Saint-Pierre de Remiremont, etc.

B. 4348. (Registre.) — In-4°, 700 feuillets, papier.

1614 (Novembre). — Journal des audiences du bailliage de Vesoul dans lequel on ne trouve que les noms et qualités des plaideurs parmi lesquels figurent : Henri de Villeneuve, seigneur de Bourbévelle; — Louis Logier, curé à Jussey; — Charles de Conflans, seigneur de Mercey; — dame Adrienne d'Andelot, dame de Frotey; — Jean Thomassin, chevalier, baron et seigneur de Montboillon; — Anne Renard, femme de noble Jean Hant, citoyen de Besançon; — demoiselle Charlotte de Boisset, de Dôle; — Étienne de Joffroy, seigneur de Talmay; — Jean Gabriel de Vaudrey, seigneur de Vallerois-le-Bois, etc.

B. 4349. (Registre.) — In-4°, 840 feuillets, papier.

1614 (Novembre). — Journal des audiences du bailliage de Vesoul dans lequel on ne trouve que les noms et qualités des plaideurs parmi lesquels figurent : noble Claude Cordemoy, docteur en droit, seigneur de Francalmont, avocat fiscal au siége de Vesoul; — demoiselle Françoise Cordemoy, femme de Louis Petrey, docteur en droit, seigneur de Champvans; — Antoine de Salives, chevalier, seigneur de Villersvaudey; — Mathieu Lenoir, notaire à Faucogney; — Pierre Thierry, procureur fiscal, au bailliage de Luxeuil; — Léonard Michoutey, dit de Byans, coseigneur de Calmoutier; — Guillaume Richin, procureur d'office en la justice de Bournois, appartenant à madame de Nanthy, etc.

B. 4350. (Registre.) — In-4°, 860 feuillets, papier.

1614 (Décembre). — Journal des audiences du bailliage de Vesoul dans lequel on ne trouve que les noms et qualités des plaideurs parmi lesquels figurent : François de Volsey, dit de Cléron, chevalier, seigneur de Mailley; — François-Thomas Perrenot de Granvelle d'Oiselay, chevalier, comte de Cantecroix, baron de Villeneuve et de Frasne-le-Château, seigneur de Bealt; — Christophe de Rye la Palud, chevalier, marquis de Varambon, comte de Varais, La Roche, baron et seigneur de Villersexel, Rougemont, Amance, capitaine de 50 hommes d'armes dans les Pays-Bas; — noble Nicolas de Mongenet, docteur en droit, demeurant à Vesoul; — noble Antoine Herod, docteur en droit, sieur de Cramans, etc.

B. 4351. (Registre.) — In-4°, 1080 feuillets, papier.

1614 (Décembre). — Journal des audiences du bailliage de Vesoul dans lequel on ne trouve que les noms et qualités des plaideurs parmi lesquels figurent : Jean Nardin, prêtre, abbé de l'abbaye Saint-Paul de Besançon; — les seigneurs comtes d'Ottembourg, barons et seigneurs de Montaigu; — messire Guillaume Robert, chapelain de la chapelle fondée en l'église paroissiale de Vesoul, en l'honneur de Saint-Éloi; — Pierre Rossel, curé de Montjustin; — noble Jacques Grégoire, docteur en médecine, demeurant à Vesoul, etc.

B. 4352. (Registre.) — In-4°, 660 feuillets, papier.

1615 (Janvier). — Journal des audiences du bailliage de Vesoul dans lequel on ne trouve que les noms et qualités des plaideurs parmi lesquels figurent : Antoine Rousselet, procureur d'office en la justice de Jonvelle; — Claude Pastoureau, postulant au bailliage de Vesoul; — Antoine Cornaise, fermier des exploits de la prévôté de Jussey; — Claude Rouget, notaire à Rougemont; — Étienne, Thomas, Georges et Nicolas de Joffroy, seigneurs de Talmay, Abbans et Amancey; — demoiselle Marguerite de Saint-Mauris, femme de Claude de Grammont, seigneur de Montenoy, Corcelles et autres lieux, etc.

B. 4333. (Registre.) — In-4°, 700 feuillets, papier.

1615 (Janvier). — Journal des audiences du bailliage de Vesoul dans lequel on ne trouve que les noms et qualités des plaideurs parmi lesquels figurent : demoiselle Béatrix Damédas, de Charles ; — madame d'Urçay, femme de messire Gérard du Chastelet, baron et seigneur de Bannal, Thoy, Lomont et autres lieux, conseiller d'État de son Altesse de Lorraine ; — noble François Friant, dit de Vaux, écuyer, demeurant à Faucogney ; — Joseph Poiton, prêtre, prieur du prieuré de Marteroy ; — Philibert de Brosse, procureur d'office en la Justice d'Amance, etc.

B. 4334. (Registre.) — In-4°, 830 feuillets, papier.

1615 (Février). — Journal des audiences du bailliage de Vesoul dans lequel on ne trouve que les noms et qualités des plaideurs parmi lesquels figurent : noble Louis Pétrey, de Dôle, docteur en droit, sieur de Champvans ; — Claude Cordebillot, procureur d'office des terre et seigneurie de Montarlot ; — noble Claude-Antoine Marin, sieur de Maizières ; — Étienne Blanchetôte, amodiateur des revenus de la seigneurie de Scey-sur-Saône ; — Nicolas Étiennot, postulant au bailliage de Vesoul ; — Étienne Garnier, tabellion général de la seigneurie de Faucogney, etc.

B. 4335. (Registre.) — In-4°, 1000 feuillets, papier.

1615 (Mars). — Journal des audiences du bailliage de Vesoul dans lequel on ne trouve que les noms et qualités des plaideurs parmi lesquels figurent : Guillaume Bourguignet, postulant au bailliage de Vesoul ; — Claude Bouly, amodiateur des amendes et défauts adjugés en la justice de Villersexel ; — Hardouin de Clermont, chevalier, seigneur de Saint-Georges ; — Claude-François de Ray, baron et seigneur de Ray ; — Nicolas Daval, curé de Sainte-Marie en Chaux ; — Nicolas Sonnet, seigneur d'Auxon ; — Guillaume de Bauffremont, baron et seigneur de Scey-sur-Saône, etc.

B. 4336. (Registre.) — In-4°, 840 feuillets, papier.

1615 (Mars). — Journal des audiences du bailliage de Vesoul dans lequel on ne trouve que les noms et qualités des plaideurs parmi lesquels figurent : Francisque de Biron, coéchevin de la Villeneuve ; — Jean-Bonaventure de Saulieu, chanoine en l'église métropolitaine de Besançon ; — sérénissime Ferdinand de Longwy, prince du Saint-Empire, archevêque de Besançon ; — Claude Cornissel, postulant au siège de Vesoul ; — messire Jacques Darand, de Vesoul, chanoine théologal en l'église métropolitaine de Besançon ; — François Girardot, docteur en droit, lieutenant local au siège de Salis, etc.

B. 4337. (Registre.) — In-4°, 1340 feuillets, papier.

1615 (Avril). — Journal des audiences du bailliage de Vesoul dans lequel on ne trouve que les noms et qualités des plaideurs parmi lesquels figurent : Nicolas, Claude, François, Pierre, Jacques, Philiberte, Jeanne et Jeannette Sonnet, enfants et héritiers de François Sonnet, de Vesoul, seigneur d'Auxon ; — messire Jean Grosperrin, curé à Botoncourt-les-Ménétriers ; — Catherine Desnoubier, femme de messire Pierre Chalans, docteur en droit, demeurant à Vesoul ; — Jean Adam de Reinach, seigneur de Sainte-Marie ; — Madeleine de la Tour, femme de Ferdinand Gautherot, seigneur d'Ancier, etc.

B. 4338. (Registre.) — In-4°, 700 feuillets, papier.

1615 (Mai). — Journal des audiences du bailliage de Vesoul dans lequel on ne trouve que les noms et qualités des plaideurs parmi lesquels figurent : Désle Gurnel, receveur des revenus de la seigneurie de Granges ; — les chanoines du chapitre de Dôle ; — Étienne Girardot, procureur postulant au bailliage de Vesoul ; — la familiarité de l'église Saint-Jean-Baptiste de Besançon ; — François Vinot, prêtre, sacristain du prieuré de Dampierre-sur-Salon ; — noble Michel Vinot, bourgeois de Montbéliard ; — André Chauvel, prévôt des mines de Château Lambert, etc.

B. 4339. (Registre.) — In-4°, 900 feuillets, papier.

1615 (Juin). — Journal des audiences du bailliage de Vesoul dans lequel on ne trouve que les noms et qualités des plaideurs parmi lesquels figurent : Jacques Maçon, seigneur d'Esboz ; — Antoine de Vy, seigneur de Mailley ; — Joseph Toytot, prieur du prieuré du Marteroy ; — noble François-Jules Malbouhans, demeurant à Vesoul ; — Jean-Baptiste de Montby, seigneur de Goudenans ; — Claudine Othenin, veuve d'honorable Sébastien Bresson, de Jonvelle ; — Claude de Bauffremont, seigneur de Scey-sur-Saône ; — Éléonore de Thomassin, dame de Flagy, femme d'Emmanuel de Savoye, marquis, seigneur de Vellexon, etc.

B. 4360. (Registre.) — In-4°, 680 feuillets, papier.

1615 (Juillet). — Journal des audiences du bailliage de Vesoul dans lequel on ne trouve que les noms et qualités des plaideurs parmi lesquels figurent : Jean Robelin, notaire à Ray ; — Claude Bernier, notaire à Rougemont, procureur d'office de la justice de Neufchâtel ; — noble Jean Clerc, cogouverneur de la cité impériale de Besançon ; — demoiselle Marguerite Robillot, femme d'Hugues Soyeroz, docteur en médecine, demeurant à Gray ; — Antoine de la Baume, abbé et seigneur de Luxeuil ; — Hilaire Groussot, receveur des exploits du bailliage de Vesoul, etc.

B. 4361. (Registre.) — In-4°, 680 feuillets, papier.

1615 (Août). — Journal des audiences du bailliage de Vesoul dans lequel on ne trouve que les noms et qualités des plaideurs parmi lesquels figurent : Nicolas Simonnet, chanoine au chapitre de Champlitte ; — messire Ermenfroy-François d'Oiselay, baron et seigneur dudit Oiselay, Oricourt et autres lieux, chevalier d'honneur en la cour souveraine du parlement de Dôle ; — messire François de Vuisey, dit de Cléron, chevalier, seigneur de Mailley ; — Jean-Antoine d'Achey, chevalier, baron et seigneur de Touraise, Avilley, Moudon, Montferrand et autres lieux, gouverneur de la ville de Dôle ; — dom François-Thomas Perrenot de Grandvelle, dit d'Oiselay, chevalier, comte de Cantecroix, seigneur d'Aubertans, etc.

B. 4362. (Registre.) — In-4°, 530 feuillets, papier.

1615 (Août). — Journal des audiences du bailliage de Vesoul dans lequel on ne trouve que les noms et qualités des plaideurs parmi lesquels figurent : noble Pierre Mairot, sieur de Valay ; — Antoine de Ditersich, chevalier, baron et seigneur de Melisey, Saint-Germain et autres lieux ; — Béatrix Damédor, femme de noble Gaspard Simon de Byans, sieur dudit lieu ; — Claude Grandhay, notaire à Aillevillers ; — Claude Terrier, docteur en droit, demeurant à Vesoul ; — Gaspard de Mongenet, lieutenant-général au bailliage de Dôle, etc.

B. 4363. (Registre.) — In-4°, 920 feuillets, papier.

1615 (Septembre). — Journal des audiences du bailliage de Vesoul dans lequel on ne trouve que les noms et qualités des plaideurs parmi lesquels figurent : Jean Varody, dit le colonel Gauthier, seigneur de Marchaux ; — Antoine d'Aubonne, seigneur de Ruffignécourt ; — messire Jean d'Achey, chevalier, baron et seigneur de Touraise ; — Jean de Roche, sieur d'Autholson ; — Adrien Dupin, procureur postulant au bailliage de Vesoul ; — Jeanne de Hatet, femme de messire Harduin de Clermont, chevalier, sieur et baron de Saint-Georges, etc.

B. 4364. (Registre.) — In-4°, 1020 feuillets, papier.

1615 (Octobre). — Journal des audiences du bailliage de Vesoul dans lequel on ne trouve que les noms et qualités des plaideurs parmi lesquels figurent : noble Gaspard de Gilley, baron du Saint-Empire, seigneur de Longevelle ; — dom Thomas Perrenot d'Oiselay, dit de Grandvelle, comte de Cantecroix ; — noble Louis de Baron, sieur de Rosey ; — Jean Adrien de Ténars, seigneur d'Amoncourt ; — Michel de Mesmay, notaire à Villers-le-Sec ; — Renobert Ligier, curé de Calombe, etc.

B. 4365. (Registre.) — In-4°, 880 feuillets, papier.

1615 (Octobre). — Journal des audiences du bailliage de Vesoul dans lequel on ne trouve que les noms et qualités des plaideurs parmi lesquels figurent : noble le Mercier, seigneur de Servance ; — demoiselle Poutier, femme de Jean Grand, docteur en droit, demeurant à Granges ; — messire Philibert de Bresse, procureur à Amance ; — noble Claude Cordemoy, sieur de Francalmont, avocat fiscal au bailliage de Vesoul ; — Humbert de Faulquier, sieur de Chauvirey, capitaine de la terre et seigneurie de Jonvelle appartenant à S. A. S., etc.

B. 4366. (Registre.) — In-4°, 840 feuillets, papier.

1615 (Novembre). — Journal des audiences du bailliage de Vesoul dans lequel on ne trouve que les noms et qualités des plaideurs parmi lesquels figurent : noble Jean Luhier, docteur en droit, demeurant à Vesoul, sieur de Chauvirey ; — Desle Gurnel, châtelain de la seigneurie de Granges ; — Jean Deschamps, seigneur de Corbel ; — Pierre Deschamps, seigneur de Gesier, Tresilley et autres lieux ; — Nicolas Noblot, et François Huget, amodiateurs du produit des amendes pour mésus commis dans les bois de Confracourt, etc.

B. 4367. (Registre.) — In-4°, 780 feuillets, papier.

1615 (Décembre). — Journal des audiences du bailliage de Vesoul dans lequel on ne trouve que les noms et qualités des plaideurs parmi lesquels figurent : Richard Raicha, procureur d'office en la justice de Granges ; — Antoine de Grammont, seigneur de Fallon ; — messire Charles Gaudin, cardinal de Madruche, prince du Saint-Empire, abbé et seigneur de l'abbaye Saint-Paul de Besançon ; — révérend père en Dieu, dom Alphonse Doremieux, abbé et seigneur de Faverney ; — noble Jacques Grégoire, docteur en médecine, demeurant à Vesoul ; — messire François de Faucent, curé de Chamboruay, etc.

B. 4368. (Registre.) — In-4°, 820 feuillets, papier.

1616 (Janvier). — Journal des audiences du bailliage de Vesoul dans lequel on retrouve que les noms et qualités des plaideurs parmi lesquels figurent : noble Lazare de Locquin, seigneur de Chatoney ; — Claude Reriot, docteur en droit, demeurant à Vesoul ; — messire Christophe Gilebert, curé de Bonnay ; — illustre prince de Wurtemberg, comte de Montbéliard, seigneur de Granges, Clerval et autres lieux ; — Jean Richard, notaire à Jonville ; — Nicolas Grosjean, docteur en droit, demeurant à Faucogney, etc.

B. 4369. (Registre.) — In-4°, 830 feuillets, papier.

1616 (Janvier). — Journal des audiences du bailliage de Vesoul dans lequel on ne trouve que les noms et qualités des plaideurs parmi lesquels figurent : noble Louis de Buron, seigneur de Rosey ; — révérend frère, Dominique Lambert, prêtre, docteur en théologie, inquisiteur général de la Foi au diocèse de Besançon ; — noble François Girardot, docteur en droit, lieutenant général au siège de Salins, seigneur de Raze ; — messire Antoine Fert, prêtre, familier de l'église paroissiale Saint-Georges de Vesoul ; — Claude Cordebillot, notaire à Oiselay, etc.

B. 4370. (Registre.) — In-4°, 800 feuillets, papier.

1616. (Février). — Journal des audiences du bailliage de Vesoul dans lequel on ne trouve que les noms et qualités des plaideurs parmi lesquels figurent : Luc Marquis, dit de Salins, docteur en droit, demeurant à Vesoul ; — demoiselle de Vy, dame de Bratte ; — noble Léonard du Bois, écuyer, demeurant à Jonville ; — Adam de Saint-Mauris, seigneur de Fessey ; — Jeanne Saint, femme de Hugues de Roche, demeurant à Authoison ; — Claude Alviset, notaire à Besançon ; — Guillaume Melin, de Clerval, demeurant à Gonlevans-les-Monthy, notaire et procureur d'office en la justice de Bournoye, etc.

B. 4371. (Registre.) — In-4°, 1900 feuillets, papier.

1616 (Mars). — Journal des audiences du bailliage de Vesoul dans lequel on ne trouve que les noms et qualités des plaideurs parmi lesquels figurent : vénérable et religieuse personne, dom Étienne Martin, prêtre et grand prieur à Luxeuil ; — François Brise, intendant des affaires que les seigneurs et comtes d'Ortembourg ont au comté de Bourgogne ; — Charles de Saulx, baron de Tavannes, seigneur de Lugny ; — messire Claude Bard, curé du Fresne Saint-Mamès ; — messire Louis Saulxet, chanoine en l'église métropolitaine de Besançon, sieur prébendier de la paroisse de Chamboruay-les-Granges, etc.

B. 4372. (Registre.) — In-4°, 1025 feuillets, papier.

1616 (Mars). — Journal des audiences du bailliage de Vesoul dans lequel on ne trouve que les noms et qualités des plaideurs parmi lesquels figurent : Pierre Baslin, procureur au bailliage de Vesoul ; — Jean Bauld, notaire et procureur d'office en la justice d'Amance ; — Jean Grandjean, notaire à Alliovans ; — Jean Monnin, notaire à Chemilly ; — François-Jules Rossolet, docteur en médecine à Vesoul ; — noble Jean Clerc, cogouverneur de la cité impériale de Besançon ; — David Tabarin, chirurgien à Vesoul ; — Jacques Durand, chanoine théologal en l'église métropolitaine de Besançon, etc.

B. 4373. (Registre.) — In-4°, 740 feuillets, papier.

1616 (Avril). — Journal des audiences du bailliage de Vesoul dans lequel on ne trouve que les noms et qualités des plaideurs parmi lesquels figurent : Jean Hugon, Thiébaud Bardenet, et François Martel, amodiateur des exploits qui s'adjugent en la justice de Pusey ; — messire Henri Bouquet, grand juge en la juridiction de Saint-Claude ; — Claudine Bacon, femme de noble Samuel de la Jonquière, dame de Francalmont ; — noble Pierre Papay, docteur en droit, demeurant à Vesoul ; — Henry Thevenin, notaire à Frotey, etc.

SÉRIE B. — BAILLIAGES. 145

B. 4374. (Registre.) — In-4°, 650 feuillets, papier.

1626 (Avril). — Journal des audiences du bailliage de Vesoul, dans lequel on ne trouve que les noms et qualités des plaideurs, parmi lesquels figurent : Étienne Esmon, procureur d'office en la justice d'Oricourt ; — dom Jean Vatteville, comte et évêque de Lausanne, abbé de l'abbaye de la Charité ; — noble Léonard Michoutey, dit de Bians, coseigneur de Calmoutier ; — noble René de Poinctes, écuyer, seigneur de Pisseloup ; — Jacques Donzelet, prêtre familier en l'église Saint-Georges de Vesoul, etc.

B. 4375. (Registre.) — In-4°, 700 feuillets, papier.

1626 (Juin). — Journal des audiences du bailliage de Vesoul, dans lequel on ne trouve que les noms et qualités des plaideurs, parmi lesquels figurent : demoiselle Françoise Sauget, femme de noble Antoine Millet, seigneur de Gonnes ; — Jean Martin, curé à Vaivre ; — Antoine Clerc, acolyte et chapelain de la chapelle fondée dans l'église de Vesoul en l'honneur de Saint-Éloi ; — Claude Doyen, amodiateur de la seigneurie de Menoux ; — Éléonore Martin, femme de François Caseminot, sieur de Dournon, etc.

B. 4376. (Registre.) — In-4°, 750 feuillets, papier.

1626 (Juillet). — Journal des audiences du bailliage de Vesoul, dans lequel on ne trouve que les noms et qualités des plaideurs, parmi lesquels figurent : Jacques Foyot, amodiateur des revenus de la seigneurie de Mailley ; — noble François Girard, docteur en droit, lieutenant local au bailliage de Salins ; — Antoine de Ferroux, seigneur de Fontenay ; — messire Claude Barbet, chanoine et coseigneur à Calmoutier ; — messire Claude Dumoulin, curé de Dampvalley ; — noble Jean-Baptiste de Bians, sieur de Naisey, etc.

B. 4377. (Registre.) — In-4°, 1180 feuillets, papier.

1626 (Août). — Journal des audiences du bailliage de Vesoul, dans lequel on ne trouve que les noms et qualités des plaideurs, parmi lesquels figurent : Antoine Sébastien Bec, procureur postulant au bailliage de Vesoul ; — Claude Chon, tabellion général du bailliage d'Amont, commis à la garde des expéditions, notes, protocoles des notaires décédés dans le ressort dudit bailliage ; — Alexandre de Marnier, chevalier, baron et seigneur de Longwy ; — Claude Devillers, échevin de la commune de Bourguignon-lès-la-Charité, etc.

B. 4378. (Registre.) — In-4°, 1230 feuillets, papier.

1626 (Août). — Journal des audiences du bailliage de Vesoul, dans lequel on ne trouve que les noms et qualités des plaideurs, parmi lesquels figurent : demoiselle Claudine Lambert, veuve de noble Claude Despoutot, citoyen de Besançon ; — Luc Monnot, amodiateur des revenus de la terre, justice et seigneurie de Loulans, des forges et fourneaux de Filain ; — messire Antoine d'Achey, chevalier, baron et seigneur de Touraise, Courchaton, Avilley et Mondon, capitaine et gouverneur de la ville de Dôle, etc.

B. 4379. (Registre.) — In-4°, 1208 feuillets, papier.

1626 (Septembre). — Journal des audiences du bailliage de Vesoul, dans lequel on ne trouve que les noms et qualités des plaideurs, parmi lesquels figurent : Claude Clerc, docteur en droit, receveur du don gratuit accordé à LL. AA. SS. par les États de la province, dans les prévôtés de Vesoul et de Montjustin ; — noble Pierre Hennezey, de Grachaux ; — illustre seigneur, messire Antoine d'Achey, chevalier, baron et seigneur de Touraise ; — généreux seigneur, messire Gabriel de Cléron, seigneur de Mailley et autres lieux, agissant comme mari de dame Madeleine de Plaisat, dame dudit lieu ; — Jean Henri de Vougécourt, seigneur dudit lieu ; — noble Jean Varoz, seigneur de Marchaux ; — noble Martin de Villers, seigneur de Ranzevelle, etc.

B. 4380. (Registre.) — In-4°, 900 feuillets, papier.

1626 (Octobre). — Journal des audiences du bailliage de Vesoul, dans lequel on ne trouve que les noms et qualités des plaideurs, parmi lesquels figurent : Jean Bauld, procureur d'office en la justice d'Amance ; — messire Nicolas Bourgeois, curé de Dampierre-lès-Montbozon ; — Pierrette Broch, femme de messire Simon Liéband, notaire à Thieffrans ; — noble Martin de Villers, sieur de Ranzevelle ; — Jeanne et Anne de Mathey, demeurant à Luxeuil ; — noble Claude-Antoine Martin, de Vesoul, sieur de Maizières ; — Pierre Massey, bourgeois à Champlitte, etc.

HAUTE-SAONE. — SÉRIE B.

B. 4381. (Registre.) — In-4°, 900 feuillets, papier.

1618 (Novembre). — Journal des audiences du bailliage de Vesoul, dans lequel on ne trouve que les noms et qualités des plaideurs, parmi lesquels figurent : dom Valentin Pastel, abbé et seigneur de Bithaine ; — demoiselle Deschamps, femme de noble Benoît de la Tour, sieur de la Côte ; — noble Hubert d'Orchamp, écuyer, et Béatrix Sonnet, sa femme, demeurant à Besançon ; — Antoine d'Aubonne, sieur de Buffignécourt ; — dame Anne de Chassey, dame de Goubelans, demeurant à Scey-sur-Saône, etc.

B. 4382. (Registre.) — In-4°, 600 feuillets, papier.

1618 (Décembre). — Journal des audiences du bailliage de Vesoul, dans lequel on ne trouve que les noms et qualités des plaideurs, parmi lesquels figurent : dame Claude Béatrix de Grammont, dame de Confandey, Chargey, Bougey, Neurey et autres lieux, femme de Claude-François de Ray, baron et seigneur de Roulans, Vezet et autres lieux ; — noble Martin de Villers, seigneur de Ranzevelle et Grignoncourt ; — noble François de Voisey, dit de Cléron, chevalier, seigneur de Mailley, Échenoz-le-Sec et autres lieux ; — messire Nicolas Morel, religieux du prieuré du Marteroy, etc.

B. 4383. (Registre.) — In-4°, 820 feuillets, papier.

1619 (Janvier). — Journal des audiences du bailliage de Vesoul, dans lequel on ne trouve que les noms et qualités des plaideurs, parmi lesquels figurent : noble François Thierry, seigneur de Mailleroncourt ; — noble Pierre Hugon, docteur en droit, demeurant à Gray ; — messire Simon Bourgoing, notaire, administrateur de la seigneurie de Montarlot ; — frère Hugues Briaucourt, prêtre, ermite à l'ermitage de Saint-Roch et Sainte-Barbe, situé près de Jonvelle ; — Claude Gros, docteur en droit, demeurant à Gray ; — dame Jeanne Béatrix de Thomassin, dame de Cendrecourt, Vougécourt et autres lieux, etc.

B. 4384. (Registre.) — In-4°, 820 feuillets, papier.

1619 (Janvier). — Journal des audiences du bailliage de Vesoul, dans lequel on ne trouve que les noms et qualités des plaideurs, parmi lesquels figurent : messire Jean Barbier, chanoine au chapitre de Calmoutier ; — dom Guillaume Gros, prêtre, sous-prieur à l'abbaye de Cherlieu ; — messire Sébastien Lambelin, curé de Preigney ; — illustre prince, Jean-Frédéric, duc de Wurtemberg, comte de Montbéliard, seigneur de Granges et autres lieux ; — messire Louis de Chauvirey, chanoine en l'église métropolitaine de Besançon, prieur et seigneur de Grandecourt, etc.

B. 4385. (Registre.) — In-4°, 840 feuillets, papier.

1619 (Février). — Journal des audiences du bailliage de Vesoul, dans lequel on ne trouve que les noms et qualités des plaideurs, parmi lesquels figurent : messire Henri Bouquet, grand juge en la juridiction de Saint-Claude ; — dame Philiberte de Leugney, dame de Vatteville ; — dame Hélène de Grandvelle-Perrenot, femme d'illustre seigneur, Emmanuel-Philibert de Bruges, comte de Saint-Amour, dame de Cromary ; — Antoinette de Chassey, femme de généreux seigneur, prince de Chaffoy, sieur de Purgerot ; — généreux seigneurs, Charles et Marc de Cicon, seigneurs de Cevigney, Richecourt et autres lieux, etc.

B. 4386. (Registre.) — In-4°, 640 feuillets, papier.

1619 (Avril). — Journal des audiences du bailliage de Vesoul, dans lequel on ne trouve que les noms et qualités des plaideurs, parmi lesquels figurent : Carqueline de Vy, dame de Brotte ; — Pierre-Charles de Conflans, sieur de Bouligney ; — messire Charles de Magnoncourt, procureur d'office en la justice de Bouligney ; — François Friant du Vaux, écuyer, demeurant à Faverney ; — Louis de Scey, seigneur de Chevroz ; — messire Dieudonné Malhorte, prêtre, sieur de Fleurey, cosieur à Bouligney ; — Guillaume Drouhot, docteur en droit, demeurant à Dôle, etc.

B. 4387. (Registre.) — In-4°, 880 feuillets, papier.

1619 (Mai). — Journal des audiences du bailliage de Vesoul, dans lequel on ne trouve que les noms et qualités des plaideurs, parmi lesquels figurent : messire Guillet, châtelain de Villersexel ; — Georges Perron, maire et juge à Villars Saint-Marcelin ; — dom frère Pierre de Cléron, chapelain de la chapelle fondée en l'honneur de la Sainte-Vierge dans l'église de Mailley ; — les religieux du monastère Saint-François de Rougemont ; — Guillaume Perrenot, citoyen de Besançon, etc.

SÉRIE B. — BAILLIAGES. 147

B. 4388. (Registre.) — In-4°, 340 feuillets, papier.

1617 (Mai). — Journal des audiences du bailliage de Vesoul, dans lequel on ne trouve que les noms et qualités des plaideurs, parmi lesquels figurent : Pierre Lahrut, administrateur de la seigneurie de Courchaton ; — Claude Crestin, procureur d'office en la justice d'Echenoz-le-Sec ; — noble Daniel Drouhot, sieur de Beaurey ; — noble Antoine de Ferroux, sieur de Frontenay ; — Anne Lucrèce d'Orçay, dame de Lomont ; — Grégoire Caillot, maire à Genevreuille, pour S. A. l'archiduc Léopold ; — messire Nicolas Morel, chanoine au prieuré de Pont, etc.

B. 4389. (Registre.) — In-4°, 390 feuillets, papier.

1617 (Juin). — Journal des audiences du bailliage de Vesoul, dans lequel on ne trouve que les noms et qualités des plaideurs, parmi lesquels figurent : messire Jacques Doroz, chanoine théologal en l'église métropolitaine de Besançon ; — Denis Grandvelle, receveur des revenus de la seigneurie de Luxeuil ; — messire Gérard du Châtelet, baron et seigneur de Châtillon en Vosges, sénéchal de Lorraine, conseiller d'État de S. A. ; — Guillemette Droz, femme de noble François Maçon, seigneur d'Esboz ; — Thomas de Joffroy, seigneur de Novillars, etc.

B. 4390. (Registre.) — In-4°, 330 feuillets, papier.

1617 (Juillet). — Journal des audiences du bailliage de Vesoul, dans lequel on ne trouve que les noms et qualités des plaideurs, parmi lesquels figurent : Claude Gruel, échevin à Maussans ; — messire Claude Ménestrier, notaire à Rougemont ; — Antoine Pusel, docteur en droit, avocat fiscal au bailliage de Luxeuil ; — Béatrix Sonnet, veuve de noble Humbert d'Orchamp, seigneur dudit lieu ; — Antoine Fromont, amodiateur des exploits qui s'adjugent en la justice d'Oigney ; — messire Nicolas Lambert, commis à la recette imposée par débits sur les habitants de Bourguignon-les-Morey, etc.

B. 4391. (Registre.) — In-4°, 32 feuillets, papier.

1617 (Juillet). — Journal des audiences du bailliage de Vesoul, dans lequel on ne trouve que les noms et qualités des plaideurs, parmi lesquels figurent : le prieur et les religieux du prieuré du Marteroy ; — Charles de Conflans, seigneur de Bouligney ; — messire Louis de Secy, seigneur à Larret ; — André Bernard de Montessus, seigneur de Chauvirey, Sorans et autres lieux ; — vénérable prêtre, messire Louis de Chauvirey, chanoine en l'église métropolitaine de Besançon, prieur et seigneur de Grandecourt ; — Guillaume Bieblu, procureur d'office en la justice de Bournois ; — messire Charles Chabord, comte, gentilhomme ordinaire de la chambre du roi de France, seigneur de Chauvirey, Vitrey et autres lieux, etc.

B. 4392. (Registre.) — In-4°, 340 feuillets, papier.

1617 (Juillet). — Journal des audiences du bailliage de Vesoul, dans lequel on ne trouve que les noms et qualités des plaideurs, parmi lesquels figurent : noble Juste Cindre, gentilhomme milanais, seigneur de Noidans-le-Ferroux ; — François Aymonnet, amodiateur des seigneuries de Montagney et Membrey ; — noble Jean Brochard, citoyen de Besançon ; — Hilaire Groussot, receveur des exploits du bailliage de Vesoul ; — Pierre Chalon, docteur en droit, demeurant à Vesoul, etc.

B. 4393. (Registre.) — In-4°, 320 feuillets, papier.

1617 (Septembre). — Journal des audiences du bailliage de Vesoul, dans lequel on ne trouve que les noms et qualités des plaideurs, parmi lesquels figurent : demoiselle Eve de Salives, femme de Jacques de Montarby, seigneur de Dampierre, Charmoille et autres lieux ; — messire Georges Meline, prêtre familier en l'église Saint-Georges, de Vesoul ; — Henri Besard, docteur en droit, demeurant à Vesoul ; — Etienne Voty, amodiateur de la terre et seigneurie de Faucogney appartenant à LL. AA. SS. ; — messire Antoine de la Baume, abbé et seigneur de Luxeuil ; — les religieuses de l'abbaye Saint-Pierre de Remiremont, etc.

B. 4394. (Registre.) — In-4°, 320 feuillets, papier.

1617 (Octobre). — Journal des audiences du bailliage de Vesoul, dans lequel on ne trouve que les noms et qualités des plaideurs, parmi lesquels figurent : noble Etienne de Lavier, coseigneur de Calmoutier ; — messire Nicolas Jacquinot, docteur en droit, sieur d'Auxon ; — Antoinette de la Jonquière, femme de noble Jean-Baptiste de Byans, seigneur de Naisey, Equevilley et autres lieux ; — noble Jean de Saint-Mauris, seigneur de Messandans et demoiselle Claudine de Branchette, son épouse ; — noble Rémond de Thisetin, seigneur de Thieffrans, etc.

B. 4395. (Registre.) — In-4°, 1220 feuillets, papier.

1617 (Octobre). — Journal des audiences du bailliage de Vesoul, dans lequel on ne trouve que les noms et qualités des plaideurs, parmi lesquels figurent : noble Philippe de Munans, seigneur de Comberjon ; — messire Pierre de Combes, curé de Faucogney ; — noble Jean Besançenot, docteur en droit, demeurant à Vesoul ; — Claude Cordemoy, docteur en droit, seigneur de Francalmont, avocat fiscal au bailliage de Vesoul ; — messire François Fromy, notaire à Rougemont ; — Jean Tranchant, procureur postulant au bailliage de Vesoul, etc.

B. 4396. (Registre.) — In-4°, 1200 feuillets, papier.

1617 (Novembre). — Journal des audiences du bailliage de Vesoul, dans lequel on ne trouve que les noms et qualités des plaideurs, parmi lesquels figurent : Marc de Villiers, seigneur de Ranzevelle, Grignoncourt et autres lieux ; — Jeanne Renard, femme de noble Huot, citoyen de Besançon ; — Marc de Vy, seigneur d'Accolans ; — demoiselle Antoinette de la Jonquière, femme de Jean-Baptiste de Byans, seigneur d'Equevilley ; — noble Rémond de Thiselin, seigneur de Lanans ; — honorable Etienne Abry, receveur du revenu temporel de l'abbaye Saint-Paul de Besançon ; — noble René de Pernet, seigneur de Pisseloup, Blondefontaine et autres lieux, etc.

B. 4397. (Registre.) — In-4°, 780 feuillets, papier.

1618 (Janvier). — Journal des audiences du bailliage de Vesoul, dans lequel on ne trouve que les noms et qualités des plaideurs, parmi lesquels figurent : Claude de Bauffremont, chevalier, baron et seigneur de Scey-sur-Saône, Pusey, Chariez, et autres lieux ; — demoiselle Françoise Belin, femme de Claude Demongin, notaire à Besançon ; — Conrad Mugnier, prudhomme et échevin de la commune de Grandvelle ; — messire Hugues Tabourot, notaire à Jussey, amodiateur de la terre et seigneurie de Cendrecourt appartenant à madame de Courcelle, etc.

B. 4398. (Registre.) — In-4°, 820 feuillets, papier.

1618 (Janvier). — Journal des audiences du bailliage de Vesoul, dans lequel on ne trouve que les noms et qualités des plaideurs, parmi lesquels figurent : Ève de Salives, femme de noble Jacques de Montarby, seigneur de Dampierre ; — Guillaume Farinel, docteur en droit, demeurant à Vesoul ; — Guillemette Droz, femme de noble François de Maçon, seigneur d'Esbez ; — noble Antoine de Gonsans, écuyer, demeurant à Scey-sur-Saône ; — la baronne de Confignon, dame d'Athesans, Saint-Georges et autres lieux ; — Charles Chabox, chevalier, gentilhomme ordinaire de la chambre du roi de France, etc.

B. 4399. (Registre.) — In-4°, 980 feuillets, papier.

1618 (Janvier). — Journal des audiences du bailliage de Vesoul, dans lequel on ne trouve que les noms et qualités des plaideurs, parmi lesquels figurent : noble Léonard du Bois, écuyer, demeurant à Jonvelle ; — Jacques de Montarby, seigneur de Charmoille ; — messire Jacques Sanglin, receveur général des revenus de la seigneurie de Lure pour l'archiduc Léopold, seigneur dudit lieu ; — François Balland, avocat au parlement de Dôle ; — Jean Noirot, procureur d'office de la justice de Port-sur-Saône, etc.

B. 4400. (Registre.) — In-4°, 1400 feuillets, papier.

1618 (Février). — Journal des audiences du bailliage de Vesoul, dans lequel on ne trouve que les noms et qualités des plaideurs, parmi lesquels figurent : dame Ferdinandine de la Roche, dame de Grammont ; — Jacques de Maçon, seigneur d'Esboz, détenu prisonnier en la conciergerie de Vesoul ; — noble Pierre de Sacqueney, sieur de Roujeux ; — Pierre Crevoisier, notaire à Auglecourt ; — Joseph Correl, notaire, à Rupt, amodiateur des domaines appartenant à LL. AA. SS. situés à Port-sur-Saône ; — dame Anne de Poligny, veuve de noble de Scey, comte de Buthier, Pin, Beaumotte et autres lieux, etc.

B. 4401. (Registre.) — In-4°, 1280 feuillets, papier.

1618 (Mars). — Journal des audiences du bailliage de Vesoul, dans lequel on ne trouve que les noms et qualités des plaideurs, parmi lesquels figurent : noble Louis Pétrey, docteur en droit, seigneur de Champvans, lieutenant local au bailliage de Vesoul ; — messire François Carteret, de Rupt, surintendant des affaires de monseigneur de Saint-Georges ; — noble Louis de Cointet, sieur de Filain ; — noble Jacques Grégoire, docteur en médecine, demeurant à Vesoul ; — messire Simon Croisier, chapelain de la chapelle d'Amance, etc.

SÉRIE B. — BAILLIAGES. 149

B. 4402. (Registre.) — In-4°, 430 feuillets, papier.

1618 (Mars). — Journal des audiences du bailliage de Vesoul, dans lequel on ne trouve que les noms et qualités des plaideurs, parmi lesquels figurent : Jean Mairot, notaire à Saint-Remy ; — Nicolas Jolyot, notaire à Sorans-les-Breurey, receveur de M. de Roches ; — Jean Bonnet, amodiateur des terre et seigneurie de Purgerot appartenant aux religieux de Cherlieu ; — François de Troyes, notaire à Jussey ; — Claude Oudile, maître de forges au Pont-du-Bois, etc.

B. 4403. (Registre.) — In-4°, 260 feuillets, papier.

1618 (Avril). — Journal des audiences du bailliage de Vesoul, dans lequel on ne trouve que les noms et qualités des plaideurs, parmi lesquels figurent : messire Bartholomé Vinochey, procureur d'office en la seigneurie de Ronchamp ; — révérend père en Dieu, dom Antoine de la Baume, abbé de l'abbaye de Luxeuil ; — Jean Gabriel de Vaudrey, seigneur de Vallerois-le-Bois ; — dom François Vynot, prêtre, sacristain de l'église du prieuré de Dampierre-les-Montbozon ; — Antoine Fyard, notaire à Flagy, etc.

B. 4404. (Registre.) In-4°, 340 feuillets, papier.

1618 (Avril). — Journal des audiences du bailliage de Vesoul, dans lequel on ne trouve que les noms et qualités des plaideurs, parmi lesquels figurent : Nicolas Champion, amodiateur des revenus de la seigneurie de Chariez appartenant à LL. SS. ; — François Roudot, prévôt de la prévôté de Chariez ; — dame Hélène de Grandvelle-Perrenot, dame de Neuvelle ; — messire François de Rye, haut doyen de l'église métropolitaine de Besançon, seigneur de Mercey ; — messire Nicolas Jacquinot, docteur en droit, sieur d'Auxon, etc.

B. 4405. (Registre.) — In-4°, 340 feuillets, papier.

1618 (Mai). — Journal des audiences du bailliage de Vesoul, dans lequel on ne trouve que les noms et qualités des plaideurs, parmi lesquels figurent : Jeannette Deschamps, femme de noble Benoît de la Tour, seigneur de la Coste ; — Gaspard Hardouin de Beaujeu, seigneur de Montot, Aroz, Boursières et autres lieux ; — noble Adrien de Messandans, sieur audit lieu ; — Guillemette et Bonne Droz, dames de Montcourt ; — Antoine de Grammont, seigneur de Fallon ; — Pierre de Constable, sieur de Boulot ; — André Bernard de Montessus, sieur de Sorans ; — demoiselle Bénigne de la Verne, femme de noble Jean de Playne, sieur de Vellechevreux, etc.

B. 4406. (Registre.) — In-4°, 660 feuillets, papier.

1618 (Juin). — Journal des audiences du bailliage de Vesoul, dans lequel on ne trouve que les noms et qualités des plaideurs, parmi lesquels figurent : dame Huguette de Roches, femme de messire Simon Crestin, de Mailley ; — Marc de Villiers, seigneur de Vougécourt ; — noble René de Pernel, coseigneur de Pisseloup ; — Gaspard de Mongenet, docteur en droit, lieutenant général du bailli de Vesoul ; — les annonciades de Vesoul ; — Jean de Launay, seigneur de Prantigny ; — les confrères de la confrérie Saint-Nicolas de Vesoul, etc.

B. 4407. (Registre.) — In-4°, 320 feuillets, papier.

1618 (Juin). — Journal des audiences du bailliage de Vesoul, dans lequel on ne trouve que les noms et qualités des plaideurs, parmi lesquels figurent : dame Jeanne-Françoise Terrier, femme de noble Antoine Hugon, docteur en droit, lieutenant général au bailliage de Gray ; — les religieux du monastère Saint-François de Rougemont ; — messire Charles Gaudains, cardinal de Madruche, évêque, abbé et seigneur de l'abbaye Saint-Paul de Besançon, etc.

B. 4408. (Registre.) — In-4°, 340 feuillets, papier.

1618 (Juillet). — Journal des audiences du bailliage de Vesoul, dans lequel on ne trouve que les noms et qualités des plaideurs, parmi lesquels figurent : messire Gabriel de Cléron, chevalier, seigneur de Mailley ; — Desle Gurnel, châtelain de Granges ; — Nicolas Cordier, chirurgien à Voisey ; — noble Jean de Playne, seigneur de Vellechevreux ; — noble Antide de la Roche ; — Luc Lambelin, amodiateur de la terre et seigneurie de Montjustin appartenant à LL. AA. SS, etc.

B. 4409. (Registre.) — In-4°, 1080 feuillets, papier.

1618 (Juillet). — Journal des audiences du bailliage de Vesoul, dans lequel on ne trouve que les noms et qualités des plaideurs, parmi lesquels figurent : maître Denis Midot, procureur spécial de la confrérie de Saint-Sébastien, fondée en l'église de Montboron ; — messire Jean Perron, de Coulevon, institué par LL. AA. SS. doyen des procureurs au bailliage d'Amont, siége de Vesoul ; — Jean Gilebert, docteur en droit, conseiller en la cour souveraine du parlement de Dôle ; — messire Antoine de Rietersheim, chevalier, baron et seigneur de Mellsey, Saint-Germain et autres lieux, etc.

B. 4410. (Registre.) — In-4°, 1000 feuillets, papier.

1618 (Août). — Journal des audiences du bailliage de Vesoul, dans lequel on ne trouve que les noms et qualités des plaideurs, parmi lesquels figurent : messire Jean Martin, chanoine du chapitre de Champlitte ; — François Baitand, avocat au parlement de Dôle ; — noble François Thierry, seigneur de Montjustin ; — Étienne et Claudine de la Tour, demeurant à la Coste ; — Claude Cabet, trésorier de la ville de Besançon ; — noble François Girardot, docteur en droit, sieur de Raze ; — messire Simon Croisier, prêtre, chapelain de la chapelle du bourg d'Amance, etc.

B. 4411. (Registre.) — In-4°, 680 feuillets, papier.

1628 (Septembre). — Journal des audiences du bailliage de Vesoul, dans lequel on ne trouve que les noms et qualités des plaideurs, parmi lesquels figurent : Antoine de Lespine et Guillaume Estiennel, de Jussey, amodiateurs du revenu du sceau appartenant à LL. AA. SS., dans la prévôté dudit lieu ; — noble Marc de Salives, seigneur de Cors ; — demoiselle Élisabeth de Salives, fille de noble Jean de Salives, seigneur de Poyans ; — noble François Damedor et demoiselle Pierrette Damedor, femme de noble Guillaume de Salives, demeurant à Vesoul ; — noble Louis de Baron, écuyer, seigneur de Rosey, etc.

B. 4412. (Registre.) — In-4°, 320 feuillets, papier.

1618 (Octobre). — Journal des audiences du bailliage de Vesoul, dans lequel on ne trouve que les noms et qualités des plaideurs, parmi lesquels figurent : messire Étienne de Montrevel, ex-gouverneur de la cité impériale de Besançon ; — noble Pierre Sonnet, capitaine de Montmirel, demeurant à Dôle ; — Antoine Courdies, amodiateur de la seigneurie de la commanderie de Sales ; — messire Jean Billebau, docteur en droit, conseiller à la cour souveraine du parlement de Dôle ; — Jean de Vatteville, comte, évêque et abbé de l'abbaye de la Charité, etc.

B. 4413. (Registre.) — In-4°, 880 feuillets, papier.

1628 (Novembre). — Journal des audiences du bailliage de Vesoul, dans lequel on ne trouve que les noms et qualités des plaideurs, parmi lesquels figurent : Claude Antoine, procureur postulant au bailliage de Vesoul ; — honorable Antoine Compagne, amodiateur des terres et seigneurie de Mailleroncourt-Charette ; — Nicolas Robert, notaire à Confracourt ; — Pierre de Chaffoy, seigneur de Purgerot ; — François de Troyes notaire à Neroy-les-Jussey, etc.

B. 4414. (Registre.) — In-4°, 320 feuillets, papier.

1628 (Décembre). — Journal des audiences du bailliage de Vesoul, dans lequel on ne trouve que les noms et qualités des plaideurs, parmi lesquels figurent : François Carteret, surintendant des affaires de noble Harduoin de Clermont, chevalier, seigneur de Saint-Georges, Rupt et autres lieux ; — demoiselle Perronette Gérard, femme de noble François Rousselet, docteur en médecine, demeurant à Vesoul ; — messire Claude de Cointet, chapelain de la chapelle fondée en l'honneur de Saint-Nicolas dans l'église abbatiale de Notre-Dame de Baume, etc.

B. 4415. (Registre.) — In-4°, 1430 feuillets, papier.

1628 (Décembre). — Journal des audiences du bailliage de Vesoul, dans lequel on ne trouve que les noms et qualités des plaideurs, parmi lesquels figurent : messire Claude Touraisin, prêtre, familier de l'église Saint-Georges de Vesoul ; — haut et puissant seigneur, Claude de Bauffremont, chevalier, baron et seigneur de Scey-sur-Saône ; — noble Etienne Doyen, docteur en droit, avocat au bailliage de Vesoul ; — noble Abraham Marlet, bourgeois à Bâle ; — Claude Barbet, chanoine et coseigneur de Calmoutier, etc.

B. 4416. (Registre.) — In-4°, 860 feuillets, papier.

1629 (Janvier). — Journal des audiences du bailliage de Vesoul, dans lequel on ne trouve que les noms et qualités des plaideurs, parmi lesquels figurent : noble Étienne de Montrevel, cogouverneur de la cité impériale de Besançon ; — noble Ferdinand de Longvy, dit de Rye, archevêque de Besançon, prince du Saint-Empire, abbé de l'abbaye de Cherlieux ; — demoiselle Anne de Bassompierre, demeurant à Vitry-le-Français; — noble Philibert de Montby, seigneur dudit lieu; — Jean Loiseau, notaire à Villersexel, etc.

B. 4417. (Registre.) — In-4°, 840 feuillets, papier.

1628 (Janvier). — Journal des audiences du bailliage de Vesoul, dans lequel on ne trouve que les noms et qualités des plaideurs, parmi lesquels figurent : messire Oudot Humbert, curé de Faverney; — Gaspard Droux, notaire au Pont de Planches; — noble Thomas Perréal, docteur en droit, demeurant à Bonnal; — noble Claude Thomassin, châtelain, capitaine et gouverneur de la ville et du château de Fontenoy; — Philibert Deschamp, prêtre, docteur en sainte théologie, en droit, et prieur du prieuré de Pesmes, etc.

B. 4418. (Registre.) — In-4°, 520 feuillets, papier.

1629 (Février). — Journal des audiences du bailliage de Vesoul, dans lequel on ne trouve que les noms et qualités des plaideurs, parmi lesquels figurent : Jean Bernard, notaire à Saint-Marcel; — dom frère Pierre de Cléron, chapelain de la chapelle fondée à l'honneur de Notre-Dame, dans l'église de Mailley; — le chapitre de l'église collégiale de Dôle, prieur et seigneur de Marast; — dom Martin Gaydot, religieux à l'abbaye de Cherlieu; — messire Adrien Houriet, procureur d'office de la justice de Scey; — Jean Simonot, notaire à Morey, etc.

B. 4419. (Registre.) — In-4°, 1200 feuillets, papier.

1629 (Février). — Journal des audiences du bailliage de Vesoul, dans lequel on ne trouve que les noms et qualités des plaideurs, parmi lesquels figurent : dame Hélène de Grandvelle-Perrenot, femme de haut et puissant seigneur, Philibert-Emmanuel de Bruges-Courgeon, dit de la Baume, comte de Saint-Amour, dame du château et de la maison forte de Cromary; — noble Nicolas de Breuille, sieur de They; — Adam de Saint-Mauris, seigneur d'Amage; — noble Nicolas Sonnet, seigneur d'Auxon, etc.

B. 4420. (Registre.) — In-4°, 960 feuillets, papier.

1629 (Mars). — Journal des audiences du bailliage de Vesoul, dans lequel on ne trouve que les noms et qualités des plaideurs, parmi lesquels figurent : messire Henri de Bauffremont, chevalier de l'ordre du roi de France, conseiller en son conseil privé, gouverneur de la ville d'Auxonne, seigneur et baron de Châtenay; — nobles Nicolas et Jean Racle, de Luxeuil, seigneurs de la Roche; — messire Pierre Brême, prêtre, chanoine et sieur de Calmoutier; — noble Jean-Gabriel de Vaudrey, seigneur de Vallerois-le-Bois, etc.

B. 4421. (Registre.) — In-4°, 1080 feuillets, papier.

1629 (Avril). — Journal des audiences du bailliage de Vesoul, dans lequel on ne trouve que les noms et qualités des plaideurs, parmi lesquels figurent : messire Claude Bernier, procureur d'office en la justice de la mairie de Colombier, pour LL. AA. SS.; — demoiselle Alizon Deschamps, veuve de noble Jean Desle Ampot, seigneur de Belonchamp; — noble Claude Thomassin, châtelain de Fontenoy; — Claude Olel, maître de forge au Pont-du-Bois; — noble Jean Racle, seigneur de Sorvigney; — Charles de Conflans, seigneur de Bouligney, etc.

B. 4422. (Registre.) — In-4°, 840 feuillets, papier.

1629 (Avril). — Journal des audiences du bailliage de Vesoul, dans lequel on ne trouve que les noms et qualités des plaideurs, parmi lesquels figurent : messire Hugues Dunat, prêtre, chanoine théologal en l'église métropolitaine de Besançon, chapelain de la chapelle fondée dans l'église de Gevigney, en l'honneur de Saint-Georges; — noble François de Chauvirey, seigneur d'Aboncourt, etc.

B. 4423. (Registre.) — In-4°, 680 feuillets, papier.

1629 (Mai). — Journal des audiences du bailliage de Vesoul, dans lequel on ne trouve que les noms et qualités des plaideurs, parmi lesquels figurent : noble Gaspard Damandre, écuyer, demeurant à Rupt; — noble Jean de Sacqueney, seigneur de Rougeux; — noble Louis de Chauvirey, chanoine prébendier de la paroisse de Boulot; — Jean-Baptiste de Montby, seigneur de Gondenans; — illustre prince, Jean-Frédéric de Wurtemberg, comte de Montbéliard, seigneur de Granges, etc.

B. 4424. (Registre.) — In-4°, 680 feuillets, papier.

1629 (Mai). — Journal des audiences du bailliage de Vesoul, dans lequel on ne trouve que les noms et qualités des plaideurs, parmi lesquels figurent : noble Louis Pétrey, docteur en droit, seigneur de Champvans, conseiller de

LL. AA. SS, au parlement de Dôle ; — nobles Frédéric, Marie et Alexandre de Cointet, enfants et héritiers de noble Louis de Cointet, leur père, sieur de Filain ; — Claude Rouland, notaire, procureur d'office en la justice de Thay ; — messire François Montrout, prêtre prébendier en l'église de Villersexel ; — demoiselle Jeanne Sonnet, fille de François Sonnet, sieur de Calmoutier, etc.

B. 4423. (Registre.) — In-4°, 1440 feuillets, papier.

1619 (Juin). — Journal des audiences du bailliage de Vesoul, dans lequel on ne trouve que les noms et qualités des plaideurs, parmi lesquels figurent : noble Jean-Baptiste Vario, cogouverneur de la cité impériale de Besançon, seigneur d'Audeux ; — messire Nicolas Lucot, procureur d'office en la prévôté de Jussey ; — noble Ermenfroy d'Oiselay, baron et seigneur d'Oricourt, chevalier à la cour souveraine de parlement de Dôle ; — Jean Malbouhans, prêtre, familier en l'église Saint-Georges de Vesoul, etc.

B. 4423. (Registre.) — In-4°, 840 feuillets, papier.

1619 (Juillet). — Journal des audiences du bailliage de Vesoul, dans lequel on ne trouve que les noms et qualités des plaideurs, parmi lesquels figurent : Thomas et Claude Pétremand, fils de Thomas Pétremand, docteur en droit, demeurant à Besançon ; — noble Pierre de Chaffoy, seigneur de Purgerot ; — Jean Burillot, chirurgien à Vauvillers ; — les chanoines du chapitre de Dôle, prieurs et seigneurs de Marast ; — Antoine de Vy, seigneur de Chassey, Pontcey et Mailleroncourt, etc.

B. 4427. (Registre.) — In-4°, 1280 feuillets, papier.

1619 (Août). — Journal des audiences du bailliage de Vesoul, dans lequel on ne trouve que les noms et qualités des plaideurs, parmi lesquels figurent : noble Nicolas de la Rochelle, seigneur d'Echenoz-le-Sec ; — demoiselle Claudine Sauget, femme de noble Jules Cynel, gentilhomme milanais, demeurant à Vesoul ; — noble Nicolas Louis de Guierche, dit de Groson, chevalier, seigneur d'Andelot et de Chevigney ; — noble Léonard Michontey, coseigneur de Calmoutier, etc.

B. 4428. (Registre.) — In-4°, 840 feuillets, papier.

1619 (Août). — Journal des audiences du bailliage de Vesoul, dans lequel on ne trouve que les noms et qualités des plaideurs, parmi lesquels figurent : messire Pierre Deschamps, chevalier, Jean et Jeanne Deschamps, enfants de Claude Deschamps, seigneur de Gezier, Beaumotte et autres lieux ; — Pierre Guillot, maître de forges à Baignes ; — Claude Cordemoy, docteur en droit, sieur de Francalmont ; — Philippe Pelissonot, abbé de l'abbaye de Bellevaux ; — Philippe Marnot, notaire à Vesoul ; — Simon Petit, curé à Montussaint, etc.

B. 4429. (Registre.) — In-4°, 840 feuillets, papier.

1619 (Septembre). — Journal des audiences du bailliage de Vesoul, dans lequel on ne trouve que les noms et qualités des plaideurs, parmi lesquels figurent : le prieur et les religieux Jacobins du couvent Saint-Dominique de Montbozon ; — dame Anne Jobelin, femme de messire Antoine Jobelin, bourgeois de Vesoul ; — messire François de Crevessey, chevalier de l'ordre de Saint-Jean de Jérusalem, seigneur de la Ville-Dieu en Fontenette ; — noble Jacques Grégoire, docteur en médecine à Vesoul ; — Simon Brésillot, capitaine du château d'Amance, etc.

B. 4430. (Registre.) — In-4°, 830 feuillets, papier.

1619 (Septembre). — Journal des audiences du bailliage de Vesoul, dans lequel on ne trouve que les noms et qualités des plaideurs, parmi lesquels figurent : messire Pierre Bronier, prêtre, chanoine au chapitre de Calmoutier ; — noble Thomas de Joffroy, sieur de Vauvillers ; — noble Adrien de Messandans, seigneur dudit lieu ; — Jean de Jannet, sieur d'Equevilley ; — messire Louis de Chauvirey, prêtre, chanoine en l'église métropolitaine de Besançon, archidiacre de Salins, prieur de Grandecourt, prébendier de l'église de Boulot et Ethuz, etc.

B. 4431. (Registre.) — In-4°, 820 feuillets, papier.

1619 (Octobre). — Journal des audiences du bailliage de Vesoul, dans lequel on ne trouve que les noms et qualités des plaideurs, parmi lesquels figurent : messire Etienne Siroutot, procureur d'office en la justice de Filain ; — noble François de Sanches, écuyer, sieur de Montcourt, capitaine du château d'Arguel ; — noble Guillaume Vernerey, écuyer, capitaine du château de Granges ; — noble Gaspard de Mongenet, lieutenant général au bailliage de Dôle ; — noble Claude Quibourg, docteur en droit, citoyen de Besançon, etc.

B. 4432. (Registre.) — In-4°, 680 feuillets, papier.

1618 (Octobre). — Journal des audiences du bailliage de Vesoul, dans lequel on ne trouve que les noms et qualités des plaideurs, parmi lesquels figurent : dame Marie de Drichanteau, veuve de Philippe de Bauffremont, baron et seigneur de Chatenoy, Mollans et autres lieux ; — dame Anne d'Orsans, femme de noble Ermenfroy-François d'Oiselay, baron et seigneur dudit lieu, chevalier en la cour souveraine du parlement de Dôle ; — noble Jean-Gabriel de Vaudrey, seigneur de Vallerois-le-Bois, Mailleroncourt-Charette et autres lieux, etc.

B. 4433. (Registre.) — In-4°, 900 feuillets, papier.

1618 (Novembre). — Journal des audiences du bailliage de Vesoul, dans lequel on ne trouve que les noms et qualités des plaideurs, parmi lesquels figurent : les familiers de l'église de Charlez ; — dom Jean de Vattoville, prince du Saint-Empire, comte de Lausanne, abbé et seigneur de l'abbaye de la Charité ; — noble Adrien de Rosières, seigneur de Sorans, Breurey et autres lieux ; — Étienne Bonnet, procureur postulant à la cour souveraine du parlement de Dôle ; — Gérard Bourguignet, notaire au Pont de Planches, etc.

B. 4434. (Registre.) — In-4°, 680 feuillets, papier.

1619 (Novembre). — Journal des audiences du bailliage de Vesoul, dans lequel on ne trouve que les noms et qualités des plaideurs, parmi lesquels figurent : messire Ferdinand de Longvy, dit de Rye, archevêque de Besançon, abbé commendataire de l'abbaye de Cherlieu ; — noble Pierre-Ferdinand de Mollans, coseigneur dudit lieu ; — Jean Lambelin, notaire à Scey-sur-Saône, amodiateur des revenus de la seigneurie de Flagy ; — messire de Thomassin, prêtre, protonotaire du saint-siège apostolique, chanoine en l'église métropolitaine de Besançon, prieur de Port-sur-Saône, etc.

B. 4435. (Registre.) — In-4°, 240 feuillets, papier.

1619 (Novembre). — Journal des audiences du bailliage de Vesoul, dans lequel on ne trouve que les noms et qualités des plaideurs, parmi lesquels figurent : noble Nicolas Jacquinot, docteur en droit, seigneur d'Auxon ; — dame Claire de Vy, veuve de Jean, dit de la Tour, seigneur de Lieffrans ; — messire Ambroise de Précipiano, baron de Soye, Gondenans et autres lieux ; — noble Vernerey, seigneur de Montcourt, capitaine de la seigneurie de Granges ; — Toussaint Febvre, curé de Pusey, etc.

B. 4436. (Registre.) — 500 feuillets.

1619 (23 à 30 Décembre). — Journal des audiences du bailliage de Vesoul, dans lequel on ne trouve que les noms et qualités des plaideurs, parmi lesquels figurent : M. Nicolas Veuillot, notaire et huissier de LL. AA. SS. à Jussey ; — noble Fernand le Blanc, dit d'Andelot, chevalier, seigneur de Volans ; — messire Jean Renauld, curé à Bucey-lez-Gy, Jean-Baptiste Renauld, prêtre, familier de l'église de Gy ; M. Claude Renauld, procureur postulant à la cour souveraine du parlement de Dôle, tous héritiers de M. Étienne Renauld leur oncle, prêtre, chanoine en l'insigne chapitre de Besançon, prieur du Mouterot ; — Antoine Fyard, notaire à Flagy ; — messire Jean-Antoine Vachez, chevalier, capitaine et gouverneur de la ville de Dôle.

B. 4437. (Registre.) — In-4°, 680 feuillets, papier.

1620 (21 à 27 Janvier). — Journal des audiences du bailliage de Vesoul, dans lequel on ne trouve que les noms et qualités des plaideurs, parmi lesquels figurent : Jean Champion, notaire à Colombotte ; — Pierre Delac, amodiateur des revenus de la seigneurie de Chatenoy appartenant à noble seigneur, messire Henri de Bauffremont, chevalier des ordres du roi de France, conseiller en son conseil d'État, gouverneur des ville et château d'Auxonne, du Maconnais, marquis de Senecey, sieur de Chatenois, Mollans et autres lieux ; — noble Étienne de Lavier, coseier à Crimoutier ; — dame Lucrèce d'Orsans, dame de Senoncourt ; — noble Ermenfroy-François d'Oiselay, baron et seigneur d'Oricourt, etc.

B. 4438. (Registre.) — In-4°, 780 feuillets, papier.

1620 (Février). — Journal des audiences du bailliage de Vesoul, dans lequel on ne trouve que les noms et qualités des plaideurs, parmi lesquels figurent : noble Adrien de Rosières, seigneur de Breurey ; — Luc Monnot, amodiateur de la seigneurie de Loulans ; — Desle Gurnet, châtelain de Granges ; — noble Jean de Playne, sieur de Vellechevreux, amodiateur de la terre et seigneurie de Gouhenans ; — Étienne Vuillemot, procureur d'office en la justice de Gouhenans ; — Claude-Antoine Buzon, docteur en droit, sieur d'Auxon ; — Claude Chambarlan, docteur en médecine à Jussey ; — noble Alexandre, baron de Vulz, sieur de Busy, etc.

ARCHIVES DE LA HAUTE-SAONE.

B. 4439. (Registre.) — In-4°, 1140 feuillets, papier.

1680 (Mars). — Journal des audiences du bailliage de Vesoul, dans lequel on ne trouve que les noms et qualités des plaideurs, parmi lesquels figurent : messire Henri de Pierrefitte, chevalier, seigneur de Tourey ; — Pierre Dimanche et Joseph Fotey, amodiateurs des revenus de la terre et seigneurie de Jonvelle ; — noble Thomas de Geoffroy, sieur de Novillars et d'Amagney ; — haut et puissant seigneur, messire Christophe de Rye-la-Palud, chevalier de l'ordre de la Toison-d'Or, marquis de Varambon, comte de Varaix, de la Roche, et baron seigneur de Neufchatel, Villersexel, Montaigu, Amance, Rougemont, Châteauneuf, la Franche-Montagne, Neddans, Abbenans, et Gondenans, etc.

B. 4440. (Registre.) — In-4°, 880 feuillets, papier.

1680 (Mars). — Journal des audiences du bailliage de Vesoul, dans lequel on ne trouve que les noms et qualités des plaideurs, parmi lesquels figurent : messire Louis Pétrey, docteur en droit, sieur de Champvans, conseiller au parlement de Dôle ; — noble Claude Cortemoy, docteur en droit, sieur de Francalmont, avocat fiscal du bailliage d'Amont ; — noble Simon Vandalin Bourguignet, écuyer, demeurant à Vesoul ; — demoiselle Françoise de Grammont, dame de Combeing ; — messire Jean Guignard, châtelain de Villersexel ; — noble Ambroise Précipiano, chevalier, baron de Soye ; — noble François de Rye, seigneur de la Roche ; — noble François de Saint-Martin, seigneur de Montureux-les-Baulay, etc.

B. 4441. (Registre.) — In-4°, 1530 feuillets, papier.

1680 (Avril). — Journal des audiences du bailliage de Vesoul, dans lequel on ne trouve que les noms et qualités des plaideurs, parmi lesquels figurent : messire Étienne de Montrevel, docteur en droit, citoyen de Besançon ; — Jean Bricaud, chirurgien à Authoison ; — Jacques-Gaspard et Élisabeth de Renelle, enfants de Jacques de Renelle, coseigneur de Voisey ; — messire Jacques Durand, chanoine théologal en l'église métropolitaine de Besançon ; — messire Bénigne de Thomassin, prêtre, chanoine, protonotaire du saint-siège apostolique, prieur de Port-sur-Saône ; — noble Louis de Scey, sieur de Talmay, etc.

B. 4442. (Registre.) — In-4°, 820 feuillets, papier.

1680 (Mai). — Journal des audiences du bailliage de Vesoul, dans lequel on ne trouve que les noms et qualités des plaideurs, parmi lesquels figurent : Pierre Duretel, sergent de LL. AA. SS. en la justice de Cintrey ; — Hugues Mortanti, procureur d'office en la justice de Bourguignon-les-Morey ; — noble Jean-Antoine d'Achey, chevalier, capitaine et gouverneur de la ville de Dôle, seigneur d'Avilley, Mandon et autres lieux ; — Simon Bressillet, capitaine du château d'Amance ; — révérend père en Dieu, dom Philippe Roltousel, abbé et seigneur de l'abbaye de Bellevaux, etc.

B. 4443. (Registre.) — In-4°, 950 feuillets, papier.

1680 (Mai). — Journal des audiences du bailliage de Vesoul, dans lequel on ne trouve que les noms et qualités des plaideurs, parmi lesquels figurent : noble Harlouin de Clermont, sieur de Saint-Georges ; — dom Guillaume Bardot, abbé et seigneur de l'abbaye de Bellefontaine ; — messire Jean Nardin, prieur de l'abbaye Saint-Paul de Besançon ; — noble Louis de Baron, seigneur de Rosey, Francalmont et autres lieux ; — noble Gabriel de Cléron, chevalier seigneur de Mailley ; — noble Marc de Villers, seigneur de Vougécourt, Bourbévelle et autres lieux ; — noble Samuel Laregnard, sieur de Gonechior, etc.

B. 4444. (Registre.) — In-4°, 980 feuillets, papier.

1680 (Juin). — Journal des audiences du bailliage de Vesoul, dans lequel on ne trouve que les noms et qualités des plaideurs, parmi lesquels figurent : noble Ermenfroy-François d'Oiselay, baron et seigneur dudit lieu, chevalier à la cour souveraine du parlement de Dôle ; — noble François de Valanjin, chevalier, sieur de Fallon, gouverneur de Charlemont ; — Pierre Escarnot, de Voray, amodiateur de la seigneurie de Châtillon-le-Duc ; — messire Jacques Gollo, notaire à Chambornay ; — Claude-Antoine Buzon, cogouverneur de la cité impériale de Besançon, etc.

B. 4445. (Registre.) — In-4°, 325 feuillets, papier.

1680 (Juin). — Journal des audiences du bailliage de Vesoul, dans lequel on ne trouve que les noms et qualités des plaideurs, parmi lesquels figurent : noble Jean-Baptiste Varin, docteur en droit, citoyen de Besançon, sieur d'Audeux, Chalezeules et autres lieux ; — dom Jean de Vatteville, prince du Saint-Empire, évêque et comte de Lausanne, abbé de l'abbaye de la Charité ; — Claude-Louis de Cointet, sieur de Filain ; — noble Nicolas de la Rochelle coseigneur d'Echenoz-le-Sec ; — noble Claude de Rye, chevalier, baron de Ralançon et de Fondremand, seigneur de Port-sur-Saône, Saint-Valère, Pusy et autres lieux, maître de camp d'infanterie bourguignonne pour Sa Majesté catholique aux Pays-Bas, etc.

B. 4446. (Registre.) — In-4°, 230 feuillets, papier.

1680 (Juillet). — Journal des audiences du bailliage de Vesoul, dans lequel on ne trouve que les noms et qualités des plaideurs, parmi lesquels figurent : noble messire Gérard du Chastelet, chevalier, maréchal du Barrois; — Jacques Curie, de Vesoul, sergent de LL. AA. SS. au bailliage dudit lieu; — nobles Charles, Catherine et Anne de Cicon, enfants de Marc de Cicon, seigneur de Richecourt, Gevigney et autres lieux; — noble Nardin de Lavier, sieur de Pontcey; — noble Antoine Gayon, docteur en droit, conseiller en la cour souveraine du parlement de Dôle, etc.

B. 4447. (Registre.) — In-4°, 680 feuillets, papier.

1680 (Août). — Journal des audiences du bailliage de Vesoul, dans lequel on ne trouve que les noms et qualités des plaideurs, parmi lesquels figurent : messire Pierre Ligier, prêtre, chapelain de la chapelle Saint-Pierre, érigée en l'église de Besançon; — Pierre Favière, notaire à Gevigney; — nobles Adrien, Claude, Gaspard, Jean-François et Claude-Antoine de Joux, enfants de dame Jeanne de Grammont, veuve de haut et puissant seigneur, noble Jacques de Joux, dit de Grammont, seigneur de Châtillon-Guyotte, etc.

B. 4448. (Registre.) — In-4°, 1340 feuillets, papier.

1680 (Septembre). — Journal des audiences du bailliage de Vesoul, dans lequel on ne trouve que les noms et qualités des plaideurs, parmi lesquels figurent : Étienne Bonnet, procureur postulant à la cour souveraine du parlement de Dôle; — noble Adam de Saint-Mauris, sieur de la Lanterne; — nobles Pierre, Claude et Jeanne Deschamps, enfants de Claude Deschamps, sieur de Gezier; — dame Gabrielle de Lénoncourt, dame de Cintrey, Vitrey, Chauvirey, et autres lieux; — noble Louis de Scey, seigneur de Talmay; — noble François Sanche, écuyer, sieur de Montcourt, etc.

B. 4449. (Registre.) — In-4°, 280 feuillets, papier.

1680 (Octobre). — Journal des audiences du bailliage de Vesoul, dans lequel on ne trouve que les noms et qualités des plaideurs, parmi lesquels figurent : messire Nicolas Hugueney, chapelain de la chapelle fondée dans l'église de Charles, en l'honneur de Saint-Michel; — noble Christophe de Salives, sieur de Rougey; — noble Georges de Raincourt, coseigneur de Bourtévelle; — noble François-Thomas Perrenot de Granvelle, comte de Cantecroix, baron et seigneur d'Avrigneurt, Maizières et autres lieux; — noble Jean-Baptiste de la Baume, chevalier, baron et seigneur de Montmartin; — François de la Baume, chevalier, comte de Montrevel, baron et seigneur de Cicon, Loulans, etc.

B. 4450. (Registre.) — In-4°, 1020 feuillets, papier.

1680 (Novembre). — Journal des audiences du bailliage de Vesoul, dans lequel on ne trouve que les noms et qualités des plaideurs, parmi lesquels figurent : Jean Rousselet, prêtre, gardien du couvent Saint-François de Rougemont; — noble François de Saint-Martin, sieur de Montureux; — noble Alexandre de Vuillz, seigneur de Busy, et dame Louise d'Andelot, sa femme, dame de Chemilly, Pontcey, Charmoille et autres lieux; — dom Guillaume Simonin, archevêque de Corinthe, abbé de l'abbaye Saint-Vincent de Besançon; — noble Antoine de Salives, chevalier, sieur de Villersvaudey, etc.

B. 4451. (Registre.) — In-4°, 1530 feuillets, papier.

1680 (Décembre). — Journal des audiences du bailliage de Vesoul, dans lequel on ne trouve que les noms et qualités des plaideurs, parmi lesquels figurent : noble Abraham du Hautois, seigneur de la Roche; — demoiselle Anne de Lignéville, fille d'Anne-Catherine de Playne, dame de Gouhenans; — noble de Balançon, baron et seigneur de Pusy; — messire Claude Othenin, amodiateur des revenus du treuil de Noidans-lès-Vesoul appartenant au marquis de Varambon, chevalier de l'ordre de la Toison-d'Or, etc.

B. 4452. (Registre.) — In-4°, 330 feuillets, papier.

1680 (Décembre). — Journal des audiences du bailliage de Vesoul, dans lequel on ne trouve que les noms et qualités des plaideurs, parmi lesquels figurent : noble Adam de Lassault, sieur de Mollans; — noble Jean Clerc, gouverneur de la cité impériale de Besançon; — Philippe-Antoine de Pillot, sieur de la Motte, demeurant à Besançon; — noble Jean-Claude Nardin, fils de Thomas Nardin, sieur de la Côte; — révérend seigneur, Antoine de la Baume, abbé et seigneur de Luxeuil; — noble Henri de Pierrefontaine, chevalier, seigneur de Voillans, Montcey et autres lieux; — dom Alphonse Bordenieux, abbé de l'abbaye de Faverney, etc.

D. 4153. (Registre.) — In-4°, 890 feuillets, papier.

1690 (Janvier). — Journal des audiences du bailliage de Vesoul, dans lequel on ne trouve que les noms et qualités des plaideurs, parmi lesquels figurent : messire Jean Prevost, procureur d'office en la justice de Cerre; — noble Pierre-Jean-Claude Ptremand, docteur en droit, citoyen de Besançon; — noble Chrestien d'Artigoty, chevalier, gentilhomme ordinaire du roi de France; — noble Joseph de Liez, baron et seigneur de Saint-Remy; — dame Marguerite du Luze, femme de haut et puissant seigneur, Antoine de Salives, chevalier, seigneur de Botoncourt; — noble François-Jules Rousselot, docteur en médecine, demeurant à Vesoul; — noble Jean-Fernand de Villey, seigneur du Magny; — Nicolas Simonoy, procureur de la confrérie de Saint-Nicolas, fondée en l'église dudit Magny, etc.

D. 4154. (Registre.) — In-4°, 940 feuillets, papier.

1691 (Janvier). — Journal des audiences du bailliage de Vesoul, dans lequel on ne trouve que les noms et qualités des plaideurs, parmi lesquel figurent : noble Abraham du Hautois, seigneur de Raincourt, la Roche et autres lieux; — demoiselle Anne de Lignéville, fille de dame Catherine de Playne, dame de Goubenans; — noble François Girardot, docteur en droit, lieutenant général au siége de Salins, sieur de Raze; — messire Louis Ligier, curé de Jussey; — Nicolas Jacquinot, docteur en droit, demeurant à Vesoul, etc.

B. 4155. (Registre.) — In-4°, 1300 feuillets, papier.

1691 (Février). — Journal des audiences du bailliage de Vesoul, dans lequel on ne trouve que les noms et qualités des plaideurs, parmi lesquels figurent : demoiselle Pierrette Damedor, veuve de noble Guillaume de Salives, demeurant à Vesoul; — dame Claudine Gavoille, veuve de Mathieu Lanoire, notaire à Faucogney; — Françoise de Grammont, dame de Comboing; — haut et puissant seigneur, messire Fernand le Blanc, dit d'Andelot, chevalier, seigneur d'Ollans; — Charles de Conflans, seigneur de Rouligney; — noble Philibert de Mugnans, sieur de Comberjon; — demoiselle Esther de Brunecoff, veuve de messire Étienne de Mesmay, procureur fiscal au bailliage d'Amont; — François-Thomas Perrenot, dit de Granvelle, chevalier, comte de Cantecroix, baron et seigneur de Mazières; — messire Claude-François de la Baume, chevalier, comte de Montrevel, baron et seigneur de Loulans et autres lieux, etc.

D. 4156. (Registre.) — In-4°, 1200 feuillets, papier.

1691 (Mars). — Journal des audiences du bailliage de Vesoul, dans lequel on ne trouve que les noms et qualités des plaideurs, parmi lesquels figurent : noble seigneur, Marc de Villers, seigneur de Vougécourt; — généreux seigneur, Claude Roger de Grandmont, chevalier, seigneur de Vellechevreux; — messire Perronin, de Clermont, chevalier, seigneur de Saint-Georges; — dame Marguerite de Poligny, femme de messire Claude de Bauffremont, chevalier, baron de Scey-sur-Saône, seigneur de Pusey et autres lieux; — révérend seigneur, Antoine de la Baume, abbé et seigneur de l'abbaye de Luxeuil; — messire Jean Mathyot, docteur en théologie, curé de Raincourt; — messire Pierre Ligier, prêtre, chapelain de l'église Monsieur Saint-Pierre de Besançon, etc.

D. 4157. (Registre.) — In-4°, 1250 feuillets, papier.

1691 (Mars). — Journal des audiences du bailliage de Vesoul, dans lequel on ne trouve que les noms et qualités des plaideurs, parmi lesquels figurent : dom Valentin Postel, abbé et seigneur de l'abbaye de Bithaine; — généreux seigneur, Antoine de Grandmont, seigneur de Melisey; — demoiselle Claudine de Grachaux, veuve et usufruitière des biens de généreux seigneur, Étienne de Chaffoy, seigneur d'Eugny, Mugnans, Courcelles et autres lieux; — généreux seigneur, Claude-Baptiste de Vy, seigneur de Mailleroncourt, Bourbévelle, Cerre et Ranzevelle, impétrant en barre contre Michel-Christophe d'Hennezel, seigneur de la verrerie du Grand-Mont-es-bois de Vosges, etc.

B. 4158. (Registre.) — In-4°, 710 feuillets, papier.

1691 (Avril). — Journal des audiences du bailliage de Vesoul, dans lequel on ne trouve que les noms et qualités des plaideurs, parmi lesquels figurent : demoiselle Élisabeth de Palu, femme de Claude de la Palu, chevalier, sieur de Poyans; — dame Marguerite de Poligny, femme de Claude de Bauffremont, baron de Sombernon; — messire Étienne de Montravel, cogouverneur de la cité impériale de Besançon; — Marc de Salives, sieur de Corre; — dom frère Pierre de Cléron, chapelain de la chapelle Notre-Dame, fondée en l'église de Mailley, etc.

B. 4459. (Registre.) — In-4°, 920 feuillets, papier.

1691 (Mai). — Journal des audiences du bailliage de Vesoul, dans lequel on ne trouve que les noms et qualités des plaideurs, parmi lesquels figurent : Pierre Hulot, notaire, châtelain de Cromary; — noble François de Scey, chevalier, et madame de Chateney, seigneur et dame de Buthier; — nobles Jean-Claude et Isabeau de Baron, enfants de Marguerite d'Auxon; — dom Étienne Martin, prêtre, grand prieur à Luxeuil; — Jean-Jacques Seglin, maire et receveur général de LL. AA. SS. à Genevreuille; — demoiselle Anne de Mesmay, demeurant à Besançon; — la confrérie de Saint-Nicolas érigée en l'église paroissiale de Vesoul; — les Annonciades de Vesoul, etc.

B. 4460. (Registre.) — In-4°, 690 feuillets, papier.

1691 (Mai). — Journal des audiences du bailliage de Vesoul, dans lequel on ne trouve que les noms et qualités des plaideurs, parmi lesquels figurent : noble Hardouin de Cléron, chevalier de Saint-Georges, seigneur de Rupt; — Luc Lambelin, François Balland et Pierre Leroux, amodiateurs des prévôtés de Vesoul et de Montjustin appartenant à LL. AA. SS.; — noble Gabriel de Cléron, chevalier, seigneur de Cléron, Mailley et autres lieux; — illustre princesse, Caroline d'Autriche, procuratrice spéciale d'illustre seigneur, dom François-Thomas Perrenot de Grandvelle, dit d'Oiselay; — demoiselle Claudine de Grachaux, veuve de Melchior de Chaffoy, sieur de Corcelle, etc.

B. 4461. (Registre.) — In-4°, 1230 feuillets, papier.

1691 (Juin). — Journal des audiences du bailliage de Vesoul, dans lequel on ne trouve que les noms et qualités des plaideurs, parmi lesquels figurent : noble Pierre Deschamps, chevalier, seigneur de Tresilley; — noble Ferdinand le Blanc, dit d'Andelot, chevalier, seigneur de Delain; — noble Abraham du Hautoy, baron de Richecourt; — noble François Thierry, sieur de Mailleroncourt-Charette; — messire François Moron, chanoine à

Villersexel, receveur des chanoines et prébendier de l'église dudit lieu; — la baronne de Ray; — dame Éléonore de Thomassin, dame de Flagy, etc.

B. 4462. (Registre.) — In-4°, 730 feuillets, papier.

1691 (Juin). — Journal des audiences du bailliage de Vesoul, dans lequel on ne trouve que les noms et qualités des plaideurs, parmi lesquels figurent : noble François Grégoire, coseigneur à Boray; — Nicolas Jacquinot, docteur en droit, seigneur d'Auxon; — noble Claude-Louis de Cointet, seigneur de Filain; — messire Louis Leroux, procureur en la terre et seigneurie de Cherlieu; — illustre dame, la princesse Caroline d'Autriche; — Charles de Conflans, seigneur de Broye, Mercey, Govigney, Bouligney et autres lieux; — messire Bénigne de Thomassin, protonotaire du saint siège apostolique, chanoine en l'église métropolitaine de Besançon, prieur du prieuré de Port-sur-Saône, etc.

B. 4463. (Registre.) — In-4°, 713 feuillets, papier.

1691 (Juillet). — Journal des audiences du bailliage de Vesoul, dans lequel on ne trouve que les noms et qualités des plaideurs, parmi lesquels figurent : Élisabeth de Salives, femme de haut et puissant seigneur, Claude de la Palud, chevalier, demeurant à Vesoul; — messire Jean-Baptiste de la Baume, chevalier, baron et seigneur de Montmartin; — Jeanne de Grammont, veuve de noble Jacques de Joux, dit de Grammont, seigneur de Châtillon-Guyotte; — noble Adam de Reinach, seigneur d'Amoncourt; — noble Adam de Rosières, seigneur de Sorans; — messire Bonaventure de Salives, chanoine à la métropole de Besançon; — noble François de Scey, chevalier et dame Anne de Chateney, sa femme, seigneur et dame de Buthier; — noble Claudine de Grachaux, veuve de Melchior de Chaffoy, seigneur de Corcelle, etc.

B. 4464. (Registre.) — In-4°, 680 feuillets, papier.

1691 (Juillet). — Journal des audiences du bailliage de Vesoul, dans lequel on ne trouve que les noms et qualités des plaideurs, parmi lesquels figurent : demoiselle Élisabeth de Mandre, veuve de noble Adrien de Salives, seigneur de Corre; — noble Jean-Claude et Pierre de Chaffoy, enfants de Melchior de Chaffoy, sieur de Corcelle; — messire Claude Rebourg, procureur d'office en la justice de Vougécourt; — maître Julien Maire, procureur du Roi à Passavant; — les confrères de la confrérie

Monsieur Saint-Nicolas, érigée en l'église de Vesoul; — messire François-Jules Malbouhans, sieur de la Montollotte; — les révérends pères capucins de Vesoul, et les fabriciens de l'église de Montjustin; — les révérendes dames religieuses de l'ordre de Sainte-Claire de Besançon; — les pauvres de l'hôpital de Vesoul; — Claude Viron, prêtre religieux au prieuré de Marast, etc.

D. 4465. (Registre.) — In-4°, 780 feuillets, papier.

1691 (Août). — Journal des audiences du bailliage de Vesoul, dans lequel on ne trouve que les noms et qualités des plaideurs, parmi lesquels figurent : messire Nicolas Huguenin, notaire, amodiateur de la portion de seigneurie de Vongécourt, appartenant à noble Marc de Villiers, sieur dudit lieu ; — Claire de Vy, dame de Gevigney ; — noble Jean-Baptiste Varin, docteur en droit, gouverneur en la cité impériale de Besançon; — noble Claude-Baptiste de Vy, seigneur de Mailleroncourt-Charrette, Bourbévelle, etc.; — messire Jean Vichot, docteur en droit, citoyen de Besançon; — noble Guillaume Vernerey, sieur de Montcourt, capitaine de Granges; — noble Guillaume de la Vigne, mari de demoiselle Anne de Grammont de Villersexel, etc.

B. 4466. (Registre.) — In-4°, 580 feuillets, papier.

1691 (Août). — Journal des audiences du bailliage de Vesoul, dans lequel on ne trouve que les noms et qualités des plaideurs, parmi lesquels figurent : le conseiller Froissard, agent des révérends pères cordeliers de Dôle ; — messire Claude Mugnier, prêtre, chanoine en l'église métropolitaine de Besançon ; — noble messire Louis de Chauvirey, prêtre, chanoine à Besançon ; — les révérends pères cordeliers du couvent de Rougemont ; — noble messire d'Achey, chevalier, gouverneur de la ville de Dôle, seigneur de Touraise, etc.; — Antoine de Salives, chevalier, sieur de Villersvaudey, etc.; — messire Jean-Baptiste de Jeoffroy, chanoine à l'église de Besançon, et sieur prébendier de l'une des prébendes de Pouilley-les-Vignes ; — Désiré Pacoutet, demeurant à Arbois, visiteur des grands chemins près le ressort de Vesoul et Baume, etc.

B. 4467. (Registre.) — In-4°, 380 feuillets, papier.

1691 (Septembre). — Journal des audiences du bailliage de Vesoul, dans lequel on ne trouve que les noms et qualités des plaideurs, parmi lesquels figurent : noble Claude-François de Ray, baron et seigneur dudit lieu ; — Béatrix de Grammont, dame de Confiandey, Chargey, etc.; — noble Martin de Villers, seigneur de Ranzevelle, Origuoncourt, etc.; — noble Adam de Saint-Mauris, seigneur de la Lanterne ; — noble Guillaume Vernerey, sieur de Montcourt, capitaine de Granges ; — messire de Vallengin, chevalier Despigny-Roye, coseigneur à Huanne; — dom Étienne Martin, grand prieur à Luxeuil ; — noble Jean-Ferdinand de Vuitz, seigneur à Magny, etc.

D. 4468. (Registre.) — In-4°, 320 feuillets, papier.

1691 (Septembre). — Journal des audiences du bailliage de Vesoul, dans lequel on ne trouve que les noms et qualités des plaideurs, parmi lesquels figurent : noble Jean du Plaine, amodiateur des terre et seigneurie de Gouhenans, et demoiselle Anne de Lignéville, dame dudit lieu; — noble François Damedor, et demoiselle Pierrette Damedor, veuve de Guillaume de Salives, demeurant à Vesoul ; — noble Jean-Adam de Reinach, seigneur d'Amoncourt; — les vénérables curés, chanoines et prébendiers de l'église de Villersexel ; — noble Adrien de Lassault, seigneur de Guiseuil ; — noble Étienne de Lavier, coseigneur à Calmoutier, etc.

B. 4469. (Registre.) — In-4°, 790 feuillets, papier.

1691 (Septembre). — Journal des audiences du bailliage de Vesoul, dans lequel on ne trouve que les noms et qualités des plaideurs, parmi lesquels figurent : noble messire Erard du Chastelet, seigneur de Gouhenans; — noble Jean-Baptiste de Montby, seigneur de Bournois, etc.; — noble Jean Vichot, docteur en droit, citoyen de Besançon; — maître Jacques Eglin, receveur général à Lure; — Jean-François Renard, tabellion général en Bourgogne, demeurant à Jonvelle ; — messire Jean Malbouhans, prêtre familier en l'église de Vesoul ; — Luc Marquis, dit Salivet, docteur en droit à Vesoul ; — noble messire Henry de Pierrefontaine, chevalier, sieur de Voillans ; — noble François de Scey, sieur de Buthier, etc.

B. 4470. (Registre.) — In-4°, 1260 feuillets, papier.

1691 (Octobre). — Journal des audiences du bailliage de Vesoul, dans lequel on ne trouve que les noms et qualités des plaideurs, parmi lesquels figurent : noble César de Valimbert, citoyen de Besançon ; — demoiselle Élisabeth de Salives, femme de Claude de la Pala, chevalier, sieur de Poyans ; — noble seigneur, dom François Thomas

Perrenot de Grandvelle, chevalier, comte de Cantecroix, baron et seigneur de Mahières, etc.; — noble Claude Cordemoy, docteur en droit, avocat fiscal au siège du bailliage de Vesoul; — demoiselle Antoinette Demongenet, veuve de Mathieu Ballard, docteur en droit, demeurant à Vesoul; — dame Marie de Rable, baronne de Saint-Remy; — dom Guillaume Bardot, abbé, seigneur de Clairefontaine; — les révérends abbés et religieux du couvent Monsieur Saint-Paul de Besançon, etc.

D. 4471. (Registre.) — In-4°, 400 feuillets, papier.

1691 (Novembre). — Journal des audiences du bailliage de Vesoul, dans lequel on ne trouve que les noms et qualités des plaideurs, parmi lesquels figurent : noble Nicolas de Lavier, écuyer, sieur de Pontcey; — noble Abraham du Faulcon, chevalier, baron, sieur de Raincourt; — messire Ogier, curé de Cerre; — messire Christophe Duplan, prieur du Marteroy; — révérende dame, Hélène de Rye, abbesse de l'abbaye de Baume; — dame Marguerite Chabot et François de Rye, marquis de Varambon, seigneur de Montaigu; — dom Joachim de Dortant, administrateur des biens et revenus de l'abbaye Monsieur Saint-Pierre de Luxeuil; — messire Lambelin, curé de Luxeuil, chapelain de la chapelle Notre Dame, fondée en l'église de Vellefaux; — noble Philibert de Poligny, chevalier, seigneur de Volle; — noble François de Cléron, dit de Voisey, chevalier, seigneur de Mailley, etc.

B. 4472. (Registre.) — In-4°, 840 feuillets, papier.

1691 (Novembre). — Journal des audiences du bailliage de Vesoul, dans lequel on ne trouve que les noms et qualités des plaideurs, parmi lesquels figurent : messire Pierre Leroux, procureur postulant au bailliage de Vesoul, amodiateur des exploits pour Sa Majesté catholique; — noble messire Jean-Baptiste de la Baume, chevalier, baron et seigneur de Montmartin; — noble François Thierry, sieur de Magnoncourt; — noble Christin d'Artigny, chevalier, gentilhomme ordinaire du roi de France; — noble Joseph de Luz, baron et seigneur de Saint-Remy; — noble Racle, sieur de la Roche; — noble Claude de Vy, sieur de Mailleroncourt, Bourbévelle et autres lieux; — maître Humbert Chauvirey, chirurgien, demeurant au Faby; — le marquis de Varambon, seigneur à Noidans-les-Vesoul, etc.

B. 4473. (Registre.) — In-4°, 800 feuillets, papier.

1692 (Janvier). — Journal des audiences du bailliage de Vesoul, dans lequel on ne trouve que les noms et qualités des plaideurs, parmi lesquels figurent : noble Guillaume Vernerey, sieur de Montcourt, capitaine du château de Granges, impétrant en barre contre Diane de Baurau, dame d'Equevilley; — illustre seigneur, Claude de Rye, chevalier, baron de Balançon et de Fondremand, seigneur de Port-sur-Saône; — noble François Girardot, docteur en droit, sieur de Raze, lieutenant général au siège de Salins; — noble Louis de Baron, sieur de Rosey, agissant comme tuteur de Jean Claude, Béatrix, Gérôme et Isabeau de Baron, enfants et héritiers de Marguerite d'Auxon; — généreux seigneur, Chrestien d'Artigoty, chevalier ordinaire du roi de France, impétrant contre messire Joseph de Baron, seigneur de Saint-Remy; — demoiselle Anne Lalier, veuve de généreux seigneur, Pierre d'Augicourt, seigneur dudit lieu, d'Autrey et autres lieux, etc.

B. 4474. (Registre.) — In-4°, 300 feuillets, papier.

1692 (Janvier). — Journal des audiences du bailliage de Vesoul, dans lequel on ne trouve que les noms et qualités des plaideurs, parmi lesquels figurent : les habitants de la commune de Mondon, appelants contre illustre seigneur, Claude-Jean-Baptiste de la Baume, chevalier, baron et seigneur de Montjustin; — révérend seigneur, dom Jean de Vatteville, évêque et comte de Lausanne, abbé de l'abbaye Notre-Dame de la Charité; — haute et puissante dame, Claude-Béatrix de Grammont, femme de haut et puissant seigneur, messire Claude-François de Ray, baron et seigneur dudit lieu, impétrante contre Jean-François de Geoffroy, seigneur d'Ancier, la Vaivre et autres lieux; — dom frère Pierre de Cléron, chapelain de la chapelle Notre-Dame, fondée en l'église de Mailley, etc.

B. 4475. (Registre.) — In-4°, 600 feuillets papier.

1692 (Février). — Journal des audiences du bailliage de Vesoul, dans lequel on ne trouve que les noms et qualités des plaideurs, parmi lesquels figurent : messire Dieudonné Malteste, prêtre, prieur du prieuré de Fleurey-les-Saint-Loup; — illustre seigneur, dom François-Thomas Perrenot de Grandvelle, chevalier, comte de Cantecroix, baron et seigneur de Maizières et autres lieux; — noble Jean Vardin, citoyen de Besançon; — illustrissime et révérendissime seigneur, messire Ferdinand de Longvy, dit de Rye, archevêque de Besançon, prince du Saint-Empire, abbé commendataire de l'abbaye Notre-Dame de Cherlieu, impétrant contre les Annonciades de Vesoul; — messire Jean Bresson, de Jonvelle, familier en l'église dudit lieu; — Marie Caboz, de Vesoul, demeurant à Quincey, veuve de noble François

Sonnet, seigneur de Calmoutier; — généreux seigneur, Jean-Fernand de Vitz, seigneur du Magny et de Gevigney, etc.

B. 4476. (Registre.) — In-4°, 800 feuillets, papier.

1677 (Avril). — Journal des audiences du bailliage de Vesoul, dans lequel on ne trouve que les noms et qualités des plaideurs, parmi lesquels figurent : maître Nicolas Ménière, de Jasney, amodiateur des biens et revenus appartenant à madame de Malbay; — noble Claude Richardot, sieur de Jussey; — Gaspard et Jean-Claude de Gilley, frères, barons du Saint-Empire, seigneurs de Longevelle, Marnoz et autres lieux; — Claude Clerc, de Vesoul, docteur en droit, receveur du don gratuit accordé à leurs altesses sérénissimes; — noble François Damedor et Pierrette Damedor, sa sœur, veuve de noble Guillaume de Salives, demeurant à Vesoul; — Jeannette Déchamp, femme de noble Benoît de la Tour, seigneur de la Côte; — généreux seigneur, Adrien de Rozières, seigneur de Brearey, Sorans et autres lieux, etc.

B. 4477. (Registre.) — In-4°, 800 feuillets, papier.

1677 (Avril). — Journal des audiences du bailliage de Vesoul, dans lequel on ne trouve que les noms et qualités des plaideurs, parmi lesquels figurent : honorable Dasle Gurnel, châtelain de Granges; — vénérable et discrète personne, Antoine Huguenin, chanoine au chapitre de Calmoutier; — noble Christophe de Ferrière, écuyer, impétrant au décret contre généreux seigneur, Claude de Poligny, seigneur de Traves, François de Poligny, seigneur de Châtillon sur Lison, et Philibert de Poligny, seigneur de Velle-le-Châtel, fils et héritiers de généreux seigneur, messire Gaspard de Poligny, leur père, chevalier, seigneur desdits lieux; — généreux seigneur, François de Saint-Martin, seigneur de Montureux, Cendrecourt et autres lieux; — noble Jean Warodz le jeune, capitaine et châtelain de la prévôté de Montjustin, pour le roi catholique; — dame Marie de Rable, dame et baronne de Saint-Remy, impétrante contre révérend père en Dieu, dom Guillaume Bardot, abbé et seigneur de Clairefontaine, etc.

B. 4478. (Registre.) — In-4°, 800 feuillets, papier.

1677 (Mai). — Journal des audiences du bailliage de Vesoul, dans lequel on ne trouve que les noms et qualités des plaideurs, parmi lesquels figurent : noble Claude de Raincourt, sieur de Fallon; — Nicolas Grosjean, de Faucogney, docteur en droit, administrateur des revenus de l'hôpital dudit lieu; — messire Louis Sauget, prêtre, prébendier de l'église de Chambornay, chanoine de l'église métropolitaine de Besançon; — noble Jean-Baptiste de Byans, et Antoinette de la Jonchière, sa femme, seigneur et dame d'Equevilley; — messire Christophe de Cult, chevalier, seigneur de Comboing; — généreux seigneur, Claude-Baptiste de Vy, seigneur de Malleroncourt-Charette, Bourbévelle et autres lieux; — Pierrette Damedor, veuve de noble Guillaume de Salives, demeurant à Vesoul, etc.

B. 4479. (Registre.) — In-4°, 800 feuillets, papier.

1677 (Juillet). — Journal des audiences du bailliage de Vesoul, dans lequel on ne trouve que les noms et qualités des plaideurs, parmi lesquels figurent : maître Claude Antoine, postulant au siège de Vesoul, tuteur datif de Marguerite et Humbert de Mesmay, enfants et héritiers de noble Étienne de Mesmay, docteur en droit, demeurant à Vesoul; — noble Louis Pétrey, docteur en droit, seigneur de Champvans, conseiller de la cour souveraine du parlement de Dôle; — haut et puissant seigneur, messire Christophe de Rye, marquis de Varambon, chevalier de l'ordre de la Toison-d'Or, comte de Varaix et de la Roche, baron et seigneur de Neufchatel, Villersexel et autres lieux, impétrant en barre, contre Jean Besançenot, docteur en droit, conseiller du Roi au parlement de Dôle; — généreux seigneur, Adam de Saint-Mauris, seigneur de la Lanterne, Fessey et autres lieux, etc.

B. 4480. (Registre.) — In-4°, 1200 feuillets, papier.

1677 (Août). — Journal des audiences du bailliage de Vesoul, dans lequel on ne trouve que les noms et qualités des plaideurs, parmi lesquels figurent : Françoise Richet, femme de Jean Nardin, docteur en droit, cogouverneur de la cité impériale de Besançon; — Jeannette Deschamp, femme de noble Benoist de la Tour, seigneur de la Côte; — noble Nicolas Sonnet, seigneur d'Auxon; — noble Claude Cordemoy, de Vesoul, docteur en droit, seigneur de Francalmont, avocat fiscal au bailliage d'Amont; — messires Étienne Gurnel, Claude Robert et Claude Virou, prêtres, religieux du prieuré de Marast, impétrants contre honorable Claude Rondot, de Pont-sur-l'Ognon, amodiateur des revenus dudit prieuré; — Nicolas Grosjean, de Faucogney, docteur en droit, impétrant en matière de nouvelleté, contre noble Jacques de Maçon, seigneur d'Esboz; — messire Pierre Compain, prêtre, curé de Bourhois, chapelain de la chapelle Saint-Nicolas, fondée en l'église dudit lieu;

— messire Henri de Pierrejux, chevalier, seigneur de Ternuay, impétrant contre messire François de Scey, chevalier, seigneur de Ruthier, etc.

B. 4481. (Registre.) — In-4°, 600 feuillets, papier.

1699 (Septembre). — Journal des audiences du bailliage de Vesoul, dans lequel on ne trouve que les noms et qualités des plaideurs, parmi lesquels figurent : François Baland et Pierre Larroux, amodiateurs des prévôtés de Vesoul et de Monjustin appartenant à Sa Majesté catholique ; — Élisabeth de Salives, femme de généreux seigneur, Claude de la Palu, chevalier, baron et seigneur de Monjustin, impétrante contre noble Marc de Salives, seigneur de Cerre, tuteur des enfants de noble Guillaume de Salives ; — Madeleine de la Tour, dame d'Ancier ; — généreux seigneur, Jean-Adam de Reinach, seigneur d'Amoncourt ; — Anne de Chassey, femme de généreux seigneur, Antoine d'Aubonne, seigneur de Buffignécourt ; — honoré sieur, Charles de Conflans, seigneur de Mercey, Gevigney et Bouligney ; — Anne d'Andelot, dame de Breurey et Fleurey, etc.

B. 4482. (Registre.) — In-4°, 500 feuillets, papier.

1699 (Septembre). — Journal des audiences du bailliage de Vesoul, dans lequel on ne trouve que les noms et qualités des plaideurs, parmi lesquels figurent : révérend père en Dieu, dom Alphonse Doresmieux, abbé et seigneur de Faverney ; — illustrissime et révérendissime seigneur, messire Ferdinand de Longvy, dit de Rye, archevêque de Besançon ; — généreux seigneur, Thomas de Geoffroy, seigneur de Novillars ; — Jean Besancenot, docteur en droit, seigneur de Cendrecourt ; — illustrissime et révérendissime seigneur, le cardinal de Madruche, évêque et prince de Trente, abbé et seigneur de l'abbaye Saint-Paul de Besançon, impétrant en nouvelleté, contre discrète personne, Claude Mugnier, prêtre, prébendier de la cure de Chambornay ; — dame Jeanne de Gouhenans, dame de Confignon et d'Athesans, etc.

B. 4483. (Registre.) — In-4°, 600 feuillets, papier.

1699 (Octobre). — Journal des audiences du bailliage de Vesoul, dans lequel on ne trouve que les noms et qualités des plaideurs, parmi lesquels figurent : messire Nicolas Mathey, prêtre, curé de Saint-Germain, chapelain de la chapelle fondée en l'honneur de Saint-André dans l'église de Baulay ; — Marie de Robbe, dame et baronne de Saint-Remy, impétrante en nouvelleté, contre révérend père en Dieu, dom Guillaume Bardot, abbé et seigneur de l'abbaye de Clairefontaine ; — révérendissime seigneur, dom Jean de Vatteville, prince du Saint-Empire, comte et évêque de Lausanne, abbé de l'abbaye de la Charité ; — vénérable et égrégée personne, messire Claude Munier, chanoine en l'église métropolitaine de Besançon, prieur du prieuré de Chambornay-les-Pin ; — noble François Grégoire, coseigneur à Borrey, etc.

B. 4484. (Registre.) — In-4°, 920 feuillets, papier.

1699 (Novembre). — Journal des audiences du bailliage de Vesoul, dans lequel on ne trouve que les noms et qualités des plaideurs, parmi lesquels figurent : messire noble de Gilley, chevalier et Jean-Claude de Gilley, baron du Saint-Empire, seigneurs de la Villeneuve ; — Antoine d'Aubonne, sieur à Buffignécourt ; — dom François Thomas Perrenot de Grandvelle, dit d'Oiselay, comte de Cantecroix, prince du Saint-Empire, chevalier de l'ordre de la Toison-d'Or, seigneur de Scey, Villeneuve et autres lieux ; — messire Jean Martin, curé de Vaivre ; — noble Guillaume de la Vigne, sieur à Villersexel ; — dame Lamberte de Lugny, mère d'Albertine de la Baume, dame et baronne de Pesmes, Bougnon et autres lieux ; — messire Jean Cabet, prêtre, chanoine en l'église de Besançon, etc.

B. 4485. (Registre.) — In-4°, 910 feuillets, papier.

1699 (Novembre). — Journal des audiences du bailliage de Vesoul, dans lequel on ne trouve que les noms et qualités des plaideurs, parmi lesquels figurent : noble Jean-Ferdinand de Treslon, chevalier, seigneur de Gouhelans, Fretigney ; — Claude Lanoire, religieux en l'ordre des révérends pères Minimes de Renaucourt ; — Hugues Mortant, receveur des biens et revenus de la seigneurie de Bourguignon-les-Morey ; — noble Laurent Renaud d'Aillevans, procureur spécial des révérends doyen, chanoines et chapitre de la collégiale Notre-Dame de Dôle, prieurs et seigneurs du prieuré de Marast ; — noble Pierre de Chaffoy, seigneur de Gouhelans, Nans et autres lieux ; — Lucrèce d'Orsans, dame de la Neuvelle, Gouhelans et autres lieux ; — dame Marguerite de Cicon, veuve de Jean Saint-Martin, sieur à Mersuay, etc.

B. 4486. (Registre.) — In-4°, 1030 feuillets, papier.

1699 (Janvier). — Journal des audiences du bailliage de Vesoul, dans lequel on ne trouve que les noms et qualités des plaideurs, parmi lesquels figurent : noble Louis Pétrey, sieur de Champvans, conseiller à la cour souveraine du parlement de Dôle ; — messire Hardouin de Clermont, chevalier, seigneur de Saint-Georges ; — messire Gérard de Fraing, curé d'Ainvelle ; — Claude de la Palu, chevalier, baron et seigneur de Gondenans ; — Claude Étienne May, postulant au siége de Quingey ; — Michel Domellet, chirurgien à Vesoul ; — messire François Moran, chanoine à Villersexel ; — noble François Philibert de Montby, seigneur à Gondenans ; — noble Claude Cordemoy, avocat fiscal au bailliage de Vesoul, etc.

B. 4487. (Registre.) — In-4°, 1400 feuillets, papier.

1622 (Janvier). — Journal des audiences du bailliage de Vesoul, dans lequel on ne trouve que les noms et qualités des plaideurs, parmi lesquels figurent : noble Hardouin de Clermont, chevalier, seigneur de Saint-Georges, Delain, Rupt et autres lieux ; — messire Simon Vandelin Bourguignot, écuyer, à Vesoul ; — noble Jean-Gabriel de Vaudrey, seigneur de Vallerois-le-Bois ; — noble Claude de Vy, seigneur de Mailleroncourt-Charette, Bourbevelle ; — noble Georges de Remecourt, seigneur à Bourbevelle ; — noble Adrien de Rosières, sieur de Sorans, Breurey et autres lieux ; — messire Monot, amodiateur des terre et seigneurie de Loulans ; — noble François de Valengin, chevalier, seigneur de Mathay, Huanne, Mondon et autres lieux ; — noble Antoine d'Aubonne, seigneur de Buffignécourt, etc.

B. 4488. (Registre.) — In-4°, 1320 feuillets, papier.

1622 (Février). — Journal des audiences du bailliage de Vesoul, dans lequel on ne trouve que les noms et qualités des plaideurs, parmi lesquels figurent : noble Honoré de Saint-Martin, sieur de Ranzevelle, Grignoncourt et autres lieux ; — demoiselle Marguerite de Villers, femme d'Aimé de Bonenil, sieur d'Eanfonvelle ; — demoiselle Claude de Villers, femme de Jean de Rosières, sieur de Montcourt ; — Antoinette de Faulquier, dame à Remiremont ; — noble Claude de Bauffremont, chevalier, baron de Scey, Pusey, Fouvent la Ville et autres lieux ; — Isabeau Pillot, veuve de Simon Duloysy, citoyen de Besançon ; — Jean Gurget Greusse, substitut de maître Antoine Clerc, procureur d'office à Neurey-les-la-Demie, etc.

B. 4489. (Registre.) — In-4°, 1210 feuillets, papier

1622 (Mars). — Journal des audiences du bailliage de Vesoul, dans lequel on ne trouve que les noms et qualités des plaideurs, parmi lesquels figurent : Marie de Roblet, dame et baronne de Saint-Remy ; — noble Jean-Baptiste de Cusance, abbé de l'abbaye Notre-Dame de Bellevaux ; — le curé et les familiers de M. Saint-Georges de Faucogney ; — Barthélemy Bourdenet et Antoine Huot, chanoines en l'église métropolitaine de Besançon ; — Nicolas Jannot, amodiateur du domaine royal à Port-sur-Saône ; — dom Guillaume Symonin, archevêque de Corinthe, abbé de l'abbaye Saint-Vincent de Besançon ; — dame Éléonore de Thomassin, baronne d'Autrey ; — noble François de Scey, chevalier, seigneur de Buthier etc.,

D. 4490. (Registre.) — In-4°, 820 feuillets, papier.

1622 (Mars). — Journal des audiences du bailliage de Vesoul, dans lequel on ne trouve que les noms et qualités des plaideurs, parmi lesquels figurent : Élisabeth de Salives, femme de Claude de la Palu, dame de Montjustin ; — honorable Jean-Claude Roland, docteur en droit, à Vesoul ; — Adrien de Rosières, seigneur de Sorans, Breurey et autres lieux ; — Michel Donzelot, chirurgien du Roi, à Vesoul ; — Étienne de Lavier, cosier à Calmoutier ; — messire Nicolas Morel, chanoine à l'église de Pont-les-Vesoul ; — messire Antoine Dauraucourt, chevalier, seigneur de Franoy, Vauconcourt et autres lieux ; — messire Henry Pautot, vicaire de la paroisse d'Aillevans ; — messire Antoine Huguenot, chanoine au chapitre de Calmoutier ; — mademoiselle Marguerite de Cicon, veuve de François de Saint-Martin, etc.

B. 4491. (Registre.) — In-4°, 640 feuillets, papier.

1622 (Mai). — Journal des audiences du bailliage de Vesoul, dans lequel on ne trouve que les noms et qualités des plaideurs, parmi lesquels figurent : dom Valentin, abbé et seigneur de l'abbaye Notre-Dame de Bithaine ; — Élisabeth de la Roche, veuve de noble Pierre de Constable, sieur à Gesans ; — noble Gaspard de Gilley, chevalier, baron du Saint-Empire, et Jean Claude de Gilley, son frère, seigneurs de la Villeneuve ; — noble François de Faulquier, sieur d'Aboncourt ; — dame Anne-Catherine de Matay, femme de noble Antoine de Charmoille, sieur de Melincourt ; — généreux seigneur, Philippe de Charmoille, seigneur audit Melincourt ; — les dames de l'illustre chapitre de Remiremont, etc.

B. 4492. (Registre.) — In-4°, 720 feuillets, papier.

1622 (Mai). — Journal des audiences du bailliage de

Vesoul, dans lequel on ne trouve que les noms et qualités des plaideurs, parmi lesquels figurent : Hilaire Croussot, receveur des exploits qui s'adjugent au siége du bailliage de Vesoul ; — noble François Girardot, sieur de Raze, lieutenant général au bailliage de Salins ; — noble Ferdinand de Longvy, dit de Rye, archevêque de Besançon, abbé de Cherlieux ; — haut et puissant seigneur, messire Christophe de Rye la Palud, chevalier de la Toison-d'Or, marquis de Varambon, comte de Veraix, la Roche, baron et seigneur de Neuchatel, Amance, Rougemont, Villersexel, Montaigu et autres lieux ; — messire Jean Cenet, docteur en médecine, demeurant à Villersexel ; — Jean Henry de Thomassin, protonotaire apostolique, prieur de Port-sur-Saône, etc.

B. 4493. (Registre.) — In-4°, 600 feuillets, papier.

1683 (Juin). — Journal des audiences du bailliage de Vesoul, dans lequel on ne trouve que les noms et qualités des plaideurs, parmi lesquels figurent : noble Jean de Vy, sieur de Contréglise, Pontcey et autres lieux ; — messire Nicolas Mathey, curé de Saint-Germain, chapelain de la chapelle fondée en l'église de Baulay, en l'honneur de Saint-André ; — noble François Friant, dit de Vault, de Faverney ; — maître Claude Tixerand, docteur en droit, à Lure ; — noble Claude de Raincourt, sieur à Fallon ; — messire Gaspard Demougin, docteur en droit, lieutenant général du bailliage de Dôle ; — messire Claude Monnier, chanoine à l'église métropolitaine de Besançon ; — noble Nicolas Duplessy, gentilhomme appointé en la cour de Lorraine, etc.

B. 4494. (Registre.) — In-4°, 840 feuillets, papier.

1683 (Juin). — Journal des audiences du bailliage de Vesoul, dans lequel on ne trouve que les noms et qualités des plaideurs, parmi lesquels figurent : noble Jean-Baptiste Varin, cogouverneur en la cité impériale de Besançon, seigneur d'Audeux et autres lieux ; — révérend seigneur, Jean de Montfort, grand archidiacre en l'église métropolitaine de Besançon, prieur de Moustier-Haute-Pierre ; — noble Antoine Buson, citoyen de Besançon ; — noble Nicolas Sonnet, sieur d'Auxon ; — noble Benoît de la Tour, seigneur à la Côte ; — messire Étienne Gallyot, chanoine en l'insigne chapitre de Besançon ; — noble François de Valengin, seigneur à Mathay, Huanne, Mondon et autres lieux ; — noble Claude de Rye, chevalier, baron de Balançon Fondremand et autres lieux, etc.

B. 4495. (Registre.) — In-4°, 1620 feuillets, papier.

1683 (Juillet). — Journal des audiences du bailliage de Vesoul, dans lequel on ne trouve que les noms et qualités des plaideurs, parmi lesquels figurent : messire François Gaicher, de Rougemont, procureur d'office de la terre et seigneurie de noble Ambroise de Précipiano, baron de Soye, sieur à Case ; — noble Jean-Baptiste de la Baume, chevalier et baron de Montmartin ; — Étienne May, procureur postulant au siége de Quingey ; — noble Jean Vichot, docteur en droit, amodiateur des terre et seigneurie de Scey-sur-Saône ; — noble seigneur, dom François Thomas Perrenot de Grandvelle, dit d'Oiselay, chevalier de la Toison d'Or, comte de Cantecroix, seigneur de Scey et autres lieux, etc.

B. 4496. (Registre.) — In-4°, 1020 feuillets, papier.

1683 (Août). — Journal des audiences du bailliage de Vesoul, dans lequel on ne trouve que les noms et qualités des plaideurs, parmi lesquels figurent : noble Jean-Claude de Baron, cosieur à Rosey ; — noble Claude-Baptiste de Vy, seigneur de Mailleroncourt-Charette et autres lieux ; — noble Jean Clerc, cogouverneur de la cité impériale de Besançon ; — noble Jean du Playne, seigneur à Vellechevreux ; — demoiselle Pierrette Damedor, veuve de noble Guillaume de Salives, de Vesoul ; — Élisabeth de Salives, femme de Claude la Palud, dame de Poyans et autres lieux ; — messire Nicolas Jacquinot, sieur d'Auxon ; — noble Claude de Bauffremont, chevalier, baron de Scey-sur-Saône, Pusey et autres lieux, etc.

B. 4497. (Registre.) — In-4°, 340 feuillets, papier.

1683 (Août). — Journal des audiences du bailliage de Vesoul, dans lequel on ne trouve que les noms et qualités des plaideurs, parmi lesquels figurent : noble Claude François de Lassault, sieur à Molay ; — dom Guillaume Bardot, docteur en sainte théologie et droit canon, abbé et sieur de Clairefontaine ; — messire Bonaventure de Palud, chanoine à Besançon ; — noble François de Scey, chevalier et dame Anne de Chatenoy, sa femme, seigneur de Buthier ; — messire Philibert Chapuis, curé à Mont-les-Etrelles ; — noble Hiérosme de Lisola, chevalier, citoyen de Besançon ; — messire Pierre Juan, chapelain en l'église Saint-Pierre de Besançon ; — noble Jean de Vaudrey, seigneur de Vallerois-le-Bois, etc.

B. 4498. (Registre.) — In-4°, 1080 feuillets, papier.

1683 (Septembre). — Journal des audiences du bailliage de Vesoul, dans lequel on ne trouve que les noms et qualités des plaideurs, parmi lesquels figurent : messire fière Jean François de Rougemont ; — Claude de Grammont, chevalier, seigneur de Vellefaux ; — Thomas Perréal, docteur en droit et Jean-Baptiste Perréal, son fils, sieur à Bonnal ; — messire Renobert Grégoire, curé à Fresne-le-Château ; — noble Marie Grégoire, docteur en droit, à Vesoul ; — noble Mathieu Belot, receveur général des revenus de la terre et seigneurie de Granges ; — Claude-Antoine Martin, sieur de la Maisière, etc.

B. 4499. (Registre.) — In-4°, 1080 feuillets, papier.

1693 (Octobre). — Journal des audiences du bailliage de Vesoul, dans lequel on ne trouve que les noms et qualités des plaideurs, parmi lesquels figurent : noble messire Jean-Baptiste de la Baume, chevalier, sieur et baron de Montmartin ; — noble Étienne de Lavier, cosieur à Calmoutier ; — noble Hardouin Gaspard de Clermont, sieur de Montot, Aroz, Artaufontaine et autres lieux ; — noble Ferdinand de Villey, sieur de Magny ; — Pierre Chalon, docteur en droit, à Vesoul ; — messire Henry Pautot, vicaire à Aillevans ; — noble Louis de Cointet, sieur à Filain ; — demoiselle Claudine Saugie, dame de Noidans-le-Ferroux, femme de noble Jules Cisers, gentilhomme milanais ; — Claude Monnier, chanoine en l'église de Besançon, etc.

B. 4500. (Registre.) — In-4°, 720 feuillets, papier.

1693 (Décembre.) — Journal des audiences du bailliage de Vesoul, dans lequel on ne trouve que les noms et qualités des plaideurs, parmi lesquels figurent : noble Louis Pétrey, docteur en droit, sieur à Champvans, conseiller au parlement de Dôle ; — messire Hardoin de Clermont, chevalier, seigneur de Saint-Georges ; — noble Claude de Lassault, écuyer, sieur de Molay ; — messire Simon Faulquier, chanoine en l'église collégiale de Gray, chapelain en la chapelle fondée en l'honneur de Saint-Georges en l'église de Faucogney ; — noble Jean de Passsebois, conseiller du roi de France et son lieutenant en l'élection de Langres ; — noble seigneur Thomas de Jouffrois, sieur de Vauvillers, etc.

B. 4501. (Registre.) — In-4°, 650 feuillets, papier.

1694 (Janvier). — Journal des audiences du bailliage de Vesoul, dans lequel on ne trouve que les noms et qualités des plaideurs, parmi lesquels figurent : Humbert de Mesmay, fils et héritier de noble Étienne de Mesmay, procureur au bailliage d'Amont ; — noble Louis Pétrey, docteur en droit, sieur de Champvans, conseiller au parlement de Dôle ; — haut et puissant seigneur, messire Hardouin de Clermont, chevalier, seigneur de Saint-Georges ; — noble Jean de Sacqueney, chevalier ; — dame Élisabeth de Salives, femme de généreux seigneur, messire Claude de la Palu, chevalier, baron et seigneur de Goddenans, et Montjustin ; — noble Louis de Baron, seigneur de Rosey, etc.

B. 4502. (Registre.) — In-4°, 800 feuillets, papier.

1694 (Janvier). Journal des audiences du bailliage de Vesoul, dans lequel on ne trouve que les noms et qualités des plaideurs, parmi lesquels figurent : messire Gaspard et Jean-Claude de Gilley, frères, barons et seigneurs de Longeville ; — Philibert de Charmoille, seigneur de Malincourt ; — noble Jean Nardin, docteur en droit, co-gouverneur de la cité impériale de Besançon ; — messire Michel Donselet, chirurgien à Vesoul, et dame Charlotte de Mongenet, sa femme ; — Jacques Foyot, demeurant à Maizières, amodiateur de la seigneurie de Mailloy ; — Philippe Chapuis, curé de Mont-les-Etrelles, impétrant en décret, contre Renobert Grégoire, curé de Fresne-le-Chastel, etc.

B. 4503. (Registre.) — In-4°, 900 feuillets, papier.

1694 (Février). — Journal des audiences du bailliage de Vesoul, dans lequel on ne trouve que les noms et qualités des plaideurs, parmi lesquels figurent : noble Claude Richardot, de Jussey ; — les habitants de la commune de Ranzevelle, contre révérend père en Dieu, dom Guillaume Bardot, docteur en sainte théologie et en droit canon, abbé de l'abbaye de Clairefontaine ; — messire Gaspard et Jean Claude de Gilley, frères, barons du Saint-Empire, seigneurs de Longeville, demandeurs en décret des biens de noble Jean de Playne, sieur de Vellechevreux ; — illustre seigneur, Thomas Perrenot de Grandvelle, dit d'Oiselay, prince du Saint-Empire, chevalier de la Toison-d'Or, comte de Cantecroix, baron et seigneur de la Villeneuve, impétrant en décret contre noble Louis de Baron, sieur de Roche, Francalmont et autres lieux, etc.

B. 4504. (Registre.) — In-4°, 800 feuillets, papier.

1694 (Février). — Journal des audiences du bailliage de Vesoul, dans lequel on ne trouve que les noms et qualités des plaideurs, parmi lesquels figurent : noble Jean-Baptiste de Byans, seigneur d'Équevilley ; — messire Hardouin de Clermont, chevalier, seigneur de Saint-Georges ; — messire Oudot Sonnet, prêtre à Vesoul, impétrant en barre et mainmise contre honorable Jean-Baptiste Sonnet, dudit lieu ; — honorable Jean Millot, de Chauvirey ; — messire Claude Clerc, docteur en droit, conseiller au parlement de Dôle ; — dame Élisabeth de Salives, femme de messire Claude de la Palud, chevalier, baron et seigneur de Gondenans, etc.

B. 4505. (Registre.) — In-4°, 780 feuillets, papier.

1694 (Mars). — Journal des audiences du bailliage de Vesoul, dans lequel on ne trouve que les noms et qualités des plaideurs, parmi lesquels figurent : noble Antoine de Salives, chevalier, seigneur de Villers-Vaudey, Betoncourt ; — demoiselle Charlotte de Crosey, femme de messire Pierre Chenal, de Cuse ; — messire Jean Dorval, chanoine en l'église métropolitaine de Besançon et messire Pierre Dupin, sieur de la Chanel, chanoine ; — Jean Besançenot, docteur en droit, sieur de Cendrecourt ; — dame Anne de Chaffoy, femme d'Antoine d'Aubonne, sieur de Buffignécourt ; — noble Claude de Bauffremont, chevalier, baron, seigneur de Chariez, Pusey, Pusy et autres lieux, etc.

B. 4506. (Registre.) — In-4°, 630 feuillets, papier.

1694 (Mars). — Journal des audiences du bailliage de Vesoul, dans lequel on trouve que les noms et qualités des plaideurs, parmi lesquels figurent : messire Jean Buretel, docteur en droit, à Vesoul ; — noble Jean-Baptiste de Byans, sieur à Équevilley ; — noble sieur, Jean de Saint-Mauris, sieur de Mésandans ; — les révérends pères jésuites du collège de Vesoul ; — messire Jean Guillemin, dit l'abbé, de Clerval sur le Doubs ; — honorable messire, de Chaffoy, seigneur de Gouhelans et autres lieux ; — Marc-Antoine Huguenet, chanoine de l'église de Calmoutier ; — Jean-Baptiste Baland, sous-diacre, chapelain de la chapelle de la Trinité, fondée en l'église de Vesoul ; — frère François de Crémeaux, chevalier de l'ordre de Saint-Jean de Jérusalem, commandeur de la Villedieu en Fontenette, etc.

B. 4507. (Registre.) — In-4°, 800 feuillets, papier.

1694 (Avril). — Journal des audiences du bailliage de Vesoul, dans lequel on ne trouve que les noms et qualités des plaideurs, parmi lesquels figurent : révérendissime seigneur, messire Ferdinand de Rye, abbé de l'abbaye de Cherlieu ; — messire Antoine de Salives, chevalier, seigneur de Villers-Vaudrey, Betoncourt, Éponoux et autres lieux ; — noble Claude-François de Lassaulx de Molay, écuyer ; — messire Simon Faulquier, prêtre, chanoine en l'église collégiale de Gray, chapelain de la chapelle fondée dans l'église de Sautx, en l'honneur de Saint-Georges ; — généreux seigneur, Claude-Baptiste de Vy, seigneur de Mailleroncourt-Charotte, Bourbévelle et autres lieux, etc.

B. 4508. (Registre.) — In-4°, 800 feuillets, papier.

1694 (Avril). — Journal des audiences du bailliage de Vesoul, dans lequel on ne trouve que les noms et qualités des plaideurs, parmi lesquels figurent : noble François-Jules Malbouans, seigneur de la Montoillotte ; — demoiselle Charlotte de Crosey, femme de messire Pierre Chenal, de Cuse ; — noble Jean-Claude de Baron, coseigneur à Rosey ; — messire Antoine d'Haraucourt, chevalier, seigneur de Villers-sur-Port, Frasnoy, Vauconcourt et autres lieux, impétrant en décret des biens de noble Jean Varoz le vieux, seigneur de Marchaux ; — noble sieur Jérôme de Lisola, citoyen de Besançon ; — noble Claude Cordemoy, docteur en droit, seigneur de Francalmont, etc.

B. 4509. (Registre.) — In-4°, 1200 feuillets, papier.

1694 (Mai). — Journal des audiences du bailliage de Vesoul, dans lequel on ne trouve que les noms et qualités des plaideurs, parmi lesquels figurent : noble Jean-Baptiste de Byans, seigneur à Équevilley ; — les habitants de Vesoul, impétrant en barre contre les Jésuites dudit lieu ; — Louis de Baron, seigneur de Rosey et Francalmont ; — messire Nicolas Jacquinot, seigneur d'Auxon ; — noble Ferdinand et François d'Hugier, seigneurs dudit lieu ; — révérend sieur, dom Bénigne de Thomassin, protonotaire du Saint-Siège apostolique, prieur de Port-sur-Saône ; — révérend père en Dieu, dom Alphonse Doresmieux, abbé de l'abbaye de Faverney, contre Claire d'Andelot, dame de Breurey, etc.

B. 4510. (Registre.) — In-4°, 800 feuillets, papier.

1694 (Juin). — Journal des audiences du bailliage de Vesoul, dans lequel on ne trouve que les noms et qualités des plaideurs, parmi lesquels figurent : messire Antoine de Salives, chevalier, seigneur de Villers-Vaudey, contre messire Antoine de Grammont, chevalier, sieur de Fallon et autres lieux ; — messire Louis Benoît, chevalier, sieur de Chauvillerain, et dame Chrestienne de Corbessain, sa femme; — dame Marguerite-Suzanne de Laubespin, veuve de généreux seigneur, Rémond d'Iselin, seigneur des Aynans; — dame Jeanne-Baptiste de Grammont, veuve de messire Antoine de Jouy, dit de Grammont, seigneur de Châtillon-Guyotte; — messire Ambroise Précipiano, baron et seigneur de Choye, Nans et Gondenans, etc.

B. 4311. (Registre.) — In-4°, 780 feuillets, papier.

1684 (Juillet). — Journal des audiences du bailliage de Vesoul, dans lequel on ne trouve que les noms et qualités des plaideurs, parmi lesquels figurent : demoiselle Antoinette de la Junchière, femme de Jean-Baptiste de Byans, sieur d'Équevilley; — généreux seigneur, Adam de Saint-Mauris, seigneur de Sainte-Marie; — noble Jean de Valleville, évêque et comte de Lausanne, abbé et seigneur de l'abbaye Notre-Dame de la Charité; — noble messire Jean-Baptiste de la Baume, comte de Montrevel, seigneur de Loulans; — messire Jean-Baptiste Courvoisier, citoyen de Besançon; — noble Claude de Rye, chevalier de l'ordre de Saint-Jacques, baron de Balançon etc.; — messire Gérard du Chastelet, chevalier, baron et seigneur de Châtillon et autres lieux, etc.

B. 4312. (Registre.) — In-4°, 620 feuillets, papier.

1684 (Juillet). — Journal des audiences du bailliage de Vesoul, dans lequel on ne trouve que les noms et qualités des plaideurs, parmi lesquels figurent ; noble Claude-Louis de Cointet, seigneur de Filain; — noble Pierre-Henry de Pierrefontaine, chevalier, sieur de Bornay et autres lieux, contre messire Remy Marthey, curé de Vielley; — noble François Sanche, sieur à Moncourt, capitaine au château d'Arguey; — noble Gaspard de Monteget, docteur en droit, lieutenant général au bailliage de Dôle; — noble Guillaume Verneroy, capitaine au château de Granges; — Antoinette Demongenet, veuve de noble Mathieu Balland, demeurant à Vesoul; — Nicolas Lolotte, amodiateur de la seigneurie de Jonvelle, etc.

B. 4313. (Registre.) — In-4°. 1200 feuillets, papier.

1684 (Août). — Journal des audiences du bailliage de Vesoul, dans lequel on ne trouve que les noms et qualités des plaideurs, parmi lesquels figurent : Claude Clerc, de Vesoul, docteur en droit, sieur de Neurey; — révérend père en Dieu, dom Guillaume Barlot, docteur en sainte théologie et en droit canon, abbé de l'abbaye de Clairefontaine; — généreux seigneur, Antide de Grammont, baron et seigneur de Melisey; — généreux seigneur, René de Précipiano, seigneur de Cussey; — demoiselle Claudine de Grachaux, veuve et usufruitière des biens de généreux seigneur, Melchior de Chaffoy, seigneur de Corcelle, et autres lieux; — messire Christophe de Cult, chevalier, seigneur de Cemboing, etc.

B. 4314. (Registre.) — In-4°, 600 feuillets, papier.

1684 (Août). — Journal des audiences du bailliage de Vesoul, dans lequel on ne trouve que les noms et qualités des plaideurs, parmi lesquels figurent : messire Nicolas de Mongenet, docteur en droit, contre Jean-Baptiste Regnaudin, amodiateur de la terre de Montaigu appartenant au seigneur marquis de Varambon; — haut et puissant seigneur, messire François d'Averton, chevalier, conseiller du roi de France en ses conseils d'État, comte de Belin, baron de Milly, seigneur du bourg d'Averton et autres lieux, agissant comme mari de haute et puissante dame, Catherine de Thomassin, vidamesse de Trillebardon, Boisgarinet et Charmantray, baronne d'Autrey, de Flagy, dame de Poyans et autres lieux; — noble Claude Arvisenet, conseiller de Sa Majesté, et maître de la chambre des comptes de Dôle; — Jean-Baptiste Varin, cogouverneur de la cité impériale de Besançon, seigneur d'Audeux et de Chaleseule, etc.

B. 4315. (Registre.) — In-4°, 400 feuillets, papier

1684 (Septembre). — Journal des audiences du bailliage de Vesoul, dans lequel on ne trouve que les noms et qualités des plaideurs, parmi lesquels figurent : noble Jean-Claude Duhoux, seigneur de Contréglise; — messire Ferdinand de la Baume, comte de Montrevel, seigneur de Loulans; — noble François de Breuille, seigneur de They; — dame Claudine de Grachaux, veuve et usufruitière de généreux seigneur, Melchior de Chaffoy, seigneur de Corcelle et autres lieux; — dame Jeanne de Beauvau, dame et baronne de Confignou; — généreux seigneur, Maurice de Constable, seigneur de Brémondans et autres lieux, etc.

B. 4316. (Registre.) — In-4°, 800 feuillets, papier.

1684 (Septembre). — Journal des audiences du bailliage de Vesoul, dans lequel on ne trouve que les noms et qualités des plaideurs, parmi lesquels figurent : demoiselle Marie de Saint-Mauris, femme de Pierre de Constable, seigneur de Rouli ; — Philippe Marnot, receveur des pauvres de la ville de Vesoul ; — noble Jean Besancenot, docteur en droit, seigneur de Cendrecourt ; — généreux seigneur, Claude-Baptiste de Vy, seigneur de Mailleroncourt-Charette, Bourbévelle et autres lieux ; — noble Nicolas Sonnet, seigneur d'Auxon ; — noble François Damedor et demoiselle Pierrette Damedor, veuve de noble Guillaume de Salives, de Vesoul, etc.

B. 4517. (Registre.) — In-4°, 800 feuillets, papier.

1684 (Octobre). — Journal des audiences du bailliage de Vesoul, dans lequel on ne trouve que les noms et qualités des plaideurs, parmi lesquels figurent : révérendissime seigneur, messire Ferdinand de Longry, dit de Rye, archevêque de Besançon, abbé commendataire de l'abbaye de Cherlieu ; — illustre seigneur, messire Jean-Baptiste de la Baume, chevalier, baron seigneur de Montmartin ; — Jacques Fyot, amodiateur de la seigneurie de Mailley appartenant à l'abbé de Luxeuil ; — vénérable et discrète personne, messire Marc-Antoine Huguenet, chanoine au chapitre de Calmoutier ; — dame Marguerite-Suzanne de Laubespin, veuve de généreux seigneur, Rémond d'Iselin, seigneur de Lagnans, etc.

B. 4518. (Registre.) — In-4°, 800 feuillets, papier.

1684 (Octobre). — Journal des audiences du bailliage de Vesoul, dans lequel on ne trouve que les noms et qualités des plaideurs, parmi lesquels figurent : généreux seigneur, Claude-Baptiste de Vy, seigneur de Mailleroncourt-Charette et Bourbévelle ; — Simon Faulquier, prêtre, chanoine en l'église collégiale de Gray, et chapelain de la chapelle fondée en ladite église en l'honneur de Saint-Georges ; — révérend seigneur, dom Jean de Vatteville, évêque et comte de Lauzanne, abbé et seigneur de l'abbaye de Notre-Dame de la Charité ; — vénérable et discrète personne, messire François de Montureux, curé de Bonnay ; — Pierre-François de Cremans, chevalier de l'ordre de Saint-Jean de Jérusalem, commandeur de la commanderie de la Villedieu-en-Fontenette, etc.

B. 4519. (Registre.) — In-4°, 1200 feuillets, papier.

1684 (Novembre). — Journal des audiences du bailliage de Vesoul, dans lequel on ne trouve que les noms et qualités des plaideurs, parmi lesquels figurent : les familiers de l'église paroissiale de Jussey ; — messire Claude-Gabriel Causerel, docteur en droit, lieutenant général du bailli d'Amont ; — illustre seigneur, François Thomas de Granvelle Perrenot, dit d'Oiselay, prince du Saint-Empire, chevalier de la Toison-d'Or, comte de Cantecroix, baron et seigneur de la Villeneuve, impétrant en décret des biens de noble Louis de Baron, seigneur du Rosey, Francalmont et autres lieux ; — révérend père en Dieu, dom Guillaume Bardot, docteur en sainte théologie et en droit canon, abbé de l'abbaye Notre-Dame de Clairefontaine ; — généreux seigneur, Adrien de Rosières, seigneur de Sorans, Breurey et autres lieux ; — haute et puissante dame, Anne-Claude, marquise de Maximieux, femme de généreux seigneur, Jean-Louis de Pontallier, chevalier, seigneur de Talemay, etc.

B. 4520. (Registre.) — In-4°, 400 feuillets, papier.

1684 (Novembre). — Journal des audiences du bailliage de Vesoul, dans lequel on ne trouve que les noms et qualités des plaideurs, parmi lesquels figurent : les religieux réformés de l'abbaye Saint-Vincent de Besançon ; — messire Claude de la Palud, chevalier, baron et seigneur de Montjustin, agissant comme mari de dame Élisabeth de Salives ; — illustre seigneur, messire Jean-Baptiste de la Baume, chevalier, baron et seigneur de Montmartin ; — dame Jeanne de Bounal, baronne de Cofignon, dame de Saint-Georges ; — révérend seigneur, Jean de Montfort, prieur du prieuré de Mouthier-Haute-Pierre, etc.

B. 4521. (Registre.) — In-4°, 700 feuillets, papier.

1684 (Décembre). — Journal des audiences du bailliage de Vesoul, dans lequel on ne trouve que les noms et qualités des plaideurs, parmi lesquels figurent : messire Luc Marquis, dit de Salins, docteur en droit, à Vesoul ; — maître Guillaume Dubreux, notaire à Bouligney ; — André-Louis Alizon, familier en l'église Saint-Georges de Vesoul ; — messire François de Voisey, dit de Clairon, fils de Gabriel de Clairon, et de dame Madeleine de Plaisance ; — les révérends pères prieur et religieux de l'abbaye de Saint-Vincent de Besançon ; — dame Jeanne de Bonnans, baronne de Cofignon, dame d'Athesans et autres lieux ; — noble Pierre d'Augicourt, sieur à Vitrey ; — noble Christophe-Louis de Raincourt, sieur de Fallon, etc.

B. 4522. (Registre.) — In-4°, 820 feuillets, papier.

1684 (Décembre). — Journal des audiences du bailliage de Vesoul, dans lequel on ne trouve que les noms et qualités des plaideurs, parmi lesquels figurent : noble François de Rye, chevalier, marquis de Varambon, baron et seigneur d'Amanco, Montaigu et autres lieux, bailli de Dôle; — noble Jean Raole, sieur de la Roche; — noble Jean-Baptiste de Vignon, seigneur de Genevrey; — messire Jules de Goudens, cardinal de Madruche, évêque et prince de Trente, abbé et seigneur de Saint-Paul de Besançon; — dom Alphonse de Dorémieux, abbé et seigneur de Faverney; — noble Mathieu Bolot, receveur général des revenus de la terre et seigneurie de Granges, etc.

B. 4523. (Registre.) — In-4°, 810 feuillets, papier.

1695 (Janvier). — Journal des audiences du bailliage de Vesoul, dans lequel on ne trouve que les noms et qualités des plaideurs, parmi lesquels figurent : dame Caroline d'Autriche, princesse du Saint-Empire; — les révérends pères Jésuites de Besançon; — les chanoines de l'église métropolitaine de Besançon; — révérend seigneur, messire Lancelot, chanoine à Besançon; — noble Jean de Verse, citoyen de Besançon; — noble Claude Cabet, gouverneur en la cité impériale de Besançon; — Nicolas Aymonet, amodiateur des terres et seigneurie de Fondremand; — noble Thomas de Jouffroy, sieur de Novillars, Amagney et autres lieux; — honorable Pierre du Tartre, sieur de Scey — messire François Pêcheur, amodiateur des revenus de l'abbaye de Bellevaux, etc.

B. 4524. (Registre.) — In-4°, 820 feuillets, papier.

1695 (Février). — Journal des audiences du bailliage de Vesoul, dans lequel on ne trouve que les noms et qualités des plaideurs, parmi lesquels figurent : les confrères de la confrérie Notre-Dame, fondée en l'église de Vesoul; — noble Claude-Antoine Martin, sieur de la Maisières; — noble Louis de Scey, sieur de Talmay et autres lieux; — messire Jean Sarragon, chanoine en l'église de Besançon; — noble François de Breuille, sieur de They, la Barre et autres lieux; — messire Simon Bresillet, capitaine au château d'Amance; — Georges et Ferdinand du Tartre, cosieurs à Borey — noble Alexandre, baron de Vailtz, chevalier, sieur de Chemilly, Pusy et autres lieux; — noble Jean Varroz, dit le colonel Gauthier, seigneur de Marchaux, etc.

B. 4525. (Registre.) — In-4°, 680 feuillets, papier.

1695 (Mars). — Journal des audiences du bailliage de Vesoul, dans lequel on ne trouve que les noms et qualités des plaideurs, parmi lesquels figurent : dame Jeanne-Baptiste de Grammont, veuve de noble Jacques-Antoine de Joux, seigneur, chevalier de Châtillon-Guyotte et autres lieux; — Claude Gaspard et Claude-Antoine de Joux, dit de Grammont, enfants d'Antoine de Joux; — dame Claude Françoise de Grammont, femme de messire Gabriel de Lavaulx, sieur de Sauge; — dame Antoinette de Grammont, femme de noble Humbert de Maçon, sieur d'Esbos; — noble Pierre Petremand, citoyen de Besançon; — noble Claude-Baptiste de Vignon, sieur de Genevrey, Villersexot et autres lieux, etc.

B. 4526. (Registre.) — In-4°, 900 feuillets, papier.

1695 (Avril). — Journal des audiences du bailliage de Vesoul, dans lequel on ne trouve que les noms et qualités des plaideurs, parmi lesquels figurent : les révérends pères prieur et religieux de l'abbaye de Saint-Vincent de Besançon; — demoiselle Pierrette Damedor, femme de noble Guillaume de Salins, demeurant à Vesoul; — noble illustre François-Thomas de Granvelle Perrenot, dit d'Oiselay, prince du Saint-Empire, chevalier de la Toison-d'Or, comte de Cantecroix, baron et seigneur de la Villeneuve, Chatonnay et autres lieux; — noble Louis de Baron, sieur de Rosey, etc.; — noble Jean Nardin, docteur en droit, cogouverneur de la cité impériale de Besançon; — noble Antoine-François Gauthiot, sieur d'Ancier, etc.

B. 4527. (Registre.) — In-4°, 800 feuillets, papier.

1695 (Mai). — Journal des audiences du bailliage de Vesoul, dans lequel on ne trouve que les noms et qualités des plaideurs, parmi lesquels figurent : noble seigneur, Jean-Baptiste de Byans, et demoiselle Antoinette de la Jonchière, seigneur et dame d'Équevilley, impétrants contre noble seigneur, Jean de Saint-Mauris et demoiselle Branchotte, sa femme; — messire Antoine de Salives, chevalier, seigneur de Villers-Vaudey; — messire Hardouin de Clermont, chevalier, seigneur de Saint-Georges; — noble Jean Petit, de Jussey, homme de chambre de Son Altesse de Lorraine; — noble Claude Richardot, de Jussey; — Claude Breignon, curé de Chargey, impétrant en matière de désaveu et abandon de ses biens et aveu à Sa Majesté, contre honorés seigneurs, Ferdinand et François d'Augicourt, et demoiselle Jeanne-Baptiste de Ferrière, femme de noble Anselme de Mararche, dame dudit Chargey, etc.

B. 4528. (Registre.) — In-4°, 1000 feuillets, papier.

1625 (Juillet). — Journal des audiences du bailliage de Vesoul, dans lequel on ne trouve que les noms et qualités des plaideurs, parmi lesquels figurent : messire Antoine Dessalins, chevalier, seigneur de Villers-Vaudey, Betoncourt et autres lieux ; — messire Gaspard de Gilley, chevalier, et Jean-Claude de Gilley, frères, barons du Saint-Empire, seigneurs de Longevelle, Vy-les-Lure, et autres lieux ; — noble Marc-Antoine Buson, de Besançon ; — messire Thomas de la Tour, seigneur de Miserey ; — vénérable sieur, messire Jean Brocard, prêtre, chanoine en l'église métropolitaine de Besançon, etc.

B. 4529. (Registre.) — In-4°, 800 feuillets, papier.

1625 (Juillet). — Journal des audiences du bailliage de Vesoul, dans lequel on ne trouve que les noms et qualités des plaideurs, parmi lesquels figurent : messire Alexandre, baron de Wilts, seigneur de Chemilly ; — messire Antoine de Lespine, demeurant à Jussey ; — généreux seigneur, Guillaume de Falletans, seigneur de Gévigney, Melin et autres lieux ; — Claudine d'Augicourt, femme de noble Denis de Byans, seigneur d'Équevilley ; — révérend seigneur, dom Jean de Vatteville, évêque et comte de Lausanne, abbé de l'abbaye de Notre-Dame de la Charité ; — généreux seigneur, Antoine d'Aubonne, seigneur de Buffignécourt, impétrant en garde contre noble Nicolas de Savigny, et Jean-Claude du Hout, seigneur de Montureux-les-Baulay, etc.

B. 4530. (Registre.) — In-4°, 300 feuillets, papier.

1625 (Août). — Journal des audiences du bailliage de Vesoul, dans lequel on ne trouve que les noms et qualités des plaideurs, parmi lesquels figurent : discrète personne, messire Pierre Renel, curé à Montjustin ; — noble Nicolas Sonnet, seigneur d'Auxon ; — honorable Jacques Fayot, amodiateur des terre et seigneurie de Mailley appartenant à l'abbé de Luxeuil ; — Claude Joiyot, de Besançon, agissant au nom et comme cessionnaire de noble Thomas de la Tour, seigneur de Miserey ; — vénérable sieur, messire Jean Brocard, prêtre, chanoine en l'église métropolitaine de Besançon, etc.

B. 4531. (Registre.) — In-4°, 1200 feuillets, papier.

1625 (Septembre). — Journal des audiences du bailliage de Vesoul, dans lequel on ne trouve que les noms et qualités des plaideurs, parmi lesquels figurent : Gaspard et Jean-Claude de Gilley, frères, barons du Saint-Empire, seigneurs de Longevelle, Marnoz et autres lieux ; — généreux seigneur, Adrien de Rosières, seigneur de Serans, Breuroy et autres lieux, agissant au nom de Girard de Rosières, son fils ; — haute et puissante princesse, dame Marguerite Chabot, duchesse d'Elbeuf et illustre seigneur, messire Jean de la Guiche, chevalier, baron de Servigny, agissant au nom de sa femme, illustre dame Desle de Rye, dame de Bourguignon-les-Morey ; — dame Jeanne-Béatrix de Thomassin, dame de Corcelle et autres lieux ; — illustrissime et révérendissime seigneur, Ferdinand de Longvy, dit de Rye, archevêque de Besançon, abbé commendataire de l'abbaye de Cherlieu, etc.

B. 4532. (Registre.) — In-4°, 300 feuillets, papier.

1625 (Octobre). — Journal des audiences du bailliage de Vesoul, dans lequel on ne trouve que les noms et qualités des plaideurs, parmi lesquels figurent : noble François de Breuille, seigneur de They ; — messire Christophe Humbert, prêtre, docteur en théologie, chanoine en l'église métropolitaine de Besançon, prébendier des églises paroissiales de Granges et de Chamboray ; — noble François de Sanche, seigneur à Montcourt, capitaine du château d'Arguel ; — illustre et généreux seigneur, François-Thomas Perrenot de Grandvelle, dit d'Oiselay, chevalier de l'ordre de la Toison d'Or, comte de Cantecroix, seigneur de Choye ; — dame Jeanne-Baptiste de Grammont, veuve de messire Jacques-Antoine de Joux, dit de Grammont, chevalier, seigneur de Châtillon-Guyotte, agissant comme mère tutrice de Claude Gaspard de Joux, dit de Grammont, Claude-Antoine et Jean-François de Grammont, ses enfants, etc.

B. 4533. (Registre.) — In-4°, 400 feuillets, papier.

1625 (Octobre). — Journal des audiences du bailliage de Vesoul, dans lequel on ne trouve que les noms et qualités des plaideurs, parmi lesquels figurent : illustrissime et révérendissime seigneur, messire Fernand de Longvy, dit de Rye, par la grâce de Dieu, archevêque de Besançon, prince du Saint-Empire, abbé commendataire et administrateur perpétuel de l'abbaye et monastère Notre-Dame de Cherlieu, impétrant contre messire Jean Besançenot, de Vesoul, docteur en droit, seigneur de Condrecourt ; — Gaspard et Jean-Claude de Gilley, frères, barons du Saint-Empire, seigneurs de Longevelle ; — révérend seigneur, dom Jean de Vatteville, abbé de l'abbaye de la Charité, etc.

B. 4534. (Registre.) — In-4°, 1000 feuillets, papier.

1625 (Décembre). — Journal des audiences du bailliage

de Vesoul, dans lequel on ne trouve que les noms et qualités des plaideurs, parmi lesquels figurent : dame Catherine de Thomassin, femme de haut et puissant seigneur, messire François d'Averton, chevalier, conseiller du roi de France en ses conseils, comte de Belin ; — Jean et Claude du Hault, seigneurs de Montureux ; — noble Pierre Mairot, seigneur de Vatay ; — Pierre Friand, dit de Vaux, clerc tonsuré, chapelain de la chapelle Saint-Nicolas fondée en l'église de Colombier ; — François de Faulquier, sieur d'Aboncourt ; — illustre prince, Louis-Frédéric, duc de Wurtemberg, comte de Montbéliard, seigneur de Granges, Clerval et autres lieux ; — François Balland, amodiateur pour Sa Majesté des revenus des terre et seigneurie de Vesoul, etc.

B. 4535. (Registre.) — In-4°, 680 feuillets, papier.

1686 (Janvier). — Journal des audiences du bailliage de Vesoul, dans lequel on ne trouve que les noms et qualités des plaideurs, parmi lesquels figurent : noble Humbert de Mesmay, fils et héritier de noble Étienne de Mesmay, procureur au bailliage d'Amont ; — dom François Thierry, abbé et seigneur de Longevelle ; — révérend père, dom Claude Idulphe, prêtre, prieur en l'église abbatiale de Faverney ; — généreux seigneurs, François de Poligny et Jean-Claude de Poligny, seigneurs de Châtillon-Guyotte et de Velle-le-Chatel, enfants et héritiers de Gaspard de Poligny, seigneur desdits lieux, et de dame Anne de Grappet, etc.

B. 4536. (Registre.) — In-4°, 400 feuillets, papier.

1686 (Janvier). — Journal des audiences du bailliage de Vesoul, dans lequel on ne trouve que les noms et qualités des plaideurs, parmi lesquels figurent : haut et puissant seigneur, messire François d'Averton, chevalier, conseiller du roi de France en ses conseils d'État, comte de Belin, agissant comme mari de haute et puissante dame, Catherine de Thomassin, baronne d'Autrey, Flagy et autres lieux ; — messire Hardouin de Clermont, chevalier, seigneur de Saint-Georges ; — noble Claude Othenin et demoiselle Antoinette de la Jonchière, sa femme ; — révérend seigneur, messire Philibert Poutier, docteur en droit, prêtre, chanoine et vicaire général de l'archevêque de Besançon, etc.

B. 4537. (Registre.) — In-4°, 1510 feuillets, papier.

1686 (Février). — Journal des audiences du bailliage de Vesoul, dans lequel on ne trouve que les noms et qualités des plaideurs, parmi lesquels figurent : Guillaume, Biehin de Clerval, procureur d'office à Bouracis pour messire Mouchy, seigneur ; — les sieurs vicomte maieur, échevins et conseil de Vesoul ; — noble Nicolas Sonnet, sieur d'Auxon ; — messire François de Savigny et dame Anne de Ligneville, seigneurs de Bousseraucourt ; — messire Claude de la Palud, chevalier, baron et seigneur de Montjustin et autres lieux ; — Claude de Bauffremont, chevalier, baron et seigneur de Scey, Pusey et autres lieux ; — la marquise de Talemay-Montsaugeon, femme de Jean-Louis de Pontailler, seigneur dudit Talemay, etc.

B. 4538. (Registre.) — In-4°, 1380 feuillets, papier.

1686 (Mars). — Journal des audiences du bailliage de Vesoul, dans lequel on ne trouve que les noms et qualités des plaideurs, parmi lesquels figurent : nobles Gaspard de Gilley, chevalier et Jean-Claude de Gilley, frères, barons du Saint-Empire, seigneurs de Longevelle, Marnoz et autres lieux ; — dom Guillaume Bardot, docteur en sainte théologie, ès droit canon, abbé de l'abbaye Notre-Dame de Clairefontaine ; — Jean Noirot, tabellion général au comté de Bourgogne, procureur d'office à Port-sur-Saône ; — dame Jeanne de Bonnans, baronne de Confignon, dame d'Athesans, Saint-Georges et autres lieux, etc.

B. 4539. (Registre.) — In-4°, 1250 feuillets, papier.

1686 (Avril). — Journal des audiences du bailliage de Vesoul, dans lequel on ne trouve que les noms et qualités des plaideurs, parmi lesquels figurent : messire Alexandre, baron de Vuiltz, seigneur de Chemilly ; — dame Anne-Françoise d'Oiselay, femme de généreux seigneur, messire Henri Lallemand, baron et seigneur de Lavigney, impétrant contre généreux seigneur, François de Faulquier, seigneur de Chauvirey, Aboncourt et autres lieux ; — le révérend père prieur des religieux bénédictins de l'abbaye Saint-Vincent de Besançon ; — Gaspard et Jean-Claude de Gilley, frères, barons et seigneurs de Longevelle ; — généreux seigneur, Claude-Louis de Cointet, seigneur de Filain ; — révérend père en Dieu, dom Valentin Pastel, abbé et seigneur de l'église abbatiale Notre-Dame de Bithaine, etc.

B. 4540. (Registre.) — In-4°, 800 feuillets, papier.

1686 (Juillet). — Journal des audiences du bailliage de Vesoul, dans lequel on ne trouve que les noms et qualités des plaideurs, parmi lesquels figurent : illustrissime et révérendissime seigneur, Ferdinand de Longvy, dit de Rye, archevêque de Besançon, abbé commendataire de l'abbaye

Notre-Dame de Cherlieu, impétrant contre demoiselle Antoinette de Barangue, femme de noble Jean Besançenot, docteur en droit, seigneur de Cendrecourt; — illustre seigneur, François Thomas Perrenot de Grandvelle, dit d'Oiselay, prince du Saint-Empire, chevalier de la Toison-d'Or, comte de Cantecroix, baron et seigneur de la Villeneuve, Champtonnay et autres lieux; — demoiselle Claudine Chifflet, de Poligny, veuve de noble Guy Vaucher, docteur en droit, avocat fiscal au bailliage dudit lieu, etc.

B. 4311. (Registre.) — In-4°, 600 feuillets, papier.

1686 (Août). — Journal des audiences du bailliage de Vesoul, dans lequel on ne trouve que les noms et qualités des plaideurs, parmi lesquels figurent : demoiselle Marguerite Ramasson, veuve de Jean Gillebert, docteur en droit, conseiller à la cour souveraine du parlement de Dôle; — les dames abbesse et doyenne du chapitre de l'église Saint-Pierre de Remiremont; — haut et puissant seigneur, messire Antoine d'Achey, chevalier, baron et seigneur de Thoraize, Avilley et autres lieux; — dame Catherine de Thomassin, dame d'Autrey, Flagy et autres lieux, femme de haut et puissant seigneur, François d'Averton, conseiller du roi de France, seigneur dudit Averton, etc.

B. 4312. (Registre.) — In-4°, 730 feuillets, papier.

1686 (Septembre). — Journal des audiences du bailliage de Vesoul, dans lequel on ne trouve que les noms et qualités des plaideurs, parmi lesquels figurent : noble Georges Ferdinand du Tartre, cosieur à Borey; — noble Claude de Grammont, sieur dudit lieu, Fallon et autres lieux; — messire noble Christophe de Cult, sieur de Cemboing, Sentenelle, Vy-les-Lure et autres lieux; — noble Jean-Aimé Braillans, sieur de Ville, demeurant à Authoison; — demoiselle Claudine de Grachaux, veuve de Chaffoy, seigneur de Corcelle et autres lieux; — noble Antoine de Grammont, seigneur de Melisey; — les révérends doyen, chanoines du chapitre de l'église collégiale de Dôle, prieurs et seigneurs de Marast, etc.

B. 4313. (Registre.) — In-4°, 1200 feuillets, papier.

1686 (Octobre). — Journal des audiences du bailliage de Vesoul, dans lequel on ne trouve que les noms et qualités des plaideurs, parmi lesquels figurent : noble Claude Othenin et Jeanne-Claude de la Jonchière, sa femme; — dame Madeleine de Grammont, veuve de noble seigneur, messire de Charmoille, seigneur de Cendrecourt; — messire Thomas de la Tour, seigneur de Miserey; — révérend seigneur, messire Philippe de la Baume, abbé et seigneur des abbaye, ville et terre de Luxeuil, impétrant contre messire Claude de Grammont, seigneur de Vellechevreux, Saint-Ferjeux, Frotigney et autres lieux; — noble François de Sanche, seigneur de Montcourt et Grignoncourt, impétrant en barre contre messire Joseph de Luxe, seigneur de Saint-Remy et dame Marguerite de Luxe, femme de messire Antoine de Salives, seigneur de Betoncourt, etc.

B. 4314. (Registre.) — In-4°, 1000 feuillets, papier.

1686 (Novembre). — Journal des audiences du bailliage de Vesoul, dans lequel on ne trouve que les noms et qualités des plaideurs, parmi lesquels figurent : demoiselle Marguerite de Faulquier, fille de François de Faulquier, seigneur d'Aboncourt, Chauvirey, Vitrey, agissant au nom et comme héritière testamentaire de demoiselle Marguerite de Faulquier, sa tante; — messire Alexandre Marmier, chevalier baron et seigneur de Longvy, Cugney, Raucourt et autres lieux, agissant en matière de tutelle, contre messire Louis Legier, curé de Jussey; — dame Claudine Gavoille, veuve de messire Mathieu Lanoire, de Faucogney, héritier de Claude Lanoire, religieux de l'ordre des Minimes de Besançon, etc.

B. 4315. (Registre.) — In-4°, 800 feuillets, papier.

1686 (Novembre). — Journal des audiences du bailliage de Vesoul, dans lequel on ne trouve que les noms et qualités des plaideurs, parmi lesquels figurent : messire Claude Mielle, prêtre familier, en l'église de Jussey; — messire Claude Chapusot, docteur en théologie, doyen du chapitre de Calmoutier; — Philibert Cautot, juge en la châtellenie d'Amance, visiteur des grands chemins; — Georges Gousselet, prêtre familier de l'église Saint-Georges de Vesoul; — messire Hérard du Chatelet, baron et seigneur de Bulgnéville, Senoncourt, Gesincourt et autres lieux, conseiller d'État de Son Altesse de Lorraine et maréchal dudit pays, etc.

B. 4316. (Registre.) — In-4°, 300 feuillets, papier.

1686 (Décembre). — Journal des audiences du bailliage de Vesoul, dans lequel on ne trouve que les noms et qualités des plaideurs, parmi lesquels figurent : messire Laurent Othenin, prêtre, curé de Magny-les-Jussey; — illustrissime et révérendissime seigneur, Ferdinand de

Longvy, dit de Rye, archevêque de Besançon, prince du Saint-Empire, abbé commendataire de l'abbaye Notre-Dame de Cherlieu; — noble Servais de la Tour, seigneur de la Côte; — messire Nicolas Prévot, curé de Fontenois-la-Ville; — Jacques Terrier, docteur en droit, demeurant à Vesoul, etc.

B. 4347. (Registre.) — In-4°, 600 feuillets, papier.

1686 (Décembre). — Journal des audiences du bailliage de Vesoul, dans lequel on ne trouve que les noms et qualités des plaideurs, parmi lesquels figurent : messire Louis Sauget, prêtre, chanoine en l'église métropolitaine de Besançon; — messire Alexandre Harmier, chevalier, baron et seigneur de Longvy, Cugney, Betoncourt et autres lieux, impétrant contre messire Louis Ligier, curé de Jussey; — messire Charles de Saulx, chevalier, baron et seigneur de Tavanne, seigneur de Lugny, et dame Philiberthe d'Aucourt, dite de la Tour, dame de Lieffrans; — messire François de Rye de la Palud, chevalier, marquis de Varambon, comte de Varaix, seigneur de Villersexel, etc.

B. 4348. (Registre.) — In-4°, 600 feuillets, papier.

1687 (Janvier). — Journal des audiences du bailliage de Vesoul, dans lequel on ne trouve que les noms et qualités des plaideurs, parmi lesquels figurent : dame Anne de Chassey, femme de noble Antoine d'Aubonne, seigneur de Buffignécourt; — Jean Noirot, de Port-sur-Saône, tabellion général en Bourgogne; — Louis André Parisey, de Breurey-lès-Faverney, impétrant en garde contre les dames abbesse et doyenne du chapitre de l'église Saint-Pierre de Remiremont; — Léger Saulgier, prêtre, chanoine en l'église métropolitaine Saint-Étienne de Besançon; — nobles Jean-Baptiste, Claude François, Anne-Julienne, Barbe Marguerite et Béatrix de Lassault, enfants de noble Adrion de Lassault, seigneur de Preigney, etc.

B. 4349. (Registre.) — In-4°, 600 feuillets, papier.

1687 (Janvier). — Journal des audiences du bailliage de Vesoul, dans lequel on ne trouve que les noms et qualités des plaideurs, parmi lesquels figurent : dame Françoise de Montessus, veuve de messire Charles Chaboz, chevalier de l'ordre du roi de France, seigneur de Chauvirey; — discrète personne, messire Jean Toulon, curé de Menoux; — noble Louis de Scey, seigneur de Chevroz; — dame Élisabeth de Salives, femme de messire Claude de la Palud, chevalier, baron et seigneur de Montjustin, etc.

B. 4350. (Registre.) — In-4°, 800 feuillets, papier.

1687 (Février). — Journal des audiences du bailliage de Vesoul, dans lequel on ne trouve que les noms et qualités des plaideurs, parmi lesquels figurent : noble Claude-Baptiste de Vigna, seigneur de Genevrey, Servigney et autres lieux; — dame Élisabeth Ringrave, comtesse du Rhien; — Illustrissime seigneur, dom Jean de Vatteville, évêque et comte de Lausanne, prince du Saint-Empire, abbé et seigneur de l'abbaye Notre-Dame de la Charité; — illustrissime et révérendissime seigneur, messire Ferdinand de Longvy, dit de Rye, archevêque de Besançon, prince du Saint-Empire, abbé de Cherlieu, etc.

B. 4351. (Registre.) — In-4°, 800 feuillets, papier.

1687 (Mars). — Journal des audiences du bailliage de Vesoul, dans lequel on ne trouve que les noms et qualités des plaideurs, parmi lesquels figurent : messire Hérard du Chatelet, chevalier, baron et seigneur de Thon, Lomont, Senoncourt et autres lieux, conseiller d'État de Son Altesse de Lorraine, maréchal dudit pays, agissant comme mari et légitime administrateur des corps et biens de dame Lucrèce d'Orsans, sa femme, impétrante en garde contre François de Faulquier, seigneur d'Aboncourt, Gesincourt et autres lieux; — messire Antoine de Salives, seigneur de Villerstaudey; — messire Antoine Huguenet, chanoine du chapitre de Calmoutier, etc.

B. 4352. (Registre.) — In-4°, 800 feuillets, papier.

1687 (Mars). — Journal des audiences du bailliage de Vesoul, dans lequel on ne trouve que les noms et qualités des plaideurs, parmi lesquels figurent : révérendissime seigneur, messire Philippe de la Baume, abbé et seigneur de l'abbaye de Luxeuil; — noble Antoine d'Aubonne, seigneur de Buffignécourt; — noble Jean Racle, seigneur de la Roche, Servigney, Villerspost; — messire Nicolas Broutechoux, de Jussey, capitaine d'une compagnie d'infanterie au service de Sa Majesté; — messire Antoine de Salives, seigneur de Villersvaudey, Betoncourt, Combeaufontaine et autres lieux, etc.

SÉRIE B. — BAILLIAGES.

B. 4553. (Registre.) — In-4°, 200 feuillets, papier.

1697 (Avril). — Journal des audiences du bailliage de Vesoul, dans lequel on ne trouve que les noms et qualités des plaideurs, parmi lesquels figurent : révérendissime seigneur, dom Jean de Vatteville, prince du Saint-Empire, évêque et comte de Lausanne, abbé de la Charité, impétrant contre les religieux de ladite abbaye; — les confrères de la confrérie Notre-Dame, à Andelarrot; — Nicolas Vosgien de Mersuay contre les révérendes dames du chapitre de l'église Saint-Pierre de Remiremont, etc.

B. 4554. (Registre.) — In-4°, 600 feuillets, papier.

1697 (Avril). — Journal des audiences du bailliage de Vesoul, dans lequel on ne trouve que les noms et qualités des plaideurs, parmi lesquels figurent : dame Anne de Malain, dite de Luth, dame du chapitre de l'église Saint-Pierre de Remiremont; — discrète personne, messire Laurent Othenin, prêtre, curé de Magny-lès-Jussey, impétrant contre Jean Varods, le jeune, dit le capitaine Jean, seigneur dudit Magny; — messire Gaspard de Gilley, chevalier, et Jean Claude de Gilley, frères, barons du Saint-Empire, seigneurs de Longevelle, Vy-lès-Lure et autres lieux, etc.

B. 4555. (Registre.) — In-4°, 600 feuillets, papier.

1697 (Mai). — Journal des audiences du bailliage de Vesoul, dans lequel on ne trouve que les noms et qualités des plaideurs, parmi lesquels figurent : les révérends pères prieur et religieux bénédictins réformés de l'abbaye Saint-Vincent de Besançon; — illustrissime et révérendissime seigneur, Ferdinand de Longvy, dit de Rye, prince du Saint-Empire, archevêque de Besançon; — messire Ferdinand le Blanc, dit d'Andelot, chevalier, seigneur d'Ollans; — révérendissime seigneur, messire Philippe de la Baume, abbé des abbaye, ville et terre de Luxeuil; — noble Jean-Baptiste d'Aubonne, seigneur de Buffignécourt, impétrant en garde contre les habitants dudit lieu, etc.

B. 4556. (Registre.) — In-4°, 200 feuillets, papier.

1697 (Mai). — Journal des audiences du bailliage de Vesoul, dans lequel on ne trouve que les noms et qualités des plaideurs, parmi lesquels figurent : messire Hardouin de Clermont, chevalier, seigneur de Saint-Georges; — dame Élisabeth Ringrave, comtesse du Rhien; — les révérends pères, prieur et religieux bénédictins réformés de l'abbaye Saint-Vincent de Besançon; — messire Claude Cordebillot, d'Oiselay, notaire, procureur d'office de la justice de Montarlot; — Philibert Cantot, juge en la châtellenie d'Amance, visiteur des grands chemins de la seigneurie dudit lieu, etc.

B. 4557. (Registre.) — In-4°, 800 feuillets, papier.

1697 (Juin). — Journal des audiences du bailliage de Vesoul, dans lequel on ne trouve que les noms et qualités des plaideurs, parmi lesquels figurent : Jeanne Deschamp, femme de noble Benoît de la Tour, seigneur de la Côte; — révérendissime seigneur, dom Jean de Vatteville, évêque et comte de Lausanne, abbé de l'abbaye de la Charité; — messire Gaspard de Gilley et Jean Claude de Gilley, barons du Saint-Empire, seigneurs de Longevelle; — noble Humbert de Mesmay, fils de noble Étienne de Mesmay; — Anne de Lesay, veuve de Jean Ferdinand de Vielley, seigneur au Magny; — Claude Gabrielle de Vaudrey, coseigneur à Franois, Villiers-sur-Port et autres lieux, etc.

B. 4558. (Registre.) — In-4°, 600 feuillets, papier.

1697 (Juin). — Journal des audiences du bailliage de Vesoul, dans lequel on ne trouve que les noms et qualités des plaideurs, parmi lesquels figurent : révérend père en Dieu, dom Guillaume Bardot, abbé de l'abbaye de Clairefontaine, docteur en théologie et en droit canon; — discrète personne, messire François Clerc, prêtre, curé de Chariez et doyen de l'église de Luxeuil; — demoiselle Claudine d'Augicourt, femme de noble sieur Denis de Byans, seigneur de Naisey; — Anne de Malain, dite de Luth, dame de l'église Saint-Pierre de Remiremont, etc.

B. 4559. (Registre.) — In-4°, 600 feuillets, papier.

1697 (Juillet). — Journal des audiences du bailliage de Vesoul, dans lequel on ne trouve que les noms et qualités des plaideurs, parmi lesquels figurent : messire Jean de Thomassin, chevalier, baron et seigneur de Montboillon; — frère Marc-Antoine de Vy, chevalier de l'ordre de Saint-Jean de Jérusalem, impétrant contre noble François de Buffignécourt; — demoiselle Marguerite de Cicon, veuve de noble François de Saint-Martin, seigneur de Montureux, Cendrecourt et autres lieux; — Barbe de Franquemont, veuve de noble Claude Dupont; — noble Nicolas Sonnet, seigneur d'Auxon; — messire Ermenfroi-

François d'Oyselay, chevalier en la cour souveraine du parlement de Dôle, etc.

B. 4560. (Registre.) — In-4°, 800 feuillets, papier.

1687 (Août). — Journal des audiences du bailliage de Vesoul, dans lequel on ne trouve que les noms et qualités des plaideurs, parmi lesquels figurent : Jean Guillot, de Preigney, agissant comme tuteur et administrateur des affaires de dom Étol Gauchier, prêtre, religieux de l'ordre de la Sainte-Croix de l'abbaye de Namur ; — Claudine d'Augicourt, femme de noble seigneur, Denis de Byans, seigneur de Naisey ; — Pierrette Richard, femme de maître Jean Tissot, de Jonvelle, impétrante en relief contre dame Philippe de Grignoncourt ; — messire Jacques Othenin, prêtre, doyen de Faverney, curé de Jonvelle, etc.

B. 4561. (Registre.) — In-4°, 1000 feuillets, papier.

1687 (Septembre). — Journal des audiences du bailliage de Vesoul, dans lequel on ne trouve que les noms et qualités des plaideurs, parmi lesquels figurent : Marie-Antoine de Vy, chevalier de l'ordre de Saint-Jean de Jérusalem, impétrant contre François de Gringoncourt ; — demoiselle Marguerite de Cicon, veuve de noble François de Saint-Martin, seigneur de Montureux, Cendrecourt ; — noble Hugues Pourtier, de Salins ; — Barbe de Franquemont, veuve de noble Claude du Pont ; — Claude Meunier, de Longevelle, notaire et procureur d'office en la justice de Vy-les-Lure, etc.

B. 4562. (Registre.) — In-4°, 300 feuillets, papier.

1687 (Septembre). — Journal des audiences du bailliage de Vesoul, dans lequel on ne trouve que les noms et qualités des plaideurs, parmi lesquels figurent : messire Gaspard de Gilley, chevalier, Jean Claude de Gilley, frères, barons du Saint-Empire, seigneurs de Longevelle, Vy-les-Lure et autres lieux ; — noble Jean-Claude, Louis-François et Jeanne-Baptiste de la Verne, enfants et héritiers de noble Antide de la Verne, seigneur de Vellechevreux ; — honorable Claude Coudry, amodiateur des revenus de la terre et seigneurie de Loulans, etc.

B. 4563. (Registre.) — In-4°, 1200 feuillets, papier.

1687 (Octobre). — Journal des audiences du bailliage de Vesoul, dans lequel on ne trouve que les noms et qualités des plaideurs, parmi lesquels figurent : messire François d'Averton, chevalier conseiller du roi de France en ses conseils d'État, comte de Belin, seigneur du bourg d'Averton, ayant la noble garde de ses enfants, héritiers de dame Catherine de Thomassin, dame de Flagy et autres lieux ; — messire François Clerc, curé de Chariez, doyen de l'église de Luxeuil ; — noble Claude Cordemoy, seigneur de Francalmont ; — Claude-Baptiste de Vy, seigneur de Mailleroncourt-Charette, Bourbévelle et autres lieux ; — messire Ermenfroi-François d'Oiselay, baron et seigneur dudit lieu, chevalier de la cour souveraine du parlement de Dôle ; — noble Humbert de Mesmay, fils de noble Étienne de Mesmay, seigneur de Quincey.

B. 4564. (Registre.) — In-4°, 400 feuillets, papier.

1687 (Novembre). — Journal des audiences du bailliage de Vesoul, dans lequel on ne trouve que les noms et qualités des plaideurs, parmi lesquels figurent : Jean François de Jouffroy, seigneur de la Vaivre, Vauvillers et autres lieux ; — noble sieur Henri de Chassagne, seigneur de Talant, Montot et autres lieux ; — révérendissime seigneur, dom Guillaume Simonin, archevêque de Corinthe, abbé de l'abbaye Saint-Vincent de Besançon ; — noble Pompée Benoît, sieur de Chauvillerain, Fresse et autres lieux, et dame Christine de Courbessain, sa femme ; — révérend père en Dieu, dom Valentin Pastel, abbé et seigneur de Bithaine, impétrant en garde, contre messire Étienne Maillot, curé de Roye, etc.

B. 4565. (Registre.) — In-4°, 1000 feuillets, papier.

1687 (Novembre). — Journal des audiences du bailliage de Vesoul, dans lequel on ne trouve que les noms et qualités des plaideurs, parmi lesquels figurent : messire François d'Averton, chevalier, conseiller du roi de France, comte de Belin, seigneur du bourg d'Averton ; — généreux sieur, Guillaume de Falletans, seigneur de Belin ; — noble sieur, Denis de Byans, seigneur de Naisey ; — Francisque Byron, de Calmoutier, impétrant par debitis, contre messire Jean Gradoz, prêtre, chanoine audit Calmoutier ; — noble Nicolas Sonnet, seigneur d'Anxon ; — Claude et Léonard Landry, citoyens de Besançon, appelants d'une exécution de sentence contre Marie de Moustier, veuve de René-Ferdinand Précipiano, seigneur de Cuse, etc.

B. 4566. (Registre.) — In-4°, 330 feuillets, papier.

1687 (Décembre). — Journal des audiences du bailliage de Vesoul, dans lequel on ne trouve que les noms et qualités des plaideurs, parmi lesquels figurent : messire François d'Averton, chevalier, conseiller du roi de France, impétrant par mandement de terrier, contre Jeanne de Fleurey ; — Pierre de Tartre, seigneur de Mailleroncourt Saint-Pancras ; — les habitants de Bournois, impétrants en garde, contre Jean-Baptiste de Montby, seigneur dudit lieu ; — noble Louis et Hugues Pourtier, de Salins, héritiers de messire Philibert Pourtier, prêtre, chanoine en l'église métropolitaine de Besançon ; — maître Claude Monnier, notaire à Longevelle, procureur d'office en la justice de Vy-les-Lure, etc.

B. 4367. (Registre.) — In-4°, 200 feuillets, papier.

1697 (Décembre). — Journal des audiences du bailliage de Vesoul, dans lequel on ne trouve que les noms et qualités des plaideurs, parmi lesquels figurent : Marguerite de Faulquier, veuve de messire Martin de Villers, seigneur de Ranzevelle ; — dame Marie de Lambolin, veuve de généreux sieur, de Rémond d'Izelin ; — Claude Noirot, de Port-sur-Saône, procureur d'office de la justice dudit lieu appartenant au seigneur baron de Balançon ; — Adrien de Mesandans, coseigneur audit lieu, impétrant contre Jean de Saint-Mauris ; — messire Hénard du Chatelet, chevalier, baron et seigneur de Lomont, Senoncourt, Aboncourt, Gesincourt et autres lieux, conseiller d'État de Son Altesse de Lorraine, etc.

B. 4368. (Registre.) — In-4°, 500 feuillets, papier.

1697 (Décembre). — Journal des audiences du bailliage de Vesoul, dans lequel on ne trouve que les noms et qualités des plaideurs, parmi lesquels figurent : noble Louis Pétrey, docteur en droit, seigneur de Champvans, conseiller au parlement de Dôle ; — Nicolas Garret, de Quincey, receveur des amendes qui s'adjugent en la justice de Montaigu, rière le territoire de Quincey ; — Pierre de Constable, seigneur de Boulot ; — dame Marie de Robbes, dame de Saint-Rémy ; — noble François Jules Maubay, seigneur de la Montoillotte ; — messire Abrahan du Haultoy, chevalier, baron et seigneur de la Roche, impétrant, contre Jean, dit de Playne, coseigneur de Vellechevreux, etc.

B. 4369. (Registre.) — In-4°, 800 feuillets, papier.

1698 (Janvier). — Journal des audiences du bailliage de Vesoul, dans lequel on ne trouve que les noms et qualités des plaideurs, parmi lesquels figurent : Jean Jacquemard de Tornay, écuyer, seigneur de Vallerois, Gresille et autres lieux ; — révérend père en Dieu, dom Guillaume Bardot, abbé de l'abbaye du Clairefontaine ; — messire Abraham du Haultoy, chevalier, baron et seigneur de Raincourt, impétrant, contre messire Jean, dit de Playne, coseigneur à Vellechevreux ; — noble Louis et Hugues Pourtier, de Salins ; — généreux seigneur, Thomas de Geoffroy, seigneur de Novillars, etc.

B. 4370. (Registre.) — In-4°, 800 feuillets, papier.

1698 (Février). — Journal des audiences du bailliage de Vesoul, dans lequel on ne trouve que les noms et qualités des plaideurs, parmi lesquels figurent : Jacques Courtaillon, de Fontenois-le-Château, seigneur de Dampvalley et de Magnoncourt, — messire François d'Averton, conseiller du roi de France, comte de Belin, seigneur du bourg d'Averton, agissant au nom de ses enfants, héritiers de dame Catherine de Thomassin, dame de Flagy et de Noidans-les-Vesoul ; — noble François de la Baume, écuyer, seigneur de Sauvigney ; — maître Claude Dardot, procureur d'office en la seigneurie de Jonvelle ; — dom Guillaume Simonin, archevêque de Corinthe, abbé de l'abbaye Saint-Vincent de Besançon, etc.

B. 4371. (Registre.) — In-4°, 400 feuillets, papier.

1698 (Février). — Journal des audiences du bailliage de Vesoul, dans lequel on ne trouve que les noms et qualités des plaideurs, parmi lesquels figurent : noble Louis Pétrey, docteur en droit, seigneur de Champvans, conseiller du Roi au parlement de Dôle ; — Jacques Vinochez, docteur en droit, prévôt de Lure, impétrant par debitis, contre noble Mamès Massey et dame Catherine d'Oiselay, sa femme, de Bouhans-les-Lure ; — noble Nicolas Sonnet, seigneur d'Auxon ; — les religieux de l'abbaye Saint-Pierre de Luxeuil, impétrants, contre honorable Mathieu Belot, receveur de Son Altesse de Wurtemberg, dans la seigneurie de Granges ; — dame Élisabeth, femme de messire Claude de la Palud, seigneur de Chaudenay, Montjustin et autres lieux ; — maître Claude Cordebillot, d'Oiselay, procureur d'office de la seigneurie de Montariot, etc.

B. 4372. (Registre.) — In-4°, 350 feuillets, papier.

1698 (Mars). — Journal des audiences du bailliage de Vesoul, dans lequel on ne trouve que les noms et qualités des plaideurs, parmi lesquels figurent : les révérendes dames Annonciades de Vesoul ; — noble sieur, Henri de Chassagne, seigneur de Talant, Montot et autres lieux ; — noble Jean-Baptiste Varin, docteur en droit, seigneur de Chaleseulle ; — noble Pierre Sarragot, docteur en droit, citoyen de Besançon ; — noble Nicolas Lavier, seigneur de Pontcey, impétrant en garde, contre Jeanne de Ferroux, héritière de noble Jacques de Ferroux, seigneur de Velleray ; — messire Alexandre, baron de Vuiltz, seigneur de Chemilly.

B. 4573. (Registre.) — In-4°, 800 feuillets, papier.

1688 (Mars). — Journal des audiences du bailliage de Vesoul, dans lequel on ne trouve que les noms et qualités des plaideurs, parmi lesquels figurent : les vénérables curé et familiers de l'église de Charies, impétrants, contre Jean Gandot, curé de Rosey ; — messire Gaspard Durand, docteur en droit, sieur de Lantenot ; — demoiselle Marguerite de Faulquier, veuve de Martin de Villers, seigneur de Ranzevelle, Grignoncourt et autres lieux ; — révérend seigneur, dom Jean de Vatteville, évêque et comte de Lausanne, abbé de l'abbaye de la Charité ; — discrète personne, messire Jean Nardin, chapelain et marguillier en l'église collégiale et paroissiale de Sainte-Marie-Madeleine de Besançon ; — Claude Drouaillet, procureur au parlement de Dôle, agissant comme curateur de l'hoirie de noble François Thierry, seigneur de Magnoncourt, etc.

B. 4574. (Registre.) — In-4°, 800 feuillets, papier.

1688 (Mai). — Journal des audiences du bailliage de Vesoul, dans lequel on ne trouve que les noms et qualités des plaideurs, parmi lesquels figurent : messire Jean-Baptiste Golut, docteur en droit, conseiller en la cour souveraine du parlement de Dôle, tuteur de dame Marie de Ray ; — dame Jacqueline de Vy, veuve de Claude de Lavier, et femme de noble Philibert de Montarby ; — messire Gaspard de Gilley, chevalier, et Jean-Claude de Gilley, frères, barons du Saint-Empire, seigneurs de Longevelle et autres lieux ; — Marguerite Mairot, veuve de noble Nicolas Sonnet, seigneur d'Auxon ; — messire Joseph Toitot, curé de Vesoul, prieur du Marteroy ; — illustre seigneur, François Thomas Perrenot de Grandvelle, prince du Saint-Empire, chevalier de la Toison d'Or, comte de Cantecroix, seigneur de Frasne-le-Château.

B. 4575. (Registre.) — In-8°, 1200 feuillets, papier.

1688 (Mai). — Journal des audiences du bailliage de Vesoul, dans lequel on ne trouve que les noms et qualités des plaideurs, parmi lesquels figurent : messire Ferdinand le Blanc, dit d'Andelot, chevalier, maître d'hôtel de Son Altesse de Lorraine, seigneur d'Ollans ; — révérend sieur, messire Claude Naisey, prêtre, docteur en saints décrets, protonotaire du Saint-Siége apostolique, recteur de l'église et de l'hôpital du Saint-Esprit de Besançon ; — Guyonne Racle, veuve de Philibert de Huguans, seigneur de Comberjon, impétrant, contre noble Charles de Conflans, seigneur de Bouligney ; — messire Hérard du Chatelet, chevalier, baron et seigneur de Lomont, Senoncourt et autres lieux, conseiller d'État de Son Altesse de Lorraine, et dame Lucrèce d'Orcay, impétrants en garde, contre François de Faulquier, seigneur d'Aboncourt ; — messire Georges Gousserel, prêtre et familier de l'église Saint-Georges de Vesoul ; — honorable André Louis Parisey, de Breurey, impétrant en garde, contre les dames abbesse et doyenne du chapitre de Remiremont, etc.

B. 4576. (Registre.) — In-4°, 1200 feuillets, papier.

1688 (Juin). — Journal des audiences du bailliage de Vesoul, dans lequel on ne trouve que les noms et qualités des plaideurs, parmi lesquels figurent : noble Louis Pétrey, docteur en droit, seigneur de Champvans, conseiller du Roi au parlement de Dôle ; — honorable Jacques Sanglin, receveur général des revenus des seigneuries de Lure et de Murbach, appartenant aux archiducs Léopold et Guillaume d'Autriche, seigneurs desdits lieux ; — messire François de Voisey, dit de Cléron, chevalier, seigneur de Cléron, Mailley et autres lieux, cessionnaire et ayant droit de messire Jean-Jacques la Tour, baron et seigneur de Montcley ; — François Grégoire, sieur de Boirey, impétrant contre messire Jean le Blanc, prêtre, sieur de Villedieu ; — dame Jeanne-Baptiste de Grammont, veuve de messire Antoine de Joux, dit de Grandmont, chevalier, seigneur de Châtillon-Guyotte, etc.

B. 4577. (Registre.) — In-4°, 300 feuillets, papier.

1688 (Juillet). — Journal des audiences du bailliage de Vesoul, dans lequel on ne trouve que les noms et qualités des plaideurs, parmi lesquels figurent : dom Joachim de Dortans, vicaire général en l'abbaye de Luxeuil, prieur du prieuré d'Annegray ; — généreux seigneur, Adam de Saint-

Mauris, seigneur de la Lanterne, Fessey, Gressoux et autres lieux ; — noble Jean Varoz, dit le colonel Gaulthier, seigneur de Marchaux, Roplans et autres lieux ; — messire Claude de la Palud, chevalier, baron et seigneur de Montjustin, Dampvalley et autres lieux, etc.

B. 4578. (Registre.) — In-4°, 400 feuillets, papier.

1628 (Juillet). — Journal des audiences du bailliage de Vesoul, dans lequel on ne trouve que les noms et qualités des plaideurs, parmi lesquels figurent : dame Marguerite de Vy, dame de Lieffrans, Gevigney et autres lieux ; — messire François d'Averton, chevalier, conseiller du roi de France, comte de Belin, cogouverneur du bourg d'Averton ; — Béatrix de Thomassin et noble Marc de Villiers, seigneur et dame de Vougécourt ; — frère Marc-Antoine de Vy, chevalier de l'ordre de Saint-Jean de Jérusalem, impétrant, contre noble François d'Angicourt ; — révérendissime seigneur, messire Ferdinand de Longvy, dit de Rye, archevêque de Besançon, etc.

B. 4579. (Registre.) — In-4°, 150 feuillets, papier.

1628 (Juillet). — Journal des audiences du bailliage de Vesoul, dans lequel on ne trouve que les noms et qualités des plaideurs, parmi lesquels figurent : noble François Girardot, docteur en droit, lieutenant général au bailliage de Salins ; — Thomas Péréal, docteur en droit, seigneur de Bonnal ; — noble seigneur Gaspard de Renuelle, écuyer, seigneur de Voisey ; — dom Guillaume Simonin, archevêque de Corinthe, abbé de l'abbaye Saint-Vincent de Besançon ; — messires Pierre Barbant et Étienne Galliot, prêtres, chanoines en l'église métropolitaine de Besançon, etc.

B. 4580. (Registre.) — In-4°, 800 feuillets, papier.

1628 (Août). — Journal des audiences du bailliage de Vesoul, dans lequel on ne trouve que les noms et qualités des plaideurs, parmi lesquels figurent : dame Anne de Poligny, dame de Pin, Beaumotte et autres lieux ; — illustre et révérend seigneur, Jean-Baptiste du Cusance, abbé et seigneur de l'abbaye Notre-Dame de Bellevaux ; — François de Jouffroy, seigneur, de la Vaivre, Villers-le-Temple, Aulx et autres lieux ; — noble sieur, Jean-Baptiste de Lassant, seigneur de Verchamp ; — dame Jeanne-Baptiste de Grammont, veuve de messire Jacques-Antide de Joux, dit de Grammont, seigneur de Châtillon-Guyotte ; — messire Jacques Besançonot, prêtre, curé de Montjustin ; — messire Antoine de Salives, chevalier, seigneur de Villersvandey, Betoncourt et autres lieux, impétrant en garde, contre Catherine de Villers, veuve de noble Clément Thomassin, etc.

B. 4581. (Registre.) — In-4°, 1050 feuillets, papier.

1628 (Septembre). — Journal des audiences du bailliage de Vesoul, dans lequel on ne trouve que les noms et qualités des plaideurs, parmi lesquels figurent : messire Claude de Rye, chevalier de l'ordre de Saint-Jacques, baron de Balançon, seigneur de Port-sur-Saône, Pusy et autres lieux ; — Jean-Baptiste de Montby, seigneur dudit lieu, Bournois et autres lieux ; — demoiselle Jeanne de Charmoille veuve de Charles de Conflans, seigneur de Broye, Mercey et Bouligney ; — dom Guillaume Simonin, archevêque de Corinthe, abbé de l'abbaye Saint-Vincent de Besançon ; — demoiselle Jacqueline de Vy, relicte de Claude de Lavey et femme de noble Philibert de Montarby ; — messire Ermenfroi-François d'Oiselay, chevalier de la cour souveraine du parlement de Dôle, baron et seigneur d'Oiselay, Oricourt et autres lieux, etc.

B. 4582. (Registre.) — In-4°, 1000 feuillets, papier.

1628 (Septembre). — Journal des audiences du bailliage de Vesoul, dans lequel on trouve que les noms et qualités des plaideurs, parmi lesquels figurent : François d'Averton, conseiller du roi de France, comte de Belin, seigneur du bourg d'Averton ; — dame Anne de Melain, dite de Luhe, dame en l'église Saint-Pierre de Remiremont ; — noble François-Jules Malbouhans, seigneur de la Montoillotte ; — nobles Louis et Hugues Pourtier, de Salins ; — Marguerite de Faulquier, veuve de Martin de Villers, seigneur de Ranzevelle, Grignoncourt et autres lieux ; — dom Joachim de Dortans, vicaire général en l'abbaye de Luxeuil ; — noble Claude-Baptiste de Vignan, seigneur de Sencey ; — messire François de Voisey, seigneur de Cléron, Mailley et autres lieux, ayant charge de noble Jean-Jacques de la Tour, baron et seigneur de Montcley, etc.

B. 4583. (Registre.) — In-4°, 1000 feuillets, papier.

1628 (Octobre). — Journal des audiences du bailliage de Vesoul, dans lequel on ne trouve que les noms et qualités des plaideurs, parmi lesquels figurent : illustre seigneur, François-Thomas de Grandvelle-Perrenot, prince du Saint-Empire, chevalier de la Toison-d'Or, comte de Cantecroix, seigneur de la Villeneuve, Fraisne le Château, Malières et autres lieux ; — demoiselle Estienne de la Tour, veuve de noble Ferréol Bacon ; — noble Jean Varod, dit le colonel, Gaulthier, seigneur de Marchaux, Roulans et autres lieux ; — demoiselle Marguerite de Faulquier, veuve de Martin de Villers, seigneur de Ranzevelle, Grignoncourt et autres lieux ; — Jeanne-Françoise Terrier, veuve de messire Antoine Hugon, docteur en droit, conseiller à la cour souveraine du parlement de Dôle et demoiselle Pierrette Damedor, veuve de noble Guillaume de Sallves, seigneur de Colombe ; — Claude-Antoine de Cléron, chapelain de la chapelle Notre-Dame fondée en l'église de Mailley, etc.

D. 4534. (Registre.) — In-4°, 1000 feuillets, papier.

1688 (Novembre). — Journal des audiences du bailliage de Vesoul, dans lequel on ne trouve que les noms et qualités des plaideurs, parmi lesquels figurent : noble Claude-Louis de Colotet, seigneur de Filain ; — noble Gaspard de Roynelle, seigneur de Voisey, demandeur, contre dame Antoinette, veuve de Claude de Faucogney, demeurant à Voisey ; — honorable François Aymonnet, de Vesoul ; — noble Jean-Baptiste d'Haraucourt, seigneur de Frasnoy, Villers-sur-Port et autres lieux, agissant au nom de noble Humbert-Hardouin d'Haraucourt, son frère, seigneur de Vauconcourt ; — dame Chrestienne de Corbessain, femme de messire Pompée Renoist, chevalier, seigneur de Chauvillerain ; — dame Anne de Lignéville, femme de messire François de Sauvigny, baron de Gouhenans, etc.

D. 4535. (Registre.) — In-4°, 500 feuillets, papier.

1688 (Novembre). — Journal des audiences du bailliage de Vesoul, dans lequel on ne trouve que les noms et qualités des plaideurs, parmi lesquels figurent : messire Hardouin de Clermont, chevalier, seigneur de Saint-Georges ; — illustrissime et révérendissime seigneur, messire Ferdinand de Longvy, dit de Rye, archevêque de Besançon, prince de Saint-Empire, abbé commendataire de l'abbaye Notre-Dame de Cherlieu ; — dame Marie de Brichanteau, dame de Senesey, Chastenoy, Mollans et autres lieux ; — demoiselle Marguerite de Ciron, veuve de noble François de Saint-Martin, seigneur de Montureux ; — Jean Guillaume Doyen, capitaine du château d'Amance, etc.

D. 4536. (Registre.) — In-4°, 500 feuillets, papier.

1688 (Décembre). — Journal des audiences du bailliage de Vesoul, dans lequel on ne trouve que les noms et qualités des plaideurs, parmi lesquels figurent : révérendissime seigneur, dom Jean de Watteville, évêque et comte de Lausanne, abbé et seigneur de l'abbaye de Notre-Dame de la Charité, impétrant, contre messire Alexandre de Vaitu, chevalier, baron et seigneur de Chemilly ; — messires Gaspard et Jean-Claude de Gilley, frères, barons du Saint-Empire, seigneurs de Longevelle et Vy-lès-Lure ; — messire Jean-Baptiste d'Aubonne, seigneur de Buffignécourt ; — messire Bénard du Chastelet, chevalier, baron et seigneur de Lomont, Bonnet et autres lieux, maréchal de Lorraine et conseiller d'État de Son Altesse, etc.

D. 4537. (Registre.) — In-4°, 500 feuillets, papier.

1688 (Décembre). — Journal des audiences du bailliage de Vesoul, dans lequel on ne trouve que les noms et qualités des plaideurs, parmi lesquels figurent : messire François d'Andelot, chevalier, conseiller du roi de France, comte de Bolin, seigneur du bourg d'Averton ; — dame Catherine de Thomassin, dame de Flagy ; — honorable homme Jacques Sanglia, receveur de la seigneurie de Lure, ayant charge du révérendissime administrateur de Murbach et de Lure pour le sérénissime archiduc Léopold Guillaume d'Autriche, abbé et seigneur desdits lieux ; — dame Marie de Brichanteau, dame de Senesey, Mollans, Chastenois et autres lieux, etc.

D. 4538. (Registre.) — In-4°, 690 feuillets, papier.

1689 (Janvier). — Journal des audiences du bailliage de Vesoul, dans lequel on ne trouve que les noms et qualités des plaideurs, parmi lesquels figurent : noble Louis Pétrey, docteur en droit, sieur de Champvans, conseiller de Sa Majesté au parlement de Dôle ; — noble Hardouin de Clermont, chevalier, seigneur de Saint-Georges ; — dame Marie de Robles, dame et baronne de Saint-Rémy ; — noble Claude de La Tour, sieur de la Côte ; — demoiselle Marguerite de Faulquier, veuve de Martin de Villers, seigneur de Ranzevelle et autres lieux ; — demoiselle Madeleine de Charmoille, fille d'Antoine de Charmoille, seigneur de Melincourt et ses deux frères Alexandre et Daniel ; — dom Joachim de Dortan, procureur général de l'abbaye de Luxeuil, etc.

B. 4529. (Registre.) — In-4°, 1020 feuillets, papier.

1689 (Janvier). — Journal des audiences du bailliage de Vesoul, dans lequel on ne trouve que les noms et qualités des plaideurs, parmi lesquels figurent : noble Gaspard Durand, docteur en droit, sieur de Lantenot ; — Nicolas Morel, prêtre familier de l'église paroissiale de Charles, chapelain de la chapelle fondée audit lieu par dame Anne Perrenot, dame d'Aroz ; — dom Jean de Watteville, évêque, comte de Lausanne, abbé de l'abbaye Notre-Dame de la Charité ; — messire Ferdinand de Longvy, dit de Rye, archevêque de Besançon, prince du Saint-Empire, abbé commandataire de l'abbaye de Notre-Dame de Cherlieux, etc.

B. 4530. (Registre.) — In-4°, 1020 feuillets, papier.

1689 (Janvier). — Journal des audiences du bailliage de Vesoul, dans lequel on ne trouve que les noms et qualités des plaideurs, parmi lesquels figurent : messire François Camus, docteur en médecine à Vesoul ; — demoiselle Étienne de la Tour, des Ayvans ; — Étienne Blanchelotte, amodiateur des villages des Gourgeon, Malvillers et Montigny, dépendants de l'abbaye de Cherlieux ; — Jean-Baptiste Gollut, conseiller à la cour souveraine du parlement de Dôle ; — noble Claude de la Tour, écuyer, sieur de la Côte ; — messire Claude Coudroy, adjudicataire des terre et seigneurie de Loulans ; — noble Adrien de Rozières, seigneur de Sorans, Cuisoul et autres lieux, etc.

B. 4531. (Registre.) — In-4°, 620 feuillets, papier.

1689 (Février). — Journal des audiences du bailliage de Vesoul, dans lequel on ne trouve que les noms et qualités des plaideurs, parmi lesquels figurent : messire Jean de Thomassin, baron, seigneur de Montboillon ; — dame Christine de Corbessain, femme de Pompée Benoist, chevalier, sieur et dame de Chauvillerain, Fresse et autres lieux ; — noble Jean-Claude et Pierre Duhoux, sieurs à Montureux ; — dom Valentin Pastel, abbé et seigneur de Bithaine ; — Anatoile Nélaton, receveur des exploits du bailliage de Vesoul ; — noble Antide de Grammont, chevalier, baron de Melisey, le Saulcy et autres lieux, etc.

B. 4532. (Registre.) — In-4°, 660 feuillets, papier.

1689 (Février). — Journal des audiences du bailliage de Vesoul, dans lequel on ne trouve que les noms et qualités des plaideurs, parmi lesquels figurent : noble François d'Averton, chevalier, conseiller du roi de France, comte de Belin, seigneur du bourg d'Averton ; — messire Jean Clerc, docteur en droit, bailli de Luxeuil ; — dame Françoise Camus, femme de Jean-Baptiste Tranchant, docteur en droit, sieur de Bévoy ; — messire Claude de la Palud, chevalier, seigneur de Montjustin et autres lieux ; — noble Gaspard Dapoutot, avocat fiscal en la cité impériale de Besançon ; — messire Claude Chapuzot, doyen en l'église collégiale de Calmoutier, etc.

B. 4533. (Registre.) — In-4°, 800 feuillets, papier.

1689 (Mars). — Journal des audiences du bailliage de Vesoul, dans lequel on ne trouve que les noms et qualités des plaideurs, parmi lesquels figurent : messire François d'Averton, chevalier, conseiller du roi de France, comte de Belin, seigneur du bourg d'Averton ; — honorable Henri Cornassier, de Vesoul, commissaire général de la visite des hauts chemins, ponts et passages du bailliage d'Amont, ressort de Vesoul, demandeur, contre messire Hardouin de Clermont, chevalier, seigneur de Saint-Georges ; — messire Claude de Bauffremont, chevalier, baron et seigneur de Scey-sur-Saône, Pusey et autres lieux ; — Claude Cherleon, l'aîné, de Scey-sur-Saône, impétrant en désaveu et abandon et aveu à Sa Majesté, contre messire Claude de Bauffremont, chevalier, baron et seigneur de Charmoille, Pusey et autres lieux, membre du conseil de guerre de Sa Majesté, etc.

B. 4534. (Registre.) — In-4°, 1000 feuillets, papier.

1689 (Mars). — Journal des audiences du bailliage de Vesoul, dans lequel on ne trouve que les noms et qualités des plaideurs, parmi lesquels figurent : noble Louis Pétrey, docteur en droit, seigneur de Champvans, conseiller de Sa Majesté au parlement de Dôle ; — illustrissime et révérendissime seigneur, messire Ferdinand de Longvy, dit de Rye, prince du Saint-Empire, archevêque de Besançon, abbé commandataire de l'abbaye Notre-Dame de Cherlieu ; — messire Ermenfroi François d'Oiselay, chevalier en la cour souveraine du parlement de Dôle, baron d'Aricourt et dudit Oiselay ; — messire Claude de la Palud, chevalier, baron et seigneur de Montjustin et autres lieux ; — noble Jean-Baptiste d'Aubonne, seigneur de Buffignécourt ; — Marguerite Chosal, veuve de noble Claude Grignet, de Pesmes, docteur en droit, etc.

B. 4596. (Registre.) — In-4°, 400 feuillets, papier.

1689 (Mars). — Journal des audiences du bailliage de Vesoul, dans lequel on ne trouve que les noms et qualités des plaideurs, parmi lesquels figurent : messire Ferdinand de Longvy de Rye, prince du Saint-Empire, archevêque de Besançon, abbé commendataire de l'abbaye Notre-Dame de Cherlieu ; — honorable Jean-Jacques Songhin, agissant au nom et comme receveur général de la terre et seigneurie de Lure, appartenant à Son Altesse sérénissime, Léopold Guillaume d'Autriche, abbé et seigneur dudit Lure ; — messire Gaspard et Jean-Claude de Gilley, frères, barons du Saint-Empire, seigneurs de Longevelle, Marnus, Vy-les-Lure, impétrans contre Pierre Guidart, prêtre, chanoine à Villersexel, etc.

B. 4596. (Registre.) — In-4°, 600 feuillets, papier.

1689 (Avril). — Journal des audiences du bailliage de Vesoul, dans lequel on ne trouve que les noms et qualités des plaideurs, parmi lesquels figurent : dame Lucrèce Dorsan, dame de la Neuvelle, Fresse, Melisey et autres lieux, femme de messire Hérard du Chastelet, chevalier marquis de Trichateau, maréchal de Lorraine, etc.; — noble Sébastien de Montfort de Soye ; — messire Pierre Payme, chanoine, curé de l'église Sainte-Marie-Madeleine de Besançon ; — noble Godefroy Hérinnet, trésorier de Son Altesse le prince de Wurtemberg, comte de Montbéliard ; — dame Gabrielle de Senoncourt, baronne de Chauvirey, Vitrey, etc, veuve de René du Chastelet, baron et seigneur des mêmes lieux, etc.

B. 4597. (Registre.) — In-4°, 600 feuillets, papier.

1689 (Avril.) — Journal des audiences du bailliage de Vesoul, dans lequel on ne trouve que les noms et qualités des plaideurs, parmi lesquels figurent : demoiselle Marguerite Ramasson, veuve de messire Jean Gilbert, docteur en droit, conseiller de Sa Majesté en la cour souveraine du parlement de Dôle ; — les révérends pères prieur et religieux bénédictins réformés de l'abbaye de Saint-Vincent de Besançon ; — révérendissime seigneur, dom Jean de Vatteville, évêque et comte de Lausanne, abbé de l'abbaye de Notre-Dame de la Charité, impétrant, contre messire Alexandre de Vuitz, chanoine, baron et seigneur de Chemilly ; — Guillaume Bergerot, procureur postulant au parlement de Dôle, impétrant en barre et main mise, contre messire Humbert Hardouin d'Haraucourt, seigneur de Francy ; — messire Bretignon, curé de Charles, impétrant en matière de désaveu et abandon de ses lieux et aveu à Sa Majesté, contre Ferdinand et François d'Augicourt, seigneurs dudit lieu, et contre demoiselle Jean-Baptiste de Ferrière, femme de noble Antelme de Maranche, dame de Chargey, etc.

B. 4598. (Registre.) — In-4°, 400 feuillets, papier.

1689 (Avril). — Journal des audiences du bailliage de Vesoul, dans lequel on ne trouve que les noms et qualités des plaideurs, parmi lesquels figurent : messire Jean Clerc, docteur en droit, bailli de Luxeuil, agissant comme mari de Charlotte Grosjean, fille de Nicolas Grosjean, docteur en droit à Faucogney ; — Ferdinand de Longvy, archevêque de Besançon, abbé de l'abbaye de Cherlieu ; — généreux seigneur, messire Adrien de Rosières, seigneur de Norans et Breurey ; — Claude-Antoine de Cléron, chapelain de la chapelle Notre-Dame fondée en l'église de Mailley ; — messire Claude de Rye, chevalier de l'ordre de Saint-Jacques, baron de Balançon, seigneur de Port-sur-Saône, Saint-Vallier, Pusy, Tresilley, mestre de camp dans un régiment d'infanterie bourguignonne, au service de Sa Majesté dans les Pays-Bas, etc.

B. 4599. (Registre. — In-4°, 1060 feuillets, papier.

1689 (Mai). — Journal des audiences du bailliage de Vesoul, dans lequel on ne trouve que les noms et qualités des plaideurs, parmi lesquels figurent : messire Pierre Chalon, docteur en droit à Vesoul ; — messire Jean Malbouhans, prêtre familier en l'église Monsieur Saint-Georges de Vesoul ; — noble messire Jean d'Aubonne, sieur de Duffignécourt ; — noble Claude de Rye, chevalier de l'ordre de Saint-Jacques, baron de Balançon, seigneur de Port-sur-Saône, Saint-Vallier, Pusy, Tresilley et autres lieux ; — noble Guillaume de la Vigne, écuyer, seigneur d'Autrey-les-Cerre ; — noble Charles de Conflans, seigneur de Mercey, Gevigney et autres lieux, etc.

B. 4600. (Registre.) — In-4°, 600 feuillets, papier.

1689 (Juin). — Journal des audiences du bailliage de Vesoul, dans lequel on ne trouve que les noms et qualités des plaideurs, parmi lesquels figurent : généreux seigneur, dom Jean de Vatteville, évêque et comte de Lausanne, abbé de l'abbaye de Notre-Dame de la Charité ; — messire

Jean-Baptiste Gollut, docteur en droit, conseiller en la cour souveraine du parlement de Dôle, tuteur de Marguerite de Ray, dite et héritière universelle de Claude-François de Ray et de dame Claude-Béatrix de Grammont, seigneur et dame dudit Ray, Confandey, Mailley et autres lieux ; — messire Claude de Rye, chevalier de l'ordre de Saint-Jacques, baron de Balançon, seigneur de Port-sur-Saône ; — dom Guillaume Symonin, archevêque de Corinthe, abbé de l'abbaye Saint-Vincent de Besançon, etc.

B. 4601. (Registre.) — In-4°, 820 feuillets, papier.

1689 (Juin). — Journal des audiences du bailliage de Vesoul, dans lequel on ne trouve que les noms et qualités des plaideurs, parmi lesquels figurent : André Chauvet, prévôt des mines de Château-Lambert ; — dom Joachim de Dortans, vicaire général de l'abbaye de Luxeuil ; — noble Jean-Baptiste de Montby, seigneur de Bournois et autres lieux ; — noble messire Claude de Sauix, chevalier, baron et seigneur de Tavanne ; — les confrères de la confrérie du Saint-Rosaire, érigée en l'église de Noroy l'Archevêque ; — noble Étienne Chapuis, docteur en droit, avocat au bailliage de Vesoul ; — noble Henry de Chassaigne, sieur de Montot et autres lieux, etc.

B. 4602. (Registre.) — In-4°, 640 feuillets, papier.

1689 (Juillet). — Journal des audiences du bailliage de Vesoul, dans lequel on ne trouve que les noms et qualités des plaideurs, parmi lesquels figurent : Jean-Baptiste de Montby, seigneur de Bournois et autres lieux ; — dame Lucrèce d'Orsans, femme de messire Hérard du Chastelet, maréchal de Lorraine, seigneur de Goubelans ; — dame Guillemette Demandre, veuve de messire Ambrosio Precipiano, chevalier, baron et seigneur de Soye ; — demoiselle Jeanne de Charmoille, veuve de noble Charles de Conflans, seigneur de Broye, Mercey, Gevigney, Bouligney et autres lieux ; — généreux seigneur, Claude-Baptiste de Vy, seigneur de Mailleroncourt, Bourbévelle et autres lieux, etc.

B. 4603. (Registre.) — In-4°, 880 feuillets, papier.

1689 (Juillet). — Journal des audiences du bailliage de Vesoul, dans lequel on ne trouve que les noms et qualités des plaideurs, parmi lesquels figurent : noble François d'Averton, chevalier, conseiller du roi de France, comte de Belin, seigneur du bourg d'Averton ; — dame Marguerite de Playne, dame de la Roche ; — noble Alexandre de Vailx, chevalier, baron et seigneur de Chemilly ; — demoiselle Pierrette Dameday, veuve de noble Guillaume de Salives, de Vesoul ; — messire Jean-Baptiste Gollut, docteur en droit, conseiller en la cour souveraine du parlement de Dôle ; — dame Jaqueline de Vy, femme de Philibert de Montarby, etc.

B. 4603. (Registre.) — In-4°, 880 feuillets, papier.

1689 (Septembre). — Journal des audiences du bailliage de Vesoul, dans lequel on ne trouve que les noms et qualités des plaideurs, parmi lesquels figurent : noble Harduoin de Clermont, chevalier seigneur de Saint-Georges, Naisey, Betain, Rupt et autres lieux ; — messire Jean Rebillet, chanoine en l'église collégiale de Champlitte ; — noble François d'Augicourt, seigneur dudit lieu ; — noble Jean de Montfort, protonotaire du Saint-Siège, grand archidiacre à Besançon ; — messire Jean-Jacques Renglin, receveur des terre et seigneurie de Faye ; — le révérend administrateur des terres de Murbach, appartenant à l'archiduc Léopold-Guillaume, seigneur dudit lieu ; — dame Jeanne-Béatrix de Thomassin, dame de Corcelles et d'autres lieux ; — demoiselle Gasparine Deprel, dame de Molay en partie, etc.

B. 4603. (Registre.) — In-4°, 680 feuillets, papier.

1689 (Septembre). — Journal des audiences du bailliage de Vesoul, dans lequel on ne trouve que les noms et qualités des plaideurs, parmi lesquels figurent : le révérend abbé et vénérables religieux de l'abbaye de Notre-Dame de Bellevaux ; — noble Claude-François Lullier, sieur de Chauvirey ; — Claude-Louis de Colutet, sieur de Filain ; — messire Étienne Hugon, receveur général en Bourgogne, demeurant à Gray ; — dame Antoinette de Pillot, femme de Louis de Scey, sieur de Thurey ; — dame Dorothée de Lallemand, femme de messire Henri de Pierrefontaine, chevalier, sieur de Bonnay ; — noble Claude de Poligny, baron et seigneur de Traves ; — messire Jean-Baptiste de Jouffroy, chanoine en l'église métropolitaine de Besançon ; — messire Jean Béjot, procureur d'office des terres et seigneurie de P.magney, etc.

B. 4606. (Registre.) — In-4°, 880 feuillets, papier.

1689 (Septembre). — Journal des audiences du bailliage de Vesoul, dans lequel on ne trouve que les noms et qualités des plaideurs, parmi lesquels figurent : demoiselle Jeannette Lullier, femme de messire Nicolas de Mongenet, docteur en droit à Vesoul ; — messire Antoine de Salives, seigneur de Villiers-Vaudey, Apremont et autres lieux ; — dom Jean de Watteville, évêque et comte de Lausanne, abbé de l'abbaye de la Charité ; — demoiselle Filementte de la Tour, veuve de Servais Huvet, sieur des Aynans; — Jean Clerc, docteur en droit, bailli de Luxeuil ; — noble messire Jean-Baptiste de la Baume, chevalier, baron et seigneur de Montmartin ; — noble Jean-Baptiste d'Aubonne, sieur de Rufflgudecourt ; — noble Claude de Rye, chevalier de l'ordre de Saint-Jacques, baron de Balançon, seigneur de Port-sur-Saône, Saint-Vallier, Treuilley et autres lieux, etc.

B. 4507. (Registre.) — In-4°, 1080 feuillets, papier.

1689 (Octobre). — Journal des audiences du bailliage de Vesoul, dans lequel on ne trouve que les noms et qualités des plaideurs, parmi lesquels figurent : noble Charles de Pouilly, capitaine et gouverneur à Conflans ; — Nicolas Lucot, procureur de Sa Majesté à Jussey ; — messire Hugues Febvre, receveur des amendes et défauts qui s'adjugent en la justice de Montbozon ; — noble Jean Aymonot, docteur en droit à Vesoul ; — dame Anne de Lignéville, héritière de Charles Lignéville, baron de Gouhenans, et de dame Claude de Playne, femme dudit seigneur ; — les pauvres de l'hôpital de Vesoul ; — noble Thomas de Montrevel, de Besançon ; — Claude Clerc, docteur en droit, seigneur de Neuroy, Abencourt, Gesincourt et autres lieux, etc.

B. 4508. (Registre.) — In-4°, 620 feuillets, papier.

1689 (Octobre). — Journal des audiences du bailliage de Vesoul, dans lequel on ne trouve que les noms et qualités des plaideurs, parmi lesquels figurent : messire Claude Rebillet, receveur des amendes et défauts qui s'adjugent en la justice et seigneurie de Noidans ; — noble Jean-Baptiste de Sault, seigneur de Cuiseuil ; — noble Jean-Antoine d'Achey, chevalier, baron et seigneur de Montferrand, Touraise, Courchaton et autres lieux ; — Claude Darl, procureur d'office en la justice d'Anance ; — Jacques Lejeune, tabellion général de Bourgogne, résident à Godoncourt ; — illustre et puissante dame, Élisabeth de Bourgogne, princesse du Saint-Empire, duchesse de Pont de Vaux, marquise de Maruay, dame de Bougnon, etc.

B. 4509. (Registre.) — In-4°, 680 feuillets, papier.

1689 (Novembre). — Journal des audiences du bailliage de Vesoul, dans lequel on ne trouve que les noms et qualités des plaideurs, parmi lesquels figurent : messire Antoine de Jouz de Grammont, chevalier, sieur de Châtillon ; — dom Claude-François Raclot, abbé et seigneur de Clairefontaine ; — les vénérables doyen, chanoine et chapitre de l'insigne église collégiale de Calmoutiers ; — Guyonne Saltres, femme de Jacques Terrier, docteur en droit à Vesoul ; — Charles de Lignéville, baron de Gouhenans ; — Thomas de Geoffroy, seigneur de Novillars, Amagney et autres lieux ; — les vicomtes maïeur, capitaine, échevins et conseil de la ville de Vesoul ; — dame Gabrielle Bassompierre, veuve de messire Hérard de Livron, chevalier, seigneur de Vauvillers, etc.

B. 4510. (Registre.) — In-4°, 780 feuillets, papier.

1689 (Novembre). — Journal des audiences du bailliage de Vesoul, dans lequel on ne trouve que les noms et qualités des plaideurs, parmi lesquels figurent : noble Louis de Pétrey, docteur en droit, seigneur de Champvans ; — demoiselle Marguerite Ravasson, veuve de messire Jean Gilleberg, docteur en droit, conseiller au parlement de Dôle ; — noble Adam de Saint-Mauris, seigneur de la Lanterne ; — messire François de Voisey, sieur de Malifoy ; — noble Claude de Rye, chevalier de l'ordre de Saint-Jacques, baron de Balançon, Fondremand, seigneur de Port-sur-Saône, Saint-Vallier, Pusy, Treuilley, mestre de camp d'un tierce d'infanterie bourguignonne, et gouverneur de la ville de Gréda, etc.

B. 4511. (Registre.) — In-4°, 250 feuillets, papier.

1689 (Décembre). — Journal des audiences du bailliage de Vesoul, dans lequel on ne trouve que les noms et qualités des plaideurs, parmi lesquels figurent : messire Jean-Antoine d'Achey, chevalier et seigneur de Montferrand, Touraise, Courchaton, Mondon, capitaine de la ville de Dôle ; — messire François de Scey, chevalier, sieur de Buthier ; — Pierre Arbilleur, citoyen de Besançon ; — noble Gaspard Durand, de Vesoul, docteur en droit ; — Charles de Livron, fils de Hérard de Livron et de Gabrielle de Bassompierre, seigneur de Vauvillers ; — dame Jeanne-Baptiste de Ferrières, femme de noble Antoine de Maranche, écuyer, sieur et dame de Chargey ; — noble Claude de Cordemoy, docteur en droit, sieur de Francalmont, etc.

B. 4512. (Registre.) — In-4°, 450 feuillets, papier.

1689 (Décembre). — Journal des audiences du bailliage de Vesoul, dans lequel on ne trouve que les noms et qualités des plaideurs, parmi lesquels figurent : noble Gaspard de Pelousey, sieur de Mathay, capitaine ; — dame Caroline d'Autriche, princesse du Saint-Empire, veuve de noble seigneur François-Thomas Perrenot de Grandvelle, dit d'Oiselay, etc.; — noble Alexandre de Vallis, baron et seigneur de Chemilly; — dame Marguerite Ramazzon, veuve de messire Jean Gillebert, docteur en droit, conseiller en la cour souveraine du parlement de Paris; — messire Guillaume Vernerey, sieur de Moncourt, etc.

B. 4613. (Registre.) — In-4°, 230 feuillets, papier.

1689 (Décembre). — Journal des audiences du bailliage de Vesoul, dans lequel on ne trouve que les noms et qualités des plaideurs, parmi lesquels figurent: noble Jacques de Mesmay, docteur en droit à Vesoul; — messire Claude Monnier, procureur d'office en la justice de Vy-lès-Lure; — noble Jean-Baptiste de la Baume, baron et seigneur de Montmartin; — noble Claude de Rye, chevalier de l'ordre de Saint-Jacques, baron de Balançon, seigneur de Port-sur-Saône et autres lieux, mestre de camp d'infanterie bourguignonne; — noble Guillaume Béchin, de Clerval, demeurant à Granges, procureur d'office en la justice de Bournois, appartenant au seigneur de Montby, etc.

B. 4614. (Registre.) — In-4°, 630 feuillets, papier.

1689 (Décembre). — Journal des audiences du bailliage de Vesoul, dans lequel on ne trouve que les noms et qualités des plaideurs, parmi lesquels figurent: messire Hardouin de Clermont, chevalier, seigneur de Saint-Georges; — les révérends prieur et religieux de l'abbaye Notre-Dame de la Charité; — noble Jean-Claude de Gilley, baron du Saint-Empire, seigneur de Longevelle; — messire Clerc, prêtre, doyen de Luxeuil, chanoine en l'église collégiale Notre-Dame de Dôle; — noble Jean de Roslères, seigneur de Sorans; — noble Jean-Baptiste d'Aubonne, seigneur de Buffignécourt; — noble François Grégoire, coseur à Borey, etc.

B. 4615. (Registre.) — In-4°, 430 feuillets, papier.

1689 (Décembre). — Journal des audiences du bailliage de Vesoul, dans lequel on ne trouve que les noms et qualités des plaideurs, parmi lesquels figurent: noble Claude de Bauffremont, chevalier, baron de Scey et d'autres lieux; — noble Guillaume de Vernerey, sieur de Moncourt; — messire Anatoile Nélaton, receveur des exploits au siége du bailliage de Vesoul; — demoiselle Jeanne de Charmoille, veuve de Charles de Conflans, sieur de Broye, Servigney, Bouligney; — noble Louis de Baron, sieur de Voisey; —

dame Gabrielle de Lénoncourt, veuve de messire René du Chastelet, baron et seigneur de Vitrey et autres lieux; — messire Pierre Payme, chanoine et curé en l'église Sainte-Marie-Madeleine de Besançon; — Pierre Laroux, postulant au bailliage de Vesoul, amodiateur pour Sa Majesté des seigneuries de Vesoul et Montjustin, etc.

B. 4616. (Registre.) — In-4°, 340 feuillets, papier.

1690 (Janvier). Journal des audiences du bailliage de Vesoul, dans lequel on ne trouve que les noms et qualités des plaideurs, dans lesquels figurent: dame Marguerite de Faulquier, veuve de Martin de Villers, seigneur de Ranzevelle; — noble Jean de Rosier, sieur à Moncourt; — noble Antoine de Grammont, seigneur à Fallon, Frotey et autres lieux; — noble messire François Kramenfral d'Oiselay, chevalier en la cour souveraine du parlement de Dôle, baron et seigneur dudit Oiselay, Oricourt et autres lieux; — noble François du Cléron, dit de Voisey, sieur de Maltey; — noble Jean Baclo, sieur de la Roche, Geruigney; — dame Lucrèce d'Orsans, femme de messire du Chastelet, marquis de Trichateau, baron et seigneur de Senoncourt, Lomont, la Neuvelle, Roye et autres lieux, etc.

B. 4617. (Registre.) — In-4°, 960 feuillets, papier.

1690 (Janvier). — Journal des audiences du bailliage de Vesoul, dans lequel on ne trouve que les noms et qualités des plaideurs, parmi lesquels figurent: Antoine Bacelin, postulant au bailliage de Vesoul, receveur des revenus des pauvres de ladite ville; — illustre dame, Caroline d'Autriche, princesse du Saint-Empire, veuve de François-Thomas Perrenot de Grandvelle, dit d'Oiselay, comte de Cantecroix, prince du Saint-Empire, chevalier de la Toison-d'Or, baron et seigneur de la Villeneuve et autres lieux; — Charles du Pasquis, receveur des amendes et défauts adjugés en la justice seigneuriale du Breurey; — noble Claude-Baptiste de Vy, seigneur de Mailleroncourt, Bourbévelle et autres lieux; — dame Catherine de la Rochefoucault, veuve de Henry de Bauffremont, chevalier des deux ordres de France, etc.

B. 4618. (Registre.) — In-4°, 200 feuillets, papier.

1690 (Février). — Journal des audiences du bailliage de Vesoul, dans lequel on ne trouve que les noms et qualités des plaideurs, parmi lesquels figurent: messire Nicolas de la Houssier, amodiateur des revenus des terre et seigneurie de Châtillon-le-Duc; — noble Jacques de la Tour, baron et seigneur de Montefoy; — demoiselle Marguerite Grégoire, veuve de noble François Girardot, sieur de Raze, docteur en droit, lieutenant général au bailliage de Salins; — révérendissime seigneur, dom Guillaume Simonin, archevêque de Cézirithe, abbé en l'abbaye de Saint-Vincent de Besançon; — noble François de Scey, seigneur de Buthier, Fin, Perrouse; — messire Philibert Cazeau, citoyen de Besançon; — noble messire Jean-Antoine d'Achey, chevalier, seigneur et baron de Montferrand, capitaine et gouverneur de la ville de Dôle, etc.

B. 4619. (Registre.) — In-4°, 650 feuillets, papier.

1680 (Février). — Journal des audiences du bailliage de Vesoul, dans lequel on ne trouve que les noms et qualités des plaideurs, parmi lesquels figurent : — dame Marguerite de Playne, dame de la Roche; — noble Paul Bernard de Fontenoy, seigneur de Fougerolles, Janney et autres lieux ; — Jean-Jacques Nenglin, receveur général des terres de Lure appartenant à Son Altesse sérénissime, l'archiduc Léopold-Guillaume d'Autriche, abbé et seigneur de Lure; — demoiselle Élisabeth de Salives, demeurant à Vesoul; — noble messire Antoine de Salives, chevalier, sieur de Villers-Vaudey, Betoncourt, Épenoux et autres lieux; — noble Adrien de Sorans, seigneur de Breurey et autres lieux ; — Hugues de Roche, sieur d'Authoison; — messire Claude Boitouset, chanoine à l'église métropolitaine de Besançon, conseiller en la cour souveraine du parlement de Dôle, seigneur de Loulans, etc.

B. 4620. (Registre.) — In-4°, 380 feuillets, papier.

1680 (Février). — Journal des audiences du bailliage de Vesoul, dans lequel on ne trouve que les noms et qualités des plaideurs, parmi lesquels figurent : noble François d'Averton, chevalier, conseiller du roi de France, comte de Belin, seigneur du bourg d'Averton; — noble Louis Pétrey, docteur en droit, seigneur de Champvans, conseiller au parlement de Dôle ; — messire Jean de Montfort-Taillans, protonotaire du Saint-Siège, grand archidiacre de Besançon, prieur de Moustier-Haute-Pierre, seigneur de Montfort; — messire Jean-Baptiste Gollut, docteur en droit, conseiller en la cour souveraine du parlement de Dôle; — messire Jean-Baptiste de la Baume, baron et seigneur de Montmartin, etc.

B. 4621. (Registre.) — In-4°, 630 feuillets, papier.

1680 (Mars). — Journal des audiences du bailliage de Vesoul, dans lequel on ne trouve que les noms et qualités des plaideurs, parmi lesquels figurent : messire Hiérosme Boutechoux, prieur de Lantenans; — demoiselle Françoise Roussel, veuve d'Étienne Tongeux, capitaine et châtelain à Grange; — le baron de Ratançon, seigneur dudit lieu ; — messire Claude Philippin, prêtre résidant au prieuré de Fontaine; — noble Claude Philibert, Philippe et Jean de Conflans, seigneurs de Bouligney et autres lieux ; — Pierre de la Cournel, amodiateur des revenus des terre et seigneurie de Chatenois; — dame Gabrielle de Lénoncourt, veuve de messire René du Chastelet, chevalier, baron et seigneur de Chauvirey et autres lieux ; — dame Françoise de Montessus, veuve de messire Charles Chabot, seigneur de Chauvirey et autres lieux, etc.

B. 4622. (Registre.) — In-4°, 510 feuillets, papier.

1680 (Mars). — Journal des audiences du bailliage de Vesoul, dans lequel on ne trouve que les noms et qualités des plaideurs, parmi lesquels figurent : noble Antoine Dorchans, citoyen de Besançon; — Jean Clerc, docteur en droit, bailli de Luxeuil; — dame Caroline d'Autriche, princesse du Saint-Empire, veuve d'illustre seigneur, François Thomas Perrenot de Granvelle, dit d'Oiselay, comte de Cantecroix, prince du Saint-Empire, chevalier de l'ordre de la Toison-d'Or, baron et seigneur de la Villeneuve ; — illustrissime seigneur, Ferdinand, de Longvy, dit de Rye, prince du Saint-Empire, archevêque de Besançon, abbé commendataire de l'abbaye Notre-Dame de Cherlieux ; — noble Jean-Baptiste d'Aubonne, seigneur de Bufignécourt; — messire Mathieu Humbert, clerc-juré en la cour souveraine du parlement de Dôle, etc.

B. 4623. (Registre.) — In-4°, 520 feuillets, papier.

1680 (Avril). — Journal des audiences du bailliage de Vesoul, dans lequel on ne trouve que les noms et qualités des plaideurs, parmi lesquels figurent : dame Marguerite de Playne, dame de la Roche ; — noble dom Jean de Vatteville, évêque de Lausanne, abbé de l'abbaye Notre-Dame de la Charité, et les révérends prieur et religieux de ladite abbaye; — Alexandre de Vuilta, baron et seigneur de Chemilly ; — révérend Hiérosme Broutechoux, prieur de Lanthenans; — noble Jean-Claude de Gilley, baron du Saint-Empire, seigneur de Longeville; — noble Léopold d'Oiselay, fils de François-Thomas Perrenot de Granvelle; — demoiselle Élisabeth de Salives, fille de noble Guillaume de Salives, etc.

PAGINATION DECALEE

B. 4621. (Registre.) — In-4°, 1710 feuillets, papier.

1680 (Avril). — Journal des audiences du bailliage de Vesoul, dans lequel on ne trouve que les noms et qualités des plaideurs, parmi lesquels figurent : noble Jean-Baptiste de Lassaulx, sieur de Verchamp, Guiseuil et autres lieux ; — messire Claude Bue, chanoine en l'église Notre-Dame de Calmoutier ; — noble Jean Loys, docteur en droit, citoyen de Besançon ; — noble François Damodor, de Vesoul ; — noble François de Scey, chevalier, sieur de Buthier ; — dom Guillaume Simonin, archevêque de Corinthe, abbé de Saint-Vincent de Besançon ; — messire François Baudouin, docteur en droit canon, chanoine en l'église de Champlitte ; — dame Marie de Moustier, veuve de René Ferdinand Précipiano, sieur de Cuse, mère de Guid, Gédéon, Achille, Philibert, Aymé, Jean-Baptiste, Ambroise, Gabrielle, Charlotte, Jeanne Précipiano, etc.

B. 4623. (Registre.) — In-4°, 480 feuillets, papier.

1680 (Mai). — Journal des audiences du bailliage de Vesoul, dans lequel on ne trouve que les noms et qualités des plaideurs, parmi lesquels figurent : les révérendes dames abbesse, doyenne et chapitre de l'église Saint-Pierre de Remiremont ; — noble Henry de Chassaigne sieur de Talland, Montot et autres lieux ; — demoiselle Jeanne Gillebert, veuve de noble Thiébaud, procureur fiscal au bailliage de Dôle ; — messire Jean-Baptiste Varin, co-gouverneur en la cité impériale de Besançon, sieur d'Audeux, Chatonvillars et autres lieux ; — noble Jean Racle, sieur de la Roche ; — noble Henry de Montrichier, chevalier, baron dudit Montrichier, seigneur de Menoux, comme ayant droit de généreux seigneur de Montrichier son père, etc.

B. 4625. (Registre.) — In-4°, 830 feuillets, papier.

1680 (Mai). — Journal des audiences du bailliage de Vesoul, dans lequel on ne trouve que les noms et qualités des plaideurs, parmi lesquels figurent : noble François de Fouvent, curé de Chambornay ; — noble Claude-Louis de Cointet, seigneur de Filain ; — messire Claude Hugon, de Palise, notaire procureur d'office en la justice et seigneurie de la Vaivre ; — les révérends chapelains de l'église Sainte-Madeleine de Besançon ; — messire Claude Mugnier, chanoine en l'église métropolitaine de Besançon, et prébendier de Chambornay ; — dame Anne de Longueville, veuve de Pierre-Fernand de Mollans ; — noble Jean-Baptiste de Cusance, abbé et seigneur de l'abbaye Notre-Dame de Bellevaux ; — demoiselle Guillemette de Saint-Loup, fille de Simon de Saint-Loup, seigneur de Montarlot, etc.

B. 4627. (Registre.) — In-4°, 820 feuillets, papier.

1680 (Juin). — Journal des audiences du bailliage de Vesoul, dans lequel on ne trouve que les noms et qualités des plaideurs, parmi lesquels figurent : noble Nicolas de Mongenet, docteur en droit, demeurant à Vesoul ; — noble Benoît de la Tour, sieur de la Côte ; — messire Claude-Antoine de Cléron, chapelain de la chapelle fondée en l'église de Mailley, en l'honneur de Notre-Dame ; — messire Claude de Rye, chevalier, baron de Balançon, Port-sur-Saône, Pusy et autres lieux ; — François Grégoire codeur à Boroy ; — noble Claude-Baptiste de Vy, seigneur de Mailleroncourt-Charette, Bourbévelle et autres lieux ; noble François de Cramans, chevalier de l'ordre de Saint-Jean de Jérusalem, commandeur de la Villedieu en Fontenette, etc.

B. 4628. (Registre.) — In-4°, 420 feuillets, papier.

1680 (Juin). — Journal des audiences du bailliage de Vesoul, dans lequel on ne trouve que les noms et qualités des plaideurs, parmi lesquels figurent : noble Charles de Pouilly, gentilhomme de Son Altesse de Lorraine, seigneur de Betoncourt et autres lieux ; — demoiselle Jacqueline de Vy, femme de noble Philibert de Montarby ; — Fernand-François d'Augicourt, sieur dudit lieu ; — demoiselle Jeanne-Baptiste de Ferrette, femme de noble de Maranche, dame de Charcey ; — messire Claude de Séroz, chevalier, baron de Choye ; — noble Adrien de Sorans, seigneur de Sorans, Breurey et autres lieux ; — noble Claude de Bauffremont, chevalier, baron de Scey, Pusy et autres lieux ; — illustre princesse, dame Marguerite de Chabot, duchesse d'Elbeuf, dame de Montaigu, Pusy et d'autres lieux, etc.

B. 4629. (Registre.) — In-4°, 480 feuillets, papier.

1680 (Juillet). — Journal des audiences du bailliage de Vesoul, dans lequel on ne trouve que les noms et qualités des plaideurs, parmi lesquels figurent : révérend seigneur Jean-Baptiste de Cusance, abbé et seigneur de l'abbaye de Bellevaux ; — noble Jean Simard, commandant de

200 hommes de pied au service de Sa Majesté catholique ; — noble Henry de Chassaigne, seigneur de Taitans, Montot et autres lieux ; — messire Nicolas Vivien, greffier fiscal au bailliage de Vesoul ; — dame Gabrielle de Lénoncourt, veuve de noble René du Chastelet, chevalier, baron et seigneur de Chauvirey et autres lieux ; — noble Mathieu Belot, capitaine de la terre et seigneurie de Granges ; — messire François de Scey, chevalier, sieur de Buthier ; — noble Jean-François de Vy, seigneur de Contréglise, etc.

B. 4630. (Registre.) — In-4°, 830 feuillets, papier.

1630 (Juillet). — Journal des audiences du bailliage de Vesoul, dans lequel on ne trouve que les noms et qualités des plaideurs, parmi lesquels figurent : messire Claude Breignon, curé de Chargey, impétrant en matière de désaveu, abandon de biens et aveu à Sa Majesté, contre Fernand et François d'Augicourt, seigneur dudit lieu, et demoiselle Jeanne-Baptiste de Ferrière, femme de généreux seigneur, messire de Maranche, dame de Chargey ; — Ermenfroi-François d'Oiselay, chevalier en la cour souveraine du parlement de Dôle, baron et seigneur dudit Oiselay, Oricourt et autres lieux ; — dame Étiennette de la Tour, dame des Aynans, etc.

B. 4631. (Registre.) — In-4°, 800 feuillets, papier.

1630 (Août). — Journal des audiences du bailliage de Vesoul, dans lequel on ne trouve que les noms et qualités des plaideurs, parmi lesquels figurent : messire Claude-Louis de Cointet, écuyer, seigneur de Filain ; — messire Louis Saulges, prêtre, chanoine en l'église métropolitaine de Besançon, sieur prébendier de la paroisse de Chambornay-les-Granges, Traitiéfontaine, Palise et autres lieux ; — messire François de Montureux, curé de Bonnay ; — Louis de Cire, receveur des revenus temporels de l'abbaye de Bellevaux, etc.

B. 4632. (Registre.) — In-4°, 800 feuillets, papier.

1630 (Août). — Journal des audiences du bailliage de Vesoul, dans lequel on ne trouve que les noms et qualités des plaideurs, parmi lesquels figurent : messire Breignon, curé de Chargey, impétrant en matière de désaveu et abandon de biens, et aveu à Sa Majesté, contre Ferdinand et François d'Augicourt, seigneurs dudit lieu, et demoiselle Jeanne-Baptiste de Ferrière, femme de noble Anselme de Maranche, dame dudit Chargey ; — demoiselle Pierrette Damedor, veuve de noble Guillaume de Salives, agissant au nom et comme mère d'Élisabeth Jeanne-Françoise Gabrielle de Salives, contre noble Adelen de Salives ; — Jacques Senglin, receveur général des terres de Lure pour Son Altesse sérénissime l'Archiduc Léopold Guillaume d'Autriche, abbé et seigneur de Lure, etc.

B. 4633. (Registre.) — In-4°, 800 feuillets, papier.

1630 (Septembre). — Journal des audiences du bailliage de Vesoul, dans lequel on ne trouve que les noms et qualités des plaideurs, parmi lesquels figurent : haut et puissant seigneur, messire Jacques de Chenilly, chevalier de l'ordre de Saint-Jean de Jérusalem, commandeur de la Romagne ; — demoiselle Jeanne-Lucrèce de Mongenet, fille de messire Nicolas de Mongenet, docteur en droit à Vesoul ; — illustrissime et révérendissime seigneur, Ferdinand de Longvy, dit de Rye, prince du Saint-Empire, archevêque de Besançon, abbé commendataire de l'abbaye Notre-Dame de Cherlieu, impétrant contre maître Crestien Outhenin, notaire, etc.

B. 4634. (Registre.) — In-4°, 1200 feuillets, papier.

1630 (Septembre). — Journal des audiences du bailliage de Vesoul, dans lequel on ne trouve que les noms et qualités des plaideurs, parmi lesquels figurent : vénérable personne, messire Pierre Dupin, prêtre, chanoine en l'église métropolitaine de Besançon, jadis sénéchal de l'insigne chapitre dudit lieu ; — messire François de Montureux, curé de Cromary ; — noble Pierre Thiébauld, procureur fiscal au bailliage de Dôle ; — noble Jean-Baptiste de Lassaux, seigneur de Verchamp et Guiseuil ; — messire Thomas de Chauvirey, prêtre, chanoine en l'église métropolitaine de Besançon ; — la confrérie du rosaire fondée en une chapelle située au faubourg de la porte basse de Vesoul ; — messire Oudot Sonnet, prêtre, familier en l'église Saint-Georges de Vesoul, etc.

B. 4635. (Registre.) — In-4°, 1200 feuillets, papier.

1630 (Octobre). — Journal des audiences du bailliage de Vesoul, dans lequel on ne trouve que les noms et qualités des plaideurs, parmi lesquels figurent : les sœurs de Sainte-Ursule, de Vesoul ; — Georges Ferdinand du Tartre, seigneur de Borey ; — noble Nicolas de la Rochelle, écuyer, capitaine d'infanterie à Gray ; — dame Catherine de la Rochefoucauld, veuve de messire Henri de Bauffremont, chevalier des deux ordres du roi de France, marquis de

Sennecey, agissant au nom et comme mère tutrice et ayant la noble garde de Claude-Charles-Roger de Bauffremont, marquis dud. Sennecey, seigneur de Mollans, Chatenois et autres lieux; — noble Jacques-Simon Warode, seigneur de Magny-les-Jussey, etc.

B. 4636. (Registre.) — In-4°, 300 feuillets, papier.

1630 (Octobre). — Journal des audiences du bailliage de Vesoul, dans lequel on ne trouve que les noms et qualités des plaideurs, parmi lesquels figurent : Jeanne de Charmoille, veuve de Charles de Conflans, seigneur de Broye, Morcey, Govigney, Rouligney et autres lieux; — messire François de Scey, chevalier, seigneur de Buthier, Fin, Ronnay, Perrouse et autres lieux; — dame Marguerite de Vienne, veuve de messire Antoine d'Achey, chevalier agissant comme mère tutrice de Philippe-Eugène d'Achey, son fils; — Jean-Baptiste Tranchant, de Vesoul, docteur en droit, seigneur de Burey, etc.

B. 4637. (Registre.) — In-4°, 800 feuillets, papier.

1630 (Novembre). — Journal des audiences du bailliage de Vesoul, dans lequel on ne trouve que les noms et qualités des plaideurs, parmi lesquels figurent : Jacques Othenin, prieur d'Autrey, prêtre, chanoine en l'église collégiale Notre-Dame de Dôle; — messire Hardouin de Clermont, chevalier, seigneur de Saint-Georges, Moissey, Delain et autres lieux; — illustrissime et révérendissime seigneur, messire Ferdinand de Longvy, dit de Rye, prince du Saint-Empire, archevêque de Besançon, abbé de Cherlieu; — messire Claude de Séroz, chevalier, baron de Choye; — illustre princesse, dame Caroline d'Autriche, veuve et usufruitière des biens d'illustre seigneur, François Thomas de Grandvelle-Perrenot, dit d'Oiselay, chevalier de la Toison-d'Or, comte de Cantecroix, baron et seigneur de Maiche, la Villeneuve, et autres lieux, comme ayant la garde noble de Léopold-Eugène d'Oiselay son fils, etc.

B. 4638. (Registre.) — In-4°, 600 feuillets, papier.

1630 (Novembre). — Journal des audiences du bailliage de Vesoul, dans lequel on ne trouve que les noms et qualités des plaideurs, parmi lesquels figurent : messire François d'Averton, chevalier, conseiller du roi de France, comte de Belin, seigneur du bourg d'Averton, ayant la noble garde de ses enfants, héritiers de dame Catherine de Thomassin, dame de Flagy, Noidans et autres lieux; —

révérend sieur messire Christophe Duplan, prieur du Marteroy; — Alexandre, baron de Vilta, Chenilly, Breurey, demandeur en barre contre les manants et habitants dudit Chenilly; — messire Claude de Séroz, chevalier, baron et seigneur de Choye; — Jean-Baptiste Gollut, docteur en droit, conseiller en la cour souveraine du parlement de Dôle, agissant comme tuteur de Marie de Ray, contre Jacqueline de Vy, veuve de Claude de Lavey et actuellement femme de Philippe de Montarby, etc.

B. 4639. (Registre.) — In-4°, 600 feuillets, papier.

1630 (Décembre). — Journal des audiences du bailliage de Vesoul, dans lequel on ne trouve que les noms et qualités des plaideurs, parmi lesquels figurent : messire Louis Pétrey, conseiller au parlement de Dôle, seigneur de Champvans; — noble Hubert de Mesmay, demeurant à Vesoul; — dame Marie de Robbe, dame et baronne de Saint-Remy; — noble Claude-Antoine Martin, alias de Fresne, écuyer, sieur de Maizières; — noble Charles Mareschal, cogouverneur de la cité de Besançon; — dame Caroline d'Autriche princesse du Saint-Empire, veuve d'illustre Thomas-François de Grandvelle Perrenot, dit d'Oiselay, prince du Saint-Empire, comte de Cantecroix, baron et seigneur de la Villeneuve, etc.

B. 4640. (Registre.) — In-4°, 1200 feuillets, papier.

1630 (Décembre). — Journal des audiences du bailliage de Vesoul, dans lequel on ne trouve que les noms et qualités des plaideurs, parmi lesquels figurent : haut et puissant seigneur Hardouin de Clermont, chevalier, seigneur de Saint-Georges, Delain, Rupt et autres lieux; — messire Antoine Duchesne, de Besançon; — illustre, haut et puissant seigneur François de Rye de la Palud, chevalier, marquis de Varambon, baron et seigneur de Villersexel; — noble Jean-Baptiste d'Aubonne, seigneur de Buffignécourt; — messire Claude de Rye, chevalier, baron et seigneur de Balançon; — dame Anne de Chassey, dame de Vougécourt; — noble Claude-Antoine Martin, alias de Fresne, seigneur de Maizières, etc.

B. 4641. (Registre.) — In-4°, 1580 feuillets, papier.

1631 (Janvier). — Journal des audiences du bailliage de Vesoul, dans lequel on ne trouve que les noms et qualités des plaideurs, parmi lesquels figurent : généreux seigneur Charles de Pouilly, capitaine et gouverneur de Conffans, seigneur de Betoncourt, Traitiéfontaine et autres lieux, et dame Anne-Catherine de Mathay, sa femme; — maître Claude Simonnin, de Demangevelle, sergent de Sa Majesté; — messire Hardouin de Clermont, chevalier, seigneur de Saint-Georges, Delain et autres lieux; — messire André Bourguignot, curé de Colombe; — Jean-Baptiste Douby, docteur en droit, conseiller de Sa Majesté au parlement de Dôle, agissant comme tuteur de demoiselle Marie de Ray, baronne dudit lieu, dame de Chargey; — illustrissime et révérendissime Ferdinand de Longwy dit de Rye, prince du Saint-Empire, archevêque de Besançon, abbé commendataire de l'abbaye de Cherlieu, etc.

B. 1642. (Registre.) — In-4°, 500 feuillets, papier.

1631 (Janvier). — Journal des audiences du bailliage de Vesoul, dans lequel on ne trouve que les noms et qualités des plaideurs, parmi lesquels figurent: messire Louis Pétrey, conseiller au parlement de Dôle, seigneur de Champvans; — révérendissime seigneur dom Jean de Vatteville, évêque et comte de Lausanne, abbé de l'abbaye Notre-Dame de la Charité; — honorable Philbert Voudret, amodiateur de la gruerie de Chalesoule appartenant au marquis de Belin; — messire Jean-Baptiste de la Baulme, chevalier, baron et seigneur de Montmartin, capitaine et gouverneur de la ville de Dôle, etc.

B. 1643. (Registre.) — In-4°, 400 feuillets, papier.

1631 (Février). — Journal des audiences du bailliage de Vesoul, dans lequel on ne trouve que les noms et qualités des plaideurs, parmi lesquels figurent: noble Claude Duboux, de Montarby, agissant au nom de dame Jeanne Duboux, sa tante; — dame Françoise de Bernard de Montessus, dame de Vitrey; — maître François Mathey, procureur postulant au siége de Vesoul; — Antoine Rousselet, procureur pour Sa Majesté en la terre et seigneurie de Jonvelle; — noble Claude Cordemoy, docteur en droit, sieur de Francalmont, avocat fiscal au siége de Vesoul; — Françoise Camus, femme de Jean-Baptiste Tranchant, docteur en droit, seigneur de Borey, etc,.

B. 1644. (Registre.) — In-4°, 500 feuillets, papier.

1631 (Février). — Journal des audiences du bailliage de Vesoul, dans lequel on ne trouve que les noms et qualités des plaideurs, parmi lesquels figurent: messire François d'Averton, chevalier, conseiller du roi de France, comte de Belin, seigneur du bourg d'Averton, ayant la noble garde de ses enfants, héritiers de dame Catherine de Thomassin, dame de Flagy, Noidans et autres lieux; — dame Marie de Roble, dame de Saint-Remy; — messire Abraham de Haultoy, chevalier, baron et seigneur de Richecourt; — noble Claude-François de Lassaulx, de Malay; — messire Paul Bernard de Frontenas, gouverneur de Bruges, seigneur de Fougerolles, Jasney et autres lieux, etc.

B. 1645. (Registre.) — In-4°, 500 feuillets, papier.

1631 (Mars). — Journal des audiences du bailliage de Vesoul, dans lesquels on ne trouve que les noms et qualités des plaideurs, parmi lesquels figurent: Pierre-Louis de Cirey, receveur des revenus temporels de l'abbaye de Bellevaux; — généreux seigneur messire Antide de Grammont, baron et seigneur de Melisey; — messire Thomas de Chauvirey, prêtre, chanoine en l'église métropolitaine de Besançon, archidiacre de Salins, prieur du prieuré de Grandecourt; — messire Claude-Louis de Cointet, chevalier, seigneur du Filain; — noble François Girardot, docteur en droit, lieutenant général au bailliage de Salins, seigneur de Raze, etc.

B. 1646. (Registre.) — In-4°, 600 feuillets, papier.

1631 (Mars). — Journal des audiences du bailliage de Vesoul, dans lequel on ne trouve que les noms et qualités des plaideurs, parmi lesquels figurent: généreux seigneur Charles de Pouilly, gentilhomme de Son Altesse de Lorraine, capitaine et gouverneur de Conflans, seigneur de Betoncourt, impétrant en mandement de terrier; — haut et puissant seigneur messire François d'Averton, chevalier de l'ordre du roi de France, comte de Belin, seigneur du bourg d'Averton; — messire Hardouin de Clermont, chevalier, seigneur de Saint-Georges; — Abraham du Haultoy, chevalier, baron et seigneur de Richecourt; — vénérable et discrète personne Marc-Antoine Huguenot, prêtre chanoine à Calmoutier; — demoiselle Jeanne de Charmoille, veuve de Charles de Conflans, seigneur de Mercey et Gevigney, etc.

B. 1647. (Registre.) — In-4°, 400 feuillets, papier.

1631 (Mars). — Journal des audiences du bailliage de Vesoul, dans lequel on ne trouve que les noms et qualités des plaideurs, parmi lesquels figurent : haut et puissant seigneur Jacques Duchesne de Belay, chevalier de l'ordre de Saint-Jean de Jérusalem, commandeur de la Romagne ; — dame Marie de Roble, dame et baronne de Saint-Remy ; — messire Abraham de Hautoy, chevalier, baron et seigneur de Richecourt, impétrant en barre, contre Anne de Lignéville, femme de noble François de Savigny, seigneur et dame de Gouhenans ; — Charlotte Ganaot, veuve de noble Humbert de Mesmay, etc.

B. 4648. (Registre.) — In-4°, 400 feuillets, papier.

1631 (Avril). — Journal des audiences du bailliage de Vesoul, dans lequel on ne trouve que les noms et qualités des plaideurs, parmi lesquels figurent : messire François d'Averton, chevalier, conseiller du roi de France, comte de Belin, seigneur du bourg d'Averton, ayant la noble garde de ses enfants, héritiers de dame Catherine de Thomassin, dame de Flagy, Noidans et autres lieux ; — révérend seigneur dom Jean de Vatteville, évêque de Lausanne, abbé de l'abbaye de Notre-Dame de la Charité ; — dame Caroline d'Autriche, princesse du Saint-Empire, veuve d'illustre seigneur, François-Thomas Grandvelle-Perrenot, dit d'Oiselay, comte de Cantecroix, chevalier de la Toison-d'Or ayant la noble garde de Léopold et Eugène d'Oiselay, fils et héritiers dudit seigneur comte de Cantecroix, contre noble Hugues Milley, de Fondremand, etc.

B. 4649. (Registre.) — In-4°, 1060 feuillets, papier.

1631 (Avril). — Journal des audiences du bailliage de Vesoul, dans lequel on ne trouve que les noms et qualités des plaideurs, parmi lesquels figurent : Simon de Tierty, écuyer, demeurant à la verrerie de la Rochère, impétrant en décret, contre Étienne Desligot, aussi écuyer, demeurant à la verrerie de Selles ; — haut et puissant seigneur, Jacques Chemitz, dit Belay, chevalier de l'ordre de Saint-Jean de Jérusalem, commandeur de la Romagne ; — Charlotte Jannot, veuve de noble Humbert de Mesmay, de Vesoul, suppliante contre Jean Bonvalot, postulant au siége de Vesoul, tuteur de noble Jacques de Mesmay, fils et héritier dudit Humbert de Mesmay ; — illustre seigneur messire Alexandre, baron Wiltz, seigneur de Chemilly ; — messire Simon Cheveney, prêtre, familier en l'église de Dôle, etc.

B. 4650. (Registre.) — In-4°, 800 feuillets, papier.

1631 (Mai). — Journal des audiences du bailliage de Vesoul, dans lequel on ne trouve que les noms et qualités des plaideurs, parmi lesquels figurent : noble Antoine d'Orchamp, citoyen de Besançon ; — dame Caroline d'Autriche, princesse du Saint-Empire, veuve d'illustre seigneur François-Thomas de Grandvelle-Perrenot, comte de Cantecroix, baron et seigneur de la Villeneuve ; — illustre seigneur messire François du Rye, chevalier, marquis de Varambon, seigneur de Villersexel ; — noble Claude-Antoine Martin de Fresne, seigneur de Malabres ; — messire François de Cléron, dit de Voisel, chevalier, seigneur de Mailley ; — noble Jean-Baptiste d'Aubonne, seigneur de Buffignécourt, Hurecourt et autres lieux, etc.

B. 4651. (Registre.) — In-4°, 1200 feuillets, papier.

1631 (Mai). — Journal des audiences du bailliage de Vesoul, dans lequel on ne trouve que les noms et qualités des plaideurs, parmi lesquels figurent : dame Anne-Catherine de Matard, femme de généreux seigneur Charles de Pouilly, gentilhomme de Son Altesse de Lorraine, capitaine et gouverneur de Conflans, seigneur de Betoncourt ; — haut et puissant seigneur messire François d'Averton, chevalier des ordres du roi de France, comte de Belin, seigneur d'Averton ; — haut et puissant seigneur Jacques de Chemidz du Belay, bailli d'Arménie, chevalier de l'ordre de Saint-Jean de Jérusalem, commandeur de la Romagne, Abbéville, Orléans et autres lieux ; — dom Jean de Vatteville, évêque et comte de Lausanne, abbé et seigneur de l'abbaye Notre-Dame de la Charité, etc.

B. 4652. (Registre.) — In-4°, 1500 feuillets, papier.

1631 (Juin). — Journal des audiences du bailliage de Vesoul, dans lequel on ne trouve que les noms et qualités des plaideurs, parmi lesquels figurent : dame Anne-Catherine de Matard, codame de Jasney, Magnoncourt et autres lieux ; — illustre princesse Marguerite Chabot, duchesse d'Elbeuf, et illustre seigneur François de Rye, chevalier, marquis de Varambon, Montaigne et autres lieux ; — messire Vitalin Hugon, curé de Palise, suppliant contre vénérable et discrète personne messire Louis Saulget, prêtre, chanoine en l'église métropolitaine de Besançon, prébendier de l'église paroissiale de Chambornay, et noble Jean-François de Jeoffroy, seigneur de la Vaivre ; — Claude-Antoine de Cléron, chapelain de la chapelle Notre-Dame fondée en l'église de Mailley ; — Elisabeth de Salives, femme de messire Claude de la Palud, chevalier, baron et seigneur de Montjustin et autres lieux; — messire Claude de Rye, chevalier, baron et seigneur de Balançon, Fondremand, Port-sur-Saône, Pusy et autres lieux, etc.

B. 4533. (Registre.) — In-4°, 500 feuillets, papier.

1682 (Juin). — Journal des audiences du bailliage de Vesoul, dans lequel on ne trouve que les noms et qualités des plaideurs, parmi lesquels figurent : Ferdinand-François d'Augicourt, seigneur dudit lieu ; — noble Léonard de Mesmay, seigneur dudit lieu ; — messire Jean-Claude de Chilley, chevalier, baron du Saint-Empire, seigneur de Longevelle ; — noble Jean Gillebert, docteur en droit, conseiller en la cour souveraine du parlement de Dôle ; — Claude Perrin et Jean Richard, notaire à Faucogney, amodiateur des revenus du scel de Sa Majesté dans la terre et prévôté de Faucogney ; — dame Jeanne de Bonnaud, baronne de Confignon, d'Athesans, Saint-Georges et autres lieux ; — généreux seigneur Jean de Cléron, seigneur de Damprel et de Girefontaine, etc.

B. 4534. (Registre.) — In-4°, 400 feuillets, papier.

1682 (Juillet). — Journal des audiences du bailliage de Vesoul, dans lequel on ne trouve que les noms et qualités des plaideurs, parmi lesquels figurent : illustre seigneur Alexandre, baron de Vuiltz, seigneur de Chemilly, agissant comme légataire universel des biens de Nicolas de Lavier, écuyer, sieur de Pontcey, contre Claude et Nicolas Couserel, de Fondremand, héritiers testamentaires de messire Nicolas Couserel, curé de Traves ; — noble Claude Gillebert, de Baume, tuteur ; — Germain Gillebert, docteur en droit, conseiller en la cour souveraine du parlement de Dôle ; — généreux seigneur Claude-Gabriel de Vaudrey, Marguerite-Jeanne-Philippe, et Guillemette de Vaudrey, seigneur et dame de Franois, Villers-sur-Port et autres lieux, etc.

B. 4535. (Registre.) — In-4°, 400 feuillets, papier.

1682 (Juillet). — Journal des audiences du bailliage de Vesoul, dans lequel on ne trouve que les noms et qualités des plaideurs, parmi lesquels figurent : messire François d'Averton, chevalier, seigneur du bourg d'Averton, comte de Belin, baron d'Autrey, Flagy, Noidans et autres lieux ; — Jean-Claude de Gilley, chevalier, baron du Saint-Empire, seigneur de Longevelle, Vy-les-Lure et autres lieux ; —

— illustrissime et révérendissime seigneur messire Ferdinand de Longvy, dit de Rye, prince du Saint-Empire, archevêque de Besançon, abbé commendataire de l'abbaye Notre-Dame de Cherlieu, etc.

B. 4536. (Registre.) — In-4°, 500 feuillets, papier.

1682 (Octobre). — Journal des audiences du bailliage de Vesoul, dans lequel on ne trouve que les noms et qualités des plaideurs, parmi lesquels figurent : dame Catherine de Thomassin, dame de Flagy, Noidans et autres lieux ; — dame Anne-Catherine de Matard, dame de Jasney ; — Étienne de Finance, écuyer, demeurant à la verrerie de Damprel ; — généreux seigneur Charles de Pouilly, gentilhomme de Son Altesse de Lorraine, capitaine et gouverneur de Conflans, seigneur de Betoncourt ; — haut et puissant seigneur Jacques de Belay, chevalier de l'ordre de Saint-Jean de Jérusalem, commandeur de la Romagne, Abbeville, Orléans et autres lieux, etc.

B. 4537. (Registre.) — In-4°, 1000 feuillets, papier.

1682 (Octobre). — Journal des audiences du bailliage de Vesoul, dans lequel on ne trouve que les noms et qualités des plaideurs, parmi lesquels figurent : noble François Donnat, cogouverneur de la cité impériale de Besançon ; — messire Antide de Grammont, chevalier, baron et seigneur de Melisey ; — messire Thomas de Chauvirey, prêtre, chanoine en l'église métropolitaine de Besançon, archidiacre de Salins, prieur de Grandecourt ; — honorable Claude Loys, prieur de l'abbaye Notre-Dame de la Charité et jadis de celle de Bellevaux ; — noble Claude Cabet, docteur en droit, cogouverneur de la cité impériale de Besançon ; — noble Antoine de Ferroux, Jeanne de Ferroux, femme de noble Claude-Martin Damandre, etc.

B. 4538. (Registre.) — In-4°, 500 feuillets, papier.

1682 (Novembre). — Journal des audiences du bailliage de Vesoul, dans lequel on ne trouve que les noms et qualités des personnes, parmi lesquelles figurent : Humbert Duhoux, écuyer, demeurant à la verrerie du Morillon ; — messire Hardouin de Clermont, chevalier, seigneur de Saint-Georges ; — noble Jean Gillebert, docteur en droit, conseiller en la cour souveraine du parlement de Dôle ; — François de Foulquier, sieur d'Aboncourt et Chauvirey ; —

Jean de Boigne de Thurey, seigneur de Maxan; — noble Pierre Sarragos, docteur en droit, et messire Jean Sarragos, prêtre, chanoine du chapitre de Besançon, etc.

B. 4659. (Registre.) — In-4°, 1000 feuillets, papier.

1682 (Novembre). — Journal des audiences du bailliage de Vesoul, dans lequel on ne trouve que les noms et qualités des plaideurs, parmi lesquels figurent : noble Nicolas de Mongenet, docteur en droit à Vesoul ; — messire Simon Thevenoy, prêtre, familier en l'église paroissiale de Dôle ; — Jean-Claude de Gilley, chevalier, baron du Saint-Empire, seigneur de Longeville, Vy-les-Lure et autres lieux ; — Jean-Baptiste Lôlier, docteur en droit, conseiller à la cour souveraine du parlement de Dôle ; — messire Ferréol-François d'Oiselay, baron et seigneur dudit Oiselay, chevalier en la cour souveraine du parlement de Dôle ; — messire Paul Bernard de Fontenay, chevalier, gouverneur de Bruges, seigneur de Fougerolles, etc.

B. 4660. (Registre. — In-4°, 1050 feuillets, papier.

1682 (Décembre). — Journal des audiences du bailliage de Vesoul, dans lequel on ne trouve que les noms et qualités des plaideurs, parmi lesquels figurent : dame Antoinette de Pillot, veuve de généreux seigneur Louis de Scey, seigneur de Charioz, Larret et autres lieux ; — noble Antoinette de Ferroux, femme de noble Claude-Martin Damandre, héritière de noble Jacques de Ferroux ; — noble Pierre Sarragos, docteur en droit, agissant au nom de Jean Sarragos, chanoine du chapitre de Besançon ; — messire Antide de Grammont, baron et seigneur de Melisey ; — Antoine Larthey de la Rue, commis à la répartition du droit d'ancienne chevalerie obtenu par Antide de Grammont, baron et seigneur de Melisey ; — messire François de Montureux, curé de Bonnay, etc.

B. 4661. (Registre.) — In-4°, 1500 feuillets, papier.

1682 (Décembre). — Journal des audiences du bailliage de Vesoul, dans lequel on ne trouve que les noms et qualités des plaideurs, parmi lesquels figurent : Nicolas Pouthier, de Vernois, agissant comme facteur et procureur de M. et madame d'Oiselay, seigneur et dame dudit lieu ; — noble Antoine Carmet, docteur en médecine, citoyen de Besançon ; — illustre et révérend seigneur, Jean-Baptiste de Cusance, abbé de l'abbaye Notre-Dame de Bellevaux ; — dame Marguerite de Vienne, usufruitière des biens laissés par Jean-Antoine d'Achey, baron et seigneur de Touraise, Montferrand et autres lieux ; — Jeanne Gillebert, femme de noble Pierre Thiébaud, procureur fiscal au bailliage de Dôle ; — dame Gabrielle de Lénoncourt, veuve de haut et puissant seigneur, messire René du Chastelet, baron et seigneur de Chauvirey, Vitrey, Onze et autres lieux ; — dame Françoise Lallemand, veuve de généreux seigneur messire Guillaume de Falletans, chevalier, seigneur de Molla, Combeaufontaine, Saint-Julien, Mercey, Gezignoy et autres lieux, etc.

B. 4662. (Registre.) — In-4°, 600 feuillets, papier.

1683 (Janvier). — Journal des audiences du bailliage de Vesoul, dans lequel on ne trouve que les noms et qualités des plaideurs, parmi lesquels figurent : illustre seigneur messire Alexandre, baron de Vuilla, chevalier, seigneur de Chemilly, Bavorey, Fleurey et autres lieux ; — Françoise Baradaus, veuve de noble Guillaume de Salives, agissant comme mère tutrice de ses enfants, contre noble Jean Adrien de Salives, seigneur de Cerre ; — révérend seigneur dom Jean de Vatteville, évêque et comte de Lausanne, abbé de l'abbaye Notre-Dame de la Charité ; — dame Jeanne de Bonnay, baronne de Confignon ; — dame Marguerite de Vienne, veuve de messire Jean-Antoine d'Achey, baron et seigneur de Montferrand, etc.

B. 4663. (Registre.) — In-4°, 1000 feuillets, papier.

1683 (Janvier). — Journal des audiences du bailliage de Vesoul, dans lequel on ne trouve que les noms et qualités des plaideurs, parmi lesquels figurent : messire François d'Averton, chevalier, conseiller du roi de France, comte de Belin, seigneur du bourg d'Averton, agissant au nom et comme ayant la noble garde de ses enfants, héritiers de dame Catherine de Thomassin, dame de Flagy, Noidans et autres lieux ; — Anne-Catherine de Matard, femme de généreux seigneur Charles de Pouilly, seigneur de Betoncourt et d'Arbecey, gentilhomme servant de Son Altesse de Lorraine, capitaine et gouverneur de Conflans ; — messire Claude de Séroz, chevalier, baron de Choye, rentré en cause et tenant lieu de dame Guillemette de Citey, sa mère ; — Anne de Longueval, veuve de noble Pierre de Mollans, seigneur dudit lieu.

B. 4654. (Registre.) — In-4°, 1000 feuillets, papier.

1686 (Février). — Journal des audiences du bailliage de Vesoul, dans lequel on ne trouve que les noms et qualités des plaideurs, parmi lesquels figurent : Claude-Antoine de Cléron, chapelain de la chapelle fondée dans l'église de Mailley en l'honneur de Notre-Dame ; — les révérends pères Cordeliers de Rougemont ; — Édmonette de Saint-Maurice, veuve de noble Nicolas Jacquinot, docteur en droit, sieur d'Anxon ; — noble Adrien de Mésandans, seigneur audit lieu, impétrant par requête contre Jeanne-Baptiste de Saint-Mauris, fille et héritière de noble Jean de Saint-Mauris, seigneur de Mésandans ; — vénérable et égrège personne messire Claude Monnier, prêtre, chanoine en l'église métropolitaine de Besançon, etc.

B. 4655. (Registre.) — In-4°, 800 feuillets, papier.

1686 (Février). — Journal des audiences du bailliage de Vesoul, dans lequel on ne trouve que les noms et qualités des plaideurs, parmi lesquels figurent : généreux seigneur Charles de Pouilly, capitaine et gouverneur de Conflans, seigneur de Betoncourt ; — noble Jean-Anatole Prinel, de Besançon, docteur en médecine ; — messire Claude de Sérot, baron et seigneur de Choye, impétrant contre dame Lucrèce d'Orsans, femme de messire Hérard du Chastelet, maréchal de Lorraine, seigneur et dame de Lomont, la Neuvelle et autres lieux, etc.

B. 4656. (Registre.) — In-4°, 1000 feuillets, papier.

1686 (Mars). — Journal des audiences du bailliage de Vesoul, dans lequel on ne trouve que les noms et qualités des plaideurs, parmi lesquels figurent : messire Alexandre, baron de Vuitz, seigneur de Chemilly, donataire universel des biens de noble Nicolas de Lavier, écuyer, seigneur de Pontecy ; — messire Jean-Claude de Gilley, chevalier, baron du Saint-Empire, seigneur de Longevelle et Vy-le-Lure ; — messire Ermenfroi-François d'Oiselay, chevalier en la cour souveraine du parlement de Dôle, baron et seigneur dudit Oiselay, Oricourt et autres lieux ; — illustre seigneur messire François de Rye, chevalier, marquis de Varambon ; — François Prinoy, de Besançon, impétrant en droit contre dame Marie de Mostier, veuve de noble René-Ferdinand Précipiano, seigneur de Cuse et autres lieux ; — révérend père en Dieu dom Pierre de Cléron, abbé de l'abbaye de Theuley ; — généreux seigneur Adrien de Moûtiers, seigneur de Sorans, Drouvry, Theuley et autres lieux, etc.

B. 4657. (Registre.) — In-4°, 800 feuillets, papier.

1686 (Avril). — Journal des audiences du bailliage de Vesoul, dans lequel on ne trouve que les noms et qualités des plaideurs, parmi lesquels figurent : Claude-Antoine de Cléron, chapelain de la chapelle fondée en l'église de Mailley, agissant au nom de dom Pierre de Cléron, jadis chapelain de ladite chapelle et actuellement abbé et seigneur de l'abbaye de Theuley ; — Claude-Gabriel Cauverel, docteur en droit, lieutenant général au siège de Vesoul ; — noble Luc Lambelin, alfière de deux cents hommes de pied, au service de Sa Majesté catholique ; — révérend sieur messire Claude Mariet, prêtre chanoine en l'église métropolitaine de Besançon, prieur du prieuré de la Loyse, coseigneur de Pouilley-les-Vignes ; — révérend sieur messire François de Livron, abbé de l'abbaye de la Chaitaye, nommée Saint-Paul de Besançon, et Jean-Baptiste de Cuisance, abbé de l'abbaye de Bellevaux, etc.

B. 4658. (Registre.) — In-4°, 1000 feuillets, papier.

1686 (Mai). — Journal des audiences du bailliage de Vesoul, dans lequel on ne trouve que les noms et qualités des plaideurs, parmi lesquels figurent : haut et puissant seigneur messire Claude de Bauffremont, chevalier, du conseil de guerre de Sa Majesté, baron et seigneur de Scey-sur-Saône, Chargey, Pusey et autres lieux ; — Anne Mercier, veuve de Gabriel Lambelin, docteur en droit, de Vesoul ; — les doyen et chanoines du chapitre de l'église collégiale de Dôle, prieurs et seigneurs de Marast ; — révérend sieur messire Claude Masey, docteur ès saints canons, protonotaire apostolique, maître recteur des maison et hôpital du Saint-Esprit de Besançon ; — Guyonne Racle, veuve de noble Philibert de Mugnanet, sieur de Comberjon, etc.

B. 4659. (Registre.) — In-4°, 1000 feuillets, papier.

1686 (Mai). — Journal des audiences du bailliage de Vesoul, dans lequel on ne trouve que les noms et qualités des plaideurs, parmi lesquels figurent : Anne-Catherine de Mathard, femme de généreux seigneur Charles de Pouilly,

PAGINATION DECALEE

seigneur de Betoncourt, Istuey, Girefontaine, capitaine et gouverneur de Conflans; — messire François d'Areston, comte de Bello, seigneur de Flagy, Noidans et autres lieux; — messire Hardouin de Clermont, chevalier, seigneur de Saint-Georges, Nelain, Rupt, Vauconcourt et autres lieux; — illustre seigneur, messire Alexandre, baron de Vuillafans, seigneur de Chemilly, Pusy et autres lieux; — messire François de Citron, dit de Voisey, chevalier, seigneur de Maillay, etc.

B. 4670. (Registre.) — In-4°, 1250 feuillets, papier.

1686 (Juin). — Journal des audiences du bailliage de Vesoul, dans lequel on ne trouve que les noms et qualités des plaideurs, parmi lesquels figurent : Nicolas Honoré, docteur en droit, procureur fiscal en la justice de Fontenoit; — Salomon de Tissey, écuyer, demeurant à la verrerie de la Rochère; — Guillaume Carle, docteur en droit, avocat fiscal au siège de Pontarlier; — révérendissime seigneur, Ferdinand de Longwy, dit de Rye, prince du Saint-Empire, archevêque de Besançon, abbé commendataire de l'abbaye Notre-Dame de Cherlieu; — noble Jean Nardin, citoyen de Besançon, cogouverneur de la cité impériale de Besançon; — dame Marie de Moustier, impétrante contre dame Guillemette Domandre, veuve de messire Ambroise Préciplano, chevalier, baron et seigneur de Soye, agissant au nom et comme tutrice de Jean-Baptiste Ambroise, Jeanne-Charlotte, Edme Préciplano, contre Guy, Gédéon, Achille, Philibert et Gabriel Préciplano; — dame Marguerite de Vienne, veuve et usufruitière des biens de messire Jean-Antoine d'Achey, baron et seigneur de Montferrand, Touraise, Courchaton et autres lieux, etc.

B. 4671. (Registre.) — In-4°, 600 feuillets, papier.

1686 (Juin). — Journal des audiences du bailliage de Vesoul, dans lequel on ne trouve que les noms et qualités des plaideurs, parmi lesquels figurent : messire Abraham du Hautoy, chevalier de l'ordre du roi de France, sieur de Richecourt, la Roche et autres lieux; — messire Christophe Dupland, prêtre, prieur de Marteroy, contre messire Clément Poussot, vicaire à Scey-sur-Saône; — illustre seigneur, messire François de Rye, marquis de Varambon, comte de la Roche, baron de Villersexel, capitaine d'une compagnie au service de Sa Majesté dans les Pays-Bas, bailli de Dôle; — dame Marie de Vienne, veuve et usufruitière des biens laissés par Jean-Antoine d'Achey, baron et seigneur de Montferrand, etc.

B. 4672. (Registre.) — In-4°, 800 feuillets, papier.

1686 (Juillet). — Journal des audiences du bailliage de Vesoul, dans lequel on ne trouve que les noms et qualités des plaideurs, parmi lesquels figurent : messire Jean-Baptiste Goulaz, docteur en droit, conseiller à la cour souveraine du parlement de Dôle, tuteur de Marie de Ray; — honorable Pierre Labrot, procureur d'office en la seigneurie de Granges; — révérende dame Hélène de Rye, abbesse de l'abbaye Notre-Dame de Baume; — révérend sieur, messire Claude Marlet, prêtre chanoine en l'église métropolitaine de Besançon; — noble Jacques Varrode, sieur de Magny; — dame Philiberte d'Accord, dite de la Tour, dame de Lieuffrans, veuve de puissant seigneur, messire Claude de Saulx, baron de Tavanne, comte de Brancion, seigneur de Cugny; — révérend seigneur Jean-Baptiste de Cussance, abbé de l'abbaye de Bellevaux, prieur du prieuré de Voisey; — vénérable et dégagée personne, messire Pierre Barbaud, prêtre, chanoine en l'église métropolitaine de Besançon, etc.

B. 4673. (Registre.) — In-4°, 1000 feuillets, papier.

1686 (Juillet). — Journal des audiences du bailliage de Vesoul, dans lequel on ne trouve que les noms et qualités des plaideurs, parmi lesquels figurent : noble Germaine-Claude Gillebert, de Baume, femme de messire Jean Gillebert, docteur en droit, conseiller à la cour souveraine du parlement de Dôle; — illustre seigneur, messire François de Rye, chevalier, marquis de Varambon, comte de la Roche, baron de Neufchâtel, Villersexel, Amance et autres lieux, mestre de camp de la vieille terre de Bourgogne, capitaine d'une compagnie au service de Sa Majesté catholique dans les Pays-Bas, bailli de Dôle; — dame Hélène de Rye, abbesse de l'abbaye Notre-Dame de Baume; — Claude Marlet, prêtre chanoine en l'église métropolitaine de Besançon, etc.

B. 4674. (Registre.) — In-4°, 1000 feuillets, papier.

1686 (Août). — Journal des audiences du bailliage de Vesoul, dans lequel on ne trouve que les noms et qualités des plaideurs, parmi lesquels figurent : Guillaume Bardot, docteur en théologie, abbé de l'abbaye de Clairefontaine; — noble Étienne Montrivot, docteur en droit, citoyen de Besançon; — révérend sieur, messire Christophe Duplan, prêtre, prieur du Marteroy; — généreux seigneur, messire François de Montfort, chevalier, baron et seigneur de

Montfort; — messire Claude de Poligny, chevalier, baron et seigneur de Traves, dame Charlotte de Poligny, femme de Claude de Rauffremont, chevalier, baron et seigneur de Scey-sur-Saône, tous impétrants en barre et mainmise contre les doyen et chanoines de l'église collégiale de Dôle, etc.

B. 4674. (Registre.) — In-4°, 800 feuillets, papier.

1689 (Août). — Journal des audiences du bailliage de Vesoul, dans lequel on ne trouve que les noms et qualités des plaideurs, parmi lesquels figurent : messire Hardouin de Clermont, chevalier, seigneur de Saint-Georges, Delain, Rupt et autres lieux, impétrant contre Dominique Gillet, curé de Vy-le-Ferroux; — noble Jean Nardin, docteur en droit, cogouverneur de la cité impériale de Besançon; — demoiselle Pierrette Damedor, veuve de noble Guillaume de Salives, agissant au nom et comme mère tutrice de ses enfants, contre noble Adrien de Salives, héritier universel de Mace de Salives; — monseigneur le marquis de Bullin, etc.

B. 4676. (Registre.) — In-4°, 800 feuillets, papier.

1689 (Septembre). — Journal des audiences du bailliage de Vesoul, dans lequel on ne trouve que les noms et qualités des plaideurs, parmi lesquels figurent : dame Jeanne-Baptiste de Grammont, veuve et usufruitière des biens laissés par messire Jacques-Antoine de Joux, dit de Grammont, chevalier, baron et seigneur de Châtillon-Guyotte, Roche, Vellefaux et autres lieux; — Jean-Claude et Pierre de Chaffoy, sieur de Corcelles, impétrant contre messire Jean-Baptiste Crestien, prêtre, curé d'Auxon; — messire Jacques Piquet, prêtre, chanoine du chapitre de Calmontier; — noble Pierre Maréchal, docteur en droit, sieur de Sorans, cogouverneur de la cité impériale de Besançon; — Jean-Baptiste d'Aubonne, seigneur de Buffignécourt, Harcourt et autres lieux, etc.

B. 4677. (Registre.) — In-4°, 860 feuillets, papier.

1689 (Septembre). — Journal des audiences du bailliage de Vesoul, dans lequel on ne trouve que les noms et qualités des plaideurs, parmi lesquels figurent : messire Hardouin de Clermont, chevalier, seigneur de Saint-Georges, Delain, Rupt; et autres lieux; — illustre seigneur, messire Alexandre, baron de Vuiltz, seigneur de Chemilly, Pusy, Breurey, Fleurey et autres lieux; — noble Étienne Montarel, docteur en droit, citoyen de Besançon; — dame Hélène de Rye, abbesse de l'abbaye de Baume; — généreux seigneur Adrien de Rosières, seigneur de Sorans, Thoy, Breurey et autres lieux; — Jean Cheval, amodiateur des terres et seigneurie de Mailley, appartenant à Marie de Rye, dame et baronne dudit lieu, etc.

B. 4678. (Registre.) — In-4°, 500 feuillets, papier.

1689 (Septembre). — Journal des audiences du bailliage de Vesoul, dans lequel on ne trouve que les noms et qualités des plaideurs, parmi lesquels figurent : révérendissime seigneur, messire Ferdinand de Longvy, dit de Rye, archevêque de Besançon, prince du Saint-Empire, abbé commendataire de l'abbaye de Cherlieu; — noble Germain et Claude Gillebert, de Baume, enfants et héritiers de Jean Gillebert, docteur en droit, conseiller en la cour souveraine du parlement de Dôle; — demoiselle Étiennette de la Cour, femme de Claude Amyot, docteur en droit, demeurant à Lons-le-Saulnier; — illustre seigneur, messire Jean-Baptiste de la Baume, chevalier, marquis de Saint-Martin, baron et seigneur de Montmartin, gouverneur de la ville de Dôle; — noble Jean-François de Jeoffroy, sieur de la Vaivre; — dame Marie de Moustier, veuve de noble René Ferdinand Précipiano, seigneur de Cuse, etc.

B. 4679. (Registre.) — In-4°, 1200 feuillets, papier.

1689 (Octobre). — Journal des audiences du bailliage de Vesoul, dans lequel on ne trouve que les noms et qualités des plaideurs, parmi lesquels figurent : illustre seigneur, messire François de Rye, chevalier, marquis de Varambon, baron de Neufchâtel, Villersexel et autres lieux, mestre de camp de la vieille terce de Bourgogne au service de Sa Majesté catholique dans les Pays-Bas; — généreux seigneur Adrien de Rosières, seigneur de Sorans, Thoy, Breurey et autres lieux; — illustre et révérend seigneur, messire François de Livron, abbé de la Challade, nommé par Sa Majesté catholique à l'abbaye Saint-Paul de Besançon; — révérend sieur, messire Claude Monnier, prêtre, chanoine en l'église métropolitaine de Besançon; — généreux seigneur Jean-Baptiste de Montby, seigneur dudit lieu; — noble Mathieu Belot, capitaine de la seigneurie de Granges; — Guyonne Racle, veuve de noble Philibert de Mugnand; — maître Jean Gaichot, notaire à Rougemont, syndic des Cordeliers de Rougemont, etc.

B. 4680. (Registre.) — In-4°, 1200 feuillets, papier.

1689 (Novembre). — Journal des audiences du bailliage de Vesoul, dans lequel on ne trouve que les noms et quatiés des plaideurs, parmi lesquels figurent : demoiselle Suzanne Jeannenot, veuve de noble Jean Petit, de Jussey; — Jeanne-Catherine de Mathard, femme de défunt seigneur Charles de Pouilly, seigneur de Ratoncourt, capitaine et gouverneur de Conflans; — les révérends pères correcteurs minimes et religieux du couvent de Rupt; — messire Pierre-Bernard de Fontaine, chevalier, seigneur de Fougerolles; — messire Ferdinand de Longvy, dit de Rye, prince du Saint-Empire, archevêque de Besançon, etc.

B. 4681. (Registre.) — In-4°, 374 feuillets, papier.

1682 (Novembre). — Journal des audiences du bailliage de Vesoul, dans lequel on ne trouve que les noms et qualités des plaideurs, parmi lesquels figurent : haut et puissant seigneur, messire François d'Averton, chevalier, seigneur du bourg dudit Averton, Autrey, Flagy, Noidans; — haut et puissant seigneur, messire Jacques de Chenu, chevalier de l'ordre de Saint-Jean de Jérusalem, commandeur de la Romagne, Abbeville, Orléans et autres lieux; — demoiselle Élisabeth de Salives, fille et héritière de noble Guillaume de Salives, chevalier, seigneur de Villers-Vaudey; — illustre seigneur, messire Jean-Baptiste de la Baume, chevalier, marquis de Montmartin, gouverneur de la ville de Dôle, etc.

B. 4682. (Registre.) — In-4°, 180 feuillets, papier.

1682 (Décembre). — Journal des audiences du bailliage de Vesoul, dans lequel on ne trouve que les noms et qualités des plaideurs, parmi lesquels figurent : dame Marguerite de Vienne, veuve et usufruitière des biens laissés par messire Jean-Antoine d'Achey, chevalier; — dame Jeanne de Bonnal, baronne de Confignon, dame d'Athesans, Saint-Georges, Cy et autres lieux ; — dame Élisabeth de Salives, veuve de messire Claude de la Palud, chevalier, baron et seigneur de Condeuans, Montjustin et autres lieux, impétrant contre noble Jean Varoz, sieur à Magny-les-Jussey; — noble Mathieu Belot, capitaine et gouverneur de Granges; — messire Claude de Bauffremont, chevalier, du conseil de guerre de Sa Majesté, baron et seigneur de Scey-sur-Saône, etc.

B. 4683. (Registre.) — In-4°, 300 feuillets, papier.

1683 (Janvier). — Journal des audiences du bailliage de Vesoul, dans lequel on ne trouve que les noms et qualités des plaideurs, parmi lesquels figurent : illustre seigneur, messire Claude de Rye, chevalier de l'ordre de Saint-Jacques, baron de Balançon, seigneur de Port-sur-Saône, Treslilay et autres lieux; — maître Pierre Lahonne, de Port-sur-Saône, tabellion général du comté de Bourgogne, demandeur contre noble Ferdinand de Montfort et demoiselle Gasparine d'Aigremont, sa femme; — généreux seigneur Adrien de Rosières, seigneur de Thoy, Uzeurey et autres lieux, etc.

B. 4684. (Registre.) — In-4°, 150 feuillets, papier.

1683 (Janvier). — Journal des audiences du bailliage de Vesoul, dans lequel on ne trouve que les noms et qualités des plaideurs, parmi lesquels figurent : noble Pierre Nardin, docteur en droit, cogouverneur de la cité impériale de Besançon; — messire Hardouin de Clermont, chevalier, baron et seigneur de Saint-Georges, Rupt et autres lieux; — dame Jeanne de Bonnal, baronne de Confignon, dame d'Athesans, Saint-Georges et autres lieux ; — Suzanne Roy, veuve et usufruitière de messire Jérôme de Lisola, chevalier, seigneur de Thoy; — illustre seigneur, messire François de Livron, abbé de la Chalade, nommé par Sa Majesté catholique administrateur de l'abbaye Saint-Paul de Besançon, etc.

B. 4685. (Registre.) — In-4°, 100 feuillets, papier.

1683 (Février). — Journal des audiences du bailliage de Vesoul, dans lequel on ne trouve que les noms et qualités des plaideurs, parmi lesquels figurent : révérende dame Christine de Rye, abbesse de l'abbaye de Baume; — dame Marguerite de Vienne, veuve usufruitière de messire Antoine d'Achey, baron et seigneur de Montferrand; — dame Marie de Moustier, veuve de noble René Précipiano, agissant contre Guillemette Demandre, veuve de messire Ambroise Précipiano, baron, et seigneur de Choye; — Étienne Hugon, prêtre, curé de Palise, impétrant, contre noble Henri-François de Jouffroy, sieur de la Vaivre; — Claude Balthazar de Presle, seigneur de Chargey, etc.

B. 4686. (Registre.) — In-4°, 300 feuillets, papier.

1683 (Mars). — Journal des audiences du bailliage de Vesoul, dans lequel on trouve que les noms et qualités des plaideurs, parmi lesquels figurent : noble Jean Racle, sieur de la Roche; — Jean Bresson, de Jonvelle, prêtre, familier en l'église Saint-Pierre dudit lieu ; — les chanoines du chapitre de l'église collégiale de Dôle, prieurs et seigneurs de Marait ; — messire Claude de Céres, chevalier, baron et seigneur de Choye ; — Anne Dugny, femme de noble Georges du Tartre, sieur à Rorey, etc.

B. 4687. (Registre.) — In-4°, 1000 feuillets, papier.

1683 (Avril). — Journal des audiences du bailliage de Vesoul, dans lequel on ne trouve que les noms et qualités des plaideurs, parmi lesquels figurent : révérend sieur, messire Christophe Duplan, prêtre, prieur de Marteroy ; — dame Marguerite de Vienne, veuve de Jean-Antoine d'Achey, chevalier ; — François Priney, de Besançon, marchand, impétrant en décret, contre dame Marie de Moustier, veuve de noble René Préciplano, seigneur de Cuse ; — Antoine de Cléron, chapelain de la chapelle fondée dans l'église de Mailley, en l'honneur de Notre-Dame ; — Anthle Dygand, impétrant en garde contre dame Christine de Rye, abbesse de Baume, etc.

B. 4688. (Registre.) — In-4°, 1000 feuillets, papier.

1683 (Avril). — Journal des audiences du bailliage de Vesoul, dans lequel on ne trouve que les noms et qualités des plaideurs, parmi lesquels figurent : messire Claude de Giffey, baron du Saint-Empire, seigneur de Longevelle, Marnoz, Vy-lès-Lure et autres lieux ; — Albine Pauthier, veuve de noble Jean Terrier, docteur en droit, lieutenant général au siège d'Ornans ; — dame Anne de Chassey, dame de Gouhelans, veuve de messire d'Antoinne, seigneur de Buffignécourt ; — messire Achille de Préciplano, chevalier, baron et seigneur de Luxe, Mésandans, Bonnal, capitaine des terre, ville et château de Faucogney ; — illustre seigneur, messire Jean-Baptiste de la Baume, chevalier, marquis de Saint-Martin, baron et seigneur de Montmartin, gouverneur de la ville de Dôle, colonel d'un régiment de cavalerie au service de Sa Majesté Impériale, impétrant contre Marguerite de Vienne, veuve usufruitière de Jean-Antoine d'Achey, baron et seigneur de Montferrand, Avilley, Courchaton et autres lieux, etc.

B. 4689. (Registre.) — In-4°, 600 feuillets, papier.

1683 (Mai). — Journal des audiences du bailliage de Vesoul, dans lequel on ne trouve que les noms et qualités des plaideurs, parmi lesquels figurent : noble Étienne Montrivel, docteur en droit, citoyen de Besançon ; — honorable François Priney, de Besançon, marchand, impétrant en décret, contre dame Marie de Moustier, veuve de noble René Préciplano, seigneur de Cuse ; — Antoinette de Grammont, veuve de noble Humbert de Maçon, seigneur d'Esbœu ; — maître Adam Bassand, de Gouhelans, notaire, et procureur d'office dans les terres, justices et seigneuries de Romain, Mésandans, appartenant à Achille de Préciplano, baron de Cuse, etc.

B. 4690. (Registre.) — In-4°, 1000 feuillets, papier.

1683 (Mai). — Journal des audiences du bailliage de Vesoul, dans lequel on ne trouve que les noms et qualités des plaideurs, parmi lesquels figurent : révérend sieur messire Christophe Duplan, prêtre, prieur du Marteroy, impétrant contre Clément Ponsot, curé de Villers-lès-Luxeuil ; — noble Jean Nardin, docteur en droit, cogouverneur de la cité impériale de Besançon ; — messire Bernard de Fontaine, sieur de Fougerolles ; — généreux seigneur Claude-Gabriel de Vaudrey, seigneur de Frasnoy, Villers-sur-Port et autres lieux ; — messire Étienne Hugon, curé de Palise, contre noble Jean-François de Jouffroy, sieur de la Vaivre, et contre discrète personne Jean Brocard, chanoine en l'église métropolitaine de Besançon, etc.

B. 4691. (Registre.) — In-4°, 1000 feuillets, papier.

1683 (Juin). — Journal des audiences du bailliage de Vesoul, dans lequel on ne trouve que les noms et qualités des plaideurs, parmi lesquels figurent : généreux sieur Charles de Pouilly, seigneur du Betoncourt, capitaine et gouverneur de Conflans ; — messire Hardouin de Clermont, chevalier, seigneur de Saint-Georges, Noisey, Delain ; — les révérends pères correcteurs minimes et religieux du couvent de Rupt ; — généreux Romain de Rozières, seigneur de Sorans, Breurey, They et autres lieux ; — noble Claude Outhenin, de Rougemont, honorable Hippolyte Filon, amodiateurs des revenus de la seigneurie dudit lieu, appartenant à messire Ferdinand de Bressey ; — révérend père en Dieu, dom Gaspard de Châteauneuf, prieur et seigneur de Moustier ; — généreux seigneur Jean-Baptiste de Montby, seigneur dudit lieu, impétrant en décret contre noble Charles de Constable, seigneur de Boulot, etc.

B. 4692. (Registre.) — In-4°, 1000 feuillets, papier.

1683 (Juin). — Journal des audiences du bailliage de Vesoul, dans lequel on ne trouve que les noms et qualités des plaideurs, parmi lesquels figurent : dame Marguerite de Vienne, veuve, usufruitière de messire Jean d'Achey ; —

illustre et révérend seigneur, messire François de Guiot, abbé de la Charité et de l'abbaye Saint-Paul de Besançon; — dame Jeanne de Ronnal, baronne de Confignon, dame de Saint-Georges; — noble Jean Racle, sieur de la Roche, Servigney et autres lieux; — noble Philibert de Mugnans, seigneur de Courchaton; — noble Jean-Claude d'Ugny, seigneur de la Côte, etc.

B. 4691. (Registre.) — In-4°, 1500 feuillets, papier.

1688 (Juillet). — Journal des audiences du bailliage de Vesoul, dans lequel on ne trouve que les noms et qualités des plaideurs, parmi lesquels figurent : dame Lucrèce d'Orsans, femme de messire Gérard du Chastelet, chevalier seigneur de Lomont; — messire Claude du Céron, chevalier, baron de Choye; — dame Christine du Corbassain, dame de Chauvillerain; — Claude de Vanxroy, receveur des revenus de la seigneurie de Granges; — noble Claude-Antoine Michelot, de Besançon, agissant au nom de Philiberte Boussard, veuve de noble Jean-Baptiste de Talimbert; — maître Claude-Gabriel Causeret, docteur en droit, lieutenant général au siège de Breyille; — noble François Damedor, seigneur de Mollans; — Guyonne Racle, veuve de noble Philibert de Mugnans, seigneur de Comberjon, etc.

B. 4692. (Registre.) — In-4°, 800 feuillets, papier.

1688 (Août). — Journal des audiences du bailliage de Vesoul, dans lequel on ne trouve que les noms et qualités des plaideurs, parmi lesquels figurent : Sébastien Courtot, de Charme Saint-Volbert, tabellion général en Bourgogne; — généreux seigneur Charles de Pouilly, seigneur de Batoncourt, capitaine et gouverneur de Conflans; — Guillemette Othenin, veuve de noble Claude Richard, de Jussey; — Jean-Henry de Reinach, colonel d'un régiment de l'armée impériale; — Melchior et Jean-Henri de Reinach, frères, seigneurs de Sainte-Marie en Chaux; — messire Alexandre, baron de Vuiltz, seigneur de Chemilly, etc.

B. 4693. (Registre.) — In-4°, 1,200 feuillets, papier.

1688 (Août). — Journal des audiences du bailliage de Vesoul, dans lequel on ne trouve que les noms et qualités des plaideurs, parmi lesquels figurent : noble Claude Marlet, capitaine de l'artillerie de la ville de Gray, superintendant général des salpêtres du comté de Bourgogne; — les doyen et chanoines de l'église collégiale de Dôle; — Pierre Chalon, de Vesoul, docteur en droit; — messire Claude de Céron, chevalier, baron et seigneur de Choye; — révérend père en Dieu, dom Guillaume Nardel, abbé de l'abbaye de Clairefontaine; — messire Jean-Laurent Brumpt, prêtre, docteur en théologie, chapelain de la chapelle érigée en l'église de Fondremand, en l'honneur de Notre-Dame de la Croix et de Saint-Antoine, etc.

B. 4695. (Registre.) — In-4°, 800 feuillets, papier.

1688 (Septembre). — Journal des audiences du bailliage de Vesoul, dans lequel on ne trouve que les noms et qualités des plaideurs, parmi lesquels figurent : illustre seigneur, messire Claude de Rye, chevalier de l'ordre de Saint-Jacques, baron de Balançon, seigneur de Port-sur-Saône, Pusy et autres lieux, commandant de l'artillerie aux Pays-Bas pour Sa Majesté impériale; — illustre et révérend seigneur, François de Livron, abbé de la Charité, nommé par Sa Majesté catholique administrateur de l'abbaye de Saint-Paul de Besançon; — noble Claude et Léonard Landry, frères, coseigneurs à Ronnal; — généreux seigneur Jean-Baptiste de Monthy, seigneur de Gondenans, Bournois et autres lieux; — messire Claude de Bauffremont, chevalier, du conseil de guerre de Sa Majesté, baron et seigneur de Scey, Pusey et autres lieux, etc.

B. 4697. (Registre.) — In-4°, 300 feuillets, papier.

1688 (Septembre). — Journal des audiences du bailliage de Vesoul, dans lequel on ne trouve que les noms et qualités des plaideurs, parmi lesquels figurent : généreux seigneur Charles de Pouilly, seigneur de Jasney, capitaine et gouverneur de Conflans; — Jean-Henry de Reinach, colonel d'un régiment de l'armée impériale, seigneur de Sainte-Marie en Chaux; — révérendissime seigneur, dom Jean de Vatteville, évêque de Lausanne, abbé et seigneur de la Charité; — demoiselle Claude de Terrier et noble Jean-François Maublanc, docteur en droit, demeurant à Vesoul, etc.

B. 4698. (Registre.) — In-4°, 300 feuillets, papier.

1688 (Septembre). — Journal des audiences du bailliage de Vesoul, dans lequel on ne trouve que les noms et qualités des plaideurs, parmi lesquels figurent : Françoise Varin, de Scey-sur-Saône, impétrante en action d'injures contre noble Ferdinand de Montfort; — révérendissime sieur, messire Christophe Duplan, prêtre, prieur du prieuré du Marteroy; — messire Nicolas Christin, prêtre, chapelain et receveur des revenus de la terre et baronnie de Montmartin; — Jean-Baptiste Cornenin, procureur d'office de la justice de Rosey, appartenant à l'abbaye Saint-Paul de Besançon, etc.

B. 4699. (Registre.) — In-4°, 1000 feuillets, papier.

1688 (Octobre). — Journal des audiences du bailliage de Vesoul, dans lequel on ne trouve que les noms et qualités des plaideurs, parmi lesquels figurent : les révérends pères Carmes minimes et religieux du couvent de Rupt ; — dame Marguerite de Vienne, usufruitière de généreux seigneur Jean-Antoine d'Achey, chevalier, seigneur de Touraise ; — demoiselle Anne de Vallambert, veuve de Nicolas Noisoy ; — généreux seigneur Jean-Baptiste de Montby, seigneur dudit lieu, Bournois et autres lieux ; — messire Achille de Précipiano, baron et seigneur de Soye, Romain, Mésandans, capitaine des terre, ville et château de Faucogney ; — dom Claude de Charmoille, grand prieur de l'insigne abbaye de Luxeuil, etc.

B. 4700. (Registre.) — In-4°, 1000 feuillets, papier.

1688 (Octobre). — Journal des audiences du bailliage de Vesoul, dans lequel on ne trouve que les noms et qualités des plaideurs, parmi lesquels figurent : généreux seigneur, messire Claude-François de Grammont, chevalier seigneur dudit lieu ; — généreux seigneur Charles de Pouilly, seigneur de Betoncourt, Jasney, capitaine et gouverneur de Conflans ; — Charles et Philibert Pérdel, frères, seigneurs de Bonnal, Chassey et autres lieux ; — illustre seigneur, messire Claude de Rye, chevalier de l'ordre de Saint-Jacques, baron de Balançon, seigneur de Port-sur-Saône ; — dame Élisabeth de Salives, veuve de messire Claude de la Palud, chevalier, baron et seigneur de Montjustin, impétrant contre noble Jean Varoz, sieur de Magny-les-Jussey, etc.

B. 4701. (Registre.) — In-4°, 900 feuillets, papier.

1688 (Novembre). — Journal des audiences du bailliage de Vesoul, dans lequel on ne trouve que les noms et qualités des plaideurs, parmi lesquels figurent : noble Daniel Chassinet, cogouverneur de la cité impériale de Besançon, impétrant en barre, contre Jean-Baptiste de Malarmé, comte de Roussillon, seigneur et baron de Pelousey ; — dame Caroline d'Autriche, princesse du Saint-Empire, veuve d'illustre seigneur, François-Thomas Perrenot de Grandvelle, dit d'Oiselay, chevalier de l'ordre de la Toison d'Or, comte de Cantecroix, baron et seigneur de la Villeneuve, etc.

B. 4702. (Registre.) — In-4°, 1000 feuillets, papier.

1688 (Novembre). — Journal des audiences du bailliage de Vesoul, dans lequel on ne trouve que les noms et qualités des plaideurs, parmi lesquels figurent : noble Humbert de Salives, coseigneur à Anthoison ; — illustrissime et révérendissime, messire François de Rye, archevêque de Césarée, haut doyen de l'insigne chapitre de Besançon ; — François Besançenot, sieur de Cendrecourt ; — Jean Chapuis, de Vesoul, clerc tonsuré et chapelain de la chapelle fondée dans l'église de Charles, en l'honneur de Saint-Nicolas ; — vénérable et égrégée personne, messire Jacques Tissot, prêtre, chanoine en l'église métropolitaine de Besançon, prieur du prieuré Saint-Thiébaud de Laitre, etc.

B. 4703. (Registre.) — In-4°, 1000 feuillets, papier.

1688 (Décembre). — Journal des audiences du bailliage de Vesoul, dans lequel on ne trouve que les noms et qualités des plaideurs, parmi lesquels figurent : messire Balthazar Toitot, curé de Condrey ; — illustre seigneur, messire Jean-Baptiste de la Baume, chevalier marquis de Saint-Martin, capitaine et gouverneur de la ville de Dôle ; — messire Antoine de Cléron, chapelain de la chapelle fondée dans l'église de Mailley, en l'honneur de Notre-Dame ; — noble Claude Clerc de Vesoul, sieur de Nourey, Aboucourt et autres lieux ; — les familiers de l'église Saint-Pierre de Jussey ; — dame Marguerite de Vienne, veuve de Jean-Antoine d'Achey, chevalier, baron et seigneur de Montferrand, etc.

B. 4704. (Registre.) — In-4°, 800 feuillets, papier.

1684 (Janvier). — Journal des audiences du bailliage de Vesoul, dans lequel on ne trouve que les noms et qualités des plaideurs, parmi lesquels figurent : messire Claude François de Grammont, seigneur dudit lieu, Fallon, Frotey et autres lieux, impétrant en nouvelleté contre messire Antide de Grammont, seigneur de Melisey ; — noble Pierre de la Vougette, écuyer, agissant pour noble Jean-Claude de Baussane, son frère, au service de Sa Majesté ; — Jean-Henri de Reinach, colonel d'un régiment de l'armée impériale ; — Jean Thiébaud de Reinach, seigneur de Sainte-Marie en Chaux ; — noble Claude Othenin, capitaine du château de Chariez, demeurant à Rougemont, etc.

B. 4705. (Registre.) — In-4°, 800 feuillets, papier.

1684 (Janvier). — Journal des audiences du bailliage de Vesoul, dans lequel on ne trouve que les noms et qualités des plaideurs, parmi lesquels figurent : Jean-Baptiste Blanchard, de Vesoul, docteur en droit, seigneur de Borey, impétrant en garde contre Georges et Ferdinand Dutartre, coseigneurs audit Borey ; — les familiers de l'église Saint-Georges de Vesoul ; — noble Claude Clerc de Vesoul, docteur en droit, seigneur de Neurey et d'Ahencourt ; — noble Claude Martin, seigneur de la Maizières ; — révérend sieur, messire Lancelot, doyen et seigneur de Beaupré, chanoine en l'église métropolitaine de Besançon, prieur commendataire du prieuré du Montcrot-les-Traves, etc.

B. 4706. (Registre.) — In-4°, 1000 feuillets, papier.

1684 (Janvier). — Journal des audiences du bailliage de Vesoul, dans lequel on ne trouve que les noms et qualités des plaideurs, parmi lesquels figurent : généreux sieur, Louis de Scey, seigneur de Tallenay, Larret, Éponoux, procureur spécial de Béatrix et Anatoile de Scey ; — Jeanne-Baptiste de Montsaugeon, veuve de noble Pierre Germain, seigneur de Fouchier ; — Henri de Pierrefontaine, chevalier, seigneur de Fontaine ; — dame Antoinette de Pillot veuve de généreux seigneur, Louis de Scey, seigneur de Chevroz, etc.

B. 4707. (Registre.) — In-4°, 1200 feuillets, papier.

1684 (Février). — Journal des audiences du bailliage de Vesoul, dans lequel on ne trouve que les noms et qualités des plaideurs, parmi lesquels figurent : dame Adrienne d'Andelot, veuve de messire Antoine de Grandmont, chevalier, seigneur de Fallon et autres lieux, impétrant contre messire Antoine de Salives, seigneur de Villevaudrey ; — noble Étienne Moutrivel, docteur en droit, cogouverneur de la cité impériale de Besançon ; — Étienne-Pierre de Cussey, amodiateur des terres de la baronnie de Montcey ; — dame Marguerite de Vienne, veuve de Jean-Antoine d'Achey, chevalier, baron et seigneur de Montferrand, etc.

B. 4708. (Registre.) — In-4°, 1200 feuillets, papier.

1684 (Mars). — Journal des audiences du bailliage de Vesoul, dans lequel on ne trouve que les noms et qualités des plaideurs, parmi lesquels figurent : généreux sieur Charles de Pouilly, seigneur de Betoncourt, capitaine et gouverneur de Conflans ; — noble Alexandre de Bonnet, sieur de Villers-Saint-Marcelain ; — Jean-Baptiste de la Baume, chevalier, marquis de Saint-Martin, baron, et seigneur de Montmartin ; — généreux seigneur Adrien de Rosières, seigneur de Norans et autres lieux ; — illustre seigneur, messire François de Livron, abbé de la Chalade et de Saint-Paul de Besançon ; — honorable Claude Coudry, de Montboron, amodiateur des terres et seigneurie de Loulans, etc.

B. 4709. (Registre.) — In-4°, 600 feuillets, papier.

1684 (Mars). — Journal des audiences du bailliage de Vesoul, dans lequel on ne trouve que les noms et qualités des plaideurs, parmi lesquels figurent : honorable Guillaume Roussel, de Rioz, amodiateur des revenus temporels de l'abbaye de Bellevaux ; — dame Élisabeth de Salives, veuve de messire Claude de la Palu, chevalier, baron et seigneur de Gondenans et Montjustin ; — Claude de Bauffremont, chevalier, du conseil de guerre de Sa Majesté, baron et seigneur de Scey, Chariez, Pusey et autres lieux ; — le doyen et les chanoines du chapitre de l'église collégiale de Dôle, etc.

B. 4710. (Registre.) — In-4°, 400 feuillets, papier.

1684 (Avril). — Journal des audiences du bailliage de Vesoul, dans lequel on ne trouve que les noms et qualités des plaideurs, parmi lesquels figurent : Marguerite de Houssard, de Scey-sur-Saône, femme de noble Pierre de la Rougelle, écuyer ; — le chapitre de l'église collégiale de Dôle, prieur et seigneur de Marast ; — messire Claude de Fleurey, prêtre chapelain de l'église Monsieur Saint-Maurice de Besançon ; — Jacques de Bléterstich, seigneur de Melisey et autres lieux, agissant en matière de succession contre noble Jules de Constable, seigneur de Boulot, etc.

B. 4711. (Registre.) — In-4°, 1000 feuillets, papier.

1684 (Mai). — Journal des audiences du bailliage de Vesoul, dans lequel on ne trouve que les noms et qualités des plaideurs, parmi lesquels figurent : illustre et puissant seigneur, messire Claude de Bye, chevalier de l'ordre de Saint-Jacques, baron de Balançon, seigneur de Port-sur-Saône ; — généreux seigneur Claude-Gabriel de Vaudrey, demoiselles Françoise-Marguerite, Jeanne-Baptiste et Guillemette de Vaudrey, ses sœurs ; — dame Guillemette de Mandres, veuve et usufruitière des biens de messire Ambrosio Précipiano, chevalier, baron de Soye ; — Jean Bouvier, de Bustignécourt, impétrant en désaveu et abandon de ses biens contre messire François de Livron, abbé de la Chalade, etc.

B. 4712. (Registre.) — In-4°, 400 feuillets, papier.

1684 (Mai). — Journal des audiences du bailliage de Vesoul, dans lequel on ne trouve que les noms et qualités des plaideurs, parmi lesquels figurent : demoiselle Anne de Valimbert, veuve d'honorable Nicolas Natzey, de Besançon ; — généreux seigneur Adrien de Rozières, seigneur de Sorans, They, Breurey et autres lieux ; — dame Élisabeth de Salives, veuve de messire Claude de Salives, baron et seigneur de Montjustin et autres lieux ; — Marguerite Pétremand, veuve de noble Jean-Baptiste Varin, seigneur de Noiron ; — Hardouin Gaspard de Beaujeu, sieur de Montot, Aroz, Artaufontaine, impétrant contre révérend frère Jean Déloy, docteur en théologie, inquisiteur de la foi, prieur du prieuré de Rosey, etc.

B. 4713. (Registre.) — In-4°, 800 feuillets, papier.

1684 (Juin). — Journal des audiences du bailliage de Vesoul, dans lequel on ne trouve que les noms et qualités des plaideurs, parmi lesquels figurent : noble Claude et Léonard Landry, frères, coseigneurs à Bonnay et Chassey ; — illustre seigneur, messire Jean-Baptiste de la Baume, chevalier, marquis de Saint-Martin, baron et seigneur de Montmartin, capitaine et gouverneur de la ville de Dôle, colonel d'un régiment de cavalerie au service de Sa Majesté ; — noble Jean-Claude-Balthazar de Presle, seigneur de Chargey ; — Jeanne de Charmoille, veuve de Charles de Confians, seigneur de Chevigney et autres lieux, etc.

B. 4714. (Registre.) — In-4°, 800 feuillets, papier.

1684 (Juin). — Journal des audiences du bailliage de Vesoul, dans lequel on ne trouve que les noms et qualités des plaideurs, parmi lesquels figurent : illustre seigneur François de Livront, abbé de la Chalade, administrateur temporel de l'abbaye Saint-Paul, de Besançon ; — Louis de la Tour, abbé de Bellevaux, rentré en cause à la place de Jean-Baptiste de Cusance, jadis abbé de Bellevaux : — les doyen et chanoines du chapitre de l'église collégiale de Dôle, prieurs et seigneurs de Marast ; — noble Jean Racle, seigneur de la Roche ; — noble François Damedor, seigneur de Mollans, etc.

B. 4715. (Registre.) — In-4°, 1200 feuillets, papier.

1684 (Juillet). — Journal des audiences du bailliage de Vesoul, dans lequel on ne trouve que les noms et qualités des plaideurs, parmi lesquels figurent : maître François Marchand, de Port-sur-Saône, procureur d'office à Francs et à Villers-sur-Port, pour généreux seigneur Claude-Gabriel de Vaudrey, Françoise-Marguerite-Jeanne-Philiberthe et Guillemette de Vaudrey, ses sœurs, seigneur et dames desdits Villers et Francs, impétrant contre généreux seigneur Jean-Baptiste Araucourt, seigneur dudit lieu ; — Huguette et Micheletta Aymonnet, sœurs, héritières sous bénéfice d'inventaire, d'honorable Claude Aymonnet, leur frère, de Vesoul ; — messire Balthazar Toitot, prêtre, curé de Cendrey, etc.

B. 4716. (Registre.) — In-4°, 800 feuillets, papier.

1684 (Juillet). — Journal des audiences du bailliage de Vesoul, dans lequel on ne trouve que les noms et qualités des plaideurs, parmi lesquels figurent : Nicolas Voyen, de Breurey, impétrant en barre contre Daniel Caboz, chapelain de la chapelle fondée dans l'église de Breurey, en l'honneur de Saint-Antoine ; — discrète personne messire Laurent Othenin, prêtre, curé de Bourbévelle ; — Jacques Terrier, docteur en droit, et Bonaventure Guillemin, procureur d'office en la justice de Cherlieu, impétrants contre les religieux de l'abbaye dudit Cherlieu ; — discrète personne, messire Georges Garnier, curé à Faucogney, plaidant avec la famille Henryon, dudit lieu, au sujet d'une succession, etc.

B. 4717. (Registre.) — In-4°, 800 feuillets, papier.

1684 (Août). — Journal des audiences du bailliage de Vesoul, dans lequel on ne trouve que les noms et qualités des plaideurs, parmi lesquels figurent : révérend seigneur, messire Ferdinand de Longvy, dit de Rye, prince du Saint-Empire, archevêque de Besançon, prieur du prieuré Saint-Marcel ; — noble Jean Nardin, docteur en droit, cogouverneur de la cité impériale de Besançon ; — Pierrette Damedor, veuve de noble Guillaume de Salives ; — honorable Simon de Bresse, notaire, moderne scribe en la baronnie dudit lieu et membres en dépendant ; — dame Jeanne de Confignon, dame d'Athesans, Saint-Georges et autres lieux, etc.

B. 4718. (Registre.) — In-4°, 600 feuillets, papier.

1684 (Août). — Journal des audiences du bailliage de Vesoul, dans lequel on ne trouve que les noms et qualités des plaideurs, parmi lesquels figurent : Nicolas Cannet, prêtre, religieux profès et commandeur de la commanderie Saint-Antoine de Besançon; — illustre seigneur Jean-Baptiste de la Baume, chevalier, marquis de Saint-Martin, baron et seigneur de Montmartin, capitaine gouverneur de la ville de Dôle, colonel d'un régiment de mille chevaux; — noble Jean Racle, sieur de la Roche, Servigney et Fouchécourt; — Anne d'Ugny, femme de noble Georges Dutartre; — illustre dame Marguerite Chaboz, duchesse d'Elbeuf, et noble François Damedor, de Vesoul, seigneur et dame de Bourguignon-les-Morey, etc.

B. 4719. (Registre.) — In-4°, 1000 feuillets, papier.

1684 (Septembre). — Journal des audiences du bailliage de Vesoul, dans lequel on ne trouve que les noms et qualités des plaideurs, parmi lesquels figurent : Françoise de Villiers, femme de noble Gaspard Verneray, sieur de Montcourt, impétrant contre noble Marc de Villiers, sieur de Vongécourt; — généreux seigneur Antoine de Grammont, sieur de Vellechevreux; — noble Claude Fornand, docteur en droit, procureur fiscal en la cité impériale de Besançon; — noble Jean Varoz, sieur du Magny; — noble et religieuse personne, dom Claude de Charmoille, religieux et infirmier en l'église abbatiale Saint-Pierre de Luxeuil, et chapelain de la chapelle Saint-Jean-Baptiste, fondée en l'église Notre-Dame dudit Luxeuil, etc.

B. 4720. (Registre.) — In-4°, 500 feuillets, papier.

1684 (Septembre). — Journal des audiences du bailliage de Vesoul, dans lequel on ne trouve que les noms et qualités des plaideurs, parmi lesquels figurent : noble Antoine Berrey, citoyen de Besançon, docteur en droit, secrétaire d'État; — dame Élisabeth de Salives, veuve de messire Claude de la Palu, chevalier, baron et seigneur de Montjustin, impétrant contre noble Jean Varoz, seigneur au Magny-les-Jussey; — vénérable et discrète personne messire Nicolas Démésy, curé à Servance; — Jacqueline Bresson, femme de noble Claude Mariet, capitaine de l'artillerie de Gray; — messire Hardouin Gaspard de Beaujeu, chevalier, seigneur de Montot, Aroz, Artaufontaine et autres lieux, etc.

B. 4721. (Registre.) — In-4°, 700 feuillets, papier.

1684 (Octobre). — Journal des audiences du bailliage de Vesoul, dans lequel on ne trouve que les noms et qualités des plaideurs, parmi lesquels figurent : honorable Nicolas Girard, de Faucogney, receveur des revenus de la seigneurie de Sainte-Marie en Chaux; — messire Antoine Duchesne, prêtre, chanoine demeurant à Noroy-l'Archevêque; — messire Jean-Baptiste Poulot, docteur en droit, conseiller à la cour souveraine du parlement de Dôle; — généreux seigneur Claude-Gabriel de Vaudrey, Françoise-Marguerite-Jeanne-Philiberte et Guillemette de Vaudrey, ses sœurs, seigneur et dames de Francs et Villers-sur-Port; — illustre et puissant seigneur, Claude de Rye, chevalier de l'ordre de Saint-Jacques, baron de Balançon, etc.

B. 4722. (Registre.) — In-4°, 1000 feuillets, papier.

1684 (Octobre). — Journal des audiences au bailliage de Vesoul, dans lequel on ne trouve que les noms et qualités des plaideurs, parmi lesquels figurent : François Pescheur, de Cirey, amodiateur du revenu temporel de l'abbaye Notre-Dame de Bellevaux; — Claude Ménière, de Jasney, notaire, procureur d'office de la terre et seigneurie de Clairefontaine; — dame Marguerite de Vienne, veuve de messire Jean-Antoine d'Achey, baron seigneur de Montferrand; — Jean Richardot, amodiateur de la seigneurie de Morey et de la Rochelle; — messire Claude Gurnel, prêtre, curé de Pouilley-les-Vignes, impétrant contre Claude Monnier, chanoine en l'église métropolitaine de Besançon, prébendier de l'église dudit Pouilley, etc.

B. 4723. (Registre.) — In-4°, 800 feuillets, papier.

1684 (Novembre). — Journal des audiences du bailliage de Vesoul, dans lequel on ne trouve que les noms et qualités des plaideurs, parmi lesquels figurent : noble Jean-Claude et Pierre de Chaffoy, sieurs de Corcelle, Munans et autres lieux; — noble seigneur François d'Aigremont, seigneur à Ferrières; — messire Jean Pierre Pascot, curé de Dampierre; — noble Jean-Adrien de Salives, seigneur de Cerre-les-Noroy; — honorable François Gouge, de Baume, amodiateur des revenus de la seigneurie du Val de Montmartin appartenant à M. de Saint-Boing; — noble Claude Terrier, docteur en droit, conseiller à la cour souveraine du parlement de Dôle, etc.

D. 4724. (Registre.) — In-4°, 600 feuillets, papier.

1684 (Novembre). — Journal des audiences du bailliage de Vesoul, dans lequel on ne trouve que les noms et qualités des plaideurs, parmi lesquels figurent : généreux seigneur Jean-Baptiste d'Haraucourt, seigneur dudit lieu ; — noble Pierre Maréchal, docteur en droit, seigneur de Sorans, cogouverneur en la cité impériale de Besançon ; — illustre seigneur, messire François de Livron, abbé de la Chalade, administrateur de l'abbaye Saint-Paul de Besançon ; — révérend père en Dieu, dom Jean-Gaspard de Châteauneuf, prieur et seigneur du Moustier Haute-Pierre ; — dame Anne de Chassey, dame d'Aubonne et autres lieux, etc.

D. 4725. (Registre.) — In-4°, 1800 feuillets, papier.

1684 (Décembre). — Journal des audiences du bailliage de Vesoul, dans lequel on ne trouve que les noms et qualités des plaideurs, parmi lesquels figurent : discrète et religieuse personne, messire Claude Remy, prêtre, prieur du prieuré d'Hérival ; — illustre seigneur, messire Claude de Rye, chevalier de l'ordre de Saint-Jacques, baron de Balançon, seigneur de Port-sur-Saône ; — vénérable frère, Nicolas Jannot, prêtre, religieux profés et commandeur de la commanderie Saint-Antoine de Besançon ; — noble Philibert Péréal, coseigneur à Bonnal ; — les familiers de l'église Saint-Georges de Vesoul ; — Jean Tranchant, de Vesoul, seigneur à Borey, impétrant contre noble Georges Dutartre, coseigneur audit Borey ; — l'abbé de l'abbaye de la Charité, impétrant en garde avec messire Bénigne de Thomassin, prieur de Port-sur-Saône, contre Jean Aymounet, de Vesoul, docteur en droit, surintendant aux affaires d'illustre seigneur, messire Claude de Rye, seigneur de Port-sur-Saône, etc.

B. 4726. (Registre.) — In-4°, 600 feuillets, papier.

1685 (Janvier). — Journal des audiences du bailliage de Vesoul, dans lequel on ne trouve que les noms et qualités des plaideurs, parmi lesquels figurent : maître Nicolas Delance, receveur des revenus de la baronnie de Rupt ; — illustre seigneur, messire Claude de Rye, chevalier de l'ordre de Saint-Jacques, baron de Balançon et Fondremand, seigneur de Port-sur-Saône ; — Jean Belin, citoyen de Besançon, facteur et négociateur de Clériadus de la Tour, baron de Monteley ; — dame Jeanne de Vouhenans, baronne de Confignon, dame d'Athesans et de Saint-Georges ; — généreux seigneur François de Poinctet, écuyer, coseigneur à Pisseloup et noble Jean Letondeur, conseiller du Roi au siège de Langres, etc.

D. 4727. (Registre.) — In-4°, 1800 feuillets, papier.

1685 (Janvier). — Journal des audiences du bailliage de Vesoul, dans lequel on ne trouve que les noms et qualités des plaideurs, parmi lesquels figurent : noble Jacques-François Simbohn, docteur en droit, citoyen de Besançon, impétrant en barre, contre dame Jeanne-Baptiste de Grammont, veuve de messire Jacques-Antoine de Joux, dit de Grandmont, chevalier, seigneur de Vellefaux ; — noble Louis Othenin, capitaine du château de Charies ; — demoiselle Françoise de Villiers, femme de noble sieur Gaspard Vernerey, seigneur de Montcourt ; — illustre seigneur, messire Albert-Eugène de Genefve, marquis de Lulin, héritier sous bénéfice d'inventaire d'illustre seigneur Clériadus de Genefve, aussi marquis de Lulin et de Pontailler, seigneur par engagère de la seigneurie de Chalezeule, etc.

B. 4728. (Registre.) — In-4°, 600 feuillets, papier.

1685 (Février). — Journal des audiences du bailliage de Vesoul, dans lequel on ne trouve que les noms et qualités des plaideurs, parmi lesquels figurent : noble Antoine Bonoy, docteur en droit, secrétaire d'État en la cité impériale de Besançon ; — noble Étienne Maréchal, docteur en droit, gouverneur de Besançon ; — noble Antoine Pillot, coseigneur à la Barre ; — noble Jean Racle, sieur de la Roche, Servigney, Fouchécourt et autres lieux ; — honorable Jean Goichot, de Rougemont, agissant comme père spirituel et syndic du couvent des révérends pères cordeliers dudit Rougemont ; — illustre dame Marguerite Chabot, duchesse d'Elbeuf, et noble François Damedor, seigneur et dame de Bourguignon-les-Morey, etc.

B. 4729. (Registre.) — In-4°, 600 feuillets, papier.

1685 (Mars). — Journal des audiences du bailliage de Vesoul, dans lequel on ne trouve que les noms et qualités des plaideurs, parmi lesquels figurent : Jean Bonvalot, procureur postulant au siège de Vesoul, agissant comme tuteur de noble Jacques de Mesmay, seigneur de Quincey ; — révérendissime seigneur, messire Ferdinand de Longvy, dit de Rye, prince du Saint-Empire, abbé commendataire de l'abbaye Notre-Dame de Cherlieu ; — dame Jeanne de Vauhenans, baronne de Consignon, dame d'Athesans et de Saint-Georges, impétrante contre les habitants dudit Saint-Georges ; — honorable Siméon de Bresse, demeurant à Amance, greffier de la baronnie dudit lieu, etc.

B. 4730. (Registre.) — In-4°, 600 feuillets, papier.

1633 (Mars). — Journal des audiences du bailliage de Vesoul, dans lequel on ne voit que les noms et qualités des plaideurs, parmi lesquels figurent : illustre seigneur, messire Claude de Rye, de la Palu, chevalier de l'ordre du Saint-Jacques, baron de Balançon, général d'artillerie au service de Sa Majesté catholique dans les Pays-Bas ; — révérend sieur messire Christophe Duplan, prêtre, prieur du Martoroy ; — demoiselle Marguerite de Boussano, femme de noble Pierre de la Vougelle, écuyer ; — généreux seigneur Gabriel de Vaudrey, demoiselles Françoise, Marguerite, Jeanne, Philippe et Guillemette de Vaudrey, ses sœurs, dames de Granges, impétrants contre généreux seigneur, Jean-Baptiste d'Araucourt, seigneur dudit lieu, etc. ; — messire François de Livron, abbé de la Chalade, administrateur de l'abbaye Saint-Vincent de Besançon.

B. 4731. (Registre.) — In-4°, 300 feuillets, papier.

1633 (Avril). — Journal des audiences du bailliage de Vesoul, dans lequel on ne trouve que les noms et qualités des plaideurs, parmi lesquels figurent : Marguerite Petremand, veuve de noble Jean-Baptiste Varin, docteur en droit, citoyen de Besançon, impétrante en barre contre noble Pierre Rollet, sieur de Saint-Albin ; — noble Étienne Loys, docteur en droit, citoyen de Besançon, impétrant en décret contre Claude Loys, aussi dudit Besançon ; — les révérends pères, prieur et religieux du couvent Saint-Sébastien de Montbozon, impétrants contre messire Christophe de Cult, chevalier, sieur de Cemboing et Vy-lès-Lure ; — maître Jean Fournier, d'Echenoz, procureur d'office de la justice de Velleguindry.

B. 4732. (Registre.) — In-4°, 600 feuillets, papier.

1633 (Août). — Journal des audiences du bailliage de Vesoul, dans lequel on ne trouve que les noms et qualités des plaideurs, parmi lesquels figurent : dame Jeanne Baptiste de Grandmont, veuve de messire Jacques-Antoine de Joux, dit de Grandmont, seigneur de Châtillon-Guyotte ; — les chanoines de l'église Sainte-Marie-Madeleine de Besançon ; — dame Marguerite de Vienne, veuve de Jean Antoine d'Achey, chevalier, baron et seigneur de Montferrand ; — dame Caroline d'Autriche, princesse du Saint-Empire, veuve d'illustre seigneur, François-Thomas Perrenot de Grandvelle, dit d'Oiselay, comte de Cantecroy, baron et seigneur de la Villeneuve, etc.

B. 4733. (Registre.) — In-4°, 600 feuillets, papier.

1633 (Septembre). — Journal des audiences du bailliage de Vesoul, dans lequel on ne trouve que les noms et qualités des plaideurs, parmi lesquels figurent : noble Étienne Brocard, de Besançon, héritier testamentaire de messire Jean Brocard, prêtre chanoine en l'église métropolitaine de Besançon, prieur du prieuré Saint-Jean-Baptiste de Grancey ; — honorable Jean François Senard, tabellion général en Bourgogne ; — noble Claude Balthasar Deprel, sieur de Chargey ; — Pierre Chalon, de Vesoul, docteur en droit, impétrant en garde contre généreux sieur Jean-Baptiste d'Haraucourt, seigneur de Francois et de Villers-sur-Port ; — Jeanne de Charmoille, veuve de Charles de Conflans, seigneur de Bouligney, Mercey et Govigney, etc.

B. 4734. (Registre.) — In-4°, 400 feuillets, papier.

1635 (Août-Septembre). — Journal des audiences du bailliage de Vesoul, dans lequel on ne trouve que les noms et qualités des plaideurs, parmi lesquels figurent : noble sieur Claude-Balthasar Deprel, seigneur de Chargey ; — dom Guillaume Bardot, abbé de l'abbaye de Clairefontaine ; — messire Claude Mounier, prêtre chanoine en l'église Sainte-Marie-Madeleine de Besançon ; — demoiselle Isabelle Sechefeu, de Besançon, donataire de sœur Jeanne-Agnès de Valimbert, religieuse au monastère de la Visitation Sainte-Marie, à Besançon.

B. 4735. (Registre.) — In-4°, 1000 feuillets, papier.

1636 (Mars). — Journal des audiences du bailliage de Vesoul, dans lequel on ne trouve que les noms et qualités des plaideurs, parmi lesquels figurent : généreux seigneur Charles de Pouilly, seigneur dudit lieu, Jasney et autres lieux ; — haute et puissante dame, Jeanne d'Arlay, veuve de haut et puissant seigneur, messire Hardouin de Clermont, seigneur de Rupt, Vauconcourt et autres lieux, agissant comme mère et ayant la noble garde d'illustres seigneurs François et Victor de Clermont, seigneurs de Rupt ; — messire Jean-Baptiste Goulut, docteur en droit, conseiller à la cour souveraine du parlement de Dole, tuteur de demoiselle Marie du Ray ; — illustre seigneur, messire François de Livron, abbé de la Charité, administrateur de l'abbaye Saint-Paul de Besançon, etc.

B. 4736. (Registre.) — In-4°, 180 feuillets, papier.

1626 (Avril). — Journal des audiences du bailliage de Vesoul, dans lequel on ne trouve que les noms et qualités des plaideurs, parmi lesquels figurent : noble Philibert Pérrial, coseigneur à la Barre ; — illustre et puissant seigneur, messire François de Rye, dit de la Palu, chevalier, marquis de Varambon, comte de la Roche, baron d'Amance, Rougemont et autres lieux ; — généreux seigneur Adam de Rosières, seigneur de Sorans, Breurey et autres lieux ; — Jacqueline Bresson, femme de noble Claude Mariet, capitaine de l'artillerie de Gray ; — Anne-Baptiste de Longueval, veuve de noble Pierre de Mollans, seigneur dudit lieu, etc.

B. 4737. (Registre.) — In-4°, 800 feuillets, papier.

1630 (Avril). — Journal des audiences du bailliage de Vesoul, dans lequel on ne trouve que les noms et qualités des plaideurs, parmi lesquels figurent : Jean Henri de Reinach, général d'artillerie dans l'armée impériale, commandant aux avant-pays d'Autriche, gouverneur de Brisac ; Melchior de Reinach, aussi colonel en ladite armée, et Béat Melchior, tous seigneurs de Sainte-Marie et de Saint-Bresson ; — Léonard Landry, citoyen de Besançon, impétrant contre maître Jérôme Thouvenin, maître des forges de Bonnal ; — dom Claude de Charmoille, prêtre, religieux et infirmier en l'abbaye Saint-Pierre de Luxeuil et chapelain de la chapelle Saint-Jean-Baptiste fondée en l'église de Luxeuil, etc.

B. 4738. (Registre.) — In-4°, 460 feuillets, papier.

1636 (Avril). — Journal des audiences du bailliage de Vesoul, dans lequel on ne trouve que les noms et qualités des plaideurs, parmi lesquels figurent : noble Gaspard Durand, de Vesoul, docteur en droit ; — vénérable et égrégée personne, messire Thomas de Chauvirey, archidiacre en l'église métropolitaine de Besançon ; Claude Monnier, sieur de Chambornay, Claude Mariet et Jacques Chifflet, tous chanoines en ladite église, impétrants contre Claude Gurnel, curé de Pusilley-les-Vignes ; — maître Jean Ronvalet, procureur postulant au siège de Vesoul, tuteur de Jacques de Mesmay, impétrant contre noble Claude Tournaud, procureur fiscal d'Amont, en la cité impériale de Besançon, etc.

B. 4739. (Registre.) — In-4°, 800 feuillets, papier.

1637. Journal des audiences du bailliage de Vesoul, dans lequel on ne trouve que les noms et qualités des plaideurs, parmi lesquels figurent : dame Élisabeth de Salives, dame de Genevrey, Villerspot ; — honorable Hugues Pinet, amodiateur des revenus de la seigneurie de la Villeneuve ; — noble Gaspard de Mougeot, docteur en droit, seigneur de Montcourt, lieutenant général au bailliage de Dôle ; — discrète personne, messire Nicolas Lamblin, prêtre familier en l'église paroissiale de Vesoul ; — dom Jean de Vatteville, évêque de Lausanne, prince du Saint-Empire, abbé de l'abbaye de la Charité, etc.

B. 4740. (Registre.) — In-4°, 250 feuillets, papier.

1638 (Janvier-Février). — Journal des audiences du bailliage de Vesoul, dans lequel on ne trouve que les noms et qualités des plaideurs, parmi lesquels figurent : dame Dorothée du Châtelet, femme de généreux seigneur, messire Claude François de Grandmont, chevalier, seigneur de Fallon, Frotey et autres lieux ; — noble Nicolas Sonnet, seigneur d'Auxon ; — messire Claude de Rye, chevalier de l'ordre de Saint-Jacques, baron de Balançon, général de l'artillerie des Pays-Bas, au service du roi catholique ; — Pierre le Frère de Villerspot, impétrant en matière d'abandon de ses biens, pour être de franche condition, contre dame Élisabeth de Salives, dame de Genevrey et de Villerspot, etc.

B. 4741. (Registre.) — In-4°, 600 feuillets, papier.

1638 (Mars-Avril). — Journal des audiences du bailliage de Vesoul, dans lequel on ne trouve que les noms et qualités des plaideurs, parmi lesquels figurent : Anne de Vaudrey, dame de Mailleroncourt, Bourbévelle et autres lieux, impétrante en barre, contre François Polley, dudit lieu ; — dame Béatrix de Précipiano, abbesse de l'abbaye de Montigny-les-Nonnes ; — Jean-Baptiste Tranchant, de Vesoul, seigneur de Borey ; — illustre seigneur, messire

Bonnefoy-François d'Ebzelay, baron et seigneur dudit lieu, Gruchaux et Mont-la-Vernote; — les révérendes religieuses Annonciades de Vesoul.

B. 4742. (Registre.) — In-4°, 660 feuillets, papier.

1638 (Mai-Juin). — Journal des audiences du bailliage de Vesoul, dans lequel on ne trouve que les noms et qualités des plaideurs, parmi lesquels figurent : le seigneur marquis de Trulon, agissant comme mari de dame Marie de Ray, baronne dudit lieu, dame du Vezet, Confiandoy, Rangey, Malloy et autres lieux, impétrant en barre contre Jean-Baptiste Poignand, amodiateur de la seigneurie de Malloy; — dame Caroline d'Autriche, marquise du Saint-Empire, dame et baronne de la Villeneuve; — honorable Girard Bouvier, de Gray, adjudant de la troupe entretenue pour la garde du bourg de Scey-sur-Saône, etc.

B. 4743. (Registre.) — In-4°, 660 feuillets, papier.

1638 (Juillet-Août). — Journal des audiences du bailliage de Vesoul, dans lequel on ne trouve que les noms et qualités des plaideurs, parmi lesquels figurent : généreux seigneur Jean-Adrien de Salives; — haut et puissant seigneur, messire Claude de Bauffremont, seigneur et baron de Scey-sur-Saône, Pusey, Charles et autres lieux; — discrète personne, messire Pierre Fruchier, prêtre, chanoine à Poligny, chapelain de la chapelle fondée au château de Montaigu, en l'honneur de Sainte-Marguerite; — les vénérables doyen, chanoines et chapitre de l'insigne église collégiale Notre-Dame de Calmoutier, etc.

B. 4744. (Registre.) — In-4°, 640 feuillets, papier.

1638 (Septembre-Octobre). — Journal des audiences du bailliage de Vesoul, dans lequel on ne trouve que les noms et qualités des plaideurs, parmi lesquels figurent : dame Élisabeth de Luxembourg, veuve de généreux seigneur, Jean-Baptiste d'Haraucourt, seigneur de Francès, Villers-sur-Port et autres lieux; — Claude-Gabriel Causeret, docteur en droit, seigneur de Vregille; — messire Claude de Rye, chevalier de l'ordre de Saint-Jacques, baron de Balançon, Fondremand, Port-sur-Saône, seigneur de Pusy, Tresilley et autres lieux, général de l'artillerie de Sa Majesté catholique en ses Pays-Bas; — Jeanne-Françoise et Pierrette de Salives, héritières de généreux sieur Guillaume de Salives, seigneur de Colombe, Essernay et autres lieux, etc.

B. 4745. (Registre.) — In-4°, 750 feuillets, papier.

1639 (Mai-Juin). — Journal des audiences du bailliage de Vesoul, dans lequel on ne trouve que les noms et qualités des plaideurs, parmi lesquels se trouvent : noble Jean-Baptiste Pétrey, docteur en droit, fils et héritier universel de noble Louis Pétrey, conseiller au parlement de Dôle, seigneur de Champvans; — révérend père en Dieu, dom Joseph Saulnier, abbé de l'abbaye Saint-Vincent de Besançon, seigneur de Villerspatox; — Claude Guérité, postulant au siège de Vesoul, amodiataire de la seigneurie de Charles appartenant au Roi; — révérend père Claude-Antoine de la Clef, prêtre, recteur du collège de la compagnie de Jésus, de Vesoul.

B. 4746. (Registre.) — In-4°, 800 feuillets, papier.

1639 (Octobre-Novembre). — Journal des audiences du bailliage de Vesoul, dans lequel on ne trouve que les noms et qualités des plaideurs, parmi lesquels figurent : noble Oudot Cordemoy, docteur en droit, seigneur de Francalmont; — noble Claude-Philibert de Conflans, seigneur de Bouligney; — les religieuses Annonciades de Vesoul, impétrantes, contre messire Prudent Chalon, prêtre, sacristain en l'abbaye Notre-Dame de Faverney; — dame Élisabeth de Salives, veuve de généreux sieur Claude-Baptiste de Vigny, seigneur de Genevrey, Servigney, Chateney, Villerspot et autres lieux.

B. 4747. (Registre.) — In-4°, 800 feuillets, papier.

1640. — Journal des audiences du bailliage de Vesoul, dans lequel on ne trouve que les noms et qualités des plaideurs, parmi lesquels figurent : honorable Jean Siruguey, capitaine du château d'Avilley; — messire Christophe Duplan, prêtre, prieur du Marteroy; — noble François de Maçon, seigneur d'Esbox-Brest, demeurant à Scey-sur-Saône; — noble Léonard de Mesmay, agissant comme tuteur et administrateur des personne et biens de Jacques de Mesmay; — demoiselle Pierrette Aymonnet, de Vesoul, suppliante par requête, contre vénérable et discrète personne, messire Claude Faivre, prêtre, familier de l'église Saint-Georges de Vesoul; — révérend seigneur, messire Pierre Alix, prêtre, abbé commendataire de l'abbaye Saint-Paul de Besançon, chanoine en l'église métropolitaine dudit lieu, administrateur de l'hôpital et maison Dieu du Saint-Esprit de Besançon, etc.

B. 4748. (Registre.) — In-4°, 800 feuillets, papier.

1659 (Octobre). — Journal des audiences du bailliage de Vesoul, dans lequel on ne trouve que les noms et qualités des plaideurs, parmi lesquels figurent : messire Claude-François Terrier, docteur en droit, conseiller de Sa Majesté, et noble Antoine Aymonnet, de Vesoul, docteur en droit, impétrants, contre le seigneur commandeur de la commanderie de Salles; — illustre seigneur, messire Claude-François, comte de Grammont, seigneur dudit lieu, maître d'hôtel de Son Altesse Sérénissime; — noble François Vincent, seigneur de Montjustin, Rampralley et autres lieux; — noble Jean Clerc, docteur en droit, bailli de Luxeuil; — noble Jean Racle, seigneur de la Roche; — dame Marie Gasparine de Presle, dame dudit lieu.

B. 4749. (Registre.) — In-4°, 80 feuillets, papier.

1660 (Septembre). — Journal des audiences du bailliage de Vesoul, dans lequel on ne trouve que les noms et qualités des plaideurs, parmi lesquels figurent : les révérendes religieuses Annonciades de Vesoul, impétrantes, contre messire Jean-Baptiste de Gilley, baron de Marnay, co-seigneur à Longevelle; — honorable Pierre Racle, apothicaire, impétrant, contre noble Claude Percat, docteur en droit, procureur fiscal d'Amont en la cité impériale de Besançon; — généreux seigneur Gérard de Rozières, seigneur de Norans, etc.

B. 4750. (Registre.) — In-4°, 600 feuillets, papier.

1660 (Septembre-Octobre). — Journal des audiences du bailliage de Vesoul, dans lequel on ne trouve que les noms et qualités des plaideurs, parmi lesquels figurent : messire Pierre-Claude d'Orival, docteur en sainte théologie, chanoine en l'insigne chapitre de Besançon, prieur du prieuré de Voisey; — noble Gabriel Bernard Terrier, de Vesoul, docteur en droit, seigneur de Ranzevelle; — demoiselle Thérèse de la Verne, héritière de messire Louis, comte de la Verne, chevalier du conseil de guerre, grand écuyer de Bourgogne, agissant de l'autorité de noble Antoine Tranchant, seigneur de Borey, son mari, contre généreux seigneur, Claude-Antoine de Vaudrey, seigneur de Vellechevreux; — Nicolas Breton, de Saint Germain, notaire, procureur d'office de la justice de Melisey; — noble seigneur François-Baptiste d'Aubonne, co-seigneur à Idelfrans, impétrant, contre tous ceux prétendant droit sur les biens de Jean-Baptiste d'Aubonne, seigneur de Baffigncourt, etc.

B. 4751. (Registre.) — In-4°, 600 feuillets, papier.

1660 (Septembre). — Journal des audiences du bailliage de Vesoul, dans lequel on ne trouve que les noms et qualités des plaideurs, parmi lesquels figurent : demoiselle Louise Perronne et Marguerite de Lesier, coûtumes de Calenoulier; — messire Etienne Mély, curé de Meurcourt, impétrant, contre généreux seigneur, messire Jérôme Balthazar de Cult, seigneur de Cembois; — noble Charles de Labourey, seigneur de Chargey et autres lieux; — noble Philippe Saunet, seigneur d'Autant; — messire Jean Oudel de Courcelle et dame Pierrette Saunet, sa femme; — noble François Vincent, docteur en droit, seigneur de Montjustin, Rampralley et autres lieux, lieutenant général au bailliage d'Amont; — dame Jeanne-Françoise de Paillot, baronne de Melisey, agissant au nom de ses enfants, héritiers de messire Laurent-Théodore de Grammont, baron de Melisey, etc.

B. 4752. (Registre.) — In-4°, 400 feuillets, papier.

1661 (Mars). — Journal des audiences du bailliage de Vesoul, dans lequel on ne trouve que les noms et qualités des plaideurs, parmi lesquels figurent : noble François Clériadus de Saint-Vandelin; — noble Jean-Georges Aymonnet, seigneur de Contrey; — Claude-François Terrier, docteur en droit, seigneur de Montciel, conseiller au souverain parlement de Bourgogne; — Jacques Magnin, de Luxeuil, agissant au nom de son fils, Jean Magnin, professeur à l'Université de Pavie; — noble Alexis Tranchant, impétrant contre noble Adrien d'Esprels, co-seigneur à Gouhenans, etc.

B. 4753. (Registre.) — In-4°, 150 feuillets, papier.

1661 (Décembre). — Journal des audiences du bailliage de Vesoul, dans lequel on ne trouve que les noms et qualités des plaideurs, parmi lesquels figurent : Antoine de Lespine, procureur d'office pour Sa Majesté en la prévôté de Jussey; — révérend père en Dieu, dom Pierre Roiard, abbé commendataire de l'abbaye Notre-Dame de Vaux-la-Douce, procureur général de l'ordre de Citeaux, agissant tant en son nom que comme successeur de dam Claude Regnauld, sous-prieur du même ordre, contre noble Gaspard de Renello, seigneur de Velwy, et dame Edme de Rebeucourt, sa femme ; — noble sieur Ferdinand de Pointe, seigneur de Malleroncourt, etc.

D. 4734. (Registre.) — In-4°, 800 feuillets, papier.

1678 (Janvier-Avril). — Journal des audiences du bailliage de Vesoul, dans lequel on ne trouve que les noms et qualités des plaideurs, parmi lesquels figurent : révérend sieur, messire Claude Vuillemenot, prêtre, prieur commendataire et seigneur du prieuré de Fontaine ; — révérend sieur, messire Henri Lenet, bachelier en théologie de la faculté de Paris, abbé commendataire de l'abbaye Notre-Dame de Jeu-Croissant, dite des Trois-Rois, et les prieur et religieux de ladite abbaye, impétrants, contre Jean-François Duparchy, curé de Vellechevreux ; — généreux seigneur Jacques-Antoine de Delot, seigneur de Villette, Ollans et autres lieux ; — messire Jacques de Mesmay, conseiller au souverain parlement de Besançon, seigneur d'Aigremont, etc.

D. 4735. (Registre.) — In-4°, 600 feuillets, papier.

1679 (Septembre-Décembre). — Journal des audiences du bailliage de Vesoul, dans lequel on ne trouve que les noms et qualités des plaideurs, parmi lesquels figurent : illustre dame Hélène-Aimée de Montaigu, agissant en qualité de tutrice du seigneur comte de Grammont et de Béatrix de Grammont, ses enfants, héritiers d'illustre seigneur, messire Jean-Gabriel, comte de Grammont ; — dame Anne-Catherine de Cicon, veuve du comte de Moléon ; — nobles Jacques et François Terrier, seigneurs de Malleroncourt-Charette, impétrants en garde contre Jeanne-Françoise de Salives, veuve du sieur d'Auxon ; — révérende dame Claude-Louise de Bouchault, abbesse de l'abbaye Sainte-Claire de Montigny, impétrante en garde, contre messire Jean-Claude Vuilleguet, curé de Pusey ; — noble François-Adrien d'Antonne, co-seigneur à Gouhelans, suppliant par requête contre noble Adrien d'Esprels, co-seigneur audit Gouhelans, etc.

D. 4736. (Registre.) — In-4°, 600 feuillets, papier.

1680 (Octobre-Décembre). — Journal des audiences du bailliage de Vesoul, dans lequel on ne trouve que les noms et qualités des plaideurs, parmi lesquels figurent : haute et puissante dame Catherine de Llandéville, marquise de Menecor, baronne de Melay ; — messire Jean-François Camus, de Vesoul, docteur en droit, seigneur de Filain, conseiller du Roi au parlement de Besançon ; — noble Antoine-Alexis Tranchant, seigneur de Burey, Autrey et autres lieux ; — noble Claude-François Aymonnet, seigneur de Contréglise ; — Humbert Robillot, procureur d'office en la justice de Faverney, impétrant, contre messire Jean Bonnefoy, seigneur de Rosières, conseiller au souverain parlement de Bourgogne ; — révérend sieur, messire Jean Chapuis, théologal à Bortens, chapelain de la chapelle fondée dans l'église de Charles, en l'honneur de Saint-Nicolas, etc.

D. 4737. (Registre.) — In-4°, 1800 feuillets, papier.

1681 (Janvier-Mai). — Journal des audiences du bailliage de Vesoul, dans lequel on ne trouve que les noms et qualités des plaideurs, parmi lesquels figurent : noble Claude-Étienne Tranchant, docteur en droit, lieutenant local au bailliage d'Amont, maïeur, vicomte et capitaine de la ville de Vesoul ; — noble Claude de Poincte, écuyer, seigneur de Genevreuille, Pissoloup et autres lieux ; — illustre seigneur, messire Claude-François de Plaine, dit de Grandmont, baron et seigneur de la Roche, Vellechevreux et Gouhemans ; — illustre seigneur, messire Jean-François de Joux, dit de Grandmont, baronet seigneur de Châtillon-Guyotte ; — Pierre Richardot, docteur en droit, lieutenant général du bailliage d'Aval ; — messire François Damedor, chevalier, seigneur de Bourguignon-lès-Morey, etc.

D. 4738. (Registre.) — In-4°, 600 feuillets, papier.

1682 (Juin-Juillet). — Journal des audiences du bailliage de Vesoul, dans lequel on ne trouve que les noms et qualités des plaideurs, parmi lesquels figurent : illustre dame Hélène de Montaigu ; — très-haut et très-puissant seigneur, messire Charles de la Vieilleville, duc et pair de France, chevalier d'honneur de la reine, gouverneur du Poitou, et Charles-Henri de Clermont, marquis de Cressy, agissant au nom et comme mari et administrateur des biens de haute et puissante dame, Élisabeth de Massol, son épouse, seigneur de Vauvillers ; — messire François Damedor, chevalier, seigneur de Bourguignon ; — noble Claude-Étienne Tranchant, docteur en droit, lieutenant local au bailliage d'Amont, etc.

B. 4759. (Registre.) — In-4°, 800 feuillets, papier.

1686 (Août-Septembre). — Journal des audiences du bailliage de Vesoul, dans lequel on ne trouve que les noms et qualités des plaideurs, parmi lesquels figurent : messire Simon Perrenel, chapelain d'une chapelle fondée en l'église de Lambrey, impétrant en barre et main mise, contre les révérends pères Jésuites du collège de Vesoul ; — noble sieur Mathieu Vincent, de Vesoul, seigneur de Montjustin ; — les membres du magistrat de la ville de Vesoul, agissant comme pères temporels des capucins de ladite ville, contre Antoine Camus, docteur en médecine ; — généreux sieur François-Gaspard de Pouilly, seigneur de Jasney ; — noble Joseph et François …aire, seigneurs de Vais), impétrants, contre généreux seigneur Jérôme-Balthazar de Cult, seigneur de Cembolng ; — noble Antoine Millet, conseiller de Son Altesse de Savoie, commissaire des guerres, né à Salins et résidant à Chambéry, etc.

B. 4760. (Registre.) — In-4°, 800 feuillets, papier.

1691 (Novembre-Décembre). — Journal des audiences du bailliage de Vesoul, dans lequel on ne trouve que les noms et qualités des plaideurs, parmi lesquels figurent : noble Antoine Jacquot, seigneur de Rosey et noble Jacques Raclet, seigneur de Chassey ; — vénérable et discrète personne, messire Jean Normand, prêtre et familier en l'église Notre-Dame de Charlex ; — dame Charlotte de Neufchatel, veuve du seigneur baron d'Achey ; — généreux seigneur Antide de Constable, seigneur de Flagy ; — généreux seigneur, messire Charles de Saint-Mauris, baron et seigneur de Chatenois, la Villeneuve et autres lieux ; — dame Anne-Catherine de Cicon, douairière d'illustre seigneur, Charles, comte de Mauléon, dame de Gevigney, Mercey et Purgerot ; — révérend sieur, messire Claude Jacquet, prêtre, chanoine en l'insigne chapitre de l'église métropolitaine de Besançon, docteur ès saints décrets, seigneur de Cussey, etc.

B. 4761. (Registre.) — In-4°, 800 feuillets, papier.

1692 (Janvier-Mars). — Journal des audiences du bailliage de Vesoul, dans lequel on ne trouve que les noms et qualités des plaideurs, parmi lesquels figurent : noble Humbert-Nicolas Guichard, seigneur de Ranzevelle ; — révérend seigneur, messire François Théodore Gouret, seigneur du Ctoz, abbé commendataire de l'abbaye Notre-Dame de Faverney ; — illustre seigneur, messire Victor de Clermont, marquis de Montglas, baron et seigneur de Rupt et autres lieux ; — noble Antoine Jacquot, seigneur de Rosey, et noble Jacques Raclet, seigneur de Chassey ; — dame Anne-Marie de Montgenet, veuve du seigneur de Grandvelle ; — Anne du Villier, dame de Vougécourt, etc.

B. 4762. (Registre.) — In-4°, 800 feuillets, papier.

1692 (Juillet-Novembre). — Journal des audiences du bailliage de Vesoul, dans lequel on ne trouve que les noms et qualités des plaideurs, parmi lesquels figurent : noble Clément Courtatllon, seigneur de Montdoré ; — messire Claude-Gabriel Curot, docteur en droit, protonotaire apostolique, recteur et curé de Porentruy ; — généreux seigneur, messire Charles de Saint-Mauris, baron et seigneur de Chatenois, la Villeneuve et autres lieux ; — dame Perronne de Ronchaux, veuve du sieur Cloriadus de Saint-Vandelin ; — Jean-Baptiste Millot, docteur en droit, seigneur de Montjustin ; — noble Nicolas Bameton, seigneur de Mollans ; — dame Anne-Catherine de Cicon, douairière d'illustre seigneur comte de Mauléon, dame de Gevigney, Mercey, Purgerot et autres lieux ; — messire Claude Jacquet, prêtre chanoine en l'insigne chapitre de l'église métropolitaine de Besançon, docteur en saints décrets, seigneur de Cussey ; — les habitants de Montigny, impétrants en garde, contre révérende dame Claude-Louise de Ronchamp, abbesse du monastère Sainte-Claire fondé à Montigny ; — messire Jean Bonnefoy, seigneur de Fleurey, conseiller au souverain parlement de Besançon, etc.

B. 4763. (Registre.) — In-4°, 800 feuillets, papier.

1692 (Décembre). — Journal des audiences du bailliage de Vesoul, dans lequel on ne trouve que les noms et qualités des plaideurs, parmi lesquels figurent : illustre seigneur, frère Antoine de Fougerolles, chevalier de l'ordre de Saint-Jean de Jérusalem, commandeur de la Ville-Dieu en Fontenette ; — Anne Roland, veuve de noble Gabriel Bernard Terrier, de Vesoul, docteur en droit ; — messire Romobert Clerc et les seigneurs chevaliers de l'ordre Saint-Lazare de Paris ; — noble Antoine-Alexis Tranchant, seigneur de Borey ; — illustre seigneur, frère Jacques Lallemand, seigneur de Vaite, chevalier de l'ordre de Saint-Jean de Jérusalem, commandeur de la commanderie de Salles ; — Claude-Louis Gastel, fermier du sceau des contrats de la prévôté de Vesoul, etc.

B. 6764. (Registre.) — In-4°, 1200 feuillets, papier.

1692 (Avril-Juillet). — Journal des audiences du bailliage de Vesoul, dans lequel on ne trouve que les noms et qualités des plaideurs, parmi lesquels figurent : noble Jacques-Joseph Perrenelle, seigneur de Montciel, lieutenant général du bailliage d'Amont, institué à vie par le roi, impétrant, contre Claire de Cluny, dame de Cerre; — noble Mathieu Vincent, seigneur de Montjustin; — illustre seigneur, messire Antoine de Vaudrey, baron et seigneur de Saint-Remy, Mellecourt, Anchenoncourt et autres lieux; — révérend sieur, messire Claude Vuillemot, docteur en théologie, prieur commendataire du prieuré de Fontaine; — noble sieur Paul-Philibert de Thoire, seigneur de la Baile; — noble Jean-Antoine Camus, de Vesoul, docteur en droit, seigneur de Filain; — noble Jacques Terrier, seigneur de Maillironcourt-Charette et noble François-Jules Terrier, son frère, etc.

B. 6765. (Registre.) — In-4°, 850 feuillets, papier.

1692 (Juillet à Septembre). — Journal des audiences du bailliage de Vesoul, dans lequel on ne trouve que les noms et qualités des plaideurs, parmi lesquels figurent : noble Jean-Georges Aymonnet, seigneur de Contréglise, Bourbévelle, Ranzevelle et autres lieux ; — illustre seigneur messire Henri Gaspard de Livville, comte de Temejur, seigneur d'Amécourt; — noble Hugues Billard, seigneur de Raze; — maître Guillaume Matherot, docteur en droit, seigneur de Purgerot, conseiller du Roi au parlement de Besançon; — dame Charlotte de Neufchâtel, veuve du seigneur baron de Choye; — généreux seigneur Jean-François de Lavier, coseigneur à Calmoutier, etc.

B. 6766. (Registre.) — In-4°, 400 feuillets, papier.

1692 (Octobre-Décembre). — Journal des audiences du bailliage de Vesoul, dans lequel on ne trouve que les noms et qualités des plaideurs, parmi lesquels figurent : messire François Damedor, chevalier, seigneur de Bourguignon-lès-Morey, impétrant en garde, contre dame Jeanne-Françoise de Salives, dame d'Anxon et Gressoux; — honorable Thiébaud, dit Serva, impétrant, contre demoiselle Anne-Marie Thillemand et noble Nicolas Symonney, seigneur d'Isomes; — généreux seigneur, messire Louis-Bernard de Montessus, chevalier, seigneur de Chauvirey, Vitrey et autres lieux; — illustre seigneur, messire Théodore de Castilon, comte de Valle, baron et seigneur de Cromilly, Graffery, Dreurey et autres lieux; — demoiselle Jeanne-Françoise de Cordemoy, veuve du docteur Ligier, demeurant à Vesoul; — généreux seigneur Philippe de Saroey, impétrant en garde, contre noble Pierre Buretel, avocat du Roi au bailliage d'Amont, etc.

B. 6767. (Registre.) — In-4°, 1500 feuillets, papier.

1693-1694. — Journal des audiences du bailliage de Vesoul, dans lequel on ne trouve que les noms et qualités des plaideurs, parmi lesquels figurent : noble Jean-Baptiste de Raislie, seigneur de la Roche, Montaigu et autres lieux; — messire Louis-Bernard de Montessus, chevalier, seigneur de Vitrey, Chauvirey, Ouge, la Quarte et autres lieux; — Antoine Chapuis, de Vesoul, docteur en droit, prieur du prieuré Notre-Dame de Voisey; — généreux seigneur, messire Claude-Joseph de Salives, seigneur de Genevrey, impétrant, contre messire Antoine Dularbre, seigneur et baron de Laudepin; — Claude Guillon, prêtre, chanoine en la métropole de Besançon, seigneur prébendier de l'église de Roulet et Étus; — noble Jean-Claude Clerc, seigneur de Mercey, Aboncourt, Gezincourt et autres lieux; — noble Claude Pavey, seigneur de Bourdières, avocat fiscal au bailliage de Luxeuil; — dame Anne de Villiers, veuve de généreux seigneur Claude-Gaspard de Thoire, seigneur de Chaulet, dame de Vougécourt; — noble Claude Cour, seigneur de Charmoille, etc.

B. 6768. (Registre.) — In-4°, 800 feuillets, papier.

1694 (Avril à Juillet). — Journal des audiences du bailliage de Vesoul, dans lequel on ne trouve que les noms et qualités des plaideurs, parmi lesquels figurent : Nicolas Joly, postulant au siège de Gray, agissant au nom et comme procureur spécial des seigneurs ducs de Foy, pays de France, marquis de Vieuxpont et comme receveur des revenus de la seigneurie du Morey; — révérend seigneur, messire Jean-Ignace Froissard de Broissia, abbé de l'abbaye de Cherlieu, chambrier d'honneur de Sa Sainteté, chanoine et grand chantre en l'église métropolitaine de Besançon; — vénérable et discrète personne, messire Paul-Bernard de Ferrusin, prêtre, prieur du prieuré de Vaulx, curé d'Auxon; — dame Catherine de Berby, femme d'illustre seigneur, messire François de Plaine; — Jean Foillenot, prêtre, chanoine en l'insigne chapitre de Vesoul, recteur et chapelain de la chapelle du rosaire érigée au faubourg bas de ladite ville; — haute et puissante dame Louise-Françoise de Bauffremont, marquise de Meximieux, etc.

B. 4769. (Registre.) — In-4°, 600 feuillets, papier.

1684 (Août-Octobre). — Journal des audiences du bailliage de Vesoul, dans lequel on ne trouve que les noms et qualités des plaideurs, parmi lesquels figurent : demoiselle Françoise-Catherine Parisot, de Fontenois-le-Château, femme de Jean du Clausel, écuyer, lieutenant de cavalerie; — messire Jacques Jacquet, prêtre et chapelain de la chapelle Notre-Dame de Salbordo; — noble Nicolas Symonnoy, de Langres, seigneur d'Ixonos, et messire Nicolas de Montarby, chevalier, seigneur de Dampierre; — révérend sieur, messire François Lampinet, prêtre, docteur en théologie, doyen du chapitre de Vesoul; — les confrères de la confrérie Saint-Sébastien, érigée en l'église des pères Jacobins de Montbozon; — dame Anne Taillier, veuve et héritière universelle de Jacques Richard, consul à Amsterdam; — généreux seigneur Claude-Louis de Vaudrey, seigneur de Vallerois-le-Bois, etc.

B. 4770. (Registre.) — In-4°, 876 feuillets, papier.

1718-1720. — Registre des causes civiles jugées sommairement. — Noms des parties : illustre et puissant seigneur, messire Louis de Clairmont, comte de Chiverny, marquis de Monglas, baron et seigneur de Rupt; — illustre seigneur messire François-Ferdinand, comte de Grandmont, seigneur de Melisey, lieutenant général des armées du Roi, commandant au comté de Bourgogne, et dame Suzanne d'Ambely, son épouse; — messire Claude-Joseph de Saint-Mauris, ancien mestre de camp des armées du Roi; — noble Clément Henryon, seigneur de Magnoncourt; — noble Augustin Maréchal, seigneur d'Augicourt; — messire Jacques-Philippe-Eugène de la Baume, chevalier, comte de Montrevel, seigneur de Gevigney, Mercey, etc.; — dame Anne-Claude Garnier, veuve de messire Laurent de Mesmay, seigneur de Genevreuille; — messire Jean-Estienne de Mairot, seigneur de Navennes et autres lieux; — noble Pierre-François de Gevigny, seigneur de Pointre; — messire Philippe de Sonnet, seigneur d'Auxon; — messire François de Jouffroy, seigneur de Novillars, Amagney; etc., etc.

B. 4771. (Registre.) — In-4°, 828 feuillets, papier.

1720-1722. — Registre des causes civiles jugées sommairement. — Noms des parties; messire Léonard-François de Saint-Mauris, chevalier de l'ordre de Saint-Jean de Jérusalem, seigneur et commandeur de la Villedieu en Fontenotte; — noble Ferdinand-Hyacinthe Tranchant, seigneur de Velotte et de Goncarans, lieutenant de cavalerie pour le service de Sa Majesté au régiment de Bérinquand; — messire Antoine-François de Blisterswick de Numby, prêtre, chanoine et grand chantre en l'insigne chapitre métropolitain de Besançon, abbé commendataire de l'abbaye royale Notre-Dame de Cherlieu; — messire Pierre-Désiré Boitouset, seigneur et marquis de Loulans, Ormenans, etc.; — messire Claude-François Damedor, chevalier, seigneur de Hollans, etc.; — messire Henri-François de Ténarre, marquis de Montmain, seigneur et baron de Faucogney, Melisey, etc., lieutenant général des armées du Roi; — messire Antoine Briffaut, de Vesoul, juge et notaire royal à Cromary; — messire Charles-Emmanuel de Bauffremont, baron et seigneur de Scey-sur-Saône, Charles, Pusey, etc., abbé commendataire des abbayes royales de Saint-Pierre de Luxeuil et de Saint-Paul de Besançon; etc., etc.

B. 4772. (Registre.) — In-4°, 812 feuillets, papier.

1722-1724. — Registre des causes civiles jugées sommairement. — Noms des parties : messire Claude-François Du Brand, prêtre, chanoine en l'église métropolitaine de Besançon, prieur commendataire du prieuré de Monterot-les-Traves et en cette qualité seigneur de Combeaufontaine; — révérend seigneur, messire Gaspard de Grandmont, évêque d'Aréthuse, abbé de Saint-Vincent; — dame Françoise-Angélique Pernelle, douairière et héritière de feu messire Pierre-Dominique Chappuis, en son vivant, seigneur de Rosière, Breurey, Fleurey, chevalier, conseiller du Roi en ses conseils, président à mortier au parlement de Besançon; — messire Jean-Adrien de la Rochelle, coseigneur d'Echenoz-le-Sec avec les révérends prieur et religieux de l'abbaye de Notre-Dame de la Charité; — Jean-Baptiste Gérard, seigneur de Fresne-sur-Apance; — dame Anne-Claude de Grosey, douairière de messire Claude-François de Cordemoy, chevalier, seigneur d'Oricourt, Arpenans, Francalmont et autres lieux; — Nicolas-Vincent d'Accolans, seigneur de Montjustin; — messire Jean-François Depoute, seigneur de Bourguignon-lès-Conflans; — illustée et révérend seigneur, messire Charles-François d'Allaincourt, ancien évêque d'Autun, nommé par le Roi à l'évêché de Verdun, abbé commendataire de l'abbaye de Notre-Dame de la Charité; etc., etc.

B. 4773. (Registre.) — In-4°, 252 feuillets, papier.

1784-1786. — Registre des causes civiles jugées sommairement. — Noms des parties : noble Louis-Marie Roz, seigneur de Purgerot; — noble Philibert-Joseph Favière, seigneur de Fontenelay; — noble Charles-Antoine de Calvy, seigneur de Gezier, chevalier de Saint-Louis, capitaine dans le régiment de Royal-Étranger; — messire Guillaume, marquis de Raincourt, seigneur de Fallon; — messire Jean-François Daniel, marquis de Belut, seigneur dudit lieu, Larians, Battenans et autres lieux, capitaine de cavalerie dans le régiment de Turenne; — noble Jean-Georges Pavoy, seigneur de Servigney; — Pierre Ramel, écuyer, seigneur de Bussierre, ancien avocat du Roi et conseiller honoraire au présidial de Besançon; — noble François-Alexis Henryon, seigneur de Franchevelle; — messire Philippe-Eugène, comte de la Baume-Montrevel, seigneur de Mercey, Purgerot, Gevigney, etc.; — le sieur Estienne Cour, seigneur de Charmoille; — haute et puissante dame Suzanne de Gigoz de Belfouy, douairière de messire Antoine Chevallier, marquis de Châtelet, lieutenant général des armées du Roi, gouverneur du château royal de Vincennes; etc., etc.

B. 4774. (Registre.) — In-4°, 228 feuillets, papier.

1788-1789. — Registre des causes civiles jugées sommairement — Noms des parties : messire Marie-Jules Terrier, conseiller au souverain parlement de Besançon, seigneur de Mailley; — messire Gabriel-Philibert de Sinans de Joux, comte de Grammont, baron et seigneur de Châtillon-Guyotte; — Joseph-Philippe et Jean-Joseph Mignot, écuyer, seigneurs de la Rivière et Nevy, et demoiselle Marie-Césarine-Alexandrine de Mignot, frères et sœur; — messire Antoine-Léopold, baron de Greiffen, demoiselle Bénigne de Greiffen, dame d'honneur de madame la duchesse et margrave de Bade, dame Marie-Anne de Greiffen et demoiselle Anne de Greiffen, tous enfants et héritiers de feu Bénigne-Adrienne de Conflans, leur mère; — messire Claude-Nicolas, comte de Moustier, seigneur de Cubry, Bournel et autres lieux; — messire Antoine-François de Reinach, baron et seigneur de Ronchamp (procès avec le curé au sujet du rétablissement du banc seigneurial dans l'église paroissiale); — dame Jeanne-Bonaventure Froissard de Broissia, douairière et usufruitière des biens de Anne-Philippe-Joseph, marquis de Fallatans, dame de Thiefrans, Fontenelle, etc.; — messire Charles, marquis de Jussey, seigneur de Malay, Fresne-sur-Apance; etc., etc.

B. 4775. (Registre.) — In-4°, 237 feuillets, papier.

1788-1789. — Registre des causes civiles jugées sommairement. Noms des parties : messire Antoine Langravinet, conseiller au parlement de Besançon, héritier bénéficiaire de son oncle Antoine Langravinet, seigneur de Chargey; — dame Thérèse-Simonne de Sonnet, épouse de noble Étienne Clerc, seigneur de Neurey; — dame Béatrix-Alexis, née comtesse de Grammont, baronne de Conflandey, dame de Béro et Vezet, des Châtelle et autres lieux, épouse de messire Reinold Charles, comte de Rosen et seigneur de Bottenville, commandeur de l'ordre militaire de Saint-Louis, lieutenant général des armées du Roi; — messire François Marcelin de Crosey, seigneur dudit lieu; — dame Marie-Louise de Klock, douairière de messire Bénigne, comte de Conflans, dame de Montureux-lès-Baulay; — marquis Joseph de Mollans; — dame Marie Béatrix du Châtelet, épouse de messire Philippe-François d'Ambly, marquis des Ayvelles, vicomte de Courval, baron et seigneur de Chauvirey, Ouge, etc.; — noble Nicolas Huot, seigneur de Bousserancourt, Cuve et Bouligney; — noble Claude-Joseph Bullet, seigneur de Bougnon, conseiller auditeur en la chambre des comptes de Dôle; etc.

B. 4776. (Registre.) — In-4°, 237 feuillets, papier.

1789-1790. — Registre des causes civiles jugées sommairement. — Noms des parties : messire Charles Grivel de Perrigny, seigneur de Saint-Mauris; — dame Jeanne-Françoise de Maion, demeurant à Scey-sur-Saône, épouse de noble Simon de Garcin, capitaine de cavalerie pour le service de Sa Majesté au régiment d'Omont; — messire Antoine-Alexis Tranchant, seigneur de Borey; — messire Jean-Baptiste Maire, conseiller au parlement de Besançon; — messire François-Marie Boquet de Courbouzon, abbé commendataire de l'abbaye de Bithaine; — noble Christophle de Sonnet, seigneur de Grossoux; — messire Claude-François Duban, prêtre, chanoine en l'insigne chapitre métropolitain de Besançon, prieur et seigneur du Monterot; — révérend sieur, messire Claude-Antoine-Albert Franchet, chanoine en l'illustre métropolitaine de

Besançon, prieur et seigneur de Fontaine, Mailleroncourt, Corbenay, contre le sieur Claude Attalin, prêtre et curé de Bauligney, au sujet du patronage que le prieuré de Fontaine prétendait avoir sur cette cure; — R. P. en Dieu, dom François-Théodore Nicolas, abbé et seigneur de Faverney; — illustrissime et révérendissime seigneur, messire Antoine-François de Bilsterwich, évêque d'Autun, abbé de Cherlieu; etc.

B. 6777. (Registre.) — In-4°, 219 feuillets, papier.

1732-1733. — Registre des causes civiles jugées sommairement. — Noms des parties : les sieurs Daniel du Branet et Guillaume Gousselin, seigneurs de Richecourt; — les R. P. Bénédictins du monastère abbatial de Faverney, seigneurs de Bultignécourt; — messire Nicolas-Joseph, comte de Vaudrey, dit de Guierche de Grozon, baron et seigneur de Saint-Remy; — messire François Lecamus, seigneur d'Artaufontaine, chevalier de l'ordre militaire de Saint-Lazare, capitaine d'infanterie pour le service de Sa Majesté dans le régiment de Champagne; — dame Thérèse-Eugénie du Chastelet, dame de Senoncourt et autres lieux; — messire Bénigne, marquis de Rauffremont, brigadier des armées du Roi, baron de Traves, seigneur de Pusy et autres lieux; — les sieurs chevaliers de Caisac et de la Romagère, le premier commandeur de Sainte-Anne, procureur de l'ordre de Malte au grand prieuré d'Auvergne, et le second commandeur de la Villedieu en Fontenette; — dame Marie-Marguerite Boudret, comtesse de Beaujeux, dame de Boult et autres lieux; — Barbe Richardot, veuve de Claude Bonvallot, écuyer, seigneur de Percey et autres lieux; — Claude Bavoux, écuyer, seigneur de la Rochelle; — messire Jacques Damedor, seigneur de Bourguignon-les-Morey; etc.

B. 4778. (Registre.) — In-4°, 250 feuillets, papier.

1733-1735. — Registre des causes civiles jugées sommairement. — Noms des parties : Anatoile Lyautey, écuyer, conseiller secrétaire du Roi, maison et couronne de France, seigneur de Colombe et d'Essernay; — dame Marie-Gabrielle de Monnière, abbesse de l'abbaye royale de Montigny; — messire Pierre-Désiré de Boitouzet, marquis d'Ormenans, seigneur de Loulans et autres lieux; — messire François Froissard de Broissia, baron du Pin, seigneur de Velle, Noidans-le-Ferroux et autres lieux; — messire Hérard-Joachim de Sonnet d'Anxon, seigneur de Saint-Julien, ancien capitaine d'infanterie pour le compte de sa Majesté;

— damoiselle Marie-Joseph de la Baulme-Montrevel, dame de Gevigney, Mercey et autres lieux, et noble Claude François Salivet, seigneur de Fouchécourt; — messire Antoine-François de Rosière, marquis de Soraus, seigneur de Pondremand, la Malachère, et autres lieux; — Jean-Baptiste Mathieu, écuyer, seigneur de Pierre-Fontaine; — messire Jean-Léger Masson d'Authume, chevalier de l'ordre Saint-Jean de Jérusalem, seigneur de Jussey; — noble Antoine Clerc, seigneur de Neurey; — Étienne Court, seigneur de Claus et Charmoille; etc.

B. 4779. (Registre.) — In-4°, 263 feuillets, papier.

1734-1735. — Registre des causes civiles jugées sommairement. — Noms des parties : Jacques-Joseph Mairo, écuyer, seigneur de Châtillon-le-Duc; — Joachim de Bonnay, capitaine d'infanterie, seigneur de Villers-Saint-Marcelin; — Jean-François Noble, docteur en théologie, prêtre-curé de Scey-sur-Saône; — Paul-Antoine, baron de Ficher, capitaine au régiment de la Marck; — Gabriel Chappuis, prêtre et curé d'Authoison; — noble Charles Lange, conseiller du Roi, substitut à la chambre des comptes de Dôle; — noble Joseph Tixerand, seigneur de Belmont et d'Ancier; — noble Jean-François de Biebin, seigneur de Cendrecourt; — dame Anne-Gabrielle de Haucourt, dame de Betoncourt-sur-Marne, veuve du sieur Jean-Claude Jannin; — le sieur Claude de Cussey, prêtre et curé de Cintrey, Molay et dépendances; — Éléonor-Joseph-d'Amandre, seigneur de Gouhelans, et dame Marie-Charlotte d'Amandre, épouse de Charles Rodavant, seigneur de Pisseloup; — Jean-Pierre Balland, avocat en parlement; — Jean-Louis Projean, amodiataire des terres et seigneurie de Vallerois-le-Bois; — le sieur Jean-Abraham Vieux, conseiller au bailliage et siège présidial de Vesoul; — dame Marie-Élisabeth de Grandmont, douairière de messire Charles-Octave de Salive, seigneur de Vallerois et autres lieux; etc., etc.

B. 4780. (Registre.) — In-4°, 286 feuillets, papier.

1735-1737. — Registre des causes civiles jugées sommairement. — Noms des parties : Mathieu Maréchal, écuyer, seigneur de Sauvagney; — les Révérendes Mères supérieure et religieuses du couvent de Gray; — le sieur Jean-Baptiste Vinguier, lieutenant de cavalerie à la suite du royal-cravate; — le sieur Antoine Billerey, prêtre, curé de Quincey; — le sieur Pierre Rollet, prêtre, curé du Val-Saint-Éloi; — les sieurs abbé, prieur et religieux de l'abbaye de Bithaine; — noble François-Joseph Guyot, seigneur de Verolat; — messire Henri-François de Ténare, marquis de Montmain, lieutenant général des armées du Roi, gouverneur de Seyssel, chevalier de l'ordre militaire de Saint-Louis, et dame Anne-Ferdinande de Grandmont, son épouse, seigneur et dame des terres de Faucogney, Melisey et autres lieux, demandeurs en payement de l'aide des quatre cas à l'occasion du mariage de Mlle de Montmain, leur fille unique, avec le marquis de Beaufremont, contre les communautés de Montessaux, paroisse de Saint-Barthélemy, — Fresse, — Lantenot, — Saint-Pierre-les-Melisey, — Malbouhans, — Ternuay, — Breuchotte, — la Bruyère, — Corravillers, — Amage, — Servance, — comprises dans lesdites seigneuries; etc.

B. 4781. (Registre.) — In-4°, 237 feuillets, papier.

1737-1739. — Registre des causes civiles jugées sommairement. — Noms des parties : le sieur Claude-Joseph Ducray, prêtre et vicaire à Pesmes, sujet originaire mainmortable des sieurs chanoines de l'église collégiale de Dôle, comme prieurs de Marast, et en cette qualité seigneurs de Bonnalle, « né de même que Jacques Ducray, son père, au lieu de Gouhenans-les-Moulin, où il y a deux seigneuries de mainmorte, savoir celle de M. le comte de Soyes de Précipiano et celle de M. le prieur de Chaux, sous lesquelles le père et l'aïeul du demandeur ont demeuré et icelui demandeur aux fins de ses requêtes et exploits tendant à ce que, moyennant l'abandon des deux tiers de ses meubles qui consistent en un seul et mauvais buffet qui ne peut valoir plus de 10 livres qu'il consent pourtant à payer, il soit déclaré franc et bourgeois du Roi, lesdits seigneurs condamnés à l'ainsi souffrir et aux dépens en cas de contestation »; — messire Charles-Aimé Tranchand de la Verne, chevalier de l'ordre royal et militaire de Saint-Lazare de Jérusalem; — Baltazar-Henri, comte de Saint-Maurice, et dame Louise-Martine de Saint-Maurice, comtesse de Remiremont, seigneur et dame de Lambrey; — Barbe de Sonnet, veuve du sieur Luc Marande, en son vivant lieutenant d'infanterie pour le compte du Roi au régiment de Tallard; etc., etc.

B. 4782. (Registre.) — In-4°, 283 feuillets, papier.

1739-1741. — Registre des causes civiles jugées sommairement. — Noms des parties : — très-haut et très-puissant seigneur Georges-Léopold de Wirtemberg, prince de Montbéliard, tant en son nom qu'en qualité d'époux de dame Éléonore-Charlotte de Sandersleben, comtesse de Coligny; — messire Jean-Baptiste Roudret, prêtre, chanoine en l'église métropolitaine de Besançon, prieur et seigneur de Bonnevent; — messire Nicolas-Joseph Terrier, seigneur de Mailleroncourt, conseiller au parlement de Besançon; — le sieur Pierre-Claude Juliard, fermier des terres et seigneurie de Baveuge; — messire François-Salomon de Bernard de Montessus, chevalier, seigneur des deux Chauvirey, Vitrey et autres lieux ; — Son Altesse sérénissime monseigneur Armand de Rohan de Ventadour, prince des abbayes unies et princières de Lure et Murbach; — noble Jean-François Besançenot, conseiller du Roi, lieutenant général au bailliage et siège présidial de Vesoul; — le sieur Charles-François Noblot, chauffecire scelleur en la chancellerie présidiale de Vesoul; — dame Anne-Claude Croisey, veuve douairière de messire Claude-François de Cordemoy, en son vivant, chevalier, seigneur d'Oricourt, Openans, Arpenans, etc., contre les communautés d'Openans et d'Oricourt à l'effet de leur faire passer reconnaissance du titre nouvel des droits seigneuriaux qui compètent à ladite dame; etc., etc.

B. 4783. (Registre.) — In-4°, 228 feuillets, papier.

1741-1742. — Registre des causes civiles jugées sommairement. Noms des parties : — le sieur Antoine Vuillery, prêtre, curé de Lomont; — Jean Dessirié, prêtre, curé de Morey; — mademoiselle Marie-Joseph de la Baulme-Montrevel, comtesse de Cresil, baronne de Leffard, dame de Villerschemin, Gevigney, Mercey, Gesincourt, Purgerot, etc; — messire Ferdinand-François-Florent, marquis du Chastelet, seigneur de Port-sur-Saône, Saint-Vallier, Magny et autres lieux ; — messire Charles-Henry-Jules de Clermont-Tonnerre, mestre de camp de cavalerie, demandant que la substitution renfermée dans son contrat de mariage, substitution portant sur la terre et seigneurie de Vauvillers, soit publiée au bailliage de Vesoul; — Claude Godard, fils de Charles-François Godard, laboureur de Barges, demandeur aux fins de sa requête tendante à ce qu'il soit déclaré libre et affranchi de la macule de mainmorte envers messire François Legrain de la Romagère, chevalier, bailli, grand-croix de l'ordre de Saint-Jean de Jérusalem, commandeur et seigneur de la Villedieu en Fontenette, Lambrey et autres lieux, moyennant l'abandon des deux tiers de ses meubles qui consistent : en une armoire de sapin fort vieille fermant à un pendant, trois paires de drap, un chaudron d'airain, deux pots de fonte, deux chandeliers d'étain, un pot d'étain, une salière et un moutardier d'étain, dix serviettes ouvrées, quatre petites nappes de toile simple, une chaise, un vieux bassin d'airain, une chaufferette et un plat d'étain; — Pierre-François Namey, seigneur de Bussière, avocat honoraire du Roi au bailliage présidial de Besançon; — Claude-Joseph Bettenet, écuyer, conseiller secrétaire du Roi, maison et couronne de France; — messire Charles, marquis de Fessey, seigneur de Molay, chambellan du Roi et de monseigneur le grand-duc de Toscane; — messire François Lecamus, chevalier de l'ordre militaire de Saint-Louis et de Saint-Lazare, capitaine des grenadiers au régiment de Champagne; — le sieur Antoine Busson, seigneur de Champdhyvers, chanoine au chapitre de Dôle et prieur du prieuré de Voisey; — Antoine-Prosper de Jacquot, écuyer, seigneur de Rosey, Andelarre et Andelarrot; — le sieur Jean-François Monnoyeur, seigneur de Cians; — messire Ignace-Bernard de Falletans; — le sieur Louis Girard, seigneur de Fresne-sur-Apance; — le sieur Pierre-Pascal Rouget, écuyer, conseiller, secrétaire du Roi, maison et couronne de France; — noble Jean-Baptiste Flusin, prêtre demeurant à Morey, chapelain de la chapelle des Cinq-Plaies de Notre-Seigneur; — dame Jeanne-Baptiste d'Orchamps, douairière de messire Claude-Nicolas Chifflet, conseiller au Parlement, dame d'Ornans et autres lieux; — les révérends sieurs abbé et religieux de Bellevaux (au sujet de la dîme qui leur est due sur le territoire de Chambornay); etc., etc.

B. 4784. (Registre.) — In-4°, 209 feuillets, papier.

1743-1744. — Registre des causes civiles jugées sommairement. — Noms des parties: messire Claude-François Delavier, chevalier, seigneur de Calmoutier; — Claude Martinot, écuyer, valet de chambre du Roi; — maître Pierre Maclet, géomètre et arpenteur juré en la maîtrise des eaux et forêts de Vesoul; — maître Jean-Baptiste Folley, notaire royal à Purgerot; — messire Frédéric Meurard, baron de Planta de Vildemberg, ministre d'État de son altesse sérénissime le grand-duc de Hesse-Darmstadt, demeurant à Strasbourg, et messire Charles-Guillaume, baron de Planta de Vildemberg, capitaine de cavalerie au régiment de Rosen; — le sieur Dieudonné Crapelet, co-seigneur à Fresne-sur-Apance; — le sieur Edme-Philippe Régent, seigneur des terre et baronnie de Chauvirey-le-Châtel; — le sieur Jean-Baptiste Rouget, seigneur à Pin; — messire Pierre-Antoine de Jonne, chevalier de l'ordre militaire de Saint-Louis; — Étienne Simonnet, écuyer, seigneur de Vougécourt et Passavant; — noble Jean-Baptiste Burtel, en qualité de père temporel des RR. PP. Cordeliers de Chariez; — le sieur Jean-Claude Labbé, seigneur de Feule; — messire Pierre Augustin, marquis de Chapuis, seigneur de Rosières, Breurey et autres lieux; — messire Hubert-Joseph de la Rochette, seigneur des terre et baronnie de Cuse; etc.

B. 4785. (Registre.) — Grand in-4°, 185 feuillets, papier.

1744-1745. — Registre des causes civiles jugées sommairement. — Noms des parties: Jean-Charles et Jean-Jacques Mairot, écuyers, seigneurs de Vitreux et autres lieux; — dame Marie-Claude Terrier, épouse de messire Jean-François Foillonot, conseiller maître à la chambre et cour des comptes de Dôle; — Joseph Guyot de Besmont, écuyer, seigneur de Maîche; — Alexandre Aymonet, écuyer, seigneur de Contréglise; — Anthide-François de Constable, écuyer, seigneur de Scey, Gesans, Aubertans, Flagey et autres lieux; — demoiselle Jeanne-Françoise Fert, veuve du sieur Pierre Besnière, en son vivant procureur au siège de Vesoul; — Sébastien-Victor Vuillier, écuyer, seigneur de Thurey et autres lieux; — messire Alexandre-Antoine, comte de Scey-Montbéliard, Emagny, Pin, Beaumotte et autres lieux, capitaine de cavalerie pour le service du Roi; — Pierre-Pascal Vorgel, écuyer, conseiller secrétaire du Roi, maison et couronne de France à la chancellerie près le parlement de Besançon; — messire Ferdinand-François, marquis Duchatelet, mestre de camp pour le service de Sa Majesté, baron et seigneur de Montboillon et autres lieux; — messire Anne-Armand, marquis de Rosen, brigadier des armées du Roi, mestre de camp des régiments étrangers, seigneur de Chargey; etc.

B. 4786. (Registre.) — In-4°, 238 feuillets, papier.

1745-1747. — Registre des causes civiles jugées sommairement. — Noms des parties: le sieur Joseph Simonin, docteur en médecine, demeurant à Gray, demandeur aux fins de sa requête, dans laquelle il expose « qu'ayant été informé que feu François Simonin, son aïeul, d'Ovanches, était sujet mainmortable de la commanderie de Sales et que se trouvant conséquemment de cette condition, il souhaitait s'en affranchir par la voie du désaveu, prescrit par les coutumes de cette province, sous soumission d'abandonner au seigneur défendeur cy en bas nommé les biens-fonds qu'il justifiera que ledit demandeur peut détenir de ladite commanderie, offrant serment qu'il n'en connaît aucun et qu'il n'a ny meubles ny effets sauf les habits et hardes servant à son usage et quelques livres pour son estat et profession de médecin » et concluant à ce qu'il soit déclaré franc comme tous les bourgeois de Besançon, Salins Dôle et autres sujets de Sa Majesté, contre messire Amable de Thyange, chevalier de l'ordre de Saint-Jean de Jérusalem, grand-croix dudit ordre, commandeur de la commanderie de Sales, grand veneur du roi de Pologne; — messire Charles-Henry de Cultz et dame Anne-Florence d'Anglure, son épouse, seigneur et dame de Coublanc, Cemboing et autres lieux; — l'abbaye de Faverney contre la communauté d'Arbecey au sujet de la perception « d'un cens de vingt gerbes l'une; » etc.

B. 4787. (Registre.) — In-4°, 900 feuillets, papier.

1747-1749. — Registre des causes civiles jugées sommairement. — Noms des parties : Jean-Baptiste Miroudot, de Vesoul, seigneur d'Onans, Geney et Moffans; — dame Marie-Thérèse de Salives, douairière de M. de Saint-Vandelin, dame de Genevrey et autres lieux; — le sieur Alexis Guéritot, de Vesoul, seigneur de Courcelle; — messire Jean-Louis Breton de Crillon, archevêque de Narbonne, abbé commendataire de l'abbaye de Cherlieu; — Pierre-Gaspard Terrier, écuyer, seigneur de Pont-sur-l'Ognon; — noble Henri-Désiré-Auguste de Laborey, seigneur de Virey, Cult, Chargey, Ovanches, Vy-les-Rupt; — maître Jean Gérard, notaire royal et procureur aux sièges de Vesoul; — Luce Janet, fille, procédant de l'autorité de maître Alexis Janet, son père, notaire royal et procureur d'office au lieu de Voray, y demeurant, demanderesse par exploit « tendant à ce que moyennant l'abandon qu'elle fait aux RR. PP. prieur et Bénédictins de Besançon, seigneurs de Pérouse, généralement de tous les fonds et héritages qu'elle peut posséder vers les lieux, finage et territoire dudit Pérouse et la moitié de tous ses meubles et effets et la déclaration qu'elle fait par serment qu'elle ne possède aucun fonds ni héritages et qu'elle n'a aucuns meubles ni hardes que ceux servants à sa personne qu'elle n'est pas obligée d'abandonner, elle soit déclarée franche, libre et bourgeoise du Roi, pour jouir des droits, libertés, franchises et immunités à tout sujet et bourgeois de Sa Majesté »; etc.

B. 4788. (Registre.) — In-4°, 190 feuillets, papier.

1749-1750. — Registre des causes civiles jugées sommairement. — Noms des parties : dame Marie-Thérèse-Véronique de Staël, veuve de Jean-Baptiste Henryon, seigneur de Magnoncourt; — messire Antoine Langroignet, seigneur de Vallerois et autres lieux, conseiller au parlement de Besançon; — Jean-Antoine Du Cheylac, seigneur d'Aubignes, Vellefaux et autres lieux; — messire Jean-Baptiste Hennon, lieutenant-colonel de cavalerie, chevalier de l'ordre militaire de Saint-Louis, demeurant à Jonvelle; — Henri-François de Rosière de Sorans, seigneur de Fondremand, lieutenant au régiment du Roi-infanterie; — Jean-François Lampinet, écuyer, seigneur de Navenne, doyen du chapitre royal de Vesoul; — le sieur Claude-François Roudot, capitaine d'infanterie, demeurant à Montigny-les-Dames; — messire Bruno-François-Joseph Maître de Châtillon, chanoine de l'illustre chapitre métropolitain de Besançon, seigneur prébendier de Chambornay-les-Bellevaux, Traitiéfontaine et autres lieux; — le sieur Claude-François de Lampinet, écuyer, seigneur de Sainte-Marie; — messire Claude-Antoine-Eugène de Mesmay, seigneur de Montaigu, Quincey et autres lieux; etc., etc.

B. 4789. (Registre.) — In-4°, 289 feuillets, papier.

1750-1752. — Registre des causes civiles jugées sommairement. — Noms des parties : messire Philippe-Xavier, marquis de Moustiers, seigneur de Cubry, Nans, Bonale, etc; — Claude-Lionard Daguet, écuyer, capitaine de cavalerie au régiment du colonel général en garnison à Belfort; — dame Angélique-Françoise du Laurent, épouse du sieur Jean-Baptiste Petitjean, seigneur de Marsilly; — messire Bénigne, comte de Moutlezun, seigneur de Montureux-les-Baulay et autres lieux; — Jacques-Joseph Maltre, chevalier de l'ordre militaire de Saint-Louis; — messire Jean-Baptiste Ferréol d'Orival, chanoine de l'église métropolitaine de Besançon, seigneur prébendier d'Étuz; — messire François Legroing de la Romagère, seigneur et commandeur de la Villedieu en Fontenelle, bailli et grand-croix de l'ordre de Saint-Jean de Jérusalem (partage de la succession d'un sujet mainmortable); — messire François Marchal de Charentenay, chanoine en l'église métropolitaine de Besançon; — les habitants et communauté de Bousserancourt, contre messire Jean-François-Gabriel-Bénigne de Chartraire, seigneur et marquis de Bourbonne (procès au sujet de la prestation du pénal d'avoine sur chaque habitant de Bousserancourt); — mademoiselle Henriette de Gilley, baronne de Marnoz, dame de Vy-les-Lure; — Germain Saillier, conseiller, secrétaire du Roi, maison, couronne de France, seigneur de Frotey; etc., etc.

B. 4790. (Registre.) — In-4°, 289 feuillets, papier.

1752-1754. — Registre des causes civiles jugées sommairement. — Noms des parties : noble Sébastien-Victor

Vuillien, seigneur de Theuroy; — messire Ferdinand-François Florent, marquis Du Châtelet, mestre de camp pour le service de Sa Majesté, baron et seigneur de Montboillon, Torpe, Laumont et autres lieux; — messire Claude-François, comte de Sative, seigneur de Valterois-le-Bois, Cerre et autres lieux (reconnaissance de la seigneurie de Valterois); — les RR. religieux de l'abbaye royale de Saint-Pierre de Luxeuil, prieurs de Saint-Valbert-les-Héricourt; — le sieur Claude Pagney, ancien capitaine de cavalerie et le sieur Jean Pagney, son frère, co-fermiers de la seigneurie de Vy-le-Ferroux; — le sieur Frédéric-Eléonor Ponsot, seigneur de Verchamps; — messire Jacques Damedor, seigneur et comte de Mollans, Bourguignon et autres lieux; — Jacques Damedor, seigneur de Rangeot; — messire Nicolas-Jean-Baptiste de la Rochelle, chanoine de l'église métropolitaine de Besançon, archidiacre de Salins, seigneur d'Echenoz-le-Sec; — dame Françoise-Nicole de Mahuet, douairière de M. d'Annexel, dame de Beaujeu, Vauconcourt; — messire Charles-Henri de Croisier, chevalier, seigneur de Saint-Segraux, François de Riollet, seigneur de Riollet, contre messire Alexandre-Paul Colbert, prieur commendataire du prieuré de Saint-Marcel; etc., etc.

B. 4791. (Registre.) — In-4°, 297 feuillets, papier.

1752-1758. — Registre des causes civiles jugées sommairement. Noms des parties : Marie-Claude-Louis-Maximilien d'Isolin de Lasnans, seigneur d'Avilley, propriétaire du moulin de Fondremand; — noble Jean-Claude Chevillet, demeurant à Vaivre; — messire Claude-Marie, comte de Ressey, mestre de camp de cavalerie, chevalier de l'ordre militaire de Saint-Louis, ancien capitaine des gardes du corps de Sa Majesté, seigneur et baron de Bremoncourt, Anserville, Toise, Saint-Martin, La Coste et Gouhelans (en partie); — dame Marie-Joseph de Sagey, douairière de Claude-François Buthier, seigneur de Gouhelans; — messire Jean-Prosper, marquis de Fulletans, seigneur de Thieffrans et autres lieux; — dame Françoise-Angélique De Lavier, douairière du capitaine de Chargey; — le sieur David-Nicolas Rossel, conseiller, procureur général au conseil de Montbéliard, admis à tenir lieu d'impétrant au décret et purgation d'hypothèques fait d'autorité de ce siège sur les biens et seigneurie de Genechie appartenant aux sieurs de Nardin; — messire Nicolas, marquis de Talnay, professeur à l'université royale de Besançon; — Jean-Baptiste Burreau, conseiller à la cour des comptes de Dôle, seigneur de Pusy; — messire Jean-Baptiste-Louis de Clermont d'Amboise, marquis de Rueil et de Montglas,

comte de Chiverny, baron de Rupt et de Vy-le-Ferroux et Oigney; etc., etc.

B. 4792. (Registre.) — In-4°, 167 feuillets, papier.

1756-1757. — Registre des causes civiles jugées sommairement. — Noms des parties : François d'Émard d'Arganzol, écuyer, seigneur de Senoncourt; — Charles-Antoine Esbaudy, écuyer, conseiller, secrétaire du Roi et couronne de France; — dame Jeanne-Octavie, comtesse de Vaudrey, douairière de messire Anne-Armand, marquis de Rosen, lieutenant général des armées du Roi; — le sieur François-Gabriel Levain, prêtre, curé de Chalonvillars et doyen rural de Granges; — Jean-François Salivet, seigneur de la Demie et Broix; — messire Claude-Joseph Martin de Lamothe, garde général des sceaux de la chancellerie près la cour des aides et chambre des comptes de Dôle; — messire François, marquis du Camus, seigneur de Fillain, Sorans, etc., conseiller honoraire au parlement de Besançon; — Pierre-François de Donnerat, écuyer, seigneur de Velleguindry; — le sieur Claude-Gabriel Miroudot, avocat en parlement, seigneur de Saint-Ferjeux et subdélégué à Vesoul; — le sieur Claude-Charles Guyot, avocat en parlement, conseiller, prévôt, chef de police en la prévôté royale, châtellenie, gruerie et mairie de Coiffy et dame Thérèse de Vernerey de Beauharnais, dame de Montcourt, son épouse; — Jean-Baptiste Miroudot, seigneur de Geney, ancien vicomte mayeur et lieutenant général de police à Vesoul; etc., etc.

B. 4793. (Registre.) — In-4°, 198 feuillets, papier.

1757-1759. — Registre des causes civiles jugées sommairement. — Noms des parties : Claude-Antoine d'Hennezel, écuyer, seigneur de Boult, Chaux; — Charles-Antoine de Calvy, seigneur de Gesier; — Guy-Michel de Durfort de Lorge, duc de Randaus, chevalier des ordres du Roi, lieutenant général de ses armées, commandant en chef pour Sa Majesté au comté de Bourgogne, gouverneur des ville, citadelle et comté de Blaye; — dame Madeleine-Suzanne du Chastelet-Laumont, épouse de messire Nicolas, marquis de Changey de Roussillon; — dame Marie-Florence du Chastelet, veuve de messire Melchior-Esprit de la Baume, comte du Saint-Empire, comte de Montrevel et de Briançon, de Lugny, de Chancy, maréchal des camps et armées du Roi; — messire Florent-Claude, marquis du Chastelet-Laumont, lieutenant général des armées du Roi très-chrétien, commandeur de l'ordre royal et militaire de

Saint-Louis, grand bailli du pays d'Auxois, de Sarre-Louis et de la Marche en Lorraine, gouverneur de Semur et de Latto, grand chambellan du roi de Pologne, duc de Lorraine et de Bar, baron de Cirey-le-Château et autres lieux ; — messire Florent du Chastelet, chevalier non profès de l'ordre de Saint-Jean de Jérusalem, maréchal des camps et armées du Roi, seigneur de Pierrefitte en Barrois ; — messire Jean-François, marquis du Chastelet, contre François Noirot, fermier des terre et seigneurie de Raincourt ; etc.

B. 4794. (Registre.) — Grand in-8°, 196 feuillets, papier.

1759-1760. — Registre des causes civiles jugées sommairement. — Noms des parties : messire François-Joseph de Jouffroy d'Usel, seigneur de Montmartin, Tournans et autres lieux ; — Jeanne-Thérèse de Montaigu, marquise de Bouttavant, épouse de messire François de la Poype, comte de Serrières, demeurant en son château de Serrières, en Dauphiné, en qualité d'héritière de messire Claude-Marc de Montaigu, marquis de Bouttavant, son frère, contre le sieur Mathieu Grosjean, fermier des terre et seigneurie de Mollans ; — messire Gabriel-François, comte de Lavaux et François-Alexandre Bartel, écuyer, seigneur de Frasnois, Villers-sur-Port et autres lieux ; etc. — dame Antoinette de Saint-Germain, épouse de François Lampinet, écuyer, seigneur de Sainte-Marie en Chaux ; — les sieurs prieur et religieux de l'abbaye de Cherlieu et le sieur Charles-Antoine-Jean Roy, prêtre, curé de Montigny-les-Cherlieu, au sujet du patronage de ladite cure ; — Joseph de Béal de Guyot, écuyer, seigneur de Melche ; — le sieur Claude-Hyacinthe Roland, seigneur de Dampvalley, conseiller procureur du Roi honoraire en la maîtrise des eaux et forêts de Vesoul ; — madame la comtesse de Précipiano ; — dame Marie-Louise de Bernon, veuve d'Hubert-Joseph de Doneral, seigneur de Velleguindry, remariée à M. de la Roche-Aymon, ancien capitaine de cavalerie ; etc.

B. 4795. (Registre.) — Grand in-8°, 195 feuillets, papier.

1759-1760. — Registre des causes civiles jugées sommairement. — Noms des parties : le sieur Jacques Gauduet, maréchal des logis de carabiniers, demeurant à Liévans, demandeur par requête tendant à ce que moyennant les déclaration, serment et abandon qu'il fait de tous ses biens de mainmorte dépendants de la directe des révérends doyen et chanoines du chapitre collégiale Saint-Georges de Vesoul, seigneurs dudit Liévans, n'ayant aucun meuble que les habits et linges servant à son usage qu'il tient même des bontés du Roi, il soit déclaré franc et bourgeois de Sa Majesté, qu'il jouira de la même franchise et liberté que les bourgeois de Vesoul, Salins et autres villes de la province ; — Anatoile-Joseph Lyautey, de Colombe, écuyer, receveur des finances au bailliage de Vesoul, Joseph Lyautey, écuyer, d'Essernay, aussi receveur des finances audit bailliage et François-Alexandre Lyautey, écuyer, clerc tonsuré du diocèse de Besançon ; — le sieur François-Louis-Xavier Magnin de la Chapelle, seigneur dudit lieu, bailli de Lure ; — messire Nicolas-Jean-Baptiste de la Rochelle, chanoine, grand archidiacre de l'église métropolitaine de Besançon, seigneur d'Echenoz-le-Sec ; — dame Claude-Françoise-Claire Jacquard d'Annoire, épouse de Charles-Gabriel Foiltenot, écuyer, seigneur d'Autricourt, etc ; — Pierre-François Perrin, fermier des terre et seigneurie d'Anchenoncourt ; — Louis-Joseph de Bressan, écuyer, seigneur de Bourbévelle ; etc.

B. 4796. (Registre.) — Grand in-8°, 195 feuillets, papier.

1760-1761. — Registre des causes civiles jugées sommairement. — Noms des parties : le sieur Jean-Gabriel-Joseph Cousin, bourgeois de Paris, fermier des terre et seigneurie de Contréglise ; — le sieur Jean-Baptiste Richardey, fermier des terre et seigneurie de Rougey ; — messire Antoine Politcuenot, conseiller au parlement de Besançon ; — messire Ignace-Bernard de Falletans, chanoine en l'insigne chapitre de l'église métropolitaine de Besançon, seigneur à Dampierre, et messire Joseph-Perronne du Tartre de Chilly, aussi coseigneur audit lieu ; — le sieur Dominique Graugent, procureur fiscal en la justice de Pusey ; — messire Jean-François, marquis du Châtelet, lieutenant-général des armées du Roi, commandeur, grand-croix de l'ordre royal et militaire de Saint-Louis, seigneur de Longevelle, les Aynans et autres lieux ; — les illustres dames princesse, abbesse, doyenne et chapitre de l'insigne église Saint-Pierre de Remiremont, contre le sieur Pourtois, prêtre, curé de Bourguignon-les-Conflans, au sujet d'une pièce de terre enclavée dans le bois de Chanois, territoire de Mersuay, sur laquelle les demanderesses prétendent avoir le droit *de tierce*, consistant dans la septième partie des fruits qui y croissent ; — le sieur Claude-Hubert Calley, capitaine des chasses au château de Scey-sur-Saône ; — le sieur Nicolas Jobelin, notaire royal au Fayl-Billot ; — messire Charles-Denis-Joseph-François-Xavier Belin, conseiller au parlement de Besançon, seigneur d'Augicourt et autres lieux ; etc., etc.

D. 4797. (Registre.) — Grand in-8°, 339 feuillets, papier.

1708. — Registre des sentences rendues sommairement dans les affaires civiles. — Noms des parties : messire François-Joseph de Jouffroy, seigneur de Montmartin et autres lieux; — dame Catherine de Froissard, épouse de Pierre-François-Bruno Raclet, écuyer, seigneur de Mercey, Chassey et autres lieux; — Claude-François-Ignace et Jean-Nicolas Heurion, coseigneurs de Fédry; — les illustres dames, princesse, abbesse, doyenne et chapitre de l'insigne église de Saint-Pierre de Remiremont, contre le sieur Neste-François-Guillaume Vuillez, prêtre, vicaire de Fontenois-le-Château, au sujet d'un pré enclavé dans le bois de Mersuay; — dame Jeanne-Catherine de Courlier, chanoinesse en l'abbaye royale de Montigny, contre dame Béatrix Duchâtel de Ringtin, tant en son nom qu'en ceux de dame Jeanne-Françoise-Philippe de Sautier et de dame Jeanne-Baptiste de Tricornot, chanoinesses de Montigny, se disant « administratrices » du temporel de ladite abbaye; — le sieur Jean-Claude Bergerot, conseiller substitut du sieur procureur du Roi de police de Vesoul; — les révérends prieur et religieux de l'abbaye de Faverney; — les sieurs doyen et chanoines du chapitre Notre-Dame de Dôle; etc., etc.

D. 4798. (Registre.) — Grand in-8°, 300 feuillets, papier.

1761-1762. — Registre des causes civiles jugées sommairement. — Noms des parties : messire Philibert-Joseph Boudret, chanoine en l'insigne chapitre métropolitain de Besançon; — messire Nicolas Huot, seigneur de Boussoraucourt, avocat général honoraire à la chambre et cour des comptes de Dôle; — le sieur Antoine Vautherin, subdélégué de l'intendant au département de Luxeuil; — les illustres dames princesse, abbesse, doyenne et chapitre de l'insigne église Saint-Pierre de Remiremont, contre le sieur Antoine Mairet, curé du Val-Saint-Éloi; — l'abbaye de Notre-Dame de la Charité, contre messire Nicolas-Jean-Baptiste de la Rochelle, grand archidiacre de l'église métropolitaine de Besançon, demandeur en purgation d'hypothèque de la terre et seigneurie d'Echenoz; — le sieur Antide-François de Constable, écuyer, seigneur de Scay, Flagey et autres lieux; — le sieur Ignace Michaut, conseiller du Roi, procureur en la maîtrise particulière des eaux et forêts de Chaumont en Champagne; — le sieur Ignace-François-Xavier Botot, prêtre, curé de Saint-Bresson; — les sieurs directeurs de l'hôpital de Vesoul; — le sieur Jean-François Bourg, prêtre curé d'Avilley; — Bénigne-Joseph de Maçon, écuyer, seigneur de Montchavroy, et dame Geneviève-Françoise Dubois, son épouse; — le sieur Jean-François Roux, seigneur de Raze; etc.

D. 4799. (Registre.) — Grand in-8°, 197 feuillets, papier.

1762-1763. — Registre des causes civiles jugées sommairement. — Noms des parties : dame Angélique-Françoise de Lavier, douairière de messire Ignace de Laborey de Chargey; — le sieur André Le Collier, régisseur et receveur général des revenus de l'abbaye Saint-Pierre de Luxeuil; — maître Georges Charlot, procureur au siège de Vesoul; — maître Claude-François Raval, procureur et notaire au bailliage de Faucogney; — messire Claude-Antoine-Eugène de Mesmay, seigneur de Montaigu, Quincey, Villers-le-Sec et autres lieux; — le sieur Jean-Pierre Billard, docteur en médecine à Vesoul; — le sieur Guillaume Corne, fermier de la mense abbatiale de Clairefontaine; — les sieurs Neste-Pierre et Jean-François Faivre, coseigneurs à Chaux-lès-Port; — Jean-Baptiste Rurelot, écuyer, seigneur de Fratignay, et dame Jeanne-Ursule Noirot, son épouse; — messieurs les abbé, prieur et chanoines du chapitre de Saint-Paul de Besançon; — le sieur Joseph Berthoz, de Clerval, prêtre, vicaire en chef au petit Crosey; — le sieur Claude-Joseph Dorissey, prêtre, curé de Lettre, Cintrey et la Rochelle, contre le sieur Jean-François Prostet, prêtre et chapelain de la chapelle érigée à la Rochelle, demandeur aux fins de sa requête tendante à ce que ledit chapelain ne puisse chanter aucune messe, ni vêpres, ni faire aucune fonction pastorale dans ladite chapelle; etc., etc.

D. 4800. (Registre.) — Grand in-8°, 280 feuillets, papier.

1763-1764. — Registre des causes civiles jugées sommairement. — Noms des parties : le sieur Claude-François Goux, lieutenant de milice demeurant à Arbecey; — les révérends prieur et religieux de l'abbaye de la Charité; — le sieur Jean-Luc Travault, avocat en parlement, contrôleur et receveur des domaines du Roi; — le sieur Claude-François Thiurin, prévôt de Montbozon; — le sieur Jean-François Coste, avocat en parlement, seigneur de Rigney; — les sieurs du magistrat de la ville de Vesoul; — les habitants et communauté de Corravillers, contre le sieur Camille Botot, prêtre et curé dudit lieu (procès au sujet de la refonte de la cloche); — le sieur Bénigne de Mont-Lezin, seigneur de Montureux-les-Baulay; — messieurs les haut doyen et chanoines du chapitre de Baume; — le sieur Jean-André Rroch, prêtre familier à Vesoul; — le sieur Victor-Claude-Joseph Spierenaël, prêtre, curé à Traves; — dame Marie-Louise de la Rosinière, douairière de messire Claude-François de Larier, en son vivant chevalier, seigneur à Calmoutier; — le sieur Jean-Abraham Véjux, licencié en droit; — Laurent Pillot, sous-fermier de l'abbaye de Cherlieu à Pargent; — messire Claude-François-Magdeleine Damedor, comte de Maillans, baron de Chemilly; — messire Bernard-Angélique de Froissard de Broissia, chevalier non profès de Saint-Jean de Jérusalem; etc., etc.

B. 4804. (Registre.) — In-4°, 107 feuillets, papier.

1802-1803. — Registre des causes civiles jugées sommairement. — Noms des parties : damoiselle Jeanne-Joseph-Guillaume, épouse de l'avocat Bidelot, de Besançon; — le sieur François de Lauberget, prêtre, curé de Rauchevelle; — le sieur Claude Paris, fermier des terre et seigneurie de Maisières; — le sieur Henry-François de Rosières, de Soraus, colonel du régiment d'Artois-Infanterie, baron et seigneur de Fondremand, Teslilley, Rin, Quenoche et autres lieux; — dame Anne Decreuse, épouse de messire Nicolas Joubert, chevalier de l'ordre militaire de Saint-Louis, capitaine des grenadiers royaux; — le sieur Étienne Humbert, prêtre, curé de Moncey, contre les habitants et communauté dudit lieu (procès au sujet du labour et de la culture des fonds dépendants de la cure de Moncey qui doivent incomber, d'après les prétentions du curé, aux habitants); — le sieur Jean-Pierre Davernet de la Cartagna, capitaine d'infanterie, et dame Claude-Françoise de Saison, son épouse; — messire Alexandre-Paul Colbert, prieur commendataire du prieuré de Saint-Marcel-les-Jussey; — le sieur Guillaume Corne, fermier général de la mense capitulaire et abbatiale de Clairefontaine; — dame Marguerite Faivre, épouse non commune en biens de M. le marquis d'Ambrezac; — le sieur de la Maillederie, docteur en médecine; etc., etc.

B. 4802. (Registre.) — In-4°, 203 feuillets, papier.

1803. — Registre des causes civiles jugées sommairement. — Noms des parties : messire Claude-Ignace Franchet de Rans, évêque de Roly, prieur commendataire du prieuré Saint-Pancras-les-Fontaine, et les sieurs prieur et religieux dudit Fontaine, contre haut et puissant seigneur Louis, prince de Beauffremont et du Saint-Empire, en qualité de mari et d'administrateur de haute et puissante dame madame de Tenare de Montmain, son épouse, dame et baronne de Faucogney; — messire Pierre-Joseph Jeannet, conseiller maître en la chambre et cour des comptes de Dôle, seigneur de Courcheston, contre François Paroin, dudit lieu, au sujet de la corvée de labourage due par chaque habitant ayant char et charrue; — les habitants et communauté de Gevigney et Mercey, contre messire Florent-Alexandre-Melchior de Lahaume, comte de Montrevel, cosseigneur dudit Gevigney et Mercey, au sujet de la remise au greffe du présidial de Vesoul des reconnaissances de ladite seigneurie; — Simon Julivard, fermier des terre et seigneurie de Mont-le-Vernois; — les habitants et communauté de Montereux-les-Baulay, contre ceux de Venisey, au sujet des parcours; — Charles de l'Hiver, écuyer, garde du Roi, chevalier de l'ordre militaire de Saint-Louis, capitaine de cavalerie, seigneur de Bravanne; — Mgr le maréchal de Soubise, cosseigneur de Fougerolles et Corteaux; etc., etc.

B. 4803. (Registre.) — In-4°, 194 feuillets, papier.

1805-1806. — Registre des causes civiles jugées sommairement. — Noms des parties : le sieur Jacques-Simon Botot de Chausseterrain, prêtre, docteur ès droit, curé de Faucogney, demandeur par requête tendante à ce qu'il soit maintenu et gardé dans le droit de faire tant par lui-même que par ses vicaires domestiques, ou par un vicaire qu'il placera sur les lieux, toutes fonctions pastorales à Beulotte, contre le sieur Jacques-François Duval, prêtre, vicaire à Beulotte-Saint-Laurent, les habitants et communauté de Breuche-le-Grand et la Saulotte et ceux de Beulotte-Saint-Laurent et la Praye, tous défendeurs; — Jean-Baptiste Terrier, écuyer, seigneur de Ranzevelle, et dame Jeanne-Baptiste Parisey, son épouse; — les habitants de Fontenois-les-Montbozon; — le sieur Claude Roland, fermier des terre et seigneurie de Noroy-l'Archevêque; — les habitants et communauté de Vernois-sur-Mance, demandeurs aux fins de leur requête tendante à ce qu'ils soient maintenus et gardés dans la propriété de la forêt appelée le *Grand-Bois*, contre le sieur Jannin, seigneur de Betoncourt-sur-Mance et Pisseloup; — le sieur Jean-Pierre Chardouillet, changeur pour le Roi à Belfort; — Ignace de Ribouflet, pensionnaire de Sa Majesté impériale; — les habitants et communauté de Montjustin, contre ceux d'Autrey-les-Cerre, au sujet des réparations aux murs du cimetière de Montjustin, paroisse d'Autrey; etc., etc.

B. 4804. (Registre.) — In-4°, 228 feuillets, papier.

1762. — Registre des causes civiles jugées sommairement au bailliage de Vesoul. — Noms des parties : messire Pierre-Augustin, marquis de Chappuis, président à mortier honoraire au parlement de Besançon, seigneur de Hostières, Breurey, Fleurey et autres lieux ; — le sieur Louis Ranselin, demeurant à Vy-lès-Lure, déclaré exempt de la macule de mainmorte, franc, libre et bourgeois du Roi moyennant l'abandon de ses immeubles et du tiers de ses meubles ouvers madame la marquise de Foudras, demeurant au château de Montigny, dame de Vy-lès-Lure ; — messire Marie-Jules Terrier, président honoraire au parlement de Besançon, seigneur de Bailloy et autres lieux ; — messire Routhier, confrère de la confrèrie de Saint-Georges, seigneur des deux Saulnes, la Neuvelle, Bonnefontaine, Granges, Roye et autres lieux ; — messire François-Elie de Courchetet, seigneur d'Aisnaut, conseiller honoraire au parlement de Besançon ; — les sieurs Besle, Nicolas et Jean-François Thiébaud déclarés exempts de la macule de mainmorte envers messire Louis de Bauffremont, prince du Saint-Empire romain, lieutenant général des armées du Roi, baron et seigneur de Scey-sur-Saône ; — messire Mathias Poncet de la Rivière, ancien évêque de Troyes, abbé commendataire de l'abbaye de Cherlieu ; — les habitants et communauté d'Oraincy, contre Jacques de Bresson, lieutenant au service de l'impératrice reine de Hongrie, leur seigneur, au sujet de l'offerte du pain bénit ; etc.

B. 4805. (Registre.) — In-4°, 268 feuillets, papier.

1763-1764. — Registre des causes civiles jugées sommairement au bailliage de Vesoul. — Noms des parties : Nicolas Henryon, écuyer, seigneur de Fédry ; — dame Charlotte-Ferdinande-Joséphine, née comtesse de Montrichier en qualité d'usufruitière des biens de Bénigne de Montlezun, son mari, en son vivant seigneur de Montureux-lès-Baulay et autres lieux ; — dame Marie-Antoinette de Laubergeat, épouse du sieur Jean-François Chardon de la Roche, ancien officier d'infanterie ; — Charles-Emmanuel, né comte de Saint-Mauris, chevalier de l'ordre de Saint-Jean de Jérusalem, maréchal des camps et armées du Roi, seigneur de Jasney ; — le sieur Guillaume Corne, fermier de la mense abbatiale de Clairefontaine ; — maître Claude-Antoine Billequey, procureur au siège de Vesoul ; — Claude-Antoine, marquis de Saint-Vaudelin, seigneur de Genevrey ; — le sieur François-Ignace Parisey, notaire royal à Lure ; — les sieurs directeurs de l'hôpital de la ville de Vesoul ; — maître Georges Charlot, procureur au siège de Vesoul ; — les sieurs Pierre et Louis Clémencet, officiers au service de Sa Majesté ; etc., etc.

B. 4806. (Registre.) — In-4°, 243 feuillets, papier.

1764-1765. — Registre des causes civiles jugées sommairement au bailliage de Vesoul. — Noms et qualités des parties : Claude Regnaudin, de Vesoul, seigneur de Gratery ; — les sieurs Nicolas Hastenstein et compagnie, marchands à Bâle ; — dame Jeanne-Octavie, comtesse de Vaudrey, dame et baronne de Saint-Remy ; — les sieurs prieur et religieux bénédictins de Faverney ; — demoiselles Marguerite-Françoise et Claude-Marie-Claire de Lanier, contre messire Camille-François de Lanier, chevalier de l'ordre militaire de Saint-Louis, maître de camp de cavalerie, seigneur à Calmoutier ; — dame Béatrix-Angélique de Chappuis, douairière de messire Christophe Grivel, en son vivant maître en la cour et chambre des comptes de Dôle ; — le sieur Jean de Rosa, notaire royal à Recologne-lès-Fondremand ; — messire Claude-Louis-Maximilien d'Iselin, chevalier de Lanans, seigneur d'Avilley, Mondon et autres lieux ; — messire Alexandre-Antoine, comte de Scey-Montbéliard, baron de Buthier, seigneur de Pin-lès-Magny et autres lieux, maréchal des camps et armées du Roi, grand bailli de Dôle, et en cette qualité conservateur des privilèges de l'université de Besançon ; — le sieur Claude-François Henrion de Magnoncourt, écuyer, seigneur de Roche-sur-Linotte ; — le sieur René Lagoudet, fermier des terre et seigneurie de Breurey-lès-Faverney ; — Pierre-Gaspard-Marie Gremaud d'Orcay, écuyer, seigneur des terre et baronnie de Rupt et dépendances ; etc., etc.

B. 4807. (Registre.) — In-4°, 220 feuillets, papier.

1765. — Registre des causes civiles jugées sommairement au bailliage de Vesoul. — Noms et qualités des parties : Joseph Grosjean, procureur au siège de Vesoul ; — messire Casimir-Aman, baron de Reinach, chevalier d'honneur au conseil souverain d'Alsace, seigneur d'Hiersbach, le baron de Reinach, commandeur de Malte, seigneur de Woerth et Jean-Félix-François-Philippe, comte de Reinach ; — le sieur Joseph Jacquel, notaire royal à Autboison ; — Gabriel Preney, régisseur du fourneau de Mailleroncourt-Charette ; — les sieurs prieur et religieux de l'abbaye de la Charité ; — le sieur Ambroise Bale, prêtre, curé de

Noidans-le-Ferroux ; — dame Anne-Claude Charles, épouse de messire Antoine Maréchal, seigneur d'Audeux ; — le sieur Jean-Baptiste Tisserand, ancien officier d'infanterie, demeurant à Faverney ; — messire Henri-François de Sorans, seigneur de Fondremand ; — le sieur Jean Roy, prêtre, curé à Montigny-lez-Cherlieu ; — le sieur Vincent Jobard, seigneur de Drovans, conseiller vétéran au bailliage de Besançon ; — Antide-François de Constable, écuyer, seigneur de la Tour de Scay ; — le sieur Jean-Baptiste Thierry, sous-ingénieur des ponts et chaussées ; — messire Jean-Baptiste, marquis de Raincourt ; — Jean-Claude Buffet, prêtre, curé de la Neuvie ; — le sieur Charles-François Perrot, prêtre, curé de Malloy ; — dame Nicole-Françoise, baronne de Mahuet, douairière de messire Claude-François Gaspard, comte d'Henneset, en son vivant seigneur de Beaujeu ; — Jean-Baptiste Mignot, de la Balme, écuyer, seigneur de Saint-Loup ; etc.

B. 4908. (Registre.) — In-4°, 247 feuillets, papier.

1709-1710. — Registre des causes civiles jugées sommairement au bailliage de Vesoul. — Noms des parties : le sieur Simon Julicard, fermier des terres et seigneurie de Magny-les-Jussey ; — le sieur Claude-Antoine Arquinet, prêtre, bénéficier du chapitre royal de la ville de Poligny ; — le sieur Nicolas Siroutot, conseiller du Roi, substitut de son procureur au bailliage de Vesoul ; — messire François-Alexis Henrion, écuyer, conseiller du Roi, maître honoraire en la chambre et cour des comptes de Dôle, seigneur de Franchevelle et autres lieux ; — messire Mathias Poncet de la Rivière, ancien évêque de Troyes, abbé commendataire de Cherlieu ; — le sieur Simon Oudet, fermier général de la mense abbatiale de Cherlieu, contre les habitants et communauté d'Aboncourt ; — Claude-Louis Barthélemy, procureur à Vesoul ; — François-Alexandre Lyautey, seigneur de Genevreuille, prêtre, demeurant à Vesoul ; — Antoine Chauvet de la Villette, commandeur de la commanderie de la Ville-Dieu en Fontenette ; — messire Claude-François-Madeleine de Damedor, seigneur, comte de Mollans, baron de Chemilly, Pontcey, Aroz et autres lieux ; — messire Jean-Baptiste Bureau, conseiller, correcteur honoraire à la chambre des comptes, seigneur de Pusy ; — le sieur Pierre-Philippe Thomas, propriétaire des forges d'Aubertans ; — Claude-Prosper de Pouthier, chanoine en l'église métropolitaine de Besançon, etc.

B. 4909. (Registre.) — In-4°, 195 feuillets, papier.

1710-1711. — Registre des causes civiles jugées sommairement au bailliage de Vesoul. — Noms et qualités des parties : François-Alexandre de Jouffroy de Précipiano, seigneur de Montmartin et autres lieux, officier dans le régiment du Roi ; — Louis d'Aubily, écuyer, seigneur des terre et baronnie de Chauvirey-le-Châtel ; — le comte de Montrevel, brigadier des armées du Roi, demeurant à Paris ; — le sieur Luc Lhotte, prêtre, vicaire à Biguey ; — messire Claude-François de Prinsau, chevalier de l'ordre militaire de Saint-Louis, ancien lieutenant-colonel pour le service du roi de Pologne, seigneur de Maxonnecourt, Anchenoncourt et autres lieux ; — messire Claude-François Villard, chevalier de l'ordre militaire et royal de Saint-Louis, ancien capitaine aide-major de dragons, au régiment de Vibraye, et actuellement capitaine d'invalides au château de Suerho ; — messire François Myrdoulon, chevalier de Saint-Louis, ancien capitaine de cavalerie, demeurant à Charlez ; — dame Marguerite-Barbe Henrion de Franchevelle, douairière de messire Joseph de Mailly, président à la chambre des comptes ; — le sieur Adrien Bas, fermier de la terre de Gezain ; — le sieur Joachim-René de Sonnot, écuyer, seigneur d'Auxon ; — messire Claude-Antoine de Mesmay, seigneur de Montaigu et autres lieux, conseiller honoraire au parlement de Besançon, etc., etc.

B. 4910. (Registre.) — In-4°, 247 feuillets, papier.

1712. — Registre des causes civiles jugées sommairement au bailliage de Vesoul. — Noms et qualités des parties : Jean-Pierre Belfort, procureur pour le Roi en la prévôté royale de Montbozon ; — le sieur Nicolas Richard, ancien officier de cavalerie, Jean-Baptiste Gousselin, seigneur de Cendrecourt, y demeurant, Antoine Maréchal, demeurant à Fouchécourt, Jean-Baptiste Fevraud, tous demandeurs à l'effet d'être maintenus et gardés dans le droit de banalité du four de Cendrecourt, contre le sieur Vejux, prêtre, curé dudit Cendrecourt ; — les révérends prieur et religieux dominicains de Montbozon ; — le sieur Jacques-Joseph Darbey, prêtre, curé d'Auxon ; — frère Pie de Jussion de Sainte-Gay, grand-croix et grand maréchal de l'ordre de Malte, commandeur de la commanderie de Sales, Montseugny et autres lieux, contre messire Pierre-Gaspard-Marie Grimod d'Orçay, écuyer, seigneur de la baronnie de Rupt, et les sieurs Jean-Baptiste Dupoirier, fermier de la commanderie de Sales et Montseugny, Claude-

François Roussclot et Claude-Thomas Charplot, de Chaste; — Jean-Baptiste Rossu, prêtre, chanoine en l'église collégiale de Vesoul; — Charles Rhaudy, écuyer, conseiller, secrétaire du Roi honoraire en la chancellerie près le parlement de Besançon, seigneur de Brixon et autres lieux; etc.

B. 4811. (Registre.) — In-4°, 150 feuillets, papier.

1772. — Registre des causes civiles jugées sommairement au bailliage de Vesoul. — Noms des parties : Gabriel-Frédérich Tisserand, écuyer, seigneur de Servance; — les révérends pères prieur et religieux de l'abbaye royale de Bellevaux; — les officiers municipaux de la ville de Jussey; — messire Maurice Dejean de Saint-Marcel, chevalier de l'ordre royal et militaire de Saint-Louis, ancien capitaine au régiment de Beauce-infanterie, demeurant à Luxeuil; — messire Antoine-François de Bernard de Montessus, officier aux gardes françaises et baron et seigneur de Vitrey, Chauvirey et autres lieux; — Léonard-Frédérich Melzquer, fermier des revenus patrimoniaux de la ville d'Héricourt; — messire Claude-Antoine-François de Jacquot d'Andelarre, marquis dudit lieu, seigneur de Rosey, Andelarrot, la Coste, Citey et autres lieux, capitaine de cavalerie, demeurant en son château de Rosey; — Jean-François Léné, fermier des terre et seigneurie de Quincey; — le sieur Ambroise Bride, prêtre, curé de Noidans-le-Ferroux; — le sieur Jean-François Faivre, co-seigneur à Chaux-les-Port; — Louis d'Aubly, écuyer, seigneur des terre et baronie de Chauvirey; etc.

B. 4812. (Registre.) — In-4°, 295 feuillets, papier.

1772-1774. — Registre des causes civiles jugées sommairement au bailliage de Vesoul. — Noms des parties : M. le marquis de Noiron, demeurant à Paris; — Claude-Henry Bobilier, fermier des terre et seigneurie de Vy-lès-Lure; — le sieur Jean-Etienne Boisson, docteur en médecine, conseiller médecin ordinaire du Roi à Vesoul; — Guillaume-Gérard Charles, seigneur de Brenrey, conseiller au bailliage et présidial de Vesoul; — messire Jean-Baptiste Petitbaron, de Laigney, seigneur de Saint-Julien et autres lieux; — le sieur Claude-Antoine Vincent Faivre, écuyer, seigneur du Bouvot; — les prêtres familiers de Vesoul; — Claude-Antoine d'Hennezel, écuyer, seigneur de Chaux, Bouil, Rochetal, la Loutière, Oiselay et autres lieux; — messire Charles-Emmanuel Xavier, marquis de Saint-Mauris, baron et seigneur de la Villeneuve, Saulx, Chateney et Chatenois; — messire Pierre-Augustin, marquis de Chapuis, président honoraire à mortier au parlement de Besançon; — messire Eugène-Octave-Augustin, comte de Rosen, maréchal des camps et armées du Roi, demeurant en son hôtel à Paris, seigneur de Couflandey; — Claude-François Letallier, garde des terre et seigneurie de Flagny-sur-l'Ognon; etc.

B. 4813. (Registre.) — In-4°, 244 feuillets, papier.

1774-1776. — Registre des causes civiles jugées sommairement au bailliage de Vesoul. — Noms et qualités des parties : Joseph-Pierre Sallier de Champalle, écuyer, seigneur de Frotey, demeurant en son château dudit Frotey; — les habitants et communauté de Gouhelans, contre messire Eléonore-Joseph-Louis d'Amandre, chevalier de l'ordre militaire de Saint-Louis, seigneur de Gouhelans, au sujet de la perception du droit de trois livres par feu et ménage desdits habitants de Gouhelans à l'occasion du mariage dudit seigneur; — les habitants et communauté de Saint-Pierre-les-Melisey, demandeurs contre ceux de Saint-Germain, Lantenot, la Nouvelle-le-Bas, Melay, Saint-Hilaire, Ternuay Servance et Belonchamps, à l'effet de faire établir que l'église de Saint-Pierre-les-Melisey est la seule église paroissiale tant de Melisey que des villages énumérés ci-dessus; — les prieur et religieux de Bithaine demandeurs contre les sieurs Jean Colin et Jean Blairet, fermiers de la grange de Courcelles, et les sieurs Claude-Antoine Guérittot de Courcelles, seigneur de la Perrodière, avocat du Roi au bailliage de Vesoul, et Pierre-François Guérittot de Courcelles, avocat en parlement, aux fins d'être maintenus et gardés dans le droit de percevoir la dîme de 1 gerbe sur 23 dans toute l'étendue de la grange de Courcelles; — Joseph de Bauffremont-Gorrevod, prince de Listenois, lieutenant général des armées navales; etc.

B. 4814. (Registre.) — In-4°, 293 feuillets, papier.

1775-1776. — Registre des causes civiles jugées sommairement au bailliage de Vesoul. — Noms et qualités des parties : dame Anne-Marie, comtesse de Montrichier, douairière de messire Pierre-François Tixerand, dame de Magny, contre Joachim de Bichin, seigneur de Cendrecourt; — le sieur Pierre-François Guérittot, de Vesoul, avocat en parlement, seigneur de Corcelle; — le sieur Claude-Antoine Arqumet, prêtre et curé de Filain; — messire Charles-Emmanuel de Bauffremont, abbé commendataire des abbayes Saint-Pierre et Saint-Paul, baron et seignant de Scey-sur-Saône, demandeur contre les habitants et communauté de Mailley, aux fins d'obtenir que lesdits défendeurs soient condamnés à le faire jouir paisiblement et sans trouble de tous les cantons de bois qu'il lui ont donnés pour son triage audit lieu; — noble Pierre-Antoine d'Esbos, demeurant à Scey-sur-Saône; — Claude et Léonard Bonnessay, demeurant à Dôle, cosseigneurs à Mailley, demandeurs aux fins d'obtenir l'échute (succession) de Nicaise Chapusot, sujet mainmortable, échute qui se composait « d'une portion de maison, d'une vache et d'un trousset et autres meubles »; — les prieur et religieux de l'abbaye de Cherlieu, demandeurs contre les bourgeois et habitants de Jussey, à l'effet d'être maintenus et gardés dans la possession et jouissance de toutes les terres dépendantes du domaine de la grange de Gray; etc.

B. 4815. (Registre.) — In-4°, 231 feuillets, papier.

1722-1727. — Registre des causes civiles jugées sommairement au bailliage de Vesoul. — Noms et qualités des parties : les habitants et communauté de Raincourt demandeurs aux fins d'être maintenus et gardés dans la jouissance et possession immémoriales qu'ils ont de faire parcourir et pâturer leurs chevaux dans la prairie de Raincourt les trois premiers jours du mois de mai de chaque année; — noble Claude-Étienne Clerc, seigneur de Neurey, Aillevans, Gesincourt; — messire Philippe-François d'Ambly, seigneur de Chauvirey; — demoiselle Marie-Charlotte de Lyver de Morouille, dame de Guyonvelle; — révérend seigneur, messire Pierre-Antoine de Grammont, seigneur dudit lieu, grand archidiacre de l'église métropolitaine de Besançon; — les révérends pères jésuites du collège de Vesoul; — le sieur Joseph Paris, prêtre, curé de Bouligney, demandeur contre les habitants et communauté de Dampvalley-Saint-Pancras aux fins de ce que lesdits défendeurs soient condamnés à lui bâtir une maison curiale; — le sieur Sébastien Seguin, prêtre, chapelain de la chapelle Notre-Dame de Solborde; — le sieur Claude Mourlot, seigneur de Fretigney; — messire Ignace de Camus de Filain, abbé commendataire de l'abbaye royale Notre-Dame de Clairefontaine; — messire Louis de Clermont, chevalier, comte de Chiverny et de Provins, baron de Rupt; etc.

B. 4816. (Registre.) — In-3°, 237 feuillets, papier.

1723-1724. — Registre des causes civiles jugées sommairement au bailliage de Vesoul. — Noms et qualités des parties : Pierre-Nicolas Grandjean, prêtre, curé de Volsey; — le sieur Jean Poillenot, conseiller correcteur en la cour des comptes de Dôle; — noble Hérard Joachim de Ronnet, cosseigneur d'Auxon, capitaine au régiment royal comtois, demandeur contre noble Balthazard de Ronnet, à l'effet d'être maintenu dans la jouissance et possession du tiers de la terre dudit Auxon; — messire Benoît Richard, seigneur de Villersvaudey; — messire Gabriel-Philibert de Bloans, de Joux, de Grammont, baron de Châtillon, seigneur d'Avilley, Mondan et autres lieux; — le sieur Antoine Langroignet, de Vesoul, seigneur de Chargey; — messire Charles-Octave de Salives, seigneur de Genevrey — le sieur Jean Dulion, chevalier de l'ordre militaire de Saint-Louis; — les sieurs Nicolas Vincent, seigneur de Montjustin, et Mathieu Vincent, seigneur d'Equevilley; — dame Françoise-Angélique-Perronelle, douairière de messire Pierre-Dominique Chappuis, seigneur de Rosières; — le sieur Jean-François Monnoyeur, seigneur à Ferrière-les-Scey; — le sieur Gaspard Guillemin, prêtre, curé de Saint-Alido, contre les habitants et communauté d'Oiranche; — dame Anne-Claude de Rosey, douairière de messire Claude-François de Cordemoy, en son vivant seigneur d'Oricourt, Arpenans, etc.

B. 4817. (Registre.) — In-4°, 220 feuillets, papier.

1724-1725. — Registre des causes civiles jugées sommairement au bailliage de Vesoul. — Noms et qualités des parties : le sieur Balthazard-Emmanuel Girard, prêtre familier en l'église Saint-Georges de Faucogney, demandeur contre le sieur François Petit, dudit lieu, à l'effet d'être maintenu et gardé dans la jouissance et possession des chapelles de Notre-Dame de Pitié et de Saint-Michel; — dame Anne-Claude de Rosey, douairière de messire Claude-François de Cordemoy, chevalier, seigneur d'Oricourt et lieutenant de nosseigneurs les maréchaux de France au département de Vesoul; — dame Beatrix Chappuis, veuve de messire Jean-Pierre Camus, seigneur d'Arteaufontaine, conseiller au Parlement; — Jean-Claude Dujard, seigneur de Montarlot, conseiller au bailliage et siège présidial de Gray; — le révérend seigneur, messire François-Ignace de Malherot de Vesnes, chanoine en l'église métropolitaine de Besançon, prieur de Jussey, demandeur contre les habitants de Lambrey, aux fins de sa requête tendante à ce que lesdits défendeurs soient condamnés à lui payer la dîme « de 30 l'un de toutes les avoines mêlées de grains non décimables, comme aussi à ne pouvoir semer dans la pye de froment qu'un quinzième desdits grains non décimables et un sixième dans la pye d'avoine »; — messire Paul-François de Saint-Mauris, baron et seigneur de la Villeneuve,

Sauls, Châtenois et autres lieux, demandeur contre Claude-François Parisot, prêtre et curé de Sauls, aux fins de sa requête tendante à ce que ledit défendeur soit condamné à lui donner à lui et à sa famille l'eau bénite lorsqu'ils sont dans leur place à l'église par présentation du goupillon et avant tous autres paroissiens les jours de dimanche qu'on a coutume de la faire ; — demoiselle Claude-Ursule Tranchand de Rorey, demeurant à Menoux, demanderesse contre noble Antoine-Aloïs Tranchand, seigneur de Rorey, aux fins de sa requête tendante à ce qu'il soit déclaré que le four banal lui appartient en toute propriété et que ladite réserve soit transcrite sur les lettres qu'a le défendeur a obtenues de Sa Majesté pour ériger en comté sa terre et seigneurie de Rorey ; — les habitants et communauté de Cintrey, la Rochelle et Molay, demandeurs contre le sieur Jean-Claude Baveux, seigneur de la Rochelle, aux fins de leur requête tendante à ce qu'ils soient maintenus et gardés dans la jouissance et possession de l'exemption de payer audit seigneur la dîme de chanvre qu'ils sèment et recueillent sur leur territoire ; — messire Charles-Antoine de Calvy, seigneur de Cexier, Chambornay, Courbey, etc., chevalier de Saint-Louis, capitaine de cavalerie au régiment de Royal-étranger ; — noble Jean-Georges Pusel, seigneur de Servigney, demandeur contre les habitants et communauté dudit lieu, aux fins de sa requête tendante à ce qu'il soit déclaré que les habitants de Servigney en condition de mainmorte sont corvéables envers ledit seigneur de corvées annuelles consistant en deux de fenaison, deux de moisson de froment, deux de moisson d'avoine et deux de vendanges, chacune d'elles estimée à la valeur de 4 gros ; etc., etc.

B. 4818. (Registre.) — In-4°, 248 feuillets, papier.

1795-1786. — Registre des causes civiles jugées sommairement au bailliage de Vesoul. Noms et qualités des parties : Illustrissime et révérendissime seigneur, messire Antoine-François de Blisterwich, par la grâce de Dieu et du saint-siège, évêque d'Autun, président-né des États de Bourgogne, grand chantre en l'illustre chapitre métropolitain de Besançon, abbé commendataire de l'abbaye royale de Cherlieu, demandeur contre les habitants et communauté de Montureux-les-Baulay, aux fins de sa requête tendante à ce qu'il soit jugé sur la validité des expertise, plantations de bornes, mesurage faits sur le territoire dudit lieu ; — le même contre les habitants et communauté de Preigney aux fins de sa requête tendante « à ce qu'il soit dit et déclaré, que les habitants dudit lieu et chacun d'eux en particulier possédant terre dans les cantons sujets à dîmes, tant du canton de Preigney que de celui de Cherlieu,

ne pourront ensemencer que la quinzième partie du labour qu'ils feront dans lesdites terres en avoine ou autre grain non décimable, et que la sixième partie dans le pié de carême avec expresse déclaration que s'ils y sèment de plus grande quantité dans l'une et dans l'autre desdites piés ce qu'ils auront semé au delà sera sujet à la dîme de dix l'une » ; — messire Claude-Nicolas, comte de Moustier, seigneur de Cubry, demandeur contre le sieur Jean Mauris, de Cubry-les-Rougemont, aux fins de sa requête tendante « à ce que le défendeur soit condamné à se désister de tous les fonds désignés par son exploit comme biens vaquants d'échute et abandonnés ; » — le sieur Jean-Claude Carmentrand, de Vesoul, clerc tonsuré, et messire Léonard Richard, seigneur de Rousièbres, prébendier de Miseroy, chanoine en l'illustre chapitre métropolitain de Besançon, demandeurs contre le sieur Jean Gumand, de Foudremand, aux fins de leur requête tendante à ce que ledit défendeur soit condamné à payer la somme de 18 livres pour la jouissance des héritages dépendants de la chapelle érigée sous l'invocation de la glorieuse vierge Marie et de sainte Anne dans l'église paroissiale de Foudremand ; — messire Gabriel-Philibert de Binans, de Joux, comte de Grammont-Châtillon, tant en son nom qu'en celui de dame Charlotte de Neufchatel, baronne douairière, et dames Louise-Jeanne-Philippe de Poitiers, dame de Remiremont et Gabrielle-Marie-Emmanuelle de Poitiers, épouse du seigneur marquis Du Chastelet, colonel d'un régiment d'infanterie, tous seigneurs et dames de Courchaton ; — messire Philippe-Eugène, comte de la Baume-Montrevel, seigneur de Mercey, Gevigney, Purgerot et autres lieux, et noble Claude-François Salivet, seigneur de Fouchécourt et Purgerot, demandeurs contre les habitants et communautés de Purgerot, aux fins de leur requête tendante à ce qu'ils soient condamnés « à faire incessamment au rôle des tailles qu'ils leur doivent à cause de ladite seigneurie qu'ils ont à Purgerot, laquelle est haute, moyenne et basse, appelée la seigneurie de Gevigney » ; etc., etc.

B. 4819. (Registre.) — In-4°, 262 feuillets, papier.

1787-1788. — Registre des causes civiles jugées sommairement au bailliage de Vesoul. Noms et qualités des parties : révérend sieur messire Louis-François-Hyacinthe Doroz, docteur en théologie, abbé commendataire de l'abbaye de Goailles, prieur des prieurés de Champlitte et Saint-Marcel ; — le sieur Claude-François Pierrey, prêtre et curé de Sainte-Marie-en-Chaux, demandeur en payement de sa portion congrue contre les habitants et communauté dudit lieu ; — les sieurs Jeangulphe Poignand, prêtre, curé à Lontans, et Denis-Simon Poignand, son frère, prêtre vicaire à Macchaux, demandeurs par exploit, exposant « qu'estans nés sujets mainmortables de l'abbaye de Bellevaux et souhaitant affranchir leurs personnes par la voie du désaveu, ils passèrent contrat avec messire César de Saint-Andray de Murnay de la Baume, docteur en théologie, abbé commandataire de ladite abbaye, et les sieurs prieurs et religieux d'icelle, par lequel ayant fait ledit désaveu et abandonnement de leurs biens meubles et immeubles aux dits sieurs défendeurs, ceux-ci l'acceptèrent, affranchirent les personnes des demandeurs, vendirent et cédèrent aux sieurs Claude-François et Pierre Poignand, leurs frères, les biens désavoués pour 400 livres qu'ils payèrent comptant, c'est pourquoi ils concluent à ce qu'ils soient déclarés francs, libres et bourgeois du Roi » ; — la demoiselle Louise Dard, demeurant à Vesoul, demanderesse contre le sieur François Mougin, dudit lieu, aux fins de sa requête tendante « à ce que le défendeur soit tenu de l'épouser incessamment, sinon qu'il soit condamné de la doter de la somme de 4,000 livres, à quoi elle estime ses dommages-intérêts, sauf néanmoins à taxer, s'il y a lieu, à raison de la faiblesse qu'elle a eue de consentir aux pressantes sollicitations et désirs impurs dudit défendeur sur les réitérées promesses de mariage qu'il lui faisait, qu'il soit condamné de plus à lui payer une somme de 40 livres pour frais de couches de l'enfant provenant de ses œuvres » ; — noble Jean-Pierre Baretel, seigneur de Provenchère ; — François Loigerot, prêtre et curé d'Amance, demandeur en supplément de sa portion congrue ; — messire Jean-Léger Masson d'Authume, seigneur à Jussey, chevalier de l'ordre de Saint-Jean de Jérusalem, en qualité d'héritier universel de madame la baronne d'Eclans ; — dame Françoise-Gabrielle Froissard de Broissia, marquise de Belot-Villette, dame d'Ollans, Larians, Nantchaux, Battenans, etc. ; — le sieur Jean-Claude Labbé, seigneur de Faulx, conseiller au bailliage et siège présidial de Vesoul ; — Henri-François de Tenarre, marquis de Montmain, lieutenant général des armées du Roi, baron de Faucogney, contre les habitants et communauté de Corravillers ; etc.

B. 4820. (Registre.) — In-4°, 238 feuillets, papier.

1728-1730. — Registre des causes civiles jugées sommairement au bailliage de Vesoul. — Noms et qualités des parties : le sieur Patrice de Morfy, maître du fourneau de Mailleroncourt ; — dame Thérèse-Gabrielle-Eugène Duchâtelet, dame de Senoncourt, épouse autorisée du sieur d'Argussol, capitaine au régiment de Bourbon, demanderesse contre Louis Lallot, de Senoncourt, aux fins de sa requête tendante « à ce que ledit défendeur comme sujet mainmortable de ladite dame soit condamné à lui faire annuellement une voiture de bois à Noël, à lui payer une poule à Carmentrand et à faire les corvées de faux, de faucilles et de râteaux lorsqu'il sera commandé comme les autres sujets mainmortables de ladite dame » ; — demoiselle Barbe de Sonnet, épouse et de l'autorité du sieur Luc Marande, lieutenant d'infanterie au régiment de Tallard, demanderesse contre messire Baltazard de Sonnet, seigneur à Auxon, aux fins de sa requête tendante « à ce que ledit défendeur soit condamné à rapporter et à faire état à ladite demanderesse de la somme de 2000 livres de joyaux promis à dame Charlotte de Coursal, sa mère » ; — demoiselle Marie-Elisabeth Delassaus et le sieur Frédéric Pansot, son fils, seigneur de Verchamp, Goisvall et autres lieux ; — le sieur Jean-Baptiste Finsier, prêtre, citoyen de Besançon, y demeurant, en qualité de chapelain de la chapelle des Cinq-Plaies fondée originairement en l'église de Cornot et transférée en l'église de Saint-Pierre de Besançon ; — Antoine Prosper de Jacquot, écuyer, seigneur de Rosey, demandeur contre les habitants et communauté dudit Rosey, aux fins de sa requête tendante « à ce que lesdits défendeurs se voient condamnés d'incessamment procéder au répartement de trois livres par feu sur tout un chacun des habitants, manants et résidants de Rosey qu'ils doivent à cause du mariage de demoiselle Suzanne-Thérèse de Jacquot de Rosey, sa fille aînée, avec messire Claude Melchior de Grivel-Perrigny, seigneur de Saint-Maurice et autres lieux » ; — les révérends sieurs prieurs et religieux du couvent de Saint-Sébastien, de Montbozon, demandeurs contre plusieurs particuliers de Fontenoy-les-Montbozon, aux fins de leur requête tendante « à ce que les dits défendeurs soient condamnés à leur livrer plusieurs boisseaux de blé qui leur sont dus à raison de la transaction passée avec les habitants dudit Fontenoy, le 17 octobre 1683, au sujet de l'exemption de la banalité du four dudit lieu » ; — messire Claude-Albert-Antoine Franchet de Rans, prêtre, docteur en théologie, chanoine coadjuteur en l'illustre église métropolitaine de Besançon, prieur et seigneur de Fontaine, Corbenay et membres en dépendant, demandeur contre les sieurs Sébastien Grandjean, notaire, et Joseph Spurenaille, praticien, demeurant à Saint-Loup, et Barbe marquise d'Aramonde, Chambelay, dame et tourière de Remiremont, et messire Nicolas-Joseph, comte de Vaudrey, baron et seigneur de Saint-Remy, demandeur en intervention, aux fins de sa requête tendante à ce que ledit seigneur prieur de Fontaine « soit tant par provision que définitivement maintenu et gardé en la jouissance et possession du droit de haute, moyenne et basse justice et territoriale sur le village et finage de Corbenay comme encor de nommer les officiers nécessaires pour l'exercice de la justice dudit Corbenay et d'en percevoir les amendes seules et à l'exclusion de tous autres avec interdictions et deffences aux deffendeurs cy-après nommés de troubler ledit seigneur demandeur en ladite jouissance et possession desdits droits » ; — le sieur Claude Boudrot, chirurgien demeurant à Ray, fils émancipé de Jean Boudrot, de Soing, demandeur contre messire Jean-Baptiste-Louis de Clermont d'Amboise, chevallier, marquis de Renel, Saint-Blaise, Villers-sur-Marne, marquis de Monglas, seigneur de Mousseau, comte de Chiverny, prince de Loin, gouverneur pour le Roi et grand bailli de Chaumont en Bassigny, gouverneur et grand bailli de Provins, mestre de camp du régiment Santerre-infanterie, aux fins de sa requête tendante à ce que « soubs l'abandonnement non-seulement de tous ses biens en fonds de mainmorte qui luy peuvent appartenir soubs la seigneurie du seigneur deffendeur mais encore des deux tiers de tous ses meubles et effet dont il luy at donné coppie qu'il lui at faict, il soit admis au désadveu, qu'en conséquence il soit déclaré franc et libre comme les sujets francs de sa majesté et personnes libres de cette province » ; etc., etc.

B. 4831. (Registre.) — In-4°, 225 feuillets, papier.

1730-1731. — Registre des causes civiles jugées sommairement au bailliage de Vesoul. Noms et qualités des parties : le sieur Joseph de Guyot, écuyer, seigneur de Maiche, et dame Marguerite-Thérèse Aymonnet, son épouse, demandeurs contre les sieurs Alexandre Aymonnet, seigneur de Contréglise, et François-Marcelin de Crosey et dame Charlotte Aymonnet, son épouse ; — révérend sieur messire François Castanier, chanoine en l'insigne chapitre de Vesoul, demandeur contre messire Claude-Louis, comte de Scey ; — les bourgeois de Rougemont, demandeurs contre les habitants et communauté de Montferney et Chazelot, aux fins de leur requête tendante à ce que lesdits défendeurs « soient condamnés et déclarés paroissiaux de Rougemont, et qu'en conséquence ils payent et fournissent leur cotte-part des réparations de l'église paroissiale dudit Rougemont, et continuent à l'avenir toutes les fois qu'il en sera besoing à offrir le pain bénit dans ladite église, à fournir leur offert du luminaire, à contribuer aux gages du recteur d'escole qui dessert à ladite paroisse, de mesme à supporter toutes les charges d'icelles prévues et non prévues, suivant et au marc la livre de l'imposition ordinaire » ; — messire Claude-François Duban, prieur du Motherot, chanoine de l'église métropolitaine de Besançon, demandeur contre les habitants et communauté de Confracourt, aux fins de sa requête tendante à ce « qu'il soit gardé et maintenu tant par provision que définitive en la jouissance et possession du droit de percevoir annuellement et en la manière accoutumée quatre parts d'onze des deux tiers de la disme des grains au territoire dudit Confracourt » ; — messire Claude Huguenet, prêtre, prieur de Chambornay et aumônier de la Reine, demeurant ordinairement à Versailles, et messire Nicolas Dubois, prêtre, curé dudit Chambornay, et le sieur Pierre Mathieu Maréchal, écuyer, seigneur de Sauvagney, demandeurs contre les habitants et communauté de Sauvagney, défendeurs, et les révérends pères cordeliers de Besançon, intervenants, aux fins de leur requête tendante « à ce que la disme qui leur compète et appartient, scavoir audit seigneur Sauvagney pour une moytié et auxdits sieurs prieurs et curé pour l'autre moytié de toutes espèces de grains consistant en orge, pois, lentilles, millet, chanvre et autres sur les terres qui sont ensemencées sur le territoire dudit Sauvagney à les prendre et relever annuellement scavoir lesdits chanvres et millet environ la feste nativité Notre-Dame et à l'esgard des autres grains après la feste Notre Seigneur comme il en conste par les tistres des sieurs demandeurs, que ladite disme des menus grains soit réglée et fixée au quarantième des fruits ou telles autres qu'il sera jugé qu'il soit déclaré que le payement s'en fera dans le temps de la récolte et sur les champs » ; — Nicolas de Donneval, écuyer, seigneur à Ormoy, demoiselle Charlotte de Donneval, veuve du sieur Jean-Antoine de Bresson, et Nicole-Claudine de Donneval ; — demoiselle Marie-Louise de Vaudrey, demanderesse contre messire Nicolas-Joseph, comte de Vaudrey, dit de Guierche, baron et seigneur de Saint-Remy et autres lieux, aux fins de sa requête tendante à ce que ledit défendeur soit débouté de l'opposition qu'il a formée au mariage que ladite demanderesse entend contracter avec Claude-Alexandre Barberot, écuyer, seigneur de Tavaux ; — mademoiselle Marie-Henriette de Gilley, baronne de Marnoz, dame de Vy-les-Lure, Longeville, les Aynans et autres lieux, demeurant à Besançon, demanderesse contre messieurs les révérends prieurs et religieux de l'abbaye de Lure ; etc.

B. 4832. (Registre.) — In-4°, 227 feuillets, papier.

1731-1732. — Registre des causes civiles jugées sommairement au bailliage de Vesoul. Noms et qualités des parties : le sieur Nicolas Goshenans, prêtre et curé de Montcey, demandeur contre les habitants dudit lieu aux fins de sa requête tendante à ce qu'il soit procédé à leurs frais et conformément aux édits à l'estimation des fonds et du fixe de la cure de Montcey ; — les révérends pères jésuites du collège de Langres, demandeurs aux fins de leur requête tendante à ce que le sieur Henry Pouguy, de Vitrey, et le sieur Claude Bacquot, prêtre, curé dudit lieu, défendeurs, soient condamnés à voir lesdits demandeurs gardés et maintenus dans la jouissance et possession qu'ils ont en qualité de prieurs de Saint-Goux conjointement avec ledit sieur curé de Vitrey, de percevoir la dîme de 23 livres sur toutes les terres ensemencées de blé, seigle, conseigle, orge, orgle, avoines et sur toutes autres graines quand elles excèdent un journal de chaque espèce; — Ardouhin-Louis de Bonnoval, écuyer, seigneur de Velleguindry; — Charles Bonaventure de Randouan, écuyer, seigneur de Pisseloup et coseigneur à Betoncourt, tant en son nom que des sieurs Baudot et de Pointe aussi co-seigneurs audit lieu; — dame Anne-Gabrielle-Théodore, comtesse de Lallemand, épouse et de l'autorité de Charles-Antoine de Malseigne, chevalier de l'ordre militaire de Saint-Lazare, capitaine au régiment de Tournaire, demeurant à Maiche, demanderesse en barre, contre dame Anne de Bressey, dame de la Coste, demeurant à Rougemont; — le sieur Claude-François Matherot, seigneur de Preigney, demandeur contre le sieur Jean-Claude Bavoux, seigneur de la Rochelle, Cintrey et Mollay; — messire Jean-François Lampinet, doyen de l'insigne chapitre de l'église collégiale Saint-Georges de Vesoul et administrateur temporel des revenus du prieuré de Fontaine, demandeur contre le sieur Georges-Perrin Maréchal, demeurant à Mailleroncourt-Saint-Pancras, défendeur, aux fins de sa requête tendante à ce qu'il soit maintenu et gardé dans la jouissance et possession d'exiger et percevoir la treizième gerbe de tous les grains de froment, sarrazin et autres qui se lient, sèment et recueillent dans le territoire de Mailleroncourt-Saint-Pancras; — demoiselle Marie-Henriette de Gilley, baronne de Marnoz, dame de Longevelle, Vy-les-Lure, les Aynans et autres lieux, demanderesse contre messire Nicolas Perney d'Aubigny, seigneur d'Athesans et autres lieux; — le sieur François Ducloz, garde-suisse des plaisirs du Roi à Paris; — révérend seigneur, messire Antoine-François de Blisterewich de Monteley, évêque d'Autun, abbé de Cherlieu, demandeur contre les habitants et communauté de Betoncourt-sur-Mance, aux fins de sa requête tendante à ce que lesdits habitants et communauté soient condamnés à ne pouvoir semer que la quinzième partie en navette ou autres grains non décimables dans la pye de froment et que la sixième partie dans la pye de carême; — messire Bertrand de Modron, marquis de Chabrilland, commandeur de Salle et dépendances; — messire Michel Dorothé, marquis de Grammont, lieutenant général des armées du Roi, chevalier d'honneur au parlement de Besançon, seigneur du marquisat de Villersexel, demandeur contre le sieur Pierre-François Fournage et les révérends sieurs chanoines et chapitre de Villersexel, aux fins de sa requête tendante à ce que ledit demandeur soit gardé et maintenu tant par provision que définitivement, dans le droit et possession d'être seul et à l'exclusion de tous autres patron et collateur en tout temps, en qualité de seigneur de Villersexel, des quatre canonicats fondés et établis audit lieu; — le sieur Jean-Jacques Jolyot, prêtre et curé de Conrchaton, demandeur contre les habitants et communauté dudit lieu, aux fins de sa requête tendante à ce que lesdits défendeurs soient condamnés à lui fournir et au sieur son vicaire des cierges pour allumer pendant les services et offices qu'ils feront et célébreront dans leur dite église et pour même porter le saint Viatique aux malades; etc.

B. 4833. (Registre.) — In-4°, 238 feuillets, papier.

1736-1737. — Registre servant à l'enregistrement des causes civiles jugées sommairement au bailliage de Vesoul. — Noms et qualités des parties : noble révérend père Charles-François Denys d'Agay de Myon, prêtre, docteur en théologie, prieur commendataire de Clervaux, vicaire général de monseigneur l'évêque de Toulon, chapelain primitif de la chapelle et oratoire érigés au château de Seey-sur-Saône sous l'invocation de Saint-Claude et de Saint-Étienne, demandeur contre les habitants et communauté de Chanto, aux fins de son exploit tendant à ce que lesdits défendeurs soient condamnés à lui payer en espèce de froment, bon, léal et marchand une quarte de froment par chaque habitant y tenant feu, conformément au droit incontestable et possession immémoriale dudit sieur demandeur; — le sieur Jean-Claude Désiré, prêtre, curé de Morey, contre les révérends prieur et religieux bénédictins du monastère Saint-Servule établi audit Morey, aux fins de son exploit tendant à ce qu'il soit maintenu et gardé dans la possession et le droit de lever la dîme tant de vin que de chanvre, froment et avoine; — les sieurs Pierre-Étienne Giroz, valet de chambre, Nicolas Lavier, chef d'hôtel, Claude-Antoine Lahaye, chef de cuisine, Laurent Saint, caviste, Jean-Pierre Alleband, frotteur, Claude Coitigny et Marie Raversin, sa femme, garde du parc, François Dubois, Martin Vagnaud, cochers, Jean-Baptiste Dissieux, frotteur, Laurent le Roux, dit Lorange et François Couttenot, postillons, Jean Cheviron, palefrenier, Claude Cadrey, dit Comtois, Claude-François Oussy, dit du Chesne, Thiébaud Clerc, laquais, Étienne Paquet, rôtisseur, Philippe Brach, palefrenier, Joseph Brouty, jardinier, Anne Tallenois et Françoise-Marie Verney, servantes d'office et de cuisine, tous en qualité de domestiques de feu M. l'abbé de Bauffremont, demandeurs contre la généralité des héritiers et des créanciers dudit abbé aux fins de leur requête tendante à ce qu'ils soient pourvus tant par provision que définitivement sur les deniers qui sont déposés au greffe du bailliage provenant de la vente des effets mobiliers dudit feu abbé du montant d'une année de leurs gages; — messire François-Ardouhin Dambly, marquis des Aynelles, François-Salomon Dambly, lieutenant de cavalerie, Clériadus Dambly, lieutenant d'infanterie et damoiselle Jeanne-Françoise-Charlotte-Louise et Élisabeth Dambly, seigneurs et dame de Chauvirey, Ouge, la Quarte, etc., demandeurs contre messire François-Salomon Bernard de Montessus, aux fins de leur requête tendante à ce que le terrain « où est la pierre cassée proche le marché aux verrats ainsi que celui qui est plus avant du côté du bois du sieur défendeur et encore jusqu'aux deux bornes qui sont encore existantes leur appartiennent en toute propriété à l'exclusion dudit sieur défendeur qui n'y a aucun droit soit de justice, soit autre »; — dame Marie-Alexandrine de Bermont, douairière de Balthazard de Sonnet, écuyer, seigneur dudit Auxon, demanderesse, contre plusieurs particuliers dudit lieu, aux fins de sa requête tendante à ce que lesdits défendeurs soient condamnés, au payement du cens de 70 quartes de blé, autant d'avoine à la mesure de Port-sur-Saône avec deux poules et deux chapons gras, comme héritiers de François Forgeot; — dame Marie-Anne-Gabrielle de Monnier, abbesse de l'abbaye royale de Montigny; — le sieur Philippe Maillard, écuyer, ancien conseiller du Roi, lieutenant criminel de robe courte, et dame Anne-Françoise Girard, son épouse, coseigneur et dame au lieu de Fresne-sur-Apance, demandeurs contre messire Charles, marquis de Fussey, seigneur de Melay et coseigneur audit lieu de Fresne-sur-Apance, aux fins de leur requête tendante à ce que ledit défendeur soit débouté de la prétention qu'il a d'obliger lesdits demandeurs à retirer leur banc placé dans le chœur de l'église dudit lieu et à laisser place suffisante au-dessus pour y placer le sien; — messire Henri-François de Ténarre, marquis de Montmain, lieutenant général des armées du Roi, gouverneur de Sessel, chevalier de l'ordre militaire de Saint-Louis, et dame Josephe-Ferdinande de Grammont, son épouse, seigneur et dame des terres et baronnies de Faucogney, Melisey et autres lieux, demeurant présentement en leur dit château du Saulcy, demandeurs contre les communautés de Faucogney, Magnyvray, Adelans, Bouhans-les-Lure, Quers, aux fins de leur requête tendante à ce que lesdits défendeurs « soient condamnés de faire faire jet et répartement par leurs commis en exercice ou autres qu'ils jugeront à propos de commettre à cet effet d'un escus en valeur de trois livres par chaque feu et ménage desdites communautés en se conformant pour la répartition du total aux biens et faculté d'un chascun des sujets le fort portant le faible suivant qu'il est prescrit par la coutume et ensuitte faire lever et percevoir par leurs dits collecteurs incessamment et sans délai la cotte de chacun des particuliers pour la remettre tout de suitte auxdits seigneur et dame ou à maitre Claude Ringuel leur dit procureur fiscal; » — les sieurs prieur et religieux de l'abbaye royale de Notre-Dame de Cherlieu, demandeurs contre les habitants et communauté de Gourgeon aux fins de leur requête tendante à ce que lesdits défendeurs « soient condamnés à leur remettre un roole ou répartiment autantique et debument notarié et contrôlé de la somme de 22 francs 7 gros, 7 engrognes, 11 deniers qui leur sont dehues annuellement de tailles, cens et services au jour de feste Saint-Michel Archange chaque année par tous ceux tenant prets en leur dite prairie de Gourgeon; » — les révérends sieurs doyen et chanoines du chapitre de Vesoul, demandeurs, contre divers particuliers de ladite ville, aux fins de leur requête tendante « à ce qu'ils soient maintenus et gardés dans le droit de percevoir en qualité de curé de la paroisse de Vesoul sur chaque chef d'hostel les bons deniers, michottes et gerbes de passions en la manière énoncée dans le règlement fait entre eux et les sieurs du magistrat de ladite ville de Vesoul du 29 décembre 1685, savoir 11 sols par an sur les riches et médiocres et sur les moindres 5 sols 6 deniers; » — François d'Argental, seigneur de Senoncourt, demandeur contre les habitants et communauté d'Anchenoncourt; — messire Raynold Charles, comte de Rosen, lieutenant général des armées du Roi, commandeur de l'ordre militaire de Saint-Louis, baron, seigneur de Boileville, Chemilly, Pontcey, etc., demandeur, contre les habitants et communauté de Pontcey, aux fins de sa requête tendante « à ce que la saisie faitte sur les défendeurs ci-après nommés sorte son plein effet pour la somme et la valeur de quarante quartes d'avoine à la mesure de Port-sur-Saône; » — le sieur Jacques-Claude Coste, seigneur de Ranzevelle et Bourbevelle, fermier général du séquestre apposé sur les biens de la succession de monseigneur le prince de Monthéliard situés en Franche-Comté, contre plusieurs particuliers de Grange-le-Bourg, « demandeur aux fins de sa requête tendante à ce que lesdits défendeurs soient condamnés à payer le douzième des grains qu'ils ont semés. »

B. 4824. (Registre.) — In-4º, 237 feuillets, papier.

1737-1739. — Registre des causes civiles jugées sommairement au bailliage présidial de Vesoul. — Noms et qualités des parties : noble Gabriel-Philibert Boucard et damoiselle Jeanne-Françoise et Claude-Françoise Boucard, coseigneur et dames de Velleguindry, demandeurs contre le sieur François Fontaine, de la Côte-aux-Bornes, aux fins de leur requête tendante à ce que « ledit défendeur ayt à se présenter à l'audiance à tels jours, lieux et heures qui lui seront indiqués pour y déclarer que malicieusement et brutallement il at rompu et brisé un banc à eux appartenant situé au bas de l'église de Velleguindry; » — le sieur Jean-Leonard Pougois, prêtre, curé de Melin, demandeur, contre le sieur Arnoux, curé de Bougey, et les habitants et communauté dudit lieu, aux fins de sa requête tendante à ce que lesdits défendeurs soient condamnés au profit dudit demandeur, en qualité de chapelain de la chapelle seigneuriale dudit lieu, de se désister d'un terrain de la contenance d'environ une quarte; — messire Louis-Bénigne, marquis de Bauffremont, chevalier de la Toison d'Or, maréchal des camps et armées du Roi, baron et seigneur de Scey-sur-Saône, la Nouvelle, etc., demandeur « contre les habitants et communauté dudit lieu de la Nouvelle aux fins de sa requête tendante à ce que lesdits défendeurs cy-après nommés soient condamnés de s'assembler en corps aux lieux et heures qui leur seront désignés et indiqués sur la place publique de la Nouvelle pour passer adveu et dénombrement tant en général qu'en particulier des droits de cens, tailles et redevances et autres prestations dehues audit seigneur, demandeur de la mouvance et des charges de leurs meix, maisons et héritages ainsi que de l'état de leurs personnes; » — haut et puissant seigneur Georges-Léopold de Virtemberg, prince de Montbéliard, demandeur contre maître Antoine Ligey, procureur fiscal des terre et seigneurie d'Héricourt, aux fins de sa requête tendante à ce que ledit défendeur soit condamné à lui rendre compte des revenus appartenant audit demandeur qu'il a perçus « rière le comté de Bourgogne; » — messire Louis-Bénigne, marquis de Bauffremont, etc., demandeur contre les communautés et habitants de Scye aux fins de sa requête tendante à ce que lesdits défendeurs soient condamnés à s'assembler de nouveau pour signer ou déclarer qu'ils ne savent signer les reconnaissances des droits portés dans les verbaux qui leur ont été signifiés; — messire Louis-Bénigne, marquis de Bauffremont, etc., demandeur, contre les habitants et communauté de Ferrière (même objet); — le sieur Pierre Thierry, fermier général des terre et seigneurie de Mgr le duc de Mazarin en haute et basse Alsace; — les sieurs directeurs de l'aumône générale de Vesoul; — les prieurs et religieux de l'abbaye de Charlieu, demandeurs contre les habitants et communauté de Venisey, aux fins de leur requête tendante à ce que lesdits défendeurs soient condamnés à faire un rôle et à leur payer les cens, tailles suivant qu'il est porté par les articles de leur reconnaissance et terrier; — messire Jacques Humbert de la Fontaine, chevalier,

seigneur des Deux-Chauvirey, Ouge, la Quarte et Vitrey, chevalier de l'ordre militaire de Saint-Louis, sous-lieutenant des grenadiers à cheval de Sa Majesté, et messire Jean de la Fontaine de Chauvirey, chevalier, capitaine au régiment Royal-infanterie, aussi seigneur des Deux-Chauvirey, Vitrey, Ouge et la Quarte, frères communiers demandeurs, contre messire Gaspard-Ardouhin-François Dambly, capitaine de dragons, messire Louis Dambly, lieutenant de cavalerie, et damoiselle Élisabeth Dambly, seigneurs et dame de Chauvirey, Vitrey, Ouge, la Quarte, etc., le sieur Edme-Philippe Regent, seigneur dudit Chauvirey, Ouge, Vitrey, la Quarte, messire François-Salomon de Bernard de Montessus, chevalier, seigneur des Deux-Chauvirey, Vitrey, Ouge, la Quarte, etc., tous défendeurs, aux fins de leur requête tendante à ce que faisant droit à leur demande d'intervention ils soient maintenus dans le droit et la possession de la qualité et du titre de seigneurs, hauts justiciers territoriaux des susdits villages ainsi que dans les droits, honneurs, fruits et profits y attachés et en dépendants; — les habitants et communautés de Quers, Citers, la Franchevelle, Linexer et Rignovelle contre le sieur Jean-Antoine Grillet, prêtre-curé desdits Quers, Citers, la Franchevelle, Linexer et Rignovelle, « demandeurs aux fins de leur requête tendante à ce que le sieur défendeur soit condamné de souffrir que les fonds curiaux dépendants de la cure de Quers seront estimés par expert pour qu'à l'advenir ils soient deschargés du supplément de portion congrue qui est d'une quarte de blé froment pour les lieux où il y croit et de cinq quartes de seigle pour les autres par ménages et les autres suppléments qu'il exige de tous indistinctement; » — messire Gilles-Jacques Damedor, seigneur et comte de Mollans, demandeur aux fins de sa requête tendante à ce que les paroissiens et communautés de Mollans, Lievans et Genevreuille soient déboutés de la prétention qu'ils ont de faire déclarer la chapelle construite à côté de l'église paroissiale de Mollans érigée en l'honneur et sous l'invocation de Saint-Sébastien exempte du droit de tombe et sépulture.

B. 4825. (Portefeuille.) — 18 cahiers in-12 de 16 feuillets chacun.

1739. — Minutes des sentences rendues dans les causes civiles sommaires au bailliage de Vesoul. — Noms et qualités des parties : les habitants et communauté de Betoncourt, demandeurs, contre messire Jean-Louis de Breton de Crillon, archevêque de Toulouse, abbé de l'abbaye royale de Charlieu et en cette dernière qualité seul décimateur audit Betoncourt, aux fins de leur requête tendante à ce qu'ils soient maintenus et gardés dans la jouissance et possession du droit d'obliger ledit seigneur défendeur de faire chauffer par le fait de ses fermiers les fours banaux en prenant les bois nécessaires pour ce sujet, soit, dans le bois dit le Bois-dessous ou autres forêts de l'abbaye de Cherlieu; — Catherine Lods, femme de Pierre Robert, de Byans, demanderesse contre la nommée Marie Beuchot, femme de Nicolas Perney, de Verlans, aux fins de sa requête tendante à ce que ladite défenderesse soit condamnée à lui faire réparation par double amende « scavoir pour l'honorable à se représenter à telle audience qui lui sera indiquée à ce bailliage pour y dire que c'est témérairement, calumnieusement et contre vérité qu'elle a proféré contre ladite demanderesse que c'était une sorcière, qu'elle lui avait donné les ennemis et les démons dans son corps, qu'elle lui en demande pardon et la tient exempte du vice résultant de ladite injure et pour la profitable à ce qu'elle soit condamnée à lui payer une somme de 80 livres, etc.; » — les révérends prieur et religieux bénédictins de l'abbaye Saint-Pierre de Luxeuil en qualité d'administrateurs du prieuré d'Annegray appelants, contre le sieur Claude-Antoine Galmiche de Ferrières-lès-Faucogney, intimé, concluant à ce qu'il soit dit qu'il a été mal jugé, bien appelé et faisant ce que le juge devait faire, maintenir les appelants dans la possession du droit de percevoir annuellement sur tous les habitants et manants du village et communauté de Ferrières-lès-Faucogney et granges en dépendant, faisant feu et levant du chanvre, la masse de chanvre composée de vingt poignées; — le sieur Adrien Renotte, prêtre et curé de Pusey, demandeur contre les habitants et communauté dudit lieu, aux fins de sa requête tendante à ce que lesdits défendeurs soient condamnés à lui payer les gerbes qui lui sont dues tant pour la dîme que pour celle de la passion « à quatre pieds et demi de tour chacune bien semées et liées et que celles de la dîme ne pourront être enlevées des héritages qu'après avoir crié plusieurs fois aux dîmeurs; » — Jean-Léger Masson d'Authume, écuyer, seigneur dudit Authume et à Jussey, demandeur contre le sieur Marc-François Pelletier, curé de Jussey, aux fins de sa requête tendante à ce qu'ils soient maintenus dans la possession ou « quasi » du droit de barque sur la rivière de Saône dans un endroit appelé le port de Mievillers, territoire de Jussey et chemin y conduisant par la prairie et canton appelés aux Goulots, qu'il soit interdit au sieur défendeur de le troubler dans cette possession; etc., etc.

B. 4826. (Portefeuille.) — 22 cahiers, 616 feuillets, papier.

1789. — Minutes des sentences rendues dans les causes civiles sommaires au bailliage de Vesoul. — Noms et qualités des parties : le sieur Pierre-Claude Champion, conseiller, procureur du Roi au bailliage de Vesoul et en cette qualité, demandeur contre les sieurs curés de Saint-Sauveur-lès-Luxeuil, Roye, Bourguignon-lès-Morey, Villers, Saint-Marcelin, Rosières et Confracourt, aux fins de sa requête tendante à ce que lesdits défendeurs soient condamnés à remettre au greffe du bailliage royal de Vesoul « un des deux registres qu'ils doivent avoir dûment cottés et paraphés par le sieur lieutenant général dudit bailliage où doivent avoir esté escrits les baptêmes, mariages et sépultures qui se sont fait dans leurs paroisses despuis la déclaration du Roi du 9 avril 1736 et à dix livres d'aumônes applicables à telles œuvres pies que les juges estimeront; » — les révérends sieurs prieur et religieux de l'abbaye de Notre-Dame de Cherlieu, demandeurs, contre les habitants et communauté de Venisey, aux fins de leur requête tendante à ce que lesdits défendeurs soient condamnés « à reconnoistre dans les nouvelles reconnoissances que les sieurs demandeurs font faire au lieu de Venisey des droits qui leurs appartiennent que ceux y tenant feu et mesnage leurs doivent une quarte de bled pour la quarte de four sauf que les veuves n'en doivent qu'un boisseau à la mesure de Port-sur-Saône, comme aussy à reconnoistre que tous les habitants dudit Venisoy soit qu'ils ayent bestes trahantes sont obligez de leur faire trois courvées chaque année, l'une aux prez, l'autre au froment et la troisième aux avoines en leur fournissant la nourriture quand ils sont commandés ou de leur payer huit engroignes chacune en cas ils ne soient pas commandez; » — les paroissiens de l'église Saint-Martin-lès-Faucogney, demandeurs, contre le sieur Jacques-Simon Bolot, docteur ès droits, prêtre curé de Faucogney, aux fins de leur requête tendante « à ce que la saisie faite sur Jean Purin, d'Esmoulières, défendeur original, soit déclarée nulle et injuste du moins pour la prestation des quatre coupes et demie de seigle pour le droit de paressage, débouter le sieur curé, demandeur original, de ses prétentions à l'égard dudit droit et le condamner aux dépens; » — le sieur Nicolas Feury, prêtre et curé de Soye et membres en dépendant, demandeur, contre les habitants et communauté de Soye, Vauchoux et Grattery, aux fins de sa requête tendante « à ce qu'il lui soit permis de faire assigner lesdits défendeurs pour voir entériner les lettres de restitution par lui obtenues de tous les fonds curiaux à l'encontre de l'abandon qui en avait été fait moyennant une somme de 300 livres et procéder sur icelles si bon leur semble, en conséquence aussy dire que le sieur demandeur jouira tant des fonds de cure que de ceux de fondations et de même manière qu'il faisait avant l'abandon; » etc., etc.

D. 4827 (Portefeuille.) — 17 cahiers, 233 feuillets, papier.

1739 (1ᵉʳ Juillet au 31 Décembre). — Minutes des sentences sommaires rendues dans les causes civiles au bailliage de Vesoul. Noms et qualités des parties : messire Jean-Prosper, marquis de Falletans, seigneur de Tioffrans, Fontenelle, Busy, Dampierre-les-Montbozon et autres lieux, et Jean-Pierre Orchamps, son fermier audit Dampierre, demandeurs contre le sieur Servois Grandjean, de Fontenois-les-Montbozon, aux fins de leur requête tendante à ce que ledit défendeur soit condamné tant par provision que définitivement « à leur payer la somme de 33 livres six sols, huit deniers, pour joyaux accordés par ledit défendeur à Catherine Huot, sa femme, sujette originelle mainmortable dudit sieur marquis de Falletans à cause de la seigneurie mainmortable dudit Dampierre, et de leur délivrer en espèces la quantité de douze quartes de froment à la mesure de Montbozon, bon grain, loyal et marchand bien vanné, purgé et nettoyé pour les *emplantures* d'un champ de trois quartes situé au finage dudit Dampierre, lieu dit *en les dégilles*, emplanté de froment, relasché à ladite Huot par Jacquette Baslin, sa mère, par son contrat de mariage avec ledit Grandjean sauf taxe et modération s'il y affert, à leur délivrer aussy la mère brebis avec un agneau à elle relaschés par ledit contrat ainssy que la moytié du croît et concroît qui en peut estre provenu, à reconnoître et délivrer et remettre pareillement les habits, trousseaux et meubles énoncés dans ledit contrat de mariage en l'estat qu'ils estoient lors du décès de ladite Catherine Huot, si mieux n'aime ledit défendeur leur payer la valeur desdits grains, mère brebis, croît et concroît, habits, trousseaux et meubles que lesdits demandeurs estiment à 200 livres sauf taxe et modération s'il y affert » ; — messire Jean-Baptiste Boudret, prêtre, chanoine en l'église métropolitaine de Besançon, prieur et seigneur de Bonnevent, demandeur contre les habitants du Bonnevent, aux fins de sa requête tendante « à ce qu'il soit gardé et maintenu dans la jouissance et possession du droit affirmatif d'exemption tant pour lui que pour les fermiers, meuniers et vignerons de son prieuré de Bonnevent, de la redevance prétendue par le seigneur d'Oiselay sur les habitants de Bonnevent et dans la possession du droit négatif qu'il n'a pas été permis auxdits défendeurs de comprendre ses fermiers, meuniers et vignerons dans le répartement fait au sujet de cette redevance » ; — Anne-Claude Rollet, femme de Germain Carillon, de Servigney, demanderesse contre le sieur Joseph Hautiot, aux fins de sa requête tendante « à ce qu'elle soit admise à faire preuve que ledit défendeur a proféré et répondu contre l'honneur et la réputation de la demanderesse depuis son mariage avec ledit Carillon en différentes fois et en différentes compagnies tant au lieu de Mondon qu'en d'autres endroits qu'il avait porté à Authoison un enfant à nourrir, provenant de la demanderesse avant son mariage des œuvres d'un autre que son mary, » ; — le sieur Claude-Louis Barbaud, prêtre et curé de Servigney-les-Montbozon, demandeur contre les habitants dudit lieu, de Mourot et Montagney, et messire Dudingue, évêque de Lausanne, abbé commendataire de l'abbaye royale de Saint-Vincent de Besançon, aux fins de sa requête tendante à ce qu'il soit procédé à une nouvelle estimation des revenus curiaux ; etc., etc.

D. 4828. (Portefeuille.) — 21 cahiers, 630 feuillets, papier.

1740 (Janvier à Juillet). — Minutes des sentences sommaires rendues dans les affaires civiles au bailliage de Vesoul. Noms et qualités des parties : le sieur Joseph Cheville, de Mailley, demandeur contre le sieur Sébastien Sœur, demeurant à Vesoul, aux fins de sa requête tendante à ce que ledit défendeur soit condamné à se représenter à l'audience dudit bailliage et d'y déclarer que mal, méchamment et brutalement ayant rencontré ledit demandeur il l'aurait insulté en le traitant de *bougre* de voleur et de *bougre* d'estropié de conscience, et l'aurait ensuite maltraité ; — le sieur Joseph Bidal, de Tallans, demandeur contre le sieur Claude Boillez, dudit lieu, aux fins de sa requête tendante à ce que ledit défendeur soit condamné à se représenter à l'audience dudit bailliage pour y déclarer que faussement, calomnieusement et contre vérité il a dit audit demandeur dans l'intention apparente de lui faire injure qu'il avait pris la chaîne de sa charrue et l'avait vendue et qu'il était un voleur ; — Jeanne Petit, de Chassey-les-Rougemont, demanderesse contre le sieur Claude Berger, aux fins de sa requête tendante à ce que ledit défendeur soit condamné à se représenter à l'audience dudit bailliage pour y déclarer, la tête nue, « que faussement, calomnieusement et contre vérité il aurait traité la demanderesse de b....... de p......... à plusieurs et réitérées fois et luy auroit mesme tout enblé delasché un coup de pied dans les rheins dont elle ressent des interrests, qu'il la tient pour fille de bien et d'honneur exempte de toutes les susdites injures et de tout vice en résultant, qu'il s'en repent, pour réparation des injures tant réelles que verbales il soit condamné à lui payer une somme de 500 livres ou telle autre qui sera trouvée juste, etc. » ; — le sieur Jacques Clément, recteur de l'école à Lomont, demandeur contre le sieur Georges Gillote, aussi dudit lieu, demandeur aux fins de sa requête dans laquelle il expose « que s'étant trouvé ledit défendeur en la maison curiale dudit Lomont où étoient alors le sieur Vailleroy, prêtre, curé audit Lomont, le sieur Ferreres, ancien curé dudit lieu et autres personnes, avec lequel lesdits sieurs curés étant venus à parler de la convention que les habitants de Lomont avoient fait précédemment au sujet de la maîtrise d'escole dont ce dernier s'estoit chargé, aux conditions entre autres que ledit demandeur en faveur de ladite convention s'estoit chargé d'achepter à ses frais pour l'église paroissiale dudit Lomont une chasuble noire et un encensoir, ledit défendeur se prit à dire qu'il seroit bien fait audit demandeur d'achepter lesdits chasuble et encensoir puisqu'ayant déjà cy-devant volé ladite église il la voleroit encore pour se faciliter l'achat de tels ornements, ayant encore adjousté d'un ton méprisant que ledit demandeur avoit voulu l'assassiner dans sa propre maison, pour réparation de quoy il soit condamné à se représenter à l'audience dudit bailliage et dire et déclarer que faussement et calomnieusement il a proféré lesdites injures et à une amende de 80 livres applicable audit demandeur pour ses intérêts civils »; — les révérends pères bénédictins de l'abbaye Saint-Vincent de Besançon et le sieur Mounier, prêtre curé de Fresne sur Apance, demandeurs contre la communauté dudit lieu, aux fins de leur requête tendante « à percevoir la dîme de tout le vin recueilli par lesdits habitants aux vendanges de 1739 »; etc.

D. 4839. (Portefeuille.) — 18 cahiers, 484 feuillets papier.

1740 (Juillet à Décembre). — Minutes des sentences sommaires rendues dans les causes civiles au bailliage de Vesoul. — Noms et qualités des parties : le sieur Jean-Claude Seguin, de Vaivre, demandeur contre les habitants et communauté de Vaivre et Montoille, aux fins de sa requête tendante à ce que lesdits défendeurs « soient condamnés à mettre en bans trois parts de quatre des prels scitués sur leur finage pour les seconds fruits en conformité de l'arrêt du parlement du 20 juin dernier »; — « Éléonor Griboulard, originaire d'Autrey-le-Vay, demeurant à Villersexel, maire de la justice dudit lieu, demandeur contre les révérends doyen et chanoines du chapitre de l'église collégiale Nostre-Dame de Dôle, en cette qualité seigneurs dudit Marast, Autrey-le-Vay et autres lieux, en désaveu par exploit tendant à ce qu'estant né sujet mainmortable desdits sieurs défendeurs et moyennant l'abandon qu'il leur a fait de tous ses meix, fonds et héritages mainmortables qui peuvent lui appartenir rière les lieux, finages et territoires dudit Marast, Autrey-le-Vay et autres lieux et moyennant aussy l'abandonnement qu'il leur a fait des deux tiers de tous ses meubles qui luy appartiennent et dont il a donné un état fidèle, il soit déclaré franc et libre subject du Roy et bourgeois comme ceux des villes de Besançon, Dôle, Vesoul et autres de cette province »; — les habitants de Noroy-l'Archevêque appelants d'une sentence rendue par le juge dudit lieu, déclarant que l'archevêque de Besançon, seigneur de Noroy, a seul qualité pour instituer les gardes et messiers audit lieu et qu'en conséquence les rapports et prises de bestiaux faits par les gardes nommés par les habitants de Noroy devoient être nuls; — le sieur Antoine Méndrier, prêtre familier à Port-sur-Saône, demandeur contre le sieur Claude Trelut, prêtre curé dudit lieu, aux fins de sa requête tendante à ce que ledit défendeur soit condamné à faire faire, à frais communs, inventaire des titres et papiers concernant la familiarité de Port-sur-Saône, signé des vénérables curé et familiers, pour être ensuite remis dans un seul et même coffre à doubles clefs différentes dont l'une sera tenue par le sieur curé et l'autre par les familiers, où au cas qu'il n'y en eût point, par les habitants, desquels titres les parties pourront prendre communication moyennant sûreté »; — les révérends prieur et religieux bénédictins de l'abbaye Notre-Dame de Favernoy, seigneurs d'Arbecey, demandeurs contre les habitants et communauté dudit lieu, aux fins de leur requête « tendante à ce que lesdits défendeurs soient condamnés de reconnaître en corps de communauté tous les articles contenus dans leurs reconnaissances datées de 1679 au profit desdits demandeurs, de même que les autres biens et droits dont ils jouissent et sont en possession depuis ce temps, conformément aux titres, jugements et arrêts postérieurs à ladite reconnaissance »; etc., etc.

D. 4830. (Portefeuille.) — 19 cahiers, 399 feuillets, papier.

1741 (Janvier à Juillet). — Minutes des sentences sommaires rendues dans les causes civiles au bailliage de Vesoul. — Noms et qualités des parties : le sieur François Grevillard, prêtre, curé de Noroy, demandeur, contre Marie Cadry, femme de François Mulot, soldat au régiment d'Eu, demeurant à Noroy, aux fins de sa requête tendante « à ce que ladite défenderesse soit condamnée à se représenter à l'audience du présent bailliage pour y étant, déclarer que, faussement et calomnieusement et par une imposture des plus noires, elle a dit et déclaré que le fruit qu'elle portait venoit des œuvres du demandeur, qu'elle s'en repent et lui en demande pardon et que conformément à l'acte qu'elle a fait signifier elle consent que sentence soit rendue suivant ses soumissions en réparation desdites injures et calomnies; — les habitants et communauté de Velorcey, demandeurs, contre ceux de Conflans, aux fins de leur requête tendants à obtenir le partage d'un canton de bois appelé *Chignotot* indivis entre eux; — le sieur Claude-Gabriel Queste, prêtre demeurant à Poumps, demandeur, contre le sieur Alexis-François Petit, clerc tonsuré, demeurant à Faucogney, aux fins de sa requête tendantes « à ce qu'il soit dit qu'il demeure subrogé dans les droits de feu sieur Balthasar-Emmanuel Girard, prêtre, en son vivant pourvu de la chapelle érigée hors des murs de Faucogney sous l'invocation de Notre-Dame-de-Paix, autrement de Vernois, à laquelle ledit sieur demandeur a aussy été nommé et envoyé en possession ayant été les gratifications, qu'en conséquence il aura la relevance de ladite chapelle; » — le sieur Pierre-François Faitout, prêtre, curé de Chambornay-les-Pin, demandeur, contre le sieur Jean Briolet, dudit lieu, aux fins de sa requête tendante « à être maintenu et gardé dans le droit de percevoir de quarante l'une la disme noyalle sur les terres nouvellement défrichées du territoire dudit lieu, le lit défendeur condamné à lui payer sur ce pied la disme d'un arpent qu'il a nouvellement défriché et éssédé dans un territoire commun audit lieu; » — Pierre-Philippe Renard, amodiateur à Villers-Saint-Marcelin, demandeur, contre les habitants et communauté dudit lieu, aux fins de sa requête tendantes « à ce que lesdits défendeurs soient condamnés à lui payer les dommages et intérêts qu'ils lui ont causés pour n'avoir pas mis les trois quarts de ses prés en regain qu'il estime à dix voitures de regain sauf taxe et à ce qu'il soit dit qu'ils seront obligés dans les années à venir de se conformer aux édits et de mettre à l'alternative en regain les prés dudit demandeur; » etc., etc.

B. 4831. (Portefeuille) — 17 cahiers, 516 feuillets, papier.

2741 (juillet à décembre). — Minutes des sentences sommaires rendues dans les causes civiles au bailliage de Vesoul. — Noms et qualités des parties : les habitants et communauté de Boulot, demandeurs, contre noble Alexandre-Joseph Courlet, de Besançon, maître des comptes à Dôle, seigneur dudit Boulot, aux fins de leur requête tendante « à ce que les reconnaissances générales faites au profit de feu maître de Boulot, le 9 décembre 1733 et toutes les particulières qui les ont suivies de même que toutes celles qui pourraient avoir été faites, soit en général ou en particulier, depuis et y compris l'année 1700, soient déclarées nulles et de nul effet avec défense au seigneur défendeur et à tous autres de s'en servir et prévaloir aux peines de droit, moyennant les soumissions que les demandeurs font de passer nouvelles reconnaissances soit en général, soit en particulier conformes aux anciens terriers et reconnaissances des portions de seigneuries d'Oyselay et de Lux ait tels qu'ils seront reproduits en bonne et débue forme par ledit sieur de Boulot; » — dame Anne-Joseph-Ferdinande de Grammont, douairière de feu messire Henri-François de Ténarre, marquis de Montrain, lieutenant général des armées du Roi, gouverneur de Sessel, dame et baronne de Faucogney, Melisey, Fiiny et autres lieux, demanderesse contre le sieur Pierre-Thomas Rolot, de Faucogney, avocat au Parlement, seigneur de Cuxuvillerain, aux fins de sa requête tendante « à ce qu'en qualité de dame et baronne dudit Faucogney et patronne de la chapelle Notre-Dame-de-la-Conception, érigée en l'église paroissiale dudit lieu, elle soit maintenue et gardée en la jouissance et possession de tous les droits honorifiques en dépendant, notamment d'avoir droit de banc et sépulture dans ladite chapelle à l'exclusion de tous autres et spécialement dudit sieur défendeur, qu'en conséquence celui-ci soit condamné à faire enlever dans le délai de trois jours le corps et les ossements du sieur Paul-Bernard Richardot, ancien curé dudit Faucogney qu'il a fait inhumer inhumer dans ladite chapelle sans droit ny permission, et les faire transporter ailleurs, sinon et passé ledit temps, qu'il soit permis à la dame demanderesse de les faire exhumer à ses frais, dont procès-verbal sera dressé; qu'il soit de plus condamné pour réparation du même trouble à l'amende de cent livres ou à telle autre qu'il sera régié applicable en réparations et ornements de ladite chapelle; » — dame Marie-Josèphe de la Baume-Montrevel, dame de Gezotte, Gevigney, Mercey, Gésincourt et autres lieux, demanderesse entre demoiselle Louise Mazuin, veuve du sieur Claude Parisey et dame dite Jeanne-Baptiste Parisey et dame Françoise Parisey, épouse du sieur Claude-François Besmeot, aux fins de sa requête tendante « à ce que l'acte d'affranchissement, fait au père et mari des lites défenderesses, de la part de M. le chevalier de Montrevel, soit déclaré nul et de nul effet, en conséquence à ce que les dames et défenderesses ayant à se représenter d'autorité nécessaire où il y affert, par-devant le commissaire à terrier des seigneuries de Gevigney, Mercey et Gésincourt et y reconnaître tous les fonds et héritages qu'elles possèdent sous lesdites seigneuries et de condition de mainmorte tant ceux qui sont reconnus et déclarés que ceux qui sont encore à déclarer et reconnaître, le tout au profit de ladite dame demanderesse; » — le sieur Jean-François Nobys, docteur en théologie, prêtre, curé de Secy-sur-Saône, demandeur contre les habitants et communauté dudit lieu, aux fins de sa requête tendante « à ce que lesdits défendeurs soient condamnés à lui payer chaque année depuis 1734 jusqu'à 1740 inclusivement,

20 gerbes en espèce de la graine réglée par l'arrêt rendu au procès qu'il a eu pendant au parlement au sujet de sa portion congrue contre lesdits défendeurs, par lequel arrêt et sur l'exposition desdits défendeurs, que le sieur demandeur percevoit 100 gerbes de paroissage sur le seul territoire dudit Scey-sur-Saône, le fixe de la cure dudit lieu ait été réglé eu égard à ladite quantité de 100 gerbes et pour ce qu'il en ait perçu au-dessous de ladite quantité pendant le susdit temps, il mieux n'aiment luy payer dix livres d'argent par chacune desdites années, attendu que par experts nommés au susdit procès, il a été déclaré que les vingt gerbes faisoient deux quartes et plus ce qui forme la somme de 70 livres protestant *de valore quanti plurimi*; » etc., etc.

B. 4838. (Portefeuille.) — 18 cahiers, 318 feuillets, papier.

1740 (janvier à juillet). — Minutes des sentences sommaires rendues dans les causes civiles au bailliage de Vesoul. — Noms et qualités des parties : messire François Florent, marquis du Châtelet, seigneur de Port-sur-Saône, Saint-Vallier, Magny et autres lieux, demandeur, contre les habitants et communauté de Saint-Vallier aux fins de sa requête tendante « à ce que lesdits défendeurs soient condamnés suivant et conformément aux reconnaissances générales de Saint-Vallier portant que les défendeurs sont taillables envers le sieur demandeur, et luy doivent payer annuellement pour la taille une somme de 41 francs cinq gros quatre engrognes, scavoir la moitié au jour de fête Notre-Dame de Mars et l'autre moitié à celle de Saint-Michel de laquelle comme ils seront tenus de faire répartement sur eux et les tenanciers d'aucuns héritages sujets audit répartement et d'en remettre le produit au receveur ou admodiateur dudit seigneur, à lui payer lesdites tailles des cinq dernières années et de continuer à l'avenir à peine de 60 sols d'amende; » — Françoise Sirond, de Vy-le-Ferroux, demanderesse contre Marie Mancur, veuve de Claude Cornibert et Claudine Cornibert, dudit lieu, aux fins de sa requête tendante « à ce que lesdites défenderesses soient condamnées à se représenter à l'audience dudit bailliage pour y déclarer que faussement et méchamment environ 3 heures après-midy du 1ᵉʳ octobre 1741, jour de dimanche, sortant de l'église un cierge à la main comme les autres filles dudit lieu, estant à la procession qui se faisoit alors, elle y fut insultée et injuriée par lesdites défenderesses qui la traitaient pour lors de b........ de ours, b........ de villaine, b........ de truye et qu'il ne luy convenoit pas de s'assembler avec les autres filles, qu'elles s'en repentent et la tiennent pour fille de bien et d'honneur pour la réparation honorable et pour la profitable qu'elles soient condamnées à luy payer la somme de 1000 livres; » — les habitants et communauté de Preigney, demandeurs aux fins de leur requête tendante « à ce qu'ils soient reçus parties intéressantes dans l'instance pendante au bailliage de Vesoul entre dame Jeanne-Marguerite Mathieu veuve de Jean-Claude Bavoux, écuyer, seigneur de la Rochelle et usufruitière des biens dudit sieur Bavoux et mère tutrice de damoiselles Marie Ignace et Jeanne-Françoise Bavoux, ses enfants, demanderesse contre Pierre-François Mounier et François-Jacquot de Preigney, défendeurs originaux et faisant droit sur ladite intervention, débouter ladite dame des conclusions qu'elle a prises contre lesdits défendeurs originaires et de la demande qu'elle a formé du droit de percevoir sur chaque habitant dudit Preigney qui labourent une gerbe de seigle et une gerbe d'avoine, et sur ceux qui ne labourent pas, trois sols quatre deniers; » etc., etc.

B. 4839. (Portefeuille.) — 21 cahiers, 390 feuillets, papier.

1740 (juin à décembre). — Minutes des sentences sommaires rendues dans les affaires civiles au bailliage de Vesoul. Noms et qualités des parties : Reinold-Charles, comte de Rosen, lieutenant général des armées du Roi, marquis de Bollevilliers, baron seigneur de Constandoy, Chemilly, Pontcey etc., demandeur, contre les habitants de ce dernier lieu aux fins de sa requête tendante « à ce que lesdits défendeurs soient condamnés à une amende de 200 livres conformément à l'ordonnance pour avoir enfreint le jugement rendu au sujet de la construction du pont que lesdits défendeurs ont commencé sur la rivière du Drujon dans le lieu de Pontcey; » — messire François-Marie Bocquet de Courbouzon, prieur commendataire des prieurés d'Arbois et Grandecourt, demandeur, contre les habitants et communauté de Ferrière-les-Scey, aux fins de sa requête tendante « à ce que la dîme à volonté dehue au sieur demandeur en qualité de prieur de Grandecourt sur le territoire de Ferrière-les-Scey, soit réglée à une quotité certaine telle que le cinquantième, ou du moins que les charrues seront déterminées et celles qui auront quatre bœufs ou deux bœufs ou deux vaches ou deux chevaux et les demyes charrues à moitié desdites espèces et que pour ceux qui n'auront charrue ni demye charrue, ils payeront la dîme au cinquantième, subsidiairement à ce que ladite dîme soit réglée, au soixantième ; » — les sieurs du magistrat de la ville de Vesoul, demandeurs, contre le sieur Claude-François Pansot, de Mézières, aux fins de leur requête tendante « à ce que ledit défendeur soit condamné dans tel délai qui lui sera fixé, de rétablir la fontaine publique de la ville de Vesoul, y substituer des pierres en place de celles qui se trouvent cassées et gelées, de manière qu'elle contienne l'eau et qu'elle puisse de là s'écouler par les boucheries conformément aux devis et conventions faites avec lui; » — les révérends sieurs abbé, prieur et religieux de l'abbaye royale de Bellevaux, demandeurs, contre Claude et Jean Marquis, frères cominuniers demeurants à Chamburnay aux fins de leur requête tendante « à ce que lesdits défendeurs soient condamnés à leur payer la dîme et que lesdits demandeurs soient maintenus et gardés dans le droit de percevoir cette dîme sur le pied d'une gerbe par chaque journal de froment aux froments et d'avoine aux avoines sur le territoire de Chamburnay; » — le sieur Nicolas Bertrand, de Menoux, demandeur, contre les sieurs François Michelet, chirurgien, et Antoine Hanriot, de Menoux, aux fins de sa requête tendante « à ce que lesdits défendeurs soient condamnés à se représenter à l'audience dudit bailliage pour y déclarer que témérairement et contre vérité ils ont fait écrire et plaider publiquement à la justice dudit Menoux que le demandeur était un scandaleux public dans la paroisse de Menoux, qu'il y avoit sept à huit ans qu'il n'avoit pas satisfait à son devoir paschal et de catholicité, voir accusé le demandeur que dans un entretien qu'il eut avec des personnes notables dudit Menoux il dit au sujet de la sainte communion par un mépris à l'auguste sacrement des autels qu'il valait autant prendre une tranche de rave que ce que donnoit le curé etc; » etc., etc.

B. 4831. (Portefeuille.) — 18 cahiers, 396 feuillets, papier.

1748 (janvier à juillet). — Minutes des sentences sommaires rendues dans les causes civiles au bailliage de Vesoul. — Noms et qualités des parties : le sieur Hugues Lair, prêtre et curé de Boult, demandeur, contre le sieur Léonard Gaulard, aux fins de sa requête tendante à ce qu'il soit maintenu et gardé dans la jouissance et possession du droit de percevoir la dîme novale sur le pied d'une gerbe par journal sur le canton de *Fuper* situé au territoire de Boult; — Edme-Philippe Régent, seigneur des terres et baronnies de Chauvirey-le-Chatel, Chauvirey-le-Vieil, Vitrey, Ouge et la Quarte et membres en dépendants, demeurant à Chauvirey-le-Vieil, défendeur originaire « tendant à ce qu'il plaise débouter messire François-Salomon de Bernard de Montessus, chevalier, seigneur desdits lieux, demandeur originaire de ses fins, le maintenir et le garder dans la possession du droit de percevoir la huitième partie du produit des dîmes en vin et grains appelées les rentes qui se perçoivent au lieu et territoire d'Ouge et qu'en conséquence ledit sieur demandeur soit condamné de luy restituer ce qu'il a perçu ou fait percevoir de trop dans la dîme des grains de la dernière récolte qui se montait au total de 4519 gerbes tant de froment que de seigle et à rendre audit sieur défendeur sa portion dans la dîme d'avoine, orge, pois, navette et autres grains de carême; » — le sieur Léonard Rougeot, prêtre, curé de Malin, demandeur, contre les habitants et communauté de Noroy-les-Jussey, « ayant exposé qu'en qualité de chapelain de la chapelle seigneuriale de Bougey, chaque habitant de Noroy-les-Jussey, tenant charrue luy doit chaque année trois corvées de charrue au sombre, au carême et en automne et ceux desdits habitants n'ayant que demie-charrue une demie courvée à chacune desdites saisons qui doivent être faites aux jours commandés dans les terres labourables dépendantes de ladite chapelle situées sur le territoire de Bougey, auquel chapelain il est permis de vendre ledit droit de charrue à qui bon luy semble; il est encore deub à chaque jour de feste nativité Notre Seigneur par chaque habitant dudit Noroy y tenant feu *un pain de cuitte* avec un double tournois suivant que lesdits droits sont constatés par une déclaration en forme de règlement faite par messire dom Claude de Grammont, seigneur dudit Bougey, des droits et redevances cy-dessus du 23 mars 1584, par un arrêt du parlement de Besançon rendu entre les habitants de Noroy, demandeurs et messire Gaspard Fuyard, prêtre, curé de Bougey, en qualité de chapelain de ladite chapelle du 27 février 1683, desquels droits ledit sieur demandeur et ses prédécesseurs ont toujours jouit, mais comme depuis quelques années les habitants ayant charrue, n'ont voulu payer que 10 sols par chaque journée de charrue et que chaque habitant tenant feu ont affecté de donner un pain du poids de 4 à 8 livres tel que sont les miches ordinaires, ledit sieur demandeur conclut à ce que chacune desdites courvées de charrue soit réglée sur le pied de deux livres, les deniers à proportion et un pain du poids de 12 livres; » — les bourgeois et les habitants de Jouvelle, demandeurs contre le sieur Charles-François Parisot, curé de Jouvelle, « ayant exposé qu'il y a une familiarité érigée à laquelle est unie la cure Sainte-Croix, qui était anciennement au faubourg de Jonvelle avec les revenus en dépendants par acte du dernier février 1598 par lequel il est dit que les familiers percevront les revenus de cette cure comme le curé les percevait, et partageront entre eux suivant les règles de la justice à condition de par eux assister aux offices qui se feront en ladite église Saint-Pierre les jours de fête et dimanche et qu'ils diront une messe à basse voix du matin tous les dimanches et festes de l'année et à la fin d'icelle un *Libera me* pour le repos des âmes fidelles, que les jours d'invention et exaltation sainte Croix, ils iront en procession de ladite église Saint-Pierre en la chapelle qui sera érigée en l'endroit où estoit autrefois l'ancienne église, y diront la messe et les vespres; que les sujets ayant manqués pour desservir cette familiarité, les curés se sont emparés de tous les titres concernant les revenus et jouy de tout sans s'acquitter d'aucune charges, surtout de la messe des festes et dimanches et lorsqu'il s'y est présenté des sujets capables d'être familiers, ils les ont reçus, mais quant aux revenus ils ont dit n'en sçavoir aucun, que ceux dont ils jouissoient dépendoient de leur cure, les choses ayant demeuré en cet état jusqu'en 1728 que ledit sieur Vuïard, prêtre dudit Jonvelle ayant eu connaissance des revenus de ladite familiarité et que le tiers des dîmes en grains sur le finage de Jonvelle en faisait partie, il se présenta au sieur Guillot pour lors curé qui le reçut, mais quand il fallut luy donner une part égale à luy dans les revenus, il ne voulut le faire, de sorte qu'il fallut qu'il agisse contre luy au bailliage de Vesoul lequel voyant sa condamnation transigea avec luy et par l'acte qui en fut fait tous les revenus de cette familiarité y furent spécifiés, entre autres le tiers des dîmes sur les laboureurs de la ville et les deux autres tiers sur les laboureurs du fauxbourg et pendant tout le temps que ledit Vyart a été à Jonvelle, cette messe a été dite tous les jours de fête et dimanche, mais étant parti le 1er juin 1742 pour être curé à Melin l'on a cessé de la dire, ce qui a obligé lesdits demandeurs de sommer ledit défendeur en qualité de premier familier de dire cette messe, à quoy il n'a voulu satisfaire sans pouvoir pénétrer son refus puisqu'il tire cette dîme par conséquent chargé comme un autre familier de dire cette messe et n'y ayant pas de familiers, ils sont en droit de choisir des prêtres pour faire les services de ladite familiarité et faire saisir à cet effet tous les revenus d'icelle, et ont conclu à ce qu'ils soient maintenus et gardés dans la possession des droits résultant du traité d'union de l'église Sainte-Croix de tous les revenus de la familiarité de l'église Saint-Pierre de Jonvelle et dans la possession du droit d'avoir tous les jours de festes et dimanche une messe basse; » etc.

B. 4835. (Portefeuille.) — 16 cahiers, 332 feuillets, papier.

1743 (juillet à décembre). — Minutes des sentences sommaires rendues dans les affaires civiles au bailliage de Vesoul. — Noms et qualités des parties : les sieurs familiers de l'église de Colombier, demandeurs originaires, contre le sieur Jacques-Théodule Haire, prêtre, curé dudit Colombier, aux fins de leur requête « tendante à ce que ledit défendeur soit condamné de représenter par serment tous les titres, papiers et enseignements concernant ladite familiarité qu'il avoit alors en son pouvoir et les remettre au coffre destiné à cet effet à la sacristie ce qu'il a fait et à ce qu'il soit débouté des fins par luy choisies concernant les quatre prets et le jardin et verger qui y sont rappelés et les maintenir dans la jouissance et possession desdits fonds; » — les révérends sieurs prieur et religieux de l'abbaye royale de Notre-Dame de Bithaine, demandeurs, contre plusieurs habitants du Val Saint-Éloi, aux fins de leur requête « tendante à être maintenus et gardés dans le droit de percevoir les quartes de fourgs sur tous les résidents au canton de Chaumont dépendant de la communauté du Val Saint-Éloi, comme ils les perçoivent sur les habitants de cette localité, à l'exception toutefois de deux particuliers désignés au contrat d'arrentement; » — messire Reinold-Charles, comte de Rosen, commandeur de l'ordre militaire de Saint-Louis, lieutenant général des armées du Roi et de son autorité, Béatrix-Octavie, née comtesse de Grammont, son épouse, seigneur et dame de Bollevillers, Conflandey et autres lieux, demandeurs, contre révérend père en Dieu dom Jérôme Coquelin, abbé de Faverney et les sieurs prieur et religieux de l'abbaye dudit lieu, aux fins de leur requête concluant à ce qu'il soit dit que la rivière (la Lanterne probablement) sera partagée en deux parts, que pour parvenir audit partage il sera nommé des experts à la forme de l'ordonnance, si mieux n'aiment les parties procéder au partage de ladite rivière à l'amiable; » — « Étienne Simonnet, écuyer, seigneur de Vougécourt et Passavant, le sieur Claude Duchet, marchand, et Nicolas Gardet, tous demeurant à Vougécourt, tous demandeurs aux fins de leur requête tendante à ce que les habitants et communauté de Corre soient appelés extraordinairement à l'audience dudit bailliage, pour voir, dire et déclarer qu'ils comprendront dans la délibération qu'ils ont dû faire pour les bans des regains les prés des demandeurs; » — le sieur Jean-Baptiste Miroudot, avocat au Parlement, seigneur d'Onans et dépendances, demandeur, contre le sieur Guillaume Bouchard, prêtre et curé d'Onans, aux fins de sa requête « tendante à ce qu'il soit maintenu et gardé dans la jouissance et possession ou quasi des droits honorifiques dans l'église dudit Onans, qu'en conséquence le sieur défendeur soit condamné à donner l'eau bénite au sieur demandeur et à la dame, son épouse, par la présentation du goupillon; » etc., etc.

B. 4836. (Portefeuille.) — 19 cahiers, 418 feuillets, papier.

1744 (janvier à juillet). — Minutes des sentences sommaires rendues dans les causes civiles au bailliage de Vesoul. — Noms et qualités des parties : les révérends abbé, prieur et religieux bénédictins de l'abbaye Notre-Dame de Faverney, demandeurs, contre les habitants et communauté dudit lieu, aux fins de leur requête « tendante à ce qu'il soit dit que les défendeurs particuliers et tenanciers des héritages sujets à la dîme de froment et avoine ne pourront semer de grains non dîmables qu'un sixième dans la pye (canton) des froments et qu'un sixième dans celle de caresme; » — Antoine-Prosper de Jacquot, écuyer, seigneur de Rosey, Andelarre, Andelarrot, etc., demandeur, contre les habitants et communauté dudit Andelarre, aux fins de sa requête « tendante à ce que lesdits défendeurs soient condamnés de procéder incessamment à un rôle de trente sols par feu et ménage dudit Andelarre, le fort portant le faible, de le relever et en délivrer le montant audit seigneur pour droit d'aide du mariage de dame Susanne de Jacquot, sa fille, mariée avec M. Grivel de Saint-Mauris, en 1728; » — dame Marie-Anne-Gabrielle de Monnier, abbesse de l'abbaye royale de Montigny, demanderesse, contre les habitants et communauté dudit Montigny, aux fins de sa requête « tendante à ce qu'elle soit maintenue et gardée dans la jouissance et possession ou quasy du droit de percevoir comme le premier habitant du lieu, une part dans les regains de ladite communauté; » — messire Claude-François de Pouthier, écuyer, seigneur de Gouhelans, demandeur, contre le sieur François-Pierre Gay dudit lieu, aux fins de sa requête « tendante à ce que la commise des pièces de terre situées sur le territoire de Gouhelans et qui sont de condition mainmortable envers le seigneur demandeur et desquelles le défendeur a pris la possession réelle sans en avoir requis ny obtenu le consentement dudit seigneur demandeur, soit déclarée ouverte à son profit, le défendeur condamné à s'en désister et à restituer les fruits enlevés depuis son entreprise; » — le sieur Antoine Doyen, prêtre et curé de Gevigney et Mercey, demandeur, contre les habitants et communautés des dits lieux, aux fins de son exploit, « tendant à ce que lesdits défendeurs soient condamnés à luy payer tant par provision que définitive, relâcher et abandonner tous les fonds et héritages, dépendants de la dottation de la cure de Gevigney et Mercey en quoy ils puissent consister soit en champs, prels et autres héritages, qu'ils soient, en outre, condamnés de luy payer par chaque feu et mesnage un boisseau de blé froment comble conformément au traité du 27 octobre 1683, au payement duquel il pourra contraindre chaque habitant desdits lieux depuis qu'il est pourvu de ladite cure et de continuer à l'avenir telle et semblable livraison avec deux gerbes de blé et deux gerbes d'avoine accordées par ledit traité, qu'ils soient de mesme condamnés de luy payer la dîme à volonté des pois, febves et chanvre et pour celles la 40e de chaque espèce, qu'ils soient aussi condamnés de payer annuellement par chaque feu et mesnage deux gerbes de froment, l'une par droit de gerbier et l'autre pour recitation de la passion et de luy labourer les terres de la dotation; » etc.

D. 4837. (Portefeuille.) — 81 cahiers, 313 feuillets, papier.

1744 (juillet à décembre). — Minutes des sentences sommaires rendues dans les causes civiles au bailliage de Vesoul. — Noms et qualités des parties : maître Ferdinand Royen, amodiateur des revenus de la seigneurie de Bourguignon-les-Conflans, demandeur, contre les habitants et communauté dudit lieu aux fins de sa requête « tendante à ce qu'il plaise declarer que pendant le temps qu'il sera fermier des terres et seigneurie dudit Bourguignon et pendant la durée de son bail, les défendeurs seront tenus de lier convenablement les grains qui proviendront et croîtront sur les anciennes courvées de la seigneurie dudit lieu, feront les gerbes de la grosseur et comme on a coutume de les faire dans ledit lieu, que défenses soient faites d'y enfermer des pierres à l'avenir n'y autres choses de cette espèce, qu'ils soient condamnés à faire les courvées énoncées dans les reconnaissances générales de ladite seigneurie toutes et quantes fois ils seront commandés et de la façon qu'il sera trouvé le plus juste pour rendre la charge égale et commune, enfin à ce qu'il soit dit que pendant la durée du bail dudit demandeur, ils ne pourront faire prendre par leurs enfants et par la jeunesse dudit lieu qu'une gerbe comme on a coutume de le faire dans le lieu; » — messire François-Salomon de Bernard de Montessus, chevalier, baron de Vitrey, seigneur des deux Chauvirey, Vitrey, Ouge et la Quarte, demandeur, contre maître François Horiot, de Combeauz, procureur fiscal du sieur Régent, défendeur, et maître Nicolas-Victor Rousselot, procureur fiscal de Montessus, appelant aux fins de sa requête « tendante à ce qu'il soit maintenu et gardé dans la haute, moyenne et basse justice commune avec les autres seigneurs pour cinq parts dans les villages de Chauvirey-le-Châtel, Vitrey, Ouge et la Quarte et pour une moitié de son chef à Chauvirey-le-Vieux et un tiers du chef de messieurs de la Fontaine sur les mésus et délicts commis par les forains et étrangers et dans la totale justice moyenne et basse sur les hommes et sujets pour tous mésus et délicts commis, à l'exclusion des autres seigneurs ; » — Jeanne-Louise Caillet, femme de Joseph Mercier, de Vesoul, demanderesse, contre les révérends sieurs doyen et chanoines du chapitre de Dôle, seigneurs de Marast et autres lieux, aux fins de son exploit « tendant à ce que moyennant l'abandonnement qu'elle a fait et fait aux seigneurs défendeurs, des deux tiers de ses meubles détaillés dans l'exploit et de tous les acts et héritages qu'elle pourrait avoir dépendant de directe ou mainmorte desdits seigneurs, elle soit déclarée franche et bourgeoise du Roi, usant et jouissant de tous les privilèges accordés aux bourgeois des quatorze villes de la province et personne de franche et libre condition; » etc., etc.

B. 4838. (Portefeuille.) — 20 cahiers, 360 feuillets, papier.

1745 (janvier à juillet). — Minutes des sentences sommaires rendues dans les causes civiles au bailliage de Vesoul. — Noms et qualités des parties : le sieur Claude-Gabriel Hiroudot, avocat en Parlement, demeurant à Vesoul, demandeur, contre les habitants et communauté de Saint-Ferjeux, aux fins de son exploit tendant « à ce qu'il soit déclaré propriétaire du four banal dudit Saint-Ferjeux, au droit que tous les habitants dudit lieu et territoire tenant feu et mesnage sont obligés d'y cuire leurs pains et pastes à la rétribution ordinaire de 20 pâtons l'un et de fournir le bois nécessaire pour faire cuire lesdits pains et pastes, lesdits défendeurs condamnés à l'aisy souffrir et aux dépens sous soubmission que fait ledit défendeur de rétablir ledit four en bon et deub état et d'y faire cuire dorénavant les pains et pastes desdits habitants, ces derniers condamnés à destruire les fours particuliers qu'ils ont fait construire dans leurs maisons; » — le sieur Nicolas Barbier, prêtre, chapelain en l'église de Colombier, demandeur, contre les sieurs Étienne Brerillon, de Comberjon et Jean-François Cochard, de Colombier, prêtres défendeurs, aux fins de sa requête « tendante à ce qu'en qualité de chapelain de la chapelle sous l'invocation de Saint-Nicolas en l'église de Colombier et y demeurant, il soit gardé et maintenu dans la jouissance des droits attachés aux chapellenies érigées dans ladite église de Colombier, et en particulier dans celuy de percevoir avec les autres chapelains desservans tous revenus des offices et services fondés dans ladite église, exclusivement à tous autres avec défenses aux défendeurs se disant familiers en ladite église de l'y troubler désormais; » — de messire Charles-Henry de Culz, comte d'Oeuilly, seigneur de Cemboing et autres lieux, demandeur, contre divers particuliers dudit lieu, aux fins de sa requête « tendante à ce qu'ils soient condamnés à démolir les fours particuliers par eux construits dans leurs maisons audit Cemboing; » — noble Gabriel-Louis de Sagey, prêtre, curé de Bussière, demandeur contre le sieur Joseph Nardin, aux fins de son exploit « tendant à ce que ledit défendeur soit condamné tant par provision que définitive à payer au sieur demandeur la dîme des vendanges qu'il a perçues aux vendanges dernières dans une vigne au canton de la Gaulière, vignoble de Bussière, qu'il a vendangée avant le ban à la quantité de trois chauveaux par demie-queue de vendange; » etc., etc.

B. 4839. (Portefeuille.) — 11 cahiers, 361 feuillets, papier.

1745 (juillet à décembre). — Minutes des sentences sommaires rendues dans les causes civiles au bailliage de Vesoul. — Noms et qualités des parties : les habitants et communauté de Gouhelans, demandeurs, contre divers particuliers dudit lieu aux fins de leur requête « tendante à ce qu'ils soient condamnés à ne plus conduire leur bétail à la pâture à proye séparée, qu'il soit dit qu'ils seront tenus de les mettre sous la baguette du pâtre, aux intérêts que lesdits habitants ont ressentis pour avoir fait pâturer à proye séparée un troupeau considérable de moutons sur le finage dudit Gouhelans; » — Jean Cornet, soldat au régiment des gardes françaises et Claude-Ursule Cornet, sa fille, demandeurs, contre le sieur Léonard Billot, prêtre, curé d'Huanne, aux fins de leur requête « tendante à ce que ledit défendeur soit condamné de rayer sur les registres de baptême de sa paroisse la déclaration qui se trouve dans l'acte baptistère de ladite Ursule Cornet portant qu'elle est née d'une conjonction illicite entre Jeanne Goguel, sa mère, et le nommé Antoine Jacquot et d'insérer au lieu et place de cette déclaration qu'elle est fille légitime de ladite Goguel et de Jean Cornet, mari et femme; » etc., etc.

B. 4840. (Portefeuille.) — 20 cahiers, 372 feuillets, papier.

1746 (janvier à juillet). — Minutes des sentences sommaires rendues dans les affaires civiles au bailliage de Vesoul. — Noms et qualités des parties : le sieur Claude-Hubert Meynière, curé de Confracourt, demandeur, contre les habitants et communauté dudit lieu aux fins de sa requête « tendante à ce qu'ils soient condamnés à lui payer la somme de 320 livres pour restant de sa pension congrue ; » les révérends prieur et religieux de l'abbaye de Notre-Dame de Faverney, demandeurs contre les habitants et communauté d'Arbecey, aux fins de leur requête « tendante à ce qu'en qualité du droit qui leur appartient comme seigneurs d'Arbecey et leur possession de lever et percevoir une cense de dix gerbes l'une sur le froment, marsot (grains que l'on sème en mars), seigle, espiotte (épeautre), avoine, et mélange quand il y a égalité ou que la graine décimable domine, et de 20 l'une quand la graine non-décimable ou non-censable excède de toutes sortes de grains qui se sèment et recueillent sur toutes les terres du territoire d'Arbecey à la réserve d'un canton de champ appelé *la Courvée de madame Du-*

ment autrement les Essarts, vulgairement nommé le Ruisson-Rond, finage dudit Arbecey, il soit dit que lesdits défendeurs ne pourront semer de grains non-décimables qu'un seizième dans la pye des froments et qu'un sixième dans la pye des caresmes ; » etc., etc.

B. 4841. (Portefeuille.) — 19 cahiers, 333 feuillets, papier.

1740 (juillet à décembre). — Minutes des sentences rendues dans les causes civiles sommaires au bailliage de Vesoul. Noms et qualités des parties : maître Jacques Bertrand, procureur fiscal en la justice d'Augicourt et notaire royal audit lieu, demandeur, contre les habitants et communauté dudit lieu, aux fins de sa requête « tendante à ce que lesdits habitants d'Augicourt ou les échevins dudit lieu soient condamnés de nommer un messier pour veiller à la conservation des biens de la terre au lieu et place de Vincent Thierry, ou à condamner celui-ci à faire les fonctions de messier ; » — Anne-Armand, marquis du Roseu, maréchal des camps et armées du Roi, seigneur de Saint-Remy, Chargey et autres lieux, demandeur, contre les habitants et communauté de Chargey, aux fins de sa requête « tendante à ce que lesdits défendeurs soient condamnés à procéder au roole ou également des tailles qui luy sont deltues pour raison de ses seigneuries comme il en conste par les nouvelles reconnaissances que lesdits défendeurs ont faites audit seigneur ; » — les révérends doyen et chanoines de l'insigne chapitre de l'église collégiale et paroissiale de Saint-George de Vesoul, demandeurs, contre plusieurs particuliers de Frotey, aux fins de leur requête, « tendante à être maintenus et gardés dans la jouissance et possession et quasi de percevoir la dixme d'une gerbe par journal de ceux qui sèment et emplantent des terres au canton dit en Champ-Renard au finage de Frotey ; » etc.

B. 4842. (Portefeuille.) — 14 cahiers, 336 feuillets, papier.

1741 (janvier à juillet). — Minutes des sentences sommaires rendues dans les causes civiles au bailliage de Vesoul. — Noms et qualités des parties : les révérends chanoines et chapitre de l'église paroissiale et collégiale Saint-George de Vesoul, demandeurs contre le sieur François Lampinet, doyen du chapitre, aux fins de leur requête « tendant à être maintenus et gardés contre ledit sieur défendeur relativement à la délibération du 23 décembre 1698 transcrite dans le registre ordinaire du chapitre duement controllée à Vesoul dans la possession ou quasi du droit de faire donner la bénédiction par le chanoine semainier sur le marche-pied du maistre authel de l'église paroissiale de ladite ville, aux prédicateurs ordinaires et extraordinaires qui se présentent pour prêcher dans ladite esglise immédiatement avant qu'ils ne montent en chaire, que deffense soit faite audit défendeur de les y troubler à l'avenir ; » — messire Charles-Henri de Cultz, comte de Deuilly, baron et seigneur de Comboing et autres lieux, demandeur contre les habitants et communauté de Comboing, aux fins de son exploit « tendant à ce que lesdits défendeurs soient condamnés à luy payer la somme de 1,890 livres pour la taille de quatorze ans qu'ils luy doivent annuellement de 135 francs, si mieux ils n'aiment luy faire un roole de ladite somme et à luy payer aussy 160 livres 10 sols 2 deniers pour la cense foncière suivant les reconnaissances ; » etc., etc.

B. 4843. (Portefeuille.) — 21 cahiers, 401 feuillets, papier.

1742 (juillet à décembre). — Minutes des sentences sommaires rendues dans les affaires civiles au bailliage de Vesoul. — Noms et qualités des parties : les révérends sieurs abbé prieur et religieux de l'abbaye royale de Notre-Dame de Bellevaux, demandeurs, contre les habitants de Chambornay, aux fins de leur requête tendante à ce que lesdits défendeurs soient condamnés à se réunir en corps de communauté pour procéder aux reconnaissances de tous les droits, prestations seigneuriales et ci-après : « 1° dire et déclarer qu'à ladite abbaye compète et appartient tout le territoire dudit Bellevaux, ancien fief de ladite abbaye en son étendue et consistance pour lequel fief lesdits religieux sont seuls seigneurs haut, moyen et bas justiciers ; 2° plus que de toute ancienneté a appartenu à ladite abbaye la seigneurie de Chambornay en toute justice haute moyenne et basse ; 3° plus que lesdits religieux ont pour administrer lesdites seigneuries la faculté de nommer un justicier ; 4° que les meix, maisons, fonds et héritages desdites seigneuries de Bellevaux et de la prebarde sont de condition mainmortable, taillable et courvoyable envers lesdits seigneurs ; 5° que compète auxdits seigneurs la taxe des pains, vin et viande dans lesdites seigneuries ; 6° idem toutes les langues de bœufs, vaches, jouvenceaux et génisses qui sont tués dans l'étendue desdites seigneuries ; 7° idem le droit de recevoir les serments des échevins et messiers au commencement de chaque année ; 8° dire et déclarer que les manants et habitants de Chambornay ne peuvent s'assembler en corps de communauté sans l'expresse permission desdits abbé et religieux ; 9° idem qu'ils ne peuvent vendre vin en détail qu'à la mesure marquée aux armes de ladite abbaye ; 10° que les résidants audit Chamboruay dont les meix et maisons sont de la directe et de la mainmorte desdits seigneurs abbé et religieux leur doivent chaque année une poule, dite la poule de Carême-prenant; 11° idem qu'ils doivent trois corvées à faucher et faner le foin du grand pré de ladite abbaye, que lorsqu'ils ne sont pas commandés pour ces corvées ils doivent pour chacune d'elles huit engrognes; lorsqu'ils sont commandés on leur doit la nourriture pain, soupe et pitance comme aux ouvriers du village, à l'exception toutefois qu'au souper, on ne leur doit qu'une michotte de pain; 12° qu'ils ne peuvent faucher leur pré avant la Saint-Jean-Baptiste si lesdits demandeurs ne leur en donnent la permission; 13° que les acquéreurs de fonds de la directe et mainmorte desdits seigneurs sont tenus de leur soumettre leurs actes d'achats et lods pour qu'ils leur donnent leur consentement; 14° qu'auxdits seigneurs abbé et religieux compète le droit de nommer et instituer plusieurs tabellions pour recevoir les actes; 15° de pêcherie dans lequel il est interdit de pêcher avec filets, lignes ou autres engins; 16° que les moulins, fouloir, battoir de chanvre, scierie et huilerie bâtis sur la rivière sont banaux et que lesdits habitants sont tenus d'en faire usage; 17° qu'il en est de même du four; 18° que lesdits habitants sont tenus de vendanger et voiturer la vendange desdits sieurs demandeurs; 19° que les terres situées aux territoires dudit lieu, doivent auxdits demandeurs la dîme annuelle à raison d'une gerbe par journal; 20° que les hommes et sujets de l'abbaye tenant feu et ménage dans lesdits meix et maisons de la directe et mainmorte de l'abbaye audit Chamboruay, propriétaires ou locataires et chacun d'eux de même que tous les autres sujets desdites terres et seigneuries de Bellevaux sont tenus et obligés de comparoir à toutes revues d'armes qui se font audit Bellevaux, chasque fois que par les maires ou sergents desdits seigneurs ou par leurs officiers il leur est commandé et doivent représenter les mêmes armes et munition que par eux leur est commandé et d'assister en armes aux exécutions criminelles qui se font dans l'étendue desdits terres et seigneurie, à peine de 60 sols estevenins d'amende; » — messire Pierre-Désiré de Boitouzet, marquis d'Ormenans, brigadier des armées du Roi, chevalier de l'ordre militaire de Saint-Louis, colonel du régiment du Roi dragons, seigneur de Loulans et autres places; — messire François de Froissard, comte de Broissia, baron de Pin et de Pressia, seigneur de Velle, Noydans-le-Ferroux et autres lieux; etc., etc.

B. 4844. (Portefeuille.) — 29 cahiers, 406 feuillets, papier.

1748 (janvier à juillet). — Minutes des sentences sommaires rendues dans les affaires civiles au bailliage de Vesoul. Noms et qualités des parties : les sieurs du magistrat de la ville de Vesoul, demandeurs, contre les meuniers du moulin de Pontelehier situé au territoire de ladite ville; — le sieur Jean-Ignace Mignant, prêtre, vicaire à Betaucourt, demandeur contre les sieurs Jean-Abraham Vejux, prêtre, curé de Cendrecourt ou à son défaut messire Jean-Louis de Berton-Crillon, archevêque de Narbonne, abbé commendataire de l'abbaye de Cherlieu, aux fins de sa requête tendante « à ce que lesdits défendeurs, en qualité de décimateurs ridre les lieux de Betaucourt et Cendrecourt, ou les habitants et communautés desdits lieux seront tenus de luy payer par provision les 75 livres adjugées au demandeur par une sentence provisionnelle en date du 7 juillet 1747 pour la desserte dudit Betaucourt à laquelle ledit sieur Mignard a été nommé par le seigneur archevêque de Besançon; » — dame Marie-Anne Chifflet, épouse autorisée de messire André-Joseph d'Arnaud, chevalier, seigneur de Prémont, Larret et autres lieux; etc., etc.

B. 4845. (Portefeuille.) — 23 cahiers, 138 feuillets, papier.

1748 (juillet à décembre). — Minutes des sentences sommaires rendues dans les causes civiles au bailliage de Vesoul. Noms et qualités des parties : le sieur Simon d'Andrey, prêtre, vicaire à Bourbonne, agissant de l'autorité de messire Étienne-Joseph d'Andrey, son père, ancien capitaine au régiment de Sassenage, chevalier de l'ordre militaire de Saint-Louis, demandeur en qualité de chapelain de la chapelle érigée dans l'église paroissiale de Cendrecourt, sous l'invocation de la sainte Vierge, de saint Jean-Baptiste et de saint Étienne, contre le sieur Pierre-François Brocard, prêtre et curé de Godoncourt, le sieur Jean-Baptiste de Bichin, l'aîné, seigneur de Cendrecourt, et le sieur Jean-François de Bichin, aussi seigneur dudit lieu, aux fins de sa requête « tendante à ce que ledit sieur Brocard, défendeur, originaire soit condamné à se désister et départir des fonds composant la dotation de ladite chapelle, de luy payer une somme de 60 livres montant les trois derniers termes de la fondation et de luy remettre tous les titres, papiers et enseignements concernant ladite chapelle; » — les habitants de Chambornay, contre le sieur Claude Henri, fermier des revenus de l'abbaye de Bellevaux; — Claude-Antoine Revel, écuyer, seigneur de Vallerois, demeurant à Besançon; — révérend père en Dieu, don Hyérôme Coquelin, abbé et seigneur de Faverney, demandeur, contre le sieur Claude-François Fauconnet, maire, ancien mitriennal et alternatif de la ville de Faverney, aux fins de sa requête « tondante à être maintenu dans la possession du droit d'avoir seul et à l'exclu-

SÉRIE B. — BAILLIAGES.

sion de tous autres un banc dans le chœur de l'église paroissiale de Faverney; » etc.

B. 4846. (Portefeuille.) — 23 cahiers, 500 feuillets, papier.

1749 (janvier à juillet). — Minutes des sentences sommaires rendues dans les causes civiles au bailliage de Vesoul. — Noms et qualités des parties : le sieur Étienne-François Priget, notaire royal et contrôleur des actes de Luxeuil; — le sieur François-Salomon Vèze, procureur en la justice et seigneurie de Grange-le-Bourg, demandeur, contre le sieur Monigoz, de Frotey-les-Vesoul, aux fins de sa requête « tendante à ce qu'il soit admis à prouver que ledit défendeur s'étant mis en colère, saisit le demandeur au collet, luy déchira sa veste, demanda un fusil à une personne présente qui en tenait un pour le tuer; » — les sieurs prieurs et religieux de l'abbaye royale Notre-Dame de Cherlieu, défendeurs originels et demandeurs, contre le sieur Charles-Antoine Janroy, prêtre, curé de Montigny, aux fins de leur requête « tendante à ce que ledit défendeur, demandeur originaire, soit débouté de ses instances dans lesquelles il conclut à être gardé et maintenu dans le droit de percevoir à l'exclusion de tous autres au territoire de Montigny la dîme novale, lesdits religieux condamnés à lui restituer un fardeau de chanvre enlevé par leurs ouvriers; » — le sieur Philibert Travault, conseiller, procureur du Roi au siège présidial de Vesoul, demandeur, contre le sieur Maigrot, prêtre, curé de Dampierre-les-Montbozon, aux fins de sa requête « tendante à ce que ledit défendeur soit condamné à apporter ou envoyer sûrement les grosses et minutes des baptêmes, mariages et mortuaires de sa paroisse de l'an 1747 et même de toutes celles des autres années qu'il a manqué d'apporter depuis; » etc.

B. 4847. (Portefeuille.) — 23 cahiers, 475 feuillets, papier.

1749-1749 (juillet à janvier). — Minutes des sentences sommaires rendues dans les causes civiles au bailliage de Vesoul. — Noms et qualités des parties : les dames religieuses de Saint-Dominique, de Tart, demanderesses en prisée et estimation, contre les sieurs Pierre-François Brocart, prêtre, curé de Godoncourt et Antoine Moreaux dudit lieu; — le sieur Cajétan-François Faivre, chirurgien-major de l'hôpital de Vesoul; — le sieur Zacharie Colombet, maître de poste à Vesoul; — Claude Lainé, de Frotey, demandeur, contre Jacques Langard, de Noroy-l'Archevêque, aux fins de sa requête « tendante à ce que ledit défendeur soit condamné à se représenter à l'audience dudit bailliage pour y déclarer que c'est faussement et calomnieusement qu'il a traité ledit demandeur de f.... Jean f...., de p...., de b..... et de gargotier; » — les R. P. du Tiers-Ordre de Saint-François établis à Chemilly; etc., etc.

B. 4848. (Portefeuille.) — 23 cahiers, 530 feuillets, papier.

1750 (janvier à juillet). — Minutes des sentences sommaires rendues dans les causes civiles au bailliage de Vesoul. — Noms et qualités des parties : le sieur Claude-Nicolas Bégeot, officier de la chancellerie du présidial de Vesoul, demandeur, contre la demoiselle Marguerite Midoz, veuve du sieur Charles-François Noblot, en son vivant procureur à Vesoul, aux fins de sa requête « tendante à ce que ladite défenderesse soit condamnée à se représenter à l'audience du bailliage pour y rétracter tête nue et à genoux les propos injurieux qu'elle a proférés contre ledit demandeur; » — le sieur Charles le Molt, avocat en Parlement, ancien assesseur et garde-marteau en la prévôté et gruerie de la Marche; — messire Jean-François Foillenot, conseiller maître en la chambre des comptes, aides, domaines et finances du comté de Bourgogne; etc., etc.

B. 4849. (Portefeuille.) — 20 cahiers, 640 feuillets, papier.

1750 (juillet à décembre). — Minutes des sentences sommaires rendues dans les causes civiles au bailliage de Vesoul. — Noms et qualités des parties : messire Jean-Baptiste Petit, baron de Lavigney, conseiller au parlement de Besançon; — messire Claude-Pélage de Cordemoy, chevalier, seigneur d'Oricourt, Arpenans et autres lieux; — messire François-Gaspard Ardhouin d'Ambly des Ayuelle, chevalier de Saint-Louis, capitaine des grenadiers royaux et Louis d'Ambly, son frère, seigneurs des terres et baronnie de Chauvirey; etc., etc.

B. 4850. (Portefeuille.) — 25 cahiers, 300 feuillets, papier.

1751 (janvier à juillet). — Minutes des sentences sommaires rendues dans les causes civiles au bailliage de Vesoul. — Noms et qualités des parties : maître Claude-Antoine Paillotte, procureur d'office en la justice de Chauvirey; — Germain Sallier, écuyer, conseiller secrétaire du Roi, maison et couronne de France, seigneur de Frotey; — maîtres Charles-François Cornibert et Claude-Agapit Coumot, procureurs au bailliage et siège présidial de Gray; — messire

Jacques Dumodor, seigneur de Bourguignon, Rougeau et Montesson ; — le sieur Claude-Louis Champy, seigneur d'Aigrevaux; etc., etc.

B. 4851. (Portefeuille.) — 26 cahiers, 442 feuillets, papier.

1751 (juillet à décembre). — Minutes des sentences sommaires rendues dans les causes civiles au bailliage de Vesoul. — Noms et qualités des parties : le sieur Philippe Symard, avocat en Parlement, à Vesoul; — Nicolas-Bernard, meunier au moulin Rouge, paroisse d'Ouge; — le sieur Claude-François Aymonet, prêtre, curé de Pont-sur-l'Ognon; — le sieur Claude-Jacques Berthier, curé de Vollefrie; — Pierre-Gaspard Terrier, écuyer, seigneur de Pont-sur-l'Ognon; etc., etc.

B. 4852. (Portefeuille.) — 22 cahiers, 330 feuillets, papier.

1752 (janvier à juillet). — Minutes des sentences sommaires rendues dans les causes civiles au bailliage de Vesoul. — Noms et qualités des parties : Jean-Baptiste Jean, seigneur de Puessans ; — Jean-Baptiste Ponsot, recteur d'école à Arpenans ; — le sieur Pierre-François Lyautey, prêtre, chanoine à Vesoul; etc., etc.

B. 4853. (Portefeuille.) — 22 cahiers, 572 feuillets, papier.

1752 (juillet à décembre). — Minutes des sentences sommaires rendues dans les causes civiles au bailliage de Vesoul. — Noms et qualités des parties : le sieur Claude Pagny, ancien capitaine de cavalerie; — Joachim-Irénée de Sonnet, écuyer, seigneur d'Auxon ; — les RR. prieur et religieux bénédictins du monastère de Morey; — Ardhouhin de Chaffoy, écuyer, seigneur de Corcelle et autres lieux;— les RR. prieur et religieux du monastère de Notre-Dame de Faverney; etc., etc.

B. 4854. (Portefeuille.) — 24 cahiers, 744 feuillets, papier.

1753 (janvier à juillet). — Minutes des sentences sommaires rendues dans les causes civiles au bailliage de Vesoul. — Noms et qualités des parties : messire Claude-François-Magdeleine Damedor, comte, baron, seigneur de Chémilly, Aroz et autres lieux; — messire Alexandre-Paul Colbert, prieur de Saint-Marcel; — Gabriel-Louis de Sagey, écuyer, prêtre, curé de Bussière; etc., etc.

B. 4855. (Portefeuille.) — 23 cahiers, 828 feuillets, papier.

1753 (juillet à décembre). — Minutes des sentences sommaires rendues dans les causes civiles au bailliage de Vesoul. — Noms et qualités des parties : le sieur François-Ignace Parisoy, bourgeois et notaire royal à Lur; — le sieur Claude-François Siroutot, curé de Bonnale; — noble Desle Dumontet de la Terrade, ancien officier de cavalerie, demeurant à Scey-sur-Saône; — le sieur Jean-Claude Estignard, curé de Cromary ; etc., etc.

B. 4856. (Portefeuille.) — 38 cahiers, 436 feuillets, papier.

1754 (janvier à juillet). — Minutes des sentences sommaires rendues dans les causes civiles au bailliage de Vesoul. — Noms et qualités des parties : François Malaillet, laboureur, demeurant à Authoison ; — le sieur Jean-Claude Seguin, de Vaivre, fermier des revenus de la terre de Pusey; — messire Claude-Antoine-Eugène de Mesmay, baron, seigneur de Montagu, Quincey, Villers-le-Sec et autres lieux, conseiller honoraire au parlement de Besançon; etc., etc.

B. 4857. (Portefeuille.) — 33 cahiers, 726 feuillets, papier.

1754 (juillet à décembre). — Minutes des sentences sommaires rendues dans les causes civiles au bailliage de Vesoul. — Noms et qualités des parties : le sieur Claude-Joseph Rochet, fermier des terres de l'abbaye de Luxeuil ; — Jean-Baptiste Bureau, seigneur de Pusy, conseiller correcteur à la cour des comptes de Dôle; etc., etc.

B. 4858. (Portefeuille.) — 34 cahiers, 544 feuillets, papier.

1755 (janvier à juillet). — Minutes des sentences sommaires rendues dans les causes civiles au bailliage de Vesoul. — Noms et qualités des parties : messire Charles-Benoît Demongenet, seigneur de Jasney, conseiller au parlement de Besançon; — le sieur Jean-François Marchand de la Motte, conseiller assesseur au bailliage et siège présidial de Vesoul; — Jean-François Guyot, prêtre, vicaire en chef à la Ferté-sur-Mance; etc., etc.

B. 4859. (Portefeuille.) — 34 cahiers, 726 feuillets, papier.

1755 (juillet à décembre). — Minutes des sentences sommaires rendues dans les causes civiles au bailliage de Vesoul. — Noms et qualités des parties : les habitants

SÉRIE B. — BAILLIAGES.

et communauté de Noydans-les-Vesoul; — les habitants et communauté de Rupt; — le sieur Jacques Chapuis, prêtre, curé de Saint-Julien; — messire Bénigne, comte de Montlezun, seigneur de Montureux-les-Baulay et autres lieux; — messire François-Ferdinand de Charentenay, chanoine en l'église métropolitaine de Besançon et les RR. sieurs prieur et religieux de l'abbaye des Trois-Rois; etc., etc.

B. 4860. (Portefeuille.) — 32 cahiers, 800 feuillets, papier.

1756 (janvier à juillet). — Minutes des sentences sommaires rendues dans les causes civiles au bailliage de Vesoul. — Noms et qualités des parties : le sieur Antoine-François Rainguel, procureur fiscal au bailliage de Faucogney; — le révérend père Pierre-Alexandre de Chargey, jésuite; — le sieur Claude-Baptiste Pilon, docteur en théologie, prêtre familier de Grange, curé de Tavey; etc.

B. 4861. (Portefeuille.) — 33 cahiers, 330 feuillets, papier.

1756 (juillet à décembre). — Minutes des sentences sommaires rendues dans les affaires civiles au bailliage de Vesoul. — Noms et qualités des parties : messire Jean-Baptiste-Louis de Clermont d'Amboise, marquis de Reynel et de Montglas, comte de Mousseau, baron et seigneur de Rupt, Chantes et dépendances, lieutenant général des armées du Roi; — messire Jean-Louis-Énard de Clermont-Tonnerre, abbé commendataire de l'abbaye royale de Luxeuil; — le sieur Claude-Simon Siblot, conseiller du Roi, maire de la ville de Lure; etc.

B. 4862. (Portefeuille.) — 37 cahiers, 777 feuillets, papier.

1757 (janvier à juillet). — Minutes des sentences sommaires rendues dans les causes civiles au bailliage de Vesoul. — Noms et qualités des parties : messire Pierre, marquis de Grandmont, lieutenant général des armées du Roi, seigneur de Villersexel, La Roche et dépendances et le sieur Frédéric Louvet, prêtre, curé de Vouhenans (ce dernier demandeur contre ledit seigneur pour obtenir son affranchissement de la macule de mainmorte moyennant l'abandon des deux tiers de ses meubles); — Béat-Joseph Guyot, écuyer, seigneur de Maîche; — les sieurs du magistrat de la ville de Vesoul; etc.

B. 4863. (Portefeuille.) — 32 cahiers, 443 feuillets, papier.

1757 (juillet à décembre). — Minutes des sentences sommaires rendues dans les causes civiles au bailliage de Vesoul. — Noms et qualités des parties : Guy-Michel de Durfort de Lorge, duc de Randan, chevalier des ordres du Roi, lieutenant général de ses armées, commandant en chef au comté de Bourgogne, gouverneur des ville, citadelle et comté de Blaye; — dame Madeleine-Suzanne de Châtelet-Laumont, épouse autorisée de messire Nicolas, marquis de Changy de Roussillon; — dame Marie-Florence du Châtelet, veuve de messire Melchior-Esprit de la Baume, comte de Montrevel et de Briançon, de Lugny, de Charriey, maréchal des camps et armées du Roi; — messire Florent-Claude, marquis du Châtelet-Lomont, lieutenant général des armées du Roi très-chrétien, commandant de l'ordre royal et militaire de Saint-Louis, grand bailli du pays d'Auxois, de Sarrelouis et de Lamarche, en Lorraine, gouverneur de Semur et de la Cotte, grand chambellan du roi de Pologne, duc de Lorraine et de Bar, baron de Cirey-le-Château et autres lieux; — messire Florent du Châtelet, chevalier non profès de l'ordre de Saint-Jean de Jérusalem, maréchal des camps et armées du Roi très-chrétien, seigneur de Pierrefitte en Barrois et autres lieux; — messire Jean-François, marquis du Châtelet, lieutenant général des armées du Roi, commandant, grand'croix de l'ordre de Saint-Louis, tant en son nom que comme héritier pur et simple de très-haut et très-puissant seigneur messire Ferdinand-François Florent, marquis du Châtelet, son frère, tous en qualité d'héritiers de dame Charlotte-Hérardine d'Anglure, douairière de messire Louis, marquis de Beauveau, en son vivant maréchal de Lorraine et Barrois, dame de Raincourt; etc.

B. 4864. (Portefeuille.) — 33 cahiers, 393 feuillets, papier.

1758 (janvier à juillet). — Minutes des sentences sommaires rendues dans les affaires civiles au bailliage de Vesoul. — Noms et qualités des parties : dame Marie-Joseph Jannet, veuve de noble Jean-Pierre Ferrier, de Colmar, avocat à la Cour; — Pierre-Joseph Poux, fermier des terres et seigneurie de Citey; — dame Marie-Anne Élisabeth du Troncet de Marsilly, douairière de messire Charles-Simon Canet de Franchecourt, capitaine de cavalerie au régiment de Randans et à présent épouse de messire Jacques de la Tour de Mance, chevalier de l'ordre militaire de Saint-Louis, commandant pour le Roi les ville et château de Blamont et seigneurie en dépendant; etc.

D. 4865. (Portefeuille.) — 34 cahiers, 443 feuillets, papier.

1758 (juillet à décembre). — Minutes des sentences sommaires rendues dans les causes civiles au bailliage de Vesoul. — Noms et qualités des parties : messire Jean-Baptiste Bureau, seigneur de Pusy; — dame Jeanne-Octavie, comtesse de Vaudrey, baronne de Saint-Remy, douairière de messire Anne-Armand, marquis de Rosen, lieutenant général des armées du Roi; — S. A. Monseigneur Jean-Bretagne-Charles Godefroy, duc de la Trémoïlle et de Thouars, pair de France, en qualité d'époux de madame la duchesse de la Trémoïlle, dame de Saint-Loup; — messire François-Alexis Henryon, conseiller maître ordinaire en la chambre des comptes, domaine et finances de Franche-Comté; — messire Charles-Joseph Henryon, lieutenant de nos seigneurs les maréchaux de France, tous seigneurs et dames d'Aillevillers, demandeurs, contre le sieur Charles Bougnot, curé dudit Aillevillers, aux fins de leur requête « tendantes à être maintenus et gardés dans le droit de percevoir la dîme de 15 gerbes l'une sur tous les fruits qui croissent dans différents cantons du territoire dudit Aillevillers; » etc., etc.

D. 4866. (Portefeuille.) — 23 cahiers, 408 feuillets, papier.

1759 (janvier à mai). — Minutes des sentences sommaires rendues dans les causes civiles au bailliage de Vesoul. — Noms et qualités des parties : les sieurs directeurs de l'hôpital de Vesoul; — le sieur Jean-François Monnayeur, seigneur de Clans; — les officiers municipaux de Faucogney, demandeurs, contre le sieur Bolot, curé dudit lieu, aux fins de leur requête « tendantes à être maintenus et gardés dans le droit de choisir un fabricien pour les églises Saint-Georges et Saint-Martin; » etc., etc.

B. 4867. (Portefeuille.) — 23 cahiers, 315 feuillets, papier.

1759 (mai à décembre). — Minutes des sentences sommaires rendues dans les causes civiles au bailliage de Vesoul. — Noms et qualités des parties : dame Marguerite-Élisabeth de Sonnet, dame de Gressoux, épouse autorisée d'Hubert de la Rochette, seigneur de Cuse, Gondenans-les-Moulins et autres lieux; — messire Claude-Antoine d'Hennezel, écuyer, seigneur de Bout, Chaux et autres lieux; — le sieur Joseph Vuillemot, prêtre, curé et prieur de Voisey, demandeur aux fins d'être maintenu dans la jouissance du droit de percevoir la moitié des émoluments des pains et pâtes qui se payent au four banal de Voisey; etc.

D. 4868. (Portefeuille.) — 22 cahiers, 192 feuillets, papier.

1759 (janvier à septembre). — Minutes des sentences sommaires rendues dans les affaires civiles au bailliage de Vesoul. — Noms et qualités des parties : le sieur Joseph Fournier, seigneur de la Barre; — messire Henry-François de Rosière, baron, seigneur de la baronnie de Fondremand; — dame Marie-Barbe Henryon de Magnoncourt, veuve de feu Jean-François Salivet, en son vivant, écuyer, seigneur de Broye et la Demie; etc.

B. 4869. (Portefeuille.) — 27 cahiers, 357 feuillets, papier.

1760 (janvier à juin). — Minutes des sentences sommaires rendues dans les causes civiles au bailliage de Vesoul; — Noms et qualités des parties : dame Marie-Florence Du Châtelet, douairière de Melchior-Esprit de la Baume, comte de Montrevel, maréchal des camps et armées du Roi, seigneur de Gevigney, Mercey et autres lieux; — messire Bernard-Angélique de Froissard de Broissia, chevalier non profès de l'ordre de Saint-Jean de Jérusalem, officier dans les gardes françaises de la maison du Roi, seigneur de Velle, Pressia et autres lieux; — messire Jacques-Antoine de Rosière, marquis de Sorans, seigneur de They, Cromary, Grachaux, etc; — les illustres dames, abbesse, princesse, doyenne et chapitre de Remiremont, demanderesses aux fins d'être gardées et maintenues dans le droit de tierce consistant dans la septième partie des fruits sur les terres nouvellement défrichées au territoire de Breurey-les-Faverney; etc.

B. 4870. (Portefeuille.) — 20 cahiers, 428 feuillets, papier.

1760 (mars à août). — Minutes des sentences sommaires rendues dans les causes civiles au bailliage de Vesoul. — Noms et qualités des parties : messire Pierre-Auguste marquis de Chappuis, président honoraire à mortier au parlement de Besançon, seigneur de Rosière, Mont-le-Vernois, Vellefaux et autres lieux; — les sieurs abbé et religieux de l'abbaye de Bellevaux; — le sieur Gabriel-Joseph Cousin, bourgeois de Paris, fermier des terre et seigneurie de Contréglise; etc., etc.

D. 4871. (Portefeuille.) — 21 cahiers, 756 feuillets, papier.

1760 (août à décembre). — Minutes des sentences sommaires rendues dans les causes civiles au bailliage de Vesoul. — Noms et qualités des parties : messire François-Joseph de Jouffroy, seigneur de Montmartinet autres lieux, chevalier de l'ordre royal et militaire de Saint-Louis ; — les habitants et communauté de Purgerot ; — damoiselle Étiennette-Louise Argent, épouse du sieur Alexis Gueritot, seigneur de Courcelotte, conseiller de ville ; — messire Jean-Baptiste, marquis de Raincour, seigneur dudit lieu ; — maître Ferdinand Doyen, notaire royal demeurant à Menoux ; etc.

B. 4872. (Portefeuille.) — 18 cahiers, 414 feuillets, papier.

1761 (janvier à avril). — Minutes des sentences sommaires rendues dans les affaires civiles au bailliage de Vesoul. — Noms et qualités des parties : le sieur Louis-Joseph Bouchut, ancien maire, et lieutenant général de la ville de Besançon ; — les habitants et paroissiens d'Héricourt, demandeurs contre les abbés, prieur et religieux de Luxeuil, aux fins de leur requête « tendante à ce que lesdits défendeurs en qualité de décimateurs de ladite paroisse soient condamnés de faire mettre des barreaux de fer avec traverses en nombre et grosseur suffisant, aux fenêtres du chœur de ladite église d'Héricourt de façon qu'elle soit dans un état de sûreté convenable » ; — François-Xavier Matherot, seigneur de Preigney ; etc., etc.

D. 4873. (Portefeuille.) — 30 cahiers, 429 feuillets, papier.

1761 (avril à août). — Minutes des sentences sommaires rendues dans les causes civiles au bailliage de Vesoul. — Noms et qualités des parties : Charles-Antoine Ebauly, écuyer, conseiller, secrétaire du Roi à la chancellerie près le parlement de Besançon, y demeurant, seigneur de Bricon ; — le sieur Jacques-Louis Foblanc, prêtre, curé de Saulx ; — messire Claude-François de Prinsac, chevalier de l'ordre militaire de Saint-Louis, ancien lieutenant-colonel pour le service du roi de Pologne, seigneur à Magnoncourt et Anchenoncourt ; etc., etc.

B. 4874. (Portefeuille.) — 20 cahiers, 361 feuillets, papier.

1761 (juillet à décembre). — Minutes des sentences sommaires rendues dans les causes civiles au bailliage de Vesoul. — Noms et qualités des parties : les sieurs prieur et religieux de l'abbaye de Cherlieu ; — Antide-François de Constable, écuyer, seigneur de la tour de Scey, Flagey et autres lieux ; — les révérendes mères Ursulines de Vesoul ; — le sieur Claude-Antoine Arbogaste Gouhenans, seigneur de Montcey ; — noble Jean-Baptiste Huot, maire de la ville de Vesoul ; etc., etc.

D. 4875. (Portefeuille.) — 23 cahiers, 460 feuillets, papier.

1762 (janvier à avril). — Minutes des sentences sommaires rendues dans les causes civiles au bailliage de Vesoul. — Noms et qualités des parties ; le sieur Jean-François Lyautey, conseiller du Roi au bailliage de Vesoul et son procureur en la maréchaussée de la même ville ; — messire François-Magdeleine Dameder, comte de Molans, seigneur de Chemilly, Arox et autres lieux ; — les révérends sieurs doyen, chanoines et chapitre de l'église royale, collégiale et paroissiale Saint-Georges de Vesoul ; — Hugues-Antoine Langroguet, échevin en exercice de la communauté de Raze ; etc., etc.

B. 4876. (Portefeuille.) — 23 cahiers, 675 feuillets, papier.

1762 (avril à août). — Minutes des sentences sommaires rendues dans les affaires civiles au bailliage de Vesoul. — Noms et qualités des parties : Claude-François Lamphet, écuyer, seigneur de Sainte-Marie en Chaux, Bouhé et autres lieux ; — messire Pierre-Joseph Janot, conseiller maître en la chambre et cour des comptes, aides, domaines et finances du comté de Bourgogne séante à Dôle, seigneur de Courchaton, Mignafans et autres lieux, demandeur, contre plusieurs habitants dudit Courchaton aux fins de sa requête « tendante à être gardé et maintenu dans la jouissance, possession ou quasi du droit d'exiger de tous les habitants manants et résidants audit Courchaton et de chacun d'eux annuellement 1° une quarte de froment appelée la quarte du guet, mesure dudit lieu, payable à luy, ses fermiers, facteurs ou ayans-cause audit Courchaton, à chaque Saint-Martin d'hiver ; 2° une poule à carmentrant ou carnaval de chaque année ; 3° trois voitures de bois en espèce aussy chasqueannée, sçavoir une le jour de la Purification, une autre le jour de la Toussaint et la troisième le jour de Noël ; 4° la corvée de trois journeaux de terres labourables par chaque habitant dudit lieu ayant charrue sçavoir la première au carême, la seconde au sombre et la dernière au vahin ou saison d'automne de chaque année ; » — maistre Léonard Marichal, de Purgerot, procureur fiscal en la justice d'Arbecey ; — Jean-Jacques Degolle, seigneur d'Allenjoie, Genechie et autres lieux ; etc.

B. 4877. (Portefeuille.) — 21 cahiers, 494 feuillets, papier.

1662 (août à décembre). — Minutes des sentences sommaires rendues dans les causes civiles au bailliage de Vesoul. — Noms et qualités des parties : le sieur Just Robert, greffier de la justice de Comberjon ; — les habitants et communauté de la Demie ; — messieurs les abbé, prieur et chanoines du chapitre Saint-Paul de Besançon ; — dame Angélique-Françoise de Lavier, douairière de messire Ignace de Laborey de Chargey ; etc.

B. 4878. (Portefeuille.) — 23 cahiers, 494 feuillets, papier.

1663 (janvier à mars). — Minutes des sentences sommaires rendues dans les causes civiles au bailliage de Vesoul. — Noms et qualités des parties : le sieur Guillaume Peseux, prêtre, administrateur du bénéfice des cures de Servigney et Mondon ; — le sieur Ignace Michaud, coseigneur à Fresne-sur-Apance ; — messire Jean-Claude Boisot, abbé de Saint-Paul de Besançon ; — les révérends abbé et religieux de Bellevaux ; — messire François-Joseph, marquis de Camus, seigneur de Filain et autres lieux ; etc.

B. 4879. (Portefeuille.) — 22 cahiers, 494 feuillets, papier.

1663 (mai à août). — Minutes des sentences sommaires rendues dans les affaires civiles au bailliage de Vesoul. — Noms et qualités des parties : messire Jacques-Antoine de Rosières, marquis de Sorans ; — dame Angélique-Françoise de Lavier, douairière de messire Ignace de Laborey, en son vivant, chevalier de l'ordre militaire de Saint-Louis, capitaine au régiment de la marine, dame de Chargey ; — Bénigne de Montlezun, seigneur de Montlezun, seigneur de Montureux-les-Baulay et autres lieux ; — le sieur Jean-André Broch, prêtre familier à Vesoul ; etc.

B. 4880. (Portefeuille.) — 15 cahiers, 928 feuillets, papier.

1663 (août à décembre). — Minutes des sentences sommaires rendues dans les causes civiles au bailliage de Vesoul. — Noms et qualités des parties : le sieur Claude-François Choupot, conseiller au bailliage et présidial de Vesoul ; — Jean-Pierre Altemer, prêtre, curé de Banmotte ; — messire Pierre-Augustin, marquis de Chappuis, président à mortier honoraire au Parlement, seigneur de Rosières, Mont-le-Vernois, Pontcey et autres lieux ; — le sieur François de Laubergat, prêtre, curé de Bourberaine ; etc.

B. 4881. (Portefeuille.) — 21 cahiers, 480 feuillets, papier.

1664 (janvier à mai). — Minutes des sentences sommaires rendues dans les causes civiles au bailliage de Vesoul. — Noms et qualités des parties : le sieur Simon Oudot, fermier général des revenus de l'abbaye de Cherlieu ; — messire Bernard-Angélique de Froissard de Broissia, chevalier non profès de l'ordre militaire de Saint-Jean de Jérusalem, seigneur du Volte et autres lieux ; — Desle Dumontet de la Terrade, écuyer, demeurant à Scey-sur-Saône, etc.

B. 4882. (Portefeuille.) — 21 cahiers, 504 feuillets, papier.

1664 (avril à août). — Minutes des sentences sommaires rendues dans les causes civiles au bailliage de Vesoul. — Noms et qualités des parties : Claude-François Jacquenoy, avocat en Parlement ; — les habitants et communauté d'Autrey-les-Cerre ; — le sieur Antoine Mougin, prêtre, curé de Châtillon-le-Duc, etc.

B. 4883. (Portefeuille.) — 20 cahiers, 800 feuillets, papier.

1664 (août à décembre). — Minutes des sentences sommaires rendues dans les causes civiles au bailliage de Vesoul. — Noms et qualités des parties : les révérends sieurs prieur et chanoines réguliers d'Hérival ; — le sieur Claude Rousselot, prêtre, docteur en théologie, curé de Chauvirey ; — messire François-Ignace d'Espiard de la Borde, conseiller clerc au parlement de Dijon ; etc.

B. 4884. (Portefeuille.) — 28 cahiers, 838 feuillets, papier.

1665 (janvier à avril). — Minutes des sentences sommaires rendues dans les causes civiles au bailliage de Vesoul. — Noms et qualités des parties : le sieur Jean-Pierre Duvernet de la Cassagne, capitaine d'infanterie ; — le sieur Claude-Baptiste Pilon, prêtre, curé de Tavey ; — Jacques de Bresson, écuyer, seigneur à Ormoy, lieutenant de dragons au service de Sa Majesté la reine de Hongrie, etc.

B. 4885. (Portefeuille.) — 21 cahiers, 816 feuillets, papier.

1665 (avril à août). — Minutes des sentences sommaires rendues dans les causes civiles au bailliage de Vesoul. — Noms et qualités des parties : Jean-Baptiste Rebillot, seigneur d'Oraux, avocat en Parlement, demeurant à Vesoul; — les habitants et communauté de Montureux-les-Baulay, demandeurs, contre les habitants et communauté de Venisey, aux fins de leur requête « tendante à être maintenus et gardés dans le droit et la possession de champoyer en morte et vaine pâture sur le canton des Planchers; » — Charles de Thivet, écuyer, garde du corps du Roi, chevalier de l'ordre militaire de Saint-Louis, capitaine de cavalerie, seigneur de Bresanne et demoiselle Élisabeth de Thivet, sa sœur; — monseigneur le maréchal prince de Soubise; dame Marie la Rivière de Bernon, épouse de M. le comte de la Rochemont et de la Garie en Périgord, ancien capitaine de cavalerie, chevalier de l'ordre militaire de Saint-Louis; dame Louise-Désirée de la Rivière du Bernon, épouse de M. le chevalier marquis d'Ormoians, demeurant en son château de Loutans en Franche-Comté; dame Jeanne-Charlotte de la Rivière de Bernon, épouse de M. le comte de la Fertey, ancien capitaine de cavalerie et chevalier de l'ordre royal et militaire de Saint-Louis, demeurant en son château de Tourcey en Bourgogne, tous seigneurs de Fougerolles et Corbenay; dame Jeanne-Octavie, née comtesse de Vaudrey, baronne de Saint-Remy, douairière de messire Anne-Armand, marquis de Rosen, seigneur de Bellevillers et autres lieux, lieutenant général des armées du Roi, demeurant en son château audit Saint-Remy, aussi dame dudit Corbenay, et haute et puissante dame Marie-Anne, née comtesse de Clausen, dame et sourière de l'insigne église Saint-Pierre de Remiremont, aussi dame dudit Corbenay, tous demandeurs contre plusieurs habitants de Corbenay; — Alexandre Aymonet, écuyer, seigneur de Contréglise; — messire Claude-Antoine François de Jacquot, seigneur de Rosey, Audelarre, Andelarrot, la Coste, Ciroy et autres lieux, ancien capitaine de cavalerie pour le service de Sa Majesté, intervenant au procès entre dame Éléophine de Koll, chanoinesse en l'abbaye de Montigny et le sieur Nicolas Foulon garde général de la maîtrise des eaux et forêts de Vesoul; — le sieur Nicolas Labbé, seigneur de Sauvigney; — les habitants et communauté de Presle, demandeurs, contre frère Antoine Chauvet de la Villette, chevalier de l'ordre de Saint-Jean de Jérusalem, commandeur de la Villedieu, aux fins de leur requête « tendante à ce qu'il soit déclaré que les graines de seigle ne sont point sujettes à la dîme audit lieu de Presle; » etc.

B. 4886. (Portefeuille.) — 20 cahiers, 360 feuillets, papier

1785 (août à décembre). — Minutes des sentences sommaires rendues dans les causes civiles au bailliage de Vesoul. — Noms et qualités des parties : messire Claude-Antoine Clériadus, marquis de Choiseul-la-Baume, maréchal des camps et armées du Roi, inspecteur général de la cavalerie et des dragons et dame Gabrielle La Baume-Montrevel, son épouse, seigneur et dame de Rougemont et autres lieux; — les habitants et communauté du Val Saint-Éloy, demandeurs, contre les abbé, prieur et religieux de l'abbaye royale de Bithaine aux fins de leur requête tendante à ce que lesdits défendeurs soient condamnés à rétablir le chœur de l'église paroissiale du Val Saint-Éloy; — messire Jules-Marie Terrier, président honoraire au parlement de Besançon, seigneur de Mailley; — messire François Mirlouée, chevalier de l'ordre militaire de Saint-Louis, ancien capitaine au régiment de Maugiron cavalerie, défendeur, ayant conclu à ce que le sieur Jean-Antoine Cornichon, prêtre, chapelain de la chapelle érigée en l'église de Lattre sous l'invocation de Sainte-Croix, demeurant à Vesoul, soit condamné à faire toutes les réparations dont ladite chapelle peut être susceptible et à fournir tous les ornements nécessaires au service divin; — Jean-François, marquis du Châtelet, lieutenant général des armées du Roi, seigneur de Longeville, les Aynans et autres lieux; — les habitants et communauté de Jussey, demandeurs aux fins de leur requête tendante à ce que l'élection qui a été faite des nouveaux suppôts soit déclarée nulle; etc.

B. 4887. (Portefeuille.) — 17 cahiers, 341 feuillets, papier.

1786 (juin à novembre). — Minutes des sentences sommaires rendues dans les causes civiles au bailliage de Vesoul. — Noms et qualités des parties : Barbe Hoyet, fille majeure demeurant à Jonvelle et Claude-Louise Hoyet, femme autorisée du sieur Claude Bigot, receveur de M. le baron de Lasnaus, demeurant au château de Thoraise, demanderesses, contre le sieur Pierre-Antoine Duchantoy, procureur du Roi au bailliage de Jonvelle, aux fins de leur requête « tendante à être maintenues et gardées dans le droit et possession de leur place à inhumer et dans le droit d'avoir le premier rang dans la grande nef de l'église de Jonvelle du côté de l'épître vis-à-vis l'autel de Notre-Dame et à ce que le banc que ledit défendeur a fait poser au-devant dudit autel soit enlevé; » — messire François-Félix Bernard Terrier, président à mortier au parlement de Besançon, seigneur de Mailleroncourt-Charette et autres lieux, demandeur aux fins de sa requête « tendante à ce que plusieurs habitants dudit Mailleroncourt soient condamnés à lui payer la dîme de la treizième gerbe de tous les grains qui se lient et du treizième monceau de ceux qui ne se lient pas; » — Jacques Arfouet, prêtre et curé à Hoffans, demandeur aux fins d'être maintenu dans le droit de persavoir sur chaque habitant dudit lieu tenant feu et ménage cinq quartotes de froment; — dame Béatrix de Chappuis, douairière de messire François-Élie de Courchetel, seigneur d'Espans, conseiller honoraire au parlement de Besançon; — Simon-Gabriel Haut, écuyer, seigneur de Baumotte et autres lieux, demandeur aux fins de sa requête tendante à à ce qu'il soit ordonné que son contrat de mariage contenant une substitution de la terre et seigneurie de Charmoille sera lu et publié à l'audience et qu'il sera ensuite transcrit sur les registres de ce bailliage; etc.

B. 4888. (Portefeuille.) — 13 cahiers, 449 feuillets, papier.

1766 (novembre à décembre). — Minutes des sentences sommaires rendues dans les causes civiles au bailliage de Vesoul. — Noms et qualités des parties : messire Simon Janin de Chaumontel, chevalier de l'ordre royal et militaire de Saint-Louis et Joseph Janin, tous deux seigneurs de Betoncourt-sur-Mance et Pisseloup; — Jacques de Bresson, écuyer, seigneur à Ormoy, lieutenant au service de l'impératrice-reine de Hongrie, demandeur aux fins de sa requête tendante à ce que les habitants et communauté d'Ormoy soient condamnés à lui faire donner et porter le pain bénit par manière de distinction après le seigneur haut justicier par leurs fabricien, marguillier ou préposés à ladite distribution les jours de dimanche et de fête; — Antoine Maréchal, demourant à Fouchécourt, co-seigneur haut justicier à Condrecourt, demandeur aux fins de sa requête tendante « à ce que l'élection qui a été faite de sa personne pour faire les fonctions de messier par les habitants de Fouchécourt soit déclarée nulle et injuste; » — François-Léopold Froissard, fermier du prieuré de Jonvelle, demandeur contre le sieur Simon Henri, de Bousseraucourt, aux fins de sa requête « tendante à ce que ledit défendeur soit condamné à lui payer la dîme à raison du quarantième d'un champ qu'il a emplanté de pois et lentilles, telle qu'en sa qualité de fermier il a droit de la percevoir conjointement avec le sieur curé dudit lieu sur les légumes qui se recueillent sur le territoire dudit Bousseraucourt; » etc., etc.

B. 4889. (Portefeuille.) — 21 cahiers, 735 feuillets, papier.

1767 (janvier à août). — Minutes des sentences sommaires rendues dans les causes civiles au bailliage de Vesoul. — Noms et qualités des parties : Charles-Emmanuel, né comte de Saint-Mauris, chevalier de l'ordre de Saint-Jean de Jérusalem, brigadier des armées du Roi, seigneur de Jussey et autres lieux; — messire Jean-François Daniel, marquis de Belot-Villette, seigneur d'Onans, Larians et autres lieux, demandeur aux fins de sa requête « tendante à être maintenu et gardé en la jouissance et possession de percevoir au lieu de Montbozon tant par son fait que par celui de ses fermiers ou domestiques sur chaque habitant dudit lieu tenant charrue, trois mesures de froment, sur ceux n'ayant que demie charrue cinq boisseaux, sur ceux n'ayant point de charrue deux mesures, sur ceux qui ne vendent pas de vin, une mesure, le tout livrable à la mesure de Montbozon; » — messire Charles de Moustier, capitaine de cavalerie au régiment de Royal-Navarre, demandeur par requête tendante à ce qu'il plaise ordonner la lecture et la publication de la substitution faite en sa faveur par messire Claude-Nicolas de Moustier, seigneur de Cubry, Nans, Adrisans et autres lieux, son aïeul, contenue dans son testament mystique, pour être ensuite enregistrée aux actes importants du bailliage de Lons-le-Saunier; — Charles-Antoine Ébaudy, écuyer, conseiller, secrétaire du Roi, seigneur de Bricon, Fraisnois de Échenoz-le-Sec et autres lieux; — Jean-Claude Miroudot, seigneur de Montussaint; — Étienne Collot, maréchal de logis de la compagnie, colonel au régiment Royal-Cravate, présentement en garnison à Verdun, demandeur aux fins de sa requête « tendante à ce que moyennant la déclaration qu'il a faite qu'il ne possédait aucun héritage de mainmorte dans l'étendue des terres et seigneurie de Bougey, et moyennant celle qu'il a faite qu'il ne détient et ne possède aucun meuble qui ne lui serve à son usage journalier, il soit déclaré franc, libre et bourgeois du Roi et déchargé de la macule de mainmorte; » — Françoise Tribouley, femme autorisée de Gédéon Thomas, demourant à Beaumotte, demanderesse aux fins de sa requête « tendante à ce que, moyennant l'abandon qu'elle entend faire ici des deux tiers de ses meubles, elle soit déclarée libre et franche sujette de Sa Majesté, contre Son Éminence Mgr le cardinal de Choiseul, archevêque de Besançon, prince du Saint-Empire, seigneur de Conans et autres lieux; » etc., etc.

B. 4890. (Portefeuille.) — 17 cahiers, 442 feuillets, papier.

1767 (août à décembre). — Minutes des sentences sommaires rendues dans les causes civiles au bailliage de Vesoul. — Noms et qualités des parties : messire Jean-Claude Boisot, abbé commendataire de l'abbaye royale de Saint-Paul de Besançon et en cette qualité seigneur haut justicier territorial de Chazelot, demandeur aux fins de sa requête « tendante à ce qu'il soit maintenu et gardé dans le droit et la possession de la haute moyenne et basse justice territoriale et généralité de mainmorte sur les villages, fins, finages et territoires, bois et communaux de Chazelot, à l'exclusion de messire Jean-Louis Aynard de Clermont-Tonnerre, abbé commendataire de Luxeuil et en cette qualité seigneur de Mailley; — les révérends pères religieux jacobins du couvent établi à Montboson; — les habitants et communauté de Raincourt, demandeurs aux fins de leur requête « tendante à être maintenus et gardés dans la jouissance et possession de la neuvième place de l'église de Raincourt destinée à l'emplacement d'un banc; » — Marie-Thérèse-Apolline, née comtesse de Mérode, dame et baronne de Ray, douairière de messire Marie-Louis-Ferdinand-Emmanuel, comte de Cosvarenne et messire Jean-Baptiste-Charles-François de Clermont d'Amboise, don d'Autrac, frère non profès de l'ordre de Saint-Jean de Jérusalem, brigadier des armées du Roi, messire Jacques de Choiseul, comte de Stainville, lieutenant général des armées du Roi, inspecteur commandant des grenadiers de France et dame Thomasse-Thérèse de Clermont d'Amboise, son épouse, dame Henriette-Joséphine-Jacqueline de Clermont d'Amboise, veuve de très-haut et très-puissant seigneur Mgr François-Auguste de Matignon, comte de Gacé, brigadier des armées du Roi, mestre de camp d'un régiment de cavalerie; etc., etc.

B. 4891. (Portefeuille.) — 16 cahiers, 720 feuillets, papier.

1768 (janvier à avril). — Minutes des sentences sommaires rendues dans les causes civiles au bailliage de Vesoul. — Noms et qualités des parties : messire Gaspard, marquis de Clermont-Tonnerre, maréchal de France, demeurant à Paris; — messire Pierre-Antoine de Jouve, chevalier de l'ordre militaire de Saint-Louis; — messire Charles-Emmanuel-Xavier, marquis de Saint-Mauris, baron et seigneur de la Villeneuve, Saulx et autres lieux, demandeur aux fins de sa requête « tendante à ce que les habitants de la Villeneuve soient obligés de lui livrer en son château six coupes de froment, mesure de Vesoul, à la Saint-Martin de chaque année par chaque personne au-dessus de cinq ans; quatre quartes deux coupes de blé, six quartes quatre coupes d'avoine, et une livre en argent pour la taille de 1763, etc. ; » — Pierre-François-Xavier Pierron, négociant, demeurant à Arcey, demandeur « tendant à ce qu'il lui soit donné acte qu'il a sujet de craindre les effets et menaces de Jean-Baptiste Perrier qui a tenté de l'assassiner; » — messire Alexandre-Antoine, comte de Scey-Montbéliard, baron de Buthier, seigneur de Pin-les-Magny et autres lieux, maréchal des camps et armées du Roi, grand bailli de Dôle, en cette qualité conservateur des privilèges de l'Université de Besançon, demeurant en son château de Buthier; etc., etc.

B. 4892. (Portefeuille.) — 17 cahiers, 1044 feuillets, papier.

1768 (mars à juin). — Minutes des sentences sommaires rendues dans les causes civiles au bailliage de Vesoul. — Noms et qualités des parties : Nicolas Henryon, écuyer, seigneur de Fédry; — Jean-François de la Pallatierre, ancien lieutenant d'infanterie et demoiselle Jeanne-Françoise Folloy, son épouse; — Hubert-Joseph Prevost, seigneur à Vellefaux, maire à Luxeuil; — Jean-Baptiste de Labadie, écuyer, seigneur de Servance et dame Marguerite-Françoise Tisserand de Servance, son épouse; etc., etc.

B. 4893. (Portefeuille.) — 19 cahiers, 417 feuillets, papier.

1768 (juillet à septembre). — Minutes des sentences sommaires rendues dans les causes civiles au bailliage de Vesoul. — Noms et qualités des parties : les habitants et communauté de Cornot demandeurs aux fins de leur requête « tendante à ce que messire Mathias Poncet de la Rivière, ancien évêque de Troyes, abbé commendataire de l'abbaye de Cherlieu et décimateur à Cornot, soit condamné à faire reconstruire à neuf à ses frais le chœur de leur église; » — messire Simon-Philippe-Charles, comte de Reinach, seigneur de Roppes, demeurant à Amoncourt et autres lieux, Casimir, baron de Reinach, chevalier d'honneur d'épée au conseil souverain d'Alsace, seigneur d'Hiersbach, d'Amoncourt et autres lieux et le baron de Reinach, commandeur de Malte, seigneur de Wœrth, d'Amoncourt, etc.; — Gilles Houllier, seigneur à Levrecey, conseiller au bailliage et siège présidial de Vesoul; — Charles de Rohan, prince de Soubise, maréchal de France et les héritiers de madame la comtesse de la Porte, qui sont messire Charles Gaspard de Louvière, comte de Viennois, capitaine au régiment de Royal-Navarre cavalerie, dame Marie-Madeleine de Louvière, née comtesse de Viennois, épouse de messire Joseph, comte de Martimprez et de Villefont, ancien capitaine au régiment de Montureux-Infanterie, dame Thérèse-Charlotte de Louvière, née comtesse de Viennois, douairière de messire Charles-Théodore Bacon de Darmeulle, demoiselle Aimée-Catherine-Françoise de Louvière, née comtesse de Viennois, dame Marie-Louise de la Rivière de Bernon, épouse de Philibert, comte de Rochaimont de la Jarte, ancien capitaine au régiment de Viennois-Cavalerie, dame Louise-Désirée de Larivière de Bernon, épouse de messire de Boltouzet, marquis d'Ormenans, dame Jeanne-Charlotte de la Rivière de Bernon, épouse de messire Charles, comte de la Ferté, ancien capitaine au régiment de Damas-cavalerie, tous co-seigneurs de Fougerolles, demandeurs, concluant à ce qu'ils soient gardés et maintenus dans la jouissance et possession du droit « consistant en ce que les habitants et communauté de Fougerolles sont obligés à la fin de chaque année de nommer et présenter au bailli de la justice dudit Fougerolles neuf sujets habitants dudit lieu et solvables, desquels le bailli en retient à son choix pour faire après avoir prêté le serment en tel cas requis les fonctions de maire et receveur pendant une année et en cette qualité faire la collecte de la recette à ses frais de tous les revenus de quelque nature qu'ils soient dépendants de la seigneurie de Fougerolles, de laquelle recette les habitants sont responsables, moyennant quoy il est deub à chaque maire ou receveur 25 francs monnoye de Lorraine et deux quartes et demie de seigle ; » etc., etc.

B. 4894. (Portefeuille.) — 19 cahiers, 475 feuillets, papier.

1769 (août à décembre). — Minutes des sentences sommaires rendues dans les causes civiles au bailliage de Vesoul. — Noms et qualités des parties : messire Joseph-Claude-François Jacquard, seigneur de Montbozon, contre les habitants et communauté dudit lieu ; — Claude-Étienne de la Rochelle, Neufchâtel et Gondenans, capitaine d'infanterie, demandeur aux fins de sa requête « tendante à ce que Hubert-Joseph de la Rochelle, Neufchâtel, seigneur de Cuze, Gondenans et autres lieux, et Marguerite-Élisabeth de Sonnet d'Auxon, son épouse, ses père et mère, soient condamnés à lui payer une somme de 3,100 livres ou telle autre qui sera arbitrée pour fournir aux frais de son mariage avec demoiselle Françoise, fille de Maximilien Emanet, comte de Carles et de dame Jeanne Bouteserin, demeurant en leur château d'Abaucourt en Lorraine, famille connue par son ancienne noblesse ; » — le sieur Pierre-Joseph Icuiller, prêtre, curé de Saponcourt, demandeur aux fins de sa requête « tendante à ce que les habitants de Saponcourt-les-Loges soient tenus de faire chaque année trois corvées de charrue aux saisons convenues lorsqu'ils seront commandés, auquel effet lesdits habitants seront tenus de remettre au demandeur un rôle des leurs ayant charrues et bêtes traînantes dans ledit lieu ; » etc., etc.

B. 4895. (Portefeuille.) — 16 cahiers, 108 feuillets, papier.

1769 (janvier à mars). — Minutes des sentences sommaires rendues dans les causes civiles au bailliage de Vesoul. — Noms et qualités des parties : François Ballay, lieutenant au régiment de Condé-Infanterie et messire Ballay, son père, conseiller en la chambre et cour des comptes de Dôle ; — les habitants et communauté de Chassey-lès-Scey, demandeurs, aux fins de leur requête « tendante à ce qu'il soit fait défense à plusieurs habitants de Scey-l'Église de faire pâturer leur bétail sur leur territoire et de déclarer ledit territoire exempt du droit de parcours ; » — noble Charles-Joseph Marquis, avocat en Parlement, résidant à Charriez, demandeur aux fins de sa requête « tendante à ce qu'il plaise déclarer la maison qui lui appartient, sise audit Charriez, exempte de la banalité du four envers les sieurs prieur et religieux de l'abbaye de la Charité ; » — dame Magdeleine Lainé de la Touche, épouse de messire François Letêtereau de Saint-Brice, chevalier de l'ordre militaire de Saint-Louis, ancien capitaine de cavalerie, demeurant à Vesoul ; — les habitants et communautés de Crevans, Sécenans, Mignafans, Mignavillers, La Chapelle, Malval et Vacheresse, demandeurs aux fins de leur requête tendante à ce que les bois communs et indivis soient partagés entre eux ; — Barbe Voidey, fille majeure demeurant à Vesoul, demanderesse aux fins de sa requête « tendante à ce que le sieur Léonard-Charles Bauquier soit condamné à lui payer pour frais de couche des trois enfants dont elle est accouchée de ses œuvres le 17 octobre 1768 trente livres, plus six livres pour frais d'enterrement de ses trois enfants et une somme de 500 livres pour ses dommages et intérêts ; » — Vincent Jobard, seigneur de Brevans, conseiller vétéran au bailliage et siège présidial de Besançon ; — Léonard Delestre, prêtre, curé de Cornot, demandeur aux fins de sa requête « tendante à ce que les habitants de Cornot soient condamnés à livrer au demandeur chacun un *penal* ou mesure de blé à celle de Traves qu'ils lui doivent échue à la Saint-Martin en vertu d'un titre en date du 11 des Kalendes de septembre de l'an 1257, si mieux ils n'aiment lui payer chacun une somme de cinq livres ; » etc., etc.

B. 4896. (Portefeuille.) — 14 cahiers, 574 feuillets, papier.

1769 (février à mai). — Minutes des sentences sommaires rendues dans les causes civiles au bailliage de Vesoul. — Noms et qualités des parties : Jean-Jacques de Grange-Bénite, écuyer, seigneur de Pernot et autres lieux demeurant à Traves ; — messire Jean-Baptiste, marquis de Raincourt, seigneur de Fallon et autres lieux, demandeur aux fins de sa requête « tendante à ce qu'il soit maintenu et gardé dans la jouissance et possession du droit qu'il a de lever annuellement sur le territoire dudit Fallon la dîme de tous les grains qui y croissent sans exception du blé de Turquie ; » — le sieur Félix-Hyppolite Guillemin, curé de Tornans, demandeur aux fins de sa requête « tendante à ce qu'il soit maintenu dans la jouissance et possession du droit de percevoir et lever la dîme au 80° de toutes les graines qui se font et croissent dans l'étendue de la paroisse de Tournans ; » — dame Nicole-Françoise, née baronne de Mahuet, douairière de messire Claude-François Gaspard, comte d'Hennezel, seigneur de Baulon, capitaine de dragons ; — Rénigue Curtailler, seigneur de Montdoré ; — messire Claude-Antoine, marquis de Saint-Vandelin, seigneur de Genevrey et autres lieux, demeurant à Gy ; — les sieurs François-Nicolas Noblat, ancien capitaine au régiment suisse d'Epteny, demeurant à Giromagny, et François-Xavier Noblat, son frère, conseiller au conseil souverain de Colmar, demandeurs aux fins de leur requête « tendante à ce qu'ils soient déclarés propriétaires de la moitié d'un fief situé au village de Froley-lez-Lure, concédé à Jacques de Buzot, trisaïeul des demandeurs, par Léopol-Frédéric, duc de Wirtemberg, prince de Montbéliard ; » — Jean-Baptiste de Bichin, écuyer, seigneur de Cendrecourt y demeurant, ancien capitaine d'infanterie pour le service de Sa Majesté, demandeur aux fins de sa requête « tendante à ce qu'il soit gardé et maintenu dans la réelle jouissance et possession du banc placé le premier au joignant du sanctuaire de l'église dudit Cendrecourt à main gauche ; » etc., etc.

B. 4897. (Portefeuille.) — 14 cahiers, 770 feuillets, papier.

1769 (juin à août). — Minutes des sentences sommaires rendues dans les causes civiles au bailliage de Vesoul. — Noms et qualités des parties : Claude Terrier, sa femme et ses enfants, demeurant aux Costes de Vezet, tous demandeurs aux fins de leur requête « tendante à ce que Martin Rollet, veuve de Toussaint Terrier et Jean-Claude Terrier son fils, Marie-Joseph Peinquet et autres, soient condamnés à se représenter à l'audience dudit bailliage pour y déclarer hautement, que méchamment et calomnieusement ils ont dit, débité et répandu le bruit que les demandeurs, la veuve de Nicolas Damotte, leur aïeule, et Simon Damotte, leur père, étaient sorciers et faisaient des magies et sortilèges, que les bestiaux des défendeurs étaient péris par l'effet de la magie et des sortilèges des demandeurs et que par les mêmes prestiges ils auraient ôté et fait perdre le lait aux vaches des défendeurs, qu'ils leur en demandent pardon, etc ; » — messire Eugène-Octave-Augustin, comte de Rozes, brigadier des armées du Roi, colonel du régiment de Dauphiné, seigneur de Grammont et autres lieux ; — Étienne-François-Denis-Jacques, seigneur de Fleurey-les-Morey, conseiller du Roi, ancien maire et lieutenant général de police de la ville de Vesoul, lieutenant particulier en ce siège ; — dame Marie-Nicole, née comtesse d'Offize, relicte de Jean-Baptiste Marc, comte de Toustain de Vivay, chevalier, seigneur d'Habocourt, baron de Thon ; — Claudine Sauvage, fille majeure, domestique à Vesoul, demanderesse, contre le sieur Pierre de Saltier, aux fins d'être affranchie de la macule de mainmorte moyennant l'abandon des deux tiers de ses meubles ; — Antoine-Bénigne-François de Montjean, seigneur de Montureux-lez-Baulay et autres lieux, demandeur aux fins de sa requête « tendante à ce qu'il soit gardé et maintenu dans la jouissance et possession de la seigneurie mainmortable qui lui appartient au lieu de Montureux, contre les prieur et religieux de l'abbaye de Cherlieux ; » — les dames abbesse et religieuses de l'abbaye royale Notre-Dame de Battend, de Besançon, ordre de Cîteaux ; etc., etc.

B. 4898. (Portefeuille.) — 13 cahiers, 845 feuillets, papier.

1769 (août à octobre). — Minutes des sentences sommaires rendues dans les causes civiles au bailliage de Vesoul. — Noms et qualités des parties : Claude-Louis Maximilien Libre, baron d'Iselin, chevalier de Lanaus, mestre de camp d'un régiment de dragons de son nom, demeurant à Besançon, contre dame Jeanne-Marguerite, marquise de la Baume-Montrevel, dame de Caron, Saint-Hippolyte, Suzette et autres lieux, épouse de messire François-Eugène-Pierre, marquis de Lignéville, seigneur d'Horicourt et autres lieux ; — Guy Vuillerot, soldat invalide demeurant à Dijon, demandeur, contre le sieur François-Alexis Henryon, ancien conseiller à la cour des comptes de Dôle, aux fins d'être, moyennant l'abandon des deux tiers de ses meubles, affranchi de la macule de mainmorte ; — les habitants et communauté de Borey, demandeurs aux fins d'être gardés et maintenus dans la jouissance et possession du droit de parcourir plusieurs cantons de prés situés au territoire de Montjustin ; — demoiselle Charlotte Brocard, veuve du sieur Antoine Maignien, en son vivant seigneur de Mersuay ; etc., etc.

B. 4899. (Portefeuille.) — 12 cahiers, 540 feuillets, papier.

1769-1770 (novembre à janvier). — Minutes des sentences sommaires rendues dans les causes civiles au bailliage de Vesoul. — Noms et qualités des parties : le sieur Léonard Baudy, de Rougemont, demandeur aux fins de sa requête « tendante à ce que l'élection qui a été faite de sa personne pour faire les fonctions de maire en l'an prochain soit déclarée nulle et injuste et à ce que les habitants et communauté de Rougemont soient condamnés à procéder à une nouvelle dans laquelle il ne sera pas compris ; » — François-Alexandre Lyautey, écuyer, seigneur de Genevreuille, prêtre, demeurant à Vesoul ; — messire

Marie-François Udélot, maire, conseiller au parlement de Besançon; — Sébastien-Gabriel Bardey, demeurant à Cornot, demandeur, contre Mathias Poncet de la Rivière, ancien évêque de Troyes, en sa qualité d'abbé de l'abbaye de Cherlieu, aux fins d'être affranchi de la macule de mainmorte, moyennant l'abandon des deux tiers de ses meubles; — Antoine Chauvet de la Vilette, commandeur de la commanderie de la Villedieu en Fontenette, demandeur, concluant à ce que l'échute de l'aïeule d'Anne-Claude Journet, soit déclarée ouverte à son profit; — messire Charles-Joseph Calf, seigneur de Noldans, professeur royal de droit en l'université de Besançon; etc.

B. 4900. (Portefeuille.) — 24 cahiers, 529 feuillets, papier.

1769 (janvier à avril). — Minutes des sentences sommaires rendues dans les causes civiles au bailliage de Vesoul. — Noms et qualités des parties : Jean-Baptiste Ponsot de Verchamp, ancien capitaine aide-major, demeurant à Luxeuil; — Claude-François Janneney, seigneur à Cubrial; — Jean-Baptiste Miroudot, seigneur de Geney, avocat en Parlement, ancien vicomte mayeur et lieutenant général de police à Vesoul; — dame Paschale-Antoinette-Émilie Petit de Meniroi, dame de la Vaivre, Aux, Palize et autres lieux, douairière de messire Louis-Joachim de Chatelier, marquis Dumesnil, lieutenant général des armées du Roi, commandeur de l'ordre royal et militaire de Saint-Louis, gouverneur de Brouage, lieutenant général et commandant de la province du Dauphiné, demanderesse aux fins de sa requête tendante à ce qu'elle soit gardée et maintenue dans la propriété et possession à titre patrimonial de la haute, moyenne et basse justice territoriale au village, territoire, chemin, palliers communs et bois communaux d'Aux-Palize contre les habitants dudit lieu; — les religieuses bénédictines du monastère Sainte-Gertrude de Besançon; — messire Nicolas Alexandre, capitaine de cavalerie, chevalier de l'ordre militaire de Saint-Louis; — noble Claude-François Besancenot, conseiller du Roi honoraire au bailliage de Vesoul; etc., etc.

B. 4901. (Portefeuille.) — 16 cahiers, 816 feuillets, papier.

1770 (mars à juin). — Minutes des sentences sommaires rendues dans les causes civiles au bailliage de Vesoul. — Noms et qualités des parties : messire Nicolas-Gabriel Vuilleret, seigneur de Brotte, conseiller au parlement de Besançon; — messire Aubin, chevalier de Saint-Louis, lieutenant au régiment des cuirassiers du Roi, demeurant à Faverney; — frère Pie de Jassion de Sainte-Foy, grand'croix et grand maréchal de l'ordre de Malte, commandeur de la commanderie de Salea, Montseugny et dépendances; — Claude-Antoine, comte de Palize; — messire Étienne-François Séviro, chevalier de l'ordre militaire de Saint-Louis; etc.

B. 4902. (Portefeuille.) — 17 cahiers, 754 feuillets, papier.

1770 (juillet à septembre). — Minutes des sentences sommaires rendues dans les causes civiles au bailliage de Vesoul. — Noms et qualités des parties : noble Jean-Henry Cenet, seigneur d'Accolans, demeurant à l'Isle-sur-le-Doubs; — Desle-Pierre Faivre, coseigneur à Chaux-les-Port; — le comte de Montrevel, brigadier des armées du Roi, demeurant à Paris; — dame Marguerite-Barbe Henryon de Franchevelle, douairière de messire Joseph de Mailly, président à la chambre des comptes; — messire Pierre-François Pillard, chevalier de l'ordre militaire et royal de Saint-Louis, ancien capitaine aide-major de dragons au régiment de Vibraye et actuellement capitaine d'invalides au château de Suerche; etc.

B. 4903. (Portefeuille.) — 17 cahiers, 510 feuillets, papier.

1770-1771 (août à janvier). — Minutes des sentences sommaires rendues dans les causes civiles au bailliage de Vesoul. — Noms et qualités des parties : le sieur Louis-Reuches, de Frotey, prêtre et vicaire de Colombier, demandeur aux fins de sa requête « tendante à ce que moyennant la déclaration qu'il fait de ne posséder aucun immeuble au lieu de Frotey et de n'avoir aucun meuble, sauf les habits, hardes et linges servant à sa personne et quelques livres propres à son état, il soit affranchi de la macule de mainmorte envers Pierre Sallier, seigneur de Frotey; » — Simon-Gabriel Huet, écuyer, seigneur de Charmoille et autres lieux, demandeur aux fins de sa requête « tendante à ce que les habitants et communauté de Charmoille soient déboutés de l'opposition qu'ils ont formée au dénombrement qu'il ordonne de la terre de Charmoille relevant du domaine du Roi; » — Pierre-Servois Roland, ancien lieutenant d'infanterie au régiment de Castella-suisse; — dame Jeanne-Baptiste Mouton, dame d'Aigrevaux, épouse de messire Jean Badin du Chesne, chevalier de Saint-Louis, ancien capitaine de cavalerie, demeurant à Vesoul; etc., etc.

B. 4904. (Portefeuille.) — 16 cahiers, 410 feuillets, papier.

1770 (novembre à décembre). — Minutes des sentences sommaires rendues dans les causes civiles au bailliage de Vesoul. — Noms et qualités des parties : Richard Mathelat, seigneur de Montcourt; — Charles-Emmanuel, né comte de Saint-Mauris, chevalier de l'ordre de Saint-Jean de Jérusalem, maréchal des camps et armées du Roi, commandant général aux « *Isles d'Havanes et de l'Amérique;* » — Claude-Philippe de Hauclair, écuyer, seigneur d'Osse Gesincourt, Aboncourt et autres lieux; — messire Gaspard Grimod Durfort, écuyer, seigneur d'Orçay; — dame Marie-Thérèse-Françoise, née comtesse de Montrichier, épouse de messire Charles-Jérôme, comte de Raigecourt, seigneur de Menoux et autres lieux, dame Ferdinande-Charlotte-Joséphine, née comtesse de Montrichier, douairière de messire Bénigne, comte de Montlezun, seigneur de Montureux-les-Baulay et autres lieux, demanderesses aux fins de leur requête « tendante à ce que les habitants de Montjustin soient condamnés à se représenter sur la place publique pour reconnaître qu'aux demanderesses appartient la haute, moyenne et basse justice sur leurs hommes et sujets habitants Velotte et Gourgeon ainsi que sur leurs meix, maisons, héritages et dépendances; que les meix et maisons situés auxdits Velotte et Gourgeon dépendants de la directe desdites demanderesses en condition mainmortable sont chargés et affectés envers elles de trois corvées à bras pour chaque année; que ceux des sujets de Velotte et Gourgeon qui ont chariot et charrois doivent aussi annuellement auxdites dames deux voitures de bois; que chaque sujet desdits lieux est obligé de porter à son tour et ordre lettres jusqu'à sept lieues pour les affaires desdites demanderesses, moyennant un petit blanc seulement par chaque lieue; que les sujets de Velotte doivent annuellement aux environs de carnaval ou de carême entrant, les uns chacun un chapon, les autres chacun une poule suffisamment grasse; que tous ceux qui possèdent des fonds et héritages dépendants de ladite seigneurie doivent annuellement un blanc de taille ou cense par chaque quarte de terre; » etc.

B. 4905. (Portefeuille.) — 11 cahiers, 682 feuillets, papier.

1771 (janvier à mars). — Minutes des sentences sommaires rendues dans les causes civiles au bailliage de Vesoul. — Noms et qualités des parties : Jean-Baptiste Bossu, prêtre, chanoine en l'église collégiale de Vesoul, secrétaire de Son Éminence Mgr le cardinal de Choiseul et prieur de Volsey; — messire François-Marie de Boquet de Courbouzon, prieur de Grandecourt; — dame Éléonore-Charlotte de Landeselben, comtesse de Coligny; — les habitants et communauté de Moismay, Autrey-le-Vay et Marast, demandeurs aux fins de leur requête « tendante à ce que les habitants et communauté d'Esprels soient condamnés à contribuer concurremment avec les demandeurs à l'achat des missels, rituels et autres livres nécessaires à l'église de Moismay pour la célébration des saints mystères; » etc., etc.

B. 4906. (Portefeuille.) — 12 cahiers, 733 feuillets, papier.

1771 (février à mai). — Minutes des sentences sommaires rendues dans les causes civiles au bailliage de Vesoul. — Noms et qualités des parties : Claude Frolois et Jean Frolois-Gaudez, de Vy-les-Lure, demandeurs aux fins de leur requête tendante à ce que moyennant l'abandon des deux tiers de leurs meubles et de la totalité de leurs immeubles ils soient déclarés exempts de la macule du mainmorte envers Louis-Marie-Florent, comte du Châtelet-Lomont, chevalier des ordres du Roi, maréchal des camps, seigneur de Vy-les-Lure et autres lieux; — les habitants de Bougey, demandeurs contre François-Joseph de Méry, écuyer, seigneur de Bougey, aux fins de leur requête tendante à ce que ledit défendeur soit condamné à leur rendre et restituer une somme de 321 livres qu'ils ont payées à sa décharge pour le prix d'un tabernacle placé dans leur église, il y a environ douze années; — les habitants et communauté de Vy-le-Ferroux demandeurs aux fins de leur requête tendante à ce que le sieur Hugues Viélet, prêtre, curé de Vy-le-Ferroux soit condamné en sa qualité de décimateur à Vy-le-Ferroux à fournir les nouveaux livres nécessaires pour les offices à célébrer dans leur église; etc., etc.

B. 4907. (Portefeuille.) — 43 cahiers, 562 feuillets, papier.

1771 (avril à juillet). — Minutes des sentences sommaires rendues dans les causes civiles au bailliage de Vesoul. — Noms et qualités des parties : Jacques-Joseph Bellenet, écuyer, avocat en Parlement demeurant à Vesoul; — François-Vatin Cadet, seigneur d'Amaville; — Jean-Baptiste Maillet, seigneur de Courchamps; — les habitants et communauté de Godoncourt, demandeurs aux fins de leur requête « tendante à ce que messire Jean-Louis-Aynard de Clermont-Tonnerre, abbé de Luxeuil, en qualité de décimateur sur le finage et territoire dudit Godoncourt, soit condamné à fournir les livres nécessaires à l'église pour le service divin ; — même instance de la part de Joseph Vésant, prêtre, curé de Chaux, contre les habitants dudit lieu ; — même instance de la part des habitants et communauté de Plancher-les-Mines contre les sieurs grand prévôt, trésorier et chanoines du chapitre de Lure ; — Joseph-Vieuney, de Bourguignon-les-la-Charité, demandeur, contre M. de Breteuil, abbé de la Charité, aux fins d'être, moyennant l'abandon des deux tiers de ses meubles, affranchi de la macule de mainmorte ; etc., etc.

B. 4908. (Portefeuille.) — 12 cahiers, 808 feuillets, papier.

1771 (juin à août). — Minutes des sentences sommaires rendues dans les causes civiles au bailliage de Vesoul. — Noms et qualités des parties : Jean-François Nazaire de Villeneuve, prêtre, chanoine du trésor de l'église cathédrale de Troyes en Champagne ; — François Rabache, avocat au parlement de Paris, en qualité de tuteur onéraire de Pierre-Gaspard-Marie-Grimod du Fort, seigneur d'Orçay et des terres et seigneuries de Rupt, demeurant à Cubry-les-Soing ; — messire Dominique Dercan, abbé de l'abbaye de Saint-Vincent et en cette qualité coseigneur de Villerspater ; — messire Claude-Antoine de Bonnay, écuyer, chevalier de l'ordre royal et militaire de Saint-Louis, ancien capitaine commandant un régiment de Royal-Pologne, Claude-Joseph de Bonnay, écuyer, ancien capitaine au régiment de Montmorin, seigneur haut justicier à Villars-Saint-Marcelin, Charles-Benoît de Bonnay, écuyer, capitaine au corps royal d'artillerie ; etc., etc.

B. 4909. (Portefeuille.) — 14 cahiers, 280 feuillets, papier.

1772 (août à décembre). — Minutes des sentences sommaires rendues dans les causes civiles au bailliage de Vesoul. — Noms et qualités des parties : François-Augustin de Lespines, avocat en Parlement, seigneur de Montjustin et autres lieux, actuellement pensionnaire chez les révérends pères Cordeliers de Charriez, demandeur aux fins de sa requête tendante à ce qu'il lui soit permis d'appeler les sieurs Guillemin de Vaivre, Papier et Juif ainsi que ses parents au nombre de sept pour voir dire et prononcer que le demandeur sera remis en liberté, déclaré capable des effets civils, qu'en conséquence l'administration de ses biens lui sera rendue ; — Jean-Baptiste-Marie Petit, seigneur de Pin, Morey, Lavigney, mousquetaire du Roi ; — François Dussaulx, de Trevey, demandeur aux fins de sa requête contre les sieurs prieurs et religieux de l'abbaye de Bellevaux tendante à être moyennant l'abandon de tous ses immeubles et des deux tiers de ses meubles affranchi de la macule de mainmorte ; etc.

B. 4910. (Portefeuille.) — 13 cahiers, 364 feuillets, papier.

1772 (novembre et décembre). — Minutes des sentences sommaires rendues dans les causes civiles au bailliage de Vesoul. — Noms et qualités des parties : les révérends sieurs prieur et religieux de l'abbaye de Bellevaux, demandeurs aux fins de leur requête tendante « à ce qu'ils soient gardés et maintenus dans le droit et la possession de faire tenir la justice au siège ordinaire de l'abbaye de Bellevaux, contre les habitants et communauté de Trevey ; » — messire Maurice Dejean de Saint-Marcel, chevalier de l'ordre royal et militaire de Saint-Louis, ancien capitaine au régiment de Beauce-Infanterie ; — messire Jean-François Raillard, conseiller maître en la chambre et cour des comptes, aides, domaines et finances du comté de Bourgogne, seigneur de Gevigney, Mercey et Grandvelle ; — Pierre-Gaspard Folley, ancien gendarme de la garde du Roi, seigneur de Corre, demandeur aux fins de sa requête tendante à ce qu'il soit gardé et maintenu dans la jouissance et possession des bancs qui lui appartiennent, savoir un dans la chapelle Saint-Joseph annexée à l'église paroissiale dudit Corre, ensuite de permission accordée au sieur François Folley, son aïeul, fondateur de ladite chapelle et un qui lui appartient également en l'église paroissiale de Corre pour l'avoir acheté du sieur Chaudot ; — les habitants et communauté d'Arpenans, demandeurs aux fins de leur requête « tendante à ce que le sieur Joseph Gréa, prêtre, curé dudit Arpenans, soit condamné à fournir incessamment leur église de livres de chant, vases sacrés, linges, ornements et autres choses nécessaires auxquelles sont tenus les décimateurs ecclésiastiques ; » — Jean-Baptiste Mathelat, coseigneur décimateur à Corre ; — noble Charles Lange, conseiller, substitut honoraire en la chambre et cour des comptes de Dôle, seigneur à Ferrières et autres lieux ; etc.

B. 4911. (Portefeuille.) — 12 cahiers, 744 feuillets, papier.

1772 (janvier à mars). — Minutes des sentences sommaires rendues dans les causes civiles au bailliage de Vesoul. — Noms et qualités des parties : les révérends prieur et religieux de l'abbaye Saint-Henry, de Verdun ; — Jean-Claude Tartey, seigneur de Recologne, Fretigney, Villers-Bouton et autres lieux ; — messire Jacques de Grasse, chevalier de l'ordre royal et militaire de Saint-Louis, commandant major de la place de Phillippeville ;

— Alexandre Burtel, écuyer, seigneur de Démont, Villers-sur-Port et autres lieux; etc., etc.

B. 4912. (Portefeuille.) — 17 cahiers, 493 feuillets, papier.

1772 (février à juin). — Minutes des sentences sommaires rendues dans les causes civiles au bailliage de Vesoul. — Noms et qualités des parties : messire Richard-Philippe Coillenot, conseiller au parlement de Besançon, seigneur de Magny, et autres lieux, demandeur aux fins de sa requête « tendante à ce qu'il soit maintenu dans le droit de percevoir la dîme au quinzième des grains comme seigle, avoine, qui se sèment sur le territoire dudit Magny; » — Claude-François Vigneron, étudiant en droit, à Besançon, Jean-Baptiste-Joseph, Jeanne-Baptiste-Pierrette Vigneron, demeurant à Genevreuille, demandeurs aux fins de leur requête tendante à être, moyennant l'abandon de leurs meix et héritages mainmortables et des deux tiers de leurs meubles, affranchis de la macule de mainmorte; — Jean-Baptiste de Thomasset, écuyer, seigneur de Bousseraucourt; — Claude-Antoine-Vincent Faivre, écuyer, seigneur de Chauvirey et du Bouvot; — Jean-Baptiste Semonnin, seigneur d'Aillevans; — Anatoile-Joseph Goisset, prêtre, curé d'Abbenans, demandeur aux fins de sa requête « tendante à ce que les habitants et communauté d'Abbenans soient condamnés à lui payer la somme de 3 livres par an pour les processions des Rogations ainsi que celle de six livres pour quatre exorcismes avec grand'messes et d'une livre dix sols pour trois exorcismes sans messe; » etc., etc.

B. 4913. (Portefeuille.) — 17 cahiers, 714 feuillets, papier.

1772 (mai à août). — Minutes des sentences sommaires rendues dans les causes civiles au bailliage de Vesoul. — Noms et qualités des parties : les religieux pères cordeliers du couvent de Provenchère; — messire Dominique Descard, chanoine, prévôt de la cathédrale et vicaire général du diocèse de Soissons, abbé de Notre-Dame-du-Val et de l'abbaye royale du Saint-Vincent-de-Besançon, seigneur en mainmorte de Besnans; etc., etc.

B. 4914. (Portefeuille.) — 17 cahiers, 714 feuillets, papier.

1772 (juillet à octobre). — Minutes des sentences sommaires rendues dans les causes civiles au bailliage de Vesoul. — Noms et qualités des parties : le sieur Claude-François Aubry, prêtre et curé de Ronchamp, demandeur aux fins de sa requête tendante « à ce qu'il soit gardé et maintenu dans le droit et possession de percevoir la dîme novale, sur toutes les terres novales, c'est-à-dire nouvellement défrichées; — noble Joseph Desprel, capitaine d'infanterie au régiment de Touraine; — dame Françoise Bullet de Rougnon, veuve de messire Nicolas-Charles-Étienne Le Febvre, conseiller à la cour souveraine de Nancy; — dame Louise-Françoise Bullet de Rougnon, épouse de messire Jean-Baptiste Riboux, conseiller au parlement de Besançon; — Jean-Antoine Bullet de Rougnon, docteur en Sorbonne, chanoine en l'insigne église collégiale et paroissiale de Besançon; — Claude-François, Bullet de Rougnon, écuyer, capitaine au régiment de Champagne-Infanterie; etc., etc.

B. 4915. (Portefeuille.) — 16 cahiers, 360 feuillets, papier.

1772 (septembre à décembre). — Minutes des sentences sommaires rendues dans les causes civiles au bailliage de Vesoul. — Noms et qualités des parties : le sieur Jean-Étienne Boisson, docteur en médecine, conseiller, médecin ordinaire du Roi, à Vesoul, demandeur aux fins de sa requête « tendante à ce qu'il soit dit que la communauté de MM. les chirurgiens de la ville de Vesoul, sont tenus de se conformer à chaque réception aux lois, statuts et règlements concernant l'exercice de la chirurgie; » — messire Jean-Baptiste Petit, baron de Lavigney, seigneur de Saint-Julien et autres lieux, mousquetaire du Roi; — Joseph-Pierre Sallier de Champole, écuyer, ancien capitaine au régiment de Poitou, seigneur de Pusey; etc., etc.

B. 4916. (Portefeuille.) — 14 cahiers, 336 feuillets, papier.

1776 (janvier à avril). — Minutes des sentences sommaires rendues dans les causes civiles au bailliage de Vesoul. — Noms et qualités des parties : dom Ambroise Baudeux, abbé de l'abbaye de Faverney, seigneur de ladite ville; — François, Guy-François et Jean Vuillemet, frères, demandeurs aux fins de leur requête « tendante à ce que, moyennant l'abandon qu'ils font à dame Marguerite-Barbe Henryon, douairière de messire Joseph de Mailly, dame de Franchevelle et autres lieux, de tous leurs meix et héritages mainmortables et des deux tiers de leurs meubles, ils soient déclarés francs et exempts de la macule de mainmorte; » etc., etc.

B. 4917. (Portefeuille.) — 19 cahiers, 817 feuillets, papier.

1776 (mars à juin). — Minutes des sentences sommaires rendues dans les causes civiles au bailliage de

Vesoul. — Noms et qualités des parties : messire Henri-François Coquelin, conseiller au parlement de Franche-Comté, seigneur de Morey, Sainte-Reine, la Chapelle, et autres lieux, demeurant présentement à Morey, et messire Petit, officier de cavalerie au régiment de Royal-Navarre, présentement à Thionville, aussi seigneur à Morey, demandeurs aux fins de leur requête « tendante à ce que les bouchers dudit lieu de Morey soient tenus de leur délivrer toutes les langues des grosses bêtes, même des cochons qui se tueront audit lieu et que défense leur soit faite de tuer ailleurs que sous les halles dudit lieu après que les bêtes auront été visitées; » — Claude-François Roland, de Vesoul, seigneur de Dampvalley et Claude-Hyacinthe Roland, son père, aussi seigneur dudit lieu; — demoiselle Yolande-Thérèse Buretel, dame de Provenchère; — Jean-Baptiste Rebillot, seigneur de Vaux, avocat en Parlement, demeurant à Vesoul; — Jean-Claude Mercier, seigneur d'Équevilley; — Claude-François Guy, seigneur d'Épenoux, demeurant à Besançon; » etc., etc.

B. 4918. (Portefeuille.) — 19 cahiers, 399 feuillets, papier.

1773 (juin à septembre). — Minutes des sentences sommaires rendues dans les causes civiles au bailliage de Vesoul. — Noms et qualités des parties : les habitants et communauté de Champagney, demandeurs aux fins de leur requête tendante à ce que les sieurs grand prévôt, grand trésorier et chanoines du chapitre de Lure, soient condamnés comme décimateurs de la paroisse à payer le prix de la reconstruction du chœur de la nouvelle église et à la pourvoir d'ornements; — les mêmes demandeurs contre les mêmes défendeurs aux fins de les faire condamner à cesser de faire parcourir leur troupeau de moutons sur le territoire de Champagney ou d'en réduire le nombre à la proportion du bétail qu'un des forts habitants peut y faire conduire; — noble Jean-Claude Chevillet, capitaine d'infanterie de Sa Majesté; etc., etc.

B. 4919. (Portefeuille.) — 19 cahiers, 684 feuillets, papier.

1773 (septembre à 31 décembre). — Minutes des sentences sommaires rendues dans les causes civiles au bailliage de Vesoul. — Noms et qualités des parties : les dames religieuses du monastère Sainte-Ursule de la ville de Vesoul; — frère David Vuillemin, missionnaire apostolique et l'un des religieux de la maison des Frères Mineurs conventuels de la ville de Troyes; — dame Jeanne-Élisabeth Brun, douairière de messire François-Xavier-Joseph Bouverot, écuyer, dame de Maizières.

B. 4920. (Portefeuille.) — 21 cahiers, 588 feuillets, papier.

1774 (janvier à avril). — Minutes des sentences sommaires rendues dans les causes civiles au bailliage de Vesoul. — Noms et qualités des parties : le comte de Lallemand, capitaine aide-major de dragons; — messire Prosper de Gay de Byarne, chevalier de l'ordre militaire de Saint-Louis, ancien capitaine au régiment de Médoc; — dame Barbe Dorpel, relicte de messire Gérard du Pougêt, en son vivant, seigneur de Reissac, chevalier de l'ordre militaire de Saint-Louis et capitaine de cavalerie, demeurant à Amance; — Claude-Hyacinthe Labbé, écuyer, officier au corps royal d'artillerie et Nicolas Labbé, gradué en droit canonique et civil, écuyer.

B. 4921. (Portefeuille.) — 17 cahiers, 425 feuillets, papier.

1774 (mars à juin). — Minutes des sentences sommaires rendues dans les causes civiles au bailliage de Vesoul. — Noms et qualités des parties : messire Nicolas Godard, chevalier de l'ordre royal et militaire de Saint-Louis, brigadier dans la compagnie des gendarmes d'Orléans en garnison à Lunéville, demandeur aux fins de sa requête « tendante à ce que, moyennant la déclaration qu'il fait qu'il ne possède aucun bien mainmortable dans la seigneurie de Lambrey et qu'il n'a en son pouvoir d'autres meubles à lui appartenant que les linges, nippes et hardes servant à sa personne, il soit déclaré franc, libre et sujet du Roi contre frère Antoine Chauvet de la Villette, bailli, grand'croix, chevalier de l'ordre de Saint-Jean de Jérusalem, commandeur de la commanderie de la Villedieu et en cette qualité seigneur à Lambrey; » — les religieuses annonciades du monastère de Champlitte; — messire de Girardi de Castell, grand trésorier du chapitre de Lure; — messire Désiré-François Courlet, capitaine au corps royal d'artillerie; etc., etc.

B. 4922. (Portefeuille.) — 18 cahiers, 234 feuillets, papier.

1774 (juin à octobre). — Minutes des sentences sommaires rendues dans les causes civiles au bailliage de Vesoul. — Noms et qualités des parties : dame Berthe Charles, relicte de messire Charles de Bonnelle, en son vivant chevalier de l'ordre militaire de Saint-Louis; — messire Philippe-Joseph Guépain, ancien conseiller au parlement de Franche-Comté, demandeur aux fins de sa requête tendante à ce que les habitants et communauté de Voray soient condamnés à nommer et convenir d'experts qui visiteront le chœur de l'église de Voray, dresseront procès-verbal de son état et déclareront s'il peut subsister ou non; — Jean-Baptiste Maillot, demeurant à la Vaivre, demandeur, contre les abbé, prieur et religieux de Bellevaux, aux fins d'être moyennant l'abandon de ses immeubles et des deux tiers de ses meubles, affranchi de la macule de mainmorte; — messire François-Ulysse de Borot, chevalier de l'ordre militaire de Saint-Louis, capitaine de carabiniers, demeurant à Raincourt; — dame Thérèse-Pierrette Belin, douairière de messire Jean-François-Bonaventure Petitbenoît, conseiller au parlement de Besançon; — dame Jeanne-Antoine-Eugène-Charlotte Belin, épouse de messire Pierre-François-Marie Hugon, aussi conseiller au Parlement; — messire Éléonor-Joseph-Louis Damandre, ancien lieutenant-colonel, tous seigneurs de Montariot; etc., etc.

B. 4923. (Portefeuille.) — 20 cahiers, 780 feuillets, papier.

1774 (septembre à décembre). — Minutes des sentences sommaires rendues dans les causes civiles au bailliage de Vesoul. — Noms et qualités des parties : messire Charles-Henry-Joseph Maire, seigneur de Mondoré; — dame Marie-Charlotte de Tricornot de Tremblay, abbesse de l'abbaye royale de Montigny; — Jean-Baptiste Régnaud, seigneur d'Aillevans; — Claude-François Guimat, praticien, demandeur aux fins de sa requête « tendante à ce que moyennant l'abandon de ses immeubles et des deux tiers de ses meubles, il soit déclaré exempt de la macule de mainmorte envers messire Dominique Decard, vicaire général du diocèse de Soissons, abbé de la royale abbaye de Saint-Vincent de Besançon et en cette qualité seigneur de Villerspater; — Charles-Emmanuel de Rideberg, chevalier de l'ordre royal et militaire de Saint-Louis, brigadier des armées du Roi; — messire Claude-François Pernot, écuyer et chevalier de l'ordre royal et militaire de Saint-Louis, ancien capitaine du corps royal de l'artillerie, seigneur de Jallerange, Vezin, Mazerolle et autres lieux.

B. 4924. (Portefeuille.) — 19 cahiers, 589 feuillets, papier.

1775 (février à mai). — Minutes des sentences sommaires rendues dans les causes civiles au bailliage de Vesoul. — Noms et qualités des parties : messire Charles-François, chevalier de Montjustin, lieutenant au régiment de Flandre; — messire François-Gabriel, baron de Montjustin, capitaine au régiment de Flandre; — dame Françoise de Montjustin, épouse de messire Charles-Marie de Fontenette, capitaine au régiment d'Artois-dragons; — messire Guillaume-Catherine-Judith de Montjustin, officier au régiment de Lorraine-dragons; — messire François-Marie de Montjustin, officier au régiment de Flandre; — Jean-Éléonor Bruno Favière, écuyer, seigneur de Fontenelay; — messire Nicolas-Joseph Dolivet, chanoine en l'illustre église métropolitaine de Besançon, prieur du Moutherot; — messire Pierre-Augustin, marquis de Chappuis, demandeur aux fins de sa requête « tendante à ce qu'il soit maintenu et gardé dans le droit et possession comme droit seigneurial de sa terre de Rozières d'exiger et de se faire livrer chaque mois par les habitants dudit Rozières en son château ou à ses facteurs ou amodiateurs la quantité de deux bénates de sel; » — dame Marie-Élisabeth Marchal, douairière de Louis-Xavier Maistre, écuyer; etc., etc.

B. 4925. (Portefeuille.) — 22 cahiers, 646 feuillets, papier.

1775 (mai à août). — Minutes des sentences sommaires rendues dans les causes civiles au bailliage de Vesoul. — Noms et qualités des parties : Anne-Antoinette Pillard, fille majeure demeurant à Huanne, demanderesse aux fins de sa requête « tendante à ce que moyennant l'abandon qu'elle fait de tous ses immeubles et des deux tiers de ses meubles, elle soit déclarée exempte de la macule de mainmorte envers M. le comte de Moustiers, seigneur de Bournel et autres lieux; » — les dames religieuses de la congrégation Notre-Dame de Conflans; — messire Charles-François-Benoît Demongenet, seigneur de Jasney, Girefontaine et autres lieux, conseiller au parlement de Besançon; — messire Jean-Louis Madroux, chevalier de l'ordre royal et militaire de Saint-Louis, lieutenant de maréchaussée au département de Vesoul et commissaire des guerres; — Anne Mignot, de Vauchoux, épouse de Jean-Pierre Riquet, bas officier pensionné du Roi, demanderesse aux fins de sa requête « tendante à ce que moyennant l'abandon de tous ses immeubles et des deux tiers de ses meubles elle soit déclarée exempte de la macule de mainmorte envers Charles Roger, prince de Beauffremont; » — messire Ignace Bernard de Falletans, chanoine en l'illustre chapitre de l'église métropolitaine de Besançon, seigneur de Dampierre; etc., etc.

B. 4926. (Portefeuille.) — 22 cahiers, 880 feuillets, papier.

1776 (janvier à mai). — Minutes des sentences sommaires rendues dans les causes civiles au bailliage de Vesoul. — Noms et qualités des parties : M. le marquis de Jouffroy; — dame Marie-Françoise Rance, veuve du sieur Goux, dame de Velleguindry; — messire Charles de

L'heport, chevalier de l'ordre de Saint-Louis, seigneur de Drevanne; — Pierre-Xavier Ratin, seigneur d'Amenville, bailli de Jonville; — messire Claude de Saint-Simon, chevalier, grand'croix de Saint-Jean de Jérusalem, commandeur de Bonneville et de la Romagne; etc., etc.

B. 4927. (Portefeuille.) — 12 cahiers, 403 feuillets, papier.

1776 (mai à août). — Minutes des sentences sommaires rendues dans les causes civiles au bailliage de Vesoul. — Noms et qualités des parties : Henri Maurice Delabarre, prêtre, docteur de la maison et société de Sorbonne, seigneur de la Fin, près Moulins, en Bourbonnais; — messire Antoine Curely, chevalier de l'ordre royal et militaire de Saint-Louis; — messire Bernard de Sassenay, vicomte de Châlons; — dame Étiennette-Charlotte de Maizières de Merainville, épouse du sieur Christophe-Charles Olivier, officier au régiment de Forey-infanterie; dame Anne-Pétronille-Prudente de Maizières de Merainville, épouse du sieur François-Pierre de Viarotaix, officier au régiment de Royal-infanterie; etc., etc.

B. 4928. (Portefeuille.) — 17 cahiers, 561 feuillets, papier.

1776 (août au 31 décembre). — Minutes des sentences sommaires rendues dans les causes civiles au bailliage de Vesoul. — Noms et qualités des parties : François-Alexandre de Précipiano, seigneur de Montmartin, Tournans, Trouvans, Huanne, Romain, Mésandans et autres lieux, capitaine au régiment du Roi-infanterie; — messire Pierre-Gaspard Grimod Dufort, comte d'Orçay, baron de Rupt et membres en dépendants, capitaine au régiment de Dragons-Lorraine; — haut et puissant seigneur, messire Jean-Baptiste de Clermont d'Amboise, brigadier des armées du Roi, ambassadeur en Portugal; — puissante dame, madame Thomasse de Clermont, épouse de haut et puissant seigneur messire Jacques de Choiseul-Stainville; — Pierre-Joseph Mignol, de Luxeuil, demandeur aux fins de sa requête « tendante à ce que moyennant l'abandon de tous ses immeubles et des deux tiers de ses meubles, il soit déclaré exempt de la macule de mainmorte, envers messire Louis-Gabriel Aymonet, seigneur de Contéglise, chevalier de l'ordre de Saint-Louis, capitaine de cavalerie; » — les révérends pères Cordeliers de Rougemont contre ceux de Charries; — messire de Chabenach de la Malmaison, seigneur d'Orian et autre lieux, conseiller honoraire au parlement de Paris; — les frères directeurs du bureau de l'hôpital du Saint-Esprit de Besançon; etc.

B. 4929. (Portefeuille.) — 12 cahiers, 1618 feuillets, papier.

1777 (janvier à mai). — Minutes des sentences sommaires rendues dans les causes civiles au bailliage de Vesoul. — Noms et qualités des parties : la communauté des huissiers ordinaires du bailliage royal et siège présidial de Vesoul; — les sieurs prieur, sous-prieur et conseiller de la confrérie de la Croix, érigée à Besançon; — messire Louis-Joseph Debigot, écuyer, demeurant à Melay; — François de Nouricaud, écuyer, — Antoine Terrare, prêtre, Françoise Terrare, du Bourg Saint-Diey et d'Arronny, paroisse de Tours, en Auvergne; etc., etc.

B. 4930. (Portefeuille.) — 22 cahiers, 725 feuillets, papier.

1777 (avril à décembre). — Minutes des sentences sommaires rendues dans les causes civiles au bailliage de Vesoul. — Noms et qualités des parties : messire Jean-François, comte d'Haraucourt, chevalier des ordres du Roi, lieutenant général de ses armées, colonel commandant de son régiment d'infanterie, seigneur de Vy-les-Lure, demandeur aux fins de sa requête tendante à ce qu'il soit gardé et maintenu dans le droit de la haute justice territoriale au lieu de Vy-les-Lure, concurremment avec le Roi; — Jean-Baptiste Burotel de la Vaivre, écuyer; — François Lange, avocat au Parlement, seigneur de Bourbévelle, ancien capitaine, vicomte mayeur et échevin de la ville de Vesoul; — Jeanne-Claude, Jeanne-Ursule, Marguerite et Anne Louvet, demanderesses aux fins d'être, moyennant l'abandon de leurs immeubles et des deux tiers de leurs meubles, affranchies de la macule de mainmorte envers Anne de Constable, chanoinesse de l'insigne chapitre de Pouray en Lorraine, dame de la Tour de Sçay et autres lieux; — Jean Luquet de Chantrans, écuyer, seigneur de Perrenot et autres lieux; — noble Jean-Xavier Bureau de Citey, ingénieur à Huningue; — le sieur Bazard, chapelain de l'église Saint-Jean-Baptiste de Besançon; etc.

B. 4931. (Portefeuille.) — 20 cahiers, 460 feuillets, papier.

1777 (novembre à 31 décembre). — Minutes des sentences sommaires rendues dans les causes civiles au bailliage de Vesoul. — Noms et qualités des parties : messire Louis-Joseph Perney de Baleure, conseiller honoraire au parlement de Dijon, seigneur d'Athesans, Senargent et autres lieux; — Claude François-Joseph Miraudot, seigneur de Montussaint; — Jean-François Maçon, écuyer, dragon au régiment d'Orléans ; — dame Marie-Nicole, née comtesse de Doplize, douairière de messire Jean-Baptiste-Marc de Courtaint ; — messire Alexandre-Paul Colbert, prieur du prieuré de Saint-Marcel, seigneur dudit lieu ; etc., etc.

B. 4932. (Portefeuille.) — 30 cahiers, 940 feuillets, papier.

1778 (janvier à mars). — Minutes des sentences sommaires rendues dans les causes civiles au bailliage de Vesoul. — Noms et qualités des parties : M. le commandeur de la Villedieu, seigneur haut justicier au lieu de Liévans ; — Son Altesse Sérénissime Mgr le duc régnant de Wirtemberg, prince de Montbéliard, seigneur de Crevans ; etc., etc.

B. 4933. (Portefeuille.) — 19 cahiers, 646 feuillets, papier.

1778 (février à avril). — Minutes des sentences sommaires rendues dans les causes civiles au bailliage de Vesoul. — Noms et qualités des parties : messire Claude-Marie Rend, de Purgerot, chevalier, conseiller honoraire au parlement de Besançon ; — MM. les abbé, prieur et religieux de l'abbaye des Trois-Rois ; — Jean-François Coste, seigneur de Rigney ; etc., etc.

B. 4934. (Portefeuille.) — 23 cahiers, 414 feuillets, papier.

1778 (avril à juin). — Minutes des sentences sommaires rendues dans les causes civiles au bailliage de Vesoul. — Noms et qualités des parties : messire François-Joseph, marquis de Jouffroy, seigneur d'Uzelle, de Soye, de Romain et de Montmartin ; — Gabriel-Xavier Fyard, officier au régiment provincial de Vesoul, demeurant à Besançon ; — le comte de Beaujeu, seigneur de Boult ; — messire Sigismond de Reinach et messire d'Andelaw, baron de Ronchamp ; etc., etc.

B. 4935. (Portefeuille.) — 22 cahiers, 638 feuillets, papier.

1778 (mai à août). — Minutes des sentences sommaires rendues dans les causes civiles au bailliage de Vesoul. — Noms et qualités des parties : Anne Jacquin, fille majeure, demeurant à Vitrey, demanderesse aux fins de sa requête « tendantes à ce que moyennant l'abandon qu'elle fait aux sieurs prieurs et religieux de Cherlieu, des deux tiers des effets ci-après détaillés : savoir, un mauvais lit, deux mauvaises armoires, un vieil coffre, un seau, un bassin, deux chaises, une mauvaise table, un pot de fonte avec d'autres ustensiles de ménage en tôle, et la déclaration qu'elle fait qu'elle ne possède aucun bien fond, elle soit déclarée franche et libre sujette de Sa Majesté ; » — Jean-Baptiste Picon, seigneur d'Châtnat en Champagne, proche Nogent-le-Roi ; — Jean-Baptiste-Gabriel de Ronille ; — dame Anne-Cécile Chasse, veuve de messire Charles de Ronille, capitaine d'infanterie, chevalier de l'ordre royal et militaire de Saint-Louis, et actuellement épouse de Jean-Baptiste-Louis Pic, seigneur de Montureux, officier de dragons au régiment d'Artois; etc.

B. 4936. (Portefeuille.) — 15 cahiers, 180 feuillets, papier.

1778 (juillet à septembre). — Minutes des sentences sommaires rendues dans les causes civiles au bailliage de Vesoul. — Noms et qualités des parties : noble Claude-Hyacinthe Baltand, avocat en Parlement, prévôt en la prévôté royale de Montbozon ; — Claude-Antoine Fournier de la Barre ; — messire François-Sérionne, chevalier de l'ordre militaire de Saint-Louis ; — noble Jean-Xavier Bureaux de Citey, ingénieur ordinaire du Roi ; — noble Claude-Louis Bureaux de Pusy ; — demoiselles Élisabeth-Jeanne-Victoire, Marie-Reine-Élisabeth, Jeanne-Marie et Jeanne-Geneviève Bureaux de Pusy ; — Claude-François-Joseph Demongenot, écuyer, seigneur de la Montoillotte, Montalay, Laroche et dépendances, lieutenant général honoraire au siège de Vesoul ; — Claudo-Joseph Boilley, seigneur de Puessans ; — dame Marguerite Bressand, douairière de feu noble François-Joseph Devault, en son vivant bailli et gouverneur pour le Roi, de la ville de Lure ; etc., etc.

B. 4937. (Portefeuille.) — 15 cahiers, 1273 feuillets, papier.

1778 (septembre à décembre). — Minutes des sentences sommaires rendues dans les causes civiles au bailliage de Vesoul. — Noms et qualités des parties : messire Jean-Baptiste Richard de Curtey, seigneur d'Athesans, Saint-Georges et autres lieux ; — messire Pierre-Joseph-Hyacinthe, chevalier de Monty et de l'ordre royal et militaire de Saint-Louis ; — messire Henry-François Coquelin, conseiller au parlement de Franche-Comté, seigneur de Morey, de Sainte-Reine et la Chapelle, et Alexandre Petit, officier au régiment de Royal-Navarre-cavalerie, aussi seigneur de Morey ; — messire Nicolas Dorival, chevalier de l'ordre militaire de Saint-Louis, seigneur de Fretigney ; etc., etc.

B. 4938. (Portefeuille.) — 17 cahiers, 633 feuillets, papier.

1779 (novembre à 31 décembre). — Minutes des sentences sommaires rendues dans les causes civiles au bailliage de Vesoul. — Noms et qualités des parties : messire Pierre Duband, chevalier de l'ordre royal et militaire de Saint-Louis, lieutenant au régiment d'Orléans-cavalerie ; — dame Anne Decreuse, épouse de messire Nicolas Foubert, chevalier de Saint-Louis ; — messire Antoine François Pergney, chevalier de Saint-Louis, ancien major de cavalerie dans le régiment de Penthièvre ; etc., etc.

B. 4939. (Portefeuille.) — 20 cahiers, 520 feuillets, papier.

1779 (janvier à mars). — Minutes des sentences sommaires rendues dans les causes civiles au bailliage de Vesoul. — Noms et qualités des parties : les confrères de la confrérie de Saint-Éloi érigée en l'église de Cognières ; — noble Claude-Donat Bureaux, seigneur de Chassey-les-Scey, conseiller du Roi, lieutenant général criminel au siège de Vesoul ; — messire Jean-Baptiste Guillemin, seigneur de Vaivre et de Montoille, conseiller du Roi en ses conseils, intendant en Amérique, aux îles du Levant, et son conseiller au parlement de Franche-Comté ; etc., etc.

B. 4940. (Portefeuille.) — 16 cahiers, 499 feuillets, papier.

1779 (février à avril). — Minutes des sentences sommaires rendues dans les causes civiles au bailliage de Vesoul. — Noms et qualités des parties : Antoine Pugnand, avocat en Parlement, seigneur de Champtonnet ; — Jean Brun, prêtre, curé de Cussey et Estre, demandeur aux fins de sa requête « tendante à ce que les habitants de la communauté d'Estre soient condamnés à lui payer la somme de 14 livres tant pour les processions et grand messes qu'il a célébrées au temps de rogations que pour le pain et le vin pour l'autel ; » — Pierre-Joseph Écaillet, prêtre, curé de Saponcourt-les-Loges, demandeur aux fins de sa requête « tendante à ce que les habitants dudit lieu ne pourront déplacer aucun fruit décimable, qu'ils n'aient et chacun d'eux crié et appelé par trois fois et sans fraude à haute et intelligible voix et de sorte que le voisin le puisse bien ouïr ces mots « dîmer pour prendre et recevoir ès dîmes ; » etc.

B. 4941. (Portefeuille.) — 15 cahiers, 650 feuillets, papier.

1779 (mars à mai). — Minutes des sentences sommaires rendues dans les causes civiles au bailliage de Vesoul. — Noms et qualité des parties : messire Louis-Joseph Perrenoy de Baleure, seigneur d'Aubigny, conseiller honoraire au parlement de Dijon ; — Pierre-François Guenot, seigneur de Velleclaire, procureur au parlement de Besançon ; — Antoine Maréchal, seigneur d'Audeux, demeurant à Besançon, etc., etc.

B. 4942. (Portefeuille.) — 14 cahiers, 364 feuillets, papier.

1779 (avril à juin). — Minutes des sentences sommaires rendues dans les causes civiles au bailliage de Vesoul. — Noms et qualités des parties : Claude-Joseph, chevalier de Bermont, seigneur de Villersport ; — messire Désiré-François Courlet, seigneur de Vregille, chevalier de l'ordre royal et militaire de Saint-Louis, capitaine au corps royal d'artillerie ; — Jean-François Benoît, seigneur d'Aurosey, Vosey et autres lieux.

B. 4943. (Portefeuille.) — 14 cahiers, 168 feuillets, papier.

1779 (juin à juillet). — Minutes des sentences sommaires rendues dans les causes civiles au bailliage de Vesoul. — Noms et qualités des parties : messire Simon Jannin, chevalier de l'ordre royal et militaire de Saint-Louis et Joseph Jannin, ancien capitaine de grenadiers royaux, tous deux seigneurs à Betoncourt ; — Jean Rouget, seigneur de Pin-les-Magny, avocat en Parlement ; — messire Charles-François Millot de Montjustin, seigneur de Montjustin, Velotte et autres lieux ; — François-André Guy, seigneur d'Aboncourt et Gesincourt ; etc., etc.

B. 4944. (Portefeuille.) — 16 cahiers, 64 feuillets, papier.

1779 (juillet à septembre). — Minutes des sentences sommaires rendues dans les causes civiles au bailliage de Vesoul. — Noms et qualités des parties : messire Jean-Baptiste-François Maire, seigneur de Bouligney, conseiller au parlement de Besançon ; — Victor-Bonaventure Girot de Vienney, écuyer, trésorier général de la guerre au comté de Bourgogne et de son autorité dame Claudine Charlotte-Françoise de Jacquot, dame de Mont Saint-Léger, son épouse ; etc.

B. 4945. (Portefeuille.) — 16 cahiers, 720 feuillets, papier.

1779 (août à octobre). — Minutes des sentences sommaires rendues dans les causes civiles au bailliage de Vesoul. — Noms et qualités des parties : messire Claude-François-Xavier Matherot, écuyer, et demoiselle Jeanne-Françoise Matherot, sa sœur, seigneur et dame de Preigney ; — Marie-Thérèse Dambe, seigneur d'Amblans ; — messire Luc Légier, capitaine au corps royal d'artillerie, chevalier de l'ordre royal et militaire de Saint-Louis ; — Jeanne-Baptiste David, de Crevans, femme autorisée de Joseph Mouchel, demeurant à Clerval-sur-le-Doubs, demanderesse aux fins de sa requête « tendante à ce que moyennant l'abandon de tous ses immeubles et des deux tiers de ses meubles elle soit déclarée exempte de la macule de mainmorte, envers le comte de Grammont, seigneur de Velle-chevreux ; » etc., etc.

B. 4946. (Portefeuille.) — 10 cahiers, 110 feuillets, papier.

1779 (septembre à décembre). — Minutes des sentences sommaires rendues dans les causes civiles au bailliage de Vesoul. — Noms et qualités des parties : Jean-Baptiste Levert, écuyer, avocat en Parlement ; — dame Marie-Charlotte, née baronne de Lavaulx, douairière de messire François-Camille, comte de Lavie, en son vivant seigneur de Thiancourt et de Calmoutier, mestre de camp de cavalerie, chevalier de l'ordre royal et militaire de Saint-Louis ; — François Gobillot, demeurant à Marast, demandeur aux fins de sa requête tendante à ce que l'élection qui a été faite de sa personne pour remplir les fonctions d'échevin soit déclarée nulle et injuste ; — même requête de la part de François Barnabaux contre les habitants et communauté de Betoncourt-lès-Brotte ; — dame Marguerite-Françoise Tisserand, épouse de Jean-Baptiste Bolot, seigneur d'Ancier ; etc., etc.

B. 4947. (Portefeuille.) — 13 cahiers, 1404 feuillets, papier.

1779 (novembre au 31 décembre). — Minutes des sentences sommaires rendues dans les causes civiles au bailliage de Vesoul. — Noms et qualités des parties : messire François-Marie-Victor Haire, seigneur de Villers-le-Sec, conseiller au parlement de Franche-Comté ; — madame Belin, douairière de M. de Chaffoy, dame de Montarlot et autres lieux ; — messire Ange-Étienne de Chabenac de la Malmaison, conseiller honoraire au parlement de Paris, seigneur d'Olans et autres lieux ; etc.

B. 4948. (Portefeuille.) — 10 cahiers, 896 feuillets, papier.

1780 (janvier à février.) — Minutes des sentences sommaires rendues dans les causes civiles au bailliage de Vesoul. — Noms et qualités des parties : Charles-Georges-Calixte d'Erlon, capitaine de dragons, aide-major au corps des volontaires étrangers de la marine, employé à l'armée de la Bretagne ; — messire Joseph Bolard de Feur, chevalier de Saint-Louis, demeurant à Dampierre-sur-Salon ; etc.

B. 4949. (Portefeuille.) — 19 cahiers, 399 feuillets, papier.

1780 (janvier à avril). — Minutes des sentences sommaires rendues dans les causes civiles au bailliage de Vesoul. — Noms et qualités des parties : les révérends sieurs abbé, prieur et religieux de l'abbaye de la Grâce-Dieu ; — messire René-Bertrand de Bermont, aumônier du Roi et abbé commendataire de l'abbaye Notre-Dame du Lieu Croissant, dite des Trois-Rois.

B. 4950. (Portefeuille.) — 19 cahiers, 646 feuillets, papier.

1780 (mars à mai). — Minutes des sentences sommaires rendues dans les causes civiles au bailliage de Vesoul. — Noms et qualités des parties : messire Joseph Janfion, ancien capitaine au service du Roi, chevalier de Saint-Louis, demeurant à Vesoul ; — les habitants et communauté de Dambenoît, Colombe, le val de Bithaine et le Moulincey, tous paroissiens de Dambenoît, demandeurs aux fins de leur requête « tendante à ce que les habitants et communauté d'Adelans soient condamnés : 1° à payer leur quote-part du prix des réparations et reconstruction dans l'église et le presbytère de Dambenoît ; 2° à offrir le pain bénit à la première messe paroissiale du dimanche par le fait d'un de leurs habitants et à continuer à en faire l'offrande jusqu'à ce que le nombre des habitants paroissiens dudit lieu soit épuisé et à y faire joindre par le paroissien un cierge bénit avec un chanveau d'huile pour l'entretien du luminaire ; » — Guillaume-Girard-Charles, seigneur de Levrecey, conseiller au siège de Vesoul ; etc.

B. 4951. (Portefeuille.) — 13 cahiers, 664 feuillets, papier.

1780 (avril à juin). — Minutes des sentences sommaires rendues dans les causes civiles au bailliage de Vesoul. — Noms et qualités des parties : les révérends pères Minimes de Rupt ; — messire Pierre-Joseph de Chamilly, chanoine de l'illustre chapitre métropolitain de Besançon ; — messire Théophile Joly, chevalier de Saint-Louis, demeurant à Dijon ; — dame Pétronille de Ligneville, épouse de messire Jean-Vincent Carraciola, duc de Rignano, demeurant à Naples ; etc.

B. 4932. (Portefeuille.) — 11 cahiers, 475 feuillets, papier.

1780 (juillet à septembre). — Minutes des sentences sommaires rendues dans les causes civiles au bailliage de Vesoul. — Noms et qualités des parties : Pierre Maranger, ancien officier d'infanterie, demeurant à Vesoul ; — messire Louis-Marie Floreut, duc Duchatelet d'Hérancourt, chevalier des ordres du Roi, colonel de son régiment d'infanterie, lieutenant-général des armées du Roi, seigneur de Longevelle et autres lieux ; — messire Jean-Prosper, marquis de Falletans, seigneur de Bixy, La Renaud, Fontenette, Thieffrans ; etc., etc.

B. 4933. (Portefeuille.) — 14 cahiers, 924 feuillets, papier.

1780 (août à octobre). — Minutes des sentences sommaires rendues dans les causes civiles au bailliage de Vesoul. — Noms et qualités des parties : César Regnaudin, garde du Roi, seigneur de Gratery, demeurant à Vesoul ; — Jean-Antoine Chaudot de Corre, garde du Roi, demeurant à Corre ; — le sieur Richard, coseigneur de Cendrecourt, demandeur aux fins de sa requête « tendante à ce que Abraham Véjux, prêtre, ancien curé de Cendrecourt, soit condamné à démolir le four par lui construit au presbytère de Cendrecourt ; » etc., etc.

B. 4934. (Portefeuille.) — 11 cahiers, 165 feuillets, papier.

1780 (octobre à décembre). — Minutes des sentences sommaires rendues dans les causes civiles au bailliage de Vesoul. — Noms et qualités des parties : messire François-Alexandre, marquis de Jouffroy de Précipiano, seigneur de Montmartin, Soye et autres lieux ; — messire Richard d'Orival, écuyer, seigneur de Miserey, conseiller au parlement de Besançon ; — messire Louis-Joseph Godefroy de Beiot-Villette, chanoine du chapitre métropolitain de Besançon ; etc., etc.

B. 4935. (Portefeuille.) — 14 cahiers, 330 feuillets, papier.

1780 (novembre au 31 décembre). — Minutes des sentences sommaires rendues dans les causes civiles au bailliage de Vesoul. — Noms et qualités des parties : François Vatin, seigneur à Amenvelle ; — Nielgard Mathelat, seigneur de Meurcourt, y demeurant ; — messire de Plogey, demeurant à Vesoul ; — messire Pierre-Guillaume de Bonnafau de Presque, chevalier de Saint-Louis, lieutenant-colonel de cavalerie, écuyer ordinaire du Roi attaché à madame Sophie, demeurant à Paris ; etc., etc.

B. 4936. (Portefeuille.) — 18 cahiers, 484 feuillets, papier.

1781 (janvier à mars). — Minutes des sentences sommaires rendues dans les causes civiles au bailliage de Vesoul. — Noms et qualités des parties : messire Mathieu-Jacques de Vermont, lecteur de la reine, abbé commendataire de l'abbaye de Cherlieu ; — François-Martin de Saint-Agathe, demeurant à Paris ; — messire Jean-François Arthemaine de Tranchant, comte de Laverne, seigneur de Borey ; — dame Anne-Philippe-Scholastique Bouverot, épouse d'Augustin-François-Xavier Alvisot, écuyer, seigneur de Maizière.

B. 4937. (Portefeuille.) — 17 cahiers, 391 feuillets, papier.

1781 (février à avril). — Minutes des sentences sommaires rendues dans les causes civiles au bailliage de Vesoul. — Noms et qualités des parties : Jean-François-Jérôme de Vassand, écuyer, seigneur de Vareille, demeurant à Port-sur-Saône ; — le marquis de Marmier, baron et seigneur de Ray-sur-Saône ; — Jean-Antoine Tinseau, prince du Saint-Empire, seigneur évêque de Nevers et Charles-Nicolas-Éléonor-Renobert Tinseau, chanoine du chapitre métropolitain de Besançon, abbé commendataire de l'abbaye royale de Bithaine ; etc., etc.

B. 4938. (Portefeuille.) — 16 cahiers, 672 feuillets, papier.

1781 (mars à juin). — Minutes des sentences sommaires rendues dans les causes civiles au bailliage de Vesoul. — Noms et qualités des parties : dame Geneviève Dubois, épouse du sieur Benigne-Joseph de Maçon ; — messire Claude-François Adrien, marquis de Lezay-Marnézia, baron de Saint-Julien, Coulevon, Presilly, seigneur de Montmartin et autres lieux, chevalier de Saint-Louis, demeurant en son château de Moutonne ; — Raymond de Durfort, archevêque de Besançon, seigneur de Noroy-l'Archevêque ; — messire Richard-Philippe Foillenot, conseiller au parlement de Besançon, seigneur de Magny, Purgerot, Chargey et autres lieux ;

B. 4959. (Portefeuille.) — 20 cahiers, 380 feuillets, papier.

1781 (mai à juillet). — Minutes des sentences sommaires rendues dans les causes civiles au bailliage de Vesoul. — Noms et qualités des parties : messire Jean-François Peignot, chevalier de Saint-Louis; — messire Louis-Joseph-Augustin, comte d'Apremont de Vaudy, demeurant à Paris; — Claude-François Roland, avocat au Parlement, seigneur de Dampvalley; — Antoine-Joseph Garnier, avocat en Parlement, seigneur de Montcey-les-Montaigu; etc., etc.

B. 4960. (Portefeuille.) — 18 cahiers, 733 feuillets, papier.

1781 (juin à août). — Minutes des sentences sommaires rendues dans les causes civiles au bailliage de Vesoul. — Noms et qualités des parties : le sieur Jean-Ignace Huot, prêtre, curé d'Echenoz-le-Sec, demandeur aux fins de sa requête « tendante à ce qu'il soit gardé et maintenu dans le droit et la possession de percevoir en sa qualité de curé d'Echenoz une dîme qui consiste dans six coupes d'orge et trois paquets de chanvre des riches; quatre coupes d'orge et deux paquets de chanvre des médiocres; deux coupes d'orge et un paquet de chanvre des pauvres ainsi que de percevoir de chaque habitant ayant charrue trente-cinq sols et pour bons deniers sept sols; — Jeanne-Claude Charbonnier, de Frotey, fille majeure, demanderesse aux fins d'être affranchie de la macule de mainmorte contre messire Pierre Sallier de Champole, seigneur de Frotey; — Mathieu Pierre, écuyer, avocat en Parlement, seigneur de Velloreille et Bonnevent; etc.

B. 4961. (Portefeuille.) — 11 cahiers, 1309 feuillets, papier.

1781 (août à septembre). — Minutes des sentences sommaires rendues dans les causes civiles au bailliage de Vesoul. — Noms et qualités des parties : Jacques-Antoine Colin, lieutenant au régiment d'Esterhazy; — honoré seigneur François-Joseph, comte de Mauller, seigneur d'Ougney et autres lieux; — maître de Nonnette, trésorier général des invalides de la marine; — Maréchal de Sancey, économe général du clergé de France; — Claudinette Pourthier, demanderesse aux fins d'être affranchie de la macule de mainmorte contre messire d'Iselin de Lanans, seigneur d'Avilley et autres lieux.

B. 4962. (Portefeuille.) — 17 cahiers, 612 feuillets, papier.

1781 (septembre à novembre). — Minutes des sentences sommaires rendues dans les causes civiles au bailliage de Vesoul. — Noms et qualités des parties : dame Marie-Anne-Claude de Rochechouard, douairière de messire Jean-Antoine Ducheylat, en son vivant seigneur du marquisat de son nom et autres lieux; — Marie-Thérèse, Jeanne-Baptiste-Noël et Anne-Marie-Joseph Clerc, dames de Neurey, la Demie, etc.; — le sieur Noblot, seigneur de la Côte et autres lieux; — Jeanne Luigonot, demanderesse aux fins d'être affranchie de la macule de mainmorte, contre le comte de Grammont; etc., etc.

B. 4963. (Portefeuille.) — 19 cahiers, 874 feuillets, papier.

1781 (novembre et décembre). — Minutes des sentences sommaires rendues dans les causes civiles au bailliage de Vesoul. — Noms et qualités des parties : messire Michel-Sébastien Amelot, abbé de l'abbaye royale de Saint-Vincent de Besançon; — Claude Georges, maire de la justice et seigneurie de Grange pour le prince de Montbéliard; — messire Claude-Léonard Daguet, écuyer, ancien capitaine de cavalerie, chevalier de Saint-Louis, seigneur de Verne, Rillans et autres lieux; etc.

B. 4964. (Portefeuille.) — 18 cahiers, 864 feuillets, papier.

1782 (janvier à mars). — Minutes des sentences sommaires rendues dans les causes civiles au bailliage de Vesoul. — Noms et qualités des parties : dame Jeanne-Baptiste Panisey, douairière de Jean-Baptiste Terrier, écuyer, seigneur de Ranzevelle; — les révérends prieur et religieux bénédictins de Luxeuil; — Nicolas Huot, écuyer, seigneur de Charmoille et Pusey; — Demassey, écuyer, demeurant à Bisval en Lorraine; etc.

B. 4965. (Portefeuille.) — 20 cahiers, 860 feuillets, papier.

1782 (février à avril). — Minutes des sentences sommaires rendues dans les causes civiles au bailliage de Vesoul. — Noms et qualités des parties : les sieurs directeurs et administrateurs des biens et revenus du collège de Besançon; — dame Louise Bégeot, veuve du sieur Delye, en son vivant capitaine d'infanterie, demeurant à Vesoul; — Jeanne-Claude Mourgeon et Ignace Bernardin, mari et femme, demeurant à Boulot, demandeurs aux fins de leur requête

« tendante à ce que Blaise Nicot, dudit Boulot, soit condamné à se représenter à telle audience qui lui sera fixée pour y déclarer que c'est méchamment et calomnieusement qu'il a traité le feu père des demandeurs de volleur jusqu'à le comparer à Cheminé qui fut brûlé avec sa bande sur la place des casernes de Besançon, qu'il s'en repend, etc. ; » — Charles-François Cerbonni Lavert, écuyer, avocat en Parlement, demeurant à Vesoul ; etc.

B. 4966. (Portefeuille.) — 18 cahiers, 1005 feuillets, papier.

1782 (mars à juin). — Minutes des sentences sommaires rendues dans les causes civiles au bailliage de Vesoul. — Noms et qualités des parties : le sieur Jean-Baptiste Vordot, prêtre et curé d'Anchenoncourt, demandeur aux fins de sa requête « tendante à ce que lui et ses successeurs soient gardés et maintenus dans le droit et la possession de percevoir la dîme des raisins de seize paniers l'un au lieu, finage, territoire et vignoble d'Anchenoncourt, » — Jean-Baptiste Burtey, de Vaivre, écuyer, seigneur de Fretigney ; — messire Jean-François de Tourtoulon, chevalier, seigneur de Serres et autres lieux, originaire de Faverney, demeurant à Saint-Jean de Gordonningue ; etc.

B. 4967. (Portefeuille.) — 21 cahiers, 378 feuillets, papier.

1782 (mai à juillet). — Minutes des sentences sommaires rendues dans les causes civiles au bailliage de Vesoul. — Noms et qualités des parties : messire Antoine-Ignace de Mongenet, chanoine en l'insigne chapitre de l'église collégiale et paroissiale Saint-Georges de Vesoul et chapelain de la chapelle Sainte-Jeanne en l'église de Chauviroy-le-Châtel ; — le sieur Huvelin, seigneur de Bavillier en Alsace ; etc.

B. 4968. (Portefeuille.) — 18 cahiers, 594 feuillets, papier.

1782 (juin à août). — Minutes des sentences sommaires rendues dans les causes civiles au bailliage de Vesoul. — Noms et qualités des parties : le comte de Scey, lieutenant général des armées du Roi et madame de Grammont, son épouse, seigneur et dame de Buthier ; — dame Claude-Françoise Aimée Verney, épouse de noble Jean-Baptiste Guerillot, ancien capitaine d'infanterie au régiment de Touraine, lieutenant des maréchaux de France, seigneur de Saint-Cyr et Lachaux, demeurant à Salins ; etc.

B. 4969. (Portefeuille.) — 16 cahiers, 335 feuillets, papier.

1782 (juillet à octobre). — Minutes des sentences sommaires rendues dans les causes civiles au bailliage de Vesoul. — Noms et qualités des parties : messire François-Joseph Desprels, ancien capitaine au régiment de Savoie, chevalier de l'ordre royal et militaire de Saint-Louis, seigneur d'Aboncourt et Gésincourt ; — Duchassey, baron et seigneur de Nunans et autres lieux, chevalier de Saint-Louis ; — messire Léonard-Justin-Bernard Perrey, chevalier, clerc tonsuré du diocèse de Besançon, demeurant à Salins, chapelain de la chapelle de la glorieuse Vierge Marie érigée en l'église paroissiale de Cromary ; — messire Chopin d'Arnouville, maître des requêtes demeurant à Paris ; — François Langlois, écuyer, ancien receveur général des domaines et bois de la province ; etc.

B. 4970. (Portefeuille.) — 17 cahiers, 697 feuillets, papier.

1782 (septembre à décembre). — Minutes des sentences sommaires rendues dans les causes civiles au bailliage de Vesoul. — Noms et qualités des parties : Louis-Joseph de Bigot, écuyer ; — madame de Saint-Mauris-Grivel, épouse du baron de Saporta, demeurant à Poligny ; — Hugues-Gabriel Vienot, seigneur de Bay, demeurant à Besançon ; etc.

B. 4971. (Portefeuille.) — 16 cahiers, 592 feuillets, papier.

1782 (novembre à 31 décembre). — Minutes des sentences sommaires rendues dans les causes civiles au bailliage de Vesoul. — Noms et qualités des parties : Aimable Guy, avocat en Parlement, greffier en chef au parlement de Metz, seigneur d'Epenoux, demeurant à Vesoul ; — dame Catherine Cretenoi, relicte de Claude-François Brocard, en son vivant officier d'infanterie, demeurant à Ormoy ; etc.

B. 4972. (Portefeuille.) — 18 cahiers, 1116 feuillets, papier.

1783 (janvier à mars). — Minutes des sentences sommaires rendues dans les causes civiles au bailliage de Vesoul. — Noms et qualités des parties : messire Nicolas-Michel d'Ormond, prêtre, chanoine en l'église cathédrale de Rouen, vicaire général du diocèse de Lixieux et abbé commendataire de l'abbaye royale de Clairefontaine, ordre de Citeaux ; — dame Marie-Joseph Jannot, douairière de messire Jean-Pierre de Ferrière-Duchatelet, demeurant à Luxeuil ; etc.

B. 4973. (Portefeuille.) — 20 cahiers, 688 feuillets, papier.

1783 (février à avril). — Minutes des sentences sommaires rendues dans les causes civiles au bailliage de Vesoul. — Noms et qualités des parties : les habitants et communauté de Betaucourt, demandeurs aux fins de leur requête « tendante à ce que les habitants de Cendrecourt soient condamnés à convenir d'expert pour examiner l'état actuel de l'ancien clocher de l'église de Cendrecourt ; » — Charles-Vincent Henryot, docteur en médecine, seigneur de Touray en Bourgogne, demeurant à Norey ; etc.

B. 4974. (Portefeuille.) — 15 cahiers, 570 feuillets, papier.

1783 (mars à mai). — Minutes des sentences sommaires rendues dans les causes civiles au bailliage de Vesoul. — Noms et qualités des parties : messire Raimond de Durfort, archevêque de Besançon, prince du Saint-Empire, abbé commendataire de l'abbaye royale Notre-Dame de la Charité ; — Delatour, directeur et receveur général des domaines du Roi en cette province, demeurant à Besançon ; etc.

B. 4975. (Portefeuille.) — 24 cahiers, 456 feuillets, papier.

1780 (avril à juillet). — Minutes des sentences sommaires rendues dans les causes civiles au bailliage de Vesoul. — Noms et qualités des parties : dom Louis-Étienne Guerin, prieur du prieuré de Montarlot ; — Antoine Dutailly, avocat au Parlement, seigneur à Émagny ; — M. le chevalier Alviset ; — dame Charlotte Langrognet, épouse de messire de Patornay, capitaine au régiment d'Ostrasie, actuellement aux Grandes-Indes ; etc.

B. 4976. (Portefeuille.) — 21 cahiers, 882 feuillets, papier.

1783 (juin à août). — Minutes des sentences sommaires rendues dans les causes civiles au bailliage de Vesoul. — Noms et qualités des parties : demoiselle Madeleine Devoche, demeurant à Cers-les-Noroy ; — messire François-Alexandre, marquis de Jouffroy, seigneur de Soye ; — Claude Roussot, prêtre, chanoine, demeurant à Époisse ; — Jean-Baptiste Rebillot, seigneur d'Oraux, avocat en Parlement, demeurant à Vesoul ; etc.

B. 4977. (Portefeuille.) — 19 cahiers, 70 feuillets, papier.

1783 (juillet à octobre). — Minutes des sentences sommaires rendues dans les causes civiles au bailliage de Vesoul. — Noms et qualités des parties : Étienne-François-Denis Jacques, seigneur de Fleurey-les-Morey, conseiller du Roi, lieutenant particulier au bailliage royal de Vesoul ; — messire Gabriel Vynon, chevalier de l'ordre royal et militaire de Saint-Louis ; — le sieur Flavigny, prêtre, chanoine et curé de la ville de Vesoul ; etc.

B. 4978. (Portefeuille.) — 14 cahiers, 546 feuillets, papier.

1783 (septembre à décembre). — Minutes des sentences sommaires rendues dans les causes civiles au bailliage de Vesoul. — Noms et qualités des parties : dame Roze de Brienne, douairière du sieur Pierre-Paul le Texier, ancien maire de Bar-sur-Seine ; — Richard Mongenet, seigneur à Frôlans ; — Hyolande-Thérèze de Buretel, dame de Provenchère et autres lieux ; — le chevalier de la Rochelle ; etc.

B. 4979. (Portefeuille.) — 19 cahiers, 1234 feuillets, papier.

1783 (novembre à décembre). — Minutes des sentences sommaires rendues dans les causes civiles au bailliage de Vesoul. — Noms et qualités des parties : François Soubre, de Chargey, demandeurs aux fins de sa requête « tendante à ce que l'élection de sa personne pour commis échevin faite par les habitants de Chargey, soit déclarée injuste parce que plusieurs individus dudit lieu n'ont jamais en ce charge de communauté et que lui ayant été échevin il ne peut être appelé à un nouvel exercice que quand tous les autres habitants en auront fait autant ; » — messire Pierre-Gaspard-Marie Grimod, comte d'Orçay, maréchal-des-logis de la maison de Monsieur, seigneur du comté d'Orçay de Rupt, demeurant à Paris ; — le sieur de Sérionne, chevalier de l'ordre royal et militaire de Saint-Louis ; etc.

B. 4980. (Portefeuille.) — 17 cahiers, 893 feuillets, papier.

1784 (janvier à mars). — Minutes des sentences sommaires rendues dans les causes civiles au bailliage de Vesoul. — Noms et qualités des parties : messire Pierre-Guillaume de Bonnefaux de Presque, chevalier de l'ordre royal et militaire de Saint-Louis, écuyer ordinaire du Roi, lieutenant-colonel de cavalerie ; — Son Altesse Sérénissime le duc régnant de Wirtemberg, prince de Montbéliard ; — noble Charles-Antoine Ebaudy, seigneur de Francourt ; etc.

B. 4981. (Portefeuille.) — 21 cahiers, 483 feuillets, papier.

1784 (février à avril). — Minutes des sentences sommaires rendues dans les causes civiles au bailliage de Vesoul. — Noms et qualités des parties : dame Louise Adélaïde Poulain Duclos, veuve de Raymond Fitiot, demeurant à Besançon ; — Louis-Emmanuel-Augustin de Vallay, de Villers-Farlay, écuyer, prêtre, demeurant à Luxeuil ; — Étienne Morel, seigneur de Faimbe et Romain ; — le sieur Duhoux, écuyer, demeurant au Morillon ; — le sieur Rabut Camuset, avocat en Parlement, secrétaire au point d'honneur, demeurant à Troyes en Champagne ; etc.

B. 4982. (Portefeuille.) — 17 cahiers, 174 feuillets, papier.

1784 (mars à juin). — Minutes des sentences sommaires rendues dans les causes civiles au bailliage de Vesoul. — Noms et qualités des parties : Charles-Emmanuel-Philippe Le Guay de Villiers, commissaire des guerres au département de Vesoul et Besançon ; — Louis de Vallerot, officier au régiment de Royal-Navarre, demeurant à Jussey ; — messire Urbain Aubin, chevalier de l'ordre militaire de Saint-Louis ; — noble Henry-Joseph Disbiez, chanoine en l'insigne église de Sainte-Marie-Magdeleine de Besançon ; etc.

B. 4983. (Portefeuille.) — 23 cahiers, 368 feuillets, papier.

1784 (mai à juillet). — Minutes des sentences sommaires rendues dans les causes civiles au bailliage de Vesoul. — Noms et qualités des parties : messire Charles-Emmanuel-Polycarpe, marquis de Saint-Mauris, seigneur de la Villeneuve et autres lieux ; — les grands maîtres, grand bailli et chevalier de l'ordre de Saint-Jean de Jérusalem, seigneurs de la Villedieu-en-Fontenette ; — dame Angélique-Françoise de Calmoutier, douairière de messire Jean-Ignace de Laborey, en son vivant seigneur de Chargey, et autres lieux, capitaine de grenadiers au régiment de la marine ; etc.

B. 4984. (Portefeuille.) — 18 cahiers, 360 feuillets, papier.

1784 (juin à août). — Minutes des sentences sommaires rendues dans les causes civiles au bailliage de Vesoul. — Noms et qualités des parties : messire Bergeret, avocat général au parlement de Besançon ; — Charlotte-Joseph de Bermont, codame de Villerspot, demanderesse aux fins de sa requête « tendante à ce qu'elle et messire Pierre-Alexis de Rotalier, écuyer, coseigneur audit Villerspot soient gardés et maintenus dans le droit et la possession de pêcher et faire pêcher dans la rivière qui *flue* sur le territoire de Colombier et sur celui dudit Villerspot, que défense soit faite à messire Demongenet, écuyer, seigneur de Colombier et à tous autres de les troubler à l'avenir ; » — Jean-Claude Tartey, seigneur de Recologne et Fretigney ; etc.

B. 4985. (Portefeuille.) — 13 cahiers, 187 feuillets, papier.

1784 (août à octobre). — Minutes des sentences sommaires rendues dans les causes civiles au bailliage de Vesoul. — Noms et qualités des parties ; le sieur Garnier, seigneur de Montcey ; — Claude-François Gravier, avocat en Parlement, seigneur de Frotey-lès-Lure ; — Jean-François de Sobry, écuyer, capitaine d'infanterie, demeurant à Besançon ; — les sieurs prêtres et directeurs du séminaire de Besançon ; — Claude-François-Xavier Lande, officier au régiment provincial de Vesoul ; etc.

B. 4986. (Portefeuille.) — 19 cahiers, 1121 feuillets, papier.

1784 (septembre à décembre). — Minutes des sentences sommaires rendues dans les causes civiles au bailliage de Vesoul. — Noms et qualités des parties ; le marquis Dumesnil ; — dom Marcelin Cromey, religieux bénédictin à Morey ; — Samson Charles, officier de la maréchaussée générale du comté de Bourgogne à la résidence de Vesoul ; — dame Henriette, comtesse de Montjoye ; etc.

B. 4987. (Portefeuille.) — 16 cahiers, 160 feuillets, papier.

1784 (novembre à 31 décembre). — Minutes des sentences sommaires rendues dans les causes civiles au bailliage de Vesoul. — Noms et qualités des parties : messire Damey, seigneur de Saint-Bresson, conseiller au parlement de Besançon ; — messire Marie-François-Xavier Oyzelet, seigneur de Légna, conseiller au parlement de Besançon ; — messire Xavier Athalin, chanoine en l'illustre chapitre métropolitain de Besançon ; etc.

B. 4988. (Portefeuille.) — 15 cahiers, 825 feuillets, papier.

1785 (janvier à février). — Minutes des sentences sommaires rendues dans les causes civiles au bailliage de Vesoul. — Noms et qualités des parties : François-Désiré Maréchal de Longeville, écuyer ; — Charles-Joseph-Gabriel Colmet de la Salle, écuyer, avocat du Roi au bailliage et siège présidial de Saint-Dié ; — Pierre Chemenut de Bize, ancien officier de cavalerie, demeurant à Besançon ; etc.

B. 4989. (Portefeuille.) — 18 cahiers, 534 feuillets, papier.

1785 (janvier à avril). — Minutes des sentences sommaires rendues dans les causes civiles au bailliage de Vesoul. — Noms et qualités des parties : messire François-Théodule, né libre baron d'Iselin de Lannans, seigneur de Roulans ; — Alexis-François Lampinet, écuyer, capitaine de cavalerie, seigneur de Gezans, Aubertans et autres lieux ; — dame Marie-Anne Stotzinger, douairière d'Emmanuel Maria Vuillemot, vivant, écuyer, seigneur de Nans ; — M. de Sabry, demeurant à Besançon ; — Charles-Gabriel Colmet de la Salle, clerc tonsuré, demeurant à Strasbourg ; etc.

B. 4990. (Portefeuille.) — 18 cahiers, 432 feuillets, papier.

1785 (mars à mai). — Minutes des sentences sommaires rendues dans les causes civiles au bailliage de Vesoul. — Noms et qualités des parties : messire Jean-Baptiste Clerc, écuyer, seigneur de Francalmont ; — dame Barbe Aumont, douairière de messire Urbain Aubaine, en son vivant chevalier de Saint-Louis, demeurant à Faverney ; etc.

B. 4991. (Portefeuille.) — 21 cahiers, 567 feuillets, papier.

1785 (avril à juillet). — Minutes des sentences sommaires rendues dans les causes civiles au bailliage de Vesoul. — Noms et qualités des parties : dame Claude-Françoise d'Aigrevaux, épouse de messire Guillaume Achin, chevalier de Saint-Louis ; — illustre et révérende dame Peronne-Angélique de Laubespin, abbesse de la royale abbaye de Baume, dame de Trouvans ; etc.

B. 4992. (Portefeuille.) — 13 cahiers, 546 feuillets, papier.

1785 (juin à août). — Minutes des sentences sommaires rendues dans les causes civiles au bailliage de Vesoul. — Noms et qualités des parties : les habitants et communauté de Saint-Igny, demandeurs aux fins de leur requête tendante à ce qu'ils soient gardés et maintenus dans la jouissance et possession du vain parcours sur le territoire de Noroy ; — Claude-Antoine Vuilley, avocat en Parlement, bailli de Saint-Loup, seigneur du fief de Corre ; — Louis-François-Xavier Magnin, seigneur de la Chapelle-Marvelize ; etc.

B. 4993. (Portefeuille.) — 19 cahiers, 817 feuillets, papier.

1785 (juillet à septembre). — Minutes des sentences sommaires rendues dans les causes civiles au bailliage de Vesoul. — Noms et qualités des parties : Charles-Antoine de Vidérange de la Rochère, demeurant à Bourmon en Lorraine ; — le sieur de Villeneuve, chanoine, demeurant à Troyes ; — messire Pierre Blanchard de Villers, conseiller du Roi, commissaire des guerres, demeurant à Besançon ; — les sieurs prieur et confrères de la confrérie de la Croix, à Jussey ; etc.

B. 4994. (Portefeuille.) — 19 cahiers, 380 feuillets, papier.

1785 (août à décembre). — Minutes des sentences sommaires rendues dans les causes civiles au bailliage de Vesoul. — Noms et qualités des parties : messire Pierre-Joseph de Ferrières du Châtelet, écuyer, chevalier de Saint-Louis, mestre de camp d'infanterie et lieutenant-colonel du régiment des grenadiers royaux de la Guyenne et dame Marie-Catherine de Ferrières, veuve de Claude-Benoît Prinet, avocat en Parlement, lieutenant général de police de la ville de Luxeuil ; — Dieudonné de Tholomaire de Prinsac d'Azelin, lieutenant d'artillerie au Sénégal ; — de Tholomaire de Prinsac des Tournelles, seigneur de Grenaux, demeurant à Langres, lieutenant d'infanterie ; dame Philiberte de Prinsac, épouse de Jean-Baptiste Parisot, de Vauvillers ; — messire François-Joseph Domet, seigneur de Mont-sous-Vaudrey, président en l'ancienne chambre des comptes séant à Dôle ; etc.

B. 4995. (Portefeuille.) — 20 cahiers, 1320 feuillets, papier.

1785 (novembre et décembre). — Minutes des sentences sommaires rendues dans les causes civiles au bailliage de Vesoul. — Noms et qualités des parties : messire Amé, conseiller au parlement de Besançon ; — Jacques-Marie Rolin Delemont, écuyer, directeur et receveur général des domaines du Roi de Franche-Comté ; — dame Suzanne Raymond, épouse de Jean-Jacques Duvernois, premier ministre de l'église allemande de Montbéliard ; — dame Marie-Reine de Stael, douairière de M. le chevalier de Redling, demeurant à Belfort ; etc.

B. 4996. (Portefeuille.) — 19 cahiers, 1052 feuillets, papier.

1786 (janvier à mars). — Minutes des sentences sommaires rendues dans les causes civiles au bailliage de Vesoul. — Noms et qualités des parties : Narcon, lieutenant général de police de la ville de Gray ; — Joseph-Louis Prévost, ancien gendarme de la garde du Roi, seigneur de Fouchécourt ; — noble Charles, marquis de Tallenay, demeurant à Charriez ; — messire Claude-Théophile-Joseph Devot, conseiller du Roi en ses conseils et son procureur général au parlement de Besançon ; — M. de Courcelle, chevalier de Saint-Louis, demeurant à Vesoul ; etc.

B. 4997. (Portefeuille.) — 19 cahiers, 828 feuillets, papier.

1786 (février à avril). — Minutes des sentences sommaires rendues dans les causes civiles au bailliage de Vesoul. — Noms et qualités des parties : M. le baron de Chaffois, seigneur de Munans ; — le sieur Rellier, seigneur de Battenans, demeurant à Montbozon ; — messire Alexandre Lebrun, marquis d'Inteville, prêtre, licencié en théologie, abbé commendataire de Lignes, syndic apostolique et père temporel des Récollets de Châteauvilain ; — messire Joseph-Célestin Nicod de Ronchaux, trésorier de France, demeurant à Besançon ; etc.

B. 4998. (Portefeuille.) — 18 cahiers, 738 feuillets, papier.

1786 (mars à mai). — Minutes des sentences sommaires rendues dans les causes civiles au bailliage de Vesoul. — Noms et qualités des parties : les habitants et communauté de Montigny-les-Dames, demandeurs aux fins de leur requête « tendante à ce qu'il soit fait défense aux habitants et communauté de Vaivre de faire parcourir leurs moutons sur le territoire dudit Montigny ; » — Claude-François-Xavier-Jean Mougin, prêtre, vicaire en chef de Bouhans-les-Lure, demandeur aux fins de sa requête « tendante à ce qu'il soit gardé et maintenu dans le droit de percevoir la dîme au cinquantième de tous les fruits et grains ; » etc.

B. 4999. (Portefeuille.) — 17 cahiers, 561 feuillets, papier.

1786 (mai). — Minutes des sentences sommaires rendues dans les causes civiles au bailliage de Vesoul. — Noms et qualités des parties : Louis Nodenot, prêtre, chanoine, demeurant à Vesoul ; — dame Anne-Victoire Guenin, veuve du sieur Jean-Richard Mathelat, en son vivant seigneur de Montcourt ; — Nicolas, chevalier de Civalart, demeurant à Neufchâteau ; etc.

B. 5000. (Portefeuille.) — 22 cahiers, 418 feuillets, papier.

1786 (juin à août). — Minutes des sentences sommaires rendues dans les causes civiles au bailliage de Vesoul. — Noms et qualités des parties : les révérends pères prieur et religieux bénédictins de Faverney, seigneurs d'Arbecey ; — messire François-Esprit, marquis du Chatelier-Dumesnil, mestre de camp de cavalerie, seigneur de la Vaivre et autres lieux ; — messieurs les abbé, prieur et religieux de l'abbaye de la Grâce-Dieu ; etc.

B. 5001. (Portefeuille.) — 19 cahiers, 1425 feuillets, papier.

1786 (août à octobre). — Minutes des sentences sommaires rendues dans les causes civiles au bailliage de Vesoul. — Noms et qualités des parties : dame Jeanne-Baptiste Parnoy, dame de Ranzevelle et autres lieux, douairière de messire Jean-Baptiste Terrier, demeurant à Ranzevelle ; — Jacques de Bresson de Bazan, écuyer, seigneur de Valois et autres lieux, ancien officier de dragons ; — Joseph le Petit, seigneur de Brovillier, chevalier de Saint-Louis, ancien capitaine commandant les grenadiers au régiment de Savoie-Carignan et Charles le Petit, aussi seigneur de Brovillier, chevalier de Saint-Louis, ancien capitaine au régiment de Touraine ; — les révérends prieur et religieux Carmes déchaussés de Gray ; — Jean-Népomucène Legrel de Girardy, grand trésorier du noble chapitre de Lure ; etc.

B. 5002. (Portefeuille.) — 20 cahiers, 1040 feuillets, papier.

1786 (septembre à décembre). — Minutes des sentences sommaires rendues dans les causes civiles au bailliage de Vesoul. — Noms et qualités des parties : Toussaint Jeudy, capitaine d'artillerie au corps d'Auxonne ; — dame Claude-Françoise-Marie Tirode, épouse de Claude-François-Xavier-Thérèze Roux, seigneur de Raze, lieutenant particulier au bailliage de Besançon ; — messire de Vellemont, prieur de Montberot-les-Traves ; — Claude-Jacques-Ignace de Pérard, capitaine d'infanterie, demeurant à Dôle ; etc.

B. 5003. (Portefeuille.) — 17 cahiers, 1125 feuillets, papier.

1786 (novembre à décembre). — Minutes des sentences sommaires rendues dans les causes civiles au bailliage de Vesoul. — Noms et qualités des parties : Bruno Huot, avocat en Parlement, conseiller aulique de Son Altesse Sérénissime monseigneur le prince de Bâle; — Antoine Vinon, seigneur à Noroy-l'Archevêque; — messire Deboutilly, capitaine au corps royal d'artillerie en garnison à Strasbourg; — le sieur Pierre, seigneur de Vollareille; — messire Pierre-Ignace-Marie de Bernard, chevalier de Montessus, seigneur de Pisseloup; — dame Anne Baudot, douairière de Sébastien Legros, écuyer; — messire Benoît de Voisey, conseiller au parlement de Franche-Comté; — Charles Theunel, chevalier de Saint-Louis, tous coseigneurs à Pisseloup; etc.

B. 5004. (Portefeuille.) — 17 cahiers, 578 feuillets, papier.

1787 (janvier). — Minutes des sentences sommaires rendues dans les causes civiles au bailliage de Vesoul. — Noms et qualités des parties : les religieux cordeliers du couvent de Sèze, en Brie; — messire Guillaume Achin, chevalier de l'ordre royal et militaire de Saint-Louis, lieutenant de cavalerie au régiment d'Orléans; — Claude-François Borel, officier au corps des carabiniers de Monsieur en garnison à Metz; — Charles de Rohan, prince de Soubise et d'Epinoy, duc de Rohan, pair et maréchal de France, ministre d'État, capitaine, lieutenant de la compagnie des gendarmes de la garde ordinaire du Roi, gouverneur et lieutenant général pour Sa Majesté des provinces de Flandre et Hainaut, gouverneur particulier des ville et citadelle de Lille en Flandre; — messire Pierre-Aimable Guy, conseiller du Roi, greffier en chef au parlement de Metz, seigneur d'Epenoux, Villeparois et autres lieux; etc.

B. 5005. (Portefeuille.) — 15 cahiers, 784 feuillets, papier.

1787 (février à avril). — Minutes des sentences sommaires rendues dans les causes civiles au bailliage de Vesoul. — Noms et qualités des parties : dame Gabrielle-Maximilienne Pensot de Verchamp, veuve du sieur Joseph Fournier, en son vivant, seigneur de la Barre et Vandelans; — Jean-Claude Bretet, conseiller du Roi, lieutenant général criminel du bailliage de Vesoul; — messire François-Joseph Desprès, chevalier de l'ordre royal et militaire de Saint-Louis, ancien capitaine d'infanterie au régiment de Savoie-Carignan, seigneur d'Aboncourt, Gesincourt et autres lieux, demeurant à Vesoul; etc.

B. 5006. (Portefeuille.) — 19 cahiers, 551 feuillets, papier.

1787 (mars à mai). — Minutes des sentences sommaires rendues dans les causes civiles au bailliage de Vesoul. — Noms et qualités des parties : messire Louis-Gabriel Aymonet, écuyer, seigneur de Contréglise, chevalier de l'ordre royal et militaire de Saint-Louis, ancien capitaine de cavalerie pour le service de Sa Majesté au régiment de mestre de camp général, demeurant en son château de Contréglise; — Joseph-Louis Prevost, seigneur de Franchécourt; — dame Joseph Bailly, épouse de Jacques-Antoine de la Burthe, capitaine commandant au régiment de Soissonnais-Infanterie, demeurant à Port-sur-Saône; — haute et puissante dame madame Marie-Suzanne-Simone-Ferdinande de Ténarre-Montmain, douairière de haut et puissant seigneur Louis, prince de Bauffremont, lieutenant général des armées du Roi, chevalier d'honneur au parlement de Besançon; — Claude-François Gravier, avocat en Parlement, seigneur à Quers, Frotey-les-Lure, demeurant à Quers; etc.

B. 5007. (Portefeuille.) — 19 cahiers, 684 feuillets, papier.

1787 (avril à juin). — Minutes des sentences sommaires rendues dans les causes civiles au bailliage de Vesoul. — Noms et qualités des parties : les révérends pères gardien et Cordeliers du couvent de Rougemont; — Étiennette Gavard, veuve du sieur Nicolas Hory, en son vivant conseiller de l'hôtel de ville de Faucogney; — demoiselle Jeanne-Magdeleine-Béatrix Dambly, dame de Gressoux, y demeurant; — dame Claude-Oudette Charles, épouse autorisée d'office de messire Henry, baron de Navailles, ancien capitaine commandant au régiment d'Orléans-cavalerie; — Anatoile-Joseph Lyautey, écuyer, seigneur de Colombe; etc., etc.

B. 5008. (Portefeuille.) — 16 cahiers, 598 feuillets, papier.

1787 (juin). — Minutes des sentences sommaires rendues dans les causes civiles au bailliage de Vesoul. — Noms et qualités des parties : Claude-Joseph Bouvier l'aîné, seigneur de la Côte; — Edme-Philippe Régent, seul seigneur de Chauvirey-le-Vieil et coseigneur de Chauvirey-le-Châtel; — Marc Froidot, avocat en Parlement, ancien bailli de Faucogney; — dame Jeanne-Claude Lemercier, douairière de Joseph, marquis de Visin de Castelemy, en son vivant capitaine de cavalerie, commandeur de Saint-Lazare, chevalier de Saint-Louis; etc.

B. 5009. (Portefeuille.) — 18 cahiers, 551 feuillets, papier.

1787 (juillet à septembre). — Minutes des sentences sommaires rendues dans les causes civiles au bailliage de

Vesoul. — Noms et qualités des parties : Jacques-Joseph Bellenet, écuyer, avocat en Parlement, demeurant à Vesoul; — Marie-Nicole, née comtesse d'Oplise, douairière de messire Jean-Baptiste Nare, comte de Toustaint, demeurant en son château à Thou; — Louis de la Motte, écuyer, demeurant à Enfonvelle; — dame Noirot, veuve de messire Claude-François Roudot, capitaine des grenadiers royaux, chevalier de Saint-Louis, demeurant à Montigny-les-Dames; — dame Sophie de Roxen, dame de Grammont, Roye et autres lieux, épouse de messire Charles-Louis-Victor de Broglie, prince du Saint-Empire, mestre de camp, commandant du régiment de Bourbonnais; etc.

B. 5010. (Portefeuille.) — 21 cahiers, 378 feuillets, papier.

1787 (août à novembre). — Minutes des sentences sommaires rendues dans les causes civiles au bailliage de Vesoul. — Noms et qualités des parties : Joseph Fournier, seigneur de Gézincourt, docteur en médecine, demeurant à Jussey; — messire Nicolas de Carles, ancien garde du corps du Roi et dame Marie-Catherine de la Rochelle, son épouse, demeurant à Cuse; — les RR. PP. Cordeliers de Lassertis en Normandie; — messire François-Joseph Dambly, chevalier, seigneur de Chauvirey-le-Châtel, Ouge, Vitrey, etc.; — dame Marie-Joseph de Camus, épouse de messire Henry-Nicolas Cabout de Saint-Marc, conseiller honoraire au Parlement; etc.

B. 5011. (Portefeuille.) — 11 cahiers, 2002 feuillets, papier.

1787 (novembre). — Minutes des sentences sommaires rendues dans les causes civiles au bailliage de Vesoul. — Noms et qualités des parties : messire Jean-Antoine Clerc, écuyer, chanoine en l'illustre chapitre métropolitain de Besançon; — messire Claude-François-Ignace Henryon de Magnoncourt, capitaine de cavalerie, chevalier de Saint-Louis, seigneur de Roche et autres lieux; — Charles-Philippe-Emmanuel Le Guay de Villiers, écuyer, commissaire des guerres en résidence à Vesoul; etc.

B. 5012. (Portefeuille.) — 16 cahiers, 576 feuillets, papier.

1787 (novembre à 31 décembre). — Minutes des sentences sommaires rendues dans les causes civiles au bailliage de Vesoul. — Noms et qualités des parties : dame Braconnier, veuve du sieur Caron, dame de Soye et Soing; — le sieur Didier, chevalier, ancien procureur du Roi, à la mairie royale de Serqueux, demeurant à Bourbonne-les-Bains; — Thérèse-Antoinette de Cyvallard, Nicolas-François de Cyvallard, chevalier, baron du Saint-Empire; — Mariande de Cyvallard, douairière de Jean-Baptiste, baron de Lavaux, seigneur de Courcelle et Alaincourt; — Louis-François de Cyvallard, comte d'Aponcourt, colonel de dragons au service de l'Empire; — Reine-Marie de Cyvallard, tous demeurant à Neufchâteau et à Vaucouleurs; etc.

B. 5013. (Portefeuille.) — 15 cahiers, 630 feuillets, papier.

1788 (janvier). — Minutes des sentences sommaires rendues dans les causes civiles au bailliage de Vesoul. — Noms et qualités des parties : dame Gabrielle-Françoise-Maximilienne Ponsot, veuve de Joseph Fournier, seigneur à la Barre; — Louis-Joseph de Bigot, demeurant à Molay; — messire François-Emmanuel Gousselin, baron de Richecourt, ancien lieutenant-colonel d'infanterie; — messire Charles-Bonaventure de Voisey, conseiller au parlement de Besançon; — Charles Teuriot, chevalier de Saint-Louis, Cyprien Teuriot, garde du corps de Monsieur, frère du Roi, tous seigneurs de Pisseloup; — monsieur Humblot d'Auteville, conseiller au bailliage de Langres, seigneur de Pisseloup; — Claude-Antoine Vuilley, avocat au Parlement, seigneur de Corre; etc.

B. 5014. (Portefeuille.) — 15 cahiers, 375 feuillets, papier.

1788 (janvier et février). — Minutes des sentences sommaires rendues dans les causes civiles au bailliage de Vesoul. — Noms et qualités des parties : messire Jean-Christophe Deschard, ancien officier de cavalerie, chevalier de Saint-Louis et dame Anne-Claude Billiard, son épouse; — François-Joseph Rochet, bailli d'Amblans, lieutenant de celui de Lure, avocat au Parlement, demeurant à Faucogney; — Jean-Anatoile Faivre, écuyer, seigneur de la Rochelle et autres lieux; — Jean-Claude Pourtier, prêtre, chapelain en l'église paroissiale Saint-Jean-Baptiste de Besançon; etc.

B. 5015. (Portefeuille.) — 16 cahiers, 609 feuillets, papier.

1788 (mars à mai). — Minutes des sentences sommaires rendues dans les causes civiles au bailliage de Vesoul. — Noms et qualités des parties : messire Charles-François-Gabriel de Tranchant, comte de Laverne, seigneur de Borey, y demeurant; — François-Alexandre de Burtel, écuyer, seigneur de Belmont, Provenchère et autres lieux; — demoiselle Marie-Sophie-Xavier Damedor, dame de l'ordre impérial de la Croix Étoilée; — dame Jeanne-Claude-Huot, dame de Lavoncourt, épouse de Nicolas-

SÉRIE B. — BAILLIAGES.

Claude-Marie-Gabriel-Antoine Huot, écuyer, seigneur de Charmoille ; — messire de Chaffoy, baron et seigneur de Nunans ; — dame Marguerite-Françoise Tixerand de Servance, veuve de Jean-Baptiste Rolot, seigneur d'Ancier, demeurant à Faucogney ; etc.

B. 5016. (Portefeuille.) — 19 cahiers, 283 feuillets, papier.

1788 (avril à juin). — Minutes des sentences sommaires rendues dans les causes civiles au bailliage de Vesoul. — Noms et qualités des parties : dom Marcelin Cramey, religieux bénédictin du monastère de Morey, administrateur des revenus des pauvres de la baronnie de Chauvirey ; — Jean-François Amiorot, avocat en Parlement, seigneur d'Ameuvelle, procureur pour le Roi en la justice royale de Jonvelle ; — dame Marie Sirot, veuve du sieur Étienne-Charles, en son vivant avocat au parlement de Besançon, conseiller au magistrat de ladite ville ; — messire Gaspard-Marie Grimod Dufort, comte d'Orçay, seigneur de la baronnie de Rupt ; — le marquis Duchaylard, baron de l'Étoile, capitaine au régiment de Navarre-Cavalerie, seigneur de Châtillon-Guyotte et autres lieux ; — Louis-Alexis-François de Lampinet, écuyer, seigneur de Naveune, Gressoux, Aubertans et autres lieux, capitaine de cavalerie ; etc.

B. 5017. (Portefeuille.) — 11 cahiers, 440 feuillets, papier.

1788 (mai à août). — Minutes des sentences sommaires rendues dans les causes civiles au bailliage de Vesoul. — Noms et qualités des parties : messire Philippe Guégain, conseiller au parlement de Besançon ; — les révérends pères Cordeliers de Provenchère ; — Antoine Guerrin, coseigneur à Purgerot ; — Nicolas Bouton, prêtre, curé de Saint-Sauveur ; etc.

B. 5018. (Portefeuille.) — 14 cahiers, 364 feuillets, papier.

1788 (août à octobre). — Minutes des sentences sommaires rendues dans les causes civiles au bailliage de Vesoul. — Noms et qualités des parties : Jean-Baptiste-Augustin Grandbesançon, seigneur de Chaux-les-Port et demoiselle Jeanne-Marguerite Billerey, son épouse ; — messire Claude-Antoine-Louis, marquis de Champagne, seigneur dudit lieu, demeurant à Lons-le-Saulnier ; — Marie-Gabriel Bressand, coseigneur de Chaux-les-Port, demeurant à Port-sur-Saône ; — messire Marie-Alexis de Boitouzet de Poinsot, chevalier de Saint-Louis, ancien capitaine de dragons au régiment de la Reine, marquis d'Ormenans, seigneur de Loulans, Cenans et autres lieux ; — Louis-Joseph de Verncrey, chevalier, seigneur de Beaubarnois ; — Louis-Charles de Verncrey, seigneur en partie de Bâtoncourt ; — Nicolas Billerey, seigneur de Voncourt, conseiller procureur du Roi en la maîtrise particulière des eaux et forêts de cette ville ; — messire Nicolas Bonaventure, marquis seigneur de Taitenay et autres lieux, avocat général au parlement de Besançon ; etc.

B. 5019. (Portefeuille.) — 4 cahiers, 300 feuillets, papier.

1788 (novembre). — Minutes des sentences sommaires rendues dans les causes civiles au bailliage de Vesoul. — Noms et qualités des parties : Barouhey, ancien officier de dragons, demeurant à Fédry ; — Charles Noirot, officier d'infanterie, Marguerite Noirot, veuve de messire Claude-François Rondot, en son vivant, capitaine des grenadiers royaux, chevalier de l'ordre royal et militaire de Saint-Louis, demeurant à Montigny-les-Dames ; — mesdames les abbesse, chanoinesses et procureuse du noble chapitre de Migette ; — noble Miroudot du Bourg, seigneur de Saint-Ferjeux, Meurcourt et autres lieux, subdélégué de l'intendant au département de Vesoul ; — messire Nicolas-Léonard Tinseau, abbé commendataire de l'abbaye royale de Bithaine ; etc.

B. 5020. (Portefeuille.) — 9 cahiers, 549 feuillets, papier.

1788 (novembre à décembre). — Minutes des sentences sommaires rendues dans les causes civiles au bailliage de Vesoul. — Noms et qualités des parties : Antoine Cardot, avocat en Parlement, demeurant à Vesoul ; — messieurs les directeurs de l'hôpital de Vesoul ; — Frédéric-Ignace Fournier, fils de feu Joseph Fournier, en son vivant seigneur du fief de Montot, demeurant à la Barre ; — messire Chauvel de la Villette, bailli, chevalier, grand-croix de l'ordre de Saint-Jean de Jérusalem, commandeur de la Villedieu en Fontenette ; etc.

B. 5021. (Portefeuille.) — 10 cahiers, 460 feuillets, papier.

1788 (décembre). — Minutes des sentences sommaires rendues dans les causes civiles au bailliage de Vesoul. — Noms et qualités des parties : messire Pierre-Joseph de Ferrière-Duchatelet, écuyer, chevalier de l'ordre de Saint-Louis, mestre de camp d'infanterie, lieutenant-colonel du régiment des grenadiers royaux de la Guyenne, secrétaire des commandements de Son Altesse Mgr le duc d'Orléans ; — dame Marie-Catherine de Ferrière, douairière du sieur

Claude-Benoît Priset, avocat en Parlement, en son vivant lieutenant général de police de la ville de Luxeuil; — les révérendes dames religieuses de Sainte-Ursule du monastère de Vesoul; etc.

B. 5022. (Portefeuille.) — 13 cahiers, 387 feuillets, papier.

1789 (janvier à mars). — Minutes des sentences sommaires rendues dans les causes civiles au bailliage de Vesoul. — Noms et qualités des parties : Claude-François Hayen, prêtre, curé d'Hyèvres, y demeurant, demandeur aux fins de sa requête, tendante à ce que le sieur Rochet, de Breurey, soit condamné à se représenter à telle audience qui lui sera indiquée pour y déclarer que c'est méchamment et calomnieusement qu'il a traité le demandeur de voleur, de suborneur de témoins, d'ivrogne, de J..... F....., de Voltaire, d'hypocrite, etc., qu'il s'en repent et en demande pardon; à — messire Bernard-Angélique de Praissard, comte de Broissia, chevalier de Saint-Jean de Jérusalem et de Saint-Louis, ancien officier au régiment des gardes françaises, seigneur de Velle-le-Chatel, Noblans-la-Ferroux, Bucey-les-Traves et autres lieux, demeurant à Scey-sur-Saône; — messire Denis-Gérard Voland, chevalier de l'ordre royal et militaire de Saint-Louis, lieutenant de maréchaussée, demeurant à Vesoul; — le comte d'Orçay, seigneur de Rupt, Oigney et autres lieux; etc.

B. 5023. (Portefeuille.) — 13 cahiers, 210 feuillets, papier.

1789 (mars). — Minutes des sentences sommaires rendues dans les causes civiles au bailliage de Vesoul. — Noms et qualités des parties : messire François-Xavier de Chauvigny, chanoine en l'illustre chapitre métropolitain de Besançon; — dame Suzanne de Terrier, chanoinesse au noble chapitre de Neuville en Bresse, y demeurant; — les confrères de la confrérie de Sainte-Barbe établie à Vesoul; — messire Nicolas, comte de Carles, lieutenant de cavalerie, garde du corps du Roi et dame Marie-Catherine de la Rochelle, son épouse, demeurant à Cuse; etc.

B. 5024. (Portefeuille.) — 13 cahiers, 195 feuillets, papier.

1789 (mars à juin). — Minutes des sentences sommaires rendues dans les causes civiles au bailliage de Vesoul. — Noms et qualités des parties : M. le prieur de Saint-Thiébault de La Romange, seigneur de Lambrey; — dame Chapuis de Rosières, douairière de M. de Poincte, dame de Bourguignon-les-Conflans; — les sieur et dame Mathelat, seigneur et dame de Corre; — M. le comte de Saint-Mauris, seigneur de Lambrey, capitaine commandant le régiment des chasseurs de Franche-Comté; — Jean-François Petitjean, docteur en théologie, prêtre, curé de Bourbévelle; etc.

B. 5025. (Portefeuille.) — 15 cahiers, 1008 feuillets, papier.

1789 (mai à juin). — Minutes des sentences sommaires rendues dans les causes civiles au bailliage de Vesoul. — Noms et qualités des parties : Anne-Joséphine Gauhenans, dame de Montcey, veuve du sieur Antoine-Joseph Gamin, avocat en Parlement; — Claude-François Goux, ancien officier de grenadiers, demeurant à Arbecey; — Jean-François-Nazaire Guillot de Villeneuve, chanoine, trésorier de l'église de Troyes; — noble Claude-Donat Bureau de Pusy, seigneur du Chassey, lieutenant général criminel honoraire du bailliage de Vesoul; — dame Marie-Jeanne-Catherine de Grammont, dame de Bevenge, épouse de messire Melchior-Alexandre de la Baume, comte de Montrevel, demeurant à Paris; etc.

B. 5026. (Portefeuille.) — 14 cahiers, 1018 feuillets, papier.

1789 (juin). — Minutes des sentences sommaires rendues dans les causes civiles au bailliage de Vesoul. — Noms et qualités des parties : Joseph Clerc, avocat en Parlement, receveur de la ville de Vesoul; — dame Jeanne-Thérèse Bouchet, veuve de Dominique Lombard, écuyer, secrétaire du Roi honoraire en la chancellerie près le parlement de Besançon; — messire Mareschal de Sauvagney, prieur de Saint-Thiébaud, à Jussey; — Son Altesse Sérénissime Charles, duc régnant de Wirtemberg, en qualité de seigneur de Grange; — les confrères de la confrérie de Saint-Nicolas, érigée en l'église paroissiale de Rougemont; etc.

B. 5027. (Portefeuille.) — 13 cahiers, 613 feuillets, papier.

1789 (juillet à août). — Minutes des sentences sommaires rendues dans les causes civiles au bailliage de Vesoul. — Noms et qualités des parties : Claude-François Joly, coseigneur d'Alaincourt; — Claude-Joseph Miroudot, seigneur de Montussaint et de Tallans; — monsieur de Laurat, commandeur de la Villedieu en Fontenette, seigneur de Velorcey; etc.

B. 5028. (Portefeuille.) — 12 cahiers, 324 feuillets, papier.

1789 (août à octobre). — Minutes des sentences sommaires rendues dans les causes civiles au bailliage de Vesoul. — Noms et qualités des parties : Joseph Bourdot, prêtre, curé de Villars-Saint-Marcellin, demandeur aux fins de sa requête « tendante à ce qu'il soit gardé et maintenu dans le droit de percevoir sur les habitants et communauté de Villars-Saint-Marcellin la moitié de la dîme qui se lève au troisième sur les blés, orge, etc., et pour le vin la quarantième, l'autre moitié appartenant aux pères Bénédictins de Besançon ; — messire Joseph-Philippe Quégain, conseiller au parlement de Besançon, seigneur de Voray ; — les sieurs doyen, séchal et chanoines de l'insigne chapitre de l'église collégiale et paroissiale Saint-Georges, de Vesoul ; — Antoine-Michel Dehugo, prêtre, chanoine de Saint-Dié en Lorraine ; — Joseph-Louis-François-Xavier Dehugo, officier au régiment d'Armagnac ; — Louis-Nicolas Dehugo, officier au régiment du Lauzun, tous de Saint-Dié ; etc.

B. 5029. (Portefeuille.) — 9 cahiers, 65 feuillets, papier.

1789 (septembre à novembre). — Minutes des sentences sommaires rendues dans les causes civiles au bailliage de Vesoul. — Noms et qualités des parties : dame Marie-Thérèse-Françoise, née comtesse de Montrichier, épouse de M. le comte de Raigecourt, dame de Menoux, demeurant au château d'Auxon ; — messire Jean Poulletier, de Suzenet, chevalier de l'ordre royal et militaire de Saint-Louis, commissaire principal des guerres au duché de Bourgogne ; — Anatoile-Joseph Lyautey, écuyer, conseiller du Roi, son receveur des finances au bailliage royal de Vesoul, seigneur d'Essernay et Colombe, demandeur aux fins de sa requête « tendante à ce que le sieur Jacques Joblard, prêtre, curé de Colombe, soit condamné à porter cuire ses pains et pâtes dans le four banal du demandeur ; » etc.

B. 5030. (Portefeuille.) — 6 cahiers, 730 feuillets, papier.

1789 (novembre). — Minutes des sentences sommaires rendues dans les causes civiles au bailliage de Vesoul. — Noms et qualités des parties : Jean-Baptiste Dauer, garde général et collecteur des amendes en la maîtrise des eaux et forêts de Vesoul ; — les révérends pères Carmes déchaussés du monastère de Gray ; — le sieur Froidot, officier d'infanterie, demeurant à Vesoul ; — Jean-Just Vejux, greffier de la haute, moyenne et basse justice domaniale et territoriale d'Autrey, demandeur aux fins de sa requête « tendante à ce que l'élection qui a été faite de sa personne par les habitants de la communauté d'Autrey-les-Cers pour remplir les fonctions d'échevin soit déclarée nulle et injuste ; » — messire Jean Paris, de Mare, prêtre du diocèse de Besançon, ministre du prince évêque de Bâle, prieur de Presle ; — Jean-Baptiste Banvalot, prêtre et curé de Raulsy, demandeur aux fins de sa requête « tendante à ce qu'il soit gardé et maintenu dans le droit de percevoir sur l'étendue du territoire de Raulay la dîme de soixante gerbes l'une des fruits qui se lèvent et récoltent audit territoire ; » etc.

B. 5031. (Portefeuille.) — 9 cahiers, 108 feuillets, papier.

1789 (novembre à décembre). — Minutes des sentences sommaires rendues dans les causes civiles au bailliage de Vesoul. — Noms et qualités des parties : Louise-Léonarde-Sophie Henrion, dame de Fédey ; — le pères prieur et religieux jacobins du couvent de Monthuzon ; — messire François-Fugdue Devault, lieutenant général des armées du Roi, gouverneur des ville et citadelle de Die en Dauphiné, commandeur de Saint-Louis, directeur du dépôt général et des plans de la guerre, seigneur de Hugier, Sornay de Rèze, de la Valsce et autres lieux, demeurant à Versailles ; — Amable Guy, seigneur de Conflandey ; etc.

B. 5032. (Portefeuille.) — 10 cahiers, 630 feuillets, papier.

1789 (décembre). — Minutes des sentences sommaires rendues dans les causes civiles au bailliage de Vesoul ; — Noms et qualités des parties : les abbé, grand prévôt, et grand trésorier de l'abbaye équestrale et princière de Lure ; — messire Nicolas Dorival, chevalier de Saint-Louis et dame Marguerite Mourlot, son épouse, seigneur et dame de Fréligney ; — Jules-Charles-Henri de Clermont-Tonnerre, duc et pair de France, chevalier des ordres du Roi, lieutenant général de ses armées, commandant en chef et lieutenant général du Dauphiné, duc de Vauvillers ; etc.

B. 5033. (Portefeuille.) — 10 cahiers, 830 feuillets, papier.

1790 (janvier). — Minutes des sentences sommaires rendues dans les causes civiles au bailliage de Vesoul. — Noms et qualités des parties : les sieurs abbé, prieur et religieux de l'abbaye du Lieu-Croissant, dite des Trois-Rois ; — messire François-Blaise Ringuey, prêtre, curé de Magny-les-Jussey, Venisey, Montureux et Tartécourt, demandeur aux fins de sa requête « tendante à ce qu'il soit gardé et maintenu dans le droit et la possession de percevoir le tiers de la dîme des fruits d'automne et de carême qui se sèment et se recueillent chaque année sur l'étendue du territoire de Venisey ; — le sieur Olivier, chevalier de Saint-Louis, demeurant à Fondremand ; etc.

B. 5031. (Portefeuille.) — 16 cahiers, 160 feuillets, papier.

1780 (janvier à mai). — Minutes des sentences sommaires rendues dans les causes civiles au bailliage de Vesoul. — Noms et qualités des parties : Louis-Michel Thierry, écuyer, ancien gendarme de la garde, lieutenant du Roi, demeurant à Langres ; — messire Antoine-François-Éléonore-Angélique de Jacquot, comte d'Andelarre, capitaine, chef d'escadron au régiment de Navailles-dragons, seigneur de Charentenay et autres lieux ; — dame madame Sophie de Rosen, épouse de messire Charles-Louis-Victor de Broglie, prince du Saint-Empire, demeurant à Paris ; — dame Adélaïde-Philippine de Durfort de Lorges, duchesse de Lorges, dame de Saint-Loup ; etc.

B. 5032. (Portefeuille.) — 16 cahiers, 300 feuillets, papier.

1780 (avril à mai). — Minutes des sentences sommaires rendues dans les causes civiles au bailliage de Vesoul. — Noms et qualités des parties : Chapel, capitaine d'artillerie, et dame Jeanne-Marguerite Thomas, son épouse ; — Nicolas-François Cyvalard, chevalier, baron du Saint-Empire romain ; — dame Jeanne-Thérèse Fouchet, douairière de Dominique-François Lombard, écuyer, secrétaire du Roi, demeurant à Besançon ; — Benoît Bouchet, ancien contrôleur d'artillerie ; — madame de Constable, chanoinesse de l'abbaye de Poncel, en Lorraine ; — messire frère Charles-Alexandre de Morton-Chabrillan, commandeur de Sales et autres lieux ; etc.

B. 5033. (Portefeuille.) — 16 cahiers, 300 feuillets, papier.

1780 (juin). — Minutes des sentences sommaires rendues dans les causes civiles au bailliage de Vesoul. — Noms et qualités des parties : messire Pierre-Étienne-François Broquart, seigneur de Bussière et Laversey, conseiller au parlement de Besançon ; — messire de Vernerey de Moneret, demeurant à Cendrecourt ; — messire Pierre-Georges, comte de Scey-Montbéliard, grand bailli de Dôle, capitaine de cavalerie, seigneur de Buthier et autres lieux ; — dame Marie-Thérèse-Victoire de Grammont, douairière de messire Alexandre-Antoine, comte de Scey-Montbéliard, en son vivant chevalier de Saint-Louis, gouverneur du château d'If, demeurante à Paris ; etc.

B. 5034. (Portefeuille.) — 11 cahiers, 375 feuillets, papier.

1780 (juillet). — Minutes des sentences sommaires rendues dans les causes civiles au bailliage de Vesoul. — Noms et qualités des parties : Jean-François Fiard, de l'ordre de Saint-Louis, capitaine d'artillerie, demeurant à Vesoul ; — Claude-Antoine-François Jaquot, capitaine de dragons, chevalier de Saint-Louis, demeurant à Besançon ; — dame Anne-Catherine Noirot, veuve de messire Claude-François Bondot, ancien capitaine de grenadiers royaux, chevalier de Saint-Louis, demeurant à Montigny-les-Dames ; — Alexandre de Foudras, colonel de cavalerie, demeurant à Remigny, en Bourgogne ; etc.

B. 5035. (Portefeuille.) — 10 cahiers, 350 feuillets, papier.

1780 (juillet à octobre). — Minutes des sentences sommaires rendues dans les causes civiles au bailliage de Vesoul. — Noms et qualités des parties : François Linot, commandant de la milice nationale d'Aboncourt, Pierre Vaillant, lieutenant, Louis Linot et François Lambelot, caporal, demandeurs aux fins de leur requête tendante à ce que François Gaucherot, brigadier de maréchaussée et François Carrot, cavalier de maréchaussée, soient condamnés à venir déclarer à l'audience dudit bailliage que mal et méchamment et contre le devoir de leur état, ils ont tiré les demandeurs de leurs lits et les ont emmenés liés et garottés dans les prisons de cette ville en les faisant passer par Gesincourt, Chargey, Port-sur-Saône, Charmoille et Pusey en annonçant qu'ils étaient accusés d'assassinat prémédité ; — Jean-François Lamplnet, ancien officier d'infanterie, demeurant à Vesoul ; etc.

B. 5036. (Portefeuille.) — 11 cahiers, 58 feuillets, papier.

1780 (septembre à 15 décembre). — Minutes des sentences sommaires rendues dans les causes civiles au bailliage de Vesoul. — Noms et qualités des parties : Nicolas-Louis Perreney, prieur de Montberot-les-Traves, demeurant à Dijon ; — Claude-Joseph de Buyer, inspecteur des maréchaussées de France ; — Pierre-Colombe-Prothade Maréchal, ancien chevalier d'honneur à la chambre des comptes de Dôle. — Henry Coquelin, conseiller au parlement de Franche-Comté, demeurant à Besançon ; etc.

B. 5-6. (Registres.) — In-folio, 163 feuillets, papier.

1682-1684. — Causes tenues à Vesoul, par nous Nicolas Jacquinot, docteur en droit, sieur d'Aoust, etc., lieutenant général d'Amont dudit Vesoul. — Sentences rendues sur les réquisitions de noble Étienne de Mesmay, docteur en droit, conseiller de leurs AA. SS. et leur procureur fiscal d'Amont et en la cité impériale de Besançon : condamnant, le sieur Étoile Guyot, d'Arpenans, à une amende de 25 livres et à neuf jours de prison au pain et à l'eau pour blasphèmes réitérés et outrage énorme « à sang » envers son propre frère ; — Claudine Laneir, de Chargey, à une amende de trente livres comme convaincue de conversation suspecte et scandaleuse avec des gens d'église ; — Alix Jeannin, femme de Claude Sauteret, de Ralleroncourt Saint-Pancras, au bannissement perpétuel du comté de Bourgogne avec défense de s'y retrouver sous peine de la hart, pour crime de sorcellerie. Les principaux chefs d'accusation sont : d'avoir pris un enfant âgé d'environ un an, de lui avoir jeté un sort qui lui procura une grande maladie, d'avoir donné une maladie à Prudence Goussel, de Vauvillers ; de l'avoir guérie avec un tourteau qu'elle lui fit manger et de l'avoir de nouveau rendue malade ; d'avoir fait accoucher Marguerite, femme de Pierre-Baptiste, de Railleroncourt, d'un enfant mort-né, sans aucune douleur ; d'avoir fait mourir quinze jours après un des enfants de ladite Marguerite, le tout au moyen d'une écuelle de poires cuites qu'elle leur donna ; d'avoir ensuite procuré par des maléfices à ladite Marguerite une maladie aux yeux ; puis une grave maladie à Françoise, femme de Claude Bernard ; d'avoir frotté avec du vinaigre la bouche de l'enfant d'Antoinette Goussel, femme de Girard Haubert, dudit Vauvillers, de telle sorte que ledit enfant ne voulut pas prendre le sein de sa mère tout en prenant celui des autres femmes ; d'avoir procuré une maladie « extrême et incongnue, » à Nicole Babaud ; d'avoir dit « après s'estre agenouillée au jardin de Claude Miline, en joignant les mains au ciel, que le diable et male foudre puisse tomber sur elle, si elle estoit sorcière puis après regardant un baston de cire qui estoit auprès d'elle et par plusieurs fois ma belle cire, ma belle cire et l'ayant empoignée la baise ; » d'avoir fait mourir des vaches et un jeune taureau ; d'avoir donné une maladie à Françoise de Tartre et fait tarir son lait ; d'avoir fait mourir six enfants à Ciere, femme de Pierre du Tartre ; de s'être trouvée « à plusieurs et diverses fois sur la queue de l'estang de la Gray au sabat avec plusieurs sorciers et sorcières ; » — Anne Fittot, dit la Cape, de Railleroncourt Saint-Pancras, à la torture des « manottes » pour l'instruction des faits de sorcellerie dont elle est accusée. Les principaux griefs sont : de s'être retrouvée à plusieurs et diverses fois au sabat sur la queuhe de l'estang de Baligney, finaige de Fontenoy-la-Ville et sur icelui de l'estang de la Gray, finaige de Vauvillers, accompagnée de Clère sa fille, Claudine, veuve de Mougin Regnaud et plusieurs autres ; » d'avoir donné diverses maladies à de nombreuses personnes ; d'avoir par ses maléfices et imprécations, fait « abîmer et souldroyer une fille laquelle gardait du bestail avec une sienne compagne ; » — Jean Chétif, dit le Blond, d'Esprels, à être par le maître de la haute justice, battu et fustigé de verges depuis l'audience jusqu'à la Croix qui se trouve sur le pont de la Porte-Basse de Vesoul, puis marqué sur l'épaule droite avec un fer chaud et banni perpétuellement du comté de Bourgogne avec défense de s'y retrouver à peine d'être pendu et étranglé, pour avoir commis plusieurs homicides et exercé son état de sabotier à Frédéric-Fontaine, où se pratique notoirement l'hérésie, puis avoir habité Stasbourg, pays hérétique où il a avoué avoir mangé de la chair le vendredi et le samedi ; — Nicole Navarro, femme de Claude Rochea, Nicolas et Thomassa Rochea, ses enfants, à une amende de quinze livres chacun et à neuf jours de prison au pain et à l'eau pour blasphèmes exécrables, contraventions aux édits des tavernes, sollicitation de commerce lascif, recellement et usures ; — Jacques, de la ville de Vauvillers, à être conduit sur un échafaud qui sera dressé devant les halles de la ville de Vesoul et là à avoir la tête tranchée et séparée du tronc par le maître de la haute justice, puis son corps attaché au gibet pour avoir, en 1640, quand « quelques compagnies de suisses venant de France passaient près de la grange de Villers, voisine dudit Vauvillers, après que le flot desdites troupes eut passé, apercevant un soldat suisse qui suyvait les autres l'avoir arresté et prins au collet, lay disant « par la teste Dieu tu m'estois eschapé, mais par la mort Dieu je te tiens, allons, allons et par force et violence l'avoir mené en des buissons où il le détroussa et vola, puis fait impiété et effort au vénérable signe de la Croix et intenté de la mettre bas et briser ; » — Jeanne Joly, de Cromary, après avoir subi la torture des manottes, à être, jusqu'à plus ample information, enfermée pendant neuf jours au pain et à l'eau dans la conciergerie de leurs AA. SS. pour fréquentes imprécations et soupçon de sortilèges. Les principaux chefs d'accusation de sorcellerie étaient : « ayant rencontré messire Jacques Prévostet, curé dudit Cromary en une charrière qu'est au-devant de la maison curiale venant de ses nécessités naturelles et l'ayant attentivement regardé, lay avoir dit ses mots « sors, sors » et sur ce que ledit sieur curé lay répliqua, que dittes-vous, elle ne voulut responde aucune chose, s'enfuyant lestement de ladite charretière en riant immodérément, estant arrivé le lendemain immédiatement suggeant que ledit sieur curé fut attainct de telles douleurs au fondement qu'il luy sembloit qu'on luy arrachast les entrailles ce qui luy a continué jusqu'au soir, sans pouvoir trouver allégement quoy qu'il y ait employé plusieurs médicamens qui n'y ont jamais peu apporter guérison le tout par le sorts et maléfice de ladite défenderesse; » « item pour, environ la Pasque de l'an 1610, comme ledit sieur curé ouvroit la petite porte de l'église dudit Cromary pour ouyr en confession quelques femmes s'estant ladite défenderesse présentée avec elles avoir touché ledit sieur curé aux reins dès lequel temps jusques à présent il a ressenti extrêmes douleurs extraordinaires à l'entour d'iceux avec un grondement fréquent et qu'il luy semble que ce soit ung démon n'ayant auparavant aucun sentiment de telles douleurs; » « item, j ur, soit environ dix ans, estant ledit sieur curé transporté à Besançon meneu à la grande salle du monastère Nicolstano pour communiquer avec le R. P. Feuillant qui conjuroit lors des possédés de diverses provinces, les desmons par leurs voix luy dirent de prime abord qu'il entra en ladite salle, que ladite Jeanne Joly, dudit lieu de Cromary, le nommant par ses noms, surnom et eage, luy avoit donné le mal qu'il portoit en disant « sors, sors » l'accusant d'estre sorcière, marquée de la marque du diable en trois lieux de son corps, savoir sous la langue, soubs l'astoil (orteil), à la nature derrière et que le nom dudit démon son maître s'appeloit mouron, quoy qu'auparavant lesdits possédés ne l'eussent veu; » « item, pour après la sortie de Tremblecourt du chastel de Vesoul sur ce que ledit sieur curé refusa à ladite défenderesse de mettre quelques meubles à l'église dudit Cromary s'estre mise en grande colère contre luy, luy disant qu'il s'en repentiroit; » « item, pour, à la Pasque de l'an 1610, s'estant ladite défenderesse présentée par devant ledit sieur curé pour ouye en confession et l'ayant refusée luy déclarant hautement en l'église qu'il ne la vouloit admettre ny ouye en confession pour estre attirée et accusée du crime de sorcellerie n'avoir rien respondu et toutesfois l'ayant renvoyé par devant autre confesseur à charge de rapporter attestation du devoir qu'elle auroit fait, ny avoir aucunement satisfait; » « item, pour, soit environ neufs ans, s'estant retrouvé au four bannal dudit Cromary avec Claudine Vernier, femme d'Adriain Grebillet avoir heu quelques propos par ensemble sur ce que ladite défenderesse l'empeschoit d'enfourner, laquelle ayant esté priée de se retirer respondit « à la jolye femme sy elle avoit le ventre vuide et rempli de p... » nonobstant que ladite Vernier lors estre en ceinte et avoir fait naistre à ladite Vernier un enfant boiteux et contrefait; » « item, pour, soit environ trois ou quatre ans, ayant apperceu sur la fontaine dudit Cromary Ponçotte Cortot de Montegere, résidant audit Cromary, laquelle estoit araisonnée par Blaise, fille Jean Mulot, qu'elle ne seu pouvoit ledit jour retourner à Besançon, sur ce prenant la parolle luy avoir dit que le diable luy peut entrer au corps et ne luy donner la grâce de s'en retourner, suyvant laquelle malédiction estant ladite Ponçotte de retour audit Besançon se trouve instantement travaillée du démon qui disoit avoir nom *tentateur*, boleversant la table et tout ce qu'estoit dessus, faisant une infinité de grimaces, de quoy s'estant prins garde le sieur curé de Cromary, il conseilla ladite Ponçotte de se transporter en la chapelle du Saint-Suaire de Nostre Seigneur audit Besançon, où le lendemain ayant fait célébrer la sainte messe en son intention, confessée et communiée, ledit démon sorty de son corps en une fumée la laissant fort débille et rendant du sang en abondance par la bouche; » enfin, pour avoir donné diverses maladies extraordinaires, fait tomber des gens d'arbres ou de voitures, fait naistre des enfans « torts et boiteux; » — Anne Vautherin, dite la Bourgeoise, veuve de feu Antoine Parisot, en son vivant de Bouchévelle, au bannissement perpétuel du comté de Bourgogne avec interdiction de s'y représenter sous peine de la hart pour crime de sorcellerie. Les principaux chefs d'accusation sont : « pour environ 18 ans, avant le neuvième juin, avoir conceu haine et malveillance contre Anne, femme de Jean Remy, dit Gulard de Bouchévelle, à raison de ce que ledit Gulard, comme disneur, s'estoit lors saisy d'une gerbe pour disme contre le pré et vouloir d'icelle qui en vouloit donner une moindre et ensuite d'en avoir par ses incantations et sorts diaboliques suscité pour le mesme jour sur les huit du soir deux ou trois chats, ou démons en telle forme fort effroyables qui l'assaillirent et unanimement se ruerent contre elle en intention de luy mal faire et elle n'y eust empesché par prière à Dieu; » « item, trois ou quatre jours après, estant ladite Anne en la grange de leurs maisons avoir été de rechef attaqué par ung autre démon, en forme d'ung gros chat, qui luy estant saulté sur les espaules luy serra sy estroitement le col que peu s'en fallut qu'il ne l'estrangla comme heust fait, si elle n'eust crié alarme et neust été secourue par gens qu'icelle part accoururent ce qu'icelle défenderesse vraysemblablement avait procuré par sesdits sorts et opérations diaboliques; » avoir donné à ladite Anne « une extraordinaire maladie causée par des démons dont l'un « en forme de papillon dont la queue longue en forme de demi-pied et fort effroyable rentra dans son corps; » avoir donné diverses maladies à des hommes et à des chevaux, fait la pluie; — Claude Painchault, de Germondans, renvoyé à plus ample information pour divers faits de sorcellerie consistant « en octroi de maladies sur les gens et le bétail, avoir fait un grand tourbillon, dit qu'il avait le pouvoir de faire dévestir une fille toute nue en une danse en prenant du sang de lièvre ; » — Antoine Humbelot, Marie et Symonne Humbelot et Jeannette Mairet, femme dudit Humbelot, de Jussey, à 50 livres d'amende et à la prison jusqu'à parfait payement pour coups et blessures et soupçons de sortilège ; — Jean et Adam Pontot, de Piroy, à 20 livres d'amende et à la prison jusqu'à parfait payement pour différents faits de sorcellerie qui consistent en octrois de maladies extraordinaires guéries par sortilèges ; — Étienne Thiébaut, du petit Crosey, et Anatolle Penne, dit le Gaillardot, de Corny, « à être conduits et menés par le maître de la haute justice au gibet de ce lieu et illec pendus et estranglés par leurs cols tant que mort s'en ensuyve pour vol à main armée sur le grand chemin dans le bois entre Pin et Autoreille, commis sur la personne de Jean Rargier, de la Chapelle en Tarantaise, comté de Savoie, marchand colporteur ; » — Étienne Vallerois, du lieu, « à être mené par le maître de la haute justice au gibet et illec être pendu et estranglé par le col jusqu'à ce que la mort sen ensuyve » pour vol et bris des prisons de leurs AA. SS. ; — Claude Randelier, de Villers-sur-Saulnot, « à être mené et conduit sur un échaffaud qui sera dressé devant les halles de cette ville et telle part avoir la teste tranchée et séparée du tronc par le maître de la haute justice puis lesdits tête et corps portés et attachés au gibet de ce lieu » pour divers vols et larcins, mauvais traitements et conversation suspecte avec une femme mariée ; — Nicolas et Louis Foelix, de la Coste, « à être battus et fustigés de verges par le maître de la haute justice depuis l'audience jusques à la première croix estant sur le pont de la porte basse d'où ils seront ramenés et marqués chacun sur une espaule avec un fer chaud devant les halles de ce lieu en outre bannis perpétuellement de ce pays et comté de Bourgogne » pour vols de divers vêtements, armes et outils ; — Jean Cabarro, de Calmoutier, à 100 livres d'amende envers leurs AA. SS. pour actes superstitieux et conversations fréquentes avec les ennemis du pays. L'accusation se résumait ainsi : « premier, pour en l'an 1595, commettant actes de prodition contre ce pays pendant que l'ennemy l'occupoit luy avoir presté toute ayde et assistance tant à fournir de vivres ung capitaine d'iceux nommé la Laynne tenant le chasteau de Montagu, à faire rebastir et fortifier ledit chasteau qu'à relever les cottes des sommes imposées par ledit la Laisune sur les habitants de Calmoutiers auxquelles fournitures contributions ledit deffendeur les contraignoit tant par menasses comme par effect sur ce que comme petit Jean Châtel dudit lieu le reprenoit de ce faire luy avoir donné ung soufflet luy disant ventre dieu de quoy t'empêche-tu ? « item, pour, pendant ledit temps, avoir servi de guide ausdits ennemis butinant avec eux ce pays ; » « item, pour avoir causé l'embrasement de la maison Claude Champion dudit Calmoustiers audit temps ; « pour, soit environ onze ans, avoir par forme de sortilège, commandé à deux siennes filles d'aller prendre le soir de Noël, entre les trois coups du matines, de tous les feniers de Calmostiers afin d'avoir la fleur des bleds, ayant esté icelles à telle exécution prinses, saisies, traduictes et poursuyttes ; » — les sieurs Vauldrey Thiébaud, dit Roland, Jean Cartot, François Chariz, Jean Pandot, Jean Pordot, Humbert Retot dit Pordot, Girardot Piequard, tous habitants de Melisey et Montesseaux à diverses amendes, pour blasphèmes, outrages et mauvais traitements envers des habitants de Saint-Germain. — Sentences rendues par frère Dominique Lambert, « docteur en théologie de la faculté de Paris, religieux profès du couvent des frères Prêcheurs de Besançon, inquisiteur général de notre saincte foy catholique au diocèse universel dudit Besançon en ce comté de Bourgongne à ce commis et député du Saint-Siège apostolicque et de l'auctorité de très-révérend frère en Dieu, messire Ferdinand de Longwy, dict de Rye, archevêque de Besançon, prince du Saint-Empire, » condamnant : Izabeau Cathon, femme de Girard Barberat, de Purgerot, au bannissement perpétuel du diocèse de Besançon « pour avoir commis et perpétré plusieurs maléfices, actes de sortilèges, genaulcheries et apostasie de notre saincte foy. » Les principaux faits de sorcellerie consistaient en maladies données à des gens et à des animaux et en fréquentation du sabat où elle mena ses enfants ; — Béatrix Tascher, femme de Jean Jacquot, le jeune, dit Paye, de Chariez, au bannissement perpétuel pour avoir commis « divers actes de sorcellerie et apostasie contre la saincte foy. » Ces faits consistent en maladies données à des gens et à des animaux, apparition du diable en forme de rat blanc sous le ventre, fréquentation du sabat sur une ramasse, etc. ; — Claudine Jacquard, femme de Claude Pontot, le Vieil, de Combeaufontaine, au bannissement perpétuel pour avoir commis divers actes de sorcellerie ; etc.

B. 3041 (Registre.) — In-folio, 670 feuillets, papier.

3041. — « Registre de l'instruction des causes contenant les appointements, intimations, interventions des parties et autres actes rendus en l'audience par les sieurs lieutenant général et local et plus ancien advocat. » Le premier feuillet de ce registre contient une liste des notaires et serjents institués au bailliage de Vesoul avec ces mentions : « honorable Joachim de Meuse, de Villars-Saint-

Marolin a été reçu notaire le 6e may 1681; — honorable Estienne Evaudet de Jonvelle a été reçu notaire et sergent le 6e may 1681. » — Liste des huissiers ou sergents : Claude Chenie, Anthoine Barbaud, Jacques Vauchère, Toussaint Virot, Pierre Genevroy, Gay-François Chiche, Jean-François Chabot, Pierre Regnaud, Claude Huot. — Liste des notaires : Pierre Lyautet, Ryman, Estienne Chartel, Pierre Boillot, Claude Foyot, Claude-François Guérillot, Jean-Baptiste Canet, Pierre-Joseph Mercier, Pierre de la Cour, Jacques Guérillot, Jean-François Regnaud, Jean-François Brel, Claude Aymonnot, Jean-Claude Midot, Pierre Coffin. — Noms des parties : noble Pierre Rarotel, avocat fiscal d'amont, conseiller de Sa Majesté; — généreux seigneur, messire François de Broissia, seigneur de Montagney, Velle, etc; — messire François de Conteroy, chevalier et seigneur d'Oricourt, Arpenans et Francalmont; — noble Alexis Tranchant, seigneur de Noroy, Autrey, Velotte; etc.

B. 5042. (Registre.) — In-folio, 438 feuillets, papier.

1681. — « Registre de l'instruction des causes contenant les appointements, intimations, interventions des parties et autres actes rendus en l'audience par les sieurs lieutenant général et local et par le plus ancien advocat. » — Noms et qualités des parties : messire François Bauxdoz, chevalier, seigneur de Bourguignon-les-Moroy; — noble Jean-Baptiste Racle, seigneur de la Roche; — noble Claude de Poincte, écuyer, seigneur de Pisseloup, Genevreuille; — noble Ignace Bornot, de Vesoul, docteur en droit, seigneur de Charmoille; — dame Anne-Catherine de Crillon, douairière d'illustre seigneur Charles, comte de Moldon, dame de Mercey, Govigney, Purgerot; etc.

B. 5043. (Registre.) — In-folio, 401 feuillets, papier.

1682-1683. — « Registre de l'instruction des causes contenant les appointements, intimations, interventions des parties et autres actes rendus en l'audience par les sieurs lieutenant général et local et le plus ancien advocat ». — Noms des parties : noble Claude-Estienne Tranchant, docteur es droits, vicomte mayeur de la ville de Vesoul; — les révérendes mères Ursules; — discrète personne, messire Paul-Bernard, dit Férussin, curé d'Anxon; — discrète personne, messire Hylaire Huot, prêtre, curé d'Augicourt; — illustre dame Adrienne Thérèse de Maux, veuve et usufruitière des biens délaissés par feu messire Jean-François de Joux, dit de Grammont, baron et seigneur de Châtillon, Roche, etc.

B. 5044. (Registre.) — In-folio, 403 feuillets, papier.

1682. — « Registre de l'instruction des causes contenant les appointements, intimations, interventions des parties et autres actes rendus par les sieurs lieutenant général et local et le plus ancien advocat. » — Noms et qualités des parties : discrète personne, messire Jacques Bourguignet, prêtre, curé de Frotey; — le sieur Charles Courtaillon, bailli de Vauvillers; — généreux seigneur, messire François, baron de Montrichier, seigneur de Menoux; — vénérable et discrète personne, messire Claude-Gabriel Genet, prêtre, docteur es droits, recteur et curé de Porentruy, protonotaire apostolique; — noble Mathieu Vincent, seigneur de Montjustin; etc.

B. 5045. (Registre.) — In-folio, 150 feuillets, papier.

1683. — « Registre de l'instruction des causes contenant des appointements, intimations, interventions des parties et autres actes rendus par les sieurs lieutenant général et local et le plus ancien advocat. » — Noms et qualités des parties : vénérable et discrète personne, messire Denis Falbvre, prêtre et curé de Grandfontaine; — généreux seigneur, messire Hiérosme Baltazard de Culz; — Huguette de Rouhier, veuve de noble Antoine Millot, en son vivant seigneur de Gonnes; — généreux seigneur, messire Guillaume de Raincour, chevalier, seigneur de Lenguoy, Drumandans, Fallon; etc.

B. 5046. (Registre.) — In-folio, 84 feuillets, papier.

1684. — « Registre de l'instruction des causes contenant les appointements, intimations, interventions des parties et actes divers rendus par les sieurs lieutenant général et local et par le plus ancien advocat. » — Noms et qualités des parties : Antoine Chappuis, de Vesoul, docteur es droits, prieur du prieuré de Voisey; — messire François Dessaut, prêtre, curé de Preigney; — révérend sieur, messire Claude Vuilteminot, prêtre, prieur commendataire et seigneur de Fontaine; — les confrères de la confrérie du glorieux Saint-Sébastien érigée à Montbozon; etc.

B. 5047. (Registre.) — In-folio, 419 feuillets, papier.

1681-1683. — « Registre de l'instruction des causes contenant les appointements, intimations, interventions des parties et actes divers rendus par les sieurs lieutenant générat et local et le plus ancien advocat. » — Noms et qualités des parties : généreux seigneur Antide de Constable, seigneur de Sexy, Flagey, etc.; — noble Claude Purel, seigneur de Rouvière, avocat au bailliage de Luxeuil; — messire Sébastien Rosat, curé de Vy-lès-Lure; — vénérable et discrète personne, messire Claude Janvret, prêtre, curé de Jonvelle; — généreux seigneur François de Trestondans, seigneur de Saucourt; — dame Anne de Voulère, veuve de feu haut et puissant seigneur, messire Clériadus de Choiseul, chevalier et marquis de Langres; etc.

B. 801. (Registre.) — In-folio, 331 feuillets, papier.

1608-1609. — « Livre des sentences rendues par le lieutenant général d'amont. » Sentences qui condamnent : Jeanne Martorey, femme de Foelix Cordier, de Villers-Saint-Mazelin, appelante de la sentence de mort rendue contre elle par messire Antoine Rousselet, procureur d'office en ville, terre, seigneurie et justice de Jonvelle, pour divers faits de sorcellerie « à estre conduite par le maistre des hautes œuvres proche du gibet et telle part estre attachée et estranglée à une potence quy sera dressé à cest effet sy avant que la mort s'en ensuyve, puis son corps bruslé et réduict en cendres. » — Les principaux chefs d'accusation étaient qu'ayant été condamnée en 1599 à ne pas se retrouver « sur le territoire de Jonvelle » à peine de la hart » pour crime de sortilège, avoir renoncé Dieu, cresme et baptême, s'estre retrouvée à diverses fois au sabat des sorciers, avoir prins un démon pour son maistre, avoir faict pact avec luy de le servir et adorer comme elle auroit faict, s'estre retrouvée néantmoins depuis ledit temps habiter et prins résidence à Villers-Saint-Mazelin, village dépendant de ladite seigneurie jusqu'au temps de son emprisonnement; » d'avoir donné diverses maladies extraordinaires à plusieurs personnes fait tarir le lait des vaches et de Jeannette Cointre « dont l'enfant seroit mort par ce défaut; » n'avoir pas procuré le baptême à ces deux derniers enfants; avoir possédé « un chapelet de patenostres de grains de bois trois dizaines d'iceluy complètes une autre dizaine composée de neufs boutons et une autre de huits grains seulement sans aulcune croix fors ung croison d'icelle de mesme bois, lequel deffault se recougnoit ordinairement es chapelets des sorciers et sorcières, » « n'avoir pendant son procès par devant le juge et commis principal jeté aulcunes larmes de ses yeux en demonstration de son innocence du fait dont elle est accusée et qu'ordinairement l'on recougnoit es sorciers es sorcières qui se rendent incapables de contrition et repentance; » « interpellée de dire ses patenostres par cœur estant illétrée et parvenue au grand credo d'icelles n'avoir usé ny peu user de ces mots descendit ad inferos sins passait oultre bien qu'on luy fit et rappeler ledit credo disant ces mots là ne luy avoir estez appris ny enseignez en sa jeunesse auquel article du credo les sorciers et sorcières ont accoustumé d'obmettre et ne le peuvent prononcer et dire sinon avec difficulté; » « s'estre retrouvée depuis la susdite sentence de ban à diverses fois en ung bois sis au finaige dudit Villers-Saint-Mazelin dist au Trembloy en une assemblée et sabbat de sorciers et en icelle part avoir faict hommaige et adoré ung démon en forme d'homme estant vestus d'une grande robbe noire, d'ung chapeau de mesme couleur, assis en une chaire de paille, tenant une boule ronde à la main que ceux de ladite assemblée appeloient leur maistre se nommant maistre Guillaume, luy avoir offert quelques chandelles comme allumettes de bois et souffre, baisant quelquefois ladite boule ronde et à d'aultrefois les parties derrières « descouvert ayant des longtemps auparavant ladite défenderesse fait pact et promesse audit démon estant à ce sollicitée par un aultre démon ou malin esprit qui se disoit avoir nom Jeannette, le servant et obéissant comme son maistre, renonçant Dieu et au cresme et baptesme qu'elle avoit receus; » « avoir prins et receu dudits démons et malins esprits à plusieurs fois de la poudre enveloppée en ung linge en intention d'en mal user et faire malades ou mourir les gens et les bestiaux; » « pour ensuite de tel pacte avoir esté ladite deffenderesse marquée par ladite Jeannette ou esprit malin, la première fois qu'elle fust au sabbat, au bras dextre environ quatre doibst soubs le coude où apparente marque est et recougneue insensible; » — Marguerite Guyennot, veuve de feu Jean Guyotte, dit Pasquet, de Vesoul, appelante d'une sentence de mort rendue contre elle par maistre Jacques Jobelin, syndic et procureur de la ville de Vesoul, pour crime de sorcellerie à être conduite par le maistre de la haute justice sur le communal de la Combe-d'Ain, dépendant du finage de Vesoul et attachée et étranglée à un poteau qui y sera planté, puis son corps brulé et réduit en cendres. Les principaux chefs d'accusation sont : des maléfices qui ont occasionné des maladies à des personnes et à des bestiaux et fait tarir le lait des vaches; « s'estre dois environ cinq ou six ans frottée nuictamment plusieurs et diverses fois par le ventre et le dos d'une graisse noire estant dedans une boette de fer blanc que le diable luy avoit donnée pour estre transportée au sabbat et réassemblée nocturne des démons et sorcières; » « estant frottée de ladite graisse avoir estée transportée par le diable estant en forme d'homme noir hors de sa maison par le canal de la cheminée d'icelle jusques tout au-dessus et avoir estée dois là plusieurs fois se mectre au sabat et assemblée des sorciers convoquée par le diable, où estant elle auroit adoré ledit diable estant en forme d'homme noir ou luy offrant, des petites chandelles allumées puis après dancé icelle part dos contre dos, beu et mangé et avoir heu copule avec d'autres sorciers estant esdites assemblées; » « avoir, soit environ trois ans, mené et conduict nuictamment à l'aide du diable estant en forme d'homme noir audit sabbat Nicolas Guyotte son fils aisné de l'eage de six ans pour lors et pour cent effect l'avoir faict transporté hors de sa maison par la cheminée d'icelle après l'avoir frotté de ladite graisse par le ventre et par le dos; » « avoir sollicité depuis ledit Nicolas de retourner audit sabbat encor qu'il auroit refusé de ce faire pour crainte qu'il avoit dudit homme noir qu'il recognut estre le diable, comme aussi avoir sollicité ledit Nicolas de se donner au diable, renoncer à cresme et baptesme et à la Vierge Marie luy disant que le diable estoit un bon sire et qu'il luy feroit du bien; » « avoir heu habitation avec le diable estant en forme d'homme noir en sa dite maison; » « soit environ trois ans, avoir heu communication avec le sudit diable par plusieurs fois estant en sa dite maison en forme d'homme noir et adhéré à sa volonté et ce qu'estant ledit diable une fois sur le soulier (grenier) de ladite maison il escria hautement s'il y avoit personne en bas a quoy ayant ladite Marguerite respondu qu'ouy ledit diable sur ce dict que l'on deust monter en haut de par le diable, icelle Marguerite s'enseroit sur ce transporté sur ledit soulier ou elle auroit communiqué avec ledit diable lequel estant veu par ledit Nicolas son fils s'enfuyt de la maison avec grande peur et raconta ce qu'il avoit veu a quelques de ses voisins et auroit maintenu ce que dessus à ladite Marguerite sa mère; » « avoir esté trouvée marquée en l'espaule gauche à la marque du diable comme sont d'ordinaire les sorciers, en laquelle marque l'on auroit posé quatre fois une grande espingle sans avoir fait semblant d'en avoir heu ressentiment et sans rendre aulcung sang; » « n'avoir peu ploré ny rendre aulcunes larmes pendant que l'on l'a ouy et entendu en ses responses mesme au confront faict d'elle et dudit Nicolas son dit fils, jaçois elle ayt fait semblant à dyverses fois de plorer, ne portant point de croix en son chappelet qui n'est entier et y défaillent quelques grains; » « avoir, soit environ trois ans, logé et entretenu à diverses fois plusieurs estrangers et estrangères et mesme des ribauldes filles impudiques en sa maison audit Vesoul y menant vie lubricque et deshonneste contre la prohibition des édicts faits audit Vesoul; » — Perrin Oudot, d'Amance, appelant d'une sentence de mort rendue contre lui par maître Philibert de Bresse, procureur d'office des terre, justice et seigneurie d'Amance, à être conduit et mené au gibet de Vesoul et pendu et étranglé par le maître de la haute justice jusqu'à ce que mort s'ensuive, pour crime d'homicide, menaces et rupture de ban pronoucé pour fait de sorcellerie; — Jeanne Dalloy, femme de Jean Vogel, de Port-sur-Saône, appelante d'une sentence de mort rendue contre elle par Hylaire Vaulterin, notaire, procureur d'office es terre, justice et salguerie dudit Port-sur-Saône pour crime de sorcellerie, à être conduite par le maître exécuteur de la haute justice « es paquis de la maladrerie du pont et icelle part estre attachée à un pouteau et subséquivement bruslée et arse sy que son corps soit réduit en cendres et que mort s'en ensuyve. » Les principaux chefs d'accusation sont : des maléfices qui ont fait mourir ou rendu malades des gens et des bestiaux; « avoir esté visitée environ dix heures de nuict du vendredi 13e jour du mois d'aost 1608 estant es prisons du chasteau par démons et diables qui la battoient urlant d'une voix épouvantable sy comme il sembloit avoir un toureau que l'on estrangloit; » « soit environ six ans, à certain jour de dymenche environ le midi, avoir esté aussy tourmentée par certains démons estant ladite défenderesse es paquis et proche un jardin appartenant à Pierre Vosgot de Saint-Valley s'en allant au lieu du Halgny laquelle parloit incessamment avec une voix fort espouvantable levant ses yeux et bras en haut par plusieurs fois, se tourmentant fort et faisoit tout ainsi que fait une personne qui reçoit des coups de bastons encore que pour lors il n'y heust personne auprès d'elle et s'apercevant de quelque femme passant celle part cessa de mesme tels bruits estant demeurée toute esmeute; » « avoir esté trouvée marquée entre le col et l'espale sénestre d'une marque estraordinaire incongneue et insensible et sans que de ladite marque on voit issu aucune goutte de sang encor que maître Symon Maistrot, maistre exécuteur de la haulte justice, y ait planté une longue espingle ce qu'auroit esté fort bien recougneu et à veu d'œil; » — Françoise Treuillet, dite la Tisserande, de Corbenay, appelante d'une sentence de mort rendue par Claude Urbain, procureur d'office en la justice de Fontaine, pour crime de sorcellerie « a être conduite proche du gibet de ce lieu par le maître de la haute justice et celle part attachée à ung poteau qui y sera dressé et puis estranglée sy avant que la mort s'en ensuyve. » Les principaux chefs d'accusation sont : maléfices qui ont fait mourir ou rendu malades des personnes et des bestiaux; « avoir esté accusée d'estre sorcière et avoir esté au sabat avec Catherine Destre, fille de fut Jean Destre, de la Vayvre, qui l'auroit accusée par devant les officiers d'Aillevillers, estant lors icelle défenderesse prisonnière, comme de mesme par Desloy Vyard, de la Chapelle, qui de mesme estoit prisonnier avec ladite Catherine pour mesme sortilège, et avoir icelles lorsqu'elles furent exécutées fait déclaration que ladite Françoise Treuillet défenderesse estoit sorcière et avoit assistée au sabat avec elle; » « s'estre trouvée marquée de la marque que le diable a accoustumé marquer les sorciers et sorcières; » — Jeanne Dupont, de Vesoul, appelante d'une sentence de mort rendue contre elle par Claude Terrier, maieur de la ville de Vesoul, pour crime de sorcellerie « à être conduite par le maitre de la haute justice à la Combe-d'Ain et icelle part estranglée à ung poteau qui y sera dressé sy avant que le mort s'en ensuive, puis bruslée et son corps réduit en cendres. » Les principaux chefs d'accusation sont : « estre réputée communément sorcière comme estoit Guérite Masson, sa mère; » « estre marquée d'une marque insensible comme sont ordinairement marqués les sorciers; » « avoir par ses maléfices rendu malades des gens et des animaux, » s'estre informée si le bourrellière bruslée pour sortilège avoit accusée personne et dit que l'on faisoit tort à beaucoup de gens et que l'on en accusoit beaucoup qui n'estoit pas sorciers; » « avoir esté au sabbat et assemblée nocturne des sorciers et sorcières convoqués par le diable; » « avoir au mois d'apvril dernier demandé des concombres à Jeanne Defleurey, femme de Symon Raba qu'elle luy refusa et un mois après en avoir demandé tant à Françoise Faton que à ladite Jeanne l'ayant rencontré à la fontaine dudit Vesoul estant devant les huiles qu'elle luy refusa, à raison de quoy ladite défenderesse l'a ensorcelée de telle sorte que sous trois semaines ladite Jeanne Defleurey a heu une grande maladie en la mamelle droite que luy a duré jusques à maintenant de laquelle mammelle on a tiré une buche comme du foing de la longueur de deux doigts, un grain comme de semence d'oignon, une chenevotte de la longueur d'un doigt, un grain comme de meure (mûre), un grain de concombre, du poil, cinq buches *comme de nailer* (noyer) estant la moindre de la longueur d'un pousse et une espingle noire en deux trous;» « avoir après le premier refus fait secher lesdits concombres et demeurèrent comme bruslées et quelque temps après elles commencèrent à revenir; » — Isabelle Sélastre, dite la petite Béley, femme de Guillaume Rondel, de Jonvelle, appelante d'une sentence de mort rendue contre elle pour crime de sorcellerie par maitre Valentin Cachet, notaire et lieutenant en la chastellenie dudit Jonvelle, « à être battue et fustigée de trente coups de verges par le maitre de la haulte justice pour avoir avec desdain jecté en terre la vénérable image du crucifix, puis à cause des accusations fausses portées contre les Bresson à avoir la langue percée avec un fer chaud, enfin à être conduicte proche le gibet de ce lieu où elle sera estranglée à ung pousteau qui y sera planté et son corps bruslé et réduite en cendres; » — Nicole Vantot, femme de Claude Jolyet, dit Jolyon, de Jonvelle, appelante d'une sentence de mort rendue contre elle par maitre Valentin Cachet, notaire, lieutenant en la seigneurie de Jonvelle, « a estre estranglée

à ung pousteau puis son corps bruslé et réduit en cendres pour crime de sorcellerie. Des sentences renvoient absous comme faussement accusés de sorcellerie : Thiennette Duceray, de Cuve; Jacques Bucheron, d'Amance. A l'accusation de sorcellerie portée contre ce dernier se joignait celle d'hérésie pour avoir « tant en sa maison que ès champs souventes fois chanté des psalmes deffendus en françois comme *du fond de ma pensée, me revenche moy, prends ma querelle, ne sois fasché sy durant ceste vie, souvent tu vois prospérer les méchants*, et plusieurs autres, mesme les commandemens en françois *lève le cœur, preste l'oreille* et disant que lorsque l'on étoit fasché l'on debvroit chanter lesdits psaumes et que les huguenots de France en chantaient autant quant ils alloient à la guerre contre le roy de France, ayant induict et sollicité le sieur Hennequin à les aprendre et chanter, plus pour tenir en sa maison une bible en françois dans laquelle il lisoit souvent, au commencement de laquelle il estoit dit que Dieu avoit fait le ciel et la terre disant ledit Bucheron que cela estoit bien fait; » « item, pour depuis les guerres arrivées en ce pays en l'an nonante cinq avoir esté trouvé en la maison dudit Bucheron ung livre suspect de nostre religion contenant au commencement que la Cène estoit un sacrement et plusieurs psalmes en françois comme aussy plusieurs autres escripts aussy suspects lequel livre estant tiré hors de la maison dudit Bucheron et monstré à certain personnage dudit Amance fut recognen estre des œuvres de Calvin et pourquoy il fut bruslé; » « item, pour par ledit Bucheron avoir esté par plusieurs fois répété et dit plusieurs rhimes contre les hommes d'église comme sensuyt : il y a plus de larrons que de gibets portants bonnets carrés, fourrés d'ermines et plusieurs autres du tout suspects et contre notre religion; » etc.

B. 5017. (Registre.) — In-folio, 619 feuillets, papier.

1603-1612. — Sentences rendues par le lieutenant général du bailliage d'Amont, condamnant : les habitants des communautés d'Échenoz-les-Molins (la Meline), Coulevon, Saint-Igny, Navennes, Colombe et Essornay, Vaivre et Montoille « à contribuer et satisfaire à leur affert de la moitié des frais employés aux réparations et menus emparements des portes, tours et murailles de la ville de Vesoul, suyvant le compte exhibé de la part des manants et habitants de la ville et le répartement qui en sera fait par nous et notre commis et subrogé et chacun de nous avec l'un des commis jurés de céans; » — les habitants de Neurez-les-La-Demye, Pusy et Épenoux, La Demye, pour le même objet; — Claude Regnauld, de Chantes, détenu prisonnier en la conciergerie de Vesoul, appelant d'une sentence de mort rendue par Nicolas Margilley, de Port-sur-Saône, procureur d'office es terre et seigneurie de Rupt, pour fait de sortilège « à être conduite et menée par le maître exécuteur de la haulte justice proche le gibet de ce lieu de Vesoul et celle part attachée et estranglée à un poteau qui sera dressé à cest effect sy avant que la mort s'en ensuyve, puis son corps bruslé et réduict en cendres; » — Claude Freschet, d'Arbecey, à payer la somme de 6 francs à Claude Perrenin, veuve de Parisot, Tixerand, dudit lieu, pour avoir dit que cette dernière était sorcière et avait ensorcelé ses chevaux « à condition toutefois que ladite Claude sera trouvée nette et exempte du crime de sortilège dont elle sera tenu se purger et des indices contre elle; » — renvoyant des fins de la plainte portée contre elle pour faits de sortilèges Estiennette Chastron, femme de Pierre Pellot, de Senancourt, appelante d'une sentence de mort rendue contre elle par maître Philibert de Bresse, procureur d'office es terres et seigneurie d'Amance. Les principaux chefs d'accusation étaient : maléfices ayant fait mourir ou rendu malades des personnes et des bestiaux, marque diabolique au bras sénestre; — condamnant Claudine Charmoille, de Bougey, appelante d'une sentence de mort rendue contre elle par maître Antoine Cordier, procureur, substitut en la justice de Bougey, pour crime de sortilège, à être étranglée à un poteau, son corps brûlé et réduit en cendres; — condamnant Jean Estevinot, de Raincourt, appelant d'une sentence rendue contre lui par maître Antoine Bosselet, procureur en la justice de Jonvelle, pour propos tenus contre les droits et autorités de Leurs Altesses Sérénissimes et blasphèmes, à une amende de 25 livres et à neuf jours de prison au pain et à l'eau, — renvoyant des fins de la plainte portée contre eux, Gérard Horriel, Aymé Boutillier et Jeanne Horriel, tous dudit Jonvelle, accusés de sorcellerie. Les principaux chefs d'accusation étaient : d'avoir par des maléfices donné des maladies à diverses personnes, rendu muet Martin Mouillet, et lui avoir fait entrer dans le corps des bêtes venimeuses et immondes, une légion de démons commandées par Belzébuth, s'être changés en loups ou autres bêtes rousses et taureaux; — réformant la sentence de mort rendue par maître Antoine Cournier, de Confracourt, procureur substitué en la justice de Bougey, contre Jeannette Robert, femme de Jacques François, dudit Bougey, et la condamnant au bannissement perpétuel du comté de Bourgogne, avec interdiction de s'y retrouver sous peine de la hart pour crime de sorcellerie; — condamnant Adrienne Perrin, de Genevreuille, appelante d'une sentence de mort rendue contre elle par maître Antoine Pelletier, de Molans, notaire, procureur d'office en la justice et seigneurie de Genevreuille, pour Antoine de Montaugeon, seigneur dudit lieu, à être étranglée à un poteau dressé proche le signe patibulaire de la ville de Vesoul, et son corps brûlé et réduit en cendres, pour faits de sorcellerie. Les principaux chefs d'accusation sont : d'avoir par ses maléfices fait mourir des chevaux, une vache et Guiotte Perrin, dudit Genevreuille, « avoir esté trouvé pendant le temps de son emprisonnement un couchin d'estouppes dans lequel y avait une coiffe de fillets appartenant à ladite défenderesse qu'avait esté par elle mise devant la porte de la cuysine de la maison d'icelle et lequel fut aussytost mis dans un grand feug qu'estoit allumé en ladite cuysine et au milieu d'icelle et sur les charbons ardents en estant par l'espace d'un quart d'heure ne se brusla ny jetta aucunes flâmes ayns par le contraire estaignant ledit feug, combien que lesdites estoppes estoient seiches et que l'on tournoit et viroit d'un baston icelles et de quoy ladite deffenderesse s'en vouloit ayder en ses matières et actes de sorcellerie; » « avoir ladite défenderesse, depuis sept ans ença, porté en sa maison deux petites boittes servant à mettre de la graisse et dont elle usoit à ses maléfices; » « avoir pendant sadite détention et emprisonnement, déclaré et crié haultement qu'on luy donna une hache et de laquelle elle s'assommeroit, estant contente d'estre damnée; » « avoir elle-même sollicité la visite des chirurgiens qui la trouvèrent marquée au cou d'une marque et prestige dans laquelle on enfonça une aiguille de fer de la longueur d'un doigt sans qu'elle en ressentit aucune douleur ni qu'il en sortit aucun sang et le bandeau de linge qui lui bouchait les yeux ne fut mouillé d'aucune larme; » « avoir esté, après ladite visite, grandement battue et outragée par son démon tellement qu'elle en eut tout le corps meurtri et mutilé; » « avoir sollicité d'être confronté avec des sorciers et sorcières aussi détenus qui la reconnurent pour avoir été avec eux au sabat en différents endroits du territoire de Montjustin; » « avoir ladite défenderesse comparu comme les aultres à l'appel d'un certain démon, son maître, qui se nommoit Gribouchot, lequel, a de coustume à l'entrée et commencement desdits sabats pour recognoistre s'il deffaut aucun sorcier ou sorcière, nommer et surnommer tous iceulx l'un après l'aultre par ordre selon l'escrit qu'en est en certain livre duquel les fouillets sont noirs et lesdits escrits blancs, sy estre représentée sans y avoir deffailly et lequel démon en ayant perdu aucun « acoustume fere un cris et espouvantable que lesdits sorciers en après ny osent défaillir, se faisant tel sabat à certain jeudy et à la mynuict; » « s'estre ladite défenderesse retrouvée avec les aultres sorciers proche un grand feu qu'ordinairement est fait à tel sabat à la clarté d'iceluy d'avoir dancé avec ledit Gribouchot, son maître et autres démons et sorcières dos contre dos et selon qu'ils ont accoustumés; » « avoir icelle défenderesse beu et mangé aux sabats avec iceux d'mons, sorciers et sorcières du breuvaige et viandes de chair de chat et autres qui sont aportées par lesdits démons sur une table dressée à cet effect estant assis et lesquelles viandes n'ont aucune saveur; » « avoir avec les aultres susdits sorciers à chacun desdits sabats fait adoration et oblation avec une chandelle de brèze allumée rendant une flâme bleuse et verte à un certain démon qui domine et préside sur tous les aultres qui s'apelle *bonne herbe*, ayant les deux mains en terre et le derrière nud eslevé, estant habillé d'une longue robbe noire et un san de toille en teste en forme de capuçon de moine et en derrière le derrière duquel y at un petit démon lequel qui est réputé et commis pour recevoir lesdites chandelles que la deffenderesse luy a offry par tous lesdits sabats et plantées aux dents de certaines hyerres estant eslevées sur trois bois et les dents contre monts selon que faisoient tous les autres sorciers et sorcières; » « avoir icelle défenderesse après telles offertoires ayant les genoux flexis en terre avoir baisé le derrière du c... dudit démon par forme et manière de recognoissance et mespris de son Dieu; » « avoir esté icelle défenderesse par chacun desdits sabats cogneue charnellement par ledit Gribouchot, son maître, et autres démons et sorciers; » « de plus, et a tous les sorciers d'iceux sabats avoir lavé ses mains, dancé la dance que les diables nomment la danse des grosles avec son démon Gribouchot, et autres sorciers et sorcières, dos contre dos ou teste ont accoustumé de p..... haultement; » « estre retournée desdits sabats en sa maison et du lieu dont elle estoit sortie sur une ramasse et selon que faisoient toutes les autres sorcières et sorciers; » « icelle défenderesse combien qu'elle soit esté instruite par les sieurs curés de Mélans, et ouy à chacun de leurs prosnes des dymenches prononcées haultement lesdites patenostres et oraisons dominicales sa foy et sa créance, ne les avoir voulu comprendre et au contraire par dérision, soit par le conseil de son démon, ou par aultres sorciers ou sorcières, et comme tels gens ont accoustumé dire et prononcer; » « avoir respondu par devant les officiers qui l'interrogeaient sur l'interroget à elle fait qu'elle ne croyait qu'il y avait aucuns sorciers ou sorcières; » « avoir de même respondu qu'elle ne savait s'il y avait aucun diable moins leur pouvoir et puissance; » « avoir respondu qu'elle croyoit estre un paradis pour les bons, mais qu'elle ne croyoit qu'il fut aucun enfer synon ce qu'elle avoit ouy dire au prestre pour punyr les âmes des mauvais; » « estre icelle deffenderesse communement réputée audit Genevreuille, pour une sorcière selon qu'avoit esté Beline

Chardon, sa mère, et Barbe Perrin, sa sœur; » — Entérinement et vérification des lettres de légitimation obtenues de Leurs Altesses Sérénissimes, par Susanne et Marguerita Darcho.

B. 5050. (Registre.) — In-4°, 482 feuillets, papier.

1648-1649. — Sentences extraordinaires rendues par le lieutenant général du bailliage d'Amont au siége de Vesoul. — Sentences : renvoyant de la poursuite : Didière Gremillot, femme de Jean Jeannot, de Vitrey appelante d'une sentence de mort rendue contre elle pour crime de sorcellerie par maître Guillaume Hugueret, procureur d'office es terres et seigneurie dudit Vitrey. Les principaux chefs d'accusation étaient : d'avoir reproché à la femme de Laurent Noblot « de s'estre habillée à certain jour que l'on faisoit la solemnisation du saint jubilé de Rome » puis quelque temps après d'avoir fait mourir une jument pleine appartenant audit Noblot; d'avoir donné des maladies à des personnes et d'être réputée communement une sorcière; — condamnant Catherine Gremillot, de « Velotte sous les Montjustin, » et Doylotte Defresne, « de Gorfans soubs les Montjustin, » appelantes de sentences de mort rendues contre elles par maître Jean Monnot, de Montjustin, notaire procureur d'office en la justice dudit lieu pour le seigneur de Magnoncourt, a être conduites proche le gibet de Vesoul et étranglées à un poteau pour fait de sortilège; — condamnant Jean Fourquin, dit Coillot, de Maussans, appelant d'une sentence de mort rendue contre lui par maître Balthazard Gérard, de Sorans, notaire procureur d'office en la justice et seigneurie de Lenac pour le seigneur commandeur de Sales, à avoir la tête tranchée et séparée du corps devant les halles de cette ville, et ses corps et tête attachés au gibet (motifs inconnus); etc.

B. 5051. (Registre.) — In-4°, 440 feuillets, papier.

1636-1637. — Sentences rendues par le lieutenant général du bailliage d'Amont, au siége de Vesoul. — Sentences qui condamnent : Claudine Oudot, originaire de Cuse-les-Rougemont, femme de Claude Labet, de Vesoul, appelante d'une sentence de mort rendue contre elle par Antoine Baalin, procureur syndic de la ville de Vesoul, pour sacrilège et sorcellerie, à être étranglée à un poteau et son corps réduit en cendres. Les principaux chefs d'accusation étaient : « pour le lundy 14e de septembre 1636, jour de feste exaltation Saincte-Croix, environ les neuf heures du matin; ayant ladicte deffenderesse receu le précieux corps de Dieu en sa maison ou elle tenoit le tict par les mains de messire Georges Melino, prêtre familier en l'église dudit Vezoul, avoir icelle deffenderesse incontinent après que ledit sieur Melino fut sorty de sa chambre, retiré malheureusement de sa bouche avec sa main la saincte hostie et posé icelle qui estoit comme en peloton sur le replis d'un sien cotillon qui estoit sur ledit lict, laquelle deffenderesse fut surprinse en une si abominable action, en sorte que le très-auguste sacrement ayant esté recogneu en cest estat et levé en toute humilité et révérence, l'on en advertit le mesme prêtre lequel retournant l'administra de nouveau et feit consumer à ladite deffenderesse; » « pour avoir icelle deffenderesse postérieurement déclaré et confessé qu'elle avoit retiré de sa bouche le saint sacrement d'autant qu'elle ne le vouloit prendre; » « pour estre ladite deffenderesse tenue et réputée tout communément pour une sourcière duquel crime est aussy diffamée Valère Feuillot, sa mère, originelle de Cubrial, comme aussy plusieurs aultres de la dicte famille des Feuillot, etc.; » « avoir par ses maléfices rendu gravement malade Antoine Dard, cordonnier, qui en mourut; » « pour le dimanche, second jour du mois d'aoust 1626, pendant un impétueux et extraordinaire orage qui fit feu en cest contrée, estant ladite deffenderesse au soulice (seuil) de ladite poterne, avoir heu conférence avec le diable qui l'embrassant la voulut cognoistre charnellement; » « pour s'estre ladite défenderesse trouvé à diverses fois à l'assemblée des sorciers et sorcières particulièrement à un sabat qui se tient sur le tard et entre nuit et jour soit environ deux mois entre des buissons voisins du signe patibulaire dudit Vesoul et y avoir mené une sienne servante nommée Claudine, originelle de Fontenoy-les-Montbozon, jeune enffant d'onze à douze ans; » « pour audit sabat composé d'environ une vingtaine de sorcières, avoir ladicte défenderesse dansé avec toutes les aultres à reculons et dos contre dos, chantant cependant ensemblement frelantantain, brelantantain, le diable regardant tout debout, en forme d'un grand homme noir, laid et tout « gassoux; » « pour après la danse avoir ladite deffenderesse présenté et fait offrande au diable d'une chandelle verte selon que chacune des aultres sourcières feit; » « pour cela fait, s'estre toutes assises à une table couverte de viande sans sel ny vin et y avoir mangé du pain blanc et du rot, disant lesdites sorcières qu'elles s'estoient assemblées pour faire perdre les biens de la terre et de fait incontinent après et à mesure que ladite deffenderesse fut retournée en sa maison le tan s'estant troublé, les tonnerres et éclairs suyvis de grêle et pluye se myrent en campagne avec un orage guère moins impétueux que le précédent, lequel la dicte deffenderesse a confessé avoir esté procuré et excité en ladite assemblée; » « pour avoir ladite deffen-

deresse prins au sabat une bouette pleine de poussière, laquelle le diable luy donna, disant tiens voilà pour te faire riche toy et tes enffans; » « pour, à un aultre jour, environ en mesme temps, estant ladicte deffenderesse seule sur les neufs heures du soir entre les deux portes de ladicte porterne avoir encore heu conférence avec le diable qui la frappa sur la tête; » « pour avoir ladicte deffenderesse confessé plusieurs fois et a diverses femmes dudit Vesoul pendant sa dernière maladie qu'elle estoit sorcière et avoir esté au sabat et que le diable se nommoit brelantantain; » « pour, durant ladicte maladie, ayant esté à diverses fois visitée par Clère Dard dudit Vesoul, sur ce qu'elle feit entendre à ladicte deffenderesse qu'elle avoit un secret moyennant lequel la justice ne pouvoit rien faire aux sourciers ny les saysires avoir avec grande instance prié ladicte Clère de luy descouvrir ledict secret promettant de l'en bien recognoistre; » « pour, luy ayant ladicte Clère reparty, qu'elle avoit un reliquaire de tel vertu qu'un sourcier ou sourcière l'ayant porté par treize jours au bras droit, ne pouvoit estre saisy par justice, mais quelle se deust bien garder de le prendre si elle estoit femme de bien, avoir icelle deffenderesse voulu que l'on luy attachat au bras droit ledit reliquaire, qui n'estoit aultre chose qu'un peloton de la grosseur d'une noix entortillée de camelot, tout au fond duquel il y avoit un agnus dei, selon qu'il fut trouvé et recogneu entendant en réponse ladite deffenderesse qui avoit encore ledit peloton au bras, disant avoir esté enjôlée par ladicte Clère Dard; » « pour avoir prins ledit peloton croyant asseurement que moyennant cela l'on ne luy pourroit rien faire; » « pour sur ce que ladicte Clère Dard luy feit aussy croire qu'elle feroit reconfirmer par le sieur suffragant, qu'elle disoit estre arrivé audict Vesoul et que cela fait elle ne feut plus sorcière, mais qu'il falloit sçavoir où le diable l'avoit touchée afin d'y mectre du sainct Cresme, avoir la dicte deffenderesse demandé instamment ledit sieur suffragant disant qu'elle luy confesseroit tout et que le diable l'avoit touché sus la teste moustrant de la main à ladite Clère l'endroict; » « pour, par la visite faicte par maîtres Jean Coudret et François Cour, chirurgiens, le 17 d'octobre 1626, de la personne de ladite deffenderesse, avoir esté trouvée marquée d'une marque extraordinaire sur l'espaule gaulche dans laquelle lesdits chirurgiens avoient planté un fer sans que ladite deffenderesse en ayt tesmoigné aulcun ressentiment, bien que ledit fer y soit entré de la profondeur de trois travers de doigt, duquel endroict ayant esté retiré, il n'y en a sorty ny sang, ny aultre chose; » — Nicolas Chevalier le jeune, de Scey-sur-Saône, appelant d'une sentence de mort rendue contre lui par Adrien Henryot, dudit Scey, pour vol de cinq aunes de toile, maraudage, incendie, tentative d'évasion et bris de prison, à être pendu au gibet de Vesoul; — Jean Rulotte, de Cubrial, appelant d'une sentence de mort rendue contre lui par Claude Maire, juge en la justice de Nans, pour blasphème, mauvais traitement envers son père et soupçon de sorcellerie, « à faire amende honorable et à être bapté et fustigé de verges depuis le cimetière de l'église de ceste ville de Vesoul, jusques à la première croix hors la porte basse, puis ramené devant les hastes de ce lieu et en celle part à avoir la langue percée d'un fer chaud par le maistre de la haulte justice sur un échaffaud dressé à cest effect, puis banni perpétuellement de ce pays et comté de Bourgogne, luy interdisant de s'y retrouver après dix jours qui luy seront donnés pour en sortir à peine de la vie; » — Doliotte Colley, veuve de feu Jean Vuillermy, poursuivie par Pierre Thierry, procureur d'office es terres et seigneurie de Luxeuil en matière de sortilège et assistance donnée à l'homicide, renvoyée des fins de la plainte en question et « néantmoings pour les indices résultant de la diffamation et marque prestigieuse dont elle s'est trouvée marquée bannie des terres de la seigneurie dudit Luxeuil; » etc., etc.

B. 5052. (Registre.) — In-4°, 456 feuillets, papier.

1616-1618. — Sentences rendues par le lieutenant général du bailliage d'Amont au siége de Vesoul. — Noms et qualités des parties : révérend père en Dieu dom Philippe Boitouset, abbé de Bellevaux; — dame Marguerite de Plainne, femme et compagne d'honoré seigneur Abraham du Hautoy, baron et seigneur de Recicourt, la Roche, etc.; — noble sieur Loys de Baron, seigneur de Rosey; — noble Jean de Plainne, coseigneur de Vellechevreux; etc.

B. 5053. (Registre.) — In-4°, 456 feuillets, papier.

1618-1620. — Sentences rendues par le lieutenant général du bailliage d'Amont au siége de Vesoul. — Noms et qualités des parties : noble Léonard Dubois, de Jonvelle, écuyer; — dame Hélène de Granvelle-Perrenot, femme et compagne de haut et puissant seigneur, messire Philibert-Emmanuel de Bruges, comte de Saint-Amour, seigneur et dame de Neuvelle-les-Cromary; — dame Louise-Claire d'Andelot, dame de Breurey; — messire Antoine de Salive, chevalier, seigneur de Villersvaudrey, Betoncourt, etc. et Guillaume de Salive, seigneur de Colombe; — noble seigneur François de Saint-Martin, sieur de Montureux, Cendrecourt, etc.

B. 5054. (Registre.) — In-4°, 420 feuillets, papier.

1620-1622. — Sentences rendues par le lieutenant général du bailliage d'Amont au siége de Vesoul. — Noms et qualités des parties : messire Jean Bailly, prêtre familier en l'église de Jonvelle; — Henri de Grammont, seigneur de Vellechevreux; — dame Anne de Grospain, femme et compagne de généreux seigneur Claude de Patigny, baron et seigneur de Traves; — généreux seigneur Jean-Claude de Gilley, baron de Francmont, la Villeneuve, etc., tant en son nom qu'en celui de messire Gaspard de Gilley, son frère, baron du Saint-Empire; — illustre seigneur François-Thomas Perrenot, comte de Cantecroix; etc.

B. 5055. (Registre.) — In-4°, 378 feuillets, papier.

1622-1624. — Sentences rendues à vue des pièces par le lieutenant général du bailliage d'Amont au siége de Vesoul. — Sentences : maintenant celle rendue par Pierre Robillet, procureur syndic de la ville de Vesoul et condamnant Claudine Couldry, de Besançon « à estre conduicte par deux sergents de la mairie à pieds et teste nus dans le présent auditoire devant le grand portail de l'église parrochiale et celle part à haulte voix, les mains joinctes en les deux genoux, en trois fois crier mercy à Dieu et à la justice des concubinages, impudicités et mauvaise vie quelle auroit mené audit Vesoul, plus à l'amende de cent livres estevenans applicables à la nourriture des pauvres de ladicte ville et de tenir prison jusques au payement d'icelle et sortant de ladicte prison estre mené la teste et pieds nuz, portant un chapelet de paille sur la teste, le tambourg sonnant devant elle hors de la ville de Vesoul, de laquelle, finage et territoire en dépendant elle demeurera bannie perpétuellement; » — réformant une sentence de Pierre Robillet, procureur syndic de la ville de Vesoul, condamnant Claude Bouverey, de Flagy, demeurant à Bougnon, et Jean Charmoille, dit le rentier, de Villeparois, demeurant à Gressoux, à avoir la langue percée d'un fer chaud pour crime de faux témoignage et vol de glands pendant la nuit au bois du Chasnoy et déclarant qu'ils seront battus et fustigés de verges par le maistre de la haute justice depuis la porte de l'audience jusqu'à la première croix qui se trouve sur le pont de la porte Basse de la ville du territoire de laquelle ils demeureront bannis.

B. 5036. (Registre.) — In-4°, 188 feuillets, papier.

1674-1682. — Sentences rendues à vue des pièces par le lieutenant général du bailliage d'Amont au siège de Vesoul : — Condamnant Jean Mulot et Claude Villot, de Cromary, à déclarer que c'est faussement et calomnieusement qu'ils ont accusé généreux seigneur Loys de Scey, seigneur de Chevrol, etc. du meurtre commis en la personne de Claude Sixante ; — confirmant la sentence de mort rendue par maître François Pensot de Villersexel, procureur d'office en la justice et seigneurie d'Athesans et membres en dépendants contre Madeleine Rohu, dite la Chaillotte, de Saint-Georges pour faits de sortilège. Les principaux chefs d'accusation étaient : d'avoir donné diverses maladies à des personnes et à des animaux domestiques ; d'en avoir guéri au moyen d'herbes et de maléfices ; d'avoir fait tarir et tourner le lait des vaches ; « d'avoir été nommée et accusée par le besongné, responses et confessions de Marguerite Bouchey, dite la Rosse, exécutée pour ledit fait de sortilège par authorité de cette justice, estant mort fort constante, contrite et repentante, d'estre aussi sorcière, quelle avoit esté au sabat avec elle et plusieurs aultres mesmo en un endroit des bois dudit Saint-Georges dit au Faley autrement en Millery ou iceux mangeoyent, beuvoient, dançoient et faisoient les offrandes au diable nommé Belvalot, ce qu'elle a répété plusieurs fois de sa spontané volonté, mesme le jour que l'on l'exécutat devant un chacun ; » « avoir esté telle accusée et nommée par furent Guiotte Millot et Jeannette Coulard dudit Saint-Georges exécutées pour mesmo fait de sortilège à la requête du sieur procureur de la foy, qui furent aussy bruslées sur leurs confessions et fort constantes et repentantes de leurs peschés pendant leur emprisonnement, mesme peu de temps avant leur exécution avoir maintenu ladite deffenderesse estre sorcière aussy bien qu'elles et aller au sabat es bois de Sainct-Georges et proche un poirier appelé le poirier de Jean de Grandmont ou que le diable l'avoit cogneu charnellement et que nonobstant que ladite deffenderesse avoit donné deux quartes de froment au mary de la dite Guiotte Millot pour prier icelle de la descharger desdites accusations, icelle Guiotte ne le voulut fère ains maintenoit toujours jusques à la mort que ladite deffenderesse estoit aussy sorcière qu'elle ; » « avoir souffert et enduré d'estre appelée tout publiquement sorcière et genauche par tous ceux qui ont heu querelle avec elle sans en faire instance ; » « par ses responses avoir dit grossièrement ses patenostres et de mots assez extraordinaires ne prononçant que la moytié des mots et la pluspart en sorte que l'on ne scait si c'est latin ou françois et obmis en la patenostre *nomen tuum* et au Credo *ascendit ad Cœlos* ; » « par ses réponses avoir dit et récité plusieurs oraisons subreptitieuses et tendant plustôt à l'hérésie qua la foy catholique ; » « par ses responses avoir respondu ne scavoir s'il y a des sorciers et sorcières et ne croira ny ne croire jamais qu'il ne soit ny moins un enfer, ny des dyables, ny scavoir ou sont les damnés, moins croire que Dieu ayt puissance sur les meschants, ny encore qu'il est vray que l'on excommunie les sorciers et sorcières et ceux qui s'y croyent quoy que par ses responses elle ayt confessé que Guiotte Millot, Jeannette Coulard et Marguerite Bouchez dudit Saint-Georges ayent esté bruslez sur leurs confessions pour ledit fait de sortilèga et qu'elle soubçonnait ladite Guiotte Millot d'avoir faict mourir par ses maléfices feu Estienne Millot, son premier mary, » « pendant ses responses et le confront d'icelle faict des tesmoings dudit procureur n'avoir peuh jamais plourer ny jetter aulcune larme quoy que à ce elle se soit forcée quelque remonstrance et doux admonestement que luy ayt esté faict ; » « pour à sa réquisition ayant esté visitée par chirurgiens et gens experts choysis une partie à sa part et en présence de ses procureurs et aultre suffisant nombre de tesmoings, avoir esté trouvée marquée de marque insensible et de sortilège recogneu et avérée pour telle par tous les susdits et les dénommés au besongné dudit procureur dans les mousoles fossiers du costé droit dans laquelle marque y est entré une espingle de la longueur de quatre doigts et du pourtrait qui est en marge dudit besongné, y estant entrée ladite aiguille entièrement qu'on ne la peu aucunement retirer quelque debvoir que les chyrurgiens ayent faict et demeurée comme elle est encore esdites fesses sans avoir ladite deffenderesse demonstré aucun ressentiment de douleur par tout le temps de ladite visite ny après icelles quand elle a esté ouye en responses et recogneuë oudit endroyt et marqué, ny avoir aulcun sang ni humeur au contraire avoyr déclaré ladite deffenderesse qu'elle n'y sentoit rien et qu'elle n'estoit marquée, bien sentoit de la douleur en d'autres endroits de son corps ou elle avoit esté picquée et en sortoit du sang ; » « finablement pour estre ladite deffenderesse tenue et réputée publiquement audit Saint-Georges et lieux circonvoysins dois quarante ans qu'elle s'y est marié et résidante pour une sourcière et quenauche. »

B. 5037. (Registre.) — In-4°, 490 feuillets, papier.

1688. — Sentences rendues à vue des pièces par le lieutenant général du bailliage d'Amont au siège de Vesoul. — Sentences : réformant la sentence de mort prononcée par Antoine-Sébastien Rac, commis procureur syndic de la ville de Vesoul, contre Jeanne Boille, femme de Jean Chappuis, dudit lieu et la condamnant au bannissement perpétuel du comté de Bourgogne, pour sorcellerie consistant en maléfices ayant donné des maladies à des gens et à des animaux domestiques, fréquentation du sabat au retour ou à l'allée duquel elle fut rencontrée souvent portant des chandelles vertes, excitation d'un diable en forme de gros chat ou de petit chien noir qui sautait à la figure des personnes avec lesquelles elle avait eu querelle, accusation portée contre elle par Claudine Oudot, exécutée pour sortilège, d'être sorcière, défaut de larmes, etc; — confirmant la sentence rendue par maître Nicolas Simonnot, de Jussey, procureur d'office en la justice de Saponcourt, contre Jeannette Larget, veuve de Jean Vincenot, dudit lieu, condamnée à être étranglée à un poteau dressé sur les communaux dudit Saponcourt pour crime de sorcellerie. Les principaux chefs d'accusation étaient de s'être souvent laissé appeler sorcière sans jamais en avoir exigé réparation; de s'être donné sur le chemin allant de Saponcourt au Magny au lieu dit « les Corbes » à une dame ayant un voile noir sur la tête devant laquelle marchait un homme fort « long » qui « luy dit : si vous voulez vous donner a moy je vous rachepteray une aultre vache, quoy ouy par ladite deffenderesse elle luy demanda qu'elle elle estoit et sur ce la dicte dame luy dict je m'appelle dame Ballancienne, je vous retrouveray bien une aultre fois, puis elle et ledit homme se disparurent d'elle; » d'avoir rencontré de nouveau ladicte dame Ballancienne qui la conduisit au sabat qui se tenait sous un noyer situé au territoire dudit Saponcourt entre la maison de maître Vincent Boyen et Antoine Gauthiers où se trouvaient assemblés plusieurs sorciers et sorcières et là s'y être comportée comme eux; d'être retournée une seconde fois au sabat avec la dite dame Ballancienne qui la marqua de sa marque diabolique à la tête au-dessus de l'oreille et sous les cheveux sans qu'elle en ressentit aucune douleur; d'avoir confessé être allée au sabat deux fois et n'en avoir témoigné aucune repentance ny contrition; » d'avoir été accusée d'être allée au sabat par François Jolymaître, Nicolas Estiou, Pierrote Mathieu, Jeanne Fourrier, Jeanne Vincenot et Marguerite Bruiges, tous exécutés pour fait de sortilège; — cassant la sentence de mort prononcée par maître Pierre Dumaiche, procureur d'office en la justice de Demangevelle, contre Barbe Tantin, dudit lieu, et renvoyant cette dernière de l'accusation de sorcellerie qui lui avait été intentée et dont les principaux chefs étaient d'avoir donné des maladies à diverses personnes; d'avoir été déclarée sorcière par des gens exécutés comme tels qui la reconnurent pour l'avoir rencontrée au sabat où elle avait paru vêtue d'un grand habit de serge noir fendu par derrière et masquée, etc; — cassant une sentence de mort rendue par Antoine-Baptiste Marchand, commellieutenant du syndic de la ville de Vesoul, contre Huguette Thyard, femme de Jacques Sain dudit lieu et la condamnant au bannissement de Vesoul et de son territoire pendant l'espace de dix ans, pour divers larcins commis par elle; — cassant la sentence de mort prononcée contre Georges Grandjourné, de Melincourt, pour crime de sorcellerie, par maître Jean Ribaud, procureur d'office audit Melincourt et « ordonnant au sieur procureur d'Amont d'incessamment poursuyvre la procédure dressée contre ledit Ribaud, demandeur, tant sur l'application à torture faite sans formalité de justice par indéhue entremise de Claude Moulcot et Estienne Portrusiet qu'aultre fait dont ils se trouvent accusés, en outre mandant audit sieur procureur d'Amont pour faire saisir au corps et réduire aux prisons de Sa Majesté lesdits Moulcot et Portuisiet et en cas où ils ne pourraient être appréhendés à peine contre un chacun d'eux de trois cents livres afin de respondre des actes de justice qu'ils se sont arrogés en appliquant de leur autorité privée et indéhue à la torture plusieurs cy-devant exécutés, les contraignants de confesser qu'ils estaient sorciers et d'en accuser d'autres semblablement, mandant aussi de prinse de corps et pénale de trois cents livres contre Jean Caussin, Claude Damot et Claude Préquard, de Conflans et chacun d'eux pour respondre scavoir le dit Caussin et Damot des actes de violence et privée prison dont ils se tiennent chargés et ledit Piequard des deux diverses dyférentes visites ausquelles il auroit vacqué contre le debvoir de sa charge. » Les principaux chefs d'accusation qui avaient été portés contre Georges Grandjourné étaient : d'avoir par ses maléfices fait mourir ou rendu malades des gens et des animaux domestiques; de s'être trouvé marqué d'un signe diabolique à la poitrine au-dessous de l'épaule gauche; d'être allé souvent au sabat ou il faisait la cuisine ayant une grande serviette devant lui et découpant le palu et la chair de bœuf rôtie; d'avoir proposé au dit sabat de faire périr toute la récolte de blé dudit Melincourt, d'avoir été reconnu et dénoncé par plusieurs sorciers ou sorcières détenus ou exécutés comme tels; etc.

B. 5068. (Registre.) — In-4°, 833 feuillets, papier.

1680. — Sentences rendues à vue des pièces par le lieutenant général du bailliage d'Amont au siège de Vesoul; — cassant la sentence de mort rendue par François Jannin, de Henoux, procureur d'office en la justice de Saint-Remy, contre Perrenot Mignon, d'Anchenoncourt, renvoyant en dernier des faits de sortilèges dont il était accusé, interdisant audit juge de « ey après décerner mandement de plus de corps qu'il ne lui conste de plus suffisante preuve que celle sur laquelle il l'avoit décrété, en la part de commencer semblable procédure que celle de question par confront et les admettre avant la génération des réponses des déférés, luy enjoignant en outre de désormais faire plus promptement géminer leurs réponses qu'il ne nous a paru avoir esté faict en cette matière et se conformer à ce qui est prescript par les nouveaux édits à peine d'en répondre. » Les principaux faits qui avaient motivé l'accusation étaient des maléfices ayant rendu malades ou fait mourir des hommes et des animaux domestiques et fréquentation du sabat, qui se tenait au lieu dit « Planche en bas, » finage d'Anchenoncourt; — cassant la sentence de mort rendue par maistre Antoine Jandel, de Mourvaux, procureur d'office en terre et seigneurie de Mailleroncourt-Charette, contre Jeanne Papier, femme de Claude Genet, dudit Mailleroncourt, et renvoyant cette dernière des faits de sortilège dont elle était accusée « défendant de nouveau aux officiers de la justice dudit Mailleroncourt de commencer par confronter les réponses des déférés pour crime de sortilège, emprisonner les enfants en sorte qu'ils soient intimidés pour passer à accusation, ny permettre qu'en l'instruction de leurs procédures se retrouvent personnes soient ecclésiastiques soient autres qui puissent induire les prisonniers à porter telles accusations, leur ordonnant en outre de se conformer en leurs poursuites aux souveraines ordonnances; » — cassant une sentence de mort rendue par le même magistrat contre Marguerite Papier, femme de Jacques Chevalier, de Mailleroncourt, renvoyée des mêmes faits de sorcellerie dont elle est accusée et qui consistaient en maléfices ayant occasionné la mort ou des maladies ou mis la discorde entre des époux, fréquentation du sabat etc., etc.; — confirmant la sentence de mort rendue par Jean Guyot, procureur d'office en la justice de Vitrey pour dame Françoise de Bernard Montessus, relicte de feu messire Charles Chabot, chevalier, seigneur de Chanent, Vitrey, etc., contre Reyne Hignot, de Vitrey, pour crime de sorcellerie, condamnant cette dernière à être conduite par le maître exécuteur de la haute justice en bonne et sûre garde au finage de Vitrey en la place où de coutume se font les exécutions pour crime de sortilège et là à être attachée à un poteau et étranglée par le maître de la haute justice jusqu'à mort s'ensuive puis son corps « ars » brûlé et réduit en cendres « déclarant qu'avant que ladite exécution s'y fasse elle sera appliquée à la question des manottes par tel temps comme trouverons convenir en présence tant des sieurs fiscaux de ce siège que des officiers de ladite dame, pour estre par nous ouye sur ses complices et sur les accusations portées contre ledit Gauthier. » Les principaux chefs d'accusation étaient : d'avoir ensorcelé une vache « en telle sorte que par quelqu'un ça elle n'eust aucune chrême et le lait tout troublé; » d'avoir donné par ses maléfices diverses maladies extraordinaires à des personnes et à des animaux; d'être allée « au sabat diverses fois en quatre différents cantons dudit Vitrey assavoir proche le gros buisson, prairie du même lieu, vers le chesne, la nuict sur le rupt de Montigny et aux champs du chesne et aux dits endroits avoir dansé au son d'un fifre disant hon, hon, hon avec d'autres sorciers et sorcières par elle accusés, tels qui tous avec des chandelles comme noires alloient faire adoration au diable qui estoit en forme d'homme noir y es ans au dits endroits et chaque fois qu'on y ong en estoit un dyable aussy maistre de ladite Reyne qui s'appelait griffa qui dès vers le rupt de Montigny la reconduit jusque devant la maison où elle résidoit audit Vitrey selon qu'il conste desdites déclarations et confessions; » d'être marquée de marques diaboliques et insensibles sur le sourcil de l'œil droit, sur le bras droit plus bas que l'épaule au milieu des muscles et sur la tête; — maintenant la sentence de mort rendue par maistre François Jannin, de Menoux, notaire, procureur d'office en terre, justice et seigneurie de Saint-Remy, contre Claudine Henry, femme de François Vuillemenot, de Chazel, et la condamnant à être conduite en un lieu de finage de Saint-Remy, dit en Vanne, pour y être étranglée à un poteau et son corps réduit en cendres et avant ladite exécution à être appliquée à la question des manottes pour désigner les complices qui l'ont assistée dans ses actes de sorcellerie (mêmes accusations); — confirmant la sentence de bannissement rendue par Jean Chardon, procureur syndic de la ville de Faucogney, contre François Brocard, de Savigny, en Lorraine, convaincu d'avoir volé à la tire sur les foires de Faucogney, Luxeuil et Lure, d'être un vagabond réputé voleur et coupeur de bourses.

B. 5059. (Registre.) — In-4°, 555 feuillets, papier.

1630-1631. — Sentences rendues à vues des pièces par le lieutenant général du bailliage d'Amont au siège de Vesoul : réformant la sentence de mort rendue par maître Antoine Quassey, de Luxeuil, procureur d'office en la justice de Fontaine, contre Blaise Jangey, dudit lieu et renvoyant cette dernière des faits de sorcellerie dont elle était accusée qui consistaient en maléfices ayant donné des maladies, signes de la croix faits avec les trois premiers doigts et le pouce de manière à imiter le c… du diable, fréquentation du sabat qui se tenait dans la plaine de Budoncourt, marques diaboliques et ineffaçables au bras droit près du poignet et à la cuisse gauche sous la voûte du genou; — maintenant la sentence de mort prononcée par noble Pierre Maublanc, procureur d'office en la terre et baronnie de Fontrenaud, contre Remy Jouffroy, dit le soldat, de Tedeilley, et Nicolas Haubellier, dit Beaurezard de Raon, pour vol à main armée, vols avec effraction et escalade, désertion de la compagnie de M. le baron d'Auselay; etc.

B. 5060. (Registre.) — In-4°, 572 feuillets, papier.

1682-1685. — Sentences rendues à vue des pièces par le lieutenant général du bailliage d'Amont, au siège de Vesoul. — Noms et qualités des parties : noble François Lombard, écuyer, sieur de la Tour; — illustre seigneur Jean-Baptiste de Saint-Mauris, chevalier de l'ordre de Saint-Jean de Jérusalem, seigneur de Lomay, commandeur et seigneur de la Villedieu en Fontenette et membres en dépendants, gouverneur des ville et forts de Salins, du conseil de guerre de Sa Majesté, etc.; — Pierre Millot, procureur syndic de la ville de Vesoul (appels des sentences prononcées par lui et condamnant divers particuliers à une amende de 60 sols pour détention de faux poids); — généreux seigneur Jean de Raincourt, seigneur de Lenguey, Falon, etc.

B. 5061. (Registre.) — In-4°, 63 feuillets, papier.

1685. — Sentences rendues à vue des pièces par le lieutenant général du bailliage d'Amont, au siège de Vesoul : — confirmant la sentence de mort rendue par Pierre Millot, procureur syndic de la ville de Vesoul, contre Nicolas Robillard, d'Aty, proche Notre-Dame de Liesse, en France, pour meurtres commis dans une querelle; — condamnant plusieurs particuliers de Velotte à faire au profit de noble Louis Humbert, seigneur de ce lieu « une courvée de charrue par chascun au temps du rabin et d'y continuer à l'advenir tant qu'ils tiendront charrue et chevaux. »

B. 5062. (Registre.) — In-4°, 60 feuillets, papier.

1686. — Sentences rendues à vue des pièces par le lieutenant général du bailliage d'Amont, au siège de Vesoul. — Noms et qualités des parties : Pierre Py, de Creveney, procureur d'office à Creveney; — discrète personne, messire Simon Guyod, prêtre et curé d'Amance; — messire Étienne Renoux, abbé commendataire de l'abbaye royale de Notre-Dame de Clairefontaine; etc.

B. 5063. (Registre.) — In-4°, 104 feuillets, papier.

1684-1685. — Sentences rendues à vue des pièces par le lieutenant général du bailliage d'Amont, au siège de Vesoul. — Noms et qualités des parties : messire Claude Vuillemenot, docteur en théologie, prieur et seigneur de Fontaine contre les habitants dudit lieu; — messire François de Lavic, coseigneur à Calmoutier, contre les révérends doyen et chanoines de l'église collégiale de Vesoul; — messire Pierre-Antoine de Grandmont, baron et seigneur de Chauvirain; — généreux seigneur frère Jacques de Lallemand, chevalier de l'ordre de Malte et commandeur de Sales; etc.

B. 5064. (Registre.) — In-4°, 61 feuillets, papier.

1686-1687. — Sentences rendues à vue des pièces par le lieutenant général d'Amont, au siège de Vesoul. — Noms et qualités des parties : noble Claude-François de Lassaux, seigneur de Verchamps, et dame Louise de Crésy, sa femme, contre les révérends pères Bénédictins du monastère de Saint-Servule du Muroy; — noble Antoine Jacquot, seigneur de Rosey, et damoiselle Étiennette Jacquot, épouse de noble Camille Ferusin, seigneur de Villeparois, contre les Augustins de Vesoul; — messire Charles de Champagne, seigneur dudit lieu; — messire Jean-Claude Coland, curé du Magny; etc.

B. 5065. (Registre.) — In-4°, 106 feuillets, papier.

1687-1688. — Sentences rendues à vue des pièces par le lieutenant général d'Amont, au siège de Vesoul. — Noms et qualités des parties : noble Claude Guillot, de Bâle, docteur en médecine, contre dame Marguerite de Crosey, veuve de messire Gaspard de Moustier, en son vivant, seigneur de Cubry, Nans, etc.; — messire Claude-François Fontenoy, prêtre, curé de Voisey, contre révérend sieur, messire Antoine Chapais, prieur de Voisey et chanoine de Vesoul; — messire Claude-Louis, baron de Saint-Mauris, seigneur de la Lanterne, Fessey, etc., (sentence le maintenant dans la jouissance de la perception du droit de *gillerie*, s'élevant à un écu, sur les nouveaux mariés bénis dans l'église de Sainte-Marie en Chanois); — illustre et puissante dame Philippe de Rye, veuve de feu haut et puissant seigneur, messire Éléonore-François de Poitiers, marquis de Varambon; — messire Jean-Baptiste Rondel, prêtre; — haute et puissante dame Marguerite Françoise d'Achey, dame et baronne d'Amance, épouse séparée, quant aux biens, de haut et puissant seigneur, messire Ferdinand-François de Rye, comte de Poitiers ; etc.

B. 5xx. (Registre.) — In-4°, 124 feuillets, papier.

1691-1692. — Sentences rendues à vue des pièces par le lieutenant général du bailliage d'Amont, au siège de Vesoul. — Noms et qualités des parties : messire Claude-François de Cordemoy, chevalier, seigneur d'Uricourt et autres lieux ; — messire Charles-Emmanuel Pétrey, baron d'Eclans et de Longevy ; — vénérable et discrète personne, messire Paul-Bernard Richardot, docteur en sainte théologie, prêtre et curé de Faucogney ; — messire Armand-Léon d'Arnaux, seigneur de Fontenay et Autaufontaine; etc.

xxxx. (Registre.) — In-4°, xxx feuillets, papier.

1692-1693. — Sentences rendues à vue des pièces par le lieutenant général du bailliage d'Amont, au siège de Vesoul. — Noms et qualités des parties : haute et puissante dame Élisabeth de Marsol, marquise de Clermont et haut et puissant seigneur, messire Charles de la Vieuville, seigneur et dame de Vauvillers, Demangevelle, etc., contre noble Clément Courtaillon, coseigneur à Mondard (procès au sujet de la taille de 200 livres estevenins due moitié à Pâques, moitié à la Saint-Remy par tous ceux possédant des héritages dans le finage de Demangevelle) ; — messire Philippe de Falletans, seigneur de Thieffrans sentence portant dénombrement des droits de la seigneurie de Thieffrans qui consistent en pouvoir d'instituer et destituer tous officiers comme baillis, châtelains, prévôts, sergents, maires et notaires, etc., de la justice seigneuriale dudit lieu ; — obligation aux habitants de comparoir au lieu de Rougemont par devant le châtelain, capitaine ou autre tel officier qu'il plairait aux barons et y faire vue et montre d'armes ; — idem de contribuer à l'aide des quatre cas savoir : chevalerie, mariage de fille, voyage d'outre-mer et prison ; — idem de payer au château le jour de la Saint-Martin d'hiver les cens qu'ils doivent portant lods, seigneurie et retenues ; — idem de faire une corvée au temps des fenaisons soit de faux, de rateau, de fourche ou decharroyage à leur gré dans le pré du Breuil ; — idem de faire deux corvées dans les vignes du seigneur l'une au sombre, l'autre au temps des vendanges, les deux corvées d'une journée chacune ; — idem de charroyage des vins du seigneur par ceux ayant bêtes trahantes ; — idem de charroyer vingt fossés de paisseaux aux vignes ; — idem le droit de lignier, c'est-à-dire deux charroyages de bois ; — idem de faire deux corvées de charrue l'une au sombre l'autre au temps de vahin ; — de faire moudre leurs grains et blés dans les moulins du seigneur ; — d'acquitter le droit de lods sur tous les vendages) ; — noble Antoine Nicolas, coseigneur à Cendrecourt ; — généreux seigneur, messire François Jeoffroy, seigneur de Navillard, Amagey, etc., etc.

B. xxx. (Registre.) — In-4°, xxx feuillets, papier.

1696-1697. — Sentences rendues à vue des pièces par le lieutenant général du bailliage d'Amont, au siège de Vesoul. — Noms et qualités des parties : nobles Marie de Montureux, veuve de Louis Roucard, coseigneur de Velleguindry, Laurent de Montureux et Jeanne-Louise de Montureux aussi coseigneurs audit lieu ; — noble Nicolas Rameder, seigneur de Molans, Bourguignon-les-Morey, etc., contre noble Philippe de Sonnet, seigneur d'Auxon, Charguey, etc., (procès au sujet de la possession du bois de Surambois) ; — vénérable et discrète personne, messire Hugues-François Dumont, prêtre, curé de Corravillers ; — messire Michel du Pasquier, écuyer, seigneur de la Forêt, chevalier, commandeur de Saint-Louis, seigneur baron de Montmartin et Fontenoy-en-Vosges ; — messire Jérôme de Coivy, seigneur de Géster, au nom et comme mari de dame Marie-Antoine de Montaigu ; etc.

B. xxx. (Registre.) — In-4°, xxx feuillets, papier.

1697-1698. — Sentences rendues à vue des pièces par le lieutenant général du bailliage d'Amont, au siège de Vesoul. — Noms et qualités des parties : les révérendes dames abbesse et religieuses du monastère Notre-Dame dit de Battant, de l'ordre de Citeaux, érigé à Besançon, au nom et comme cessionnaires de généreux seigneur messire Gaspard de Blisterwich, baron de Moncley, et de dame Marguerite de Mantoche, son épouse ; — noble Philibert-Joseph Favière, seigneur de Fontenelay ; — messire Jean-Baptiste de Gilley, baron du Saint-Empire et de Marnez ; — illustre seigneur, messire Louis comte de Ligniville, seigneur de Jasney, etc. ; — dom Romuald Regnaud, religieux bénédictin du monastère Saint-Pierre de Luxeuil, administrateur du prieuré Saint-Jean-Baptiste d'Annegray, contre Antoine Rainguel, de Faucogney, et Élisabeth Guichard, sa femme, sujets mainmortables dudit prieuré ; etc.

B. 5070. (Registre.) — In-4°, 215 feuillets, papier.

1698-1699. — Sentences rendues à vue des pièces par le lieutenant général du bailliage d'Amont, au siège de

SÉRIE B. — BAILLIAGES.

Vesoul. — Noms et qualités des parties : messire Claude Coulon, prêtre, curé de Nononcourt ; — noble Claude-Étienne Clerc, seigneur de Neurey ; — noble Nicolas Millot, seigneur d'Autrey ; — le sieur Étienne Cour, seigneur de Charmoille ; — dame Élisabeth de Sarnay, femme de messire François de Joffroy, seigneur de Noillard, etc. ; — dame Marie-Charlotte d'Andlaw, dame de Montaign, demanderesse, contre messire Tancrède de Vieux-Ronvoire, lieutenant de cavalerie, résidant à Colombier ; etc.

B. 5371. (Registre.) — In-4°, 245 feuillets, papier.

1699-1702. — Sentences rendues à vue des pièces par le lieutenant général du bailliage d'Amont, au siège de Vesoul. — Noms et qualités des parties : illustre seigneur frère Balthazard du Pont, chevalier de l'ordre de Saint-Jean de Jérusalem, seigneur et commandeur de la Villedieu en Fontenette ; — messire Jacques-Antoine de Belot, seigneur de Gendrey ; — messire François Jacquot, prêtre, curé de Genevrey ; — messire Thiébaud Guérard, prêtre, curé de Jasney ; — dame Marie-Marguerite de Roubyer, douairière de messire François-Gaspard de Pouilly ; etc.

B. 5072. (Registre.) — In-4°, 216 feuillets, papier.

1701-1703. — Sentences rendues à vue des pièces par le lieutenant général d'Amont, au siège de Vesoul. — Noms et qualités des parties : dame Isabelle-Madeleine de Brun, baronne de Vaudrey, Deveuge, etc. ; — noble Antoine Grégoire, de Vesoul, docteur en médecine ; — messire Jacques-Antoine de Belotte, seigneur de Villette, Ollans, etc., etc. ; — noble Jean-Pierre Barclet, seigneur de Provenchère ; etc.

B. 5073. (Registre.) — In-4°, 211 feuillets, papier.

1703-1706. — Sentences rendues à vue des pièces par le lieutenant général du bailliage d'Amont, au siège de Vesoul. — Noms et qualités des parties : dame Claude-Deyle de Rye de Poitiers, comtesse de Neufchâtel, dame de Remiremont ; — illustre seigneur, messire Jean-Frédéric-Éléonor-Guillaume, marquis de Poitiers ; — dame Catherine de Berbis, veuve de messire Claude-François, comte de Grammont ; — le sieur Georges Vaillaret, coseigneur de Gesincourt ; — messire Philippe-François d'Ambly, marquis des Aynelles, seigneur de Boncourt, Gesincourt ; etc.

B. 5074. (Registre.) — In-4°, 245 feuillets, papier.

1705-1709. — Sentences rendues à vue des pièces par le lieutenant général du bailliage d'Amont, au siège de Vesoul. — Noms et qualités des parties : le sieur Claude-François de Cordemoy, chevalier, seigneur d'Oricourt, Aspenans, etc., lieutenant des maréchaux de France au département de Vesoul ; — messire Jean-Claude Franchet, conseiller au parlement de Besançon ; — les révérends pères jésuites du collège de Vesoul ; — dame Antoine-Claire Tranchand, épouse de messire Charles-François de Munteichler, seigneur de Menoux ; — dame Marie-Thérèse Pute de la Verne, veuve du noble Antoine-Marie Tranchant, en son vivant, seigneur de Burey ; etc.

B. 5075. (Registre.) — In-4°, 211 feuillets, papier.

1709-1712. — Sentences rendues à vue des pièces par le lieutenant général du bailliage d'Amont, au siège de Vesoul. — Noms et qualités des parties : illustre seigneur, messire Louis de Clermont, comte de Chyverny, marquis de Monglas, baron et seigneur de Rupt ; — illustre seigneur, messire Charles-Emmanuel de Bauffremont, abbé commendataire des abbayes Saint-Pierre de Luxeuil et Saint-Paul de Besançon ; — noble Charles-Aymé Tranchand de la Verne, seigneur de Vellechevreux, capitaine et gouverneur des ville et château de Clerval ; — messire Jean-Baptiste Pautier, prêtre, curé d'Ainvelle ; — messire Victor-Amédée de Choiseul, marquis de Lanques, baron de la Ferté ; etc.

B. 5076. (Registre.) — In-4°, 215 feuillets, papier.

1712-1715. — Sentences rendues à vue des pièces par le lieutenant général du bailliage d'Amont, au siège de Vesoul. — Noms et qualités des parties : les illustres dames abbesse, doyenne et chapitre de Remiremont ; — nobles Philippe-Adrien Pival de Montraud et demoiselle Rose Pival de Montraud, sa sœur ; — messires Joseph et Marin, barons de Montfort, frères, capitaines d'infanterie au service de Sa Majesté, seigneurs de Fleurey, Chassey-les-Scey ; — messire Claude-Louis, comte de Scey de la Manglane, seigneur de Pin, Beaumotte, Buthier, Gosier, etc.

B. 5077. (Registre.) — In-4°, 257 feuillets, papier.

1715-1725. — Sentences rendues à vue des pièces par le lieutenant général du bailliage d'Amont, au siège de

Vesoul. — Noms et qualités des parties : la présidente de Roilhe ; — noble Léopold de la Chaume d'Ozelein, capitaine commandant un bataillon au régiment suisse d'Eptik ; — dame Caroline Chevanoes de Dutel, dame de Montoign, la Roche, etc ; — dame Françoise-Gabrielle de Froissard, douairière et usufruitière des biens de messire Philibert Belot, seigneur de Villette, Ollans, etc.; — noble Antoine-Joseph Durand, seigneur en partie de Gevigney et Mercey ; — noble Claude François Aymonet, seigneur de Contréglise, etc.

B. 5078. (Registre.) — In-4°, 821 feuillets, papier.

1728-1729. — Sentences rendues à vue des pièces par le lieutenant général du bailliage d'Amont, au siége de Vesoul. — Noms et qualités des parties : dame Claude-Amaranthe de Raleix, dame de Montrey ; — dom Antoine Vivien, prieur du prieuré de Montariot ; — messire Jean-Simon de Rosière, m.... ale de Sorans ; — messire Charles-Baptiste du Lallemand, baron de Lavigney en qualité de mari de dame Olympe-Hyppolyte, comtesse de Vallangin et d'Arberg, son épouse, etc.

B. 5079. (Registre.) — In-4°, 333 feuillets, papier.

1729-1730. — Sentences rendues à vue des pièces par le lieutenant général du bailliage d'Amont, au siége de Vesoul. — Noms et qualités des parties : les habitants et communauté de Velleguindry, contre les sieurs et demoiselles Boucart, seigneurs dudit lieu ; — messire Louis-Bénigne de Bauffremont, colonel de dragons, chevalier de la Toison-d'Or ; — noble Jean-Claude Bavoux, seigneur des terre et baronnie de la Rochelle ; — messire Jacques-Philippe de la Baulme-Perrenot de Grandvelle, comte de Saint-Amour, colonel du régiment de Languedoc-dragons, héritier fidéi-commissaire des maisons de Baulme et de Grandvelle ; etc.

B. 5080. (Registre.) — In-4°, 233 feuillets, papier.

1729-1732. — Sentences rendues à vue des pièces par le lieutenant général d'Amont, au siége de Vesoul. — Noms et qualités des parties : les révérends pères bénédictins de la congrégation de Saint-Vanne et Saint-Hydulphe érigée à Faverney ; — demoiselle Jeanne-Claude Petitet, dame d'Arc ; — les révérendes mères, abbesse et religieuses urbanistes de l'ordre de Sainte-Claire de l'abbaye royale de Montigny ; — les sieurs François et Noël Courtaillon, seigneurs de Montdorey ; etc.

B. 5081. (Registre.) — In-4°, 214 feuillets, papier.

1732-1733. — Sentences rendues à vue des pièces par le lieutenant général du bailliage d'Amont, au siége de Vesoul. — Noms et qualités des parties : les Bénédictins de Faverney, seigneurs de Buissiancourt, contre les habitants de ce lieu (au sujet du droit de parcours prétendu par eux sur un pré sis audit territoire) ; — les révérends sieurs prieur et religieux de l'abbaye royale Notre-Dame de Bithaine, ordre de Cîteaux, demandeurs contre messire Félix-Emmanuel Boros, docteur en théologie et abbé commendataire de ladite abbaye ; — le sieur Denis-Pierre Magnien, seigneur de Mersuay, contre les habitants dudit lieu (réclamation contre les impositions dont ses domaines ont été chargés) ; — messire Claude Nicolas, comte de Monstiers, seigneur de Naux, Bonnalle, Cubry Chassées-les-Rougemont, contre les habitants de ce dernier lieu (idem) ; — messire Jean-Claude Pusel, seigneur de Bourbière, conseiller au parlement de Besançon ; — messire Gabriel Philibert de Rinaus, de Joux, de Grammont, baron et seigneur de Châtillon-Guyotte, de l'Étoile, Chambéria, Vellefaux, Avilley, etc., tant en son nom qu'en celui de dame Jeanne-Philippe de Poitiers, son épouse, seigneur et dame de Courchaton, demandeur contre les habitants dudit lieu, aux fins « de leur faire passer reconnaissance et advouer qu'audit seigneur compète le droit d'avoir un tabellion audit lieu » ; — François Longerot, prêtre, curé d'Amance, etc.

B. 5082. (Registre.) — In-4°, 215 feuillets, papier.

1733-1735. — Sentences rendues à vue des pièces par le lieutenant général du bailliage d'Amont, au siége de Vesoul. — Noms et qualités des parties : messire Claude-Antoine de Vaudrey, maistre de camp de cavalerie pour le service du roi, brigadier de ses armées, seigneur de Villers-sur-Port, Frasnois, etc. ; — Jean-François de Poincte, écuyer, seigneur de Bourguignon-les-Conflans, Dampvalley, ... ; — le sieur Jean-Jacques Jannon, prêtre et curé de Montjustin, demandeur, contre Claude-Joseph Saulnier, prêtre, aussi curé dudit lieu, aux fins d'obtenir la résiliation de la cession du bénéfice de ladite cure, qui avait été faite en cas d'extrême maladie ; etc.

B. 5083. (Registre.) — In-4°, 237 feuillets, papier.

1735-1736. — Sentences rendues à vue des pièces par le lieutenant général du bailliage d'Amont, au siége de Vesoul. — Noms et qualités des parties ; messire Michel marquis de Gramont, lieutenant général des armées du Roi, seigneur et baron de Villersexel, Abbenans, etc., demandeur, contre les habitants de Villersexel, aux fins d'obtenir une reconnaissance générale des droits seigneuriaux de ce lieu ; — noble François-Alexis Henryon, seigneur de Franchevelle ; — messire Jean-Ligier Masson d'Authume, seigneur à Jussey, chevalier de l'ordre de Saint-Jean de Jérusalem ; etc.

B. 5082. (Registre.) — In-4°, 245 feuillets, papier.

1756-1757. — Sentences rendues à vue des pièces par le lieutenant général du bailliage d'Amont, au siège de Vesoul. — Noms et qualités des parties : le sieur Étienne Lallos, prêtre, curé de Château-Lambert ; — noble Pierre-Gaspard Terrier, seigneur de Pont-sur-l'Ognon ; — les révérends sieurs prieur et religieux de l'abbaye Notre-Dame de Cherlieu, demandeurs, contre messire Antoine-François de Misterwich de Moncley, évêque d'Autun, abbé de Cherlieu ; etc.

B. 5083. (Registre.) — In-4°, 247 feuillets, papier.

1757-1758. — Sentences rendues à vue des pièces par le lieutenant général du bailliage d'Amont, au siège de Vesoul. — Noms et qualités des parties : le sieur Claude-François Guillaume, prêtre, citoyen de Besançon, chapelain de la chapelle Saint-Nicolas érigée en l'église paroissiale de Chauvirey-le-Châtel, demandeur, contre le sieur Simon Oudot, curé de Saint-Marcel et chapelain de la chapelle de Saint-Hubert audit Chauvirey (procès au sujet de la perception des dîmes) ; — demoiselle Anne-Françoise de Bligny, veuve de maître Claude Aubertot, en son vivant procureur au bailliage de Gray ; — messire Claude-François Daban, prêtre, chanoine en l'église métropolitaine de Besançon, prieur commendataire du prieuré de Montherot-les-Traves, demandeur, contre les habitants et communauté de Combeaufontaine (procès au sujet de la grosseur de la gerbe qui doit être décimée) ; etc.

B. 5084. (Registre.) — In-4°, 245 feuillets, papier.

1758-1759. — Sentences rendues à vue des pièces par le lieutenant général du bailliage d'Amont, au siège de Vesoul. — Noms et qualités des parties : les sieurs maire, échevins et conseillers de la ville de Luxeuil et les sieurs fermiers des droits de banvin de ladite ville, demandeurs, contre les R. P. prieur et religieux bénédictins de l'abbaye de Luxeuil et plusieurs particuliers de ladite ville,

qui vendaient du vin au pot renversé sans vouloir acquitter les droits et nouvelles taxes ; — les bourgeois et habitants de la ville de Jussey, demandeurs, contre messire Ignace Hitheroz de Beznez, prieur de Saint-Thiébaud de Lestre sur Jussey, aux fins de faire visiter le chœur de l'église paroissiale de Jussey qui menace ruine et à la réparation duquel doit contribuer ledit prieur ; — le sieur Joseph Donnet, lieutenant général du bailliage d'Arbois ; — noble Jean-Baptiste Pinola, prêtre, chapelain de la chapelle érigée sous l'invocation des cinq plaies originairement en l'église de Cornot et transportée en l'église Saint-Pierre de Besançon ; etc.

B. 5085. (Registre.) — In-4°, 247 feuillets, papier.

1759-1760. — Sentences rendues à vue des pièces par le lieutenant général du bailliage d'Amont, au siège de Vesoul. — Noms et qualités des parties : messire Paul-François, marquis de Saint-Mauris, baron et seigneur de la Villeneuve, Châtenois, etc. ; — noble Alexandre Aymonnet, seigneur de Centréglise ; — noble Joseph de Guyot, seigneur de Malche, et dame Marguerite-Thérèse Aymonnet, son épouse ; — dame Thérèse-Gabrielle-Eugène du Châtelet, épouse de messire François d'Aismard d'Argental, capitaine au régiment de Bourbon ; — le sieur Gabriel Chapuis, prêtre et curé d'Authoison ; — le sieur Jean Barcol, prêtre, curé de Rosey, et Antoine-Prosper de Jacquot, écuyer, seigneur dudit Rosey, demandeurs, contre les directeurs de l'hôpital de Besançon ; — noble Louis-Ardouin de Donnevalle, écuyer, seigneur de Vellegindrey ; etc.

B. 5086. (Registre.) — In-4°, 245 feuillets, papier.

1760-1761. — Sentences rendues à vue des pièces par le lieutenant général du bailliage d'Amont, au siège de Vesoul. — Noms et qualités des parties : François-Albert Duclos, garde suisse des plaisirs du Roi ; — noble Christophe de Sonnet, seigneur de Gressoux ; — le sieur Jacques Grosjean, prêtre, curé de Colombe et chapelain de la chapelle érigée sous l'invocation de saint Nicolas en l'église de Jussey ; etc.

B. 5087. (Registre.) — In-4°, 249 feuillets, papier.

1761-1762. — Sentences rendues à vue des pièces par le lieutenant général du bailliage d'Amont, au siège de Vesoul. — Noms et qualités des parties : messire Louis-François Diez du Parquet, chevalier de Saint-Louis, baron et seigneur de Flagy, Varogne et Vellefrie ; — le sieur

Luc-François de Languintierre, seigneur à Pérousey ; — dame Marie-Alexandrine de Daratout, veuve de noble Balthasard de Sonnet, en son vivant seigneur d'Anxon ; — noble Gérard-Joachim de Sonnet, seigneur de Saint-Julien, capitaine d'infanterie ; — dame Marie Béatrix du Châtelet, veuve douairière de feu messire François-Philippe d'Ambly ; — les sieurs Marcel et Joseph de Bresson, demeurant à Ormoy ; etc.

B. 5090. (Registre.) — In-4°, 250 feuillets, papier.

1720-1737. — Sentences rendues à vue des pièces par le lieutenant général du bailliage d'Amont, au siège de Vesoul. — Noms et qualités des parties : Claude-Joseph Bullet, seigneur de Bougnon ; — noble révérend Charles-François-Denis Huguet de Myon, prêtre, docteur en théologie, prieur commendataire de Clervaux, vicaire général de Toulon et chapelain de la chapelle érigée au château de Scey-sur-Saône sous l'invocation de saint Claude et de sainte Anne, demandeur, contre les habitants et communauté de Chante au sujet de la perception du droit appelé *la quarte de fourg* ; — messire Ignace-Antoine de Camus, prêtre, chanoine en l'illustre chapitre de l'église métropolitaine de Besançon, abbé commendataire de Clairefontaine, demandeur, contre les habitants de la communauté d'Hurecourt, au sujet du droit de *pâture* prétendu par l'abbaye sur le territoire de cette commune ; etc.

B. 5091. (Registre.) — In-4°, 233 feuillets, papier.

1737-1738. — Sentences rendues à vue des pièces par le lieutenant général du bailliage d'Amont, au siège de Vesoul. — Noms et qualités des parties : le sieur Jean-Claude Dessirier, prêtre, curé de Morey, demandeur, contre les religieux bénédictins du monastère Saint-Servule établi audit lieu, au sujet de la jouissance et possession de la dîme tant de vin que de chanvre, froment et avoine ; — dame Didier Petit, épouse de Bernard Lepicard, écuyer, seigneur de Nouiller ; — messire Nicolas Ramelot, seigneur d'Oisilly ; — le sieur Frédéric-Éléonor Poussot, seigneur de Verchamps, procureur du Roi en la maîtrise des eaux et forêts de Baume ; — François-Gérard de Queutrey, écuyer, seigneur de Vanconcourt, lieutenant au régiment de Rouergue-Infanterie ; — Antoine-Joseph Durand, écuyer, avocat au Parlement, seigneur de Mercey et Gevigney ; etc.

B. 5092. (Registre.) — In-4°, 235 feuillets, papier.

1738-1741. — Sentences rendues à vue des pièces par le lieutenant général du bailliage d'Amont, au siège de Vesoul. — Noms et qualités des parties : les habitants des communautés de Saint-Barthélemy-lès-Mélisey et Montessaux, demandeurs, contre dame Anne-Josèphe-Ferdinande de Gramont, douairière de messire Henri-François de Ténarre, marquis de Montmain, en son vivant gouverneur de Soissel, lieutenant général des armées du Roi, baron et seigneur de Faucogney et Mélisey, au sujet de droits de parcours ; — messire Albert de Lezay-Marnésia, comte de Lyon, abbé commendataire de l'abbaye royale Notre-Dame de Belleraux, demandeur, contre les habitants et communauté de Mariot au sujet de la perception de la dîme ; — Léonard de Mesmay, écuyer, seigneur de Mailley et autres lieux ; — demoiselle Marie-Joseph de la Baume-Montrevel, dame de Crésilie, Goviguey, Villerschemin ; etc.

B. 5093. (Registre.) — In-4°, 215 feuillets, papier.

1741-1742. — Sentences rendues à vue des pièces par le lieutenant général du bailliage d'Amont, au siège de Vesoul. — Noms et qualités des parties : le sieur Jacques Chouet, prêtre, curé de Traves, demandeur, contre le sieur Jean Noliss, ancien curé de Villers-sur-Port, demeurant à Traves, au sujet de la perception des droits curiaux ; — dame Marie-Marguerite Boutret, douairière d'Antoine d'Hennezel, en son vivant écuyer, lieutenant-colonel dans le régiment de Vaugeonans, dame de Beaujeu, Boult et autres lieux ; — les révérends sieurs prieur et religieux de l'abbaye de Clairefontaine, demandeurs, contre la communauté de Polaincourt aux fins d'être maintenus « dans la généralité de mainmorte sur tous les habitants dudit lieu et leur postérité, ainsi que sur les meix et héritages qui y sont situés » ; — les révérends prieur et religieux bénédictins de l'abbaye Saint-Vincent de Besançon, demandeurs, contre la communauté de Fresne-sur-Apance, aux fins d'être maintenus dans tous les droits seigneuriaux qui leur compètent audit lieu ; — dame Anne-Gabrielle de la Vaux, douairière baronne de Fourg et de Bians ; etc.

B. 5094. (Registre.) — In-4°, 200 feuillets, papier.

1742-1743. — Sentences rendues à vue des pièces par le lieutenant général du bailliage d'Amont, au siège de Vesoul. — Noms et qualités des parties : le sieur Jean-Léonard Pougois, prêtre, curé de Melin, demandeur, en qualité de chapelain de la chapelle seigneuriale érigée en l'église paroissiale de Bougey sous l'invocation de la Sainte-Vierge et de saint Jean-Baptiste, contre les habitants et communauté de Noroy-lès-Jussey, au sujet des trois corvées de charrue qui lui sont dues par lesdits habitants ; —

Guillaume-Antide de Montjustin, écuyer, seigneur dudit Montjustin, Velotte et Autrey-les-Cerre; — messire Claude-François de Lanier, chevalier, seigneur de Calmoutier; — messire Nicolas-Joseph Terrier, seigneur et marquis de Mailleroncourt, conseiller honoraire au Parlement; — messire Charles-François d'Hallancourt, évêque et comte de Verdun, prince du Saint-Empire, abbé commendataire de l'abbaye royale Notre-Dame de la Charité, et les sieurs prieur et religieux de ladite abbaye, seigneurs d'Échenoz-la-Sec; etc.

B. 5095. (Registre.) — In-f°, 891 feuillets, papier.

1745-1747. — Sentences rendues à vue des pièces par le lieutenant général du bailliage d'Amont, au siège de Vesoul. — Noms et qualités des parties : noble Hippolyte Donnot, prêtre, curé de Bourguignon-les-Conflans, demandeur, contre plusieurs habitants et le sieur Ferdinand de Poinctes, écuyer, seigneur dudit lieu, au sujet de la perception de la dîme; — le sieur Nicolas Barbier, prêtre, demeurant à Colombier, demandeur, contre les sieurs Claude-Étienne Breuillin, de Comberjon, et Jean-François Cachard, de Colombier, prêtres, aux fins de les empêcher de desservir les fondations assignées à la chapelle Saint-Nicolas érigée en l'église de Colombier; — Jean-Baptiste des Henriques, chevalier de Saint-Louis, ancien capitaine d'infanterie; etc.

B. 5096. (Registre.) — In-f°, 311 feuillets, papier.

1747-1748. — Sentences rendues dans les causes civiles à vue des pièces par le lieutenant général du bailliage d'Amont, au siège de Vesoul. — Noms et qualités des parties : dame Catherine-Françoise Petitcuenot, dame de Noironte, veuve de Claude-Joseph Bullet de Bougnon, écuyer, auditeur en la chambre des comptes de Dôle, demanderesse en saisie réelle sur les terres et seigneuries de Seye, Vauchoux et Chariez, contre messire Louis Bénigne, marquis de Bauffremont, chevalier de la Toison-d'Or, lieutenant général des armées du Roi, et Charles-Louis, marquis de Bauffremont, son fils, maréchal des camps et armées du Roi; — messire Jean-Baptiste-Louis de Clermont d'Amboise, marquis de Reynel et de Monglas, comte de Cheverny, baron et seigneur de Rupt et Vy-le-Ferroux; — le sieur François Martin, prêtre et curé de Montussaint et Tallans, demandeur, contre plusieurs habitants de cette localité au sujet de la perception de la dîme novale; etc.

B. 5097. (Registre.) — In-f°, 169 feuillets, papier.

1748-1751. — Sentences rendues à vue des pièces par le lieutenant général d'Amont, au siège de Vesoul. — Noms et qualités des parties : le sieur Pierre-François Faitout, prêtre et curé de Chambornay-les-Bellevaux, contre plusieurs particuliers de cette localité et les prieur et religieux de l'abbaye de Bellevaux au sujet de l'exercice des droits curiaux; — Son Altesse monseigneur le cardinal de Soubise, évêque de Strasbourg, grand aumônier de France, commandeur des ordres de Sa Majesté, abbé et prince des abbayes unies de Murbach et autres lieux, et messieurs les coadjuteur grand doyen, grand prieur et capitulaire de l'abbaye de Lure, demandeurs en radiation de cote, contre les sieurs suppôts du magistrat de la ville de Lure; — le sieur Claude-François Pierrey, prêtre, curé de Sainte-Marie-en-Chaux, demandeur, contre le sieur Jean-Jacques Simon dudit lieu et Claude-François de Lampinet, seigneur dudit Sainte-Marie, intervenant, au sujet de la perception de la dîme; etc.

B. 5098. (Registre.) — In-f°, 185 feuillets, papier.

1751-1752. — Sentences rendues à vue des pièces par le lieutenant général du bailliage d'Amont, au siège de Vesoul. — Noms et qualités des parties : messire Jean-François-Gabriel-Bénigne Chartaire, marquis de Bourbonne-les-Bains, conseiller du Roi en ses conseils, président à mortier au parlement de Bourgogne; — le sieur Jean-Claude Bret, sous-diacre du diocèse de Besançon, licencié en droit, abbé commendataire de l'abbaye de Bonnevent, ordre de Cîteaux, diocèse de Vienne, prieur du prieuré de Chambornay-les-Pin, demandeur, contre le sieur Charles-Antoine de Calvy, chevalier de l'ordre militaire de Saint-Louis, ancien capitaine de cavalerie, seigneur de Gezier et seigneur engagiste de la haute justice dudit Chambornay, au sujet de la perception de la dîme sur le territoire dudit lieu; — le sieur Daniel Brunet de La Motte, écuyer, seigneur d'Aisey et Richecourt, demandeur, contre les sieurs Jean-Charles Mathelat, seigneur de Montcourt et Bourbévelle, et noble Guillaume Gausselin, seigneur dudit Richecourt, conseiller du Roi, lieutenant assesseur civil et criminel au bailliage et siège présidial de Langres, et dame Claudine Rouillaux, son épouse, au sujet de la perception de la dîme sur le finage de Corre; — dame Marie Ève de Truksès de Volhausen, baronne de Ronchamps, douairière de feu messire François-Antoine de Rhénach, seigneur d'Estambrun et autres lieux, demanderesse, contre le sieur Charles-François Grosjean, prêtre, familier de l'église Saint-Georges de Faucogney, chapelain de la chapelle de la conception de Notre-Dame, érigée en ladite église, et messire Louis, marquis de Bauffremont, lieutenant général des armées du Roi, seigneur et baron de Faucogney, Melisey et autres lieux, au sujet du payement d'une rente créée en 1333; etc.

B. 5099. (Registre.) — In-4°, 196 feuillets, papier.

1752-1754. — Sentences rendues à vue des pièces par le lieutenant général du bailliage d'Amont, au siége de Vesoul. — Noms et qualités des parties : Pierre-Gaspard Torrier, seigneur de Pont-sur-l'Ognon ; — messire Jean-Prosper, marquis de Falletans ; — François-Alexandre de Jouffroy, seigneur de Montmartin ; — messire Alexandre-Paul Colbert, prieur commendataire du prieuré de Saint-Marcel, demandeur, contre François de Riolot, écuyer; Charles-Henry de Croisier, chevalier, seigneur de Saint-Segraux, comme héritiers de feu Pierre-Jean-Désiré Vivant, prieur de Saint-Marcel, au sujet des réparations nécessaires aux immeubles composant ce bénéfice ; — noble Gabriel-Louis de Sagy, prêtre, curé de Bussières ; — Étiennette Ramey, veuve de Charles-Emmanuel Brocard, écuyer, seigneur de Lavernay, dame de Bussières ; etc.

B. 5100. (Registre.) — In-4°, 193 feuillets, papier.

1754-1755. — Sentences rendues à vue des pièces par le lieutenant général du bailliage d'Amont, au siége de Vesoul. — Noms et qualités des parties : Françoise-Angélique de Lavier, veuve de Jean-Ignace de Laborey, écuyer, seigneur de Chargey, capitaine au régiment de la marine, chevalier de Saint-Louis ; — le sieur Alexis Guerritot, seigneur de Courcelle ; — messire Claude-Antoine-Eugène de Mesmay, baron et seigneur de Montaigu, Quincey, Villers-le-Sec et autres lieux, demandeur, contre le sieur Étienne Charbonnier, meunier, demeurant au moulin d'Esprels, aux fins de sa requête tendante à être maintenu dans le droit de toute justice sur le cours d'eau de la rivière de Quincey ; etc.

B. 5101. (Registre.) — In-4°, 193 feuillets, papier.

1755-1756. — Sentences rendues à vue des pièces par le lieutenant général du bailliage d'Amont, au siége de Vesoul. — Noms et qualités des parties : Guillaume-Antide de Montjustin, écuyer, seigneur dudit lieu ; — messire Nicolas-Gabriel Vuilleret ; — messire Claude-François, comte de Salive, seigneur de Vallerois-le-Bois, Cuse et autres lieux ; etc.

B. 5102. (Registre.) — In-4°, 197 feuillets, papier.

1756-1758. — Sentences rendues à vue des pièces par le lieutenant général du bailliage d'Amont, au siége de Vesoul. — Noms et qualités des parties : les habitants et communauté d'Amoncourt, demandeurs, contre le sieur Jean-Claude Rouhier, prêtre, curé de Fleurey-les-Faverney et dudit Amoncourt, aux fins de faire célébrer alternativement par le sieur curé les offices et les instructions pastorales dans leur église et dans celle de Fleurey ; — François d'Aymard d'Arganson, écuyer, seigneur de Senoncourt, contre les sieurs abbé et religieux de Clairefontaine, au sujet de l'exercice des droits seigneuriaux audit Senoncourt ; — les habitants et communauté de Romain contre ceux de Montmartin, Huanne, Puessans, Gouhelans, Mesandans et le sieur Léonard Billot, prêtre, curé d'Huanne, aux fins de faire déclarer leur église paroissiale et indépendante ; — Jean-Marie de Perrey, seigneur de Saint-Broing et Bougey, bailli d'épée de la ville de Langres et subdélégué de l'intendant de Champagne, demandeur, contre les communauté et habitants dudit Bougey au sujet du payement de l'aide des quatre cas à raison de 3 livres par feu, à l'occasion du mariage de sa fille ; etc.

B. 5103. (Registre.) — In-4°, 193 feuillets, papier.

1758-1760. — Sentences rendues à vue des pièces par le lieutenant général du bailliage d'Amont, au siége de Vesoul. — Noms et qualités des parties : le sieur Antoine-Joseph Estignard, prêtre, curé de Chassey-les-Rougemont, demandeur, contre Joseph Ruffy, de la maison du Vent, paroisse dudit Chassey, et messire Prosper, marquis de Falletans, seigneur de Thieffrans et autres lieux, au sujet de la perception de la dîme du vingtième ; — le sieur Jean-Jacques Jolicard, prêtre et curé de Colombe ; — le sieur Pierre-Joseph Arnoulx, prêtre et curé de Bougey et Oigney, demandeur, contre les habitants dudit Oigney au sujet de la corvée de charrue ; — le sieur Albert Nessu, avocat au parlement de Paris, tuteur honoraire de Pierre-Gaspard-Marie Grimaud, écuyer, seigneur d'Orsay et des terre et baronnie de Rupt, Delain et dépendances, impétrant en purgation d'hypothèques sur lesdites terres ; etc.

B. 5104. (Registre.) — In-4°, 197 feuillets, papier.

1760-1762. — Sentences rendues à vue des pièces par le lieutenant général du bailliage d'Amont, au siége de

Vesoul. — Noms et qualités des parties : messire Jean-François Armand, seigneur de Barey ; — le sieur Claude-Étienne Breuillin, prêtre familier à Colombier, demandeur, contre le sieur Jean-François Cochard, prêtre, curé de Fondremand, et le sieur Jean-Baptiste Thevenin, prêtre, actuellement vicaire à Arponans, au sujet de la possession du bénéfice de la chapelle érigée en l'église paroissiale de Colombier sous l'invocation de saint Jean et de saint Denis ; — messire Éléazare de Raigecourt, aumônier du Roi, évêque d'Aire et ci-devant abbé de l'abbaye royale de Chérilieu ; — messire Jean-Baptiste de la Rochelle, chanoine dans l'église métropolitaine de Besançon, seigneur d'Echenoz-le-Sec ; etc.

B. 3105. (Registre.) — In-4°, 200 feuillets, papier.

1762-1764. — Sentences rendues à vue des pièces par le lieutenant général du bailli d'Amont, au siége de Vesoul. — Noms et qualités des parties : Alexandre Aymonnet, seigneur de Contréglise ; — Jean-Baptiste de Richin, écuyer, seigneur de Cendrecourt ; — messire Nicolas-Jean-Baptiste de la Rochelle, chanoine, grand archidiacre de l'église métropolitaine de Besançon, demandeur, contre : 1° les révérends sieurs abbé, prieur et religieux de l'abaye de Notre-Dame de la Charité ; 2° Antoine Éhaudy, écuyer, secrétaire du Roi, maison et couronne de France, seigneur de Brinçon ; 3° messire Nicolas Marin d'Orival, seigneur de Miserey, conseiller au parlement ; le sieur Varin, conseiller au parlement ; maître Gabriel Lange, professeur à l'Université de Besançon ; le sieur Jannot, procureur audit parlement ; Claude-Étienne Clerc, écuyer, seigneur de Neurey ; Hubert-Joseph de la Rochelle, seigneur de Gondenans-les-Moulins ; le sieur Marchand, de Besançon, et le sieur Bailly, chef d'école audit lieu, au sujet de la « purgation » d'hypothèques de la terre et seigneurie d'Echenoz-le-Sec ; — Antide-François de Constable, écuyer, seigneur de la Tour-de-Sçay, Flagy et autres lieux ; etc.

B. 3106. (Registre.) — In-4°, 280 feuillets papier.

1764-1767. — Sentences rendues à vue des pièces par le lieutenant général du bailli d'Amont, au siége de Vesoul. — Noms et qualités des parties : dame Angélique-Françoise de Lavié, douairière de messire Jean-Ignace de Laborey, en son vivant capitaine des grenadiers au régiment de la marine, chevalier de Saint-Louis, dame de Chargey, demanderesse, contre les habitants dudit lieu, aux fins de sa requête tendante à ce qu'ils soient condamnés à prendre une délibération pour fixer les bans de fauchaison, moisson et vendange, et qu'il lui soit loisible de faucher, moissonner et vendanger deux jours avant l'ouverture desdits bans ; — les habitants et communauté d'Aroz, demandeurs, contre messire Claude-François-Madeleine Mamedor, comte de Mollans, baron et seigneur de Chouilly, Aroz et autres lieux, au sujet du paiement de la dîme ; — le sieur Jean-Claude Boudot, prêtre et curé d'Aluvelle et de Francalmont, demandeur, contre le sieur Jean-Baptiste Clerc, écuyer, et dame Claude-Gabrielle de Cordemoy, dame de Francalmont, son épouse, au sujet de la perception de la dîme « novalle » ; — le sieur Zacharie Collombot, prêtre, curé de Chariez ; etc.

B. 3107. (Registre.) — Grand in-8°, 431 feuillets, papier.

1768-1769. — Sentences rendues à vue des pièces par le lieutenant général du bailli d'Amont, au siége de Vesoul. — Noms et qualités des parties : Mgr Charles de Rohan, prince de Soubise, pair de France, lieutenant général des armées du Roi, lieutenant général pour Sa Majesté des provinces de Flandre et Hainaut, gouverneur particulier des ville et citadelle de Lille, et dame Louise-Désirée de Lavié de Bermont, épouse de messire Marie-Alexis-Dominique de Boitouset, chevalier, marquis, seigneur d'Ormenans et autres lieux, ancien capitaine de dragons dans le régiment de la reine ; dame Marie-Louise de Lavié de Bermont, épouse de M. le comte de Rochaimont et de la Porte en Périgord, chevalier de Saint-Louis, ancien capitaine de cavalerie ; dame Jeanne-Charlotte de Lavié de Bermont, épouse de M. le comte de la Ferté, chevalier de Saint-Louis, tous seigneurs et dames de Fougerolles et en cette qualité à Corbenay, et dame Jeanne de Lavié, née comtesse de Vaudrey, douairière de messire Arnaud, marquis de Rosen, lieutenant général des armées du Roi, dame et baronne de Saint-Remy, demandeurs, contre plusieurs particuliers de Corbenay, dépendant de leur directe mainmortable, au sujet de l'acquittement de la corvée de charrue ; — les habitants et communauté de Montboillon, demandeurs, contre le sieur Louis Melcot, curé de Gesier et messire Jean-Claude Boisot, abbé commendataire de l'abbaye royale Saint-Paul de Besançon, au sujet du paiement de la portion congrue ; etc.

B. 3108. (Registre.) — Grand in-8°, 218 feuillets, papier.

1769-1770. — Sentences rendues à vue des pièces par le lieutenant général du bailli d'Amont, au siége de Vesoul. — Noms et qualités des parties : le sieur Vincent Jobard, seigneur de Brevans, conseiller vétéran au bailliage et siége présidial de Besançon ; — les habitants et communauté de Villers-le-Sec, demandeurs, contre ceux de Quinceux aux fins d'être maintenus dans le droit de vaine pâture sur le finage de ce dernier lieu ; — les habitants et communauté de Cubry-lès-Soing, demandeurs, contre le sieur Nicolas d'Anel du Château Vird, chevalier, grand-croix de l'ordre militaire de Saint-Jean de Jérusalem, grand bailli et commandeur de la commanderie de Sales, Montseugny et Laine, au sujet du droit de parcours sur un pré dépendant de ladite commanderie ; etc.

B. 5109. (Registre.) — In-4°, 273 feuillets, papier.

1770-1771. — Sentences rendues à vue des pièces par le lieutenant général du bailli d'Amont, au siège de Vesoul. — Noms et qualités des parties : messire François-Alexis Henrion, seigneur de Franchevelle et autres lieux, conseiller, maître honoraire en la chambre des comptes de Dôle, demandeur, contre les habitants et communauté de Saint-Pierre-les-Melisey aux « fins d'être maintenu dans le droit et possession de percevoir de tous ceux qui se marient dans l'église dudit Melisey trois livres pour le droit de gillerie » ; — messire Claude-Ignace de Rans, évêque de Rosis, en qualité de prieur de Fontaine et seigneur dudit lieu, contre les habitants et communauté de Corbenay au sujet de la banalité du moulin dudit lieu ; — le sieur Jean-Léonard de Lêtre, prêtre, curé de Cornot ; — Bénigne-Joseph de Maçon, écuyer, seigneur de Montureux ; etc.

B. 5110. (Registre.) — In-4°, 252 feuillets, papier.

1771-1772. — Sentences rendues à vue des pièces par le lieutenant général du bailli d'Amont, au siège de Vesoul. — Noms et qualités des parties : dame Charlotte-Ferdinande, née comtesse de Montrichier, douairière du sieur du Montlezun, seigneur de Montureux et autres lieux, demanderesse, contre les habitants et communauté de Venisey et les révérends prieur et religieux de l'abbaye Notre-Dame de Cherlieu, au sujet des semailles des fruits non décimables et des grains de carême ; — les sieurs prieur et religieux de l'abbaye Saint-Vincent de Besançon, demandeurs, contre les sieur et dame de Bonnay-Saint-Marcel et de Villers-Saint-Marcel au sujet de la perception de la dîme du vin, sur une vigne sise au territoire dudit Villers-Saint-Marcel ; — les révérends prieur et religieux de l'abbaye royale Notre-Dame de Cherlieu, demandeurs, contre le sieur Charles-Antoine Jeanroy, prêtre, curé de Montigny-lès-Cherlieu ; etc.

B. 5111. (Registre.) — In-4°, 248 feuillets, papier.

1772-1773. — Sentences rendues à vue des pièces par le lieutenant général du bailli d'Amont, au siège de Vesoul. — Noms et qualités des parties : madame de Sagey, dame de Gonholans, et M. Damandre, aussi seigneur audit lieu ; — les habitants et communauté d'Ouge, demandeurs, contre le sieur Étienne Chopitel, curé de Pierrefaitte et d'Ouge, au sujet des réparations et de l'entretien de l'église d'Ouge ; — le sieur Ambroise Bride, prêtre, curé de Noidans-le-Ferroux ; etc.

B. 5112. (Registre.) — In-4°, 137 feuillets, papier.

1773-1774. — Sentences rendues à vue des pièces par le lieutenant général du bailli d'Amont, au siège de Vesoul. — Noms et qualités des parties : Joseph-Pierre de Sallier de Champolle, écuyer, ancien capitaine au régiment de Poitou, seigneur de Pusey, Frotey et autres lieux, demandeur, en purgation d'hypothèque sur ladite terre et seigneurie de Pusey, contre dame Marie-Anne-Suzanne-Simonne-Ferdinande de Ténarre de Montmain, douairière de haut et puissant seigneur de Bauffremont, prince de Listenois ; François Privot, demeurant à Besançon ; M. l'abbé de Saint-Paul ; M. et madame de Choiseul ; M. de Sassenay, président à mortier au parlement de Dijon ; M. et madame de Rougnon ; — le sieur François Quenizet, curé de Fontenois-lès-Montbozon, contre les habitants dudit lieu au sujet de la dîme ; — le sieur Pierre Poliu, prêtre, curé de Lavigney, contre le sieur Marc-François Pelletier, prêtre et curé de Jussey, au sujet du bénéfice de la chapelle érigée en l'église paroissiale de Jussey sous l'invocation de Sainte-Croix ; etc.

B. 5113. (Registre.) — In-4°, 95 feuillets, papier.

1774-1777. — « Registre dans lequel sont escriptes les sentences par escrit rendues au bailliage royal de Vesoul et dont les vûs n'avaient pas été faits ». — Noms et qualités des parties : révérend seigneur, messire Antoine-François de Blieterwuich de Monteley, évêque d'Autun, abbé commendataire de l'abbaye royale Notre-Dame de Cherlieu ; — les habitants et communauté de Courcelles-les-Granges contre ceux de la Chapelle-les-Granges, les révérends pères bénédictins de Luxeuil et messire Charles-Reinold, comte de Rosen, baron et seigneur de Bolleville, et dame Béatrix-Octavie de Grammont ; — le sieur Jean-François Lampinet, doyen de l'insigne chapitre de l'église collégiale Saint-Georges de Vesoul, administrateur temporel des revenus du prieuré de Fontaine ; etc.

D. 5114. (Registre.) — In-4°, 210 feuillets, papier.

1608-1609. — Sentences rendues à vue des pièces par le lieutenant local du bailli d'Amont, au siège de Vesoul : — 1° Confirmant la condamnation à mort prononcée par Claude Clerc, docteur ès droits, juge en la justice d'Auxon, contre Nicolas Febvre dudit lieu pour crime de sorcellerie. Les principaux chefs d'accusation étaient : d'avoir fait mourir par sortilège des bestiaux et des chevaux, d'avoir donné des maladies à des personnes, « avoir pendant le temps que les ennemys occupaient le château de Flaigy et que la Rouchette y commandait, esté ledit deffendeur accusé et defféré par Pancras Darboz, la femme d'ung nommé Groz Ponsot et deux aultres femmes surnommés les cent guardes, tous quatre sorciers et dont quelques-ungs furent exécutés et bruslés entre autres la femme dudit Gros Ponsot, car quant aux aultres ilz rompirent la prison et se sauvèrent et lesquelz confessèrent avoir esté par plusieurs fois au sabbat auquel ledit deffendeur assistoit et que c'estoit l'ung des plus chéri et aymé du diable leur maistre en lequel sabbat ils alloient tenir ordinairement en ung certain vergier dit en la rigolle, finage dudit Flaigy, auquel lieu a esté aultresfois et environ les dix heures du soir ung grand nombre de chats qui menoient grands bruits et faisoient un tintamarre horrible et espouvantable, voir se sont tous les harbres dudit vergier desseichier sans porter ny feuilles, ny fruits », « avoir été reconnu marqué d'une marque diabolicque et insensible », « avoir au moment où sur l'ordre qui lui en fut donné, il renonça à Sathan, été vue une grosse mouche noire qui volete autour de son visage », « avoir souffert être traité publiquement de sorcier sans en être fasché » ; — 2° confirmant la sentence de mort rendue par Jean Mirdoudey, procureur d'office à Bourguignon-les-Conflans, contre Claude Oudo¹, dudit lieu, pour crime de sorcellerie. Les principaux chefs d'accusation étaient : « d'avoir esté soit environ treize ans accusé et nommé pour sorcier par feu Louyse Prodhon à son vivant de Bourguignon lors destenue prisonnière ès prisons du chasteau dudit lieu pour actes de sortilèges dont elle fut convaincue par ses propres confessions ayant nommé et accusé pour complice ou dit crime et aultres icelluy appellant, lequel sur telles accusations fut confrontée à ladite Louyse qui lui maintient l'avoir veu au sabbat avec elle et aultres leurs complices, beu, mangé avec le diable, adoré icelluy et commis plusieurs aultres meschancetés et paillardises selon qu'il pouvoit apparoir par la procédure criminelle dressée par authorité de ceste justice contre ladite feue Louyse, laquelle à l'article de la mort maintient constamment avoir veu ledit Claude Oudot es sabbats et assemblées nocturnes des sorciers, estant deco interrogée par quelques soldats ennemis occupant pour lors le chasteau dudit Bourguignon où ils trouvarent prisonnière icelle Louyse que fut en l'année quinze cent nonante cinq dois passée mesme lors que Tremblecourt et son armée avoient entré hostilement en ce pays, lesquelz ennemis enfermèrent ladite Loyse en ung coffre et la jettèrent en la rivière finant proche ledit chasteau où elle mourut, après quoy lesdits ennemis en veilloient fère autant dudit appellant ayant entendu quil estoit sorcier mesme le firent ouyr en confession par fut maitre Jacques Petitot, prêtre, comme tout prest à recepvoir la mort, laquelle il évita soubs quelques promesses que l'on frit pour luy à un appelé le grand Denys, capytaine desdits ennemis », « d'avoir de nouveau esté accusé du crime de sortilège par Jeanne Prodon, sœur de ladyte Louyse, prisonnier audit chasteau pour ledit crime, laquelle de mesme auroit maintenu à icelluy appellant luy estant confronté, l'avoir veu au sabat avec elle et aultres leurs complices, beu, mangé, dancé, paillardé en la présence du diable leur maitre en un lieu de finaige dudit Bourguignon dit près le Jeux, ce qu'icelle Janne auroit tousjours maintenu mesme le jour de sa mort et exécution », « avoir estant confronté avec ladite Janne, en parlant au procureur, juré et blasphémé le saint nom de Dieu et avoir dit « par la mort Dieu je suis aussy homme de bien que vous », « avoir prononcé plusieurs autres blasphèmes exécrables tels que : *o Gruotte de la vierge Marie*, le diable estre plus homme de bien que les prebtres et que s'il scavoit la race des prebtres se pouvoir estre destrapper, il tueroit le curé de Bouligney », « estre ledit appelant diffamé dez longtemps dudit crime de sortilège et mal sentant de nostre saincte foy pour plusieur blasphèmes et paroles exécrables par luy proférées contre nostre saincte foy et estre yssu de parents sorciers et qu'il ne sauroit faire le signe de la croix ; » — 3° cassant la sentence de mort rendue par maitre Nicolas Margilley, procureur d'office ès terres et baronnie de Rupt, contre Martine Dromont, dudit lieu, et renvoyant cette dernière de l'accusation de sorcellerie portée contre elle. Les principaux faits qui lui étaient reprochés étaient : d'avoir par sortilège donné des maladies extraordinaires à diverses personnes, de s'être laissé traitée de sorcière et « guenauche, » — d être marquée de deux marques diaboliques et insensibles, l'une sur le sourcil de l'œil droit et l'autre sous l'épaule gauche ; — 4° confirmant la sentence de mort rendue par maitre Loys Vautherin, de Daigne, procureur d'office en la justice et chatellenie de Chemilly, contre Jacques Martel, de Charmoille, « detenu prisonnier ès prisous dudit Chamilly pour crymes de sortilléges ». Les principaux chefs d'accusation étaient d'avoir fait mourir des bestiaux et donné des maladies à diverses personnes par le moyen de ses maléfices; — d'avoir été traité publiquement par Étienne Martel, son frère, de « genoux et que le diable l'avait ch... », d'avoir « étant à Charmoille, proche la croix en rue publique le soir de Saint-Pancras de l'an mil-six-cent-un après souper, sur propos par luy tenus et autres, icelay dit hautement parlant à un quidam « je te maintiens qu'il n'y est ny Dieu ny Roy » quoy que pour lors on parloit du tout puissant Dieu et luy fut remonstré pour lors qu'il ne faisoit bien d'user de telles paroles », — « item pour y a bien quatre ans dernier caresme avoir par ses regards et redouble, maléficié le curtil que Jean Caresmentrand présentement demourant à Boignon et lors résidant audit Charmoille en la grange du sieur Durand de Vesoul, icelle grange quasi sur mesme toct de la résidence dudit deffendeur, en telle sorte qu'il ne creust ladite année aucune herbe bonne ou mauvaise, quoy qu'il fust semé et resemé à ladite sayson après pluye douce propre à faire croister ledit curtil, et par quatre fois, à la dernière on y avoit planté des choux tant qu'un cheval pouvoit porter sur quoy le lendemain on les trouva les racines au contremont sèches et la terre aussy aryde sans qu'aulcune personne eust pehu cognoistre en une seule feuille d'herbe, s'il représenta audit sieur Durand luy faisant entendre qu'il y avoit du sortilége à leur jardin, procura que le révérent père Vincent, capuchin, et messire Georges Melino, de Vesoul, prêtre, vindrent ladite année et à la susdite saison benye ledit curtil, puys le Caresmentrand sa femme le semarent, par effect en laditte année vynt celle part tant de bons herbages que ce fut merveille, voyres estoit toute joye de veoir telle abondance », — « d'avoir troublé l'entendement de Nicolas Ambert, de Boignon, par des visions diaboliques dont la feue dame de Pont de Vaux l'en feit confesser et communier », — « d'estre ledit defendeur tenu pour capitaine de cinq cents quenaux », « avoir esté il y a environ seize ans à certain jour de foyre de Port-sur-Saône, au temps d'esté et la nuyt close dans un buisson proche Charmoille menant celle part un grand bruit et effroyable sembloit qu'icelay buisson fut remply de démons », — « d'avoir mis le feu à une maison », « d'avoir proféré des menaces de mort et frappé griévement plusieurs personnes », — « de s'estre ledit deffendeur trouvé défferé des fers qu'il avoit aux pieds et jambes quoy que la chaynette de fer fut esté précédemment bien rivé à grands coups de marteaux sur une enclume le tiers de novembre de l'an mil six-cent-huyt à intention de se saulver de la prison où il estoit constitué », — « d'avoir esté ledit deffendeur par plusieurs chirurgiens visité et sondé avec leurs espingles et ferrements en plusieurs endroits de sa personne mesme entre le col et l'espaule gauche et sur une petite maroque l'avoir par trouls et par réitérées fois piqué à la susdite partye et l'ayant sommé y mectre la main où il avoit esté piqué il l'a mise à peu près par réitérées fois sans toucher lesdites marques et ploques sans qu'il y en ayt sorty aulcung sang ou eaue ny ayant néantmoings apparu troubles ny eschymoses »; — 5° confirmant la sentence de mort rendue en la justice de Borrey contre Jeanne Medey, femme de François Morisot, dit le Clapetey, dudit lieu, et la condamnant comme coupable du crime de sortilége d'être conduite en un canton du finage dudit Borrey, lieudit en cheval pendu, et là attachée à un poteau par le maitre de la haute justice, puis étranglée par luy, son corps brûlé et réduit en cendres. (Les chefs d'accusation ne sont pas rapportés); — 6° ordonnant que Guillemette Huguenin, de Montigny-les-Nonnes, accusée de sorcellerie, serait appliquée à la torture des menottes; — 7° réformant la sentence de mort rendue par maitre Antoine Vermiot, procureur substitué à Gouhenans, contre Servoise Langard, de la Vergenne, pour sorcellerie et la condamnant au bannissement perpétuel du comté de Bourgogne; — 8° confirmant la sentence de mort prononcée par Antoine Rousselet, procureur de leurs Altesses Sérénissimes ès terres et seigneurie de Jonville, contre Adrienne Martin, dite Chambouchier, de Godoncourt, pour crime de sorcellerie (les chefs d'accusation ne sont pas rapportés); etc.

B. 5113. (Registre.) — In-4°, 343 feuillets, papier.

1609-1613. — Sentences rendues à vue des pièces par le lieutenant local du bailli d'Amont au siège de Vesoul : — Confirmant la sentence de mort rendue par Philibert de Bresse, procureur d'office ès terres et seigneurie d'Amance, contre Catherine Charpiot, de Contréglise, pour crime de sorcellerie; — confirmant la sentence de mort rendue par Jean Birhot, de Villersexel, procureur d'office en la justice de Marast, contre Françoise Bernageot, de Villargent, « pour crime de sortilége et guenaucherie, imprécations, conversations en lieux hérétiques, paroles et réponses suspectes d'hérésie portées en sesdites réponses; » — confirmant la sentence de mort rendue par maitre Antoine Goux, d'Amance, procureur d'office à Saint-Remy, contre Jeannette Mignon, d'Anchenoncourt, pour sorcellerie; — confirmant la condamnation à mort prononcée par le même juge contre Claudine de la Tour, aussi d'Anchenoncourt, pour sorcellerie et « rupture et évasion des prisons dudit Saint-Remy avec linges dédiés au service et culte de Dieu ; » etc., etc.

B. 5116. (Registre.) — In-f°, 400 feuillets, papier.

1612-1615. — Sentences rendues à vue des pièces par le lieutenant local du bailli d'Amont, au siège de Vesoul ; — Confirmant les condamnations à des amendes prononcées par des juges des justices seigneuriales contre divers particuliers pour des délits et desmesures non indiqués. — Noms et qualités des parties : messire Claude Bouton, prêtre ; — Charles de Conflans, seigneur de Broye ; — messire Gaspard de Poligny, chevalier, seigneur de Velle-le-Châtel ; — Claude de Bauffremont, baron et seigneur de Scey-sur-Saône ; — Jean-Fernand de Vauldrey, chevalier de l'ordre de Saint-Jean de Jérusalem, commandeur de Sales ; etc., etc.

B. 5117. (Registre.) — In-f°, 845 feuillets, papier.

1615-1619. — Sentences rendues à vue des pièces par le lieutenant local du bailli d'Amont, au siège de Vesoul. — Noms et qualités des parties : les manants et habitants de Senoncourt ; — messire Guillaume Mouzey, prêtre, curé de Motans ; — généreux seigneur, Danyel Droulset et dame Louyse-Clère d'Andelot, seigneur et dame de Breurey et Fleurey ; — révérendissime seigneur, dom Guillaume Symonnin, abbé de l'abbaye de Saint-Vincent de Besançon ; — dame Marie de Robles, dame et baronne de Saint-Remy ; etc., etc.

B. 5118. (Registre.) — In-f°, 400 feuillets, papier.

1619-1620. — Sentences rendues à vue des pièces par le lieutenant local du bailli d'Amont, au siège de Vesoul : — Réformant le jugement condamnant à l'amende Claude Guillote, de Montjustin, pour « logement et recèlement de voleurs et soldats vagabonds, » et maintenant la condamnation en ce qui concerne le logement des filles communes et débauchées, rendu contre le même par maître Jean Monnot, dudit Montjustin ; — confirmant la sentence prononcée par maîtres Pierre Thierry et Nicolas Girard, de Faucogney, notaires, procureurs d'office à Saint-Bresson, pour révérend seigneur Antoine de la Baume, abbé et sieur de Luxeuil, Jean-Henri Hantz Patz, Jean-Thiébaud Hantz, Melchior et Jean Adam de Rhenach, seigneurs de Saint-Bresson, contre Jean Aubry et Desle Andrey, dudit Saint-Bresson, condamnés à être conduits sur un échafaud qui sera dressé devant les halles de Vesoul, et là avoir la tête tranchée, pour crime d'homicide, vols de nuit et incendie, et « finalement pour estre le bruict tout commun audict Saint-Bresson, que ledit Desle Andrey a volé et desrobé noictammment audict Saint-Bresson plusieurs veaux, moutons et brebis appartenant à plusieurs particuliers dudit lieu, au temps que la compagnie du sieur de Gax estoit audit Faucogney pour raison desquels faits ledit Desle Andrey estoit tout communément tenu et réputé audit Saint-Bresson pour un larron, voleur et exécrable et ordinaire blasphémateur du saint nom de Dieu, adonné à tous vices et méchancetés, n'usant que des menaces de bruler et tuer et portant ordinairement une courte dague contre la forme des édicts souverains, et avoir par ses débauches, excès et mauvais gouvernement dissipé ses moyens ; » etc.

B. 5119. (Registre.) — In-f°, 645 feuillets, papier.

1620-1630. — Sentences rendues à vue des pièces par le lieutenant local du bailli d'Amont au siège de Vesoul : — 1° Réformant la condamnation à mort prononcée par Claude Pardot, procureur d'office ès-terres et seigneurie de Jonvelle contre Martine Mouzin, de Voisey, et la renvoyant des accusations de sortilèges et maléfices portées contre elle. (Les principaux chefs d'accusation étaient : « pour soit environ sept ans estant amoureusement caressée de Claude Girard, fils de feu Audrey Girard dudit lieu, sur ce que elle n'avoit peu jouyr de ses amours pour l'empeschement y apporté par Marguerite, mère dudit Girard, avoir icelle Marguerite menassée par plusieurs fois et en divers lieux. » — « pour avoir, par le moyen d'un morceau de pain qu'elle leur fit manger, donné de graves et extraordinaires maladies à ladite Marguerite et à Alix, sœur dudit Claude Girard. » — « pour avoir souventes fois invité ledit Girard à aller boire et manger en sa maison et coucher la nuict avec elle. » — « item pour avoir donné diverses autres maladies extraordinaires à d'autres personnes dudit Voisey et à des animaux domestiques ; » — « item pour avoir esté Simphorian Mouzin, père de ladicte deffenderesse accusé de sortilège par un appelé Tonnot, une nommée la grande Mougeotte et plusieurs aultres exécutées à mort aux lieux de Soyers et de Guyonville pour mesme crime ; » — « finalement pour estre tenue et réputée sorcière audit Voisey) ; » — 2° maintenant la sentence de mort prononcée par Pierre Ligier, de Colombotte, notaire, procureur d'office en la terre, justice et seigneurie de Calmoutier, pour les sieurs révérends doyen, chanoines et chapitre d'illec et dudit nom appelé, contre Claudine Nicolas, dite Barbe, dudit Calmoutier, pour crime de sorcellerie. (Les principaux chefs d'accusation étaient : d'avoir par ses maléfices donné diverses maladies extraordinaires à des personnes et à des animaux domestiques ; — « pour par cy-devant avoir vescu impudiquement et avoir heu plusieurs enfants sans estre marié; » — « Item pour ne pas bien sçavoir sa foy et sa créance et manquant aux mots substantiaux du Credo, disant de conceptus est au lieu de qui conceptus est, usant de plusieurs mots barbares et incongruus; » — « d'avoir esté recogneu par les chirurgiens marquée de deux marques prestigieuses et diaboliques, l'une au col contre la jugulaire de la partie droite, « estant comme une lentille de cette couleur, et l'autre au jarret de la jambe gauche à deux doigts proche la veine propbitique estant esclarée et toute tannelée dans l'une et l'autre desquelles ont esté fiché deux grandes espingles de la longueur chacune trois travers de doigts sans qu'd'icelles soit sorty aulcun sang ou sérosité bien que souvent fiché et refiché ny que pourtant ce ladicte deffenderesse en ayt receu aulcun ressentiment; » — « Item pour par ses réponses avoir dit et déclaré de sa franche volonté après plusieurs démonstrations de repentance que soit environ trois ans, elle s'en allant à Vesoul au marché bien avant le jour d'un certain jeudy, estant parvenue à l'endroit des Planches Voitard, finage dudit Callemoutier estant seule, elle fut enfantaumée et complette auxdites Planches par un homme noir qui luy déclarait qu'il estoit le dyable et la reconneut quantité de personnes qui dansoient et se mict à danser avec eux, luy ayant ledit diable fait renoncer Dieu, ce qu'elle fict, et prins le diable pour son maître, vict à ladite assemblée plusieurs chandelles qui n'estoient à ce qu'elle dit que fantosmeric et environ deux ou trois mois après retournant encore audit Vesoul et parvenue en ladite place, elle rencontra encore ledit homme noir qui estoit le diable et la ramena auxdites Planches et elle vict et fict les mesmes choses et mesme plus; » — « item pour par aultres responses avoir confirmé tout ce que dessus saufs n'avoir renyé Dieu ny prins le diable pour son maître, confessant en oultre qu'estant audit sabbat elle eut en main une chandelle qui tomba par terre et y avoir dansé au son d'une fleutte, qui luy sembloit estre une feuille de quoy l'on pipe et avoir esté accrochée à ladite danse aux mains de deux personnes qu'estoient à ses costés, l'une desquelles elle a déclaré estre Jeanne Barbier qu'elle surnomme la bru Jean Devest; » — « item pour tant et quantes fois qu'elle a esté entendue en ces responses depuis qu'elle est destenue prisonnière sur les maléfices par elle perpétrés et dont elle est accusée, avoir usé de plusieurs imprécations et blasphèmes, feignant toujours de plorer ce qu'elle n'a jamais pebu faire quoi qu'elle s'en soit toujours forcé); » — 3° réformant la sentence de mort rendue par maistre Claude Clerget, procureur d'office à Senoncourt, contre Nicolas L'homme d'armes, dudit lieu, et le condamnant au bannissement perpétuel du comté de Bourgogne, pour crime de sorcellerie. (Les principaux

chefs d'accusation étaient : d'avoir donné par ses maléfices des maladies étranges et « supernaturelles » à des hommes et des animaux domestiques; — « Item pour avoir causé une telle dissention entre Jean Bontas et sa femme qu'ils ne se pouvaient voir l'un l'autre lorsqu'ils estoient ensemble et estoient-ils absents l'un de l'autre ils cherchaient par tous moyens à se rencontrer, et a bien duré telle dissention seize sepmaines; » — « pour avoir tormenté Hazotte, sa femme, à raison qu'elle ne voulut aller au sabbat; » — « pour avoir requis d'estre visité et casé par tout son corps par un chirurgien et par la visite et rasure faite sur son corps par maistre Claude Picquard, de Conflandey, chirurgien expert, avoir esté trouvé marqué de deux marques extraordinaires, supernaturelles, insensibles et diaboliques, l'une d'icelle sur la teste au crasne, et l'autre au milieu de la cuisse droite et ayant esté planté et fiché une espingle en celle de la cuisse d'environ deux bons travers de doigt et celle de la teste jusqu'à l'os sans aulcun ressentiment, ny douleur, ny qu'il en ayt sorti sang ny humeur; » — « item pour avoir confessé d'estre sorcier, avoir esté au sabbat la première fois soit environ trente ans et y avoir esté conduict par Estienne Barbier qui lors estoit son maistre et luy apprefut l'art de tisserand en un lieu du finage d'Amance du costé du bois de Hastières; » — « item pour s'estre ledit défendeur donné à un diable qui n'avoit point de teste; » — « item pour avoir à l'accointance du diable renoncé Dieu, cresme, baptême et sa part de paradis; » — « item pour avoir dansé plusieurs fois au sabbat damnable des sorciers qui se tenait au finage d'Amance en un lieu dit Proche la Perche, autrement au pont Gaguel avec plusieurs ses complices; » — « pour avoir adoré le diable nommé Pierresi, son maistre, luy avoir baisé une chose noir tout rond qu'il tenoit, luy avoir offert une buche d'estrain allumé, qui luy fust enlevée par un jeune gars qu'il ne connoist; » — « pour avoir mangé certaines viandes audit sabbat estant posées sur la terre, n'ayant icelles aulcung sentiment ny rassissement; » — « pour avoir esté en un aultre sabbat qui se tenoit au finage de Senoncourt proche le bois de la Bresse et y fust conduict par Pierre Attella, dict Redouard, environ deux heures de nuict, soit environ dix-huit ans; » — « pour avoir de rechefs audit sabbat, renoncé Dieu, cresme, baptême, sa part de paradis comme il avoit fait audit sabbat qui se tenoit au finage d'Amance et ce par devers le mesme diable y avoir dansé, beu et mangé, ouffey, baisé une chose rond qu'il tenoit entre ses mains, estant audit sabbat plus de quarante personnes, ses complices, partie desquelles estoient masquées; » — « pour avoir esté porté au sabbat par un tourbillon de vent passant par la cheminée; » — « pour avoir esté accusé et reconnu par plu-

sieurs sorciers et sorcières ses complices; » — « pour le porter ordinairement sur soy en chapelet. » — « pour s'avoir veu jetter aulcune larme quelqu'il (sauroit soy); » — « d'éluctant la sentence de mort prononcée par maître Claude Cleiger, procureur d'office à Saussecourt, contre Jeanne Housset dudit lieu et la renvoyant des fins de l'accusation de sorcellerie intentée contre elle. (Les principaux chefs d'accusation étaient : dispositions nocturnes, maléfices ayant donné des pustules extraordinaires à des personnes et des bestiaux et « fréquentation du sabbat où elle renonça à Dieu, crême, baptême, à sa part de paradis et à la Vierge Marie, se donna au diable, but, mangea de la chair bouillie et rôtie, du pain bis dans des escuelles de bois et dansa comme ses autres complices au son d'un violon en forme de teste de cheval qui estoit touché par un diable en forme d'homme noir, où plusieurs fois elle baisa au... du diable et luy avoir offert des chandelles d'étain qui luy étaient données par un diable en forme d'homme noire, prit de la graisse du diable pour se frotter à l'effet de se transporter au sabbat les jours que lui assigna le diable, ignorance de ses patenôtres et du Credo, etc. »]; » — « confirmant la sentence de mort rendue par Claude Hordot, procureur pour Sa Majesté en la terre de Jonvelle, contre Antoine Hubert, soldier, pour « bris et effort de prisons, violences de prisonniers, rapt et adultère. » (Les principaux griefs étaient : des relations criminelles avec Huguette Montureux, d'Oroay, dite Pictaille, détenue prisonnière au château de Jonvelle pour crime de sorcellerie et âgée d'environ trente ans; « d'avoir sollicité plusieurs fois ladite Huguette de lui permettre d'habit r charnellement avec elle, à quoy n'ayant voulu condescendre il se seroit servy d'un papier appelé caractère qu'il mist entre les tétons de ladite Huguette laquelle dès lors fut comme forcée de consentir à ses impudiques volontés disant ledit Hubert avoir heu ledit caractère d'un soldat et que dès lors qu'il avoit esté mis sur la chair nue d'une femme ou fille falloit qu'elle consentit à ses volontés disant qu'il avoit mis sur ladite Huguette le diable parlant dudit caractère. » —
« d'avoir pour mieux tirer à son affection ladite Huguette, plusieurs fois porté en sa prison des raisins, fromages, bouteilles de vin, chair, œufs et aultres viandes et luy avoir promis plusieurs fois de l'eslargir lorsqu'elle seroit condamnée à la question, à mort ou aultrement. » — « de luy avoir procuré des fausses clefs pour ouvrir les portes de sa prison; » — « d'avoir de mesme dit et déclaré que s'il estoit condamné ce ne seroit que pour avoir attrapé et abusé plusieurs femmes ou filles disant en avoir dép... une dudit Jonvelle en sa résidence audit lieu, qu'il jecta sur son lict et estoit tombé à cœur failly lorsqu'il l'avoit dép...;»
— « de s'estre jacté (vanté) d'avoir entretenu et abusé une femme du lit Jonvelle par environ un an et avant qu'estre mariée dont elle auroit esté désespérée et eu grande peine de trouver party à cause de tel acte ayant ledit deffendeur commis stupre et adultère à son endroict; » — » d'avoir de mesme déclaré à ladite Huguette lors de leur accointance qu'il avoit abusé d'une femme mariée ayant deux ou trois enfants par le moyen de l'attouchement dudit caractère audit Jonvelle; » — « d'avoir eu le soir lorsqu'il demeuroit à la Porte-Haulte dudit Jonvelle une voisine qu'il disoit avoir un mari fort doux et simple de quoy s'estant confessé vers un prédicant il luy auroit refusé l'absolution qui l'auroit occasionné se présenter devant un religieux duquel il l'auroit obtenue sur ce qu'il auroit déclaré ne l'avoir cogneue charnellement que deux fois quoy qu'il en eut heu plusieurs fois, commettant par tels procédements sacrilèges, défendant pour ce à ladite Huguette de se confesser dudit péché qu'elle commettoit avec luy lorsqu'il qu'elle n'y auroit absolution à cause de son serment; » —
« d'avoir plusieurs fois dit à ladite Huguette qu'il avoit sollicité une fille demeurant vers le pont dudit Jonvelle, de laquelle ne pouvant jouyr il avoit esté, disant-il, de se servir dudit caractère duquel l'ayant touché sur le cul elle auroit esté aussitôt contrainte que pour en venir aux effets il l'auroit conduite par les jardins avoisinant ladite ville, mais elle fut apperceue et rappelée et dès lors ladite fille ne voulut consentir à ses volontés; » — « d'avoir semblablement déclaré à ladite Huguette qu'estant messier et garde du banc de Jonvelle il auroit rencontré une femme de Châtillon-sur-Saône qui cueilloit des pois en un héritage du tirage d'aller de laquelle il prit son plaisir après que ses compagnons qu'il nomma luy eussent esté m... e, commettant par tel acte adultère; » — « d'avoir heu et entretenu une p... de Villers-le-Pautel, royaume de France, et une d'Aysey, une desquelles ayant esté trouvée avec luy audit Châtillon en une chambre abusant d'elle à certain jour de foire, par Jeanne Payen, sa femme, qui en auroit fait quelques plaintes, l'auroit pour ce énormément batu et outragé; » — « d'avoir peu après la rasure et visite de la personne de ladite Huguette dit aux qu'elle lunirrir que si son frère demeurant à They estoit gentil et qu'il voulust venir audit château avec un marteau de maçon qu'il pourroit à l'assistance de l'un de ses outils la faire eslargir en limant et rompant les serrures desdites portes avec un ciseau, et que moyennant telle rupture, il n'en seroit recherché, ce qu'il auroit souvent répété à ladite Huguette mesme l'auroit dit à Philibert Montureux, son oncle, qui n'y voulut entendre ce qui luy auroit esté maintenu en confront faict de luy et de ladite Huguette; » — « d'avoir ledit deffendeur estant en ladite prison le soir de sa prinse conseillé à ladite Huguette dire auxdits officiers

que Jean Relin avoit voulenté de la saulter et cslargir de ladite prison ledit jour quoy que cela fut faux; » — « d'avoir soit environ dix-neuf ans ayant esté fait prisonnier audit Chastillon-sur-Saône, duché de Bar, pour divers crimes et larrecins nocturnes faicts en la maison d'honorable Pierre Galender dudit lieu et pour avoir donné un coup de poignard à sa servante, avoir forcé les prisons et et portes d'icelles sans quoy il eust esté le lendemain exécuté à mort, ce qu'il avoit confessé en partie par ses responses; » — « de s'estre retrouvé soit environ onze ans en un quartou du finage dudit Jonvelle, lieu dit l'osche en Mignotte, un ayant rencontré feu Claudine Ayuid, fille de Jean Ayuid d'Aynevelile, luy avoir dit que les chevaux qu'elle gardoit cette part appartenoient à son père indusrsient et qu'à cette raison de messire il les conduiroit à Jonvelle si elle ne permettoit qu'il la baisa et ceguit charnellement; » — « n'ayant ladite Claudine voulu consentir à tels désirs aius prenant la fuite, avoir ledit deffendeur couru après elle et l'ayant attrapé faict tous ses efforts de la violer et cognoistre charnellement luy mettant un mouchoir sur la bouche affin qu'elle ne crie comme elle faisoit auparavant, menaçant de la fendre avec un couteau qu'il tenoit nud en mains si elle ne permettoit qu'il jouist d'elle, proférant alors plusieurs blasphèmes, la mort de laquelle seroit survenue quelque temps après; » — « finablement d'estre ledit deffendeur diffamé et réputé tout communément audit Jonvelle et lieux circonvoisins pour un meschant homme, larron nocturne qui pour ouvrir les portes des maisons et caves où il vouloit faire ses larrecins ordinaires usoit de crochets et fausses clefs); » — 6° réformant la sentence de mort prononcée par Jean Grandbase, procureur d'office en la justice et seigneurie de Magnoncourt, contre Jeannon Lescoichoux dudit lieu et la tensoyant des fins de l'accusation de sorcellerie portée contre elle. (Les principaux griefs étaient : « d'estre ladicte Jeannon extraicte de race de sorcières du costé maternel, sçavoir : de Destolne Poirel, sa mère, dudit Magnoncourt, détenue prisonnière pour le mesme faict, de Nicolas Poirel, son grand-père, tout communément diffamé de son vivant pour ledict crime ainsy qu'estoit feu Jean Poirel, son frère, crainte d'estre puny et prins comme sorcier s'absentat dudit Magnoncourt avec tous ses enfants en nombre de quatre ou cinq soit environ vingt-huict ans où il n'a jamais retorné dès lors et duquel lieu il est banny par authorité de la justice pour ce dit faict à sa contumace; » — « de n'avoir pehu jetter aulcunes larmes pendant le temps de ses responses et visites quoy qu'elle fict tous ses efforts de larmoyer criant continuellement; » — « de s'estre trouvée marquée de deux marques prestigieuses et diaboliques l'une au dessus de la teste du costé gauche sur l'yperi-

crane de la grosseur d'une lentille un peu longuette où il y a eusprcinto quatre petits trous en forme de pieds de souris, ou ayant esté planté une espingle plusieurs fois jusqu'à l'os et fort rudement, elle n'auroit resentij aulcune douleur quoy qu'elle y ayt demeuré par environ un quart d'heure, laquelle retirée il n'en est sorty aulcune apparence de sang, et l'autre sur l'omoplate du costé droit un peu plus grande que la précédente où ayant esté planté une grande espingle par deux fois jusqu'à l'os il n'en a sorty aulcune apparence de sang quoy qu'elle ayt démonstré d'en sentir de la douleur; » — « et finablement d'estre tenu et réputé audit Magnoncourt et lieux voysins pour une sorcière et guenauche ayant enduré que l'on luy reprocha tout communément geuauche et sorcière sans s'en revencher ainsy que l'on faisoit à l'estolle Poirel, sa mère, ses frères et sœurs réputés de mesme qu'elle et de s'estre voulu enfuyr dudit lieu crainte d'estre saysy comme elle est. » — 7° Réformant une seconde sentence de mort rendue par maistre Claude Pintot, procureur d'office en la terre de Jonvelle contre Martine Maugin, de Velsey, et la tensoyant des fins de l'accusation de sorcellerie portée contre elle. (Les nouveaux griefs qui lui étaient reprochés sont : « d'avoir esté trouvée ayant esté visitée par authorité dudit Jonvelle marquée de marques prestigieuses et diaboliques et insensibles au sommet de la teste dans laquelle marque on a fait entrer une espingle de la profondeur de quatre doigts, sans qu'elle ayt ressenti aulcune douleur, ny sorty de ladite marque aulcune sang ny sérosité; » — « d'avoir deis ladicte sentence et relasché des prisons dudit Vesoul où elle avoit esté conduite par appel qu'elle avoit émis, avoir encore commis plusieurs maléfices au moyen de quoy elle avoit esté de nouveau saysy et arresté pour en respondre; » — « item pour il y a environ un an estant ladite deffenderesse en sa maison et résidence audit Volsey pétrissant sa paste environ la minuict s'estre disparu et rendu invisible à Jean Parisot, son mari, qui en avoit esté fort esmerveillé et faict plainte à divers particuliers dudit Volsey disant qu'il n'avoit jamais rien veu de mauvais en sa femme que cela; » — « d'avoir par ses maléfices donné des maladies extraordinaires à des personnes et jà des animaux et de les avoir fait mourir; — d'avoir supporté sans se fâcher qu'on l'appela sorcière et guenauche; — d'avoir confessé que sa mère l'avoit portée plusieurs fois au sabbat qui se tenoit proche le signe patibulaire du village de Melay, duché du Bar; » — « d'avoir de même déclaré que sa mère avait une petite boitte de graisse proche la cheminée dont elle se frottoit pour se transporter au sabbat par la cheminée, auquel sabbat présidoient deux démons qui s'appeluient Robin; » — « d'avoir dit que sa mère dansoit audit sabbat, mangeoit et beuvoit, alloit ouffry et adorer le dyable en luy baysant au derrier et portant comme une chandelle en main en se faisant cognoistre charnellement par un jeune valet du sieur Vautant qui est un familier dudit Voisey qu'elle n'a pehu autrement nommer; » — « finablement d'estre tenue et réputée sorcière audit Voisey »); etc.

B. 4180. (Registre). — In-4°, 873 feuillets, papier.

1680-1684. — Sentences rendues à vue des pièces par le lieutenant féral du bailli d'Amont, au siège de Vesoul : — 1° réformant la condamnation à mort prononcée par Claude Jolyot, de Faverney, notaire, procureur d'office audit lieu pour les R. P. bénédictins, contre Claude Retot, de Menoux, et le renvoyant des fins de l'accusation de sorcellerie portée contre lui. (Les principaux griefs étaient : « d'estre tout communément tenu et réputé audit Menoux pour un gonau et sorcier depuis vingt ans encor comme estoit jà fut Estienne Guenimet, son beau-frère, lequel auroit esté banni pour ledit crime ; » — « d'avoir esté ledit deffendeur nommé et accusé pour complice au crime de sortilège par Marguerite Bucheron, Marie Gauthier, bruslées et exécutées à mort et lesquelles l'ont maintenu jusques à ladite mort ; » — « item par Guillaume Perrier, Martin Chalsard, Julian Forlain et Marguerite Fage, tous lesquels par leurs confessions d'estre sorciers et sorcières ont toujours accusé ledit deffendeur de l'avoir vu assister au sabbat damnable des sorciers et sorcières tant vers la croix des grands bois que devant sa maison audit Menoux, y faire les mêmes adorations et abominations que font les autres sorciers et sorcières ce qu'ils et chacun d'eux luy ont maintenu au confront qui luy en a esté fait et mesme ladite Marguerite Fage luy maintient que ledit sabat se tenait en sa maison ; » — « pour soit environ treize ans avoir heu querelles et difficultés avec Marie Gauthier, femme d'honorable Claude Jeannin le vieil dudit Menoux ou avec un sien valet, ou en indignation de telles querelles avoir par ses sortilèges et arts diaboliques donné une maladie supernaturelle et extraordinaire à un cheval jument appartenant audit déconommé au moyen de laquelle iceluy mourut le jour mesme que le deffendeur usa de menaces à l'endroit de ladite Marie Gauthier ; » — « item pour par ledit deffendeur avoir esté déclaré que s'il ne se fust jamais meslé des affaires de Guenimet, son beau-frère, il ne seroit sorcier comme il estoit ; » — item pour soit environ quinze ans avoir par lesdits sortilèges et arts diaboliques charmé un mestier de tixerand appartenant à Thiébaud Monnot lors résidant au lieu de Menoux ; » — « plus pour par ses responces ainsi que l'on lui faisait réciter sa foy et sa créance n'avoir sceu dire ni réciter Miserratur, démons-

trant en cela le peu de zèle et affection qu'il debvoit avoir à la piété et dévotion et au service de Dieu »); — 2° réformant la sentence de mort prononcée par Jean-Baptiste Courvoisier, procureur d'office à Menoux, contre Jeanne Courvoisier, vefve de feu Jean Champagne, dudit Menoux, et la renvoyant des fins de l'accusation de sortilège portée contre elle. (Les principaux griefs qui lui étaient reprochés étaient : « d'estre tenue et réputée ladite deffenderesse pour une sorcière et guenauiche tant communément ; » — « de sa propre volonté s'estant présentée pour estre confrontée à Charles Perrin, détenu prisonnier audit château pour ledit crime lui avoir soutenu qu'elle estoit une sorcière et guenauiche et avoir comparu au sabat ; » — « pour par visite, sonde et jussure faicte sur la personne de ladite deffenderesse à sa prière et réquisition par maistre Claude Pierard, de Conpland, chirurgien expert en cest art et pratique, avoir esté trouvée marquée de deux marques extraordinaires insensibles, diaboliques et supernaturelles l'une desquelles en la cuisse droite au milieu des muscles de couleur pasle, y ayant profondé une esquille d'environ deux travers de doigt et l'austre de couleur brune à la fin des muscles de la jambe gauiche près de la cheville du pied y ayant planté une esquille jusques au fossé sans aulcun ressentiment de douleur ny humeur ; » — pour avoir de sa propre volonté confessé avoir esté possédée, qu'elle fust délivrée du démon qui la possédoit par les exorcismes du sieur curé de Purgerot ; » — « pour avoir confessé que soit passés six ans ainsi qu'elle estoit fort malade et tourmentée en son lit il luy arriva je ne sais quoy sur elle nuitamment qui luy paroissait comme un serpent pendant derière la quenouillote en son lict, si bien qu'elle fut portée au sabbat devant la maison Claude Retot dict Courchaton audit Menoux, et là y recognut ses complices, comme desdites confessions apert ; » — « pour avoir esté accusée et nommée pour sorcière et complice, par plusieurs sorcières et guenauiches condamnées pour ledit crime ; » — « pour avoir adoré le diable son maistre nommé Pierot, renoncé Dieu, cresme et baptême, la sacrée Vierge Marie, tous les saincts de paradis, fust ce la première fois qu'elle fust au sabbat sorcier chez ledit Courchaton »); — 3° Reformant la condamnation à mort rendue par maistre Jean Baste Courvoisier, procureur d'office à Menoux, contre Claude Champagne, femme de Claude Richard, de Menoux, et la renvoyant des fins de l'accusation de sorcellerie portée contre elle. (Les principaux griefs étaient : d'avoir la réputat... d'estre sorcière et guenauiche et d'avoir été accusée de ce crime par plusieurs sorciers et sorcières qui l'ont maintenu pendant la confontation ; — d'avoir été reconnue marquée de deux marques prestigieuses et diaboliques ; — « pour avoir confessé de sa peur, spontanée et franche volonté estre sorcière et guenauche et que soit passéa ... elles ainsi que Claude Richard son mari voulait aller à la foire à Amance craintequ'elle avoit qu'il ne dispensa son argent elle se mist en colère contre luy, après plusieurs propos qu'ils heurent par ensemble son dit mari luy donna un coup de point sur la tête, de ce indignée elle demeura bien quinze jours sans luy parler, pendant lequel temps à certain jour et environ la nuict comme elle alloit laver ses pieds en les fovales proche la maison Claude B..., de Conrchaton, aussi accusé et nommé pour sorcier, elle rencontra celle part un diable en forme d'homme noir lequel la prit par le bras gauche et luy dit donne-toi à moy et je te mettray en paix avec ton mary, à quoy condescendant se donna à luy, puis le diable la mena tout auprès de la maison dudit Belot où se ... le sabbat, où elle y vit plusieurs de ses complices qu'elle a nommés, faisant les mesmes actes et adorations que l'on accoustumé de faire au sabbat »); — 4° confirmant la sentence de bannissement rendue par maistre Claude Bardot, procureur pour Sa Majesté à Jonvelle, contre Jeanne Cortaux, femme de Vinot Guillot, de Volsey, pour crime de sorcellerie.) Les principaux chefs d'accusation étaient : d'avoir par ses maléfices donné des maladies extraordinaires et fait mourir des personnes et des animaux domestiques; — « item pour avoir estée la ditte deffenderesse rasée et visitée par tous les endroits de son corps par authorité de justice par maistre François Vercon, de Vauvillers, chirurgien fort expert, en présence de Nicolas Cordier et maistre Martin Vogien, procureur et chirurgien y comparant de la part de ladite deffenderesse, laquelle se seroit trouvée marquée d'une marque prestigieuse et surnaturelle en la cuysse droicte environ trois doigts plus bas que l'haine, estant ladicte marque de couleur d'escorce de febve bruslée de la largeur d'une bonne neutille en laquelle seroit entrée une espingle de fil de fer de la longueur de deux travers de doigts, selon qu'il est représenté en marge de ceste, sans que d'icelle en soit sortie aulcune sérosité ou sang ny que ladicte deffenderesse ayt tesmoigné ressentir aulcune douleur lorsque l'on auroit planté ladicte espingle audit endroit, contre quoy ladicte deffenderesse n'a peu obiecter aulcune chose considérable »); etc.

B. 5121. (Registre.) — In-4°, 609 feuillets, papier.

1624-1650. — Sentences rendues à vue des pièces par le lieutenant local du bailli d'Amont, au siège de Vesoul : — 1° réformant la c... damnation à mort prononcée par maistre Jean Guyot, procureur d'office en la justice de Vitrey, contre Didière Grenillet, veuve de feu Jean Jannot, de Vitrey, et la renvoyant des fins de l'accusation de sorcellerie portée contre elle. (Les chefs d'accusation étaient : « premier pour ladite Grevillet soit environ quatorze ou quinze ans indignée de ce qu'Adrienne Bourgeois, femme de Jean Cocaigne, dit Jacquot, dudit Vitrey, ne luy peut parachever à filer trois livres d'œuvre plus seulement jusques à dix fusées qu'elle luy envoya avec ce qui restait de ladite œuvre à filer, avoir ensorcelé ladite Adrienne par ce moyen sçavoir qu'ayant devidé les deux fusées et puis le filet qu'estoit après ledit fuseau appartenant à ladite Bourgeois après se le avoir retenu par quelque temps nonobstant la répétition qu'en faisoit incontinent ladite Adrienne Bourgeois, elle le luy renvoya plein de maléfices et sorts de manière qu'icelle Bourgeois en ayant voulu prendre l'un pour filer sa quenouille elle sentit d'icelui une mauvaise puanteur que fut la cause que doubtant de la réputation de ladite Grevillet et de sa fame (*fama*, renommée), elle le mist dedans le feu avec les neuf autres qui bruslés rendirent une telle autre puanteur qu'elle sentent la souffre et estant comme bleuse, ladite Bourgeois et ledit Cocaigne, son mary, furent quasy contraincts de quitter leur logis, laquelle odeur et lesdits fuseaux causèrent à icelle Bourgeois une grande maladie incongneue que par l'espace de plus d'un an elle a en esté vexée et estropiée des bras et des jambes, en ayant rendu par la bouche au lieu de Bourbévelle, où elle estoit allée en dévotion, divers maléfices et sorts comme crapauds, de la verdure, comme du souffre et des grains de cristallins; » — avoir ensorcelé et fait mourir le cheval qui conduisait ladite Bourgeois à Bourbévelle; — « pour soit environ vingt-sept ou vingt-huit ans avoir esté bruslée au finage dudit Vitrey et en un quanton dit les Champs-du-Chesne pour sorcières la mère de ladite Grevillet qui appelait la *Canelle*, et avoir esté icelle Grevillet d'elle accusée sorcière et d'avoir esté au sabbat avec elle-même et ensorcelé Nicole Jannot, mère d'honorable Nicolas Morant dudit Vitrey lorsque l'on voulut exécuter ladite Canelle et auparavant; » — « pour avoir esté aussy accusée sans induction, ny sollicitation de personne par Reyne Mignot, détenue prisonnière au château de Vitrey, pour semblable fait et pour luy avoir esté maintenue ce que dessus par ladite Mignot au confront en fait pour l'avoir icelle Mignot par trois diverses fois veu au finage dudit Vitrey danser avec d'autres sorciers et sorcières au son d'un fifre disant « bon, bon, bon, » et faire adoration au diable en forme d'homme noir avec des chandelles au sabbat qui s'y tenoit, la première vers le gros buisson questoit en la prayrie dudit Vitrey, la seconde en un quanton du mesme finage dit *sur le rupt de Montigny*, et la troisième vers le gros chêne, la nuict du costé et sur le chemin d'Ouges, et en outre avoir ouy qualifier et nommés son maistre diable maître Jouarty ; » — « pour avoir faict environ vingt ans enterceldé Nicolas Maniette dudit Vitrey en luy faysant manger des pois; » — « pour s'estre trouvée marquée d'une marque diabolique sur le cartilage du nez; » — Réformant la sentence de mort prononcée contre Étienne Catherin, de Mesnay, et le renvoyant des fins de la plainte de sorcellerie portée contre lui. (Les principaux chefs d'accusation étaient : d'avoir été expressément nommé pour sorcier et guenu par Marguerite Bucheron et Marie Gauthiot, brûlées comme sorcières, qui ont maintenu à l'heure de la mort l'avoir vu au sabbat et y faire les abominables adorations qu'y font les sorciers et sorcières; » — « pour ensuite de cela avoir esté tellement mesprisé des marchands qui le voyoient es foires qu'ils n'avoient point pour agréable qu'il touchast marchands leurs bestiaux, de peur qu'ils en mourussent » ; — avoir par ses maléfices donné des maladies incurables à des personnes et à des animaux ; — « item pour avoir esté ouy dire à Jeannette Mongenet, femme d'Estienne Oudet, résidant lors avec ledit défendeur, que celui-ci estant sorty de sa maison nuytamment, le voyant longtemps sans retourner, elle entendit un bruict de joueur d'aubois et de violons qui se faisoit en la cour dudit défendeur, de quoy elle désirat advertir sa maîtresse et sa tante, femme dudit deffendeur, et s'estant addressé au lieu où elle estoit couchée elle ne la pehut onecques esveiller pour peur qu'elle en print, non plus qu'Adrien Marmant et Nicolle, sa femme, qui estoient couchés en ladite maison, quelque debvoir qu'elle en pehut faire, sur ce que par tels mauvais bruits que ledit défendeur a tousjours l'on jugo qu'il estoit allé au sabbat et avoit fait le charme ordinaire des sorciers pour endormir ceux de la maison jusques à son retour); » — 3° réformant la sentence de mort prononcée par maître Adrien Hennot, procureur d'office de Scey-sur-Saône, contre Bénigne Morant et Bastienne Maigny, dudit lieu, pour faits de sorcellerie, et les condamnant au bannissement du comté de Bourgogne. (Les principaux chefs d'accusation étaient : d'avoir pendant qu'il était valet de chambre au château de Scey-sur-Saône donné et fait prendre à plusieurs femmes « certaines petites tablettes ressemblant à du sucre ou à de la drágée, dans lesquelles tablettes il y avoit probablement quelque mixtion de mauvais ingrédients comme cantarides ou autres pareilles drogues » qui rendirent malades lesdites femmes ; — « plus pour le vendredy de la semaine saincte de l'année courante 1634, estant ledit Morant en l'église parochiale dudit Scey au temps du divin service qui s'y célébroit, avoir pendant que l'on disoit la Passion escrit et marqué avec la pointe d'une espingle sur une feuille de laurier qu'il tenoit dans un petit livre certaines lettres ou caractères et ce superstitieusement contre ce qui est du culte divin et à mauvaise fin comme il est croyable ; » — « item pour quelques jours après tenant ladite feuille de laurier et la monstrant avoir dit que si une poule en avoit mangé l'on ne la sçauroit tuer d'un coup d'arquebuse et partant croyable qu'il n'avoit fait tel escrit sur ladite feuille pour charme; » — « item pour avoir trouvé en sa maison certain petit livre lequel contient tout au commencement et dit que toutes sciences sont bonnes, mesme celle de la magie, et en sa suite il contient plusieurs inventions de secrets et autres choses superstitieuses ; » — pour avoir, estant domestique au château ainsi que sa femme Sébastienne Maigny, desrobé au préjudice de monseigneur (le prince de la Trémont) plusieurs objets, sçavoir : 1° une petite bourse ronde dont le fond est d'estoffe de soya incarnate, ouvragée de broderie et pampilles d'argent et en icelle avoir aussy enlevé dix-huit chequins et un double chequin ; 2° une petite boeste d'argent en forme ronde propre à mettre des poudres de senteur ; 3° deux rangs de perles orientales en longueur chacun rang d'environ une palme, lesdites perles estant fort bailles et toutes pareilles ; 4° deux petites croix d'or esmaillées de noir en forme de croix de Malte, sur le milieu de l'une desquelles il y a un rubis et au bout de chacune une petite perle ; 5° une autre petite croix esmaillé de mesme, de la forme commune ; 6° deux petites bagues d'or appelées jong, esmaillées de vert, de blanc et un peu de gris de lin ; 7° une bague d'or en forme de ceinture esmaillée d'incarnat et enrichie de trois fins diamants dont celuy du milieu est gros et taillé en forme de cœur et les deux autres en table, au dedans de laquelle sont inscrites ces mots « mon cœur est à vous »; 8° une autre bague d'or esmaillée de noir, vert et gris de lin, enrichie de trois fins diamants, celuy du milieu taillé en cœur et les autres en table ; 9° une bague d'or dont le chatton est fait en rose et dessus icelle treize diamants fins; 10° un coffre d'armezin noir; 11° une grande toilette faicte en ouvrage de point coupé ; » — d'avoir commis divers autres larcins au préjudice du curé de Faverney, porté une arquebuse au mépris des ordonnances et s'être posté à l'affût du lièvre); — 4° confirmant la sentence de mort rendue par honorable Claude Pather, procureur d'office en la justice de Villersexel, contre Antoine Jean Girard, dudit lieu, pour avoir maltraité sa mère et plusieurs autres personnes, proféré des menaces d'incendie, volé un des grands chemins et « finablement pour estre tenu et réputé homme fort scandaleux, dangereux et séditieux, ne craignant Dieu ni justice et grand blasfemateur et renieur du saint nom de Dieu, querelleux au possible, lequel journellement menasse le monde de battre et tuer et mesme est tenu et réputé pour un meschant homme ; » — 5° réformant la sentence de bannissement prononcée par maître François Janvier, notaire, procureur d'office en la justice de Saint-Remy, contre Aymé Calandrey, dudit lieu, et le renvoyant des fins de la plainte de sorcellerie portée contre lui. (Les principaux chefs d'accusation étaient : « premièrement pour estre ledit deffendeur tout communément tenu et réputé tant audit Saint-Remy et villages voysins pour un sorcier et guenault comme de mesme estoient jà furent Marguerite Perrier, ses père et mère, tous ses frères et sœurs et prédécesseurs ; » — « item pour soit environ vingt-cinq ans ladite Marguerite Perrier, mère dudit deffendeur, parlant au feu sieur procureur de la foy, luy avoir dit ce n'est pas dès maintenant que l'on les accusoit du crime de sortilège et qu'il y avoit plus de sept vingt ans que ses prédécesseurs en estoient suspçonnés ; » — « d'avoir par ses maléfices donné des maladies extraordinaires à des hommes et à des animaux ; — d'avoir fréquenté le sabbat où il remplissait l'office de cuisinier du diable et d'y avoir commis les abominables adorations qui y ont lieu ordinairement); — » réformant la sentence de bannissement prononcée par maître François Jannin, de Menoux, notaire procureur d'office à Saint-Remy, contre Marguerite Calandrey, dudit lieu, et la renvoyant des fins de la plainte en matière de sorcellerie portée contre elle. (Mêmes accusations que ci-dessus.)

B. 5122. (Registre.) — In-4°, 123 feuillets, papier.

1668-1672. — Sentences rendues à vue des pièces par le lieutenant local au siège de Vesoul. — Noms et qualités des parties : révérend sieur, messire Pierre de la Courbe, prêtre, chanoine à Vesoul ; — généreux seigneur, François de Trestondans, seigneur de Suaucourt ; — messire Cleriadus de Choiseul, chevalier, marquis de Lanques ; — noble Jacques Bichin, seigneur de Cendrecourt ; — noble Claude de Poincte, seigneur de Pisseloup ; — messire Jean-Baptiste, comte de Scey, seigneur de Buthier, Pin, Beaumotte, Perouse, colonel du régiment d'Amont ; — les révérends pères bénédictins de Faverney ; etc., etc.

B. 5123. (Registre.) — In-4°, 186 feuillets, papier.

1667-1685. — Sentences rendues à vue des pièces par le lieutenant local du bailli d'Amont, au siège de Vesoul. — Noms et qualités des parties : vénérable et discrète personne, messire Jacques Othenin, prêtre, docteur ès saints décrets, prieur d'Autrey, curé de Jonvelle ; — généreux seigneur, frère Jean-Baptiste de Saint-Mauris, chevalier de l'ordre de Saint-Jean de Jérusalem, commandeur de la Villedieu en Fontenette, gouverneur des ville et fort de Salins ; — Claude-Étienne et Antoine-Alexis Tranchand, frères, seigneurs de Dorey ; — noble Adrien d'Esprel, coseigneur à Dorey ; — noble Charles Labourey, de Gray ; etc., etc.

B. 5124. (Registre.) — In-4°, 114 feuillets, papier.

1610-1680. — Sentences rendues à vue des pièces par le lieutenant local du bailli d'Amont, au siège de Vesoul. — Noms et qualités des parties : Marc-Nicolas Chevallier (condamné à avoir le poing droit coupé par le maître de la haute justice de Vesoul, devant les halles dudit lieu, pour crime de faux et au bannissement perpétuel du comté de Bourgogne) ; — Simon Cuisinier, de Pin (condamné à 60 livres d'amende pour avoir maltraité son oncle pendant l'office des vêpres et avoir ainsi causé un grand scandale) ; — Jacques Olivier, de Faverney (condamné à servir de forçat sur les galères du Roi à perpétuité pour crime de bigamie et pratique de la religion prétendue réformée) ; — Louys Montagnon, du four du Boulot (condamné à cinq années de bannissement pour suppression de part) ; etc.

B. 5125. (Registre.) — In-4°, 87 feuillets, papier.

1680. — Sentences rendues à vue des pièces par le lieutenant local du bailli d'Amont, au siège de Vesoul. — Noms et qualités des parties : les habitants de Trestondans contre ceux de Rougemont ; — demoiselle Anne Roland, femme du noble Gabriel-Bernard Terrier, de Vesoul ; — messire François Jacqueney, prêtre, curé de Gevigney ; — noble Charles de Varos, seigneur du Magny ; etc.

B. 5125. (Registre.) — In-4°, 385 feuillets, papier.

1682-1685. — Sentences rendues à vue des pièces par le lieutenant local du bailli d'Amont, au siège de Vesoul. — Noms et qualités des parties : messire Simon Guyot, prêtre, curé d'Amance ; — révérend sieur, messire Étienne Renoux, abbé de Clairefontaine ; — noble Nicolas Damedor, seigneur de Mollans ; — illustre seigneur, messire Claude-François de Plaine, dit de Grandmont, seigneur de La Roche ; — messire Jacques Moreau, prêtre, curé de Cendrecourt, contre noble Charles-Albin Bichin, coseigneur audit lieu ; — haut et puissant seigneur, messire Charles, duc de la Vieuville, duc et pair de France ; — haut et puissant seigneur, messire Charles-Henri de Clermont, seigneur de Vauvillers et Demangevelle ; etc.

SÉRIE B. — BAILLIAGES.

D. 5127. (Registre.) — In-4°, 450 feuillets, papier.

1684. — Sentences rendues à vue des pièces par le lieutenant local du bailli d'Amont, au siège de Vesoul. — Noms et qualités des parties : noble Philibert Sonnet, seigneur d'Auxon ; — dom Louys Vaucheul, religieux cellérier en l'abbaye de Bellevaux ; — généreux seigneur, Antide de Constable, seigneur de Sçay, Flagey, etc. ; — les révérends pères Minimes du couvent de Besançon ; — noble Jacques Terrier, seigneur de Bailleroncourt-Charette ; — noble Claude-Joseph Sonnet, seigneur de Gresseux ; etc.

D. 5128. (Registres.) — In-4°, 190 feuillets, papier.

1685-1687. — « Registre des sentences et jugements rendus par Me Benoist Baillard, docteur ès droits, lieutenant particulier d'Amont, civil et criminel, au siège de Vesoul. » — Noms et qualités des parties : messire Jean-François d'Aigremont, seigneur à Ferrière-les-Scey ; — les révérends pères bénédictins de Morey ; — messire Germain-François Journaux, prêtre, curé de Cuse ; — illustre dame Hélène-Aymée de Montaigu, comtesse de Grammont, dame de Couflandey, Chargey, etc. ; — le sieur Loys Girard, coseigneur à Fresne-sur-Apance ; — noble François-Jules Terrier, de Vesoul ; etc.

D. 5129. (Registre.) — In-4°, 220 feuillets, papier.

1687-1689. — Sentences rendues à vue des pièces par le lieutenant local du bailli d'Amont, au siège de Vesoul. — Noms et qualités des parties : le sieur Claude-François Salivet, seigneur de Fouchécourt ; — illustre seigneur, messire Claude-François de Plaine, comte de Grandmont, seigneur de La Roche, Gouhenans et autres lieux ; — illustre dame Adrienne de Binans, veuve, usufruitière d'illustre seigneur, messire Jean-François de Joux, dit de Grandmont, en son vivant seigneur de Châtillon-Guyotte ; — demoiselle Péronne de Guillot, veuve du sieur Perréal, seigneur de Bonnal ; — messire Martin Boband, prêtre, curé d'Arbecey, demandeur contre les révérends sieurs abbé et religieux de Faverney, au sujet de la jouissance de la dîme d'Arbecey ; — messire Jean-Baptiste de Gilley, baron de Marnoz, seigneur de Longevelle, Vuillafans, etc. ; — messire Hiérosme Balthazard de Cuiz, baron et seigneur de Cemboing ; — messire Claude Jaquelin, prêtre, curé à Port-sur-Saône ; etc.

D. 5130. (Registre.) — In-4°, 160 feuillets, papier.

1690-1692. — Sentences rendues à vue des pièces par le lieutenant local du bailli d'Amont, au siège de Vesoul. — Noms et qualités des parties : illustre dame Catherine de Cicon, douairière d'illustre seigneur, messire François-Charles de Mulléon, dame de Gevigney, Mercey, Purgerot, etc. ; — vénérable et discrète personne, messire Marc Ferry, prêtre, curé d'Authoison, demandeur contre les révérends sieurs religieux de l'abbaye de Bellevaux, au sujet des dîmes d'Authoison ; — révérend seigneur, messire Théodore Gouret, sieur du Clos, abbé commendataire de l'église et abbaye Notre-Dame de Faverney ; — noble Hugues Billard, seigneur de Raze ; — généreux seigneur François de la Verne, seigneur de Vellechevreux ; — révérend seigneur, messire Jean-Ignace de Froissard de Broissia, abbé de Cherlieu ; etc.

D. 5131. (Portefeuille.) — 412 pièces, papier.

1692. — Minutes des sentences rendues à vue des pièces par le lieutenant général du bailli d'Amont, au siège de Vesoul. — Noms et qualités des parties : Thomas Carmentrand (condamné à se déclarer sujet originel mainmortable de noble Claude-François Aymonnet, seigneur de Contréglise, « surtout à cause de ladite seigneurie de Contréglise et de luy en passer recognoissance en forme debue ») ; — discrète personne, messire Renobert Bouchut, prêtre, le sieur Richard Bouchut, docteur en droit, et demoiselles Bonaventure, Jeanne Baptiste et Anne-Marie Bouchut, de Vesoul (maintenus dans la légitime possession d'une chapelle sise dans l'église de Grange-la-Ville, sous l'invocation de saint Michel Archange, de laquelle ils ont joui depuis plus de soixante ans, dans le droit d'y tenir des bancs sur lesquels ils peuvent s'asseoir pendant le service avec défense à qui que ce soit d'y mettre aucun banc ni pupitre) ; — les habitants du « rayon » de Montoille (maintenus dans la jouissance et possession ou quasi du droit de faire « champoyer et pasturer » leur bétail gros et menu sur le finage et territoire de Vaivre après les premiers fruits enlevés) ; — révérend sieur, messire Jean Foillenot, prêtre, chanoine en l'insigne chapitre de l'église Saint-Georges, de Vesoul, recteur et chapelain de la chapelle du Rosaire, érigée « aux fauxbourg d'Enbas de cette ville ; » — révérend sieur, messire François Lampinet, prêtre, docteur en sainte théologie, doyen de l'insigne chapitre de Vesoul ; — demoiselle Jacques-Françoise de Cordemoy, veuve du sieur docteur Ligier ; — noble Jacques-Joseph Perrenelle, seigneur de Mont, lieutenant général d'Amont ; — haut et puissant seigneur, messire Gaspard-Henry de Lignéville, comte dudit lieu et de Tumain; etc.

B. 5132. (Portefeuille.) — 161 pièces, papier.

1686. — Minutes des sentences rendues à vue des pièces par le lieutenant général du bailli d'Amont, au siège de Vesoul. — Noms et qualités des parties : dame Anne de Salive, veuve de généreux seigneur Claude-Antoine de Vaudrey, seigneur de Ratoncourt; — les habitants de Cuse, (condamnés à livrer à messire Germain-François Tournoux, prêtre, curé de Cuse, deux pains de sel par mois pour son ordinaire) ; — noble Claude-François de Lassaux, seigneur de Verchamp; — Antoine de Grattery (obtenant la révocation pour cause d'ingratitude d'une donation qu'il avait faite à Marguerite Charmoille, femme de Pierre Cointet) ; — haut et puissant seigneur, messire Ferdinand-François, comte de Poitiers et de Rye, baron et seigneur de Neufchâtel, Châteauvillain, Ralançon, Amance, Rougemont, etc.; — les habitants d'Amance (condamnés à payer à leur curé chaque année par ménage trois francs et un boisseau de froment) ; — noble Jean-Claude Franchet, de Besançon, docteur en droit, seigneur de Cendrey (condamné à reconnaître libres et exempts de mainmorte les fonds et meubles dépendants de l'hoirie de François Vichot, de Cendrey) ; — les habitants de Vy-les-Lure (condamnés à reconnaître les droits de banalité des deux fours dudit lieu qui appartiennent à illustre seigneur, messire Jean-Baptiste de Gilley, baron et seigneur de Marnoz) ; — Georges Piron et André Rousselet (maintenus à l'encontre des habitants de Montoille, dans le droit de pêche sur différentes parties du cours du Drugeon, en leur qualité de fermiers de noble Nicolas Damedor, seigneur de Mollans) ; — Nicolas Broch, docteur en médecine, et demoiselle Anne Broch (condamnés à faire un écrit authentique et valable constatant qu'ils ne prétendent aucun droit sur la tombe qui est dans la chapelle sise en l'église de Vesoul, entre la chapelle érigée sous l'invocation de saint Nicolas et celle des sieurs Richard) ; etc.

B. 5133. (Portefeuille.) — 171 pièces, papier.

1687. — Minutes des sentences rendues à vue des pièces par le lieutenant général du bailli d'Amont, au siège de Vesoul. — Noms et qualités des parties : messire Charles de Champagne, seigneur de l'Isle ; — Nicolas Bon, de Chemilly (condamné à une amende de 100 francs pour avoir pêché avec des filets et dépeuplé « la portion de rivière du Drugeon Quanto par le finage de Pontcey, ce qui n'est permis à qui que ce soit d'y pêcher en aucune manière contre la volonté de noble Jacques Perrenelle, seigneur de Mont »); — Claude-Joseph de Salives, seigneur de Genevrey (condamné à payer aux sieurs du magistrat de la ville de Vesoul la somme de 1,450 francs, monnaie ancienne du comté de Bourgogne, léguée par le testament de feu messire Antoine de Salives pour fondation, établissement et entretien de quatre choraux et enfants de chœur et d'un maître pour leur apprendre la musique et le plainchant); — Humbert Rouvier (condamné à faire amende honorable et à payer à François Galassin une somme de 300 livres, pour lui avoir dit en colère et dans l'intention de l'injurier : « Tu as marié ta fille à Authoison à une race de sorciers »); — illustre dame, Catherine de Berbis, comtesse de Grammont; — dame Marie de Clairon, femme de messire Claude-Antoine du Tartre, baron de Laubespin ; — les révérends abbé et religieux de Bellevaux (maintenus dans le droit de percevoir sur les habitants de Chambornay-les-Bellevaux la dîme de vin à volonté sur toutes les vignes dudit lieu); etc.

B. 5134. (Portefeuille.) — 134 pièces, papier.

1688. — Minutes des sentences rendues à vue des pièces par le lieutenant général du bailli d'Amont, au siège de Vesoul. — Noms et qualités des parties : messire Pierre Guérillot, prêtre, curé de Villers-sur-Port et Hembrey ; — messire Balthazard de Celtz, baron et seigneur de Cemboing ; — les révérends pères Jésuites du collége de Vesoul (condamnés à payer en leur qualité de décimateurs à Port-sur-Saône à messire Claude Jacquelin, prêtre, curé audit lieu, la pension annuelle de 300 livres, conformément à l'édit du Roi, sous soumission de leur relâcher tous les fonds et revenus fixes de la cure); — messire Claude Cordienne, prêtre, curé de Cornot (maintenu dans le droit de percevoir à chaque Saint-Martin d'hiver une quarte de froment sur chaque habitant de Cornot et d'exiger d'eux trois journées de charrue); — Anne Noblot, veuve de Gérard Forgerot (condamné à donner la preuve « spécifique » que Jacque Villemot d'Auxon étant dans la prairie dudit lieu, lui avait dit en colère et dans l'intention de l'injurier qu'elle était une sorcière et qu'elle avait fait mourir son chien et son cheval); — l'abbé de Bellevaux (procès au sujet de la portion congrue du curé de Baumotte); — l'abbé de Clairefontaine (procès au sujet de la portion congrue du curé de Polaincourt); — l'abbé de Faverney (procès au sujet de la portion congrue du curé d'Arbecey); — illustre seigneur, messire Jean-Claude, comte de Scey, baron et seigneur de Chantes (maintenu dans le droit de moyenne justice à Buthier); etc.

B. 5135. (Portefeuille.) — 169 pièces, papier.

1689. — Minutes des sentences rendues à vue des pièces par le lieutenant général du bailli d'Amont, au siège de Vesoul. — Noms et qualités des parties : haute et puissante dame, Claire-Françoise de Saulx-Tavannes, marquise de Saint-Martin; — messire Théodore Duclos, abbé commendataire de l'abbaye de Faverney (maintenu dans le droit prohibitif et négatif interdisant à qui que ce soit « de faire tenir aulcuns bancs ou sièges dans l'église abbatiale de Faverney et en aulcun endroict d'icelle sans sa permission ou consentement »; — dame Hélène de Montaigu, comtesse de Grammont, dame de Courchaton (procès au sujet du règlement de la portion congrue dudit lieu); — noble Jean-Georges Vernerey, seigneur de Montcourt; — noble Claude-Etienne de Ronchaux, seigneur de Mont-les-Estrelles, demeurant à Gy; — Jeanne Roulier, femme d'Antoine Faivre, de Meurcourt (condamnée à se représenter à l'audience et là « déclarer que c'est mal et méchamment qu'elle a dit que la grand'mère des Jurains était tombée du temps avec une nue de grêle et qu'elle était une méchante femme, que cette grand'mère était exempte de cette injure et du vice en résultant »); — les Bénédictins de Faverney (procès au sujet de la portion congrue du curé de Menoux et Cubry); — l'abbé de Bellevaux (procès au sujet de la portion congrue du curé d'Authoison); — l'abbé de Clairefontaine (procès au sujet de la portion congrue du curé de Jasney); — noble Armand-Léon d'Arnoux, seigneur d'Artaufontaine); — Jean-Baptiste Henrion, de Faucogney, seigneur de Magnoncourt (débouté de ses fins principales concernant l'établissement d'une dîme de onze gerbes l'une sur toutes les espèces de grains qui se sèment au territoire d'Amage); — généreux seigneur, messire Bénigne de Conflans, seigneur de Melincourt, Montureux; etc.

B. 5136. (Portefeuille.) — 116 pièces, papier.

1690. — Minutes des sentences rendues à vue des pièces par le lieutenant général du bailli d'Amont, au siège de Vesoul. — Noms et qualités des parties : dame Hélène d'Haraucourt; — illustre et puissante dame, Philippe de Rye, veuve de feu haut et puissant seigneur, messire Eléonore-François de Poitiers, marquis de Varambon; — messire Claude-Louis, baron de Saint-Mauris, seigneur de la Lanterne (maintenu dans la possession du droit de gillerie taxé à un écu blanc, monnaie du royaume, sur chaque nouveau marié dans l'église de Sainte-Marie en Chanois); — Jean Dubourg, de Jussey (condamné pour avoir proféré les épithètes de chienne, sorcière, en parlant d'une femme); — messire Antoine Chapuis, prieur de Voisey (procès au sujet de la portion congrue du curé dudit lieu); — les habitants de Purgerot (condamnés à faire au profit de dame Anne-Catherine de Cicon, douairière de généreux seigneur messire François-Charles de Mauléon « un roolle de la taille de 88 francs à elle dehue annuellement »); etc.

B. 5137. (Portefeuille.) — 124 pièces, papier.

1691. — Minutes des sentences rendues à vue des pièces par le lieutenant général du bailli d'Amont, au siège de Vesoul. — Noms et qualités des parties : haut et puissant seigneur, messire Charles-Antoine de la Baume-Montrevel, marquis de Saint-Martin Pesme, seigneur de Bourguignon-les-Conflans; — illustre dame Antoinette Daverton, comtesse de Belin, dame de Flagy, Varogne, Vellefrie, Sainte-Marie-en-Chaux; — noble Armand-Léon d'Arnoux de Coligny, seigneur de Fontenay (maintenu dans le droit de banc et séance dans l'église de Cornot auprès de la balustrade du côté de l'évangile et « dans le chœur de ladite église proche un pilier à l'endroit où estoient empreintes sur le dos dudit banc les armes de la maison de Beaujeu, propriétaire immédiate de la seigneurie d'Artaufontaine »); etc.

B. 5138. (Portefeuille.) — 103 pièces, papier.

1692. — Minutes des sentences rendues à vue des pièces par le lieutenant général du bailli d'Amont, au siège de Vesoul. — Noms et qualités des parties : révérende dame Louise de Ronchaux, abbesse du monastère de Sainte-Claire de Montigny-les-Chariez (procès avec le curé au sujet du règlement de la portion congrue); — illustre seigneur, messire François-Gaspard de Pouilly, seigneur de Jasney; — révérend sieur Jacques Moulin, prieur d'Erival et les religieux dudit lieu (procès au sujet du règlement de la portion congrue du curé de Bouligney); — les Bénédictins du monastère de Saint-Vincent de Besançon (procès au sujet du règlement de la portion congrue du curé de Villars Saint-Marcelin); etc.

B. 5139. (Portefeuille.) — 180 pièces, papier.

1693. — Minutes des sentences rendues à vue des pièces par le lieutenant général du bailli d'Amont, au siège de Vesoul. — Noms et qualités des parties : noble Jean-Paul

Besançon, seigneur de Fontenelle; — révérend sieur, messire Pierre Lamoural de Montrichard, prieur et seigneur de Grançon; — les habitants de Belonchamp (maintenus à l'encontre de ceux de Ternuay dans la possession ou quasi du droit de couper des bois vifs et morts dans les bois de la Bouloye et des Auroy comme encore d'y faire pâturer leurs bestiaux gros et menus); — illustre dame Charlotte de Neufchatel, baronne de Gevry et de Saint-Aubin; — noble Antoine Dambly, seigneur de Boult; — messire Gaspard-Joseph de Bermont, seigneur de Cubrial; — généreux seigneur, messire François de Tressandans, chevalier, seigneur de Saaucourt de Pisseloup; etc.

B. 5140. (Portefeuille.) — 101 pièces, papier.

1694. — Minutes des sentences rendues à vue des pièces par le lieutenant général du bailli d'Amont, au siége de Vesoul. — Noms et qualités des parties : dame Marie-Antoine de Montaigu, femme de messire Hierôme de Calvy, seigneur et dame de Gezier; — dame Marie-Charlotte Vandelans, veuve de feu messire Jean-Baptiste de Raisele, seigneur de la Roche; — révérend père, dom Louis Duhou, inquisiteur de la foi au comté de Bourgogne et prieur de Rosey; — messire Paul-Bernard Richardot, docteur en sainte théologie, prêtre et curé de Faucogney (débouté des fins de sa requête qui tendait à réclamer en qualité de curé de Faucogney « pour chaque chef de famille qui meurt dans la ville dudit lieu le pain annuel qui se doit offrir chaque dimanche de l'année à compter du jour du décez jusqu'à l'an révolu, qui est ordinairement en valeur de deux sols par chasque dimanche) »; — la marquise de Chamoiset, dame d'Aroz (maintenue dans le droit de percevoir sur les habitants dudit lieu la dîme de quinze gerbes l'une de toutes espèces de grains qui se lient audit territoire); etc.

B. 5141. (Portefeuille.) — 108 pièces, papier.

1695. — Minutes des sentences rendues à vue des pièces par le lieutenant général du bailli d'Amont, au siége de Vesoul. — Noms et qualités des parties : haut et puissant seigneur, messire Louis de Clermont, marquis de Monglas, comte de Chiverny, baron de Rupt, premier gentilhomme de Mgr le Dauphin; — Alexandre Courlet, de Besançon, docteur ès droits, seigneur de Boulot; — les habitants de Demangevelle et Montdoré (condamnés à payer à haute et puissante dame, Elisabeth de Clermont, et à haut et puissant seigneur, messire Charles de la Vieuville, seigneur et dame de Novillars, Demangevelle et autres lieux, la taille annuelle de deux livres estevenans que leur doivent tous possesseurs d'héritages au finage de Demangevelle); — révérend sieur, messire Claude Auguenet, prêtre, docteur en théologie, prieur commendataire du prieuré Notre-Dame de Chambornay; etc.

B. 5142. (Portefeuille.) — 112 pièces, papier.

1696. — Minutes des sentences rendues à vue des pièces par le lieutenant général du bailli d'Amont au siége de Vesoul. — Noms et qualités des parties : messire François Lampinet, prêtre, docteur en théologie, prêtre, doyen de l'insigne chapitre de Vesoul, seigneur de Sainte-Marie en Chaux (condamné à faire preuve, qu'en sa qualité de seigneur dudit Sainte-Marie, lui compète et appartient le tiers des dîmes de dix l'une sur toutes les graines qui se lient et relèvent audit territoire, lequel tiers se paye à la grange en déchargeant le chariot); — noble Pierre Gaspard Burotel, sieur de Vaivre, conseiller du Roi, lieutenant criminel du bailliage royal de Vesoul (condamné à rétablir le banc entier qui était dans le fond de la chapelle de sainte Catherine, dite de saint Joseph en l'église de Vesoul et dans la même forme qu'il était avec une ouverture au milieu); — dame Jacques-Françoise Ligier, dame à Jussey, épouse de messire Charles-Emmanuel Pétrey, baron d'Esclans et de Longwy, demeurant à Besançon (maintenue dans la jouissance et possession dudit banc et dans le droit de sépulture dans ladite chapelle); etc.

B. 5143. (Portefeuille.) — 93 pièces, papier.

1697. — Minutes et sentences rendues à vue des pièces par le lieutenant général du bailli d'Amont, au siége de Vesoul. — Noms et qualités des parties : noble François-Nicolas Millot, seigneur d'Autrey (maintenu dans la jouissance et possession du droit de percevoir une gerbe par journal de tous les grains gros et menus qui se sèment rière le finage et territoire de Montjustin); — messire Frederich Maistre, conseiller du Roi, grand-prévôt de ce pays et comté de Bourgogne, receveur général des confiscations faites au profit de Sa Majesté audit comté; — noble Philibert-Joseph Favière, seigneur de Fontenelay; — illustre seigneur, messire Louis, comte de Lignéville, seigneur de Jasney; etc.

B. 5144. (Portefeuille.) — 86 pièces, papier.

1698. — Minutes des sentences rendues à vue des pièces par le lieutenant général du bailli d'Amont au siége de

Vesoul. — Noms et qualités des parties : messire Antoine-Joseph du Tartre de Lohespin, seigneur de Villersport ; — Jean-Claude Châtel, seigneur de Vallerois, conseiller au siége présidial de Vesoul ; — les habitants de Voisey condamnés à « aller cuire leurs pains et pastes levées dans le fourg banal appartenant à révérend sieur messire Antoine Chapuis, prieur de Voisey et chanoine en l'illustre chapitre métropolitain de Besançon, sans pouvoir le cuire ailleurs à quelque jour que ce soit sauf au temps de la destruction dudit fourg ou de peste et de guerre à peine de confiscation de leurs pains et pastes ») ; — noble Constant-Ignace Perréal, seigneur de Montot, résidant à la Barre ; etc.

B. 5145. (Portefeuille.) — 100 pièces, papier.

1689. — Minutes des sentences rendues à vue des pièces par le lieutenant général du bailli d'Amont, au siége de Vesoul. — Noms et qualités des parties : messire Jean-Claude Hennemand, prêtre, curé d'Alaincourt (débouté des fins de sa demande tendante à être réintégré dans la jouissance et possession de la moitié des dîmes de tous les grains qui sont ensemencés sur le finage et territoire de Mondoré par les habitants et paroissiens dudit Alaincourt) ; — les habitants de Gourgeon (maintenus dans le droit de pouvoir vendre partie de la coupe de leurs bois communaux pour subvenir aux nécessités de leur communauté et à proportion de leurs besoins sans le consentement de leur seigneur, révérend messire Antoine-François de Blisterwich de Moncley, abbé commandataire de Cherlieu) ; etc.

B. 5146. (Portefeuille.) — 111 pièces, papier.

1702. — Minutes des sentences rendues à vue des pièces par le lieutenant général du bailli d'Amont, au siége de Vesoul. — Noms et qualités des parties : Bonaventure Pouthier, seigneur de Nancray, Vauconcourt, etc. ; — messire Claude-François de Cordemoy, chevalier, seigneur d'Oricourt, Arpenans, Francalmont, etc. ; — dame Marie-Marguerite de Rouhier, douairière, de messire François-Gaspard de Pouilly (condamnée à payer à messire Thiébaud Guenard, prêtre, curé de Jasney, la somme de 30 livres pour le droit mortuaire dudit sieur de Pouilly qu'il fait consister « dans les messes et services du jour de la mort, dans le quarantale, dans le *Libera* sur le tombeau qui se dit tous les dimanches de l'année et quelques suaires, eu égard qu'elle a pris tous les cierges des funérailles ») ; etc.

B. 5147. (Portefeuille.) — 92 pièces, papier.

1702. — Minutes des sentences rendues à vue des pièces par le lieutenant général du bailli d'Amont, au siége de Vesoul. Noms et qualités des parties : dame Reine de Cauteal, veuve de généreux seigneur, messire Etienne de Camelin, en son vivant seigneur de Bougey ; — dame Marguerite d'Achey, dame d'Avilley, Moudon, femme et compagne du seigneur de Grammont, baron de Châtillon ; — dame Isabelle-Madeleine de Brun, baronne de Vaudrey, Beveuge et autres lieux ; — dame Thérèse de Brun, veuve de Claude-Louis de Vaudrey, seigneur de Vallerois-le-Bois ; — dame Denyse Damedor, veuve de feu messire François-Albert de Grillot, seigneur de Brissac, dame à Auxon ; — généreux seigneur, messire Jacques Antoine de Belot, seigneur de Vilette, Ollans, etc. (maintenu dans la jouissance de la banalité du four de Montbozon) ; etc.

B. 5148. (Portefeuille.) — 93 pièces, papier.

1702. — Minutes des sentences rendues à vue des pièces par le lieutenant général du bailli d'Amont, au siége de Vesoul. — Noms et qualités des parties : dame Anne-Claude Ramel, dame de Bussières, épouse du sieur René de Saint-Germain, major de carabiniers ; — dame Claude-Marguerite de Mantoche, veuve du baron de Monteley ; — dame Étienne de Mantoche, veuve du seigneur de Changin ; — dame Élisabeth de Sonnet, femme de messire François de Jeoffroy, seigneur de Novillars ; — Jeanne Marcheville et Joseph Lordier (déclaration de nullité de leur mariage) ; etc.

B. 5149. (Portefeuille.) — 81 pièces, papier.

1703. — Minutes des sentences rendues à vue des pièces par le lieutenant général du bailli d'Amont, au siége de Vesoul. — Noms et qualités des parties : Jacques-Antoine Aymonnet, seigneur d'Aigrevaux et demoiselle Jeanne-Marguerite Bavoux, sa femme ; — messire Humbert-Joseph de Précipiano, baron et seigneur de Moutonne et messire Jean-Baptiste de Précipiano, seigneur de Cuse, Nans, Gondenans, Cubrial, Adrisans, etc. ; — les habitants de la communauté de Bonnal (maintenus contre ceux de Rougemont dans la jouissance et possession d'un bois appelé bois de Chassagne) ; — messire Antoine, marquis du Châtelet, maréchal des camps et armées du Roi (envoyé en la possession des terres et seigneuries de Godoncourt et Fignévelle et droits en dépendants, conformément à l'édit de Sa Majesté publié pour l'aliénation de ses domaines, en

D. 5150. (Portefeuille.) — 74 pièces, papier.

1704. — Minutes des sentences rendues à vue des pièces par le lieutenant général du bailli d'Amont, au siége de Vesoul. — Noms et qualités des parties : Georges Villeret, coseigneur à Gesincourt ; — messire Jean-François de Lavier, seigneur moyen et bas justicier à Calmoutier ; — les habitants et communauté de la Villeneuve (condamnés à payer à leur curé le supplément de la portion congrue s'élevant à la somme de 140 francs) ; — les révérendes dames, abbesse et chanoinesses de l'insigne église collégiale Saint-Pierre de Remiremont ; — illustre seigneur, messire Théodore de Custine, comte de Wuilts, baron et seigneur de Chauilly ; etc.

D. 5151. (Portefeuille.) — 76 pièces, papier.

1705. — Minutes des sentences rendues à vue des pièces par le lieutenant général du bailli d'Amont, au siége de Vesoul. Noms et qualités des parties : les habitants de Cuse (condamnés à ne pas faire parcourir leur bétail sur le territoire de Montépenoux et à payer à dame Thérèse de Brun, donatrice de feu messire Claude-Louis de Vaudrey, seigneur de Vallerois, et à messire Claude-Joseph de Salives, seigneur de Genevrey, les dommages et intérêts qui leur ont été causés par le champoi de leurs bestiaux estimés à la somme de 30 écus) ; messire Claude-François Damedor, seigneur de Piepape, lieutenant des maréchaux de France au département de Langres ; — messire Jean-Baptiste Munier, seigneur d'Ancier, conseiller du Roi, premier président au présidial de Gray ; etc.

D. 5152. (Portefeuille.) — 94 pièces, papier.

1706. — Minutes des sentences rendues à vue des pièces par le lieutenant général du bailli d'Amont, au siége de Vesoul. — Noms et qualités des parties : les révérendes dames abbesse et religieuses du monastère d'Ounans, de l'ordre de Cîteaux, transféré à Dôle ; — dame Rose Demongenet, veuve du sieur Claude de La Fond, dame d'Athesans, Saint-Georges, etc. ; — Étienne Rebourcet (condamnés à payer à Claude Maillot, amodiateur de la seigneurie d'Auxon, le droit de fournage accoutumé, qui est de vingt l'un de tout pain bis et quinze l'un de tout pain blanc qu'il aurait pu consommer dans son ménage en l'année 1704) ; — Jean Peguese, d'Amance (condamné à envoyer son bétail au parcours sous la conduite du pâtre communal dudit Amance) ; etc.

D. 5153. (Portefeuille.) — 68 pièces, papier.

1707. — Minutes des sentences rendues à vue des pièces par le lieutenant général du bailli d'Amont, au siége de Vesoul. — Noms et qualités des parties : les habitants de Bouligney et des Granges d'Amalix (condamnés à payer à leur curé une quarte de froment, mesure de Port-sur-Saône, par chaque habitant ayant charrue et par ceux n'ayant bestiaux travaillant à lad. e charrue une quarte de froment ou seize gros, monnaie ancienne faisant dix-sept sols neuf deniers de celle du royaume, au choix de ces derniers) ; — Claudine Tresse, veuve Barbey, Claude-Antoine, Simon, Angélique et Jeanne-Claude Barbey, ses enfants, d'Amance (condamnés à payer à Claude Maillot, amodiateur des terres et baronnie d'Amance, la valeur des trois corvées de charrue et de deux voitures de bois pendant neuf années passées, corvées que tous les manants d'Amance sont tenus de faire annuellement) ; — Mathieu Vincent, seigneur d'Equevilley ; — Louise, Cécile, Élisabeth et Claude-François Athaüia, de Cemboing (maintenus en la jouissance et possession ou quasi du droit de séance dans une place de l'église dudit lieu au-dessus de l'autel du Scapulaire, à environ trois pieds et quelques pouces en tirant du côté du milieu de l'église et du chemin qui va droit au chœur) ; etc.

D. 5154. (Portefeuille.) — 60 pièces, papier.

1708. — Minutes des sentences rendues à vue des pièces par le lieutenant général du bailli d'Amont, au siége de Vesoul. — Noms et qualités des parties : Jean-Claude Monnot (condamné à faire trois jours de charrue par an lorsqu'il sera commandé par Claude Bernard, prêtre, curé de Bougey et Oigney, ou de payer quatre gros monnaie du pays) ; — messire Jacques-Antoine de Hernin, chevalier, seigneur de Claincourt ; — Marc-François Pelletier, prêtre familier en l'église paroissiale Saint-Pierre de Jussey, chapelain en ladite église de la chapelle érigée sous l'invocation de Sainte-Barbe ; — Toussaint et Simon Clerc (déclarés de libre condition et exempts de la macule de mainmorte envers messire Victor-Amédée de Choiseul, marquis de Banques, baron de La Ferté ; — illustre frère François d'Arginy, capitaine de vaisseau, chevalier de l'ordre de Saint-Jean de Jérusalem, commandeur de la commanderie de Sales et Montseugny ; etc.

B. 5155. (Portefeuille.) — 73 pièces, papier.

1709. — Minutes des sentences rendues à vue des pièces par le lieutenant général du bailli d'Amont, au siège de Vesoul. — Noms et qualités des parties : messire Charles-François d'Alloncourt, sieur de Romesnil, prêtre, docteur en Sorbonne, abbé commendataire de l'abbaye Notre-Dame de la Charité ; — les habitants et communauté de la Côte, noble Claude Desprels, seigneur de Gouhelans et dame Anne de Bressey, son épouse, messire Charles du Châtelet, seigneur de la Neuvelle, Roye, etc., et dame Hélène de Montaigu, comtesse de Grammont (condamnés à souffrir la délimitation des bois de la Côte et de Hoye demandée par les habitants de ce dernier lieu) ; — Jean-Baptiste Petitgoux, écuyer, seigneur de Francourt ; etc.

B. 5156. (Portefeuille.) — 52 pièces, papier.

1710. — Minutes des sentences rendues à vue des pièces par le lieutenant général du bailli d'Amont, au siège de Vesoul. — Noms et qualités des parties : messire Guillaume de Raincourt, seigneur de Remondans ; — dame Marie-Françoise de Poitiers, dame et baronne de Rougemont, épouse de messire Charles-Antoine de La Baume, marquis de Saint-Martin, Pesmes, etc. ; — les révérends pères Bénédictins de Fontaine (déboutés des fins de leur requête tendante à ce que leur cote soit modérée et réduite à 16 sols) ; — les dévotes religieuses du monastère de l'Annonciation de Vesoul ; etc.

B. 5157. (Portefeuille.) — 84 pièces, papier.

1711. — Minutes des sentences rendues à vue des pièces par le lieutenant général du bailli d'Amont, au siège de Vesoul. — Noms et qualités des parties : les révérends pères Jésuites du collège de Langres (maintenus dans le droit de célébrer les offices divins dans l'église de Vitrey à Noël, Pâques et la Toussaint, et d'y lever et percevoir la moitié des oblations avec défense au curé dudit lieu de les troubler dans leur droit) ; — nobles Laurent et Jeanne-Louise de Montureux, coseigneurs à Velleguindry ; — dame Caroline Chevannet de Daniel, dame de La Roche, Montaigu ; etc.

B. 5158. (Portefeuille.) — 67 pièces, papier.

1712. — Minutes des sentences rendues à vue des pièces par le lieutenant général du bailli d'Amont, au siège de Vesoul. — Noms et qualités des parties : Pierre-Gabriel Cenet, seigneur de Courmon et d'Accolans ; — les seigneurs abbé, prieur et religieux de l'abbaye de Morimont ; — Antoine Bigand (déclaré sujet mainmortable de messires Joseph et Marin, barons de Montfort, frères, capitaines d'infanterie pour le service de Sa Majesté, seigneurs de Fleurey, Chassey-les-Scey) ; — les habitants de Genevrey (maintenus contre dame Marie-Claude de Vaudrey, douairière de feu messire Claude-Joseph de Salives, en son vivant seigneur de Genevrey, dans la jouissance et possession d'un canton de bois situé au finage de Genevrey, lieu dit « ès Audeux », de la contenance d'environ 800 quartes de terre, mesure de Luxeuil) ; — Antoine Langrognet, seigneur de Chargey, conseiller et procureur du Roi, en la maîtrise des eaux et forêts au siège de Vesoul ; — noble Hyacinthe Balland, de Dôle, capitaine de grenadiers pour le service de Sa Majesté ; — messire Pierre-Louis Courtaillon, conseiller au souverain parlement de Besançon (sentence déclarant que le pain bénit qui sera délivré aux messes paroissiales de Colombier lui serait présenté lorsqu'il assistera aux offices préférablement à la dame Simonne de Raicle, veuve de noble Gaspard-Joseph de Bermont, en son vivant seigneur de Villers-Pot) ; etc.

B. 5159. (Portefeuille.) — 83 pièces, papier.

1713. — Minutes des sentences rendues à vue des pièces par le lieutenant général du bailli d'Amont, au siège de Vesoul. — Noms et qualités des parties : dame Caroline Chevannet de Daniel, dame de La Roche, Montaigu (déboutée des droits qu'elle prétend avoir sur la terre et seigneurie de Montcey, en sa qualité de dame de la seigneurie de Montaigu, fief dominant la terre et seigneurie dudit Montcey) ; — les habitants et communauté de Dampvalley (condamnés à payer aux Jésuites du collège de Vesoul la quantité de trois boisseaux de froment, mesure de Saint-Loup, et un écu d'argent par chaque ménage et par an) ; — les abbé et religieux de Bellevaux (condamnés à payer au curé de Roche-sur-Linotte le supplément de sa portion congrue) ; — dame Jeanne-Antoine Février, dame de Mont ; — noble Léopold de La Chaume d'Osselan, capitaine, commandant un bataillon au régiment suisse Destik, demeurant à Montbéliard ; etc.

B. 5160 (Portefeuille.) — 59 pièces, papier.

1714. — Minutes des sentences rendues à vue des pièces par le lieutenant général du bailli d'Amont, au siège de Vesoul. — Noms et qualités des parties : noble demoiselle Jeanne-Claude d'Andreson, veuve de dan Antoine de Vaquemaire, en son vivant cornette de cavalerie pour le service de Sa Majesté Catholique; — Louis Mazlin, citoyen de Besançon, seigneur de Bourtévelle et Hauteville; — Jean-Adrien de La Rochelle, seigneur à Roboux-le-Sec; etc.

B. 5161. (Portefeuille.) — 78 pièces, papier.

1788. — Minutes des sentences rendues à vue des pièces par le lieutenant général du bailli d'Amont, au siège de Vesoul. — Noms et qualités des parties : Nicolas Boucard, seigneur de Vellequindry; — demoiselle Anne Comte, veuve de Jean du Fresne et Pierre-François du Fresne, dame et seigneur de Fretigney; — les habitants de Neurey (condamnés à payer la dîme des graines qui se sèment sur leur territoire au curé de la Demie); — dame Thérèse de Brun, veuve de messire Jean-Nicolas de Vaudrey, seigneur de Vallerois-le-Bois; — dame Charlotte Terrier de Pont, épouse du sieur Jean Foillenot, capitaine pour le service de Sa Majesté; etc.

B. 5162. (Portefeuille.) — 56 pièces, papier.

1786. — Minutes des sentences rendues à vue des pièces par le lieutenant général du bailli d'Amont, au siège de Vesoul. — Noms et qualités des parties : les illustres et révérendes dames abbesse et doyenne du chapitre de l'insigne église collégiale de Saint-Pierre de Remiremont, dames de Breurey, Mersuay et autres lieux; — demoiselle Anne de Montrichier, veuve de François Tisserand, en son vivant, seigneur de Magny; — dame Anne-Françoise Meulgaux, veuve de noble Charles de Maçon, seigneur d'Esboz; — noble Jean-Pierre Duretel, seigneur de Provenchère, Belmont, etc.; — Ferdinand Teugnot, seigneur en partie à Bourbévelle; — Claude de Vaudrey, douairière de messire Claude-Joseph de Salives, dame de Genevrey (déboutée des fins de sa demande tendante à ce que maître Antoine Briffaut, juge et notaire royal à Calmoutier, soit déclaré son sujet mainmortable, parce que le village de Genevrey est tout en mainmorte); etc.

B. 5163. (Portefeuille.) — 65 pièces, papier.

1717. — Minutes des sentences rendues à vue des pièces par le lieutenant général du bailli d'Amont, au siège de Vesoul. — Noms et qualités des parties : Jacques Monnot, chapelain de la chapelle seigneuriale érigée à Cemboing sous l'invocation de Sainte-Catherine; — Jean-Claude Jeannin, seigneur de Betoncourt-sur-Mance, et dame Anne-Gabrielle de Raucourt, son épouse; — les révérends prieur et religieux de Faverney (condamnés à payer au chapitre de Remiremont, seigneur de Neurey, Mersuay et autres lieux, le droit de tierce qui est de la septième partie des fruits crus dans les héritages possédés par eux); — Étienne Couet, seigneur de Charmoille, coseigneur à Claus; — messire Jacques Philippe de la Baume-Perrenot de Grandvelle, comte de Saint-Amour, colonel du régiment de Languedoc-dragons; etc.

B. 5164. (Portefeuille.) — 40 pièces, papier.

1718. — Minutes des sentences rendues à vue des pièces par le lieutenant général du bailli d'Amont, au siège de Vesoul. — Noms et qualités des parties : messire Ardouin de Chaffois, seigneur de Courcelle; — noble Pierre-Gaspard Terrier, seigneur de Pont; — dame Claude-Amaranthe de Racle, veuve de noble Bénigne de Courtaillon, seigneur de Montdoré; — Philibert Vernan, prêtre, curé de Chambornay (maintenu dans la possession du droit de percevoir la dîme novale sur le canton de bois, dit le Bois de la Chaille, avec défense à l'abbé de Bellevaux de le troubler dans son droit); etc.

B. 5165. (Portefeuille.) — 72 pièces, papier.

1719-1720. — Minutes des sentences rendues à vue des pièces par le lieutenant général du bailli d'Amont, au siège de Vesoul. — Noms et qualités des parties : dame Huguette, comtesse de Grammont, épouse du comte de Rosen; — les maieur et échevins de Vesoul (sentence déclarant la grange des Haberges dépendante du territoire de Vesoul); — Pierre-Simon Mourlot, de Besançon, seigneur de Fretigney; — Anne-Marie de Montrichier, veuve de Pierre-François Tisserand, seigneur de Magny; — messire René de Saint-Germain, seigneur à Bursières; — messire Claude-Henry Quégain, seigneur de Voray, conseiller au souverain parlement de Besançon; etc.

B. 5166. (Portefeuille.) — 60 pièces, papier.

1721. — Minutes des sentences rendues à vue des pièces par le lieutenant général du bailli d'Amont, au siège de Vesoul. — Noms et qualités des parties : demoiselle Marie Gougenot, dame de Montdoré, veuve du sieur Didier Moussat, en son vivant conseiller du Roi et son receveur des épices au bailliage et siège présidial de Vesoul; — demoiselle Jeanne-Claude Perlet, dame d'Arc, veuve du sieur Bonaventure de Soissans, de Gray) ; — messire Jean-Claude Pavot, seigneur de Boureilres, conseiller au souverain parlement de Besançon ; — messire Froissard de Broissia, seigneur de Cians, Saigne, Noblans-le-Ferroux (maintenu et gardé dans la jouissance et possession de la seigneurie de Saigne en toutes justices, haute, moyenne et basse avec défense à Suzanne de Molay, douairière de M. de Grammont, baron et seigneur de Faucogney et à dame Joseph-Ferdinande de Grammont, épouse de messire François de Tenarre, marquis de Montmirail, lieutenant général des armées du roi, lieutenant des gardes du corps de Sa Majesté, chevalier de ses ordres militaires, baron et seigneur de Faucogney et Mollvoy, de le troubler dans cette possession à l'avenir) ; etc.

B. 5167. (Portefeuille.) — 61 pièces, papier.

1792. — Minutes des sentences rendues à vue des pièces par le lieutenant général du bailli d'Amont, au siège de Vesoul. — Noms et qualités des parties : messire Jacques Terrier, seigneur de Mailleroncourt, Maillay, les Landres, Cléron et autres lieux, conseiller au souverain parlement de Besançon ; — les sieurs et demoiselles Louis, Joseph, Suzanne et Étiennette Paulhat, seigneur de Tallans ; — Marie-Joseph et Martin, baron de Montfort, seigneurs de Chassey, Pontcey et autres lieux ; — noble Claude-Étienne Clerc, seigneur de Neurey, noble Jean-Claude Clerc et dame Anne-Marguerite Clerc (condamnés à prouver qu'eux et leurs auteurs portent et ont porté depuis un temps ancien publiquement et journellement pour armoiries dans leurs écus deux fasces d'or en champ d'azur) ; — Jacques-François Labourey, prêtre curé d'Ormoy (condamné à se désister au profit du sieur Daniel Brunet de La Motte, seigneur d'Aisey, de la portion de dîme en grains à lui appartenant par droit de retrait lignager) ; — les habitants et communauté de Bussignécourt maintenus à l'encontre des bénédictins de Faverney, seigneurs dudit Bussignécourt, dans la possession d'un étang converti en pré depuis deux ans, sis audit lieu ; — messire Jean-Étienne de Mairot, seigneur de Navenne, major d'un régiment d'infanterie pour le service de Sa Majesté, chevalier de Saint-Louis ; etc.

B. 5168. (Portefeuille.) — 87 pièces, papier.

1793 (janvier à mai). — Minutes des sentences rendues à vue des pièces par le lieutenant général du bailli d'Amont, au siège de Vesoul. — Noms et qualités des parties : messire Charles-Emmanuel de Bauffremont, baron et seigneur de Scey-sur-Saône, Charles, Pusey, etc., abbé commendataire des abbayes Saint-Pierre de Luxeuil et Saint-Paul de Besançon ; — illustre et révérend père en Dieu, monseigneur Charles-François d'Allaincourt, évêque d'Autun, comte de Saulieu, premier suffragant de la province de Lyon, président né et perpétuel des États de Bourgogne, abbé commendataire des abbayes de Notre-Dame de la Charité, ordre de Cîteaux, diocèse de Besançon, et Notre-Dame d'Humilmont, ordre de Saint-Benoît, diocèse de Noyon, nommé par Sa Majesté à l'évêché de Verdun ; — messire Charles, comte de Lallemand, baron de Vaite, seigneur de la Côte ; etc.

B. 5169. (Portefeuille.) — 49 pièces, papier.

1793 (mai à 31 décembre). — Minutes des sentences rendues à vue des pièces par le lieutenant général du bailli d'Amont, au siège de Vesoul. — Noms et qualités des parties : messire Philippe-François Bauldy, marquis des Ayvelles, baron et seigneur de Chauvirey, Gevincourt, Alaincourt, etc. ; — messire Louis Labourey de Chargey, chanoine en l'illustre chapitre métropolitain de Besançon ; — messire Charles-Octave de Salives, seigneur de Genevrey, etc., et messire Claude-François-Marie de Salives, chevalier de l'ordre de Saint-Jean de Jérusalem ; — Jean-Claude Havout, seigneur de La Rochelle ; etc.

B. 5170. (Portefeuille.) — 70 pièces, papier.

1794. — Minutes des sentences rendues à vue des pièces par le lieutenant général du bailliage d'Amont, au siège de Vesoul. — Noms et qualités des parties : Jean-Pierre Vyennot, de Gémonval (condamné à porter à l'avenir moudre les grains nécessaires à sa nourriture et à celle de sa famille dans le moulin banal de Françoise Parmentier, veuve de Brice Grammougin et de payer à cet effet les droits de mouture accoutumés) ; — les religieuses bénédictines de Besançon ; — les habitants et communauté de Rosey (condamnés à payer à messire Antoine-François de Rosières, marquis de Sorans, baron et seigneur de Pondremand, Trésilley, Rioz, Quenoche et autres lieux, capitaine de dragons au régiment de Bauffremont, la redevance annuelle de quarante-huit quartes de froment et autant d'avoine, mesure de Traves) ; etc.

B. 5171. (Portefeuille.) — 61 pièces, papier.

1795. — Minutes des sentences rendues à vue des pièces par le lieutenant général du bailli d'Amont, au siège de Vesoul. — Noms et qualités des parties : messire Michel, marquis de Grammont, lieutenant général des armées du Roi, baron et seigneur de Villersexel ; — noble Louis-Marie Rond, seigneur de Purgerot ; — Jean-François Chatillon, seigneur de Dampvalley ; — dame Marie-Thérèse Trezeau, veuve de noble Claude-Étienne Trauchant, seigneur de Navenne et gouverneur des fauts et ville de Vesoul ; — Antoine de Chaillot, écuyer, seigneur de Courcelles et autres lieux, tuteur d'Antoine-François de Constable, seigneur d'Auberrans ; etc.

B. 5173. (Portefeuille.) — 36 pièces, papier.

5776. — Minutes des sentences civiles rendues à vue des pièces par le lieutenant général du bailliage d'Amont, au siège de Vesoul. — Noms et qualités des parties : les révérends sieurs abbé, prieur et religieux de l'abbaye de Faverney (maintenus en la jouissance et possession des droits ci-après déclarés, savoir : que dans toutes les processions où ils se trouveront avec le sieur Jacques d'Aniron, vicaire perpétuel audit lieu, ils tiendront le premier rang et le vicaire le second, et que ce dernier ne doit faire sonner le premier coup de la messe ou des vêpres les jours de dimanches que premièrement les sieurs abbé, prieur et religieux n'ayent fait sonner le leur ») ; — les habitants de Château-Lambert (condamnés à payer à Étienne Lallot, prêtre, curé dudit lieu, la somme de 180 livres par an) ; — les révérends sieurs prieur et religieux de l'abbaye de Clairefontaine (déboutés du droit qu'ils prétendaient avoir de percevoir en leur qualité de seigneurs de Polaincourt la dîme sur toutes les vignes du territoire dudit lieu) ; etc.

B. 5174. (Portefeuille.) — 30 pièces, papier.

5797 (janvier à juin). — Minutes des sentences rendues à vue des pièces par le lieutenant général du bailli d'Amont, au siège de Vesoul. — Noms et qualités des parties : les révérends religieux de l'abbaye de Bellevaux (maintenus dans la jouissance et possession du droit de haute, moyenne et basse justice sur les granges, maisons et territoire de Cray, à l'exclusion de tous autres) ; — les révérendes mères de l'Annonciade céleste du monastère de Vesoul ; — messire Charles, marquis de Fussey, seigneur de Melay, Fresne-sur-Apance et autres lieux ; — les sieurs directeurs de l'hôpital de la ville de Vesoul ; etc.

B. 5175. (Portefeuille.) — 31 pièces, papier.

5798 (juillet à décembre). — Minutes des sentences rendues à vue des pièces par le lieutenant général du bailli d'Amont, au siège de Vesoul. — Noms et qualités des parties : Étienne Guillemot, prêtre et curé de Velle-le-Châtel (condamné en qualité de gros décimateur à réparer et refaire bâtir le chœur de l'église de Velle si mieux il n'aime abandonner la dîme de cent l'un qu'il perçoit sur le territoire de ladite paroisse) ; — messire Jean-Étienne Bernard de Montessus, seigneur de Vitrey, Chauvirey, Ouge, la Quarte, etc. ; — les révérends sieurs prieur, chanoines et religieux de l'abbaye d'Héricourt ; etc.

B. 5176. (Portefeuille.) — 31 pièces, papier.

5799 (janvier à juillet). — Minutes des sentences rendues à vue des pièces par le lieutenant général du bailli d'Amont, au siège de Vesoul. — Noms et qualités des parties : demoiselle Claude Paquet, veuve du sieur Jean Chevallier, en son vivant lieutenant de la justice et maire de Fresne-sur-Apance ; — Claude-François Guillaume, prêtre, citoyen de Besançon, y demeurant, chapelain de la chapelle Saint-Nicolas, érigée en l'église paroissiale de Chauvirey-le-Châtel ; — dame Béatrix Chappuis, veuve de messire Jean-Pierre Camus, seigneur d'Artaufontaine ; — les habitants et communauté de Calmoutier (sentence leur interdisant de comprendre dans les rôles de la communauté les fermiers des révérends sieurs doyen et chanoines du chapitre de Vesoul) ; etc.

B. 5176. (Portefeuille.) — 31 pièces, papier.

5800 (juillet à décembre). — Minutes des sentences rendues à vue des pièces par le lieutenant général du bailli d'Amont, au siège de Vesoul. — Noms et qualités des parties : Ferdinand-Gabriel Gourjon, d'Esprels, ancien lieutenant d'infanterie dans le régiment de Bouffler ; — dame Claude-Françoise de Varin, douairière de feu noble Jean-François de Lavier, seigneur de Calmoutier ; — noble Jean-François Salivet, seigneur de la Demye ; — Jean-Claude Jannin, seigneur de Betoncourt-sur-Mance (maintenu dans la jouissance et possession de la moitié du pressoir banal et faisant défense de pressurer les fruits de vigne ailleurs qu'au dit pressoir) ; etc.

B. 5177. (Portefeuille.) — 63 pièces, papier.

1777. — Minutes des sentences rendues à vue des pièces par le lieutenant général du bailli d'Amont, au siège de Vesoul. — Noms et qualités des parties : messire Claude-François Huban, prêtre, chanoine en l'église métropolitaine de Besançon, prieur commendataire du prieuré de Montberot-lès-Traves (maintenu dans la jouissance et possession du droit de justice haute, moyenne et basse sur les hommes, maisons et sujets de Combeaufontaine); — Jean-Claude Labbé, seigneur de Feuille, conseiller du roi au bailliage et siège présidial de Vesoul; — messire François Maréchal, seigneur d'Augicourt et autres lieux, chevalier de Saint-Louis; etc.

B. 5178. (Portefeuille.) — 44 pièces, papier.

1780 (janvier à juillet). — Minutes des sentences rendues à vue des pièces par le lieutenant général du bailliage d'Amont, au siège de Vesoul. — Noms et qualités des parties : messire Claude-Louis, comte de Scey et de la Mangiave, seigneur de Buthiez, Voray, etc.; — Sébastien Seguin, prêtre, chapelain de la chapelle Notre-Dame du Solborde; — noble Jacques Seud de la Fautenheim, lieutenant-colonel d'infanterie; — messire Pierre-Médéi de Dalmont, marquis d'Ormenans, capitaine pour le service de Sa Majesté, au régiment du maistre de camp général des dragons; — etc.

B. 5179. (Portefeuille.) — 45 pièces, papier.

1780 (juillet à 31 décembre). — Minutes des sentences rendues à vue des pièces par le lieutenant général du bailli d'Amont, au siège de Vesoul. — Noms et qualités des parties : Gault d'Estaule, ancien capitaine pour le service du Roi, demeurant à Fontenois-le-Château; — messire Aymé de Bellegarde, chevalier de Saint-Louis; — Jean Débanière, écuyer, sieur de Montvallot, ancien garde du corps et pensionnaire du Roi; — Léonard de Mesmay, écuyer, seigneur de La Bretenière, Mailley, etc.; — messire Claude-Huguenet, prêtre, prieur de Chambornay et aumônier de la Reine; etc.

B. 5180. (Portefeuille.) — 73 pièces, papier.

1781. — Minutes des sentences rendues à vue des pièces au bailliage de Vesoul par le lieutenant général du bailli d'Amont. — Noms et qualités des parties : Noë Lairou, d'Échenoz-le-Sec (condamné à payer aux révérends sieurs prieur et religieux de l'abbaye de la Charité la valeur du dit quartier de blé qu'il doit comme prix du droit dont il a joui pendant cinq années de cuire du pain dans un four particulier); — dame Jeanne-Françoise de Maçon, épouse de noble Simon de Gevau, capitaine de cavalerie pour le service de Sa Majesté au régiment d'Orcan (maintenu dans le droit de séance et sépulture dans une chapelle érigée sous l'invocation de Saint-Hubert en l'église de Scey-sur-Saône); — noble Melchior de Cadenet d'Autange, ancien capitaine pour le service de Sa Majesté; — messire Claude-Antoine Albert Franch de Raux, prieur de Fontaine (maintenu dans le droit de percevoir deux livres annuellement des sieurs curés de Baulisay pour le droit de patronage); etc.

B. 5181. (Portefeuille.) — 35 pièces, papier.

1782 (janvier à juin). — Minutes des sentences rendues à vue des pièces par le lieutenant général du bailli d'Amont, au siège de Vesoul. — Noms et qualités des parties : Pierre Favoret (condamné à abandonner à noble Louis-Ardouin de Bonnevalle, écuyer, seigneur de Vellegaudy, la jouissance de trois parts de quatre des biens dépendants de l'hoirie d'Anne Favoret, sujette mainmortable dudit seigneur); — messire Claude-François Huban, prêtre-chanoine en l'illustre chapitre métropolitain de Besançon, prieur et seigneur de Montherot; — les habitants de Fédry (maintenus dans la possession du droit de mettre en ban chaque année, quand bon leur semblera, une partie des prés situés sur le territoire de Cubry); — etc.

B. 5182. (Portefeuille.) — 34 pièces, papier.

1782 (juin à décembre). — Minutes des sentences rendues à vue des pièces par le lieutenant général du bailli d'Amont, au siège de Vesoul. — Noms et qualités des parties : messire Langroignet, conseiller au souverain parlement de Besançon; — dame Marie-Élisabeth de Grammont, veuve de messire Charles-Octave de Salivet, seigneur de Vallerois-le-Bois et autres lieux; — messire Claude-François Marie de Salives, chevalier de Malte; — Claude-Étienne Fournier, prêtre, conseiller en l'église Saint-Georges de Vesoul; etc.

B. 5183. (Portefeuille.) — 31 pièces, papier.

1783 (janvier à juin). — Minutes des sentences rendues à vue des pièces par le lieutenant général du bailli d'Amont, au siège de Vesoul. — Noms et qualités des parties : les religieux de Faverney (maintenus dans le droit d'exiger des habitants de Bussigneécourt ne possédant pas de chevaux accoutumés trois corvées à bras, savoir à la faucille, à la faux et au râteau) ; — dame Madeleine-Françoise, comtesse de Toulongeon-Montarlot, dame de Rosimont ; — messire Nicolas-Joseph de Vaudrey de Guierche de Grozon, baron et seigneur de Saint-Remy ; — François Colland, prêtre, curé de Fontroy (maintenu dans la possession et jouissance de la chapelle sise en l'église paroissiale de Fondremand sous l'invocation de saint Nicolas et de sainte Catherine) ; — les habitants de Barey et de Raulière (sentence ordonnant la délimitation de leurs territoires respectifs) ; etc.

B. 3181. (Portefeuille.) — 41 pièces, papier.

1782 (juillet à décembre). — Minutes des sentences rendues à vue des pièces par le lieutenant général du bailli d'Amont, au siège de Vesoul. — Noms et qualités des parties : messire Jean-Baptiste Petit, seigneur de Saint-Julien ; — messire Claude-Jobelot, seigneur de Montureux, président au parlement de Besançon ; — messire Louis-François Diez du Parquet, baron et seigneur de Flagy, lieutenant-colonel du régiment de Saint-Simon cavalerie ; etc.

B. 3183. (Portefeuille.) — 45 pièces, papier.

1783 (janvier à juin). — Minutes des sentences rendues à vue des pièces par le lieutenant général du bailliage d'Amont, au siège de Vesoul. — Noms et qualités des parties : messire François-Marie Rocquet de Courbouzon, abbé commendataire de l'abbaye royale Notre-Dame de Bithaine et les sieurs prieur et religieux de ladite abbaye ; — Jean-François Lampinet, doyen de l'insigne chapitre de l'église collégiale Saint-Georges de Vesoul ; — messire Pierre-Désiré Boithouzet, marquis d'Ormenans, seigneur de Loulans et autres lieux ; etc.

B. 3186. (Portefeuille.) — 52 pièces, papier.

1784 (juillet à décembre). — Minutes des sentences rendues à vue des pièces par le lieutenant général du bailliage d'Amont, au siège de Vesoul. — Noms et qualités des parties : Nicolas-François de Montjustin, écuyer, seigneur dudit lieu, Autrey, etc. ; — les habitants de la Malachère (condamnés à faire chacun d'eux et chaque année lorsqu'ils seront commandés, une corvée de faux et deux de faucille

à messire Antoine-François de Rosière, marquis de Soyans) ; — Luc-François de Langlantier, écuyer, seigneur à Pelouse ; — François-René Amyot de la Patorie, écuyer, gendarme dans les chevau-légers Dauphin ; — Albert de Lezay-Marnésia, abbé commendataire de l'abbaye royale de Bellevaux ; — Claude-Joseph Hallet, écuyer, seigneur de Rougnon, conseiller auditeur à la chambre des comptes, aides et domaines de la province ; etc.

B. 3187. (Portefeuille.) — 41 pièces, papier.

1785 (janvier à juin). — Minutes des sentences rendues à vue des pièces par le lieutenant général du bailliage d'Amont, au siège de Vesoul. — Noms et qualités des parties : les sieurs Jean, Nicolas et Bonaventure Royon et Bonaventure Mourey, de Velleffrie (condamnés à se désister et départir au profit de messire Louis-François Diez du Parquet, chevalier de Saint-Louis, baron et seigneur de Flagy, Varogne et Velleffrie, de tous les biens-fonds mainmortables situés sous la directe dudit seigneur et dépendants de la succession de Claude-Joseph Royon) ; — noble Jean-Baptiste Fladé, prêtre, citoyen de Besançon (maintenu dans la jouissance et possession du droit et liberté de conduire les fruits de vigne du lieu de Motay dans tel autre endroit que bon lui semblera et en conséquence d'en faire pressurer les marcs partout ailleurs qu'au pressoir banal de Jean-Claude Bavoux, écuyer, seigneur des terre et baronnie de La Rochelle) ; — messire Charles-Henri de Cuits, chevalier, comte de Neuilly, seigneur de Cemboing ; etc.

B. 3188. (Portefeuille.) — 41 pièces, papier.

1785 (juin à décembre). — Minutes des sentences rendues à vue des pièces par le lieutenant général du bailliage d'Amont, au siège de Vesoul. — Noms et qualités des parties : messire François-Florent, marquis du Châtelet, seigneur de Port-sur-Saône, Amance et autres lieux, et dame Gabrielle-Marie-Emmanuelle de Poitiers, son épouse ; — Gabriel-Louis de Sagey, prêtre, curé de Bussière ; — dame Marguerite Le Grand, veuve de noble Ardouin de Donnevalle, seigneur de Velleguindry ; — les révérends, pères mineurs et conventuels de l'ordre de Saint-François du couvent de Besançon ; etc.

B. 3189. (Portefeuille.) — 44 pièces, papier.

1786 (janvier à juin). — Minutes des sentences rendues à vue des pièces par le lieutenant général du bailliage d'Amont, au siège de Vesoul. — Noms et qualités des parties : demoiselle Jeanne Monnin, épouse de Nicolas Badica, capitaine, maréchal des logis dans la compagnie de gendarmerie d'essalon; — Alexis Roland, lieutenant de cavalerie au service de Sa Majesté Impériale; — Hugues Catuelet, seigneur de Chugo, en Champagne; etc.

B. 3190. (Portefeuille.) — 60 pièces, papier.

1780 (juin à décembre). — Minutes des sentences rendues à vue des pièces par le lieutenant général du bailliage d'Amont, au siège de Vesoul. — Noms et qualités des parties : noble révérend sieur, Charles-François Henys Regny de Myon, prêtre, docteur en théologie, prieur commendataire de Clairvaux, vicaire général de Toulon et chapelain de la chapelle érigée au château de Scey-sur-Saône sous l'invocation de Sainte-Anne, débouté des fins de sa requête tendant à ce que chaque habitant de Chantes soit condamné à lui livrer une quarte de froment bon, loyal et marchand, appelée la quarte de four, payable annuellement à la Saint-Martin d'hiver; — messire Antoine-Ignace de Camus, prêtre, chanoine en l'illustre chapitre de l'église métropolitaine de Besançon, abbé commendataire de Clairefontaine (maintenu dans la jouissance et possession ou quasi du droit de pâturage ou parcours tant pour son bétail que pour celui de son fermier sur le territoire d'Hurecourt); etc.

B. 3191. (Portefeuille.) — 49 pièces, papier.

1739 (janvier à juin). — Minutes des sentences rendues à vue des pièces par le lieutenant général du bailliage d'Amont, au siège de Vesoul. — Noms et qualités des parties : les habitants et communauté de Chargey (condamnés à passer reconnaissance au profit de messire Reinold, comte de Rosen, lieutenant général des armées du Roi, commandeur de l'ordre militaire de Saint-Louis, et dame Béatrix-Octavie, née comtesse de Grammont, qu'à eux compètent et appartiennent, en toute propriété, huit seigneuries appelées l'une *l'Ancienne* et les autres de *Fallon de Savoyer*, de *la Baume*, de *Mercey*, d'*Accolans*, d'*Auxon* et de *Barreaux*, lesquelles consistent en haute, moyenne et basse justice sur les communaux) ; — dame Marguerite Boudret, veuve d'Antoine d'Hennezel, en son vivant, écuyer, lieutenant-colonel pour le service du roi dans le régiment de Vaugrenans, dame de Boult, Chaux, Rochefort et autres lieux; — noble Jean-Claude Bavoux, seigneur des terre et baronnie de La Rochelle (débouté des fins de sa requête tendant à ce qu'il soit maintenu dans le droit de percevoir la dîme de vin sur une vigne de

sept ouvrées appartenant à Claude-Benisey, prêtre et curé de Jallice) ; — Jean-Baptiste de Mignot de La Baume, écuyer, seigneur de Vaugrenecourt; etc.

B. 3192. (Portefeuille.) — 65 pièces, papier.

1782 (juin à décembre). — Minutes des sentences rendues à vue des pièces par le lieutenant général du bailliage d'Amont, au siège de Vesoul. — Noms et qualités des parties : Claude-Étienne Breuillin, prêtre à Combeaufon (maintenu dans le droit, d'entrer dans la familiarité établie dans l'église de Colombier et de jouir des revenus, prérogatives et autres droits attribués à icelle); — les habitants de Vaivre et de Montaille (condamnés à passer reconnaissance à demoiselle Marie-Gabrielle-Charlotte-Françoise-Gasparine de Grandmont de la moyenne et basse justice); — Claude-François Matharet, écuyer, seigneur de Prégnoy et autres lieux, demeurant à Dôle; — les habitants d'Esmagny (maintenus dans la jouissance et possession du droit de pâturage dans les bois et sur le territoire du Pin) ; etc.

B. 3193. (Portefeuille.) — 48 pièces, papier.

1783 (janvier à mai). — Minutes des sentences rendues à vue des pièces par le lieutenant général du bailliage d'Amont, au siège de Vesoul. — Noms et qualités des parties : Charles Rodavant, seigneur de Pisseloup; — son Altesse Sérénissime Ébrard-Louis, duc de Wurtemberg et comte de Montbéliard; — les religieux de l'abbaye de Bithaine (déboutés des fins de leur requête tendant à ce qu'en qualité de seigneurs de Val-Saint-Éloi, ils ont seuls le droit de lever et percevoir la dîme de dix gerbes l'une sur la généralité du finage dudit lieu et à ce que défense soit faite à Desle Pierre Rollet, prêtre, curé du Val Saint-Éloi de les y troubler); — Antoine-Joseph Durand, écuyer, avocat au parlement, seigneur de Mercey et Gevigney; — les révérends pères cordeliers de Provenchère ; etc.

B. 3194. (Portefeuille.) — 36 pièces, papier.

1783. — Minutes des sentences rendues à vue des pièces par lieutenant général du bailliage d'Amont, au siège de Vesoul. — Noms et qualités des parties : messire Jacques-Hubert de La Fontaine, chevalier, seigneur de Chauvirey, capitaine des grenadiers à cheval du roi, chevalier de Saint-Louis, Jean de La Fontaine de Chauvirey, son frère, chevalier et capitaine au régiment royal-infanterie; — messire Alexandre de Jouffroy d'Uxelle, baron et seigneur de Montmartin ; — Jacques-Joseph Maître, écuyer, seigneur de Châtillon-le-Duc; — Pierre Barange de Vaujour, commissaire d'artillerie à Besançon; etc.

B. 5195. (Portefeuille.) — 44 pièces, papier.

1738 (janvier à juin). — Minutes des sentences rendues à vue des pièces par le lieutenant général du bailliage d'Amont, au siège de Vesoul. — Noms et qualités des parties : dame Charlotte-Nicole de Monthard, douairière de M. le comte de Scey, — demoiselle Marie-Henriette de Giffey, baronne de Marnez, dame de Vy-lès-Lure, Longevelle, les Aynans et autres lieux; — les révérendes mères Ursules du monastère de Vesoul; — madame la duchesse douairière de Son Altesse le prince Alexandre de Wurtemberg; — Laurent Vernerey, seigneur de Montcourt; — messire Claude-François de Vernerey, écuyer, seigneur de Montcourt et de Beauharnais; etc.

B. 5196. (Portefeuille.) — 54 pièces, papier.

1739 (mai à décembre). — Minutes des sentences rendues à vue des pièces par le lieutenant général du bailliage d'Amont, au siège de Vesoul. — Noms et qualités des parties : demoiselle Agnès Aymonnet, veuve de Claude-François Geruichon en son vivant, maître particulier de la maîtrise des eaux et forêts de Vesoul; — noble Jean-Claude Bavoux de La Baye, seigneur de La Rochelle; — les habitants et communauté de la Neuvelle-lès-Scey (condamnés à passer aveu et dénombrement tant en général qu'en particulier des droits, cens, tailles, redevances et autres prestations dues à messire Louis-Bénigne, marquis de Bauffremont, etc.); — les habitants et communauté de Marloz (condamnés à payer aux sieurs prieur et religieux de l'abbaye de Bellevaux la dîme de dix l'un de tous les grains qui se sèment et avertir lesdits religieux ou agents préposés de leur part avant que d'enlever les grains sur les champs où on les récolte); etc.

B. 5197. (Portefeuille.) — 62 pièces, papier.

1740 (janvier à juillet). — Minutes des sentences rendues à vue des pièces par le lieutenant général du bailliage d'Amont, au siège de Vesoul. — Noms et qualités des parties : messires François-Gaspard-Ardouhin Dambly des Aynelles, Louis Dambly et demoiselle Élisabeth Dambly, seigneurs et dame de Chauvirey, Ouge, la Quarte, Vitrey, etc.; — Léonard de Mesmay, écuyer, seigneur de Mailley et autres lieux; — dame Bonaventure Dorin, épouse du sieur Noël de Lanzac, chevalier de Saint-Louis, capitaine pour le service de Sa Majesté; — les révérends sieurs abbé, prieur et religieux de l'abbaye royale Notre-Dame de la Grâce-Dieu; etc.

B. 5198. (Portefeuille.) — 53 pièces, papier.

1740 (juillet au 31 décembre). — Minutes des sentences rendues à vue des pièces par le lieutenant général du bailliage d'Amont, au siège de Vesoul. — Noms et qualités des parties : messire Prosper, marquis de Falletans, seigneur de Thieffrans; — dame Didière Petit, épouse de Bernard Lepicard, écuyer, seigneur de Noxillières, demeurant à Langres; — Gaton-Jacques Bamedor, seigneur de Nolluns, Jacques Bamedor, seigneur de Bourguignon-lès-Morey, Nicolas Bamedor, seigneur d'Oiselly; — dame Charlotte Dambly, épouse de Philippe de Mauclerc, écuyer, seigneur d'Aulx, Verchamps et les Oignoy; — les révérends pères mineurs et conventuels de l'ordre de Saint-François du couvent de Besançon; etc.

B. 5199. (Portefeuille.) — 44 pièces, papier.

1741 (janvier à mai). — Minutes des sentences rendues à vue des pièces par le lieutenant général du bailli d'Amont, au siège de Vesoul. — Noms et qualités des parties : les habitants et communautés de Mercey et Gevigney (maintenus et gardés dans la jouissance et possession du droit d'envoyer leur bétail en vaine et morte pâture depuis Pasques jusqu'à la Saint-Remy de chaque année dans les bois appartenant à demoiselle Marie-Joseph de La Baume de Montrevel, comtesse de Créey, baronne de Lessart, dame de Gevigney, Mercey et autres lieux); — Frédéric-Éléonor Ponsot, seigneur de Verchamp, procureur du roi en la maîtrise des eaux et forêts de Baume; — les habitants et communautés d'Aroz (maintenus dans le droit de vain parcours sur le territoire de Traves); — les révérends pères du tiers ordre de Saint-François établis à Chemilly; — les habitants et communauté de Scey-sur-Saône (condamnés à faire un rôle de chaque feu et ménage en y comprenant les veuves à chaque Saint-Martin d'hiver et de payer annuellement à messire Louis-Bénigne, marquis de Bauffremont, chevalier de la Toison-d'Or, pour droit de guet et garde, menus emparements et curements des fossés du château de Scey-sur-Saône, treize sols quatre deniers par feu et ménage et moitié par les veuves à peine de trois sols estevenins d'amende); etc.

B. 3199. (Portefeuille.) — 47 pièces, papier.

1742 (juin à décembre). — Minutes des sentences rendues à vue des pièces par le lieutenant général du bailliage d'Amont, au siège de Vesoul. — Noms et qualités des parties : les sieurs directeurs de l'hôpital de la ville de Vesoul ; — messire Nicolas Haut, seigneur de Hausseracourt, avocat général en la chambre et cour des comptes de Dôle et dame Marie-Madeleine Molot, son épouse ; — Pierre-François Brocard, prêtre, curé de Godoncourt (maintenu dans la jouissance et possession du droit de percevoir la dîme novale de quinze gerbes l'une des grains déclmables au territoire dudit lieu ; — les habitants de Gesincourt (condamnés à se représenter sur la place publique, pour reconnaître qu'appartiennent aux dames Jeanne-Françoise Rambly et Charlotte Rambly, épouse de Philippe de Mauclerc et Marie-Joseph de La Baume Montrevel, dames de Gesincourt : 1° la justice haute, moyenne et basse sur les hommes, meix et héritages dudit lieu ; 2° la mainmorte sur les personnes et sur les terres) ; etc.

B. 3201. (Portefeuille.) — 38 pièces, papier.

1742 (janvier à juin). — Minutes des sentences rendues à vue des pièces par le lieutenant général du bailliage d'Amont au siège de Vesoul. — Noms et qualités des parties : Claude-Antoine de Sonnet, seigneur de Villers ; — les habitants et communauté de Pérouse (maintenus dans la jouissance et possession du droit de faire parcourir leur bétail en morte et vaine pâture après les premiers fruits levés dans un canton de la prairie de Cromary appelé le *pré-dessous*) ; — Pierre-François Rames, seigneur de Bussières, avocat du roi honoraire au bailliage et siège présidial de Besançon ; etc.

B. 3202. (Portefeuille.) — 56 pièces, papier.

1742 (juin à décembre). — Minutes des sentences rendues à vue des pièces par le lieutenant général du bailliage d'Amont, au siège de Vesoul. — Noms et qualités des parties : les révérends religieux de l'abbaye de Clairefontaine (maintenus dans la possession de la généralité de mainmorte affectée sur tous les habitants et résidants au lieu et territoire de Polaincourt, leur postérité née et à naître et dans le droit de banalité de leur moulin de Clairefontaine ; — messire Bénigne, comte de Montlezun, seigneur de Montureux-les-Baulay ; — messire Charles-François, comte de Montelebier, seigneur de Menoux et autres lieux (maintenu dans la jouissance par indivis avec les religieux de Faverney du four banal de Menoux) ; — Claire Nègre, veuve de Claude-Alexandre Rouillet, chevalier des ordres de Rome ; — messire François-Marie Rocquet de Courbouzon, abbé commendataire de l'abbaye de Bithaine, prieur de Grandecourt ; etc.

B. 3203. (Portefeuille.) — 65 pièces, papier.

1743 (janvier à juin). — Minutes des sentences rendues à vue des pièces par le lieutenant général du bailliage d'Amont, au siège de Vesoul. — Noms et qualités des parties : demoiselle Gabrielle-Charlotte-Françoise-Gasparine de Grammont-Châtillon, dame d'Axilloy, Mondon et autres lieux ; — dame Anne-Gabrielle de la Vaux, douairière, baronne de Foue et de Rians ; — Charles-Bonaventure de Roderand d'Espinois, seigneur de Pisseloup ; — Sébastien Legeay, seigneur d'Épinaux, Pisseloup, etc. ; — dame Françoise-Élisabeth de Vezein de La Porte, épouse de messire Pierre de Bernon, chevalier de Saint-Louis, capitaine de grenadiers pour le service du Roi dans le régiment de Gâtinais et dame Charlotte de Vezein de La Porte, épouse de messire Gaspard de Hounieres de Vienne, chevalier de Saint-Louis, capitaine de cavalerie dans le régiment de Lévis ; etc.

B. 3204. (Portefeuille.) — 50 pièces, papier.

1743 (juin à décembre). — Minutes des sentences rendues à vue des pièces par le lieutenant général du bailliage d'Amont, au siège de Vesoul. — Noms et qualités des parties : Philippe Maillard, ancien lieutenant de robe au bailliage et siège présidial de Langres, seigneur de Fresne-sur-Apance ; — Jean-Claude Dessirier, prêtre, curé de Morey (débouté des fins de sa requête tendante à ce que, pour rétribution d'une messe par semaine fondée dans une chapelle qui existait au haut de Morey et transférée dans l'église paroissiale dudit lieu, il lui soit accordé toutes les langues des grosses bêtes qui sont tuées par les bouchers de profession) ; — Jean-Léonard Pougeois, prêtre, curé de Melin, chapelain de la chapelle érigée en l'église paroissiale de Bougey sous l'invocation de la Vierge et de saint Jean-Baptiste ; — dame Thérèse de Sonnet, épouse séparée de corps de Claude-Étienne Clerc, écuyer, seigneur de Neurey ; — dame Jeanne-Marguerite Maîtrieux, veuve de Jean-Claude Bavoux, écuyer, seigneur des terres et baronnie de la Rochelle, Mollay, Cintrey et autres lieux ; etc.

B. 5205. (Portefeuille.) — 49 pièces, papier.

1744 (janvier à juin). — Minutes des sentences rendues à vue des pièces par le lieutenant général du bailliage d'Amont, au siége de Vesoul. — Noms et qualités des parties : Antoine-Prosper de Jacquot, écuyer, seigneur de Rosey, Andelarre et Andelarrot (maintenu dans la jouissance et possession de percevoir par chaque feu et ménage d'Andelarre annuellement à la Saint-Martin d'hiver trois boisseaux de blé pour droits dépendants du four banal d'Andelarre appartenant audit seigneur) ; — Léopold de Nardin, seigneur de Gouechier, ancien conseiller, demeurant à Guebwiller ; — messire Nicolas-Joseph Terrier, seigneur et marquis de Mailleroncourt, conseiller honoraire au parlement ; etc.

B. 5206. (Portefeuille.) — 29 pièces, papier.

1744 (juin à décembre). — Minutes des sentences rendues à vue des pièces par le lieutenant général du bailliage d'Amont, au siége de Vesoul. — Noms et qualités des parties : messire Charles-François d'Hallancourt, évêque et comte de Verdun, prince du Saint-Empire, abbé commendataire de l'abbaye royale Notre-Dame de la Charité et les sieurs prieur et religieux de ladite abbaye, seigneurs d'Echenoz-le-Sec ; — Daniel Brunet, écuyer, seigneur d'Aisey et Richecourt ; — Thomas Delot, coseigneur de Chauvillerain, avocat en parlement, demeurant à Faucogney ; — messire François Legroin de Laromagère, bailli, grand-croix de l'ordre de Malte, commandeur de la Villedieu en Fontenette ; — David-Nicolas Roussel, procureur général de Mgr le prince de Montbéliard ; etc.

B. 5207. (Portefeuille.) — 68 pièces, papier.

1745. — Minutes des sentences rendues à vue des pièces par le lieutenant général du bailliage d'Amont, au siége de Vesoul. — Noms et qualités des parties : Claude-François de Pouthier, écuyer, seigneur de Gouhelans ; — messire Anne-Armand, marquis de Rosen, brigadier des armées du roi, baron de Conflandey et Chemilly, seigneur de Chargey et autres lieux ; — messire Hubert-Joseph de La Rochelle, seigneur de la baronnie de Cuze et membres en dépendants ; — Jean-Charles et Jean-Jacques Mairot, écuyers, seigneurs de Vitreux ; — Guillaume-Antide de Montjustin, écuyer, seigneur de Montjustin, Autrey, Velotte ; etc.

B. 5208. (Portefeuille.) — 48 pièces, papier.

1746 (janvier à juillet). — Minutes des sentences rendues à vue des pièces par le lieutenant général du bailliage d'Amont, au siége de Vesoul. — Noms et qualités des parties ; illustrissime et révérendissime seigneur, Antoine-Pierre de Grammont, archevêque de Besançon, prince du Saint-Empire, seigneur de Noroy-l'Archevêque, Calmoutier et autres lieux ; — messire Pierre, marquis de Grammont, maréchal des camps et armées du roi, chevalier d'honneur au parlement de Besançon, seigneur de Villersexel, Abbenans et autres lieux ; — les habitants d'Oigney (sentence de la dîme sur les chènevières de leur territoire, et réglant la quantité que les habitants et forains pourront semer de grains non décimables dans la sole des blés à un seizième, et dans la sole des avoines à un sixième) ; — messire Jean-Baptiste Louis de Clermont d'Amboise, marquis de Rénel ; — Pierre-François Cotard, prêtre, chanoine et trésorier du chapitre royal de Saint-Quiriace, à Provins ; etc.

B. 5209. (Portefeuille.) — 37 pièces, papier.

1746 (juillet à décembre). — Minute des sentences rendues à vue des pièces par le lieutenant général du bailliage d'Amont, au siége de Vesoul. — Noms et qualités des parties : Benoît Demongenet, écuyer, seigneur de Jasney ; — Jean-Baptiste Miroudot, avocat au parlement, seigneur d'Onans ; — dame Marie-Thérèse Véronique de Staal, douairière de Jean-Baptiste Henrion, écuyer, seigneur de Magnoncourt ; etc.

B. 5210. (Portefeuille.) — 37 pièces, papier.

1747 (janvier à juin). — Minutes des sentences rendues à vue des pièces par le lieutenant général du bailliage d'Amont, au siége de Vesoul. — Noms et qualités des parties : messire Jean-Claude Bret, abbé commendataire de l'abbaye de Bellevaux, prieur et seigneur de Chambornay-les-Pin ; — dame Catherine-Françoise Petitcuenot, dame de Noironte, veuve de Claude-Joseph Bullet de Bougnon, écuyer, auditeur en la chambre des comptes de Dôle ; — dame Claudine Roide, veuve de Claude-François Brocard, en son vivant capitaine d'infanterie au régiment royal ; — Antoine Maignien, seigneur de Mersuay, et dame Charlotte Brocard, son épouse ; etc.

B. 5211. (Portefeuille.) — 45 pièces, papier.

1747 (juillet à décembre). — Minutes des sentences rendues à vue des pièces par le lieutenant général du bailliage d'Amont, au siège de Vesoul. — Noms et qualités des parties : les sieurs familiers de l'église paroissiale Saint-Georges, de Vesoul; — Jean-Léonard Ponjoin, prêtre, curé de Melin (maintenu dans la jouissance du droit d'exiger de chaque habitant de Noroy-les-Jussey, tenant charrue, des corvées s'élevant à la quantité de trois quartes de terre par jour); — les dames religieuses de la Visitation Sainte-Marie du monastère de Besançon; — Ignace-Alexis Gallet, citoyen de Besançon, avocat en parlement, conseiller du Roi, lieutenant en la maîtrise des eaux et forêts de la ville de Besançon, seul seigneur haut justicier de Recologne et Villersbouton; etc.

B. 5212. (Portefeuille.) — 28 pièces, papier.

1748 (janvier à juillet). — Minutes des sentences rendues à vue des pièces par le lieutenant général du bailliage d'Amont, au siège de Vesoul. — Noms et qualités des parties : dame Étiennette-Thérèse Ramey, dame de Bussierres, douairière de Charles-Emmanuel Brocart de la Vernay; — demoiselle Jacqueline Vigier, épouse de Mathieu Richard, capitaine des vivres demeurant à Jussey; — dame Anne-Madeleine Canot, veuve de feu Anatoile Lyautey, en son vivant, écuyer, conseiller du Roi, maison et couronne de France, et receveur de ses finances à Vesoul; etc.

B. 5213. (Portefeuille.) — 33 pièces, papier.

1748 (juillet à décembre). — Minutes des sentences rendues à vue des pièces par le lieutenant général du bailliage d'Amont, au siège de Vesoul. — Noms et qualités des parties : Jean-Claude-Joseph Bellenet, écuyer, conseiller maître secrétaire du roi, maison et couronne de France; — demoiselle Marie-Anne Cenet, de Villersexel, fille de feu Claude-François Cenet, en son vivant, avocat en parlement, seigneur d'Accolans; — messire François-Michel Petit, seigneur de Marroz, commissaire provincial ordonnateur des guerres en Franche-Comté, seigneur de la Vaivre, Aulx et dépendances, demeurant à Besançon; — dame Claude-Françoise-Claire Jaquard d'Annoire, épouse séparée de Charles-Gabriel Foillenot, écuyer; etc.

B. 5214. (Portefeuille.) — 38 pièces, papier.

1749 (janvier à mai). — Minutes des sentences rendues à vue des pièces par le lieutenant général du bailli d'Amont au siège de Vesoul. — Noms et qualités des parties : Simon Daudrey, prêtre, vicaire à Bourbonne, chapelain de la chapelle érigée en l'église paroissiale de Coutrecourt sous l'invocation de la Sainte-Vierge, de Saint-Jean-Baptiste et de Saint-Étienne; — François-Joseph Gérard, avocat en parlement, seigneur de Citers, demeurant à Faucogney; — les chanoines et chapitre de Vesoul maintenus et gardés dans la jouissance du droit (de faire donner par un chanoine la bénédiction sur le marchepied du maître-autel de l'église de ladite ville aux prédicateurs ordinaires et extraordinaires qui se présentent pour prêcher, immédiatement avant qu'ils montent en chaire); — messire Jean-Louis Desberton de Crillon, archevêque de Narbonne, abbé commendataire de l'abbaye Notre-Dame de Cherlieu; — messire Claude-Marie, comte de Bressey, chevalier, capitaine au régiment des gardes de Lorraine, seigneur de La Côte et autres lieux; etc.

B. 5215. (Portefeuille.) — 48 pièces, papier.

1749 (mai à décembre). — Minutes des sentences rendues à vue des pièces par le lieutenant général du bailliage d'Amont, au siège de Vesoul. — Noms et qualités des parties : demoiselle Marie-Joseph de La Baume-Montrevel, dame de Purgerot et autres lieux; — noble Antoine Jolivet, coseigneur à Purgerot; — Germain Sallier, écuyer, conseiller secrétaire du Roi, maison et couronne de France, seigneur de Frotey-les-Lure; — messire Charles-Simon-Philippe, comte de Rainach, seigneur de Rope et Amoncourt; etc.

B. 5216. (Portefeuille.) — 61 pièces, papier.

1750. — Minutes des sentences rendues à vue des pièces par le lieutenant général du bailliage d'Amont, au siège de Vesoul. — Noms et qualités des parties : les habitants de Recologne (maintenus dans la jouissance et possession du droit d'avoir dans leurs maisons des fours particuliers et d'y faire cuire leurs pains et pâtes sans la licence et permission du sieur Nicolas Debourge, prêtre, curé de Fretigney); — Pierre-Guillaume Bernard, seigneur d'Arbigny; — Son Altesse Mgr le cardinal de Soubise, évêque de Strasbourg, grand aumônier de France, commandeur des ordres de Sa Majesté, abbé et prince des abbayes de Murbach et autres lieux ; — messire Antoine-Alexandre, comte de Scey, chevalier de Saint-Louis; etc.

B. 3217. (Portefeuille.) — 58 pièces, papier.

1751. — Minutes des sentences rendues à vue des pièces par le lieutenant général du bailliage d'Amont, au siège de Vesoul. — Noms et qualités des parties : Jean-Jacques de Saintemesme, ancien capitaine de cavalerie ; — dame Angélique Perrenelle, douairière de messire Christophe Grivel, en son vivant, maître à la chambre des comptes de Dôle ; — messire Jean-François-Gabriel-Bénigne Chartraire, seigneur, marquis de Bourbonne-les-Bains, conseiller du roi en ses conseils, président à mortier au parlement de Bourgogne ; — messire Jacques-Joseph Maître, chevalier de l'ordre militaire de Saint-Louis, commandant un bataillon pour le service de Sa Majesté ; etc.

B. 3218. (Portefeuille.) — 33 pièces, papier.

1752 (janvier à mai). — Minutes des sentences rendues à vue des pièces dans les causes civiles par le lieutenant général du bailliage d'Amont, au siège de Vesoul. — Noms et qualités des parties : messire Nicolas-Jean-Baptiste de La Rochelle, chanoine en l'église métropolitaine de Besançon, archidiacre de Salins, seigneur d'Échenoz-le-Sec ; — messire Philippe-Xavier, marquis de Moustiers, mestre de camp d'un régiment de son nom, seigneur de Cubry, Nans, Bonnalle, etc. ; — Daniel Brunet de Lamotte, écuyer, seigneur d'Aisey et Richecourt ; — dame Marie-Ève de Frukses de Volhaussem, baronne de Ronchamp, douairière de feu messire François-Antoine de Rhénach, seigneur d'Essembrun et autres lieux ; etc.

B. 3219. (Portefeuille.) — 13 pièces, papier.

1752 (mai à décembre). — Minutes des sentences rendues à vue des pièces par le lieutenant général du bailli d'Amont, au siège de Vesoul. — Noms et qualités des parties : Claude-Louis Baugey, avocat en parlement, demeurant à Vesoul ; — François Petitclerc, de Grange, ancien garde du corps du Roi ; — Antoine-Augustin Ligier, avocat en parlement, maire de la ville de Jussey ; — les révérends sieurs prieur et religieux de l'abbaye des Trois-Rois ; — messire Charles-François-Ferdinand Marchal de Charantenay, chanoine en l'église métropolitaine de Besançon ; etc.

B. 3220. (Portefeuille.) — 49 pièces, papier.

1753. — Minutes des sentences rendues à vue des pièces par le lieutenant général du bailli d'Amont, au siège de Vesoul. — Noms et qualités des parties ; messire Jean-Baptiste-Ferré Dorival, chanoine de l'église métropolitaine de Besançon, seigneur prébendier d'Étuz ; — messire Charles-Antoine de Calvy, chevalier de Saint-Louis, ancien capitaine de cavalerie, seigneur de Gézier, Chambornay et Étuz ; — messire Paul Colbert, prieur commendataire du prieuré de Saint-Marcel, demeurant à Paris ; — Pierre-François Lyautey, prêtre, chanoine en l'église paroissiale et collégiale Saint-Georges de Vesoul ; etc.

B. 3221. (Portefeuille.) — 26 pièces, papier.

1754 (janvier à mai). — Minutes des sentences rendues à vue des pièces par le lieutenant général du bailliage d'Amont, au siège de Vesoul. — Noms et qualités des parties : Claude-François Choupot, conseiller du Roi au bailliage et siège présidial de Vesoul ; — Joseph Vuillemot, prieur commendataire du prieuré de Voisey (maintenu dans le droit et la possession de nommer et instituer le maître d'école et marguillier dudit Voisey) ; — M. le baron de Saint-Loup ; — madame la marquise de Rosen, dame en partie d'Aillevillers ; — messire Charles-Henrion de Franchevelle, maître en la chambre des comptes de Dôle, coseigneur d'Aillevillers ; etc.

B. 3222. (Portefeuille.) — 34 pièces, papier.

1754 (mai à décembre). — Minutes des sentences rendues à vue des pièces par le lieutenant général du bailliage d'Amont, au siège de Vesoul. — Noms et qualités des parties : Jean-Claude Bret, sous-diacre du diocèse de Besançon, licencié en droit, abbé commendataire de l'abbaye de Bonnevent, ordre de Cîteaux, diocèse de Vienne, prieur du prieuré de Chambornay-les-Pin (maintenu dans le droit de percevoir les fruits sur les héritages dépendants de son prieuré, francs et quittes de toute dîme) ; — Jean-Baptiste Bureau, seigneur de Pusy, correcteur à la chambre et cour des comptes, aides et finances du comté de Bourgogne ; — dame Françoise-Angélique de Lavier, veuve de Jean-Ignace de Laborey, écuyer, seigneur de Chargey, capitaine au régiment de la marine, chevalier de Saint-Louis ; — Henry-Désiré de Laborey, écuyer, seigneur de Virey ; etc.

SÉRIE B. — BAILLIAGES.

B. 5223. (Portefeuille.) — 47 pièces, papier.

1755 (janvier à juin). — Minutes des sentences rendues à vue des pièces par le lieutenant général du bailliage d'Amont, au siège de Vesoul. — Noms et qualités des parties : dame Françoise-Nicole de Mahuet, douairière de messire Claude-François-Gaspard, comte d'Hannezel, dame de Vauconcourt et autres lieux ; — Alexandre-Catherine de La Chaume d'Odelans, épouse de messire Léopold-Éberard, comte de Sponeck ; — dame Élisabeth de La Chaume d'Odelans, épouse de Jean-Urbain Sattelier, grand forestier de Montbéliard ; etc.

B. 5224. (Portefeuille.) — 47 pièces, papier.

1755 (juin à décembre). — Minutes des sentences rendues à vue des pièces par le lieutenant général du bailliage d'Amont, au siège de Vesoul. — Noms et qualités des parties : dame Benoîte Talbert de Nanceray, veuve usufruitière de Jean-François Lyautey, seigneur de Colombe et autres lieux, conseiller du Roi, receveur de ses finances au bailliage de Vesoul ; — les religieux de l'abbaye royale de Cherlieu (déboutés des fins de leur requête tendant à ce que la succession d'Augustin Gousset leur appartienne comme ayant demeuré plusieurs années dans un moulin dépendant de leur directe mainmortable) ; — les sieurs doyen et chanoines du chapitre de Vesoul (maintenus dans le droit de se faire présenter l'eau et le pain bénits en l'église de Calmoutier, de préférence à messire Claude-François Delavie, chevalier, seigneur à Calmoutier) ; etc.

B. 5225. (Portefeuille.) — 47 pièces, papier.

1756 (janvier à juin). — Minutes des sentences rendues à vue des pièces par le lieutenant général du bailli d'Amont, au siège de Vesoul. — Noms et qualités des parties : Jean-Claude-Joseph Bellenet, écuyer, conseiller secrétaire du Roi, maison et couronne de France ; — les révérends sieurs doyen et chanoines du chapitre de l'église collégiale et paroissiale Saint-Georges de Vesoul, seigneurs de Colombotte et autres lieux ; — dame Anne-Thérèse Borey, épouse de messire Jean-Louis-Albertin de Monaco, baron de Grimaldi, chevalier de l'ordre de Saint-Louis ; etc.

B. 5226. (Portefeuille.) — 42 pièces, papier.

1756 (juin à décembre). — Minutes des sentences rendues à vue des pièces par le lieutenant général du bailliage d'Amont, au siège de Vesoul. — Noms et qualités des parties : Jean-Baptiste Maillard, ancien officier de cavalerie, garde de la porte du Roi, seigneur de Fresne-sur-Apance ; — demoiselle Anne-Marie Canet d'Accolans, femme d'Étienne-François de Verne, officier d'infanterie ; — Hubert-Joseph de La Rochelle, écuyer, seigneur des terres et baronnie de Cuse, Gondenans, Bonnale et autres lieux ; etc.

B. 5227. (Portefeuille.) — 42 pièces, papier.

1757 (janvier à juin). — Minutes des sentences rendues à vue des pièces par le lieutenant général du bailliage d'Amont, au siège de Vesoul. — Noms et qualités des parties : messire François-Joseph d'Esmery, chevalier, seigneur de Bougey (maintenu dans le droit d'exiger de chaque habitant dudit lieu deux corvées à bras chaque année, une à la faucille ou récolte des froments, et l'autre à la saison de la moisson d'avoine, de faire faire un charroi de bois chaque année la veille de Noël par ceux des habitants ayant chariots et bestiaux, d'exiger de chaque habitant une poule à carnaval et la taille conformément à ses titres, etc.) ; — messire Léonard Coquelin, chanoine en l'illustre chapitre métropolitain de Besançon, et chapelain de la chapelle blanche érigée en l'église de Faverney ; — Michel Gault de Tante, ancien capitaine d'infanterie dans le régiment d'Anjou, etc.

B. 5228. (Portefeuille.) — 39 pièces, papier.

1757 (juin à décembre). — Minutes des sentences rendues à vue des pièces par le lieutenant général du bailliage d'Amont, au siège de Vesoul. — Noms et qualités des parties : dame Marie-Louise de Bernon, relicte d'Hubert-Joseph de Donnerat, en son vivant, écuyer, seigneur de Vellegundry, et épouse en secondes noces de messire Laroche-Aymon, capitaine de cavalerie, chevalier de Saint-Louis ; — Nicolas Bressand, coseigneur à Chevigney ; — messire Charles-François Benoit De Mongenet, seigneur de Jasney, conseiller au parlement de Besançon ; — Nicolas Henrion, écuyer, seigneur de Fédry ; — Jean-François Monnoyeur, seigneur de Clans ; etc.

B. 5229. (Portefeuille.) — 42 pièces, papier.

1758 (janvier à juillet). — Minutes des sentences sommaires rendues à vue des pièces par le lieutenant général du bailliage d'Amont, au siège de Vesoul. — Noms et qualités des parties : dame Antoine-Françoise de Martin, veuve de messire Jean-Baptiste-François de Bichin, écuyer, en son vivant seigneur de Cendrecourt; — les prieur et religieux de Clairefontaine (maintenus dans la jouissance et possession d'exercer la moyenne et la basse justice à Senoncourt, en mainmorte avec tous les droits seigneuriaux y attachés et autres en dérivant); — demoiselle Madeleine Suzanne, marquise du Châtelet, dame de la Nouvelle, Fresse, Roye et autres lieux; etc.

B. 5230. (Portefeuille.) — 39 pièces, papier.

1758 (juillet à décembre). — Minutes des sentences rendues à vue des pièces par le lieutenant général du bailliage d'Amont, au siège de Vesoul. — Noms et qualités des parties : dame Jeanne-Octavie, comtesse de Vaudrey, baronne de Saint-Remy, douairière de messire Anne-Armand, marquis de Rosen, lieutenant général des armées du Roi; — Son Altesse Mgr Jean-Charles Godefroy, duc de la Trimouille et de Thouar, prince de France, époux de madame la duchesse de Trimouille, dame de Saint-Loup; — messire François-Alexis Henrion, conseiller maître ordinaire en la chambre et cour des comptes et domaines et finances de Franche-Comté; — Charles-Joseph Henrion, écuyer, lieutenant de nos seigneurs les maréchaux de France, tous seigneurs et dames d'Aillevillers; — le sieur Claude Piguet, prêtre, curé d'Onans débouté des fins de sa requête tendante à ce qu'il soit maintenu dans le droit de percevoir sur les habitants dudit Onans la dîme des grains qui se lient sur le pied d'une gerbe par chaque champ, ainsi que la dîme novale sur le même pied; etc.

B. 5231. (Portefeuille.) — 42 pièces, papier.

1759 (janvier à juin). — Minutes des sentences rendues à vue des pièces par le lieutenant général du bailliage d'Amont, au siège de Vesoul. — Noms et qualités des parties : Michel Gault d'Estaule, ancien capitaine d'infanterie; — Jean-Antoine-Nicolas, Sébastien, Jeanne-Claude, Pierrette et Charlotte Tissot, frères et sœurs, demeurant au moulin du Montarlot (maintenus dans la possession ou quasi du droit de banalité du moulin qu'ils tiennent en acensement sur l'étendue du territoire du grand et du petit Montarlot); — messire François-Joseph de Jouffroy d'Uselle, chevalier de Saint-Louis, seigneur de Montmartin et autres lieux; — messire Louis-Maximilien Libre, baron d'Iselin de Lanans, seigneur d'Avilley; — messire Gabriel Lange, professeur de médecine en l'université de Besançon; etc.

B. 5232. (Portefeuille.) — 37 pièces, papier.

1759 (juin à décembre). — Minutes des sentences rendues à vue des pièces par le lieutenant général du bailliage d'Amont, au siège de Vesoul. — Noms et qualités des parties : messire Jean-Claude Bret, abbé commendataire de l'abbaye royale de Bonnevent et prieur du prieuré de Chambornay-les-Pin; — messire Jean-Claude Boisot, abbé commendataire de l'abbaye royale de Saint-Paul de Besançon et les sieurs prieur et chanoines de ladite abbaye, seigneurs de Banmotte; — messire François-Pierre de Closelle, conseiller du Roi en son grand conseil, et dame Françoise de Bronleville, son épouse; — Pierre Gaspard-Marie Grimod d'Orçay, seigneur des terres et baronnie de Rupt, Delain et dépendances; etc.

B. 5233. (Portefeuille.) — 54 pièces, papier.

1760 (janvier à juillet). — Minutes des sentences rendues à vue des pièces par le lieutenant général du bailliage d'Amont, au siège de Vesoul. — Noms et qualités des parties : messire Antoine Chauvelet de La Villette, chevalier de Saint-Jean de Jérusalem, commandeur de la commanderie de la Villedieu en Fontenotte; — Claude-François Brocard, ancien lieutenant de milice, demeurant à Ormoy; — messire Célestin d'Andelot, grand prieur et religieux capitulaire de l'abbaye de Lure; — Thomas Vannier, prêtre et curé d'Aroz (maintenu dans le droit de percevoir deux gerbes par journal de blé et d'avoine sur le territoire dudit lieu); etc.

B. 5234. (Portefeuille.) — 38 pièces, papier.

1760 (juillet à décembre). — Minutes des sentences rendues à vue des pièces par le lieutenant général du bailliage d'Amont au siège de Vesoul. — Noms et qualités des parties : Claude-François Lampinet, écuyer, seigneur de Sainte-Marie en Chaux; — Claude-François-Madeleine Damedor, seigneur et comte de Molans et autres lieux (maintenu dans la jouissance du droit d'une voiture de bois dite de « ligne randable » en son château de Molans par chaque année, veille de la Toussaint sur tous les habitants de Molans ayant bêtes trahantes); — messire Prosper, marquis de Falletans, seigneur de Thieffrans et autres lieux; etc.

B. 5235. (Portefeuille.) — 37 pièces, papier.

1761 (janvier à juin). — Minutes des sentences rendues à vue des pièces par le lieutenant général du bailliage d'Amont, au siége de Vesoul. — Noms et qualités des parties : Jean-César-Nicolas Labbé, conseiller aux bailliage et siége présidial de Vesoul (maintenu dans la jouissance de percevoir sur chaque habitant d'Autrey-le-Vay, manant, résidant, tenant feu et ménage, la quantité de deux mesures de froment loyal et marchand); — messire Bénigne de Montlezun, seigneur de Montureux-les-Baulay, Venisey, Tartécourt, Cevigney, Mercey et autres lieux; — Jean-François Artemand, seigneur de Rorey; etc.

B. 5236. (Portefeuille.) — 43 pièces, papier.

1761 (juin à décembre). — Minutes des sentences rendues à vue des pièces par le lieutenant général du bailliage d'Amont. — Noms et qualités des parties : dame Louise-Martine, comtesse de Saint-Mauris, dame de Lambrey et de sainte Marie en Chanois, en partie, chanoinesse de l'insigne chapitre de Remiremont; — dame Marie-Anne-Marguerite Jector, veuve de Louis-François Coste de Rangeveile, capitaine de dragons au régiment de Bourbon pour le service du roi des Deux-Siciles; — messire Jean-François Raillard, conseiller maître en la Chambre des comptes, aides, domaines et finances, séante à Dôle, seigneur de Cevigney et Morey; etc.

B. 5237. (Portefeuille.) — 35 pièces, papier.

1762 (janvier à juin). — Minutes des sentences civiles rendues à vue des pièces par le lieutenant général du bailliage d'Amont, au siége de Vesoul. — Noms et qualités des parties : Antoine-François-Éléonore de Jacquot, écuyer, seigneur de Levrecey; — Léonard Billot, prêtre, curé d'Huanne (maintenu dans la jouissance des bénéfices attachés à ladite cure et aux villages en dépendant); — Claude-Jacques Berlier, curé de Vellefrie, et les habitants dudit lieu (maintenus dans la jouissance et possession du droit de faire offrir par les habitants de Flagy les bons deniers et michottes à chaque jour de fête de Toussaint, ainsi que de percevoir le tiers des frais d'enterrement des chefs de famille dudit Flagy); — messire Claude de Maizières, chevalier de l'ordre de Saint-Louis; etc.

B. 5238. (Portefeuille.) — 33 pièces, papier.

1762 (juin à décembre). — Minutes des sentences civiles rendues à vue des pièces par le lieutenant général du bailliage d'Amont, au siége de Vesoul. — Noms et qualités des parties : Antide-François de Constable, écuyer, seigneur de la Tour de Scay, Flagey et autres lieux; — dame Jeanne-Octavie, née comtesse de Vaudrey, douairière de messire Aimé-Armand, marquis de Rosan, lieutenant général des armées du Roi, dame et baronne de Saint-Remy (maintenue dans la jouissance et possession du droit de percevoir sur chaque particulier d'Aboncourt tenant feu et ménage une gerbe de blé après la moisson de chaque année, et une miche de pain fin pétri avec du lait pesant trois livres et demie à chaque jour de fête Nativité Notre-Dame, patronne dudit Aboncourt); — les RR. mères supérieure et religieuses de la congrégation Notre-Dame du monastère de Conflans; etc.

B. 5239. (Portefeuille.) — 41 pièces, papier.

1763 (janvier à juillet). — Minutes des sentences civiles rendues à vue des pièces par le lieutenant général du bailliage d'Amont, au siége de Vesoul. — Noms et qualités des parties : dame Marie-Louise de la Bassinière, douairière de messire Claude-François de Lavier, seigneur à Calmoutier; — messire Nicolas-Joseph Terrier, marquis et seigneur de Mailleroncourt-Charette, conseiller honoraire au parlement de Besançon; — Antoine Ébaudy, écuyer, secrétaire du Roi, maison et couronne de France; etc.

B. 5239 (bis). (Portefeuille.) — 43 pièces, papier.

1763 (juillet à décembre). — Minutes des sentences civiles rendues à vue des pièces par le lieutenant général du bailliage d'Amont, au siége de Vesoul. — Noms et qualités des parties : Gabriel-Simon Huot, écuyer, seigneur de Charmoille et autres lieux; — dame Marie-Françoise Rance, veuve du sieur Goux, dame de Velleguindry; — le sieur Clément Duplessis, bourgeois de Faucogney (maintenu dans la possession du droit de placer deux bancs et deux tombes proches le pilier qui fait face à la chaire du prédicateur dans l'église dudit lieu); — messieurs les hauts doyen et chanoines du chapitre royal de Baume; — Vincent Jobard, seigneur de Brevans, conseiller vétéran au bailliage et siége présidial de Besançon; etc.

B. 5240. (Portefeuille.) — 46 pièces, papier.

1765 (janvier à juillet). — Minutes des sentences civiles rendues à vue des pièces par le lieutenant général du bailliage d'Amont, au siége de Vesoul. — Noms et qualités des parties : dame Marguerite Sébastien, épouse de Jean-François-Ignace Salivet, écuyer, seigneur de Fouchècourt; — Claude de Saint-Simon, chevalier, grand'croix de Saint-Jean de Jérusalem, ancien général des galères et vaisseaux de Malte, ambassadeur extraordinaire du roi des Deux-Siciles, commandeur de Bonneville et Laromagne; — Hyacinthe Roland, ancien procureur du Roi en la maîtrise des eaux et forêts de Vesoul, seigneur de Dampvalley; — messire Jean-Nicolas Joubert, chevalier de l'ordre royal et militaire de Saint-Louis, capitaine d'infanterie, et dame Anne de Crouse, son épouse; etc.

B. 5241. (Portefeuille.) — 46 pièces, papier.

1766 (juillet à décembre). — Minutes des sentences civiles rendues à vue des pièces par le lieutenant général du bailliage d'Amont, au siége de Vesoul. — Noms et qualités des parties : Jean-Baptiste Clerc, écuyer, et dame Claude-Gabrielle de Cordemoy, dame de Froncelmont, son épouse; — Pierre-Gaspard Folley, seigneur à Corre; — messire Jacquard, seigneur d'Annoires et autres lieux, ancien avocat général au parlement de Besançon; — les fermiers de la commanderie de la Villedieu en Fontenotte (déclarés exempts de tous aides, charges et contributions sous quelque nom et titre qu'on puisse les tirer et appeler pour les biens qu'ils tiennent de cette commanderie); etc.

B. 5242. (Portefeuille.) — 41 pièces, papier.

1766 (janvier à juillet). — Minutes des sentences rendues à vue des pièces dans les affaires civiles par le lieutenant général du bailliage d'Amont, au siége de Vesoul. — Noms et qualités des parties : l'abbaye de Bithaine (maintenue dans la jouissance et possession du droit de justice haute, moyenne et basse, exclusif sur tous leurs sujets, meix, maisons et héritages situés au lieu de Saulx); — dame Marie-Henriette-Catherine Rollin, douairière de messire François Le Camus, chevalier de Saint-Louis, commandant de la citadelle de Lille; etc.

B. 5243. (Portefeuille.) — 30 pièces, papier.

1766 (juillet à décembre). — Minutes des sentences rendues à vue des pièces dans les affaires civiles par le lieutenant général du bailliage d'Amont, au siége de Vesoul. — Noms et qualités des parties : Charles-François Faivre, ancien trésorier de guerres, demeurant à Vesoul; — le comte de Montrevel, seigneur de Hercey et autres lieux; — Claude-Antoine-Benoît Papier, conseiller procureur du Roi au bailliage de Vesoul; — François de Riollet, écuyer, demeurant à Dijon; — Claude Pagney, ancien officier de gendarmerie; etc.

B. 5244. (Portefeuille.) — 41 pièces, papier.

1767 (janvier à mai). — Minutes des sentences civiles rendues à vue des pièces par le lieutenant général du bailliage d'Amont, au siége de Vesoul. — Noms et qualités des parties : messire Charles-Emmanuel de Saint-Mauris, chevalier de Malte, capitaine des carabiniers, seigneur de Jasney et autres lieux; — Guillaume-Antide de Montjustin, écuyer, seigneur de Montjustin et autres lieux; etc.

B. 5245. (Portefeuille.) — 33 pièces, papier.

1767 (mai à août). — Minutes des sentences civiles rendues à vue des pièces par le lieutenant général du bailliage d'Amont, au siége de Vesoul. — Noms et qualités des parties : messire Alexandre de Jouffroy et dame Gabrielle de Jouffroy, son épouse, seigneur et dame de Tournans et autres lieux; — Claude-Antoine Juliard, conseiller du Roi, substitut de son procureur au siége de police de Vesoul; — le comte de Fleury, ancien grand maître des eaux et forêts de France; etc.

B. 5246. (Portefeuille.) — 24 pièces, papier.

1767 (août à décembre). — Minutes des sentences civiles rendues à vue des pièces par le lieutenant général du bailliage d'Amont, au siége de Vesoul. — Noms et qualités des parties : les habitants et communauté de Venisey (maintenus dans la jouissance du droit de parcours dans le canton de bois dit de Fontenotte situé sur le territoire de Venisey, après que la coupe en aura été déclarée défensable); — Jean-Baptiste Lovert, écuyer, avocat en Parlement; — les RR. PP. Jésuites du collège de Vesoul et les RR. sieurs prieur et chanoines réguliers d'Hérival (condamnés en qualité de décimateurs à Bouligney « à faire baronner les fenêtres du chœur de l'église dudit lieu, à faire mettre des crédences aux deux côtés du maître autel, à fournir un ciboire, un ostensoir, une chasuble verte et une violette et une écharpe pour la bénédiction du Saint-Sacrement »); — Louis-Girard, coseigneur à Fresne-sur-Apance; etc.

B. 5247. (Portefeuille.) — 36 pièces, papier.

1768 (janvier à juin). — Minutes des sentences civiles rendues à vue des pièces par le lieutenant général du bailliage d'Amont, au siége de Vesoul. — Noms et qualités des parties : Jean-Claude Boisot, docteur en droit canon, abbé commendataire de l'abbaye Saint-Paul de Besançon; —

Mgr Charles de Rohan, prince de Soubise, pair de France, lieutenant général des armées du Roi et lieutenant général pour Sa Majesté des provinces de Flandre et de Hainaut, et gouverneur particulier des ville et citadelle de Lille; — le sieur Jean-Baptiste Gonstet (maintenu dans la jouissance et possession d'un banc situé dans l'église de Chauvirey); etc.

D. 5248. (Portefeuille.) — 30 pièces, papier.

1768 (juin à août). — Minutes des sentences civiles rendues à vue des pièces par le lieutenant général du bailliage d'Amont, au siège de Vesoul. — Noms et qualités des parties : dame Marie-Josèphe de Sagey, douairière de messire François de Ponthier, en son vivant seigneur de Gouhelans, et autres lieux; — messire Léonard Joseph d'Amandre, chevalier de Saint-Louis, coseigneur de Gouhelans; — les habitants et communauté de Cromary (sentence réduisant à la somme de trente livres la cote à laquelle ils ont été imposés sur les rôles de Sorans); etc.

D. 5249. (Portefeuille.) — 30 pièces, papier.

1768 (août à décembre). — Minutes des sentences civiles rendues à vue des pièces par le lieutenant général du bailliage d'Amont, au siège de Vesoul. — Noms et qualités des parties : Jean-Baptiste Maillard, coseigneur à Fresne-sur-Apance, ancien officier de cavalerie; — Jean-Antoine Chaudot, garde du corps de Sa Majesté; — Jean-Gabriel-Frédéric Tixerand, seigneur de Servance; — Marguerite-Françoise Tixerand de Servance, épouse du sieur Jean Bolot, seigneur d'Ancier, demeurant à Corravillers; — dame Marguerite-Françoise Tixerand de Servance, épouse de Jean-Baptiste de Labaule, écuyer; etc.

D. 5250. (Portefeuille.) — 37 pièces, papier.

1770 (janvier à avril). — Minutes des sentences civiles rendues à vue des pièces par le lieutenant général du bailliage d'Amont, au siège de Vesoul. — Noms et qualités des parties : dame Jeanne-Claude-Ursule Noirot, épouse de Jean-Baptiste Burtel, écuyer, seigneur de Vaivre et Frétigney; — Bénigne-Joseph Maçon, écuyer, seigneur de Montchevrey; — Jean Luquet de Grange, écuyer, seigneur du fief Pernot à Ovanches; — noble Philippe Brun de Mézières; etc.

D. 5251. (Portefeuille.) — 33 pièces, papier.

1770 (avril à juillet). — Minutes des sentences civiles rendues à vue des pièces par le lieutenant général du bailliage d'Amont, au siège de Vesoul. — Noms et qualités des parties : dame Marie-Anne Cequt d'Accolans, épouse du sieur de Verne, chevalier de Saint-Louis; — messire François-Antoine, baron de Reinach, seigneur de Woerth, Amoncourt, etc. — Jean-Félix-François-Philippe, comte de Reinach, seigneur de Rope; — messire Simon-Jeannin de Chaumondel, chevalier de Saint-Louis, seigneur de Betoncourt-sur-Mance; etc.

D. 5252. (Portefeuille.) — 31 pièces, papier.

1771 (juillet à décembre). — Minutes des sentences civiles rendues à vue des pièces par le lieutenant général du bailliage d'Amont, au siège de Vesoul. — Noms et qualités des parties : dame Catherine-Françoise Régent, douairière de François-Vincent Faivre, écuyer, demeurant à Vesoul; — messire Jean-Baptiste Bureau, seigneur de Pusy, demeurant à Saulnot; — Charles Jeanroye, prêtre, curé de Montigny-les-Cherlieu; etc.

D. 5253. (Portefeuille.) — 33 pièces, papier.

1772 (janvier à mars). — Minutes des sentences civiles rendues à vue des pièces par le lieutenant général du bailliage d'Amont, au siège de Vesoul. — Noms et qualités des parties : Charlotte Robert, femme de Charles Guyard, huissier royal audiencier de la prévôté de Jussey; — S. Em. Mgr le cardinal de Choiseul, archevêque de Besançon, seigneur de Noroy; etc.

D. 5254. (Portefeuille.) — 46 pièces, papier.

1772 (mars à juin). — Minutes des sentences civiles rendues à vue des pièces par le lieutenant général du bailliage d'Amont, au siège de Vesoul. — Noms et qualités des parties : dame Marie-Thérèse, née comtesse de Montrichier, épouse de messire Charles-Jérôme, comte de Raigecourt, dame de Menoux et autres lieux; — Pierre-Gaspard-Marie Grimod Dufort, écuyer, seigneur d'Orçay et de la baronnie de Rupt et dépendances; — Jacques-Simon Bolot, docteur en théologie, prêtre, curé de Faucogney; etc.

B. 5255. (Portefeuille.) — 30 pièces, papier.

1771 (juin à août). — Minutes des sentences civiles rendues à vue des pièces par le lieutenant général du bailliage d'Amont, au siège de Vesoul. — Noms et qualités des parties : Jacques de Bresson, écuyer, seigneur à Ormoy et Rousserancourt ; — les prieur et religieux de l'abbaye de Saint-Vincent de Besançon (maintenus dans la jouissance et possession du droit de dîme en généralité au territoire de Villars-Saint-Marcellin, et condamnant les sieurs et dame de Ronnay à payer la dîme sur le pied du quarantième pour leurs vignes situées audit lieu) ; — messire Jean-Baptiste-Louis, marquis de Clermont d'Amboise, chevalier, ambassadeur en Portugal ; — messire Jacques de Choiseul, comte de Stainville, lieutenant général des armées du Roi, et dame Thérèse de Clermont, son épouse, demeurant à Paris ; — Jean-Baptiste Dumoulet de la Terrade, écuyer, demeurant à Gy ; — dame Joseph-Thérèse Dumoulet de la Terrade, épouse de Jean Luquet de Chantrans, écuyer, seigneur de Pernot et Oranches ; — dame Jeanne-Charlotte Carmantrand, veuve de Desle Dumont de La Terrade, écuyer ; etc.

B. 5256. (Portefeuille.) — 34 pièces, papier.

1771 (août à décembre). — Minutes des sentences civiles rendues à vue des pièces par le lieutenant général du bailliage d'Amont, au siège de Vesoul. — Noms et qualités des parties : le marquis de Choiseul et madame de la Baume, son épouse (maintenus dans la jouissance et possession du droit de percevoir sur chaque habitant de Montferney annuellement deux *quartes* de blé, mesure de Rougemont, pour *quartes* de four, et une poule) ; — messire Jean-Louis Aynard de Clermont-Tonnerre, abbé commendataire de Saint-Pierre de Luxeuil (condamné à fournir à l'église de Godoncourt les livres nécessaires au service divin) ; etc.

B. 5257. (Portefeuille.) — 37 pièces, papier.

1772 (janvier à mars). — Minutes des sentences civiles rendues à vue des pièces par le lieutenant général du bailliage d'Amont, au siège de Vesoul. — Noms et qualités des parties : messire Jacques-Antoine de Rosière, marquis de Sorans (débouté des fins de sa requête tendante à ce que Laurent-Ignace Bogillot, prêtre et curé de Cromary, soit condamné à faire cuire ses pâtes et pains dans le four banal) ; — Gaspard Foley, ancien gendarme de la garde du Roi, seigneur à Corre ; — dame Thérèse Raisonnet, épouse d'Albert Dalland, écuyer ; etc.

B. 5258. (Portefeuille.) — 42 pièces, papier.

1772 (mars à mai). — Minutes des sentences civiles rendues à vue des pièces par le lieutenant général du bailliage d'Amont, au siège de Vesoul. — Noms et qualités des parties : Pierre et Anne Silvestre, de Noidans-le-Ferroux (condamnés à payer « à Antoine Bride, prêtre, curé dudit Noidans : 1° la somme de quinze livres quinze sols pour dîmes-charrue depuis 1761 inclus jusques et compris 1771 ; 2° celle de seize livres trente sols quatre deniers pour les deux tiers des mortuaires ; 3° celle de quatre livres quatorze sols six deniers pour bons deniers et michottes ») ; — messire Jacques-Philippe-Emmanuel, comte de Salives, seigneur de Vallerois-le-Bois, Cers-les-Noroy et autres lieux ; etc.

B. 5259. (Portefeuille.) — 43 pièces, papier.

1772 (mai à juillet). — Minutes des sentences civiles rendues à vue des pièces par le lieutenant général du bailliage d'Amont, au siège de Vesoul. — Noms et qualités des parties : Desle-Bonaventure Burtel, écuyer, seigneur de Chassey ; — Hubert-Joseph Prevost, seigneur à Vellefaux ; — messire Antoine-François de Bernard, comte de Montessus ; — maître Claude-Antoine Juliard, procureur aux bailliage et siège présidial de Vesoul ; etc.

B. 5260. (Portefeuille.) — 33 pièces, papier.

1772 (juillet à septembre). — Minutes des sentences rendues à vue des pièces par le lieutenant général d'Amont, au siège de Vesoul. — Noms et qualités des parties : dame Marie-Charlotte de Tricornot du Tremblois, abbesse de la noble et royale abbaye de Montigny ; — Joseph d'Hémery, seigneur de Bouge ; — dame Marie-Thérèse Tixerand, épouse du sieur Pesner, officier au corps royal d'artillerie ; — les habitants et communauté de Lomont (condamnés à rendre et restituer aux habitants et communauté de Faymont la somme de 2,763 livres 13 sols avec tous intérêts, qu'ils ont versée pour reconstruire l'église et le clocher de Lomont) ; etc.

B. 5261. (Portefeuille.) — 19 pièces, papier.

1772 (septembre à décembre). — Minutes des sentences rendues à vue des pièces par le lieutenant général d'Amont, au siège de Vesoul. — Noms et qualités des parties : les habitants et communauté d'Ovanches (condamnés à contribuer pour les deux tiers à l'entretien et fourniture du luminaire de la paroisse de Saint-Albin) ; — le sieur Véjux, prêtre et curé de Gendrecourt (condamné à faire cuire au four banal ses pains et pâtes et à démolir le four qu'il a établi dans son presbytère) ; — Nicolas Richard, ancien officier de cavalerie ; etc.

B. 5262. (Portefeuille.) — 33 pièces, papier.

1773 (janvier à février). — Minutes des sentences civiles rendues à vue des pièces par le lieutenant général du bailliage d'Amont, au siège de Vesoul. — Noms et qualités des parties : les habitants et communauté de Raze (condamnés à reconnaître en corps de communauté que compètent à dame Claude-Marguerite Chapot, veuve du sieur Jean-François Roux, seigneur de Raze, les droits suivants : 1° la justice haute, moyenne et basse, générale et territoriale ; 2° la mainmorte réelle et personnelle ; 3° l'obligation imposée à chaque sujet tenant meix à Raze de faire annuellement, pour le compte du seigneur, deux corvées de bras, l'une à la moisson des froments avec la faucille, et l'autre à celle des avoines avec le râteau) ; — noble Jean-Claude Chevillet, capitaine d'infanterie au service de Sa Majesté ; — dame Marie-Françoise Rauce, veuve du sieur Goux, dame de Velleguindrey et autres lieux ; etc.

B. 5263. (Portefeuille.) — 31 pièces, papier.

1773 (février à avril). — Minutes des sentences civiles rendues à vue des pièces par le lieutenant général du bailliage d'Amont, au siège de Vesoul. — Noms et qualités des parties : frère Pie de Jassion de Sainte-Gay, chevalier de l'ordre de Saint-Jean de Jérusalem, commandeur de Sales ; — Joseph Pierre Sallier de Champolle, écuyer, ancien capitaine dans le régiment de Poitou, seigneur de Pusey, Frotey et autres lieux ; — les doyen et chanoines du chapitre de Dôle, prieurs de Marast ; etc.

B. 5264. (Portefeuille.) — 33 pièces, papier.

1773 (avril à juin). — Minutes des sentences civiles rendues à vue des pièces par le lieutenant général du bailliage d'Amont, au siège de Vesoul. — Noms et qualités des parties : le marquis de Choiseul et dame Gabrielle, marquise de la Baume, son épouse, seigneur et dame de Rougemont ; — Son Altesse sérénissime le prince régnant de Wirtemberg et de Montbéliard (maintenu dans le droit et la possession de percevoir le seizième de tous les grains qui se vendent et débitent sur le territoire de Redvillers) ; — les sieurs directeurs de l'Aumône générale de Vesoul ; etc.

B. 5265. (Portefeuille.) — 33 pièces, papier.

1773 (juin à 24 août). — Minutes des sentences civiles rendues à vue des pièces par le lieutenant général d'Amont, au siège de Vesoul. — Noms et qualités des parties : François Massin, avocat en Parlement, coseigneur à Betoncourt ; — Pierre Polin, prêtre, curé de Lavigney (maintenu dans la jouissance et possession de la chapelle érigée en l'église paroissiale de Justey sous l'invocation de Sainte-Croix, avec les honneurs, fruits, profits et émoluments y attachés) ; etc.

B. 5266. (Portefeuille.) — 32 pièces, papier.

1773 (26 août à 31 décembre). — Minutes des sentences civiles rendues à vue des pièces par le lieutenant général d'Amont, au siège de Vesoul. — Noms et qualités des parties : dame Marie-Joseph de Sagey, douairière de M. de Pouthier, dame de Gouhelans ; — Jeanne-Marguerite de Melin, épouse de François Lequeux, ancien capitaine d'infanterie ; — Jean-Baptiste Petit, baron de Lavigney, écuyer, mousquetaire du Roi, seigneur de Saint-Julien ; etc.

B. 5267. (Portefeuille.) — 29 pièces, papier.

1774 (janvier à mars). — Minutes des sentences civiles rendues à vue des pièces par le lieutenant général d'Amont, au siège de Vesoul. — Noms et qualités des parties : Thomas Rolot, avocat en Parlement, seigneur de Chauvillerain, bailli et gruyer de Faucogney ; — les habitants et communauté de la Neuvelle (déclarés exempts de la banalité du moulin de Malgérard) ; — noble Charles Lange, substitut honoraire à la Chambre et Cour des comptes, aides et domaines, finances du comté de Bourgogne, seigneur à Ferrière et à Rupt, et dame Renée Faveret, son épouse ; — le comte d'Apremont, baron et seigneur de Ray-sur-Saône ; etc.

B. 5268. (Portefeuille.) — 32 pièces, papier.

1774 (mars à juin). — Minutes des sentences civiles rendues à vue des pièces par le lieutenant général d'Amont, au siége de Vesoul. — Noms et qualités des parties : dame Claude-Françoise Madroux, épouse de messire Jean-Baptiste Guerrin, conseiller du Roi et son avocat aux bailliage et siége présidial de Vesoul ; — noble Jean-Claude Chevillet, capitaine d'infanterie au service de Sa Majesté ; — messire François-Bernardin Noblot, écuyer, conseiller du Roi, seigneur de la Coste et autres lieux ; — Jean-François Noiron, chirurgien-major au régiment de Castella ; — messire Hubert de la Rochelle-Neuchâtel, baron, seigneur de la baronnie de Case, et membres en dépendant ; etc.

B. 5369. (Portefeuille.) — 43 pièces, papier.

1773 (juin à août). — Minutes des sentences civiles rendues à vue des pièces par le lieutenant général d'Amont, au siége de Vesoul. — Noms et qualités des parties : révérend père en Dieu, dom Ambroise d'Audeux, abbé de Notre-Dame de Faverney ; — messire Joseph-Guillaume Pusel, seigneur de Boursières et Servigney, conseiller honoraire au parlement de Besançon ; — messire Georges-François-Xavier Pusel de Boursières, prêtre, chanoine à la métropole de Besançon ; — messire Pierre-Louis Pusel de Boursières, chevalier de Saint-Louis ; — Louis-Bonaventure Pusel de Boursières, écuyer, capitaine au régiment de Poitou-infanterie ; etc.

B. 5370. (Portefeuille.) — 31 pièces, papier.

1774 (août à 31 décembre). — Minutes des sentences civiles rendues à vue des pièces par le lieutenant général d'Amont, au siége de Vesoul. — Noms et qualités des parties : demoiselle Anne-Françoise Moussat, épouse du sieur Lemery, ancien officier de cavalerie ; — Charles Noirot, ancien officier d'infanterie ; — messire Claude-Antoine-François de Jacquot, marquis d'Andelarre, seigneur de Rosey, Andelarre, Andelarrot, la Coste, Citey, le Vernois et autres lieux, capitaine de cavalerie ; etc.

B. 5371. (Portefeuille.) — 23 pièces, papier.

1775 (janvier). — Minutes des sentences civiles rendues à vue des pièces par le lieutenant général d'Amont, au siége de Vesoul. — Noms et qualités des parties : Claude-François Lampinet, écuyer, seigneur de Sainte-Marie ; — Jean-Antoine Faivre, avocat en Parlement, seigneur de Chaux-les-Port ; — le sieur Boillez, de Colombier (sentence ordonnant la vérification de termes insérées dans un billet de partage produit par lui, pour reconnaître s'ils n'ont pas été ajoutés par interligne et après coup et d'une autre main que celle qui a écrit le corps du billet de partage) ; etc.

B. 5372. (Portefeuille.) — 34 pièces, papier.

1775 (février à avril). — Minutes des sentences civiles rendues à vue des pièces par le lieutenant général du bailliage d'Amont, au siége de Vesoul. — Noms et qualités des parties : Joseph Willemot, prêtre, curé de Lure (maintenu dans le droit de percevoir la dîme novale sur un communal de la ville de Lure) ; — les habitants et communauté de Chambornay-les-Bellevaux (maintenus dans le droit de passer et repasser avec chariots et charrue ou autrement dans le chemin qui se trouve entre les maisons de Marguerite Venley et de Jean-Baptiste Robert) ; — les directeurs de Saint-Jean-l'Aumônier de Besançon ; etc.

B. 5373. (Portefeuille.) — 20 pièces, papier.

1775 (avril à juillet). — Minutes des sentences civiles rendues à vue des pièces par le lieutenant général du bailliage d'Amont, au siége de Vesoul. — Noms et qualités des parties : Thomas Vannier, prêtre, curé d'Aros ; — Jacques-Joseph Barbey, prêtre, curé d'Auxon ; — messire Mathias Poncet de la Rivière, ancien évêque de Troyes, abbé commandataire des abbayes de Notre-Dame de Bithaine et de Saint-Bénigne de Dijon (condamné, en sa qualité de seul décimateur de la paroisse de Saponcourt-les-Loges, à payer chaque année à Pierre-Joseph Écaillot, prêtre, curé dudit lieu, la somme de cinq cents livres pour sa portion congrue) ; — Son Altesse le prince régnant de Wirtemberg, prince de Montbéliard, seigneur d'Héricourt ; etc.

B. 5374. (Portefeuille.) — 39 pièces, papier.

1775 (juillet à 31 décembre). — Minutes des sentences civiles rendues à vue des pièces par le lieutenant général d'Amont, au siége de Vesoul. — Noms et qualités des parties : les habitants et communauté de Dambenoît, de Colombe et du Val de Bithaine (maintenus dans la jouissance et possession du droit de contraindre les habitants d'Adelans de contribuer aux réparations et entretien du presbytère et de l'église de Dambenoît, déclarée paroissiale pour les communautés de Colombe, Mouliney et Adelans) ; — les habitants et communauté d'Esprels et Aillevans (condamnés à contribuer aux dépenses faites pour le rétablissement de la croix du clocher et de la couverture de l'église de Moimay et Autrey) ; — les habitants et communauté de la Tour de

Scey (déclarés paroissiens de l'église de Condray et condamnés à payer leur quote-part des sommes dépensées pour l'entretien de ladite église); — Léopold Serrurier, abbé tonsuré, chapelain de la chapelle de Sainte-Catherine érigée en l'église paroissiale de Combeing, et en cette qualité seigneur en partie de Magny-les-Jussey; etc.

B. 5275. (Portefeuille.) — 20 pièces, papier.

1776 (janvier à mars). — Minutes des sentences civiles rendues à vue des pièces par le lieutenant général du bailliage d'Amont, au siège de Vesoul. — Noms et qualités des parties : dame Pourcheresse, douairière de messire Charles-Denis-Joseph-François-Xavier Rolin, en son vivant seigneur d'Augicourt et autres lieux, conseiller et chevalier honoraire au parlement de Franche-Comté; — dame Rolin, épouse de messire Pierre-François-Marie Hugon, conseiller au parlement de Franche-Comté, seigneur de Chassey; etc.

B. 5276. (Portefeuille.) — 23 pièces, papier.

1776 (mai à août). — Minutes des sentences civiles rendues à vue des pièces par le lieutenant général du bailliage d'Amont, au siège de Vesoul. — Noms et qualités des parties : Joseph et Jacques Fournier, coseigneurs à la Barre et Vandelans; — les directeurs de la confrérie de la Croix à Besançon; — le sieur Fyard de Gevigney, ancien avocat du Roi au bailliage présidial de Vesoul; etc.

B. 5277. (Portefeuille.) — 24 pièces, papier.

1776 (août à 31 décembre). — Minutes des sentences civiles rendues à vue des pièces par le lieutenant général du bailliage d'Amont, au siège de Vesoul. — Noms et qualités des parties : dame Françoise Bullet de Bougnon, douairière de messire Nicolas-Charles-Étienne Lefebvre, en son vivant conseiller à la cour souveraine de Lorraine; dame Louise-Françoise Bullet de Bougnon, épouse autorisée de messire Jean-Baptiste Riboux, conseiller au parlement de Besançon; Antoine-François Bullet de Bougnon, écuyer, docteur en Sorbonne, curé de Sainte-Marie Madeleine de Besançon; Antoine-François Bullet de Bougnon, écuyer, avocat en Parlement; Claude-François Bullet de Bougnon, écuyer, capitaine au régiment de Champagne; etc.

B. 5278. (Portefeuille.) — 13 pièces, papier.

1777 (janvier). — Minutes des sentences civiles rendues à vue des pièces par le lieutenant général d'Amont, au siège de Vesoul. — Noms et qualités des parties : Jean-Jacques Petit, ancien notaire royal, demeurant à Meurcourt; — les fabriciens de l'église de Roult; — messire Jean-Claude Boisot, abbé commendataire de l'abbaye de Saint-Paul de Besançon, et en cette qualité coseigneur à Rosey; — le sieur Jean-Baptiste Vallet, prêtre, curé de Cors-les-Noroy; etc.

B. 5279. (Portefeuille.) — 24 pièces, papier.

1777 (février). — Minutes des sentences civiles rendues à vue des pièces par le lieutenant général d'Amont, au siège de Vesoul. — Noms et qualités des parties : Jacques-Simon Rotot de Chauvillerain, prêtre, docteur ès-droits, curé de Faucogney (maintenu dans la jouissance et possession du droit de percevoir la dîme novale dans l'étendue de sa paroisse à raison de 13 gerbes l'une); — Marie-Pierre-Gaspard Grimod Dufort, comte d'Orçay, seigneur de la principauté de Delain, de la baronnie de Rupt, Vy-les-Rupt et autres membres en dépendants, capitaine de dragons au régiment de Lorraine (maintenu dans le droit et possession de percevoir sur les habitants et sur ceux qui possèdent des biens à Vy-les-Rupt la taille annuelle de 50 livres et une poule par chaque feu et ménage le jour de carnaval); — les habitants et communauté de Preigney (condamnés à payer annuellement au sieur Claude Antoine Perret, prêtre, curé dudit lieu, la somme de 300 livres en supplément de sa portion congrue); — messire Mathias Poncet de la Rivière, ancien évêque de Troyes, abbé commendataire de Cherlieu (condamné en sa qualité de gros décimateur à Cornot à faire à l'église de ce lieu les fournitures des ornements énoncés dans la sentence, en outre à remettre un pied à l'ostensoir, à faire faire un nouveau tabernacle convenable et décent et poser un marbre sur l'autel); etc.

B. 5280. (Portefeuille.) — 17 pièces, papier.

1777 (mai à juillet). — Minutes des sentences civiles rendues à vue des pièces par le lieutenant général du bailliage d'Amont, au siège de Vesoul. — Noms et qualités des parties : messire Jacques-Antoine de Rosières, marquis de Sorans, seigneur de Fondremand, Cromary, Neuvelle et autres lieux (maintenu dans le droit de percevoir de chaque habitant résidant à Neuvelle : 1° une mesure comble de froment à celle de Cromary pour droit de guet et garde au château dudit lieu ; 2° trois mesures d'avoine par feurme d'abonnement à la banalité du four de Neuvelle ; 3° une voiture de bois bonne et raisonnable à Noël de chaque année de chaque laboureur tenant charrue entière) ; — Léonard-Frédéric Parrot, ancien capitaine dans les troupes du roi d'Angleterre ; Charles-Christophe Parrot, conseiller au conseil de régence ; Jacques-Christophe Parrot, capitaine au service du Portugal ; Pierre-Christophe Parrot, lieutenant au régiment suisse de Castella au service de la France ; etc.

B. 5281. (Portefeuille.) — 16 pièces, papier.

1777 (juillet). — Minutes des sentences civiles rendues à vue des pièces par le lieutenant général du bailliage d'Amont, au siége de Vesoul. — Noms et qualités des parties : Charles Regnaud, greffier de la justice de Villersexel ; — Claude-François-Léonard Lattey, maître en chirurgie, demeurant à Vesoul ; — les communautés de Châtillon-Guyotte et de Chaudefontaine (sentence ordonnant la délimitation de leurs territoires) ; — le sieur Jacques-François-Joseph Labbé, docteur ès-droits, avocat au Parlement ; etc.

B. 5282. (Portefeuille.) — 23 pièces, papier.

1777 (août à 31 décembre). — Minutes des sentences civiles rendues à vue des pièces par le lieutenant général du bailliage d'Amont, au siége de Vesoul. — Noms et qualités des parties : les directeurs de l'hôpital de Vesoul ; — Antoine Marchand, curé de Vitrey (condamné à faire preuve que l'un des droits du bénéfice-cure de Vitrey est de mettre dans la grande prairie dudit lieu deux chevaux ou deux bœufs, pour y parcourir depuis la Notre-Dame de mars jusqu'à la récolte des foins) ; etc.

B. 5283. (Portefeuille.) — 19 pièces, papier.

1778 (janvier). — Minutes des sentences civiles rendues à vue des pièces par le lieutenant général du bailliage d'Amont, au siége de Vesoul. — Noms et qualités des parties : messire Jacques de Grasse, chevalier de Saint-Louis, officier major de Philippeville ; — messire Charles-François, baron de Montjustin (condamné à faire preuve que de tout temps il a perçu la dîme sur le canton dit de l'Étang, territoire d'Autrey) ; — les dames chanoinesses de Remiremont ; etc.

B. 5284. (Portefeuille.) — 30 pièces, papier.

1778 (février à mai). — Minutes des sentences civiles rendues à vue des pièces par le lieutenant général du bailliage d'Amont, au siége de Vesoul. — Noms et qualités des parties : Joseph Daval, officier au corps royal d'artillerie, régiment de Grenoble, en garnison à Strasbourg ; — messire Jean-Baptiste, marquis de Raincourt et autres lieux (maintenu dans le droit de percevoir « 2 brassées de 12, de 13 ou de 23, de tous les chanvres que l'on récolte dans l'étendue du territoire de Fallon ») ; — les abbé, prieur, et religieux de l'abbaye royale Notre-Dame de Bellevaux (maintenus dans le droit de percevoir annuellement une gerbe par chaque journal de terre et de la graine dont sera emplanté le territoire de Baumotte) ; — noble Thérèse Breton, seigneur d'Amblans ; etc.

B. 5285. (Portefeuille.) — 35 pièces, papier.

1778 (mai à juillet). — Minutes des sentences rendues à vue des pièces par le lieutenant général du bailliage d'Amont, au siége de Vesoul. — Noms et qualités des parties : dame Bressand, douairière de M. Devaux ; — M. de Beaujeu, seigneur de Boult ; — le sieur Jean Accarier, curé de Moimay ; — Pierre Durand, bas officier invalide, à Faverney ; — le sieur Jean-Baptiste Verdot, curé d'Anchenoncourt ; etc.

B. 5286. (Portefeuille.) — 30 pièces, papier.

1778 (juillet à septembre). — Minutes des sentences rendues à vue des pièces par le lieutenant général du bailliage d'Amont, au siége de Vesoul. — Noms et qualités des parties : messire Philippe-Emmanuel, comte de Salives, seigneur de Cers-les-Noroy et de Vallerois-le-Bois ; — Claude-François Méniers, maire institué à Colombotte par les chanoines du chapitre de Vesoul ; — les RR. dames Ursulines de Vesoul ; etc.

B. 5287. (Portefeuille.) — 23 pièces, papier.

1778 (septembre à 31 décembre). — Minutes des sentences rendues à vue des pièces par le lieutenant général du bailliage d'Amont, au siége de Vesoul. — Noms et qualités des parties : demoiselle Sophie Guérin, épouse de Célestin-François Nicod de Ronchaux, conseiller trésorier de France au bureau des finances ; — le sieur Claude Blanchot, prêtre, curé de Bourguignon-les-La Charité ; — dame

Élisabeth Brun, dame de Maizière, douairière de François Bouverot; — messire Chabenot de la Malmaison, conseiller au parlement de Paris, seigneur d'Oltans; etc.

D. 5288. (Portefeuille.) — 17 pièces, papier.

1779 (janvier à mars). — Minutes des sentences civiles rendues à vue des pièces par le lieutenant général du bailliage d'Amont, au siège de Vesoul. — Noms et qualités des parties : Claude-Joseph Holb, procureur d'office en la justice de Servance; — messire François Gabriel, marquis de Chapuis, président à mortier au parlement de Besançon, seigneur de Rosières, Mont et autres lieux; — messire Pierre-Augustin de Chapuis, seigneur de Rosières, Magny-lès-Jussey, Fleurey-lès-Faverney, chevalier, conseiller du Roi, président à mortier au parlement de Besançon; — messire François de Séronne, chevalier de Saint-Louis, ancien lieutenant de cavalerie, demeurant à Jussey; etc.

D. 5289. (Portefeuille.) — 23 pièces, papier.

1779 (mars à mai). — Minutes des sentences civiles rendues à vue des pièces par le lieutenant général du bailliage d'Amont, au siège de Vesoul. — Noms et qualités des parties : Pierre-Louis Boiteux, de Rigney (déclaré sujet mainmortable de la directe et seigneurie de Rigney appartenant à Jean-François Coste); — Claude-Marguerite Choupot, veuve de Jean-François Roux, dame en haute, moyenne et basse justice sur tout le finage et territoire de Raze; — messire François-Alexandre de Précipiano de Jouffroy, seigneur de Montmartin et autres lieux; — Henri-François Conet, seigneur de Bermont; etc.

B. 5290. (Portefeuille.) — 20 pièces, papier.

1779 (mai). — Minutes des sentences civiles rendues à vue des pièces par le lieutenant général du bailliage d'Amont, au siège de Vesoul. — Noms et qualités des parties : Joseph Davernois, prêtre, curé de Melincourt; — Claude-Joseph de Bonnay, écuyer, ancien capitaine au régiment de Montmorin, seigneur haut justicier à Villars-Saint-Marcelin; — Charles-Benoît de Bonnay, écuyer, capitaine au corps royal de l'artillerie; etc.

B. 5291. (Portefeuille.) — 31 pièces, papier.

1779 (juin à août). — Minutes des sentences civiles rendues à vue des pièces par le lieutenant général du bailliage d'Amont, au siège de Vesoul. — Noms et qualités des parties : Jean-Claude Tartey, seigneur à Frétigney, et dame Gabrielle de Bonnille, son épouse; — Claude-Joseph Hombourg, prêtre; Laurent et Jean-Baptiste Hombourg, avocat en Parlement; — messire Pierre-Colombe Pretard Maréchal, seigneur de Sauvagney, Gezier et autres lieux; etc.

B. 5292. (Portefeuille.) — 30 pièces, papier.

1779 (août à 31 décembre). — Minutes des sentences civiles rendues à vue des pièces par le lieutenant général du bailliage d'Amont, au siège de Vesoul. — Noms et qualités des parties : Gaspard Perdriset, marchand tanneur à Héricourt (maintenu dans le droit et possession d'avoir trois bancs particuliers pour sa famille dans l'église dudit lieu avec défense aux ministres, aux anciens de la religion luthérienne et membres du consistoire de l'église dudit Héricourt de l'y troubler à l'avenir, à peine de garde enfreinte); — demoiselle Gilberte de Prantigny, fille mineure et unique héritière de feu messire René-Richard de Prantigny, seigneur dudit lieu, Boursières, etc., en son vivant conseiller au parlement de Besançon; etc.

B. 5293. (Portefeuille.) — 22 pièces, papier.

1780 (janvier). — Minutes des sentences civiles rendues à vue des pièces par le lieutenant général du bailliage d'Amont, au siège de Vesoul. — Noms et qualités des parties : Victor-Bonaventure Girod de Vienney, écuyer, trésorier général de la guerre au comté de Bourgogne, et dame Claudine-Charlotte Françoise de Jacquot, dame de Mont-Saint-Léger, son épouse; — Désiré-François Couriet, écuyer, seigneur de Vregille, capitaine au corps royal d'artillerie, chevalier de Saint-Louis; — Jean-Claude, Nicolas et demoiselle Jeanne-Françoise Tartey, seigneurs et dame de Recologne, Villersbouton et Frétigney; — Son Altesse sérénissime le duc régnant de Wirtemberg, prince de Montbéliard, seigneur de Montenois; etc.

B. 5294. (Portefeuille.) — 20 pièces, papier.

1780 (février). — Minutes des sentences civiles rendues à vue des pièces par le lieutenant général du bailliage d'Amont, au siège de Vesoul. — Noms et qualités des parties : demoiselle Charlotte Ducharne, ancienne hospitalière et directrice de l'hôpital royal de Bourbonne-les-Bains; — le président de Goll, seigneur de Genechier, demeurant à Montbéliard; — Jacques-Joseph Barbey, prêtre, curé d'Auxon (maintenu dans le droit de percevoir la dîme novate à raison de vingt l'un sur tous les fruits quelconques dudit territoire); etc.

B. 5295. (Portefeuille.) — 20 pièces, papier.

1780 (mars à mai). — Minutes des sentences civiles rendues à vue des pièces par le lieutenant général du bailliage d'Amont, au siége de Vesoul. — Noms et qualités des parties : Thiébaud Maignien, ancien officier d'infanterie au régiment de Provence et actuellement au régiment provincial de Dijon; — Claude Maignien, seigneur de Mersuay; — Louis Dambly, écuyer, seigneur de Chauvirey, Gressoux et autres lieux; etc.

B. 5296. (Portefeuille.) — 34 pièces, papier.

1780 (mai à juillet). — Minutes des sentences civiles rendues à vue des pièces par le lieutenant général du bailliage d'Amont, au siége de Vesoul. — Noms et qualités des parties : messire Jean-Pierre du Vernet, seigneur de la Cassagne, capitaine d'infanterie, chevalier de Saint-Louis; — Alexis Courlet, prêtre, curé de Rosey (maintenu dans le droit de percevoir les dîmes de toutes les vendanges qui se recueillent dans les vignes de Rosey à raison d'une pinte par chaque tonneau à la mesure dudit lieu); etc.

B. 5297. (Portefeuille.) — 39 pièces, papier.

1780 (juillet à septembre). — Minutes des sentences civiles rendues à vue des pièces par le lieutenant général du bailliage d'Amont, au siége de Vesoul. — Noms et qualités des parties : Claude-François Jobert, prêtre, demeurant à Mailleroncourt; — Jean Lecorney, prêtre, curé de Vellefaux et de Vallerois-Lorioz; — Jacques Petieux, prêtre, curé de Bourguignon-les-Morey; etc.

B. 5298. (Portefeuille.) — 23 pièces, papier.

1780 (septembre à décembre). — Minutes des sentences civiles rendues à vue des pièces par le lieutenant général du bailliage d'Amont, au siége de Vesoul. — Noms et qualités des parties : messire François-Éléonore de Jacquot, écuyer, seigneur de Levrecey, y demeurant; — Jean-Claude Raimboz, prêtre, séchal du chapitre métropolitain de Besançon; — Claude-Joseph Liéfroy, avocat en Parlement, demeurant à Baume-les-Dames; etc.

B. 5299. (Portefeuille.) — 23 pièces, papier.

1781 (janvier à mars). — Minutes des sentences civiles rendues à vue des pièces par le lieutenant général du bailliage d'Amont, au siége de Vesoul. — Noms et qualités des parties : Son Altesse le duc de Wirtemberg, prince de Montbéliard, seigneur d'Héricourt et autres lieux (maintenu dans la jouissance du droit de banalité du moulin dudit lieu); — dame de la Rochelle, douairière de M. Pecot, seigneur de Longevelle, demeurant à Arbois; — messire François-Élisabeth de la Rochelle, seigneur de Gondenans; — François Courtot, ancien garde du corps de Sa Majesté très-chrétienne, ancien capitaine de cavalerie, demeurant à Noroy-l'Archevêque; — Nicolas Boulard, prêtre, curé de Port-sur-Saône; etc.

B. 5300. (Portefeuille.) — 24 pièces, papier.

1781 (mars à mai). — Minutes des sentences civiles rendues à vue des pièces par le lieutenant général du bailliage d'Amont, au siége de Vesoul. — Noms et qualités des parties : le sieur Claude-Nicolas-Hyacinthe Duryot, avocat au parlement à Vesoul; — messire Guillaume-Gabriel Vincent d'Equevilley, capitaine d'infanterie, chevalier de Saint-Louis; messire Denis-Mathieu Vincent d'Equevilley, aussi capitaine d'infanterie, chevalier de Saint-Louis; — dame Jeanne-Thérèse Vincent d'Equevilley, épouse de Jean Daras, lieutenant de cavalerie; — Charles-Gabriel-Vincent d'Equevilley, écuyer, demeurant à Voray; etc.

B. 5301. (Portefeuille.) — 21 pièces, papier.

1781 (mai à juillet). — Minutes des sentences rendues à vue des pièces par le lieutenant général du bailliage d'Amont, au siége de Vesoul. — Noms et qualités des parties : le sieur Salafond, directeur des domaines de Sa Majesté, demeurant à Besançon; — Joseph Besson, régisseur des bénéfices réunis aux colléges des Jésuites de la province (maintenu en cette qualité dans la jouissance et possession d'un four particulier en la maison prieurale de Jonvelle); etc.

B. 5302. (Portefeuille.) — 31 pièces, papier.

1781 (juillet à septembre). — Minutes des sentences civiles rendues à vue des pièces par le lieutenant général d'Amont, au siége de Vesoul. — Noms et qualités des par-

SÉRIE B. — BAILLIAGES.

ties : le seigneur et le curé de Colombe et le curé de Frotey-les-Vesoul (maintenus dans le droit de percevoir la
centième gerbe comme dîme à volonté qui se lève sur les
finages et territoires de Colombe, Essernay et Villers-le-Sec,
icelle commune entre eux) ; — Dominique Jobard, seigneur
de Brevans, avocat en Parlement ; — Antoine Garnier,
avocat en Parlement, seigneur de Montcey ; etc.

B. 5303. (Portefeuille.) — 28 pièces, papier.

1782 (septembre à décembre). — Minutes des sentences
civiles rendues à vue des pièces par le lieutenant général
du bailliage d'Amont, au siége de Vesoul. — Noms et qualités des parties : Claude-Nicolas Galmiche, avocat en Parlement, demeurant à Vesoul ; — Gabriel Bernard, baron de
Saint-Mauris, chevalier de Saint-Jean de Jérusalem ; — les
dames Annonciades de Vesoul ; etc.

B. 5304. (Portefeuille.) — 29 pièces, papier.

1782 (janvier à mars). — Minutes des sentences civiles
rendues à vue des pièces par le lieutenant général du bailliage d'Amont, au siége de Vesoul. — Noms et qualités des
parties : Jean-François Roger, meunier à Malvillers (débouté des fins de sa requête « tendante à ce qu'il ne soit
permis à tous habitants et résidants audit lieu de porter
moudre les graines nécessaires pour leur nourriture et leur
ménage en autre moulin qu'en celui de Malvillers) ; »
François-Auguste de La Terrade de Fayolle, écuyer, seigneur de Montfleurey, avocat en Parlement ; — Jean-Luc de
Chantrans, seigneur de Pernot et Ovanches et autres
lieux ; etc.

B. 5305. (Portefeuille.) — 39 pièces, papier.

1782 (mars à mai). — Minutes des sentences civiles
rendues à vue des pièces par le lieutenant général du bailliage d'Amont, au siége de Vesoul. — Noms et qualités des
parties : le prieur et les religieux de Flabernon, ordre de
Prémontré, en Lorraine (maintenus dans le droit de percevoir un quart dans la petite dîme et un sixième dans la
grosse au territoire de Fresne-sur-Apance) ; — dame Marie-
Claude de Nettancourt et le marquis de Lezay de Marnézia,
mari et femme, seigneur et dame de Montmartin et autres
lieux ; — Jacques-Joseph Bellenet, écuyer, avocat en Parlement ; — messire Claude-Léonard Daguet, écuyer, ancien capitaine de cavalerie, chevalier de Saint-Louis, seigneur de Vaivre, Rillans et autres lieux ; etc.

B. 5306. (Portefeuille.) — 33 pièces, papier.

1782 (mai à juillet). — Minutes des sentences civiles
rendues à vue des pièces par le lieutenant général du bailliage d'Amont, au siége de Vesoul. — Noms et qualités des
parties : Charles-Joseph Henrion, écuyer, seigneur de
Magnoncourt, Arpenans et autres lieux, lieutenant des
maréchaux de France, demeurant à Vesoul ; — le sieur
Claude-François Barbey, prêtre, curé de Montfaucon ; —
Jean-François-Alexandre Dassirier, chirurgien major de
l'hôpital de Baume-les-Dames ; — les sieurs directeurs du
séminaire de Besançon, seigneurs de Saint-Igny ; etc.

B. 5307. (Portefeuille.) — 38 pièces, papier.

1782 (juillet à septembre). — Minutes des sentences
civiles rendues à vue des pièces par le lieutenant général
du bailliage d'Amont, au siége de Vesoul. — Noms et qualités des parties : haute et puissante dame madame la duchesse de Quentin, baronne de Saint-Loup et dame à Aillevillers ; — Pierre Grande, ancien officier d'artillerie, demeurant à Besançon ; — les habitants et communauté de
Cubry (condamnés à prouver que de tout temps ils ont été
en possession du droit de faire moudre leurs grains en tel
moulin que bon leur semble, contrairement à la prétention
des abbé et religieux de Favorney) ; etc.

B. 5308. (Portefeuille.) — 29 pièces, papier.

1782 (septembre à décembre). — Minutes des sentences
civiles rendues à vue des pièces par le lieutenant général
du bailliage d'Amont, au siége de Vesoul. — Noms et qualités des parties : Jean-Valentin Henry, avocat en Parlement,
demeurant à Conflans ; — Jean Monnin, prêtre, vicaire à
Port-sur-Saône ; — Charles Guyard, huissier royal, demeurant à Jussey ; — Charles Tuaillon, officier pensionné du
Roi, demeurant à Varogne ; etc.

B. 5309. (Portefeuille.) — 27 pièces, papier.

1783 (janvier à mars). — Minutes des sentences civiles
rendues à vue des pièces par le lieutenant général du bailliage d'Amont, au siége de Vesoul. — Noms et qualités des
parties : Louis-Joseph de Vernerey, seigneur de Monteour
et de Blondefontaine ; — Joseph Vorget, seigneur de Pin-
les-Magny, avocat en Parlement, à Besançon ; — Jean-Luc
Travaux, avocat en Parlement, demeurant à Vesoul ; etc.

B. 5310. (Portefeuille.) — 29 pièces, papier.

1782 (mars à mai). — Minutes des sentences civiles rendues à vue des pièces par le lieutenant général du bailliage d'Amont, au siége de Vesoul. — Noms et qualités des parties : les habitants de Vellefrie (maintenus dans la possession du droit de vendre et amodier ou de partager les regains à croître à l'avenir dans la prairie dudit lieu) ; — Balthazard-Emmanuel Bolot, avocat en Parlement, seigneur de Chauvillerain, demeurant à Faucogney, et dame Barbe-Marguerite Henrion, douairière de messire Joseph de Mailly, président à la Chambre des comptes de Dôle, dame de Franchevelle, Artaufontaine, Chauvillerain et autres lieux ; etc.

B. 5311. (Portefeuille.) — 33 pièces, papier.

1782 (mai à juillet). — Minutes des sentences civiles rendues à vue des pièces par le lieutenant général du bailliage d'Amont, au siége de Vesoul. — Noms et qualités des parties : Charlotte de Bermont, dame de Villerspet ; — Marc Froidot, avocat en Parlement, bailli de Faucogney ; — Charles-Joseph Henryon, seigneur de Magnoncourt, Helloy, Arpenans et autres lieux (maintenu dans le droit de haute, moyenne et basse justice territoriale au lieu d'Arpenans) ; etc.

B. 5312. (Portefeuille.) — 28 pièces, papier.

1782 (juillet à septembre). — Minutes des sentences civiles rendues à vue des pièces par le lieutenant général du bailliage d'Amont, au siége de Vesoul. — Noms et qualités des parties : messire Nicolas Alexandre, capitaine de cavalerie, chevalier de l'ordre royal et militaire de Saint-Louis ; — Flavigny, prêtre, chanoine en l'église paroissiale et collégiale Saint-Georges de Vesoul ; — dame Marie-Anne-Claude de Rochechouart, douairière de messire Jean-Antoine Ducheylard, en son vivant seigneur du marquisat de son nom, Marchaux, l'Étoile, Courcelle et autres lieux ; etc.

B. 5313. (Portefeuille.) — 23 pièces, papier.

1782 (septembre à 31 décembre). — Minutes des sentences civiles rendues à vue des pièces par le lieutenant général du bailliage d'Amont, au siége de Vesoul. — Noms et qualités des parties : messire Claude-Antoine Clériadus, marquis de Choiseul-la-Baume, maréchal des camps et armées du Roi, lieutenant général des provinces de Champagne et de Brie, et dame Diane-Gabrielle de La Baume-Montrevel, son épouse ; — dame Jeanne-Marguerite, marquise de la Baume-Montrevel, épouse de messire Pierre-Eugène, marquis de Lignéville ; — dame Marie-Élisabeth de Grammont, douairière de messire Charles-Octave, marquis de Salives, dame de Moismay et autres lieux ; etc.

B. 5314. (Portefeuille.) — 27 pièces, papier.

1784 (janvier à mars). — Minutes des sentences civiles rendues à vue des pièces par le lieutenant général du bailliage d'Amont, au siége de Vesoul. — Noms et qualités des parties : dame Rose de Brienne, veuve du sieur Pierre-Paul Le Texier ; — messire Philippe Viri, comte de Lallemand, baron, seigneur de Vaite ; — le sieur Colombet, capitaine au régiment de la marine-infanterie ; — Claude-Joseph Boilley, seigneur de Puessans ; — dame Jeanne-Baptiste Parisey, douairière de Jean-Baptiste Terrier, écuyer, seigneur de Ranzevelle ; etc.

B. 5315. (Portefeuille.) — 19 pièces, papier.

1784 (mars à mai). — Minutes des sentences civiles rendues à vue des pièces par le lieutenant général du bailliage d'Amont, au siége de Vesoul. — Noms et qualités des parties : les sieurs officiers municipaux de la ville de Faverney ; — Michel Javelot, prêtre, curé à Villersfarlay ; — les habitants de Lomontot (maintenus dans la possession des forêts de Bannot et de Saulx) ; etc.

B. 5316. (Portefeuille.) — 19 pièces, papier.

1784 (mars à juillet). — Minutes des sentences civiles rendues à vue des pièces par le lieutenant général du bailliage d'Amont, au siége de Vesoul. — Noms et qualités des parties : dame Marie-Thérèse-Reine Choulet, douairière de messire Jean-Baptiste Buréau, seigneur de Pusy, ancien conseiller correcteur en la Chambre et Cour des comptes ci-devant à Dôle ; — messire François Desprel, chevalier de l'ordre royal et militaire de Saint-Louis, ancien capitaine au régiment de Savoie-Carignan, seigneur d'Aboncourt, Gezincourt et autres lieux ; — le sieur Fournier, seigneur de Gezincourt ; — Charles-Louis-Victor de Broglie, prince du Saint-Empire, maistre de camp du régiment de Bourbonnais, et dame Sophie de Rosen de Kleinroop, son épouse ; etc.

B. 5317. (Portefeuille.) — 28 pièces, papier.

1784 (juillet à septembre). — Minutes des sentences civiles rendues à vue des pièces par le lieutenant général du bailliage d'Amont, au siége de Vesoul. — Noms et qualités des parties : les habitants de Nans (maintenus dans la jouissance et possession du droit de parcours sur tous les cantons du territoire de Cuse) ; — Claude-François Roland, avocat en Parlement, seigneur de Dampvalley-les-Colombe (maintenu dans la jouissance et possession de sa terre de Dampvalley, en haute, moyenne et basse justice territoriale, dans les droits utiles et honorifiques y attachés, notamment dans celui de chasse et pêche, à l'exclusion du sieur Antoine-Joseph Garnier, avocat en Parlement, seigneur de Montcey, et de demoiselle Anna-Joséphine Gouhenans, son épouse) ; etc.

B. 5318. (Portefeuille.) — 33 pièces, papier.

1784 (septembre à décembre). — Minutes des sentences civiles rendues à vue des pièces par le lieutenant général du bailliage d'Amont, au siège de Vesoul. — Noms et qualités des parties : François-André Guy, demeurant à Montagney, seigneur à Aboncourt et Gesincourt ; — Nicolas Richard, officier de cavalerie, seigneur de Cendrecourt ; — messire Charles-François, baron de Montjustin, seigneur de Montjustin, Velotte, Autrey et autres lieux (maintenu dans le droit et la possession d'une justice particulière, haute, moyenne et basse, ainsi que d'une directe en mainmorte sur les hommes et sujets, meix, maison et héritages, sur les fin, finage et territoire d'Autrey-les-Cers) ; etc.

B. 5319. (Portefeuille.) — 25 pièces, papier.

1785 (janvier à mars). — Minutes des sentences civiles rendues à vue des pièces par le lieutenant général du bailliage d'Amont, au siége de Vesoul. — Noms et qualités des parties : Marie-Thérèse-Jeanne-Baptiste-Noël et Marie-Anne-Joseph Clerc, dames de Neurey-les-la-Demie (maintenues dans la possession et le droit de généralité de mainmorte sur toute l'étendue du territoire du Neurey, bois et communaux d'icelui) ; — messire Gabriel-François de Buretel, chevalier, seigneur de Belmont, — dame Barbe-Françoise de Buretel, épouse de messire Charles-François Dehoux, chevalier, officier au troisième régiment de chasseurs, — Nicolas-François de Buretel de Villers, ancien doyen de l'église collégiale de Vaucouleurs, — messire François-Alexandre de Buretel, chevalier, seigneur de Belmont, tous seigneurs et dames de Provenchère ; — Bouvier l'aîné, seigneur de la Côte, demeurant à Vesoul ; etc.

B. 5320. (Portefeuille.) — 33 pièces, papier.

1785 (mars à juin). — Minutes des sentences civiles rendues à vue des pièces par le lieutenant général du bailliage d'Amont, au siége de Vesoul. — Noms et qualités des parties : François Bourgoing, prêtre, missionnaire ès missions étrangères, originaire de Chariez ; — Jacques-Étienne Laborey, avocat en Parlement, bailli et gruyer de Luxeuil ; — dame Anne de Constable, dame de Scay, Plagey et autres lieux ; — messire Paul-Charles, marquis de Raigecourt, comte de Fontaine et du Saint-Empire romain, chevalier de l'ordre de Saint-Louis, chevalier honoraire de Saint-Jean de Jérusalem, capitaine de dragons au régiment de Bauffremont ; etc.

B. 5321. (Portefeuille.) — 27 pièces, papier.

1785 (juin à août). — Minutes des sentences civiles rendues à vue des pièces par le lieutenant général du bailliage d'Amont, au siége de Vesoul. — Noms et qualités des parties : messire Jean-Louis Aynard, comte de Clermont-Tonnerre, abbé commendataire de l'abbaye Saint-Pierre de Luxeuil ; — Étienne Seguin, avocat en parlement, demeurant à Vaivre ; — Pierre-Jacques Daval, seigneur de Seros ; etc.

B. 5322. (Portefeuille.) — 47 pièces, papier.

1785 (août à décembre). — Minutes des sentences civiles rendues à vue des pièces par le lieutenant général du bailliage d'Amont, au siége de Vesoul. — Noms et qualités des parties : demoiselle Barbe de Sonnet, dame de Belleau de Lorraine ; — messire Calft, seigneur de Noidans-les-Vesoul, professeur de droit en l'université de Besançon ; — Charles-François Mousseux, prêtre, familier de l'église Saint-Pierre de Jonvelle ; etc.

B. 5323. (Portefeuille.) — 30 pièces, papier.

1786 (janvier à mars). — Minutes des sentences civiles rendues à vue des pièces par le lieutenant général du bailliage d'Amont, au siége de Vesoul. — Noms et qualités des parties : Joseph Jannin, seigneur de Betoncont-sur-Mance ; — Louis Vernerey, écuyer, demeurant à Beauharnois ; — Charlotte-Joseph de Bermont et Pierre de Rotailler, son époux, écuyer, chevalier de Saint-Louis, chef de brigade au corps royal d'artillerie, seigneur et dame de Villerspot ; — Charles Maréchal, avocat en Parlement, et dame François-Joseph Tixerand de Servance, son épouse ; etc.

B. 5325. (Portefeuille.) — 31 pièces, papier.

1786 (mars à mai). — Minutes des sentences civiles rendues à vue des pièces par le lieutenant général du bailliage d'Amont, au siége de Vesoul. — Noms et qualités des parties : les révérends doyen et chanoines du chapitre de Dôle ; — Claude-Joseph Bolliard, prêtre, vicaire, demeurant à Chambornay-les-Bellevaux ; etc.

B. 5326. (Portefeuille.) — 32 pièces, papier.

1786 (mai à juillet). — Minutes des sentences civiles rendues à vue des pièces par le lieutenant général du bailliage d'Amont, au siége de Vesoul. — Noms et qualités des parties : Jean-François Defebry, écuyer, ancien capitaine d'infanterie, chevalier de Saint-Louis ; — Louis Theurey (déclaré sujet originel mainmortable de messire Joseph-Pierre Sallier de Champole, seigneur de Frotey-les-Vesoul) ; — messire Luc Legris, capitaine au corps royal d'artillerie, chevalier de Saint-Louis, demeurant à Jussey ; etc.

B. 5326. (Portefeuille.) — 29 pièces, papier.

1786 (juillet à septembre). — Minutes des sentences civiles rendues à vue des pièces par le lieutenant général du bailliage d'Amont, au siége de Vesoul. — Noms et qualités des parties : les dames Annonciades de Vesoul ; — messire François-Joseph Desprel, chevalier de Saint-Louis, ancien capitaine d'infanterie, seigneur d'Abencourt ; — messire Eléonor-Gabriel de Jouffroy d'Abbans, chanoine du noble chapitre de Saint-Claude ; etc.

B. 5327. (Portefeuille.) — 28 pièces, papier.

1786 (septembre à décembre). — Minutes des sentences civiles rendues à vue des pièces par le lieutenant général du bailliage d'Amont, au siége de Vesoul. — Noms et qualités des parties : le sieur Jean-Louis Bouchot, directeur des salines de Saulnot ; — noble Gabriel-Joseph Mirodot du Bourg, seigneur de Saint-Ferjeux, Meurcourt et autres lieux ; — les habitants de Recologne (déboutés du droit qu'ils prétendaient avoir de faire parcourir leur bétail sur le territoire de Mézières) ; etc.

B. 5328. (Portefeuille.) — 40 pièces, papier.

1787 (janvier à mars). — Minutes des sentences civiles rendues à vue des pièces par le lieutenant général du bailliage d'Amont, au siége de Vesoul. — Noms et qualités des parties : Claude-Gabriel Delamarre, prêtre, curé d'Echenoz-le-Méline, Pont et membres en dépendants ; — Joseph-Louis Prévost, ancien gendarme de la garde du Roi, seigneur de Fouchécourt ; — les habitants et communauté de Melcey (déboutés du droit qu'ils prétendaient avoir de semer dans leur territoire des grains non décimables, soit qu'ils soient mélangés avec des grains décimables ou qu'ils soient purs et sans mélange, savoir dans la sole des froments au delà du quinzième de ladite sole et dans celle des avoines au delà du sixième) ; etc.

B. 5329. (Portefeuille.) — 40 pièces, papier.

1787 (mars à mai). — Minutes des sentences civiles rendues à vue des pièces par le lieutenant général du bailliage d'Amont, au siége de Vesoul. — Noms et qualités des parties : noble Charles-Joseph, marquis de Tallenay, demeurant à Chariez ; — les sieurs directeurs du collège de la ville de Vesoul ; — messire Marie-Alexis de Boitouzet, marquis d'Ormenans, seigneur de Loulans, Munians, Cenans, Verchamp et Guiseuil ; etc.

B. 5330. (Portefeuille.) — 45 pièces, papier.

1787 (Mai à juillet). — Minutes des sentences civiles rendues à vue des pièces par le lieutenant général du bailliage d'Amont, au siége de Vesoul. — Noms et qualités des parties : noble Antoine Huot, prêtre, chanoine en l'église collégiale et paroissiale Saint-Georges de la ville de Vesoul ; — les habitants et communauté de Mersuay (autorisés « tant et si longtemps que le moulin banal dudit lieu appartenant à l'abbaye de Faverney ne sera pas suffisant pour les besoins desdits habitants, de faire moudre leurs grains où bon leur semblera ») ; messire François-Victor Maire, conseiller au parlement de Besançon ; etc.

B. 5331. (Portefeuille.) — 33 pièces, papier.

1787 (juillet à septembre). — Minutes des sentences civiles rendues à vue des pièces par le lieutenant général du bailliage d'Amont, au siége de Vesoul. — Noms et qualités des parites : dame Claude Oudet Charles, épouse de messire Henri, baron de Navaille, ancien capitaine, commandant au régiment d'Orléans; — les habitants d'Anchenoncourt et de Chazelle (condamnés à payer les deux tiers des frais de la construction du chœur et du clocher de l'église d'Anchenoncourt, et les abbé et religieux de Clairefontaine l'autre tiers); — les révérends doyen et chanoines de l'insigne chapitre et église collégiale et paroissiale Saint-Georges de la ville de Vesoul, seigneurs de Calmoutier, co-seigneurs de Liévans et autres lieux ; etc.

B. 5332. (Portefeuille.) — 42 pièces, papier.

1767 (septembre à décembre). — Minutes des sentences civiles rendues à vue des pièces par le lieutenant général du bailliage d'Amont, au siége de Vesoul. — Noms et qualités des parties : Pierre-Joseph Ecaillet, prêtre, curé de Saponcourt-les-Loges (maintenu dans la possession de l'exemption du droit de champart sur les fonds dépendants du bénéfice-cure de Saponcourt); — messire Nicolas Alexandre, capitaine de cavalerie, chevalier de Saint-Louis; — noble Claude-François Lange, seigneur à Ferrières-les-Scey; etc.

B. 5333. (Portefeuille.) — 41 pièces, papier.

1768 (janvier à mars). — Minutes des sentences civiles rendues à vue des pièces par le lieutenant général du bailliage d'Amont, au siége de Vesoul. — Noms et qualités des parties : les habitants d'Arpenans (condamnés à payer à Joseph Gréa, curé dudit lieu, chaque année trois livres par chaque feu et ménage tenant charrue pour la gerbe de « paroissage », neuf gros par chaque ménage pour les gros pains et neuf blancs pour bons deniers); — messire Joseph Laurent Damedor, chevalier de Saint-Louis, capitaine commandant au régiment du Roi-infanterie, seigneur de Chemilly, Pontcey, Aroz et autres lieux ; etc.

B. 5334. (Portefeuille.) — 33 pièces, papier.

1768 (mars à mai). — Minutes des sentences civiles rendues à vue des pièces par le lieutenant général du bailliage d'Amont, au siége de Vesoul. — Noms et qualités des parties : les pères cordeliers de Sézanne en Brie; — Louis Soirot, avocat en Parlement, conseiller procureur du Roi en la maréchaussée ; — messire Mathieu-Jacques de Vermond, lecteur de la Reine, abbé commendataire de l'abbaye royale de Cherlieu (maintenu en sa qualité de seigneur haut justicier territorial de Betaucourt, dans le droit de banalité du four dudit lieu); etc.

B. 5335. (Portefeuille.) — 33 pièces, papier.

1768 (mai à décembre). — Minutes des sentences civiles rendues à vue des pièces par le lieutenant général du bailliage d'Amont, au siége de Vesoul. — Noms et qualités des parties ; messire Pierre-Amable Guy, seigneur d'Epenoux, Villeparois et autres lieux, greffier en chef au parlement de Metz; — dame Françoise Madroux, épouse de Charles-Philippe-Emmanuel le Guay de Villiers, commissaire des guerres au département de Vesoul ; — dame Antoine-Françoise Damey, dame de Fouchécourt, épouse de Jean-François Salivet, écuyer ; etc.

B. 5336. (Portefeuille.) — 35 pièces, papier.

1769 (janvier à avril). — Minutes des sentences civiles rendues à vue des pièces par le lieutenant général du bailliage d'Amont, au siége de Vesoul. — Noms et qualités des parties : Antoine-Gabriel Rainguey, avocat en Parlement, procureur fiscal du bailliage de Faucogney; — Alexis-François de Lampinet, écuyer, seigneur de Gesans, Aubertans, Navenne, capitaine de cavalerie et dame Thérèse-Joseph Delespaule, son épouse ; — Claude-Aimé Bourcerot, garde-marteau de la gruerie de Château-Lambert et notaire royal à Sainte-Marie en Chânois ; etc.

B. 5337. (Portefeuille.) — 37 pièces, papier.

1769 (avril à juillet). — Minutes des sentences civiles rendues à vue des pièces par le lieutenant général du bailliage d'Amont, au siége de Vesoul. — Noms et qualités des parties : les sieurs prieur et chanoines réguliers d'Hérival ; — le sieur François Drouillet, prêtre, curé de Voucourt en Champagne ; — dame Marie-Suzanne-Simonne-Ferdinande de Ténarre-Montmain, douairière de Louis, prince de Bauffremont, co-dame à Rauldon, Chapendu et Amage ; — messire Claude-Désiré-François-Xavier Damey, seigneur de Saint-Bresson, conseiller au parlement de Besançon; etc.

B. 5338. (Portefeuille.) — 41 pièces, papier.

1769 (juillet à décembre). — Minute des sentences civiles rendues à vue des pièces par le lieutenant général du bailliage d'Amont, au siége de Vesoul. — Noms et qualités des parties : les habitants et communauté de Vandelans (déclarés seuls maîtres et propriétaires du canton communal dit le canton de Vernois, entre l'ancien et le nouveau lit de l'Ognon); — le sieur Magnier, conseiller secrétaire du Roi, maison et couronne de France; — messire Tinseau, abbé commendataire de l'abbaye royale de Bithaine; etc.

B. 5339. (Portefeuille.) — 27 pièces, papier.

1789 (janvier à avril). — Minutes des sentences civiles rendues à vue des pièces par le lieutenant général du bailliage d'Amont, au siége de Vesoul. — Noms et qualités des parties : les confrères de la confrérie de Sainte-Barbe érigée à Vesoul; — demoiselle Mercier, épouse du sieur Levasseur, officier dans le régiment des chasseurs de Franche-Comté; — Pierre Micabel, chirurgien-major du régiment de Comté-dragons; — Augustin-Joseph Regnaud, curé d'Arsans, seigneur du fief de Champonnet; etc.

B. 5340. (Portefeuille.) — 18 pièces, papier.

1789 (avril à juillet). — Minutes des sentences civiles rendues à vue des pièces par le lieutenant général du bailliage d'Amont, au siége de Vesoul. — Noms et qualités des parties : messire Philippe-Richard Foillenot, seigneur de Magny-les-Jussey, Chargey et autres lieux, conseiller au parlement de Franche-Comté; — messire Jean Pelletier de Fusenet, chevalier de Saint-Louis, commissaire général des guerres, demeurant à Dijon; — Jean-Louis Mignonneau, écuyer, ancien commissaire des guerres, demeurant à Paris; — dame Sophie Arbon, épouse séparée de biens de Louis-François, vicomte de la Rochelle, chevalier, capitaine des dragons; etc.

B. 5341. (Portefeuille.) — 25 pièces, papier.

1789 (juillet à octobre). — Minutes des sentences civiles rendues à vue des pièces par le lieutenant général du bailliage d'Amont, au siége de Vesoul. — Noms et qualité des parties : Anne de Constable, dame de Sçay; — Ferdinande-Charlotte de Montrichier, douairière de Bénigne de Montessun; — le sieur Louis Levain, curé de Filain; etc.

B. 5342. (Portefeuille.) — 1 pièce, parchemin; 19 pièces, papier.

1589-1661. — Pièces produites dans les causes civiles au bailliage d'Amont. — Mandements de nouvelleté obtenus par les sieurs d'Accolans au sujet de la haute justice, des droits de fours banaux et des corvées à bras audit lieu; — Oudin Cenet et Pierre Bichot, de Villersexel (transaction au sujet de la muraille séparant leurs maisons); — les habitants de Noroy contre la femme de Claude Froissard (instance au sujet du décret sur les biens de Louis Calph); — noble Jean Recle, de Luxeuil, écuyer, seigneur de la Roche (reprise de fief sur des terres et droits seigneuriaux sis à Montcey); — dame Caroline d'Autriche, douairière du comte de Cantecroix, en son vivant chevalier de la Toison d'Or, chevalier ordinaire en la cour de Dôle, baron et seigneur de Chantonnay, Sçay en Varais, etc. (sentence du parlement de Dôle ordonnant la vente des « eschutes » arrivées à la Villeneuve, Saulx et la Naize depuis le siége mis devant Dôle (1636) jusqu'en 1644 au profit de ladite dame); etc.

B. 5343. (Portefeuille.) — 96 pièces, papier.

1621-1689. — Pièces produites dans les causes civiles au bailliage d'Amont. — Noms et qualités des parties : dame Caroline d'Autriche et haut et puissant seigneur, messire René d'Averton, chevalier, comte de Belin, seigneur du bourg dudit Averton, baron d'Autrey, seigneur de Flagy, Varogne et Vellefrie (sentence ordonnant l'arpentement et la reconnaissance de fonds situés sur le territoire de Vellefrie); — dame Catherine de Cicon, épouse de messire François de Moléon, seigneur d'Antigny, la Bastille, grand bailli et gouverneur du Bassigny, et dame Bénigne de Thomassin, dame de Malincourt (transaction au sujet de la révision proposée par ladite dame de Cicon de l'arrêt rendu concernant le retrait féodal de la portion de la seigneurie de Montureux-les-Baulay, acquise par la dame de Cicon); — dame Caroline de la Baume, marquise du Saint-Empire, baronne d'Oyselet, dame de Bonnevent, Velloreille, Grachaux, Montarlot, Bussière, Frétigney, Gezier, Pin, Beaumotte, Emagny, etc. (droit de retenue sur les biens de feu honorable Aymonot, de Foudremand, situés rière les lieux, finage, territoire et vignoble de Frétigney, dépendants du fief de madame de la Baume); — demoiselle Denise Abry, veuve de feu Claude Guillard, contre Simonne Flory, de Vesoul, veuve et héritière de Jean Flory, apothicaire (paiement des drogues et de parfums fournis pendant les guerres et contagions qui ont régné au comté); etc.

B. 5344. (Portefeuille.) — 1 pièce, parchemin; 58 pièces, papier.

1670-1680. — Pièces produites dans les causes civiles au bailliage d'Amont, siége de Vesoul. — Noms et qualités des parties : demoiselle Simonne Vautherin, honorable Thomas Roussel contre tous ceux prétendant droits et hypothèques sur les biens d'Étienne Genechier, de Baignes; — généreux seigneur, François-Baptiste Daudonne, résidant à Thiefrans, et Claude-Françoise-Lallemand, son épouse (vente de tous les biens qu'ils possèdent sur le territoire de Chassey-lès-Montbozon); — dame Bénigne de Thomassin, de Montureux-lès-Baulay (amodiation à Claude Billerey, dudit lieu, d'un moulin appelé le moulinet qu'il devra remettre en état); — illustre seigneur, messire Jean-François de Joux, dit de Grammont, baron de Vellefaux (procès au sujet d'une chute mainmortable à Rioz); etc.

B. 5345. (Portefeuille.) — 68 pièces, papier.

1680-1682. — Inventaires de production, états des frais et pièces déposées au greffe du bailliage d'Amont, siège de Vesoul. — Noms et qualités des parties : Georges Foyot, receveur des exploits qui s'adjugent au siège de Vesoul; — Antoine Guyot, procureur fiscal d'Amont pour Sa Majesté; — Claude-Louis Gastoi, greffier du bailliage d'Amont; — Charlotte Ferry, femme et de l'autorité de Jacques Rayotte, de Sainte-Marie en Chanois, contre Charles Corberand dudit lieu; — Maurice Faivre, de Mulans; — Hugues Aubry, de Purgerot; etc.

B. 5346. (Portefeuille.) — 5 pièces, parchemin; 63 pièces, papier.

1682. — Inventaires de production, états des frais et pièces déposées au greffe du bailliage d'Amont, siège de Vesoul. — Noms et qualités des parties : Jean Chapey, de Chargey, contre Julien Truf, de Conflandey (procès en vérification d'écriture); — Jean-François Regnaudin, postulant au siège de Vesoul; — Odot Roland, de Vesoul, docteur ès droits; etc.

B. 5347. (Portefeuille.) — 2 pièces, parchemin; 137 pièces, papier.

1683. — Inventaires de production, états des frais et pièces déposées au greffe du bailliage d'Amont, siège de Vesoul. — Noms et qualités des parties : Claude Aymonnot, procureur postulant au siège de Vesoul; — les sieurs et dames de Coligny (héritiers bénéficiaires du feu seigneur, marquis de Saint-Georges); — honorable Urbain Rousselet, de Chargey; etc.

B. 5348. (Portefeuille.) — 14 pièces, parchemin; 63 pièces, papier.

1684. — Inventaires de production, états des frais et pièces déposées au greffe du bailliage d'Amont, siège de Vesoul. — Noms et qualités des parties : Jean-Joseph Guillard, de Mailley, contre Pierre Arnoux, de Grandvelle; — Claude Guichard (vente de ses biens situés sur les territoires de la Villedieu et Neurcourt); — noble Claude Sativet, de Fouchécourt (instance pendante entre lui et les révérends pères bénédictins de Faverney, noble Jacques Tessier, seigneur de Mailleroncourt-Charette, messire Thiébaud Aimé, prêtre, curé de Baulay, messire Jean-Baptiste Faguetin, prêtre, curé de Pontcey); etc.

B. 5349. (Portefeuille.) — 4 pièces, parchemin; 34 pièces, papier.

1685. — Inventaires de production, états des frais et pièces déposées au greffe du bailliage d'Amont, siège de Vesoul. — Noms et qualités des parties : Simonne Vauterin, veuve du capitaine Besançonot, de Vesoul; — Claudine Dubois, femme de Denis Maréchal de Saint-Madon, contre Claude Tissorand, dudit lieu; — Denis Buisson, de Montdoré, contre les habitants de Polaincourt; — Jean-Baptiste Friquet, de Mersuay, procureur d'office en la justice de la Villedieu-en-Fontenette, demandeur contre les habitants de Velorcey qui ont « champoyé par résolution publique les seconds fruits d'un pré appartenant au commandeur de la Villedieu »; etc.

B. 5350. (Portefeuille.) — 7 pièces, parchemin; 85 pièces, papier.

1686. — Inventaires de production, états des frais et pièces déposées au greffe du bailliage d'Amont, siège de Vesoul. — Noms et qualités des parties : messire François Puscheur, prêtre et curé de Fontenois-lès-Montbozon, contre révérend sieur, messire Jean-Baptiste Boisot, abbé commendataire de l'abbaye Saint-Vincent de Besançon, prieur de Grandecourt, et messire César de la Bastie, abbé commendataire de Bellevaux (procès au sujet du supplément de la portion congrue); — Gaspard Vinoy, de Jasney, contre généreux seigneur, messire François-Gaspard de Pouilly, seigneur dudit Jasney (procès au sujet d'une chute mainmortable); — Antoine Guillaumot, de Charriez, accusé d'avoir blasphémé le saint nom de Dieu; etc.

B. 5351. (Portefeuille.) — 1 pièce, parchemin; 55 pièces, papier.

1687. — Inventaires de production, états des frais et pièces déposées au greffe du bailliage d'Amont, siège de Vesoul. — Noms et qualités des parties : noble Jean-Baptiste de Maçon, seigneur d'Esboz; — messire Alexandre-François d'Haraucourt, seigneur de Vauconcourt; — Marguerite Perrot, des baraques de Dampierre-lès-Montbozon, accusée d'homicide sur la personne de Claude Mousan, son mari (interrogatoire, procès-verbaux d'application à la question ordinaire des menottes et à la question extraordinaire du feu); — Simonne Dampvalley, accusée d'infanticide; etc.

B. 5353. (Portefeuille.) — 3 pièces, parchemin; 48 pièces, papier.

1687. — Inventaires de production, états des frais, pièces déposées au greffe du bailliage d'Amont, siége de Vesoul. — Noms et qualités des parties : Claude Cornier, d'Autrey-les-Cers (accusé d'avoir, étant détenu à la prison de Vesoul, mangé avec des cavaliers de la chair pendant le carême sans permission et en présence d'autres personnes qui en ont été scandalisées); — Jeanne-Françoise Mouille, de Besançon, contre Gilles Maire, de Nouvelles-Cromary (recherche de paternité); — Pierre Bourbon, de Semmadon, contre Claude Bouvent, dudit lieu (blessures par imprudence); — madame la marquise de Saint-Martin, dame de Melecey, contre Jean Foissotte, dudit lieu (abus dans les bois seigneuriaux); etc.

B. 5353. (Portefeuille.) — 51 pièces, papier.

1688. — Inventaires de production, états des frais et pièces déposées au greffe du bailliage d'Amont, siége de Vesoul. — Noms et qualités des parties : Nicolas Vosgin, de Voisey, notaire demeurant audit lieu, contre Marguerite Pelletier, veuve de François Gauthier, de Voisey; — les révérends doyen, chanoines et chapitre de l'église collégiale Notre-Dame de Dôle, prieurs et seigneurs de Marast, contre honorable Jean Dusaux, de Pont-sur-l'Oignon, et le baron de Marnoz, seigneur de Longevelle; — noble Claude Franchet, seigneur d'Osse, contre Jean-Baptiste Vallian, de Voisey; — messire Nicolas Martel, prêtre, ci-devant curé de Velle-le-Châtel, contre Claude Bressand, ci-devant amodiateur audit lieu; etc.

B. 5354. (Portefeuille.) — 4 pièces, parchemin; 70 pièces, papier.

1689. — Inventaires de production, états des frais et pièces déposées au greffe du bailliage d'Amont, siége de Vesoul. — Noms et qualités des parties : Claude Clémence et Françoise Jannenot, de Luxeuil, contre Claude Guichard, de la Villedieu-en-Fontenette (procès au sujet d'une rente foncière); etc.

B. 5355. (Portefeuille.) — 1 pièce, parchemin; 50 pièces, papier.

1689. — Inventaires de production, états des frais et pièces déposées au greffe du bailliage d'Amont, siége de Vesoul. — Noms et qualités des parties : les vicomte-maieur-capitaine, échevins et conseil de la ville de Vesoul, contre les amodiateurs des droits d'éninage); — illustre seigneur frère Jacques de Lallemand, commandeur de Salles; — damoiselle Péronne de Guaritot, dame de Montot, la Barre, etc.; — dame Charlotte de Neufchâtel, mère et ayant la garde des corps et biens des demoiselles Marguerite, Eugénie et Marie-Françoise d'Achey, dame de Courchaton, Saint-Ferjeux, etc.; etc.

B. 5356. (Portefeuille.) — 1 pièce, parchemin; 58 pièces, papier.

1690. — Inventaires de production, états des frais et pièces déposées au greffe du bailliage d'Amont, siége de Vesoul. — Noms et qualités des parties : les habitants de la ville de Vesoul et ceux d'Echenoz-la-Méline, contre la communauté de Navenne (au sujet d'un droit de parcours dans un canton de la prairie de ce dernier lieu); — Humbert Saupin, de Saulx, contre Pierre Jannoy, de Creveney (au sujet de la propriété d'un pré dépendant de la justice et seigneurie mainmortable des dames de Sainte-Claire, de Montigny-les-Charriez); etc.

B. 5357. (Portefeuille.) — 2 pièces, parchemin; 31 pièces, papier.

1690. — Inventaires de production, états des frais et pièces déposées au greffe du bailliage d'Amont, siége de Vesoul. — Noms et qualités des parties : honorable Noël Lonlier, de Frotey, contre Claude Courtois, de Faucogney; — messire François Lorgerot, prêtre, curé d'Amance, contre Pierre Seguin, de Meurcourt (propos injurieux); etc.

B. 5358. (Portefeuille.) — 1 pièce, parchemin; 35 pièces, papier.

1691. — Inventaires de production, états des frais et pièces déposées au greffe du bailliage d'Amont, siége de Vesoul. — Noms et qualités des parties : messire Antoine Silvestre, prêtre et familier en l'église de Vesoul, contre Charlotte de Fleurey, femme de Guillaume Champy, dudit Vesoul (procès au sujet de la propriété de tombes dans l'église Saint-Georges); — Claude Lavey, d'Andelarrot, contre Jean Cascau, de Noidans-les-Vesoul (propos injurieux, entre autres, chien de huguenot); — messire Nicolas Damedor, seigneur de Molans, Bourguignon-les-Morey, etc., contre noble Jean-Claude Clerc, seigneur de Neurey (procès au sujet d'une rente); etc.

B. 5359. (Portefeuille.) — 1 pièce, parchemin; 64 pièces, papier.

1690. — Inventaires de production, états des frais et pièces déposées au greffe du bailliage d'Amont, siége de Vesoul. — Noms et qualités des parties : Claude-Joseph-François Danviron, docteur en médecine, citoyen de Besançon ; — illustre dame, Charlotte de Neufchatel, dame d'Avilley ; — illustre seigneur, frère Jean-Balthazard de Pont, chevalier de l'ordre de Saint-Jean de Jérusalem, commandeur de la commanderie de la Villedieu-en-Fontenette ; etc.

B. 5360. (Portefeuille.) — 4 pièces, parchemin; 70 pièces, papier.

1690. — Inventaires de production, états des frais et pièces déposées au greffe du bailliage d'Amont, siége de Vesoul. — Noms et qualités des parties : Antide Renaud, amodiateur des terres et seigneuries de la baronnie de Montmartin ; — les confrères de la confrérie de Saint-Crépin et Saint-Crépinien érigée en l'église paroissiale de Vesoul, contre les sieurs Flavigny et consorts, copatrons de ladite chapelle et qui prétendaient y avoir droit de sépulture ; — noble Charles de Varoz, seigneur de Magny-les-Jussey, et dame Jeanne-Sophie de Tromelle, son épouse, contre noble Jacques-Joseph Percenelle, seigneur de Mont et Épenoux, lieutenant général d'Amont, et généralement contre tous ceux prétendant droits, actions et hypothèques sur leurs biens ; etc.

B. 5361. (Portefeuille.) — 70 pièces, papier.

1692. — Inventaires de production, états des frais et pièces déposées au greffe du bailliage d'Amont, siége de Vesoul. — Noms et qualités des parties : Nicolas Messelet, d'Andelarrot ; — Jean-Claude Dessirier, de Besançon ; — noble Antoine Mulot, de Vesoul ; — Denise-Françoise Richardot, veuve du sieur Courtaillon, de Vesoul (procès-verbal de la démolition d'une muraille située entre le monastère des Annonciades et la maison de ladite dame de Courtaillon) ; etc.

B. 5362. (Portefeuille.) — 3 pièces, parchemin; 70 pièces, papier.

1693. — Inventaires de production, états des frais et pièces déposées au greffe du bailliage d'Amont, siége de Vesoul. — Noms et qualités des parties: noble Jean-Claude Clerc, seigneur de Neurey, Aboncourt, Gesincourt, etc., contre le sieur Ignace Bournot, de Vesoul, et messire Nicolas Damedor, de Vesoul, seigneur de Mollans ; — messire Claude-Antoine Janney, prêtre, curé de la Demie ; — noble Claude-François Courtaillon, seigneur de Montdoré (débouté des fins de sa requête tendante à ce que François Laurent dudit lieu soit condamné « de réduire le boissel de terre qu'il avait planté de troncs propres à porter des fruits en la mesme nature de labour qu'il estoit auparavant pour qu'on puisse y lever la dîme » ; etc.

B. 5363. (Portefeuille.) — 3 pièces, parchemin; 45 pièces, papier.

1694. — Inventaires de production, états des frais et pièces déposées au greffe du bailliage d'Amont, siége de Vesoul. — Noms et qualités des parties : François Jaquet, de Mollans, contre honorable Guillaume Arnaud, hôte public à Luxeuil, Claude-Antoine et Claudine Lavey, d'Auxon ; — messire Jean-François de la Verne-Corcelle, seigneur de Vellechevreux ; — messire Nicolas Martel, prêtre, curé de Baumotte-les-Montboxon, contre les habitants et communauté dudit lieu (au sujet du payement de sa portion congrue ; etc.

B. 5364. (Portefeuille.) — 32 pièces, papier.

1694. — Inventaires de production, états des frais et pièces déposées au bailliage d'Amont, siége de Vesoul. — Noms des parties : Nicolas Perrin, procureur fiscal en la justice de Recologne, et demoiselle Élisabeth Perrin, femme de Joachim Besson, marchand, citoyen de Besançon, contre le sieur Claude Barbier, de Filain ; — noble Armand-Léon d'Arnoux, seigneur de Fodenay, Artaufontaine, etc., contre messire Claude Cordienne, prêtre, curé à Cornot ; — messire Joseph Bouvier, prêtre, curé de Fleurey-les-Faverney ; — Claude Henry, de Montoille, contre Jean Thiébaud, dudit lieu (propos injurieux); etc.

B. 5365. (Portefeuille.) — 3 pièces, parchemin; 49 pièces, papier.

1695. — Inventaires de production, états des frais et pièces déposées au greffe du bailliage d'Amont, siége de Vesoul. — Noms et qualités des parties : honorable Bernard Milley, de Bougey, contre Pierre Fournier, demeurant au moulin des Perches (propos injurieux) ; — Jean Pille, de Servigney-les-Saulx, contre Jean Colley, dudit lieu (propos injurieux, entre autres : « race de huguenots ») ; — noble Jean-Étienne de Montessus, seigneur de Vitrey, comme mari de Jeanne de Poincte, contre Claude Billotte, de Jussey (payement d'une rente) ; — Bénigne de Conflans, seigneur de Melincourt (publication de la donation à cause de mort d'Adrien de Conflans, chevalier de Malte); etc.

B. 5366. (Portefeuille.) — 2 pièces, parchemin; 44 pièces, papier.

1696. — Inventaires de production, états des frais et pièces déposées au greffe du bailliage d'Amont, siége de Vesoul. — Noms et qualités des parties : Jacques Lespine, d'Esprels, contre Nicolas Moures, dudit lieu (propos injurieux); — Léonard Ramble, menuisier à Rougemont, contre Claudinette Roynaud, dudit lieu (idem); — Martial Deschaux, de Scye, contre noble Pierre-François Noirot, seigneur à Vauchoux (idem); etc.

B. 5367. (Portefeuille.) — 1 pièce, parchemin; 48 pièces, papier.

1696. — Inventaires de production, états des frais et pièces déposées au greffe du bailliage d'Amont, siége de Vesoul. — Noms et qualités des parties : Desle Py, de Saulx, contre Jean Escoffet, de la Maize (recherches de paternité); — Ignace Ver, archer de la brigade de Vesoul; — les habitants et communauté de Cubriul et noble Jean Terrier, seigneur de Pont sur l'Ognon (opposition à la barre faite à l'instance de George Claire et consorts, de Bonnalle, sur les effets mobiliers d'Étienne Barbaux, baron et seigneur de Florimont); etc.

B. 5368. (Portefeuille.) — 19 pièces, papier.

1697. — Inventaires de production, états des frais et pièces déposées au greffe du bailliage d'Amont, siége de Vesoul. — Noms et qualités des parties : François et Claude Guerrin, de Purgerot (procès au sujet de la construction d'une muraille dans lequel a été produit un abrégé de toutes les reconnaissances sur les fonds mainmortables sis à Purgerot, passées en faveur de l'abbaye de Cherlieu); — Pierre et Jeanne Porcherot, de Vitrey; etc.

B. 5369. (Portefeuille.) — 11 pièces, parchemin; 60 pièces, papier.

1697. — Inventaires de production, états des frais et pièces déposées au greffe du bailliage d'Amont, siége de Vesoul. — Noms et qualités des parties : Nicolas Pigeon, de Luxeuil; — François Boudot, de Vauconcourt; — Claude Chapuis, de Bonnevent, contre Nicolas-Ignace Lyautey, procureur au bailliage d'Amont (propos injurieux); etc.

B. 5370. (Portefeuille.) — 3 pièces, parchemin; 56 pièces, papier.

1697. — Inventaires de production, états des frais et pièces déposées au greffe du bailliage d'Amont, siége de Vesoul. — Noms et qualités des parties : damoiselle Françoise Vernerey, veuve du sieur Antoine Reuffe, en son vivant docteur ès droits; — messire Claude Conton, prêtre, curé de Contréglise et de Senoncourt; — Noël Grosjean, contre Germaine Vuillot, femme de Laurent Froidevaux, meunier aux moulins de Dampierre-les-Montbozon (propos injurieux); etc.

B. 5371. (Portefeuille.) — 5 pièces, parchemin; 59 pièces, papier.

1698. — Inventaires de production, états des frais et pièces déposées au greffe du bailliage d'Amont, siége de Vesoul. — Noms et qualités des parties : Antide Cornet, tabellion particulier en la terre et prévôté de Montbozon, contre Nicolas Loittot et messire Ignace Lefebvre, seigneur de Montbozon, qui s'était permis, au mépris des droits du demandeur, d'instituer ledit Loittot dans les fonctions de notaire de ladite seigneurie (provisions de l'office et estat de tabellion particulier octroyées par le Roi à Antide Cornet, signature autographe de Louis XIV); — Antoine Corlier, de Cendrecourt, contre noble Joachim de Bichin, dudit lieu; — Pierre Brasleret, de Meurcourt, contre illustre seigneur, frère Baltazard de Pont, chevalier de Saint-Jean de Jérusalem, commandeur de la Villedieu en Fontenette; etc.

B. 5372. (Portefeuille.) — 2 pièces, parchemin; 107 pièces, papier.

1698. — Inventaires de production, états des frais et pièces déposées au greffe du bailliage d'Amont, siége de Vesoul. — Noms et qualités des parties : Étienne Jannon, de Vesoul, contre Jean Vinot, de Colombier; — Marguerite Bonnefoy, veuve de Toussaint Vincent, contre Antoine Gentil, meunier à Noroy-l'Archevêque; — Barbe Joinet, de Saint-Remy; etc.

B. 5373. (Portefeuille.) — 103 pièces, papier.

1698. — Inventaires de production, états des frais et pièces déposées au greffe du bailliage d'Amont, siége de Vesoul. — Noms et qualités des parties: Pierre-Joseph Bourguignet, ancien procureur d'office, contre Pierre Mercier, procureur postulant au siége de Vesoul; — dame Louise-Marguerite de Breuille, femme et compagne du sieur Jacques-Antoine Despoulet, lieutenant pour le service de Sa Majesté Catholique, contre les RR. abbé et religieux de Bellevaux; — dame Marguerite de Rouhier, douairière d'illustre seigneur, messire François-Gaspard de Pouilly, dame de Jasney; — messire Antoine Chappuis, prêtre, prieur de Voisey, chanoine de l'illustre chapitre métropolitain de Besançon; etc.

B. 5374. (Portefeuille.) — 4 pièces, parchemin ; 54 pièces, papier.

1688. — Inventaires de production, états des frais et pièces déposées au greffe du bailliage d'Amont, siège de Vesoul. — Noms et qualités des parties : Jean-Claude Forestier, avocat en Parlement, demeurant à Fondremand, contre Pierre Bruand, prêtre et curé de Mézière; — honorable Daniel Lamy, recteur d'école à Francourt; etc.

B. 5375. (Portefeuille.) — 4 pièces, parchemin; 55 pièces, papier.

1689. — Inventaires de production, états des frais et pièces déposées au greffe du bailliage d'Amont, siège de Vesoul. — Noms et qualités des parties : illustre seigneur, messire Hiérôme-Balthazard de Cuit, baron et seigneur de Cemboing, Vy-les-Lure, etc., contre tous ceux prétendant droits et hypothèques sur les biens de Pierre Godel, de Vy-les-Lure; — messire Ignace Lefebvre, chevalier, seigneur de Monthozon, conseiller du Roi en ses conseils, président à mortier au souverain parlement de Besançon; — les habitants de Vaivre, et Montoille, contre messire Claude-Antoine Véjux, curé desdits lieux (usurpation de terrains communaux); etc.

B. 5376. (Portefeuille.) — 19 pièces, papier.

1698. — Inventaires de production, états des frais et pièces déposées au greffe du bailliage d'Amont, siège de Vesoul. — Noms et qualités des parties : Jean-Baptiste Arbetin, de Bourguignon-les-La Charité (condamné à faire réparation à Jean et François Godard, Léonard Bougnot, dudit lieu, des injures qu'il leur a faites, disant « qu'il avoit entendu le sabat et avoit bien connu la voye de cinq ou six particuliers qui estoient au sabat au Rez du Gros-Chêne dans la prairie dudit Bourguignon, au nombre desquels estoient lesdits demandeurs, et que chemin faisant il avait rencontré ledit Jean Godard qui allait aussy au sabat avec les autres; » — messire Pierre Ruotte, prêtre et curé des lieux de Cendrey et Rougemontot; etc.

B. 5377. (Portefeuille.) — 2 pièces, parchemin; 59 pièces, papier.

1699. — Inventaires de production, états des frais et pièces déposées au greffe du bailliage d'Amont, siège de Vesoul. — Noms et qualités des parties : révérend seigneur, messire François-Antoine de Blisterwich, abbé de Cherlieu, archidiacre de Luxeuil, seigneur de Monteley, etc., contre les habitants et communauté de Gourgeon (opposition à la vente des bois communaux); — noble Claude-François Aymonnet, seigneur de Contréglise, etc., contre noble Nicolas François Millot, seigneur d'Autrey, Montjustin, etc. (collation d'un ancien manuel de rentes); etc.

B. 5378. (Portefeuille.) — 1 pièce, parchemin; 63 pièces, papier.

1700. — Inventaires de production, états des frais et pièces déposées au greffe du bailliage d'Amont, siège de Vesoul.— Noms et qualités des parties : les RR. PP. Minimes de Besançon, contre tous ceux et celles prétendant droits et hypothèques sur les biens de Jean Chaudot, de Voray, demeurant à Calmoutier; — Jacques Thevenoy, maire de Corbenay; — demoiselle Anne Comte, femme de noble Jean-Baptiste du Fresne, seigneur de la Brosse; etc.

B. 5379. (Portefeuille.) — 1 pièce, parchemin; 70 pièces, papier.

1700. — Inventaires de production, états des frais et pièces déposées au greffe du bailliage d'Amont, siège de Vesoul. — Noms et qualités des parties : les héritiers de Jean Clerc, en son vivant maire à Bougey, contre dame Reine Quinteal, veuve de noble Étienne de Camelin, seigneur dudit lieu (succession mainmortable); — Edme Geoffroy, de Purgerot, contre messire Pierre Mareschal, procureur fiscal en la justice dudit lieu, et le sieur Claude Cornillet, prêtre, curé de Purgerot; etc.

B. 5380. (Portefeuille.) — 64 pièces, papier.

1700. — Inventaires de production, états des frais et pièces déposées au greffe du bailliage d'Amont, siège de Vesoul. — Noms et qualités des parties : honorable Claude Bonnefoy, de Vesoul, contre Jacques Mougin, dudit lieu (propos injurieux); — Ignace Clerc, de Vesoul, et les habitants de Flagy, contre Claude Cardot, de ce dernier lieu; etc.

B. 5381. (Portefeuille.) — 30 pièces, papier.

1700. — Inventaires de production, états des frais et pièces déposées au greffe du bailliage d'Amont, siège de Vesoul. — Noms et qualités : les habitants et communauté d'Autrey-les-Cers, contre noble Nicolas-François Millot, seigneur de Montjustin; — Léonard et Gilles Longeron, du val Saint-Éloy et les habitants de ce dernier lieu, contre les habitants de Breurey et de Mersuay (au sujet de la propriété d'un canton de bois dit aux Cornes) ; etc.

B. 5382. (Portefeuille.) — 1 pièce, parchemin ; 50 pièces, papier.

1700. — Inventaires de production, états des frais et pièces déposées au greffe du bailliage d'Amont, siège de Vesoul. — Noms et qualités des parties : Jean Dufay et Anne Marothey, de Port-sur-Saône, détenus dans les prisons de Vesoul sous l'accusation de vol ; — Nicolas Godard, de Lambrey ; — Christin Oudot, de Grange-la-Ville ; etc.

B. 5383. (Portefeuille.) — 3 pièces, parchemin ; 37 pièces, papier.

1700. — Inventaires de production, états de frais et pièces déposées au greffe du bailliage d'Amont, siège de Vesoul. — Noms et qualités des parties : Pierre Bouzon, de Vesoul ; — François Larmet, de Noidans-les-Vesoul ; etc.

B. 5384. (Portefeuille.) — 67 pièces, papier.

1701. — Inventaires de production, états de frais et pièces déposées au greffe du bailliage d'Amont, siège de Vesoul. — Noms et qualités des parties : les familiers de l'église Saint-Georges de Vesoul, contre les chanoines de la même église (à l'effet de faire déposer au greffe du bailliage deux registres des délibérations du chapitre depuis sa translation de Calmoutier à Vesoul) ; — divers particuliers contre la communauté de Saulx dont ils étaient créanciers (saisie de biens communaux) ; — dame Marie-Charlotte d'Andelaw, veuve de messire Jean-Baptiste de Raisele, seigneur de La Roche, Colombier et Montaigu ; — dame Simonne de Raisele, épouse du sieur de Bermont ; — dame Amarande de Raisele, épouse du sieur de Montdoré et demoiselle Claude-Thérèse de Raisele, contre messire Claude-Charles d'Haraucourt, seigneur de Villers-sur-Port (procès au sujet du payement d'une pension de 1,500 livres) ; — messire Noël Bérard, prêtre, curé de Polaincourt, contre messire Étienne Renoux, abbé commendataire de Clairefontaine (procès au sujet des revenus curiaux) ; etc.

B. 5385. (Portefeuille.) — 3 pièces, parchemin ; 40 pièces, papier.

1701. — Inventaires de production, états des frais et pièces déposées au greffe du bailliage d'Amont, siège de Vesoul. — Noms et qualités des parties : honorable Claude Cartiron, contre les habitants de Charrier ; — Richard Bouchux, avocat en Parlement, contre noble Nicolas-François Millot, seigneur de Montjustin ; — messieurs du magistrat de la ville de Vesoul et Jean Marminnan, maçon (procès au sujet du rétablissement des murailles de ladite ville du côté de la porte haute, de manière qu'on y puisse faire ronde en cas de nécessité) ; etc.

B. 5386. (Portefeuille.) — 6 pièces, parchemin ; 40 pièces, papier.

1701. — Inventaires de production, états des frais et pièces déposées au greffe du bailliage d'Amont, siège de Vesoul. — Noms et qualités des parties : Claude-Louis Gastel, amodiateur de la seigneurie de Fresne-le-Châtel, contre messire François Rond, conseiller au souverain parlement de Besançon, seigneur de Purgerot ; — François Brotet, notaire royal à Jussey ; — Claude Charquillon, de Montarlot ; etc.

B. 5387. (Portefeuille.) — 2 pièces, parchemin ; 30 pièces, papier.

1701. — Inventaires de production, états des frais et pièces déposées au greffe du bailliage d'Amont, siège de Vesoul. — Noms et qualités des parties : Claude Tabourey, amodiateur de la commanderie de Sales ; — messire Charles-François Perrenot de Grandvelle de la Baume, seigneur de Boult ; etc.

B. 5388. (Portefeuille.) — 1 pièce, parchemin ; 64 pièces, papier.

1701. — Inventaires de production, états de frais et pièces déposées au greffe du bailliage d'Amont, siège de Vesoul. — Noms et qualités des parties : honorables Didier Bartholomin, de Confracourt, et Jean Bartholomin, procureur fiscal en la justice de Combeaufontaine, contre les habitants de ce dernier lieu (saisie-arrêt) ; — Jean Charles, conseiller du Roi, maire, prévôt et lieutenant général de la ville de Jussey, et le sieur René Charles, son fils, clerc tonsuré, chapelain de la chapelle Saint-Sébastien érigée en l'église paroissiale dudit Jussey, contre messire Antoine Sonnet, prêtre, curé de Saint-Marcel (au sujet de la propriété des fonds dépendants de ladite chapelle) ; — Claude Thevenelle, de Chaux-les-Port, contre Étienne Châtel, de Vesoul, seigneur de Vallerois-les-Port ; etc.

B. 5379. (Portefeuille.) — 1 pièce, parchemin ; 52 pièces, papier.

1702 (janvier à juin). — Inventaires de production, états de frais et pièces déposées au greffe du bailliage

SÉRIE B. — BAILLIAGES.

d'Amont, siége de Vesoul. — Noms et qualités des parties: Gabriel Foillenot, conseiller doyen au bailliage et siége présidial de Vesoul; — les habitants et communauté de Gesler, contre noble Philibert-Joseph Favière, seigneur de Fontenelay, conseiller à la table de marbre du palais de Besançon; etc.

B. 5390. (Portefeuille.) — 43 pièces, papier.

1702 (juin à septembre). — Inventaires de production, états de frais et pièces déposées au greffe du bailliage d'Amont, siége de Vesoul. — Noms et qualités des parties : le R. P. Félix, gardien des capucins de Jussey; — les habitants de Flagy (condamnés à payer au sieur Gonhenans la somme de 128 livres, reliquat de celle de 331, prix du sel qui leur a été distribué en 1699); etc.

B. 5391. (Portefeuille.) — 1 pièce, parchemin; 66 pièces, papier.

1702 (septembre à novembre). — Inventaires de production, états de frais et pièces déposées au greffe du bailliage d'Amont, siége de Vesoul. — Noms et qualités des parties : honorable Claude-François Aubry, de Purgerot; — les habitants et communauté de Saulx; etc.

B. 5392. (Portefeuille.) — 2 pièces, parchemin; 72 pièces, papier.

1702 (novembre et décembre). — Inventaires de production, états de frais et pièces déposées au greffe du bailliage d'Amont, siége de Vesoul. — Noms et qualités des parties : Claude-François Roussel, commissaire de police de la ville de Vesoul; — Nicolas Regnauld, de Voisey, notaire royal, contre Claude-François de Lespine, conseiller du Roi au bailliage et siége présidial de Vesoul; — les habitants et communauté de Clans, contre Nicolas et Jean-Claude Normand, dudit lieu; etc.

B. 5393. (Portefeuille.) — 3 pièces, parchemin; 54 pièces, papier.

1703 (avril à juillet). — Inventaires de production, états de frais et pièces déposées au greffe du bailliage d'Amont, siége de Vesoul. — Noms et qualités des parties : le sieur Thiébaud Guénard, prêtre, curé de Jasney, contre dame Marie-Marguerite de Rouhier, veuve de feu messire François-Gaspard, baron de Pouilly, dame de Jasney (au sujet de la propriété d'un héritage dit au Meix-Grisard, finage dudit Jasney, au bout de la rue dit la Core-le-Vanney); etc.

B. 5394. (Portefeuille.) — 4 pièces, parchemin; 61 pièces, papier.

1703 (juillet). — Inventaires de production, états des frais et pièces déposées au greffe du bailliage d'Amont, siége de Vesoul. — Noms et qualités des parties : Jeanne-François Chandey, de Vy-les-Lure; — Étienne Fumerey, de Jussey, contre Claire et Catherine Ramelet, dudit lieu.

B. 5395. (Portefeuille.) — 104 pièces, papier.

1703 (août et octobre). — Inventaires de production, états des frais et pièces déposées au greffe du bailliage d'Amont, siége de Vesoul. — Noms et qualités des parties : Symon Thierry, demeurant dans les bois de Xertigny, en Lorraine; — honorable Jean-Baptiste Monnin, marchand de blé; etc.

B. 5396. (Portefeuille.) — 43 pièces, papier.

1703 (octobre à décembre). — Inventaires de production, états des frais et pièces déposées au greffe du bailliage d'Amont, siége de Vesoul. — Noms et qualités des parties : Jacques Guillemin, d'Ovanches (propos injurieux); — illustre seigneur, messire Jean-Simon de Rosières, marquis de Sorans; etc.

B. 5397. (Portefeuille.) — 2 pièces, parchemin; 61 pièces, papier.

1704 (janvier à mars). — Inventaires de production, états des frais et pièces déposées au greffe du bailliage d'Amont, siége de Vesoul. — Noms et qualités des parties : Marguerite Raillard, de Raincourt (propos injurieux); — le sieur Claude-Nicolas Pogand, de Romain, procureur fiscal en la justice d'Avilley et les habitants et communauté dudit lieu, contre plusieurs habitants de Maussans (au sujet de la propriété d'un canton de bois que le changement du lit de l'Ognon avait rendue incertaine); — les habitants d'Auxon et messire Philippe de Sonnet, seigneur dudit lieu, contre dame Denise Damedor, veuve de feu messire Albert-François de Grillet, seigneur de Brisac (au sujet du droit de haute justice audit Auxon); etc.

B. 5398. (Portefeuille.) — 1 pièce, parchemin; 99 pièces, papier.

1704 (mars à mai). — Inventaires de production, états des frais et pièces déposées au greffe du bailliage d'Amont, siège de Vesoul. — Noms et qualités des parties : les RR. sieurs abbé, prieur et religieux de l'abbaye de Clairefontaine, contre les habitants de Polaincourt (au sujet de la propriété d'un pré sis à la Queue de l'Étang de Clairefontaine) ; — honorable Nicolas Paillotte, d'Arbecey ; etc.

B. 5399. (Portefeuille.) — 3 pièces, parchemin; 53 pièces, papier.

1704 (avril). — Inventaires de production, états des frais et pièces déposées au greffe du bailliage d'Amont, siége de Vesoul. — Noms et qualités des parties : Claude Breton, de la Villedieu ; — dame Claude-Françoise Bourguignet, veuve de M. de Cendrecourt, contre noble Joachim de Bichin, seigneur dudit Cendrecourt ; etc.

B. 5400. (Portefeuille.) — 3 pièces, parchemin; 57 pièces, papier.

1704 (mai à juillet). — Inventaires de production, états des frais et pièces déposées au greffe du bailliage d'Amont, siége de Vesoul. — Noms et qualités des parties : les religieux de Bellevaux ; — illustre seigneur, messire Claude-François de Grammont, seigneur de Gouhenans, Vellechevreux, Saint-Ferjeux et autres lieux ; etc.

B. 5401. (Portefeuille.) — 3 pièces, parchemin; 35 pièces, papier.

1704 (juillet à octobre). — Inventaires de production, états des frais et pièces déposées au greffe du bailliage d'Amont, siége de Vesoul. — Noms et qualités des parties : messieurs du magistrat de la ville de Vesoul, contre les RR. SS. doyen et chanoines de l'église Saint-Georges, dudit lieu (au sujet du droit de présentation aux canonicats vacants où les chanoines ne doivent appeler, lorsque c'est leur tour de nomination, que des familiers fils de bourgeois) ; — Jean-Baptiste Lucot, de Chargey (propos injurieux) ; — demoiselle Claude-Françoise Liautey, femme du sieur Jean-Baptiste Rebillot, procureur audit Vesoul (accusée d'avoir insulté le sieur Claude-Étienne Liautey, avocat en Parlement, vicomte mayeur et capitaine de la ville de Vesoul en le traitant de « roy Hérode et de tricheur ») ; etc.

B. 5402. (Portefeuille.) — 1 pièce, parchemin ; 43 pièces, papier.

1704 (octobre). — Inventaires de productions, états des frais et pièces déposées au greffe du bailliage d'Amont, siége de Vesoul. — Noms et qualités des parties : Léonard Vincent, demeurant dans les bois de Borey ; — messire Antoine Briffaut, notaire royal à Calmoutier ; etc.

B. 5403. (Portefeuille.) — 2 pièces, parchemin; 47 pièces, papier.

1704 (novembre à décembre). — Inventaires de production, états des frais et pièces déposées au greffe du bailliage d'Amont, siége de Vesoul. — Noms et qualités des parties : Étienne Fournier, d'Echenoz-la-Meline ; — Jacques Prieure, fermier des RR. PP. de la compagnie de Jésus du collège de Besançon ; etc.

B. 5404. (Portefeuille.) — 6 pièces, parchemin ; 63 pièces, papier.

1705. — Inventaires de production, états des frais et pièces déposées au greffe du bailliage d'Amont, siége de Vesoul. — Noms et qualités des parties : les habitants de Quenoche, Pennesierres, Hyet, Courboux, Rubans, la Villedieu et Milladon, tous paroissiens de Quenoche, contre Jeanne-Antoine-Marie-Claude et Nicolas Poignand, au sujet d'un banc que ces derniers ont dressé dans l'église de Quenoche ; — les dames et demoiselle d'Achey, dames d'Avilley ; etc.

B. 5405. (Portefeuille.) — 3 pièces, parchemin ; 106 pièces, papier.

1705. — Inventaires de production, états des frais et pièces déposées au greffe du bailliage d'Amont, siége de Vesoul. — Noms et qualités des parties : noble Bénigne Courtaillon de Thomassin et Jean-Baptiste Maire, coseigneurs à Montdoré, demoiselle Marie Gougenot, veuve du sieur Didier Mousso, et Claude Barthélemy, de Vauvillers, contre François Laurent, de Montdoré (procès au sujet de la contenance de la mesure dite mesure de Jonvelle) ; — Claude Bellotte, notaire royal à Raincourt, contre messire Claude Parisot, prêtre curé dudit lieu (au sujet de la dîme que ce dernier perçoit à chaque Saint-Martin sur tous les habitants de Raincourt possédant charrue) ; etc.

B. 5406. (Portefeuille.) — 3 pièces, parchemin ; 59 pièces, papier.

1705. — Inventaires de production, états des frais et pièces déposées au greffe du bailliage d'Amont, siége de Vesoul. — Noms et qualités des parties : Jean-Claude Maire, lieutenant et prévôt de justice à Jussey, demandeur en inscription de faux ; — le sieur Balthazard Guiotte, conseiller du Roi, subdélégué de Mgr l'intendant au département de Baume-les-Dames, contre Jean-Jacques Mirdondey, de Vesoul, avocat en Parlement ; etc.

B. 5407. (Portefeuille.) — 4 pièces, parchemin ; 83 pièces, papier.

1705. — Inventaires de production, états des frais et pièces déposées au greffe du bailliage d'Amont, siége de Vesoul. — Noms et qualités des parties : Jacques Barret, d'Estuz, contre Gérard Petitjean, de Boulot (au sujet de la possession de meix, maisons et dépendances situées à Estuz) ; — honorable Jean-Baptiste Chevillot, de Boult, défendeur, contre noble Antoine Dumbly, seigneur dudit lieu, au sujet des journées de charrue; etc.

B. 5408. (Portefeuille.) — 68 pièces, papier.

1705. — Inventaires de production, états des frais et pièces déposées au greffe du bailliage d'Amont, siége de Vesoul. — Noms et qualités des parties : Catherine Guillemette, de Saint-Remy, contre les sieurs Jean et Nicolas Belet, père et fils, dudit lieu (recherche de la paternité) ; — Pancras Martin, maire de la ville de Lure, contre Antoine Chaudey, de Recologne-les-Ronchamp (outrages et blessures) ; etc.

B. 5409. (Portefeuille.) — 1 pièce, parchemin; 63 pièces, papier.

1705. — Inventaires de production, états des frais et pièces déposées au greffe du bailliage d'Amont, siége de Vesoul. — Noms et qualités des parties : messire Claude-François Cressonnier, ancien notaire, demeurant à Voisey, et messire Nicolas Regnaud, notaire audit lieu (au sujet d'une muraille séparant les jardins des parties) ; — Pierre Martin, de Cubry, contre Françoise Martel, dudit lieu (propos injurieux) ; etc.

B. 5410. (Portefeuille.) — 2 pièces, parchemin; 69 pièces, papier.

1705. — Inventaires de production, etc. — Noms des parties : noble Guillaume Joachim de Bichin, seigneur de Cendrecourt, demandeur aux fins de sa requête tendante à ce qu'en conséquence de la mainmorte qu'il a audit lieu, « les biens provenant de feu Jeanne Jobert, première femme de Claude Parisey, de Cendrecourt, lui fassent échute; » — Jean Magnitot, échevin de Montjustin et Velotte, contre Mathias Rebilly, dudit Montjustin (propos injurieux) ; etc.

B. 5411. (Portefeuille.) — 3 pièces, parchemin; 81 pièces, papier.

1706. — Inventaires de production, etc.; — Noms des parties : les habitants et communauté d'Amance contre Jean Piquet, dudit lieu (au sujet des droits de pâturage) ; — Pierre Demougeot, de Dampierre-sur-Salon, contre Pierre Roudot, de Scey-sur-Saône (propos injurieux) ; — les habitants et communauté d'Abenans, contre les habitants et communauté de Bournois (au sujet des bornes délimitant leurs territoires qui auraient été arrachées) ; etc.

B. 5412. (Portefeuille.) — 4 pièces, parchemin; 69 pièces, papier.

1706. — Inventaires de production, etc. ; — Noms et qualités des parties : Pierre Mareschal, notaire procureur fiscal en basse justice de la seigneurie de Purgerot ; — noble Claude Aymonnet, seigneur de Contréglise ; — Claude Chevalier, de Boult, contre Catherine Gaguet, femme de François Meunier, dudit lieu (propos injurieux) ; etc.

B. 5413. (Portefeuille.) — 3 pièces, parchemin; 17 pièces, papier.

1706. — Inventaires de production, etc. — Noms et qualités des parties : Jean Véjux, de Cers, contre dame Anne de Crosey, veuve du seigneur d'Oricourt (au sujet de la succession mainmortable de François Véjux, son père) ; — Jean-Baptiste Levert, de Raincourt, greffier en la justice dudit lieu ; etc.

B. 5414. (Portefeuille.) — 3 pièces, parchemin; 48 pièces, papier.

1706. — Inventaires de production, etc. — Noms et qualités des parties : Claude Violet, de Clans, contre Jacques Rosière, dudit lieu (au sujet d'injures) ; — Mathieu Vincent, seigneur d'Équevilley ; — messire Ardouin de Choffoy, seigneur de Corcelle, Manans, etc. ; — Claude Cevet, seigneur d'Accolans, contre les habitants et communauté de Moimay (au sujet de l'affouage dans les bois communaux) ; etc.

B. 5415. (Portefeuille.) — 1 pièce, parchemin; 63 pièces, papier.

1706. — Inventaires de production, etc. — Noms et qualités des parties : Pierre Guérittot, de Presle (accusé d'avoir injurié messire Claude-François Barbier, prêtre et curé de Vallerois-le-Bois et de l'avoir traité de fou) ; — noble Antoine-Alexis Tranchand, seigneur de Borey, contre Pierre Davil, de Montjustin (propos injurieux) ; — Claudine Menigoz, de Vy-les-Lure, contre Simon Purigaud, des Aynans (recherche de paternité) ; — Thiébaud Grandgirard, prêtre familier et vicaire à Faucogney, contre Pierre Bolot, avocat en Parlement et maïeur de Faucogney (propos injurieux) ; etc.

B. 5416. (Portefeuille.) — 79 pièces, papier.

1707. — Inventaires de production, etc. — Noms et qualités des parties : Ferréol Boutrout, demeurant à Gezier, contre Claude Girard, de Montboillon ; — Honoré et Richard Poussot, de Montenois, contre César Jacoutot, du même lieu (coups et blessures) ; etc.

B. 5417. (Portefeuille.) — 4 pièces, parchemin ; 34 pièces, papier.

1707. — Inventaires de production, etc. — Noms et qualités des parties : François Larmet de Noidans-le-Ferroux, contre Aubin Syblot, dudit lieu (propos injurieux) ; — Nicolas Lempereur d'Arbecey, contre Claude Quenot, dudit lieu (*idem*) ; etc.

B. 5418. (Portefeuille.) — 3 pièces, parchemin ; 104 pièces, papier.

1707. — Inventaires de production, etc. — Noms et qualités des parties : R. P. en Dieu, dom François Théodore Duclos, abbé et seigneur de Faverney, contre François Henriot, de Breurey-les-Faverney (au sujet de la destitution de ce dernier de ses fonctions de greffier de la justice seigneuriale de Breurey) ; — Charles Damien, de Saulx, contre Élisabeth Huin, dudit lieu (propos injurieux) ; etc.

B. 5419. (Portefeuille.) — 1 pièce, parchemin ; 70 pièces, papier.

1707. — Inventaires de production, etc. — Noms et qualités des parties : maître Sébastien Seguin, procureur au bailliage de Vesoul, contre les habitants et communauté de Cognières ; — Christine Meunier, demeurant à Vesoul, contre François Camus, demeurant à la grange de Vaux-Regnaud (recherche de la paternité) ; etc.

B. 5420. (Portefeuille.) — 2 pièces, parchemin ; 67 pièces, papier.

1707. — Inventaires de production, etc. — Noms et qualités des parties : Françoise Guerrin, femme de Sylvestre Babatre, contre Jeannette Grand, veuve de Claude Hugueney, toutes deux de Confracourt (propos injurieux, entre autres, épithètes de sorcière, cheval du diable, etc.) ; — messire Jean-Simon de Rozière, marquis de Sorans, baron de Fondremand, contre messire Jacques-Antoine de Hennin, marquis de Saint-Fal (motifs du procès non indiqués ; parmi les pièces jointes se trouve la reconnaissance des terres et seigneurie de Vandelans et la Barre en 1617) ; etc.

B. 5421. (Portefeuille.) — 10 pièces, parchemin ; 86 pièces, papier.

1708. — Inventaires de production, etc. — Noms et qualités des parties : messire Philibert-Joseph de Grammont, seigneur de Châtillon, contre le sieur Étienne-Henry de Navenne (au sujet de la mauvaise façon et culture d'une vigne sise au territoire de Navenne et appartenant à M. de Grammont) ; — Jean Montureux, d'Ormoy, contre Jean Pernet, de Betaucourt (propos injurieux) ; — Claude-François Cenet, seigneur d'Accolans, contre Nicolas Drouhot, huissier à Villersexel (idem) ; etc.

B. 5422. (Portefeuille.) — 6 pièces, parchemin ; 103 pièces, papier.

1708. — Inventaires de production, etc. — Noms et qualités des parties : Claude Faivre, amodiateur à Genevrey ; — Jean Blanpied, de Francalmont, contre messire Jean-Baptiste Panthier, prêtre, curé d'Ainvelle et de Francalmont (procès au sujet d'une somme de 13 sols 4 deniers pour trois corvées par an) ; etc.

B. 5423. (Portefeuille.) — 61 pièces, papier.

1708. — Inventaires de production, etc. — Noms et qualités des parties : Pierre Thiébaud, de Sainte-Marie-en-Chaux, contre Jean-Claude Verpillot, dudit lieu (coups et blessures) ; — Anne Thomas, de Calmoutier, contre Pierre Pelletier, dudit lieu (recherche de la paternité) ; etc.

B. 5424. (Portefeuille.) — 1 pièce, parchemin ; 97 pièces, papier.

1708. — Inventaires de production, etc. — Noms et qualités des parties : les habitants et communauté de Rougemont contre ceux de Puessans (procès au sujet de la propriété du territoire sur lequel sont situés les cantons de champs appelés Pleine-Fin, au Veignure et Courzon, sous Dehin, dessous Faux, dessous l'Étang et derrière Dehin) ; — noble Claude-Étienne Tranchant, seigneur de Navenne, Graisse, gouverneur de la ville de Vesoul ; — noble Charles de Varoz, résidant à Villars-le-Pautel, contre messire Bénigne de Conflans, seigneur de Melincourt et Montureux-les-Baulay, qui, en prétendant injustement avoir un huitième de la terre et seigneurie de Magny-les-Jussey, a empêché le sieur de Varoz de purger le décret mis sur ladite terre, vendue ensuite à vil prix ; etc.

B. 5425. (Portefeuille.) — 7 pièces, parchemin ; 99 pièces, papier.

1708. — Inventaires de production, etc. — Noms et qualités des parties : Gabriel Saillard, de Traves, contre Marguerite Gauthier, dudit lieu (propos injurieux) ; — Étienne Duchanois, des Aynans, contre Jean-Baptiste Béquain, dudit lieu (*idem*) ; etc.

SÉRIE B. — BAILLIAGES.

B. 3426. (Portefeuille.) — 4 pièces, parchemin; 54 pièces, papier.

1709. — Inventaires de production, etc. — Noms et qualités des parties : illustre seigneur, messire Louis de Clermont, comte de Chiverny, marquis de Montglas, baron et seigneur de Rupt, Vy-les-Rupt, etc., contre Joseph Antoine, maître de forges à Scey-sur-Saône, et contre illustre seigneur, messire Charles-Emmanuel de Bauffremont, abbé des abbayes Saint-Pierre de Luxeuil et Saint-Paul de Besançon (procès au sujet des eaux provenant d'un patouillet appartenant au sieur de Bauffremont) ; — demoiselle Anne Richardot, veuve de feu maître Ignace Lyautey, en son vivant procureur, contre demoiselle Anne-Madeleine Jannon, veuve de Pierre Lyautey, en son vivant avocat au Parlement (coups et blessures) ; etc.

B. 3427. (Portefeuille.) — 1 pièce, parchemin ; 51 pièces, papier.

1709. — Inventaires de production, etc. — Noms et qualités des parties : Gabriel Saillard, Marguerite Mougeot et Claudine Gony, tous de Traves, contre Denis Berzery, dudit lieu (propos injurieux) ; — Urbain Billerey, de Port-sur-Saône, contre Etienne Mathieu, de Conflandey (idem) ; etc.

B. 3428. (Portefeuille.) — 3 pièces, parchemin; 62 pièces, papier.

1709. — Inventaires de production, etc. — Noms et qualités des parties : honorable Jean-Baptiste Blanchot, de Grandvelle, contre Jean-Pierre et Nicolas Testefort, maître des forges, usines et moulins dudit lieu (procès au sujet du préjudice que peuvent causer lesdites forges) ; — Marc-Antoine Guyot, procureur fiscal d'Amont pour Sa Majesté, contre Sébastien Colletey, d'Amance (au sujet des droits qui se perçoivent sur les grains) ; etc.

B. 3429. (Portefeuille.) — 1 pièce, parchemin ; 68 pièces, papier.

1709. — Inventaires de production, etc. — Noms et qualités des parties : Jean Champion, procureur du Roi, contre Anne-Catherine Viard (procès criminel au sujet de coups, bruit et scandale dans les fours de la ville de Vesoul); — Anne Pontot, veuve de Claude Magnin, de Lambrey, contre haut et puissant seigneur, messire Philippe-François Dambly, marquis des Aynelles, seigneur en partie de Chauvirey-le-Vieil, Ouge, etc. (procès au sujet de redevances dont serait chargé un chasal situé à Lambrey) ; — honorable Étienne Rirottet, de Chambornay-les-Bellevaux, contre Jacques Robert, dudit lieu (au sujet de la sous-amodiation de tous les revenus de la terre de Cromary, appartenant au seigneur, marquis de Sorans) ; etc.

B. 3430. (Portefeuille.) — 2 pièces, parchemin, 57 pièces, papier.

1709. — Inventaires de production, etc. — Noms et qualités des parties : Henri Millot, charbonnier, demeurant au bois de Chancey, finage d'Authoison, contre Mgr François-Gaspard de Grammont, évêque d'Avelize, abbé de Saint-Vincent (procès au sujet des rétributions dues pour le droit de cuire le pain dans des fours particuliers à Authoison) ; — Claude-Antoine Arquinet, prêtre, curé de Filain, contre Hugues Beurey, dudit lieu ; etc.

B. 3431. (Portefeuille.) — 56 pièces, papier.

1710. — Inventaires de production, etc. — Noms et qualités des parties : Étienne Collon et François Naissant, commis au répartement de la communauté de Montcey, contre les RR. Mères Annonciades de Vesoul ; — Claude, Jean-Claude, Anne-Marie Normand, contre Jean-Claude-Joseph Guillard, de Vesoul, avocat en Parlement, et demoiselle Ursule Grosjean, femme de Nicolas Normand (procès au sujet de la vente d'une maison de condition mainmortable dépendante de la seigneurie de Saint-Paul) ; — Barbe Vuilleret, de Noroy l'Archevêque, contre Claude Froissardey, dudit lieu (recherche de paternité) ; etc.

B. 3432. (Portefeuille.) — 2 pièces, parchemin ; 41 pièces, papier.

1710. — Inventaires de production, etc. — Noms et qualités des parties : Pierre Raoux, de Melincourt, contre François de La Place, dudit lieu (propos injurieux) ; — messire Antide de Constable, seigneur de Scey et Flagy, contre Jacques Sotay, de Flagy (désistement de la propriété d'un champ situé à Flagy, au profit dudit seigneur) ; etc.

B. 3433. (Portefeuille.) — 1 pièce, parchemin ; 67 pièces, papier.

1710. — Inventaires de production, etc. — Noms et qualités des parties : Georges-Antoine Barbaud, de Vesoul, contre Sébastien Monnoyeur (procès au sujet de l'enlèvement de Christine Clerc, de Confracourt, accusée d'infanticide) ; — les officiers du bailliage et siège présidial de Vesoul, au comté de Bourgogne, contre Nicolas Clerc et Claude Pigaud, prévôts châtelains de Montjustin et de Montbozon (procès au grand conseil du Roi au sujet des droits de justice, autres que ceux de basse justice, que s'arrogent lesdits prévôts); etc.

B. 5434. (Portefeuille.) — 4 pièces, parchemin; 55 pièces, papier.

1712. — Inventaires de production, etc. — Noms et qualités des parties : Claude Siraguey, de Recologne-les-Fondremand, contre Claudine Thomas, veuve de feu Antoine Vienney et Jean-Claude Vienney (procès au sujet de la jouissance de champs vendus comme étant de franche et libre condition) ; — Françoise Daizemain, de Senoncourt, contre Pierre et Antoine Folley, père et fils, dudit lieu (recherche de la paternité) ; etc.

B. 5435. (Portefeuille.) — 47 pièces, papier.

1712. — Inventaires de production, etc. — Noms et qualités des parties : Simon Jacoulet, de Bussière, contre damoiselle Denyse de Naisey, veuve de noble Guyez, de Besançon ; — Laurent Brahaut, de Melincourt, contre noble Claude-François-Aymonnet, seigneur de Contréglise (procès au sujet du payement de la somme de huit cents francs, monnaie ancienne et quatre chapons, prix de l'amodiation de la terre de Bourbévelle) ; — le sieur Sébastien Monnayeur, seigneur à Ferrières-les-Scey, contre Jean Mourot, dudit lieu (au sujet d'un droit de passage entre leurs propriétés); etc.

B. 5436. (Portefeuille.) — 1 pièce, parchemin; 57 pièces, papier.

1712. — Inventaires de production, etc. — Noms et qualités des parties : dame Claude-Amaranthe de Raisele, veuve de noble Bénigne Courtaillon, en son vivant coseigneur à Montdoré, contre dame Caroline Chevannet de Daniel, dame de Montaigu (procès au sujet du contrat de vente des trois quarts de la seigneurie de Montcey, prétendu frauduleux) ; — Claudine Renaud, femme de Nicolas Ruotte, de Noroy, contre maître Jean-Jacques Renaud et consorts; etc.

B. 5437. (Portefeuille.) — 62 pièces, papier.

1712. — Inventaires de production, etc. — Noms et qualités des parties : Françoise Dazemain, de Senoncourt, contre Pierre et Antoine Folley, dudit lieu (recherche de la paternité) ; — les habitants et communauté de Gouhenans et des Aynans, contre Jean-Baptiste Becquain, des Aynans (procès au sujet d'un chemin) ; — Claude Courvoisier, procureur syndic de la confrérie de Sainte-Barbe établie à Anchenoncourt, contre Toussaint Perrin, dudit lieu (procès au sujet de l'abornement de propriétés); etc.

B. 5438. (Portefeuille.) — 6 pièces, parchemin; 83 pièces, papier.

1712. — Inventaires de production, etc. — Noms et qualités des parties : Marguerite Vosget, femme de Pierre Carteret, de Chaux-les-Port, contre Jeanne Pernot, dudit lieu (propos injurieux) ; — François Quichesseux, dit la Baume, de Colombier, contre dame Caroline Chevannet de Daniel, dame dudit lieu (procès au sujet d'une maison prétendue de condition mainmortable) ; — dame Charlotte Terrier de Pont, contre Jean Foillenot, capitaine pour le service de Sa Majesté, son mari (séparation de biens); etc.

B. 5439. (Portefeuille.) — 2 pièces, parchemin ; 68 pièces, papier.

1712. — Inventaires de production, etc. — Noms et qualités des parties : honorable Humbert Guin, de Servigney, contre Jean-Georges Pusey, seigneur dudit lieu, bailli de Faucogney ; — Antoine Laillet le jeune, et Guillemette Écoffet, sa femme, de Navenne, contre Magdeleine Charmoille, femme de Jean Jobard le jeune, dudit lieu (propos injurieux); etc.

B. 5440. (Portefeuille.) — 3 pièces, parchemin ; 91 pièces, papier.

1712. — Inventaires de production, etc. — Noms et qualités des parties : Claude Voyolet, François Raguet, Jacques et Antoine Gavey, de Clans, contre Étienne Court, seigneur de Charmoille (procès au sujet d'une redevance de 30 quartes de froment et d'une pareille quantité d'avoine due pour la jouissance d'un canton de terre appartenant au seigneur) ; — Antoine Vallot, demeurant à la grange de Moulière, finage de Pierrefitte, contre Nicolas Huguenin et Nicolas Perney, d'Ouge (procès au sujet de la démolition de la baraque du demandeur bâtie sur le canton des petits bois pris en accensement perpétuel de messire Jean-Étienne de Bernard de Montessus, écuyer, seigneur haut justicier des terres et baronnie de Chauvirey, Vitrey, Ouge, la Quarte, etc.) ; — messire Ardouhin de Donnerat, seigneur de Velleguindry, contre Claude-François Pahin, dudit lieu (procès au sujet de la commise ouverte sur la maison ou chasal appartenant audit Pahin ; parmi les pièces produites se trouve le dénombrement de la terre de Velleguindry, passé en 1604, au profit d'Adrienne de Coublain, veuve de feu Gaspard de Mont-Saint-Ligier) ; — damoiselle Claude Thérèse de Raisele, épouse de Pierre Gouhemans, de Colombier, contre dame Caroline Chevannet de Daniel et dame Claude-Amarantho de Raiscle, veuve de noble Bénigne Courtalton, en son vivant seigneur de Montdoré (procès au sujet de l'arpentement du territoire de Montcey-les-Montaigu); etc.

B. 5441. (Portefeuille.) — 3 pièces, parchemin ; 89 pièces, papier.

1723. — Inventaires de production, etc. — Noms et qualités des parties : Jonas Cendoz, de Champey, terre d'Héricourt, contre Martin Dosay, de Coisevaux (violences et propos injurieux); — Claude-Joseph Martoy, greffier de la justice et châtellenie du comté de Grammont et terres en dépendant, contre Claude-Adrien Donzey et ses complices, au sujet d'un meurtre commis sur la personne d'Antoine Donzey; etc.

B. 5442. (Portefeuille.) — 35 pièces, papier.

1724. — Inventaires de production, etc. — Noms et qualités des parties : Jean-Baptiste Rebillot, procureur au bailliage et siège présidial de Vesoul, et Germain Broney, contre dame Marie-Josèphe Foyot, douairière de noble Jean-François Salivet, seigneur de La Demie, conseiller du Roi (procès au sujet de la propriété d'un champ sis au finage de la Demie); — Marc-Antoine Arragon, Joseph Guyez, Louise Écoffet, François Girardot et Léonard Guérillot, contre messire Charles-Emmanuel de Saint-Mauris, baron et seigneur de La Villeneuve (au sujet des redevances dont sont chargés les héritages dépendants de la seigneurie de la Villeneuve et de Châtoney) ; etc.

B. 5443. (Portefeuille.) — 3 pièces, parchemin ; 30 pièces, papier.

1724. — Inventaires de production, etc. — Noms et qualités des parties : Reine Cornevin, de Scey-sur-Saône, contre Nicolas Chardot, dudit lieu (recherche de la paternité); — honorable Toussaint Lanoue, d'Amance, contre Claude-François Écoffet et Anne Lanoue, sa femme (procès au sujet de la révocation d'une donation à cause des mauvais traitements exercés par les époux Écoffet, donataires, sur ledit Toussaint Lanoue, donateur, leur père et beau-père); etc.

B. 5444. (Portefeuille.) — 2 pièces, parchemin ; 36 pièces, papier.

1725. — Inventaires de production, etc. — Noms et qualités des parties : maître François-Joseph Mercier, procureur postulant au bailliage de Vesoul, contre maître Luc Faitout, aussi procureur audit bailliage (procès au sujet d'injures); — François Du Fresne, écuyer, seigneur de Fretigney, contre maître Jean-Baptiste Rebillot, procureur au bailliage de Vesoul, demoiselle Claude-Françoise Lyautey, son épouse, et damoiselle Anne Comte, veuve de Jean Dufresne, seigneur de La Brosse (procès au sujet de la validité d'une donation); etc.

B. 5445. (Portefeuille.) — 5 pièces, parchemin ; 34 pièces, papier.

1725. — Inventaires de production, etc. — Noms et qualités des parties : Nicolas Gouhenans, prêtre, chapelain de la chapelle Saint-Nicolas, érigée en l'église paroissiale de Colombier, contre Claude-Antoine Raisonnet, clerc tonsuré du diocèse de Besançon (procès au sujet de la jouissance d'une faux de pré) ; — les habitants et communauté de Bucey-lès-Traves, contre le sieur Jean-François Monnoyeur, sieur de Ferrières-lès-Scey (au sujet de l'imposition assise par les commis de la communauté); etc.

B. 5446. (Portefeuille.) — 33 pièces, papier.

1725. — Inventaires de production, etc. — Noms et qualités des parties : messire Charles-Emmanuel de Saint-Mauris, baron et seigneur de La Villeneuve, Saulx, Châteney, etc., contre François Girardot, dit le Roussey et autres, demeurant au finage de Mailleroncourt-Charette (procès au sujet de la vente de deux friches situées au finage de Saulx); — Gabrielle Anselme, femme de Jean Merriquet, de Colombier, contre Jean Butte, dudit lieu (propos injurieux); etc.

B. 5447. (Portefeuille.) — 4 pièces, parchemin ; 47 pièces, papier.

1726. — Inventaires de production, etc. — Noms et qualités des parties : les habitants et communauté de Thiénans, contre les révérends prieur et religieux dominicains du couvent de Saint-Sébastien fondé à Montbozon (procès au sujet de la propriété d'une vigne située dans ce dernier lieu); — Claude Champion, conseiller, procureur du Roi au bailliage de Vesoul, contre François Drouhin le jeune, de Voisey, et sa femme (procès criminel pour menaces et violences envers un huissier dans l'exercice de ses fonctions) ; etc.

B. 5448. (Portefeuille.) — 73 pièces, papier.

1726. — Inventaires de production, etc. — Noms et qualités des parties : Reine Chaudot, femme de Pierre Mouton, Marguerite Chaudot, femme de Jean-Claude Tapoin, de Traves et autres, contre messire Jean-Baptiste-Louis de Clermont d'Amboise, chevalier, marquis de Rhegnel et du Montglas, comte de Chiverny, et Antoine Faltout, fermier général de la baronnie du Rupt (au sujet de la succession mainmortable de Nicolas Guillemin); Béatrix Jolyet, femme d'Antoine Vielley, de Conflans, receveur des finances de Son Altesse Royale de Lorraine; etc.

B. 5449. (Portefeuille.) — 4 pièces, parchemin; 63 pièces, papier.

1717. — Inventaires de production, etc. — Noms et qualités des parties : Pierre-Humbert Thomas, de Saint-Ferjeux, contre Pierre-Claude Champion, procureur du Roi; — Marguerite Jacquot, femme du sieur Delasalle, amodiateur à Breurey; etc.

B. 5450. (Portefeuille.) — 6 pièces, parchemin; 77 pièces, papier.

1717. — Inventaires de production, etc. — Noms et qualités des parties : Claude-François Bourguignet, seigneur de Saint-Bresson, bailli de Luxeuil, contre Jean-Étienne de Mairot, seigneur de Navenne (procès au sujet de charges et servitudes dont les héritages dudit Bourguignet, situés au territoire de Navenne seraient exempts); — Didier Grosseteste, maître de poste à Cintrey, contre les habitants et communauté dudit lieu (procès au sujet de la propriété d'une pièce de terre); — les habitants et communauté de Cendrey, contre messire Jean Jeulley, procureur fiscal en la justice d'Ollans et les habitants et communauté de Larians (motif du procès non indiqué); etc.

B. 5451. (Portefeuille.) — 2 pièces, parchemin; 23 pièces, papier.

1718. — Inventaires de production, etc. — Noms et qualités des parties : messire Jean-Étienne de Mairot, seigneur de Navenne, chevalier de Saint-Louis, major d'un régiment d'infanterie pour le service de Sa Majesté, contre Jean-Pierre Balland, avocat en Parlement, demeurant à Montbozon (procès au sujet de l'application de la clause de l'affranchissement de la terre et seigneurie de Faucogney qui veut que les biens des mainmortables ayant quitté ladite terre pour aller habiter en pays franc, soient placés sous la commise du seigneur qui en perçoit les fruits et revenus jusqu'au retour des propriétaires); — noble Claude-Étienne Clerc, seigneur de Neurey, Aboncourt et Gesincourt, contre Louis Ramondot, de Gesincourt (procès au sujet de plusieurs pièces de terre de condition mainmortable); — Jean Lairon, d'Échenoz-le-Sec, contre messire Jean-Étienne de Mairot, écuyer, seigneur de Vitreux, dame Étiennette-Françoise Damedor, douairière de feu messire Joachim de Tressondans et Jacques Bourguignet, prêtre, curé de Frotey (procès au sujet d'un pré de condition mainmortable); etc.

B. 5452. (Portefeuille.) — 19 pièces, papier.

1718. — Inventaires de production, etc. — Noms et qualités des parties : Claude Servois, demeurant à la Grange près de Vaucluse, contre les habitants et communauté d'Huanne (procès au sujet d'une rente annuelle de cinquante-sept francs, monnaie ancienne, due par les habitants d'Huanne); — noble Jean-Georges Pusel, bailli de Faucogney, seigneur de Servigney-les-Saulx (extrait des héritages qui lui furent adjugés par Pierre-Nicolas Henrion, de Luxeuil, commissaire de la cour des comptes pour l'arpentement du territoire dudit Servigney); — Pierre-François Guéritot, de Vesoul, avocat en Parlement, seigneur de Corcelle, contre Claude Faivre, de Breurey-les-Faverney (procès au sujet des héritages adjugés suivant l'arpentement du territoire de Breurey); — Antoine Mouton, citoyen de Besançon, et Jacques-Antoine Pernot, sa femme, contre les révérends abbé et religieux de Notre-Dame-de-Bellevaux (procès au sujet de la commise prétendue ouverte sur des terrains acquis par ledit Mouton); — Marguerite, Claude-Marguerite et Gabrielle Boffy, femme de Bonaventure Chantourney, de Noroy-l'Archevêque, contre noble Jean-Baptiste Tisserand, seigneur de Belmont, et Xavier Tisserand, seigneur de Magny (procès au sujet des biens dépendants de la succession de Pierre Boffy et de Servoise Theveney, sa femme); etc.

B. 5453. (Portefeuille.) — 2 pièces, parchemin; 75 pièces, papier.

1718. — Inventaires de production, etc. — Noms et qualités des parties : Pierre et Claude Ménant, père et fils, marchands associés, à Gy, contre Nicolas Tartey, prêtre, Jean-Claude Tartey et Charlotte Tartey, frères et sœurs, coseigneurs à Frétigney (motifs du procès non indiqués); — Nicolas Parent, de Port-sur-Saône, demeurant à Montbozon, contre Jacques Parent (procès au sujet d'une donation faite par Nicolas Parent à l'époque où il était entré comme novice au couvent des frères prêcheurs de Montbozon); etc.

B. 5454. (Portefeuille.) — 2 pièces, parchemin; 45 pièces, papier.

1719. — Inventaires de production, etc. — Noms et qualités des parties : Claude-Amaranthe Badard, de Colombier, contre Pierre-François Gouhenans, dudit lieu (recherche de la paternité); — dame Marie-Catherine Pichard de Relot, demanderesse en séparation de biens, contre Christophe de Sonnet d'Auxon, de Gressoux, etc., capitaine pour le service de Sa Majesté au régiment de Chatenay; etc.

B. 5455. (Portefeuille.) — 1 pièce, parchemin; 67 pièces, papier.

1779. — Inventaires de production, etc. — Noms et qualités des parties : Christophe July, recteur d'école à Saint-Marcel, contre messire Antoine-François de Bliesterwich de Monteley, prêtre, chanoine et grand chantre du chapitre métropolitain de Besançon (procès au sujet d'une vigne de condition mainmortable et chargée de lods au fœur de quatre blancs); — Pierre-Claude Champion, conseiller et procureur du Roi, contre Etienne Guillemet, prêtre, curé de Velle, en qualité de gros décimateur, et les habitants et communauté de Mont-le-Vernois, Clans et Baignes (procès au sujet des réparations à faire au chœur de l'église de Velle); etc.

B. 5456. (Portefeuille.) — 61 pièces, papier.

1780. — Inventaires de production, etc. — Noms et qualités des parties : Claude-Antoine Thiadot, de Vesoul, maître chirurgien, contre révérend seigneur, messire Antoine-François de Bliesterwich de Monceley, abbé commendataire de l'abbaye royale de Cherlieu (procès au sujet des charges dont sont affectés les héritages provenant du sieur Pordriset, curé de Chargey); — messire René de Saint-Germain, ancien major de carabiniers, chevalier de Saint-Louis, dame Anne Ramey, son épouse, seigneur et dame de Bussières, contre maître Jean-Claude Monnoyeur, procureur fiscal en la justice dudit lieu (procès au sujet de la propriété d'un pré); — Etienne Court, seigneur de Charmoille, coseigneur à Clans, contre Jeanne-Claude Flatiaux, femme de Guillaume Normand, dudit Clans, procès au sujet de la succession de Claude Bruleport); — Gabriel Chapuis, prêtre, curé d'Authoison, contre Jean Buthot et Philibert Henry, du même lieu, et messire Ardouhin de Chaffoy, seigneur de Courcelle et Munans (procès au sujet de la perception des dîmes sur les terres de M. Constable); etc.

B. 5457. (Portefeuille.) — 2 pièces, parchemin; 63 pièces, papier.

1780. — Inventaires de production, etc. — Noms et qualités des parties : Joseph Racine, demeurant à Gevigney et Jeanne-Claude Jobert, sa femme, contre Claudine Thevenin, veuve de Charles Jobert, de Mercey (procès au sujet des meubles promis par contrat de mariage à Jeanne-Claude Jobert); — Catherine Noirot, femme de Jean Adam, de Gevigney, contre Pierre et Jean Mougeon, Ferjeux Noirot, dudit lieu (procès au sujet d'une maison prétendue de franche condition provenant de la succession de Pierre Noirot et de Catherine Lambert); etc.

B. 5458. (Portefeuille.) — 2 pièces, parchemin 72 pièces, papier.

1781. — Inventaires de production, etc. — Noms et qualités des parties : Jean-Baptiste Galmiche et François Corberand, de Sainte-Marie en Chanois, contre Jean-Georges Gavoille, de Fessey-Dessous (procès au sujet de coups et blessures); maître Jean-François Attalin, de Senoncourt, notaire royal; — Jean-François Devincey, maître chirurgien juré, à Jonvelle; etc.

B. 5459. (Portefeuille.) — 3 pièces, parchemin; 45 pièces, papier.

1781. — Inventaires de production, etc. — Noms et qualités des parties : les habitants et communauté de Chambornay-lès-Bellevaux, contre ceux d'Aulx-les-Cromary (procès au sujet de la possession du canton appelé la Côte des Pessois); — messire Jean Léger Masson d'Authume, seigneur à Jussey, chevalier de Saint-Jean de Jérusalem, contre Nicolas Cordier, prêtre, curé de Condrecourt (procès au sujet du droit de retenue prétendu par ledit seigneur sur les vignes dudit Condrecourt); etc.

B. 5460. (Portefeuille.) — 6 pièces, parchemin; 69 pièces, papier.

1781. — Inventaires de production, etc. — Noms et qualités des parties : François Hardy, tailleur d'habits, à Vesoul, contre Claudine Renahy, femme de François Riquet, dudit lieu (procès en diffamation et recherche de la paternité); — dame Anne-Claude de Crosey, douairière de messire Claude-François Cordemoy, chevalier, seigneur d'Oricourt et autres lieux, contre Jean Duliou et dame Anne-Jacques Vincent, son épouse (motifs du procès non indiqués); etc.

B. 5461. (Portefeuille.) — 4 pièces, parchemin; 63 pièces, papier.

1782. — Inventaires de production, etc. — Noms et qualités des parties : les sieurs Pierre-Gabriel Cenet, docteur en médecine, et Claude-François Cenet, avocat en Parlement, seigneurs d'Accolans, contre demoiselle Anne-Claude Grandmougin, fille de Claude-François Grandmougin, docteur en médecine, citoyen de Besançon (procès au sujet de la jouissance et possession d'un chasal sis à Montboron); etc.

B. 5161. (Portefeuille.) — 4 pièces, parchemin ; 79 pièces, papier.

1788. — Inventaires de production, etc. — Noms et qualités des parties : les RR. prieur et religieux bénédictins de Morey, contre Jean Perdriset, de Villers Saint-Marcelin, noble Claude-Joseph de Bonnet et dame Angélique Françoise Pernolle, douairière de feu le président de Rozière (saisie-brandon des herbes d'un pré litigieux); — noble Mathieu Vincent, seigneur d'Équevilley, et dame Gabrielle de Cordemoy, son épouse, Étienne Michel, demeurant à Échenoz-le-Sec et Denise Doutteson, sa femme, contre messire Adrien de La Rochelle et les sieurs prieur et religieux de l'abbaye de la Charité (procès au sujet de la qualité de mainmorte prétendue sur le territoire d'Échenoz-le-Sec); — dame Jacques-Françoise de Bichin de Cendrecourt, veuve de noble Nicolas-Joseph Joly, seigneur de Mantoche, et demoiselle Marguerite de Bichin de Cendrecourt, sa sœur, dames de Tallenay, contre messire Clément Henryon, seigneur de Magnoncourt, conseiller maître à la chambre des comptes (procès au sujet de la propriété de trois étangs situés au bois de Citers); — François Olivier, demeurant au moulin Gratot, contre messire Jacques Torrier, seigneur de Mailleroncourt, conseiller au souverain parlement de Besançon (procès au sujet de la propriété d'un pré sis à Mailleroncourt); etc.

B. 5163. (Portefeuille.) — 3 pièces, parchemin ; 71 pièces, papier.

1788. — Inventaires de production, etc. — Noms et qualités des parties : Marguerite Delphis, femme de Claude-François Bernard, de Vy-lès-Lure; — honorable Claude Ravard, de Fresne sur Apance, marchand ; etc.

B. 5164. (Portefeuille.) — 3 pièces, parchemin ; 67 pièces, papier.

1788. — Inventaires de production, etc. — Noms et qualités des parties : Antoine Meunier, de Bournois, et Élisabeth Perrenot, sa femme, contre messire Henry Lenel, abbé de l'abbaye des Trois-Rois (procès au sujet de la possession de prés situés audit Bournois); — messire Antoine Boisson, marchand tanneur, à Besançon, contre dame Marie Boudret, veuve de M. d'Hennezel, dame de Boult (procès au sujet de la construction d'une tannerie qui gâte et infecte les prés voisins et du détournement d'un cours d'eau appartenant à ladite dame de Boult, qui a en ce lieu toute justice, haute, moyenne et basse); etc.

B. 5165. (Portefeuille.) — 40 pièces, papier.

1788. — Inventaires de production, etc. — Noms et qualités des parties : Mgr Léopold-Eberhard, duc de Wurtemberg-Montbéliard (requête du procureur du Roi tendante à faire apposer les scellés dans tous les lieux où il se pourrait trouver des effets dépendants de la succession du prince de Montbéliard pour la sûreté du véritable héritier ; affiche annonçant la vente des grains se trouvant sur les greniers de la seigneurie d'Héricourt ; état de l'entrée et de la sortie des fers de la forge de la Renardière, de Chagey, depuis la mort de S. A. S. Mgr. Léopold-Eberhard arrivée le 25 mars 1723) ; — les révérends abbé et religieux de Cherlieu, contre les habitants de Montigny-lès-Cherlieu (arpentement de terrains litigieux); — les habitants et communauté de Vregille, contre Jean-Baptiste Ballet, marchand boucher à Besançon (procès au sujet du droit de faire boire le bétail dans un étang situé sur le territoire dudit Vregille) ; etc.

B. 5166. (Portefeuille.) — 2 pièces, parchemin ; 38 pièces, papier.

1788. — Inventaires de production, etc. — Noms et qualités des parties : Albin Jeanroy, prêtre, curé de Roche-sur-Linotte, contre Pierre-Étienne Fresgnier, fermier dudit lieu (procès au sujet du droit de percevoir la dîme d'une gerbe par journal de froment et d'avoine et autres graines qui se sèment et qui se lient); — Jean-Claude Bavoux, écuyer, seigneur des terre et baronnie de la Rochelle, contre Pierre-François Perrot, demeurant au moulin dudit lieu (procès au sujet « du roule de la cense du four banal »); etc.

B. 5167. (Portefeuille.) — 3 pièces, parchemin ; 29 pièces, papier.

1788. — Inventaires de production, etc. — Noms et qualités des parties : noble Philibert-Joseph Favière, seigneur de Fontenelay, contre Claude-Antoine de Calvy, seigneur de Gesier (procès au sujet d'un partage d'un cours d'eau servant à arroser les prés dudit Fontenelay); — Charles Des Finances, écuyer, seigneur des Trois-Bans, demeurant à la verrière de la Boulière, et demoiselle Jeanne Demassey, son épouse, contre Jean-Claude Demassey, demeurant aux verrières de Selles (procès au sujet des halles de Selles); — Gérard Gauet, de Villersexel, amodiateur des terre et seigneurie d'Orcourt, contre Pierre-François Barbier, du même lieu (procès au sujet du droit que prétend ledit Barbier d'avoir un four particulier dans sa maison);

— l'abbé de la Charité et les seigneurs et habitants de Frétigney (plan du terrain litigieux levé par Jean-Baptiste Barrière fils, citoyen, géomètre et arpenteur juré et royal de la maîtrise des eaux et forêts de Besançon) ; etc.

B. 5468. (Portefeuille.) — 2 pièces, parchemin ; 34 pièces, papier.

1684. — Inventaires de production, etc. — Noms et qualités des parties : le sieur Jean Comte, de Grattery, et les habitants et communauté de ce lieu, contre haut et puissant seigneur, messire Théodore de Custine, comte de Wiltz, baron et seigneur de Chemilly, Pontcey, Grattery, etc. (procès au sujet de la vente audit Jean Comte d'une pièce de terre litigieuse entre lesdits habitants et ledit seigneur) ; — Charlotte Henri, veuve de Pierre Delavoire, contre les habitants et communauté d'Échenoz-le-Sec (procès au sujet d'un terrain communal vendu par lesdits habitants comme étant de franche et libre condition) ; etc.

B. 5469. (Portefeuille.) — 5 pièces, parchemin ; 68 pièces, papier.

1684. — Inventaires de production, etc. — Noms et qualités des parties : les habitants et communauté de Pressigny, contre Jacques Brouillard, Antoine Carteret et autres, de Bourguignon-les-Morey (procès au sujet d'un canton de bois vendu aux habitants de Bourguignon-les-Morey) ; etc.

B. 5470. (Portefeuille.) — 1 pièce, parchemin ; 36 pièces, papier.

1685. — Inventaires de production, etc. — Noms et qualités des parties : Nicolas Geoffroy, marchand cordonnier, demeurant à Bourbonne-les-Bains ; — Pierre Millerot, de Buffignécourt, contre Jean-François Noirot, de Magny-lès-Jussey (procès au sujet de la sous-amodiation de la terre de Tremoncourt) ; etc.

B. 5471. (Portefeuille.) — 4 pièces, parchemin ; 43 pièces, papier.

1685. — Inventaires de production, etc. — Noms et qualités des parties : Pierre-Claude Champion, conseiller, procureur du Roi au siège de Vesoul, demandeur en lecture et publication du testament verbal fait par Pierrette Vigneron, de Preigney, femme d'Étienne de Lestre, contre ledit Étienne, les fabriciens de l'église de Semmadon, le sieur curé dudit lieu et les autres héritiers de ladite Pierrette Vigneron ; — maître Pierre Morlet, procureur fiscal à Rigney, contre Mainbœuf Menestrier, seigneur de Courcuire, demandeur en saisie ; etc.

B. 5472. (Portefeuille.) — 12 pièces, parchemin ; 42 pièces, papier.

1685. — Inventaires de production, etc. — Noms et qualités des parties : Pierrette Charpin, du Vernois proche Mont, contre Claude Pelousey le vieil et Claude Pelousey le jeune, demeurant à Mont-le-Vernois (recherche de la paternité) ; — Jacques Christiennot, amodiateur des terres et seigneurie de Combeing ; etc.

B. 5473. (Portefeuille.) — 14 pièces, papier.

1686. — Inventaires de productions, etc. — Noms et qualités des parties : Jean-Baptiste Bittey, de Vitrey, contre François Bittey, de Gesincourt (procès au sujet d'un acte d'affranchissement du 4 mars 1667 fait par M. le marquis du Châtelet) ; — Guillaume Blanchard, de Mont-le-Vernois, contre Jean Berger, dudit lieu, et messire Gabriel-Philibert de Rinans, comte de Grammont, seigneur d'Avilley, etc. (procès au sujet de grains que ledit Blanchard aurait fait moudre ailleurs qu'au moulin de Mont-le-Vernois, banal à tous les sujets dudit lieu) ; etc.

B. 5474. (Portefeuille.) — 2 pièces, parchemin ; 69 pièces, papier.

1687. — Inventaires de production, etc. — Noms et qualités des parties : Jean Vigneron, de Preigney, contre Claudine Clerc, femme de François Vauthorin, dudit lieu (procès au sujet de la jouissance du droit de sépulture et de séance dans une place de l'église de Preigney) ; — Claude Agnelot, d'Ouge, contre dame Marie-Béatrix du Châtelet, épouse de messire Philippe-François Dambly, marquis des Aynelles, seigneur de Chauvirey, Ouge et autres lieux ; etc.

B. 5475. (Portefeuille.) — 1 pièce, parchemin ; 63 pièces, papier.

1687. — Inventaires de production, etc. — Noms et qualités des parties : Jean Claude Tixerand, procureur au bailliage de Vesoul, — maître Laurent Maignien, de Jasney, ancien notaire ; etc.

B. 5476. (Portefeuille.) — 1 pièce, parchemin ; 45 pièces, papier.

1687. — Inventaires de production, etc. — Noms et qualités des parties : Jean-François Brassand, Claude-Nicolas Pegaud et Jean-Baptiste Guillaumot, juge, procureur d'office et greffier en la justice d'Avilley, contre

Antoine Porthet, dudit lieu, et Jean Mignot (propos injurieux) ; — messire Gabriel Burctel, prêtre, chanoine de l'insigne chapitre de Vesoul (collation d'une chapelle dans l'église Saint-Georges); etc.

B. 5477. (Portefeuille.) — 60 pièces, papier.

1788. — Inventaires de production, etc. — Noms et qualités des parties : les habitants et communauté d'Oranches, contre ceux de Traves (procès au sujet du droit de parcours dans les prés et paquis des deux communautés) ; — dame Françoise de Choiseul, douairière de messire Théodore de Castine, comte de Wiltz, seigneur de Chemilly, Pontcey et autres lieux, contre plusieurs habitants dudit Pontcey (procès au sujet du droit de prendre du bois mort et du mort-bois dans un canton de forêt sis au territoire dudit lieu); etc.

B. 5478. (Portefeuille.) — 1 pièce, parchemin; 38 pièces papier.

1788. — Inventaires de production, etc. — Noms et qualités des parties : Jean, Léonard et Françoise Parrot, de Mailley, contre noble Éléonore de Mesmay et Claude Vaillant, de Mailley (procès au sujet de la propriété d'une vigne sise au territoire dudit lieu); — Léopold Goin, d'Héricourt ; etc.

B. 5479. (Portefeuille.) — 1 pièce, parchemin; 78 pièces, papier.

1788. — Inventaires de production, etc. — Noms et qualités des parties : Doste Colleule, d'Aillevillers, contre messire Nicolas-Joseph, comte de Vaudrey, baron et seigneur de Saint-Remy (procès au sujet de la commise sur un pré et une chènevière) ; — Jacques-Antoine Soudan et Claude Gauche, commis de la communauté de Secy-sur-Saône, contre Toussaint Briolet, Claude Debrand et Jean Courtois, dudit lieu (procès au sujet de la cote répartie sur les habitants,); etc.

B. 5480. (Portefeuille.) — 3 pièces, parchemin; 27 pièces, papier.

1789. — Inventaires de production, etc. — Noms et qualités des parties : Antide Lallemand et Marguerite Groselaude, d'Argirey, contre messire Pierre-Désiré Boitouset, marquis d'Ormenans (procès au sujet de la vente de deux prés déclarés de franche et libre condition); — les habitants et communauté de Melincourt et les commis au repartement contre plusieurs particuliers dudit lieu, au sujet du payement des impositions ; — Claude Agnelot, demeurant à la grange du Soldat, territoire d'Ouge, contre dame Marie-Béatrix du Chastelet, épouse de messire Philippe-François Dambly, marquis des Aynelles, seigneur de Chauvirey, Ouge et autres lieux ; etc.

B. 5481. (Portefeuille.) — 2 pièces, parchemin; 63 pièces, papier.

1789. — Inventaires de production, etc. — Noms et qualités des parties : l'abbé de Bouffremont, contre Nicolas Maillot, de Chazelot (procès au sujet de faits de chasse commis sur le territoire de Mailley ; condamnation à une amende de 300 livres) ; — Marie-Louise de Vaudrey (condamnée à être cloîtrée dans le couvent des religieuses anglaises de l'Immaculée-Conception à Paris, pour empêcher son mariage avec Claude-Alexandre Barberot, de Tavaux, écuyer) ; — Adrien et Joseph Fournier, seigneurs à Vandelans et la Barre, contre Antoine Saulnier et Marguerite Cloutot, sa femme, dudit Vandelans, défendeurs en opposition à la commise prétendue sur tous les biens qu'ils ont achetés de Claude-Antoine Huguenot et dont ils ont pris possession sans porter le contrat au consentement des seigneurs et sans payer les droits de lods ; etc.

B. 5482. (Portefeuille.) — 1 pièce, parchemin; 42 pièces, papier.

1790. — Inventaires de production, etc. — Noms et qualités des parties : Claude Rouget, d'Échenoz-le-Sec, contre Jean-François Monnoyeur, seigneur à Ferrières (procès au sujet du droit de retourner la charrue sur un champ appartenant audit Rouget) ; — les sieurs chevaliers de Caissac et de la Romagère, le premier, receveur et procureur général de l'ordre de Malte au grand prieuré d'Auvergne et commandeur de Sainte-Anne, et le second, commandeur de la Villedieu en Fontenotte, contre demoiselle Jeanne-Marie Rondey, veuve de Jean-François Regnaudin, en son vivant fermier des revenus de la commanderie de la Villedieu (procès au sujet du payement d'une somme de 6,500 livres pour canon de la ferme, et de 2,063 livres 4 sols pour manque de réparations et détériorations commises dans les bois dépendants de la commanderie de la Villedieu) ; — messire François Froissard de Broissia, seigneur de Velle, Baignes, Clans, Noidans-le-Ferroux et autres lieux, baron de Pressia en Bresse, etc., contre Nicolas Truchot (procès au sujet de l'échute des biens de Claude et Sébastien Truchot, prétendue ouverte au profit dudit seigneur) ; — Nicolas Cordier, prêtre, curé de Cendrecourt, contre messire Jean-Ligier Masson d'Authume, chevalier de l'ordre de Saint-Jean de Jérusalem (procès au sujet de la commise prétendue par ledit seigneur sur plusieurs ouvrées de vignes achetées par ledit curé); — messire Claude Huguenot, prêtre, prieur et seigneur de Chambornay-les-Pin, aumônier de la reine, demeurant à Versailles, Nicolas Dubois, prêtre et curé dudit Chambornay et le sieur Pierre-Mathieu Maréchal, écuyer, seigneur de Sauvagney, vicomte et maïeur de la ville de Besançon, contre les habitants et communauté de Sauvagney et les R. P. cordeliers de Montbozon (procès au sujet des dîmes); etc.

B. 5483. (Portefeuille.) — 53 pièces, papier; 3 pièces, parchemin.

1781. — Inventaires de production, etc. — Noms et qualités des parties : dame Caroline Champion, douairière de messire Mathieu de Montagnac, en son vivant chevalier de Saint-Louis, capitaine aide-major au régiment de Bretagne, contre maître Sébastien Seguin, notaire royal et procureur aux bailliage et siège présidial de Vesoul (procès au sujet d'un mur qui sépare les propriétés des parties); — messire Jean-Claude Boisot, abbé de Saint-Paul, contre Jean Lombardet, de Noidans-le-Ferroux (procès au sujet de la propriété de prés situés dans la prairie dudit lieu); etc.

B. 5484. (Portefeuille.) — 2 pièces, parchemin; 57 pièces, papier.

1781. — Inventaires de production, etc. — Noms et qualités des parties : Claude Mauris, d'Autrey-les-Cers; — Frédéric Fournier, demeurant à Besançon; — Nicolas Richardot et Agnès Blanc, sa femme, de Montcey; etc.

B. 5485. (Portefeuille.) — 5 pièces, parchemin; 38 pièces, papier.

1782. — Inventaires de productions, etc. — Noms et qualités des parties : Claude-François Cenet, d'Accolans, contre le marquis de Grammont, lieutenant général des armées du Roi (procès au sujet de l'interprétation de plusieurs clauses de dénombrement de la terre de Villersexel); — Georges Perrin, de Mailleroncourt-Saint-Pancras, contre Jean-François Lampinet, doyen du chapitre de l'église collégiale Saint-Georges de Vesoul, et les sieurs prieur et religieux bénédictins du prieuré de Fontaine (procès au sujet du payement de la treizième gerbe de sarasin due par ledit Perrin pour en avoir semé dans deux champs sis au territoire dudit Mailleroncourt); etc.

B. 5486. (Portefeuille.) — 3 pièces, parchemin; 118 pièces, papier.

1782. — Inventaires de production, etc. — Noms et qualités des parties : messire Claude-François Daban,

prêtre, chanoine en l'illustre chapitre métropolitain de Besançon et seigneur de Montherot, contre Sébastien Chassey et Jean Mathey, de Combeaufontaine (contestation au sujet de redevances d'avoine dont la maison dudit Chassey est affectée envers le prieuré); — Antoine Saulnier et Marguerite Cloutot, sa femme, contre Adrien et Joseph Fournier, seigneurs à Vandelans (procès au sujet d'injures contre l'avocat desdits Saulnier et Cloutot); etc.

B. 5487. (Portefeuille.) — 2 pièces, parchemin; 80 pièces, papier.

1782. — Inventaires de production, etc. — Noms et qualités des parties : noble Jean-Baptiste-Mathieu de Sagey, seigneur de Pierrefontaine, contre Nicolas Jacquemin, de Gressoux (procès au sujet de l'échute des biens de Claudine Raguenet, originaire mainmortable dudit seigneur); — Claude Normand, de Vesoul, contre Claude Henry, de Navenne (procès au sujet du payement du bail des revenus de la seigneurie de Navenne); etc.

B. 5488. (Portefeuille.) — 59 pièces, papier.

1782. — Inventaires de production, etc. — Noms et qualités des parties : Jean-Baptiste Cottard, contrôleur des salines de Saulnot; — Antoine Gavey, de Clans, contre Jeanne Mourel, dudit lieu, et Étienne Court, seigneur de Charmoille (procès au sujet de la commise d'une portion de maison et de jardin prétendue ouverte au profit du sieur Étienne Court); — Jean-Maurice de Camus, écuyer, avocat en Parlement (demande de levée de scellés apposés dans la maison et sur les effets dépendants de la succession de madame de Chapuis); etc.

B. 5489. (Portefeuille.) — 2 pièces, parchemin; 62 pièces, papier.

1782. — Inventaires de production, etc. — Noms et qualités des parties : Jean Viennot, de Lomont; — Nicolas Viney, notaire royal à Vitrey, contre Claude Linotte, huissier royal audit lieu; etc.

B. 5490. (Portefeuille.) — 3 pièces, parchemin; 42 pièces, papier.

1782. — Inventaires de production, etc. — Noms et qualités des parties : Claude Gossin, de Saulnot, contre dame Béatrix-Octavie, née comtesse de Grammont, épouse du comte de Rosen (procès au sujet de la succession du mainmortable Desle Gossin); — Pierre Placet, de Borey, contre demoiselle Claude-Ursule Tranchant de Borey, demeurant au château de Menoux (procès au sujet de l'amodiation du four banal de Rorey); — dame Marie-Alexandrine de Bermont, veuve de Balthazard de Sonnet, écuyer, seigneur d'Auxon, contre Hérard-Joachim et Christophe de Sonnet, écuyers, et dame Barbe de Sonnet, veuve du sieur Luc de Marande; etc.

B. 5491. (Portefeuille.) — 2 pièces, parchemin; 96 pièces, papier.

1784. — Inventaires de production, etc. — Noms et qualités des parties : Simon Robert, de Velleguindry, contre Nicolas Pahin, dudit lieu (coups et blessures); — Claude Bonaventure Bœuf, de Vilory; etc.

B. 5492. (Portefeuille.) — 1 pièce, parchemin; 87 pièces, papier.

1784. — Inventaires de production, etc. — Noms et qualités des parties : François Portier, de Rougemont, étudiant en droit à Besançon; — Louis Gaillard, de Vesoul, contre Sébastienne Amiot, dudit lieu (procès au sujet de coups et de mauvais traitements); etc.

B. 5493. (Portefeuille.) — 1 pièce, parchemin; 80 pièces, papier.

1784. — Inventaires de production, etc. — Noms et qualités des parties : Dominique-Joseph de Bresson, demeurant à Jussey, contre maître Claude-Antoine Brocard, notaire royal à Ormoy (procès au sujet du payement de la somme de 260 livres avec intérêts et dépens); — Françoise Simonin, de Mollans, contre Gabriel Vinois, dudit lieu (procès au sujet d'injures faites par ledit Vinois à ladite demanderesse qu'il arracha de la place qu'elle occupait dans l'église de Mollans); etc.

B. 5494. (Portefeuille.) — 2 pièces, parchemin, 110 pièces, papier.

1784. — Inventaires de production, etc. — Noms et qualités des parties : messire Paul-François, marquis de Saint-Mauris, baron et seigneur de la Villeneuve, Saulx, Chatenois, etc., contre Michel Guillet, de Saulx (procès au sujet de la validité d'une saisie); — les illustres abbesse et dames de l'insigne chapitre Saint-Pierre de Remiremont, contre Claude Duvernoy, de Fleurey-les-Faverney (procès au sujet de la possession d'un champ situé audit Fleurey); etc.

B. 5495. (Portefeuille.) — 1 pièce, parchemin; 72 pièces, papier.

1785. — Inventaires de production, etc. — Noms et qualités des parties : Jacques Mathelat, demeurant à Corre, et Jeanne Caput, sa femme; — Claude Sarrazin, de Vy-les-Filain, contre Luc Magnin, du même lieu; etc.

B. 5496. (Portefeuille.) — 1 pièce, parchemin; 62 pièces, papier.

1785. — Inventaires de production, etc. — Noms et qualités des parties : maître Jacques Bertrand, notaire royal à Augicourt, contre maître Hilaire Pontet, aussi notaire royal à Semmadon (demande en dommages et intérêts pouvant résulter d'un acte diffamatoire lu et publié dans la commune d'Augicourt); — Pierrette Vuillemard, d'Eschoz, paroisse de Saint-Martin, contre Jean-Claude Jacquot, d'Annegray (recherche de la paternité); etc.

B. 5497. (Portefeuille.) — 76 pièces, papier.

1785. — Inventaires de production, etc. — Noms et qualités des parties : messire François-Gaspard Ardouin Dambly des Aynelles, capitaine de dragons, Louis Dambly, lieutenant de cavalerie, et demoiselle Élisabeth Dambly, tous seigneurs et dame de Chauvirey, Ouge, la Quarte, contre Jean Dorribe, d'Ouge (procès au sujet du payement des sommes dues pour quinze années de cens); — Jean-Léonard Perrot, Huguette Perrot, femme de Pierre Amandre et Françoise Perrot, femme de Pierre Chapusot, tous de Mailley, contre noble Léonard de Mesmay et Claude Voillard (procès au sujet de la succession de Nicolas Denoix); etc.

B. 5498. (Portefeuille.) — 1 pièce, parchemin; 70 pièces, papier.

1786. — Inventaires de production, etc. — Noms et qualités des parties : François Piaget, de Noidans-le-Ferroux, contre Jacques Meneguin, Barbe Meneguin (procès au sujet du payement d'une rente annuelle de 10 livres constituée au profit de Sébastien Piaget, ancien curé de Rosey et doyen de Traves); etc.

B. 5499. (Portefeuille.) — 1 pièce, parchemin; 80 pièces, papier.

1786. — Inventaires de production, etc. — Noms et qualités des parties : maître Jean-Baptiste Rebillot, procureur aux bailliage et siège présidial de Vesoul, en qualité de curateur décerné à la défense du bénéfice d'inventaire en décret fait sur les biens, hoirie et succession de messire Charles-Emmanuel de Bauffremont, abbé commendataire des abbayes royales de Saint-Pierre de Luxeuil et de Saint-Paul de Besançon, contre messire Charles-Louis, marquis de Bauffremont, maréchal des camps et armées du Roi ; — Simon Clerget, de Pusy, contre dame Alexandrine de Bermont, veuve de Balthazard de Sonnet, en son vivant écuyer, seigneur d'Auxon (procès au sujet du payement d'un sol par chaque quarte de terre dont se trouvera composé un champ situé audit Auxon) ; etc.

B. 5500. (Portefeuille.) — 1 pièce, parchemin; 65 pièces, papier.

1736. — Inventaires de production, etc. — Noms et qualités des parties : Humbert Mougenot, maire, Nicolas Fraichin et Claude Deste Jeanmougin, tous de Miellin, contre messire de Ténarre, marquis de Montmain, lieutenant général des armées du Roi, et contre les RR. abbé, prieur et religieux de l'abbaye de Bithaine (procès au sujet d'une saisie faite sur ledit Mougenot à la requête du marquis de Montmain pour obtenir le payement de la somme de 4 livres 5 sols, sa quote-part du repartement) ; — révérend père en Dieu, dom Claude de Grammont, abbé et seigneur de Notre-Dame de la Charité, et religieuse personne dom Pierre Barbier, prieur et procureur de l'abbaye, contre François-Thomas d'Oyselay, fils et héritier d'Antoine d'Oyselay, chevalier, seigneur de Villeneuve, Fresne-le-Châtel (accord fait au sujet d'un moulin sis au territoire de Greucourt) ; etc.

B. 5501. (Portefeuille.) — 84 pièces, papier.

1736. — Inventaires de production, etc. — Noms et qualités des parties : Claude-François Matherot, écuyer, seigneur de Preigney, Pusy et autres lieux, demeurant à Dôle, contre Pierre Breuillin, de Pusy (procès au sujet de la succession de Claudine Breuillin, épouse de François-Jean None, de Colombier, sujette originaire mainmortable dudit seigneur); — Jean-Baptiste et Jean-François de Bichin, écuyers, et Jean-Baptiste Richard, seigneurs de Cendrecourt, contre Jean Vorget (procès au sujet de l'acquisition d'une partie de la seigneurie de Cendrecourt) ; etc.

B. 5502. (Portefeuille.) — 3 pièces, parchemin ; 16 pièces, 1 cahier, 234 feuillets, papier.

1736. — Inventaires de production, etc. — Noms et qualités des parties : Pierre-Simon, Élisabeth et Marie-Joseph de la Forge, frères et sœur, de Faverney, contre Amé Michel, de Baulay (procès au sujet des meubles,

effets et trousseau donnés à Madeleine de la Forge, épouse dudit Michel); — Philippe Maillard, écuyer, ancien conseiller du Roi, lieutenant criminel de robe courte, et dame Anne-Françoise Gérard, son épouse, coseigneur et dame à Fresne-sur-Apance, contre messire Charles, marquis de Fussey, seigneur de Melay et coseigneur audit Fresne (procès au sujet de la vente d'une portion de la seigneurie dudit Fresne) ; etc.

B. 5503. (Portefeuille.) — 3 pièces, parchemin; 115 pièces, papier.

1737. — Inventaires de production, etc. — Noms et qualités des parties : messire Nicolas Huot, seigneur de Bousseraucourt et autres lieux, avocat général en la Chambre et Cour des comptes du comté de Bourgogne, contre Sébastien Léveillard, laboureur, demeurant à Cuse (procès au sujet du payement de la quote-part du cens annuel dû audit seigneur et de trois poules, à raison des trois maisons ou chazaux que ledit Léveillard possède audit lieu) ; — les habitants et communauté de la Demie, contre Jacques Poirier et Jean Vicon, dudit lieu (procès au sujet de la possession de sept quartes de terre sises au finage de Navenne) ; etc.

B. 5504. (Portefeuille.) — 91 pièces , papier.

1737. — Inventaires de production, etc. — Noms et qualités des parties : les habitants et communauté de Montussaint, contre François Bretenière, dudit lieu (procès au sujet d'anticipation sur la rue commune); — Antoine-Prosper de Jacquot, écuyer, seigneur de Rosey, contre les habitants et communauté de Rosey (procès au sujet d'un cens que lui doit, en sa qualité de haut justicier, chaque habitant dudit lieu, le fort portant le faible, à l'occasion du mariage de sa fille avec messire Claude-Melchior de Grivel-Perrigny, seigneur de Saint-Maurice et autres lieux) ; etc.

B. 5505. (Portefeuille.) — 1 pièce, parchemin; 86 pièces, papier.

1738. — Inventaires de production, etc. — Noms et qualités des parties : Jean Dubois, de Gressoux, et Jeanne Turlin, sa femme, contre messire Christophe de Sonnet, seigneur dudit Gressoux (procès au sujet de dommages et intérêts résultant d'un incendie); — Charles-Gérard, Alexandre, Jean-François et Marguerite Dufresne, écuyers, seigneurs et dame de Fretigney et Mailley, contre messire Charles-François d'Alincourt, évêque et comte de Verdun, abbé de l'abbaye de la Charité (procès au sujet de l'arpentement du territoire de Fretigney).

B. 5306. (Portefeuille.) — 1 pièce, parchemin; 80 pièces, papier.

1739. — Inventaires de production, etc. — Noms et qualités des parties : les habitants et communauté de Bourbévelle contre Guillaume Le Breton, amodiateur audit lieu (procès au sujet de la rupture du ban de fenaison) ; — Charles-François Parrot, prêtre, curé de Mailley, contre messire Charles-François d'Alincourt, etc. (procès au sujet de fondations faites dans l'église paroissiale de Mailley); etc.

B. 5307. (Portefeuille.) — 164 pièces, papier.

1738. — Inventaires de production, etc. — Noms et qualités des parties : Nicolas Feurry, prêtre, curé de Scye et membres en dépendants, contre les habitants et communauté de Scye, Vauchoux et Grattery (procès au sujet de la jouissance de tous les fonds curiaux et des fondations) ; — Marguerite Patriel, femme de François Roussel, contre le sieur Jannin, seigneur de Betoncourt (procès au sujet d'injures) ; etc.

B. 5308. (Portefeuille.) — 1 pièce, parchemin; 99 pièces, papier.

1739. — Inventaires de production, etc. — Noms et qualités des parties : Jeanne-Marguerite Thomassin, veuve de Jean Lhoste et Jean-François Lhoste, contre Étienne Verdey, Jean-Claude et Claude-Baptiste Zédet et les habitants et communauté de Chambornay-les-Bellevaux (procès au sujet de la possession du moulin de Malgérard) ; etc.

B. 5309. (Portefeuille.) — 3 pièces, parchemin; 124 pièces, papier.

1739. — Inventaires de production, etc. — Noms et qualités des parties : Jean-Claude Bévalot, de Servigney, contre demoiselle Gabrielle-Charlotte-Gasparine de Grammont, dame d'Avilley et autres lieux (procès au sujet de la possession d'un champ sis à Servigney) ; — Jean Damandre, demeurant à la côte d'Andelarrot, contre Jean-Claude Maupay (procès au sujet de coups et blessures) ; etc.

B. 5310. (Portefeuille.) — 3 pièces, parchemin; 102 pièces, papier.

1740. — Inventaires de production, etc. — Noms et qualités des parties : messire Antoine Langrognet, conseiller au parlement de Besançon, contre Claude-Étienne Clerc, écuyer, seigneur de Neurey, et ce dernier demandeur en saisie contre messire Claude-François de Lavier, chevalier, seigneur à Calmoutier (procès au sujet du remboursement d'un capital de 2,000 livres) ; — messire Thomas de Joffroy, marquis de Novillars, seigneur dudit lieu, Raincourt, etc., contre Jean Grandperrin, Jean Billotte, Claude Henri et Jean-Claude Charpentier, tous dudit Raincourt; etc.

B. 5311. (Portefeuille.) — 2 pièces, parchemin; 120 pièces, papier.

1740. — Inventaires de production, etc. — Noms et qualités des parties : Claude-François Cenet, de Villersexel, seigneur d'Accolans, avocat en Parlement, contre Jean Quintonnet, Anne Joly, veuve de Jean-Claude Grivet, Claude et Jean-Baptiste Grivet, de Marast (procès au sujet d'amodiations de terrains) ; — Charles Champy, demeurant à Conflans, et dame Françoise Champy, épouse de Léonor Boilloz, écuyer, demeurant à Frolans, contre Nicolas Javot, de Velorcey (procès au sujet du prix dû pour l'acquisition d'une propriété); etc.

B. 5312. (Portefeuille.) — 3 pièces, parchemin; 75 pièces, papier.

1741. — Inventaires de production, etc. — Noms et qualités des parties : Charles-Girard du Fresne, écuyer, conseiller au magistrat de Besançon, coseigneur à Fratigney, contre Alexandre et Jean-François du Fresne, écuyer, et demoiselle Marguerite du Fresne (procès au sujet de partage de successions) ; — Antoine-Prosper de Jacquot, écuyer, seigneur de Rosey, Andelarrot, Andelarre, etc., contre les habitants d'Andelarre; etc.

B. 5313. (Portefeuille.) — 59 pièces, cahier, 86 feuillets, papier.

1741. — Inventaires de production, etc. — Noms et qualités des parties : les habitants et communauté de Rigney, Rignosot, Vandelans, Germondans, Corcelle et Mieslot, paroissiens de Rigney, contre le sieur Claude Cort, curé de Rigney, et Philippe et Nicolas Allemand, adjudicataires des ouvrages de réparations à exécuter au presbytère de Rigney ; — les sieurs Adrien et Joseph Fournier, de Vandelans, sieurs du fief de Montot, contre Adrien Calard et Pierre Joliot, dudit lieu (procès au sujet des corvées à bras) ; — François Chaumont, demeurant à Moutherot-les-Traves, contre Jacques Chouet, prêtre et curé dudit lieu (procès au sujet de la perception de la dîme novale sur une vigne sise audit territoire) ; — messire Antoine-Pierre de Grammont, archevêque de Besançon, prince du Saint-Empire, seigneur de Noroy-l'Archevêque, contre les habitants et communauté de Noroy (procès au sujet de la corvée de charrue); etc.

B. 5514. (Portefeuille.) — 6 pièces, parchemin; 81 pièces, papier.

1741. — Inventaires de production, etc. — Noms et qualités des parties: Philippe Maillard, avocat en Parlement, et dame Anne-Françoise Girard, son épouse, seigneur et dame de Fresne-sur-Apance, contre Dieudonné Crapelet, coseigneur audit Fresne; Louis Girard du Breuil et demoiselle Marguerite Girard, épouse du sieur Josse, de Jonvelle, et Sébastien du Parge, de Mirecourt, conseiller au bailliage d'Épinal (procès au sujet du partage de la seigneurie et terre de Fresne-sur-Apance et contestation relative à la possession du pressoir banal); etc.

B. 5515. (Portefeuille.) — 1 pièce, parchemin; 98 pièces, papier.

1742. — Inventaires de production, etc. — Noms et qualités des parties : Desle Chiclet, demourant à Comberjon; — Jean-Baptiste Folley, notaire royal à Purgerot; etc.

B. 5516. (Portefeuille.) — 81 pièces, papier.

1742. — Inventaires de production, etc. — Noms et qualités des parties : Pierre-Étienne Frenier, amodiateur à Roche-sur-Linotte, contre Jean Montot, dudit lieu (procès au sujet du payement du prix résultant de l'amodiation de plusieurs pièces de terre); — Mathieu Grosjean et consorts, amodiateurs des terre et seigneurie de Mollans, contre Claude-Antoine Preslot, dudit lieu (procès au sujet de l'échute des biens du mainmortable Jean-François Preslot, prétendue ouverte au profit desdits fermiers); — Charles-Gérard de Fresne de la Motte, écuyer, seigneur de Fretigney, et à Mailley, avocat au parlement de Besançon, ancien vicomte mayeur de la cité royale de ladite ville, contre demoiselle Charlotte Mourelot, veuve de Claude Noirot, seigneur de Chaux-les-Port; messire Charles-François d'Alincourt, évêque et comte de Verdun, prince du Saint-Empire, abbé commendataire de l'abbaye Notre-Dame de la Charité; les sieurs prieur et religieux de ladite abbaye (procès au sujet de la vente d'une partie de la seigneurie de Fretigney) ; etc.

B. 5517. (Portefeuille.) — 91 pièces, papier.

1742. — Inventaires de production, etc. — Noms et qualités des parties : Henriette Levain, femme de Nicolas Parrot, greffier criminel au bailliage de Vesoul; — Jean-Claude Froissard, recteur d'école à Mersuay ; etc.

B. 5518. (Portefeuille.) — 1 pièce, parchemin; 119 pièces, papier.

1742. — Inventaires de productions, etc. — Noms et qualités des parties : les sieurs abbé, prieur et religieux de l'abbaye de Flabémont en Lorraine, contre les habitants et communauté de Fresne-sur-Apance, et les sieurs prieur et religieux bénédictins du monastère de Saint-Vincent de Besançon (procès au sujet des réparations et ornements à faire et à fournir à l'église de Fresne-sur-Apance) ; — les abbés et religieux de Clairefontaine contre les habitants et communauté dudit lieu (procès au sujet de la délimitation des bois) ; etc.

B. 5519. (Portefeuille.) — 81 pièces, papier.

1742. — Inventaires de production, etc. — Noms et qualités des parties: les habitants et communauté d'Éhuns contre les RR. bénédictins de l'abbaye de Luxeuil (procès au sujet de la cote à laquelle les amodiateurs des Bénédictins ont été imposés) ; — Claude-François Peticlerc, de Courbenans, contre Jean-Jacques Bourquin, dudit lieu, et les habitants et communauté de Courbenans (procès au sujet de la possession d'un champ situé audit territoire) ;

B. 5520. (Portefeuille.) — 63 pièces, papier.

1742. — Inventaires de production, etc. — Noms et qualités des parties : noble Jean-Baptiste Flusin, prêtre, demeurant à Morey, chapelain de la chapelle des Cinq-Plaies de Notre-Seigneur, contre demoiselle Anne-Françoise Parquotte, veuve du sieur Alexandre Henriey, de Morey (procès au sujet de la propriété d'un pré) ; — Jean-Baptiste Journet contre messire Charles-François, comte de Montrichier, seigneur de Menoux, et les habitants dudit lieu (procès au sujet de la validité de la vente d'un terrain communal) ; — Simon Dautriche, de Maillevillers, contre Charles-Antoine Ébaudy, d'Amance, fermier général de la mense abbatiale de Cherlieu (procès au sujet de la succession mainmortable de Nicolas Dautriche); etc.

B. 5521. (Portefeuille.) — 79 pièces, papier.

1744. — Inventaires de production, etc. — Noms et qualités des parties : François Legroin de la Romagère, bailli et grand'croix de l'ordre de Saint-Jean de Jérusalem, commandeur et seigneur de la Villedieu en Fontenette, et membres en dépendant, et Jean-François Guichard, fermier général de ladite commanderie, contre Louis-Joseph-Antoine-Alexis Boillon (procès au sujet de l'échute mainmortable de Jean-Baptiste Charton et Françoise Charton); — messire Nicolas-Jean-Baptiste de la Rochelle, seigneur d'Échenoz-le-Sec et autres lieux, chanoine en l'église métropolitaine et archidiacre de Gray, contre Pierre Guillemet, recteur d'école à Échenoz-le-Sec; — Pierre-Claude Champion, conseiller procureur du Roi, contre demoiselle Anne-Françoise Calfi, veuve de Jean-Simon Roland, avocat en Parlement (procès au sujet de titres et papiers trouvés au domicile du sieur Roland);

B. 5522. (Portefeuille.) — 67 pièces, papier.

1745. — Inventaires de production, etc. — Noms et qualités des parties : Claude-François Deroche, fermier des terre et seigneurie de Mercey et Gevigney; — demoiselle Jeanne-Denise Huguenier, femme de Thomas Parisot, de Raincourt, contre Antoine Parisot, dudit lieu (procès au sujet de la possession d'un banc dans l'église de Raincourt); etc.

B. 5523. (Portefeuille.) — 93 pièces, papier.

1745. — Inventaires de production, etc. — Noms et qualités des parties : Bénigne et Nicolas Taverne, de Montenois, contre Adrien Taverne et Claudine Chauvey, sa femme, demeurant audit Montenois (procès au sujet d'injures); — Claude Drouhot, de Chauvirey-le-Châtel, contre messire François-Salomon de Bernard de Montessus, seigneur de Chauvirey et autres lieux, et messire Louis-Dambly des Aynelles, aussi seigneur dudit Chauvirey (procès au sujet de la vente d'une maison et d'un jardin déclarés comme étant : la maison sur la seigneurie du château d'en bas, et le jardin sur celle du château dessus); etc.

B. 5524. Portefeuille.) — 1 pièce, parchemin; 80 pièces, papier.

1745. — Inventaires de production, etc. — Noms et qualités des parties : Claude-François Bigey, de Corbenay, contre messire Claude-François Franchet de Rans, chanoine en l'illustre chapitre de l'église métropolitaine de Besançon, prieur et seigneur de Fontaine, Corbenay et autres lieux (procès au sujet de la commise d'un pré qu'on soutient ne pas être de la directe du seigneur de Fontaine); — Antoine Le Mol, meunier au moulin de Lavigney; etc.

B. 5525. (Portefeuille.) — 1 pièce, parchemin; 100 pièces, papier.

1746. — Inventaires de production, etc. — Noms et qualités des parties : Jean Derervaux et Étiennette Froissard, sa femme, de Chambornay-les-Pin, contre messire Jean-Claude Bret, abbé commandataire de l'abbaye royale Notre-Dame de Bonnevaux, en Dauphiné, ordre de Cîteaux, prieur commandataire et seigneur de Chambornay-les-Pin (procès au sujet de la succession mainmortable de Françoise Pissard); — messire Jean-Baptiste Deshenriques, chevalier de Saint-Louis, ancien capitaine pour le service de Sa Majesté; etc.

B. 5526. (Portefeuille.) — 130 pièces, papier.

1746. — Inventaires de production, etc. — Noms et qualités des parties : Claude Queny et Catherine Drouhin, sa femme, de Voisey, contre Claude Rouget, de Godoncourt (procès au sujet de la possession d'une vigne sise audit lieu); — François Thomas de Rougemont, contre Jean-Jacques Jannon, avocat en Parlement; etc.

B. 5527. (Portefeuille.) — 2 pièces, parchemin; 100 pièces, papier.

1746. — Inventaires de production, etc. — Noms et qualités des parties : Charles Bonnet et Sébastien Aubert, commis en exercice au lieu de Godoncourt, contre Nicolas-Antoine Georges, dudit lieu (procès au sujet des impositions); — demoiselle Marie-Joseph Leroux, veuve de Claude-Louis Fert, en son vivant notaire royal et procureur au siège de Vesoul, contre Anatole Travault (procès au sujet d'une saisie mobilière); etc.

B. 5528. (Portefeuille.) — 2 pièces, parchemin; 122 pièces, papier.

1747. — Inventaires de production, etc. — Noms et qualités des parties : Jean-Antoine du Cheylard, seigneur d'Aubignac, et dame Marie-Gabrielle-Charlotte-Françoise-Gasparine de Binas, de Joux, de Grammont, seigneur et dame de Vellefaux et autres lieux, demeurant à Avilley, contre les sieurs et demoiselles Jeanne-Françoise Pirouley, veuve du sieur Louis Prévost, de Vellefaux, Louis Prévost et Thérèse Prévost, ses enfants (procès au sujet de la visite et rendue des châteaux de Vellefaux et dépendances pour reconnaître et estimer les détériorations qui y seraient survenues pendant le cours des baux desdits Prévost); — Jeanne-Marie Clerc, de Vouhenans, contre Jean Annequin, de Vy-les-Lure (recherche de la paternité); etc.

SÉRIE B. — BAILLIAGES.

B. 5529. (Portefeuille.) — 50 pièces, papier.

1748. — Inventaires de production, etc. — Noms et qualités des parties : noble Jean-François Salivet, écuyer, seigneur de la Demie, Broix et autres lieux; — Nicolas Richard, de Bourges, prêtre, curé de Frétigney, contre les habitants et communauté de Recologne (procès au sujet de la reconstruction du four banal et de la démolition des fours particuliers); etc.

B. 5530. (Portefeuille.) — 62 pièces, papier.

1749. — Inventaires de production, etc. — Noms et qualités des parties : Claude Maignien, seigneur de Bourguignon-les-Conflans, cornette au régiment de Mestre de camp général, contre maître Ferdinand Doyen, notaire royal à Bourguignon-les-Conflans, fermier de la terre dudit lieu, les habitants de cette communauté et Ferdinand-Louis de Poincte, qui en est aussi coseigneur (procès au sujet de la nourriture qui doit être fournie aux personnes qui font les corvées de charrue); — demoiselle Marie-Anne Cenot, fille et seule héritière de Claude-François Cenot, de Villersexel, seigneur d'Accolans, avocat au Parlement; etc.

B. 5531. (Portefeuille.) — 2 pièces, parchemin; 39 pièces, papier.

1749. — Inventaires de production, etc. — Noms et qualités des parties : Claire Chardot, femme de Pierre Mouton, Jeanne Chardot et consorts contre messire Louis de Clermont d'Amboise, chevalier, marquis de Renel et de Montglas, comte de Chiverny et autres lieux, et Antoine Faitot, fermier général de la baronnie de Rupt, demandeurs aux fins de leur requête tendante à ce que l'échute d'une vigne soit déclarée ouverte à leur profit; — Claude-François Lampinet, écuyer, seigneur de Sainte-Marie, contre les habitants et communauté de Villers-les-Luxeuil; etc.

B. 5532. (Portefeuille.) — 2 pièces, parchemin; 66 pièces, papier.

1749. — Inventaires de production, etc. — Noms et qualités des parties : messieurs du magistrat de la ville de Vesoul contre Claude-Louis Julin, dudit lieu (procès au sujet de la propriété des murailles de la ville et des droits que veulent s'arroger des particuliers d'y appuyer des poutres ou d'y faire tomber les eaux); — demoiselle Françoise de Sonnet, fille majeure de feu Christophe de Sonnet, écuyer, seigneur de Grossoux, contre dame Catherine Picquard, douairière de messire Christophe de Sonnet, écuyer, et contre dame Marguerite de Sonnet, épouse d'Hubert-Joseph de la Rochette, écuyer, seigneur de Cuse, et contre dame Marie-Madeleine de Sonnet, épouse de Louis Dambly, écuyer, seigneur de Chauvirey (procès au sujet du payement des dettes de feu messire Christophe de Sonnet); etc.

B. 5533. (Portefeuille.) — 81 pièces, papier.

1749. — Inventaires de production, etc. — Noms et qualités des parties : Jean-François Michaux, de Villers-les-Luxeuil, contre les RR. PP. bénédictins du monastère abbatial Saint-Pierre de Luxeuil (procès au sujet des impositions pour les dîmes); — Jean-Claude Flavigny, avocat en Parlement, contre demoiselle Étiennette Roland et contre Hyacinthe Roland, seigneur de Dampvalley, conseiller procureur du Roi en la maîtrise des eaux et forêts de Vesoul (procès au sujet de la propriété de terrains situés à Vesoul); etc.

B. 5534. (Portefeuille.) — 1 pièce, parchemin; 79 pièces, papier.

1750. — Inventaires de production, etc. — Noms et qualités des parties : Guillaume-François Duhaut, de Villersexel, contre Louise Leguisenet, femme de Claude-François Guyon, maître d'école audit lieu; — Claude Humbert, de Mailley, contre Nicolas-Joseph Belin, dudit lieu; etc.

B. 5535. (Portefeuille.) — 1 pièce, parchemin; 104 pièces, papier.

1750. — Inventaires de production, etc. — Noms et qualités des parties : Pierre Labourey, d'Ormoy, ancien procureur fiscal au bailliage de Luxeuil, contre Jacques-François Gay, curé de Pusy, et demoiselle Jeanne-Marguerite Gay, épouse de Jean-Hubert Rochet, maître et propriétaire des forges et fourneaux de Magny-Vernois; — Thiébaud Thérion, avocat en Parlement, demeurant à Faverney; etc.

B. 5536. (Portefeuille.) — 2 pièces, parchemin; 66 pièces, papier.

1751. — Inventaires de production, etc. — Noms et qualités des parties : Jacques Singlard, Jean-Nicolas Bron, Antoine Oudin et Jean-Baptiste Bartoulet, tous d'Accolans, contre dame Jeanne-Marie Bouchu, veuve du sieur Claude-François Cenot, seigneur d'Accolans (procès-verbal de perquisition faite aux domiciles des demandeurs); —

Jeanne-Claude Munier, veuve en premières noces de Claude Marquis et femme de Jean-Baptiste Jacquoy, maître salpêtrier, contre les sieurs prieur et religieux de l'abbaye de Bellevaux (procès au sujet de la succession de Thiébaud Marquis, de condition mainmortable); etc.

B. 5337. (Portefeuille.) — 62 pièces, papier.

1782. — Inventaires de production, etc. — Noms et qualités des parties : demoiselle Jeanne-Françoise de Sonnet d'Auxon, demanderesse tendant à ce que la donation à elle faite sous seing privé par feu Hérard-Joachim de Sonnet d'Auxon, son oncle, soit transcrite dans une forme plus authentique; — dame Marguerite-Françoise de Kervance de Labadie, autorisée du sieur Jean-Baptiste de Labadie, écuyer, son mari, et dame Jeanne-Gabrielle de Mongerat, dame de Seveance (transaction au sujet de la mouvance de la grange du Frey); etc.

B. 5338. (Portefeuille.) — 3 pièces, parchemin; 118 pièces, papier.

1787. — Inventaires de production, etc. — Noms et qualités des parties : Claude Pugney, ancien capitaine de cavalerie pour le service de Sa Majesté; — Éléonor Mayon, demeurant à Noidans-le-Ferroux, contre Claude Fenouillot et messire Jean-Claude Boisot, docteur ès-droit, abbé de la royale abbaye de Saint-Paul de Besançon (procès au sujet de la succession des biens de feu Guillaume Fenouillot, de Noidans-le-Ferroux, sujet mainmortable desdits seigneurs, prieur et chanoines du chapitre Saint-Paul de Besançon); etc.

B. 5339. (Portefeuille.) — 3 pièces, parchemin; 103 pièces, papier.

1786. — Inventaires de production, etc. — Noms et qualités des parties : le sieur Philibert Travault, conseiller procureur du Roi au siège de Vesoul, contre maître Jean-Michel Feltin, notaire à Melisey; Claude-Desle Grandgirard, huissier, et François Boiteux, dudit Melisey, Mᵉ Odot Chauvel, huissier à Lure; Claude François et Étienne Doubet, de la Côte; Françoise Rouge, femme dudit Doubet; Françoise Boissenier, veuve de Valentin Truchot, de la Côte; Joseph Gaimiche, de Ronchamp; Nicolas Lombard, de Mourière, défendeurs et accusés de faux; etc.

B. 5340. (Portefeuille.) — 3 pièces, parchemin; 19 pièces, papier.

1783. — Inventaires de production, etc. — Noms et qualités des parties : Jacques Sanard, meunier au moulin de Pont, contre Claude Joly, d'Éhenans-la-Meline (procès au sujet de la vente de deux tas de pierres provenant de la démolition du clocher de Pont); — maître Claude-François Duval, procureur au bailliage de Faucogney, contre les commis et habitants de Melisey (procès au sujet de la répartition des impôts); etc.

B. 5341. (Portefeuille.) — 2 pièces, parchemin; 100 pièces, papier.

1784. — Inventaires de production, etc. — Noms et qualités des parties : messire Jean-Baptiste Louis de Clermont d'Amboise, chevalier, marquis de Reynel et de Montglas, comte de Chiverny, seigneur et baron de Rupt, prince de Belin, grand bailli et gouverneur pour le Roi des villes de Chaumont en Bassigny et de Provins, lieutenant général pour Sa Majesté des pays Blaisois et Vendômois, lieutenant-général de ses armées, et le sieur Antoine Faitot, fermier des terre et seigneurie dudit Rupt et dépendances, contre Claire Chariot, femme de Pierre Moitot, de Scey-sur-Saône et consorts (procès au sujet de huit ouvrées de vigne délaissées par Nicolas Guillemin, de condition mainmortable, dont ledit seigneur prétend l'échute ouverte à son profit); — Claude-François-Marie Jacquot, prêtre, curé d'Andelarre et Andelarrot, contre les habitants de ces deux communautés (procès au sujet de la jouissance et possession du droit de percevoir la dîme d'une gerbe par journal sur les territoires desdits lieux); — messire Jacques-Antoine de Rosière, marquis de Sorans, seigneur de Thoy et autres lieux, contre Gabriel Monniotto et Élisabeth Robert, sa femme, fermiers des terre et seigneurie de Thoy; etc.

B. 5342. (Portefeuille.) — 47 pièces, papier.

1785. — Inventaires de production, etc. — Noms et qualités des parties : Léonard et Claude-Joseph Boilley, de Rognon; Anne-Françoise Boilley, femme de Jean-Nicolas Guyotguillain, de Conlroy; Jeanne-Claude Boilley, femme de Claude-François Poignand, de Chaudefontaine, contre messire François-Joseph Jouffroy d'Eschelles, seigneur de Montmartin et autres lieux, chevalier de Saint-Louis (procès au sujet de contrats de mariage qui n'ont pas été présentés pour être revêtus du consentement dudit seigneur); etc.

B. 5343. (Portefeuille.) — 1 pièce, parchemin; 90 pièces, papier.

1786. — Inventaires de production, etc. — Noms et qualités des parties : Nicolas Barisien, maître de postes à

Saint-Sauveur, contre Denis Lamboley, boucher audit lieu (procès au sujet de la possession d'un terrain audit lieu); — Pierrette Lallemand, femme d'Étienne Neurey, d'Échenoz-le-Sec, contre Jean Lallemand, dudit lieu; Gabriel Lallemand, demeurant à la grange des Agneaux, hameau de Neurey, et messire Nicolas-Jean-Baptiste de la Rochelle, chanoine de l'église métropolitaine de Besançon, seigneur d'Échenoz-le-Sec (procès au sujet du mauvais état d'un canton de vigne laissé sans travail par le rotenant); etc.

B. 5345. (Portefeuille.) — 4 pièces, parchemin; 78 pièces, papier.

1788. — Inventaires de production, etc. — Noms et qualités des parties : Jacques Thiébaud, sergent en la justice et mairie de Fresne-sur-Apance; — Marie Gauthier, de Chaudefontaine, contre François Roiteux, de la Barre (recherche de la paternité); etc.

B. 5346. (Portefeuille.) — 7 pièces, parchemin; 105 pièces, papier.

1789. — Inventaires de production, etc. — Noms et qualités des parties : les habitants et communauté de Villers-le-Sec contre Anne Sergent et consorts, dudit lieu, Me Louis-François-Gabriel Vaignedroye, procureur d'office en la justice de Quincey, et contre les habitants et communauté de ce dernier lieu (procès au sujet du droit de pâture dans le canton de prés dit entre Frais-Puits et Fraisière, au territoire dudit Quincey); — très-haut, très-puissant et illustrissime seigneur Mgr Louis, prince de Bauffremont de Listenois, prince du Saint-Empire et de Marnay, substitué aux noms et armes des maisons de Vienne, Listenois, de Villaume et de Gorrevod, lieutenant général des armées du Roi, mestre de camp d'un régiment de dragons de son nom, gouverneur de Sissel, grand bailli d'Aval, et très-haute, très-puissante et très-illustre dame, madame Marie-Suzanne-Simonne-Ferdinande Tenarre de Montmain, princesse de Bauffremont, son épouse, baron et baronne de la seigneurie de Faucogney et autres lieux, contre Claude Laporte, laboureur, et Claude-François Lestondal, recteur d'école, tous deux de Varogne (procès au sujet du payement de la dîme des tabacs, qui est de la dix-huitième partie de ceux qu'ils ont plantés); etc.

B. 5346. (Portefeuille.) — 93 pièces, papier.

1789. — Inventaires de production, etc. — Noms et qualités des parties : les habitants et communauté de Raxières, contre Gabriel-Louis de Sagoy, prêtre, curé dudit lieu (procès au sujet du règlement dans la perception des dîmes); — Anne Nillot, veuve de Claude-François Gay, de Raxigney, contre les révérends sieurs doyen et chanoines de l'insigne chapitre de l'église collégiale et paroissiale Saint-Georges de Vesoul, et maître Claude-Antoine Brissault, notaire royal à Calmoutier (procès au sujet d'un faux); etc.

B. 5347. (Portefeuille.) — 64 pièces, 4 cahiers, 82 feuillets, papier.

1789. — Inventaires de production, etc. — Noms et qualités des parties : Marguerite Crancey, veuve de François Loreillard et Charlotte Loreillard, sa fille, contre Son Altesse Jean-Bretagne-Charles-Geoffroy, duc de la Trémoille et de Rhétane, pair de France, prince de Tarente, comte du Laval et de Montfort, marquis d'Atrichey, baron de Vitry et de Saint-Loup, président-né des États de la province de Bretagne (procès au sujet de la succession mainmortable de Pierre Loreillard); — Joseph Piquerey, de Vyles-Lure, contre Jean-Claude Bordus, dudit lieu, Pierre Mutamps et messire Célestin d'Andlaw, grand prieur et religieux capitulaire de l'abbaye de Lure, et contre Agathe Clave, femme autorisée de Jean-Baptiste Gay, demeurant à Villerschemin (procès au sujet du partage des biens provenant de l'hoirie et succession de Thomas Mutamps et Martin Marquis); etc.

B. 5348. (Portefeuille.) — 93 pièces, papier.

1789. — Inventaires de production, etc. — Noms et qualités des parties : Joseph Leffroy, maître de forge au moulin Martin, contre monsieur le comte de Fleury, ancien grand maître des eaux et forêts de France, Brosse, haute et basse Alsace (procès au sujet des bois nécessaires à l'usine); — messire Joseph-François, marquis de Camus, seigneur de Filain et autres lieux, conseiller honoraire au parlement de Besançon, contre Jean-Claude Nillot l'aîné, dudit Filain (procès au sujet du droit de percevoir une gerbe par journal de terre dans la sole des blés et une gerbe dans celle des avoines, ainsi qu'une autre dîme appelée de Chemilly, qui consiste en une gerbe de froment par chaque hoirie); etc.

B. 5349. (Portefeuille.) — 1 pièce, parchemin; 70 pièces, papier.

1790. — Inventaires de production, etc. — Noms et qualités des parties : les habitants et communauté de Purgerot contre Jean-Baptiste Camuset, greffier en la justice de Gezincourt (procès au sujet des tailles dues pour plusieurs fonds); — Jacques et Joseph Fournier, seigneurs à la Barre, contre les habitants et communauté dudit lieu (procès au sujet du droit de percevoir les premiers et seconds fruits des prés appartenant auxdits seigneurs sur le territoire de la Barre); etc.

B. 5550. (Portefeuille.) — 10 pièces, parchemin; 81 pièces, papier.

1760. — Inventaires de production, etc. — Noms et qualités des parties: Laurent Flagolet de La Saulne, ancien lieutenant au régiment de mestre de camp cavalerie, demeurant à Vauvillers; — dame Marie-Louise de Bernon, relicte de Hubert-Joseph de Bonnerat, écuyer, seigneur de Villeguindry, et épouse de M. de La Roche-Aymon, ancien capitaine de cavalerie, chevalier de Saint-Louis, demeurant à Luxeuil, impétrante en décret sur les biens de demoiselle Claude-Claire de Bonnerat; etc.

B. 5551. (Portefeuille.) — 8 pièces, parchemin; 75 pièces, papier.

1761. — Inventaires de production, etc. — Noms et qualités des parties: le sieur Arbogast Gouhenans, seigneur de Montcey, contre les habitants et communauté dudit lieu (procès au sujet du droit d'aller cuire les pains et pâtes dans un four renfermé dans la cour commune du nommé Mourey); — Georges Mougin, de Vesoul, contre François Fagote, dudit lieu (procès au sujet d'injures et de coups); etc.

B. 5552. (Portefeuille.) — 71 pièces, papier.

1762. — Inventaires de production, etc. — Noms et qualités des parties : les habitants et communautés de Cirey, des Neuves-Granges, de Marlot, de Vallerois-les-Bellevaux et du Magny, contre les abbé, prieur et religieux de Notre-Dame-de-Bellevaux (procès au sujet de la dîme ecclésiastique perçue sur les territoires desdites communautés); — maître Nicolas Tourdot, notaire, demeurant à Hugnivray; etc.

B. 5553. (Portefeuille.) — 1 pièce, parchemin; 73 pièces, papier.

1763. — Inventaires de production, etc. — Noms et qualités des parties : Claude-Antoine-Arbogast Gouhenans, seigneur de Montcey, officier de Sa Majesté le roi de Pologne, contre les habitants et communauté de Montcey; noble Jean-Baptiste Huot, maire de Vesoul; Jean-François Lyautey, conseiller au magistrat de ladite ville; Jean-Antoine Richardot, ancien capitaine d'infanterie au régiment d'Angoumois; Jean-François Richardot, docteur en médecine en ladite ville, et autres (procès au sujet de la reconnaissance à faire des droits seigneuriaux); etc.

B. 5554. (Portefeuille.) — 1 pièce, parchemin; 121 pièces, papier.

1764. — Inventaires de production, etc. — Noms et qualités des parties : Pierre Prélat, prêtre et curé de Vy-les-Rupt; — Jean-François Perrotte, négociant, demeurant à Monthozon; etc.

B. 5555. (Portefeuille.) — 1 pièce, parchemin; 83 pièces, papier.

1765. — Inventaires de production, etc. — Noms et qualités des parties : François-Julien Marquet, prêtre du diocèse de Paris, y demeurant, chapelain de la chapelle de la très-sainte Vierge du Rosaire, érigée en l'église de Raze, et Jean-François Roux, seigneur dudit lieu, et Marc-Antoine Gourhat, curé de Rosey (procès au sujet du payement des revenus de la dotation de la chapelle du Rosaire); etc.

B. 5556. (Portefeuille.) — 103 pièces, papier.

1766. — Inventaires de production, etc. — Noms et qualités des parties : dame Anne-Marie Lector, veuve de François-Louis Coste de Ranzevelle, capitaine de dragons au régiment de Bourbon pour le service du roi des Deux-Siciles; — Marguerite Vuillaume, de Mailleroncourt-Charrette, contre messire Nicolas-Joseph Terrier, marquis et seigneur dudit Mailleroncourt, conseiller honoraire au parlement de Franche-Comté (procès au sujet de la succession mainmortable de Claude Vuillaume); — Jean Simon, bourgeois de Paris, y demeurant, tuteur onéraire de Pierre-Gaspard-Marie Grimod Dufort, écuyer, seigneur d'Orçay et des terre et baronnie de Rupt, contre monseigneur de Clermont d'Amboise et madame Charlotte de Rohan-Chabot, son épouse (procès au sujet de la vente de la baronnie de Rupt avec ses dépendances pour la somme de 1,230,000 livres et 12,000 livres d'épingles); etc.

B. 5557. (Portefeuille.) — 103 pièces, papier.

1767. — Inventaires de production, etc. — Noms et qualités des parties : Claude-François Brocard, demeurant à Ormoy, contre messire Pierre-Antoine de Jouve, chevalier de Saint-Louis, ancien capitaine de cavalerie; — les révérends sieurs prieur et religieux de l'abbaye de Cherlieu, contre Claude Martin, de Venisey (procès au sujet de la commise prétendue ouverte par lesdits seigneurs sur des champs dépendants de leur directe en mainmorte et dont ledit Martin a pris possession sans leur consentement); etc.

B. 5358. (Portefeuille.) — 2 pièces, parchemin; 63 pièces, papier.

1362. — Inventaires de production, etc. — Noms et qualités des parties : messire Claude-Eugène, comte de Vaudrey, seigneur de Villers-sur-Port et Francey, lieutenant général des armées du Roi, et Claude Lyautey, fermier des revenus de la seigneurie de Villers-sur-Port, contre Pierre-François Lyautey (procès au sujet de la commise prétendue ouverte par ledit seigneur et son fermier sur des champs achetés par ledit Pierre-François Lyautey); — Claude-Antoine-Arbogast Goubehans, seigneur de Montcey, contre les habitants et communauté dudit lieu, et ces derniers contre Claude-François-Joseph Remongenet, écuyer, seigneur de la Montaillotte et des terres et baronnies de Montaigu, la Roche et dépendances; les révérendes mères religieuses Annonciades établies à Vesoul; noble Jean-Baptiste Huot, prêtre, demeurant à Vesoul, et autres (procès au sujet de la reconnaissance à faire au sieur Goubehans de : 1° la haute, moyenne et basse justice; 2° la taille de 30 livres estevenans; 3° la banalité du four, sauf les droits des propriétaires ayant des fours particuliers); etc.

B. 5359. (Portefeuille.) — 6 pièces, parchemin; 74 pièces, papier.

1363. — Inventaires de production, etc. — Noms et qualités des parties : Claude-François Aubert, lieutenant au régiment de mestre de camp cavalerie; — Jean-François Richardot, receveur des revenus patrimoniaux de la ville de Vesoul, et Nicolas Vauthier, greffier de la mairie; — les fabriciens de l'église de Rioz; etc.

B. 5360. (Portefeuille.) — 110 pièces, papier.

1363. — Inventaires de production, etc. — Noms et qualités des parties : Anne Masson, de Faverney, contre le sieur Jean-Baptiste Dessert, garçon de boutique audit lieu (recherche de la paternité); — maître Claude-Joseph Chalot, notaire royal à Saint-Loup (requête tendante à faire recevoir le serment nécessaire et à être envoyé en possession de l'office de juge à Bousseraucourt, auquel il a été nommé par le sieur Huot, seigneur dudit lieu et de Charmoille); etc.

B. 5361. (Portefeuille.) — 61 pièces, papier.

1362. — Inventaires de production, etc. — Noms et qualités des parties : le sieur Roberty, curé de Semmadon; — le sieur Vincent Jobard, seigneur de Drévans, conseiller vétéran au bailliage et siège présidial de Besançon, y demeurant, impétrant en décret sur les biens de Jean-Baptiste, Claude et Claudine Guillaume, de Villershouton; etc.

B. 5362. (Portefeuille.) — 4 pièces, parchemin; 85 pièces, papier.

1363. — Inventaires de production, etc. — Noms et qualités des parties : haut et puissant seigneur Louis, prince de Bauffremont, du Saint-Empire et du Murnay, lieutenant général des armées du Roi, et haute et puissante dame, madame de Ténarre-Montmain, son épouse, baron et baronne de Faucogney, contre Claude Bigey, demeurant à Corbenay, et ce dernier contre Mgr l'illustrissime et révérendissime Claude-Ignace Franchet de Rans, évêque de Rozey, prieur commendataire du prieuré Saint-Pancras-lez-Fontaine, et les prieur et religieux bénédictins dudit Fontaine (procès au sujet de la possession d'un champ); — dame Jeanne-Melanie, née comtesse de Vaudrey, douairière de feu messire Anne-Armand, marquis de Rozen, en son vivant lieutenant général des armées du Roi, seigneur de Belleville, Grammont, etc., contre les révérends sieurs doyen et chanoines du chapitre royal Notre-Dame de Dôle (procès au sujet du droit de percevoir la dîme sur un canton de champ situé au territoire de Grammont); etc.

B. 5363. (Portefeuille.) — 4 pièces, parchemin; 64 pièces, papier.

1363. — Inventaires de production, etc. — Noms et qualités des parties : les révérends abbé, prieur et religieux bénédictins de l'abbaye Notre-Dame de Faverney, contre Antoine Bernot, d'Acherey (procès au sujet de la perception de la dîme); — Antoine et Charles Boisson, de Chaux-les-Bouli, contre messire Antoine d'Hennezel, seigneur de Chaux-les-Bouli, Oiselay et autres lieux (procès au sujet des biens provenant de la succession de Gaspard Boisson, ermite sous le nom de frère Jacques, à Sainte-Anne, dont ledit seigneur demande l'échute); etc.

B. 5364. (Portefeuille.) — 61 pièces, papier.

1365. — Inventaires de production, etc. — Noms et qualités des parties : Pierre Fresse, de Dambenoît, contre

Jean Tavernier, et ce dernier contre Jean Dufour et les habitants et communauté de Dambenoît (procès au sujet de l'acquisition d'un terrain); — messire Jacques-Antoine de Raédères, seigneur de Notans, Cromary et autres lieux, impétrant un décret sur les biens de Charles Mougin, de Tréailley; etc.

D. 5365. (Portefeuille.) — 84 pièces, papier.

1762. — Inventaires de production, etc. — Noms et qualités des parties : Joseph Schilloy, de Saint-Marcel, contre les habitants et communauté dudit lieu (procès au sujet de la construction d'une maison sur un terrain public); — Claude-François Chaucoussert, procureur fiscal du bailliage et mairie de Luxeuil, contre Claude-Joseph Aubry, Jean-Claude Charmy, Henri Pinot et Nicolas Besançon, tous de Saint-Bresson, forestiers des bois communaux, et contre les habitants et communauté du dit Saint-Bresson (procès au sujet de l'estimation et prisée des fonds appartenant auxdits forestiers); etc.

D. 5366. (Portefeuille.) — 8 pièces, parchemin; 69 pièces, papier.

1763. — Inventaires de production, etc. — Noms et qualités des parties : Jeanne et Claude-Marie Chaudot de Gondenans-les-Moulins contre Hubert-Joseph de la Rochelle, baron et seigneur de Cuse, Nans, Gondenans, Cubrial, Adrisans, Bonnat et autres lieux (procès au sujet de la succession immortelle de Claude Chaudot); — Jeanne-Claude Dufresne et noble Jean-François Dufresne, prêtre, coseigneur et dame de Fretigney et Mailley, contre le sieur Lobergat, prêtre, curé de Bourbévelle (procès au sujet d'un champ de condition de mainmorte dépendant de la succession de Claude-Joseph Gaillard, avocat en Parlement); etc.

D. 5367. (Portefeuille.) — 102 pièces, papier.

1763. — Inventaires de production, etc. — Noms et qualités des parties : Thérèse Boulangier, veuve d'Alexis Hory, de Colombier, contre Benoît Vaudrimey et Barbe Hoscome, sa femme (procès au sujet de l'incendie de leur maison); — Antoine-Joseph Saunier, prêtre, curé de Cors-les-Noroy, contre Loys Nicolas (procès au sujet de propos injurieux); etc.

D. 5368. (Portefeuille.) — 8 pièces, parchemin; 83 pièces, papier.

1763. — Inventaires de production, etc. — Noms et qualités des parties : Claude Tournier, soldat invalide à Authoison; — Marie-Anne Genet, dame d'Accolans, épouse de messire François de Verre, chevalier de Saint-Louis (requête tendant à ce qu'un avocat soit nommé d'office pour l'instruction du procès qu'elle a contre Jean-Baptiste Micaudot, lieutenant général de police de la ville de Vesoul); etc.

D. 5369. (Portefeuille.) — 3 pièces, parchemin; 69 pièces, papier.

1763. — Inventaires de production, etc. — Noms et qualités des parties : maître Claude-Nicolas Guimicho, procureur au siège de Vesoul; — maître Jean-Nicolas Houlin, procureur fiscal en la justice de Menoux, contre les seigneur et dame de Raigecourt (procès au sujet de la propriété d'un bois); etc.

D. 5370. (Portefeuille.) — 23 pièces, parchemin; 75 pièces, papier.

1767. — Inventaires de production, etc. — Noms et qualités des parties : demoiselle Catherine Lallemand, veuve du sieur Paul-Étienne Le Boiteux de Pradines et Élisabeth Lallemand, sa sœur, et les habitants et communauté de Fresne-sur-Apance, opposants à la purgation d'hypothèques faite à la requête de Jean-Baptiste Maillard, coseigneur, à Fresne-sur-Apance; etc.

D. 5371. (Portefeuille.) — 93 pièces, papier.

1768. — Inventaires de production, etc. — Noms et qualités des parties : Jean-Jacques Prévost, adjudicataire général des fermes unies de France, demeurant à Paris, contre Antoine Faivre, aubergiste à Saulx, et Anne Chant, sa femme (procès au sujet d'une saisie faite en leur domicile de différents ballots de marchandises prohibées venant de l'étranger); — Pierre Châtelain, maître charpentier, demeurant à Vesoul (requête tendant à avoir payement d'une somme de 10 livres pour avoir consolidé la potence sise sur la place des casernes de cette ville); etc.

D. 5372. (Portefeuille.) — 13 pièces, parchemin; 116 pièces, papier.

1768. — Inventaires de production, etc. — Noms et qualités des parties : Antoine Doyen, prêtre, curé de

Gevigney et Morey, contre dame Jeanne-Françoise Pariset, épouse de noble Claude-François Besançenot, ancien conseiller au bailliage et siège présidial de Vesoul, demeurant à Lambrey (procès au sujet de l'arpentement des propriétés des parties); etc.

B. 5572. (Portefeuille.) — 4 pièces, parchemin; 62 pièces, papier.

1768. — Inventaires de production, etc. — Noms et qualités des parties : Jean-Félix et Jean-Jacques Ohry, négociants à Zurich; — François Rabache, avocat en Parlement, à Paris, en qualité de tuteur onéraire de Pierre-Gaspard-Marie Grimod Dufort, écuyer, seigneur d'Orsay et des terres et baronnies de Rupt, Velain et dépendances, impétrant en purge d'hypothèques sur lesdites terres; etc.

B. 5574. (Portefeuille.) — 3 pièces, parchemin; 63 pièces, papier.

1769. — Inventaires de production, etc. — Noms et qualités des parties : messire Joseph Perreney de Baleure, seigneur d'Athesans et la Vergenne (déclaration des droits seigneuriaux, domaines, fonds et revenus appartenant audit seigneur, auxdits lieux chargés d'usufruit envers madame de Curtil, mis en purgation d'hypothèques à la demande du sieur de Baleure); — les révérends sieur prieur et religieux bénédictins du monastère de Saint-Servule, de Morey, impétrants en décret sur les biens de Louis Nicolas, de Chauvirey-le-Châtel; — Charles-François Tixerand, avocat en Parlement, demeurant à Faverney, impétrant en décret sur l'office de lieutenant en la maîtrise des eaux et forêts de Vesoul, dont est pourvu le sieur Claude-François Jurain, avocat en Parlement; etc.

B. 5575. (Portefeuille.) — 3 pièces, parchemin; 105 pièces, papier.

1769. — Inventaires de production, etc. — Noms et qualités des parties : Henri Mazet, marchand à Luxeuil; — Claude Rouge, de Puessans, contre François-Alexandre Jouffroy de Préciplano, seigneur de Montmartin et autres lieux, et contre Marguerite Vautravers (procès au sujet de la validité d'un contrat de vente); etc.

B. 5576. (Portefeuille.) — 3 pièces, parchemin; 103 pièces, papier.

1769. — Inventaires de production, etc. — Noms et qualités des parties : Claude-Joseph-Aloxis Curie, conseiller du Roi et son procureur en la prévôté de Montbozon, contre Michel Basson, garde des terre et seigneurie de Bellevaux; etc.

B. 5577. (Portefeuille.) — 110 pièces, papier.

1770. — Inventaires de production, etc. — Noms et qualités des parties : Claude Gillot, soldat invalide à Pontcey; — les habitants et communauté de Pusey contre ceux de Vaivre et Montoille (procès au sujet de la propriété de terrains; plan des lieux litigieux); etc.

B. 5578. (Portefeuille.) — 97 pièces, papier.

1770. — Inventaires de production, etc. — Noms et qualités des parties : Pierre et Claude Ménant, père et fils, marchands à Gy, contre Nicolas-Jean Claude et demoiselle Tartey, seigneur et dame de Fretigney (procès au sujet de la vente de marchandises); — Victor-Claude-Joseph Spierensel, prêtre, curé de Traves; etc.

B. 5579. (Portefeuille.) — 78 pièces, papier.

1770. — Inventaires de production, etc. — Noms et qualités des parties : les habitants et communautés de Gezier et de Fontenelay (plan représentant l'emplacement de ces villages, une partie de leurs territoires ainsi que les différents sentiers et chemins conduisant de l'une à l'autre localité); — messire Jean-Baptiste Rénon, lieutenant-colonel de cavalerie, chevalier de Saint-Louis, et dame Hélène Courtaillon, son épouse; noble Antoine-Bénigne Courtaillon, commandant pour le Roi à Semur en Bourgogne, seigneurs et dame de Montdoré, contre Charlotte Poirson, audit lieu (procès au sujet d'une redevance foncière); — François-Augustin de l'Espine, écuyer, seigneur de Semmadon (interdiction pour cause de démence); etc.

B. 5580. (Portefeuille.) — 115 pièces, papier; 1 plan.

1772. — Inventaires de production, etc. — Noms et qualités des parties : Jean-François Briaucourt, demeurant à Velorcey, contre Jean-François Delaroche, meunier audit lieu (contravention à la banalité du moulin); — les habitants et communauté de Montureux contre ceux de Venisey (procès au sujet de la propriété des cantons dits les Pâtis des bruyères et les Champs du vaye; plan desdits lieux); etc.

B. 5581. (Portefeuille.) — 136 pièces, papier.

1772. — Inventaires de production, etc. — Noms et qualités des parties : Antoine-Bénigne-François de Mont-

Jean, seigneur de Montureux-lès-Bautey et autres lieux, contre les révérends prieur et religieux de Cherlieu (procès au sujet de la possession de la seigneurie mainmortable de Montureux); etc.

B. 5382. (Portefeuille.) — 1 pièce, parchemin; 90 pièces, papier.

1998. — Inventaires de production, etc. — Noms et qualités des parties : puissant seigneur Claude de Saint-Simon, chevalier, grand'croix de Saint-Jean de Jérusalem, commandeur de Bonneville et de la Romagne, demeurant à Paris, contre François Vosgien et Louise Vautherin, sa femme, demeurant à Velsey (procès au sujet du payement de la somme de 8,175 livres, reliquat des canons d'un bail); etc.

B. 5383. (Portefeuille.) — 1 pièce, parchemin; 103 pièces, papier.

1998. — Inventaires de production, etc. — Noms et qualités des parties : Anne Gardet, de Chazelot, contre Nicot Hézard, dudit lieu (recherche de la paternité); — le sieur Jean-Claude Janin, coseigneur à Betoncourt-sur-Mance, contre Humbert Jourdouil, seigneur de Pisseloup-sur-Mance; etc.

B. 5384. (Portefeuille.) — 78 pièces, papier.

1998. — Inventaires de production, etc. — Noms et qualités des parties : Benoît-Nicolas-Emmanuel Barbier, prêtre, demeurant à Besançon; — Claude Lacordez, receveur des deniers patrimoniaux de la communauté de Cemboing; — Claude-Antoine Billoques, notaire royal à Dampierre-lès-Montbozon; etc.

B. 5385. (Portefeuille.) — 95 pièces, papier.

1998. — Inventaires de production, etc. — Noms et qualités des parties : Nicolas Tartey, prêtre, Jean-Claude Tartey et Jeanne-Françoise Tartey, coseigneurs et dame de Fretigney et autres lieux, contre Pierre Mourelot, demeurant à la grange de Montagne (procès au sujet de la possession d'une maison); etc.

B. 5386. (Portefeuille.) — 100 pièces, papier.

1998. — Inventaires de production, etc. — Noms et qualités des parties : le sieur Maigrot, procureur fiscal de la justice de Dampierre-lès-Montbozon, contre Claudine Come, veuve de Claude Coltet, dudit lieu; Françoise Coltet, femme de Charles Grosjean, notaire à Roult, et contre les habitants et communauté de Dampierre (procès au sujet d'anticipations sur le communal et la rue publique); etc.

B. 5387. (Portefeuille.) — 116 pièces, papier.

1998. — Inventaires de production, etc. — Noms et qualités des parties : Michel Péquignot, procureur fiscal de la justice des terre et seigneurie de Gouhelans, contre Jean-Claude Gachot, d'Arpenans (procès au sujet de la vente d'une jument); — les habitants et communauté d'Anjeux contre le procureur fiscal de Luxeuil (procès au sujet du déplacement du siége de la justice prévôtale); etc.

B. 5388. (Portefeuille.) — 189 pièces, papier.

1998. — Inventaires de production, etc. — Noms et qualités des parties : demoiselle Marguerite de Bonnerot, demeurant à Servance, contre François Gaudin et contre messire Claude-Antoine-François de Jacquot, marquis d'Andelarre, seigneur de Rosey et autres lieux; — les habitants et communauté de Vy-le-Ferroux contre Hugues Violet, prêtre et curé dudit lieu (procès au sujet de la fourniture des nouveaux livres de liturgie); etc.

B. 5389. (Portefeuille.) — 87 pièces, papier.

1998. — Inventaires de production, etc. — Noms et qualités des parties : Françoise Pinalgro contre Antoine Hubert, de Vesoul (recherche de la paternité); — les sieurs Fourrier, Muguet, Pion et Ney, négociants à Besançon, contre les sieurs Talon et Saulnier, négociants à Lyon (procès au sujet de la faillite des nommés Gentilhomme, père et fils, négociants à Jussey); etc.

B. 5390. (Portefeuille.) — 63 pièces, papier.

1998. — Inventaires de production, etc. — Noms et qualités des parties : Jean Theurey, demeurant au moulin de la Vere, impétrant en décret sur les biens de François Girard, de la Villedieu-lès-Quenoche; — Me François Dorothée Dumagny, procureur au bailliage royal et siége présidial de Vesoul; etc.

B. 5391. (Portefeuille.) — 1 pièce, parchemin; 72 pièces, papier.

1998. — Inventaires de productions, etc. — Noms et qualités des parties : Jeanne-Baptiste Mouton, épouse de messire Jean Bidin Duchesne, dame d'Aigremont, contre le sieur Barbay, curé d'Auxon; — Claude-Joseph Lyautey, écuyer, seigneur de Genevreuille et receveur des finances du bailliage de Vesoul, contre le procureur d'office des justices de Quincey et Villers-le-Sec (procès au sujet d'un délit de chasse commis par ledit seigneur); — Pierre Bressard, contre les habitants et communauté de Chassey (procès au sujet de la démolition d'une volière et de dommages causés par des pigeons); etc.

B. 3592. (Portefeuille.) — 6 pièces, parchemin; 70 pièces, papier.

1775. — Inventaires de production, etc. — Noms et qualités des parties : demoiselle Anne-Françoise Moutoy, épouse du sieur Lémory, ancien officier de cavalerie, demeurant à Lure; — Marguerite Hudelot, de Preigney, contre Jean-Baptiste Gobelet, dudit lieu (recherche de la paternité); etc.

B. 3593. (Portefeuille.) — 40 pièces, papier.

1775. — Inventaires de production, etc. — Noms et qualités des parties : Jean Dufourg, de Dambenoît, contre les habitants et communauté dudit lieu (procès au sujet de la propriété d'un terrain); etc.

B. 3594. (Portefeuille.) — 74 pièces, papier.

1776. — Inventaires de production, etc. — Noms et qualités des parties : Joseph Lieffroy, propriétaire de la manufacture de Cirey; — dames Françoise et Louise Bullet de Bougnon, Antoine-François, Jean-Antoine et Claude-François Bullet de Bougnon (décret fait à leur requête sur les biens de l'hoirie de messire Charles-Emmanuel de Bauffremont, en son vivant abbé de Luxeuil et de Saint-Paul de Besançon); etc.

B. 3595. (Portefeuille.) — 2 pièces, parchemin; 71 pièces, papier.

1776. — Inventaires de production, etc. — Noms et qualités des parties : Claude-François Deroche, de Jussey, fermier de mademoiselle de la Baume-Montrevel; — Charles-Antoine Ebandy, écuyer, conseiller, secrétaire du Roi honoraire en la chancellerie près le parlement de Besançon, seigneur de Bricon, Francis, etc., et noble Vincent Ebandy de Rochetaillé, seigneur d'Échenoz-le-Sec et autres lieux, impétrants en décret sur les biens de Nicolas Parcel, receveur des émoluments de la chancellerie près le présidial de Vesoul; etc.

B. 3596. (Portefeuille.) — 5 pièces, parchemin; 121 pièces, papier.

1776. — Inventaires de production, etc. — Noms et qualités des parties : Françoise Joly, veuve d'Albin Charbonnier, de Fretey, contre messire de Champole, seigneur dudit lieu (procès au sujet d'une demande de commise sur plusieurs fonds de condition mainmortable dont ladite Joly a pris possession sans le consentement dudit seigneur); — Claude Marchand, fermier des terre et seigneurie de Villers-Vaudey; etc.

B. 3597. (Portefeuille.) — 2 pièces, parchemin; 83 pièces, papier.

1777. — Inventaires de production, etc. — Noms et qualités des parties : Claude Tabussot, négociant à Venisey; — Jean Bouvet, négociant à Langres; etc.

B. 3598. (Portefeuille.) — 107 pièces, papier.

1778. — Inventaires de production, etc. — Noms et qualités des parties : les habitants et communauté de Villers-Bouton contre ceux de Recologne-lès-Fondremand (procès au sujet du partage des bois, paquis, pâturages et communaux indivis entre les deux villages); — Antoine-Mathieu Mairet, curé au Val Saint-Éloi, contre les révérends abbé, prieur et religieux de l'abbaye de Bithaine, et le sieur Janot (procès au sujet du droit de percevoir la dîme sur tous les fonds défrichés); etc.

B. 3599. (Portefeuille.) — 89 pièces, papier.

1778. — Inventaires de production, etc. — Noms et qualités des parties : Jean Lalette, soldat invalide à Saulx, contre Pierre Py et les habitants et communauté de Saulx (procès au sujet de la jouissance d'un terrain sis audit lieu); — Charles-Philippe-Emmanuel Le Gay de Villiers, écuyer commissaire des guerres au département de Vesoul; — dame Anne-Claude Marchal, épouse d'Étienne-François-Denis Jacques, seigneur de Fleurey-lès-Moray, lieutenant particulier au siège de Vesoul, contre Pierre Bailly, conseiller du Roi, receveur des épices et amendes et greffier audit siège (sentence ordonnant la vente par licitation des offices de conseiller du Roi, receveur des épices, amendes et consignations); — Pierre Bocquet, négociant à Rupt en Lorraine, contre le sieur Bourier, négociant à Vesoul, re-

gneur de la Côte (procès au sujet de règlement de comptes) ; etc.

B. 5600. (Portefeuille.) — 9 pièces, parchemin ; 65 pièces, papier.

1757. — Inventaires de production, etc. — Noms et qualités des parties : François Berger, de Baumotte, contre Jean-Claude Pontherin, dudit lieu (coups et blessures) ; — Jean-Baptiste Vitré, de Villers-Saint-Marcellin, contre les habitants et communauté dudit lieu (procès au sujet de la construction d'un bâtiment sur un terrain prétendu communal) ; etc.

B. 5601. (Portefeuille.) — 4 pièces, parchemin ; 63 pièces, papier.

1758. — Inventaires de production, etc. — Noms et qualités des parties : Georges Charlot, procureur au siège de Vesoul ; — Joseph Bouton, commis greffier aux bailliage et présidial civil et criminel de Vesoul ; etc.

B. 5602. (Portefeuille.) — 1 pièce, parchemin ; 70 pièces, papier.

1759. — Inventaires de production, etc. — Noms et qualités des parties : messire Jean-Jacques de Gollo, président au conseil souverain de Montbéliard, contre les habitants et communauté de Genechier, et ces derniers contre les habitants et communauté d'Échenans-sous-Mont-Vaudois et contre M. le prince de Wirtemberg (procès au sujet de la possession du finage et banlieue de Genechier) ; etc.

B. 5603. (Portefeuille.) — 102 pièces, papier.

1760. — Inventaires de production, etc. — Noms et qualités des parties : les habitants et communauté d'Ormoy, contre Claude-François Brocard, dudit lieu (procès au sujet de la possession d'un terrain) ; etc.

B. 5604. (Portefeuille.) — 79 pièces, papier.

1761. — Inventaires de production, etc. — Noms et qualités des parties : Michel Lamotte, maître serrurier à Vesoul ; — Jean-François Baudoin, brigadier de maréchaussée à Luxeuil ; etc.

B. 5605. (Portefeuille.) — 72 pièces, papier.

1761. — Inventaires de production, etc. — Noms et qualités des parties : messire Pierre-Marie-Gaspard Grimod, comte d'Orsay, de Rupt, premier maréchal des logis de la maison de Monsieur, contre Gabriel Chavriot, de Chantes (requête pour être maintenu en qualité de seigneur de Chantes en haute, moyenne et basse justice territoriale en la généralité de mainmorte audit lieu) ; etc.

B. 5606. (Portefeuille.) — 62 pièces, papier.

1762. — Inventaires de production, etc. — Noms et qualités des parties : Jean-Claude Girod, de Saulx, contre messire Charles-Emmanuel-Polycarpe, marquis de Saint-Mauris, seigneur de Saulx, la Villeneuve, Châtenois et autres lieux, capitaine de dragons (procès au sujet de la succession mainmortable de Claude-Françoise Girod) ; etc.

B. 5607. (Portefeuille.) — 1 pièce, parchemin ; 93 pièces, papier.

1762. — Inventaires de production, etc. — Noms et qualités des parties : Nicolas Vincent, co-fermier général des revenus de la mense abbatiale de Luxeuil, contre Jacques-Étienne Laborey, bailli et gruyer de Luxeuil et contre messire Jean-Louis-Aynard, comte de Clermont-Tonnerre, abbé de Saint-Pierre de Luxeuil (procès au sujet de l'amodiation des revenus de ladite abbaye) ; etc.

B. 5608. (Portefeuille.) — 62 pièces, papier.

1762. — Inventaires de production, etc. — Noms et qualités des parties : Philibert Ringuel, conseiller du Roi ; — Claire Cornevin, de Vauconcourt, contre Jean-Baptiste Bouveret, de Rupt (recherches de la paternité) ; etc.

B. 5609. (Portefeuille.) — 78 pièces, papier.

1762. — Inventaires de production, etc. — Noms et qualités des parties : messire Jean-Antoine, marquis d'Ambly, maréchal des camps et armées du Roi, son commandant à Rheims (saisie des bois de Claude-François Rougeot, de Vy-le-Ferroux) ; etc.

B. 5610. (Portefeuille.) — 3 pièces, parchemin ; 59 pièces, papier.

1762. — Inventaires de production, etc. — Noms et qualités des parties : les sieurs directeurs de l'Aumône générale de Vesoul ; — Claude-François Barbey, prêtre, curé de Montfaucon ; etc.

B. 3611. (Portefeuille.) — 9 pièces, parchemin ; 115 pièces, papier.

1782. — Inventaires de production, etc. — Noms et qualités des parties : messire Joseph-Laurent Darnedor, écuyer, seigneur de Pontcey, Chemilly et autres lieux ; — le sieur Delatour, receveur et directeur général des domaines du Roi ; etc.

B. 3612. (Portefeuille.) — 81 pièces, papier.

1783. — Inventaires de production, etc. — Noms et qualités des parties : Anatoile-Joseph Lyautey, écuyer, conseiller du Roi, son receveur au bailliage royal de Vesoul, seigneur de Colombe et Esseray, comme mari et administrateur des corps et biens de dame Anne-Catherine Houillière, impétrant en décret contre Jean-Joseph de Maçon, rentré en cause au lieu et place de Bénigne-Joseph de Maçon, son père, et Jean-François de Maçon de Montchevroy, écuyer, demeurant à Scey-sur-Saône, et dame Geneviève Dubois, épouse dudit Bénigne de Maçon ; etc.

B. 3613. (Portefeuille.) — 100 pièces, papier.

1784. — Inventaires de production, etc. — Noms et qualités des parties : Claude Verbuin, contrôleur des actes à Fretigney ; — Alexis Camus, négociant à Pusey ; etc.

B. 3614. (Portefeuille.) — 100 pièces, papier.

1784. — Inventaires de production, etc. — Noms et qualités des parties : Marie-Joseph Brie, femme de Louis Dodelier et Désiré Brie, de Corcelles-les-Granges ; — Georges Lambrit, maître de forges à Scey-sur-Saône ; etc.

B. 3615. (Portefeuille.) — 1 pièce, parchemin ; 118 pièces, papier.

1784. — Inventaires de production, etc. — Noms et qualités des parties : les habitants et communauté de Godoncourt, contre Charles Demangeot et Antoine Martin, dudit lieu (procès au sujet du droit de parcours dans les prairies dites d'Ainvelle et de Marlinvaux) ; — les habitants et communauté de Mailley, contre Sébastien Paris, dudit lieu, Jean et Hubert Valeur, de Maizières (procès au sujet du droit de parcours dans les prés *des grand et petit Conflandey*) ; etc.

B. 3616. (Portefeuille.) — 93 pièces, papier.

1784. — Inventaires de production, etc. — Noms et qualités des parties : le sieur François Clavier, de Saint-Ygay, contre les sieurs Jacques et François Bony (coups et blessures) ; — Jean-Claude Fauroux, de Scey-sur-Saône, contre Anne Bouillet, dudit lieu (coups et blessures) ; etc.

B. 3617. (Portefeuille). — 80 pièces, papier.

1785. — Inventaires de production, etc. — Noms et qualités des parties : Richard Mongenet, seigneur de Renaudcourt, contre François-Humbert Curaibert, gradué en droit, notaire royal audit lieu (procès au sujet de la validité d'une vente) ; — damoiselle Marie-Jeanne-Françoise Courtaillon, dame de Dampvalley ; — Claude-François-Magdeleine Darnedor, comte et seigneur de Mollans ; etc.

B. 3618. (Portefeuille.) — 63 pièces, papier.

1785. — Inventaires de production, etc. — Noms et qualités des parties : Gabrielle Linotte, contre Hugues Faivre, entrepreneur de bâtiments à Vesoul (recherches de la paternité) ; etc.

B. 3619. (Portefeuille.) — 3 pièces, parchemin ; 58 pièces, papier.

1785. — Inventaires de production, etc. — Noms et qualités des parties : Hubert-Joseph Prévost, seigneur de Vellefaux (déclaration des immeubles lui appartenant sis aux lieux, finages, prairies et vignobles de Vellefaux, Vallerois-Lorioz et Mont-le-Vernois, saisis et mis en purgation d'hypothèques à sa requête) ; etc.

B. 3620. (Portefeuille.) — 93 pièces, papier.

1786. — Inventaires de production, etc. — Noms et qualités des parties : Claude-François Charbonnier, bas officier de la compagnie détachée des invalides de l'Arsenal de Paris ; — le sieur Cesar-Nicolas Regnaudin, procureur fiscal en la justice de Navenne, contre certain quidam accusé d'avoir volé l'argenterie placée dans un buffet de la cuisine du château de Navenne ; etc.

B. 5621. (Portefeuille.) — 1 pièce, parchemin; 113 pièces, papier.

1789. — Inventaires de production, etc. — Noms et qualités des parties : François-André Guy, seul seigneur haut justicier territorial d'Aboncourt et Gesincourt, contre Toussaint Clerc, de Gesincourt (procès au sujet de la reconnaissance à faire des fonds possédés sous la directe mainmortable dudit seigneur) ; — messire Jean-Louis-Aymard de Clermont-Tonnerre, abbé de Luxeuil, contre Claude-Étienne Coppey, de Cuve (procès au sujet de la mainmorte et du formariage ; mémoire historique sur l'origine de ce double droit dans la terre de Luxeuil) ; etc.

B. 5622. (Portefeuille.) — 64 pièces, papier.

1789. — Inventaires de production, etc. — Noms et qualités des parties: Jean-Vincent René, administrateur général du domaine du Roi, contre Pierre-François Clerc, de Pont-les-Vesoul ; etc.

B. 5623. (Portefeuille.) — 1 pièce, parchemin; 109 pièces, papier.

1787. — Inventaires de production, etc. — Noms et qualités des parties : Nicolas Mourlot, de Voisey, contre les officiers municipaux de la justice dudit lieu (procès au sujet de la possession d'un banc dans l'église de Voisey) ; etc.

B. 5624. (Portefeuille.) — 2 pièces, parchemin ; 72 pièces, papier.

1787. — Inventaires de production, etc. — Noms et qualités des parties : messire Charles Henrion, écuyer, seigneur de Magnoncourt, lieutenant des maréchaux de France, impétrant en décret sur les biens du procureur Juliard ; etc.

B. 5625. (Portefeuille.) — 69 pièces, papier.

1787. — Inventaires de production, etc. — Noms et qualités des parties : Jeanne-Françoise Robert, demeurant au moulin de Rémondans, territoire de Beveuge, contre Hubert Chassot, dudit lieu (recherches de paternité) ; — Jean Choquard, secrétaire de la subdélégation de Vesoul ; etc.

B. 5626. (Portefeuille.) — 68 pièces, papier.

1789. — Inventaires de production, etc. — Noms et qualités des parties : Jean Bigot, garde de la terre de Faverney, y demeurant, contre Pierre-François Bauchet, tailleur d'habits (coups et blessures) ; etc.

B. 5627. (Portefeuille.) — 9 pièces, parchemin; 53 pièces, papier.

1788. — Inventaires de production, etc. — Noms et qualités des parties : les habitants et communauté de Saint-Loup, Magnoncourt et Fleurey, contre les habitants et communauté de Corbenay (procès au sujet de la reconstruction de l'église de Saint-Loup, dont les habitants de Corbenay sont paroissiens) ; etc.

B. 5628. (Portefeuille.) — 83 pièces, papier.

1788. — Inventaires de production, etc. — Noms et qualités des parties : Jean-Baptiste Besancenot, fermier à Bucey-les-Traves et Jean-François Guillemin, garde de la terre dudit Bucey, contre noble Claude Donat Bureau de Chassey (procès au sujet de la destruction des pigeons dudit Bucey) ; etc.

B. 5629. (Portefeuille.) — 1 pièce, parchemin; 34 pièces, papier.

1788. — Inventaires de production, etc. — Noms et qualités des parties : Claude Robert, entrepreneur de bâtiments, à Besançon ; — le sieur Odo Béjean, greffier-concierge des prisons de Vesoul ; etc.

B. 5630. (Portefeuille.) — 4 pièces, parchemin ; 49 pièces, papier.

1789. — Inventaires de production, etc. — Noms et qualités des parties : dame de Chapuis de Rozières, douairière de Mgr de Poincte, en son vivant seigneur de Bourguignon-les-Conflans, contre Pierre Clerc, de Besançon (procès au sujet de l'échute de Françoise Brousier, décédée à Bourguignon, où il y a généralité de mainmorte) ; — Étienne Coudriet, grammairien, demeurant à Angicourt ; etc.

B. 5631. (Portefeuille.) — 1 pièce, parchemin ; 60 pièces, papier.

1789. — Inventaires de production, etc. — Noms et qualités des parties : messire François-Esprit, marquis de

Chatellier-Domesnil, maître de camp de cavalerie, seigneur de la Vaivre et autres lieux; — les habitants et communauté de Lambrey, contre le comte de Saint-Mauris, capitaine de dragons, en qualité de seigneur de Lambrey, et messire Mathieu-Jacques de Vernant, lecteur de la Reine, abbé commendataire de Cherlieu, coseigneur audit lieu, et le prieur de Saint-Thiébaud de Romange, seigneur de Saint-Thiébaud et de Lambrey (procès au sujet d'une difficulté survenue entre les coseigneurs pour la nomination d'un seul juge et d'un seul greffier devant exercer dans l'étendue de la justice seigneuriale dudit Lambrey); etc.

B. 5632. (Portefeuille.) — 1 pièce, parchemin; 63 pièces papier.

1769. — Inventaires de production, etc. — Noms et qualités des parties : demoiselle Jeanne-Françoise Bardot, veuve du sieur Baltazard Clerc, greffier de la maîtrise des eaux et forêts de Vesoul; — Claude Milanois, femme de Pierre Lavalotte, de Lomontot; etc.

B. 5633. (Portefeuille.) — 83 pièces, papier.

1769. — Inventaires de production, etc. — Noms et qualités des parties : dame Marguerite Tixerand de Servance, douairière de Jean-Baptiste Bolot, coseigneur d'Ancier, et Marie-Josèphe-Thérèse Bolot d'Ancier, épouse du sieur Blanchot, procureur à Faucogney, contre Jean-Claude Pinot, de Neuvanne, paroisse de Corravillers et les habitants et communautés du petit Sauley, des Genestres, de l'Orlient et du Martenot, aussi paroisse de Corravillers (procès au sujet d'un droit de passage); etc.

B. 5634. (Portefeuille.) — 44 pièces, papier.

1769. — Inventaires de production, etc. — Noms et qualités des parties : Jean-François Champy d'Aigrevaux, avocat en Parlement, demeurant à Vesoul, contre demoiselle Jeanne-Françoise Vinot, fille majeure, demeurant à Purgerot; etc.

B. 5635. (Portefeuille.) — 71 pièces, papier.

1769. — Inventaires de production, etc. — Noms et qualités des parties : François Poinsot, prêtre, prieur de Saint-Urbain, demeurant à Jussey, contre Jacques Vautherin de Saint-Marcel, fermier du prieuré dudit lieu (demande en commise d'une pièce de terre); — Jeanne-Claude Vernet, femme de Léonard Perret, cavalier de maréchaussée à la résidence de Rioz; etc.

B. 5636. (Portefeuille.) — 110 pièces, papier.

1769. — Inventaires de production, etc. — Noms et qualités des parties : certain quidams accusés de vol, commis avec effraction au domicile du sieur Meline, à Charioz; — Antoine Chrétien, exécuteur de la haute justice à Besançon (requête tendante au payement d'une somme de 40 livres pour avoir fouetté et marqué de la lettre V un condamné); — le sieur Chaurelot, de Vesoul, accusé d'assassinat; — Jean-François A... connel, seigneur d'Amenvelle, avocat en Parlement, procureur du Roi, à Jonville (requête tendante à la répression de plusieurs vols commis par un fils de famille); etc.

B. 5637. (Portefeuille.) — 1 pièce, parchemin; 100 pièces, papier.

1769. — Inventaires de production etc. — Noms et qualités des parties : Pierre Goll, tisserand à Montbéliard, accusé de vol de moutons sur le territoire d'Héricourt; — François Des Jacquot, de Servigney-les-Saulx, accusé d'assassinat; etc.

B. 5638. (Registre.) — In-4°, 106 feuillets, papier.

1758-1759. — Sentences rendues sur requêtes au siège présidial de Vesoul. — Noms et qualités des parties : messire François Le Camus, seigneur d'Artaufontaine, chevalier de Saint-Louis, commandant de la citadelle de Lille en Flandre, contre le sieur Joseph Vuillemot, curé et prieur de Voisey (saisie pratiquée sur les meubles dudit prieur pour avoir le payement d'une pension viagère assignée sur les biens dudit prieuré); — les habitants et communauté d'Echenoz-la-Méline, demandant l'abornement de leurs bois; — les habitants de Vauchoux, contre ceux de Chemilly (droit de parcours); — Jean-François Dufresne, écuyer, seigneur de Frétigney, prêtre, chanoine à Ray; — messire Claude-Antoine-Eugène de Mesmay, baron et seigneur de Montaigu, Quincey, Villers-le-Sec, etc.; — dame Suzanne de Jacquot, douairière de feu Melchior-Claude de Grivel de Perrigny de Saint-Mauris, écuyer (procès au sujet d'un fief et domaine situé à Soing); — messire Louis Dyen du Parquet, chevalier de Saint-Louis, seigneur de Marsilly et coseigneur à Auxon; — messire Bénigne, comte de Montlezun (requête au sujet de la somme de 6,000 livres léguée à Philippe-Elisabeth-Ferdinand de Montlezun, son fils, par madame la comtesse de Mareuil, sa parente et marraine); — messire François-Elie Courchetet, seigneur d'Esnans, conseiller au parlement de Besançon; — Jean-

François Manneyeur, seigneur de Clans ; — révérend seigneur Célestin d'Andlaw, grand prieur des abbayes unies et princières de Lure et de Murbach ; — messire François, marquis de Camus, seigneur de Filain, Sorans et autres lieux ; etc.

B. 5639. (Registre.) — In-4°, 231 feuillets, papier.

1749-1752. — Sentences rendues sur requêtes au siège du bailliage présidial de Vesoul. — Noms et qualités des parties : Joseph Béal de Guyot, écuyer, seigneur de Maîche ; — dame Catherine-Prudente Maignien, épouse autorisée de M. de Maizière, chevalier de Saint-Louis ; — dame Catherine Payen, épouse séparée de biens du sieur Vorgel, écuyer, secrétaire du Roi ; — les habitants et communauté d'Ouge (procès contre le curé dudit lieu qui, comme décimateur, est tenu de réparer l'église et de fournir les ornements nécessaires) ; etc.

B. 5640. (Portefeuille.) — 63 pièces, papier.

1648-1783. — Sentences rendues sur requêtes au siège du bailliage présidial de Vesoul. — Noms et qualités des parties : Joseph Guillard, de Mailley, contre Huguette Courbet, dudit lieu, femme de Simon Perrot (propos injurieux) ; — Claude Bourgoing, ancien notaire et praticien à Montigny-les-Nonnes (requête à l'effet d'être envoyé en possession de l'office de juge à Chaux-lès-Port, dont il a été pourvu par la demoiselle Jeanne-Antoine Chandot, dame dudit lieu) ; — Claude Dumarest (requête à l'effet d'être envoyé en possession de l'office de notaire royal à Vauvillers et Montdoré) ; — maître Jean-François Goux, d'Amance (requête à l'effet d'être envoyé en possession de l'office de juge châtelain dans les lieux de Saint-Remy, Anchenoncourt et Melincourt dont il a été pourvu par messire Nicolas-Joseph de Vandrey, comte et baron de Saint-Remy) ; — Guillaume Routhier (requête à l'effet d'être envoyé en possession de l'office d'huissier royal à Grammont) ; — Anatoile Lyantey, de Vesoul (requête à l'effet d'être envoyé en possession de l'office de juge de la terre d'Autrey, dont il a été pourvu par M. d'Autrey) ; — Claude Laussard (requête à l'effet d'être envoyé en possession de l'office de juge à Montcey, dont il a été pourvu par le sieur Bénigne de Courtaillon, seigneur de Montdoré et de Montcey) ; — maître Nicolas Rousselot, d'Ouge (requête à l'effet d'être envoyé en possession de l'office de notaire royal à Ouge) ; — Jacques Vautherin (requête à l'effet d'être envoyé en possession de l'office de juge à Saint-Marcel, Noroy-lès-Jussey et Cemboing, dont il a été pourvu par messire Gilles Brunet, abbé de Villecroix, seigneur et prieur desdits lieux) ; — Jean-Baptiste Travault, de Vesoul (requête à l'effet d'être envoyé en possession de l'office de procureur au bailliage dudit lieu) ; — Antoine Fournier (requête à l'effet d'être envoyé en possession de l'office de notaire royal à Echenoz) ; — le sieur Guerrin (requête à l'effet d'être envoyé en possession de l'office de notaire royal à Traves) ; — Antoine Viard (requête à l'effet d'être envoyé en possession de l'office de notaire royal à Jonvelle) ; — le sieur Briffaud (requête à l'effet d'être envoyé en possession de l'office de juge châtelain à Montjustin, dont il a été pourvu par le sieur de Montjustin, Velotte et Gourgeon) ; — Antoine Bardenet, de Vesoul (requête à l'effet d'être envoyé en possession de l'office de juge de la terre de Mont-le-Vernois, dont il a été pourvu par dame Jeanne-Antoine Terrier, dame d'Époneux, et messire Jules-François Perrenelle, seigneur de Mont-le-Vernois) ; — Antoine Briffaut (requête à l'effet d'être envoyé en possession de l'office de juge des terres de Longevelle, les Aynans, Vy-lès-Lure, Étroitefontaine, Vuillafans, Mignavillers, etc., dont il a été pourvu par madame de Gilley de Marnoz) ; — Étienne Rousy (requête à l'effet d'être envoyé en possession de l'office d'huissier royal à Vitrey) ; — Claude-Louis Faa (requête à l'effet d'être envoyé en possession de l'office de procureur et notaire à Vesoul) ; — Philibert Travault (à l'office de juge à Calmoutier, dont il a été pourvu par M. de Lavier) ; — Charles-Louis Bresson (à l'office de juge de la haute justice de Godoncourt et Figévelle, dont il a été pourvu par le marquis du Châtelet) ; — Claude Faivre, de Vesoul (à l'office de bailli de Faucogney, dont il a été pourvu par les sieur et dame dudit lieu) ; — Pierre-Claude Chapuis (à l'office de juge châtelain de la seigneurie de Roye dont il a été pourvu par le comte de Lallemand, baron de Valte, Lavigney et autres lieux, en qualité d'époux de dame Olympe-Hyppolite, comtesse de Valangin) ; — Claude Marlin (à l'office de notaire royal à Breurey) ; — Claude Froissardey (à l'office de juge à Liévans dont il a été pourvu par le chevalier de Saint-Maurice, seigneur dudit lieu) ; — Claude-François Chauvin (à l'office d'huissier royal à Vesoul) ; — Nicolas Laborey (à l'office d'huissier royal à Granges-le-Bourg) ; — Jean Grandmaistre (à l'office de notaire royal à Preigney et Combeaufontaine) ; — Jean Lamy (à l'office de lieutenant de la maréchaussée à Vesoul) ; — Antoine Noël, d'Amance (à l'office d'huissier royal à Frotey) ; — Claude-Henry Quegain (enregistrement des patentes érigeant en fief son domaine de Voray) ; — Augustin Billequez (à l'office d'huissier royal à Dampierre-lès-Montbozon) ; — Philibert Travault (à l'office de juge châtelain à Navenne et Graisse, dont il a été pourvu par Mr Mayrot, seigneur desdits lieux) ; — Zacharie Clerc (à l'office de greffier de la maréchaussée de Vesoul); — Claude-François Barthélemy (à l'office d'huissier royal à Vauvillers); — Jean-Baptiste Miroudot (à l'office de juge châtelain à la Grange-du-Vau dont il a été pourvu par M. d'Argiguy, commandeur de Salles et Montaraguy, capitaine des vaisseaux du Roi); — Abraham Coulon (à l'office de greffier du bailliage); — Jean-François Rec (à l'office d'huissier royal à Oyselay); — le sieur avocat Guilland (à l'office de juge de la justice du château d'en bas de Hailley, dite de Conflandé, Trave, Laissée, et des Darbons, dont il a été pourvu par M. de Mesnay, de Dôle); — le sieur Claude-François Lango, notaire royal et procureur fiscal dans la baronnie de Rupt (à l'office de juge à Confracourt, dont il a été pourvu par le R. P. Antoine-Joseph-Marie Boizot, recteur du collège des Jésuites de Vesoul, et en cette qualité seigneur dudit lieu); — le sieur Belin (à l'office d'huissier royal à Voisey); — Claude-François Faivre (à l'office de juge dans les terre et seigneurie d'Andelarre et d'Andelarrot, dont il a été pourvu par le Rev. sieur Antoine de Jacquot, prêtre, chanoine de Saint-Georges de Vesoul); — Claude-François Favière, avocat en Parlement, bailli et juge des terres d'Amance (à l'office de juge des terre et seigneurie de Chemilly, dont il a été pourvu par le comte de Wuilts); — Claude-Gabriel Miroudot, de Vesoul (à l'office de bailli dans la baronnie de la Villeneuve et membres en dépendants, dont il a été pourvu par messire Paul-François de Saint-Mauris, baron et seigneur de la Villeneuve, etc.); — Charles François Noblot (à l'office de procureur postulant et de notaire royal à Vesoul); — Claude-François Rossel, commissaire de police à Vesoul, juge de Montaigu, la Roche et dépendances (à l'office de juge dans les terres d'Amoncourt et de Villeparois, institué dans la première seigneurie par le baron de Reinach et dans la seconde par M. d'Orival, écuyer, seigneur de Villeparois); — Claude-Joseph Bellenet (à l'office de conseiller honoraire au bailliage de Vesoul); — messire Claude-Gaspard Maignein, notaire royal à Amance (à l'office de juge de la terre d'Amance, dont il a été pourvu par le seigneur du Châtelet); — le sieur Sébastien Grand-jean, de Saint-Loup, notaire royal et procureur fiscal audit lieu (à l'office de juge châtelain de Bouligney et des Granges de Damalix, dont il a été pourvu par messire Bénigne, comte de Conflans, seigneur de Melineourt, Montureux, Bouligney, etc.); — maître Nicolas Hécusson (à l'office d'huissier royal à Montjustin); — Philibert Travault (à l'office de conseiller substitut du sieur procureur du Roi de police à Vesoul); — Jean-François Magnin (à l'office d'huissier royal à Trouvans); — François-Ignace Parisey (à l'office de notaire royal à Bouzey-lès-Cherlieu, Mercey, Gevigney et dépendances); — Étienne-François Fert, fils, procureur et notaire royal à Vesoul (à l'office de juge châtelain dans les terres de Velleaux, Pennesierres et dépendances, dont il a été pourvu par messire Gabriel-Philibert de Biguns, de Joux, comte de Grammont, baron et seigneur de Châtillon, Vellefaux, etc.); — messire Jean-François Bellot, avocat en la cour de Lorraine, notaire royal à Voisey (à l'office de juge châtelain à Betoncourt-sur-Mance, dont il a été pourvu par le sieur Jean-Claude Jannin et demoiselle Anne-Gabrielle de Roncourt, son épouse, seigneur et dame en toute justice audit lieu).

B. 3641. (Portefeuille.) — 163 pièces, papier.

1794-1797. — Sentences rendues sur requêtes au siège du bailliage présidial de Vesoul. — Noms et qualités des parties : Thomas Femère, citoyen de Besançon (demande en envoi en possession de l'office de conseiller désuni de celui de garde-scel en la prévôté de Montbozon, auquel il a été nommé par le Roi); — Antoine Maignien, seigneur de Mersuay (demande en envoi en possession de l'office de maire ancien mi-triennal et alternatif à Faverney, auquel il a été nommé par le Roi); — Guillaume Lamboley, de Quers, notaire (envoi en possession de l'office de juge à Franchevelle, auquel il a été nommé par messire Clément Henrion, conseiller maître en la cour des comptes de Dôle, aides, domaines et finances au comté de Bourgogne, séant à Dôle, seigneur haut justicier de Franchevelle et dépendances); — Charles Tournier, de Jussey (envoi en possession de l'office d'huissier royal audit lieu); — Charles-François Beuffe, de Senoncourt, avocat en Parlement (envoi en possession de l'office de juge de la baronnie de Saint-Remy et de la terre de Faverney, auquel il a été nommé par R. P. en Dieu, dom François-Théodore Duclos, abbé et seigneur dudit lieu); — Jean Baptiste Clamonnet, de Juisse, praticien (envoi en possession de l'office de notaire royal à Jussey); — Pierre Bazin, dit Bennière, de Vesoul (envoi en possession de l'office de procureur au bailliage et siège présidial de Vesoul); — Jérôme Charlot, de Senoncourt (envoi en possession de l'office d'huissier royal à Vesoul); — Jean-François Lyantey, avocat en Parlement (envoi en possession de l'office de procureur du Roi de la maréchaussée générale au département de Vesoul); — Claude-François Monnin, de Liencourt (envoi en possession de l'office de sergent royal à Mollans); — Jean-François Briseux, de Rougemont (envoi en possession de l'office de notaire royal audit lieu); — Jean-Baptiste Colin, de Grange (envoi en possession de l'office de juge et bailli des terre et seigneurie d'Héricourt, auquel il a été nommé par le seigneur intendant de cette province en qualité de commissaire établi par arrêt du conseil d'État du Roi au régime et administration du séquestre établi sur les terres et biens situés en Franche-Comté dépendants de la succession de feu monseigneur le prince de Montbéliard); — messire Gaspard de Clermont-Tonnerre, commissaire général de la cavalerie de France, brigadier des armées du Roi, commandeur de l'ordre militaire de Saint-Louis, chevalier du Cordon Bleu, etc., seigneur de Vauvillers et autres lieux (envoi en possession de la justice et de la seigneurie d'Ormoy, qu'il a acquises de Sa Majesté); — Mathurin Jacquemin, de Rupt (envoi en possession de l'office de notaire royal garde-notes à Scey-sur-Saône); — Jean-Baptiste Paris, de Maizières (envoi en possession de l'office de notaire royal à Amblans); — François Blanchard, de Voisey (envoi en possession de l'office d'huissier royal audit lieu; — noble Jean-Baptiste Henryon, de Magnoncourt, seigneur de la Chaudeau et de Fontaine (envoi en possession de l'office de lieutenant des maréchaux de France à Vesoul); — Louis Baugey, procureur au siège de Vesoul (envoi en possession de l'office de juge en la justice et châtellenie de Bougnon, auquel il a été nommé par le sieur Dullet, seigneur dudit lieu); — Jean Noirot, de Marloz (envoi en possession de l'office de notaire royal à Condrey); — Alexandre Henrioy, greffier des bailliage et justice de Morey-lès-Saint-Julien (envoi en possession de l'office de juge *es terres et justices* de Melin, auquel il a été nommé par les sieurs prieur et religieux du prieuré et monastère de Saint-Servole de Morey, seuls seigneurs hauts-justiciers à Melin); — Claude-Gaspard Malguion, notaire royal, juge à Amance et autres lieux (envoi en possession de l'office de juge dans plusieurs villages du bailliage de Vesoul, auquel il a été nommé par les seigneurs de la Villedieu et dépendances, Clairefontaine et dépendances, Purgerot, Contréglise, Provenchère et dépendances); — Claude-François Bourqueneur, procureur fiscal en la justice de Melin et membres en d[épen]dants (envoi en possession de l'office de juge à Morey, [au]quel il a été nommé par messire Jean-Baptiste Petit, conseiller honoraire au parlement de Besançon, seigneur de Saint-Julien, et par dame Marguerite-Françoise de Bauvot, douairière de messire Jean-François Richardot, aussi conseiller audit parlement, tous deux seigneur et dame de la terre et baronnie de Morey par égale part); — Jean-Claude Guillon, notaire royal à Pusey (envoi en possession de l'office de juge à Cressoux, auquel il a été nommé par messire Christophe de Sonnet, seigneur dudit lieu); — messire Paul-François de Saint-Mauris, baron de la Villeneuve et de Chatenois (demande en enregistrement aux actes extraordinaires du bailliage des lettres patentes l'honorant du titre de marquis de Saint-Mauris); — Philippe-Humbert Chapuis, de Chambornay-lès-Pin, tabellion général dans les terres et dépendances de l'abbaye Saint-Paul de Besançon (envoi en possession de l'office de notaire royal à Étuz); — Nicolas Grosjean, de Heuroourt (envoi en possession de l'office de tabellion dans les terres de la Villedieu et Velorcey, auquel il a été nommé par M. de Chevrier, commandeur de la commanderie de la Villedieu-en-Fontenette); — Claude-Louis Genay, notaire royal à Noroy-l'Archevêque (envoi en possession de l'office de juge en la terre de la Villedieu-en-Fontenette, auquel il a été nommé par messire Liénard-François de Chevrier de Saint-Mauris, chevalier de Saint-Jean de Jérusalem, commandeur de la Villedieu, seigneur de Lievans); — Jean-Claude Railly, de Vesoul, praticien (requête à l'effet d'être admis au nombre des experts jurés au bailliage de Vesoul); — Étienne-François Fert, fils, notaire royal et procureur au siège de Vesoul (envoi en possession de l'office de juge en la justice et seigneurie de Vaivre et Montoille, auquel il a été nommé par le Roi); — Claude-Joseph Projean (envoi en possession de l'office de notaire royal à Monthozon); — Jacques-Antoine Usurier, notaire de Son Altesse Royale monseigneur le duc de Lorraine, juge à Melay, y demeurant (envoi en possession de l'office de maire et juge à Fresne-sur-Apance, auquel il a été nommé par le marquis de Cussey, seigneur dudit lieu, Fresne, Melay, Blondefontaine et autres lieux, l'un des chambellans de sadite Altesse Royale et colonel de ses troupes d'infanterie); — Jean Pillecourt, de Fresne-sur-Apance (envoi en possession de l'office d'huissier royal audit lieu); — Gaspard-Claude Malguion, notaire royal à Amance (envoi en possession de l'office de juge dans plusieurs terres, auquel il a été nommé par les seigneurs hauts, moyens et bas justiciers de Contréglise, Montureux Scey-sur-Saône, la Villedieu-en-Fontenette, Clairefontaine et dépendances, de Provenchère, de Purgerot, pour la part qui compète à M. de Monteley, en qualité d'abbé de Cherlieu); — Claude-François Pequégnot, notaire royal à Montjustin (envoi en possession de l'office de juge dans les terres et seigneurie de Vy-lès-Lure, auquel il a été nommé par le comte de Deuilly, baron de Cemboing); — Joseph Spirenaël, praticien à Saint-Loup (envoi en possession de l'office de juge châtelain en la justice de Cuve, auquel il a été nommé par madame la comtesse de Vaugrenans, dame en haute justice audit lieu); — François Bourqueneur, juge en la baronnie de Morey (envoi en possession de l'office de juge à Preigney, auquel il a été nommé par messire Claude-François Matherot, seigneur de Preigney); — Claude-François Millot, notaire royal et procureur au bailliage de Vesoul (envoi en possession de l'office de juge de la Rochelle, Cintrey, Molay et Charmes-Saint-Valbert, auquel il a été nommé par Jean-Claude Bavoux de Carray, écuyer, seigneur de la Rochelle, Cintrey, Molay et Charmes); — Jean-Jacques Lamy (envoi en possession de l'office de lieutenant de la maréchaussée générale de cette province à la résidence de Vesoul); — Antoine Grenillet, praticien à Chauvirey-le-Châtel (envoi en possession de l'office de notaire royal à Chauvirey); — Jean-Claude Tisserand, procureur au bailliage de Vesoul (envoi en possession de l'office du juge à Anxon, auquel il a été nommé par messire Philippe de Sonnet, seigneur du lit lieu); — Jean-François Renaud, procureur au bailliage de Vauvillers (envoi en possession de l'office de notaire royal audit lieu); — Charles-François Bourgoing, de Port-sur-Saône, praticien (envoi en possession de l'office de notaire royal audit lieu); — Jean-Baptiste Piton, de Granges-le-Bourg (envoi en possession de l'office de procureur fiscal de la justice des terre et seigneurie de Granges, auquel il a été nommé par le sieur de la Neuville, intendant du comté de Bourgogne, en qualité de commissaire établi par arrêt du conseil d'État du Roi au régime et administration du séquestre établi sur les terres et biens sis en Franche-Comté dépendants de la succession du feu seigneur prince de Montbéliard); — Jean-Baptiste Colin, de Granges, bailli d'Héricourt (envoi en possession de l'office de juge audit lieu de Granges, dont il a été pourvu aussi par l'intendant de la Neuville); — Claude-François Bourguemeur, juge en la baronnie de Moray et en la justice de Preigney (envoi en possession de l'office de juge des terres de la Rochelle, Molay, Cintrey, membres et dépendances, et Charmes-Saint-Valbert, dont il a été pourvu par Jean-Claude Bevoux, écuyer, seigneur desdits lieux); — François Karat, de Vauvillers (envoi en possession de l'office du sergent royal à Arcsaux); — Thomas Ferrier, de Fontenois (envoi en possession de l'office de procureur pour Sa Majesté en la prévôté et châtellenie royales de Montbozon); — Me Pierre-François Naulenot, de Charmoille, notaire royal (envoi en possession de l'office de procureur pour Sa Majesté en la prévôté de Vaivre et Montoille); — Claude-François Miraulot de Villersexel (envoi en possession de l'office de notaire royal audit lieu); — François-Xavier Magnien, de Frotey (envoi en possession de l'office d'huissier royal à Trouvans); — Jean-Baptiste Colin, bailli d'Héricourt, juge châtelain de la seigneurie de Granges (envoi en possession de l'office de notaire royal à Courchaton); — Antoine-Gabriel Gaume, de Jussey (envoi en possession de l'office d'huissier royal audit lieu); — Charles Duhautoy, de Jonvelle (envoi en possession de l'office de procureur du Roi au bailliage dudit lieu).

D. 5642. (Portefeuille.) — 136 pièces, papier.

1728-1782. — Sentences rendues sur requêtes au siège présidial de Vesoul. — Noms et qualités des parties : Georges Besançourt, de Cintrey (envoi en possession de l'office de notaire royal à Molay); — François Dubois, avocat en parlement, à Rupt (envoi en possession de l'office de juge à Cambeaufontaine, auquel il a été nommé par messire Benoît Michard, conseiller au parlement de Besançon, seigneur de Villers-Vaudey, Fleurey, Chaumeranne et Cambeaufontaine); — Claude Bayne, de Raincourt (envoi en possession de l'office de notaire royal à Vauconcourt); — Nicolas Pinoy, de Vitrey (envoi en possession de l'office de notaire et garde-notes héréditaire audit lieu); — Louis Bouillot, de Purgerot (envoi en possession de l'office d'huissier royal audit lieu); — Jean-Baptiste Crevoisier, procureur fiscal en la justice de Bourguignon-lès-Morey (envoi en possession de l'office de juge en la justice de Malin et dépendances, auquel il a été nommé par les prieur et religieux du monastère de Saint-Servais de Morey); — Claude-Antoine Parisot, procureur fiscal du marquisat de Saint-Mauris (envoi en possession de l'office de notaire royal à Mollans); — Henry Norbert, des Arcsaux, praticien, demeurant à Amoncourt (envoi en possession de l'office de notaire royal à Meurcourt); — Philippe-Humbert Chapuis, de Chambornay-lès-Pin (envoi en possession de l'office de notaire royal à Chambornay et Bussières); — Jean-Baptiste Crevoisier, de Bourguignon-lès-Morey (envoi en possession de l'office de juge dans la justice de Preigney, auquel il a été nommé par messire Claude-François Matherot, écuyer, seigneur haut-justicier de la terre de Preigney); — François Barthélemy, procureur au bailliage de Vauvillers (envoi en possession de l'office de notaire royal à Vauvillers); — Antoine Billardet, de Vesoul (envoi en possession de l'office de notaire royal audit lieu); — Renobert Bouchez, de Vesoul, demeurant à Granges (envoi en possession de l'office de bailli de la terre et seigneurie de Granges, auquel il a été nommé par M. de la Neuville, intendant du comté de Bourgogne, administrateur du séquestre mis sur les biens de la succession du prince de Montbéliard); — les sieurs vicomte mayeur-capitaine, lieutenant général de police, échevins et conseillers assesseurs au magistrat de Vesoul (enregistrement des lettres-patentes confirmant l'établissement d'une aumône générale en ladite ville de Vesoul); — Me Antoine Billardet, de Vesoul (envoi en possession de l'office de procureur au bailliage dudit lieu); — Claude Magnien, notaire royal à Amance (envoi en possession de l'office de juge à Senoncourt, auquel il a été nommé par les seigneur et dame dudit lieu en remplacement du sieur Beuffe à cause de suspicion); — Philippe Hozel, procureur au bailliage de Jonvelle (envoi en possession de l'office de notaire royal audit lieu); — François Delamarre, de Vesoul (envoi en possession de l'office de notaire royal et garde-notes audit lieu); — Jean-Claude

Mathiot, de Geney (envoi en possession de l'office d'huissier royal à Villers-la-Ville); — Claude-François Loyzon, notaire royal et procureur aux bailliage et siège présidial de Vesoul (envoi en possession de l'office de juge à la résidence de Fretey-lès-Lure, auquel il a été nommé par M. le comte de Rozan, lieutenant général des armées du Roi, commandeur de l'ordre de Saint-Louis, baron de Boitevillers, comte de Grandmont, seigneur du lieu et autres lieux, baron de Conflandey, Charçey et seigneur de Fretey-lès-Lure); — François Haumont, de Faverney (envoi en possession de l'office de juge à Menoux et Arbecey, auquel il a été nommé par les révérends Bénédictins de Faverney, seigneurs en haute justice desdits lieux); — Charles-François Reuffe, avocat à Senoncourt (envoi en possession de l'office de juge dans la justice de Rupigney-court et Ventey, auquel il a été nommé par les révérends prieur et religieux bénédictins de Faverney); — Gaspard-Claude Malaiten, notaire royal à Amance (envoi en possession de l'office de juge dans les terres de Broncey et Fleu-rey-lès-Faverney et Corcelle, auquel il a été nommé par dame Françoise-Angélique-Perronette de Mont, douairière de messire Pierre-Dominique Chappuis, seigneur de Rosières et président à mortier au parlement de Besançon, et par Pierre-François Guériot, seigneur de Corcelle); — Adrien Briffaut, de Calmoutier (envoi en possession de l'office de notaire royal à Saulx); — Pierre Simon Jacquemin, praticien à Rioze (envoi en possession de l'office d'huissier royal à Monterney); — Antoine Vyard, procureur et notaire à Jonvelle (envoi en possession de l'office de juge de la seigneurie de Montcourt, auquel il a été nommé par Laurent de Vernerey, écuyer, seigneur de Montcourt, Grignoncourt et autres lieux); — Me François Delamarre, de Vesoul (envoi en possession de l'office de conseiller substitut aux bailliage et siège présidial de Vesoul); — Me Claude-François Froissardey, de Molans (envoi en possession de l'office de notaire royal et garde-notes à Corravillers); — Philippe Grandperrin, de Bussières (envoi en possession de l'office de notaire royal à Voray); — Jean-Louis Moussu (envoi en possession de l'office d'huissier royal audit lieu); — Antoine Bailly, commis-greffier aux bailliage et siège présidial de Vesoul (envoi en possession de l'office de greffier audit bailliage); — Guillaume Bernin, de Morey (envoi en possession de l'office d'huissier à Vesoul); — Antoine-Augustin Ligier, avocat en Parlement, à Jussey (envoi en possession de l'office de lieutenant général de police de ladite ville); — le même, à l'office de prévôt et châtelain de la prévôté royale de Jussey; — Charles-François Parrot, de Mont (envoi en possession de l'office de greffier criminel aux bailliage et siège présidial de Vesoul, qu'il a amodié de M. le conseiller Langroi-gnet comme ayant charge du sieur Rufaux, propriétaire dudit siège); — Claude Seguin, avocat en Parlement à Vesoul (envoi en possession de l'office de juge dans les terres de Saint-Marcel, Norey-lès-Jussey et Cembolng, ne composant qu'un siège de juridiction, auquel il a été nommé par M. de Siry, abbé de Saint-Étienne, prieur de Saint-Marcel, seigneur dudit lieu, Norey et Cembolng); — Charles-François Reuffe, avocat en Parlement à Senoncourt (envoi en possession de l'office de juge dans la terre de Montreux-lès-Baulay, auquel il a été nommé par dame Marie-Louise de Claus, dame de Montreux et douairière de M. le comte de Conflans); — Pierre Clerc, praticien à Vesoul (envoi en possession de l'office de notaire royal audit lieu); — Claude-Gabriel Mirondot, de Vesoul, avocat en Parlement, bailli du marquisat de Saint-Maurice (envoi en possession de l'office de bailli dans la terre de Chemilly, auquel il a été nommé par messire Roland-Charles, comte de Rozan, lieutenant général des armées du Roi); — Pierre Clerc, praticien à Vesoul (envoi en possession de l'office de procureur au bailliage de ladite ville); — Vincent Rôgle, notaire royal à Ruffey (envoi en possession de l'office de juge dans les terres de Chambornay-lès-Bellevaux, Palise, Traitiéfontaine, les Vieilles-Granges, auquel il a été nommé par révérend sieur Bruno-François-Joseph Maître, de Châtillon, chanoine du chapitre métropolitain de Besançon, seigneur prébendier desdits lieux); — Jean-Bonaventure Regnaudin, du Jussey (envoi en possession de l'office de notaire royal, arpenteur-priseur et mesureur des terres dans l'étendue de la prévôté royale de Jussey); — Antoine Parisot, conseiller assesseur et garde-marteau en la prévôté de Châtillon (envoi en possession de l'office de juge à Cemboing, auquel il a été nommé par messire Charles-Henri de Cults, chevalier, comte de Beuilly, baron et seigneur de Cemboing); — Arnoux Boccage, de Vesoul (envoi en possession de l'office d'huissier royal audit lieu); — Claude Humbert, de Faverney (envoi en possession de l'office d'huissier royal audit lieu); — Claude-Hilaire Pantot, de Lambrey (envoi en possession de l'office de notaire royal à Lambrey); — Gabriel Garnier, de Rupt (envoi en possession de l'office de notaire royal audit lieu); — Ignace-François Parisoy, notaire royal à Mercey (envoi en possession de l'office de juge et châtelain à Jussey, auquel il a été nommé par MM. d'Authume, coseigneurs bas justiciers audit lieu); — Pierre-Claude Suchet, de Malzières (envoi en possession de l'office de notaire royal à Cromary).

B. 5513. (Portefeuille.) — 173 pièces, papier.

1782-1785. — Sentences rendues sur requêtes au siège présidial de Vesoul. — Noms et qualités des parties :

Jean-Baptiste Pilon, procureur d'office à Grangez (demande en entrer en possession de l'office de notaire royal à la résidence de Grangez); — Claude-François Faivre, de Port-sur-Saône, avocat en Parlement (idem, de l'office de juge châtelain dans les terres et baronnie d'Arez et de Cae-tully et membres en dépendant, auquel il a été nommé par le comte de Meaz); — Antoine Parizot, de Cendrecourt (idem de l'office de juge audit lieu, auquel il a été nommé par le seigneur dudit Cendrecourt); — Jean-Baptiste Cravoisier, de Bourguignon-lès-Morey, juge des terres et seigneurie de Melin et autres lieux (idem de l'office de juge de la terre de Bourguignon, auquel il a été nommé par messire Gilles-Jacques Lamoriar, seigneur de Mallans, Bourguignon et autres lieux); — Nicolas Paquillon, praticien (idem de l'office de notaire royal à Mailleroncourt-Saint-Pancras); — Nicolas Lebrasat, de Senoncourt (idem de l'office d'huissier à Morey); — Claude-François Maréchal, praticien en la ville de Vesoul (idem de l'office de procureur postulant aux bailliage et siège présidial de Vesoul); — Charles-François Bourgoing, notaire royal à Port-sur-Saône (idem de l'office de juge des terres et seigneurie de Villers-sur-Port, auquel il a été nommé par M. le comte de Vaudrey-Baveuge et MM. de Lavaux et Provanchère, tous seigneurs de Villers); — Claude-François Ledoux, de Jussey (idem de l'office d'huissier royal audit lieu); — Jean-Claude Flavigny, de Vesoul, avocat en Parlement, et Gilles Heuller, de ladite ville, directeur de la distribution du sel Rosières (idem de l'office de receveur des épices, amendes et consignations, qu'ils ont acheté de Jean-François Moussu, prêtre, curé de la Chaux des Crotenay, héritier du titulaire décédé); — Laurent-Ignace Clément, de Vesoul (idem de l'office de greffier-conscierge des prisons royales du bailliage de Vesoul); — Pierre-Antoine Baudot, de Montefontaine (idem de l'office de notaire royal en la résidence de Vauxillers); — Jean Thiébaut, dit Gousset, d'Amance (idem de l'office d'huissier royal au dit lieu); — Gabriel Garnier, notaire royal à Rupt, juge de la baronnie de Lavigney et autres lieux (idem de l'office de juge et châtelain de la terre et baronnie de Cussey, Ferrière, la Neuvelle, Seye, Vauchoux, Clans, Oranches et autres lieux en dépendants, ainsi que des terres de Mailley dépendantes des abbayes royales de Saint-Pierre de Luxeuil et de Saint-Paul de Besançon, auxquels il a été nommé par M. l'abbé de Bauffremont, baron et seigneur de Scey-sur-Saône et autres lieux); — Hugues Aubert, conseiller du Roi, son prévôt royal à Villars-le-Pautel (idem de l'office de juge en la terre et seigneurie d'Ormoy réunie au domaine de Sa Majesté); — Mr Nicolas Viney, notaire royal à Vitrey (envoi en possession de l'office de juge en la terre de Chauvirey et en celle d'Algeraux, dont il a été pourvu par MM. de Montessus et de la Fontaine, tous coseigneurs de la terre et baronnie de Chauvirey et dépendances); — Jean-Simon Gauchez, de Vesoul, avocat en Parlement (idem de l'office de bailli de la terre de Villersexel, auquel il a été nommé par M. le marquis de Grammont, seigneur dudit lieu); — Charles-François Beuffe, de Senoncourt, avocat en Parlement (idem de l'office de juge à Aillevillers, auquel il a été nommé par M. le comte de Vaudrey-Saint-Remy et noble François-Alexis Henrion, tous deux seigneurs d'Aillevillers); — François-Joseph Noletto, de Vesoul (envoi en possession de l'office d'huissier royal au bailliage de Vesoul); — Mr Jean-Claude Ranzin, d'Uzemy (idem de l'office de notaire royal au bailliage de Jonvelle); — Jacques Bertrand, d'Augicourt (idem de l'office de notaire royal audit lieu); — Mr Nicolas Chappuis, procureur, demeurant à Cuffy (idem de l'office de juge dans les terres et seigneurie de Chauvirey-le-Châtel, dont les fiefs d'Ozon, Vitrey, Chauvirey-le-Vieil et la Quarte dépendent, auquel il a été nommé par dame Béatrix du Châtelet, douairière de feu M. le marquis des Aynelles, dame et baronne haute justicière de Chauvirey-le-Châtel et lieux en dépendants); — Philibert Bourguenoux, praticien, demeurant à Port-sur-Saône (idem de l'office de notaire, arpenteur-priseur et mesureur de terres, prés, bois, etc., dans l'étendue de la prévôté de Port-sur-Saône); — Pierre Mourgeon, procureur fiscal à Boulot (idem de l'office de notaire royal en la résidence de Boulot); — Jean-Baptiste Aubert, de Saint-Marcel (idem de l'office de notaire royal à Saint-Marcel); — Jean-Claude Petitclerc, demeurant à Grammont (idem de l'office de notaire royal audit lieu); — Joseph Michel, demeurant au moulin Roqué, finage de Mailleroncourt-Saint-Pancras (idem de l'office d'huissier royal à la résidence de Jonvelle); — Balthazard Boistel, de Vesoul, praticien (idem de l'office de clerc du parquet, qui lui a été accordé par M. Champion, procureur du Roi); — François-Modeste Pingenot, de Belfort (idem de l'office d'huissier royal à Vauxillers); — Charles-François Beuffe, de Senoncourt, avocat en Parlement (idem de l'office de juge pour le Roi à Polaincourt); — Claude-Antoine Chappuis, procureur au bailliage de Faucogney (idem de l'office de notaire royal audit lieu); — Antoine Bittardet, de Vesoul (idem de l'office de greffier de la maréchaussée générale du comté de Bourgogne à la résidence de Vesoul); — François Delamarre, substitut au bailliage et siège présidial de Vesoul (idem de l'office de juge des terres de Vaivre et Montoille, auquel il a été nommé par Jean Raymond de Cléry, directeur des domaines du Roi en Franche-Comté); — Sébastien Seguin, procureur et notaire royal au bailliage de Vesoul (idem de l'office de juge des terres et seigneurie de la Montafilotte); — Claude-Simon Siblot, notaire et procureur au bailliage de Lure (idem de l'office de maire extraordinaire et alternatif de la ville et communauté de Lure, conseiller du Roi, obtenu pour lui par Mgr le R. prince et abbé des abbayes princières de Murbach et de Lure); — Pierre Meunier, de Vesoul (idem de l'office de notaire royal et de procureur au bailliage de Vesoul); — Charles-François Houdon, de Lambrey, juge en la justice de ce lieu (idem de l'office de juge dans la justice de Mercey, Gevigney et dépendances, auquel il a été nommé par mademoiselle Marie-Josèphe de la Baume-Montrevel, comtesse de Cuvrit et Nutte, baronne de Lestang, Champsfrant, dame de Mercey, Gevigney, Purgerot, Cambeaufontaine, Lagrange, Lestang, Losffrans, Villers-Chemin et autres lieux); — Étienne de la Roche, d'Angirey (idem de l'office de juge dans les terres et seigneuries de Mercey et Gevigney, auquel il a été nommé par le président Pyard); — Claude-François Pariot, de Vesoul (idem de l'office de procureur au bailliage de Vesoul); — Antoine Regnaud, praticien à Jussey (idem de l'office de notaire royal audit lieu); — Joseph Thiébaud, praticien à Vesoul (idem de procureur au bailliage dudit lieu); — François-Joseph Mercier (idem); — Antoine Chappuis, de Chambornay-lès-Pin (idem de l'office de notaire royal à Chambornay et Bussière); — Claude-Antoine Treuillet, notaire royal à Chauvirey (idem de l'office de juge dans les terres et baronnie de Chauvirey-le-Châtel, auquel il a été nommé par Edme-Philippe Régent, seigneur haut-justicier dans les terres et baronnie de Chauvirey); — Claude Cornu, praticien à Vesoul (idem de l'office de procureur au bailliage de Vesoul); — Claude-François Massey, de Cromary (idem de l'office de prévôt châtelain de la prévôté dudit lieu, dont il a été pourvu par le Roi); — Jacques Jeudy, de Calmoutier (idem de l'office de notaire royal à Fondremand); — Claude-François Marchal, procureur au bailliage de Vesoul (idem de l'office de juge en la justice de Gressoux, auquel il a été nommé par messire Christophe de Sonnet d'Auxon, seigneur de Gressoux et autres lieux).

B. 5044. (Portefeuille.) — 173 pièces, papier.

1780-1788. — Sentences rendues sur requêtes au bailliage d'Amont, siège de Vesoul. — Noms et qualités des parties : Claude-François Bauchamp, de Vesoul (demande en envoi en possession de l'office de procureur au bailliage dudit lieu); — Désle-François Camus, praticien, demeurant à Meurcourt (idem de l'office de notaire audit lieu); — Adrien Drouhard (idem de l'office de notaire à Flagy); — Claude Cornu (idem de l'office de notaire royal à Vesoul); — Jean-Louis Charlot, de Vesoul (idem de l'office d'huissier audiencier au bailliage dudit lieu); — Pierre-Joseph Machepontin (idem); — Claude-François Pigeon (idem de l'office d'huissier audiencier à la résidence de Presne-sur-Apance); — Jacques-François Curie, citoyen de Besançon (idem de l'office de notaire royal à Cromary et Ruthier); — Pierre Clerc, de Baugey (idem de l'office de juge à Preigney, dont il a été pourvu par M. Mathrot, seigneur dudit lieu); — Simon Foyot, de Vernois-sur-Mance (idem de l'office de notaire royal à Vancancourt); — Gabriel Garnier, de Raye (idem de l'office de juge dans la baronnie de Traves, dont il a été pourvu par M. le marquis de Rauffremont); — Claude-Jean-Baptiste Bertrand, de Fougerolles (idem de l'office de notaire royal à Vauvillers); — Joseph Hubert, de Hampralloy-la-Colombe (idem de l'office de notaire royal à Noroy-le-Bourg); — Ulrice Thierry, de Noroy (idem de l'office d'huissier royal); — Nicolas-Victor Rousselot, d'Ugny (de l'office de notaire royal audit lieu); — Pierre-François Piton, de Granges-le-Bourg (idem de l'office du notaire royal audit lieu); — Nicolas Seillot, d'Authelon (idem de l'office de notaire royal audit lieu); — Gabriel Vallot (idem de l'office d'huissier royal à Servance); — Claude Mouron, de Ray, praticien (idem de l'office d'huissier à Montjustin); — François Dubois, avocat en Parlement, demeurant à Rupt (envoi en possession de l'office de juge des baronnie, terres et seigneuries de Scey-sur-Saône, Traves et Confracourt, auquel il a été nommé par le Roi); — Claude-François Bourguenour, notaire royal, juge des terres et baronnie de Morey, La Rochelle, Molay, Cintrey, et membres en dépendants, Villers-Vaudry et Charmes-Saint-Valbert (idem de l'office de juge dans la terre et seigneurie de Melin, auquel il a été nommé par les R. prieur et religieux bénédictins de Morey, seigneurs de Melin); — Jean-Claude Guillon, de Pusy (idem de l'office de notaire royal audit lieu); — Jean-François Roberty, de Noroy (idem de l'office de notaire royal audit lieu); — Augustin-François Billequey, de Dampierre (idem de l'office d'huissier royal audit lieu); — Claude-François Fauconnet, de Faverney (idem de l'office de notaire royal à la résidence dudit lieu); — Claude-Antoine Laliet, de Saulx (idem de l'office d'huissier royal audit lieu); — Jean-François Boillot, de Vesoul (idem, de l'office d'huissier royal à Faucogney); — Nicolas Parrot (idem de l'office de clerc juré pour remplir les fonctions de greffier civil près des sièges de Vesoul); — messire Claude-François de Lavier (demandant l'enregistrement des lettres patentes de Sa Majesté l'honorant du titre et qualité de chevalier pour en jouir par lui et ses enfants descendants mâles); — Étienne-François Prinet, de Luxeuil (envoi en possession de l'office de notaire royal audit lieu); — Jean-Georges Grandgirard, praticien à Couleron (idem de l'oftice de notaire royal audit lieu); — Ferdinand Noyen, greffier en la justice de Menoux (idem de l'office de notaire royal audit lieu); — Chlot Chavel, praticien de Vesoul (idem de l'office d'huissier à Luxe); — Claude-François Gaudy, de Mézandans (idem de l'office de notaire royal audit lieu); — Joseph Millot, praticien à Fresnoy (idem de l'office de notaire royal à Colombe); — Claude-Hubert Ramelet, praticien à Montjustin (idem de l'office de notaire royal audit lieu); — Charles-Antoine Ebaudy, d'Amance, praticien (idem de l'office de notaire royal à la résidence de Le Mont, paroisse d'Amance); — Jean-François Patains (idem de l'office d'huissier royal à Vauvillers); — Philippe Mougenot, de Luxe (idem de l'office d'huissier royal à Vy-lès-Lure); — Claude Ballard, de Bellevaux (idem de l'office d'huissier royal à Cramary); — Gabriel Biblot, de Chariez (idem de l'office de notaire royal à Traves); — Charles-François Noblot, notaire royal à Vesoul (idem de l'office de juge à Amoncourt, auquel il a été nommé par M. le baron de Rheinach, seigneur de Hirsbach en Haute-Alsace et d'Amoncourt en partie); — Pierre Delestre, de Chariez (idem de l'office d'huissier royal à Arcey); — Pierre Clerc (idem de l'office de notaire royal à Confracourt); — Benoît Drouhot, de Villersexel (idem de l'office d'huissier audit lieu); — Antoine Vautherin, de Saint-Marcel, avocat en Parlement (idem de l'office de juge châtelain de la prévôté de Jussey, auquel il a été nommé par le Roi); — Jean-Baptiste Colin, de Grange-le-Bourg (idem de l'office de notaire royal audit lieu); — Antoine Légey, procureur d'office à Héricourt (idem de l'office de notaire royal audit lieu); — Claude Galmiche, de Vesoul (idem de l'office de procureur au bailliage dudit lieu); — Guillaume Beurtret, de Morey (idem de l'office d'huissier royal à Senoncourt); etc.

B. 5643. (Portefeuille.) — 159 pièces, papier.

1789-1748. — Sentences civiles rendues sur requêtes au bailliage de Vesoul. Noms et qualités des parties : Nicolas Garret, de Vauvillers (demande en envoi en possession de l'office de notaire royal audit lieu). — Jean-Baptiste Foley, d'Anchenoncourt (idem de l'office de notaire royal à la résidence dudit lieu); — Jean-Pierre Laudeux, de Fleurey-lès-Faverney (idem de l'office de notaire royal à Faverney); — Antide Guerrin, de Courchaton (idem de l'office de notaire royal audit lieu); — Antoine Aramlet (idem de l'office d'huissier royal à Granges-le-Bourg); — Claude Seguin, avocat en Parlement, à Vesoul (envoi en possession de l'office de juge dans la terre de Port-sur-Saône, auquel il a été nommé par M. le marquis du Châtelet); — Pierre-Alexis Jeannet, praticien à Voray (idem de l'office de notaire royal à Bothier); — Jean-Claude

Fyard, seigneur de Gerignoy et Marcoy, président ancien au siège présidial de Vesoul (demande de l'enregistrement des lettres royaux le nommant président honoraire au bailliage de Vesoul); — Guillaume-Joseph Puissard, d'Héricourt (envoi en possession de l'office d'huissier audit lieu); — Philibert Travault, procureur à Vesoul (idem de l'office de juge de la justice de Vallerois-lès-Port-sur-Saône, auquel il a été nommé par M. le conseiller Langrognet, seigneur dudit lieu); — Jean-Baptiste Pouillier, de Vesoul (idem de l'office d'huissier audiencier en la maîtrise des eaux et forêts dudit lieu); — Jean-Louis Chantot, de Montharon (idem de l'office d'huissier royal audit lieu); — Claude-François Marchal, procureur ès sièges de Vesoul (idem de l'office de juge à Montjustin, auquel il a été nommé par Nicolas-François de Montjustin, chevalier, lieutenant général d'épée au bailliage de Vesoul, seigneur haut, moyen et bas justicier à Montjustin, Autrey, Velotte et Gourgeon); — Joseph Roublot, de Grammont (idem de l'office d'huissier royal audit lieu); — François-Louis Michaut, syndic de la ville de Vesoul (envoi en possession de l'office de juge dans les terres d'Andelarre, Andelarrot et Levrecey, auquel il a été nommé par Antoine-Prosper de Jacquot, seigneur de Rosey, Levrecey, Andelarre et Andelarrot); — Pierre-Antoine Biudot, avocat au Parlement, à Vauvillers (envoi en possession de l'office de juge ès lieux de Fleurey, Bouligney, Dampvalley et dépendances, dont il a été pourvu par les RR. PP. Jésuites de Vesoul et par messire Charles-Henri-Joseph Maire, conseiller maître en la chambre des comptes, cour des aides, domaines et finances du comté de Bourgogne, seigneurs desdits lieux); — Jean-Baptiste Regnaudin, de Rosey (idem de l'office de juge dans les terres et seigneuries de la commanderie de Sales, dont il a été pourvu par M. de Thiange, grand bailli de l'ordre de Saint-Jean-de-Jérusalem, commandeur de Sales et de Montseuguy); — Charles Noël (idem de l'office d'huissier royal à Port-sur-Saône); — Guillaume Destez, laboureur à Monans (requête à l'effet d'être autorisé à faire le commerce des grains); — Claude Monnier, laboureur aux Granges de Filain (idem); — Jean-Baptiste Pralon, de Scey-sur-Saône (idem); — Jean-François Bersia, de Morey (envoi en possession de l'office d'huissier royal à Frotey); — Jean-Baptiste Peticlerc, de Grammont (idem de l'office de notaire royal audit lieu); — Pierre-François Naudenot, de Charmoille, notaire royal juge à Pusy (envoi en possession de l'office de juge à Pusy, auquel il a été nommé par messire Nicolas Huot, seigneur de Bousserancourt et autres lieux, avocat général en la chambre et cour des aides de Dôle); — Jacques-Antoine Gamet, praticien à Granges (idem de l'office de juge de la seigneurie d'Onans, dont il a été pourvu par dame Jeanne-Elisabeth Rabe, veuve de Charles-François Miroudot, en son vivant seigneur de Montaissaint); — Antoine-François Rabin, de Jussey (idem de l'office de notaire royal en la résidence dudit lieu); — Jean-Baptiste Darget, de Vesoul (idem de l'office de procureur au bailliage dudit lieu); — Claude Vincent, procureur fiscal à Scey-sur-Saône (idem de l'office de notaire royal audit lieu); — Claude-Hubert Rainche, notaire royal à Montjustin (idem de l'office de juge dans les terres de Calmoutier, Noroy-l'Archevêque et dépendances, dont il a été pourvu par Mgr Antoine-Pierre de Grammont, archevêque de Besançon, seigneur desdits lieux); — Adrien Bonband (idem de l'office de juge châtelain et tabellion de la terre de Flagy et dépendances, dont il a été pourvu par madame la marquise de Montaissin); — Jean-Anatoile Travault, praticien à Vesoul (idem de l'office de procureur audits lieux); — François-Louis Moireux, syndic de la ville de Vesoul (idem de l'office de juge des terres de Vellefaux, Pennesierres et dépendances, dont il a été pourvu par demoiselle Marie-Gabrielle-Charlotte-Gasparine de Grammont, dame desdits lieux); — Jean-François Ménétrier (idem de l'office d'huissier à Cuse); — Isidore Laude, procureur fiscal à Ouans (idem de l'office de juge dans l'étendue du comté de Grammont, auquel il a été nommé par MM. le comte de Roxon et le marquis de Grammont); — Claude Cornu, notaire royal et procureur à Vesoul (idem de l'office de juge châtelain à Couleyon, dont il a été pourvu par les sieurs du magistrat de la ville de Vesoul en cette qualité, seigneurs engagistes dudit Couleyon); — Jean-François Salivet, René Rallay, François Jacques, François Lange, Aloxis Gueritot de Corcelle, Claude-François Besançenot, Jean-François Lyautey et Jean-François Raillard, anciens suppôts du magistrat, Jean-François-Xavier Mondot, secrétaire de la ville, Jean-Antoine Richardot, receveur (enregistrement de lettres patentes les nommant à différentes charges municipales); — Joseph Renaud, géomètre à Amance (envoi en possession de l'office d'arpenteur-priseur et mesureur aux bailliages et siège présidial de Vesoul); — Jean Deroze, de Recologne-lès-Fondremand (idem de l'office de notaire royal audit lieu); — François-Joseph Rouhier, de Saulnot (idem de l'office d'huissier audit lieu); — Étienne Cochard, de Colombier, avocat en Parlement (idem de l'office de juge des terres de Colombier, Comberjon et dépendances, dont il a été pourvu par messire Joseph-Étienne de Mongenet, conseiller honoraire au parlement, seigneur de Montaigu, la Roche et dépendances); etc.

B. 5463. (Portefeuille.) — 101 pièces, papier.

1766-1789. — Sentences civiles rendues sur requêtes au bailliage de Vesoul. — Noms et qualités des parties : Thiébaud Thérion, de Faverney, avocat en Parlement (envoi en possession de l'office de juge dans les terres de Monaux, la Villedieu et membres en dépendants, et Bourguignon-lès-Conflans, dont il a été pourvu par MM. le comte de Raigo, seigneur de Monaux; Legrain de la Romagère, chevalier de l'ordre de Saint-Jean-de-Jérusalem, bailli et grand-croix dudit ordre, seigneur et commandeur de la Villedieu-en-Fontenotte, et MM. de Painctes, Bouvot Magnien, seigneurs de Bourguignon-lès-Conflans); — Joseph Regnaudin, de Rusey (idem de l'office de notaire royal audit lieu); — Antoine-Augustin Garance, de Jussey (idem de l'office d'huissier royal audit lieu); — Jacques Grandjérard, de Ventsey (idem de l'office de notaire royal à Couleyon); — Edme Girardot, de Fontaine (idem de l'office de notaire royal audit lieu); — Léonard Gaulard (idem de l'office de notaire royal à Pin-l'Émagny); — Paul Poinsot, notaire royal à Lavigney (idem de l'office de juge de la baronnie de Vitrey, auquel il a été nommé par M. de Montessus); — Jean-Baptiste Aubert, de Saint-Marcel (envoi en possession de l'office de notaire royal audit lieu); — Joseph Fatton, de Vesoul (idem de l'office de premier huissier audiencier en la maîtrise des eaux et forêts de Vesoul); — Claude-François Lange, praticien à Traves (idem de l'office de notaire royal à Charriez); — Jean-François-Xavier Mondot, avocat en Parlement, à Lambrey (idem de l'office de juge de la terre de Lambrey, auquel il a été nommé par dame Louise-Martine de Saint-Mauris-Lambrey, comtesse de Remicourt, et par messire Balthazard Remy, comte de Saint-Mauris, capitaine au régiment royal étranger); — Jean-Baptiste Fournier, praticien à Echenoz-la-Méline (idem de l'office de notaire royal audit lieu); — Jean-Claude Flavigny, avocat en Parlement à Vesoul (idem de l'office de conseiller honoraire au présidial dudit lieu); — Nicolas Legros, de Vesoul (idem de l'office de conseiller receveur des consignations au bailliage dudit lieu); — les sieurs du magistrat, de Faucogney (enregistrement des lettres patentes de Sa Majesté réunissant au corps de la ville et municipalité dudit lieu sept offices municipaux); — Jean-Baptiste Darget, procureur à Vesoul (envoi en possession de l'office de juge en la justice de Vaivre, dont il a été pourvu par le sieur de Montbreuil, directeur des domaines de Sa Majesté en cette province); — Jean-Claude Huguenin, praticien à Vesoul (idem de l'office de procureur au bailliage dudit lieu); — Philibert Bourguemeur, notaire royal à Port-sur-Saône (idem de l'office de juge-prévôt en la justice et seigneurie commune de Port-sur-Saône et dépendances, dont il a été pourvu par noble Charles Lange, conseiller subsitut de la cour des comptes du comté de Bourgogne, seigneur dudit Port-sur-Saône, et par messire Jean-Baptiste Bureau, aussi seigneur dudit lieu, conseiller correcteur en ladite cour); — Nicolas Stroutot, procureur à Vesoul (idem de l'office de notaire royal audit lieu); etc.

B. 5612. (Portefeuille.) — 1 pièce, parchemin; 109 pièces, papier.

1750. — Sentences civiles rendues sur requêtes au bailliage de Vesoul. — Noms et qualités des parties : Jean-Baptiste Lucot, écuyer, avocat en Parlement, demeurant à Raincourt (requête tendante à ce que les habitants et communauté dudit lieu et leurs échevins soient condamnés à venir à l'audience pour voir annuler le rôle des impositions); — les PP. Jésuites du collège de Vesoul (requête tendante à être autorisés à faire publier un monitoire sur les faits de spoliation concernant la succession de Joseph Thomas, de Boulignoy, leur sujet original mainmortable); etc.

B. 5618. (Portefeuille.) — 85 pièces, papier.

1751 (juillet à décembre). — Sentences civiles rendues au bailliage de Vesoul. — Noms et qualités des parties : Claude-Antoine Mairot, fermier des terres et revenus des sieurs prieur et religieux bénédictins de Luxeuil (requête tendante à ce qu'il soit défendu aux habitants de Charmes-Saint-Valbert de faire parcourir leur bétail dans la prairie située audit lieu appartenant auxdits religieux); — Jean-Baptiste Camuset, fermier des seigneuries de Purgerot, appartenant à MM. de la Baume et Salivet (idem à ce que les habitants de Purgerot soient condamnés à faire un rôle d'impositions de la somme de 83 francs); — Claude-François Grante, procureur aux juridictions royales de Vesoul (envoi en possession de l'office de juge des terre et seigneurie de Grattery dont il a été pourvu par Jean-César Regnaudin, seigneur dudit lieu); etc.

B. 5619. (Portefeuille.) — 121 pièces, papier.

1752. — Sentences civiles rendues sur requêtes au bailliage de Vesoul. — Noms et qualités des parties : messire Ignace-François-Xavier de Franchet de Rans, chanoine en l'illustre chapitre métropolitain de Besançon, prieur commendataire et seigneur de Fontaine, et les RR. religieux conventuels du même prieuré (requête tendante à ce que M. le marquis et la marquise de Rauffremont et les habitants de Corbenay soient assignés pour reconnaître à l'audience les droits seigneuriaux qui appartiennent aux suppliants, qui consistent principalement en haute, moyenne et basse justice, dans les deux tiers des droits de paisson dans les bois de Corbenay, en la propriété pleine et entière et la justice exclusive du cours d'eau de la Combeauté, en mainmorte, etc.); — Jean-Baptiste de Pichin, écuyer, seigneur de Cendrecourt, ancien capitaine d'infanterie (requête tendante à ce qu'il soit fait défense aux habitants de Cendrecourt de démolir la chapelle qui lui appartient dans l'église dudit lieu); — Gabriel-François et Antoine, comtes de Lavaux, et le sieur Hortet de Belmont, tous coseigneurs à Villers-sur-Port, Fraisnois et dépendances (requête tendante à être payés des tailles, corvées et droits seigneuriaux des parties sujets et autres résidants dans leurs seigneuries de Villers-sur-Port et Fraisnois); etc.

B. 5630. (Portefeuille.) — 106 pièces, papier.

1753 (janvier à juillet). — Sentences civiles rendues sur requêtes au bailliage de Vesoul. — Noms et qualités des parties : madame Élisabeth-Philippine de Poletier, duchesse de Randans, épouse de Guy-Michel de Durfort de Lorges, duc de Randans, chevalier des ordres du Roi, lieutenant général de ses armées, commandant en chef pour le service de Sa Majesté dans le comté de Bourgogne et dans l'électorat de Hanovre, gouverneur de Blaye; — dame Antoine-Hilaire de Saint-Germain, épouse de Claude-François de Lampinet, écuyer, seigneur de Sainte-Marie-en-Chaux (demande en séparation de corps); etc.

B. 5631. (Portefeuille.) — 160 pièces, papier.

1753 (juillet à décembre). — Sentences civiles rendues sur requêtes au bailliage de Vesoul. — Noms et qualités des parties : Joseph Béal de Guyot, écuyer, seigneur de Malche; — les RR. sieurs abbé, prieur et religieux de l'abbaye des Trois-Rois; — François Lange, avocat en Parlement, seigneur de Bourbévelle.

B. 5632. (Portefeuille.) — 129 pièces, papier.

1754. — Sentences civiles rendues sur requêtes au bailliage de Vesoul. — Noms et qualités des parties : Jean-Baptiste Bureau, seigneur de Pusy et autres lieux, conseiller correcteur à la chambre des comptes de Dôle (requête à l'effet d'obtenir la commise sur deux pièces de terre situées au fiange de Pusy, dont on ne lui a pas présenté les contrats d'acquisition) ; — messire Léonard Coquelle, prêtre, chanoine en l'illustre chapitre métropolitain de Besançon et chapelain de la chapelle érigée en l'église de Cromary sous l'invocation de la glorieuse Vierge Marie ; — la communauté des huissiers (requête à l'effet d'obtenir que François-Xavier Maguilon, huissier à Trouvans, demeurant à Froley, soit condamné à se rendre à la résidence de Trouvans) ; etc.

B. 3633. (Portefeuille.) — 63 pièces, papier.

1760 (janvier à juillet). — Sentences civiles rendues sur requêtes au bailliage de Vesoul. — Noms et qualités des parties : Claude-Joseph Lyautey, écuyer, seigneur de Genevreuille, receveur des tailles au bailliage de Vesoul ; — François Février, de Valvre (requête à l'effet d'obtenir que l'élection faite de sa personne pour remplir les fonctions de messier soit déclarée nulle et injuste) ; — Pierre-François Bertrand, garde général de Mgr le duc d'Orléans ; etc.

B. 3634. (Portefeuille.) — 68 pièces, papier.

1760 (juillet à décembre). — Sentences civiles rendues sur requêtes au bailliage de Vesoul. — Noms et qualités des parties : dame Jeanne Catherine de Courcoire, chanoinesse de l'abbaye royale de Montigny ; — dame Jeanne-Claude de Saint-Mauris, douairière de messire Hubert-Joseph, comte de Précipiano ; — André Lecellier, receveur et régisseur de la mense abbatiale de Saint-Pierre de Luxeuil ; etc.

B. 3635. (Portefeuille.) — 74 pièces, papier.

1761 (janvier à juillet). — Sentences civiles rendues sur requêtes au bailliage de Vesoul. — Noms et qualités des parties : demoiselle Nicole-Charlotte Vincent d'Equevilley, procédant de l'autorité de noble Victor-Amédée Vincent, coseigneur d'Equevilley, son oncle paternel (requête à l'effet d'obtenir qu'il soit passé outre à l'opposition faite par sa mère à son mariage avec Jean-François de Tourtoulon de Serres, écuyer, garde du corps du Roi, fils de messire Michel de Tourtoulon, officier de cavalerie, chevalier de Saint-Louis) ; — demoiselle Anne Noirot, veuve de Jacques-Antoine Chatillon, en son vivant coseigneur à Chaux-lès-Port ; — messire Claude-François Prinsac, chevalier de l'ordre militaire de Saint-Louis, ancien colonel pour le service du roi de Pologne, seigneur à Magnoncourt et à Anchenoncourt, demeurant à Comfrans ; etc.

B. 3636. (Portefeuille.) — 60 pièces, papier.

1761 (juillet à décembre). — Sentences civiles rendues sur requêtes au bailliage de Vesoul. — Noms et qualités des parties : Joseph, marquis de Rakecourt, chambellan de Leurs Majestés Impériales, et Adrienne-Louise, née comtesse de Bressey, son épouse ; — dame Jeanne-Françoise-Désirée Tisserand de Servance, épouse de Pierre-Joseph Bolot, de Fouccmay, avocat en Parlement (demante en séparation de corps) ; etc.

B. 3637. (Portefeuille.) — 75 pièces, papier.

1762 (janvier à juillet). — Sentences civiles rendues sur requêtes au bailliage de Vesoul. — Noms et qualités des parties : les manants et bourgeois d'Héricourt, contre Georges Girardot, censitaire du moulin dudit lieu (requête au sujet de la banalité dudit moulin) ; — messire Alexis-François Rance, conseiller auditeur en la cour des comptes de Dôle ; etc.

B. 3638. (Portefeuille.) — 93 pièces, papier.

1762 (juillet à décembre). — Sentences civiles rendues sur requêtes au bailliage de Vesoul. — Noms et qualités des parties : messire Claude-Antoine-Eugène de Mesmay, baron, seigneur de Montaigu, Quincey, Villers-le-Sec et autres lieux, conseiller au parlement de Besançon (requête à l'effet de faire condamner Étienne Charbonnier, meunier et propriétaire d'un moulin dit le moulin Bizard, à démolir les travaux qu'il a faits pour la construction d'un nouveau tournant) ; — les sieurs abbé, prieur et chanoines de Saint-Paul de Besançon ; — Henri-Joseph Bouvot, écuyer, ancien vicomte mayeur, lieutenant général de police et conseiller au magistrat de Besançon ; etc.

B. 3639. (Portefeuille.) — 120 pièces, papier.

1763 (janvier à juillet). — Sentences civiles rendues sur requêtes au bailliage de Vesoul. — Noms et qualités des parties : messire Alexandre de Jouffroy de Précipiano, seigneur de Montmartin, Soye, Uxelle et autres lieux, procédant de l'autorité de messire Antide de Jouffroy d'Uxelle, abbé de Saint-Vincent, chanoine au chapitre métropolitain de Besançon, vicaire général du diocèse (requête à l'effet d'obtenir l'envoi en possession des biens compris dans le testament de messire François-Joseph de Jouffroy d'Uxelle, seigneur de Montmartin, chevalier de l'ordre royal et mi-

titre de Saint-Louis, et dans la substitution y énoncée) ;
— les habitants et communauté d'Auberlans (requête à l'effet d'obtenir que Jean-Humbert Millot soit condamné à démolir la maison qu'il a commencé à construire sur un pré à lui appartenant et sur lequel lesdits habitants ont le droit de parcours) ; etc.

B. 5650. (Portefeuille.) — 103 pièces, papier.

1763 (juillet à décembre). — Sentences civiles rendues sur requêtes au bailliage de Vesoul. — Noms et qualités des parties : Nicolas Dupuis, exécuteur de la haute justice, demeurant à Besançon (requête à l'effet d'obtenir le payement des salaires qui lui sont dus pour les exécutions de Marie Chaperon, femme de Claude-Antoine Roussel, fouettée et marquée ; de Bras-de-Fer, rompu vif ; de Joseph Jeanmougin, pendu et étranglé jusqu'à ce que mort s'en suive ; d'Echemand, de Venisey, condamné au même supplice) ; etc.

B. 5651. (Portefeuille.) — 67 pièces, papier.

1764 (janvier à juillet). — Sentences civiles rendues sur requêtes au bailliage de Vesoul. — Noms et qualités des parties : Charles-Joseph Pouthier, prêtre, curé de Palise, et en cette qualité seigneur bas et moyen justicier à Venise ; — Louis-Joseph de Brosson, écuyer, seigneur de Bourbévelle ; etc.

B. 5652. (Portefeuille.) — 67 pièces, papier.

1764 (juillet à décembre). — Sentences civiles rendues sur requêtes au bailliage de Vesoul. — Noms et qualités des parties : messire Philippe-Richard Foillenot, seigneur de Chenin et Saublet, conseiller au parlement de Besançon ; — Jean-Michel Brelte, conseiller du Roi, contrôleur des épices au siège de Vesoul ; etc.

B. 5653. (Portefeuille.) — 99 pièces, papier.

1765 (janvier à juillet). — Sentences civiles rendues sur requêtes au bailliage de Vesoul. — Noms et qualités des parties : demoiselle Yolan le-Henry Bartel, dame de Provenchère ; — les révérends abbé, prieur et religieux de l'abbaye Notre-Dame de Bithaine ; etc.

B. 5654. (Portefeuille.) — 115 pièces, papier.

1765 (juillet à décembre). — Sentences civiles rendues sur requêtes au bailliage de Vesoul. — Noms et qualités des parties : messire Marie-Jules Terrier, seigneur de Mailley, président honoraire au parlement de Besançon ; — Joseph Jannin, chevalier de Saint-Louis, capitaine de grenadiers royaux à Vesoul ; etc.

B. 5655. (Portefeuille.) — 100 pièces, papier.

1766 (janvier à juillet). — Sentences civiles rendues sur requêtes au bailliage de Vesoul. — Noms et qualités des parties : Richard Guyot, écuyer, seigneur de Nouvelle, Pont-du-Planches, maître et propriétaire des forges et fourneaux de Mézières ; — messire Nicolas de Pouthier, confrère de la confrérie de Saint-Georges, seigneur des deux Saulnes, la Nouvelle, Beneufontaine, Grange, Quiot et autres lieux ; etc.

B. 5656. (Portefeuille.) — 80 pièces, papier.

1766 (juillet à décembre). — Sentences civiles rendues sur requêtes au bailliage de Vesoul. — Noms et qualités des parties : messire Simon Jannin, de Chaumondel, chevalier de Saint-Louis, capitaine des grenadiers royaux, et Joseph Jannin, aussi capitaine de grenadiers royaux, tous les deux seigneurs de Betoncourt et Pisseloup ; — R. P. Dom François Millot, gardien et supérieur du couvent des Cordeliers de la ville de Chartres ; — messire Claude-Louis-Maximilien d'Iselin, chevalier de Lanans, maistre de camp d'un régiment de dragons de son nom, seigneur d'Avilley, Mondon et autres lieux ; — Jean-Pierre Duvernois de la Cissagne, capitaine de milice au bataillon de Salins, et dame Claude-Françoise de Saint-Sancerre, son épouse ; etc.

B. 5657. (Portefeuille.) — 61 pièces, papier.

1767 (janvier à juillet). — Sentences civiles rendues sur requêtes au bailliage de Vesoul. — Noms et qualités des parties : Jean Miot, peintre à Vesoul (requête à l'effet d'obtenir le payement d'une somme de six livres pour différents tableaux en effigie, savoir : de Louis-François Thevenin et de Charles Roussel, tous deux condamnés à être pendus) ; — demoiselle Angélique Bellot, épouse de François Massin, avocat en parlement, seigneur de Betoncourt (demande en séparation de corps) ; etc.

B. 5569. (Portefeuille.) — 99 pièces, papier.

1767 (juillet à décembre). — Sentences civiles rendues sur requêtes au bailliage de Vesoul. — Noms et qualités des parties : les révérends abbé, prieur et religieux de l'abbaye royale Notre-Dame de Bithaine, seigneurs du Val-Saint-Éloi (requête à l'effet d'être maintenus dans la possession et le droit de percevoir sur la généralité de ceux possédant des biens audit lieu le cens annuel de trois bichots de blé et de trois bichots d'avoine) ; — les habitants et communauté de Routigney (requête à l'effet d'obtenir une commission rogatoire pour faire exécuter la sentence condamnant les chanoines d'Hérival en Lorraine, à fournir différents ornements pour leur église) ; etc.

B. 5569. (Portefeuille.) — 123 pièces, papier.

1768 (janvier à juillet). — Sentences civiles rendues sur requêtes au bailliage de Vesoul. — Noms et qualités des parties : messire Claude-Louis d'Orival, prêtre, chapelain de deux chapelles érigées en l'église de Granges ; — Pierre-Benoît Magny (requête à l'effet d'être envoyé en possession de l'office de notaire à Saint-Sauveur-les-Luxeuil) ; etc.

B. 5570. (Portefeuille.) — 106 pièces, papier.

1768 (juillet à décembre). — Sentences civiles rendues sur requêtes au bailliage de Vesoul. — Noms et qualités des parties : Claude-Antoine Chrétien, exécuteur de la haute justice (requête à l'effet d'obtenir le payement de la somme de 46 livres qui lui est due pour avoir fouetté et marqué la femme Anne-Louise d'Étuy, condamnée pour vols) ; — dame Magdeleine Lainé de Latouche, épouse de messire François Letereau de Saint-Brice, chevalier de Saint-Louis, ancien capitaine de cavalerie, demeurant à Vesoul ; — dame Jeanne-Françoise Brun, veuve de messire Claude de Villers, conseiller maître en la chambre et cour des comptes, dame de Grandvelle ; etc.

B. 5571. (Portefeuille.) — 87 pièces, papier.

1769 (janvier à mai). — Sentences civiles rendues sur requêtes au bailliage de Vesoul. — Noms et qualités des parties : André de la Coste, seigneur de Marquelot, père temporel des capucins de Bourbonne-les-Bains ; — dame Jeanne-Baptiste Mouton, épouse de messire Jean Badin Duchêne, chevalier de Saint-Louis, ancien capitaine de cavalerie à Vesoul ; etc.

B. 5572. (Portefeuille.) — 156 pièces, papier.

1769 (mai à juillet). — Sentences civiles rendues sur requêtes au bailliage de Vesoul. — Noms et qualités des parties : Étienne-François-Denis-Jacques de Flourey, conseiller du Roi, ancien maire et lieutenant général de police, lieutenant particulier au siège de Vesoul ; — messire Claude-François-Madeleine de Bameder, comte de Mollans, baron et seigneur de Chemilly, Pontcey, Aroz et autres lieux (requête à l'effet de faire condamner les habitants de Mollans à se déclarer sujets à la prestation de chacun deux voitures de bois livrables au château dudit seigneur) ; — Jean Luquet de Grange-Beuve, écuyer, seigneur du Pernot, d'Ovanches et Traves, y demeurant ; — Marie-Françoise Renée, veuve du sieur Goux, dame de Velleguindry et autres lieux ; — Germain Bouvalot, domestique de Son Éminence Mgr de Choiseul, archevêque de Besançon, contre messire Dominique Descard, abbé de Saint-Vincent de Besançon, seigneur de Villerspator (requête à l'effet d'être déclaré libre et franc bourgeois du Roi) ; etc.

B. 5573. (Portefeuille.) — 111 pièces, papier.

1769 (juillet à décembre). — Sentences civiles rendues sur requêtes au bailliage de Vesoul. — Noms et qualités des parties : messire Marie-Alexis-Dominique de Boitouzet, marquis d'Ormenans, seigneur de Loulans et autres lieux (requête à l'effet d'obtenir les biens délaissés par Anne Blaisenaille, sa sujette mainmortable décédée sans communiers habiles à lui succéder) ; — les révérends prieur et religieux du couvent des Dominicains à Montbozon ; etc.

B. 5574. (Portefeuille.) — 94 pièces, papier.

1770 (janvier à mai). — Sentences rendues sur requêtes au bailliage de Vesoul. — Noms et qualités des parties : messire Nicolas-Alexandre, capitaine de cavalerie, chevalier de Saint-Louis ; — demoiselle Laurent Lhomme, veuve de Jean-François Dumésy, en son vivant garde-marteau en la maîtrise des eaux et forêts de Besançon ; etc.

B. 5675. (Portefeuille.) — 49 pièces, papier.

1770 (mai à août). — Sentences civiles rendues sur requêtes au bailliage de Vesoul. — Noms et qualités des parties : Nicolas Parrot, ancien notaire royal, trésorier en la chancellerie près le présidial de Vesoul ; — Louis Rouche, prêtre, curé de Colombier (requête à l'effet d'être affranchi de la mainmorte envers M. de Sallier, seigneur de Frotey) ; etc.

B. 5676. (Portefeuille.) — 126 pièces, papier.

1770 (août à décembre). — Minutes des sentences civiles rendues sur requêtes au bailliage de Vesoul. — Noms et qualités des parties : dame Jeanne-Élisabeth Jechoux, veuve du sieur Bolot, avocat en parlement, dame de Chauvilleraiu ; — dame Catherine-Françoise Régent, veuve de François-Vincent Faivre, écuyer ; etc.

B. 5677. (Portefeuille.) — 69 pièces, papier.

1771 (janvier à avril). — Minutes des sentences civiles rendues sur requêtes au bailliage de Vesoul. — Noms et qualités des parties : noble Charles Cancy, conseiller substitut honoraire en la chambre des comptes de Dôle, et dame Renée Faveret, son épouse ; — François Valtier, cadet, seigneur d'Ameuvelle, actuellement détenu ès conciergeries de Vesoul ; etc.

B. 5678. (Portefeuille.) — 111 pièces, papier.

1771 (avril à août). — Minutes des sentences civiles rendues sur requêtes au bailliage de Vesoul. — Noms et qualités des parties : Claude-Joseph Rochet, seigneur de Chaux-lès-Port ; — messire Claude-Antoine de Bonnay, écuyer, ancien capitaine commandant au régiment de Royal-Pologne, chevalier de Saint-Louis ; — Claude-Joseph de Bonnay, écuyer, ancien capitaine au régiment de Montmorin, seigneur haut-justicier à Villers-Saint-Marcellin ; — Charles-Benoît de Bonnay, écuyer, capitaine au corps royal de l'artillerie ; etc.

B. 5679. (Portefeuille.) — 135 pièces, papier.

1771 (août à décembre). — Minutes des sentences civiles rendues sur requêtes au bailliage de Vesoul. — Noms et qualités des parties : Jean-Baptiste Robillot, seigneur d'Oiseux, avocat en parlement ; — messire François-Gaspard de Jouffroy-Gonssans, abbé commendataire de l'abbaye royale de Notre-Dame du Lieu-Croissant, dite des Trois-Rois ; — le sieur de Bermont, seigneur à Villers-pot ; etc.

B. 5680. (Portefeuille.) — 95 pièces, papier.

1772 (janvier à avril). — Minutes des sentences civiles rendues sur requêtes au bailliage de Vesoul. — Noms et qualités des parties : Charles-Gabriel Foillenot, écuyer, seigneur d'Autricourt ; — messire Antoine-François de Bernard de Montessus, chevalier, baron de Vitrey, lieutenant au régiment des gardes françaises (requête à l'effet d'obtenir l'enregistrement des lettres patentes de Sa Majesté qui le décore de la dignité de comte) ; etc.

B. 5681. (Portefeuille.) — 94 pièces, papier.

1772 (avril à juillet). — Sentences civiles rendues sur requêtes au bailliage de Vesoul. — Noms et qualités des parties : dame Françoise-Catherine de Pourcheresse d'Étrabonne, épouse de messire Pierre-Marie Chapel, comte de Jumilhac, maréchal des camps et armées du Roi ; — les habitants et communauté de Colombier (requête à l'effet de faire condamner Claude Jacquot, horloger, à réparer l'horloge qu'il leur a vendue et garantie pour trois ans) ; — Guillaume-Gérard Charles, conseiller au siège de Vesoul, seigneur à Levrecey ; etc.

B. 5682. (Portefeuille.) — 161 pièces, papier.

1772 (juillet à décembre). — Sentences civiles rendues sur requêtes au bailliage de Vesoul. — Noms et qualités des parties : Claude-Antoine-Vincent Faivre, écuyer, seigneur de Bouvot ; — Jean-René Richard, seigneur de Prantigny et de Boussières ; — Charles-Marie-Joseph Guillaume, avocat en parlement, seigneur de Gevigney ; etc.

B. 5683. (Portefeuille.) — 76 pièces, papier.

1773 (janvier à avril). — Sentences civiles rendues sur requêtes au bailliage de Vesoul. — Noms et qualités des parties : Claude Perrier, officier au corps royal d'artillerie ; — Jean-Claude Mercier, seigneur d'Équevilley et de Chassard, gendarme de la garde ordinaire du Roi et gouverneur de la ville de Faverney ; etc.

B. 5684. (Portefeuille.) — 69 pièces, papier.

1773 (avril à juillet). — Sentences civiles rendues sur requêtes au bailliage de Vesoul. — Noms et qualités des parties : Nicolas Projean, avocat en parlement, procureur fiscal au bailliage de Luxeuil, y demeurant ; — dame Madeleine de la Touche, veuve de messire François Letereau de Saint-Brice, en son vivant chevalier de Saint-Louis et capitaine de dragons ; etc.

B. 5685. (Portefeuille.) — 70 pièces, papier.

1773 (juillet à octobre). — Sentences civiles rendues sur requêtes au bailliage de Vesoul. — Noms et qualités des parties : Jean-Baptiste Girardin, prêtre et curé de Mailleroncourt-Saint-Pancras ; — Claude-François Guy, seigneur d'Épenoux, demeurant à Besançon ; etc.

B. 5686. (Portefeuille.) — 62 pièces, papier.

1773 (octobre à décembre). — Sentences civiles rendues sur requêtes au bailliage de Vesoul. — Noms et qualités des parties : Jean-Baptiste-Joseph Courty, écuyer, secrétaire du Roi, seigneur de Romange et autres lieux, demeurant à Gray ; — Claude-François Grégoire, écuyer, capitaine au régiment provincial de Vesoul ; etc.

B. 5687. (Portefeuille.) — 75 pièces, papier.

1774 (janvier à avril). — Sentences civiles rendues sur requêtes au bailliage de Vesoul. — Noms et qualités des parties : Pigeot, ancien officier d'infanterie demeurant à Vesoul ; — Claude-François Siroutot, prêtre et curé de Bonnal et Tressandans ; — maître Georges Charlot, procureur au bailliage royal de Vesoul ; — Bruno Huot, avocat au parlement de Besançon, y demeurant ; etc.

B. 5688. (Portefeuille.) — 101 pièces, papier.

1774 (avril à juillet). — Sentences civiles rendues sur requêtes au bailliage de Vesoul. — Noms et qualités des parties : Jeanne-Charlotte Carmentrand, de Poligny, douairière de Desle de Montet de la Terrade, écuyer, officier de cavalerie au régiment de Royal-Navarre, demeurant à Scey-sur-Saône ; — Remy Brocard, recteur d'école à Hautevelle (requête à l'effet d'obtenir l'affranchissement de mainmorte de la marquise de Rosen, dame de Melincourt, dont il est originaire) ; etc.

B. 5689. (Portefeuille.) — 118 pièces, papier.

1774 (juillet à décembre). — Sentences civiles rendues sur requêtes au bailliage de Vesoul. — Noms et qualités des parties : Sébastien Marchal, écuyer, seigneur de Saussey, économe général des bénéfices consistoriaux et autres vacants à la nomination du Roi ; — dame Marie-Charlotte de Tricornot du Trembloy, abbesse de l'abbaye royale de Montigny ; — Jean-Éléonor-Bruno Favière, écuyer, seigneur de Fontenelay, demeurant à Besançon ; etc.

B. 5690. (Portefeuille.) — 13 pièces, papier.

1775 (janvier à juillet). — Sentences civiles rendues sur requêtes au bailliage de Vesoul. — Noms et qualités des parties : Jean-Baptiste Pelletier, docteur en médecine ; Pierre-Antoine Pelletier, lieutenant de cavalerie au régiment de Royal-Pologne ; — dame Marie-Élisabeth Mareschal, douairière de Louis-Xavier Maître, écuyer ; — Henry-Maurice de la Barre, prêtre, docteur en Sorbonne, seigneur de la Fin en Bourbonnais ; etc.

B. 5691. (Portefeuille.) — 57 pièces, papier.

1775 (juillet à décembre). — Sentences civiles rendues sur requêtes au bailliage de Vesoul. — Noms et qualités des parties : les officiers municipaux de la ville de Faucogney (requête à l'effet d'obtenir que reconnaissance soit faite de l'écluse construite par le bailli de ladite ville pour conduire les eaux du Breuchin dans un pré qui lui appartient et qui empêche le roulement des moulins banaux dudit lieu) ; — Étienne Morel, seigneur à Faimbe, demeurant à Courchaton ; etc.

B. 5692. (Portefeuille.) — 75 pièces, papier.

1776 (janvier à avril). — Sentences civiles rendues sur requêtes au bailliage de Vesoul. — Noms et qualités des parties : dame Anne de Creuse, épouse de messire Jean-Nicolas Foubert, ancien capitaine d'infanterie, chevalier de Saint-Louis ; — messire François-Marie Bocquet de Courbouzon, chanoine de l'illustre chapitre métropolitain de Besançon, prieur du prieuré de Grandecourt ; etc.

B. 5693. (Portefeuille.) — 105 pièces, papier.

1776 (avril à juillet). — Sentences civiles rendues sur requêtes au bailliage de Vesoul. — Noms et qualités des parties : Claude Chapelain, grammairien, demeurant à Saint-Marcel ; — messire Antoine Cheville, chevalier de Saint-Louis, capitaine au régiment de Guyenne-infanterie ; — Pierre-Philippe Julin, avocat en parlement, demeurant à Charriez ; — François-Ignace Paroy, docteur en théologie et curé de Pusey ; etc.

B. 5694. (Portefeuille.) — 61 pièces, papier.

1776 (juillet à octobre). — Sentences civiles rendues sur requêtes au bailliage de Vesoul. — Noms et qualités des parties : Claude-Bernard Banols, grand chantre, et Thomas-Louis Lebouleur, tous deux chanoines et députés du chapitre de l'église cathédrale de Saint-Mamert de Langres ; — Jean Lalitte, soldat invalide à Saulx ; etc.

B. 5695. (Portefeuille.) — 84 pièces papier.

1776 (octobre à décembre). — Sentences civiles rendues sur requêtes au bailliage de Vesoul. — Noms et qualités des parties : les habitants et communauté de Charriez (requête à l'effet d'obtenir la nomination d'experts pour procéder à la démolition et reconstruction de leur église) ; — Jean-François Champy d'Aigrevaux, avocat en parlement, receveur de la maîtrise des eaux et forêts de Vesoul ; etc.

B. 5696. (Portefeuille.) — 122 pièces, papier.

1777 (janvier à mai). — Sentences civiles rendues sur requêtes au bailliage de Vesoul. — Noms et qualités des parties : maître Claude-Antoine Juliard, procureur au siège de Vesoul (envoi en possession de l'office de juge à Charriez, dont il a été pourvu par dame Marie-Suzanne Le Blanc de Prébois, douairière de messire François de Mirdoudey, chevalier de Saint-Louis, capitaine de cavalerie, dame engagiste du domaine de Charriez et dépendances) ; — Jean Colombet, avocat en parlement, demeurant à Grattery (envoi en possession de l'office de juge des terres et seigneurie de Chaux-les-Port, dont il a été pourvu par les sieurs Huot, seigneur de Charmoille, Faivre, Lacourdaire et dame Anne-Claudine de La Burthe, tous coseigneurs à Chaux-les-Port) ; — le même (envoi en possession de l'office de juge des terres et seigneuries de Chargey et Purgerot, dont il a été pourvu par le prince de Beauffremont) ; etc.

B. 5697. (Portefeuille.) — 35 pièces, papier.

1777 (mai à septembre). — Sentences civiles rendues sur requêtes au bailliage de Vesoul. — Noms et qualités des parties : les habitants et communauté de Villersbouton (requête à l'effet d'obtenir la délimitation de leurs bois, pâturages, pâtis et communaux indivis avec les habitants et communauté de Recologne) ; — Jean-Étienne Moriot, demeurant à Vesoul (envoi en possession de l'office de juge des terres et seigneurie d'Aigrevaux, dont il a été pourvu par dame Jeanne-Baptiste Mouton, dame d'Aigrevaux, épouse de messire Jean Badin Duchêne, chevalier de Saint-Louis, ancien capitaine de cavalerie) ; — messire François-Joseph de Picot, chevalier de Moras, actuellement capitaine au régiment de Bresse-infanterie, chevalier de Saint-Louis, et dame Marie-Anne-Claude-Baptiste Willin de Thurey, son épouse ; — maître Charles Meilier, procureur au siège de Vesoul (envoi en possession de l'office de juge des terres et seigneurie de Dampvalley) ; etc.

B. 5698. (Portefeuille.) — 113 pièces, papier.

1777 (septembre à décembre). — Sentences civiles rendues sur requêtes au bailliage de Vesoul. — Noms et qualités des parties : Joseph Receveur, avocat en parlement, à Vesoul (envoi en possession de l'office de bailli dans l'étendue des terres dépendantes du marquisat de Villersexel, dont il a été pourvu par messire Pierre, marquis de Grammont, lieutenant-général des armées du Roi, seigneur de Villersexel et autres lieux) ; — messire Claude-Antoine-François de Jacquot, marquis d'Andelarre, seigneur de Rosey, la Côte, Citey, le Vernois, Levrecey, Charantenay et autres lieux, capitaine de dragons au régiment de Lorraine, chevalier de Saint-Louis, substitué aux noms et terres de Rouhier (requête à l'effet d'obtenir l'enregistrement des lettres patentes qui lui ont été accordées par le feu roi Louis XV érigeant les terres de Rosey, Andelarre, Andelarrot, avec leurs dépendances, en marquisat sous le nom d'Andelarre) ; — dame Adélaïde-Philippine de Durfort de Lorges, dame d'honneur de madame la comtesse d'Artois, épouse de M. Jean-Laurent de Durfort de Civrac, duc de Lorges, maître de camp, commandant du régiment Royal-Piémont ; — Claude-Antoine Vuillier, avocat en parlement à Conflans (envoi en possession de l'office de juge des terres et seigneurie de Bourguignon-les-Conflans et Merquay, dont il a été pourvu par madame de Polnats et M. de Meranay) ; etc.

B. 5699. (Portefeuille.) — 57 pièces, papier.

1776 (janvier à mars). — Sentences civiles rendues sur requêtes au bailliage de Vesoul. — Noms et qualités des parties : demoiselle Catherine Bardeau, veuve du sieur Pigeot, officier au régiment de Champagne ; — Bénigne Girod, de Montureux-les-Baulay (envoi en possession de l'office de juge des terres et seigneurie de Condrecourt) ; etc.

B. 5700. (Portefeuille.) — 90 pièces, papier.

1776 (mars à mai). — Sentences civiles rendues sur requêtes au bailliage de Vesoul. — Noms et qualités des parties : René Genevrey, lieutenant du premier chirurgien du Roi à Vesoul ; — Claude-François Belin, notaire royal à Cherlieu (envoi en possession de l'office de juge châtelain dans la terre et seigneurie de Bougey, dont il a été pourvu par François-Joseph d'Hémery, seigneur de Bougey) ; — messire François Lecomte, officier aide-major au régiment d'Artois-dragons, chevalier de l'ordre royal et militaire de Saint-Louis, demeurant à Eu en Normandie ; etc.

B. 5701. (Portefeuille.) — 96 pièces, papier.

1776 (mai à juillet). — Sentences civiles rendues sur requêtes du bailliage de Vesoul. — Noms et qualités des parties : Antoine-Hercule Despouchères, prêtre du diocèse d'Uzès, archidiacre de l'église cathédrale de Nîmes (requête à l'effet d'obtenir le payement de la pension de 800 livres qui lui est accordée par Sa Majesté sur l'abbaye de Luxeuil) ; — messire Jean-Antoine de Montagnac, chevalier de Saint-Louis, major de cavalerie à Vesoul ; — Jean-Luc Travanit, avocat en parlement, et dame Barbe d'Esprès, douairière de messire Giraud du Bouget de Reniac, chevalier de Saint-Louis, capitaine de cavalerie à Vesoul ; etc.

B. 5702. (Portefeuille.) — 76 pièces, papier.

1776 (juillet à décembre). — Sentences civiles rendues sur requêtes au bailliage de Vesoul. — Noms et qualités des parties : Nicolas Clerc de Mazerolle, lieutenant colonel chambellan de Son Altesse Sérénissime Monseigneur le duc régnant de Wurtemberg, capitaine des chasses de la seigneurie de Passavant, résidant à Trémoins ; — Philippe-Emmanuel Lebay de Villiers, commissaire des guerres au département de Vesoul ; etc.

B. 5703. (Portefeuille.) — 76 pièces, papier.

1776 (septembre à novembre). — Sentences civiles rendues sur requêtes au bailliage de Vesoul. — Noms et qualités des parties : Charles Meillière, procureur au siège de Vesoul, tuteur onéraire de Marie-Joseph-Jean-Baptiste-François-Xavier de Lavie, pupille de feu messire Camille-François de Lavie, son père, en son vivant maître de camp de cavalerie, chevalier de Saint-Louis ; — messire Louis-Denis Lagneau de Liris, chevalier de Saint-Louis, colonel d'infanterie ; etc.

B. 5704. (Portefeuille.) — 102 pièces, papier.

1776 (novembre et décembre). — Sentences civiles rendues sur requêtes au bailliage de Vesoul. — Noms et qualités des parties : les habitants et communauté de Jasney (requête à l'effet d'être maintenus à l'exclusion de ceux de Plainemont et de Girefontaine dans la jouissance et possession de tous les bois communaux assis au territoire de Jasney) ; — Claude-François Gamet, avocat en parlement, demeurant à Luxeuil (envoi en possession de l'office de juge en la justice et seigneurie de Sainte-Marie en Chanois et dépendances, dont il a été pourvu par M. le chevalier de Saint-Mauris) ; etc.

B. 5705. (Portefeuille.) — 82 pièces, papier.

1777 (janvier à mars). — Sentences civiles rendues sur requêtes au bailliage de Vesoul. — Noms et qualités des parties : — S. A. S. le duc régnant de Wurtemberg, prince de Montbéliard (requête à l'effet d'être maintenu dans le droit de percevoir un droit d'ômnage sur les grains que débitent les habitants de Chénebier) ; — Jean-Claude Delon, conseiller du Roi, son lieutenant général au bailliage royal de Remiremont, officier pour le Roi en la juridiction commune de ladite ville, subdélégué de Mgr l'intendant de Lorraine et Barrois au département dudit Remiremont ; — Jean-Baptiste Dubourg de Geney, ancien lieutenant général de police de la ville de Vesoul, et Gabriel-Joseph Dubourg de Saint-Ferjeux, seigneur de Mouhy, subdélégué de l'intendance de Franche-Comté au département de Vesoul (requête à l'effet d'obtenir l'enregistrement au greffe des lettres patentes de Sa Majesté qui les maintienment dans la jouissance et possession de leur noblesse et qui même les anoblissent au besoin) ; — Charles-Gabriel Labourseau, lieutenant de nos seigneurs les maréchaux de France au département de Gray ; etc.

B. 5706. (Portefeuille.) — 63 pièces, papier.

1779 (mars à mai). — Sentences civiles rendues sur requêtes au bailliage de Vesoul. — Noms et qualités des parties : messire Jean-François Richard, ancien capitaine de cavalerie, chevalier de Saint-Louis, seigneur à Cendrecourt ; — messire Claude-François Aubert, chevalier de Saint-Louis, ancien officier de cavalerie, demeurant à Villars-le-Pautel ; — messire comte de Mauclerc, seigneur d'Abencourt, Gesincourt et autres lieux, résidant à Besançon ; etc.

B. 5707. (Portefeuille.) — 123 pièces, papier.

1779 (v. l à août). — Sentences civiles rendues sur requêtes au bailliage de Vesoul. — Noms et qualités des parties : Pierre-François Brenoy, de Noroy-d'Archevêque (requête à l'effet d'obtenir l'affranchissement de la mainmorte) ; — Victor-Bonaventure Girod de Vienney, écuyer, trésorier général de la guerre du comté de Bourgogne et de son autorité dame Claudine-Charlotte-Françoise de Jacquot de Vienney, son épouse ; — dame Marie-Françoise Bataillon, épouse de messire Pierre-Joseph-Hyacinthe, chevalier de Mont, chevalier de Saint-Louis ; etc.

B. 5708. (Portefeuille.) — 91 pièces, papier.

1779 (août à octobre). — Sentences civiles rendues sur requêtes au bailliage de Vesoul. — Noms et qualités des parties : Jean-Antoine Bernard, notaire royal à Emagny ; — Jean-Edme Girardot, notaire royal à Fontaine ; — les habitants et communauté de Comboing (requête à l'effet d'obtenir la reconstruction de leur église) ; — messire Jean-François Raillard, conseiller maître des comptes honoraire, seigneur de Grandvelle et de Lieffrans ; etc.

B. 5709. (Portefeuille.) — 135 pièces, papier.

1779 (octobre à décembre). — Sentences civiles rendues sur requêtes au bailliage de Vesoul. — Noms et qualités des parties : demoiselle Jeanne-Françoise Favret, veuve du sieur Joffroy, en son vivant sergent-major au régiment des gardes suisses (requête à l'effet d'obtenir l'enregistrement d'un brevet portant octroi par Sa Majesté d'une pension de 500 livres) ; — dame Jeanne-Baptiste Bouchet, épouse de messire Thomas de Buyer, écuyer, prévôt général honoraire de la maréchaussée du comté de Bourgogne, chevalier de Saint-Louis ; — Jean-François-Ignace Salivet, écuyer, seigneur de Fouchécourt ; — Claude-Antoine-Benoît Papier, conseiller du Roi et son procureur honoraire au siège de Vesoul et seigneur à Vauchoux ; etc.

B. 5710. (Portefeuille.) — 90 pièces, papier.

1780 (janvier à mars). — Sentences civiles rendues sur requêtes au bailliage de Vesoul. — Noms et qualités des parties : messire Théophile Joly, chevalier de Saint-Louis, demeurant à Dijon ; — Jean-Baptiste Poirson, imprimeur-libraire à Vesoul (requête à l'effet d'obtenir le payement de 400 exemplaires en grand placard d'une sentence qui condamne Antoine Larmet, de Montigny, à l'amende de 400 livres pour avoir échangé une veste et une culotte de drap rouge contre un habit uniforme d'un soldat déserteur ; en outre de deux placards imprimés en gros caractères portant ces mots : « Blasphémateur contre Dieu, assassin et voleur, » qui ont servi pour le nommé Georges, de Riomesnil, province de Lorraine, condamné à être pendu et étranglé pour blasphème, assassinat et vol sur les routes de Saint-Valbert à Luxeuil, de Luxeuil à Fougerolles et de Fougerolles à Plombières) ; etc.

B. 5711. (Portefeuille.) — 111 pièces, papier.

1780 (mars à juin). — Sentences civiles rendues sur requêtes au bailliage de Vesoul. — Noms et qualités des parties : Marie-Thérèse-Victoire de Grammont, épouse de M. Alexandre-Antoine, comte de Scey, maréchal de camp des armées du Roi ; — Jean-Baptiste Parisot, seigneur de Grignancourt, et demoiselle Jeanne-Philiberte de Prinsac, son épouse ; — messire Gabriel-Ignace-Philibert-Remy-Boniface, baron de Raclet-Mercey, capitaine au régiment de maître de camp général dragons, résidant à Besançon ; — dame Claude-Antoinette Picard, épouse de Claude-Alexandre-Alexis Roussel de Musy, ancien capitaine d'infanterie, demeurant à Montmirey ; etc.

B. 5712. (Portefeuille.) — 125 pièces, papier.

1780 (juin à août). — Sentences civiles rendues sur requêtes au bailliage de Vesoul. — Noms et qualités des parties : Louis-Marie-Amédée de Pra, marquis de Perron, gouverneur et grand bailli d'épée de la ville de Langres, chevalier de Saint-Louis, seigneur de Perron, Rafaizeau, Grand-Villars et autres lieux ; — messire Philibert de la Roche-Ponclère, abbé de l'abbaye royale de Mailley, grand vicaire de La Rochelle, demeurant à Paris ; — Claude Huguet de Saint-Cherr, seigneur de Selancourt, Châtillon et Rousseraucourt en partie, conseiller au grand conseil du Roi, demeurant à Paris ; — Charles-Antoine Roandy, écuyer, seigneur de Bricon et de Rousseraucourt en partie ; — Louis-Alexandre Descagneult de Liancourt, écuyer, et Nicolas Huot, écuyer, seigneurs de Pusy ; — messire Guillaume Achain, lieutenant au régiment d'Orléans-cavalerie, chevalier de Saint-Louis, et dame Claude-Françoise d'Aigrevaut, son épouse; etc.

B. 5713. (Portefeuille.) — 119 pièces, papier.

5780 (août à octobre). — Sentences civiles rendues sur requêtes au bailliage de Vesoul. — Noms et qualités des parties : les habitants et communauté de Supnecourt-les-Loges (requête à l'effet d'être maintenus dans la propriété d'un chemin traversant les cantons dit Jean-Blanc et la Garenne, conduisant de la route royale au lieu d'Ormoy); — dame Barbe-Marguerite Henrion, douairière de M. le président de Mailly, dame de Franchevelle, Vy-les-Lure et autres lieux ; — Jean-Philibert Ringuet, conseiller procureur du Roi (requête tendante à ce qu'il soit fait défense, conformément à la déclaration du Roi concernant les inhumations, au curé de Vesoul et à tous ceux du ressort du bailliage, d'enterrer à l'avenir dans les églises ; — dame Charlotte-Geneviève Chalon, épouse du sieur Marangier, ancien lieutenant au régiment d'Enghien-infanterie, capitaine d'invalides, demeurant à Jonvelle; etc.

B. 5714. (Portefeuille.) — 113 pièces, papier.

5780 (octobre à décembre). — Sentences civiles rendues sur requêtes au bailliage de Vesoul. — Noms et qualités des parties : messire Richard-Philippe Foittenet, seigneur de Magny, conseiller au parlement de Besançon, y demeurant; — Mirabey, chirurgien-major au régiment de la Marche-cavalerie; — messire Joseph Jannon, chevalier de Saint-Louis ; etc.

B. 5715. (Portefeuille.) — 83 pièces, papier.

5781 (janvier à mars). — Sentences civiles rendues sur requêtes au bailliage de Vesoul. — Noms et qualités des parties : Jean-Claude Drelet, avocat en parlement, demeurant à Montigny-les-Rameau; — Claude-Joseph Boiltey, seigneur de Puessans ; — messire Antoine de Polacta, chevalier, seigneur de Marseille; etc.

B. 5716. (Portefeuille.) — 68 pièces, papier.

5782 (mars à mai). — Sentences civiles rendues sur requêtes au bailliage de Vesoul. — Noms et qualités des parties : noble Jean-Baptiste Guérillot, seigneur de Saint-Cyr, la Chaux et autres lieux, lieutenant de nos seigneurs les maréchaux de France, et dame Claude-Françoise-Aimée Vernay, son épouse, demeurant à Salins ; — le sieur Toustaint, avocat au parlement et procureur fiscal du comté de Fontenois-le-Château; — Jean-Baptiste Dauffeur, garde général en la maîtrise des eaux et forêts de Vesoul; etc.

B. 5717. (Portefeuille.) — 119 pièces, papier.

5783 (mai à juillet). — Sentences civiles rendues sur requêtes au bailliage de Vesoul. — Noms et qualités des parties : Antoine Lambert, de Montcey (requête à l'effet de faire saisir les revenus des biens dépendant de la succession de Pierre Morlet, du même lieu, mort civilement par l'exécution faite de sa personne en effigie, et convaincu d'avoir tué Étienne Lambert, fils du demandeur); — Pierre-Joseph Poignand, avocat en parlement, seigneur de Poncieres, y demeurant ; etc.

B. 5718. (Portefeuille.) — 119 pièces, papier.

5784 (juillet à septembre). — Sentences civiles rendues sur requêtes au bailliage de Vesoul. — Noms et qualités des parties : dame Anne-Claude Chauvenet, douairière de feu messire Jean-Claude Chevillet, écuyer, capitaine d'infanterie, chevalier de Saint-Louis; — Jacques-Antoine Colin, lieutenant au régiment d'Esterazy, demeurant à Cendrecourt ; etc.

B. 5719. (Portefeuille.) — 83 pièces, papier.

5785 (septembre à novembre). — Sentences civiles rendues sur requêtes au bailliage de Vesoul. — Noms et qualités des parties : messire François-Félix-Bernard de Santans-Terrier, président du parlement de Besançon, y demeurant; — Henri-Charles-Jules de Clermont-Tonnerre, pair de France, grand-maître héréditaire des maisons Dauphin et Dauphine, connétable, premier baron et promier commis né des États de la province du Dauphiné, lieutenant-général commandant pour Sa Majesté en ladite province, lieutenant-général des armées du Roi (requête à l'effet d'être mis en possession des terres et seigneuries de Beauregarette, la Basse-Valves et Clerreçant, unions, annexes, dépendances, etc., faisant partie du duché de Clermont-Tonnerre) ; etc.

D. 5120. (Portefeuille.) — 100 pièces, papier.

1788 (novembre à décembre). — Sentences civiles rendues sur requêtes au bailliage de Vesoul. — Noms et qualités des parties : Nicolas-Philippe Rigot, procureur fiscal en la justice de Neurey, et juge en celle d'Equevilley ; — les officiers municipaux de la ville de Vesoul (requête à l'effet d'être autorisés à saisir, arrêter et enlever un chariot chargé de buis destiné au sieur de Cheissole, seigneur de Frotey, lequel buis devait servir pour les réjouissances à l'occasion de la naissance du Dauphin) ; etc.

D. 5121. (Portefeuille.) — 93 pièces, papier.

1789 (janvier à mars). — Sentences civiles rendues sur requêtes au bailliage de Vesoul. Noms et qualités des parties : Jean-Louis Dagenoux de la Brassière, chevalier de Saint-Louis, ancien premier lieutenant des chevau-légers de Royal-Pologne-cavalerie ; — messire Gaspard-Ardouin-François, vicomte Dambly, capitaine commandant au 8e régiment de chevau-légers ; etc.

D. 5122. (Portefeuille.) — 79 pièces, papier.

1789 (mars à mai). — Sentences civiles rendues sur requêtes au bailliage de Vesoul. — Noms et qualités des parties : Jean-Anatoile Faivre, écuyer, seigneur de la Rochelle et Charmes Saint-Valbert ; — les habitants et communauté de la Quarte (requête à l'effet de faire condamner, en qualité de décimateur audit lieu, le titulaire de la chapelle Sainte-Anne à payer au vicaire desservant leur église la pension congrue fixée par les derniers édits) ; — etc.

D. 5123. (Portefeuille.) — 92 pièces, papier.

1789 (mai à juillet). — Sentences civiles rendues sur requêtes au bailliage de Vesoul. — Noms et qualités des parties : le sieur Huvelin, seigneur de Bavilier en Alsace ; — Jean-Baptiste Danser, garde général des eaux et forêts du ressort de la maîtrise de Vesoul ; etc.

HAUTE-SAÔNE. — SÉRIE B.

D. 5124. (Portefeuille.) — 108 pièces, papier.

1789 (juillet à septembre). — Sentences civiles rendues sur requêtes au bailliage de Vesoul. — Noms et qualités des parties : Frédéric Simonot, prêtre, curé de Maillerancourt-Charrette et de Neurey-en-Vaux (requête à l'effet de faire condamner les abbé, prieur et religieux de l'abbaye royale de Luxeuil à lui donner annuellement par forme de pension congrue la somme de 250 livres) ; — dame Anne-Claude de Rochechouard, douairière de messire Jean-Antoine Duchaylard, en son vivant marquis du marquisat de ce nom ; etc.

D. 5125. (Portefeuille.) — 125 pièces, papier.

1789 (septembre à novembre). — Sentences civiles rendues sur requêtes au bailliage de Vesoul. — Noms et qualités des parties : Jean-Baptiste Neurey, procureur d'office en la haute justice de Maillerancourt-Saint-Pancras ; — Antoine Rigot, prêtre, sous-chantre de la cathédrale de Dijon ; etc.

D. 5126. (Portefeuille.) — 101 pièces, papier.

1789 (novembre à décembre). — Sentences civiles rendues sur requêtes au bailliage de Vesoul. — Noms et qualités des parties : dame Adélaïde-Philippine de Durfort de Lorges, duchesse de Lorges, dame d'honneur de madame la comtesse d'Artois ; — messire Nicolas Gonhelin, chevalier de Saint-Louis, lieutenant-colonel d'infanterie, seigneur des terres et baronnie de Richecourt ; etc.

D. 5127. (Portefeuille.) — 81 pièces, papier.

1790 (janvier à mars). — Sentences civiles rendues sur requêtes au bailliage de Vesoul. — Noms et qualités des parties : Joseph Spierenzel, de Saint-Loup, prêtre (requête tendant à ce que François Morel, ancien curé de Lètre, soit condamné à évacuer le presbytère dans le délai de deux jours) ; — Daniel Delaharpe, commissaire à terrier à Vintersexel ; etc.

D. 5128. (Portefeuille.) — 84 pièces, papier.

1790 (mars à mai). — Sentences civiles sur requêtes etc. — Noms et qualités des parties : demoiselle Jeanne-Marguerite Gay, veuve de Jean-Baptiste Briffaut, notaire royal à Chaumousey; — Claude Mizée, ingénieur des ponts et chaussées à Vesoul ; — Joseph Joba, avocat à Champagney ; — Antoine Guenot, avocat en parlement à Vesoul ; etc.

D. 5729. (Portefeuille.) — 100 pièces, papier.

1762 (mai à juillet). — Sentences civiles rendues sur requêtes, etc. — Noms et qualités des parties : dame Charlotte Langrognet, épouse de Pierre Patornay, capitaine au régiment d'Austrasie, actuellement aux Indes ; — messire Charles-Joseph Call, seigneur de Noidans-lès-Vesoul, professeur de droit à l'université de Besançon ; etc.

D. 5730. (Portefeuille.) — 118 pièces, papier.

1762 (juillet à septembre). — Sentences civiles rendues sur requêtes, etc. — Noms et qualités des parties : — Guillaume-Gérard Charles, seigneur à Lavoncey, conseiller du Roi au bailliage de Vesoul ; — Louis Mercier, seigneur du fief de la Borde, demeurant à Robecourt ; etc.

D. 5731. (Portefeuille.) — 100 pièces, papier.

1762 (septembre à novembre). — Sentences civiles rendues sur requêtes, etc. — Noms et qualités des parties : dame Jeanne-Marguerite Page, veuve de Jean-Henri Genet d'Accotans ; — Claude-François-Henri Genet, seigneur de Bermont ; — Claude-Alexis Broguet, avocat en parlement, à Faucogney ; etc.

D. 5732. (Portefeuille.) — 116 pièces, papier.

1762 (novembre à 31 décembre). — Sentences civiles rendues sur requêtes au bailliage de Vesoul. — Noms et qualités des parties : François Viney, écuyer, conseiller secrétaire du Roi, maison et couronne de France et de ses finances, résidant à Saint-Loup en Franche-Comté ; — Claude-Gabriel de la Marse, prêtre curé d'Echenoz-la-Meline ; — Charles-Gabriel Collinet de la Salle, clerc tonsuré à Strasbourg ; etc.

D. 5733. (Portefeuille.) — 50 pièces, papier.

1764 (janvier à mai). — Sentences civiles rendues au requêtes au bailliage de Vesoul. — Noms et qualités des parties : Claude Besançenot, de Chantes (requête à l'effet de faire déclarer nulle l'élection faite de sa personne pour remplir les fonctions de messier audit Chantes) ; — Jean-Baptiste Duchon, avocat en parlement, seigneur de Ronzate ; — messire Charles-Pecenny de Balleure, seigneur d'Athesans, Saint-Georges et autres lieux ; etc.

D. 5734. (Portefeuille.) — 110 pièces, papier.

1764 (mars à mai). — Sentences civiles rendues sur requêtes, etc. — Noms et qualités des parties : Antoine Bergel, notaire et argenteur royal à Preigney ; — Claude-Louis Fyard, écuyer, ancien président honoraire au présidial de Vesoul ; — messire Antoine-François de Rermont, chevalier, comte de Montleson, lieutenant-colonel d'infanterie, chevalier de Saint-Louis, seigneur de Chauviroy, Vitrey et autres lieux ; etc.

D. 5735. (Portefeuille.) — 107 pièces, papier.

1764 (mai à juillet). — Sentences civiles rendues sur requêtes, etc. — Noms et qualités des parties : Frédéric Siroutot, avocat en parlement, à Vesoul ; — messire Mathieu-Jacques de Vermont, lecteur de la Reine, abbé commendataire de l'abbaye royale de Cherlieu ; etc.

D. 5736. (Portefeuille.) — 134 pièces, papier.

1764 (juillet à septembre). — Sentences civiles rendues sur requêtes, etc. — Noms et qualités des parties : Charles-Mareschal, avocat en parlement, et dame Françoise-Joseph Tixerand de Servance ; — Charles Vincent Hernyot, seigneur de Tournay, demeurant à Morey ; — Claude-François Besançenot, écuyer, ancien conseiller au bailliage de Vesoul ; etc.

D. 5737. (Portefeuille.) — 100 pièces, papier.

1764 (septembre à novembre). — Sentences civiles rendues sur requêtes, etc. — Noms et qualités des parties : Charles-Louis-Élisabeth Ali, écuyer, seigneur d'Ormoy ; — messire de Saint-Marcel, chevalier de Saint-Louis, ancien capitaine d'infanterie ; — hautes et puissantes dames, mesdames Henriette, comtesse de Montjoye, et Françoise, comtesse de Latour, chanoinesses et dames censières du chapitre de Remiremont ; etc.

B. 5738. (Portefeuille.) — 118 pièces, papier.

1784 (novembre à décembre). — Sentences civiles rendues sur requêtes au bailliage de Vesoul. — Noms et qualités des parties : César-Antoine Dumontet, écuyer, sieur de la Tour, capitaine d'infanterie ; — les habitants et communauté de Brotte (requête tendant à ce que le noble chapitre de Lure et les prieur et religieux bénédictins de Luxeuil soient condamnés à fournir à leur église tous ornements nécessaires à la célébration des offices divins) ; etc.

B. 5739. (Portefeuille.) — 141 pièces, papier.

1785 (janvier à mars). — Sentences civiles rendues sur requêtes, etc. — Noms et qualités des parties : Pierre-Henri Ballot, prêtre, curé d'Achecey (requête à l'effet d'obtenir le payement et la livraison d'une gerbe de blé et d'une d'orge qui lui sont dues pour le droit de « parrochiage ») ; — Louis-Joseph de Bigot, écuyer, demeurant à Melay ; — Claude-François-Xavier Jacquinot, écuyer, garde du corps du Roi, capitaine de cavalerie à Gray ; etc.

B. 5740. (Portefeuille.) — 71 pièces, papier.

1785 (mars à mai). — Sentences civiles rendues sur requêtes, etc. — Noms et qualités des parties : Jean-Baptiste Passeur, officier de dragons ; — Jean Dache, officier pensionné du Roi, demeurant aux Rozelières ; — Jean-Antoine Georges, prêtre vicaire à Saint-Albin ; etc.

B. 5741. (Portefeuille.) — 130 pièces, papier.

1785 (mai à juillet). — Sentences civiles rendues sur requêtes etc. — Noms et qualités des parties : Charles-François Moureaux, prêtre familier à Jonvelle ; — Pierre Clémencet de Bize, ancien officier de cavalerie, à Besançon ; etc.

B. 5742. (Portefeuille.) — 109 pièces, papier.

1785 (juillet à septembre). — Sentences civiles rendues sur requêtes, etc. — Noms et qualités des parties : messire Charles-Emmanuel-Benoît, marquis de Saint-Vandelin, seigneur des terres et baronnie de Montmartin, Rougemont et autres lieux ; — mademoiselle Barbe-Françoise de Sonnet, dame de Delleau ; — messire Charles-Antoine, comte d'Hanneret et de Beaujeu, écuyer, seigneur de Boult et autres lieux ; etc.

B. 5743. (Portefeuille.) — 84 pièces, papier.

1785 (septembre à novembre). — Sentences civiles rendues sur requêtes, etc. — Noms et qualités des parties : Jean-André Rroch, prêtre familier en l'église de Vesoul ; — messire François-Joseph Damel, seigneur de Mont-sous-Vaudrey, président en l'ancienne chambre des comptes de Dôle ; — messire Jean-Antoine-Marie de Mesmay, seigneur de Montsiyo, Quincey, Villers-le-Sec, conseiller au parlement de Besançon (requête à l'effet d'être « maintenu dans la jouissance et possession de la rivière de la Font (la Colombinet, fluente sur le territoire de Quincey ; » etc.

B. 5744. (Portefeuille.) — 106 pièces, papier.

1785 (novembre à décembre). — Sentences civiles rendues sur requêtes, etc. — Noms et qualités des parties : Florence-Nicolas Dehuré, écuyer, demeurant à Conflans, et dame Jeanne-Claude Gault d'Estaule, son épouse ; — les habitants et communauté de Ciray (requête à l'effet de faire déclarer coparoissiens de Ciray les habitants de Chambornay-les-Bellevaux, Valerois, Dournon, les Neuves-Granges et Marloz) ; — Nicolas Lacordaire, chirurgien juré, seigneur de Chaux-les-Port ; — les habitants et communauté de Godoncourt (requête pour faire condamner les fermiers du domaine et des fours banaux dudit lieu à ouvrir et chauffer les deux fours établis à Godoncourt) ; — etc.

B. 5745. (Portefeuille.) — 69 pièces, papier.

1786 (janvier à mars). — Sentences civiles rendues sur requêtes, etc. — Noms et qualités des parties : Antoine Briffaut, avocat en parlement, bourgeois de Vesoul ; — le sieur Narçon, lieutenant-général de police et maire de la ville de Gray ; — Alexandre Bertrand, commis greffier en la maîtrise particulière des eaux et forêts de Vesoul ; — Jean-Baptiste Poirine, prêtre, chanoine régulier de la congrégation de Notre-Sauveur, curé du Val-d'Ajol ; etc.

B. 5746. (Portefeuille.) — 103 pièces papier.

1786 (mars à mai). — Sentences civiles sur requêtes, etc. — Noms et qualités des parties : Joseph Le Petit, charatier, seigneur de Breviller, chevalier de Saint-Louis, ancien capitaine commandant des grenadiers de Royal-Carignan, demeurant à Saint-Mixer en Champagne, et Charles Le Pelit, aussi chevalier de Saint-Louis, ancien capitaine au régiment de Touraine, demeurant en son château de Breviller; — dame Louise-Anne Rousseau de Chancey, douairière de messire Jean-Gabriel-François-Louis de Coutants, chevalier, baron de Coulange, brigadier des armées du Roi; etc.

B. 5747. (Portefeuille.) — 131 pièces, papier.

1788 (mai à juillet). — Sentences civiles sur requêtes, etc. — Noms et qualités des parties : dame Jeanne-Claude Huot, dame de Laroncourt, l'..., et autres lieux, épouse de Nicolas-Claude-Marie-Gabriel-Antoine Huot, écuyer, seigneur de Charmoille et autre lieux; — messire Claude-Antoine de Chalbos de Cabière, baron de Theyzargues, conseiller au présidial de Nîmes; etc.

B. 5748. (Portefeuille.) — 133 pièces, papier.

1788 (juillet à septembre). — Sentences civiles sur requêtes, etc. — Noms et qualités des parties : Félix-Hippolyte Guillemin, prêtre, curé de Tournans, docteur en théologie et licencié en droit ; — Jacques de Bresson de Bazan, écuyer, seigneur de Vallois et autres lieux, ancien officier de dragons, demeurant à Darney en Lorraine ; — l'abbé de Villemont, prieur de Moutherot-les-Traves, résidant à Dijon ; etc.

B. 5749. (Portefeuille.) — 94 pièces, papier.

1788 (septembre à novembre). — Sentences civiles rendues sur requêtes, etc. — Noms et qualités des parties : Claude-Joseph Rasdenet de Chassey, avocat en parlement, à Vesoul; — les confrères de la confrérie de Saint-Nicolas érigée en l'église paroissiale de Rougemont ; etc.

B. 5750. (Portefeuille.) — 116 pièces, papier.

1788 (novembre à décembre). — Sentences civiles rendues sur requêtes, etc. — Noms et qualités des parties : Nicolas Guillerez, seigneur de Voncourt, conseiller du Roi et son procureur en la maîtrise des eaux et forêts de Vesoul; — Charles Fleurot, sergent-major au régiment de Royal-Marine, employé au travail des recrues, à Besançon; — messire Denis-Gérard Voland, capitaine de cavalerie,

chevalier de Saint-Louis, lieutenant de la maréchaussée générale de France au département de Vesoul; — dame Marie-Thérèse Schull, douairière de Jean-Gabriel-Frédéric Tixerand, écuyer, seigneur de Nervance; etc.

B. 5751. (Portefeuille.) — 91 pièces, papier.

1789 (janvier à mars). — Sentences civiles rendues sur requêtes, etc. — Noms et qualités des parties : dame Jeanne-Baptiste de la Rochelle, douairière de messire Ignace-François Pecaut de Longeville, en son vivant écuyer, capitaine au régiment de Nice-Infanterie, chevalier de Saint-Louis, demeurant à Arbois; — dame Marie-Catherine Briguet de Lambert, veuve de Louis Kereler et ses enfants, dame de la Borde; — Joseph-Louis Prévost, seigneur de Fouchécourt; — dame Anne-Antoinette de Courtois, douairière de Jacques de Bresson de Bazan, en son vivant seigneur des trois Vaivis, Geronville, Pont-les-Bon, Foy et autres lieux, demeurant à Darney; — le sieur Carlage, prêtre familier, demeurant à Vesoul; etc.

B. 5752. (Portefeuille.) — 93 pièces, papier.

1789 (mars à mai). — Sentences civiles rendues sur requêtes au bailliage de Vesoul. — Noms et qualités des parties : Jean-Baptiste de Thomasset, écuyer, seigneur de Bousseraucourt, et dame Élisabeth Vaguey, son épouse, demeurant à Martinvelle; — Joseph Demand, maître et propriétaire du moulin à papier au lieu d'Échenoz-la-Meline; — le chevalier Damorey, seigneur de Villars-Saint-Marcellin, — dame Claude-Oudet Charles, épouse de messire Banon, ancien capitaine au régiment d'Orléans-cavalerie; etc.

B. 5753. (Portefeuille.) — 101 pièces, papier.

1789 (mai à juillet). — Sentences civiles rendues sur requêtes au bailliage de Vesoul. — Noms et qualités des parties : messire François-Claude de Bovier de Saint-Julien, président honoraire en la chambre des comptes de Dauphiné; — noble Claude-Hyacinthe Ballant, avocat en parlement, prévôt de la prévôté royale de Montbozon; — Jean-Baptiste Patzins, procureur au bailliage de Vauvillers (requête à l'effet d'être envoyé en possession de l'office de juge châtelain dans les terres et seigneuries de Mailleroncourt et Betoncourt dont il a été pourvu par M. de Saint-Ferjeux, seigneur desdits lieux); etc.

SÉRIE B. — BAILLIAGES. 403

B. 5754. (Portefeuille.) — 100 pièces, papier.

1786 (juillet à septembre). — Sentences civiles rendues sur requêtes au bailliage de Vesoul. — Noms et qualités des parties : Claude-Étienne de la Rochelle, gentilhomme de nom et d'armes, seigneur de Cuse ; — Jean-Pierre Douçot, prêtre, curé de Menoux ; — Pierre-François Aubry, prêtre, curé de Melecey ; etc.

B. 5755. (Portefeuille.) — 117 pièces, papier.

1786 (septembre à novembre). — Sentences civiles rendues sur requêtes au bailliage de Vesoul. — Noms et qualités des parties : Jean-Baptiste-Charles Marcler, avocat au parlement, ancien bailli de Vauxillers (envoi en possession de l'office de juge-châtelain des justices et seigneuries d'Amance, Senoncourt, Baulay et dépendances, dont il a été pourvu par le marquis du Châtelet) ; — Louis Ballay, ancien procureur au siège de Vesoul (idem de l'office de juge des terres et seigneuries de Servigney, Betoncourt, etc., auquel il a été nommé par Georges-François-Xavier Pavel de Bourrières, chanoine de l'église métropolitaine de Besançon, par Pierre-Louis-Jean-Baptiste Pavel de Bourrières, chevalier de Saint-Louis, seigneur de Servigney et par Louis-Bonaventure Pavel de Bourrières, seigneur de Betoncourt) ; — messire Charles, marquis de Monstier, maréchal des camps et armées du Roi, seigneur de Chassey, Bonnalle, Bournelle et autres lieux ; etc.

B. 5756. (Portefeuille.) — 134 pièces, papier.

1787 (novembre à décembre). — Sentences civiles rendues sur requêtes au bailliage de Vesoul. — Noms et qualités des parties : messire Nicolas, comte de Carles, ancien garde du corps du Roi, et dame Marie-Catherine de la Rochelle, son épouse ; — messire Claude-François-Ignace Henrion de Magnoncourt, ancien mousquetaire de la première compagnie avec brevet de capitaine de cavalerie, chevalier de Saint-Louis, seigneur de Roche-sur-Linotte ; — messire Philibert Grosjean, chevalier de Saint-Louis, ancien officier d'infanterie, demeurant à Saulx (requête à l'effet d'obtenir l'affranchissement de la mainmorte) ; etc.

B. 5757. (Portefeuille.) — 68 pièces, papier.

1788 à mars 1789. — Sentences civiles rendues sur requêtes, etc. — Noms et qualités des parties : Antoine-Philippe-Régis, comte d'Esternoz, chevalier de Saint-Louis, maréchal des camps et armées du Roi, son ministre plénipotentiaire près la cour de Berlin, seigneur d'Esternoz et autres lieux, son bailli d'Amont au comté de Bourgogne ; — dame Victoire Quenin, épouse de Richard Mathelat, seigneur de Montcourt ; etc.

B. 5758. (Portefeuille.) — 94 pièces, papier.

1789 (mars à mai). — Sentences civiles rendues sur requêtes, etc. — Noms et qualités des parties : les confrères de la confrérie de Sainte-Barbe établie à Vesoul ; — Claude-Louis Madroux, écuyer, officier aux grenadiers royaux du comté de Bourgogne ; — François Dupuy, capitaine au régiment de chasseurs de Franche-Comté, actuellement en garnison à Vesoul ; — Étienne Morel, seigneur de Faimbe ; etc.

B. 5759. (Portefeuille.) — 160 pièces, papier.

1789 (mai à juillet). — Sentences civiles rendues sur requêtes etc. — Noms et qualités des parties : messire Louis-Gabriel Aymonnet, écuyer, seigneur de Contréglise, ancien capitaine de cavalerie, chevalier de Saint-Louis (requête à l'effet d'être mis lui et sa famille sous la sauvegarde et protection du Roi et de la justice, à cause des menaces, excès et violences qu'il a subis de la part des habitants de Contréglise) ; — dame Jeanne-Madeleine Huot, épouse de M. le vicomte Demorge ; — Charles-François Bruno Lenfant, écuyer, demeurant à Châtillon ; etc.

B. 5760. (Portefeuille.) — 150 pièces, papier.

1789 (juillet à septembre). — Sentences civiles rendues sur requêtes au bailliage de Vesoul. — Noms et qualités des parties : Charles Michaux, prêtre, curé de Fresne-sur-Apance, les révérends pères et religieux de Saint-Vincent de Besançon, les prieur et religieux de Prémontré de Flabemont, le sieur de Bonnet de Renty, de Villars-Saint-Marcellin, le sieur Benguy, curé de Melin et la dame Petit, de la Marche (requête à l'effet d'être maintenus dans le droit de percevoir la dîme sur le territoire de Fresne-sur-Apance, à laquelle les habitants ont cherché à se soustraire lors des dernières insurrections); — les sieurs doyen, sénéchal et chanoines de l'insigne chapitre de l'église collégiale et paroissiale Saint-Georges de Vesoul (requête à l'effet d'être maintenus dans le droit de percevoir la dîme de toutes espèces de fruits qui se lient sur le territoire de Calmoutier); — les mêmes (requête à l'effet d'être maintenus dans le droit de percevoir sur l'étendue du territoire de Colombotte la dîme de 12 gerbes l'une de tous les fruits qui se lient); etc.

B. 5761. (Portefeuille.) — 150 pièces, papier.

1789 (septembre à novembre). — Sentences civiles rendues sur requêtes au bailliage de Vesoul. — Noms et qualités des parties : Charles Lacour, seigneur engagiste à Polaincourt ; — les abbé, prieur, grand-prévôt, trésorier et chanoines du chapitre équestral et princier de Lure, (requête pour obtenir que reconnaissance soit faite « des excès, dégradations et délabrement des cinq maisons canoniales de Lure par des personnes qui ont enfoncé les portes à coups de haches, brisé les meubles, bu le vin, pillé les archives », etc.); — messire Charles-François, baron de Montjustin, seigneur dudit lieu, Autrey, etc. (requête à l'effet d'être maintenu dans le droit de percevoir sur le finage de Montjustin la moitié de la dîme des fruits qui se lient); — Nicolas-Claude-Marie-Gabriel-Antoine Huot, écuyer, seigneur de Charmoille, Pasey, etc. (requête pour obtenir reconnaissance des dégâts commis dans son château de Charmoille dévalisé par environ 200 personnes); — les prieur et religieux bénédictins de Luxeuil (requête à l'effet d'être maintenus dans le droit de percevoir la dîme de grains et de vin sur le territoire de Pomoy); — messire François-Félix-Bernard de Santans-Terrier, président du parlement de Besançon, marquis de Mailleroncourt, seigneur de Clairon, Malley et autres lieux (requête pour obtenir reconnaissance « des dévastations et brigandages qui se sont faits et commis sur les propriétés du suppliant ainsi que dans son château de Mailleroncourt-Charette »); — Jean-François Lampinet, écuyer, seigneur de Sainte-Marie-en-Chaux (requête pour obtenir la visite et reconnaissance des dégâts, dégradations, destructions et démolitions causés audit château de Sainte-Marie); — Thomas Vannier, prêtre, curé d'Aroz (requête à l'effet d'être maintenu dans le droit et la possession de percevoir la dîme des grains d'automne et de carême sur l'étendue du territoire d'Aroz); etc.

B. 5762. (Portefeuille.) — 175 pièces, papier.

1789 (novembre à 31 décembre). — Sentences civiles rendues sur requêtes au bailliage de Vesoul. — Noms et qualités des parties : messire Jean-Joseph-Urgent de Vallerois, chevalier, conseiller au grand conseil, seigneur de Vallerois, Créli, etc.; — Claude-Antoine Faivre, prêtre, curé de la paroisse de Calmeuil (requête à l'effet d'être maintenu dans le droit et la possession de percevoir la dîme à raison d'une gerbe par journal sur les fonds du territoire de Manssans); — dame Marie-Suzanne-Simonne-Ferdinande de Ténarre-Montmain, douairière de Louis, prince de Beauffremont, lieutenant-général des armées du Roi, dame et baronne de Faucogney, Melisey, le Sauley et autres lieux, demeurant ordinairement à Paris (requête à l'effet d'obtenir que reconnaissance et visite soient faites des dégradations, vols, etc., commis dans son château de Sauley lors des insurrections qui ont bouleversé cette province au mois de juillet); — les prieur et religieux de Cherlieu (requête à l'effet d'être maintenus dans le droit de percevoir la dîme des grains au lieu de Ventsey); — messire Jacques-Antoine de la Burthe, chevalier de Saint-Louis, capitaine au régiment de Soissonnais, demeurant à Port-sur-Saône; — messire Marie-Alexis-Dominique de Boitouzet, marquis d'Ozmonans, chevalier de Saint-Louis, ancien capitaine de dragons (requête à l'effet d'être maintenu dans le droit de percevoir la quarte de four, les tailles, etc., sur les habitants et communauté de Loulans et Ormenans); François-Blaise Ringuel, prêtre, curé de Magny-lès-Jussey, Tartécourt, etc., (requête à l'effet d'être maintenu dans la possession du droit de percevoir la dîme audit lieu); etc.

B. 5763. (Portefeuille.) — 137 pièces, papier.

1790 (janvier à mars). — Sentences civiles rendues sur requêtes, etc. — Noms et qualités des parties : Marie-Thérèse-Françoise, née comtesse de Montrichier, épouse de Jérôme, comte de Raigecourt, dame de Menoux (requête à l'effet d'obtenir des dommages et intérêts résultant de l'enlèvement fait par les habitants de Menoux de cordes de bois fabriquées et déposées dans ses forêts); — Pierre Rebillot, avocat en parlement (requête à l'effet d'obtenir visite et reconnaissance des dégâts et dévastations commis dans sa maison de campagne sise à la Villeneuve); — messire Nicolas Vuilleret, seigneur de Brotte, conseiller au parlement de Besançon (requête pour obtenir visite et reconnaissance des dégâts commis dans une maison sise à Saulx);

B. 5764. (Portefeuille.) — 130 pièces, papier.

1790 (mars à mai). — Sentences civiles rendues sur requêtes, etc. — Noms et qualités des parties : les abbé, grand-prévôt, trésorier et chanoines du noble chapitre

SÉRIE B. — BAILLIAGES.

principal et équestral de Lure (requête à l'effet d'être maintenu dans la jouissance du droit de percevoir la dîme de la douzième gerbe sur le territoire de Magny-Vernois, Vauhrenans, Palante, Moffans, Chatonvillars, Plancher-les-Mines, Plancher-Bas, Errevet, Frahier, Champagney, Frotey-les-Lure); — Désiré-Bonaventure Burelet de Chassey, écuyer (requête à l'effet d'être maintenu dans le droit de percevoir la moitié de la dîme qui se lève au territoire de Chassey-les-Montbozon); etc.

B. 5765. (Portefeuille.) — 163 pièces papier.

1780 (mai à juillet). — Sentences civiles rendues sur requêtes, etc. — Noms et qualités des parties : messire Jean-Baptiste Levasseur, officier au régiment de chasseurs de Franche-Comté, chevalier de Saint-Louis ; — messire Jean-Antoine-Ignace de Montagnac, chevalier de Saint-Louis, major de cavalerie ; — les révérends pères Cordeliers du couvent de Provenchère ; etc.

B. 5766. (Portefeuille.) — 111 pièces, papier.

1780 (juillet). — Sentences civiles rendues sur requêtes, etc. — Noms et qualités des parties : Bernard-Angélique Froissard de Broissia, chevalier de Saint-Jean de Jérusalem, seigneur de Noblans-le-Ferroux (requête à l'effet d'être maintenu dans le droit de percevoir la dîme de onze gerbes qui se lève audit lieu); — Jeanne-Marguerite-Noirot, mère de feu Claude-François Rondet, en son vivant chevalier de Saint-Louis, capitaine de grenadiers royaux ; — les officiers municipaux et le curé de Colombier (requête à l'effet de faire condamner le sieur Jean-Claude Decey à présenter à l'église paroissiale de Colombier le pain bénit convenable et selon l'usage adopté dans la paroisse); etc.

B. 5767. (Portefeuille.) — 100 pièces, papier.

1780 (août). — Sentences civiles rendues sur requêtes, etc. — Noms et qualités des parties : Robert Chapelle, capitaine d'artillerie, et Étienne-Marguerite Thomas, son épouse ; — Nicolas-Louis Perreney, prieur du Moutherot-les-Traves, (requête à l'effet d'être maintenu dans le droit de percevoir la dîme d'une gerbe par journal et une taille de 30 livres estevenins sur la communauté de Combeaufontaine); — les officiers municipaux de Magny-les-Jussey (requête pour être maintenus dans la propriété d'un puits situé audit lieu); etc.

B. 5768. (Portefeuille.) — 118 pièces, papier.

1780 (septembre). — Sentences civiles rendues sur requêtes, etc. Noms et qualités des parties : Jean-Prosper de Falletans, seigneur de Thieffrans ; — Jean-Baptiste Renaudin, contrôleur des actes au bureau d'Arcey ; — Charles-François de Montjustin (requête pour obliger Servois Vinon, dudit Montjustin, de satisfaire aux corvées); etc.

B. 5769. (Portefeuille.) — 163 pièces, papier.

1780 (octobre à novembre). — Sentences civiles rendues sur requêtes, etc. — Noms et qualités des parties : Richard-Philippe Foillenot, demeurant à Besançon (requête à l'effet d'être maintenu dans le droit de percevoir la dîme au quinzième des pommes de terre qui se plantent sur le territoire de Magny); — Pierre-Colombe-Prothade Maréchal, ancien chevalier d'honneur à la Chambre des comptes de Dôle ; — François-Eugène Devault, lieutenant-général des armées du Roi ; — Françoise-Antoinette-Étiennette Noël, douairière de M. de Pourlier de la Renaud, en son vivant conseiller du Roi au présidial de Lons-le-Saunier ; — M. de Chaffoy, chanoine à la métropole de Besançon ; etc.

B. 5770. (Registre.) — In-8°, 1200 feuillets, papier.

1621. — Enregistrement des décrets au bailliage de Vesoul. — Noms et qualités des parties : vénérable personne, messire Bonaventure, prêtre, chanoine du chapitre métropolitain de Besançon ; — généreux seigneur Antoine de Grachaux, sieur de Raucourt, Francourt, Vougécourt, etc. comme mari et administrateur des corps et biens de demoiselle Françoise de Beaujeu ; — messire Mougin Pourcherot, prêtre, curé de Betoncourt-les-Menestrier ; — Claude-Cordemoy, docteur ès droits, seigneur de Francalmont ; etc.

B. 5771. (Registre.) — Grand in-8°, 189 feuillets, papier.

1603-1604. — Sentences collocatoires et décrets rendus au bailliage de Vesoul. — Noms et qualités des parties : Guillaume de Falletans, seigneur de Genevrey ; — François Thierry, seigneur de Magnoncourt ; — Claude d'Aigremont, seigneur à Ferrière ; — François-Charles Sonnet, de Vesoul, docteur ès-droits, seigneur de Gesincourt ; — dame Dorothée de Lorraine, duchesse de Brunswick, veuve de feu haut et puissant seigneur, messire Marc de Rye, en son vivant, chevalier de l'ordre de la Toison d'Or, marquis de Varambon, comte de Varax ; etc.

B. 5772. (Registre.) — Grand in-8°, 300 feuillets, papier.

1608. — Sentences collocatoires et décrets rendus au bailliage de Vesoul. — Noms et qualités des parties : les révérends doyen et chanoines du chapitre métropolitain de Besançon, contre François Grigot, d'Estax ; — demoiselle Claudine Gabriel, femme et de l'autorité de noble Antoine d'Aroz, au nom et comme héritière universelle de feu noble Antoine Gabriel, citoyen de Besançon, contre Pierre Collinot, dit Bourrelier ; — honorable François Camus, de Vesoul, impétrant en décret contre noble Philibert de Hugnans, sieur à Courberon ; — demoiselle Jacqueline de Vy, veuve et héritière testamentaire de feu noble sieur Claude de Lavey, seigneur à Brotte, contre Nicolas Dunot et Béatrix Grandperrin, sa femme ; — Jean Chabouteau, de Bouvines en Flandres, superintendant aux batteries et minéraux de leurs Altesses Sérénissimes, impétrant en décret contre noble Besle Renard, dit de Bormont ; — noble Jean Nardin, docteur ès-droits, cogouverneur en la cité impériale de Besançon ; etc.

B. 5773. (Registre.) — Grand in-8°, 400 feuillets, papier.

1614. — Sentences collocatoires et décrets rendus au bailliage de Vesoul. — Noms et qualités des parties : demoiselle Charlotte de Boisset, de Dôle, « impétrante en décret, contre tous ceux et celles qui se voudront porter héritiers de feue dame Perronne de la Baume, en son vivant comtesse de Pont de Vaux » ; — demoiselle Isabeau Dard, veuve de feu Guillaume Lullier, en son vivant, docteur ès-droits ; — noble Oudot Bonnot ; etc.

B. 5774. (Registre.) — Grand in-8°, 172 feuillets, papier.

1604-1605. — Sentences collocatoires et décrets rendus au bailliage de Vesoul. — Noms et qualités des parties : honorable Pierre Poirey, procureur d'office en la justice du Vau de Montmartin appartenant aux sieurs et dames de Dampierre et de Watteville ; — dame Anne-Grosjean, femme et de l'autorité d'honorable Jean-Henryon-le-Viel, de Faucogney ; — noble Antoine Besauceno, de Vesoul, docteur ès-droits. — (Dans ce registre se trouve intercalée une sentence de bannissement perpétuel du comté de Bourgogne, prononcée pour crime de sortilège contre Claudine Audoen, dite la Billecarde, veuve de Claude Lambert-le-Viail, de Saint-Remy. Les principaux chefs d'accusation étaient d'avoir : « 1° en l'année nonante cinq (1595) dernier passé par sortilèges et actes superstitieux pansé et médicamenté ung jeune homme soldat qui arriva en sa maison d'une playe qu'il avait sur la teste luy ayant avec le doigt auriculaire par trois fois touché ladite playe de sa salive et puis mis sur icelle de certaine graisse noire qu'elle print en une petite boitte fort estroitte dont elle la frotta par trois fois avec ledit doigt, au moyen de quoy il perdit aussi tost la parole, et à chef de deux ou trois jours mourut après avoir vosmy plusieurs humeurs jaulnes et puantes comme souffre ; » 2° participé à l'assassinat d'un autre soldat dont le cadavre après avoir été dévalisé fut jeté dans un creux du bois des Brossos ; — 3° donné par ses maléfices diverses maladies mortelles « incongneues et extraordinaires » à des personnes ; 4° été dénoncée comme ayant été au sabbat par plusieurs sorciers condamnés et exécutés comme tels) ; etc.

B. 5775. (Registre.) — Grand in-8°, 183 feuillets, papier.

1608-1609. — Sentences collocatoires et décrets rendus au bailliage de Vesoul. — Noms et qualités des parties : Jean d'Amskerche, dit d'Anvers, seigneur de Vallerois, impétrant en décret contre demoiselle Bonne Demongenot ; — Louise-Claire Caudulot, femme et compagne de messire Claude de Pontailler, seigneur de Rigney, dame de Fleurey, Breurey ; etc.

B. 5776. (Registre.) — Grand in-8°, 321 feuillets, papier.

1610-1613. — Sentences collocatoires et décrets rendus au bailliage de Vesoul. — Noms et qualités des parties : messire de la Gurnel de Granges, impétrant en décret contre Marguerite Robin, femme de Claude Pinel, procureur général en la saunerie de Salins ; — demoiselle Marie de Saint-Mauris, femme de Pierre de Constable, seigneur de Boulot, impétrante en décret contre messire Maurice Caritant, dudit Boulot ; — messire Pierre Syroudot, prêtre, curé de Velleguindry, comme cessionnaire et ayant-droit de Pierre-François Salivet, docteur ès-droits, impétrant en décret contre Henriette Catbin et Françoise Boney, filles et héritières de feu Nicolas Borrey ; etc.

B. 5777. (Registre.) — Grand in-8°, 349 feuillets, papier.

1614-1615. — Sentences collocatoires et décrets rendus au bailliage de Vesoul. — Noms et qualités des parties : Jean Barrot, de Passavant, impétrant en décret contre dame Marguerite de Chastelet, veuve de feu haut et puissant seigneur, messire François d'Anglure, en son vivant chevalier, marquis de Coublanc, baron et seigneur de Saint-Loup et Passavant ; — messieurs les vicomte mateur, échevins et conseil de la ville de Vesoul, comme ayant l'administration du revenu des pauvres de ladite ville, impétrants en décret contre noble Louis Renard, dudit lieu ; — maître Pierre Julien, de Montbozon, notaire reçu aux lieu et place de noble Jacques Liébault et Marc Jacques, amodiateurs de la seigneurie dudit Montbozon, impétrant en décret contre Étienne Magnin dudit lieu ; etc.

B. 5778. (Registre.) — Grand in-8°, 370 feuillets, papier.

1618-1624. — Sentences et décrets rendus au bailliage de Vesoul. — Noms et qualités des parties : noble Pierre de Vaugrineuse, seigneur de Trigon, au nom et comme père et légitime administrateur des personnes et biens de nobles Jacques, Jean, Pierre et Jeanne de Vaugrineuse, enfants et héritiers de demoiselle Marguerite de Baumotte, impétrant en décret contre noble Jacques de Baumotte ; — noble Jean Besancenot, de Vesoul, docteur ès-droits, impétrant en décret contre messire Laurent Billard ; — Marguerite de Moustier, veuve de noble Ferdinand Capel, seigneur de Falquetille ; — Michel de Villiers, seigneur de Vougécourt, Bourbévelle, etc.; — Pierre Dumarchef et Joseph Foley, amodiateurs pour leurs Altesses Sérénissimes en leurs terre, justice et seigneurie de Jonvelle ; etc.

B. 5779. (Registre.) — Grand in-8°, 432 feuillets, papier.

1624-1627. — Sentences collocatoires et décrets rendus au bailliage de Vesoul. — Noms et qualités des parties : noble François-Damedor, de Vesoul, impétrant en décret contre François Noirot et Anne Bertier, dudit lieu ; — dame Anne de Lezay, veuve et héritière par bénéfice d'inventaire de généreux seigneur Jean-Fernand de Villey, seigneur de Magny, Govigney, Cuves, etc. héritier lui-même de dame Antoinette de la Jonchière, son aïeule ; — généreux seigneur Claude-Baptiste de Vy, seigneur de Malleroncourt-Charette, Bourbévelle, les Landres-les-Bois, etc.; — noble Marc-Antoine Bazon ; etc.

B. 5780. (Registre.) — Grand in-4°, 611 feuillets, papier.

1628-1630. — Sentences collocatoires et décrets rendus au bailliage de Vesoul. — Noms et qualités des parties : noble Antoine Danbonne, seigneur à Baffigneccourt ; — Antoine Arvisenet, de Champlitte, docteur ès droits ; — noble Jean Varrods, seigneur de Magny-lez-Jussey ; — noble Humbert de Mesmay, de Vesoul, demeurant à Besançon, etc.

B. 5781. (Registre.) — Grand in-8°, 302 feuillets, papier.

1631-1633. — Sentences collocatoires et décrets rendus au bailliage de Vesoul. — Noms et qualités des parties : demoiselle Marguerite Pétremand, veuve de noble Jean-Baptiste Varin, docteur ès-droits, citoyen de Besançon, seigneur d'Audeux et Chalezeule ; — noble François Dorival, gouverneur en la cité impériale de Besançon et demoiselle Marguerite Chassinet, sa femme ; — demoiselle Jeanne Gilbert, veuve de noble Pierre Thiébaud, procureur fiscal au bailliage de Dôle ; — messire Jean-Claude de Gilley, chevalier, baron du Saint-Empire, seigneur de Longevelle, Vy-les-Lure ; — révérend père en Dieu, dom Pierre de Cléron, abbé de Theuley ; — noble Antoine Garnier, de Besançon, docteur en médecine ; etc.

B. 5782. (Registre.) — Grand in-8°, 215 feuillets, papier.

1631-1635. — Sentences collocatoires et décrets rendus au bailliage de Vesoul. — Noms et qualités des parties : les révérendes dames de Battans, rentrées au lieu et place des habitants d'Auxon ; — messire Jean Demoujin, prêtre, chanoine en l'église Sainte-Marie-Magdeleine, prieur du Moutherot, et noble Guy Demougin, de Besançon ; — noble François Besancenot, seigneur de Cendrecourt ; etc.

B. 5783. (Registre.) — Grand in-8°, 140 feuillets, papier.

1664-1666. — Sentences collocatoires et décrets rendus au bailliage de Vesoul. — Noms et qualités des parties : nobles François-Adrien d'Aubonne et François-Baptiste d'Aubonne ; — les révérends pères religieux bénédictins de Faverney ; — noble Joachim de Bonneux, coseigneur à Villers-Saint-Marcelin ; — Jean-Baptiste Henrion, de Faucogney, en qualité de receveur de l'hôpital dudit lieu ; etc.

B. 5784. (Registre.) — Grand in-8°, 278 feuillets, papier.

1680-1682. — Sentences collocatoires et décrets rendus au bailliage de Vesoul. — Noms et qualités des parties : noble Pierre Marischal, citoyen de Besançon, docteur ès-droits ; — discrète personne, messire Loys Ligier, prêtre, curé de Jussey ; — messire Hardouin de Clermont, chevalier, seigneur de Saint-Georges, Delain, Vy-le-Ferroux, Rupt, etc ; — dame Françoise Lallemand, veuve de généreux seigneur Guillaume de Falletans, seigneur de Melin, Saint-Julien, Combeaufontaine, Mercey, Gevigney, etc. ; etc.

B. 5785. (Registre.) — Grand in-8°, 334 feuillets, papier.

1632-1634. — Sentences collocatoires et décrets rendus au bailliage de Vesoul. — Noms et qualités des parties : les révérends pères jésuites du collège de Vesoul ; — messire Thomas de Chanvirey, prêtre, chanoine de l'église métropolitaine de Besançon, prieur de Grandecourt ; — noble Hugues Pourtier ; — noble Pierre Marischal, docteur ès-droits, seigneur à Sorans-les-Cordier ; etc.

B. 5786. (Registre.) — Grand in-8°, 243 feuillets, papier.

1634-1635. — Sentences collocatoires et décrets rendus au bailliage de Vesoul. — Noms et qualités des parties : Anatole Nélaton, receveur des exploits à Vesoul ; — maître Nicolas Condriet, de Cemboing, notaire ; — messire Jean Millet, prêtre, chanoine de l'église métropolitaine de Besançon, prieur de Cusance ; — généreux seigneur Jean-Baptiste de Mouby, seigneur dudit lieu, Gondenans, etc., impétrant en décret contre demoiselle Anne de Constable, veuve de généreux seigneur, François d'Angicourt, généreux seigneur, Jean-Jacques de Blisterwich, seigneur de Melisey etc., comme père et légitime administrateur des corps et biens de Jean-Jacques de Blisterwich, son fils, du corps de Béatrix de Constable, sa femme ; etc.

B. 5787. (Portefeuille.) — 1 pièce, parchemin, 23 pièces, papier.

1632-1679. — Sentences collocatoires, décrets et exécutions de décrets au bailliage de Vesoul. — Noms et qualités des parties : dame Benigne de Thomassin, veuve de généreux seigneur Claude-Philibert de Confans, seigneur de Melincourt, Mercey, Gevigney, etc., contre noble Claude Duhoux, en son vivant seigneur à Montureux ; — noble Ferdinand de Cointal, seigneur de Mailleroncourt-Charette (exécution de ses biens à la requête de noble Jean-Georges Aymonnet, seigneur de Contréglise, et demoiselle Étiennette Rousselet, veuve et usufruitière des biens délaissés par messire Claude-François Terrier, docteur ès-droits, conseiller au parlement de Bourgogne) ; etc.

B. 5788. (Portefeuille.) — 2 pièces, parchemin, 41 pièces, papier.

1680-1681. — Sentences collocatoires, décrets et exécutions de décrets au bailliage de Vesoul. — Noms et qualités des parties : Jean-Baptiste Noir, de Vauvillers, docteur ès-droits, impétrant en décret contre Jean Roux, de Vougécourt, et Georgine Clerc, sa femme ; — Sébastienne Barthélemy, veuve de feu honorable Didier Harleu, de Combeaufontaine, impétrante en exécution de sentence contre Jean Robin, de Confracourt ; etc.

B. 5789. (Portefeuille.) — 42 pièces, papier.

1681. — Sentences collocatoires, décrets et exécutions de décrets au bailliage de Vesoul. — Noms et qualités des parties : les vénérables familiers de l'église Saint-Georges, de Vesoul, impétrants en exécution de décret contre tous les créanciers prétendant droits et hypothèques sur les biens de feu noble Jean-François Manblanc, docteur ès-droits ; — généreux seigneur Jérôme Balthazard de Culta, seigneur de Cemboing, Vy-les-Lure, etc. ; — noble Pierre Buretel, docteur ès-droits, conseiller de Sa Majesté et son avocat fiscal d'Amont ; etc.

B. 5790. (Portefeuille.) — 53 pièces, papier.

1681. — Sentences collocatoires, décrets et exécutions de décrets au bailliage de Vesoul — Noms et qualités des parties : noble Jean-François d'Aygremont, seigneur à Ferrière-les-Scey ; — François Langroignet, de Vesoul ; etc.

B. 5791. (Portefeuille.) — 2 pièces, parchemin, 53 papier.

1681. — Sentences collocatoires, décrets et exécutions de décrets au bailliage de Vesoul. — Noms et qualités des parties : Charles-François-Samuel et Jean-Claude Ganthier et demoiselle Thérèse Ganthier, femme de Jean de Corbéon ; — messire Guillaume Matherot, de Dôle, docteur ès-droits, seigneur de Preigney, conseiller du Roi en son souverain parlement de Besançon ; etc.

B. 5792. (Portefeuille.) — 2 pièces, parchemin, 57 pièces papier.

1681. — Sentences collocatoires, décrets et exécutions de décrets au bailliage de Vesoul. — Noms et qualités des parties : messire Jean Bonnefoy, seigneur de Fleurey, Ro-

SÉRIE B. — BAILLIAGES.

vières, conseiller au souverain parlement de Besançon;
— noble Claude-Étienne Tranchant, docteur ès-droits,
vicomte mayeur, capitaine de la ville de Vesoul; etc.

B. 5793. (Portefeuille.) — 2 pièces, parchemin, 59 pièces, papier.

1682. — Sentences collocatoires, décrets et exécutions de décrets rendus au bailliage de Vesoul. — Noms et qualités des parties : noble Claude-François de Lassaut, co seigneur de Verchamps, Guisoul, etc; — noble Jacques-Joseph Perrenelle, seigneur de Mont-le-Vernois, lieutenant général d'Amont, siège de Vesoul; — les dévotes et révérendes religieuses de l'Annonciade de Vesoul; — demoiselle Jacques-Françoise de Cordemoy, veuve du docteur Ligier, de Vesoul; etc.

B. 5794. (Portefeuille.) — 1 pièce, parchemin; 60 pièces, papier.

1682. — Sentences collocatoires, décrets et exécutions de décrets rendus au bailliage de Vesoul. — Noms et qualités des parties : Jacques Brisebarre, meunier au moulin de la Rochotte; — Jeanne Copu, femme d'honorable Laurent Rossignol, de Frouray-les-Faverney, notaire; etc.

B. 5795. (Portefeuille.) — 33 pièces, papier.

1682. — Sentences collocatoires, décrets et exécutions de décrets au bailliage de Vesoul. — Noms et qualités des parties : demoiselle Anne Thiellement et noble Nicolas Symonnet, seigneur d'Izonne; — noble Antoine Jacquot, seigneur de Rosey, Andelarre, Andelarrot etc., et noble Jacques Raclet, docteur ès-droits, seigneur de Chassey, etc; — Jean Balland, de Dôle, docteur ès-droits, seigneur de la Bretonnière, Chazelot, et professeur royal en l'université dudit lieu; etc.

B. 5796. (Portefeuille.) — 1 parchemin; 71 pièces, papier.

1682. — Sentences collocatoires, décrets et exécutions de décrets au bailliage de Vesoul. — Noms et qualités des parties : noble Jacques Terrier, seigneur de Mailleroncourt-Charette et noble François-Jules Terrier, impétrant en décret; — demoiselle Claude-Françoise Jacquinot, veuve de Georges Demongenet, de Vesoul, en son vivant docteur ès-droits; etc.

B. 5797. (Portefeuille.) — 49 pièces, papier.

1682. — Sentences collocatoires, décrets et exécutions de décrets au bailliage de Vesoul. — Noms et qualités des parties : Philippe Ballay, de Vesoul, docteur ès-droits, impétrant en exécution de décret contre noble Pierre Pouthier, seigneur de Chauconne; — noble Claude-Étienne Tranchand, docteur ès-droits, ci-devant lieutenant-local d'Amont, et noble Antoine-Alexis Tranchand, son frère, seigneurs à Borey, impétrants en décret sur les biens délaissés par feu noble François Grégoire, en son vivant co seigneur audit Borey; etc.

B. 5798. (Portefeuille.) — 46 pièces, papier.

1682. — Sentences collocatoires, décrets et exécutions de décrets au bailliage de Vesoul. — Noms et qualités des parties : noble Jean-Baptiste d'Aubonne et dame Françoise Lallemand, sa femme et compagne; — dame Charlotte Courvoisier, de Vesoul, veuve du docteur Maillot et du baron de Vautravers; etc.

B. 5799. (Portefeuille.) — 1 pièce, parchemin; 43 pièces, papier.

1682. — Sentences collocatoires, décrets et exécutions de décrets au bailliage de Vesoul. — Noms et qualités des parties : haute et puissante dame Marguerite de Coisard d'Espye, marquise de Mennessaire, héritière de haute et puissante dame, dame Catherine Tècle de Lignéville, impétrante en décret contre haut et puissant seigneur, messire Gaspard de Lignéville; — illustre seigneur, messire Jean-Baptiste de Gilley, baron de Marnoz, seigneur de Longevelle, Aiglepierre, Vy-les-Lure, Miserey, etc; — Claude Pelletier, juge en la prévôté de Jussey; etc.

B. 5800. (Portefeuille.) — 57 pièces, papier.

1682. — Sentences collocatoires, décrets et exécutions de décrets au bailliage de Vesoul. — Noms et qualités des parties : Jean-Baptiste Maire, de Vauvillers, docteur ès-droits; — discrète personne, messire François Jacqueney, prêtre, curé de Gevigney; — Nicolas Guichardot, coseigneur à Ranzevelle; etc.

B. 5801. (Portefeuille.) — 39 pièces, papier.

1684. — Sentences collocatoires, décrets et exécutions de décrets au bailliage de Vesoul. — Noms et qualités des parties : les révérends pères supérieurs et religieux du monastère bénédictin de Saint-Servule, érigé à Moray, impétrants en exécution de décret contre tous ceux prétendant droits, actions ou hypothèques sur les biens délaissés par feu noble Guillaume de la Saulx, en son vivant, seigneur de Melin; — messire Pierre Tisserand, de Dôle, docteur ès-droits, professeur royal en l'université dudit lieu ; etc.

B. 5802. (Portefeuille.) — 47 pièces, papier.

1684. — Sentences collocatoires, décrets et exécutions de décrets au bailliage de Vesoul. — Noms et qualités des parties : noble Jean-Baptiste Millot, seigneur de Montjustin, Autrey, Velotte, etc.; — généreux seigneur, Jean-Antoine de Vaudrey, baron de Revenge; — discrète et vénérable personne, messire Renobert, Bouchue de Grange, prêtre ; etc.

B. 5803. (Portefeuille.) — 51 pièces, papier.

1684. — Sentences collocatoires, décrets et exécutions de décrets au bailliage de Vesoul. — Noms et qualités des parties : Luc Tribouley, de Villersexel; — demoiselle Simonne Vautherin, veuve du capitaine Besançenot, de Vesoul ; etc.

B. 5804. (Portefeuille.) — 61 pièces, papier.

1684. — Sentences collocatoires, décrets et exécutions de décrets au bailliage de Vesoul. — Noms et qualités des parties : Jean-Claude Midoz, de Vesoul, notaire et procureur; — Jacques Lancet, de Gevigney; etc.

B. 5805. (Portefeuille.) — 40 pièces, papier.

1684. — Sentences collocatoires, décrets et exécutions de décrets au bailliage de Vesoul. — Noms et qualités des parties : Claude-François Affriquain Vounon, de Baulme, docteur ès-droits, avocat en parlement; — noble Marc Devilliers et Marie Gasparine Desprels, seigneur et dame de Vougécourt; etc.

B. 5806. (Portefeuille.) — 1 pièce, parchemin ; 43 pièces, papier.

1684. — Sentences collocatoires, décrets et exécutions de décrets au bailliage de Vesoul. — Noms et qualités des parties : dame Jacques-Françoise Ligier, femme et compagne de généreux seigneur, messire Charles-Emmanuel Pétrey, baron et seigneur d'Eclans, — Claude-François Rondez, marchand à Vesoul ; etc.

B. 5807. (Portefeuille.) — 9 pièces, parchemin; 60 pièces, papier.

1684. — Sentences collocatoires, décrets et exécutions de décrets au bailliage de Vesoul. — Noms et qualités des parties : Nicolas Faville, fermier général des domaines du Roi au comté de Bourgogne; — Antoine Réal, marchand tanneur à Vesoul ; etc.

B. 5808. (Portefeuille.) — 4 pièces, parchemin; 60 pièces, papier.

1685. — Sentences collocatoires, décrets et exécutions de décrets au bailliage de Vesoul. — Noms et qualités des parties : Marguerite-Françoise d'Achey, femme de messire François-Ferdinand, comte de Poitiers et de Neufchâtel (dénombrement fourni par elle au Roi, duc et comte de Bourgogne des droits, terre et revenus de la baronnie et seigneurie d'Amance, acquise par ladite dame au décret fait d'autorité du parlement de Besançon sur le seigneur marquis de Varambon); — Barbe Thierry, veuve de Georges Thomas, d'Equevilley ; etc.

B. 5809. (Portefeuille.) — 37 pièces, papier.

1685. — Sentences collocatoires, décrets et exécutions de décrets au bailliage de Vesoul. — Noms et qualités des parties : noble Jean-Froment, de Vesoul, docteur ès-droits ; — Jean-Claude Miroudot, receveur des terres et seigneurie de Villersexel; etc.

B. 5810. (Portefeuille.) — 6 pièces, parchemin; 36 pièces, papier.

1685. — Sentences collocatoires, décrets et exécutions de décrets au bailliage de Vesoul. — Noms et qualités des parties : noble Jean-Louis et Christophe Maublanc, de Fondremand; — demoiselle Charlotte Salivet, veuve de noble Jean-Georges Aymonnet, seigneur de Contréglise ; — messire Nicolas de Montarby, seigneur de Dampierre ; etc.

B. 5811. (Portefeuille.) — 49 pièces, papier.

1686. — Sentences collocatoires, décrets et exécutions de décrets au bailliage de Vesoul. — Noms et qualités des parties : François Pigeard, de Luxeuil, capitaine et prévôt de Tilly ; — dame Anne-Eve de Bresson, dame de Villars-Saint-Marcellin ; etc.

B. 5812. (Portefeuille.) — 7 pièces, parchemin ; 54 pièces, papier.

1686. — Sentences collocatoires, décrets et exécutions de décrets au bailliage de Vesoul. — Noms et qualités des parties : révérend sieur messire Claude Jacquet, prêtre et chanoine en l'église métropolitaine de Besançon, seigneur de Cussey ; — la confrérie de Saint-Sébastien, établie à Monthozon ; etc.

B. 5813. (Portefeuille.) — 2 pièces, parchemin ; 41 pièces, papier.

1686. — Sentences collocatoires, décrets et exécutions de décrets au bailliage de Vesoul. — Noms et qualités des parties : les révérends pères bénédictins de Morey, seigneurs hauts-justiciers de Melin ; — Claude-Louis Garère, greffier civil au siège de Vesoul ; etc.

B. 5814. (Portefeuille.) — 2 pièces, parchemin ; 43 pièces, papier.

1686. — Sentences collocatoires, décrets et exécutions de décrets au bailliage de Vesoul. — Noms et qualités des parties : demoiselle Anne-Françoise Courtaillon, de Vauvillers, veuve de Jean-François Courtaillon, docteur ès-droits ; — révérend seigneur, messire Pierre de Cléron, en son vivant abbé et seigneur de Cherlieu ; etc.

B. 5815. (Portefeuille.) — 1 pièce, parchemin ; 41 pièces, papier.

1686. — Sentences collocatoires, décrets et exécutions de décrets au bailliage de Vesoul. — Noms et qualités des parties : dame Marguerite de Fraissois, veuve de généreux seigneur, Jean-Claude de la Verne, en son vivant colonel d'un régiment d'infanterie pour le service de Sa Majesté catholique, et garde-noble des seigneurs et dames des enfants, coseigneurs et dames de Vellechevreux ; — noble Mathieu Vincent, seigneur de Montjustin ; — dame Anne Callier, veuve et héritière universelle de Jacques Richard, en son vivant consul à Amsterdam ; etc.

B. 5816. (Portefeuille.) — 4 pièces, parchemin ; 32 pièces, papier.

1686. — Sentences collocatoires, décrets et exécutions de décrets au bailliage d'Amont, siège de Vesoul. — Noms et qualités des parties : demoiselle Anne Broch, de Vesoul, veuve de feu Toussaint Maillot, en son vivant maire de la ville de Lure ; demoiselle Jeanne Broch, femme de Claude-Etienne Devilliers, docteur ès droits ; etc.

B. 5817. (Portefeuille.) — 34 pièces, papier.

1686. — Sentences collocatoires, décrets et exécutions de décrets au bailliage d'Amont, siège de Vesoul. — Noms et qualités des parties : noble Jean-Baptiste de Maçon, seigneur d'Echoz ; — noble Antoine d'Accers, capitaine au régiment de Belleford pour le service du Roi, et dame Marguerite Bouhet, sa femme ; — dame Marie-Françoise de Clairon, femme et compagne de messire Claude-Antoine du Tartre, baron de Laubespin, seigneur de Chilly, héritière de dame Jeanne-Françoise de Pontailler, sa mère (impétrante en purgation d'hypothèques sur les biens de cette dernière) ; etc.

B. 5818. (Portefeuille.) — 45 pièces, papier.

1687. — Sentences collocatoires, décrets et exécutions de décrets au bailliage d'Amont, siège de Vesoul. — Noms et qualités des parties : noble Pierre-Gaspard Burctel, avocat du Roi, et demoiselle Jeanne-Claude Aymonnet, son épouse ; — haut et puissant seigneur, messire Ferdinand-François, comte de Poitiers et de Rye, baron et seigneur de Neufchâtel ; — illustre dame, dame Catherine de Berbis, comtesse de Grammont, dame de la Roche Vellechevreux, Gouhenans, etc., etc.

B. 5819. (Portefeuille.) — 47 pièces, papier.

1687. — Sentences collocatoires, décrets et exécutions de décrets au bailliage d'Amont, siège de Vesoul. — Noms et qualités des parties : Jean-Paul Richardot, du Val d'Ajol, notaire royal ; — Claude-Nicolas Pinguet, des Fontenis ; — Léonard Malvillet, d'Ovanches ; etc.

B. 5820. (Portefeuille.) — 47 pièces, papier.

1687. — Sentences collocatoires, décrets et exécutions de décrets au bailliage d'Amont, siège de Vesoul. — Noms et qualités des parties : noble Antoine d'Anceoy et dame Marguerite Baudrot, sa femme (impétrants en purgation d'hypothèques contre tous ceux prétendant droits et créances sur la seigneurie de Chaux-lès-Buult); — noble Claude Galliot, de Besançon, docteur en médecine; — messire Jean-Claude Franchet, citoyen de Besançon, docteur ès-droits, seigneur de Coudroy; etc.

B. 5822. (Portefeuille.) — 4 pièces, parchemin; 61 pièces, papier.

1688. — Sentences collocatoires, décrets et exécutions de décrets au bailliage d'Amont, siège de Vesoul. — Noms et qualités des parties : Claude Benoît, procureur en parlement; — les révérends doyen et chanoines de l'église collégiale de Dôle, seigneurs de Marast; — noble Jean-Nicolas Ménier, docteur ès-droits; etc.

B. 5823. (Portefeuille.) — 32 pièces, papier.

1688. — Sentences collocatoires, décrets et exécutions de décrets au bailliage d'Amont, siège de Vesoul. — Noms et qualités des parties: Jean-François Lefaivre, de Corre, marchand; — demoiselle Jeanne-Marguerite Guillemin, femme de noble Claude-François Salivet de Fouchécourt; etc.

B. 5824. (Portefeuille.) — 3 pièces, parchemin; 30 pièces, papier.

1688. — Sentences collocatoires, décrets et exécutions de décrets rendus au bailliage d'Amont, siège de Vesoul. — Noms et qualités des parties : dame Jacques-Françoise Legier, femme de messire Charles-Emmanuel Pétrey, baron et seigneur d'Éclans, Longwy, etc., dame à Jussey, impétrante en exécution de décret contre tous ceux et celles prétendant droits et hypothèques sur les biens de messire Christophe d'Augicourt, seigneur dudit lieu; — honorable Lanternier, notaire de Confracourt; — etc.

B. 5825. (Portefeuille.) — 3 pièces, parchemin; 60 pièces, papier.

1688. — Sentences collocatoires, décrets et exécutions de décrets rendus au bailliage d'Amont, siège de Vesoul. — Noms et qualités des parties : noble Antoine-Alexis Tranchant, seigneur de Chaux, etc; demoiselle Valentine Camus, de Vesoul, dame de Montciel, veuve du sieur Claude Baguignet, docteur-ès droits; — illustre dame Hélène d'Haraucourt, comtesse de Remiremont; — révérend sieur messire Jean Logre, prêtre, chanoine, en l'église collégiale de Champlitte et chapelain de la chapelle érigée en l'église de Betoncourt, sous l'invocation du Saint-Esprit, impétrant en décret contre messire Charles de la Fontaine, chevalier, seigneur d'Ataincourt, Gevincourt, etc., et dame Élisabeth de la Fontaine, marquise d'Ataincourt, femme et compagne de généreux seigneur, messire Hierôme-Balthazard de Cuis, seigneur de Cambolng; — etc.

B. 5826. (Portefeuille.) — 3 pièces, parchemin; 57 pièces, papier.

1688. — Sentences collocatoires, décrets et exécutions de décrets rendus au bailliage d'Amont, siège de Vesoul. — Noms et qualités des parties : Claude-Louis Castel, greffier au siège de Vesoul et amodiateur des terres et seigneuries de Moroy, Motey, la Rochelle et dépendances; — demoiselle Claude Garnier, femme de noble Marc-Antoine de Govigny, seigneur de Chassey; — Jacques-Thomas de Saint-Ferjeux, procureur des révérends sieurs prieur et religieux de l'abbaye Notre-Dame des Trois-Rois; — etc.

B. 5828. (Portefeuille.) — 7 pièces, parchemin; 49 pièces, papier.

1689. — Sentences collocatoires, décrets et exécutions de décrets rendus au bailliage d'Amont, siège de Vesoul. — Noms et qualités des parties : Marc-Antoine Guyot, procureur du Roi au siège de Vesoul; — Luc Guillemot, postulant au siège de Besançon; — Étienne Châtel, postulant au siège de Vesoul; — etc.

B. 5827. (Portefeuille.) — 1 pièce, parchemin; 46 pièces, papier.

1689. — Sentences collocatoires, décrets et exécutions de décrets rendus au bailliage d'Amont, siège de Vesoul. — Noms et qualités des parties : Jacques Fromiot, marchand et banquier, citoyen de Besançon; — discrète personne, messire Jean-François Alidy, prêtre familier à Vesoul; — Jacques Vejux, de Vesoul, docteur ès-droits; — etc.

B. 5828. (Portefeuille.) — 55 pièces, papier.

1689. — Sentences collocatoires, décrets et exécutions de décrets rendus au bailliage d'Amont, siège de Vesoul; — Noms et qualités des parties : les vicomte mayeur-capitaine, échevins et conseil de la ville de Vesoul, et le sieur François Prévost, commissaire des vivres de l'armée de Sa Majesté, impétrants en exécution de décrets contre Henri Blanchet, de Nans, demeurant ci-devant au moulin des Prés; — etc.

B. 5219. (Portefeuille.) — 3 pièces, parchemin, 68 pièces, papier.

1690. — Sentences collocatoires, décrets et exécutions de décrets rendus au bailliage d'Amont, siége de Vesoul. — Noms et qualités des parties : Pierre-Irénée Guéguel, ancien conseiller du procureur général de la principauté de Montbéliard; — les révérendes mères Ursules, de Dôle; — vénérable et discrète personne, messire Claude-François Fontenoy, prêtre, curé de Volsey, et Claude Gauthier, fabricien de l'église Saint-Martin; — etc.

B. 5520. (Portefeuille.) — 3 pièces, parchemin, 34 pièces, papier.

1690. — Sentences collocatoires, décrets et exécutions de décrets rendus au bailliage d'Amont, siége de Vesoul. — Noms et qualités des parties : révérend sieur messire Hugues-Lynare Maréchal, prêtre et chanoine de l'insigne église métropolitaine de Besançon, noble Pierre Maréchal, Nicolas Thomas, et demoiselle Rose Maréchal; — etc.

B. 5521. (Portefeuille.) — 10 pièces, papier.

1690. — Sentences collocatoires, décrets et exécutions de décrets rendus au bailliage d'Amont, siége de Vesoul. — Noms et qualités des parties : dame Claude-Françoise de Chapuis, veuve de noble Claude de Poincte, en son vivant seigneur de Pissetoup; — noble Charles de Varod, seigneur de Magny-les-Jussey, et dame Jeanne-Sophie de Tremelle, sa femme; — généreux seigneur, messire Étienne, de Camelin, seigneur de Bougey, chevalier de l'ordre Notre-Dame de Mont-Carmel, de Saint-Lazare et de Jérusalem, capitaine général des mineurs de Sa Majesté, lieutenant-colonel d'infanterie, commandant l'école des canonniers du royaume; — noble Jean-Georges Vernerey, seigneur de Montcourt; — etc.

B. 5522. (Portefeuille.) — 3 pièces, parchemin; 32 pièces, papier.

1690. — Sentences collocatoires, décrets et exécutions de décrets rendus au bailliage d'Amont, siége de Vesoul. — Noms et qualités des parties : noble Barthélemy Aronx, Jean-Baptiste Rozlet et demoiselles Philiberthe et Éléonette Rozlet, impétrants en décret sur les biens de feu messire François-Alexandre d'Araucourt, seigneur de Vaurecourt; — noble Claude-Étienne de Reubeau, seigneur de Mont-les-Étrelles; — etc.

B. 5523. (Portefeuille.) — 3 pièces, parchemin; 45 pièces, papier.

1690. — Sentences collocatoires, décrets et exécutions de décrets rendus au bailliage d'Amont, siége de Vesoul. — Noms et qualités des parties : Jean Clerc, marchand à Vesoul; — honorable Claude Bertrand, de Montbozon; — noble Claude Guillot, de Dôle, docteur en médecine; — etc.

B. 5524. (Portefeuille.) — 36 pièces, papier.

1690. — Sentences collocatoires, décrets et exécutions de décrets rendus au bailliage d'Amont, siége de Vesoul. — Noms et qualités des parties : Claude-Nicolas Gros-Jean, de Jonvelle, docteur ès-médecine; — illustre, haut et puissant seigneur, messire Charles-François de la Baulme, comte de Saint-Amour, marquis d'Oiselay, seigneur de Malaître, Grandvelle; — etc.

B. 5525. (Portefeuille.) — 45 pièces, papier.

1691. — Sentences collocatoires, décrets et exécutions de décrets rendus au bailliage d'Amont, siége de Vesoul. — Noms et qualités des parties : demoiselle Françoise Vernerey, veuve de feu Antoine Bœuf, de Senoncourt, en son vivant docteur ès-droits; — Jean Maurice Sauvage, de Faucogney, docteur ès-droits; — Claude Mougin, de Saint-Loup, notaire et huissier; — etc.

B. 5526. (Portefeuille.) — 2 pièces, parchemin, 32 pièces, papier.

1692. — Sentences collocatoires, décrets et exécutions de décrets rendus au bailliage d'Amont, siége de Vesoul. — Noms et qualités des parties : messire Charles-Antoine de la Baume, marquis de Saint-Martin, Pesmes, etc., seigneur de Bourguignon-les-Conflans, impétrant en purgation d'hypothèques sur la terre et seigneurie dudit Bourguignon; — haut et puissant seigneur, messire Michel, marquis de Grandmont, colonel de dragons pour le service de Sa Majesté, impétrant en purgation d'hypothèques sur la seigneurie de Fallon; — vénérable et discrète personne, messire Joseph Margenot, prêtre, curé de Vitrey; — etc.

B. 5637. (Portefeuille.) — 47 pièces, papier.

1692. — Sentences collocatoires, décrets et exécutions de décrets rendus au bailliage d'Amont, siège de Vesoul. — Noms et qualités des parties : Claude Barbier, de Montferney ; — demoiselle Clément Gauday, veuve d'honorable Pancras Vaucherot, de Caso ; — etc.

B. 5638. (Portefeuille.) — 49 pièces, papier.

1692. — Sentences collocatoires, décrets et exécutions de décrets rendus au bailliage d'Amont, siège de Vesoul. — Noms et qualités des parties : Pierre-Joseph Mercier, postulant au siège de Vesoul ; — vénérable et discrète personne, messire Nicolas Sirontot, prêtre, et discrète personne, messire Nicolas Sirontot, prêtre, directeur des misérables missionnaires de Beaupré ; — Jeanne Coublet, femme de Nicolas Labra, notaire à Granges ; — etc.

B. 5639. (Portefeuille.) — 2 pièces, parchemin; 48 pièces, papier.

1692. — Sentences collocatoires, décrets et exécutions de décrets rendus au bailliage d'Amont, siège de Vesoul. — Noms et qualités des parties : les Annonciades de Vesoul ; — honorable Thomas Rose, de Colombier, notaire ; — dame Françoise-Prospère Maréchal, veuve de feu messire Pierre-Nicolas Mathieu, en son vivant seigneur de Jussy en Savoie ; — etc.

B. 5640. (Portefeuille.) — 1 pièce, parchemin; 38 pièces, papier.

1693. — Sentences collocatoires, décrets et exécutions de décrets rendus au bailliage d'Amont, siège de Vesoul. — Noms et qualités des parties : demoiselle Philiberte-Louise Salivet, veuve de noble Renobert Besancenot, docteur ès-droits ; — Martine André, veuve d'honorable Jean Carmentrand, notaire à Chemilly ; — etc.

B. 5641. (Portefeuille.) — 18 pièces, papier.

1693. — Sentences collocatoires, décrets et exécutions de décrets rendus au bailliage d'Amont, siège de Vesoul. — Noms et qualités des parties : Nicolas Denésy, marchand à Fresse ; — messire Gaspard-Joseph de Bermon, seigneur de Serrigney, seigneur à Cubrial, et dame Simone Racle, sa femme, impétrants en exécution de sentence provisionnelle définitive et en purgation d'hypothèques contre tous ceux et celles qui prétendaient droits et hypothèques sur la terre et seigneurie de Serrigney ; — etc.

B. 5642. (Portefeuille.) — 40 pièces, papier.

1693. — Sentences collocatoires, décrets et exécutions de décrets rendus au bailliage d'Amont, siège de Vesoul. — Noms et qualités des parties : Claude-Étienne Jannon, postulant au siège de Vesoul ; — révérend sieur, messire Pierre Mirdandel, prêtre, chanoine de l'insigne chapitre de Vesoul ; — etc.

B. 5643. (Portefeuille.) — 36 pièces, papier.

1694. — Sentences collocatoires, décrets et exécutions de décrets rendus au bailliage d'Amont, siège de Vesoul. — Noms et qualités des parties : les RR. Pères Jésuites du collège de Vesoul, impétrants en exécution de décrets sur les biens de feu illustre et révérend seigneur, messire François du Livron, en son vivant abbé de la Chalade ; — Pierre de Lannoye de Thon et dame Françoise Maistrot, sa femme ; etc.

B. 5644. (Portefeuille.) — 23 pièces, papier.

1694. — Sentences collocatoires, décrets et exécutions de décrets rendus au bailliage d'Amont, siège de Vesoul. — Noms et qualités des parties: demoiselle Élisabeth de Baron, demeurant à Besançon ; — demoiselle Françoise Leclerc, veuve de feu noble Nicolas-Albert du Bois, en son vivant docteur ès droits ; etc.

B. 5645. (Portefeuille.) — 21 pièces, papier.

1694. — Sentences collocatoires, décrets et exécutions de décrets rendus au bailliage d'Amont, siège de Vesoul. — Noms et qualités des parties : demoiselle Françoise Pertuiset, de Pierrecourt ; — Nicolas Joly, de Gray, procureur spécial des seigneur et dame de Morey ; etc.

B. 5646. (Portefeuille.) — 2 pièces, parchemin; 67 pièces, papier.

1695. — Sentences collocatoires, décrets et exécutions de décrets rendus au bailliage d'Amont, siège de Vesoul. — Noms et qualités des parties : noble Jean-Antoine Boudret, de Besançon, seigneur de Bravans ; — Antoine Vernois, chirurgien royal en la cité de Besançon ; etc.

B. 5817. (Portefeuille.) — 1 pièce, parchemin; 17 pièces, papier.

1695. — Sentences collocatoires, décrets et exécutions de décrets rendus au bailliage d'Amont, siége de Vesoul. — Noms et qualités des parties : messire Claude-François de Chaulin, prêtre, curé de Thise, intendant de Mgr l'Archevêque ; — général seigneur, messire François de Jouffroy, seigneur de Neuvillars, Amagney, etc., impétrant en exécution de décret contre dame Anne-Catherine de Cicon, comtesse de Mauléon, et en purgation d'hypothèques sur les terres et seigneuries de Gevigney, Mercey, Combeaufontaine, Purgerot ; etc.

B. 5818. (Portefeuille.) — 50 pièces, papier.

1696. — Sentences collocatoires, décrets et exécutions de décrets rendus au bailliage d'Amont, siége de Vesoul. — Noms et qualités des parties : Hugues Maréchal, de Purgerot, maître-armurier à Scey-sur-Saône ; — demoiselle Claudinette Guichard, femme de Jean-Claude Blouchot ; etc.

B. 5819. (Portefeuille.) — 20 pièces, papier.

1697. — Sentences collocatoires, décrets et exécutions de décrets rendus au bailliage d'Amont, siége de Vesoul. — Noms et qualités des parties : messire Joseph de la Vauge, seigneur de Frasnois ; — messire Frédéric Maître, conseiller du Roi, prévôt général du comté de Bourgogne, recevoir général des confiscations faites au profit de Sa Majesté ; etc.

B. 5820. (Portefeuille.) — 1 pièce, parchemin; 17 pièces, papier.

1697. — Sentences collocatoires, décrets et exécutions de décrets rendus au bailliage d'Amont, siége de Vesoul. — Noms et qualités des parties : Jean Séjamant, docteur ès-droits, lieutenant particulier au bailliage ducal de Langres; — les missionnaires du diocèse de Besançon, établis à Beauprel ; etc.

B. 5821. (Portefeuille.) — 2 pièces, parchemin ; 57 pièces, papier.

1697. — Sentences collocatoires, décrets et exécutions de décrets rendus au bailliage d'Amont, siége de Vesoul. —

Noms et qualités des parties : dame Valentine Rousselot, veuve et donataire de M. le conseiller Camus ; — les révérendes dames abbesse et religieuses du monastère de Notre-Dame dit de Battant, érigé à Besançon.

B. 5822. (Portefeuille.) — 1 pièce, parchemin; 63 pièces, papier.

1698. — Sentences collocatoires, décrets et exécutions de décrets rendus au bailliage d'Amont, siége de Vesoul. — Noms et qualités des parties : Pierre Folley, de Jussey ; — Étienne Moureau, archer de la brigade de Besançon ; etc.

B. 5823. (Portefeuille.) — 3 pièces, parchemin; 23 pièces, papier.

1699. — Sentences collocatoires, décrets et exécutions de décrets rendus au bailliage d'Amont, siége de Vesoul. — Noms et qualités des parties : illustre seigneur, messire Hiérôme-Balthazar de Cuits, baron et seigneur de Combuluy, Vy-lès-Lure, etc. ; — illustre seigneur, messire Charles-Emmanuel de Saint-Mauris, baron et seigneur de la Villeneuve, Saulx, Châtenois, etc. ; — etc.

B. 5824. (Portefeuille.) — 1 pièce, parchemin; 18 pièces, papier.

1700. — Sentences collocatoires, décrets et exécutions de décrets rendus au bailliage d'Amont, siége de Vesoul. — Noms et qualités des parties : les RR. Pères Minimes de Besançon ; — Claude-Nicolas Grosjean, docteur en médecine ; etc.

B. 5825. (Portefeuille.) — 1 cahier, 33 feuillets, parchemin ; 63 pièces, papier.

1701. — Sentences collocatoires, décrets et exécutions de décrets rendus au bailliage d'Amont, siége de Vesoul. — Noms et qualités des parties : messire Claude Picard, prêtre, curé de Boult ; — noble Nicolas François Millot, seigneur d'Autrey, Montjustin ; — etc.

B. 5826. (Portefeuille.) — 66 pièces, papier.

1702. — Sentences collocatoires, décrets et exécutions de décrets rendus au bailliage d'Amont, siége de Vesoul. — Noms et qualités des parties : Jean-Baptiste Termollet, conseiller du Roi et son receveur au grenier à sel d'Auxonne ; — Jacques-Antoine Aymonnet, seigneur d'Aigremont et demoiselle Jeanne-Marguerite Davoue, sa femme; etc.

B. 5557. (Portefeuille.) — 1 pièce, parchemin; 20 pièces, papier.

1662. — Sentences collocatoires, décrets et exécutions de décrets rendus au bailliage d'Amont, siége de Vesoul. — Noms et qualités des parties : Pierre Vautherin, de Saint-Marcel; — noble Jean-Pierre Buretel, seigneur de Provenchère; etc.

B. 5558. (Portefeuille.) — 6 pièces, parchemin; 31 pièces, papier.

1604. — Sentences collocatoires, décrets et exécutions de décrets rendus au bailliage d'Amont, siége de Vesoul. — Noms et qualités des parties : illustre seigneur, messire Ferdinand-François de Rye, comte de Poitiers, seigneur de Pusy; — messire Bénigne de Conflans, seigneur de Melincourt, Montureux; — etc.

B. 5559. (Portefeuille.) — 21 pièces, papier.

1705. — Sentences collocatoires, décrets et exécutions de décrets rendus au bailliage d'Amont, siége de Vesoul. — Noms et qualités des parties : Claude-Françoise Mourel, veuve de feu Jacques-Antoine Varin, en son vivant trésorier de la cité de Besançon; — Simon Rochet, marchand à Troyes; etc.

B. 5560. (Portefeuille.) — 23 pièces, papier.

1706. — Sentences collocatoires, décrets et exécutions de décrets rendus au bailliage d'Amont, siége de Vesoul. — Noms et qualités des parties : messire Claude-François Damedor, seigneur de Molans, lieutenant des maréchaux de France; — Joseph Clément, de Vesoul, apothicaire; etc.

B. 5561. (Portefeuille.) — 3 pièces, parchemin; 31 pièces, papier.

1708. — Sentences collocatoires, décrets et exécutions de décrets rendus au bailliage d'Amont, siége de Vesoul. — Noms et qualités des parties : dame Béatrix Chappuis, veuve de messire Jean-Pierre Camus, en son vivant seigneur d'Artaufontaine, conseiller au parlement de Besançon; — messire Antoine Langroignet, conseiller au parlement de Besançon; — Jean-Baptiste Chancouver, demeurant à Luxeuil; etc.

B. 5562. (Portefeuille.) — 4 pièces, parchemin; 19 pièces, papier.

1709. — Sentences collocatoires, décrets et exécutions de décrets rendus au bailliage d'Amont, siége de Vesoul. — Noms et qualités des parties : Claude Servais, de la Grange, proche Vauclme; — les vénérables familiers de l'église Saint-Georges de Vesoul; etc.

B. 5563. (Portefeuille.) — 2 pièces, parchemin; 11 pièces, papier.

1709. — Sentences collocatoires, décrets et exécutions de décrets rendus au bailliage d'Amont, siége de Vesoul. — Noms et qualités des parties : Charles-Emmanuel de Saint-Mauris, baron et seigneur de la Villeneuve, Saulx, Châtenois, etc.; — Claudine Miraudet, veuve de Jean Jannot, en son vivant citoyen de Besançon; etc.

B. 5564. (Portefeuille.) — 9 pièces, parchemin, 50 pièces, papier.

1710. — Sentences collocatoires, décrets et exécutions de décrets rendus au bailliage d'Amont, siége de Vesoul. — Noms et qualités des parties : Jean Charles, maire perpétuel et lieutenant-général de police de la ville de Jussey; — François Noirot, seigneur à Vauchoux; etc.

B. 5565. (Portefeuille.) — 4 pièces, parchemin; 10 pièces, papier.

1711. — Sentences collocatoires, décrets et exécutions de décrets rendus au bailliage d'Amont, siége de Vesoul. — Noms et qualités des parties : Louis-François Maignien, conseiller du Roi, lieutenant-général criminel au bailliage de Baume; — Hugues Cassin, notaire royal et juge-châtelain à Cemboing; etc.

B. 5566. (Portefeuille.) — 4 pièces, parchemin; 20 pièces, papier.

1712. — Sentences collocatoires, décrets et exécutions de décrets rendus au bailliage d'Amont, siége de Vesoul. — Noms et qualités des parties : Antoine Langroignet, seigneur à Chargey; — madame de Thomassin (enregistrement des lettres patentes de Sa Majesté, par lesquelles elle lui a concédé le droit de retenue féodale sur les terres et seigneurie de Montureux); etc.

B. 5862. (Portefeuille.) — 29 pièces, papier.

1722. — Sentences collocatoires, décrets et exécutions de décrets rendus au bailliage d'Amont, siége de Vesoul. — Noms et qualités des parties : François-Hugues Maintrat, bourgeois de Paris ; — demoiselle Béatrix Besançonot, veuve de feu le docteur Chapuis, de Vesoul ; etc.

B. 5868. (Portefeuille.) — 3 pièces, parchemin ; 18 pièces, papier.

1723. — Sentences collocatoires, décrets et exécutions de décrets rendus au bailliage d'Amont, siége de Vesoul. — Noms et qualités des parties : Jean Champion, conseiller du Roi et son procureur au bailliage de Vesoul ; — Henri Letellier, de Vesoul ; etc.

B. 5869. (Portefeuille.) — 18 pièces, papier.

1723. — Sentences collocatoires, décrets et exécutions de décrets rendus au bailliage d'Amont, siége de Vesoul. — Noms et qualités des parties : Pierre-Gaspard Rautal, conseiller au parlement de Besançon, seigneur de Valvre ; — Nicolas Ruotte, maître chirurgien à Noroy-l'Archevêque ; etc.

B. 5870. (Portefeuille.) — 3 pièces, parchemin ; 24 pièces, papier.

1724. — Sentences collocatoires, décrets et exécutions de décrets rendus au bailliage d'Amont, siége de Vesoul. — Noms et qualités des parties : Jean-Simon Roland, de Vesoul, avocat au parlement, procureur du Roi de la maréchaussée de Vesoul ; — Nicolas Labrut, huissier royal à Granges ; etc.

B. 5871. (Portefeuille.) — 1 pièce, parchemin ; 30 pièces, papier.

1724. — Sentences collocatoires, décrets et exécutions de décrets rendus au bailliage d'Amont, siége de Vesoul. — Noms et qualités des parties : les doyen et chanoines de l'église Saint-Nicolas de Villersexel ; — Jacques Foyot, de Noroy-lès-Jussey ; — etc.

B. 5872. (Portefeuille.) — 17 pièces, papier.

1725-1726. — Sentences collocatoires, décrets et exécutions de décrets rendus au bailliage d'Amont, siége de Vesoul. — Noms et qualités des parties : Jean Parisey, de Lambrey, etc. ; — Jean-Baptiste Bailot, amodiateur de la seigneurie de Courchaton ; etc.

B. 5873. (Portefeuille.) — 22 pièces, papier.

1726. — Sentences collocatoires, décrets et exécutions de décrets rendus au bailliage d'Amont, siége de Vesoul. — Noms et qualités des parties : Jacques Barey, citoyen de Besançon ; — Neste-Pierre Malgalon, de Faverney ; etc.

B. 5874. (Portefeuille.) — 6 pièces, parchemin, 13 pièces, papier.

1727-1728. — Sentences collocatoires, décrets et exécutions de décrets rendus au bailliage d'Amont, siége de Vesoul. — Noms et qualités des parties : maître Jean-Claude Tixerand, procureur au bailliage royal de Vesoul ; — Pierre-François-Joseph et Anne-Élisabeth Flusin ; etc.

B. 5875. (Portefeuille.) — 1 pièce, parchemin ; 30 pièces papier.

1729. — Sentences collocatoires, décrets et exécutions de décrets rendus au bailliage d'Amont, siége de Vesoul. — Noms et qualités des parties : Jacques Aymonnet, de Vesoul, clerc commis à l'audience de la chancellerie du présidial dudit lieu, impétrant en purgation d'hypothèques sur les biens de messire Philippe de Sonnet, seigneur d'Auxon ; — Nicolas Label, clerc du procureur du Roi au souverain parlement de Besançon ; etc.

B. 5876. (Portefeuille.) — 2 pièces, parchemin ; 30 pièces, papier.

1729. — Sentences collocatoires, décrets et exécutions de décrets rendus au bailliage d'Amont, siége de Vesoul. — Noms et qualités des parties : Louise Cornevaux, veuve de feu Antoine Maillard ; — Georges Décret, de Busserel ; etc.

B. 5877. (Portefeuille.) — 2 pièces, parchemin ; 30 pièces, papier.

1730. — Sentences collocatoires, décrets et exécutions de décrets rendus au bailliage d'Amont, siége de Vesoul. — Noms et qualités des parties : Jean-Georges Besançonot, docteur en sainte théologie, prêtre, doyen de Luxeuil, familier en l'église paroissiale Saint-Georges de Vesoul ; — Claude Baissey, de Port-sur-Saône ; etc.

B. 5578. (Portefeuille.) — 9 pièces, parchemin; 30 pièces, papier.

1782-1789. — Sentences collocatoires, décrets et exécutions de décrets rendus au bailliage d'Amont, siège de Vesoul. — Noms et qualités des parties : François Loyel, de Liévans; — les RR. PP. Bénédictins de Faverney; etc.

B. 5579. (Portefeuille.) — 10 pièces, parchemin; 23 pièces, papier.

1782-1784. — Sentences collocatoires, décrets et exécutions de décrets rendus au bailliage d'Amont, siège de Vesoul. — Noms et qualités des parties : Jean-Pierre Lardy, amodiateur à la Villeneuve; — Pierre-Étienne Pautry, receveur des impositions royales du bailliage de Salins; etc.

B. 5580. (Portefeuille.) — 3 pièces, parchemin; 47 pièces, papier.

1786-1787. — Sentences collocatoires, décrets et exécutions de décrets rendus au bailliage d'Amont, siège de Vesoul. — Noms et qualités des parties : dame Claude-Catherine de Grammont, douairière de messire Éléonor-Frédéric, marquis de Poitiers, dame de la Roche-sur-l'Ognon et autres lieux, impétrante en purgation d'hypothèques sur les biens de feu messire Claude-François de Grammont, son père; — Jean-Baptiste Henryon, écuyer, seigneur de Magnoncourt, lieutenant des maréchaux de France au bailliage de Vesoul; etc.

B. 5581. (Portefeuille.) — 2 pièces, parchemin; 39 pièces, papier.

1788. — Sentences collocatoires, décrets et exécutions de décrets rendus au bailliage d'Amont, siège de Vesoul. — Noms et qualités des parties : Jean-Baptiste Dauxiron, de Besançon, docteur en médecine; — Jean-Baptiste Guérin, de Traves; — etc.

B. 5582. (Portefeuille.) — 26 pièces, papier.

1789. — Sentences collocatoires, décrets et exécutions de décrets rendus au bailliage d'Amont, siège de Vesoul. — Noms et qualités des parties : demoiselle Claudine Darrisenet, de Besançon; — Claude Meunier et Denise Roubier, sa femme, de Bourdière; etc.

B. 5583. (Portefeuille.) — 5 pièces, parchemin; 24 pièces, papier.

1789. — Sentences collocatoires, décrets et exécutions de décrets rendus au bailliage d'Amont, siège de Vesoul. — Noms et qualités des parties : René Ballay, de Vesoul, avocat en parlement; — Jean-François Lecomte, de Vauvillers; etc.

B. 5584. (Portefeuille.) — 9 pièces, parchemin; 23 pièces, papier.

1789. — Sentences collocatoires, décrets et exécutions de décrets rendus au bailliage d'Amont, siège de Vesoul. — Noms et qualités des parties : Étiennette Cariage, veuve de Pierre-François Bailly, en son vivant marchand tanneur à Vesoul; — les dames abbesse et chanoinesses du chapitre de l'abbaye royale de Montigny; etc.

B. 5585. (Portefeuille.) — 1 pièce, parchemin; 29 pièces, papier.

1781-1782. — Sentences collocatoires, décrets et exécutions de décrets rendus au bailliage d'Amont, siège de Vesoul. — Noms et qualités des parties : Claude Faivre, procureur du Roi en la maîtrise des eaux et forêts de Vesoul; — Arnaud-Léon d'Arnoux de Coligny, dame Renée de Sartel, son épouse; etc.

B. 5586. (Portefeuille.) — 7 pièces, parchemin; 30 pièces, papier.

1783-1784. — Sentences collocatoires, décrets et exécutions de décrets rendus au bailliage d'Amont, siège de Vesoul. — Noms et qualités des parties : Claude Nicot, d'Allievans; — Nicolas Vincent, d'Accolans, avocat en parlement; etc.

B. 5587. (Portefeuille.) — 10 pièces, parchemin; 23 pièces, papier.

1785-1786. — Sentences collocatoires, décrets et exécutions de décrets rendus au bailliage d'Amont, siège de Vesoul. — Noms et qualités des parties : Jacques Bernard, marchand à Chauvoré, en Bourgogne; — Antoine-Alexis Clerc, bourgeois de Vesoul, fils de feu Zacharie Clerc, greffier en la maréchaussée dudit lieu; etc.

D. 5888. (Portefeuille.) — 8 pièces, parchemin ; 83 pièces, papier.

1737-1738. — Sentences collocatoires, décrets et exécutions de décrets rendus au bailliage d'Amont, siège de Vesoul. — Noms et qualités des parties : François-Nicolas Caperon, prêtre, vicaire à Charmes-Saint-Valbert ; — Frédéric-Éléonor Ponsot, seigneur de Verchamp, procureur du Roi en la maîtrise de Baumes ; etc.

D. 5889. (Portefeuille.) — 4 pièces, parchemin ; 87 pièces, papier.

1739-1740. — Sentences collocatoires, décrets et exécutions de décrets rendus au bailliage d'Amont, siège de Vesoul. — Noms et qualités des parties : Laurent de Vernerey, écuyer, seigneur de Montcourt ; — Claude-François Gonichon, de Vesoul, avocat en parlement, et demoiselle Agnès Aymonnet, son épouse ; etc.

D. 5890. (Portefeuille.) — 20 pièces, papier.

1741-1742. — Sentences collocatoires, décrets et exécutions de décrets rendus au bailliage d'Amont, siège de Vesoul. — Noms et qualités des parties : Jeanne-Françoise Dambly et Charlotte Dambly, épouse de Claude-Philippe de Mauclerc, écuyer, seigneur d'Aulx, Verchamp, Ougney ; — dames d'Aboncourt et Gesincourt ; — Jean Gougenot, de Coiffy-la-Ville, avocat en parlement, seigneur de Renaucourt ; etc.

D. 5891. (Portefeuille.) — 4 pièces, parchemin ; 40 pièces, papier.

1743-1745. — Sentences collocatoires, décrets et exécutions de décrets rendus au bailliage d'Amont, siège de Vesoul. — Noms et qualités des parties : Jean-Charles et Jean-Jacques Mairot, écuyers, seigneurs de Vitreux, impétrants en décret sur les biens de feu messire Pierre-Antoine Mairot, seigneur de Navenne, chevalier de Saint-Louis ; — Claude-Antoine Fontenoy, prêtre, curé d'Enfonvelle, doyen du décanat de Faverney ; — David-Nicolas Rossel, conseiller, procureur général de Son Altesse Mgr le prince de Montbéliard, impétrant en décret sur les biens et seigneurie du sieur Léopold de Nardin, seigneur de Genechier ; etc.

D. 5892. (Portefeuille.) — 13 pièces, parchemin ; 20 pièces, papier.

1746. — Sentences collocatoires, décrets et exécutions de décrets rendus au bailliage d'Amont, siège de Vesoul. — Noms et qualités des parties : Claude-Antoine Thiadot, conseiller du Roi, garde-marteau en la maîtrise des eaux et forêts de Vesoul ; — Jean-Baptiste Deshenriques, chevalier de Saint-Louis, ancien capitaine d'infanterie ; etc.

D. 5893. (Portefeuille.) — 5 pièces, parchemin ; 26 pièces, papier.

1747-1748. — Sentences collocatoires, décrets et exécutions de décrets rendus au bailliage d'Amont, siège de Vesoul. — Noms et qualités des parties : les dames religieuses de la Visitation Sainte-Marie du monastère de Besançon ; — les directeurs des revenus de l'hôpital de Faucogney ; — dame Anne-Madeleine Carrot, veuve d'Anatoile Lyautey, en son vivant écuyer, conseiller du Roi ; etc.

D. 5894. (Portefeuille.) — 9 pièces, parchemin ; 33 pièces, papier.

1749-1751. — Sentences collocatoires, décrets et exécutions de décrets rendus au bailliage d'Amont, siège de Vesoul. — Noms et qualités des parties : Jean-Baptiste Guillot, prêtre, demeurant à Paris ; — Antoine Lambert et François Brugas, marchands chapeliers à Lyon ; etc.

D. 5895. (Portefeuille.) — 4 pièces, parchemin ; 34 pièces, papier.

1752. — Sentences collocatoires, décrets et exécutions de décrets rendus au bailliage d'Amont, siège de Vesoul. — Noms et qualités des parties : Pierre-François Baudot, conseiller, procureur du Roi et de police à Vesoul ; — François Rabache, avocat en parlement, tuteur onéraire de Pierre-Marie Grimod Dufort, écuyer, seigneur d'Orçay et des terre et baronnie de Rupt, impétrant en purgation d'hypothèques sur les terres, justices, droits seigneuriaux, fonds, etc., des seigneuries dites d'Harancourt, Laumont, Savoyeux, Raucourt, Montarby, Chauvirey, Bordement, Grachaux, Ventre, Beaujeu, etc., etc.

D. 5896. (Portefeuille.) — 21 pièces, parchemin ; 32 pièces, papier.

1753. — Sentences collocatoires, décrets et exécutions de décrets rendus au bailliage d'Amont, siège de Vesoul. — Noms et qualités des parties : Jean-François Maillard, avocat en parlement ; — Jean-François Travault (idem) ; etc.

B. 5897. (Portefeuille.) — 2 pièces, parchemin ; 63 pièces, papier.

1752-1755. — Sentences collocatoires, décrets et exécutions de décrets rendus au bailliage d'Amont, siège de Vesoul. — Noms et qualités des parties : messire Nicolas Terrier, marquis et seigneur de Mailleroncourt-Charette ; — Anne-Angélique Favière Delavier, douairière de messire Jean-Ignace de Laborey, seigneur de Chargey, capitaine de grenadiers au régiment de la marine, chevalier de Saint-Louis, impétrant en décret sur les biens de François-Ferdinand de Laborey, écuyer, seigneur de Chargey, son fils ; etc.

B. 5898. (Portefeuille.) — 1 pièce, parchemin ; 91 pièces, papier.

1756-1757. — Sentences collocatoires, décrets et exécutions de décrets rendus au bailliage d'Amont, siège de Vesoul. — Noms et qualités des parties : Pierre-François Jean, coseigneur à Puessans ; — Claude-François Aubert, officier de cavalerie, demeurant à Villars-le-Pautel ; — Jean-Baptiste Maillard, écuyer, ancien officier de cavalerie, garde de la porte du Roi, seigneur de Fresne-sur-Apance ; etc.

B. 5899. (Portefeuille.) — 3 pièces, parchemin ; 78 pièces, papier.

1757. — Sentences collocatoires, décrets et exécutions de décrets rendus au bailliage d'Amont, siège de Vesoul. — Noms et qualités des parties : dame Anne-Thérèse Borey, épouse de messire Jean-Louis Albertin de Monaco, baron de Grimaldi, chevalier de Saint-Louis, ancien capitaine de Royal-Italien ; etc.

B. 5900. (Portefeuille.) — 40 pièces, papier.

1758. — Sentences collocatoires, décrets et exécutions de décrets rendus au bailliage d'Amont, siège de Vesoul. — Noms et qualités des parties : François Rabache, avocat en parlement, en qualité de tuteur de Pierre-Gaspard-Marie-Grimod Dufort, écuyer, seigneur d'Orçay et des terres et baronnies de Rupt, principauté de Delain, etc., impétrant en purgation d'hypothèques sur lesdites terres et baronnies de Rupt, Delain et dépendances ; etc.

B. 5901. (Portefeuille.) — 3 pièces, parchemin, 62 pièces, papier.

1758. — Sentences collocatoires, décrets et exécutions de décrets rendus au bailliage d'Amont, siège de Vesoul. — Noms et qualités des parties : messire Nicolas-Jean Baptiste de la Rochelle, chanoine, grand archidiacre en l'église métropolitaine de Besançon, seigneur d'Échenoz-le-Sec et autres lieux, impétrant en purgation d'hypothèques sur ses biens ; — dame Antoinette de Martin, veuve de feu Jean-François de Bichin, en son vivant seigneur de Cendrecourt ; etc.

B. 5902. (Portefeuille.) — 51 pièces, papier.

1758-1759. — Sentences collocatoires, décrets et exécutions de décrets rendus au bailliage d'Amont, siège de Vesoul. — Noms et qualités des parties : Jeanne-Françoise Bernard, épouse de Jean-Rodolphe Ballay, de Ronchamp, — Françoise Ruffier, veuve de Balthasard Loyel, ancien notaire ; etc.

B. 5903. (Portefeuille.) — 2 pièces, parchemin ; 56 pièces, papier.

1759. — Sentences collocatoires, décrets et exécutions de décrets rendus au bailliage d'Amont, siège de Vesoul. — Noms et qualités des parties : Odo Lamboley, avocat en parlement, demeurant à Quers ; — Claude-Auguste Labond, prêtre et curé de Lisle-sur-le-Doubs ; etc.

B. 5904. (Portefeuille.) — 1 pièce, parchemin ; 50 pièces, papier.

1760. — Sentences collocatoires, décrets et exécutions de décrets rendus au bailliage d'Amont, siège de Vesoul. — Noms et qualités des parties : demoiselles Jeanne-Baptiste-Irénée Dufort et Anne-Françoise Dufort, épouse du sieur Jean-Baptiste Huguenet, avocat en parlement ; — Éloi Martin, marchand à Montbozon ; etc.

B. 5905. (Portefeuille.) — 103 pièces, papier.

1761-1767. — Sentences collocatoires, décrets et exécutions de décrets rendus au siège de Vesoul. — Noms et qualités des parties : Joseph Moussu, procureur en toutes juridictions de la ville de Vesoul ; — Claude de Saint-Simon, chevalier grand-croix de l'ordre de Saint-Jean de Jérusalem, ancien général des galères et vaisseaux de Malte, ambassadeur extraordinaire près du roi des Deux-Siciles, commandeur de Bonneville, et de la Romagne; etc.

B. 5906. (Portefeuille.) — 3 pièces, parchemin; 92 pièces, papier.

1768-1770. — Sentences collocatoires, décrets et exécutions de décrets rendus au bailliage d'Amont, siége de Vesoul. — Noms et qualités des parties : Anatolle-Joseph Lyautey, écuyer, seigneur de Colombe et d'Essernay; — Jean-Pierre Billard, docteur en médecine; — Claude-François Jeanney, seigneur à Cubriel; etc.

B. 5907. (Portefeuille.) — 9 pièces, parchemin; 75 pièces, papier.

1771-1772. — Sentences collocatoires, décrets et exécutions de décrets rendus au bailliage d'Amont, siége de Vesoul. — Noms et qualités des parties : Jean-Pierre et Dominique Accarier, frères, marchands à Besançon; — Jean-Gabriel Faivre, docteur en médecine à Vesoul; etc.

B. 5908. (Portefeuille.) — 1 pièce, parchemin; 53 pièces, papier.

1772. — Sentences collocatoires, décrets et exécutions de décrets rendus au bailliage d'Amont, siége de Vesoul.— Noms et qualités des parties : dame Catherine-Françoise Petitcuenot, veuve de noble Joseph Bullet de Bougnon, à son décès, auditeur en la chambre et cour des comptes, aides, domaines et finances du comté de Bourgogne; — dame Françoise Bullet de Bougnon, douairière de messire Nicolas-Charles-Étienne Lefèvre, conseiller en la cour souveraine de Lorraine, impétrantes en décret sur les biens de la succession vacante de feu messire Charles-Emmanuel de Bauffremont, seigneur de Scey-sur-Saône, abbé commendataire de Saint-Pierre de Luxeuil et de Saint-Paul de Besançon; etc.

B. 5909. (Portefeuille.) — 5 pièces, parchemin; 40 pièces, papier.

1772. — Sentences collocatoires, décrets et exécutions de décrets rendus au bailliage d'Amont, siége de Vesoul. — Noms et qualités des parties : Joseph-Pierre Sallier de Champole, écuyer, seigneur de Pusey, Frotey et autres lieux, impétrant en purgation d'hypothèques sur la terre et seigneurie de Pusey et dépendances; etc.

B. 5910. (Portefeuille.) — 44 pièces, papier.

1774. — Sentences collocatoires, décrets et exécutions de décrets rendus au bailliage d'Amont, siége de Vesoul. — Noms et qualités des parties : messire François-Antoine, baron de Rheinach, seigneur de Woerth, Amoncourt et autres lieux, Jean-François-Félix-Philippe, comte de Rheinach, seigneur de Roppe, agissant comme tuteurs des sieurs et demoiselles François-Joseph-Antoine, François-Henri, Marie-Françoise, Charlotte-Henriette et Marie Guschon-Philippine, comtes et comtesses de Rheinach; etc.

B. 5911. (Portefeuille.) — 3 pièces, parchemin; 78 pièces, papier.

1775-1777. — Sentences collocatoires, décrets et exécutions de décrets rendus au bailliage d'Amont, siége de Vesoul. — Noms et qualités des parties : messire Charles-Emmanuel-Polycarpe, marquis de Saint-Mauris, baron et seigneur de la Villeneuve, Saulx, Chatenois, capitaine de dragons au régiment de Lorraine; — Charles Sallin, docteur en médecine; — Claude-François Thierin, juge des terre et seigneurie de Vy-les-Lure; etc.

B. 5912. (Portefeuille.) — 52 pièces, papier.

1779-1780. — Sentences collocatoires, décrets et exécutions de décrets rendus au bailliage d'Amont, siége de Vesoul. — Noms et qualités des parties : Claude-François Boutrout, procureur au siége de Vesoul, administrateur des revenus des héritiers de madame de Cabasson, impétrant en décret sur les biens délaissés par feu messire Antoine-Joseph Buretel de Vaivre, chevalier de Saint-Louis; etc.

B. 5913. (Registre.) — Grand in-8°, 253 feuillets, papier.

1603-1604. — Enregistrement des exécutions de décrets, mandements de nouvelleté, émancipations, donations, etc. au siége du bailliage d'Amont à Vesoul. — Noms et qualités des parties : demoiselle de Boisset, veuve de feu noble Loys Grégoire, de Noidans-le-Ferroux; — noble François Grégoire, de Villersexel (exécution d'un mandement de nouvelleté contre les habitants des grand et petit Magny); — noble Claude-Antoine Fyard, de Vesoul (impétrant en insinuation contre dame Éléonore de Thomassin, des lettres de Claude de Pontailler, seigneur de Flagy, accordant le 23 février 1492 à Jehannot Fyard, écuyer, capitaine-châtelain de Flagy, le droit d'acquérir la quantité de terres qu'il roudre audit lieu et de les tenir en libre condition); — Pierre Barbier, de Vuillafans (insinuation de son affranchissement par Frédéric, duc de Wurtemberg, comte de Montbéliard); — messire Nicolas Chardin, prêtre, curé de Baulay (affranchissement de la mainmorte par désaveu contre illustrissime et révérendissime seigneur, Ferdinand de Longwy, dit de Rye, archevêque de Besançon, abbé de Cherlieu); — Loys et Nicolas Laumont, de Vesoul (émancipation); etc.

B. 5914. (Registre.) — Grand in-8°, 301 feuillets, papier.

1608-1609. — Enregistrement des exécutions de décrets rendus au bailliage d'Amont, siège de Vesoul. — Noms et qualités des parties : dame Adrienne d'Andelot, femme et compagne de généreux seigneur, Antoine de Grandmont, seigneur de Fallon, noble Jean Varoz, dit le capitaine Gaulchier, les familiers de l'église de Charriez, tous défendeurs à l'exécution du décret obtenu sur leurs biens par honorable Melchior Mercier et Guillaume Alizon, de Vesoul, marchands; — noble sieur Claude de Crosey, seigneur à Adrisans; — noble François-Charles Sonnet, seigneur de Gesincourt (amodiation du séquestre mis sur ses biens par Laurent Busquin, de Gray); etc.

B. 5915. (Registre.) — Grand in-8°, 506 feuillets, papier.

1610-1612. — Enregistrement des exécutions de décrets rendus au bailliage d'Amont, siège de Vesoul. — Noms et qualités des parties : les habitants et communauté de la Vergenne; — Jean Coricillot, de Vesoul; — Pierre Grandmaître, de Belonchamp; — Jean Nobis, de Noidans-les-Vesoul; etc.

B. 5916. (Registre.) — Grand in-8°, 425 feuillets, papier.

1613-1617. — Enregistrement des exécutions de décrets rendus au bailliage d'Amont, siège de Vesoul. — Noms et qualités des parties : Sébastienne Mercier, femme, et de l'autorité de Nicolas Estienne, procureur postulant au siège de Vesoul, impétrante en exécution de sentence provisionnelle et définitive, vendage et discussion des biens immeubles contre René-François et Catherine de Poincte, héritiers tant médiatement qu'immédiatement de feu demoiselle Gabrielle de Saint-Crix, dame de Villers-Saint-Mazelin; Jean Pege, docteur en théologie rentré aux lieu et place de messieurs de Lassant et comme leur cessionnaire, discrète personne messire François Maistrot, prêtre, curé dudit Villers, dame Charlotte de Maraîche, femme et compagne de généreux seigneur Éléonor de Chastenoy, baron et seigneur de Ville-sur-Ars; — Antoine Clerc, prêtre, familier de l'église de Vesoul; etc.

B. 5917. (Registre.) — Grand in-8°, 512 feuillets, papier.

1618-1625. — Enregistrement des exécutions de décrets rendus au bailliage d'Amont, siège de Vesoul. — Noms et qualités des parties : messire Maximilien Noirot, prêtre, curé d'Andelarre; — noble Jean Clerc, cogouverneur de la cité impériale de Besançon; — Georges Bolangier, de Faverney; etc.

B. 5918. (Registre.) — Grand in-8°; 514 feuillets, papier.

1622-1626. — Enregistrement des exécutions de décrets rendus au bailliage d'Amont, siège de Vesoul. — Noms et qualités des parties : les habitants de Rignovelle contre Claude Boffy, dudit lieu; — les habitants de Noroy-l'Archevêque, impétrants en décret contre ceux de Saint-Igny; — noble Guillaume Vernerey, seigneur de Montcourt, capitaine de Grange, impétrant en décret en la place de messire Gabriel de Fange, contre dame Diane de Bannans, femme de messire André de Sautereau, chevalier, seigneur de Lamarre, Crolot etc.; — illustrissime seigneur, François-Thomas Perrenot de Granvelle, dit d'Oyselay, prince du Saint-Empire, chevalier de la Toison-d'Or, comte de Cantecroix, baron et seigneur de la Villeneuve, Chantonnay, etc., impétrant en décret contre noble Louis de Baron, seigneur de Rosey, Francalmont, etc.

B. 5919. (Registre.) — Grand in-8°; 215 feuillets, papier.

1627-1630. — Enregistrement des exécutions de décrets rendus au siège du bailliage d'Amont, à Vesoul. — Noms et qualités des parties : dame Adrienne d'Andelot, veuve de messire Antoine de Grammont, en son vivant, chevalier, seigneur de Fallon, Grammont, Froley etc., impétrante, en exécution de décret contre Jean Sarret-Le-Vieil, de Charriez, Étienne Simonien, Nicolas Gauvain et Antoine Sarret, Antoine Robert le Jeune, les RR.PP. Jésuites du collège de Vesoul, les RR. PP. gardien et religieux du couvent de Charriez, etc.; — Toussaint Guillaume Fresnie et Perrenette Verne, enfants et héritiers de feu Claude Verne, de Tréailley; etc.

B. 5920. (Registre.) — Grand in-8°, 306 feuillets, papier;

1653-1684. — Enregistrement des exécutions de décrets rendus au siége du bailliage d'Amont, à Vesoul. — Noms et qualités des parties : révérend père en Dieu, dom Louis de la Tour, abbé de Bellevaux, contre François Crotebois, de Marios ; — Claude Clerc, de Vesoul, docteur en droit, contre Claude Bellez, de Fleurey ; — messire Jean de La Borde, prêtre, chanoine en l'église Sainte-Madeleine de Besançon, contre noble Claude-François Lulier, seigneur de Chauvirey, Preigney ; etc.

B. 5921. (Registre.) — In-8°, 226 pièces, papier.

1682-1684. — Enregistrement des exécutions de décrets rendus au bailliage d'Amont, siége de Vesoul. — Noms et qualités des parties : dame Béatrix Précipiano, abbesse de Montigny, contre Nicolas Barret, de Charriez ; — Renobert Perronelle, colibellance au siége de Vesoul, contre Jean Baguynet, de Betoncourt-sur-Mance ; etc.

B. 5922. (Registre.) — Grand in-8°, 303 feuillets, papier.

1689-1691. — Enregistrement des exécutions de décrets rendus au bailliage d'Amont, siége de Vesoul. — Noms et qualités des parties : noble Claude-Étienne Tranchant, docteur-ès-droit, ci-devant lieutenant local d'Amont, impétrant en décret contre Louis Moysin, de Tours, et Claire Larey, sa femme, de Vesoul ; — noble Jean-François Manblanc, docteur-ès-droit, de Fondremand ; — noble Claude-François de Lassaux, seigneur de Verchamps, impétrant par bénéfice d'inventaire, cumulé avec la matière de décret, contre tous les créanciers prétendant droits et hypothèques sur les biens délaissés par feu Guillaume de Lassaux, son oncle ; etc.

B. 5923. (Registre.) — Grand in-8°, 116 feuillets, papier.

1683-1686. — Enregistrement des exécutions de décrets rendus au bailliage d'Amont, siége de Vesoul. — Noms et qualités des parties : Laurent Jannenot, de Magny-lès-Jussey ; — Jean Froment, de Vesoul, docteur ès droit, impétrant en décret, cumulé avec le bénéfice d'inventaire des biens délaissés par demoiselle Claude-Baptiste Hugon, veuve de noble Gaspard Dard, en son vivant avocat fiscal d'Amont ; etc.

B. 5924. (Registre.) — Grand in-8°, 331 feuillets, papier.

1702-1706. — Enregistrement des exécutions de décrets rendus au bailliage d'Amont, siége de Vesoul. — Noms et qualités des parties : Gaspard-Antoine Aymonnet, seigneur d'Aigrevaux, et demoiselle Jeanne-Marguerite Bavoux, sa femme, impétrants en purgation d'hypothèques, contre ceux prétendant droits hypothécaires sur leurs biens ; — messire Ferdinand-François de Rye, comte de Poitiers, seigneur de Pusy, impétrant en exécution de décret, contre Claude Curtebon, de Vesoul ; — Nicolas-François Millot, seigneur d'Autrey, Montjustin, etc., impétrant en exécution de décret, contre Catherine et Étiennette Puissot, de Fontenois-lès-Montbozon ; etc.

B. 5925. (Registre.) — In-4°, 260 feuillets, papier.

1709-1730. — Enregistrement des exécutions de décrets rendus au bailliage d'Amont, siége de Vesoul. — Noms et qualités des parties : les vénérables familiers de l'église Saint-Georges de Vesoul, impétrants en purgation d'hypothèques, contre tous ceux prétendant droits hypothécaires sur les biens d'Antoine Béonard ; — Jean-Baptiste Henryon, écuyer, seigneur de Magnoncourt, lieutenant de nos seigneurs les maréchaux de France au bailliage de Vesoul, impétrant en exécution de décret, contre Jean-François Philippe, de Noroy-l'Archevêque ; — le sieur Hyacinthe Roland, de Vesoul, avocat en parlement, conseiller du Roi et son procureur en la maîtrise des eaux et forêts de Vesoul, opposant au décret contre tous ceux prétendant hypothèques sur les biens du sieur Claude Faivre, ci-devant procureur du Roi en ladite maîtrise ; etc.

B. 5926. (Registre.) — In-4°, 243 feuillets, papier.

1736-1742. — Enregistrement des actes faits à l'occasion des saisies réelles. — Noms et qualités des parties : les dames abbesse et religieuses de Montigny ; — Frédéric-Éléonor Ponsot, seigneur de Verchamp, procureur du roi en la maîtrise des eaux et forêts de Baume ; — Jean-Charles et Jean-Jacques Mairot, seigneurs de Vitreux, enfants de feu Pierre-Antoine Mairot, seigneur de Navenne et Graisse ; etc.

B. 5927. (Registre.) — In-4°, 196 feuillets, papier.

1742-1749. — Enregistrement des actes faits à l'occasion des saisies réelles. — Noms et qualités des parties :

noble Jean-Baptiste Galilot, prêtre, demeurant à Paris; — le sieur Jean-François Raillard, avocat en parlement, seigneur de Gorigney; — le sieur Maillard, seigneur de Fresne-sur-Apance; — noble Jean-Baptiste Huot, conseiller assesseur criminel à Vesoul; etc.

B. 5928. (Registre.) — In-4°, 194 feuillets, papier.

1733-1760. — Enregistrement des actes faits à l'occasion des saisies réelles. — Noms et qualités des parties : dame Louise de Bermont, relicte de messire Hubert-Joseph de Donneraut, écuyer, seigneur de Velleguindry, actuellement épouse de M. de la Rochaimon, ancien capitaine de cavalerie, chevalier de Saint-Louis, demeurant à Luxeuil, demanderesse en exécution de la sentence de décret sur les biens délaissés par le sieur de Donneraut, consistant dans la seigneurie de Velleguindry, comprenant les haute, moyenne et basse justice avec le droit d'établir tabellion pour passer les actes concernant ladite terre (la première partie de la procédure de ce décret est dans le registre précédent); — Marie-Alexandrine de Bermont, douairière de Balthazard de Sennet, écuyer, seigneur d'Auxon, contre Claude-Étienne Berlin, et Jacquette Vallère, sa femme; — dame Anne-Pétronille, veuve du sieur Louis Aly, en son vivant lieutenant de la capitainerie des chasses de Fontainebleau; etc.

B. 5929. (Registre.) — In-4°, 293 feuillets, papier.

1760-1772. — Enregistrement des actes faits à l'occasion des saisies réelles. — Noms et qualités des parties : Joseph Lyautey, seigneur de Colombe et dame Catherine Houillier, son épouse; — le sieur Claude-François Jacques, ancien lieutenant particulier au bailliage de Vesoul; — le sieur Vincent Jobert, seigneur de Brevans, conseiller vétéran au bailliage de Besançon; — messire Joseph Perney de Balcure, seigneur d'Athesans et autres lieux, conseiller au parlement de Dijon, impétrant en purgation d'hypothèques sur ses biens, parmi lesquels est comprise la seigneurie d'Athesans consistant en haute, moyenne et basse justice, avec le droit de généralité de mainmorte sur les corps et biens des sujets de ladite terre, le droit de lods, au cinquième du prix sur tous les contrats, une taille de neuf sols six deniers par chaque laboureur, et une de quatre sols cinq deniers par chaque chenevière, une portion de dîme du sixième, les droits de four etc.; — le sieur Albert Moussu, avocat au parlement de Paris, en qualité de tuteur de Pierre-Gaspard-Marie Grimot Dufort, écuyer, seigneur d'Orçay et de la terre et baronnie de Rupt et dépendances, impétrant en purgation d'hypothèques sur les droits seigneuriaux, domaines, fonds et revenus de la terre et baronnie de Rupt et de ses dépendances qui sont Chantes, Ovanches, Vy-le-Ferroux, Cubry-les-Soing, Vauconcourt, Nervezain, Oigney et Preigney, au bailliage de Vesoul, Saint-Albin, Vy-les-Rupt, Soing, la terre et principauté de Delain comme encore ce qui appartient au seigneur dudit Rupt, dans les villages de Fleurey-les-Morey et Fedry, ces six derniers endroits au bailliage de Gray; etc.

B. 5930. (Registre.) — In-4°, 107 feuillets, papier.

1710-1712. — Enregistrement des exploits de saisies réelles. — Noms et qualités des parties : Pierre et Jean-Baptiste Quiquand, de Bevenge; — Claude-François Thierry, de Menoux; — Jean-François Drevey, huissier royal à Port-sur-Saône; — Claudine Garret, de Vesoul; — Claude Dauphin, d'Amoncourt; etc.

B. 5931. (Registre.) — In-4°, 387 feuillets, papier.

1715-1735. — Enregistrement des exploits de saisies réelles. — Noms et qualités des parties : Étienne-Philippon, d'Arcs; — Jacques Belloy et sa femme, d'Amoncourt; — Claude-François Loyal, de Hollans; — Claude Meunier et Denise Rouhier, sa femme; — Jean-Baptiste Coulon et Jacquette Lordier, sa femme, de Mignafans; etc.

B. 5932. (Registre.) — In-4°, 219 feuillets, papier.

1735-1742. — Enregistrement des exploits de saisies réelles. — Noms et qualités des parties : Claude Joseph Ballet, écuyer, seigneur de Bougnon, impétrant en décret sur les biens délaissés par feu M. l'abbé de Bauffremont; — les abbesse et religieuses de Montigny, impétrantes en décret sur les biens d'Éléonore Chevillet et de Jeanne Nobis, sa femme, de Traves; — Bonaventure Beuffe, de Vilory, impétrant en purgation d'hypothèques sur ses biens; — Laurent de Vernerey, écuyer, impétrant en purgation d'hypothèques sur sa seigneurie de Montcourt, consistant en la maison seigneuriale avec le moulin, la haute justice avec le droit de lods, la mainmorte sur la plus grande partie des sujets de ladite terre et l'échute le cas arrivant, le droit d'instituer des officiers pour remplir les fonctions judiciaires, les amendes avec tous les privilèges honorifiques, les deux tiers dans la moitié de la dîme qui se prélève de quinze gerbes l'une, diverses pièces de terre et de bois, etc.; — le sieur Claude-François Gonnichon, avocat en parlement, époux de demoiselle Agnès Aymonnet, de Vesoul; etc.

B. 5033. (Registre.) — In-4°, 165 feuillets, papier.

1770-1778. — Enregistrement des exploits de saisies réelles. — Noms et qualités des parties : Joseph-Pierre de Saltier de Champôle, écuyer, ancien capitaine au régiment de Poitou, seigneur de Pusey, impétrant en purgation d'hypothèques de la terre de Pusey, qu'il a acquise de Mgr Joseph de Dauffremont, prince de Listenois, laquelle seigneurie mouvant du fief du Roi, comme comte de Bourgogne, consiste dans la moyenne et basse justice, les droits d'amendes, épaves, mainmorte sur les sujets, leurs meix, maisons et héritages, sauf quelques affranchissements particuliers, lods (à raison de 7 1/2 pour 0/0), consentement et retenue, commise, de trois corvées de charrue par ménage, de corvées de faux, de faucille et de râteau, d'un boisseau de blé par ménage à raison de l'abonnement des bois, de partage dans les coupes de bois, d'une demi-gerbe par champ grand ou petit, de cens et taille sur différents fonds, d'une poule par chaque ménage, de pêche dans la rivière dite la Vaugine dans toute l'étendue de la seigneurie, de banalité du four, etc.; — le sieur Pouillez, huissier (saisie de son office); etc.

B. 5034. (Registre.) — In-4°, 200 feuillets, papier.

1779-1782. — Enregistrement des exploits de saisies réelles. — Noms et qualités des parties : le sieur François Morogé, maitre de forges à Couflanley, impétrant en purgation d'hypothèques des biens qu'il a acquis du sieur Antoine Mirdoudet, capitaine au régiment d'Artois-infanterie; — l'huissier Courberand, de Frotey (saisie de son office); etc.

B. 5035. (Portefeuille.) — 31 pièces, papier.

1682. — Productions de témoins, positions de faits, enquêtes au bailliage de Vesoul. — Noms et qualités des parties : Claude Cour, seigneur de Charmoille; — Claude Thierry, de Luxeuil; — les habitants de Vauconcourt; — Antoine Langroignet, contre les habitants de Raze; etc.

B. 5036. (Portefeuille.) — 20 pièces, papier.

1682. — Productions de témoins, positions de faits, confections d'enquêtes en matière de controverse et de salvation, au bailliage de Vesoul. — Noms et qualités des parties : Jean-François Symard et demoiselle Jeanne-Françoise Bassand, de Rupt, contre Nicolas Valleguin, dudit lieu (propos injurieux); — noble Antoine Boudret, docteur-ès-droit, citoyen de Besançon; — les habitants de Rigney, contre dame Adrienne-Thérèse de Binans, veuve usufruitière des biens délaissés par feu illustre seigneur, messire Jean-François de Joux, dit de Grammont, en son vivant seigneur de Châtillon-Guyotte, Vellefaux, Roche, etc., (au sujet du payement d'une taxe de 30 livres due aux habitants de Rigney); etc.

B. 5037. (Portefeuille.) — 31 pièces, papier.

1682. — Productions de témoins, positions de faits, confections d'enquêtes en matière de controverse et de salvation, au bailliage de Vesoul. — Noms et qualités des parties : les habitants de Polaincourt, contre Pierre Maunier, de Montdoré, et Denis Buisson, de Clairefontaine (droit d'usage dans les bois de Polaincourt); — Madame d'Auxon; — le sieur de Geneyrey; — noble Claude-Antoine-Alexis Tranchant, seigneur de Borey, Velotte, Antoine-Alexis Tranchant, seigneur de Borey, Velotte, Autrey; etc.

B. 5038. (Portefeuille.) — 10 pièces, papier.

1684. — Productions de témoins, positions de faits, confections d'enquêtes, au bailliage de Vesoul. — Noms et qualités des parties : honorable François d'Épailly, amodiateur de la seigneurie de Bourguignon-les-Conflans, contre les habitants dudit lieu (procès au sujet des corvées de moisson); — les habitants de Charmoille contre ceux de Vaivre et Montoille (procès au sujet de la propriété d'un chemin de défruitement); — messire Philibert de Précipiano, baron et seigneur de Cuse, Adrisans, Gondenans, Nans, Cubrial, et les habitants desdits lieux de Gondenans et Cubrial, contre vénérable et discrète personne, messire Germain-François Tourneaux, prêtre, curé de Cuse (procès au sujet de la perception de la dîme); etc.

B. 5039. (Portefeuille.) — 31 pièces, papier.

1684. — Productions de témoins, positions de faits, confections d'enquêtes, au bailliage de Vesoul. — Noms et qualités des parties ; les habitants de la paroisse de Grange, contre Guillaume Cattin, de Villersexel, et Pierre Remy, de Saint-Georges (procès au sujet de la propriété d'un canton de bois dit la Corne de la Vergenne) ; — demoiselle Anne Comte, femme du sieur Delabrosse, demeurant à la grange de Graisse, contre les habitants de Navenne (procès au sujet de l'offerte du pain bénit, des bons deniers, des corvées et autres redevances qui doivent être servies à l'église du Pont, comme paroissiale des communautés d'Echenoz-la-Meline, Graisse et Navenne) ; etc.

D. 5040. (Registre.) — In-f°, 305 feuillets, papier.

1600-1605. — Enregistrement des exécutions des mandements de nouvelleté. — Noms et qualités des parties : vénérable messire Claude Barlet, chanoine et coseigneur à Colmoutier; — Jehan de Pisine, demeurant à Gouhenans, contre Abraham Du Haultoy, seigneur de Richecourt et de la Roche; — honorable personne, messire Étienne Regnaud, prêtre, docteur ès-droits, chanoine en l'église métropolitaine de Besançon, contre généreux seigneur, messire Gaspard de Poligny, chevalier, seigneur de Traves ; « illustre et puissant seigneur, messire Christophe de Rye, de la Palud, chevalier, marquis de Varambon, comte de Varax et de la Roche, baron et seigneur de Villersexel, Saint-Hippolyte, Neufchâtel, Rougemont et illustre et puissante dame Léonore Chabot, sa femme et compagne, marquise, dame et comtesse desdits lieux, impétrants en production de témoins, confections d'enquêtes en exécution de mandement de nouvelleté et complainte, contre demoiselle Jeanne de Chassagne, femme de Jean de Sacquenoy, d'autorité nécessaire, défenderesse » (procès au sujet de « la terre, seigneurie et baronnie de Rougemont qui compète et appartient auxdits demandeurs à l'exclusion de tous autres, en tout droit de haute, moyenne et basse justice s'étendant sur les bourgs dudit Rougemont, de Montagney, Tressondans, Thieffrans et Chassey, communauts, finages et territoires d'iceux, ainsi qu'ils se peuvent étendre et à cause d'icelle les moulins assis au finage dudit Thieffrans sur la rivière de Lougnon, appelés les moulins de la Rochotte, en droit de toute justice et de banalité sur les manants et habitants des villages de Montagney, Tressondans, Thieffrans et Chassey et résidans rière les finages et territoires desdits lieux, ausquels il n'est permis de moudre leurs grains aultre part qu'aux susdits moulins, synon souspeine d'estre esmendables de soixante sols estevenans par chacune fois qu'ils font le contraire et de payer l'interrests et la moulture et que de tels droits, seigneurie, justices et banalité lesdits seigneur et dame impétrans ont jouy et usé et avant eux leurs seigneurs prédécesseurs de l'accession desquels ils s'entendent ayder par plus de dix, vingt, trente, quarante et cinquante ans continuellement et publiquement, au veu et sceu de tout le monde, sans contradiction ny empeschement quelconque, à bien que de tels droits ils estoient vrays seigneurs jouyssans et possesseurs ou quasi de façon, qu'il n'avoit esté loysable à personne les troubler ou inquiéter en la jouissance desdits droits et toutefois puis quelque temps et n'y a encore an et jour expiré damoiselle noble Jeanne de Chassagne, femme de noble Jean de Sacquenoy de son auctorité privée et indehue, à l'insceu et contre le gré desdits seigneurs et dame à fait construire un moulin distant de ceux de la Rochotte d'environ un quart de lieu sur les communaux de Chassey, etc. » ; — les habitants d'Amance contre messire Simon Bazillot, dudit lieu (procès au sujet de la propriété du bois de Baillière) ; — les habitants de Pin, contre ceux de Vregille ; — les habitants de Faucogney, contre messire Pierre Recombo, prêtre, curé dudit lieu (procès au sujet du droit prétendu par la communauté de tenir la montagne Saint-Martin en nature de bois) ; — noble Pierre Pappay, de Vesoul ; — les habitants d'Attevillers, contre ceux de la Vaivre (procès au sujet du canton appelé la fin du Magny) ; — les habitants de Montjustin, contre ceux d'Arpenans (procès au sujet du droit de champoi et de parcours le long des ruisseaux de Bardillon et de Lozain) ; — haute et puissante dame, Hélène de Granvelle-Perrenot, femme et compagne d'illustre seigneur Daniel Philibert de Bruges de Corgeron, dit de la Baume, comte de Saint-Amour, dame de Beaujeu, Saint-Loup, Vaulx, Cromary, et seigneuries ou dépendantes, contre plusieurs particuliers de Cromary pour avoir le payement des ceus qui lui appartiennent et compètent à cause de la seigneurie et maison forte de Cromary) ; — le marquis de Varambon contre les habitants d'Amance (procès au sujet du droit que prétend ledit seigneur de pouvoir construire tous les bâtiments qu'il voudra à la Grange de Beauregard) ; — révérend père en Dieu et seigneur, dom Claude de Grandmont, abbé et seigneur de la Charité, tant en son nom que comme curateur de dame Claude-Beatrix de Grandmont, femme et compagne de généreux seigneur, François de Ray, baron et seigneur dudit Ray, Confandey, Mailley, Boagey, etc., contre plusieurs particuliers mainmortable de Thurey, seigneurie de la Basse-Vaivre (procès au sujet d'une succession) ; — illustre seigneur Ferdinand, comte d'Ortembourg, tant en son nom que comme frère et tuteur de Georges, Sébastien, Jean et Albert, ses frères, seigneurs de Bourguignon-les-Morey (procès contre divers sujets mainmortables) ; — noble Dénigne de Thomassin, prieur commendataire du prieuré Saint-Étienne de Port-sur-Saône ; — Antide de Montalgu, seigneur de Genevreuille, contre le seigneur abbé de Luro (procès au sujet de la seigneurie de Genevreuille) ; — noble Pierre de Malans ; — les habitants de Vaches, contre ceux de Nervey (procès au sujet de deux cantons bolsés appelés le Lahier et le bois de la Côte) ; — les habitants de Val de Melisey, Écromagny, La Lanterne, Lantenot, Amont, Belmont, la Cordière, Rignovelle, Linoxert, contre ceux de Saint-Germain (procès au sujet des droits d'usage dans les communaux appelés les Grands Amonts) ; — les manants et habitants de Hon (procès au sujet du droit d'usage dans les bois communaux) ; — illustre seigneur, François-Thomas Perrenot de Grandvelle, comte de Cantecroix, baron et seigneur de la Villeneuve, Saulx, le sieur curé de Saulx et plusieurs habitants dudit lieu (procès au sujet du droit d'emboucher des porcs dans les bois communaux) ; — les habitants de Dampvalley-les-Fontenois-en-Vosges contre ceux de Girofontaine (procès au sujet de la vaine pâture) ; — noble François-Jules Malboubans, de Vesoul ; — les habitants de Mignafans contre ceux de Granges-le-Bourg et de Granges-la-Ville (procès au sujet de la vaine pâture) ; — honoré seigneur, Guillaume de Falletans, seigneur de Geneuvrey, Melin, etc. ; — demoiselle Bonne Domongenet, veuve de feu noble François d'Orsans, en son vivant seigneur de Colombe, contre noble Louis de Baron et demoiselle Marguerite d'Anxon, sa femme ; — Gaspard de Grammont, chevalier, seigneur de Grammont, Châtillon-Guyotte, Fondremand, Roche-sur-Linotte, etc., contre Léonard Champjonnet, dudit lieu (procès au sujet d'une succession mainmortable) ; — messire Marc de Beaujeu, chevalier, seigneur de Montot, Aros, Artaufontaine, etc., contre les habitants d'Aros (procès au sujet du droit de vaine pâture) ; — Martin de Villers, seigneur à Raddavelle, Grigaoncourt (procès au sujet du droit de mainmorte dans ce dernier lieu) ; — dame Perronne de Vaudrey, veuve de généreux seigneur, Desle de Melisey, seigneur de Dampierre, dame dudit lieu, Roye, Vy-les-Lure, Fressa, Servance etc., contre Jacques Champy et consors de Belonchamps ; — les habitants de Clans contre ceux de Rourières ; — la ville de Vesoul, contre la corporation des bouchers dudit lieu, au sujet du fief de la boucherie ; etc.

B. 3941. (Registre.) — fo-fo. 428 feuillets, papier.

1609-1610. — Enregistrement des exécutions des mandements de nouvelleté. — Noms et qualités des parties : les habitants de Vesoul, contre noble Loys Renard, receveur des pauvres de ladite ville ; — illustre seigneur François-Thomas Perrenot de Grandvelle, chevalier, comte de Cantecroix, seigneur de Boult, Rasulères, Rosey, etc. ; — noble Claude Thomassin, seigneur à Fretigney ; — messire Gaspard et Jean-Claude de Gilley, chevaliers, barons du Saint-Rempire, seigneurs de Longevelle, Marnex, Étroitefontaine, contre dom Maximilien Charreton, seigneur et prieur de Marast (procès au sujet du payement de cinquante-quatre quartes de froment) ; — honoré seigneur Claude de Constable, seigneur de Orsans ; — révérendissime seigneur, dom Guillaume Simonin, archevêque de Corinthe, abbé de Saint-Vincent de Besançon ; — dame Françoise de Grammont, veuve de généreux seigneur Marc de Cuts, en son vivant seigneur de Comboing, et généreux seigneur Christophe de Cuts, son fils, seigneur de Fontenelle et de Comboing (procès au sujet de la banalité du four de Comboing) ; — noble Frédéric Vigoureux, seigneur de Tacy, Ruhans, etc., contre noble Nicolas Rossel, dit de Breuille ; — généreux seigneur, Thomas de Jaffroy, seigneur de Marchaux, Abbans, Osselle ; — messire Hardouin de Clermont, chevalier, seigneur de Saint-Georges, baron et seigneur de Rupt ; — les habitants d'Echenoz-la-Meline contre ceux de Vesoul ; — dame Béatrix de Thomassin, veuve de généreux seigneur Ferdinand Desprez, en son vivant baron et seigneur de Corcelle ; — demoiselle Guillemette de Beaujeu, femme de Claude de la Baume, seigneur de Mont-Saint-Léger, et Françoise de Beaujeu, femme de François de Grachault, seigneur de Jaucourt, toutes dames de Vougécourt, contre les habitants dudit lieu ; — Pierre de Chaisoy, seigneur à Purgerot, contre noble Étienne de Monturoux ; — noble François Thierry, seigneur de Magnoncourt, Bains, Selles, etc., contre les habitants de Selles ; — généreux seigneur Jacques-Antoine de Lux, dit de Grammont, seigneur de Roche, Vellefaux, Penneslerres, Corbons, etc. ; — noble Pierre Dubuait, seigneur à Contréglise ; — François de Saint-Martin, seigneur de Monturoux, Cendrecourt, etc. ; — généreux seigneur Adam de Lavault, seigneur de Gesoncourt, Meneux, etc. ; — dame Adrienne d'Andelot, femme d'Antoine de Grammont, seigneur de Fallon, Frotey, etc. ; — demoiselle Guyonne Salivet, femme de Jacques Terrier, docteur ès droits, dame de Monticel ; — messire Antoine de Bliesterwich, coseigneur à Monturoux-les-Baulay ; — dame Jeanne de Bonnans, dame d'Athesans et Saint-Georges ; — noble François Girardot, docteur ès droits, lieutenant local au siège de Salins, seigneur de Raze ; — généreux seigneur Gaspard de Poligny, seigneur de Châtillon-sur-Lizon, Velle-le-Châtel, Naidans-le-Ferroux ; — généreux seigneurs Jean-Jacques de Truxille de Woulous et Guillaume-Jacques de Ruos, seigneurs de Ronchamp ; etc.

B. 3012. (Cahiers.) — In-4°, 433 feuillets, papier.

1615-1616. — Enregistrement des exécutions de mandements de nouvelletés rendus au bailliage de Vesoul. — Noms et qualités des parties : noble Claude Cortemoy, seigneur de Francalmont, avocat fiscal au bailliage d'Amont; — demoiselle Claude de Cicon, femme de Georges-Paul de Vaudrey, Jeanne-Baptiste de Cicon, femme d'Antoine Demandre, seigneur de Montureux Marguerite; de Cicon, femme de François de Saint-Martin, seigneur à Montureux, Gendrecourt, héritières universelles de dame Anne d'Acher, en son vivant dame de Richecourt, Aisey, etc., contre maître Claude Charuville, de Gevigney, comme tuteur datif de Charles et Marc de Cicon, enfants et héritiers de Marc de Cicon, en son vivant seigneur de Richecourt, Aisey, Gevigney, etc. ; — noble Marc-Antoine Baron, citoyen de Besançon ; — madame de Puligny, dame de Buthier, Pin, etc.; — illustre, haut et puissant seigneur, messire Christophe de Rye la Palud, chevalier, marquis de Varambon, comte de Varax, la Roche, baron et seigneur de Neufchâtel, Amance, Rougemont, Villersexel, Noidans, Abbenans, etc., capitaine d'une compagnie de cent hommes d'armes des ordonnances de Leurs Altesses sérénissimes et pays d'en Bas, bailli de Dôle, contre Gaspard et Jean-Claude de Cilloy, seigneurs de Longeville, et plusieurs particuliers de ce dernier lieu (procès au sujet du droit de haute justice dans la seigneurie de Longeville ainsi que de celui d'exiger des habitants les montres d'armes); — haut et puissant seigneur Claude de Bauffremont, baron et seigneur de Scey-sur-Saône, Pusey, Fouvent, etc., contre frère Fernand-Jean de Vaudrey, chevalier de Saint-Jean de Jérusalem, commandeur de Sales (au sujet de la succession mainmortable de messire Nicolas Luest, curé d'Autoiserre, sujet originel de Vauchoux, membre dépendant de la seigneurie de Scey-sur-Saône); — haute et puissante dame Éléonore de Thomassin, dame d'Autrey, Flagy, Varogne, Vellefrie, femme d'illustre et puissant seigneur messire Philibert-Emmanuel de Savoie, marquis de Villars, contre maître Claude Billoz, du Val Saint-Éloi, et R. P. en Dieu, dom Simon Bailly, docteur en sainte théologie, abbé et seigneur de Bithaine (procès au sujet de la seigneurie du Val-Saint-Éloi, qui appartient et compète à ladite dame « en toute justice, haute, moyenne et basse par chacune année dois les vespres du jour de feste Saint-André jusques aux vêpres du lendemain auquel tombe la fête Saint-Éloi, patron dudit Val, duquel lieu elle est gardienne pendant todit temps, y envoyant à cest effect tous les ans son maire audit Flaigy, ou autres telz que bon luy semble pour empescher qu'il n'y survienne aucun désordre a raison qu'il y a pour l'ordinaire audit lieu beaucoup d'estrangers a semblables jours pendant tout lequel temps les valets dudit Val sont tenus d'entretenir des ménestriers et après le disné dudit jour de feste Saint-Éloi, ayans donné la première aubade devant l'église, donner la seconde à celluy qu'est du sa part représenté pour ladite garde, qui a le pouvoir et auctorité de faire aller lesdits ménestriers en tel lieu et endroit dudit Vaux que bon luy semble afin d'y jouer de leurs instruments et la faire faicte la dance laquelle (après avoir deffendu haultement à tous de n'y apporter trouble) il commance et fait cesser la première dance quand bon luy semble, sans qu'en icelle personne ayt le droit de s'advancer devant luy, de tous lesquels droicts, auctorités, facultés, elle auroit jouy tant par son fait que de ses officiers, maîtres, advoués, facteurs et receveurs, comme faisoient avant elle ceux desquelz elle a droict et cause en ladite seigneurie de Flagy par temps excédant la mémoire des vivants, continuellement et par les derniers ans patamment, sans contresdict ou empeschement, etc. »); — messire Antoine de Salive, chevalier, seigneur de Villerseaudey, Betoncourt, et Guillaume de Salive, seigneur de Neuroy, Colombe, etc., contre Guillaume Sirondet, de Colombe (procès au sujet de la succession mainmortable de feu messire Pierre Sirondet, en son vivant curé de Vellequindey); — messire Nicolas Jacquinot, seigneur de Gressoux, Mersey, Govigney; etc.

B. 3013. (Registre.) — In-4°, 439 feuillets, papier.

1617-1622. — Enregistrement des exécutions des mandements de nouvelletés rendus au bailliage de Vesoul. — Noms et qualités des parties : les révérends abbé et religieux de Bellevaux et les habitants de Champoux, contre noble Jean Varods, dit le colonel Gauchier, seigneur de Marchaux et les habitants dudit lieu (procès au sujet du droit de champoi sur le territoire de Marchaux); — révérendissime seigneur messire Charles de Dandain, cardinal de Madruche, évêque et prince de Trente, abbé de Saint-Paul de Besançon, contre plusieurs particuliers de Rougemont (procès au sujet des dîmes de vendanges); — les habitants de Cemboing, contre messire Christophe de Cult, seigneur de Cemboing Fontenelle, etc. (procès au sujet de la propriété d'un ruisseau coulant entre le territoire de Cemboing et ceux de Barges et de Blondefontaine, du droit d'y pêcher en toutes saisons et avec toutes sortes d'engins, d'y faire rouir les chanvres, etc.); — les habitants de Rosey contre noble Louis de Baron, seigneur de Rosey, Francalmont, etc. (procès au sujet de la perception des seconds fruits dans la prairie dite « en dessous de la ville »); — généreux seigneur Martin De Villers, seigneur de Ranzevelle, Grignoncourt, etc.; — messire Melchior de Chaffoy, seigneur d'Anjoi, Corcelles, Magnans et les habitants de Corcelles, contre Claude Jannoy, d'Ougney (procès au sujet du droit d'usage dans le bois de Chasnoy); — messire Philibert de Poligny, seigneur de Velle-le-Châtel; — les habitants de Buthier, contre messire François de Scey, chevalier, seigneur de Buthier, Bonnay, Perouse, etc. (procès au sujet des droits d'usage dans les bois dits Lo Combe Lambella, les Ranges-Torres, le Fay et la Bouloye); — généreux seigneur Henri de Montrichier, seigneur de Menoux, gentilhomme ordinaire de la chambre de Son Altesse de Lorraine; — Alexandre, baron de Wilts, seigneur de Racey, au nom et comme mari de dame Louise d'Andelot, dame de Chemilly, Pontcey, Charmoille, Provanchère, etc., contre Anne Bamedor, veuve de feu Étienne Demongenet, en son vivant docteur ès droits à Vesoul; — François de Saint-Martin, seigneur de Montureux, Condrecourt, etc., contre maîtres Nicolas Coudriet, de Combeing, Loys Leroux et Guillaume Estiennet, de Jussey, se disant juge, procureur et scribe de terre, justice et seigneurie de l'abbaye de Cherlieu (procès au sujet de la seigneurie de Montureux); — généreux seigneur Ambroise de Vigna, seigneur de Genevrey, Villers-Poz, Servignay, etc.; — les habitants de They, contre messire Adrien de Rosière, seigneur de Sorans, Dreuxey, etc. (procès au sujet du bois de la Louvière); — les habitants de Fauconney et de Beulotte-la-Guillaume contre ceux d'Esvardois (procès au sujet du bois du Frahier); — noble François du Breuille, seigneur de They, contre les habitants de Rioz (procès au sujet de droits d'usage dans les bois de Rioz); — dame Marie de Robles, dame de Saint-Remy (procès contre des mainmortables); — demoiselle Jeanne-Baptiste de Ferrière, femme de noble Anselme de Marouches, seigneur et dame de Chargey, Ovanches, etc., contre les habitants dudit lieu (procès au sujet des droits d'usage dans les bois communaux dudit Chargey, comme hauts justiciers); — les habitants de Filain, contre noble Claude-Louis de Cointet, seigneur de Filain (procès au sujet des droits d'usage dans les bois communaux); — messire Henri de Pierrefontaine, chevalier, seigneur de Voillans, Aulx, Montcey, Thurey, Bonnay; etc.

B. 5914. (Registre.) — In-4°, 573 feuillets, papier.

1692-1693. — Enregistrement des mandements de nouvelleté rendus au bailliage de Vesoul. — Noms et qualités des parties : honoré seigneur Charles de Conflans, seigneur de Droix, Mercey, Gevigney, Rouligney etc.; — dame Clair de Vy, dame de Gevigney, Mercey, etc. (procès contre des mainmortables de Gevigney); — messire Charles Chabot, chevalier des ordres du roi de France, seigneur de Charoux, Chanvirey, Vitrey, etc.; — les habitants de Montjustin contre généreux seigneur Claude de la Palud, seigneur audit Montjustin, comme mari de dame Élisabeth de Salives, sa femme (procès au sujet de la perception des seconds fruits de la prairie); — les habitants de Gosier, contre messire Jean de Thomassin, chevalier, baron et seigneur de Montbolition, Pin, Gosier, Torpes, Pirey, etc. (procès au sujet de la propriété et des droits d'usage dans le canton de bois appelé le Chassignole); — l'illustrissime et révérendissime archevêque de Besançon, contre Michel de Mesmay, de Verre, Nicolas Pichery, d'Arcier, et Adrien Dupin, de Vesoul (procès au sujet de la seigneurie de Saint-Igny); — révérende dame Anne-Béatrix Precipiano, abbesse de Montigny, assistée de Catherine de Charmoille, religieuse audit couvent, contre généreux seigneur François de Joffroy, seigneur de la Voyvre, au nom et comme père et légitime administrateur des corps et biens de Jean-Claude Jeoffroy, son fils, héritier testamentaire de dame Gabrielle de Hatay, en son vivant religieuse audit couvent; etc.

B. 5943. (Registre.) — In-4°, 308 feuillets, papier.

1693-1690. — Enregistrement des mandements de nouvelleté rendus au bailliage de Vesoul. — Noms et qualités des parties : messire Nicolas Jacquinot, docteur ès-droits, seigneur d'Auxon, Velleparois, etc., contre Jean Souet, de Provenchère, écuyer (procès au sujet de la seigneurie dite de Citey, sise au lieu et finage d'Auxon, appartenant à messire Nicolas Jacquinot et consistant dans le droit de moyenne et basse justice sur les hommes, sujets, meix, maisons et dépendances, en faisant partie à l'exclusion de tous autres, ainsi que dans la banalité du bois de Sérambault, dans lequel il n'est permis à personne de prendre, couper ou distraire aucune pièce de bois, soit mort, soit vif, à peine d'une amende de soixante sols, etc.) — noble Jean Baptiste, seigneur de la Roche, Servigney, Villerspot, etc., contre noble Claude-Baptiste de Vigna, seigneur de Genevrey (procès au sujet de la seigneurie de Servigney); — les maieur-capitaine, échevins et conseil de la ville de Vesoul, contre Étienne Demongenet, docteur-ès-droits, lieutenant local au bailliage d'Amont (procès au sujet du droit dont ont toujours joui les demandeurs d'ordonner « des guet et garde pour la défense et asseurance de la ville non-seulement lorsque l'éminent péril est déclaré mais encore lors et quant ils ont jugés être nécessaire pour la conservation de ladite ville soit qu'il y eut édict de la cour ou non, pour l'observance de laquelle garde ils établissent annuellement des capitaines dixeniers ausquels ladite garde estant commandée et ayant adverty ceulx de leurs dixaines, il faut que tous ceulx de ladicte dixaine qui sont habitants et résidans en ladite ville satisfassent à peine de l'amande applicable au profit d'icelle ny ayant personne audict Vesoul excusé de ladicte garde que messieurs les lieutenant général, advocat et procureur fiscaux et le sieur mayeur et aliphère de ladite ville » et de la non-exemption du sieur Demongenet de ce service); — dame Anne-Gabrielle de Lénoncourt, veuve de feu messire René du Chastelet, en son vivant baron et seigneur de Thons, Chauvirey, Vitrey, contre Nicolas Morand, de ce dernier lieu (procès au sujet du droit d'usage dans le bois dit « deshuites fu ders »); nobles Georges et Ferdinand du Tartre, co-seigneurs à Borey; — Claude Clerc, de Vesoul, docteur ès-droit, seigneur de Neurey, à Aboncourt, Gesincourt, etc., contre Jean-Baptiste Demongenet (procès au sujet de la portion de la seigneurie de Neurey acquise par le sieur Claude Clerc, de madame de Grammont, et sur laquelle le sieur Demongenet prétendait exercer le droit de dîme); etc.

B. 5840. (Registre.) — In-4°, 419 feuillets, papier.

1689-1685. — Enregistrement des mandements de nouvelleté rendus au bailliage de Vesoul. — Noms et qualités des parties : les habitants de Saulx, contre noble Claude Balthazard Le Mercier, seigneur de Servance (procès au sujet de droits d'usage dans une broussaille sise au lieu dit en Carignole sur le territoire dudit Saulx); — dame Claire de Vy, dame de Gevigney, Mercey et Gesincourt, veuve de messire Jean d'Occors, dit de la Tour, en son vivant chevalier, baron d'Esmontot, seigneur de Lieuffrane et Chay; — les révérends pères correcteur et minimes du couvent de Rup', contre messire Nicolas Pautheret, prêtre, curé dudit lieu (procès au sujet du partage des droits curiaux); — messire Jean-Jacques de la Tour, comte de la Tour, baron et seigneur de Monteley, Emagny, Pin, Miserey, etc., colonel du terce bourguignon pour le service de Sa Majesté, contre Guillaume Maillot, d'Emagny (procès au sujet de l'amo liation des forges de Monteley); — dom Pierre de Cléron, religieux, chapelain de l'abbé et seigneur de Theuley ainsi que d'une chapelle fondée en l'église de Mailley en l'honneur de Notre-Dame, contre François et Charlotte Maire (procès au sujet du payement des revenus de ladite chapelle); — les habitants d'Aboncourt contre messire Pierre Cillier, curé dudit lieu (procès au sujet des droits d'usage dans les bois dits les grands et petits alleux); — des habitants de Coxhelans, contre noble Jean-Baptiste d'Aubonne, coseigneur audit lieu (procès au sujet des droits d'usage dans les bois dits en Rayol); — dame Marguerite de Vienne, veuve de feu messire Jean-Antoine d'Aches, en son vivant seigneur de Thoraise, baron de Montferrand, Avilley, Mondon, etc., contre les habitants de Mondon (procès au sujet de la propriété des cantons de bois dits les bois de Rolland et les petits bois); — Jean-François de Jouffroy, seigneur de la Vaivre, Ault, Palize, Villers, Thurey, etc., contre messire Étienne Hugon, prêtre, curé de Palize (procès au sujet de la jouissance des droits de mainmorte dans l'étendue desdites seigneuries); — dame Jeanne-Baptiste de Grammont, veuve de feu Jacques-Antoine de Jean, dit de Grammont, en son vivant chevalier, baron et seigneur de Châtillon-Guyotte, Roche-sur-Linotte, Vellefaux, etc., contre noble Pierre Mareschal, citoyen de Besançon (procès au sujet du droit de banalité du four de Roche); — maître Jérôme Thourenin, maître des forges de Bonnalle, contre noble Claude Landry, citoyen de Besançon; — noble Jean Rarie, seigneur de la Roche, Servignoy, Fouchecourt, contre Hugues Fyard, de Colombier; — dom Claude de Charmoille, grand prieur de l'insigne abbaye de Luxeuil, au nom et comme tuteur d'Alexandre, Daniel et Magdeleine de Charmoille, seigneurs de Melincourt, contre Françoise Roberdot, femme d'Étienne Pertuisier, dudit lieu (procès au sujet d'une succession mainmortable); — généreux seigneur Ferdinand d'Augicourt, seigneur dudit lieu, contre dame Anne de Constable, femme de généreux seigneur François d'Augicourt, coseigneur audit lieu (procès au sujet « du droit de se qualifier vieil et ancien seigneur hautjusticier audit Augicourt, fin et finaige d'icelle, de recepvoir le premier et avant tous aultres en l'église parrochiale dudit lieu le pain bénist qui se distribue aux paroissiens, et l'eau béniste qui s'asperge par le curé ou son vicaire, et de jouyr par préférence des aultres droits honorifiques qui se peuvent prendre et recepvoir par le seigneur hault justicier, et par même mérite et raison, damoiselle Louise d'Audelot, sa femme, aussi en qualité de plus vieille et de plus ancienne dame audit lieu, prendre, jouyr et recepvoir avant tous aultres les mêmes droits, honneurs et prérogatives, etc.); — les habitants de V. soul, contre ceux de Frotey (procès au sujet du droit de *Champoi* dans la prairie de ce dernier lieu); — noble Gaspard d'Amandre, de Rupt; — révérend sieur messire Cleriadus Alix, prieur de Voisey; — généreux seigneur Henry d'Esternoz-Fontaine, seigneur de Vadans; — noble François Lullier, seigneur de Chantirey, etc.; — demoiselle Anne de Valimbert ; — noble Gaspard Durand, de Vesoul, docteur en droit ; — messire François de Scey, chevalier, seigneur de Buthier, Pin, Beaumotte, Raunay, Péronne ; etc.

B. 5917. (Registre.) — In-4°, 250 feuillets, papier.

1622-1640. — Enregistrement des exécutions de sentences et de mandements rendus au bailliage de Vesoul. — Noms et qualités des parties : noble Philibert Cazeau, de Besançon ; — dame Marie-Marguerite de Plaine, dame de la Roche et Rigney (procès au sujet de la banalité du four dudit lieu) ; — demoiselle Marguerite Mairot, veuve de feu noble Nicolas Sonnet, en son vivant seigneur d'Auxon, contre Denise Clerc (procès au sujet du droit de mainmorte dépendant de la seigneurie dite de Frotey audit Auxon) ; — noble Jean-Baptiste Pétrey, seigneur de Chemin, et demoiselle Pierrette Pétrey, sa sœur ; — Jean Liglet, de Vesoul, docteur ès-droits, contre dame Marguerite de Cults, veuve de feu Antoine de Salives, chevalier, baron et seigneur de Saint-Remy, Villersvaudey, etc. ; — messire Pierre Rouhier, prêtre, chanoine de Poligny, chapelain de la chapelle fondée au château de Montaigu, contre noble Hugues Fyard, de Vesoul (procès au sujet du payement de la dotation de ladite chapelle) ; — Jeanne-Baptiste et Anne Pastoureau et Claude-Gabriel Gresson, de Vesoul, contre demoiselle Guillemette Huguenot (procès au sujet de la succession du chanoine Huguenot dans laquelle se trouvaient les espèces suivantes : « un croison valant 50 fr. ; — 8 quadruples d'Espagne = 160 fr. ; — 57 pistoles d'Espagne = 570 fr. ; — 14 demi-pistoles d'Espagne = 70 fr. ; — un quadruple de Gênes = 20 fr. ; — 4 quadruples d'Italie = 77 fr. ; — 3 pistoles d'Italie = 29 fr. ; — 6 nobles à la Rose = 72 fr. ; — un noble de Gand = 10 fr. ; — 2 jacobus = 10 fr. ; — une albertine = 10 fr. ; — 28 escus sols = 145 fr., 8 gros ; — 3 demis = 7 fr. 10 gros, 2 blancs ; — 3 escus à la grande croix = 21 fr. ; — 1 à la petite croix = … ; — 13 guinées = 69 fr. 4 gros, 4 ducats = 22 fr. ; — 2 philippes d'or = 13 fr. ; — un escu de Bourgogne = 4 fr. 10 gros ; — un henricus et 2 florins = 13 fr. 8 gr. » ; etc.

B. 5918. (Registre.) — In-4°, 233 feuillets, papier.

1704-1721. — Enregistrement des décrets, perquisitions et saisies réelles rendus au bailliage de Vesoul. — Noms et qualités des parties : François Varin, de Vesoul ; messieurs les familiers de l'église collégiale Saint-Georges de Vesoul, impétrants en décret sur les biens de Jean Bertrand et de Claudine Vitain, sa femme ; — messire Jean-Claude Franchet, conseiller au parlement de Besançon, impétrant en saisie sur les biens de Nicole Prudhon, de Rigney ; — messire Jean-Georges Besançenot, prêtre, curé d'Angicourt, impétrant en décret sur les biens de Jean-Thomas et Nicole Doillon, de Cubry-lez-Faverney, etc.

B. 5919. (Registre.) — In-4°, 193 feuillets, papier.

1742-1749. — Enregistrement des exploits de saisies réelles, édits, criées, proclamations, déclarations des biens, significations, mandements d'interpositions et assignations générales par criées, au bailliage de Vesoul. — Noms et qualités des parties : le sieur Nicolas Labourot, officier en la chancellerie du présidial de Vesoul, impétrant en perquisition sur les biens de Philippe Meunier, apothicaire à Vesoul ; — le sieur Léopold de Nardin, seigneur de Genechier, impétrant en purgation d'hypothèques sur ses biens ; — Claude-Antoine Fontenois, prêtre, curé d'Enfonvelle, impétrant en décret sur les biens de Claude Fontenois, de Voisey ; — les sieurs Mairot, impétrants en décret sur les biens de feu messire Pierre-Antoine Mairot, chevalier de Saint-Louis, capitaine de grenadiers au régiment d'Eu, seigneur de Navenne et Graisse, laquelle seigneurie consistait « en haute, moyenne et basse justice territoriale sur les lieux de Navenne et Graisse et droits en dépendants ; — les droits de cressonage pour un bœuf dans la prairie de Navenne et Quincey, depuis le jour de feste Saint-Georges jusqu'au jour de feste Saint-Jean-Baptiste, et dans la prairie de Quincey on n'en doit supporter la pasture que les jours de dimanche, lesquels droits amodiés communément onze ou douze livres » ; — messire Jean-Baptiste Deshenriques, chevalier de Saint-Louis ; — les directeurs de l'hôpital de Vesoul, etc.

B. 5920. (Registre.) — In-4°, 143 feuillets, papier.

1750-1751. — Enregistrement des exploits de saisies réelles et de purgations d'hypothèques. — Noms et qualités des parties : le sieur Claude-Augustin Liébaud, prêtre (purgation d'hypothèques sur ses biens) ; — dame Angélique-Françoise de Lavier, veuve de M. de Chargey, impétrante en décret sur les biens de François-Ferdinand de Laborey, écuyer, seigneur de Chargey, son fils, assisté de Henri-Désiré de Laborey, écuyer, seigneur de Virey, son tuteur (dans les biens saisis se trouve la seigneurie de Chargey, consistant « en haute, moyenne et basse justice avec le droit d'établir et de créer des officiers pour exercer icelle toutes les fois qu'on le trouve convenir sur les meix, maisons, aisances et appartenances, même sur les personnes et sujets de ladite seigneurie rière la Grage dudit lieu, comme aussi sur les communaux par prévention à tous autres et conjointement avec la dame marquise de Triton de qui madame de Rosen a droit et présentement comme les sieurs et damoiselles de Marenches et de Ferrières, leurs autheurs en ont joui; — le château de Chargey, qui consiste en cuisine, salles, plusieurs chambres à feu, poesle, cave, grenier, grangeages, colombier, jardin joignant, avec une cour très-spacieuse et enfermée de murs, comme encore une basse-cour au joignant; — un moulin à vent sur ledit territoire, présentement en ruines où il y a encore présentement une tour avec environ quinze journaux de terre y adjacents et de fief; — le droit de mainmorte sur tous les hommes, sujets et héritages dépendants de ladite seigneurie avec le droit de lods au feur de deux gros par francs au cas où on ne veuille user du droit de retenue; — le droit d'exiger quatre corvées à bras desdits sujets, annuellement, scavoir : une aux fenaisons, deux aux moissons, une aux vendanges, moyennant la réfection d'iceux; — un cens de 18 gros qui fait en monnaie courante 20 sols deub annuellement audit seigneur par les habitants dudit Chargey, payables chaque jour de Saint-Vincent, à peine de deux gros d'amende; — 53 arpens et un quart d'arpent et 5 perches et demi de bois qui est pour le tirage dudit seigneur au canton dit le Bochot calley et la Perrière; — un arpent et demi et 10 perches de patis, lieudit au bois Milton présentement en jachère et sujet à novale; — le droit d'ériger un signe patitulaire avec les autres coseigneurs et un carcan tant au territoire dudit Chargey qu'en la place publique dudit lieu pour punir les délinquants et les malfaiteurs; — le droit d'exercer ladite justice sur les hommes, sujets et fonds en dépendants; — le droit de vendanger un jour avant le ban établi les vignes qui sont au-dessus de son château et une autre appelée le Creusot, lesdites vignes dépendantes de ladite seigneurie et par prévention avec les autres coseigneurs dudit Chargey; — le droit de scel et de tabellionage de tous les contrats qui se feront de tous les héritages, biens et revenus dépendants de ladite seigneurie auquel il peut establir qui bon lui semblera; — item est deub une gerbe de froment, une d'avoine et une poignée de chanvre pour dîme par ceux qui en sèment, le tout partable avec les autres coseigneurs et le sieur curé; — le droit de présentation et de collation d'une chapelle érigée en l'église paroissiale de Chargey sous l'invocation de Saint-Charles, comme encore d'une autre chapelle érigée en l'église paroissiale et collégiale de Sainte-Marie-Magdeleine de Besançon, sous l'invocation de Saint-Nicolas; — plusieurs pièces de terres, prés et vignes dépendants de ladite seigneurie; » — Nicolas-Joseph Terrier, marquis de Malleroncourt, Charette, etc.

B. 5031. (Registre.) — In-4°, 197 feuillets, papier.

1758-1759. — Enregistrement des exploits de grande relation des décrets et purgations d'hypothèques au bailliage de Vesoul. — Noms et qualités des parties: dame Marie-Louise de Bermont, relicte d'Hubert-Joseph de Donneraut, seigneur de Velleguindry, à présent épouse de M. de Laroche-Aymon, capitaine de cavalerie, impétrante en décret contre damoiselle Claude de Donneraut, sa fille, en qualité d'héritière dudit feu de Donneraut (parmi les biens compris dans le décret se trouve la « seigneurie de Velleguindry, consistant en haute, moyenne et basse justice avec le droit d'établir tabellion pour passer les actes qui concernent des revenus de la terre, à peine de 60 sols estevenans d'amende contre les contrevenants, du quart de laquelle seigneurie M. et M⁽ᵐᵉ⁾ Boucard jouissent par usufruit; une maison seigneuriale située audit Velleguindry où M. et M⁽ᵐᵉ⁾ de Donneraut ont leur résidence, composée d'une cuisine, un poesle, un salon, deux cabinets, une grande chambre en bas et au-dessus une autre chambre et un cabinet et les greniers au-dessus, tout le long du bâtiment et dans le dessous deux caves au joignant deux grangeages et deux corps d'écurie, une cour, un chazal joignant ladite cour, avec des aisances et dépendances, confrontée au levant de M. Boucard, au couchant d'un jardin tenu par ce dernier, au midi la rue tenant à l'église dudit Velleguindry, et au septentrion encore M. Boucard, et suivant que le tout s'étend et comporte entre lesdits confronts; — les boisseaux de four dudit Velleguindry étant de trois boisseaux par feu et ménage et chargés d'usufruit pour un quart envers M. et M⁽ᵐᵉ⁾ Boucard; — la dîme sur le territoire dudit Velleguindry étant d'une demi-gerbe par journal chargée du même usufruit; — les lods sur tous les biens qui se vendent et qui dépendent de ladite seigneurie chargés du même usufruit; — les tailles qui se lèvent sur tous les sujets taillables, chargés du même usufruit); — Jeanne-Françoise Bernard, impétrante en décret sur les biens de feu Jean-Baptiste Bresson, de Lyoffans; — Jean-Baptiste Maillard, écuyer, ancien officier de cavalerie, garde de la prévôté du roi, seigneur de Fresne-sur-Apance, impétrant en purgation d'hypothèques sur ses biens de roture); etc.

B. 5032. (Registre.) — In-4°, 200 feuillets, papier.

1759-1760 — Enregistrement des exploits de grande relation de décrets et purgations d'hypothèques rendus au bailliage de Vesoul. — Noms et qualités des parties : dame Marie-Alexandrine de Hermont, douairière de Balthazard de Sonnet, écuyer, seigneur d'Auxon et autres lieux, impétrante en décret sur les biens de Claude Étienne Bertin et Jacquette Valteur, sa femme, de Vesoul ; — le sieur avocat Lamboley, impétrant en décret sur les biens de Jean-Pierre Michel et Claude-Françoise Virgain, sa femme, de la Montoillotte ; — le sieur Claude-Antoine Juif, impétrant en décret sur les biens de Philippe Clerc et Pierrette Moray, défendeurs, etc.

D. 3933. (Registre.) — In-4°, 187 feuillets, papier.

1760-1768. — Enregistrement des exploits de grande relation des décrets et purgations d'hypothèques rendus au bailliage de Vesoul. — Noms et qualités des parties : Albert Mossu, avocat au parlement de Paris, en qualité de tuteur onéraire de Pierre-Gaspard-Marie Grimod Dufort, écuyer, seigneur d'Orçay, de la baronnie de Rupt et dépendances, impétrant en purgations d'hypothèques sur lesdits biens qui consistent « dans la seigneurie et baronie de Rupt, mouvante ainsi que ses dépendances du fief de Sa Majesté, à cause de son comté de Bourgogne, sauf le village Nervezain qui relève de la baronnie de Savigney (Delain relève également de Sa Majesté), laquelle baronnie comprend les droits suivants : les habitants doivent chaque année une taille de 83 livres 6 sols 8 deniers qu'ils sont obligés de répartir entre eux, et d'en remettre un rôle au seigneur ou à ses receveur et fermier ; ils doivent pareillement deux quartes de blé par chaque feu et ménage, ou quatre livres d'argent, à leur choix, lesdites deux quartes à la mesure de Port-sur-Saône pour la liberté qu'ils ont d'avoir des fours particuliers, sauf quand les veuves demeureront seules qu'elles n'en devront que la moitié ; — chaque feu et ménage doit annuellement une poule appelée poule de carnaval ; — dix chapons de redevance annuelle sur les maisons des Benoît et héritiers Philippe Cheney, Claude Hinée, Claude Berthod, et Nicolas Richard, ou treize sols quatre deniers pour chacun, au choix dudit seigneur ; — le droit d'instituer tabellion par-devant lequel se doivent passer tous contrats réels qui doivent être présentés dans quarante jours au seigneur pour y apposer son consentement, sans aucun droit de retenue, en payant les lods au quinzième du prix ; — le droit, comme seul seigneur haut justicier territorial audit Rupt, d'instituer bailly pour tenir les assises audit lieu, juge-châtelain, procureur d'office, sergent, maire, garde et autres officiers ; — le droit de signe patibulaire, de guet et garde au château, et de montre d'armes, d'aide pour les quatre cas et la coutume ; — chaque habitant ayant chevaux doit faire, quand il est commandé, quatre voitures pour les réparations du château, en leur fournissant nourriture, à prendre les matériaux dans la circonférence d'une lieue ; — chaque habitant ayant chevaux doit conduire au château, quand il est commandé, deux voitures de bois bonnes et raisonnables en luy fournissant forêts dans le territoire de Rupt ; le droit de port de lettres par l'étendue de la terre de Rupt, sur lesdits habitants ; — le droit d'épaves ; — il y avoit deux foires par an, et marché toutes les semaines à Rupt pour raison desquels le seigneur avait des droits à percevoir et parce qu'il ne s'y tient plus de foires ni de marchés, les droits sont négligés ; — le droit de faire échantillonner toutes mesures ; — les droits honorifiques consistent dans le patronage de la cure de Rupt et dans celui de la cure de Mailley alternativement avec M. l'abbé de Luxeuil (le seigneur de Rupt a nommé le dernier audit Mailley) ; — la dîme générale de dix gerbes l'une sur le territoire de Rupt pour les froments, seigles, méteil, orges, avoines et autres graines, appartenant audit seigneur pour 24 parts de quarante ; — la rente formant un prélèvement sur la précédente dîme de 48 quartes de froment et de 48 quartes d'avoine à la mesure de Port-sur-Saône pesant 60 livres qui se lèvent sur les décimateurs et à laquelle le seigneur contribue pour 24 parts de quarante ; — la dîme dite de Viomeny et celle dite de la pêcherie, qui se relèvent sur des terres particulières, au profit seul du seigneur, à raison de 20 l'une ; — quatre corvées de charrue par chaque laboureur ; — quatre corvées de bras à faucille et au râteau par chaque habitant, outre quoy ces derniers sont encore obligés avec ceux de Vauconcourt, Vy-le-Ferroux, Soing et Cubry, de faucher, faner et voiturer au château de Rupt les foins des grand et petit Breuille, en leur fournissant vivres raisonnables pour les personnes seulement ; — plus sont tenus lesdits habitants de fournir un ouvrier de chaque maison pour vendanger les vignes dudit seigneur, en leur donnant vivres raisonnables ; — la pêche de la rivière de Saône, le long du territoire de Rupt, à prendre depuis Ovanche jusqu'à Salles et depuis Salles jusqu'au bas de Soing, cette dernière partie contiguë à la précédente le long du territoire de Soing, Cubry et Féizy ; — de nombreux biens-fonds, etc ; — le château et maison forte de Rupt, bâti à l'antique, sur une élévation qui domine sur le village avec ses terrasses, cours hautes et basses, écurie, grangeage, cuisine, logements de jardiniers et de gardes, chapelle dans ledit château desservie par les Pères minimes de Rupt qui y doivent dire la messe tous les jours pour le seigneur et ses gens, jardin potager et parterre joignant lesdites cours au couchant, avec 127 ouvrées de vignes dans l'enclos du château, fermé de murailles selon que le tout s'étend et comporte, ledit château habité par le sieur Clerc, régisseur de la terre de Baugey, fermier audit Rupt, et la basse-cour par deux gardes et le jardinier; — les moulins banaux de Rupt; — la terre de Chantes, consistant en haute, moyenne et basse justice; — il y a 43 justiciables; — le revenu de la terre de Chantes consiste en un acensement de cent mesures de froment et 16 mesures d'avoine à celle de Port-sur-Saône, 16 livres, 30 sols 4 deniers de taille réelle due par les habitants, qu'ils relèvent eux-mêmes; — les sujets doivent une corvée de faux dans le pré du grand Breuille de Rupt; — les sujets de la seigneurie dite de Traves doivent trois corvées de bras à la fourche, à la faucille et au râteau, ou pour les trois, quand ils ne sont commandés, deux gros ou deux sols trois deniers; — la dîme d'une gerbe par journal dont le tiers appartient par moitié à l'abbaye de la Charité et à la cure de Rupt; — un cens de deux mesures d'orge sur les Cordiers, avec deux chapons et quatre poules, deux chapons sur les Meuniers, et deux sur les Berthod; — une poule par chaque justiciable desdits seigneur; — le droit de tabellionage, présentation des contrats réels, consentement, dissentiment, retenue, commise, déshute le cas arrivant et les lods au sixième denier du prix des ventes et aliénations; — le surplus des droits seigneuriaux est conforme à ceux de Rupt ci-devant dénommés; — la terre d'Ovanche en haute, moyenne et basse justice pour une moitié, l'autre appartement à M. le prince de Bauffremont; — M. Dufort a également justice et directe mainmortable sur le territoire de Pont-les-Traves, village ruiné et confondu dans le territoire d'Ovanche; haute, moyenne et basse justice particulière et mainmorte sur ses hommes et sujets et leurs fonds ainsi que sur les hommes et fonds dépendants des directes possédées audit Ovanche par les prieurs du Montcrot, de Grandecourt, la commanderie de Salles et Chassey; la directe de M. Dufort est en condition mainmortable personnelle et réelle avec les attributions et fruits en dépendants, et s'étend sur le territoire de Pont-les-Traves; — le droit de tabellionage, présentation de contrats réels, consentement, retenue, commise et les lods au sixième denier, le droit de faire parcourir deux bœufs dans la prairie dudit Ovanche chaque année dans les temps accoutumés; — les quartes de four, à raison de cinq livres six sols huit deniers par ménage audit Ovanche; la taille seigneuriale de 15 livres 6 sols 8 deniers; un cens en cire pour la chapelle du château de Rupt; — la poule de carnaval par chaque justiciable dudit seigneur; — le droit d'imposer aide dans les quatre cas accoutumés; — outre les droits généraux seigneuriaux de police et de coutume, les justiciables doivent chacun trois corvées de bras à la fourche, au râteau et à la faucille, et, quand ils ne sont commandés pour les trois, huit niquets ou deux gros, ou deux sols trois deniers; — chacun, trois jours de charrue dans les finages d'Ovanche et de Pont, ou, quand ils ne sont commandés pour chacun deux sols; — le ressort du bailliage de Rupt comprend les appellations des justices de Salles, de Grandecourt, du Montrot et de Chassey, à Ovanche; — la haute moyenne et basse justice, à l'exclusion de tous autres, avec généralité de mainmorte personnelle et réelle, sauf les affranchissements; les habitants doivent chacun les quartes de four, à raison de deux mesures de froment à la mesure de Port-sur-Saône, ou quatre livres en argent à leur choix, dont la communauté doit fournir le rôle; — chaque habitant mainmortable doit la poule de carnaval; — la taille réelle et seigneuriale, qui se paye par communauté, est de 12 livres, trois sols quatre deniers, dont elle doit fournir un rôle au seigneur qui a en outre le droit de tabellionage, les lods au fur de 12 pour 0/0, plus les droits de présentation de contrats, retenue, commise, consentement; — un cens de 3 fr. 5 gros 9 blancs 2 engrognes et demie 2 deniers, faisant en monnaie actuelle 2 livres 6 sols 3 deniers, payables à la Saint-Martin d'hiver de chaque année, à peine de 3 sols estevenins d'amende par les tenanciers des cantons des Forêts et Cheramy, de condition mainmortable, et par les possesseurs du pré au sire, suivant les déclarations qu'ils doivent donner; — plus, d'exiger indépendamment des corvées du grand Breuille de Rupt des autres corvées de faucille dans ses corvées de Rupt, savoir, une à la récolte du froment, l'autre à celle des avoines par chaque habitant quand ils sont commandés, ou pour chacune desdites corvées huit engrognes, au choix du seigneur; — de plus, trois corvées de charrue par les laboureurs dudit lieu pour les terres de Rupt, ou pour chacune d'elles trois carolus faisant un sol 8 deniers, au choix du seigneur; — la justice haute, moyenne et basse territoriale à Soing, même sur les communaux et généralité de mainmorte; chaque sujet de la seigneurie de Soing doit la poule de carnaval; — le droit d'imposer aide dans les quatre cas accoutumés; — la taille seigneuriale de 53 livres 6 sols 8 deniers; — au droit seigneurial de 20 fr. 5 sols, payable par la communauté, à la Saint-Martin, à peine de 3 sols estevenins d'amende assigné sur le canton des Poinfois; — la corvée des grand et petit Breuille, à Rupt, comme ceux dudit lieu; par arrêt du parlement de Dôle, du 2 juin 1607, les cantons de Présis, dans la prairie de Soing et de Cubry, du côté de Fédry, ont été déclarés de la justice haute, moyenne et basse du seigneur de Rupt et de Soing, de sorte que le seigneur a droit de police et de mainmorte, taille et autres droits de coutume également sur les particuliers de Fédry qui possèdent des prés dans lesdits cantons privativement à l'exclusion de tous autres; — le droit de bac et passage sur la rivière de Saône, au lit Solng appartenant audit seigneur et les habitants dudit lieu sont obligés de fournir et entretenir ledit bac; — le droit de tabellionage, présentation, consentement, commise, retenue, les lods et ventes au 12e denier appartenant audit seigneur, le surplus des droits comme à Rupt; — M. Dufort est seul seigneur engagiste de mainmorte en haute, moyenne et basse justice au territoire de Cubry, la taille seigneuriale est de 16 livres 13 sols 4 deniers annuellement; le droit d'indire et imposer aide dans les quatre cas accoutumés; — le droit de tabellionage, présentation, consentement, commise, retenue, les lods et ventes au 12e denier; — les censitaires de la tuilerie de Cubry doivent six chapons annuellement; la poule de carnaval est due annuellement au seigneur; — indépendamment des mêmes droits seigneuriaux qu'il a comme à Rupt et à Soing, chaque habitant de Cubry doit une corvée à bras en temps de moisson de froment, et une en temps des moissons d'avoine dans les corvées du seigneur à Rupt, quand ils sont commandés; — M. Dufort est seul seigneur haut justicier territorial à Saint-Albin; il y a huit justiciables en mainmorte personnelle et réelle, ainsi que leurs fonds envers ledit seigneur; — droit de tabellionage, présentation de contrats réels, retenue, commise et les lods au sixième denier; la taille réelle et seigneuriale due et payée par la communauté est de trois livres annuellement; — le droit d'indire et imposer aide dans les quatre cas accoutumés; — le surplus des droits féodaux comme à Rupt; — le moulin de Saint-Albin avec les bâtiments, chaussées, etc.; — M. Dufort est seul seigneur haut, moyen et bas justicier territorial à Vy-les-Rupt; — il a le droit d'indire et imposer aide dans les quatre cas accoutumés; — il a le droit de tabellionage, etc.; — les habitants doivent chaque année trois corvées à bras dans les foins et les moissons; — la taille seigneuriale réelle et territoriale dont la communauté doit remettre annuellement un rôle au seigneur est de 60 livres; — la poule de carnaval due par chaque habitant; les quartes de four, à raison de deux mesures de froment à celle de Port-sur-Saône, ou quatre livres d'argent, à leur choix, par chaque feu et ménage; — l'ancien château de Vy-les-Rupt, du moins l'emplacement d'icelui; — M. Dufort est seigneur haut, moyen et bas justicier territorial pour les trois quarts à Vauconcourt; il y possède les seigneuries de Hardemont et l'ancienne seigneurie avec d'autres, sous différentes dénominations en directe et mainmorte fort étendues, réelles et personnelles; — de plus, la seigneurie dite de Chauvirey en franchise; — il a le droit de tabellionage, présentation et pour ce qui est de sa mainmorte; — chaque habitant, indistinctement de quelle seigneurie il puisse être, doit annuellement le cens du feu d'une mesure d'avoine à celle de Gray, par feu et ménage, pour l'acensement du creux d'œuvres; — les corvées des grand et petit Breuille comme ceux de Rupt; — le droit d'indire et imposer aide dans les quatre cas accoutumés; — droit de signe patibulaire; — chaque habitant mainmortable doit la poule de carnaval; — le seigneur a droit de pêche en rivière de Vauconcourt; — M. Dufort est seul seigneur haut, moyen et bas justicier territorial à Nervezain; — chaque habitant dudit lieu ayant charrue lui doit trois corvées de charrue l'une au sombre, l'autre à la semaille d'automne, et la dernière au carême, qu'ils sont tenus de faire ou pour ce de payer audit seigneur six blancs chacun; — la taille réelle et seigneuriale de 22 livres six sols huit deniers de laquelle lesdits habitants sont tenus de remettre un rôle chaque année audit seigneur; — le droit de présentation des contrats, etc.; la pêche dans la rivière de Nervezain, à prendre dès le moulin qui est au bas du village jusqu'au territoire de Cornot; — les droits d'épaves, d'indire et imposer aides dans les quatre cas accoutumés; — les droits généraux et seigneuriaux de police et de coutume; — M. Dufort, en qualité de seigneur de Rupt, est seul seigneur audit Oigney, haut, moyen et bas justicier territorial en généralité de mainmorte; droits de tabellionage etc.; — la dîme territoriale de dix l'une sur toutes sortes de graines et de treize deux dans différents cantons, — les quartes de four par chaque habitant, à raison de deux mesures de froment à celle de Port-sur-Saône, ou quatre livres en argent, à leur choix; — la poule de carnaval par chaque habitant; — trois corvées de charrue par chaque laboureur, annuellement; deux corvées de bras aux moissons par chaque feu et ménage; le droit de taxer le vin et échantillonner les mesures au lieu de Gevigney le jour de Saint-Ferréol et de Saint-Ferjeux, et d'exiger un pain blanc, une pinte de vin et un ragoût de chaque cabaretier; il est dû un cens annuel de 5 sols par la communauté de Semmadon résultant de l'acensement d'un pré au bas du moulin de Taquoy; — indépendamment des droits généraux, seigneuriaux de coutume et de police ci-dessus énoncés, il est dû par les habitants une taille à volonté; — plus une corvée par chaque habitant pour conduire un bichot moitié froment, moitié avoine provenant de la grange d'Oudigne à Oigney, au château de Rupt, quand ils sont commandés, ou de payer les peines de ceux qu'on emploie à leur place après un second commandement, à peine de 60 sols estevenins d'amende; le droit d'indire et imposer aide dans les quatre cas accoutumés; — M. Dufort est seigneur haut, moyen et bas justicier territorial à Preigney, conjointement et par prévention avec M. l'abbé de Cherlieu et M. Matherot, qui ont chacun un des deux autres tiers de ladite justice avec le même privilège il y a un cens en argent, dû par les habitants, de 15 sols neuf deniers; un autre de 15 livres de cire, annuellement dû par les mêmes; — M. Dufort est seul seigneur en toute justice haute, moyenne et basse, territoriale, avec directe générale, lods au 12e denier, consentement, retenue, commise et droit de tabellionage de la principauté de Delain; — la taille réelle et seigneuriale y est d'un sol six deniers par journal, autant par fauchées de pré, et d'un sol par ouvrée de vigne, ancienne monnaie, payable à la Saint-Martin, à peine de 3 sols estevenins d'amende; la dîme de toutes sortes de grains est générale tant sur les champs que sur les vignes au fur de 15 l'un; la pêche en la rivière de Szalon, fluante vers le territoire de Delain; — les laboureurs doivent trois corvées de charrue que le seigneur peut amodier quand il ne les commande pas; — les manouvriers doivent chacun trois corvées à bras; — les habitants doivent vendanger la grande vigne, en leur fournissant nourriture; — chaque habitant doit la poule de carnaval; — les reconnaissances de 1670 donnent au seigneur les droits de police et de coutume comme droit d'indire et imposer aide dans les cas ordinaires; de plus, l'acte d'affranchissement dudit Delain, fait par M. le marquis de Saint-Georges, contient le reste de leurs obligations; » — Jacques-Antoine Varmot et sa femme, de Noidans-le-Ferroux; etc.

B. 5934. (Registre.) — In-4°, 195 feuillets, papier.

1762-1765. — Enregistrement des exploits de décrets et de saisies réelles rendus au bailliage de Vesoul. — Noms et qualités des parties : le sieur François Piaget, impétrant en décret sur les biens de Claude-Antoine Masson et ses enfants, de Noidans-le-Ferroux; — dame Antoinette-Françoise de Maçon, douairière de feu Joseph de Maçon, écuyer, seigneur de Montchevrey, impétrante en purgation d'hypothèques sur les biens de son mari; — Jean-Baptiste Maillard, ancien officier de cavalerie et garde de la prévôté du Roi, seigneur primitif de la terre et seigneurie de Fresne-sur-Apance, impétrant en purgation d'hypothèques sur ses biens, qui consistent « dans les trois quarts et demi de la terre et seigneurie de Fresne-sur-Apance, en haute, moyenne et basse justice, mouvante du Roi à cause de son comté de Bourgogne, droit de tabellionage, greffe, nomination, par prépondérance, aux offices de judicature, les droits de chasse et de pêche et tous autres honorifiques, aussi par prépondérance et toujours pour les trois quarts et demi ; — les trois quarts et demi de toutes amendes, épaves et confiscations; le droit de collation et nomination à la chapelle du Rosaire, érigée en l'église paroissiale dudit Fresne (ce droit appartient au sieur Maillard, à l'exclusion de ses co-seigneurs); cens et redevances sur tous les habitants et tous autres droits comme rouage sur les ventes de vin, qui consiste en cinq deniers par tonneau, toujours pour les trois quarts et demi; les trois quarts et demi du droit de ballage et étalage dans les jours de foire et marché audit Fresne; — les trois quarts et demi du cens au regard des bois, consistant en deux pennaux d'avoine, mesure de la Marche, du poids de 72 livres, payables par chaque habitant, annuellement, à chaque fête de Saint-Martin d'hiver, ou huit jours après, et les co-seigneurs qui résident sur les lieux doivent au sieur impétrant chacun un pénal d'avoine ainsi que le constate la sentence rendue au bailliage de Vesoul, le 29 mai 1737, à réserve de 50 pennaux d'avoine que perçoivent les héritiers du sieur Dieudonné Crapelet, qui les avait acquis par une vente particulière de messire Nicolas-François, marquis de Fussey; le village de Fresne est composé de 260 feux actuellement, et s'augmente tous les jours; — les trois quarts du pressoir banal; — le sixième du four, aussi banal; les trois quarts et demi du moulin, aussi banal, avec les trois quarts dans le pré, la chenevière et le jardin dépendant dudit moulin; la maison seigneuriale où réside le sieur Maillard, consistant en une cuisine, poêle à côté de la cuisine, chambre au bout de ladite cuisine conduisant en une très-belle cave, à côté du poêle, une salle au-dessus du poêle, une chambre à feu au-dessus de ladite salle, une autre chambre à feu avec un petit cabinet, et sur les dites deux chambres règnent de très-beaux greniers bien éclairés, un petit parterre au derrière de la salle et au joignant d'icelui une chambre, au bout d'icelle, une autre chambre où il y a un four et une cheminée, cette maison de la contenance de quatre rains ou portées, dans lesquels sont compris la grange, l'avant grange; — un jardin potager, un autre petit jardin entouré de murailles; — les trois quarts et demi d'un terrain appelé la Salle, lieu où l'on tenait autrefois la justice dans le temps que Fresne était terre de surséance; — les trois quarts et demi de l'auditoire civil et criminel au-dessous duquel est la prison avec ses aisances et dépendances faisant face à la grande route et aux halles et pressoir banal; les trois quarts et demi de la rivière d'Apance, du ruisseau de la Bourse et de tous les cours d'eaux situés au territoire dudit Fresne; » etc.

B. 5935. (Registre.) — In-4°, 134 feuillets, papier.

1783-1786. — Enregistrement des exploits de grande relation des décrets et saisies réelles rendus au siège de Vesoul. — Noms et qualités des parties : messire Claude-François-Madeleine Damedor, comte de Mollans, seigneur de Bourguignon-les-Morey, impétrant en décret sur les biens de Jeanne-Claude Fermiot et du sieur César

Quelard, concierge des prisons de Vesoul, son époux ; — l'huissier Foncleuse, de Luxeuil; impétrant en saisie réelle sur l'office d'huissier du sieur Corberand, de Frotey ; etc.

B. 5956. (Registre.) — In-folio, 171 feuillets, papier.

1780-1787. — Enregistrement des exploits de grande relation de décrets et de saisies réelles rendus au bailliage de Vesoul. — Noms et qualités des parties : François Clerget, d'Hugier, impétrant en décret sur les biens de Jean-Baptiste Gardet et Françoise Lavrut, sa femme, de Buthier ; — messire Pierre-Joseph Sallier de Champelle, ancien capitaine au régiment de Poitou, chevalier de Saint-Louis, seigneur de Frotey, impétrant en purgation d'hypothèques sur ses biens, parmi lesquels se trouve « le château de Frotey et ses dépendances » ; etc.

B. 5957. (Portefeuille.) — 50 pièces, papier.

1681-1692. — Exécutions de décrets, licitations, nantissements, séquestres. — Noms et qualités des parties : messire Renobert Bouchuz, prêtre résidant à Villersexel (séquestre mis, à sa requête, sur les revenus de la chapelle de Grange-le-Bourg); noble Jacques-Joseph Perrenelle, seigneur de Mont-le-Vernois, Epenoux, etc, lieutenant-général d'Amont au siège de Vesoul, contre demoiselle Caroline de Salive, de Besançon ; etc.

B. 5958. (Portefeuille.) — 51 pièces, papier.

1683-1697. — Exécutions de décrets, licitations, nantissements, séquestres. — Noms et qualités des parties : noble Philippe-Louis Girardot, dit Billiard, écuyer, seigneur de Raze ; — les R. P. Jésuites du collége de Vesoul; — Révérend seigneur, messire Antoine-François de Bliesterswich, chanoine à Besançon, abbé de Cherlieu ; etc.

B. 5959. (Portefeuille.) — 31 pièces, papier.

1693-1708. — Exécutions de décrets, licitations, nantissements, séquestres. — Noms et qualités des parties : les illustres et révérendes dames abbesse, doyenne, grande aumônière et chanoinesses de l'église Saint-Pierre de Remiremont ; — Étienne Court, seigneur de Charmoille, conseiller garde-scel en la maîtrise particulière des eaux et forêts de Vesoul ; — Jacques Sonnet, de Vesoul, contre noble Charles-Emmanuel de Raiscle, seigneur de la Roche, et dame Amaranthe de Raiscle, demeurants à Montdoré ; etc.

B. 5960. (Portefeuille.) — 23 pièces, papier.

1709-1727. — Exécutions de décrets, licitations, nantissements, séquestres. — Noms et qualités des parties : dame Antoinette de Rorey, veuve douairière de feu messire Louis de Clairans, en son vivant lieutenant du Roi en la ville de Besançon ; — les Révérends Pères Bénédictins de Besançon et les Révérends Pères Jésuites de la maison de probation de Salins ; — les Vénérables familiers de l'église Saint Georges de Vesoul, contre madame de Grandvelle, épouse de M. de la Tour, capitaine de cavalerie pour le service de Sa Majesté ; etc.

B. 5961. (Portefeuille.) — 1 pièce, parchemin ; 40 pièces, papier.

1728-1748. — Exécutions de décrets, licitations, nantissements, séquestres. — Noms et qualités des parties : demoiselle Marguerite Banelier, veuve du sieur Alexis Vaudriney, seigneur de la Maison du Bois, conseiller du Roi et son trésorier au bailliage de Gray ; — messire Etienne Arnoux, abbé commendataire de l'abbaye de Clairefontaine ; — messire Jean-François Foillenot, de Vesoul, conseiller correcteur à la chambre et cour des comptes, aides et domaines de Dôle ; — demoiselle Marie-Charlotte de Liver de Morouille, dame de Gayonvelle, contre dame Béatrix Chapuis, veuve de messire Jean-Pierre Camus, en son vivant seigneur d'Artaufontaine, conseiller au parlement de Besançon ; etc.

B. 5962. (Portefeuille.) — 3 pièces, parchemin, 51 pièces.

1749-1760. — Exécutions de décrets, licitations, nantissements, séquestres. — Noms et qualités des parties : Gabriel Jeanbart, huissier royal à Luxeuil ; — René de Grange, marchand à Vesoul ; etc.

B. 5963. (Portefeuille.) — 3 pièces, parchemin, 70 pièces, papier.

1761-1769. — Exécutions de décrets, licitations, nantissements, séquestres. — Noms et qualités des parties : noble Charles-Joseph Marquis, avocat en parlement, demeurant à Chariez ; — Georges-Joseph Poirot, fermier des terres et seigneurie de Mailleroncourt-Charette ; etc.

B. 5964. (Portefeuille.) — 2 pièces, parchemin, 47 pièces, papier.

1770-1779. — Exécutions de décrets, licitations, nantissements, séquestres. — Noms et qualités des parties :

Antoine et Claude-François Maréchal, de Fouchécourt; — demoiselle Marie-Anne de Valassière, femme séparée quant aux biens du sieur Clément Cherony, marchand à Versailles, contre dame Cécile Chasse, veuve du sieur de Bonnille, en son vivant capitaine d'infanterie et chevalier de Saint-Louis; etc.

B. 5965. (Portefeuille.) — 15 pièces, papier.

1772-1775. — Exécutions de décrets, licitations, nantissements, séquestres, etc. — Noms et qualités des parties : Louis-César Labbé, écuyer, demeurant à Vesoul; — dame Simonne de Bermont, épouse du sieur Vernier, ancien capitaine de la légion royale, Charles-Joseph, chevalier de Bermont, officier au régiment de la marine, et demoiselle Charlotte de Bermont, contre Joseph-Xavier de Bermont, écuyer, officier au régiment de la marine, demeurant à Villerspot, dame Alexandrine de Bermont douairière de Balthazard de Sonnet, écuyer, seigneur d'Auxon, et Alexis de Rotailler, écuyer, capitaine d'artillerie, comme père et administrateur des enfants procréés de son mariage avec dame Anne-Marie de Bermont; etc.

B. 5966. (Portefeuille.) — 6 pièces, parchemin, 58 pièces, papier.

1776-1779. — Exécutions de décrets, licitations, nantissements, séquestres. — Noms et qualités des parties : Jean-François Champy, seigneur d'Aigrevaux, avocat en parlement et Pierre-Louis Champy d'Aigrevaux, gendarme du Dauphin, contre dames Louise et Claude-Françoise Champy d'Aigrevaux, épouses des sieurs Achain et Duban, officiers de cavalerie au régiment d'Orléans (licitation de la terre et seigneurie d'Aigrevaux); — Jean-Baptiste Burtel de Vaivre, écuyer; — Antoine et Françoise-Thérèse et Françoise de Mauricand, écuyers, tous du Bourg de Saint-Diez en Auvergne; etc.

B. 5967. (Portefeuille.) — 29 pièces, papier.

1780-1782. — Exécutions de décrets, licitations, nantissements et séquestres. — Noms et qualités des parties : Jean-François Baudoin, brigadier de maréchaussée à Luxeuil; — Jean-Baptiste Pinot, huissier royal à Port-sur-Saône; etc.

B. 5968. (Portefeuille.) — 14 pièces, papier.

1783. — Exécutions de décrets, licitations, nantissements et séquestres. — Noms et qualités des parties : Jean-Etienne Mortet, greffier de la subdélégation et receveur des biens du Roi, à Vesoul; — Pierre-François Chardot, perruquier à Vesoul; etc.

B. 5969. (Portefeuille.) — 11 pièces, papier.

1784. — Exécutions de décrets, licitations, nantissements et séquestres. — Noms et qualités des parties : Jean-Claude Tartoy, seigneur de Fretigney, contre dame Gabrielle de Bonnille, sa femme, séparée de corps et de biens; — dame Rose de Brienne, douairière du sieur Paul le Texier, ancien maire de Bar-sur-Seine, contre Antoine-Irénée de Mirdoudoy, capitaine d'infanterie; etc.

B. 5970. (Portefeuille.) — 17 pièces, papier.

1784. — Exécutions de décrets, licitations, nantissements, séquestres. — Noms et qualités des parties : messires Philippe Vivier, comte de Lallemand, baron de Vaite, y demeurant, contre Alexis de Rotailler, écuyer, chef de brigade, dans le corps de Royal-Artillerie; — Claude-Ferdinand Doyen, notaire royal à Menoux; etc.

B. 5971. (Portefeuille.) — 22 pièces, papier.

1785. — Exécutions de décrets, licitations, nantissements, séquestres. — Noms et qualités des parties : Jean-Claude Tartoy, co seigneur à Frétigney, contre messire Jean-Baptiste-Louis Pic, écuyer, seigneur de Montarvaux, chevalier de Saint-Louis, capitaine au corps royal des invalides; — messire Jean-Antoine-Marie de Mesmay, baron, seigneur de Montaigu, Quincey et autres lieux, conseiller au parlement de Besançon, et dame Jeanne-Marie de Mesmay, douairière de messire Claude-Antoine Eugène de Mesmay, baron de Montaigu, conseiller honoraire au parlement; etc.

B. 5972. (Portefeuille.) — 1 pièce, parchemin, 17 pièces, papier.

1786. — Exécutions de décrets, licitations, nantissements, séquestres. — Noms et qualités des parties : Antoine-Joseph Garnier, avocat en parlement, seigneur de Montcey; — Claude-François Lhomme, greffier du domaine de Chambornay-les-Pin; etc.

B. 5973. (Portefeuille.) — 2 pièces, parchemin, 20 pièces, papier.

1786. — Exécutions de décrets, licitations, nantissements, séquestres. — Noms et qualités des parties : demoiselle Marie-Thérèse Bonvalot, épouse de Claude-Étienne Gérard, commis à la recette des finances ; — Claude-François Lucot, bourgeois de Purgerot, contre le sieur Champy d'Aigrevaux, avocat en parlement ; — etc.

B. 5974. (Portefeuille.) — 4 pièces, parchemin, 81 pièces, papier.

1787. — Exécutions de décrets, licitations, nantissements, séquestres. — Noms et qualités des parties : Claude-François Cordier, greffier de l'hôtel de ville de Faverney, contre dame Jeanne-Claude Lemercier, douairière de Joseph, marquis de Vosin, de Cistellas, en son vivant capitaine de cavalerie, commandeur de Saint-Lazare, chevalier de Saint Louis ; — dame Catherine Gouhenans, veuve du sieur Mayer, chevalier de Saint Louis ; etc.

B. 5975. (Portefeuille.) — 25 pièces, papier.

1787. — Exécutions de décrets, licitations, nantissements, séquestres. — Noms et qualités des parties : Claude-Nicolas Galmiche, avocat en parlement ; — Jean-Claude Lefebvre, bachelier-ès-droits ; — Claude-François Mignot, dit le Capucin, fermier des terres et seigneurie de Vauconcourt ; — etc.

B. 5976 (Portefeuille.) — 23 pièces, papier.

1788. — Exécutions de décrets, licitations, nantissements, séquestres. — Noms et qualités des parties : Pierre-Louis-Joseph-Xavier Sallier, mineur émancipé, officier au régiment de Beauce-Infanterie en garnison à Brest ; — messire Claude-François-Ignace Henrion de Magnoncourt, capitaine de cavalerie, seigneur de Roche ; — etc.

B. 5977. (Portefeuille.) — 1 pièce, parchemin, 32 pièces, papier.

1789. — Exécutions de décrets, licitations, nantissements, séquestres. — Noms et qualités des parties : Jacques Pourthier, avocat au parlement de Besançon ; — noble Jean-René Bureau de Pusy, ancien officier d'infanterie ; — demoiselle Marie-Thérèse-Gabrielle-Joseph Vinon, veuve de Jean-Baptiste Thiéry, en son vivant ingénieur des ponts et chaussées ; — etc.

B. 5978. (Portefeuille.) — 2 pièces, parchemin, 36 pièces, papier.

1790. — Exécutions de décrets, licitations, nantissements, séquestres. — Noms et qualités des parties : Éberard-Louis-Joseph Duchoyland, contre François-Mayert, secrétaire du Roi, maison et couronne de France ; — les Révérends prieur et communauté des carmes déchaussés de Gray ; — demoiselle Jolif, veuve du sieur Froidot, chevalier de Saint-Louis, officier au régiment de Royal-Marine ; — etc.

B. 5979. (Registre.) — In-4°, 870 feuillets, papier.

1672-1674. — Enregistrement des causes des procureurs au bailliage d'Amont, siège de Vesoul. — Noms et qualités des parties : noble Claude Cour, seigneur de Charmoille ; — les habitants de Neurey-la-Demie ; — Madame l'abbesse de Montigny ; — les habitants de Fontenois ; — noble Mathieu Vincent ; — généreux seigneur, messire Claude-François de Plaine, dit de Grammont ; — illustre dame Charlotte de Neuchâtel, veuve du seigneur baron d'Achey, contre messire Jean-Baptiste Pauhand, conseiller du Roi au souverain parlement de Besançon et noble Jacques-Joseph Perrenotte, seigneur de Mont, lieutenant général au bailliage d'Amont ; — etc.

B. 5980 (Registre). — In-4°, 420 feuillets, papier.

1684-1685. — Plumitifs des procureurs au bailliage d'Amont, siège de Vesoul. — Noms et qualités des parties : les Révérends sieurs prieur et religieux de Clairefontaine ; — Révérend sieur, messire Claude Dumont, administrateur du prieuré Saint-Thiébaud de Lestre, à Jussey ; — dame Hélène-Aimée de Montaigu, comtesse de Grandmont, dame de Conflandey, Charcey, etc. ; — les habitants de Dampierre-lès-Montbozon ; — etc.

B. 5981. (Registre.) — In-4°, 407 feuillets, papier.

1685-1687. — Plumitifs des procureurs au bailliage d'Amont, siège de Vesoul. — Noms et qualités des parties : messire Jean-Claude Franchet, avocat en parlement, seigneur de Cendrey ; — messire Claude-Antoine Symart, prêtre, citoyen de Besançon ; — noble Jean-Baptiste Millot, docteur-ès-droits, seigneur de Montjustin, Autrey, Velotte, etc. ; — illustre, haute, puissante et excellente dame Louise-Françoise de Bauffremont, marquise de Meximieux et de Listenois, douairière de messire Charles-Louis de Bauffremont, marquis de Meximieux, etc., demanderesse contre plusieurs particuliers de Chassey-lès-Scey au sujet de payement des redevances dues par les habitants dudit lieu qui consistent en : « celle de 17 francs appetés communément le cens du poisson ; une autre de 10 francs 7 engrognes et demie appelée la taille ; une autre appelée la taille à cause d'Arnoul de Saint Seigna toutes payables, sçavoir la moitié au jour de feste Annonciation Nostre-Dame et l'autre à celui de Saint Michel-Archange » ; — illustre seigneur, messire Claude-François de Plaine et de Grandmont, baron et seigneur de la Roche, Vellechevreux, Gouhenans, et demandeur contre le sieur Martin Péquignot, de Gouhenans, aux fins de son exploit tendant à être déclaré « vrai maître jouissant et possesseur de la seigneurie dudit Gouhenans et des droits en dépendants, entre autres de celui que tous ceux qui tuent bœufs, vaches, bouvassons ou génisses dans ledit lieu pour les vendre et distribuer soit à la livre, soit par quartier luy doivent donner et distribuer la langue d'un chascun desdites bêtes en la manière qui s'est pratiquée auparavant » ; illustre, haut et puissant seigneur, messire Charles de la Baulme-Montrevel, baron et seigneur de Pesmes, demandeur en restitution de titres, contre illustre et puissante dame Charlotte de Neufchâtel, veuve et douairière d'illustre seigneur, messire Philippe-Eugène, baron d'Achey, Avilles, etc.; — illustre dame Louise-Françoise de Bauffremont contre Jacques Javelet, de Chassey-les-Scey, demanderesse aux fins d'être maintenue « dans la jouissance et possession d'un canton de la rivière de Saône s'étendant, depuis les bois de Chassey-les-Scey et Chenilly jusqu'à un autre endroit qui est entre la prairie de Chassey et celle de Bucey, appelé le port Louverot, ensemble des mottes et îles y estant jusqu'à l'endroit du village de Saint-Albin, avec le droit de pêche dans ledit canton à l'exclusion de tous autres » ; — dame Antoinette d'Averton, comtesse de Belin, douairière de haut et puissant seigneur M. le comte de Belin, dame de Flagy, contre les habitants dudit lieu, demanderesse aux fins de sa requête tendant à ce qu'il soit ordonné « auxdits habitants de laisser en ban alternativement les cantons de leur prairie et particulièrement cette année le canton dit la *prage* appartenant à ladite dame » ; — etc.

B. 5082. (Registre.) — In-4°, 173 feuillets, papier.

1687. — Plumitifs des procureurs au bailliage d'Amont, siège de Vesoul. — Noms et qualités des parties : messire Philippe de Sonnet, chevalier, seigneur d'Auxon, contre Jacques Piquet, dudit lieu (procès au sujet de l'arpentement du territoire d'Auxon); — messire Pierre-Bonaventure Thiébaud, prêtre, curé d'Aillevans, demandeur aux fins d'être maintenu dans le droit de percevoir « le sixième de la moitié des dîmes qui se relèvent au territoire dudit lieu » ; — les Révérends Pères Jésuites du collège de Vesoul, en qualité de prieurs du prieuré de Port-sur-Saône, demandeurs contre messire Claude Jacquelin, prêtre, curé dudit lieu, aux fins « d'être maintenus dans le droit de percevoir, nonobstant que leur chapelain n'avait pas assisté au service, la moitié des droits curiaux, la mortuaire, bons deniers et les pains qui s'offrent les jours de Toussaint, Noël et Pasques et autres semblables » ; — les sieurs médecins, apothicaires et chirurgiens de la ville de Vesoul, confrères de l'insigne confrérie de Saint Cosme et Damien établie en l'église paroissiale dudit lieu ; — noble Claude-François Bonnard, avocat en parlement, au nom et comme procureur spécial des illustres et puissants seigneurs les princes de la Tour et de Tassis, barons et seigneurs de Fondremand, Trésilley, Fonteus, Lamalachère ; — etc.

B. 5083. (Registre.) — In-4°, 230 feuillets, papier.

1687-1688. — Plumitifs des procureurs du bailliage d'Amont, au siège de Vesoul. — Noms et qualités des parties : révérend sieur, messire Étienne Midy, prêtre, curé de Meurcourt et doyen de Luxeuil, demandeur contre les sieurs Jean-Pierre Maignien et Nicolas Cordier, de Faverney, amodiateurs des biens de la commanderie de la Villedieu, aux fins de sa requête tendante à ce que lesdits défendeurs soient condamnés « à lui payer la somme de 50 escus, monnaie du royaume, ou de se dessaisir des fruits et revenus de ladite commanderie et de ce qu'ils peuvent devoir à l'ordre de Malte jusqu'à la concurrence desdits 50 escus, attendu que ledit demandeur serait vicaire de Velorcey, membre dépendant de ladite commanderie ; » — messire Armand-Léon d'Arnoux de Fontenoy, seigneur d'Artaufontaine ; — messire Guillaume de Raincourt, seigneur de Lenguey, Bremondans, demandeur contre messire Jean-Antoine de Vauldrey, seigneur de Beveuge (procès au sujet de l'échange qu'ils firent de leurs terres de Fallon et de Frasnoy) ; — noble Jacques-Joseph Perrenelle, seigneur de Mont-Épenoux, et lieutenant général d'Amont, demandeur contre demoiselle Caroline de Salive ; etc.

B. 5084. (Registre.) — In-4°, 225 feuillets, papier.

1688. — Plumitifs des procureurs au bailliage d'Amont, siège de Vesoul. — Noms et qualités des parties : demoiselle Élisabeth de Baron, fille de feu noble Abraham de Baron, en son vivant écuyer, capitaine de marine et icelui héritier universel de feu noble Jean-Claude de Baron, aussi écuyer, en son vivant seigneur de Rosey, demandeur aux fins de sa requête à l'effet d'être maintenue dans la possession de cinq quartes de terre arrérées en eschenille audit sieur Jean-Claude de Raron, pendant les guerres de 1636 au finage de Mont-le-Vernois, contre Jacques Michel, de Mont-le-Vernois et le seigneur de Jacquot; — généreux seigneur, messire François-Adrien Daubonne, seigneur de Gouhelans; — dame Marguerite de Breuille, femme de noble Antoine Dépontot, seigneur de Vaivre et maistre de camp pour le service de Sa Majesté catholique, demanderesse contre honorable Jean-Baptiste Doroz, procureur d'office en la justice et seigneurie de Bellevaux (procès au sujet de la commise mise sur un pré); — le sieur Charles Rouge, capitaine et amodiateur au château de Montmartin; — dame Françoise-Prospère Maréchal, veuve de feu noble messire Pierre-Nicolas Mathieu, en son vivant seigneur de Cressy en Savoie; etc.

B. 5985. (Registre.) — In-4°, 213 feuillets, papier.

1688-1689. — Plumitifs des procureurs au bailliage d'Amont, siège de Vesoul. — Noms et qualités des parties : le révérend père Étienne Varru, correcteur des minimes de Rupt; — généreux seigneur, messire Jean-François de Lavier, seigneur de Calmoustier; — dame Jacques-Françoise Légier, femme de messire Charles-Emmanuel Pétroy, baron et seigneur d'Éclans, Longwy; — le sieur Georges-François de Saint-Germain, docteur en médecine; — messire Claude-François de Cordemoy, seigneur d'Oricourt; etc.

B. 5986. (Registre.) — In-4°, 220 feuillets, papier.

1689. — Plumitifs des procureurs au bailliage d'Amont, siège de Vesoul. — Noms et qualités des parties : noble Claude-Étienne Tranchant, docteur ès-droits, lieutenant local d'Amont, et noble Claude Clerc, seigneur de Neurey, Aboncourt, Gesincourt, etc.; — noble Nicolas Damelor, seigneur de Bourguignon-lès-Morey; — demoiselle Péronne de Guilloz, dame de Montot, La Barre, etc.; — illustre seigneur, messire Bénigne de Conflans, comte et seigneur de Melincourt, Montureux, etc., demadeur contre le sieur Claude Raoux, aux fins de sa requête tendante à faire condamner ledit défendeur, son sujet mainmortable « à lui faire annuellement les corvées suivantes comme font les autres sujets dudit Melincourt, savoir : une de bras au temps des fenaisons, trois aux moissons de froment, savoir deux à couper et recueillir les froments et l'autre à lier les gerbes, encore trois au temps de la récolte des avoines, plus trois autres corvées de charriots, l'une à charrier le foing avec ses charriots et chevaux, une autre à mener les gerbes de froment et l'autre à charrier l'avoine, plus encore les trois jours de charrue, l'une à la saison des sombres et l'autre au carême »; etc.

B. 5987. (Registre.) — In-4°, 181 feuillets, papier.

1689-1690. — Plumitifs des procureurs au bailliage d'Amont, siège de Vesoul. — Noms et qualités des parties : noble Antoine Mulot, de Vesoul, docteur ès-droits; — dame Bonaventure Froissard de Broissia, douairière de feu généreux seigneur, messire Gérard de Rozière, seigneur de Sorans; — illustre Hieronyme de Calvi, seigneur de de Gesier, etc., et dame Marie-Antoine de Montaigu, sa femme; etc.

B. 5988. (Registre.) — In-4°, 183 feuillets, papier.

1690. — Plumitifs des procureurs au bailliage d'Amont, siège de Vesoul. — Noms et qualités des parties : vénérable et discrète personne, messire Humbert Thozombel, prêtre, curé d'Arpenans; — révérend sieur messire Jean-François de Samian, chanoine de l'insigne chapitre de Besançon, prieur de Montherot; etc.

B. 5989. (Registre.) — In-4°, 200 feuillets, papier.

1690-1691. — Plumitifs des procureurs au bailliage d'Amont, siège de Vesoul. — Noms et qualités des parties : noble François-Adrien d'Aubonne, seigneur de Gouhelans pour une moitié, demandeur contre plusieurs particuliers dudit lieu au sujet de la jouissance de plusieurs droits « entre autres de trois corvées ou journaux de charrue moitié de six à lui dehues par tous ceux demeurant, résidant et tenant charrue entière audit lieu, » — discrète personne, messire Antoine Tisserand, prêtre, curé de Traves; — dame Ève-Marie de Bresson, veuve de noble Joachim de Bonnay, dame à Villers; — les RR. PP. prieur et religieux de l'ordre de Saint-Dominique du couvent de Montbozon; etc.

B. 5990. (Registre.) — In-4°, 184 feuillets, papier.

1691-1692. — Plumitifs des procureurs au bailliage d'Amont, siège de Vesoul. — Noms et qualités des parties : généreux seigneur, Jacques-Antoine de Belot, seigneur d'Ollans, Villette, Larians, etc.; — messire Joseph Nougenot, prêtre, curé de Venisey; etc.

B. 5891. (Registre.) — In-4°, 184 feuillets, papier.

1691-1692. — Plumitifs des procureurs du bailliage d'Amont au siège de Vesoul. — Noms et qualités des parties : dame Valentine Rousselet, femme et compagne de messire Jean-François Camus ; — révérend sieur, messire Claude Rohier, prêtre, prévôt de l'église collégiale de Champlitte ; — noble Pierre-Gaspard Buretel, avocat du Roi au siège de Vesoul ; — messire Armand-Léon d'Arnoux de Fontenay, seigneur d'Artaufontaine ; etc.

B. 5892. (Registre.) — In-4°, 165 feuillets, papier.

1692. — Plumitifs des procureurs du bailliage d'Amont au siège de Vesoul. — Noms et qualités des parties : illustre seigneur, messire Charles, chevalier du Chastelet ; — illustre dame Hélène d'Araucourt, dame sourière et comtesse de Remiremont, contre messire François de Trestondans, chevalier, seigneur de Suaucourt ; — révérend sieur, messire Pierre Lamoral de Montrichard, prieur et seigneur de Grançon, et illustre seigneur, frère Balthazard de Pons, chevalier de l'ordre de Saint-Jean de Jérusalem, seigneur et commandeur de la Villedieu en Fontenette, et tous deux seigneurs de Presle, contre noble Jacques Terrier, seigneur de Mailleroncourt, les Landres et de Mailley, et noble François-Jules Terrier, écuyer, seigneur de Cleron (procès au sujet de la succession de plusieurs mainmortables de Presle) ; — les dames princesses de Lillebonne, duchesse d'Aremberg et comtesse de Berg, demanderesses contre le sieur Nicolas-Joseph Joly, docteur ès-droits, intendant des seigneurs duc de Foix et marquis de Vieux-Pont (procès au sujet des revenus de la terre de Morey estimés à la somme de 4,000 fr.).

B. 5893. (Registre.) — In-4°, 157 feuillets, papier.

1692-1693. — Plumitifs des procureurs du bailliage d'Amont au siège de Vesoul. — Noms et qualités des parties : noble Clément Courtaillon, seigneur de Montdoré ; — vénérable et discrète personne, messire François Soyères, prêtre, curé de Scey-sur-Saône ; — illustre seigneur, messire Philibert-Gabriel de Grandmont, seigneur de Vellefaux ; — noble Jean-Baptiste de Maçon, seigneur d'Esboz ; etc.

B. 5894. (Registre.) — In-4°, 221 feuillets, papier.

1694-1695. — Plumitifs des procureurs du bailliage d'Amont au siège de Vesoul. — Noms et qualités des parties : illustre et puissant seigneur, messire Jean-Baptiste de Gilley, baron du Saint-Empire et de Marnoz, seigneur de Longeville ; — généreux seigneur, messire Étienne de Camelin, commissaire provincial de l'artillerie de France, lieutenant-colonel d'infanterie, capitaine général des mineurs de France, seigneur de Rougay (procès avec les habitants dudit lieu, au sujet de la propriété du ruisseau fluent audit territoire) ; — révérend seigneur, messire Antoine-François de Bliesterwisch, prêtre, chanoine de l'église métropolitaine de Besançon, abbé de Cherlieu (procès au sujet du bail du moulin appelé d'Affondrac, sis au territoire de Purgerot) ; — messire Pierre-Dominique Chappuis, seigneur de Rozière ; — noble Étienne Cour, seigneur de Charmoille, demandeur aux fins de sa requête tendant à ce qu'il lui soit permis d'amodier la seigneurie de Charmoille dont les pigeons (sic) et autres endroits demeurent en ruines ; etc.

B. 5895. (Registre. — In-4°, 194 feuillets, papier.

1698-1699. — Plumitifs des procureurs au bailliage d'Amont, siège de Vesoul. — Noms et qualités des parties : illustre seigneur, frère Balthazard de Pont, chevalier de Saint-Jean de Jérusalem, seigneur et commandeur de la Villedieu en Fontenette, et révérend sieur, messire Lamoral de Montrichard, prieur de Grançon, chanoine en l'illustre chapitre métropolitain de Besançon, seigneur de Presle, demandeurs contre les révérends pères de la Compagnie de Jésus, du collège de Vesoul (procès au sujet d'une succession mainmortable) ; — R. P. messire Claude Villemenot, prieur commendataire et seigneur de Fontaine ; etc.

B. 5896. (Registre.) — In-4°, 218 feuillets, papier.

1699-1701. — Plumitifs des procureurs au bailliage d'Amont, siège de Vesoul. — Noms et qualités des parties : noble Claude-François Salivet, seigneur de Fouchécourt, et noble Jean-Antoine de Bresson, seigneur de Ranzevelle ; — messire Louis, comte de Lignéville, seigneur de Jasney, Girefontaine, contre dame Marguerite de Rohier, douairière de messire François-Gaspard de Pouilly ; — dame Thérèse de Brun, douairière de feu illustre seigneur, messire Claude-Louis de Vaudrey, seigneur de Vallerois, etc., et généreux seigneur, messire Claude-Joseph de Salive, seigneur de Genevrey, demandeurs contre les habitants de Cers, au sujet du droit de pâturage dans plusieurs cantons du territoire dudit lieu ; — messire Guillaume Bouverot, conseiller maître en la chambre et cour des comptes, aides et finances de Dole; — messire Bonaventure de Pouthier, seigneur de Nancray et Vaucouncourt; — messire Philippe-Joseph de Falletans, seigneur de Ruthier, Thieffrans, la maison du Vaux et autres lieux; etc.

B. 5997. (Registre.) — In-4°, 414 feuillets, papier.

1684-1686. — Sentences préparatoires rendues au bailliage d'Amont, siége de Vesoul. — Noms et qualités des parties : noble Camille-Constance Ferrussia, seigneur de Villeparois, bailli et capitaine de la terre et seigneurie de Fougerolles et de ses dépendances; — noble Gérard de Raubier, écuyer, seigneur de Charentenay; — généreux seigneur, messire Jean-François de Lavie, seigneur à Calmoustier; — les révérends pères Bénédictins de Morey; — les révérends pères prieur et religieux Bénédictins de Notre-Dame de Faverney; — noble Jacques Terrier, seigneur de Mailleroncourt-Charette; — messire Thibaud Annoy, prêtre, curé de Baulay; — messire Jean-Baptiste Jacquelin, aussi prêtre et curé de Pontcey et plusieurs particuliers d'Amance et Faverney, contre noble Claude-François Sativet, seigneur de Fouchécourt (procès au sujet du droit de pêche dans la Saône, depuis le moulin Destre jusqu'au moulin d'Estondray, et du droit de barque et barquot dans la même étendue); etc.

B. 5998. (Registre.) — In-4°, 284 feuillets, papier.

1686-1687. — Plumitifs des causes civiles de Vesoul, présentées par les procureurs au bailliage d'Amont. Noms et qualités des parties : vénérable et discrète personne, messire Simon Guyot, prêtre, curé d'Amance; — noble Pierre Buretel, conseiller et grand juge à Besançon; — les sieurs vicomte-mayeur-capitaine, échevins et conseil de la ville de Vesoul; — noble André Ducloz, seigneur de la Martinière; etc.

B. 5999. (Registre.) — In-4°, 248 feuillets, papier.

1687-1690. — Plumitifs des procureurs du bailliage d'Amont, au siége de Vesoul, et congés. — Noms et qualités des parties : discrète personne, messire Étienne Midy, prêtre, curé de Meurcourt et doyen rural de Luxeuil; — messire Antoine-Alexis Tranchant, clerc tonsuré et seigneur d'Autrey; — vénérable et discrète personne, messire Claude Coulon, prêtre, curé de Contréglise, contre noble François Aymonet, seigneur dudit lieu (procès au sujet du supplément de la portion congrue); — révérend sieur, messire Joseph-François Philippe, prêtre et chanoine de l'insigne chapitre de l'église métropolitaine de Besançon, docteur en sainte théologie, seigneur de Gondenans-les-Moulins, prieur de Chaux, contre noble Jean Terrier, demeurant à Reprels, et demoiselle Marie-Anne Terrier, femme de noble Pierre Burtel, grand juge en la cité de Besançon; etc.

B. 6000. (Registre.) — In-4°, 238 feuillets, papier.

1687-1688. — Plumitifs des procureurs au bailliage d'Amont, siége de Vesoul. — Noms et qualités des parties : messire Claude-François Henryon de Faucogney, prêtre, demoiselles Marguerite-Élisabeth, Jeanne-Baptiste et Anne-Françoise Henryon, tous héritiers de Jean-Claude Henryon, demandeurs en reconnaissance d'écriture contre le baron de Rainach; — noble Alexandre Courlet, docteur ès-droits, seigneur de Boulot; — messire Jean Tabourot, prêtre, curé de Saint-Julien; etc.

B. 6001. (Registre.) — In-4°, 118 feuillets, papier.

1688. — Plumitifs des procureurs au bailliage d'Amont, siége de Vesoul. — Noms et qualités des parties : le sieur Nicolas Pigeot, de Luxeuil, docteur en médecine; — les vénérables curé et familiers de l'église paroissiale Notre-Dame de Chariez, et haut et puissant seigneur, messire Louis de Clermont, comte de Chiverny, ambassadeur pour le Roi en Danemark, contre les habitants et communauté de Vy-le-Ferroux; — haute et puissante dame Philippe de Rye, veuve de feu haut et puissant seigneur, messire Éléonor-François de Poitiers, marquis de Varambon (procès au sujet de la propriété d'un fief dépendant de la baronnie de Rougemont consistant en deux pièces de pré sises au territoire de Thieffrans); — révérend seigneur, messire Jean-Ignace Froissard de Broissia, abbé commendataire de l'abbaye de Cherlieu, et en cette qualité contre noble Joachim-Guillaume de Bichin et Antoine de Bichin, co-seigneurs de Cendrecourt (procès au sujet du payement d'un cens assigné sur le territoire dudit lieu), etc.

B. 6002. (Registre.) — In-4°, 278 feuillets, papier.

1688-1689. — Plumitifs des procureurs au bailliage d'Amont, siége de Vesoul. — Noms et qualités des parties : messire Guillaume Matherot, seigneur de Preigney; — noble Pierre-François de Gévigny, citoyen de Besançon; — généreux seigneur, messire François-Gaspard de Pouilly, seigneur de Jasney, demandeur contre le sieur Claude Bertrand, dudit lieu (procès au sujet d'une succession mainmortable); etc.

B. 6002. (Registre.) — In-4°, 208 feuillets, papier.

1690. — Plumitifs des procureurs au bailliage d'Amont, siége de Vesoul. — Noms et qualités des parties : vénérable et discrète personne, messire Claude Rossel, prêtre, curé de Varogne, demandeur contre haute et puissante dame Antoinette d'Averton, comtesse de Belin (procès au sujet du supplément de la portion congrue); — messire François Duprel, prêtre, ci-devant curé de Rosières-sur-Mance; — messire Armand-Léon d'Arnoux, seigneur de Coligny, Fontenay, Artaufontaine; etc.

B. 6004. (Registre.) — In-4°, 133 feuillets, papier.

1690-1691. — Plumitifs des procureurs du bailliage d'Amont, au siége de Vesoul. — Noms et qualités des parties : messire Jean-André Esprit, écuyer, conseiller du Roi, commis de Mgr le marquis de Louvois; — discrète personne, messire Jean Carloz, prêtre, curé de Rioz; etc.

B. 6005. (Registre.) — In-4°, 183 feuillets, papier.

1691. — Plumitifs des procureurs du bailliage d'Amont, au siége de Vesoul. — Noms et qualités des parties : les révérends sieurs doyen et chanoines du chapitre de Dôle, contre Pierre-Bonaventure Thiébaud, prêtre, curé de Moimay (procès au sujet de la perception de redevances de graines au territoire dudit lieu); — noble François Courtaillon, seigneur de Dampvalley; etc.

B. 6006. (Registre.) — In-4°, 181 feuillets, papier.

1691-1692. — Plumitifs des procureurs du bailliage d'Amont, au siége de Vesoul. — Noms et qualités des parties : illustre, haut et puissant seigneur, messire Jean-Baptiste de Gilley, baron de Marnoz et du Saint-Empire, seigneur de Longevelle, Vy-les-Lure, etc.; — dame Marie-Charlotte de Andelow, veuve de feu messire Jean-Baptiste de Raiscle, seigneur de la Roche, Montaigu; etc.

B. 6007. (Registre.) — In-4°, 150 feuillets, papier.

1692-1693. — Plumitifs des procureurs du bailliage d'Amont, au siége de Vesoul. — Noms et qualités des parties : illustre seigneur, messire Jean-Simon de Rosières, marquis et seigneur de Sorans; — illustre dame Charlotte de Neufchastel, baronne et dame de Georyz et Saint-Aubin, en Suisse, agissant comme ayant la garde noble d'illustre demoiselle Marguerite-Eugénie d'Achey, dame d'Avilley et de Mondon; — révérend messire Jean-François de Santans, prêtre, chanoine et archidiacre de l'insigne chapitre de Besançon, prieur du Montherot; etc.

B. 6008. (Registre.) — In-4°, 175 feuillets, papier.

1693. — Plumitifs des procureurs du bailliage d'Amont, au siége de Vesoul. — Noms et qualités des parties : révérend seigneur, messire Jean-Baptiste Boisot, abbé de Saint-Vincent, seigneur de Villerspater, contre plusieurs particuliers dudit lieu et d'Authoison (procès au sujet « du droit de relever certaines redevances, prestations ou arrérages, vulgairement et communément appelés dismes, d'une gerbo par journal de toutes sortes de graines qui se lient et relèvent rière le territoire d'Authoison »); — messire Claude Desprel, co-seigneur à Gouhelans; etc.

B. 6009. (Registre.) — In-4°, 198 feuillets, papier.

1693-1694. — Plumitifs des procureurs du bailliage d'Amont, au siége de Vesoul. — Noms et qualités des parties : noble Antoine Mulot, de Vesoul, docteur ès-droits; — illustrissime et révérendissime Antoine-Pierre de Grammont, archevêque de Besançon, prince du Saint-Empire; etc.

B. 6010. (Registre.) — In-4°, 412 feuillets, papier.

1694. — Plumitifs des procureurs au bailliage de Vesoul. — Noms et qualités des parties : Claude Casteron, de Vaivre; — noble Barthélemy Arnoux; — dame Hélène d'Haraucourt, comtesse de Remiremont; — le seigneur, comte de Chiverny; — le sieur Jean Maillard, de Bourbonne-les-Bains; etc.

B. 6011. (Registre.) — In-4°, 223 feuillets, papier.

1694-1695. — Plumitifs des procureurs au bailliage de Vesoul. — Noms et qualités des parties : Claude-Charles Ménigoz, amodiateur à Frotey; — les sieurs bourgeois et habitants de Jussey, contre le sieur François de l'Épine, avocat en parlement; — noble Gérard de Rouhier, seigneur de Charentenay, Levrecey; etc.

B. 6012. (Registre.) — In-4°, 220 feuillets, papier.

1695-1696. — Plumitifs des procureurs au bailliage de Vesoul. — Noms et qualités des parties : Jean-Pierre Lamhœuf, amodiateur à Sorans-les-Cordier; — messire Jacques Terrier, seigneur de Mailleroncourt, Mailley, les Landes, etc.; — Claude-François Jacquot, amodiateur à Condrecourt; — messire Nicolas Dornel, docteur en théologie, prêtre, vicaire perpétuel de Brogilic, près Besançon; etc.

B. 6013. (Registre.) — In-4°, 240 feuillets, papier.

1696-1697. — Plumitifs des procureurs au bailliage d'Amont, siège de Vesoul. — Noms et qualités des parties : Claude-Joseph de Bonnay, seigneur de Villers-Saint-Mazelin; — le sieur René Ballay, avocat en parlement; — dame Élisabeth Pernot de Grandvelle, femme et compagne de messire François de la Tour, chevalier, lieutenant-colonel de cavalerie pour le service de Sa Majesté; — César de Marnay, de Labbatie, abbé commendataire de Bellevaux; etc.

B. 6014. (Registre.) — In-4°, 238 feuillets, papier.

1697-1699. — Plumitifs des procureurs au bailliage d'Amont, siège de Vesoul. — Noms et qualités des parties : les habitants et communauté de Godoncourt; — noble Nicolas Damedor, seigneur de Mollans; — révérend seigneur, messire Antoine-François de Bliesterwich de Moncley, abbé commendataire de Cherlieu; etc.

B. 6015. (Registre.) — In-4°, 246 feuillets, papier.

1699-1701. — Plumitifs d'audiences des procureurs au bailliage d'Amont, siège de Vesoul. — Noms et qualités des parties : les habitants et communauté de Montjustin, contre messire Claude-François de Cordemoy, seigneur d'Oricourt (possession d'un terrain commun entre les habitants de Montjustin et ceux d'Arpenans); — Alexandre Courlet, seigneur de Boulot; — les sieurs directeurs de l'Hôtel-Dieu de la ville de Vesoul, contre Charlotte Salivet, veuve de feu noble Jean-Georges Aymonnet, seigneur de Contréglise, dame Marguerite Aymonnet, femme de noble Jean Terrier, seigneur de Pont, et dame Claude-Françoise Aymonnet, femme de noble Pierre-Gaspard Buretel, conseiller du Roi, lieutenant général criminel au bailliage de Vesoul; — haut et puissant seigneur, messire Ferdinand-François de Rye, comte de Poitiers, etc., seigneur de Pusy; — messire Claude-François Talbert, conseiller du Roi au souverain parlement de Besançon; — révérend seigneur, messire Nicolas-Éléonor Bouton de Chamilly, abbé de la Charité, et les révérends sieurs prieur et religieux de ladite abbaye, contre les habitants de Raze; — messire Pierre-François Jacquot, de Charriez, prêtre, vicaire à Recologne-les-Marnay (possession de la chapelle érigée en l'église de Jonvelle, sous l'invocation du glorieux Saint-Nicolas); — noble Philibert-Joseph Favier, sieur de Fontenelay; — Claude-François Bourguignet, seigneur de Saint-Bresson, Esmoulières, etc., bailli de Luxeuil; — Didier Baudoy, de Cornot, demandeur en affranchissement contre révérend sieur, messire Antoine de Bliesterwich, abbé de Cherlieu, et les révérends prieur et religieux de ladite abbaye; — messire François Reux, seigneur de Purgerot, conseiller au souverain parlement de Besançon; — Jean Châtel, seigneur de Vallerois-les-Port, conseiller au bailliage et siège présidial de Vesoul; — dame Marguerite de Rohier, douairière de messire François-Gaspard de Pouilly, en son vivant seigneur de Jasney; — le révérend père Cyrille, procureur provincial des RR. PP. Carmes déchaussés de ce pays, contre dame Anne-Claude Ramey, dame de Bussières; — messire Charles-Emmanuel de Saint-Mauris, baron et seigneur de la Villeneuve, Chatenoy, etc. (requête à l'effet de faire condamner les habitants de ce dernier lieu « à luy faire répartement de la quantité de vingt quartes de froment et autant d'avoine qu'ils lui doibvent annuellement à chaque jour de f(ê)te Saint-Martin d'hiver »); — haut et puissant seigneur, messire Louis de Fabry, comte et baron d'Autrey, Varogne, Flagy, Vellefrie, seigneur de Noidans, vicomte de Gray, baron d'Apremont, gouverneur des armées du Roi et de la citadelle de Besançon; etc.

B. 6016. (Registre.) — In-4°, 240 feuillets, papier.

1701-1702. — Plumitifs d'audiences des procureurs au bailliage d'Amont, siège de Vesoul. — Noms et qualités des parties : les habitants et communauté de Breurey-les-Faverney, contre ceux de Faverney (requête à l'effet de faire condamner ces derniers « à relascher le bétail qu'ils ont pris et emmené chez eux dans des pâquis où ils ont droit de champoi »); — révérend seigneur, messire Antoine-François de Bliesterwich, abbé de Cherlieu (requête à l'effet d'obtenir que les sieurs Mielet et Vautherin, de Betoncourt soient condamnés « de se purger par serment sur la quantité de gerbes qu'ils ont perceues et luy en payer la dîme de dix gerbes l'une »); — révérend sieur, messire Claude-François d'Orchamp, prêtre, chanoine et l'illustre chapitre métropolitain, coadjuteur du prieuré de Sainte-Magdeleine, de Salins, seigneur prébendier d'Estax et de Bouton ; — dame Marie-Thariette d'Andelarre, veuve de feu messire Jean-Baptiste de Raisele, seigneur de Montaigu ; — vénérable et discrète personne, messire Jean-Baptiste Friquet, prêtre, curé de Molincourt (requête à l'effet d'obtenir un supplément de portion congrue de messire Charles-Emmanuel, marquis de Rauffremont) ; — dame Reine de Quantéal, en qualité de mère tutrice de Pierre de Camelin, fille de feu messire Etienne de Camelin, en son vivant seigneur de Bougey ; — haute et puissante dame, Marguerite-Louise-Eugénie d'Achey épouse de haut et puissant seigneur, messire Gabriel Philibert de Binans, de Joux, de Grammont, baron de Châtillon, et haut et puissant seigneur, messire Ferdinand-François de Rye, comte de Poitiers ; — illustre dame Anne-Louise de Montrichard, veuve douairière d'illustre seigneur, messire Antoine, comte de Vaudrey, en son vivant seigneur de Saint-Remy ; — dame Anne Remel, femme de messire René de Saint-Gervain, major des carabiniers, seigneur de Verdun et de Bussière ; — messire Pierre de Vaux, prêtre, curé de Byans (requête à l'effet d'être maintenu en possession « de percevoir la dîme novale qui se trouvera dans l'étendue des finages d'Echenans et de Mandrevillars ») ; — les habitants de Gézier et Montboillon (requête à l'effet d'être maintenus « en la possession, jouissance et saisie ou quasi du droit prohibitif et négatif qu'il n'est permis à qui que ce soit, pas même à noble Philibert-Joseph Favière, seigneur de Fontenelay, de couper et faire couper, enlever ni faire distraire aucun bois dans leurs bois communaux ») ; — demoiselle Elisabeth-Madeleine Barbey, veuve du sieur Nicolas Jacquin, seigneur de Betoncourt ; — les habitants et communauté de Bougey (requête à l'effet d'être maintenus dans le droit de couper pour l'usage de leurs familles des bois dans une broussaille appelée « le buisson de la voûte ») ; — Jean-Claude Benoît, chapelain de la chapelle Sainte-Anne, érigée en l'église de Chauvirey-le-Châtel (requête à l'effet d'être maintenu et gardé en la jouissance et possession de percevoir les dîmes sur la généralité du finage de la Quarte) ; etc.

B. 6017. (Registre.) — In-4°, 237 feuillets, papier.

1702-1703. — Plumitifs d'audiences des procureurs au bailliage d'Amont, siège de Vesoul. — Noms et qualités des parties : messire Eléonor de Marnix, seigneur de Marnix et de Crilla et dame Thérèse d'Aubonne, dame de Gouhelans ; — messire Claude-François Monnot, prêtre, curé de Cubry (requête à l'effet d'obtenir que les habitants et communauté de Cubry soient condamnés à lui mettre en état la maison curiale) ; — messieurs du magistrat de la ville de Vesoul (requête pour obtenir « que défenses soient faites aux RR. sieurs doyen et chanoines de l'église Saint-Georges, de Vesoul, de nommer ou présenter autres personnes dans les prébendes de leurs canonicats lorsque c'est leur tour, que des sieurs familiers de ladite église ou des fils de bourgeois de la ville de Vesoul ») ; — Maurice Chena, d'Arpenans, (requête à l'effet d'être maintenu en la jouissance et possession de la tombe qui lui appartient en l'église d'Arpenans, contre noble Philippe de Mesmay) ; — illustre dame Hélène-Aimée de Montaigu, comtesse de Grammont, dame de Conflandey et autres lieux, demanderesse aux fins de sa requête tendante à ce que les habitants et communauté de Grammont, soient condamnés à lui payer le cens d'un demi-blanc par feu ; — messire François Febvre, prêtre et curé de Villars-Saint-Marelin, demandeur aux fins de sa requête tendante à être maintenu dans la jouissance des héritages dépendants de la chapelle érigée sous l'invocation de Saint-Michel, en l'église paroissiale de Jussey ; — Georges Villerot, co-seigneur à Gésincourt ; etc.

B. 6018. (Registre.) — In-4°, 222 feuillets, papier.

1704-1705. — Plumitifs d'audiences des procureurs au bailliage d'Amont, siège de Vesoul. — Noms et qualités des parties : messire Claude-François Damedor, écuyer, seigneur de Mollans, Bourguignon, Piépape (requête à l'effet d'être maintenu dans le droit de séance et sépulture dans une chapelle, contre demoiselle Anne-Marie Normand, femme du sieur Mouraux, lieutenant de cavalerie pour Sa Majesté) ; — Claude Laussard, prêtre, curé de Moffans, demandeur aux fins de sa requête tendante à ce que son Altesse Sérénissime Léopold, duc de Virtemberg, prince de Montbéliard, soit condamné à nommer des experts pour faire l'estimation des fonds curiaux dudit Moffans ; — noble François Bonvalot, de Dôle, demandeur aux fins de sa requête tendante à ce que les biens compris dans la purgation d'hypothèques que noble Jacques-François Aymonet, seigneur d'Aigrevaux, et demoiselle Marguerite Bavoux, son épouse, ont demandée sur leurs biens, soient régis par le commissaire aux saisies réelles ; — haut et puissant seigneur, messire Ferdinand-François de Rye, comte de Poitiers, seigneur de Pusy, demandeur aux fins de sa requête tendante à être maintenu et gardé en la jouissance et possession de percevoir la quarte de blé à lui due par chaque habitant et résidant audit Pusy ; —

messire Jean-Baptiste de Préciplano, baron de Gondenans, Cuse, etc., comme procureur spécial de messire Prosper-Ambroise de Préciplano, comte de Soye, seigneur dudit lieu, Romain, Mésandans, lieutenant général des armées de Sa Majesté catholique, demandeur aux fins de sa requête tendante « à ce que la succession universelle de Jacques Cornet, son sujet mainmortable lui soit adjugée, à l'exception seule des immeubles dépendants d'autres seigneuries »; — les habitants et communauté de Brourey et Mersuay, demandeurs aux fins de leur requête tendante à ce qu'il soit ordonné aux dames de Remiremont de passer reconnaissance et dénombrement de leurs droits auxdits lieux; — messieurs du magistrat de la ville de Vesoul, demandeurs aux fins de leur requête tendante à être maintenus en la jouissance et possession du droit de percevoir les regains qui ont crû et croîtront dans la prairie dépendante de leur finage; — illustre seigneur, frère Balthazard de Pont, chevalier de l'ordre de Saint-Jean-de-Jérusalem, seigneur commandeur de la Villedieu en Fontenette, et messire Pierre Lamoral, chanoine en l'illustre chapitre de Besançon, demandeurs aux fins de leur requête tendante à ce que les habitants de Presle soient condamnés à entrer en compte avec eux à l'amiable; etc.

B. 6019. (Registre.) — In-4°, 226 feuillets, papier.

1708. — Plumitifs d'audiences des procureurs au bailliage d'Amont, siège de Vesoul. — Noms et qualités des parties : noble Nicolas-François Millot, chevalier, seigneur d'Autrey, etc., conseiller du Roi, lieutenant-général d'épée au bailliage de Vesoul, demandeur aux fins de sa requête tendante à ce qu'en conséquence de ses lettres patentes de lieutenant général d'épée au bailliage de Vesoul, il soit renvoyé par devant messieurs de la chambre des requêtes du parlement de Besançon qui statuera dans le procès qu'il a contre messire Claude-Joseph de Salive, seigneur de Genevrey, Cerre, etc.; — messire Arnaud-Léon d'Arnoux de Fontenelay, seigneur d'Artaufontaine, Guyonvelle, etc.; — noble Nicolas-François Millot, chevalier, seigneur de Montjustin, lieutenant général d'épée au bailliage de Vesoul, et les habitants et communauté de Montjustin et Velotte, demandeurs aux fins de leur requête, tendante à être gardés et maintenus en la jouissance et possession du droit de couper du bois pour leur utilité dans les cantons de bois de Borey, contre les habitants et communauté dudit lieu; — Pierrette Blanc, de Vallerois, demanderesse aux fins de sa requête tendante à ce que Louise Marquiset, veuve de Claude Mourey, et Françoise Mourey, de Vallerois-les-Bellevaux, soient condamnées à déclarer que faussement et calomnieusement elles ont traité ladite demanderesse de « sorcière, vigoureuse, larronnesse »; — Charles Ramey, demeurant à Chauvirey-le-Châtel, demandeur aux fins de sa requête tendante à ce que moyennant l'abandon qu'il fait à révérend seigneur, messire Antoine de Blisterwich de Honcley, abbé de Cherlieu, et aux religieux de ladite abbaye, de tous les meix, maisons, fonds et autres biens qu'il peut avoir dans toute l'étendue du finage du Vernois et autres lieux dépendants de la mainmorte de ladite abbaye, il soit déclaré franc et libre sujet de Sa Majesté; — noble Claude-François Aymonnet, seigneur de Contréglise, demandeur aux fins de sa requête tendante à ce que Claude-François Grandhaye dudit lieu soit condamné à « semer de froment les héritages qu'il cultive à tout le moins pour deux tiers afin que le sieur demandeur puisse exiger la dixme »; — dame Marie-Anne Monnier, dame d'Augicourt, veuve de noble François Mareschal, en son vivant seigneur de Bougey; — noble Claude Pusel, seigneur de Courcuire; — Antoine Bardenet, premier huissier audiencier au bailliage présidial de Vesoul, demandeur aux fins de sa requête tendante à être admis au désaveu qu'il fait « de haut et puissant seigneur, messire Charles-Emmanuel de Bauffremont, abbé commendataire des abbayes de Luxeuil et de Saint-Paul de Besançon, baron et seigneur de Scey-sur-Saône, pour son seigneur original mainmortable »; etc.

B. 6020. (Registre.) — In-4°, 247 feuillets, papier.

1708-1709. — Plumitifs d'audiences des procureurs au bailliage d'Amont, siège de Vesoul. Noms et qualités des parties : les habitants et communauté de Navenne, (déboutés des fins de leur requête tendante à ce que défense soit faite aux habitants et communauté d'Echenoz-la-Meline d'envoyer paître leur bétail dans un pré dépendant du territoire dudit Navenne); — messire Gabriel-Philibert de Binans, de Joux, de Grammont, baron et seigneur de Châtillon, Vellefaux, Avilley, Tallans et autres lieux, demandeur aux fins de sa requête tendante à ce que les habitants et communauté de Tallans soient déboutés des fins de leur exploit par lequel ils ont conclu à être maintenus et gardés en la possession et jouissance du droit de parcours et passage dans les bois ressortissant de la maîtrise des eaux et forêts de Clerval; — messire Humbert-François-Nicolas de la Fontaine, comte de Verthon, seigneur de Chauvirey; — messire François Chassignolle, prieur de Saint-Denis, chapelain de la chapelle d'Ouge au château de Chauvirey; — dame Jeanne-Antoine Tessier, veuve de feu messire Jacques-Joseph Perrenelle, en son vivant seigneur de Mont et le Magny, conseiller au parlement de Besançon, noble François-Jules et Claude-François-Augustin Perrenotte de Mont, seigneurs et dame desdits Mont et le Magny, demandeurs aux fins de leur requête tendante à être maintenus et gardés dans la jouissance et possession de la portion de rivière du Durgeon, contre messire Philibert Emmanuel de Grammont, seigneur de Châtillon-Guyotte, Avilley, etc; — Antoine Mougin, prêtre, curé de Chauvirey, Vitrey, etc., demande que les révérends pères Jésuites du collége de Langres soient déboutés des fins de leur requête tendante à être maintenus dans la jouissance et possession du tiers des dîmes; — les révérendes mères Annonciades de Vesoul, le sieur Claude-Étienne Lyautey, lieutenant-général criminel, le sieur Simon Huot, seigneur de Rousseraucourt, avocat en parlement et le sieur Jacques-Philippe Richardot, de Vesoul, docteur en médecine, demandeurs aux fins de leur requête tendante « à ce que défenses soient faites aux habitants et communauté de Colombier, d'attoucher aux fruits des regains des prés qu'ils possèdent dans les prairies de Colombier; » — révérend père Louis Bricon, inquisiteur de la foi au comté de Bourgogne, prieur et seigneur de Rosey; — illustre seigneur, frère François de Perniel d'Arginy, capitaine de vaisseau pour le service de Sa Majesté, chevalier de Saint-Jean-de-Jérusalem, commandeur de la Salle, Montseugny etc; etc.

D. 6021. (Registre.) — In-4°, 178 feuillets, papier.

1708-1709. — Plumitifs d'audiences des procureurs au bailliage d'Amont, siège de Vesoul. Noms et qualités des parties : dame Louise Jeanne-Philippe et Gabrielle-Marie-Emmanuelle de Poitiers, dames et baronnes d'Amance et le sieur Pierre Catton, leur amodiateur, demanderesses aux fins de leur requête tendante à ce que les habitants et communauté d'Amance soient condamnés à payer audit sieur Catton les sommes pour lesquelles ils ont vendu les seconds fruits d'un pré; — dame Valentine Camus, épouse de noble Joseph Dormoy, major d'infanterie pour le service de Sa Majesté; — messire Jean-Pierre Camus, conseiller au parlement de Besançon, seigneur d'Artaufontaine, etc., demandeur aux fins de sa requête tendante à ce que les habitants et communauté de Combeaufontaine, Gourgeon, Cornot et Vauconcourt soient condamnés « à rétablir le pont gissant de son château d'Artaufontaine qui est rompu et à nettoyer les fossés qui entourent ledit château aussytost que la saison le permettera; » — Étienne Siblot, lieutenant d'infanterie pour le service de Sa Majesté; — noble Ferdinand-Hyacinthe Tranchand, capitaine de cavalerie au régiment de Parabère en Espagne, demandeur aux fins de sa requête tendante à être maintenu en la jouissance et possession du droit de faire « laver et égayer ses chevaux dans le lavoir mentionné en sa requête » contre Nicolas-François Millot, seigneur d'Autrey; — noble Charles de Varroz, seigneur de Villerspater; — les habitants et communauté de Cintrey, contre François Bavoux, se disant seigneur de la Rochelle et de Cintrey, et en cette qualité demandeur aux fins d'être maintenu dans le droit de nommer des forestiers et sergents pour la conservation des fruits du territoire dudit lieu; — messire Jacques-Philippe-Eugène de la Baume, comte de Montrevel, seigneur de Mercey, Gevigney et Purgerot, et noble Claude-François Salivet, écuyer, seigneur de Fouchécourt et de Purgerot, demandeurs aux fins de leur requête tendante à ce que les habitants et communauté dudit lieu soient condamnés à faire un rôle des tailles qui leur sont dues et qui s'élèvent à la somme de quatre-vingt huit francs; etc.

D. 6022. (Registre.) — In-4°, 273 feuillets, papier.

1709-1712. — Plumitifs d'audiences des procureurs au bailliage d'Amont, siège de Vesoul. Noms et qualités des parties : révérend sieur, messire François de Blisterwich, abbé de Cherlieu, demandeur à l'effet d'être maintenu dans la possession ou quasi du droit d'avoir une clef « pour entrer dès la maison abbatiale à l'église par la petite porte qui est dans la cour basse » contre les révérends prieur et religieux de l'abbaye de Cherlieu; — noble Jean-Georges Pusel, bailli de Faucogney, seigneur de Servigney, Ainvelle, etc., contre les habitants et communauté de Servigney; — Charles Fournier, juge à Donnay, Traitiéfontaine, etc.; demandeur aux fins de sa requête tendante à être maintenu en la possession de l'office de juge-châtelain des justices de Traitiéfontaine, les Granges, Chambornay-les-Bellevaux, l'alize et dépendances, contre Vincent Rôgle de Bussière et Révérend sieur messire Gaspard de Grammont, évêque d'Aréthuse, seigneur prébendier desdits lieux, prétendant avoir le droit d'instituer telle personne que bon lui semblera pour exercer les fonctions de juge desdits lieux; — révérend messire Jean-Louis Matherot de Preigney, demandeur aux fins de sa requête tendante à ce que Sébastien Lebel et Nicolas Michand, de Demangevelle, soient condamnés à déclarer pour quelle quantité de grains les terres et four banal dépendants d'une chapelle, érigée en l'église de Demangevelle sous l'invocation de Saint-Georges, sont amodiés; — noble François Camus d'Artaufontaine, clerc tonsuré, chanoine de l'illustre chapitre métropolitain de Besançon, demandeur aux fins de sa requête tendante à être maintenu et gardé en la jouissance et possession de la chapelle érigée en l'église paroissiale de Port-sur-Saône sous l'invocation de Saint-Jean-Baptiste, contre Jean Guillard, de Vesoul, clerc tonsuré ; — les révérends pères Jésuites du collège de Langres, demandeurs aux fins d'être maintenus et gardés en la jouissance et possession du droit de lever la dîme du vin sur tout le vignoble de Vitrey, à raison d'un cabas par vingt-cinq raisins qui se recueillent à chaque vendange au territoire dudit lieu ; — Nicolas-Jean Gérard, prêtre et curé de Vellegnindry, demandeur à l'effet d'être autorisé à couper le bois qui lui est nécessaire dans les bois communaux de Levrecey, contre les habitants et communauté dudit lieu ; etc.

B. 6023. (Registre.) — In-4°, 391 feuillets, papier.

1683-1686. — Plumitifs d'audiences des causes sommaires jugées par le lieutenant local au bailliage d'Amont, siège de Vesoul. — Noms et qualités des parties : Simonne Morel, veuve de Pierre Vesia, contre Jean Doyen, de Vesoul (propos injurieux, entre autres l'épithète de sorcière) ; — Pierre-Joseph Mercier, postulant au siège de Vesoul, demandeur aux fins de sa requête tendante à ce que Jean-François-Philippe, de Vesoul, cordonnier, soit condamné à lui payer trente-six « piécottes » en valeur de trois sols et demi du royaume, qu'il lui gagna au jeu de billard ; — dame Jacqueline de Moustier, veuve et douairière de généreux seigneur, messire Philippe-Guillaume de Belot, en son vivant chevalier, seigneur de Vilette, Ollans, etc., contre les habitants de Battenans ; etc.

B. 6024. (Registre.) — In-4°, 142 feuillets, papier.

1686. — Plumitifs d'audiences des causes sommaires jugées par le lieutenant local du bailliage d'Amont, au siège de Vesoul. — Noms et qualités des parties : Jean Bouverot, de Besançon, docteur ès droits, en qualité d'intendant des enfants du seigneur comte de Saint-Amour, demandeur aux fins de sa requête tendante « à ce que suivant la reconnaissance passée par eux, les habitants et communauté de Luzans soient condamnés à payer la cense annuelle de 19 quartes d'avoine, mesure de Sçay, promise pour l'acensement à eux fait du bois de la Beigne » ; — discrète personne, messire Gand Valiton, prêtre, curé de Melin, demandeur aux fins de sa requête tendante à ce que Jean Dupont, dudit Melin, soit condamné à lui payer deux gerbes, l'une « de la passion » et l'autre pour les processions qu'il a faites la présente année ; — honorable personne, messire Jean Bonnefoy, conseiller au souverain parlement de Besançon, seigneur de Fleurey, Voisey ; etc.

B. 6031. (Registre.) — In-4°, 219 feuillets, papier.

1686-1687. — Plumitifs d'audiences des causes sommaires, jugées par le lieutenant local du bailliage d'Amont, au siège de Vesoul. — Noms et qualités des parties : dame Valentine Aymonnet, femme de messire Alexandre de Fécamp, chevalier, seigneur de Marancourt, capitaine de cavalerie pour le service de Sa Majesté ; — Pierre Rogier, amodiateur à Bougnon, demandeur aux fins de sa requête tendante à ce que « Claude Courtois, demeurant dans la grange de Bas de Crotte, finage de Pusey, soit condamné à lui faire payement des intérêts qu'il lui a causés par le champoy qu'il a fait faire de ses cochons dans la glandée de deux bois appartenant aux habitants de Pusey ; » — messire Martin Vauthier, prêtre, curé de Faverney, contre les Bénédictins dudit lieu (supplément de sa portion congrue) ; — discrète personne, messire Charles-François Jorand, prêtre, curé de Menoux (idem) ; — messire Jacques Petitjean, prêtre, curé de Quers, demandeur aux fins d'être maintenu en la jouissance et possession de la chapelle érigée en l'église de Bouhans en l'honneur et sous l'invocation de Notre-Seigneur Jésus-Christ, de Saint-Michel Archange, Saint-Jean-Baptiste et Saint-Jean l'Evangéliste ; — dame Anne-Marie de Mougenot, femme et compagne de messire Jean-François de Campagne, chevalier, seigneur de Verguigneule et dame Isabelle Perrenot de Grandvelle, femme et compagne de messire François de la Tour, et demoiselle Louise Perrenot de Grandvelle, demanderesses aux fins de leur requête tendante à ce que dame Rose de Mongenet, femme et compagne de messire Claude de la Fond, capitaine dans le régiment de Grandmont soit condamnée à leur payer la somme de cinq mille cinq cents francs; — noble Jean-Antoine Bresson, seigneur de Saint-Oin ; — discrète personne, messire Odo Magniot, prêtre, curé de Saulx, demandeur aux fins de sa requête tendante à ce que le chapitre de Vesoul, en qualité de décimateur audit lieu de Saulx, soit condamné à lui payer, le supplément de sa portion congrue ; — noble Charles de Varaz, seigneur de Magny-les-Jussey, demandeur aux fins de sa requête tendante à ce que « Claude Grandperrin, dudit lieu, soit condamné à lui payer la quantité de quatre quartes de froment, mesure de Vauvillers, qui lui est due, à raison d'une quarte par année par chaque habitant dudit lieu, pour les années en retard 1683, 1684, 1685 et 1686 » ; — dame Elisabeth de la Fontaine, veuve de haut et puissant seigneur, messire Daniel du Châtelet, marquis de Lenoncourt ; etc.

B. 6026. (Registre.) — In-4°, 339 feuillets, papier.

1681-1682. — Plumitifs d'audiences des causes sommaires jugées par le lieutenant local du bailliage d'Amont, au siége de Vesoul. — Noms et qualités des parties : noble Jean-Baptiste de Raiscle, seigneur de la Roche, baron de Montaigu, demandeur aux fins de sa requête tendante « à ce que les habitants de Creveney soient condamnés à restituer cinq voitures de « cartelage » de bois chesne, deux haches et deux chaînes de chariots qu'ils lui ont prises dans un bois sis sur le finage de Colombotte »; — messire Pierre Jacquemard, prêtre, curé de Lambrey, demandeur aux fins de sa requête tendante à ce que révérend sieur messire Claude Dumont, prêtre, amodiateur des revenus temporels du prieuré de Saint-Thiébaud de Lestre, de Jussey, soit condamné à lui payer 34 livres 12 sols 4 deniers., montant des dépens qu'il a obtenus ; — Nicolas Hautevelle, de Vy-les-Lure, demandeur en réparation d'injures (épithète de sorcier) contre Nicolle Bouillet, femme de Jean Vuilleret, du dit lieu ; — messire Nicolas-Joseph, comte de Vaudrey, seigneur d'Oyrière, Cromary, Colombe, Essernay, etc ; — vénérable et discrète personne, messire Sébastien Bersot, prêtre, curé à Vy-les-Rupt, demandeur aux fins de sa requête tendante à ce que Jacques Vuilleret, dudit lieu, soit condamné au paiement de deux quartes de froment, mesure de Montjustin, dont chaque habitant lui est redevable au mois de décembre de chaque année ; — discrète personne messire Noël Bérard, prêtre, curé de Polaincourt, demandeur en supplément de portion congrue contre les religieux bénédictins de Clairefontaine ; — messire Jean-Daniel de Corcelle, seigneur de Montagney, Saint-Julien, résidant à Dôle, et messire Philippe de Sonnet d'Auxon, aussi seigneur de Saint-Julien, demandeurs aux fins de leur requête tendante à ce que Léonard Tourny, de Morey, soit condamné à leur remettre en mains les papiers et titres provenant de la succession mainmortable de Ferdinand Longin ; — révérend sieur messire François Lampinet, prêtre, docteur en théologie, protonotaire apostolique, doyen de l'insigne chapitre de l'église collégiale et paroissiale Saint-Georges de Vesoul, demandeur aux fins de sa requête tendante à ce que les sieurs vicomte-maieur, échevins et habitants de la ville de Vesoul soient condamnés à faire réparer incessamment la maison curiale dudit lieu ; etc.

B. 6027. (Registre.) — In-4°, 187 feuillets, papier.

1688. — Plumitifs d'audiences des causes sommaires jugées par le lieutenant local au bailliage d'Amont, siége de Vesoul. — Noms et qualités des parties : discrète personne, messire Marc Ferry, prêtre, curé d'Authoison, Villersparter et membres en dépendants, demandeur en supplément de sa portion congrue contre l'abbé de Bellevaux ; — vénérable et discrète personne, messire Jacques Poirel, curé d'Anchenoncourt, idem, contre l'abbé de Clairefontaine ; — vénérable et discrète personne, messire Claude-François Jacquey, curé de Genevrey, idem, contre noble Jacques Terrier, seigneur de Mailleroncourt-Charotte ; — messire Simon de Doncourt, chevalier, lieutenant au régiment des cuirassiers du Roi ; — noble Jean-Antoine Boudret, seigneur de Brémont, ci-devant capitaine pour Sa Majesté, résidant à Boult ; — révérend sieur, messire Claude Vuillemenot, prieur commendataire et seigneur de Fontaine, demandeur aux fins de sa requête tendante à ce que Pierre Vuillaume, dudit lieu, soit condamné à lui payer la valeur d'une pinte de vin par chaque poinçon de vin qu'il a vendu, débité et détaillé en son logis audit Fontaine ; — messire Nicolas Damedor, seigneur de Mollans, Bourguignon, etc., intervenu dans l'instance pendante entre Jacques Picquet, son amodiateur à Auxon, et les habitants dudit lieu au sujet des impositions dont à tort lesdits habitants prétendent que les biens dudit seigneur doivent être grevés parce qu'ils sont féodaux, seigneuriaux avec haute moyenne et basse justice sur les hommes et sujets et sur certains cantons du finage d'Auxon ; — noble Claude-François Terrier, de Dôle, avocat en parlement, seigneur du Monteiel, et du Boichot les habitants de Vernois-sur-Mance demandeurs aux fins de leur requête tendante à ce qu'il soit déclaré que les dîmes de grains, vin et chanvre que le révérend seigneur, messire Jean-Ignace de Broissia, abbé de Cherlieu, perçoit annuellement vers le finage et territoire dudit Vernois, sont sujets à la portion congrue assignée au curé par la déclaration de Sa Majesté ; — dame Claude-Caroline de Poligny, dame de Velle-le-Châtel et Noidans-le-Ferroux ; — vénérable et discrète personne, messire Charles-François Chevillet, prêtre, curé à Mailley, demandeur aux fins de sa requête « tendante à ce que honorable Perrot, de Mailley, soit condamné à lui payer la somme de neuf gros en remplacement des corvées de charrue dont chaqu'un de sesdits paroissiens ayant charrue est chargé à raison de trois par an ; » — messire Joseph de la Vaux, seigneur de Franoy ; etc.

B. 6028. (Registre.) — In-4°, 214 feuillets, papier.

1688-1689. — Plumitifs d'audiences des causes sommaires jugées par le lieutenant local du bailliage d'Amont, siége de Vesoul. — Noms et qualités des parties : messire

Jean-François Talouse, prêtre, curé de Courchaton et Grammont, demandeur aux fins de sa requête tendante à ce qu'illustre dame Hélène de Montaigu, douairière du seigneur comte de Grammont, etc. soit condamnée à lui payer la somme de 180 livres 80 sols pour sa pension congrue ; — demoiselle Catherine-Marie Petitot, veuve de noble François Vincent, seigneur de Montjustin, etc. lieutenant général d'Amont ; — illustre dame, Anne-Catherine de Cicon, veuve douairière de feu illustre seigneur, messire François-Charles, comte de Mauléon, dame à Gevigney, Mercey, Purgerot, etc. ; — noble François Noirot, coseigneur à Vauchoux, — discrète personne, messire Claude-François de Combe, prêtre, curé d'Ainville et Francalmont, demandeur aux fins de sa requête tendante à ce que noble François de Cordemoy, seigneur de Francalmont, soit condamné à lui payer annuellement la somme de 150 francs pour sa pension congrue ; — Jean Mamès Sauvage seigneur de Brottes et demoiselle Anne-Françoise Sauvage, femme de noble Jean-Antoine Camus, seigneur de Filain, avocat en parlement ; — messire Jean-Libert Fyard, conseiller de Sa Majesté catholique en son souverain conseil de Brabant ; — généreux seigneur, messire Jean-Daniel de Corcelle, chevalier, seigneur de Montagney et de Saint-Julien.

B. 6029. (Registre.) — In-4°, 236 feuillets, papier.

1689. — Plumitifs d'audiences des causes sommaires jugées par le lieutenant local du bailliage d'Amont, au siège de Vesoul. — Noms et qualités des parties : noble Antoine Vincent, de Vesoul, seigneur de Mollans, capitaine d'infanterie au régiment de M⁰ de Tulan ; — messire Joseph de Tartre, baron de Laubespin, — messire François Duclos, docteur en théologie, chanoine en l'église cathédrale d'Auxerre, abbé commendataire de l'abbaye de Faverney, demandeur aux fins d'être maintenu et gardé « dans le droit négatif et prohibitif qu'il n'est permis, à qui que ce soit de tenir aucun banc et siège dans l'église abbatiale dudit Faverney » ; — Frédéric Maître, seigneur de Neuvelle ; — les habitants de Cendrecourt, demandeurs aux fins de leur requête tendante « à ce qu'honorable Claude Logerot, notaire audit lieu, soit condamné à leur restituer un titre en parchemin justifiant du droit de pêche qui leur appartient dans la rivière de Saône ; » — généreux seigneur messire Béat-Melchoir de Rénach, seigneur de Sainte-Marie-en-Chaux, Abelcourt, etc. ; — messire Nicolas-Joseph, comte de Vaudrey, seigneur de Troisvrey ; — messire Jean de Poincte, seigneur de Gnevreuille ; etc.

B. 6030. (Registre.) — In-4°, 188 feuillets, papier.

1723-1724. — Plumitifs d'audiences des procureurs d'Amont, siège de Vesoul. — Noms et qualités des parties : Louis de Godefroy, écuyer, seigneur de Saint-Priney, conseiller du Roi et commissaire ordinaire de ses guerres ; — noble Jean-Baptiste de la Tour, écuyer, seigneur d'Ambre ; — révérend seigneur, messire Antoine-François de Blisterswich, abbé commendataire de l'abbaye de Cherlieu, demandeur aux fins de sa requête, tendante « à ce que les habitants et communauté d'Anglecourt soient condamnés à passer reconnaissance de tous les droits dus à ladite abbaye » ; — Éléonor Cochard, prêtre, curé de Colombier, demandeur aux fins de sa requête tendante « à ce que Jean Fournier l'aîné, dudit lieu, soit condamné à lui payer 20 sols, monnaie du royaume, pour la journée de chacun que chaque habitant dudit lieu doit au sieur demandeur » ; — noble Léopold de la Chaume d'Hôtelans, capitaine commandant un bataillon suisse ; — Jean Mutin, prêtre, curé d'Avilley, demandeur aux fins de sa requête « tendante à ce que les habitants et communauté dudit lieu soient condamnés à lui livrer deux quartes de froment chaque année » — noble Jean-Claude Bavoux, seigneur des terres et baronnie de la Rochelle, demandeur aux fins de sa requête « tendante à ce que les habitants et communautés de la Rochelle, Molay et Cintrey, soient condamnés à payer un plus haut prix pour les corvées tant de chacun que de famille qui lui sont dehues, si mieux ils n'aiment faire lesdites corvées » ; etc.

B. 6031. (Registre.) — In-4°, 236 feuillets, papier.

1714-1715. — Plumitifs d'audiences des procureurs du bailliage d'Amont, au siège de Vesoul. — Noms et qualités des parties : maître Sébastien Séguin, procureur au siège de Vesoul, juge des terre et baronnie de Scey-sur-Saône et membres en dépendants, défendeur tendant « a ce que messire Charles-Emmanuel de Baufremont, baron et seigneur de Scey-sur-Saône, abbé de Luxeuil et de Saint-Paul soit débouté des fins de sa requête par laquelle il conclut à ce que le défendeur soit condamné à s'abstenir des fonctions de juge tant dans la baronnie dudit Scey, Pusey, qu'autres terres et dépendances de ses dites abbayes ; » — Antoine Labbé, seigneur de Feuille, Pusy, etc., conseiller au bailliage et siège présidial de Vesoul ; — dame Marie-Anne-Barbe de Bonnet, veuve de messire Thomas, de Montrichans, en Beaujolais, en son vivant seigneur audit lieu, chevalier de Saint-Louis, capitaine de cavalerie pour le service du Roi; — messire Gabriel-Philbert de Rhans, de Jouz, de Grammont, baron et seigneur de Châtillon-Guyotte, Avilley et autres lieux, demandeur aux fins de sa requête, « tendante à ce que les habitants et communauté d'Avilley soient condamnés à fournir et entretenir un taureau bon et suffisant qu'ils ne pourront employer à d'autres usages que pour le service de la proie commune »; — messire Daniel de Brunet, écuyer, seigneur de Lamotte; — les habitants et communauté de Velleguindry, demandeurs aux fins de leur requête « tendante à ce qu'il soit déclaré qu'ils percevront les seconds fruits des prés de roture possédés par Nicolas Boucard, seigneur de Velleguindry et par ses frères et sœurs, défendeurs »; — dame Anne-Claude Midy, épouse de noble Étienne de Villeneuve, capitaine de cavalerie pour le service de Sa Majesté dans le régiment de M. le prince de Lambert; — messire Jean-Baptiste comte de Lallemand, baron et seigneur de Lavigney, Vaites, etc., demandeur aux fins de sa requête « tendante à être maintenu et gardé en la jouissance et possession du droit de percevoir la dîme de froment et de toutes autres graines et fruits qui croissent dans le lieu d'Accolans, » contre Pierre-Gabriel Conet, seigneur d'Accolans; — messire Théodore de Custine, comte de Wuiltz, seigneur de Chouilly, du Fayls-Billot, Aroz, etc.; demandeur aux fins de sa requête « tendante à ce qu'il soit déclaré que le bois de la Vernaille lui appartient en qualité de seul seigneur dudit Aroz »; — illustre dame Hélène-Aimée de Montagu, comtesse de Grammont, dame dudit lieu, Conflandey, etc., demanderesse aux fins de sa requête tendante à ce que les habitants et communauté de Grammont soient condamnés à lui payer chacun le cens d'un demi-blanc »; etc.

B. 6032. (Registre.) — In-4°, 246 feuillets, papier.

1715-1717. — Plumitifs d'audiences des procureurs au bailliage d'Amont, siége de Vesoul. — Noms et qualités des parties : noble Jean-Claude Bavoux, seigneur de la Rochelle, demandeur aux fins de sa requête tendante à ce que les révérends Bénédictins du monastère de Luxeuil soient condamnés à lui livrer la quantité de quatre bichots d'avoine à la mesure de Charmes; — Dieudonné Crapelet, bachelier en droit, demeurant à Fresne-sur-Apance, demandeur aux fins de sa requête tendante à ce que Jean-Baptiste Gérard, seigneur dudit Fresne, et messire Charles, marquis de Fussey, seigneur de Melay, Fresne-sur-Apance, chambellan de Son Altesse royale le duc de Lorraine, soient condamnés à lui rembourser les frais qu'il a faits au sujet de l'institution qu'ils lui avaient donnée de la charge de juge et maire « ès justice et mairie dudit Fresne »; — noble Claude-François Demangenot, seigneur de la Montoillotte, conseiller du Roi, lieutenant général du bailliage royal et siége présidial de Vesoul, demandeur aux fins de sa requête tendante à ce qu'il soit maintenu et gardé dans le droit de mainmorte et banalité de four sur le sieur François Beugnot, de Jasney; — Claude-François Brocard, prêtre, curé de Bourguignon-les-Conflans, demandeur aux fins de sa requête tendante à ce que Charles Aimey, dudit lieu, soit condamné à lui livrer deux gerbes de froment, savoir, l'une comme gerbe de la passion et l'autre pour la procession des Rogations et la messe et conjuration contre les tempêtes; — messire Philippe-Joseph, marquis de Falletans, seigneur de Bussy, Thieffraus, Dampierre-les-Monthozon, demandeur aux fins de sa requête tendante à être maintenu en la paisible possession d'un canton du bois communal de Dampierre, lieu dit au-dessus de l'accensement, contre les habitants et communauté dudit lieu; — noble François Noirot de Vauchoux, major général pour Sa Majesté impériale au comté de Souabe et noble Claude-Adrien de Vauchoux, capitaine d'infanterie au régiment de Son Altesse Mgr le prince de Baden; — noble Jean-Claude Bavoux, seigneur de la Rochelle, Cintrey, Molay et Charmes Saint-Valbert, demandeur aux fins de sa requête tendante à ce que les habitants et communauté de la Rochelle, Cintrey et Molay soient condamnés « à luy remettre ès mains un roole des poules qu'ils sont obligés de luy donner à chaque caresme et un roole de la taille de quarante francs qu'ils sont obligés de luy donner à chaque jour de feste Annonciation Notre-Dame et un autre rôle de la taille de quatre-vingt francs qu'ils sont obligés de luy donner à chaque jour de feste Saint-Michel Archange »; etc.

B. 6031. (Registre.) — In-4°, 412 feuillets, papier.

1684-1686. — Plumitifs des procureurs dans les causes sommaires au bailliage d'Amont, siége de Vesoul. — Noms et qualités des parties : dame Marguerite de Fraipon, douairière du feu seigneur comte de la Verne, dame à Vellechevreux, etc., contre Pierre Rondel, de Courchaton, amodiateur des revenus de la seigneurie de Vellechevreux (demande en règlement de comptes); — Barbe Noyme, veuve de Pierre La Jonchère, d'Anthoison, demandeur aux fins de sa requête tendante à ce que Claude Doillenot, dudit lieu, soit condamné à déclarer que faussement il a dit « que c'estoit une vieille sorcière et qu'il la faloit brusler au bout du village »; — révérend sieur, messire Claude Wuillemot, prêtre docteur en théologie, prieur commendataire et seigneur de Fontaine; — Jeanne Vautherin, femme de Jean Lallemand, de Vesoul, demanderesse aux fins de sa requête tendante à ce que Jeanne Bournot, fille de Simon Bournot, de Vesoul, soit condamnée à déclarer que c'est faussement qu'elle a dit de la demanderesse que sans son frère on l'aurait chassée de la ville de Vesoul une torche de paille sur la tête; — noble Louis-Frédéric de Buget, coseigneur à Frotey-les-Lure, demeurant à Giromagny, demandeur aux fins de sa requête tendante à ce que les habitants de Moffans soient condamnés à le laisser jouir des droits, profits et émoluments dépendants de sa qualité d'habitant; — révérend sieur, messire François de Santans, chanoine en l'insigne chapitre de Besançon, seigneur prébendier de Chambornay; — messire Nicolas Damedor, seigneur de Mollans, Bourguignon-les-Conflans, etc., demandeur aux fins de sa requête tendante à ce que discrète personne, messire Jean-Claude Tisserand, prêtre, curé dudit Mollans, soit condamné à souffrir « que litre ou ceinture funèbre soit faite dans le dedans de l'église dudit Mollans, aux lieux où les peintres l'avoient desjà tracée, à cause du décès de François Damedor, père du demandeur, et en son vivant seigneur haut-justicier dudit Mollans; — les habitants de Velorcey, contre Jean-Baptiste Friquet, de Mersuay, procureur d'office en la justice dudit lieu (appel d'une sentence condamnant les habitants dudit Velorcey à 50 livres d'amende pour avoir dansé le jour de la fête patronale dudit lieu); — dame Bénigne de Mandre, veuve de généreux seigneur Maurice de Malans, comte de Rossillon, seigneur de Loray; — messire Charles-Guillaume de Mesmay, seigneur de la Bretenière et noble Claude-François Terrier, seigneur du Boichot; — noble Charles de Varoz, seigneur de Magny et noble Africain de Varoz, son frère, gouverneur de Vernioz, pays de Gueldre; — noble Jacques Terrier, seigneur de Mailleroncourt-Charette, demandeur aux fins de sa requête tendante à être maintenu en la jouissance et possession d'un canton du finage et territoire de Mailleroncourt, lieu dit en Courterey, contre généreux seigneur messire Charles-Emmanuel de Saint-Mauris, seigneur de Châtenois; — les manants et habitants d'Ameuvelle (requête à l'effet d'être maintenus dans le droit de faire pâturer un canton de la prairie de Jonvelle appelé les Grands Prés, contre les habitants et bourgeois dudit Jonvelle); — Louis-Gérard, seigneur de Fresne-sur-Apance, demandeur aux fins de sa requête tendante à être maintenu en la jouissance et possession « du moulin seigneurial situé sur la rivière d'Apance, fluente au finage et territoire dudit Fresne, contre les habitants dudit lieu »; etc.

B. 6034. (Registre.) — In-4° 179 feuillets, papier.

1687-1688. — Plumitifs des procureurs dans les causes sommaires au bailliage d'Amont, siège de Vesoul. — Noms et qualités des parties : illustre seigneur, messire Claude-Joseph de Grammont, évêque de Philadelphie; — les habitants de Cognières, demandeurs aux fins de leur requête tendante à être maintenus en la jouissance et possession du droit de faire pâturer un canton de finage de Thieffrans, lieu dit la Côte aux Chevaux; — vénérable et discrète personne, messire Guy-Bernard Perrin, prêtre, curé de Bouligney, contre vénérable et discrète personne, messire Jacques Moulin, prieur d'Hérival (requête à l'effet d'obtenir un supplément de sa portion congrue); — vénérable et discrète personne, messire Antoine Tisserand, prêtre, curé de Traves, contre Jean-François de Santans, chanoine en l'insigne chapitre métropolitain de Besançon, prieur du Moutherot (idem); — messire Joseph-Anatole Rebillon, prêtre, curé d'Aboncourt, Gesincourt, etc., contre révérend seigneur, messire Jean-Ignace Froissard de Broissia, abbé de Cherlieu (idem); — messire Claude Faquelin, prêtre, curé de Port-sur-Saône et vicaire à Chaux, contre révérend sieur messire François-Théodore Ganet Duclos, abbé commendataire de l'abbaye de Faverney (idem); — messire Claude-François Faulcogney, prêtre, curé d'Échenoz-le-Sec, contre révérend seigneur, messire Éléonor-Victor Bouton de Chamilly, abbé commendataire de l'abbaye de la Charité (idem); — messire Claude Gauthier, prêtre, curé de Montigny-les-Charriez, contre dame Claude-Louise de Ronchaux, abbesse du monastère Sainte-Claire dudit Montigny (idem); — messire Jean Galmiche, prêtre, curé de la Villedieu et Fontenelle, contre les habitants dudit lieu (idem); — messire Simon Guyot, prêtre, curé d'Amance, contre les révérends pères Bénédictins de Faverney (idem); — messire Martin Boband, prêtre, curé d'Arbecey, contre les révérends pères Bénédictins de Faverney (idem); — noble Pierre Buretel, de Vesoul, conseiller et grand juge de Besançon, ancien avocat du Roi, contre messire François Delatour et dame Claire Hyacinthe-Élisabeth Pernot, sa femme (possession d'une chapelle érigée dans l'église paroissiale de Vesoul sous l'invocation de Sainte-Catherine et droits de séance et de sépulture); — François Colles, de Charriez, clerc tonsuré, étudiant en philosophie à Besançon (requête à l'effet d'être maintenu dans la jouissance et possession de la chapelle érigée en l'église paroissiale de Charriez sous l'invocation de l'Immaculée Conception Notre-Dame); — les seigneurs commandeurs de l'hôpital Saint-Lazare de Paris, demandeurs aux fins de leur requête tendante à ce qu'en qualité de seigneurs temporels et spirituels de la chapelle Saint-Antoine, érigée à Jussey, ils soient maintenus en la possession d'un pré situé audit lieu, contre Nicolas Pernel de Jussey; — messieurs du magistrat de la ville de Vesoul, demandeurs aux fins de leur requête tendante à ce que Jean Champion, receveur de l'imposition du Roi, soit condamné à de souffrir et voir déclarer que lesdits demandeurs pourront faire bastir un four pour le boulanger public d'une proportion considérable, exempt de banalité, pour le pain mollet, patisserie, craquelin sans levain de toutes espèces »; etc.

FIN DU TOME DEUXIÈME.

Paris. — Impr. P. Dupont, 41, rue Jean-Jacques-Rousseau.

TABLE.

Introduction.

	Pages.
Bailliage de Luxeuil.	1
Bailliage de Roddon.	35
Bailliage de Saint-Loup.	38
Bailliage de Vauvillers.	48
Bailliage d'Alaincourt.	83
Bailliage de Vesoul.	86

FIN DE LA TABLE DU SECOND VOLUME.

www.ingramcontent.com/pod-product-compliance
Lightning Source LLC
Chambersburg PA
CBHW072126220426
43664CB00013B/2138